David Kruglinski, Scot Wingo und George Shepherd

Inside Visual C++ 6.0

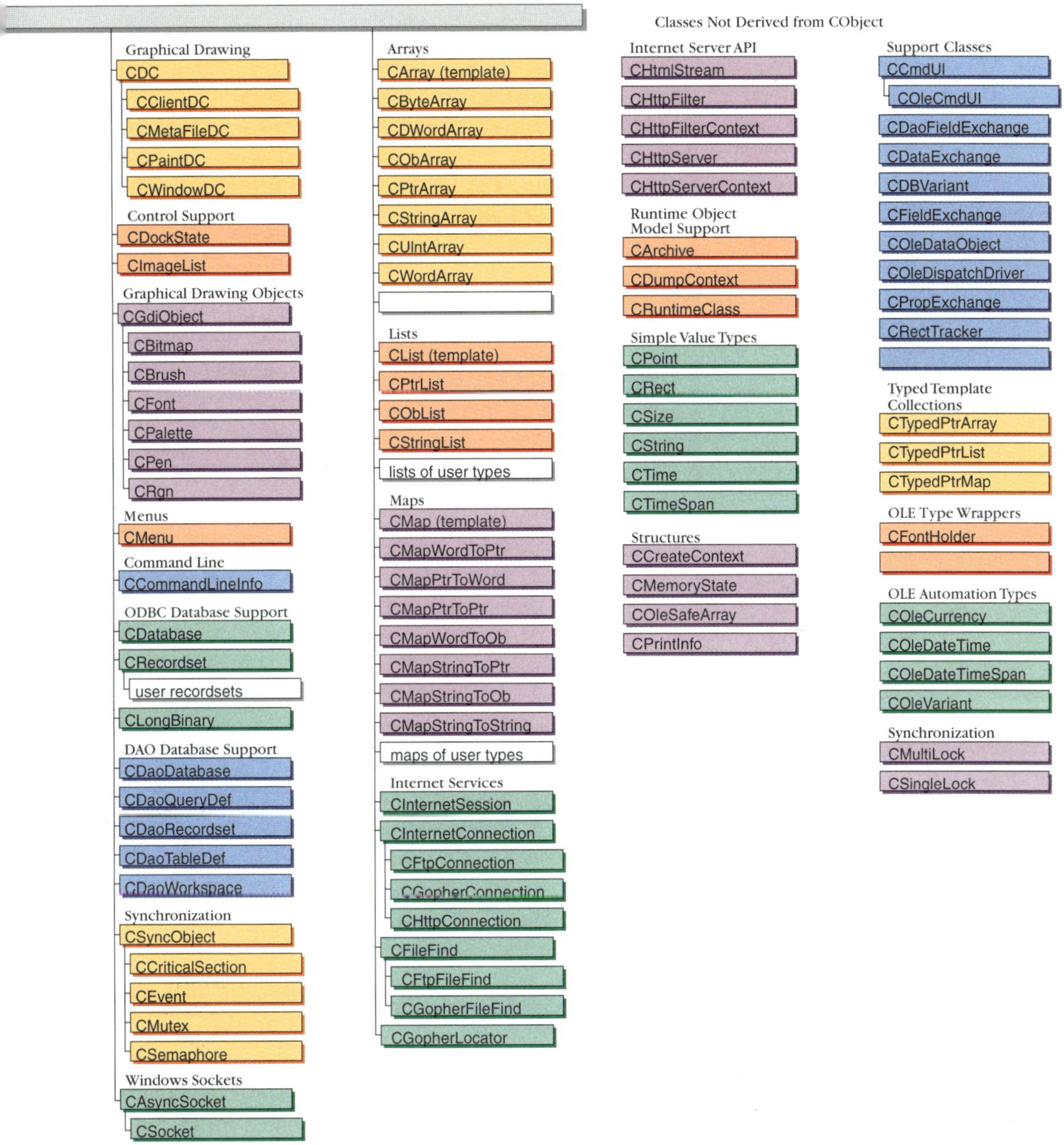

Graphical Drawing
CDC
CClientDC
CMetaFileDC
CPaintDC
CWindowDC
Control Support
CDockState
CImageList
Graphical Drawing Objects
CGdiObject
CBitmap
CBrush
CFont
CPalette
CPen
CRgn
Menus
CMenu
Command Line
CCommandLineInfo
ODBC Database Support
CDatabase
CRecordset
user recordsets
CLongBinary
DAO Database Support
CDaoDatabase
CDaoQueryDef
CDaoRecordset
CDaoTableDef
CDaoWorkspace
Synchronization
CSyncObject
CCriticalSection
CEvent
CMutex
CSemaphore
Windows Sockets
CAsyncSocket
CSocket
Arrays
CArray (template)
CByteArray
CDWordArray
CObArray
CPtrArray
CStringArray
CUIntArray
CWordArray
Lists
CList (template)
CPtrList
CObList
CStringList
lists of user types
Maps
CMap (template)
CMapWordToPtr
CMapPtrToWord
CMapPtrToPtr
CMapWordToOb
CMapStringToPtr
CMapStringToOb
CMapStringToString
maps of user types
Internet Services
CInternetSession
CInternetConnection
CFtpConnection
CGopherConnection
CHttpConnection
CFileFind
CFtpFileFind
CGopherFileFind
CGopherLocator
Classes Not Derived from CObject
Internet Server API
CHtmlStream
CHttpFilter
CHttpFilterContext
CHttpServer
CHttpServerContext
Runtime Object Model Support
CArchive
CDumpContext
CRuntimeClass
Simple Value Types
CPoint
CRect
CSize
CString
CTime
CTimeSpan
Structures
CCreateContext
CMemoryState
COleSafeArray
CPrintInfo
Support Classes
CCmdUI
COleCmdUI
CDaoFieldExchange
CDataExchange
CDBVariant
CFieldExchange
COleDataObject
COleDispatchDriver
CPropExchange
CRectTracker
Typed Template Collections
CTypedPtrArray
CTypedPtrList
CTypedPtrMap
OLE Type Wrappers
CFontHolder
OLE Automation Types
COleCurrency
COleDateTime
COleDateTimeSpan
COleVariant
Synchronization
CMultiLock
CSingleLock

David Kruglinski, Scot Wingo und George Shepherd

Inside Visual C++ 6.0

Microsoft Press

Dieses Buch ist die deutsche Übersetzung von:
David Kruglinski, Scot Wingo und George Shepherd: Programming Microsoft Visual C++, 5th ed.
Microsoft Press, Redmond, Washington 98052-6399

15 14 13 12 11 10 9 8 7 6 5 4 3 2
99

ISBN 3-86063-461-5

Microsoft Press Deutschland
(ein Unternehmensbereich der Microsoft GmbH)
Edisonstraße 1, D-85716 Unterschleißheim

Übersetzung: Manfred Kostka, Gerald Schüler, Ingrid Tokar für trans-it
Satz: Reemers EDV-Satz, Krefeld
Umschlaggestaltung: Hommer DesignProduction, München
Produktion: Roland Heindle
Layout und Gesamtherstellung: Kösel, Kempten

Inhaltsverzeichnis

Teil C
Die Dokument-Ansicht-Architektur 273

Teil D
ActiveX: COM, Automatisierung und OLE 531

Danksagung

Ich habe David Kruglinski auf einer Software-Entwicklerkonferenz kennen gelernt. Ich hatte gerade gekündigt und eine neue Firma gegründet und sprach David als Autor einer früheren Ausgabe dieses Buches an. Unsere neue Firma sollte sich vor allem mit MFC- (Microsoft Foundation Classes-) und Microsoft Visual C++-Klassenbibliotheken beschäftigen. Ich hoffte, dass sich David anhören würde, welche Vorstellungen wir hatten, und seine Meinung dazu äußern würde, was er von unseren Produkten hielt und wie sinnvoll diese für die Gemeinde der Visual C++-Entwickler sein würden – einer Entwicklergemeinde, an deren Aufbau er maßgeblich beteiligt gewesen war und die er wie seine Westentasche kannte.

Zu meiner großen Verwunderung war David von den Produktkonzepten begeistert und fragte, ob ich ihm Ansichtsexemplare unserer Produkte zusenden könnte. Ich tat dies, und daraufhin begann ein lange E-Mail-Unterhaltung über unsere Produkte und Verbesserungsvorschläge. David hat seine Zeit, seine Expertise und seine hervorragenden Einschätzungen kostenlos zur Verfügung gestellt und nie irgend eine Art von Kompensation gefordert – er wollte uns einfach helfen, Produkte für Visual C++-Programmierer zu entwickeln, mit denen MFC/Visual C++ verbessert würden.

Ich erfuhr von Davids tödlichem Unfall durch eine Meldung in einer Newsgroup und hielt diese Meldung zuerst für eine Art grausamen und geschmacklosen Scherz. Ich rief Davids Agent an, der die Geschichte überprüfte und zu meinem Schrecken herausfand, dass sie wahr war. Mit Davids Tod hat die Visual C++-Gemeinde einen ihrer strahlendsten und fruchtbarsten Sterne verloren. Wenn man mit einem Visual C++-Programmierer darüber redet, wie er Visual C++ gelernt hat, bekommt man unweigerlich zu hören: »Das Buch von Kruglinski!« Die Visual C++-Gemeinde schuldet David eine Menge für das, was er uns über die Jahre hinweg gegeben und über Visual C++ gelehrt hat. Es ist selbstverständlich, dass ihm für dieses Buch besonderen Dank gebührt, und wir gedenken seiner Familie und seiner Freunde, die einen schweren Verlust erlitten haben.

Es ist eine große Ehre, die Kruglinski-Tradition mit der fünften Ausgabe von *Inside Visual C++* fortzuführen. Wir haben uns bemüht, Davids Konzepts von diesem Buch zu wahren und so weit als möglich, seinen Aufbau und seinen Stil nachzuahmen.

Ich danke meiner Frau Kris und meinem Sohn Sean dafür, dass sie all die langen Abende und Wochenenden, die ich mit Schreiben verbrachte, geduldig ertragen haben. Vielen Dank auch an meinen Koautor George Shepherd, der mich durch sein zuversichtliches, verrücktes und großartiges Wesen immer dazu motivieren konnte, weiter zu schreiben, auch wenn es schon spät war. Vielen Dank an Claire Horne, unsere Agentin, die uns beim Einstieg in dieses Projekt geholfen hat.

Ohne die vielen Mitglieder des Visual C++-Teams, würde Visual C++ und infolgedessen auch dieses Buch nicht existieren. Besonderen Dank gebührt Mike Blaszczak, Walter Sullivan, Dean McCrory, Rick Laplante, Marie Huwe, Christian Gross und Jim Springfield für die Unterstützung, die sie über all die Jahre zur Verfügung gestellt haben.

Schließlich möchte ich mich bei all den Mitarbeitern von Microsoft Press bedanken, die an diesem Projekt mit gearbeitet haben, insbesondere bei Kathleen Atkins, Jim Fuchs, Becka McKay, John Pierce, Jean Ross, Eric Stroo und dem gesamten Herstellungsteam, das sich unheimlich angestrengt hat, dieses dicke Buch in bestmöglicher Qualität auf den Markt zu bringen.

Scot Wingo

Ein Buch zu schreiben ist sehr arbeitsintesiv – auch wenn es sich um eine überarbeitete Neuauflage eines vorhandenen Werks handelt. Ich möchte mich bei den folgenden Personen für ihre Hilfe bei der Bewältigung dieser Aufgabe bedanken: Zuerst danke ich meiner Frau Sandy dafür, dass sie zu mir gehalten hat, während ich daran arbeitete, Seiten und Kapitel zu produzieren. Sandy ist während aller meiner Software-Projekte ein steter Quell unschätzbar wertvoller Ermutigungen gewesen. Dank gebührt auch meinem Sohn Teddy, der geduldig ertragen hat, dass ich gelegentlich von verschiedenen gemeinsamen Aktivitäten Abstand nahm. Ich möchte meiner Mutter Betsy dafür danken, dass sie in mir den Wunsch zu schreiben geweckt hat, und meinem Zwillingsbruder Patrick dafür, dass er für mich ein großartiger Widersacher in Sachen Java ist – und mit mir angeregt über verschiedene Themen bezüglich Hardware- und Software-Plattformen diskutiert.

Ich bedanke mich bei Claire Horne von der Moore Literary Agency dafür, dass sie dieses Projekt mit Microsoft Press eingefädelt hat.

Scot Wingo danke ich dafür, dass er sich auf ein weiteres Buchprojekt mit mir eingelassen hat. Und vielen Dank an die Mitarbeiter bei Stingray – es macht wirklich Spaß, mit Euch zusammen zu arbeiten. Vielen Dank den Mitarbeitern von DevelopMentor, die eine großartige Trainings- und Lernumgebung geschaffen haben. Und ich danke Don Box dafür, dass er nicht aufhört, COM wirklich verständlich zu erklären.

Ein Buch herauszubringen erfordert mehr als nur Autoren. Ich möchte allen Mitarbeitern von Microsoft Press danken, die zum Erscheinen von *Inside Microsoft Visual C++* beigetragen haben, insbesondere Eric Stroo für seine Freundlichkeit und Geduld, Kathleen Atkins und Becka McKay dafür, dass Sie unseren Text unter die Lupe genommen und ihn noch lesbarer gemacht haben, Jean Ross für die Betreuung der technischen Prüfung des Textes, der auch der kleinste Fehler nicht entging, und John Pierce für sein souveränes Projektmanagement.

Schließlich danke ich David Kruglinski dafür, dass er dieses Projekt begonnen hat. Obwohl ich David nie begegnet bin, hat mich sein Werk maßgeblich beeinflusst, als ich mit der MFC zu arbeiten begann. Ich hoffe, Scot und ich wurden seinen Bemühungen einigermaßen gerecht.

George Shepherd

Einführung

Die Version 6.0 von Visual C++ zeigt, dass Microsoft sich weiterhin auf Internet-Technologien und COM konzentriert, die beide Schlüsselkomponenten der neuen Windows-Architektur DNA (Distributed interNet Application) sind. Neben der Unterstützung für diese Plattformen, weist Visual C++ 6.0 auch eine erstaunliche Menge an produktivitätssteigernden Funktionen wie *Bearbeiten und Fortfahren*, IntelliSense, *Automatische Vervollständigung von Anweisungen* und Quelltexttipps auf. Unser Anliegen war es, mit diesem Buch sicherzustellen, dass Sie die neuesten Technologien, die in Visual C++ aufgenommen wurden, kennen und einsetzen können.

MFC, ATL und WFC – Ist die MFC-Bibliothek tot?

Seit Microsoft die ATL-Bibliothek (ATL – Active Template Library) in den Lieferumfang von Visual C++ aufgenommen hat, spekulieren Windows-Programmierer darüber, ob die MFC-Bibliothek (MFC – Microsoft Foundation Class) bei Microsoft nicht mehr »angesagt« sei und ob man sich dort in der Zukunft auf neue Bibliotheken wie die ATL konzentrieren würde. Kürzlich hat Microsoft noch eine Klassenbibliothek namens Windows Foundation Classes (WFC) für Java-Programmierer, die Windows-Anwendungen schreiben, auf den Markt gebracht, was leider den Gerüchten, dass die MFC tot sei, weiter Vorschub geleistet hat.

Die Gerüchte über den Untergang der MFC sind sicher voreilig. In Visual C++ 6.0 wurde die Funktionalität in Bezug auf die MFC wie auch die ATL bedeutend erweitert, was darauf hinweist, dass der Weiterentwicklung beider Bibliotheken die gleiche Aufmerksamkeit geschenkt wird. Teil des Problems ist, dass die Konzeption dieser beiden Bibliotheken teilweise nicht klar zum Ausdruck gebracht wurde und sie daher für die Visual C++-Programmierer nicht deutlich erkennbar ist. Die MFC ist als Klassenbibliothek für die Entwicklung von anspruchsvollen, mit vielen grafischen Elementen ausgestatteten Windows-Anwendungen konzipiert. Die ATL ist dafür konzipiert, die Entwicklung extrem schlanker COM-Objekte und ActiveX-Steuerelemente zu erleichtern. Diese beiden Konzeptionen resultierten in unterschiedlichen Bibliotheken.

Ein anderer landläufiger Irrtum besteht in der Auffassung, dass sich die MFC und ATL gegenseitig ausschließen. Dies ist definitiv nicht so! In der Tat ist es sehr einfach, auf der ATL basierende COM-Objekte zu erstellen, die die MFC verwenden. Das einzige Problem besteht darin, dass die Verwendung der MFC, mit ihren mit zahlreichen Funktionen ausgestatteten, »fetten« Klassen, dem Einsatz der ATL zu widersprechen scheint, für die sich viele Programmierer aufgrund ihrer »Schlankheit« entscheiden. Dies mag zwar für einige Programierer einen Widerspruch darstellen, aber damit schließen sich ATL und MFC noch lange nicht gegenseitig aus.

Obwohl ATL die MFC nicht ersetzt, halten wir sie für einen wichtigen Teil von Visual C++, und daher haben wir diese Ausgabe von *Inside Microsoft Visual C++* durch zwei Kapitel ergänzt, die auf die ATL-Klassenbibliotheken eingehen.

C++ oder Java

In den letzten Jahren ist das Interesse an der Programmiersprache Java stark gewachsen. Warum sollte man C++ statt Java wählen? Erstens wird ein kompiliertes Programm immer schneller sein als interpretiertes Programm. Denken Sie nur an eine leistungsstarke Tabellenkalkulation mit Formeln und Makros. Und stellen Sie sich dann die Java-VM vor, die den Code interpretiert, der wiederum die Formeln und Makros interpretiert. Keine angenehme Vorstellung, nicht wahr? Bei der Just-in-time-Kompilierung muss das Programm bei jedem Start erneut kompiliert werden. Kann der resultierende Code genauso gut sein, wie die optimierte Ausgabe eines C++-Compilers?

Die Ausführungsgeschwindigkeit ist ein Faktor, der Zugriff auf das Betriebssystem ein anderer. Aus Sicherheitsgründen können Java-Applets bestimmte Aufgaben nicht ausführen, wie auf die Festplatte schreiben oder auf serielle Schnittstellen zugreifen. Um plattformunabhängig zu sein, sind Java-Anwendungsprogramme auf den »kleinsten gemeinsamen Nenner« an Betriebssystemfunktionen begrenzt. C++-Programme für Microsoft Windows sind flexibler, da sie jederzeit beliebige Win32-Funktionen aufrufen können.

Java wird in Zukunft eine wichtige Sprache sein, jedoch glauben wir, dass Java einfach »eine weitere Sprache« und keine Revolution ist. Wenn Sie ein Internet-Applet oder eine wirklich plattformunabhängige Anwendung brauchen, wählen Sie Java. Wenn Sie Effzienz und Flexibilität wollen, wählen Sie C++.

Zielgruppe dieses Buches

Der Produktname »Visual C++« ist etwas irreführend. Manch einer glaubt vielleicht, ein rein visuelles Programmiersystem in der Art von Microsoft Visual Basic erworben zu haben, und dieser Eindruck mag die ersten Tage überdauern. Recht bald bemerkt man jedoch, dass man tatsächlich C++-Code lesen und schreiben muss. Die Assistenten von Visual C++ helfen, Zeit zu sparen und Fehler zu vermeiden, aber der Programmierer muss den von den Assistenten generierten Quellcode und letztendlich die Struktur der MFC-Bibliothek (MFC – Microsoft Foundation Class) sowie die interne Funktionsweise des Betriebssystems Windows verstehen.

Visual C++ und sein ausgeklügeltes Anwendungsgerüst ist etwas für professionelle Programmierer, ebenso wie dieses Buch. Wir unterstellen, dass Sie in der Programmiersprache C bewandert sind – Sie können eine if-Anweisung schreiben, ohne im Handbuch nachschlagen zu müssen. Und wir gehen davon aus, dass Sie die Sprache C++ kennen – dass Sie zumindest einen Kurs in C++ belegt oder ein Buch darüber gelesen, aber noch nicht allzu viel in C++ programmiert haben. C++ zu lernen lässt sich mit dem Erlernen der Sprache Französisch vergleichen. Sie können in der Schule zwar Französisch lernen, aber fließend sprechen werden Sie es erst, wenn Sie nach Frankreich reisen und anfangen, sich mit Franzosen zu unterhalten. Stellen Sie sich die Lektüre dieses Buches als Ihre Reise nach Frankreich vor!

Wir setzen hier nicht voraus, dass Sie mit der Windows-Programmierung bereits vertraut sind. Wir sind uns sicher, dass sich ein erfahrener C-Programmierer über den Einsatz der MFC-Bibliothek mit der Windows-Programmierung vertraut machen kann. Es ist wichtiger, C++ zu kennen, als die Win32-API (API – Application Programming Interface). Sie sollten jedoch wissen, wie man Windows und Windows-Anwendungen ausführt.

Was ist, wenn Sie die Win32-API oder die MFC-Bibliothek bereits kennen? Auch dann kann Ihnen dieses Buch etwas bieten. Erstens gewährt es Hilfestellung bei der Umstellung auf die Win32-Programmierung. Zudem erfahren Sie hier etwas über neue Funktionen wie Datenzugriffsobjekte oder Data Access Objects (DAO), die Unterstützung von ActiveX-Steuerelementcontainern und die neuen Steuerelemente, die mit Windows 95 vorgestellt wurden. Wenn Sie COM (Component Object Model) noch nicht richtig verstehen, finden Sie in diesem Buch einige wichtige Konzepte, die Sie zum Verständnis von ActiveX-Steuerelementen benötigen. Zudem lernen Sie hier etwas über die ATL-Klassenbibliothek, die neuen Standardsteuerelemente von Internet Explorer 4.0 und die OLE/DB-Datenbankprogrammierung. Schließlich wird die Entwicklung von C++-Anwendungen für das Internet (inklusive Dynamic HTML) behandelt. Wir gehen sogar darauf ein, wie Sie Ihre Visual C++-Programme aufbereiten, damit sie unter dem neuen Betriebssystem Windows CE laufen.

Was hier nicht behandelt wird

Es ist schlicht unmöglich, in einem einzigen Buch alle Aspekte der Windows-Programmierung zu behandeln. Wir schließen Themen aus, die von spezieller Hardware und Software abhängen, wie beispielsweise MAPI, TAPI und der Zugriff auf Kommunikationsanschlüsse. Wir gehen zwar auf die *Verwendung* von ActiveX-Steuerelementen in Anwendungen ein, aber was die Entwicklung von ActiveX-Steuerelementen betrifft, verweisen wir auf Adam Denning und seinen Titel *ActiveX-Steuerelemente* (Microsoft Press, 1997). Wir führen Sie in die 32-Bit-Speicherverwaltung, die DLL-Theorie und Techniken zur Multithread-Programmierung ein, aber Sie sollten sich die dritte Auflage von Jeffrey Richters *Windows: Programmierung für Experten* (Microsoft Press, 1997) besorgen, wenn Sie sich für diese Themen ernsthaft interessieren. Ein weiteres hilfreiches Buch ist *MFC Internals* von George Shepherd und Scot Wingo (Addison-Wesley, 1996).

Verwendung dieses Buches

Wenn Sie beginnen, mit Visual C++ zu arbeiten, können Sie dieses Buch wie ein Lehrbuch verwenden und Kapitel für Kapitel durcharbeiten. Später können Sie es als Referenzwerk benutzen und einzelne Themen im Inhaltsverzeichnis oder Index nachschlagen. Aufgrund der starken Abhängigkeiten zwischen vielen Elementen des Anwendungsgerüsts, war es nicht möglich, die einzelnen Konzepte sauber zu trennen und jeweils in einem eigenen Kapitel zu beschreiben, und daher ist dieses Buch eigentlich kein Nachschlagewerk. Während Sie dieses Buch durcharbeiten, sollten Sie auf jeden Fall die Online-Hilfe zur Verfügung haben, um darin Informationen über Klassen und Member-Funktionen nachschlagen zu können. Falls Sie eine gedruckte Ausgabe der Online-Dokumentation bevorzugen, sollten Sie den Titel *Microsoft Visual C++ MFC Library Reference* (Microsoft Press, 1997) erwerben.

Wenn Sie im Umgang mit der Win16-Version von Visual C++ erfahren sind, können Sie Teil A überfliegen, um sich einen Überblick über die neuen Leistungsmerkmale zu verschaffen. Sie können dann die ersten drei Kapitel von Teil B übergehen, sollten jedoch die Kapitel 6 bis 12 lesen, in denen Win32-spezifische Elemente behandelt werden.

Aufbau dieses Buches

Wie aus dem Inhaltsverzeichnis hervorgeht, ist dieses Buch in sechs Textteile und einen siebten Teil mit zwei Anhängen gegliedert.

Teil A: Einführung zu Windows, Visual C++ und dem MFC-Anwendungsgerüst

In diesem Teil versuchen wir, die Balance zwischen abstrakter Theorie und praktischer Anwendung zu halten. Nach einem kurzen Überblick über Win32 und die Komponenten von Visual C++ werden Sie behutsam in das MFC-Anwendungsgerüst und die Dokument-Ansicht-Architektur eingeführt. Sie werden sich ein einfaches »Hello, world!«-Programm ansehen, das mit den Klassen der MFC-Bibliothek erstellt wurde und lediglich 30 Zeilen umfasst.

Teil B: Die Ansichtsklassen der MFC-Bibliothek

In der Dokumentation der MFC-Bibliothek werden alle Elemente des Anwendungsgerüsts in rascher Abfolge knapp beschrieben, wobei davon ausgegangen wird, dass der Leser die ursprüngliche Windows-API kennt. In Teil B befassen Sie sich mit einer einzigen wichtigen Komponente des Anwendungsgerüsts, nämlich der *Ansicht*, womit eigentlich ein Fenster gemeint ist. Sie werden hier lernen, was erfahrende Windows-Programmierer bereits wissen – allerdings im Kontext von C++ und den Klassen der MFC-Bibliothek. Sie werden mit den Dienstprogrammen von Visual C++ arbeiten, die Ihnen einen Großteil des Programmieraufwands ersparen, mit dem sich Windows-Programmierer früher abkämpfen mussten.

Teil B geht auf vielfältige Themenbereiche ein, unter anderem auf die Grafikprogrammierung mit Bitmaps, den Austausch von Dialogdaten (DDX), die Verwendung von ActiveX-Steuerelementen, die 32-Bit-Speicherverwaltung und die Multithread-Programmierung. Diese Übungen werden Ihnen helfen, einigermaßen intelligente Windows-Programme zu schreiben. Diese Programme werden allerdings noch nicht die Vorzüge der erweiterten Funktionen des MFC-Anwendungsgerüsts nutzen.

Teil C: Die Dokument-Ansicht-Architektur

In diesem Teil wird der echte Kern der MFC-Programmierung vorgestellt – die Dokument-Ansicht-Architektur. Sie erfahren, was ein *Dokument* ist (etwas viel allgemeineres, als ein Textverarbeitungsdokument) und wie Sie ein Dokument mit der Ansicht verknüpfen, die Sie in Teil B studiert haben. Sie werden sich wundern, wie die MFC-Bibliothek die Dateiein-/-ausgabe und das Drucken vereinfacht, sobald Sie eine Dokumentklasse geschrieben haben.

Daneben erfahren Sie mehr über die Verarbeitung von Befehlsnachrichten, Symbolleisten und Statusleisten, in Teilbereiche unterteilte Rahmen und kontextbezogene Hilfe. Sie werden zudem in die MDI-Schnittstelle (MDI – Multiple Document Interface) eingeführt, die gegenwärtig den Standard für Windows-Anwendungen bildet.

In Teil C werden auch die mit der MFC-Bibliothek erstellten DLLs (DLL – Dynymic Link Library) erörtert. Sie erfahren hier, worin sich eine erweiterte DLL von einer normalen DLL unterscheidet. Wenn Sie mit Win16-DLLs vertraut sind, werden Ihnen einige Änderungen von Win32- gegenüber Win16-DLLs auffallen.

Teil D: ActiveX: COM, Automatisierung und OLE

COM könnte alleine mehr als ein Buch füllen. Teil D bietet Ihnen eine Einführung in die grundlegende COM-Theorie aus der Sicht der MFC-Bibliothek. Sie schreiten voran zur Automatisierung, die das Bindeglied zwischen C++ und Visual Basic für Applikationen (VBA) darstellt. Sie werden mit dem vereinheitlichten Datenaustausch und dem strukturierten Speichermodell vertraut gemacht, und Sie lernen die Grundlagen von Verbunddokumenten und eingebetteten Objekten kennen.

Teil E: Datenbankverwaltung

Windows-Programme müssen häufig auf Daten zugreifen, die in großen Datenbanken gespeichert sind. Visual C++ unterstützt nun zwei getrennte Datenbankverwaltungsoptionen: ODBC (Open Database Connectivity) und DAO (Data Access Objects). In Teil E ist diesen beiden Optionen jeweils ein eigenes Kapitel gewidmet. Sie erfahren, wie weitgehend diese beiden Optionen von der MFC-Bibliothek und den Assistenten unterstützt werden, und lernen die Unterschiede und die Gemeinsamkeiten von ODBC und DAO kennen.

Teil F: Programmierung für das Internet

Dieser Teil beginnt mit einer technischen Einführung in das Internet, in der auf den TCP/IP-Protokollstapel und die APIs Winsock und WinInet eingegangen wird. Sie lernen, wie Sie in C++ Server- und Clientprogramme für das Internet oder ein Intranet schreiben, wie Sie ISAPI-DLLs zur Erweiterung des Microsoft Internet Information Server entwickeln und wie Sie Dynamic HTML in Programmen verwenden. In diesem Teil wird auch Windows CE behandelt.

Teil G: Anhänge

Anhang A enthält eine Liste sämtlicher Nachrichtenzuordnungsmakros und die Prototypen der zugehörigen Behandlungsroutinen. Dieser Code wird in der Regel vom Klassen-Assistenten generiert, aber gelegentlich müssen Sie von Hand Einträge vornehmen.

Anhang B beschreibt die Laufzeitinformationen zu Klassen und das dynamische System zur Programmerstellung des MFC-Anwendungsgerüsts. Diese Daten haben nichts mit den RTTI-Daten (Runtime Type Information) zu tun, die nun Bestandteil von ANSI C++ sind.

Win32 und Win16

Uns werden immer noch Fragen zur Win16-Programmierung gestellt, und eine ganze Menge alter Computer laufen immer noch unter Windows 3.1. Es ist allerdings wenig einsichtig, Geld in die Entwicklung von Programmen für obsolete Technologien zu stecken. Diese Ausgabe von *Inside Visual C++* hat die 32-Bit-Programmierung für Microsoft Windows 95, Microsoft Windows 98 und Microsoft Windows NT unter Verwendung der Win32-API zum Thema. Falls Sie wirklich 16-Bit-Programme schreiben müssen, suchen Sie nach einem alten Exemplar der zweiten Auflage dieses Buches.

Windows 95, Windows 98 oder Windows NT

Visual C++ Version 6.0 ist nur unter den Betriebssystemen Windows 95, Windows 98 und Windows NT Version 4.0 oder höher lauffähig, die alle über die gleiche Benutzeroberfläche verfügen. Wir empfehlen wegen seiner Stabilität Windows NT als Entwicklungsplattform – man kann oft Monate lang arbeiten, ohne seinen Rechner neu starten zu müssen. Wenn Sie nur die MFC-Programmierschnittstelle verwenden, laufen die kompilierten Programme sowohl unter Windows 95 als auch unter Windows 98 wie auch unter Windows NT. Programme, die Win32-Aufrufe enthalten, die auf spezielle Funktionen von Windows 98 oder Windows NT zurückgreifen, können allerdings nur unter Windows 98 bzw. Windows°NT ausgeführt werden.

Windows für Fortgeschrittene: Die Einschübe »Hinweis für Win32-Programmierer«

Dieses Buch kann nicht die Art von Detailinformationen, Tricks und Angaben zu verborgenen Leistungsmerkmalen bieten, die sich in neueren Büchern finden, die speziell auf Win32 eingehen. Die meisten dieser Bücher sind aus der Perspektive eines C-Programmierers geschrieben: Um mit ihnen etwas anfangen zu können, müssen Sie die zugrunde liegende Win32-API und deren Beziehung zur MFC-Bibliothek verstehen. Zudem müssen Sie den Windows-Mechanismus zur Nachrichtenverteilung kennen und wissen, welche Rolle *Fensterklassen* spielen.

Die in diesem Buch enthaltenen Einschübe mit dem Titel *Hinweis für Win32-Programmierer* helfen Ihnen dabei, Verbindungen zur systemnahen Windows-Programmierung herzustellen. Diese mit einem Raster unterlegten Textabschnitte erleichtern es erfahrenen C-Programmierern, neue Konzepte der MFC-Bibliothek mit den Ihnen vertrauten Konzepten in Beziehung zu bringen. Wenn Sie mit der systemnahen Programmierung nicht vertraut sind, können Sie diese Hinweise bei der ersten Lektüre dieses Buches übergehen, Sie sollten sie jedoch lesen, wenn Sie das Buch ein zweites Mal zur Hand nehmen. Auch wenn Sie vielleicht niemals ein systemnahes Windows-Programm mit einer Funktion *WinMain* schreiben werden, müssen irgendwann einmal verstehen, in welcher Weise das Betriebssystem Windows mit dem Programm interagiert.

Verwendung der Begleit-CD

Die Begleit-CD zu diesem Buch enthält die Quelltextdateien sämtlicher Beispielprogramme. Da auch die ausführbaren Dateien verfügbar sind, müssen Sie die Beispielprogramme, die Sie interessieren, nicht selbst erstellen. Sie installieren die Dateien von der Begleit-CD, indem Sie die CD in Ihr CD-ROM-Laufwerk einlegen und das Setup-Programm ausführen. Befolgen Sie dann die Anleitungen, die auf dem Bildschirm angezeigt werden.

HINWEIS: Das Setup-Programm kopiert etwa 30 MB Dateien auf Ihre Festplatte. Sie können auch die Dateien einzelner Projekte von Hand installieren. Kopieren Sie dazu einfach die entsprechenden Unterverzeichnisse von der Begleit-CD in das Verzeichnis c:\vcpp32. Da alle Projekte eigenständig sind, werden keine zusätzlichen Dateien aus anderen Projekten benötigt. (Sie müssen das Dateiattribut *Schreibgeschützt* aus diesen Dateien entfernen, wenn Sie sie mit dem Windows-Explorer oder Datei-Manager kopieren.)

HINWEIS: Viele Dateien der Begleit-CD haben lange Dateinamen. Wenn Sie mit Windows 95 und einem CD-ROM-Laufwerk mit einem Real-Mode-Treiber arbeiten, werden die Namen dieser Dateien verkürzt dargestellt, und möglicherweise werden nicht sämtliche Dateien und Verzeichnisse angezeigt. Das Setup-Programm funktioniert trotzdem einwandfrei, da es die Dateien aus einem speziellen CD-Verzeichnis namens \SETUP kopiert und sie umbenennt, so dass sie auf der Festplatte die korrekten langen Dateinamen besitzen. Sie können die Dateien dann auf der Festplatte durchsuchen. Natürlich können Sie auch die unter ihren 8.3-Aliasnamen im Verzeichnis \SETUP der Begleit-CD gespeicherten Dateien durchsuchen.

Bei einem konventionellen C-Programm, das die Windows-API verwendet, gibt die Quelltextdatei Aufschluss über alle Programmfunktionen. Bei einem mit der MFC-Bibliothek erstellten Programm ist es nicht ganz so einfach. Ein Großteil des C++-Quelltexts wird vom MFC-Anwendungs-Assistenten generiert, und die Ressourcen stammen vom Ressourcen-Editor. Die Beispiele in den ersten Kapiteln enthalten schrittweise Anleitungen zum Einsatz der Werkzeuge, mit denen die Quelltextdateien generiert und angepasst werden. Sie sollten diese Schritt-für-Schritt-Anweisungen zumindest bei den ersten Beispielen ausführen; Sie müssen hierzu kaum Quelltext eingeben. Im Mittelteil dieses Buches können Sie den auf der Begleit-CD enthaltenen Quelltext verwenden, sollten jedoch die Schrittanweisungen durchlesen, damit Sie die Funktion und Arbeitsweise der Ressourcen-Editoren und der Assistenten kennen lernen. In den letzten Kapiteln ist nicht der gesamte Quelltext der Beispiele abgedruckt. Sie müssen sich bei diesen Beispielen die Dateien von der Begleit-CD ansehen.

Hinweis für Win32-Programmierer: Unicode

Bis vor kurzem haben Windows-Programme lediglich mit dem ANSI-Zeichensatz gearbeitet, der sich aus 256 jeweils ein Byte langen Zeichen zusammensetzt. Entwickler, die für den asiatischen Softwaremarkt programmieren, steigen auf den Unicode-Zeichensatz um, der aus 65.536 jeweils zwei Byte langen (»breiten«) Zeichen besteht. Eine dritte Option, der so genannte DBCS-Zeichensatz (DBCS – Double-Byte Character Set), umfasst sowohl ein Byte als auch zwei Byte lange Zeichen; er wird allerdings immer weniger verwendet.

Die MFC-Bibliothek und die Laufzeitbibliothek unterstützen Unicode-Anwendungen. Wenn Sie die Konstante *_UNICODE* definieren und die in der Online-Dokumentation beschriebenen Arbeitsschritte ausführen, werden sämtliche Zeichenkonstanten und Zeichenvariablen als zwei Byte umfassende »Breitzeichen« definiert, und der Compiler generiert Aufrufe der Breitzeichen-Versionen der Win32-Funktionen. Dies setzt voraus, dass Sie bestimmte Makros verwenden, wenn Sie Zeiger und Datenfelder deklarieren – zum Beispiel *TCHAR* und *_T*.

Sie werden jedoch Überraschungen erleben, wenn Sie versuchen, Ihre MFC-Unicode-Anwendung unter Windows 95 auszuführen, da Windows 95 Unicode intern nicht unterstützt. Obwohl Windows 95 über Breitzeichen-Versionen von Win32-Funktionen verfügt, liefern diese Funktionen einen Fehlercode. Windows NT arbeitet dagegen intern mit dem Unicode-Zeichensatz und bietet zwei Versionen der Win32-Funktionen zur Zeichenverarbeitung. Wenn Sie die Version für ein Byte umfassende Zeichen aufrufen, führt Windows NT die erforderlichen Konvertierungen für zwei Byte lange Zeichen durch.

Keines der Beispielprogramme dieses Buches verwendet den Unicode-Zeichensatz. In sämtlichen Programmen werden ein Byte umfassende Zeichentypen wie char und ein Byte lange String-Konstanten eingesetzt, und *_UNICODE* wird in keinem dieser Programme definiert. Wenn Sie die Beispielprogramme unter Windows NT ausführen, nimmt das Betriebssystem automatisch die notwendigen Konvertierungen vor. Wenn Sie sie unter Windows 95 ausführen, wird lediglich mit ein Byte langen Zeichen gearbeitet.

Ein Bereich, in dem Sie gezwungen sind, mit zwei Byte langen Zeichen zu arbeiten, ist COM. Alle nicht in der MFC-Bibliothek enthaltenen COM-Funktionen (mit Ausnahme der DAO-Funktionen), denen Zeichenfolgen oder Zeichen als Parameter übergeben werden, erfordern zwei Byte umfassende Zeichen (*OLECHAR*). Wenn Sie Programme schreiben möchten, die nicht den Unicode-Zeichensatz verwenden, müssen Sie die entsprechenden Konvertierungen selbst mit Hilfe der MFC-Klasse *CString* und verschiedenen MFC-Makros durchführen.

Wenn Sie Unicode-Anwendungen schreiben möchten, lesen Sie das Unicode-Kapitel in Jeffrey Richters *Windows: Programmierung für Experten* (Microsoft Press, 1997). Sie sollten auch die in der Online-Dokumentation von Visual C++ enthaltenen Abschnitte zu Unicode lesen.

Technische Hinweise und Beispielprogramme

Die MSDN Library für Visual Studio 6.0 enthält technische Hinweise und Beispiele, auf die in diesem Buch Bezug genommen wird. Sie finden diese nach Nummern geordneten, technischen Hinweise auf der Registerkarte *Inhalt* unter dem Thema:

MSDN Library Visual Studio 6.0
  Visual C++-Dokumentation
  Reference
    Microsoft Foundation Class Library and Templates
      Microsoft Foundation Class Library
        MFC Technical Notes

Die MSDN-CD enthält eine Reihe von MFC-Beispielprogrammen, auf die in diesem Buch auch verwiesen wird. Sie finden die Dokumentation dieser Beispielprogramme unter dem Thema:

MSDN Library Visual Studio 6.0
  Visual C++-Dokumentation
    Samples
      MFC Samples

Korrekturen, Kommentare und Hilfe

Wir haben selbstverständlich alles unternommen, um die Richtigkeit dieses Buches und seiner Begleit-CD zu gewährleisten. Korrekturen und zusätzliche Informationen zu Microsoft Press-Büchern finden Sie im World Wide Web in der Service Area von

http://www.microsoft.com/germany/mspress

Wenn Sie Kommentare, Fragen oder Anregungen bezüglich dieses Buches oder der Übungsdateien haben, können Sie uns diese gerne zusenden.

E-Mails senden Sie an:

presscd@microsoft.com

Bitte beachten Sie, dass die oben aufgeführten Adressen keinen Support für das Softwareprodukt Visual C++ bieten. Hilfe zu Visual C++ erhalten Sie unter

http://www.microsoft.com/germany/support

Teil A
Einführung zu Windows, Visual C++ und dem MFC-Anwendungsgerüst

1 Microsoft Windows und Visual C++

Über den Einzug von Microsoft Windows in die EDV-Welt und die Vorteile einer grafischen Benutzeroberfläche oder GUI (GUI – Graphical User Interface) ist schon genug geschrieben worden. Dieses Kapitel gibt Ihnen einen Überblick über das Windows-Programmiermodell (insbesondere Win32) und zeigt, wie die verschiedenen Komponenten von Microsoft Visual C++ zusammenarbeiten und Ihnen helfen, Anwendungen für Windows zu schreiben. Dabei werden Sie nebenbei wahrscheinlich auch noch einige neue Dinge über Windows erfahren.

Das Windows-Programmiermodell

Gleichgültig, mit welchen Entwicklungswerkzeugen Sie arbeiten, die Programmierung für Windows unterscheidet sich grundsätzlich von der altmodischen prozess- oder transaktionsorientierten Programmierung. Bevor Sie jedoch richtig einsteigen können, müssen Sie noch einige Windows-Grundlagen kennen lernen. Als Bezugsrahmen verwenden wir das wohl bekannte MS-DOS-Programmiermodell. Selbst wenn Sie keine MS-DOS-Programme mehr schreiben, werden Sie dieses Modell wahrscheinlich kennen.

Nachrichtenverarbeitung

Wenn Sie eine MS-DOS-Anwendung in C schreiben, ist die einzige unverzichtbare Voraussetzung eine Funktion namens *main*. Das Betriebssystem ruft *main* auf, sobald der Anwender das Programm startet. Ab diesem Punkt können Sie jede beliebige Programmstruktur verwenden. Falls Ihr Programm Tastatureingaben des Anwenders empfangen muss oder andere Dienstleistungen des Betriebssystems benötigt, ruft es die entsprechende Funktion auf, wie etwa *getchar*, oder verwendet eine Bibliothek mit textorientierten Fensterfunktionen.

Wenn das Betriebssystem Windows ein Programm startet, ruft es die Funktion *WinMain* auf. Ihre Anwendung muss an irgendeiner Stelle die Funktion *WinMain* enthalten, die für die Durchführung einiger spezieller Aufgaben zuständig ist. Ihre wichtigste Aufgabe ist die Erstellung des Anwendungshauptfensters, das über eigenen Code verfügen muss, um die von Windows gesendeten Nachrichten verarbeiten zu können. Ein wesentlicher Unterschied zwischen einem MS-DOS- und einem Windows-Programm besteht darin, dass ein MS-DOS-Programm das Betriebssystem aufruft, um Benutzereingaben zu empfangen, während ein Windows-Programm Benutzereingaben mit Hilfe von Nachrichten des Betriebssystems verarbeitet.

HINWEIS: Viele Entwicklungsumgebungen für Windows, einschließlich Microsoft Visual C++ Version 6.0 mit der Microsoft Foundation Class Library Version 6.0 (MFC-Bibliothek), vereinfachen die Programmierung, indem sie die Funktion *WinMain* verbergen und den Nachrichtenverarbeitungsprozess strukturieren. Wenn Sie die MFC-Bibliothek verwenden, brauchen Sie die Funktion *WinMain* nicht zu schreiben. Es ist aber wichtig, dass Sie die Beziehung zwischen dem Betriebssystem und Ihren Programmen verstehen.

Die meisten Windows-Nachrichten sind streng definiert und gelten für alle Programme. So wird zum Beispiel die Nachricht WM_CREATE gesendet, wenn ein Fenster erstellt wird. Die Nachricht WM_LBUTTONDOWN wird gesendet, sobald der Anwender die linke Maustaste drückt. Wenn der Anwender ein Zeichen eingibt, wird die Nachricht WM_CHAR gesendet, und wenn er ein Fenster schließt, wird die Nachricht WM_CLOSE gesendet. Sämtliche Nachrichten haben zwei 32-Bit-Parameter, mit denen Informationen, wie etwa die Mauszeigerkoordinaten, Tastencodes usw., übermittelt werden. Windows sendet die Nachricht WM_COMMAND als Reaktion auf die Auswahl bestimmter Menübefehle oder Dialogfeldelemente oder ähnliche Anwenderbefehle an das betreffende Fenster. Welche Parameter eine Befehlsnachricht enthält, hängt vom Menüaufbau des Fensters ab. Daneben können Sie auch Ihre eigenen Nachrichten definieren, die Ihr Programm an jedes beliebige Fenster auf dem Desktop senden kann. Diese benutzerdefinierten Nachrichten verleihen C++ tatsächlich eine gewisse Ähnlichkeit mit Smalltalk.

Sie müssen sich jetzt noch nicht darum kümmern, wie diese Nachrichten von Ihrem Code verarbeitet werden. Das ist eine Aufgabe des Anwendungsgerüsts. Sie müssen sich jedoch darüber im Klaren sein, dass die Windows-Nachrichtenverarbeitung voraussetzt, dass Ihre Programme in einer ganz bestimmten Weise strukturiert sind. Versuchen Sie bloß nicht, Ihre Windows-Programme so aussehen zu lassen wie Ihre alten MS-DOS-Programme. Studieren Sie die Beispiele in diesem Buch, und beginnen Sie danach ganz von vorn.

Graphics Device Interface (GDI)

Viele MS-DOS-Programme haben Daten direkt in den Grafikspeicher oder an den Druckeranschluss ausgegeben. Diese Technik hatte den Nachteil, dass für jede Grafikkarte und jedes Druckermodell eine eigene Treibersoftware entwickelt werden musste. Mit Windows wurde eine weitere Abstraktionsebene namens *Graphics Device Interface* (GDI, übersetzt Grafikgeräteschnittstelle) eingeführt. Windows stellt damit die Grafik- und Druckertreiber bereit, so dass Ihr Programm gar nicht wissen muss, mit welcher Grafikkarte oder Drucker Ihr System ausgerüstet ist. Statt die Hardware anzusprechen, ruft Ihr Programm GDI-Funktionen auf, die sich auf eine Datenstruktur – einen so genannten *Gerätekontext* – beziehen. Windows ordnet die Gerätekontextstruktur einem physikalischen Gerät zu und gibt die entsprechenden Eingabe-/Ausgabeanweisungen aus. Die GDI-Funktionen sind fast ebenso schnell wie der direkte Zugriff auf den Grafikspeicher und erlauben es verschiedenen Windows-Anwendungen, den Bildschirm gemeinsam zu nutzen.

Ressourcengestützte Programmierung

Zur datengestützten Programmierung unter MS-DOS müssen Sie die Daten entweder im Quelltext als Konstanten definieren oder eigene Datendateien bereitstellen, die vom Programm eingelesen werden. Wenn Sie für Windows programmieren, speichern Sie Ihre Daten in einer Ressourcendatei in verschiedenen, genau definierten Dateiformaten. Der Linker kombiniert diese binäre Ressourcendatei mit der Ausgabe des C++-Compilers und erzeugt so ein ausführbares Programm.

Ressourcendateien können Bitmaps, Symbole, Menüdefinitionen, Dialogfeldlayouts, Zeichenfolgen und sogar von Ihnen selbst definierte Ressourcenformate enthalten.

Sie können zur Bearbeitung eines Programms zwar einen Texteditor verwenden, normalerweise werden Sie die Ressourcen jedoch mit *WYSIWYG-Editoren* (WYSIWYG – What You See Is What You Get, deutsch: Was Sie sehen, wird gedruckt.) bearbeiten. Wenn Sie beispielsweise ein Dialogfeld entwerfen, wählen Sie die Elemente (Schaltflächen, Listenfelder und so weiter) aus einem Datenfeld mit Symbolen, der *Symbolleiste Steuerelemente*, aus. Danach positionieren Sie die Elemente und ändern deren Größe mit der Maus. Microsoft Visual C++ 6.0 enthält grafische Ressourcen-Editoren für alle Standardressourcenformate.

Speicherverwaltung

Mit jeder neuen Windows-Version wird die Speicherverwaltung einfacher. Falls Sie irgendwelche Horrorgeschichten über das Sperren von Speicher-Handles, Thunks und Burgermasters gehört haben, machen Sie sich darüber keine Gedanken! Das alles gehört der Vergangenheit an. Heutzutage weisen Sie einfach den gewünschten Speicher zu, und Windows kümmert sich um die Details. Kapitel 10 beschreibt aktuelle Speicherverwaltungstechniken für Win32, einschließlich des virtuellen Speichers und der Speicherbilddateien.

DLLs (Dynamic Link Libraries)

Unter MS-DOS wurden alle Objektmodule eines Programms während des Erstellungsprozesses statisch gelinkt. Windows ermöglicht dynamisches Linken, wobei speziell konstruierte Bibliotheken während der Laufzeit geladen und eingebunden werden. Mehrere Anwendungen können DLLs (Dynamic Link Libraries) gemeinsam nutzen, wodurch Arbeits- und Festplattenspeicher gespart wird. Das dynamische Linken erhöht die Modularität von Programmen, weil Sie DLLs unabhängig vom Programm kompilieren und testen können.

DLLs sind ursprünglich zur Verwendung mit der Programmiersprache C entwickelt worden, und die Einführung von C++ hat daher einige Schwierigkeiten mit sich gebracht. Den MFC-Entwicklern ist es jedoch gelungen, alle Klassen des Anwendungsgerüsts in wenigen DLLs zusammenzufassen. Das bedeutet, dass Sie die MFC-Klassen sowohl statisch als auch dynamisch in Ihre Anwendungen einbinden können. Außerdem können Sie eigene, auf den MFC-DLLs aufbauende DLLs erstellen. In Kapitel 22 finden Sie nähere Informationen über die Erstellung von normalen DLLs und von DLLs, die als Erweiterung der MFC fungieren.

Win32-API

Die ersten Windows-Programmierer schrieben in C Anwendungen für die Win16-API (API – Application Programming Interface, übersetzt: Schnittstelle für die Anwendungsprogrammierung). Wenn Sie heute 32-Bit-Anwendungen schreiben wollen, müssen Sie direkt oder indirekt die neue Win32-API verwenden. Zu den meisten Win16-Funktionen sind äquivalente Win32-Funktionen verfügbar, allerdings unterscheiden sich viele der Parameter. 16-Bit-Parameter wurden beispielsweise häufig durch 32-Bit-Parameter ersetzt. Die Win32-API bietet viele neue Funktionen, einschließlich Funktionen für Ein- und Ausgaben von einem Datenträger, für die früher MS-DOS-Aufrufe eingesetzt wurden. Bei den 16-Bit-Versionen von Visual C++ waren diese Unterschiede für die Entwickler nicht weiter von Bedeutung, da der MFC-Standardcode darauf ausgelegt war, sowohl mit Win16 als auch mit Win32 zu arbeiten.

Die Komponenten von Visual C++

Microsoft Visual C++ beinhaltet eigentlich zwei vollständige Windows-Anwendungsentwicklungssysteme in einem Produkt. Wenn Sie möchten, können Sie Windows-Programme in der Sprache C ausschließlich mit der Win32-API entwickeln. Die Win32-Programmierung in C wird ausführlich in dem Buch *Windows 95 Programmierung* von Charles Petzold (Microsoft Press, 1996) beschrieben. Sie können auf viele Tools von Visual C++ zurückgreifen, zu denen auch Ressourcen-Editoren zählen, die die Win32-Programmierung auf Betriebssystemebene erheblich erleichtern.

Visual C++ enthält außerdem die ActiveX Template Library (ATL), mit der Sie ActiveX-Steuerelemente für das Internet entwickeln können. Die ATL-Programmierung unterscheidet sich sowohl von der Win32-Programmierung in C als auch von der MFC-Programmierung und ist für sich genommen so komplex, dass man ihr allein ein ganzes Buch widmen könnte.

Dieses Buch behandelt weder die Win32-Programmierung in C noch die ATL-Programmierung (obwohl die Kapitel 29 und 30 eine Einführung in ATL bieten). Hier wird auf die C++-Programmierung innerhalb des MFC-Anwendungsgerüsts, das Teil von Visual C++ ist, eingegangen. Sie werden die in der Bibliotheksreferenz *Microsoft Visual C++ MFC Library Reference* (Microsoft Press, 1997) dokumentierten C++-Klassen verwenden und außerdem mit den Tools arbeiten, die Visual C++ eigen sind, wie etwa der MFC-Anwendungs-Assistent oder Klassen-Assistent.

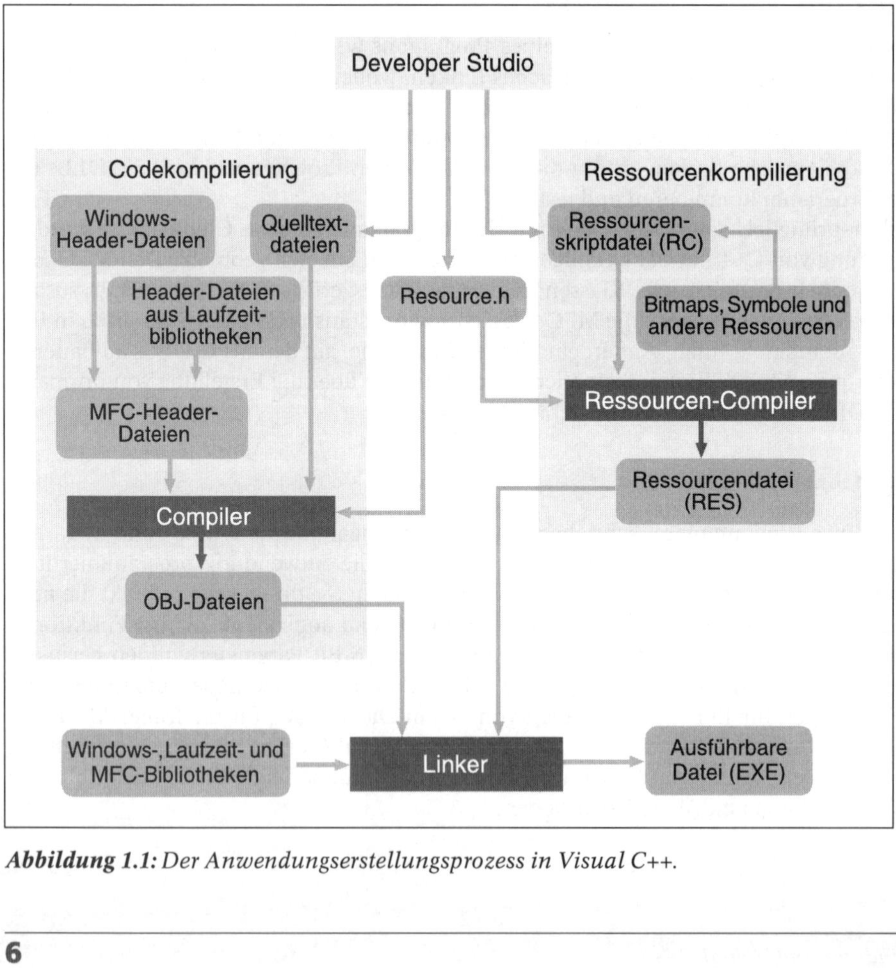

Abbildung 1.1: *Der Anwendungserstellungsprozess in Visual C++.*

HINWEIS: Auch wenn Sie mit der MFC-Bibliothek arbeiten, können Sie weiterhin Win32-Funktionen verwenden. Tatsächlich sind fast immer einige direkte Win32-Aufrufe in MFC-Bibliotheksprogrammen vonnöten.

Der folgenden Kurzschreibungen der Visual C++-Komponenten sollen Ihnen einen allgemeinen Überblick geben. Abbildung 1.1 enthält eine Übersicht über den Prozess der Anwendungserstellung in Visual C++.

Microsoft Visual C++ 6.0 und der Erstellungsprozess

Visual Studio 6.0 ist eine integrierte Entwicklungsumgebung, die Visual C++ 6.0 beinhaltet und auch von einigen anderen Produkten wie Microsoft Visual J++ gemeinsam genutzt wird. Diese Entwicklungsumgebung ist aus der Visual Workbench entwickelt worden, die auf QuickC für Windows basierte. Andockbare Fenster und konfigurierbare Symbolleisten sowie ein Editor, der vom Anwender angepasst werden kann und Makros ausführt, sind jetzt Teil von Visual Studio. Das Online-Hilfesystem (das nun integrierter Bestandteil von *MSDN Library Viewer* ist) funktioniert wie ein Webbrowser. Abbildung 1.2 zeigt Microsoft Visual C++ 6.0 während der Ausführung.

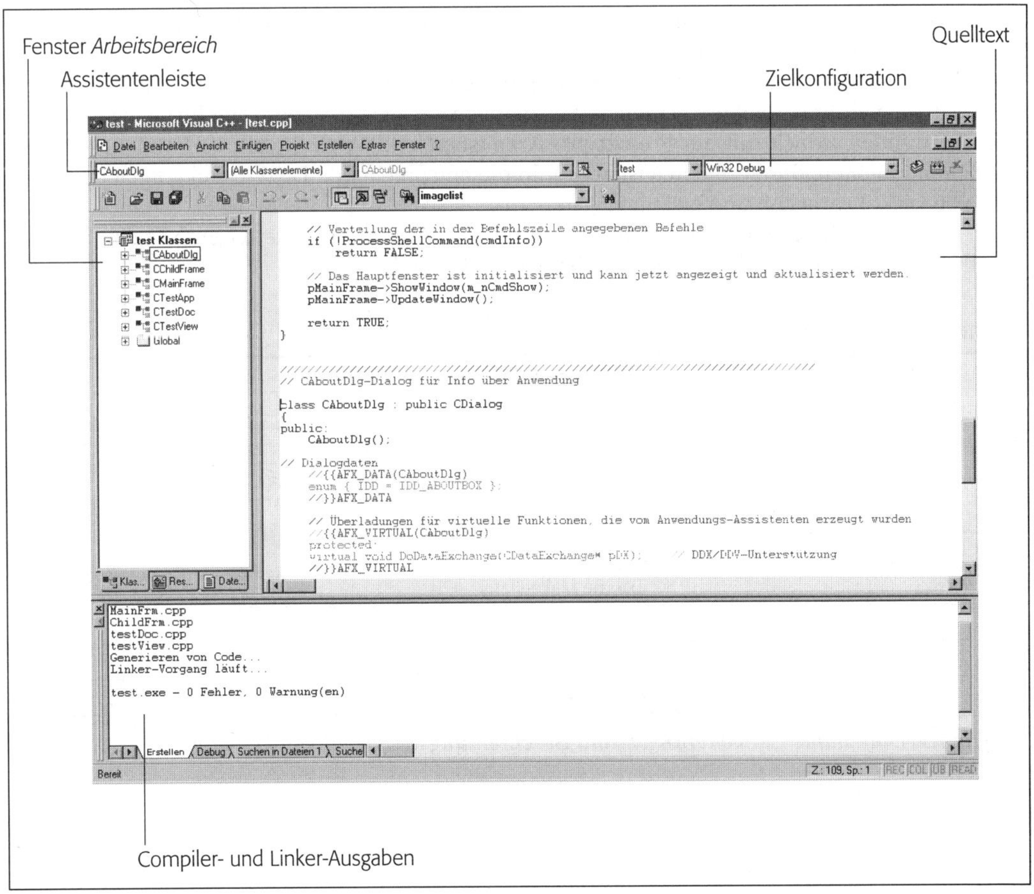

***Abbildung 1.2:** Fenster der Entwicklungsumgebung Visual C++ 6.0.*

Falls Sie schon mit älteren Versionen von Visual C++ oder mit der integrierten Entwicklungsumgebung eines anderen Herstellers gearbeitet haben, werden Sie sehr rasch verstehen, wie Visual Studio funktioniert. Wenn Sie im Umgang mit integrierten Entwicklungsumgebungen nicht vertraut sind, müssen Sie zuerst einmal lernen, was ein *Projekt* ist. Ein Projekt ist eine Sammlung von miteinander verknüpften Quelldateien, die zu einem ausführbaren Windows-Programm oder einer DLL kompiliert und gelinkt werden. Die Quelldateien eines Projekts werden in der Regel in einem eigenen Unterverzeichnis gespeichert. Ein Projekt ist daneben aber auch auf eine Fülle anderer Dateien außerhalb dieses Projekt-Unterverzeichnisses angewiesen, wie beispielsweise Include- und Bibliotheksdateien.

Erfahrene Programmierer wissen, wie man mit Make-Dateien arbeitet. In einer *Make-Datei* werden Compiler- und Linker-Optionen gespeichert und sämtliche Beziehungen zwischen den Quelldateien beschrieben. (Eine Quelltextdatei benötigt spezielle Include-Dateien, eine ausführbare Datei benötigt bestimmte Objektmodule und so weiter.) Ein *Make-Programm* liest die Make-Datei ein, ruft dann Compiler, Assembler, Ressourcen-Compiler und Linker auf, um das gewünschte Ergebnis zu produzieren, was normalerweise eine ausführbare Datei ist. Das Make-Programm verwendet eingebaute Folgerungsregeln, die beispielsweise bewirken, dass der Compiler aufgerufen wird, um eine OBJ-Datei aus einer bestimmten CPP-Datei zu erstellen.

In einem Visual C++ 6.0-Projekt gibt es kein Make-Datei (mit der Dateinamenserweiterung MAK), es sei denn, Sie weisen das System an, eine zu exportieren. Eine im Textformat vorliegende *Projektdatei* (mit der Erweiterung DSP) erfüllt denselben Zweck. Eine gesonderte *Arbeitsbereichsdatei* im Textformat enthält einen Eintrag für jedes Projekt im Arbeitsbereich. Es ist durchaus möglich, mehrere Projekte in einem Arbeitsbereich geladen zu haben. Die Beispiele in diesem Buch verwenden jedoch nur ein Projekt pro Arbeitsbereich. Wenn Sie ein vorhandenes Projekt bearbeiten möchten, öffnen Sie in Visual Studio die entsprechende DSW-Datei. Danach können Sie das Projekt bearbeiten und erstellen.

Visual C++ legt zudem einige Arbeitsdateien an. Die folgende Tabelle 1.1 enthält eine Aufstellung der Dateien, die Visual C++ 6.0 im Arbeitsbereich erstellt:

Dateinamenserweiterung	Beschreibung
APS	Zur Unterstützung der Ansicht *Ressourcen*
BSC	Browser-Informationsdatei
CLW	Zur Unterstützung des Klassen-Assistent
DEP	Datei mit Informationen über Abhängigkeiten
DSP	Projektdatei[1]
DSW	Arbeitsbereichsdatei[1]
MAK	Externe Make-Datei
NCB	Zur Unterstützung der Ansicht *Klassen*
OPT	Enthält die Konfiguration des Arbeitsbereichs
PLG	Erstellungsprotokolldatei

Tabelle 1.1: *Dateinamenserweiterungen und Beschreibung des jeweiligen Dateityps.*

[1] Dürfen keinesfalls in einem Texteditor gelöscht oder bearbeitet werden!

Ressourcen-Editoren – Die Ansicht Ressourcen im Arbeitsbereich

Wenn Sie im Arbeitsbereichfenster von Visual C++ auf die Registerkarte *Ressourcen* klicken, können Sie eine Ressource zur Bearbeitung auswählen. Im Hauptfenster wird daraufhin der für den Ressourcentyp passende *Ressourcen-Editor* angezeigt. In diesem Fenster kann auch ein WYSIWYG-Editor für Menüs oder ein leistungsfähiger grafischer Editor für Dialogfelder angezeigt werden. Es enthält außerdem Tools zur Bearbeitung von Symbolen, Bitmaps und Zeichenfolgen. Mit Hilfe des Dialog-Editors können Sie neben den Standard-Windows-Steuerelementen und den neuen allgemeinen Steuerelementen von Windows (die in Visual C++ 6.0 erheblich erweitert worden sind) auch ActiveX-Steuerelemente einfügen. Kapitel 3 enthält Abbildungen der Ansicht *Ressourcen* und eines Ressourcen-Editors (nämlich des Dialog-Editors).

Jedes Projekt verfügt normalerweise über eine Ressourcenskriptdatei (RC), die im Textformat vorliegt und die Dialogfeld-, Zeichenfolgen- und Zugriffstasten-Ressourcen des Projekts beschreibt. Die RC-Datei enthält außerdem *#include*-Anweisungen, mit denen Ressourcen aus anderen Unterverzeichnissen eingebunden werden. Diese Ressourcen enthalten projektspezifische Elemente, wie etwa Bitmap- und Symboldateien (BMP- und ICO.Dateien), und Ressourcen, die von allen Visual C++-Programmen gemeinsam verwendet werden, wie beispielsweise Fehlermeldungstexte. RC-Dateien außerhalb der Ressourcen-Editoren zu bearbeiten ist nicht empfehlenswert. Mit den Ressourcen-Editoren können darüber hinaus EXE- und DLL-Dateien bearbeitet werden, so dass Sie mit Hilfe der Zwischenablage Ressourcen aus anderen Windows-Anwendungen, wie etwa Bitmaps und Symbole, übernehmen können.

C-/C++-Compiler

Der Compiler von Visual C++ kann sowohl C-Quelltext als auch C++-Quelltext verarbeiten. Er bestimmt die Sprache anhand der Dateinamenserweiterung. Die Erweiterung C zeigt an, dass es sich um einen C-Quelltext handelt. Die Erweiterungen *CPP* und *CXX* bezeichnen C++-Quelltext. Der Compiler ist kompatibel mit allen ANSI-Standards, einschließlich der neuesten Empfehlungen einer Arbeitsgruppe, die sich mit der Erstellung von C++-Bibliotheken beschäftigt, und verfügt über zusätzliche Microsoft-Erweiterungen. Vorlagen (Templates), Ausnahmen (Exceptions) und RTTI (Runtime Type Identification) werden in Visual C++ Version 6.0 uneingeschränkt unterstützt. Enthalten ist außerdem die Standard Template Library (STL), die jedoch nicht in die MFC-Bibliothek integriert ist.

Quelltext-Editor

Visual C++ 6.0 enthält einen ausgeklügelten Quelltext-Editor, der vielerlei Funktionen wie beispielsweise dynamische Syntaxfarbmarkierung, automatischer Einzug, Konfigurierung von Tastenkombinationen für eine Vielzahl verbreiteter Editoren (wie VI und EMACS) sowie formatierte Druckausgabe unterstützt. Visual C++ 6.0 ist durch ein bemerkenswertes neues Leistungsmerkmal namens *Automatische Vervollständigung von Anweisungen* erweitert worden. Wenn Sie eines der Microsoft Office-Produkte oder Microsoft Visual Basic verwendet haben, werden Sie diese Technologie bereits kennen. Bei Verwendung der neuen Bearbeitungsfunktion *Automatische Vervollständigung von Anweisungen* von Visual C++ 6.0 brauchen Sie nur noch den Anfang eines Programmbefehls einzugeben und der Editor zeigt Ihnen dann eine Liste der möglichen Vervollständigungen an, aus denen Sie wählen können. Diese Möglichkeit erweist sich beispielsweise als äußerst hilfreich, wenn Sie mit C++-Objekten arbeiten und den genauen Namen einer Member-Funktion oder eines Datenelements vergessen haben, denn die Liste enthält sie alle. Sie brauchen aufgrund dieser Funktion nicht länger Tausende von Win32-API-Namen im Gedächtnis zu behalten bzw. müssen nicht mehr so häufig auf das Online-Hilfesystem zurückgreifen.

Ressourcen-Compiler

Der Ressourcen-Compiler von Visual C++ liest eine ASCII-Ressourcenskriptdatei (RC) aus den Ressourcen-Editoren und erstellt daraus eine binäre RES-Datei für den Linker.

Linker

Der Linker liest die vom C/C++-Compiler und dem Ressourcen-Compiler erstellten OBJ- und RES-Dateien und greift auf den in den LIB-Dateien enthaltenen MFC-, Laufzeitbibliotheks- und Windows-Code zu. Der Linker erstellt daraus die EXE-Datei des Projekts. Die Option für inkrementelles Linken verkürzt die Ausführungszeit, wenn nur geringfügige Änderungen an den Quelltextdateien vorgenommen wurden. Die in den MFC-Header-Dateien enthaltenen *#pragma*-Anweisungen (spezielle Compiler-Anweisungen) geben an, welche Bibliotheksdateien erforderlich sind, so dass Sie dem Linker nicht ausdrücklich mitteilen müssen, welche Bibliotheken eingelesen werden sollen.

Debugger

Sollten Ihre Programm gleich beim ersten Mal laufen, brauchen Sie den Debugger nicht. Die meisten von uns werden aber sicherlich von Zeit zu Zeit einen Debugger benötigen. Der Debugger von Visual C++ ist zwar laufend verbessert worden, aber er kann Fehler nicht selbständig korrigieren. Der Debugger arbeitet eng mit Visual C++ zusammen, um sicherzustellen, dass Haltepunkte auf einem Datenträger gespeichert werden. Mit Hilfe von Symbolleistenschaltflächen können Sie Haltepunkte einfügen und entfernen sowie die schrittweise Ausführung von Anweisungen steuern. In Abbildung 1.3 können Sie den Visual C++-Debugger in Aktion sehen.

Beachten Sie, dass Sie in den Fenstern *Variablen* und *Überwachung* einen Objektzeiger erweitern können, um alle Datenelemente der abgeleiteten Klassen und der Basisklassen anzuzeigen. Wenn Sie den Mauszeiger über eine Variable bewegen, zeigt der Debugger den aktuellen Wert der Variablen in einem kleinen Fenster an. Um ein Programm mit dem Debugger bearbeiten zu können, müssen Sie bei der Erstellung des Projekts die Compiler- und Linker-Optionen so einstellen, dass Debugging-Informationen erzeugt werden.

In Visual C++ 6.0 ist das Debugging-Verfahren durch die neue Funktion *Bearbeiten und Fortfahren* weiter verbessert worden. *Bearbeiten und Fortfahren* ermöglicht es, eine Anwendung mit dem Debugger auszuführen, die Anwendung zu ändern und anschließend sofort mit dem Debugging des neuen Quelltexts fortzufahren. Dieses Leistungsmerkmal reduziert den für das Debugging erforderlichen Zeitaufwand drastisch, da es nun nicht mehr nötig ist, den Debugger manuell zu beenden, die Anwendung neu zu kompilieren und anschließend den Debugger erneut zu starten. Um diese Funktion zu verwenden, bearbeiten Sie einfach irgendeine Stelle im Quelltext mit dem Debugger und klicken dann auf die Schaltfläche *Fortfahren*. Visual C++ 6.0 kompiliert die Änderungen automatisch und startet dann den Debugger erneut.

Abbildung 1.3: *Die Ausgabefenster des Debuggers von Visual C++.*

MFC-Anwendungs-Assistent

Der MFC-Anwendungs-Assistent ist ein Code-Generator, der ein Arbeitsmodell für eine Windows-Anwendung mit Funktionen, Klassennamen und Quelltextdateinamen erstellt, die Sie mit Hilfe von Dialogfeldern festlegen. Während der Bearbeitung der Beispiele in diesem Buch werden Sie den MFC-Anwendungs-Assistenten ausgiebig verwenden. Verwechseln Sie den Anwendungs-Assistenten aber nicht mit älteren Code-Generatoren, die den gesamten Quelltext für eine Anwendung generieren. Der vom MFC-Anwendungs-Assistenten erstellte Quelltext ist minimalistischer Code. Die eigentliche Funktionalität steckt in den Basisklassen des MFC-Anwendungsgerüsts. Mit dem MFC-Anwendungs-Assistenten können Sie sehr rasch das Grundgerüst einer neuen Anwendung entwerfen.

Erfahrene Entwickler können eigene, benutzerdefinierte Anwendungs-Assistenten erstellen. Microsoft hat sein auf Makros basierendes System zur Erstellung von Projekten offen gelegt.

Wenn Sie zum Beispiel feststellen, dass Ihr Team mehrere Projekte mit einer Telekommunikationsschnittstelle erstellen muss, können Sie einen Spezial-Assistenten zur Automatisierung dieses Prozesses erstellen.

Klassen-Assistent

Der Klassen-Assistent ist ein Dienstprogramm (das als DLL implementiert ist), auf das Sie über das Menü *Ansicht* von Visual C++ zugreifen können. Der Klassen-Assistent erleichtert die mühselige Pflege des Visual C++-Klassencodes. Brauchen Sie eine neue Klasse, eine neue virtuelle Funktion oder eine neue Funktion zur Bearbeitung von Nachrichten? Kein Problem, der Klassen-Assistent erstellt den Prototyp, den Funktionsrumpf und (wenn nötig) den Code zum Verknüpfen der Windows-Nachricht mit dem Funktionsrumpf. Der Klassen-Assistent kann den von Ihnen geschriebenen Klassencode aktualisieren, wodurch die mit Code-Generatoren gewöhnlich auftretenden Wartungsprobleme vermieden werden können. Einige Funktionen des Klassen-Assistenten stehen in der Assistentenleiste von Visual C++ zur Verfügung (siehe Abbildung 1.2).

Quellcode-Browser

Wenn Sie eine Anwendung von Grund auf neu schreiben, haben Sie wahrscheinlich einen recht genauen Überblick über Ihre Quelltextdateien, Klassen und Methoden. Wenn Sie allerdings die Anwendung eines anderen Entwicklers übernehmen, brauchen Sie Hilfestellung. Mit dem Quellcode-Browser von Visual C++ (kurz: der Browser) können Sie eine Anwendung aus der Klassen- oder Funktionsperspektive statt aus der Dateiperspektive untersuchen (und bearbeiten). Er funktioniert ähnlich wie die »Inspektoren«, die in objektorientierten Bibliotheken, wie etwa Smalltalk, zur Verfügung stehen. Im Browser sind folgende Anzeigemodi verfügbar:

- **Definitionen und Referenzen** – Sie geben eine Funktion oder Variable, einen Typ, ein Makro oder eine Klasse an und sehen dann, wo das betreffende Element in Ihrem Projekt definiert und verwendet wird.
- **Diagramm »Aufrufe«** und **Diagramm »Aufrufende Funktion«** – Sie sehen für eine ausgewählte Funktion die grafische Darstellung der Funktionen, die sie aufruft, oder der Funktionen, die von ihr aufgerufen werden.
- **Abgeleitete Klassen und Elemente** und **Basisklassen und Elemente** – Hierbei handelt es sich um grafische Darstellungen der Klassenhierarchie. Für die ausgewählte Klasse werden die abgeleiteten Klassen beziehungsweise die Basisklassen sowie deren Elemente angezeigt. Sie können den Hierarchiebaum mit der Maus erweitern und reduzieren.
- **Dateigliederung** – In dieser Ansicht werden die Klassen, Funktionen und Methoden für eine ausgewählte Klasse zusammen mit den Stellen angezeigt, an denen diese innerhalb Ihres Projekts definiert und verwendet werden.

Abbildung 3.7 in Kapitel 3 zeigt ein typisches Quellcode-Browser-Fenster.

HINWEIS: Falls Sie in einer beliebigen Quelltextdatei die Zeilen neu anordnen, erzeugt Visual C++ eine neue Browser-Datenbank, sobald Sie das Projekt neu erstellen. Dadurch nimmt die Erstellung mehr Zeit in Anspruch.

Neben dem Browser ist in Visual C++ eine weitere Option zur Darstellung der Klassen verfügbar, die Registerkarte *Klassen*, die nicht auf die Browser-Datenbank angewiesen ist. Sie erhalten hier ein Baumdiagramm aller in Ihrem Projekt enthaltenen Klassen, in dem Member-Funktionen und Datenelemente angezeigt werden. Wenn Sie auf ein Element doppelklicken, wird der Quelltext sofort in den Editor geladen. Auf der Registerklasse *Klassen* werden jedoch, anders als im Browser, keine Informationen über die Hierarchie angezeigt.

Online-Hilfe

Mit der Version Visual C++ 6.0 ist das Hilfesystem in eine eigenständige Anwendung namens *MSDN Library Viewer* überführt worden. Dieses neue Hilfesystem basiert auf dem HTML-Format. Jedes Thema wird in einem eigenen HTML-Dokument behandelt. Alle Dokumente sind in Indexdateien zusammengestellt. Der *MSDN Library Viewer* verwendet Code von Microsoft Internet Explorer 4.0 und funktioniert wie der bekannte Internet-Browser. Die MSDN Library kann auf die Hilfedateien der Visual C++-CD-ROM (bei der Standardinstallation) oder der Festplatte zugreifen, und sie kann zudem HTML-Dateien aus dem Internet laden.

Für den Zugriff auf die Online-Hilfe stehen Ihnen in Visual C++ vier Auswahlmöglichkeiten zur Verfügung:

- **Buchtitel** – Wenn Sie den Befehl *Inhalt* aus dem Hilfemenü ? von Visual C++ auswählen, wird in der Anwendung MSDN Library die Registerkarte *Inhalt* aktiviert. Hier werden die Dokumentation von Visual Studio, die Dokumentationen zu Visual C++- und zum Win32 SDK sowie andere Informationen hierarchisch nach Buchtiteln und Kapiteln geordnet angezeigt.
- **Thema** – Wenn Sie den Befehl *Suchen* im Hilfemenü ? von Visual C++ auswählen, wird automatisch der *MSDN Library Viewer* geöffnet. Sie können dann auf die Registerkarte *Index* klicken und ein Schlüsselwort eingeben, um alle Themen und Artikel anzuzeigen, die zu diesem Begriff vorhanden sind.
- **Stichwort** – Wenn Sie den Befehl *Suchen* im Hilfemenü ? von Visual C++ auswählen, wird automatisch der *MSDN Library Viewer* geöffnet und das Register *Suchen* aktiviert. Sie können dann ein Stichwort oder eine Wortkombination eingeben und alle Themen anzeigen, in denen diese Wörter vorkommen.
- F1 – Diese Taste ist des Programmierers bester Freund. Sie brauchen den Mauszeiger einfach nur über einen Funktions-, Makro- oder Klassennamen zu bewegen und dann die Taste F1 zu drücken, und das Hilfessystem macht sich an die Arbeit. Falls der Name an mehreren Stellen gefunden wird, beispielsweise in der MFC- und in der Win32-Hilfedatei, wählen Sie das gewünschte Thema aus einem Listenfenster aus.

Auf welche Art und Weise Sie auch immer auf die Online-Hilfe zugreifen, Sie können jeden beliebigen Hilfetext in die Zwischenablage kopieren und in Ihr Programm einfügen.

Windows-Diagnosewerkzeuge

Visual C++ 6.0 enthält eine Reihe nützlicher Diagnosewerkzeuge. SPY++ bietet Ihnen eine Strukturansicht der Prozesse, Threads und Fenster Ihres Systems. Dieses Programm ermöglicht Ihnen außerdem, Nachrichten anzuzeigen und die Fenster von laufenden Anwendungen zu überprüfen. Mit PVIEW (PVIEW95 für Windows 95) können Sie fehlerhafte Prozesse löschen, die in der Task-Liste von Windows 95 nicht aufscheinen. (Der Windows NT-Task-Manager, den Sie durch einen Klick mit der rechten Maustaste auf die Symbolleiste öffnen können, ist eine Alternative zu PVIEW.) Visual C++ wird außerdem mit einem ganzen Sortiment von ActiveX-Dienstprogrammen ausgeliefert, wie z.B. ein Testprogramm für ActiveX-Steuerelemente (in Visual C++ 6.0 jetzt mit vollständigem Quelltext), den *Hilfe-Workshop* (mit Compiler), einen Bibliotheks-Manager, Viewer und Editoren für Binärdateien, einen Quelldatei-Profiler und andere Dienstprogramme.

Versionskontrolle

Während der Entwicklung von Visual C++ 5.0 hat Microsoft die Rechte an einem schon lange etablierten Produkt zur Versionskontrolle namens SourceSafe erworben. Dieses Produkt ist seitdem Bestandteil der Enterprise Edition von Visual C++ sowie in dem Produkt Visual Studio Enterprise Edition enthalten und in Visual C++ integriert, so dass Sie umfangreiche Softwareprojekte besser koordinieren können. Die Hauptkopie des Quelltextes eines Projekts wird an einer zentralen Stelle im Netzwerk gespeichert, und die Programmierer können einzelne Module abrufen, um sie zu aktualisieren. Die abgerufenen Module werden normalerweise auf der lokalen Festplatte des Programmierers gespeichert. Nachdem der Programmierer die bearbeiteten Module wieder in die »Zentrale« kopiert hat, können die übrigen Teammitglieder die Dateien auf ihren lokalen Festplatten mit der Zentralkopie abgleichen und auf den aktuellen Stand bringen. In Visual C++ können auch andere Versionskontrollsysteme integriert werden.

Sammlung der Komponenten und Steuerelemente

Die *Sammlung der Komponenten und Steuerelemente* von Visual C++, im folgenden kurz Komponentensammlung genannt, ermöglicht die gemeinsame Nutzung von Softwarekomponenten in verschiedenen Projekten. Die Komponentensammlung verwaltet drei unterschiedliche Modultypen:

- **ActiveX-Steuerelemente** – Wenn Sie ein ActiveX-Steuerelement (OCX – früher OLE-Steuerelement) installieren, wird dies in der Windows-Registrierung durch einen entsprechenden Eintrag vermerkt. Alle registrierten ActiveX-Steuerelemente werden in der Komponentensammlung angezeigt, so dass Sie sie in jedes beliebige Projekt einfügen können.
- **C++-Quelltextmodule** – Wenn Sie eine neue Klasse schreiben, können Sie den Code in die Komponentensammlung aufnehmen. Danach kann der Code ausgewählt und in andere Projekte kopiert werden. Es ist auch möglich, Ressourcen in die Komponentensammlung aufzunehmen.
- **Visual C++-Komponenten** – Sie können in die Komponentensammlung Werkzeuge aufnehmen, mit denen sich Projekte um Leistungsmerkmale erweitern lassen. Mit Hilfe einer solchen Komponente könnten Sie zum Beispiel neue Klassen, Funktionen, Datenelemente und Ressourcen in ein vorhandenes Projekt einfügen. Einige Komponenten werden von Microsoft als Bestandteil von Visual C++ ausgeliefert (z.B. die Komponenten Leerlaufzeit-Verarbeitung, Paletten-Unterstützung und Fensterteiler). Andere werden von anderen Software-Herstellern angeboten.

TIPP: Wenn Sie sich dazu entscheiden, eine der vorgefertigten Visual C++-Komponenten zu verwenden, testen Sie sie zuerst in einem Dummy-Projekt, um festzustellen, ob dies wirklich die gewünschte Komponente ist. Andernfalls ist es unter Umständen sehr schwierig, den einmal erzeugten Code aus Ihrem Projekt wieder zu entfernen.

Alle benutzerdefinierten Elemente der Komponentensammlung können aus OCX-Dateien importiert beziehungsweise in OCX-Dateien exportiert werden. Diese Dateien sind das Medium für die Verteilung und gemeinsame Nutzung von Visual C++-Komponenten.

MFC-Bibliothek Version 6.0

Die Microsoft Foundation Class-Bibliothek Version 6.0 (kurz MFC-Bibliothek) ist das eigentliche Thema dieses Buches. Sie definiert das Anwendungsgerüst, das Sie in den folgenden Kapitel genau kennen lernen werden. In Kapitel 2 beginnen Sie, mit echtem Code zu arbeiten, und Sie werden in einige der wichtigsten Konzepte eingeführt.

Microsoft Active Template Library

Die ActiveX Template Library (ATL) ist ein von der MFC unabhängiges Werkzeug zur Erstellung von ActiveX Steuerelementen. Sie können ActiveX-Steuerelemente sowohl mit der ATL- als auch mit der MFC-Bibliothek entwickeln. ATL-Steuerelemente sind allerdings erheblich kleiner und lassen sich daher schneller aus dem Internet laden. Die Kapitel 29 und 30 enthalten eine kurze Übersicht über die ATL und das Erstellen von ActiveX-Steuerelementen mit der ATL.

2 Das MFC-Anwendungsgerüst

Dieses Kapitel gibt Ihnen eine Einführung in die Version 6.0 des Microsoft Foundation Class-Anwendungsgerüstes, kurz MFC-Anwendungsgerüst genannt, und erläutert dessen Vorteile. Der Abschnitt *Beispiel für ein Anwendungsgerüst* enthält ein abgespecktes, aber voll funktionstüchtiges Programm für Microsoft Windows, das mit der MFC-Bibiliothek erstellt worden ist und es Ihnen erleichtern wird, die Grundlagen der Programmierung mit dem Anwendungsgerüst zu verstehen. Theoretische Ausführungen sind hier auf ein Minimum beschränkt. Die Abschnitte über Nachrichtenzuordnungen und über Dokumente und Ansichten enthalten jedoch wichtige Informationen, die zum Verständnis der Beispiele in den nachfolgenden Kapiteln hilfreich sind.

Wozu das Anwendungsgerüst verwenden?

Wenn Sie Windows-Anwendungen entwickeln wollen, müssen Sie sich zunächst einmal für eine Entwicklungsumgebung entscheiden. Wenn wir einmal davon ausgehen, dass Entwicklungssysteme für andere Sprachen, wie etwa Microsoft Visual Basic oder Borlands Delphi, für Sie nicht in Frage kommen, stehen Ihnen unter anderem die folgenden Möglichkeiten zur Auswahl:

- Sie programmieren in C mit der Win32-API.
- Sie schreiben eine eigene Windows-Klassenbibliothek in C++, die auf Win32 basiert.
- Sie arbeiten mit dem MFC-Anwendungsgerüst.
- Sie verwenden ein anderes Windows-gestütztes Anwendungsgerüst, wie beispielsweise die Object Windows Library (OWL) von Borland.

Wenn Sie bei Null anfangen, erfordern alle vier Optionen eine relativ lange Einarbeitungszeit. Auch wenn Sie bereits Win16- oder Win32-Programmierer sind, ist für die MFC-Bibliothek eine gewisse Einarbeitungszeit vonnöten. Seit ihrer Freigabe ist MFC zur wichtigsten Windows-Klassenbibliothek geworden. Aber selbst wenn Sie mit MFC vertraut sind, ist es sinnvoll, sich die Merkmale dieses Programmierwerkzeugs im Einzelnen vor Augen zu halten.

Die MFC-Bibliothek ist die Microsoft Windows-API für C++.
Wenn Sie der Prämisse zustimmen, dass C++ heute die Standardsprache für die ernsthafte Anwendungsentwicklung ist, müssen Sie auch folgern, dass es selbstverständlich ist, dass Windows eine C++-Programmierschnittstelle erhält. Und welche Oberfläche könnte da wohl besser geeignet sein als eine vom Windows-Hersteller Microsoft entwickelte Oberfläche? Diese Schnittstelle ist die MFC-Bibliothek.

Mit dem MFC-Anwendungsgerüst erstellte Anwendungen verfügen über eine Standardstruktur.
Jeder Programmierer, der ein größeres Projekt beginnt, strukturiert seinen Quelltext in bestimmter Weise. Problematisch ist allerdings, dass jeder Programmierer eine andere Struktur bevorzugt und dass es deswegen für neue Teammitglieder schwierig ist, diese Struktur zu erkennen und sich daran anzupassen. Das Anwendungsgerüst der MFC-Bibliothek verfügt über eine eigene Anwendungsstruktur, die sich in vielen Software-Umgebungen und Projekten bewährt hat. Wenn Sie mit Hilfe der MFC-Bibliothek ein Windows-Programm schreiben, können Sie sich beruhigt auf den Bahamas zur Ruhe setzen, da Sie sicher sein können, dass Ihre Mitarbeiter zu Hause Ihren Code mühelos pflegen und erweitern können.

Denken Sie jetzt aber nicht, dass Ihr Code durch die Struktur der MFC-Bibliothek inflexibel werden würde. Wenn Sie mit der MFC-Bibliothek arbeiten, können Sie jederzeit Win32-Funktionen aufrufen und die Vorteile von Windows optimal ausnutzen.

Mit dem Anwendungsgerüst erstellte Anwendungen sind klein und schnell.
In den alten 16-Bit-Zeiten konnten Sie eine eigenständige Windows-EXE-Datei mit einer Größe von weniger als 20 KB erstellen. Heutzutage sind Windows-Programme erheblich umfangreicher. Einer der Gründe hierfür liegt darin, dass für 32-Bit-Code weitaus mehr Platz benötigt wird. Selbst beim Speichermodell Large verwendet ein 16-Bit-Programm 16-Bit-Adressen für Stackvariablen und viele globale Variablen. Win32-Programme verwenden für alles 32-Bit-Adressen und arbeiten mit 32-Bit-Ganzzahlen, weil diese effizienter als 16-Bit-Ganzzahlen sind. Dazu kommt noch, dass der neue C++-Code für die Ausnahmebehandlung eine Menge Speicher verbraucht.

Das alte 20-KByte-Programm hatte weder andockbare Symbolleisten noch geteilte Fenster oder eine Möglichkeit zur Seitenansicht, und es hat auch keine Steuerelementcontainer unterstützt. Dies sind alles Merkmale, die Anwender von modernen Programmen erwarten. MFC-Programme sind umfangreicher, weil sie mehr leisten und besser aussehen. Glücklicherweise ist es heute sehr einfach, Anwendungen zu erstellen, in die der MFC-Code (und der C-Laufzeitcode) dynamisch eingebunden wird, so dass sich die Programmgröße wieder reduziert – von 192 KB auf etwa 20 KB! Natürlich brauchen Sie zur Unterstützung einige große DLLs im Hintergrund, aber das ist heutzutage eben nun einmal so.

Was die Geschwindigkeit betrifft, arbeiten Sie mit Maschinencode, der von einem optimierenden Compiler erzeugt worden ist. Programme werden zwar sehr schnell ausgeführt, Sie werden aber unter Umständen eine kleine Verzögerung beim Starten bemerken, die durch das Laden der unterstützenden DLLs verursacht wird.

Durch die Werkzeuge von Visual C++ ist das Schreiben des Programmcodes weniger mühselig.
Die Ressourcen-Editoren von Visual C++, der MFC-Anwendungs- und der Klassen-Assistent, sparen Ihnen beim Schreiben des für Ihre Anwendung erforderlichen Codes eine Menge Zeit. Der Ressourcen-Editor erstellt zum Beispiel eine Header-Datei, die bereits *#define*-Anweisungen mit den korrekten Werten für die Konstanten enthält. Der Anwendungs-Assistent generiert das Codegerüst für Ihre gesamte Anwendung, und der Klassen-Assistent erstellt Prototypen und den Funktionsrumpf für Nachrichtenbehandlungsroutinen.

Das MFC-Bibliothek-Anwendungsgerüst enthält eine Fülle von Leistungsmerkmalen.
Die Klassen der MFC-Bibliothek Version 1.0, die zusammen mit Microsoft C/C++ Version 7.0 ausgeliefert wurden, verfügten über folgende Leistungsmerkmale:

- Eine C++-Schnittstelle für die Windows API
  - Allgemeine (nicht Windows-spezifische) Klassen, wie unter anderem
  - Auflistungsklassen für Listen, Datenfelder (Arrays) und Zuordnungstabellen (Maps)
  - Eine nützliche und effiziente Stringklasse
  - Zeit-, Zeitspannen- und Datumsklassen
  - Dateizugriffsklassen, die Unabhängigkeit vom Betriebssystem boten
  - Unterstützung für die systematische Speicherung und den Abruf von Objekten auf bzw. von einem Datenträger
- Eine Klassenhierarchie mit einem »gemeinsamen Stammobjekt«
- Unterstützung von MDI-Anwendungen (MDI – Multiple Document Interface)
- Beschränkte Unterstützung für OLE Version 1.0

Die Klassen der MFC-Bibliothek Version 2.0 (im Lieferumfang von Visual C++ Version 1.0 enthalten) bauen auf den Klassen der Version 1.0 auf und unterstützen viele Benutzeroberflächenmerkmale, die sich in aktuellen Windows-Anwendungen finden. Außerdem wurde mit dieser Version die Anwendungsgerüst-Architektur eingeführt. Die folgende Aufstellung gibt einen Überblick über die wichtigsten Neuerungen:

- Uneingeschränkte Unterstützung der Befehle *Öffnen*, *Speichern* und *Speichern unter* und der Liste mit den zuletzt geöffneten Dateien im Menü *Datei*
- Seitenansicht und Druckerunterstützung
- Unterstützung von Bildlaufleisten und geteilten Fenstern
- Unterstützung von Symbol- und Statusleisten
- Zugriff auf Visual Basic-Steuerelemente
- Unterstützung kontextbezogener Hilfe
- Automatische Verarbeitung von Daten, die in Dialogfelder eingegeben werden
- Verbesserte Schnittstelle für OLE Version 1.0
- DLL-Unterstützung

Mit den Klassen der MFC-Bibliothek Version 2.5 (in Visual C++ Version 1.5) kamen folgende Leistungsmerkmale hinzu:

- Unterstützung von ODBC (Open Database Connectivity), so dass Anwendungen auf Daten, die in bekannten Datenbanken, wie beispielsweise Microsoft Access, FoxPro und Microsoft SQL Server, gespeichert sind, zugreifen und diese aktualisieren können
- Eine Schnittstelle für OLE Version 2.01, die die direkte Bearbeitung, die Objektverknüpfung, Drag & Drop und die OLE-Automatisierung unterstützt

Visual C++ Version 2.0 war die erste 32-Bit-Version des Produkts, die nebenbei auch Microsoft Windows NT Version 3.5 unterstützte. Dieses Produkt enthielt auch die MFC-Bibliothek Version 3.0, die über die folgenden neue Leistungsmerkmale verfügte:

- Unterstützung von Dialogfeldregistern (Eigenschaftenseiten); dieses Leistungsmerkmal wurde auch in Visual C++ Version 1.51 aufgenommen, das auf der gleichen CD-ROM enthalten war.
- Innerhalb der MFC implementierte, andockbare Steuerelement-Symbolleisten
- Unterstützung von Fenstern mit dünnem Rahmen
- Ein gesondertes Control Development Kit (CDK) zur Erstellung von 16-Bit- und 32-Bit-OLE-Steuerelementen (Unterstützung für OLE-Steuerlelement-Container wurde allerdings nicht geboten)

In der Subskriptionsausgabe Visual C++ 2.1 mit der MFC-Bibliothek Version 3.1 wurden die folgenden Merkmale hinzugefügt:

- Unterstützung der neuen allgemeinen Steuerelemente der Beta-Version von Windows 95
- Ein neuer, in die Access Jet-Datenbank-Engine integrierter ODBC-Level 2-Treiber
- Winsock-Klassen für die TCP/IP-Datenkommunikation

Microsoft hat Visual C++ Version 3.0 übersprungen und brachte als nächstes die Version 4.0 auf den Markt, um die Versionsnummern von C++ und der MFC-Bibliothek in Einklang zu bringen. Die MFC-Bibliothek Version 4.0 verfügt über die folgenden zusätzlichen Leistungsmerkmale:

- Neue OLE-gestützte DAO-Klassen (Data Access Objects) zur Verwendung mit der Jet-Engine
- Verwendung der andockbaren Steuerelement-Symbolleisten von Windows 95 statt der MFC-Steuerelement-Symbolleisten
- Vollständige Unterstützung der allgemeinen Steuerelemente der Version 1.0 von Windows 95 mit der neuen Strukturansicht und den Rich-Edit-Ansichtsklassen
- Neue Klassen zur Thread-Synchronisation
- Unterstützung für OLE-Steuerelement-Container

Visual C++ Version 4.2 enthielt die MFC-Bibliothek Version 4.2 mit den folgenden zusätzlichen Leistungsmerkmalen:

- WinInet-Klassen
- ActiveX-Dokumentserverklassen
- Synchrone und asynchrone ActiveX-Monikerklassen
- Verbesserte MFC-ActiveX-Steuerelementklassen mit Funktionen, wie beispielsweise fensterlose Aktivierung, optimierte Zeichenfunktionen und so weiter
- Verbesserte ODBC-Unterstützung durch die MFC, wie Funktionen zum Abruf von Datensatzgruppen und zur Datenübertragung ohne Bindung

Die Version 5.0 von Visual C++ enthielt MFC Version 4.21, bei der einige Bugs der Version 4.2 eliminiert wurden. Visual C++ 5.0 bot allerdings auch einige sehr nützliche neue Funktionen:

- Eine neu entwickelte integrierte Entwicklungsumgebung, das Developer Studio, das ein auf HTML basierendes Online-Hilfesystem enthielt und die Integration anderer Sprachen wie Java ermöglicht
- Die Active Template Library (ATL), mit der Sie leistungsfähige ActiveX-Steuerelemente für das Internet erstellen können
- C++-Sprachunterstützung für COM-Client-Programme (COM – Component Object Model) über die neue *#import*-Anweisung für Typbibliotheken, die in Kapitel 25 behandelt wird

Die neueste Ausgabe von Visual C++, die Version 6.0, enthält MFC 6.0. (Beachten Sie, dass die Versionsnummern nun wieder übereinstimmen.) Viele Merkmale der MFC-Bibliothek Version 6.0 ermöglichen es dem Entwickler, die neue Active-Plattform von Microsoft zu unterstützen, welche unter anderem folgende Leistungsmerkmale beinhaltet:

- MFC-Klassen zur Kapselung der neuen Windows-Standardsteuerelemente, die als Bestandteil von Internet Explorer 4.0 eingeführt worden sind.
- Unterstützung für Dynamic HTML. Letzteres ermöglicht dem MFC-Programmierer das Erstellen von Anwendungen, die dynamisch HTML-Seiten generieren und ändern können.
- Active-Dokument-Container, ein Merkmal, das die Einbeziehung von Active-Dokumenten in MFC-basierte Anwendungen erlaubt.
- Unterstützung für OLE DB-Consumer- und -Provider-Vorlagen sowie für die Datenbindung über ADO (Active Data Objects), was für Datenbankentwickler hilfreich ist, die die MFC oder ATL verwenden.

Einarbeitungszeit

Die oben aufgeführten Vorteile hören sich gut an, oder? Sie fragen sich jetzt wahrscheinlich insgeheim, ob es da nicht irgendwo einen Haken gibt, da man in der Regel nichts umsonst bekommt. Und da haben Sie recht! Wenn Sie das Anwendungsgerüst effizient nutzen wollen, müssen Sie es gründlich kennen lernen, und das braucht seine Zeit. Wenn Sie sich in C++, Windows und die MFC-Bibliothek (ohne OLE) einarbeiten müssen, brauchen Sie mindestens sechs Monate, bevor Sie wirklich produktiv arbeiten können. Interessanterweise dauert es genauso lange, mit der Win32-API alleine vertraut zu werden.

Wie ist das möglich, wo die MFC-Bibliothek doch so viel mehr bietet? Erstens können Sie viele Programmierdetails übergehen, die C-Win32-Programmierer lernen müssen. Aus eigener Erfahrung können wir sagen, dass man mit einem objektorientierten Anwendungsgerüst die Windows-Programmierung leichter erlernen kann – vorausgesetzt, man hat das Prinzip der objektorientierten Programmierung einmal verstanden.

Die MFC-Bibliothek ist nicht darauf ausgelegt, dem durchschnittlichen Anwender echte Windows-Programmierung zu ermöglichen. Programmierer von Windows-Anwendungen beziehen üblicherweise höhere Gehälter als andere Programmierer, und an dieser Situation wird sich nichts ändern. Die Einarbeitungszeit für die MFC-Bibliothek und die Leistungsfähigkeit des Anwendungsgerüsts sollten eigentlich sicherstellen, dass die Nachfrage nach MFC-Programmierern weiterhin hoch bleibt.

Was ist ein Anwendungsgerüst?

Eine Definition bezeichnet das *Anwendungsgerüst* als »integrierten Satz objektorientierter Software-Komponenten, der alles bietet, was für eine generische Anwendung benötigt wird«. Keine besonders nützliche Definition, nicht wahr? Wenn Sie genau wissen wollen, was ein Anwendungsgerüst ist, müssen Sie den Rest dieses Buches lesen. Das Beispiel, das Sie weiter hinten kennen lernen werden, bietet einen guten Ausgangspunkt.

Anwendungsgerüst im Vergleich zu Klassenbibliothek

Ein Grund für die Popularität der Programmiersprache C++ liegt darin, dass sie mit Hilfe von Klassenbibliotheken »erweitert« werden kann. Einige Klassenbibliotheken werden zusammen mit C++-Compilern ausgeliefert, andere werden von uanbhängigen Software-Herstellern vertrieben und wieder andere werden von den Programmierern selbst entwickelt. Eine Klassenbibliothek ist ein Satz verwandter C++-Klassen, die in einer Anwendung verwendet werden können. Eine Mathematik-Klassenbibliothek könnte zum Beispiel allgemeine mathematische Operationen durchführen, eine Kommunikations-Klassenbibliothek können beispielsweise die Übertragung von Daten über eine serielle Schnittstelle unterstützen. In manchen Fällen konstruieren Sie Objekte aus den bereitgestellten Klassen, manchmal leiten Sie Ihre eigenen Klassen ab – es kommt immer darauf an, wie die spezielle Klassenbibliothek gestaltet ist.

Ein Anwendungsgerüst ist sozusagen die »Obermenge« einer Klassenbibliothek. Während eine gewöhnliche Klassenbibliothek eine bestimmte Menge von Klassen enthält, die darauf ausgelegt sind, in eine beliebige Anwendung eingebaut zu werden, liefert ein Anwendungsgerüst die Struktur des eigentlichen Programms. Microsoft hat das Konzept des Anwendungsgerüsts nicht selbst erfunden. Es tauchte zunächst in der akademischen Welt auf, und die erste kommerzielle Version kam unter dem Namen *MacApp* für den Apple Macintosh auf den Markt. Seit der Einführung der MFC-Bibliothek Version 2.0 haben andere Unternehmen, einschließlich Borland, ähnliche Produkte auf den Markt gebracht.

Beispiel für ein Anwendungsgerüst

Genug der allgemeinen Ausführungen! Schauen wir uns lieber einen Quelltext an – keinen Pseudocode, sondern echten Quelltext, der tatsächlich zusammen mit der MFC-Bibliothek kompiliert und ausgeführt wird. Und nun dürfen Sie dreimal raten. Natürlich ist es das gute alte »Hello, world!«-Beispiel mit einigen Zusätzen. (Wenn Sie schon mit Version 1.0 der MFC-Bibliothek gearbeitet haben, sind Sie wahrscheinlich bis auf die Rahmenfenster-Basisklasse mit diesem Quelltext vertraut.) Es handelt sich hierbei um das Mindestmaß an Code für eine funktionierende, mit der MFC-Bibliothek erstellten Windows-Anwendung. (Vergleichen Sie dieses Beispiel mit einer gleichwertigen reinen Win32-Anwendung, die Sie beispielsweise in einem der Bücher von Petzold finden können.) Sie müssen jetzt noch nicht jede einzelne Codezeile verstehen. Machen Sie sich nicht die Mühe, diesen Quelltext einzugeben und zu testen, denn die Begleit-CD enthält ein ganz ähnliches Beispiel namens EX23B. Dort werden Sie anfangen, mit dem »echten« Anwendungsgerüst zu arbeiten.

HINWEIS: Die Klassennamen der MFC-Bibliothek beginnen gemäß allgemeiner Konvention mit dem Buchstaben C.

Das folgende Listing 2.1 enthält den Quelltext für der Header- und Implementierungsdateien unserer Anwendung MYAPP. Die Klassen *CMyApp* und *CMyFrame* sind jeweils von Basisklassen der MFC-Bibliothek abgeleitet. Es folgt die Header-Datei MyApp.h der Anwendung MYAPP.

```
// Anwendungsklasse
class CMyApp : public CWinApp
{
public:
    virtual BOOL InitInstance();
};

// Rahmenfensterklasse
class CMyFrame : public CFrameWnd
{
public:
    CMyFrame();
protected:
  // "afx_msg" deutet darauf hin, dass die nächsten beiden Funktionen
  // zum Nachrichtenverteilersystems der MFC-Bibliothek gehören
  afx_msg void OnLButtonDown(UINT nFlags, CPoint point);
  afx_msg void OnPaint();
  DECLARE_MESSAGE_MAP()
};
```

Listing 2.1: *Die Header-Datei MyApp.h der Anwendung MYAPP.*

Im folgenden Listing 2.2 sehen Sie die Implementierungsdatei *MyApp.cpp* der Anwendung MYAPP.

```
#include <afxwin.h> // Basisklasse wird in Header-Datei der MFC-Bibliothek deklariert
#include "myapp.h"

CMyApp theApp; // das einzige CMyApp-Objekt

BOOL CMyApp::InitInstance()
{
  m_pMainWnd = new CMyFrame();
  m_pMainWnd->ShowWindow(m_nCmdShow);

  m_pMainWnd->UpdateWindow();
  return TRUE;
}

BEGIN_MESSAGE_MAP(CMyFrame, CFrameWnd)
  ON_WM_LBUTTONDOWN()
  ON_WM_PAINT()
END_MESSAGE_MAP()

CMyFrame::CMyFrame()
{
  Create(NULL, "MYAPP Application");
}

void CMyFrame::OnLButtonDown(UINT nFlags, CPoint point)
{
```

```
   .cE("Entering CMyFrame::OnLButtonDown - %lx, %d, %d\n",
    (long) nFlags, point.x, point.y);
}

void CMyFrame::OnPaint()
{
  CPaintDC dc(this);
  dc.TextOut(0, 0, "Hello, world!");
}
```

Listing 2.2: *Die Datei MyApp.cpp der Anwendung MYAPP.*

Im Folgenden werden einige der Programmelemente beschrieben:

Die Funktion *WinMain* – Sie erinnern sich, dass Windows von einer Anwendung verlangt, dass sie die Funktion *WinMain* enthält. Sie können die Funktion *WinMain* hier nicht sehen, weil sie innerhalb des Anwendungsgerüsts verborgen ist.

Die Klasse *CMyApp* – Ein Objekt der Klasse *CMyApp* repräsentiert eine Anwendung. Das Programm definiert ein einziges globales *CMyApp*-Objekt, nämlich *theApp*. Die Basisklasse *CWinApp* bestimmt den Großteil des Verhaltens von *theApp*.

Anwendungsstart – Wenn der Benutzer die Anwendung startet, ruft Windows die im Anwendungsgerüst integrierte Funktion *WinMain* auf. *WinMain* wiederum sucht in einer von *CWinApp* abgeleiteten Klasse nach dem global definierten Anwendungsobjekt. Bedenken Sie, dass globale Objekte in einem C++-Programm vor der Ausführung des Hauptprogramms erstellt werden.

Die Member-Funktion *CMyApp::InitInstance* – Wenn die Funktion *WinMain* das Anwendungsobjekt gefunden hat, ruft sie die virtuelle Member-Funktion *InitInstance* auf, die die Aufrufe tätigt, die für den Aufbau und die Anzeige des Hauptrahmenfensters der Anwendung erforderlich sind. Sie müssen *InitInstance* in Ihrer abgeleiteten Anwendungsklasse überschreiben, weil die Basisklasse *CWinApp* nicht weiß, welche Art von Hauptrahmenfenster erstellt werden soll.

Die Member-Funktion *CWInApp::Run* – Die Funktion *Run* ist innerhalb der Basisklasse verborgen, sie leitet aber die Nachrichten der Anwendung an ihre Fenster weiter und hält daher die Anwendung am Laufen. *WinMain* ruft *Run* nach dem Aufruf von *InitInstance* auf.

Die Klasse *CMyFrame* – Ein Objekt der Klasse *CMyFrame* repräsentiert das Hauptrahmenfenster der Anwendung. Wenn der Konstruktor die Member-Funktion *Create* der Basisklasse *CFrameWnd* aufruft, erstellt Windows die eigentliche Fensterstruktur, und das Anwendungsgerüst verknüpft sie mit dem C++-Objekt. Die Funktionen *ShowWindow* und *UpdateWindow*, die ebenfalls Member-Funktionen der Basisklasse sind, müssen aufgerufen werden, um das Fenster anzuzeigen.

Die Funktion *CMyFrame::OnButtonDown* – Diese Funktion bietet eine kurze Vorschau auf die Nachrichtenverarbeitung der MFC-Bibliothek. Wir haben uns dafür entschieden, das Ereignis, das durch Drücken der linken Maustaste ausgelöst wird, einer Member-Funktion der Klasse *CMyFrame* zuzuordnen. Einzelheiten über die Nachrichtenzuordnung der MFC-Bibliothek werden Sie in Kapitel 4 kennen lernen. Fürs Erste müssen Sie nur wissen, dass diese Funktion aufgerufen wird, wenn der Anwender die linke Maustaste drückt. Die Funktion ruft das Makro TRACE der MFC-Bibliothek auf, um eine Nachricht im Debugger-Fenster anzuzeigen.

Die Funktion *CMyFrame::OnPaint* – Das Anwendungsgerüst ruft diese wichtige Member-Funktion der Klasse *CMyFrame* jedes Mal auf, wenn das Fenster aktualisiert werden muss: beim Start des Programms, wenn der Anwender die Größe des Fensters verändert und wenn das gesamte Fenster oder Teile davon, die verdeckt waren, in den Vordergrund verschoben werden. Die Anweisung *CPaintDC* hat mit der GDI (Graphics Device Interface) zu tun und wird in einem späteren Kapitel erklärt. Die Funktion *TextOut* zeigt den Text »Hello, world!« an.

Herunterfahren der Anwendung – Der Anwender fährt die Anwendung herunter, indem er das Hauptrahmenfenster schließt. Diese Aktion löst eine Reihe von Ereignissen aus, die damit enden, dass das Objekt *CMyFrame* entfernt wird, die Funktionen *Run* und *WinMain* beendet werden und das Objekt *CMyApp* gelöscht wird.

Sehen Sie sich das Codebeispiel noch einmal an! Versuchen Sie diesmal, die Struktur des Beispiels zu erkennen. Der größte Teil der Anwendungsfunktionalität ist in den MFC-Basisklassen *CWinApp* und *CFrameWnd* enthalten. Beim Schreiben von MYAPP sind wir einigen einfachen Strukturierungsregeln gefolgt und haben Schlüsselfunktionen in unsere abgeleiteten Klassen aufgenommen. C++ erlaubt uns, eine Menge Quelltext zu »borgen«, ohne ihn kopieren zu müssen. Betrachten Sie diese Möglichkeit einfach als eine Art Partnerschaft zwischen uns und dem Anwendungsgerüst. Das Anwendungsgerüst liefert die Struktur, und wir fügen den Quelltext hinzu, der der Anwendung ihren besonderen Charakter verleiht.

Inzwischen haben Sie wahrscheinlich erkannt, dass das Anwendungsgerüst mehr leistet als eine einfache Klassenbibliothek. Das Anwendungsgerüst definiert nicht nur die Struktur, sondern bietet auch mehr als nur C++-Basisklassen. Sie haben schon gesehen, wie die verborgene Funktion *WinMain* arbeitet. Andere Elemente unterstützen die Nachrichtenverarbeitung, die Diagnose, DLLs und so weiter.

MFC-Nachrichtenzuordnung

Sehen Sie sich die Member-Funktion *OnLButtonDown* in der vorigen Beispielanwendung noch einmal genauer an. Sie können sich wahrscheinlich gut vorstellen, dass *OnLButtonDown* ein idealer Kandidat für eine virtuelle Funktion wäre. Eine Fensterbasisklasse würde dann virtuelle Funktionen für Mausereignisse und andere Standardnachrichten definieren, und abgeleitete Fensterklassen würden diese Funktionen notwendigerweise überschreiben. Einige Windows-Klassenbibliotheken funktionieren tatsächlich so.

Das MFC-Anwendungsgerüst verwendet allerdings keine virtuellen Funktionen für Windows-Nachrichten, sondern Makros, mit deren Hilfe bestimmte Nachrichten Member-Funktionen von abgeleiteten Klassen zugeordnet werden. Warum werden keine virtuellen Funktionen verwendet? Nehmen wir einmal an, MFC würde virtuelle Funktionen für Nachrichten verwenden. Die Klasse *CWnd* würde dann virtuelle Funktionen für mehr als 110 Nachrichten deklarieren. C++ benötigt eine Zuordnungstabelle für virtuelle Funktionen, eine so genannte *vtable*, für jede in einem Programm verwendete abgeleitete Klasse. Jede *vtable*-Tabelle enthält für jede einzelne virtuelle Funktion einen 4 Byte langen Eintrag – egal, ob die Funktionen in der abgeleiteten Klasse tatsächlich überschrieben werden oder nicht. Die Anwendung würde daher für jeden einzelnen Fenster- oder Steuerelementtyp eine mehr als 440 Byte umfassende Tabelle zur Unterstützung der virtuellen Nachrichtenbehandlungsroutinen benötigen.

Wie sehen die Nachrichtenbehandlungsroutinen für Menübefehlsnachrichten und Nachrichten über Mausklicks aus? Sie könnten diese nicht als virtuelle Funktionen in einer Fenster-Basisklasse definieren, weil jede Anwendung über eine andere Menge an Menübefehlen und Schaltflächen verfügen kann. Das MFC-Nachrichtenzuordnungssystem vermeidet große vtable-Tabellen und unterstützt anwendungsspezifische Befehlsnachrichten neben den gewöhnlichen Windows-Nachrichten. Dieses System lässt außerdem zu, dass ausgewählte Klassen, die keine Fensterklassen sind, wie etwa Dokumentklassen und die Anwendungsklasse, die Befehlsnachrichten verarbeiten. Die MFC-Bibliothek verwendet Makros, um Windows-Nachrichten mit C++-Member-Funktionen zu verknüpfen (oder zuzuordnen). Erweiterungen der Sprache C++ sind daher nicht notwendig.

Eine MFC-Nachrichtenbehandlungsroutine benötigt einen Funktionsprototyp, einen Funktionsrumpf und einen Eintrag (Makroaufruf) in der Nachrichtenzuordnungstabelle. Der Klassen-Assistent hilft Ihnen dabei, Ihre Klassen mit Nachrichtenbehandlungsroutinen auszustatten. Sie wählen einfach eine Windows-Nachrichten-ID aus einem Listenfeld aus, und der Assistent erstellt den Quelltext mit den korrekten Funktionsparametern und Rückgabewerten.

Dokumente und Ansichten

Im vorhergehenden Beispiel wurde nur ein Anwendungs- und ein Rahmenfensterobjekt verwendet. Die meisten Ihrer MFC-Anwendungen werden sicherlich etwas komplexer ausfallen. Typischerweise werden sie Anwendungs- und Rahmenklassen sowie zwei andere Klassen enthalten, die das *Dokument* und die *Ansicht* repräsentieren. Diese so genannte *Dokument-Ansicht-Architektur* ist der Kern des Anwendungsgerüsts und basiert zum Teil auf den Modell/Ansicht/Controller-Klassen von Smalltalk.

Einfach ausgedrückt: Die Dokument-Ansicht-Architektur trennt die Daten von der Anwendersicht der Daten. Einer der offensichtlichsten Vorteile ist die Möglichkeit, mehrere Ansichten derselben Daten zu erzeugen. Stellen Sie sich ein Dokument vor, das aus den gesammelten Börsenkursen eines Monats besteht. Stellen Sie sich weiterhin vor, dass sowohl eine Tabellen- als auch eine Diagrammansicht zur Verfügung steht. Der Anwender aktualisiert alle Werte im Tabellenansichtsfenster. Das Diagrammansichtsfenster wird in diesem Fall automatisch geändert, weil beide Fenster dieselben Daten (in unterschiedlichen Ansichten) zeigen.

In einer MFC-Anwendung werden Dokumente und Ansichten durch Instanzen von C++-Klassen dargestellt. Abbildung 2.1 zeigt drei Objekte der Klasse *CStockDoc*, die den drei Unternehmen AT&T, IBM und GM entsprechen. Alle drei Objekte werden in der Tabellenansicht angezeigt. Ein Objekt wird darüber hinaus auch noch in einer Diagrammansicht dargestellt. Wie Sie sehen können, gibt es vier Ansichtsobjekte – drei Objekte der Klasse *CStockTableView* und ein Objekt der Klasse *CStockChartView.*

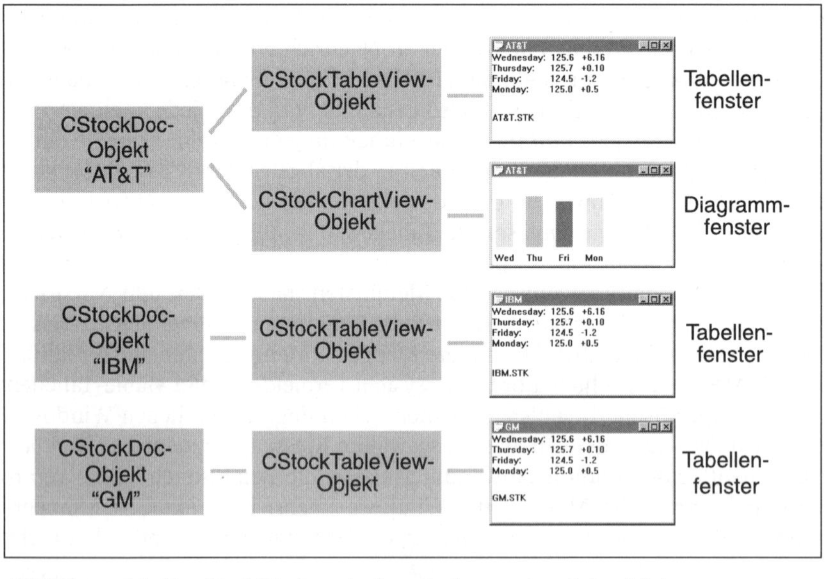

Abbildung 2.1: *Das Verhältnis zwischen Dokument und Ansicht.*

Der Code der Dokumentbasisklassen interagiert mit den Befehlen *Öffnen* und *Speichern* aus dem Menü *Datei*. Die abgeleitete Dokumentklasse erledigt das eigentliche Lesen und Schreiben der Daten des Dokumentobjekts. (Das Anwendungsgerüst sorgt für die Anzeige der Dialogfelder *Datei öffnen* und *Datei speichern* und das Öffnen, Schließen, Lesen und Schreiben der Dateien.) Die Ansichtsbasisklasse repräsentiert ein Fenster, das innerhalb eines Rahmenfensters enthalten ist. Die abgeleitete Ansichtsklasse interagiert mit ihrer zugehörigen Dokumentklasse und bearbeitet die Anzeige der Anwendung und die Druckereingabe/-ausgabe. Die abgeleitete Ansichtsklasse und ihre Basisklassen verarbeiten Windows-Nachrichten. Die MFC-Bibliothek sorgt für die reibungslose Zusammenarbeit zwischen Dokumenten, Ansichten, Rahmenfenstern und dem Anwendungsobjekt – zum größten Teil mit Hilfe virtueller Funktionen.

Glauben Sie aber nicht, dass das Dokumentobjekt mit einer Datei verknüpft sein muss, die vollständig in den Speicher eingelesen wird. Falls es sich bei dem »Dokument« beispielsweise in Wirklichkeit um eine Datenbank handelte, würden Sie die Member-Funktionen der gewählten Dokumentklasse überschreiben, und mit dem Menübefehl *Datei, Öffnen* würde eine Liste von Datenbanken statt einer normalen Dateiliste angezeigt.

Teil B
Die Ansichtsklassen der MFC-Bibliothek

Teil 2
Die Anwendungsklassen der

3 Einstieg mit dem MFC-Anwendungs-Assistenten – »Hello, world!«

In Kapitel 2 wurde die Dokument-Ansicht-Architektur der MFC-Bibliothek Version 6.0 kurz skizziert. Dieses praxisorientierte Kapitel zeigt, wie Sie eine funktionierende MFC-Anwendung erstellen, geht allerdings nicht auf die komplexen Details der Klassenhierarchie und der Objektbeziehungen ein. Sie werden hier lediglich mit einem Programmelement der Dokumentansicht arbeiten, nämlich der »Ansichtsklasse«, das mit Fenstern eng verknüpft ist. Für den Augenblick können Sie Elemente wie die Anwendungsklasse, das Hauptfenster und das Dokument außer Acht lassen. Natürlich wird die erstellte Anwendung nicht in der Lage sein, Daten auf der Festplatte zu speichern, und sie unterstützt auch keine Mehrfachansichten, aber in Teil C dieses Buches werden Sie ausgiebig Gelegenheit erhalten, diese Funktionen einzusetzen.

Da Ressourcen in Microsoft Windows-Anwendungen eine zentrale Bedeutung haben, werden Sie sich mit Hilfe der Registerkarte *Ressourcen* die Ressourcen des neu erstellten Programms auf dem Bildschirm genauer ansehen. Sie werden auch Tipps dazu bekommen, wie Sie Ihre Windows-Umgebung konfigurieren sollten, damit Programme schnell kompiliert werden und Sie optimale Debugging-Informationen erhalten.

ANFORDERUNGEN: Um die Beispiele aus diesem und den nachfolgenden Kapiteln nachvollziehen zu können, müssen Sie die Lieferversion von Microsoft Windows 95 oder Microsoft Windows NT Version 4.0 oder höher sowie sämtliche Komponenten von Microsoft Visual C++ Version 6.0 installiert haben. Vergewissern Sie sich, dass in Visual C++ die Verzeichnisse für ausführbare Dateien, Include-Dateien und Bibliotheksdateien korrekt eingestellt sind. (Sie können die Verzeichniseinstellungen über den Befehl *Optionen* aus dem Menü *Extras* ändern.) Falls Sie die nachfolgenden Arbeitsschritte nicht wie beschrieben nachvollziehen können, lesen Sie die Abschnitte mit Hinweisen zur Problembehebung in Ihrer Dokumentation zu Visual C++ und den Readme-Dateien.

Was versteht man unter einer Ansicht?

Aus der Sicht des Anwenders ist eine *Ansicht* ein gewöhnliches Fenster, das vom Anwender so wie alle Fenster in Windows-Anwendungen in der Größe verändert, verschoben und geschlossen werden kann. Aus der Sicht des Programmierers ist eine Ansicht ein C++-Objekt einer Objektklasse, die von der in der MFC-Bibliothek definierten Klasse *CView* abgeleitet ist. Wie bei jedem C++-Objekt wird das Verhalten des Ansichtsobjekts durch die Member-Funktionen (und Datenelemente) der Klasse bestimmt – sowohl durch die anwendungsspezifischen Funktionen der abgeleiteten Klasse als auch durch die Standardfunktionen, die von der Basisklasse vererbt wurden.

Mit Visual C++ können Sie interessante Windows-Anwendungen erstellen, indem Sie einfach Code in die abgeleitete Klasse einfügen, die vom Codegenerator des MFC-Anwendungs-Assistenten erstellt wird. Während der Ausführung Ihres Programms konstruiert das MFC-Anwendungsgerüst eine Objekt der abgeleiteten Ansichtsklasse und zeigt ein Fenster an, das mit dem C++-Ansichtsobjekt eng verknüpft ist. Wie in der C++-Programmierung allgemein üblich, wird der Code der Ansichtsklasse in zwei Quelltextmodule aufgeteilt – die Header-Datei (H) und die Implementierungsdatei (CPP).

SDI- oder MDI-Anwendung

Die MFC-Bibliothek unterstützt zwei unterschiedliche Anwendungstypen: SDI (Single Document Interface) und MDI (Multiple Document Interface). Eine SDI-Anwendung hat aus der Sicht des Anwenders nur ein Fenster. Falls solch eine Anwendung »Dokumente« von der Festplatte lädt und bearbeitet, kann zu einem Zeitpunkt immer nur ein Dokument geladen sein. Der Editor (früher Notizblock) aus dem Windows-Zubehör ist beispielsweise eine SDI-Anwendung. Eine MDI-Anwendung verfügt über *untergeordnete Fenster*, die jeweils einem einzelnen Dokument zugeordnet sind. Microsoft Word ist ein hervorragendes Beispiel für eine MDI-Anwendung.

Wenn Sie den MFC-Anwendungs-Assistenten aufrufen, um ein neues Projekt zu erstellen, ist MDI als Standardanwendungstyp eingestellt. In den ersten Beispielen dieses Buches werden Sie SDI-Anwendungen erstellen, da hier weniger Klassen und Funktionen erforderlich sind. Sie dürfen nicht vergessen, für diese Beispiele die Option *Einzelnes Dokument (SDI)* (im ersten Dialogfeld des MFC-Anwendungs-Assistenten) auszuwählen. Ab Kapitel 18 werden Sie MDI-Anwendungen generieren. Die Architektur des MFC-Anwendungsgerüsts gewährleistet, dass die meisten SDI-Beispiele einfach in MDI-Anwendungen umgewandelt werden können.

Die Minimalanwendung – EX03A

Der MFC-Anwendungs-Assistent generiert den Quelltext für eine funktionierende MFC-Anwendung. Diese Anwendung zeigt einfach ein leeres Fenster mit einem Menü an. Sie werden später Code einfügen, mit dem Objekte in das Fenster gezeichnet werden. Führen Sie die folgenden Arbeitsschritte aus, um die Anwendung zu erstellen:

1. **Führen Sie den MFC-Anwendungs-Assistenten aus, um den Quelltext der SDI-Anwendung zu generieren.**

Wählen Sie im Menü *Datei* von Visual C++ den Befehl *Neu*, und klicken Sie im Dialogfeld *Neu* auf das Register *Projekte* (siehe Abbildung 3.1).

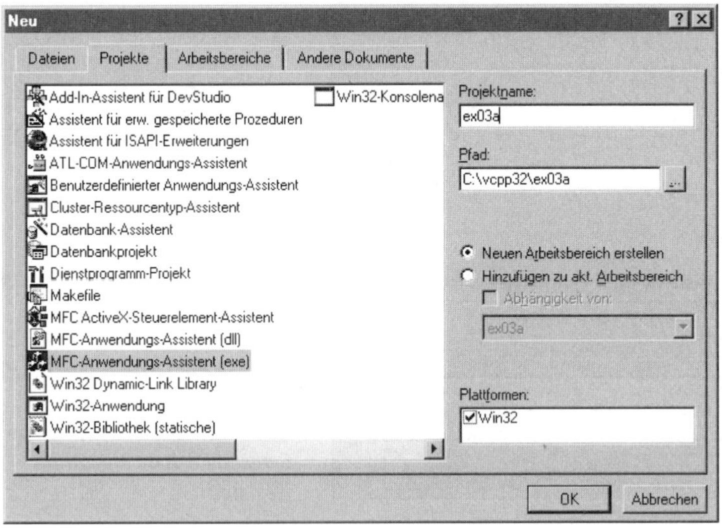

Abbildung 3.1: *Das Register* Projekte *des Dialogfelds* Neu.

Vergewissern Sie sich, dass die Option *MFC-Anwendungs-Assistent (exe)* ausgewählt ist, und geben Sie dann in das Eingabefeld *Pfad* **C:\vcpp32** ein. Geben Sie **ex03a** in das Eingabefeld *Projektname* ein (siehe Abbildung 3.1), und klicken Sie dann auf die Schaltfläche *OK*. Sie werden nun eine Reihe von Dialogfeldern des MFC-Anwendungs-Assistenten bearbeiten. Das erste dieser Dialogfelder ist in Abbildung 3.2 dargestellt.

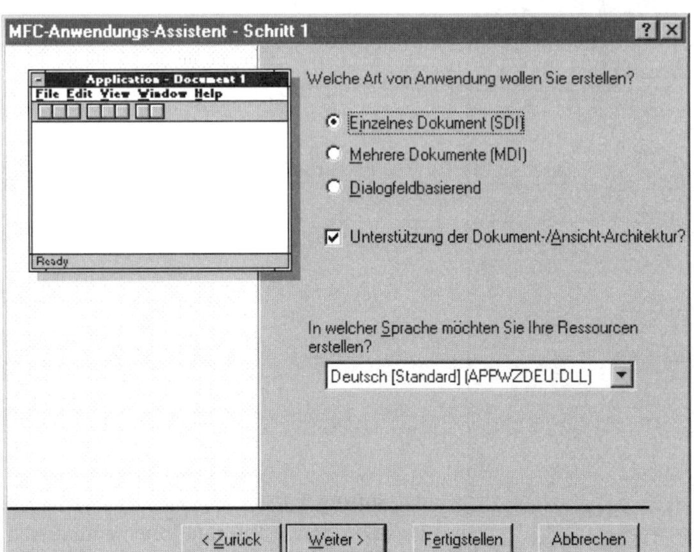

Abbildung 3.2: *Das Dialogfeld* MFS-Anwendungs-Assistent – Schritt 1.

Aktivieren Sie die Option *Einzelnes Dokument (SDI)*. Übernehmen Sie die Voreinstellungen in den nächsten vier Dialogfeldern. Das letzte Dialogfeld sollte wie in Abbildung 3.3 aussehen.

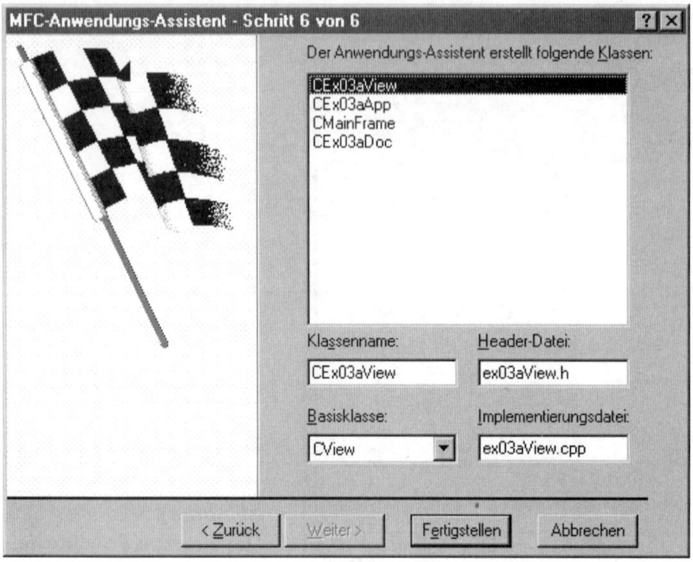

Abbildung 3.3:
Das Dialogfeld Schritt 6 von 6 *des MFS-Anwendungs-Assistenten.*

Beachten Sie, dass die Namen der Klassen und Quelltextdateien auf der Grundlage des Projektnamens *ex03a* generiert worden sind. Sie können diese Namen in diesem Dialogfeld ändern, wenn Sie möchten. Klicken Sie auf die Schaltfläche *Fertigstellen*. Unmittelbar bevor der MFC-Anwendungs-Assistent den Quelltext erzeugt, zeigt er das Dialogfeld *Informationen zum neuen Projekt* an, das in Abbildung 3.4 dargestellt ist.

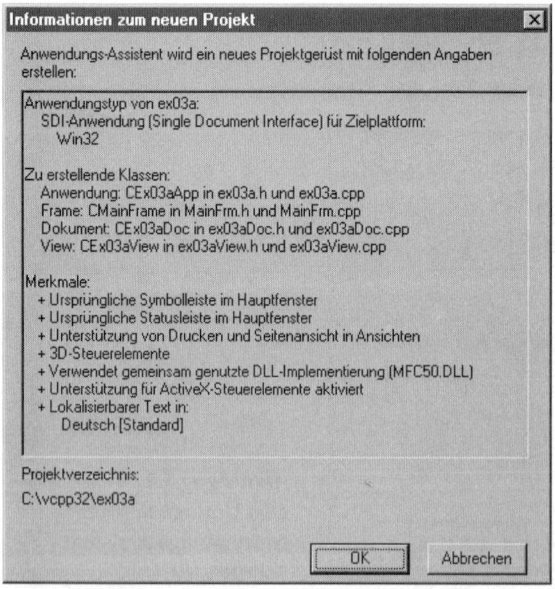

Abbildung 3.4:
Das Dialogfeld Informationen zum neuen Projekt.

Wenn Sie auf die Schaltfläche *OK* klicken, legt der MFC-Anwendungs-Assistent das Unterverzeichnis für Ihre Anwendung (*ex03a* unter *vcpp32*) und eine Reihe von Dateien in diesem Unterverzeichnis an. Sehen Sie sich dieses Unterverzeichnis an, sobald der MFC-Anwendungs-Assistent die Dateien fertig gestellt hat. Die folgenden Dateien sind (vorerst) von Interesse:

Datei	Beschreibung
ex03a.dsp	Eine Projektdatei, die Visual C++ zur Erstellung der Anwendung benötigt
ex03a.dsw	Eine Arbeitsbereichdatei, die in diesem Beispiel nur einen Eintrag für ex03a.dsp enthält
ex03a.rc	Eine Ressourcenskriptdatei im ASCII-Format
ex03aView.cpp	Eine Datei zur Implementierung der Ansichtsklasse, die die Member-Funktionen der Klasse *CEx03aView* enthält
Ex03aView.h	Die Header-Datei einer Ansichtsklasse, die die Deklaration der Klasse *CEx03aView* enthält
ex03a.opt	Eine Binärdatei, in der Visual C++ mitgeteilt wird, welche Dateien in diesem Projekt geöffnet sind und wie die Fenster angeordnet sind (Diese Datei wird erst beim Speichern des Projekts angelegt.)
ReadMe.txt	Eine Textdatei, die die Funktion der generierten Dateien beschreibt
resource.h	Eine Header-Datei mit den *#define*-Konstantendefinitionen

Tabelle 3.1: *Vom MFC-Anwendungs-Assistenten generierte Dateien.*

Öffnen Sie die Dateien *ex03aView.cpp* und *ex03aView.h*, und sehen Sie sich den Quelltext an. Mit diesen beiden Dateien wird die Klasse *CEx03aView* definiert, die für diese Anwendung von zentraler Bedeutung ist. Ein Objekt der Klasse *CEx03aView* repräsentiert das Ansichtsfenster der Anwendung, in dem alle »Aktionen« stattfinden.

2. Kompilieren und linken Sie den generierten Code.
Der MFC-Anwendungs-Assistent generiert nicht nur Code, sondern erstellt auch eigene Projekt- und Arbeitsbereichdateien für Ihre Anwendungen. Die Projektdatei ex03a.dsp beschreibt alle Abhängigkeiten zwischen den Dateien und verzeichnet die Compiler- und Linkereinstellungen. Da in Visual C++ ein neues Projekt immer das aktuelle Projekt bildet, können Sie Ihre Anwendung jetzt erstellen, indem Sie im Menü *Erstellen* den Befehl *ex03a.exe erstellen* wählen oder in der Symbolleiste auf die Schaltfläche *Erstellen* klicken, die in Abbildung 3.5 dargestellt ist.

Abbildung 3.5:
Die Schaltfläche Erstellen.

Falls die Anwendung fehlerfrei erstellt werden kann, wird im Verzeichnis ein neues Unterverzeichnis namens *Debug* erstellt und darin ein ausführbares Programm namens ex03a.exe angelegt. Die OBJ-Dateien und andere Arbeitsdateien werden ebenfalls im Verzeichnis *Debug* gespeichert. Vergleichen Sie die auf der Festplatte enthaltene Verzeichnisstruktur mit der Darstellung auf Registerkarte *Dateien* des Fensters *Arbeitsbereich* (siehe Abbildung 3.6).

Auf der Registerkarte *Dateien* sind die Dateien des Projekts logisch geordnet. Die Header-Dateien werden unter der Überschrift *Header-Dateien* aufgeführt, obwohl sie sich im gleichen Verzeichnis wie die CPP-Dateien befinden. Die Ressourcendateien werden im Unterverzeichnis \res gespeichert.

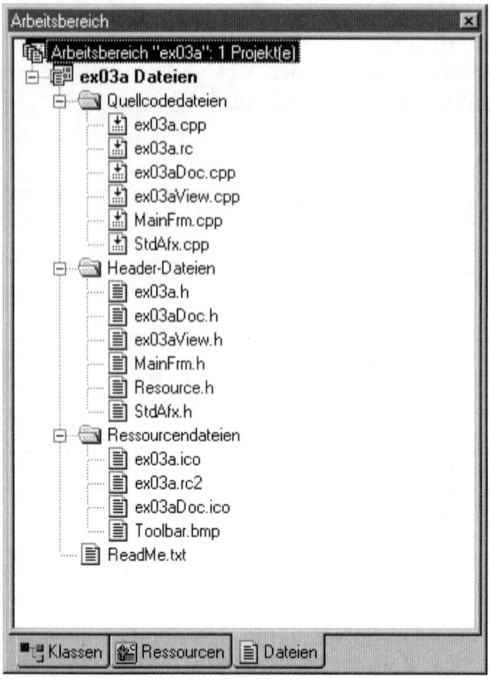

Abbildung 3.6:
Die Registerkarte Dateien *des Fensters* Arbeitsbereich.

3. Testen Sie die erstellte Anwendung.
Wählen Sie im Menü *Erstellen* den Befehl *Ausführen von ex03a*. Probieren Sie das Programm aus. Es kann wirklich nicht viel. (Aber was kann man auch erwarten, wenn man keine Zeile Code schreibt?) Das Programm verfügt eigentlich über eine ganze Menge Funktionen – Sie haben sie bislang nur noch nicht aktiviert. Schließen Sie das Anwendungsfenster, wenn Sie vom Experimentieren genug haben.

4. Sehen Sie sich den Quelltext der Anwendung an.
Wählen Sie im Menü *Extras* den Befehl *Quellcode-Browser*. Wenn in Ihren Projekteinstellungen die Optionen zur Erstellung von Browse-Informationen nicht aktiviert sind, blendet Visual C++ die Rückfrage ein, ob diese Einstellungen geändert werden sollen, und kompiliert das Programm erneut, um Browse-Informationen zu erzeugen. (Sie können diese Einstellungen selbst ändern, indem Sie im Menü *Projekt* den Befehl *Einstellungen* wählen, dann auf der Seite *C/C++* die Option *Browse-Info generieren* und auf der Seite *Browse-Information* die Option *Browse-Informationsdatei erstellen* markieren.)

Wählen Sie im Fenster *Durchsuchen* die Option *Basisklassen und Elemente*, und geben Sie in das Eingabefeld *Bezeichner* **CEx03aView** ein. Nachdem Sie den Hierarchiebaum erweitert haben, sollte das Fenster etwa wie in Abbildung 3.7 aussehen.
Vergleichen Sie die Browser-Darstellung mit der Registerkarte *Klassen* des Fensters *Arbeitsbereich* (siehe Abbildung 3.8).

Aus der Registerkarte *Klassen* geht die Klassenhierarchie nicht hervor. Allerdings müssen für diese Darstellung auch keine Zusatzinformationen erzeugt werden. Falls die Darstellung der Registerkarte *Klassen* für Ihre Zwecke genügt, können Sie sich die Erstellung der Browser-Datenbank sparen.

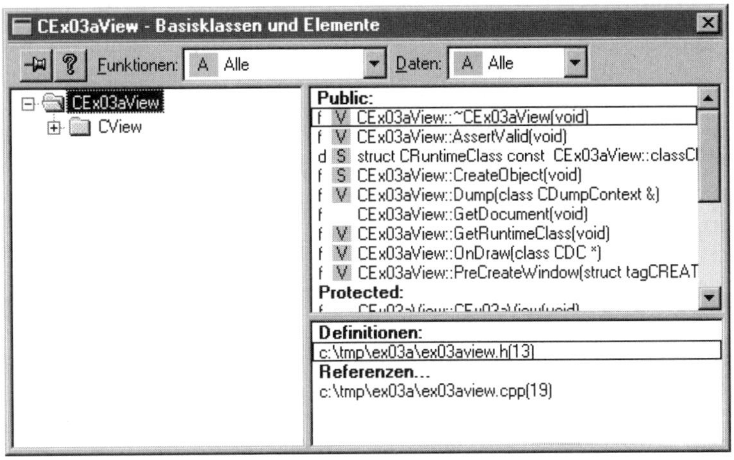

Abbildung 3.7:
Die Darstellung der Basisklassen und Elemente im Quellcode-Browser.

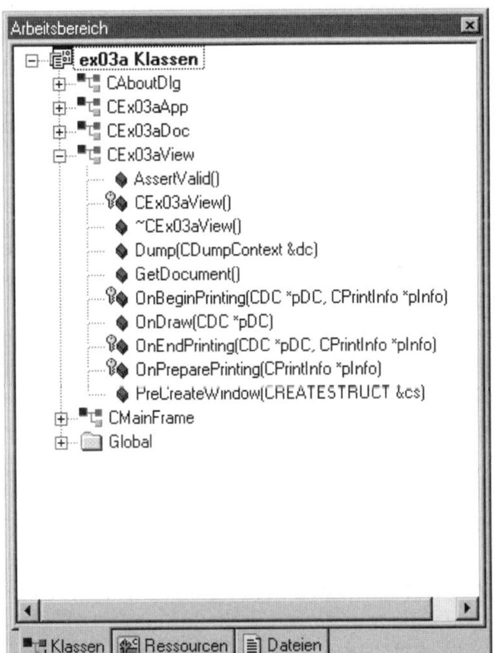

Abbildung 3.8:
Die Registerkarte Klassen *im Fenster* Arbeitsbereich.

Die Ansichtsklasse CEx03aView

Der MFC-Anwendungs-Assistent hat die Ansichtsklasse *CEx03aView* generiert, und diese Klasse ist der Anwendung EX03A eigen. (Der MFC-Anwendungs-Assistent erzeugt Klassen auf der Grundlage des Projektnamens, den Sie im ersten Dialogfeld des MFC-Anwendungs-Assistenten eingegeben haben.) *CEx03aView* befindet sich am Ende eines langen Stammbaums von MFC-Bibliotheksklassen, der in Abbildung 3.7 im Fenster *Durchsuchen* zu sehen war. Diese Klasse greift auf Member-Funktionen und Datenelemente verschiedener abgeleiteten Klassen des gesamten Hierarchiebaums zu. Sie können in der Referenz zur *Microsoft Foundation Class Library* (in der Online- oder der gedruckten Ausgabe) nähere Angaben zu diesen Klassen nachschlagen. Schlagen Sie unter den Basisklassen nach, da die Member-Funktionen in der Regel nur bei den Basisklassen beschrieben werden und nicht auch bei den abgeleiteten Klassen, die diese Member-Funktionen erben.

Die wichtigsten Basisklassen von *CEx03aView* heißen *CWnd* und *CView*. *CWnd* ist für die »Fensternatur« von *CEx03aView* verantwortlich, und *CView* stellt die Verbindung zum restlichen Anwendungsgerüst her, insbesondere zum Dokument und zum Rahmenfenster, was in Teil C dieses Buches näher erläutert wird.

Im Ansichtsfenster zeichnen – Die Windows-GDI

Sie können nun Code schreiben, um innerhalb des Ansichtsfensters zu zeichnen. Dazu werden Sie am Quellcode von EX03A einige Änderungen vornehmen.

Die Member-Funktion OnDraw

Sie werden vor allem die Funktion *OnDraw* in ex03aView.cpp bearbeiten. *OnDraw* ist eine virtuelle Member-Funktion der Klasse *CView*, die vom Anwendungsgerüst immer dann aufgerufen wird, wenn das Ansichtsfenster neu gezeichnet werden muss. Ein Fenster muss neu gezeichnet werden, wenn der Anwender die Fenstergröße verändert oder einen zuvor verborgenen Teil des Fensters in den Vordergrund verschiebt oder wenn die Anwendung die im Fenster dargestellten Daten ändert. Wenn der Anwender die Fenstergröße ändert oder einen zuvor nicht sichtbaren Fensterbereich anzeigt, ruft das Anwendungsgerüst die Funktion *OnDraw* auf. Werden die Fensterdaten jedoch von einer Funktion Ihres Programms verändert, muss Windows durch einen Aufruf der Member-Funktion *Invalidate* (oder *InvalidateRect*), die die Ansicht von der Klasse *CWnd* erbt, über die Änderungen informiert werden. Dieser Aufruf von *Invalidate* löst nachfolgend einen Aufruf von *OnDraw* aus.

Obwohl Sie jederzeit Zeichenoperationen innerhalb eines Fensters ausführen können, ist es ratsam, Änderungen der Fensterdaten zu sammeln und das Fenster dann in einem Arbeitsgang mit der Funktion *OnDraw* neu zu zeichnen. Ihr Programm kann auf diese Weise sowohl auf vom Programm generierte Ereignisse als auch auf Windows-Ereignisse wie Größenänderungen reagieren.

Windows-Gerätekontext

In Kapitel 1 haben Sie bereits erfahren, dass Windows keinen direkten Zugriff auf die Anzeige-Hardware zulässt, sondern über eine dem Fenster zugeordnete Abstraktionsebene namens *Gerätekontext* mit der Hardware kommuniziert. In der MFC-Bibliothek ist der Gerätekontext als C++-Objekt der Klasse *CDC* definiert, das der Funktion *OnDraw* (als Zeiger) als Parameter übergeben wird. Sobald Sie über einen Gerätekontextzeiger verfügen, können Sie zum Zeichnen zahlreiche Member-Funktionen der Klasse *CDC* aufrufen.

Zeichenfunktionen in das Programm EX03A einfügen

Wir wollen jetzt den Quellcode schreiben, mit dem etwas Text und ein Kreis in das Ansichtsfenster gezeichnet wird. Überprüfen Sie, ob das Projekt EX03A in Visual C++ geöffnet ist. Sie können mit Hilfe des Registers *Klassen* des Fensters *Arbeitsbereich* den Quellcode der Funktion suchen (doppelklicken Sie auf *OnDraw*), oder Sie können die Quelltextdatei *ex03aView.cpp* aus dem Register *Dateien* heraus öffnen und selbst nach der Funktion suchen.

1. Bearbeiten Sie die Funktion *OnDraw* in der Datei ex03aView.cpp.
Suchen Sie in der Datei *ex03aView.cpp* die vom MFC-Anwendungs-Assistenten generierte Funktion *OnDraw*:

```
void CEx03aView::OnDraw(CDC* pDC)
{
  CEx03aDoc* pDoc = GetDocument();
  ASSERT_VALID(pDoc);

  // ZU ERLEDIGEN: Hier Code zum Zeichnen der ursprünglichen Daten hinzufügen
}
```

Ersetzen Sie den Code zwischen den geschweiften Klammern durch den fett gedruckten Code:

```
void CEx03aView::OnDraw(CDC* pDC)
{
  pDC->TextOut(0, 0, "Hello, world!");  // Ausgabe in Standardschrift und
                                        // Schriftgröße in oberer, linker Fensterecke
  pDC->SelectStockObject(GRAY_BRUSH);   // Auswahl eines Pinsels zum Zeichnen der
                                        // Kreisfläche
  pDC->Ellipse(CRect(0, 20, 100, 120)); // Grauen Kreis mit einem Durchmesser von
                                        // 100 Einheiten zeichnen
}
```

Sie können den Aufruf von *GetDocument* bedenkenlos entfernen, da wir uns hier noch nicht mit Dokumenten befassen. Bei den Funktionen *TextOut*, *SelectStockObject* und *Ellipse* handelt es sich um Member-Funktionen der Gerätekontextklasse *CDC* des Anwendungsgerüsts. Die Funktion *Ellipse* zeichnet einen Kreis, wenn das Begrenzungsrechteck ein Quadrat ist.

Die MFC-Bibliothek enthält eine praktische Hilfsklasse namens *CRect* für Windows-Rechtecke. Ein temporäres *CRect*-Objekt wird der Zeichenfunktion als Parameter für das Begrenzungsrechteck übergeben. Die Klasse *CRect* wird Ihnen in einer ganzen Reihe von Beispielen in diesem Buch begegnen.

2. Kompilieren Sie EX03A erneut, und testen Sie das Programm.
Wählen Sie im Menü *Erstellen* den Befehl *Alles neu erstellen*, und testen Sie die Anwendung nochmals, sofern keine Compilerfehler aufgetreten sind. Sie haben nun ein Programm, das augenscheinlich etwas tut!

Hinweis für Win32-Programmierer

Lassen Sie sich versichern, dass die Windows-Standardfunktion *WinMain* und die Fensterprozeduren im Anwendungsgerüst verborgen sind. Sie werden diesen Funktionen später in diesem Buch begegnen, wenn die Rahmen- und Anwendungsklassen der MFC-Bibliothek behandelt werden. In der Zwischenzeit haben sich wahrscheinlich gefragt, was mit der Nachricht WM_PAINT geschehen ist. Man würde erwarten, dass das Fenster in Reaktion auf diese Windows-Nachricht neu gezeichnet wird und dass der Gerätekontextzeiger in einer von der Windows-Funktion *BeginPaint* übergebenen *PAINTSTRUCT*-Struktur enthalten ist. ▸

Es ist aber nun einmal so, dass das Anwendungsgerüst Ihnen diese mühselige Kleinarbeit bereits abgenommen und einen Gerätekontext (in Form eines Objektzeigers) in der virtuellen Funktion *OnDraw* zur Verfügung gestellt hat. Wie bereits in Kapitel 2 angemerkt, sind in der MFC-Bibliothek virtuelle Funktionen in Fensterklassen eine echte Rarität. Die Nachrichtenzuordnungsfunktionen der MFC-Bibliothek, die vom Anwendungsgerüst bereitgestellt werden, verarbeiten die meisten Windows-Nachrichten. Programmierer, die mit der MFC Version 1.0 gearbeitet haben, haben stets die Nachrichtenzuordnungsfunktion *OnPaint* für ihre abgeleiteten Fensterklassen definiert. Ab der Version 2.5 wurde die Funktion *OnPaint* jedoch in der Klasse *CView* verarbeitet, und die Funktion führt hier einen polymorphen Aufruf von *OnDraw* aus. Warum? Weil die Funktion *OnDraw* sowohl die Druckerausgabe als auch die Ausgabe auf dem Bildschirm unterstützen muss. Sowohl *OnPaint* als auch *OnPrint* rufen *OnDraw* auf, so dass mit demselben Zeichencode sowohl Drucker- als auch Bildschirmausgaben generiert werden können.

Vorschau auf die Ressourcen-Editoren

Sie haben jetzt ein vollständiges Anwendungsprogramm, und somit ist es an der Zeit, die Ressourcen-Editoren kurz anzusehen. Obwohl das Ressourcenskript ex03a.rc der Anwendung als ASCII-Datei vorliegt, sollten Sie diese Datei nicht in einem Texteditor bearbeiten. Hierzu ist der Ressourcen-Editor da.

Der Inhalt von ex03a.rc

Die Ressourcendatei bestimmt maßgeblich das Erscheinungsbild der Anwendung EX03A. Die Datei ex03a.rc enthält (oder verweist auf) die nachfolgend in Tabelle 3.2 aufgeführten Windows-Ressourcen:

Ressource	Beschreibung
Accelerator	Definitionen der Tasten, die zur Auswahl von Menübefehlen und Symbolleisten-Schaltflächen dienen.
Dialog	Layout und Inhalt der Dialogfelder. Die Anwendung EX03A enthält lediglich das Dialogfeld *Info*.
Icon	Symbole (in den Größen 16x16 Pixel und 32x32 Pixel), wie das Anwendungssymbol, das im Microsoft Windows Explorer und im Dialogfeld *Info* der Anwendung angezeigt wird. Als Anwendungssymbol von EX03A wird das MFC-Logo verwendet.
Menu	Das Hauptmenü der Anwendung und die zugehörigen Popup-Menüs.
String Table	Zeichenfolgen, die nicht zum C++-Quellcode gehören.
Toolbar	Die Leiste mit Schaltflächen, die sich unmittelbar unter dem Menü befindet.
Version	Programmbeschreibung, Versionsnummer, Sprache usw.

Tabelle 3.2: *Ressourcen der Anwendung EX03A*

Neben den oben aufgeführten Ressourcen enthält die Datei ex03a.rc die folgenden Anweisungen:

```
#include  "afxres.h"
#include  "afxres.rc"
```

Mit diesen Anweisungen werden einige MFC-Bibliotheksressourcen eingebunden, die von allen Anwendungen genutzt werden. Zu diesen Ressourcen gehören Zeichenfolgen, grafische Schaltflächen und Komponenten, die für das Drucken und für OLE erforderlich sind.

HINWEIS: Falls Sie die DLL-Version der MFC-Bibliothek verwenden, sind diese gemeinsam genutzten Ressourcen in der MFC-DLL enthalten.

Die Datei ex03a.rc enthält zudem folgende Anweisung:

```
#include  "resource.h"
```

Mit dieser Anweisung werden die *#define*-Konstanten der Anwendung eingebunden, namentlich *IDR_MAINFRAME* (bezeichnet Menü, Symbol, Zeichenfolgentabelle und Zugriffstastentabelle), *IDR_EX03ATYPE* (bezeichnet das Standardsymbol für Dokumente, das in diesem Programm jedoch nicht verwendet wird) und *IDD_ABOUTBOX* (bezeichnet das Dialogfeld *Info*). Die gleiche resource.h-Datei wird indirekt in die Quelltextdateien der Anwendung eingebunden. Wenn Sie mit einem Ressourcen-Editor weitere Konstanten (Symbole) hinzufügen, finden sich die Definitionen schließlich in der Datei resource.h. Seien Sie vorsichtig, wenn Sie diese Datei im Textmodus bearbeiten, da Ihre Änderungen vom Ressourcen-Editor überschrieben werden können.

Den Editor für Dialog-Ressourcen starten

1. Öffnen Sie die RC-Datei des Projekts.
Klicken Sie im Arbeitsbereichsfenster auf die Registerkarte *Ressourcen*. Nachdem Sie die einzelnen Einträge erweitert haben, sollte die Ressourcen-Ansicht so wie in Abbildung 3.9 aussehen.

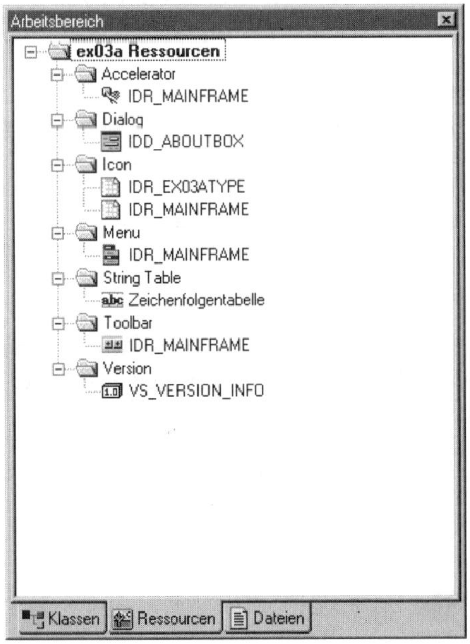

Abbildung 3.9:
Die Registerkarte Ressourcen *des Fensters* Arbeitsbereich.

2. Untersuchen Sie die einzelnen Ressourcen der Anwendung.
Nehmen Sie sich etwas Zeit, um die einzelnen Ressourcen zu betrachten. Wenn Sie eine Ressource durch Doppelklicken auswählen, wird ein weiteres Fenster eingeblendet, das die zur Bearbeitung der Ressource geeigneten Werkzeuge enthält. Wenn Sie auf eine Dialogressource doppelklicken, sollte daher die Symbolleiste *Steuerelemente* eingeblendet werden. Ist dies nicht der Fall, klicken Sie mit der rechten Maustaste auf irgendeine Symbolleiste, und markieren Sie *Steuerelemente*.

3. Modifizieren Sie das Dialogfeld IDD_ABOUTBOX.
Verändern Sie das Dialogfeld *Info über ex03a*, das in Abbildung 3.10 dargestellt ist.

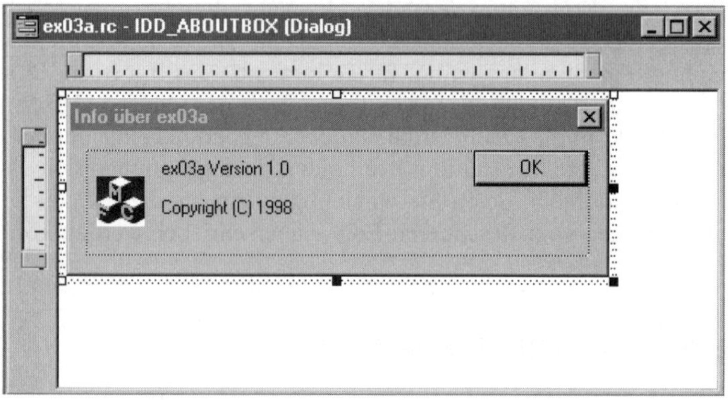

Abbildung 3.10:
Das Dialogfeld Info über ex03a.

Sie können beispielsweise die Fenstergröße ändern, indem Sie die rechte oder untere Rahmenlinie ziehen, die Schaltfläche *OK* verlagern usw. Sie klicken einfach auf ein Element, um es auszuwählen, und drücken dann die rechte Maustaste, um das Kontextmenü anzuzeigen, das eine Änderungen der Eigenschaften erlaubt.

4. Erstellen Sie das Projekt erneut mit der veränderten Ressourcendatei.
Wählen Sie im Menü *Erstellen* von Visual C++ den Befehl *ex03a.exe erstellen*. Beachten Sie, dass hier eigentlich keine Neukompilierung des C++-Codes erforderlich ist. Visual C++ speichert die veränderte Ressourcendatei, und der Ressourcen-Compiler (rc.exe) verarbeitet die Datei ex03a.rc zu der kompilierten Datei ex03a.res, die an den Linker weitergegeben wird. Der Linker kann das Projekt inkrementell linken und ist daher rasend schnell.

5. Testen Sie die neue Version der Anwendung.
Führen Sie das Programm EX03A erneut aus, und wählen Sie im Hilfemenü *?* der Anwendung den Befehl *Info über ex03a*, um sich zu vergewissern, dass dieses Dialogfeld wie gewünscht verändert worden ist.

Konfigurationen Win32 Debug und Win32 Release

In der Dropdown-Liste der Symbolleiste *Erstellen* sind zwei Optionen verfügbar: *Win32 Debug* und *Win32 Release*. (Die Symbolleiste *Erstellen* wird in der Standardeinstellung nicht angezeigt, aber Sie können sie über den Befehl *Anpassen* aus dem Menü *Extras* einblenden.) Bei diesen Optionen handelt es sich um *Zielspezifikationen*, die jeweils eine bestimmte Menge von Einstellungen zur Anwendungserstellung repräsentieren. Wenn der MFC-Anwendungs-Assistent ein Projekt anlegt, erzeugt er zwei Standardzielkonfigurationen mit unterschiedlichen Einstellungen. Diese Einstellungen sind in der folgenden Tabelle 3.3 zusammengefasst.

Option	Release-Version (Win32 Release)	Testversion (Win32 Debug)
Quellcode-Debugging	Deaktiviert	Sowohl für Compiler als auch Linker aktiviert
MFC-Diagnosemakros	Deaktiviert (NDEBUG definiert)	Aktiviert (_DEBUG definiert)
Einbindung von Bibliotheken	MFC-Release-Bibliothek	MFC-Debug-Bibliotheken
Compiler-Optimierung	Geschwindigkeit erhöhen (in der Einsteiger Edition nicht verfügbar)	Keine Optimierung (schnellere Kompilierung)

Tabelle 3.3: *Einstellungen der Konfigurationen* Win32 Debug *und* Win32 Release.

Sie entwickeln Anwendungen im Modus *Win32 Debug* und erstellen sie vor der Auslieferung im Modus *Win32 Release*. Die EXE-Datei der Release-Version ist in der Regel kleiner und schneller, vorausgesetzt, Sie haben alle Fehler korrigiert. Sie wählen die gewünschte Konfiguration aus der Dropdown-Liste der Symbolleiste *Erstellen* (siehe Abbildung 1.2 in Kapitel 1). Vorgabegemäß werden die Ausgabe- und Arbeitsdateien im Debug-Modus im Unterverzeichnis *Debug* des Projektverzeichnisses gespeichert. Die Release-Dateien werden im Unterverzeichnis *Release* abgelegt. Sie können diese Verzeichnisse im Register *Allgemein* des Dialogfelds *Projekteinstellungen* ändern.

Sie können selbst bei Bedarf benutzerdefinierte Konfigurationen erstellen, indem Sie im Menü *Erstellen* von Visual C++ den Befehl *Konfiguration* auswählen und dann auf die Schaltfläche *Hinzufügen* klicken.

Die Diagnosemakros aktivieren

Die *TRACE*-Makros des Anwendungsgerüsts sind insbesondere zur Ablaufverfolgung der Programmausführung hilfreich. Diese Makros erfordern, dass die Ablaufverfolgung aktiviert ist und die Anwendung im Debug-Modus ausgeführt wird. Falls Sie keine *TRACE*-Ausgaben Ihres Programms sehen, überprüfen Sie, ob Sie die Textversion Ihrer Anwendung aus dem Debugger heraus ausführen, und rufen Sie dann das Dienstprogramm Tracer auf. Wenn Sie nun das Kontrollkästchen *Ablaufverfolgung aktivieren* markieren, fügt Tracer die Anweisung

```
TraceEnabled = 1
```

in den Abschnitt [Diagnostics] der Datei Afx.ini ein, die sich in Ihrem Windows-Verzeichnis befindet. (Nein, dieser Eintrag wird nicht in der Registrierung gespeichert.) Sie können mit dem Dienstprogramm TRACER auch die Ausgabe anderer MFC-Diagnosedaten aktivieren, wie Informationen zu Nachrichten, OLE, Datenbanken und Internet-Clients.

Vorkompilierte Header-Dateien

Der MFC-Anwendungs-Assistent generiert für ein Projekt Einstellungen und Dateien für die Verwendung *vorkompilierter Header-Dateien.* Sie müssen verstehen, wie das Make-System vorkompilierte Header-Dateien verarbeitet, um Projekte effizient verwalten zu können.

HINWEIS: Visual C++ unterstützt zwei »Systeme« zur Verwendung vorkompilierter Header-Dateien: automatisch und manuell. *Automatisch* vorkompilierte Header-Dateien, die mit der Compileroption /Yx aktiviert werden, speichern Compilerausgaben in einer Art »Datenbank«. *Manuell* vorkompilierte Header-Dateien werden mit den Optionen /Yc und /Yu aktiviert und sind bei allen vom MFC-Anwendungs-Assistenten generierten Projekten von zentraler Bedeutung.

Vorkompilierte Header-Dateien lassen sich beschreiben als »Schnappschüsse« des Compilers, die in einer bestimmten Quelltextzeile aufgenommen worden sind. In mit der MFC-Bibliothek erstellten Programmen wird der Schnappschnuss im Allgemeinen unmittelbar nach der folgenden Anweisung angefertigt:

```
#include "StdAfx.h"
```

Die Datei StdAfx.h enthält *#include*-Anweisungen für die MFC-Header-Dateien. Der Inhalt dieser Datei hängt von den Optionen ab, die Sie in den Dialogfeldern des MFC-Anwendungs-Assistenten gewählt.

```
#include <afxwin.h>
#include <afxext.h>
```

Wenn Sie mit Verbunddokumenten arbeiten, enthält die Datei StdAfx.h zudem die Anweisung

```
#include <afxole.h>
```

Werden Automatisierung oder ActiveX-Steuerelemente verwendet, enthält sie die Anweisung

```
#include <afxdisp.h>
```

Wenn Sie mit den neuen Standardsteuerelementen von Internet Explorer 4 arbeiten, enthält die Datei StdAfx.h zudem die Anweisung

```
#include <afxdtctl.h>
```

Gelegentlich benötigen Sie auch andere Header-Dateien – beispielsweise wird mit der folgenden Anweisung auf die Header-Datei für auf Vorlagen basierende Auflistungsklassen zugegriffen:

```
#include <afxtempl.h>
```

Die Quelltextdatei StdAfx.cpp enthält lediglich die Anweisung

```
#include "StdAfx.h"
```

und wird zur Erstellung der vorkompilierten Header-Datei im Projektverzeichnis verwendet. Mit der Datei StdAfx.h werden immer die gleichen MFC-Header-Dateien eingebunden, deren Kompilierung allerdings recht zeitaufwendig ist. Die Compileroption /Yc, die nur bei der Datei StdAfx.cpp verwendet wird, bewirkt, dass eine vorkompilierte Header-Datei (PCH) *erstellt* wird. Mit der Option /Yu, die für alle übrigen Quelltextdateien verwendet wird, wird auf eine vorhandene PCH-Datei zugegriffen. Mit der Option /Fp kann der Dateiname einer PCH-Datei festgelegt werden. Gemäß Voreinstellung wird die PCH-Datei nach dem Projekt benannt und in dem Unterverzeichnis, das die Ausgabedateien der Zielkonfiguration enthält, angelegt. Abbildung 3.11 illustriert, wie vorkompilierte Header-Dateien verarbeitet werden.

Der MFC-Anwendungs-Assistent stellt die Optionen /Yc und /Yu für Sie ein. Es ist möglich, für einzelne Quelltextdateien gesondert Compileroptionen festzulegen. Wenn Sie im Register C/C++ des Dialogfelds *Projekteinstellungen* nur die Datei StdAfx.cpp auswählen, wird die Einstellung /Yc angezeigt. Damit wird die Einstellung /Yu außer Kraft gesetzt, die für die Zielkonfiguration definiert ist.

Beachten Sie, dass PCH-Dateien groß sind – 5 MB ist eine übliche Größe. Wenn Sie nicht aufpassen, können Sie rasch Ihre Festplatte füllen. Sie sollten die Debug-Verzeichnisse Ihrer Projekte daher regelmäßig aufräumen oder die Compileroption /Fp verwenden, um PCH-Dateien in einem gemeinsamen Verzeichnis abzulegen.

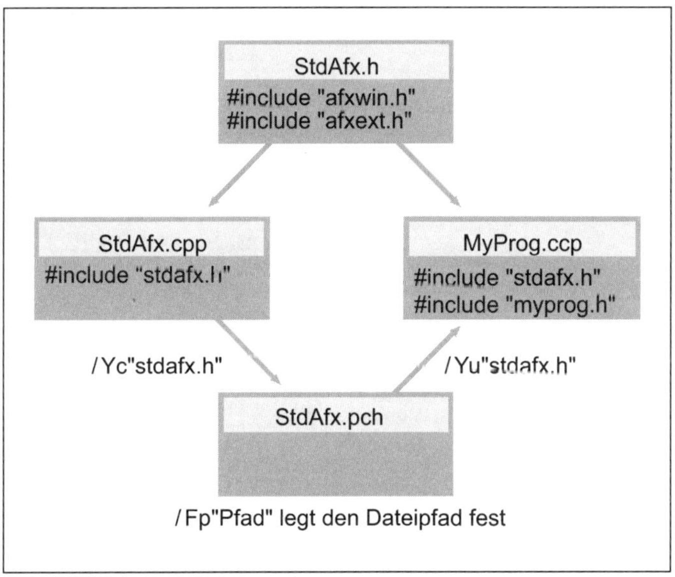

Abbildung 3.11: *Die Verwendung von vorkompilierten Header-Dateien in Visual C++.*

Zwei Methoden der Programmausführung

Sie können in Visual C++ Programme direkt (indem Sie Strg+F5 drücken) oder über den Debugger (mit F5) aufrufen. Der direkte Aufruf von Programmen ist sehr viel schneller, da Visual C++ hierbei nicht zuerst den Debugger laden muss. Wenn Sie weder an Diagnosemeldungen noch am Einsatz von Haltepunkten interessiert sind, starten Sie Ihre Programme, indem Sie die Tastenkombination Strg+F5 drücken oder die Schaltfläche mit dem Ausrufezeichen in der Symbolleiste *Erstellen* anklicken.

4 Ereignisbehandlung, Abbildungsmodi und eine Ansicht mit Bildlauf

In Kapitel 3 haben Sie gesehen, wie das mit der MFC-Bibliothek erstellte Anwendungsgerüst die virtuelle Funktion *OnDraw* der Ansichtsklasse aufruft. Sehen Sie jetzt einmal in die Online-Hilfe zur MFC-Bibliothek. In der Dokumentation zur Klasse *CView* und ihrer Basisklasse, der Klasse *CWnd*, finden Sie mehrere Hundert Member-Funktionen. Bei den Funktionen, deren Namen mit *On* beginnen, beispielsweise *OnKeyDown* oder *OnLButtonUp*, handelt es sich um Member-Funktionen, die das Anwendungsgerüst in Reaktion auf Windows-Ereignisse aufruft, die durch Tastenanschläge oder Mausklicks ausgelöst werden.

Die meisten dieser vom Anwendungsgerüst aufgerufenen Funktionen, zum Beispiel *OnKeyDown*, sind nicht virtuell und erfordern daher einen größeren Programmieraufwand. In diesem Kapitel wird erklärt, wie der Klassen-Assistent von Visual C++ die *Nachrichtentabellen* oder *Nachrichtenzuordnungen* einrichtet, mit deren Hilfe die Verbindung zwischen dem Anwendungsgerüst und Ihren Funktionen hergestellt wird. Sie werden sehen, wie Nachrichtenzuordnungen praktisch eingesetzt werden.

In den ersten beiden Beispielen wird die Klasse *CView* in ihrer gewöhnlichen Form eingesetzt. In EX04A werden Sie etwas über die Interaktion zwischen den vom Anwender ausgelösten Ereignissen und der Funktion *OnDraw* erfahren. EX04B illustriert die Wirkung der verschiedenen Abbildungsmodi von Windows.

Bei den meisten Anwendungen sollen Ansichtsobjekte *bildlauffähig* sein. Im letzten Beispiel wird statt der Basisklasse *CView* die abgeleitete Klasse *CScrollView* verwendet. Mit dieser Klasse erstellte Ansichtsobjekte können über Bildlaufleisten verfügen, die mit der Ansicht verknüpft sind.

Benutzereingaben verarbeiten – Nachrichtenzuordnungen

Die Anwendung EX03A aus Kapitel 3 akzeptierte keine Benutzereingaben (abgesehen von den Microsoft Windows-Standardbefehlen zur Größenänderung und zum Schließen von Fenstern). Das Anwendungsfenster enthielt Menüs und eine Symbolleiste, die aber nicht mit dem Code des Ansichtsobjekts »verknüpft« waren. Menüs und Symbolleisten werden erst in Teil C dieses Buches besprochen, weil diese Komponenten auf Rahmenklassen aufsetzen. Es gibt unter Windows aber noch genügend andere Eingabemöglichkeiten, die Sie bis dahin beschäftigen werden. Bevor Sie überhaupt ein Windows-Ereignis verarbeiten können, auch wenn es sich nur um einen Mausklick handelt, müssen Sie lernen, mit dem System der MFC-Nachrichtenzuordnungen umzugehen.

Die Nachrichtenzuordnung

Wenn der Anwender in einem Ansichtsfenster die linke Maustaste drückt, sendet Windows eine Nachricht (in diesem Fall WM_LBUTTONDOWN) an dieses Fenster. Falls Ihr Programm auf die Nachricht WM_LBUTTONDOWN reagieren soll, muss Ihre Ansichtsklasse eine Member-Funktion wie die folgende enthalten:

```
void CMyView::OnLButtonDown(UINT nFlags, CPoint point)
{
  // Anweisungen zur Verarbeitung der Nachricht
}
```

Und der zugehörige Prototyp muss in der Header-Datei Ihrer Klasse deklariert sein:

```
afx_msg void OnLButtonDown(UINT nFlags, CPoint point);
```

Der Ausdruck *afx_msg* erfüllt lediglich den Zweck, Sie darauf aufmerksam zu machen, dass es sich um einen Prototyp für eine Nachrichtenbehandlungsroutine handelt. Des weiteren muss die Quelltextdatei ein Makro für die Nachrichtenzuordnung enthalten, das Ihre Version der Funktion *OnLButtonDown* mit dem Anwendungsgerüst verknüpft:

```
BEGIN_MESSAGE_MAP(CMyView, CView)
  ON_WM_LBUTTONDOWN() // Nachrichtenzuordnung für OnLButtonDown
  // andere Nachrichtentabelleneinträge
END_MESSAGE_MAP()
```

Schließlich muss die Header-Datei der Klasse noch die folgende Anweisung enthalten:

```
DECLARE_MESSAGE_MAP()
```

Woher wissen Sie, welche Funktion zu welcher Windows-Nachricht gehört? In Anhang A (und in der Online-Dokumentation der MFC-Bibliothek)) finden Sie eine Tabelle mit den vordefinierten Windows-Nachrichten und den Prototypen der zugehörigen Member-Funktionen. Sie können die Nachrichtenbehandlungsroutinen auch von Hand schreiben – das ist für bestimmte Nachrichten sogar erforderlich. Glücklicherweise verfügt Visual C++ aber mit dem Klassen-Assistenten über ein Werkzeug, das den Quellcode für die meisten Nachrichtenbehandlungsroutinen automatisch generiert.

Den Zustand eines Ansichtsobjekts speichern – Datenelemente

Wenn ein Programm Benutzereingaben annimmt, sollte der Anwender dazu eine visuelle Rückmeldung bekommen. Die Funktion *OnDraw* eines Ansichtsobjekts zeichnet ein Bild auf der Basis des aktuellen »Zustands« des Objekts, und diesen Zustand kann der Anwender mit seinen Eingaben ändern. In einer vollständig ausgearbeiteten MFC-Anwendung speichert das Dokumentobjekt den Zustand der Anwendung, aber so weit sind wir noch nicht. Einstweilen verwenden wir zwei *Datenelemente* der Ansichtsklasse namens m_*rectEllipse* und m_*nColor*. Das erste Datenelement ist ein *CRect*-Objekt, das das aktuelle Begrenzungsrechteck einer Ellipse darstellt, und das zweite ist ein Wert vom Typ int, der die aktuelle Farbe der Ellipse repräsentiert.

HINWEIS: Gemäß Konvention beginnen in der MFC-Bibliothek die Namen nicht-statischer Datenelemente mit *m_*.

Sie werden mit Hilfe einer in der Nachrichtentabelle enthaltenen Member-Funktion die Farbe der Ellipse (die in diesem Beispiel den Status des Ansichtsobjekts widerspiegelt) von weiß zu grau und zurück zu weiß ändern. (Die Farbänderung wird durch das Drücken der linken Maustaste initiiert.) Die Ausgangswerte von *m_rectEllipse* und *m_nColor* werden im Konstruktor des Ansichtsobjekts festgelegt, und die Farbe wird mit der Member-Funktion *OnLButtonDown* geändert.

TIPP: Warum speichern wir den Zustand des Ansichtsobjekts nicht in einer globalen Variablen? Würden wir das tun, kämen wir in Schwierigkeiten, sobald eine Anwendung mehrere Ansichten verwendet. Abgesehen davon ist die Kapselung von Daten in Objekten eines der zentralen Anliegen der objektorientierten Programmierung.

Ein Datenelement der Ansichtsklasse initialisieren

Der Konstruktor ist der zum Initialisieren der Datenelemente einer Klasse am besten geeignete Ort:

```
CMyView::CMyView() : m_rectEllipse(0, 0, 200, 200) {...}
```

Mit derselben Syntax könnten wir auch *m_nColor* initialisieren. Weil es sich um einen Basistyp handelt (einen Wert vom Typ int), wird hiermit derselbe Code generiert wie bei einer Zuweisung im Anweisungsteil des Konstruktors.

Die Theorie der ungültigen Rechtecke

Wenn die Funktion *OnLButtonDown* lediglich den Wert von *m_nColor* änderte, könnte sie dies beliebig oft tun, ohne dass die Funktion *OnDraw* jemals aufgerufen werden würde (es sei denn, der Anwender ändert die Größe des Ansichtsfensters). *OnLButtonDown* muss aus diesem Grund die Funktion *InvalidateRect* aufrufen (eine Member-Funktion, die die Ansichtsklasse von *CWnd* geerbt hat). *InvalidateRect* löst die Windows-Nachricht WM_PAINT aus, die der virtuellen Member-Funktion *OnDraw* der Klasse *CView* zugeordnet ist. Wenn nötig, kann *OnDraw* auf einen Parameter von *InvalidateRect* zugreifen, der das ungültige Rechteck beschreibt.

Zeichenoperationen lassen sich unter Windows auf zweierlei Weise optimieren. Zunächst müssen Sie wissen, dass Windows nur diejenigen Pixel aktualisiert, die innerhalb des ungültigen Rechtecks liegen. Je kleiner Sie also das ungültige Rechteck gestalten (beispielsweise in der Behandlungsroutine *OnLButtonDown*), desto schneller kann es neu gezeichnet werden. Zweitens ist es reine Zeitverschwendung, Zeichenbefehle außerhalb des ungültigen Rechtecks auszuführen. Ihre Version von *OnDraw* könnte die Member-Funktion *GetClipBox* der Klasse *CDC* aufrufen, um das ungültige Rechteck zu ermitteln, und dann verhindern, dass Objekte außerhalb dieses Bereichs gezeichnet werden. Denken Sie daran, dass *OnDraw* nicht nur in Reaktion auf Ihren Aufruf von *InvalidateRect* aufgerufen wird, sondern auch, wenn der Anwender die Fenstergröße ändert oder ein Fenster wiederherstellt. *OnDraw* ist also für sämtliche Zeichenoperationen in einem Fenster zuständig und muss mit jedem möglichen ungültigen Rechteck umgehen können.

> **Hinweis für Win32-Programmierer**
>
> Die MFC-Bibliothek erleichtert es, einem Fenster in Form von C++-Datenelementen eigene *Statusvariablen* zuzuordnen. In der Win32-API stehen zu diesem Zweck die *WNDCLASS*-Elemente *cbClsExtra* und *cbWndExtra* zur Verfügung. Deren Verwendung ist allerdings so kompliziert, dass Entwickler eher dazu neigen, globale Variablen zu verwenden.

Der Client-Bereich eines Fensters

Fenster besitzen einen rechteckigen *Client-Bereich*. Darunter versteht man den Fensterbereich ohne Rahmen, Titelleiste, Menüleiste und angedockte Symbolleisten. Die Member-Funktion *GetClientRect* von *CWnd* liefert die Größe des Client-Bereichs. Normalerweise sind Zeichenoperationen außerhalb des Client-Bereichs nicht zulässig, und die meisten Mausnachrichten können nur empfangen werden, wenn sich der Mauszeiger über dem Client-Bereich befindet.

Berechnungen mit CRect, CPoint und CSize

Die Klassen *CRect*, *CPoint* und *CSize* wurden von den Windows-Strukturen *RECT*, *POINT* und *SIZE* abgeleitet und haben somit die folgenden öffentlichen Integer-Datenelemente geerbt:

```
CRect     left, top, right, bottom
CPoint    x, y
CSize     cx, cy
```

Wenn Sie in der Referenz zur *Microsoft Foundation Class Library* nachschlagen, sehen Sie, dass diese drei Klassen eine Reihe von überladenen Operatoren besitzen. Sie können unter anderem folgende Operationen ausführen:

- ein *CSize*-Objekt zu einem *CPoint*-Objekt addieren,
- ein *CSize*-Objekt von einem *CPoint*-Objekt subtrahieren,
- ein *CPoint*-Objekt von einem anderen *CPoint*-Objekt subtrahieren (ergibt ein *CSize*-Objekt),
- ein *CPoint*- oder *CSize*-Objekt zu einem *CRect*-Objekt addieren,
- ein *CPoint*- oder *CSize*-Objekt von einem *CRect*-Objekt subtrahieren.

Die Klasse *CRect* verfügt über Member-Funktionen, die sich auf die Klassen *CSize* und *CPoint* beziehen. Beispielsweise liefert die Member-Funktion *TopLeft* ein *CPoint*-Objekt, und *Size* liefert ein *CSize*-Objekt. Deshalb kann man ein *CSize*-Objekt auch als »Differenz zweiter *CPoint*-Objekte« auffassen und ein *CRect*-Objekt durch ein *CPoint*-Objekt »verformen«.

Liegt ein Punkt in einem Rechteck?

Die Klasse *CRect* verfügt über eine Member-Funktion namens *PtInRect*, die prüft, ob ein Punkt innerhalb eines Rechtecks liegt. Der zweite Parameter von *OnLButtonDown* (*point*) ist ein Objekt der Klasse *CPoint*, das die Position des Mauszeigers im Client-Bereich des Fensters bezeichnet. Wenn Sie wissen möchten, ob sich dieser Punkt im Rechteck *m_rectEllipse* befindet, können Sie *PtInRect* auf folgende Weise aufrufen:

```
if (m_rectEllipse.PtInRect(point)) {
  // Punkt liegt innerhalb des Rechtecks
}
```

Wie Sie aber bald sehen werden, funktioniert dieser einfache Ansatz nur, solange Sie (wie bisher) mit Gerätekoordinaten arbeiten.

Der CRect-Operator LPCRECT

Wenn Sie die Referenz zur *Microsoft Foundation Class Library* sorgfältig lesen, werden Sie bemerken, dass *CWnd:InvalidateRect* einen Parameter des Typs *LPCRECT* (einen Zeiger auf eine Struktur des Typs *RECT*) übernimmt, also keinen Parameter des Typs *CRect*. *CRect*-Parameter sind trotzdem zulässig, weil in der Klasse *CRect* der überladene Operator *LPCRECT()* definiert wird, der die Adresse eines *CRect*-Objekts zurückgibt, die äquivalent zur Adresse eines *RECT*-Objekts ist. Daher konvertiert der Compiler *CRect*-Parameter bei Bedarf in *LPCRECT*-Parameter. Sie rufen Funktionen so auf, als hätten Sie *CRect*-Referenzparameter. Mit den folgenden Anweisungen werden die Koordinaten des Client-Rechtecks ermittelt und in *rectClient* gespeichert:

```
CRect rectClient;
GetClientRect(rectClient);
```

Liegt ein Punkt innerhalb einer Ellipse?

Im Beispielprogramm EX04A wird festgestellt, ob der Mausklick im Innern des Rechtecks erfolgt. Wenn Sie einen präziseren Test durchführen möchten, können Sie prüfen, ob das Innere der Ellipse angeklickt worden ist. Zu diesem Zweck müssen Sie ein Objekt des Typs *CRgn* erstellen, das der Ellipse entspricht, und statt der Funktion *PtInRect* die Funktion *PtInRegion* verwenden. Der entsprechende Code sieht wie folgt aus:

```
CRgn rgn;
rgn.CreateEllipticRgnIndirect(m_rectEllipse);
if (rgn.PtInRegion(point)) {
  // Punkt liegt innerhalb der Ellipse
}
```

Auch die Funktion *CreateEllipticRgnIndirect* übernimmt einen Parameter vom Typ *LPRECT*. Die Funktion erstellt eine spezielle Windows-Struktur, die einen elliptischen Bereich innerhalb des Fensters repräsentiert. Diese Struktur wird anschließend mit dem C++-Objekt *CRgn* Ihres Programms verknüpft. (Dieselbe Struktur kann auch ein Vieleck darstellen.)

Das Beispielprogramm EX04A

Im Beispielprogramm EX04A wird die Farbe einer Ellipse (die hier zufällig ein Kreis ist) geändert, wenn der Anwender die linke Maustaste drückt, während sich der Mauszeiger innerhalb des Begrenzungsrechtecks der Ellipse befindet. Sie werden mit Hilfe der Datenelemente der Ansichtsklasse den Status der Ansicht speichern und durch einen Aufruf von *InvalidateRect* das Neuzeichnen der Ansicht veranlassen.

Im Beispiel von Kapitel 3 hingen alle Zeichenoperationen im Fenster von einer einzigen Funktion ab, der Funktion *OnDraw*. In EX04A werden hierfür drei angepasste Funktionen (darunter der Konstruktor) und zwei Datenelemente benötigt. Listing 4.1 zeigt die vollständigen Header- und Quelltextdateien der Klasse CEx04aView. (Die Schritte, die zum Erstellen des Programms erforderlich sind, werden nach dem Listing beschrieben.) Alle Änderungen an dem vom MFC-Anwendungs-Assistenten und dem Klassen-Assistenten generierten Quellcode (insbesondere innerhalb der Funktion *OnLButtonDown*) sind fett gedruckt dargestellt.

EX04AVIEW.H

```
// ex04aView.h : Schnittstelle der Klasse CEx04aView
//
/////////////////////////////////////////////////////////////////////////////
#if !defined(AFX_EX04AVIEW_H__B188BE41_6377_11D0_8FD4_00C04FC2A0C2__INCLUDED_)
#define AFX_EX04AVIEW_H__B188BE41_6377_11D0_8FD4_00C04FC2A0C2__INCLUDED_

#if _MFC_VER >= 1000
#pragma once
#endif // _MFC_VER >= 1000
class CEx04aView : public CView

{
protected: // Nur aus Serialisierung erzeugen
  CEx04aView();
  DECLARE_DYNCREATE(CEx04aView)

// Attribute
public:
  CEx04aDoc* GetDocument();

// Operationen
public:

// Überladungen
  // Vom Klassenassistenten generierte Überladungen virtueller Funktionen
  //{{AFX_VIRTUAL(CEx04aView)
  public:
  virtual void OnDraw(CDC* pDC);  // überladen zum Zeichnen dieser Ansicht
  virtual BOOL PreCreateWindow(CREATESTRUCT& cs);
  protected:
  virtual BOOL OnPreparePrinting(CPrintInfo* pInfo);
  virtual void OnBeginPrinting(CDC* pDC, CPrintInfo* pInfo);
  virtual void OnEndPrinting(CDC* pDC, CPrintInfo* pInfo);
  //}}AFX_VIRTUAL
```

```
// Implementierung
public:
  virtual ~CEx04aView();
#ifdef _DEBUG
  virtual void AssertValid() const;
  virtual void Dump(CDumpContext& dc) const;
#endif

protected:

// Generierte Nachrichtenzuordnungs-Funktionen
protected:
  //{{AFX_MSG(CEx04aView)
  afx_msg void OnLButtonDown(UINT nFlags, CPoint point);
  //}}AFX_MSG
  DECLARE_MESSAGE_MAP()
private:
  int m_nColor;
  CRect m_rectEllipse;
};

#ifndef _DEBUG  // Testversion in ex04aView.cpp
inline CEx04aDoc* CEx04aView::GetDocument()
  { return (CEx04aDoc*)m_pDocument; }
#endif

//{{AFX_INSERT_LOCATION}}
/////////////////////////////////////////////////////////////////////////////
// Microsoft Developer Studio fügt zusätzliche Deklarationen unmittelbar vor
// der vorhergehenden Zeile ein.

#endif // !defined(AFX_EX04AVIEW_H__B188BE41_6377_11D0_8FD4_00C04FC2A0C2__INCLUDED_)
```

EX04AVIEW.CPP

```
// ex04aView.cpp : Implementierung der Klasse CEx04aView
//

#include "stdafx.h"
#include "ex04a.h"

#include "ex04aDoc.h"
#include "ex04aView.h"

#ifdef _DEBUG
#define new DEBUG_NEW
#undef THIS_FILE
static char THIS_FILE[] = __FILE__;
#endif

/////////////////////////////////////////////////////////////////////////////
// CEx04aView

IMPLEMENT_DYNCREATE(CEx04aView, CView)
```

```
BEGIN_MESSAGE_MAP(CEx04aView, CView)
  //{{AFX_MSG_MAP(CEx04aView)
  ON_WM_LBUTTONDOWN()
  //}}AFX_MSG_MAP
  // Standard-Druckbefehle
  ON_COMMAND(ID_FILE_PRINT, CView::OnFilePrint)
  ON_COMMAND(ID_FILE_PRINT_DIRECT, CView::OnFilePrint)
  ON_COMMAND(ID_FILE_PRINT_PREVIEW, CView::OnFilePrintPreview)
END_MESSAGE_MAP()

//////////////////////////////////////////////////////////////////////////////
// CEx04aView Konstruktion/Destruktion

CEx04aView::CEx04aView() : m_rectEllipse(0, 0, 200, 200)
{
  m_nColor = GRAY_BRUSH;
}

CEx04aView::~CEx04aView()
{
}

BOOL CEx04aView::PreCreateWindow(CREATESTRUCT& cs)
{
  // ZU ERLEDIGEN: Ändern Sie hier die Fensterklasse oder das
  // Erscheinungsbild, indem Sie CREATESTRUCT cs modifizieren.
  return CView::PreCreateWindow(cs);
}

//////////////////////////////////////////////////////////////////////////////
// CEx04aView Zeichnen

void CEx04aView::OnDraw(CDC* pDC)
{
  pDC->SelectStockObject(m_nColor);
  pDC->Ellipse(m_rectEllipse);
}

//////////////////////////////////////////////////////////////////////////////
// CEx04aView Drucken

BOOL CEx04aView::OnPreparePrinting(CPrintInfo* pInfo)
{
  // Standardvorbereitung
  return DoPreparePrinting(pInfo);
}

void CEx04aView::OnBeginPrinting(CDC* /*pDC*/, CPrintInfo* /*pInfo*/)
{
  // ZU ERLEDIGEN: Zusätzliche Initialisierung vor dem Drucken hier einfügen
}

void CEx04aView::OnEndPrinting(CDC* /*pDC*/, CPrintInfo* /*pInfo*/)
{
```

```
	// ZU ERLEDIGEN: Hier Bereinigungsarbeiten nach dem Drucken einfügen
}

/////////////////////////////////////////////////////////////////////////////
// CEx04aView Diagnose

#ifdef _DEBUG
void CEx04aView::AssertValid() const
{
  CView::AssertValid();
}

void CEx04aView::Dump(CDumpContext& dc) const
{
  CView::Dump(dc);
}

CEx04aDoc* CEx04aView::GetDocument()
                    // Die endgültige (nicht zur Fehlersuche kompilierte) Version ist Inline
{
  ASSERT(m_pDocument->IsKindOf(RUNTIME_CLASS(CEx04aDoc)));
  return (CEx04aDoc*)m_pDocument;
}
#endif //_DEBUG

/////////////////////////////////////////////////////////////////////////////
// CEx04aView Nachrichten-Handler

void CEx04aView::OnLButtonDown(UINT nFlags, CPoint point)
{
  if (m_rectEllipse.PtInRect(point)) {
    if (m_nColor == GRAY_BRUSH) {
        m_nColor = WHITE_BRUSH;
    }
    else {
      m_nColor = GRAY_BRUSH;
    }
      InvalidateRect(m_rectEllipse);
  }
}
```

***Listing 4.1:** Header-Datei ex04aview.h und Quelltextdatei ex04aView.cpp für* CEx04aView.

Den Klassen-Assistenten in EX04A einsetzen

Sehen Sie sich die folgenden Anweisungen aus ex04aView.h an:

```
//{{AFX_MSG(CEx04aView)
afx_msg void OnLButtonDown(UINT nFlags, CPoint point);
//}}AFX_MSG
```

Betrachten Sie jetzt das folgende Quelltextfragment aus ex04View.cpp:

```
//{{AFX_MSG_MAP(CEx04aView)
ON_WM_LBUTTONDOWN()
//}}AFX_MSG_MAP
```

Diese seltsam aussehenden Kommentarzeilen hat der MFC-Anwendungs-Assistent für den Klassen-Assistenten generiert. Der Klassen-Assistent fügt in die geschweiften Klammern, die mit AFX_MSG beginnen und enden, die Prototypen für die Nachrichtenbehandlungsroutinen ein. Außerdem generiert der Klassen-Assistent in der Datei ex04aView.cpp das Grundgerüst der Member-Funktion *OnLButtonDown* mit korrekten Deklarationen für Parameter und Rückgabetyp.

Beachten Sie, dass sich diese Kombination aus MFC-Anwendungs-Assistent und Klassen-Assistent von einem herkömmlichen Codegenerator unterscheidet. Einen herkömmlichen Codegenerator starten Sie nur einmal und bearbeiten anschließend den erzeugten Quelltext. Den MFC-Anwendungs-Assistent starten Sie ebenfalls nur einmal, um die Anwendung zu erstellen. Den Klassen-Assistenten können Sie dagegen beliebig oft ausführen, und Sie können den erzeugten Quelltext jederzeit bearbeiten. Es kann nichts passieren, solange Sie nichts ändern, was zwischen den geschweiften Klammern mit AFX_MSG oder AFX_MSG_MAP steht.

Den MFC-Anwendungs- und den Klassen-Assistenten gemeinsam verwenden

Die folgende Anleitung zeigt, wie Sie mit Hilfe des MFC-Anwendungs- und des Klassen-Assistenten die Beispielanwendung erstellen:

1. Starten Sie den MFC-Anwendungs-Assistenten, und erstellen Sie die Anwendung EXE04A. Legen Sie ein SDI-Projekt namens EX04A im Unterverzeichnis \vcpp32\ex04a an. Die Einstellungen der Optionen und die vorgeschlagenen Klassennamen können Sie der folgenden Abbildung 4.1 entnehmen.

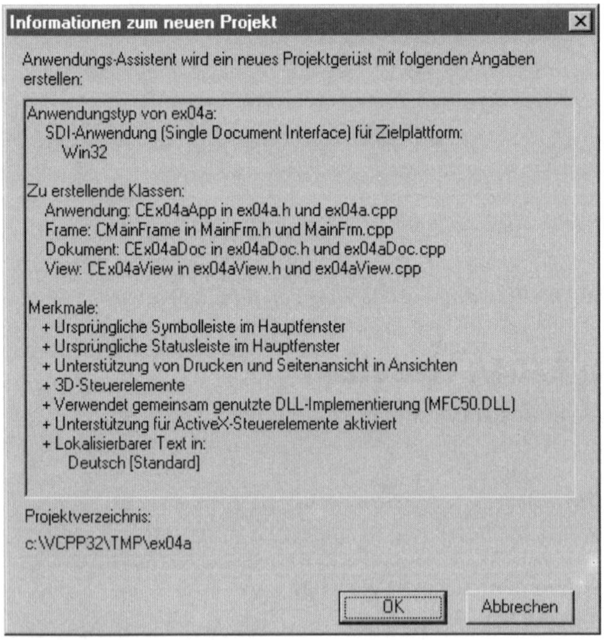

Abbildung 4.1:
Das Dialogfeld Informationen zum neuen Projekt.

2. Fügen Sie die Datenelemente *m_rectEllipse* und *m_nColor* der Klasse *CEx04aView* hinzu.
Klicken Sie im Fenster *Arbeitsbereich* auf das Register *Klassen*, klicken Sie mit der rechten Maustaste auf die Klasse *CEx04aView*, wählen Sie *Member-Variable hinzufügen*, und fügen Sie schließlich die folgenden beiden Datenelemente ein:

```
private:
  CRect m_rectEllipse;
  int m_nColor;
```

Es steht Ihnen auch frei, diese Anweisungen per Hand in die Klassendeklaration in der Datei ex04aView.h einzufügen.

3. Fügen Sie mit Hilfe des Klassen-Assistenten eine Nachrichtenbehandlungsroutine in die Klasse *CEx04aView* ein.
Wählen Sie in Visual C++ aus dem Menü *Ansicht* den Befehl *Klassen-Assistent*, oder klicken Sie mit der rechten Maustaste in ein Quelltextfenster, und wählen Sie dann im Kontextmenü den Befehl *Klassen-Assistent*. Stellen Sie sicher, dass im Dialogfeld des MFC-Klassen-Assistenten die Klasse *CEx04aView* markiert ist, wie in Abbildung 4.2 gezeigt. Klicken Sie im Listenfeld *Objekt-IDs* auf *CEx04aView*, blättern Sie über die virtuellen Funktionen im Listenfeld *Nachrichten* hinweg, und doppelklicken Sie auf *WM_LBUTTONDOWN*. Nun sollte im Listenfeld *Member-Funktionen* der Funktionsname *OnLButtonDown* angezeigt werden, und im Listenfeld *Nachrichten* sollte der Nachrichtenname fett dargestellt sein. Abbildung 4.2 zeigt das Dialogfeld *MFC-Klassen-Assistent*.

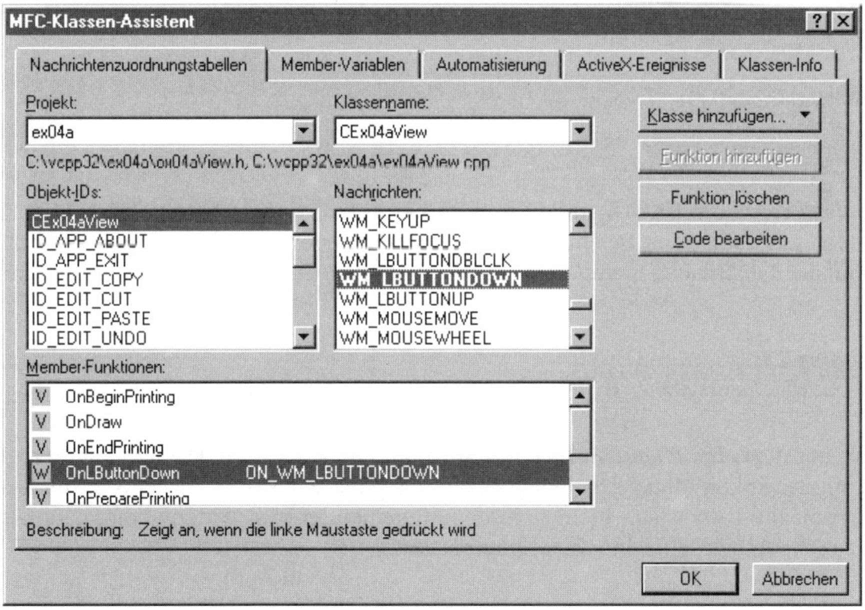

Abbildung 4.2: *Das Dialogfeld* MFC-Klassen-Assistent.

HINWEIS: Statt mit dem Klassen-Assistenten können Sie die Funktion auch mit Hilfe der Visual C++-Assistentenleiste der Nachricht zuordnen (siehe Abbildung 1.2 in Kapitel 1).

4. Bearbeiten Sie den Quellcode von *OnLButtonDown* in *ex04aView.cpp.*

Klicken Sie auf die Schaltfläche *Code bearbeiten*. Der Klassen-Assistent öffnet in Visual C++ ein Editorfenster für die Datei ex04aView.cpp und bewegt die Einfügemarke zu der neu erstellten Member-Funktion *OnLButtonDown*.. Ersetzen Sie den generierten Code durch den im Folgenden fett gedruckten Code:

```
void CEx04aView::OnLButtonDown(UINT nFlags, CPoint point)
{
  if (m_rectEllipse.PtInRect(point)) {
    if (m_nColor == GRAY_BRUSH) {
        m_nColor = WHITE_BRUSH;
    }
    else {
      m_nColor = GRAY_BRUSH;
    }
    InvalidateRect(m_rectEllipse);
  }
}
```

5. Bearbeiten Sie in der Datei ex04aView.cpp den Konstruktor und die Funktion *OnDraw*.

Ersetzen Sie den generierten Code durch den im Folgenden fett gedruckten Code:

```
CEx04aView::CEx04aView() : m_rectEllipse(0, 0, 200, 200)
{
  m_nColor = GRAY_BRUSH;
}

void CEx04aView::OnDraw(CDC* pDC)
{
  pDC->SelectStockObject(m_nColor);
  pDC->Ellipse(m_rectEllipse);
}
```

6. Erstellen Sie das Programm EX04A, und führen Sie es aus.

Wählen Sie im Menü *Erstellen* den Befehl *ex04a.exe erstellen*, oder klicken Sie in der Symbolleiste *Erstellen* auf die Schaltfläche *Erstellen*, die in Abbildung 4.3 dargestellt ist.

Abbildung 4.3:
Die Schaltfläche Erstellen.

Wählen Sie dann im Menü *Erstellen* den Befehl *Ausführen von ex03a.exe*. Das Programm reagiert auf Klicks mit der linken Maustaste, indem es die Farbe des Kreises im Ansichtsfenster ändert. (Drücken Sie die linke Maustaste nicht zu rasch hintereinander, weil Windows dies dann als Doppelklick und nicht als zwei einzelne Klicks interpretiert.)

Hinweis für Win32-Programmierer

Eine herkömmliche Windows-Anwendung registriert eine Reihe von *Fensterklassen* (die nicht mit C++-Klassen zu verwechseln sind) und weist dabei jeder Klasse eine eindeutige Funktion zu, eine so genannte *Fensterprozedur*. Jedesmal, wenn die Anwendung *CreateWindow* aufruft, um ein Fenster zu erstellen, wird eine Fensterklasse als Parameter übergeben und das neu erstellte Fenster auf diese Weise mit einer Fensterprozedur verknüpft. Wenn Windows eine Nachricht an das Fenster sendet, wird diese Fensterprozedur aufgerufen und die Nachricht als Parameter übergeben. Die Funktion prüft den übergebenen Nachrichtencode und führt dann die entsprechende Nachrichtenbehandlungsroutine aus.

Das MFC-Anwendungsgerüst verwendet für die meisten Fenstertypen eine einzige Fensterklasse und Fensterprozedur. Diese Fensterprozedur (eine Funktion) ermittelt aus dem übergebenen Fenster-Handle und der *Handle-Tabelle* der MFC den Zeiger auf das entsprechende C++-Fensterobjekt. Anschließend ermittelt die Fensterprozedur mit Hilfe des Systems der MFC-*Laufzeitklassen* (siehe Anhang B) die C++-Klasse des Fensterobjekts. Schließlich sucht sie in den statischen Tabellen, die von den Dispatch-Funktionen generiert wurden, die zugehörige Behandlungsroutine und ruft schließlich die Behandlungsroutine für das richtige Fensterobjekt auf.

Abbildungsmodi

Bisher haben Sie als Zeicheneinheit stets Bildschirmpixel, die so genannten *Gerätekoordinaten*, verwendet. In EX04A sind die Zeicheneinheiten Pixel, weil dem Gerätekontext der voreingestellte *Abbildungsmodus* namens *MM_TEXT* zugewiesen wurde. Mit der Anweisung

```
pDC->Rectangle(CRect(0, 0, 200, 200));
```

wird ein Quadrat mit einer Seitenlänge von 200 Pixel gezeichnet, dessen obere linke Ecke mit der oberen linken Ecke des Client-Bereichs zusammenfällt. (Die positiven y-Werte nehmen nach unten hin zu). Dieses Quadrat sieht auf einem hochauflösenden Bildschirm mit 1024 x 768 Pixel kleiner aus als auf einem Standard-VGA-Bildschirm mit der Auflösung 640 x 480 Pixel, und wenn es auf einem Laserdrucker mit einer Auflösung von 600 dpi ausgedruckt würde, wäre es winzig. (Mit Hilfe der Option *Seitenansicht* der Anwendung EX04A können Sie das nachprüfen.)

Nehmen wir an, Sie möchten, dass das Quadrat unabhängig vom Anzeigegerät immer eine Größe von 4 mal 4 Zentimetern hat. Windows verfügt über eine Reihe weiterer Abbildungsmodi oder Koordinatensysteme, die dem Gerätekontext zugeordnet werden können. Die Koordinaten im aktuellen Abbildungsmodus werden als *logische Koordinaten* bezeichnet. Im Abbildungsmodus *MM_HIMETRIC* beispielsweise entspricht eine logische Einheit immer 1/100 Millimeter statt 1 Pixel. In diesem Abbildungsmodus weist die y-Achse nicht in die übliche Richtung, sondern in die entgegengesetzte: die *y*-Werte nehmen nach unten hin ab. Deshalb werden die logischen Einheiten für ein Quadrat mit einer Seitenlänge von 4 cm auf folgende Weise angegeben:

```
pDC->Rectangle(CRect(0, 0, 4000, -4000));
```

Das sieht ganz einfach aus, nicht wahr? Es ist aber nicht so einfach, weil Sie nicht immer mit logischen Koordinaten arbeiten können. Ihr Programm wechselt ständig zwischen Gerätekoordinaten und logischen Koordinaten, und Sie müssen wissen, wie diese Werte umgerechnet werden. In diesem Abschnitt lernen Sie einige Regeln kennen, die Ihnen das Leben als Programmierer unter Umständen erleichtern. Als erstes müssen Sie wissen, welche Abbildungsmodi unter Windows zur Verfügung stehen.

Der Abbildungsmodus MM_TEXT

Auf den ersten Blick könnte man meinen, *MM_TEXT* sei überhaupt kein Abbildungsmodus, sondern nur ein anderer Name für Gerätekoordinaten. Das ist beinahe richtig. In *MM_TEXT* entsprechen die Koordinaten Pixeln, und *x*-Werte nehmen nach rechts und *y*-Werte nach unten zu. Sie haben jedoch die Möglichkeit, mit Hilfe der *CDC*-Funktionen *SetViewportOrg* und *SetWindowOrg* den Ursprung zu ändern. Im folgenden Quelltextfragment wird der Ursprung des Fensters auf die logischen Koordinaten (100; 100) verschoben. Anschließend wird ein Quadrat mit der Größe 200 mal 200 Pixel ausgehend vom Punkt (100; 100) gezeichnet. (Das Ergebnis der Ausgaben sehen Sie in Abbildung 4.4.) Der logische Punkt (100; 100) entspricht in Gerätekoordinaten dem Punkt (0; 0). Bildlauffähige Fenster verwenden diese Art von Transformation.

```
void CMyView::OnDraw(CDC* pDC)
{
    pDC->SetMapMode(MM_TEXT);
    pDC->SetWindowOrg(CPoint(100, 100));
    pDC->Rectangle(CRect(100, 100, 300, 300));
}
```

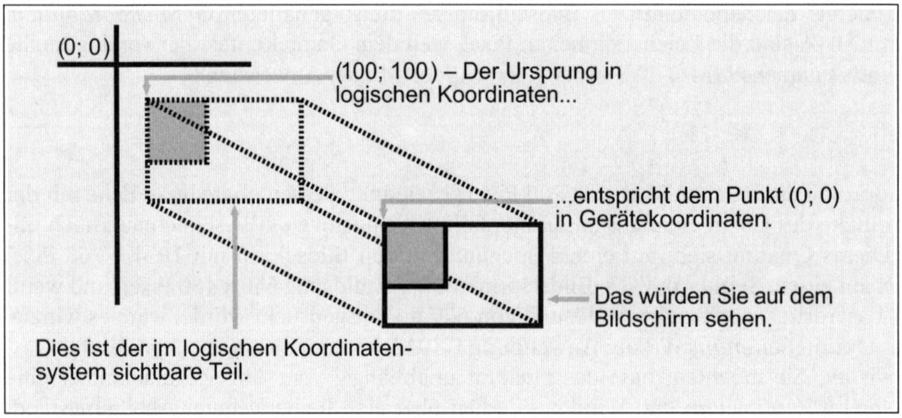

Abbildung 4.4: *Dieses Quadrat wurde gezeichnet, nachdem der Ursprung auf den Punkt (100; 100) verlegt worden ist.*

Abbildungsmodi mit fester Skalierung

Eine wichtige Gruppe von Windows-Abbildungsmodi arbeitet mit einer festen Skalierung. Wie Sie bereits wissen, nehmen im Abbildungsmodus *MM_HIMETRIC* die *x*-Werte nach rechts und die *y*-Werte nach oben zu. Alle festen Abbildungsmodi halten diese Konvention ein, und Sie können daran nichts ändern. Der einzige Unterschied zwischen den einzelnen festen Abbildungsmodi besteht in den Skalierungsfaktoren, die Sie der folgenden Tabelle 4.1 entnehmen können.

Abbildungsmodus	Logische Einheit
MM_LOENGLISH	0,01 Zoll
MM_HIENGLISH	0,001 Zoll
MM_LOMETRIC	0,1 mm
MM_HIMETRIC	0,01 mm
MM_TWIPS	1/1440 Zoll

Tabelle 4.1: *Skalierungsfaktoren der Abbildungsmodi mit fester Skalierung.*

Der letzte Abbildungsmodus namens *MM_TWIPS* wird vor allem für Druckerausgaben verwendet. Ein *Twip* entspricht 1/20 Punkt. (*Punkt* ist eine Maßeinheit für Schriften. Unter Windows beträgt ein Punkt exakt 1/72 Zoll). Wenn Sie im Abbildungsmodus *MM_TWIPS* zum Beispiel die Schriftgröße 12 Punkt einstellen möchten, wählen Sie für die Zeichenhöhe 240 Twips (=12 x 20).

Abbildungsmodi mit variabler Skalierung

Windows verfügt über zwei Abbildungsmodi namens *MM_ISOTROPIC* und *MM_ANISOTROPIC*, bei denen es möglich ist, sowohl den Skalierungsfaktor als auch den Ursprung einzustellen. In diesen Abbildungsmodi können Sie die Größe einer Abbildung anpassen, wenn der Anwender die Fenstergröße ändert. Wenn Sie die Skala der einen Achse invertieren, wird das Bild um die andere Achse gespiegelt, und es lassen sich beliebige feste Skalierungsfaktoren festlegen.

Im Abbildungsmodus *MM_ISOTROPIC* wird immer ein Seitenverhältnis von 1:1 eingehalten. Anders gesagt, ein Kreis bleibt immer ein Kreis, auch wenn sich der Skalierungsfaktor ändert. Im Abbildungsmodus *MM_ANISOTROPIC* können die Skalierungsfaktoren für die *x*- und *y*-Achse getrennt eingestellt werden. Kreise können zu Ellipsen gestaucht werden.

Die folgende *OnDraw*-Funktion zeichnet eine Ellipse, die ihr Fenster genau ausfüllt:

```
void CMyView::OnDraw(CDC* pDC)
{
  CRect rectClient;

  GetClientRect(rectClient);
  pDC->SetMapMode(MM_ANISOTROPIC);
  pDC->SetWindowExt(1000, 1000);
  pDC->SetViewportExt(rectClient.right, -rectClient.bottom);
  pDC->SetViewportOrg(rectClient.right / 2, rectClient.bottom / 2);

  pDC->Ellipse(CRect(-500, -500, 500, 500));
}
```

Was geschieht hier? Mit Hilfe der Funktionen *SetWindowExt* und *SetViewportExt* wird auf der Basis des aktuellen Client-Bereichs des Fensters, der von *GetClientRect* geliefert wird, die Skalierung festgelegt. Die Fenstergröße beträgt anschließend exakt 1000 mal 1000 logische Einheiten. Mit dem Aufruf von *SetViewportOrg* wird der Ursprung in der Mitte des Fensters zentriert. Daher füllt eine zentrierte Ellipse mit einem Radius von 500 logischen Einheiten das Fenster exakt aus, wie in Abbildung 4.5 zu sehen ist.

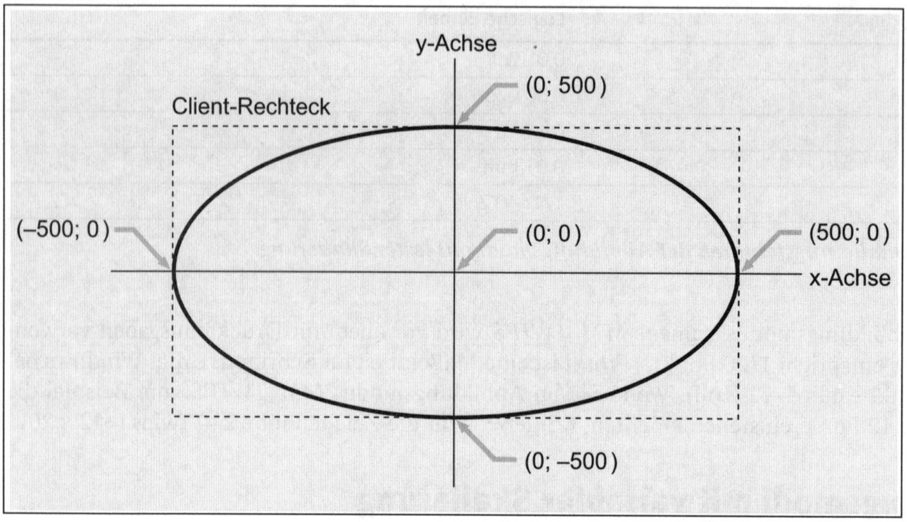

Abbildung 4.5: *Eine zentrierte Ellipse im Abbildungsmodus MM_ANISOTROPIC.*

Für die Umrechnung von logischen Einheiten in Geräteeinheiten gelten folgende Formeln:

Skalierungsfaktor der x-Achse	=	Breite des Ausgabebereichs / Fensterbreite
Skalierungsfaktor der y-Achse	=	Höhe des Ausgabebereichs / Fensterhöhe
x-Geräteeinheiten	=	logische Einheiten in x-Richtung × Skalierungsfaktor + Offset des Ursprungs in x-Richtung
y-Geräteeinheiten	=	logische Einheiten in y-Richtung × Skalierungsfaktor + Offset des Ursprungs in y-Richtung

Nehmen wir an, das Fenster sei 448 Pixel breit (*rectClient.right*). Der rechte Rand des Client-Rechtecks der Ellipse sei 500 logische Einheiten vom Ursprung entfernt. Der Skalierungsfaktor in x-Richtung betrage 448/1000, und der Offset des Ursprungs in x-Richtung betrage 448/2 Geräteeinheiten. Wenn Sie die oben angegebenen Formeln anwenden, ergibt sich, dass der rechte Rand des Client-Rechtecks 448 Geräteeinheiten vom Ursprung entfernt ist, also mit dem Fensterrand zusammenfällt. Der Skalierungsfaktor der x-Achse wird als Quotient ausgedrückt (Breite des Ausgabebereichs/ Fensterbreite), weil Gerätekoordinaten unter Windows keine Fließkommawerte, sondern Ganzzahlen sind. Für sich genommen sind diese Größenangaben nicht aussagekräftig.

Wenn Sie im obigen Beispiel *MM_ANISOTROPIC* durch *MM_ISOTROPIC* ersetzen, ist die »Ellipse« stets ein Kreis, wie in Abbildung 4.6 zu sehen ist. Der Kreis passt sich an die jeweils kleinere Dimension des Fensterrechtecks an.

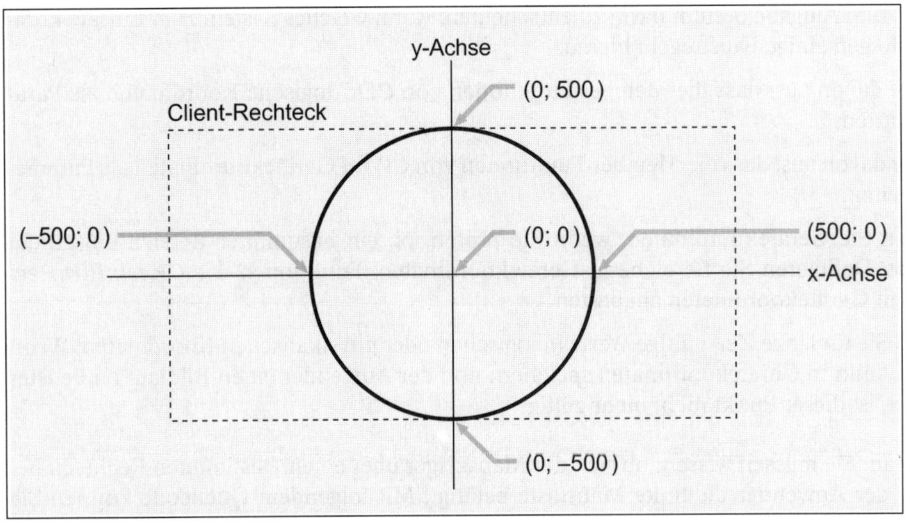

Abbildung 4.6: *Eine zentrierte Ellipse im Abbildungsmodus MM_ISOTROPIC.*

Koordinatenumwandlung

Wenn Sie den Abbildungsmodus (und den Ursprung) eines Gerätekontexts einmal festgelegt haben, können Sie den meisten Member-Funktionen der Klasse *CDC* logische Koordinaten übergeben. Wenn Sie die Mauszeigerkoordinaten über eine Windows-Nachricht erhalten (den Parameter *point* von *OnLButtonDown*), haben Sie es mit Gerätekoordinaten zu tun. Viele andere MFC-Funktionen, insbesondere die Member-Funktionen der Klasse *CRect*, arbeiten nur mit Gerätekoordinaten korrekt.

HINWEIS: Die *CRect*-Member-Funktionen zur Berechnung von Rechteckkoordinaten stützen sich auf die zugrunde liegenden *RECT*-Funktionen aus der Win32-API, die voraussetzen, dass *right* größer als *left* und *bottom* größer als *top* ist. Ein Rechteck mit *MM_HIMETRIC*-Koordinaten wie (0; 0; 1000; -1000), bei dem *bottom* kleiner als *top* ist, kann von Funktionen wie *CRect::PtInRect* erst dann verarbeitet werden, nachdem Sie *CRect::NormalizeRect* aufgerufen haben. Diese Funktion ändert die Datenelemente des Rechtecks zu (0; -1000; 1000; 0).

Schließlich werden Sie wahrscheinlich noch eine dritte Art von Koordinaten brauchen, die wir als *physische Koordinaten* bezeichnen. Wozu brauchen Sie diese dritte Art von Koordinaten? Angenommen, Sie verwenden den Abbildungsmodus *MM_LOENGLISH*, in dem eine logische Einheit für 0,01 Zoll steht, und 1 Zoll auf dem Bildschirm entspricht in der realen Welt 12 Zoll. Nehmen wir weiter an, dass der Anwender mit Zoll und Dezimalbrüchen arbeitet. Ein Maß von 26,75 Zoll ergibt 223 logische Einheiten, die schließlich noch in Gerätekoordinaten übersetzt werden müssen. Es liegt daher nahe, die physikalischen Koordinaten als Fließkommawerte oder als skalierte *long int*-Werte zu speichern, um Rundungsfehler zu vermeiden.

Bei der Konvertierung von physikalischen in logische Einheiten sind Sie auf sich allein gestellt. Dagegen nimmt Ihnen die Windows-GDI die Umrechnung von logischen in Geräteeinheiten ab. Die Member-Funktionen *LPtoDP* und *DPtoLP* übersetzen zwischen den beiden Systemen, vorausgesetzt, der Abbildungsmodus des Gerätekontexts und die zugehörigen Parameter wurden zuvor definiert. Ihre Aufgabe besteht darin zu entscheiden, wann welches System zum Einsatz kommen soll. Es folgen einige Faustregeln hierzu:

- Gehen Sie davon aus, dass die Member-Funktionen von *CDC* logische Koordinaten als Parameter erwarten.
- Gehen Sie davon aus, dass die Member-Funktionen von *CWnd* Gerätekoordinaten als Parameter verarbeiten.
- Verwenden Sie Gerätekoordinaten, wenn Sie prüfen, ob ein bestimmter Bereich angeklickt worden ist. Definieren Sie Bereiche in Gerätekoordinaten. Funktionen wie *CRect::PtInRect* arbeiten mit Gerätekoordinaten am besten.
- Speichern Sie für lange Zeit gültige Werte in logischen oder physikalischen Koordinaten. Wenn Sie einen Punkt in Gerätekoordinaten speichern und der Anwender einen Bildlauf im Fenster durchführt, ist dieser Punkt nicht mehr gültig.

Nehmen wir an, Sie müssen wissen, ob sich der Mauszeiger über einem bestimmten Rechteck befindet, wenn der Anwender die linke Maustaste betätigt. Mit folgendem Quellcode können Sie dies herausfinden:

```
// m_rect ist ein CRect-Datenelement in einer von CView abgeleiteten
// Klasse. Logische Koordinaten im Abbildungsmodus MM_LOENGLISH.

void CMyView::OnLButtonDown(UINT nFlags, CPoint point)
{
  CRect rect = m_rect; // rect ist eine temporäre Kopie von m_rect
  CClientDC dc(this);  // So erhalten wir einen Gerätekontext
                       // für SetMapMode und LPtoDP,
                       // mehr dazu im nächsten Kapitel
  dc.SetMapMode(MM_LOENGLISH);
  dc.LPtoDP(rect);     // rect enthält jetzt Gerätekoordinaten
  if (rect.PtInRect(point)) {
      TRACE("Mauszeiger befindet sich im Rechteck.\n");
  }
}
```

Beachten Sie, wie hier das (in Kapitel 3 besprochene) Makro *TRACE* eingesetzt wird.

HINWEIS: Wie Sie noch sehen werden, ist es günstiger, den Abbildungsmodus in der virtuellen Member-Funktion *OnPrepareDC* von *CView* statt in der Funktion *OnDraw* festzulegen.

Das Beispielprogramm EX04B – Umwandlung in den Abbildungsmodus MM_HIMETRIC

Bis auf die Konvertierung in den Abbildungsmodus *MM_HIMETRIC* entspricht EX04B dem Beispiel EX04A. Im Projekt EX04B auf der Begleit-CD werden andere Klassennamen und Dateinamen verwendet, wogegen diese Anleitung beschreibt, wie Sie den Quelltext von EX04A ändern. Wie das Beispielprogramm EX04A führt auch EX04B eine Trefferprüfung durch, so dass die Farbe der Ellipse nur dann geändert wird, wenn Sie einen Punkt innerhalb des Begrenzungsrechtecks anklicken.

1. Überschreiben Sie mit Hilfe des Klassen-Assistenten die virtuelle Funktion *OnPrepareDC*.
Der Klassen-Assistent kann für ausgewählte MFC-Basisklassen (einschließlich *CView*) virtuelle Funktionen überschreiben. Er generiert in der Header-Datei der Klasse den korrekten Prototyp und in der CPP-Datei ein Funktionsgerüst. Markieren Sie im Listenfeld *Objekt-IDs* den Klassennamen *CEx04aView*, und doppelklicken Sie im Listenfeld *Nachrichten* auf die Funktion *OnPrepareDC*. Bearbeiten Sie die Funktion wie folgt:

```
void CEx04aView::OnPrepareDC(CDC* pDC, CPrintInfo* pInfo)
{
  pDC->SetMapMode(MM_HIMETRIC);
  CView::OnPrepareDC(pDC, pInfo);
}
```

Das Anwendungsgerüst ruft die virtuelle Funktion *OnPrepareDC* unmittelbar vor dem Aufruf von *OnDraw* auf.

2. Bearbeiten Sie den Konstruktor der Ansichtsklasse.
Sie müssen die Koordinatenangaben für das Rechteck ändern, das die Ellipse umgibt. Das Rechteck ist jetzt 4 mal 4 cm statt 200 mal 200 Pixel groß. Beachten Sie, dass die *y*-Koordinate negativ sein muss, da die Ellipse sonst auf den virtuellen Bildschirm oberhalb Ihres Monitors gezeichnet wird! Ändern Sie die Werte wie folgt:

```
CEx04aView::CEx04aView() : m_rectEllipse(0, 0, 4000, -4000)
{
  m_nColor = GRAY_BRUSH;
}
```

3. Bearbeiten Sie die Funktion *OnLButtonDown*.
Diese Funktion muss jetzt die Koordinaten des Rechtecks, das die Ellipse umgibt, für die Trefferprüfung in Gerätekoordinaten umwandeln. Ändern Sie die Funktion wie folgt:

```
void CEx04aView::OnLButtonDown(UINT nFlags, CPoint point)
{
  CClientDC dc(this);
  OnPrepareDC(&dc);
  CRect rectDevice = m_rectEllipse;
  dc.LPtoDP(rectDevice);
  if (rectDevice.PtInRect(point)) {
    if (m_nColor == GRAY_BRUSH) {
      m_nColor = WHITE_BRUSH;
    }
    else {
      m_nColor = GRAY_BRUSH;
    }
      InvalidateRect(rectDevice);
  }
}
```

4. Erstellen Sie das Programm EX04B, und führen Sie es aus.
Die Ausgaben müssten so ähnlich aussehen wie die von EX04A. Allerdings hat die Ellipse nun eine andere Größe. Wenn Sie die Option *Seitenansicht* wählen, sollte die Ellipse viel größer sein als im Programm EX04A.

Ein bildlauffähiges Ansichtsfenster

Wie man aus dem Fehlen von Bildlaufleisten in EX04A und EX04B erkennen kann, unterstützt die MFC-Klasse *CView*, die Basisklasse von *CEx04bView*, keinen Bildlauf. Es gibt aber eine andere MFC-Klasse, die dies leistet, nämlich die von *CView* abgeleitete Klasse *CScrollView*. Wir werden ein neues Programm namens EX04C erstellen, in dem wir *CScrollView* anstelle von *CView* verwenden. Der Programmcode zur Umrechnung von Koordinaten, den wir in EX04B eingefügt haben, diente zur Vorbereitung von Bildlaufoperationen.

Die Klasse *CScrollView* unterstützt den Bildlauf nur über Bildlaufleisten, nicht über die Tastatur. Tastaturbefehle für den Bildlauf lassen sich jedoch einfach implementieren, und deshalb werden wir diese Funktionalität nun hinzufügen.

Größe von Fenster und Ausgabebereich

Wenn Sie ein normales Fenster mit Hilfe der Maus verkleinern, bleibt der Fensterinhalt in der oberen linken Ecke verankert, und die Objekte am unteren und rechten Rand verschwinden aus dem Blickfeld. Wenn Sie das Fensters vergrößern, werden die Objekte wieder sichtbar. Daraus können Sie den richtigen Schluss ziehen, dass ein Fenster größer ist als der *Ausgabebereich*, den Sie auf dem Bildschirm sehen. Der Ausgabebereich muss allerdings nicht in der oberen linken Fensterecke verankert sein. Mit Hilfe der *CWnd*-Member-Funktionen *ScrollWindow* und *SetWindowOrg* können Sie in der Klasse *CScrollView* den Ausgabebereich beliebig im Fenster verschieben, auch in Bereiche oberhalb und links vom Ursprung.

Bildlaufleisten

In Microsoft Windows ist es einfach, Bildlaufleisten an den Rändern eines Fensters anzuzeigen. Windows unternimmt aber von sich aus nichts, um diese Bildlaufleisten mit dem zugehörigen Fenster zu verknüpfen. Dies ist die Aufgabe der Klasse *CScrollView*. Die Member-Funktionen von *CScrollView* verarbeiten die WM_HSCROLL- und WM_VSCROLL-Nachrichten, die von Bildlaufleisten an das Ansichtsfenster gesendet werden. Die beiden Funktionen verschieben den Ausgabebereich innerhalb des Fensters und erledigen die anfallenden Verwaltungsaufgaben.

Bildlaufalternativen

Die Klasse *CScrollView* unterstützt eine bestimmte Art von Bildlaufoperationen, bei denen ein großes Fenster und ein kleiner Ausgabebereich kombiniert werden. Jedem Objekt wird eine eindeutige Position in diesem großen Fenster zugewiesen. Wenn Sie beispielsweise 10000 Zeilen mit Kundenadressen anzeigen möchten, werden Sie wahrscheinlich, anstelle eines Fensters mit 10000 Zeilen, ein kleineres Fenster und einen Bildlaufalgorithmus verwenden, damit nur jeweils so viele Zeilen ausgewählt und angezeigt werden, wie auf den Bildschirm passen. In diesem Fall müssen Sie selbst eine von *CView* abgeleitete Klasse schreiben.

HINWEIS: Unter Windows NT werden logische Koordinaten in 32-Bit-Werten gespeichert, so dass der Bereich der logische Koordinaten praktisch unbegrenzt ist. Microsoft Windows 95 enthält hingegen immer noch 16-Bit-Komponenten, und deshalb werden für logische Koordinaten 16-Bit-Zahlen mit einem Wertebereich von -32.768 bis 32.767 verwendet. Bildlaufleisten-Nachrichten enthalten in beiden Betriebssystemen 16-Bit-Koordinaten. Wenn Sie sich diesen Sachverhalt vor Augen halten, werden Sie Ihren Quellcode vermutlich an den kleinsten gemeinsamen Nenner anpassen, also an Windows 95.

Die Funktion OnInitialUpdate

Sie werden die Funktion *OnInitialUpdate* noch eingehender kennen lernen, sobald wir uns mit der Dokument-Ansicht-Architektur befassen (ab Kapitel 16). Die virtuelle Funktion *OnInitialUpdate* ist in diesem Zusammenhang deshalb wichtig, weil sie die erste Funktion ist, die vom Anwendungsgerüst aufgerufen wird, nachdem das Ansichtsfenster vollständig erstellt worden ist. Der Aufruf von *OnInitialUpdate* erfolgt vor dem ersten Aufruf von *OnDraw*, und deshalb bietet sich diese Funktion geradezu dafür an, die Größe und den Abbildungsmodus reiner bildlauffähigen Ansicht festzulegen. Mit Hilfe der Funktion *CScrollView::SetScrollSizes* lassen sich diese Parameter einstellen.

Tastatureingaben annehmen

Die Verarbeitung von Tastatureingaben umfasst in Wirklichkeit zwei Schritte. Windows sendet WM_KEYDOWN- und WM_KEYUP-Nachrichten mit *virtuellen Tastencodes* an ein Fenster. Bevor diese Nachrichten zu dem Fenster gelangen, werden sie jedoch übersetzt. Wenn ein ANSI-Zeichen eingetippt wird (womit eine WM_KEYDOWN-Nachricht ausgelöst wird), dann prüft die Übersetzungsfunktion den Status der Umschalttasten und sendet anschließend eine WM_CHAR-Nachricht mit dem entsprechenden Code, d.h. einen Großbuchstaben oder einen Kleinbuchstaben. Pfeiltasten und Funktionstasten haben keine Codes, so dass keine Übersetzung nötig ist. Das Fenster erhält nur WM_KEYDOWN- und WM_KEYUP-Nachrichten.

Mit dem Klassen-Assistenten können Sie all diese Nachrichten Ihrem Ansichtsfenster zuordnen. Wenn voraussichtlich Buchstaben oder Sonderzeichen eingeben werden, sollten Sie WM_CHAR-Nachrichten entgegennehmen, wenn Sie anders geartete Tastenanschläge erwarten, WM_KEYDOWN-Nachrichten. Die MFC-Bibliothek übergibt freundlicherweise den Zeichencode beziehungsweise den virtuellen Tastencode als Parameter an die Behandlungsroutine.

Das Beispielprogramm EX04C – Bildlauf

Die Vorgabe für EX04C lautet, ein logisches Fenster mit einer Breite von 20 cm und einer Höhe von 30 cm zu erstellen. Das Programm zeichnet dieselbe Ellipse wie das Beispielprogramm EX04B. Sie könnten die Quelltextdateien von EX04B mit dem Klassen-Assistenten bearbeiten und darin die Basisklasse *CView* durch *CScrollView* ersetzen, aber es ist einfacher, mit dem MFC-Anwendungs-Assistenten von vorn zu beginnen. Der MFC-Anwendungs-Assistent generiert die Funktion *OnInitialUpdate* für Sie. Sie gehen dazu wie folgt vor:

1. Erstellen Sie mit Hilfe des MFC-Anwendungsassistenten das Programm EX04C.
Erstellen Sie mit dem MFC-Anwendungs-Assistenten ein Programm mit dem Namen EX04C im Verzeichnis \vcpp32\ex04c. Geben Sie in Schritt 6 des MFC-Anwendungs-Assistenten als Basisklasse von *CEx04cView* die Klasse *CScrollView* an (siehe Abbildung 4.7).

2. Deklarieren Sie in ex04cView.h die Datenelemente *m_rectEllipse* und *m_nColor*.
Fügen Sie die folgenden Anweisungen ein, indem Sie die Klasse *CEx04View* im Arbeitsbereich mit der rechten Maustaste anklicken. Sie können die Anweisungen auch direkt in die Klassendeklaration von *CEx04View* eingeben.

```
private:
  CRect m_rectEllipse;
  int m_nColor;
```

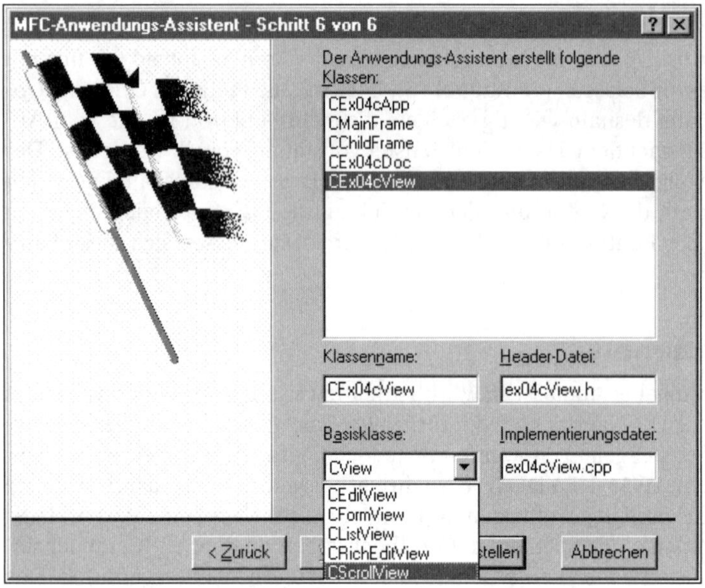

Abbildung 4.7: *Schritt 6 des MFC-Anwendungs-Assistenten.*

Das sind dieselben Datenelemente, die in die Projekte EX04A und EX04B eingefügt wurden.

3. Modifizieren Sie die vom MFC-Anwendungs-Assistenten erstellte Funktion *OnInitialUpdate.*

Ändern Sie die Funktion wie folgt:

```
void CEx04cView::OnInitialUpdate()
{
  CScrollView::OnInitialUpdate();
  CSize sizeTotal(20000, 30000); // 20 x 30 cm
  CSize sizePage(sizeTotal.cx / 2, sizeTotal.cy / 2);
  CSize sizeLine(sizeTotal.cx / 50, sizeTotal.cy / 50);
  SetScrollSizes(MM_HIMETRIC, sizeTotal, sizePage, sizeLine);
}
```

4. Definieren Sie mit Hilfe des Klassen-Assistenten eine Nachrichtenbehandlungsroutine für WM_KEYDOWN.

Der Klassen-Assistent generiert die Funktion *OnKeyDown* sowie die erforderlichen Nachrichtentabelleneinträge und die Prototypen. Bearbeiten Sie den Quelltext wie folgt:

```
void CEx04cView::OnKeyDown(UINT nChar, UINT nRepCnt, UINT nFlags)
{
  switch (nChar) {
  case VK_HOME:
    OnVScroll(SB_TOP, 0, NULL);
    OnHScroll(SB_LEFT, 0, NULL);
    break;
  case VK_END:
    OnVScroll(SB_BOTTOM, 0, NULL);
    OnHScroll(SB_RIGHT, 0, NULL);
```

```
    break;
  case VK_UP:
    OnVScroll(SB_LINEUP, 0, NULL);
    break;
  case VK_DOWN:
    OnVScroll(SB_LINEDOWN, 0, NULL);
    break;
  case VK_PRIOR:
    OnVScroll(SB_PAGEUP, 0, NULL);
    break;
  case VK_NEXT:
    OnVScroll(SB_PAGEDOWN, 0, NULL);
    break;
  case VK_LEFT:
    OnHScroll(SB_LINELEFT, 0, NULL);
    break;
  case VK_RIGHT:
    OnHScroll(SB_LINERIGHT, 0, NULL);
    break;
  default:
    break;
  }
}
```

5. Bearbeiten Sie den Konstruktor und die Funktion *OnDraw*.
Ändern Sie den Konstruktor und die Funktion *OnDraw*, die vom MFC-Anwendungs-Assistenten erstellt wurden, wie folgt:

```
CEx04cView::CEx04cView() : m_rectEllipse(0, 0, 4000, -4000)
{
  m_nColor = GRAY_BRUSH;
}

void CEx04cView::OnDraw(CDC* pDC)
{
  pDC->SelectStockObject(m_nColor);
  pDC->Ellipse(m_rectEllipse);
}
```

Diese Funktionen unterscheiden sich nicht von denen, die in EX04A und EX04B verwendet wurden.

6. Nehmen Sie die Nachricht *WM_LBUTTONDOWN* in die Nachrichtentabelle auf, und bearbeiten Sie die Behandlungsroutine.
Bearbeiten Sie den vom Klassen-Assistenten generierten Quelltext wie folgt:

```
void CEx04cView::OnLButtonDown(UINT nFlags, CPoint point)
{
  CClientDC dc(this);
  OnPrepareDC(&dc);
  CRect rectDevice = m_rectEllipse;
  dc.LPtoDP(rectDevice);
  if (rectDevice.PtInRect(point)) {
    if (m_nColor == GRAY_BRUSH) {
```

```
      m_nColor = WHITE_BRUSH;
    }
    else {
      m_nColor = GRAY_BRUSH;
    }
    InvalidateRect(rectDevice);
  }
}
```

Diese Funktion ist mit der *OnLButtonDown*-Version aus dem Projekt EX04B identisch. Sie ruft wie bisher *OnPrepareDC* auf, wobei aber die Funktion *OnPrepareDC* in der Klasse *CEx04cView* nicht überschrieben worden ist, so dass der Aufruf an *CScrollView::OnPrepareDC* erfolgt. Diese Funktion stellt den Abbildungsmodus ein, der im ersten Parameter von *SetScrollSize* übergeben worden ist, und legt basierend auf der aktuellen Bildlaufposition den Fensterursprung fest. Selbst wenn Sie für Ihre bildlauffähige Ansicht den Abbildungsmodus *MM_TEXT* verwenden, benötigen Sie einen Algorithmus zur Koordinatenumrechnung, damit die Verschiebung des Ursprungs berücksichtigt wird.

7. Erstellen Sie das Programm EX04C, und führen Sie es aus.

Prüfen Sie, ob die Mausklicks auch dann korrekt verarbeitet werden, wenn der Kreis teilweise aus dem Fenster verschoben worden ist. Prüfen Sie auch, ob die Tastatureingaben korrekt verarbeitet werden. Das Programm sollte die in Abbildung 4.8 dargestellte Ausgabe erzeugen.

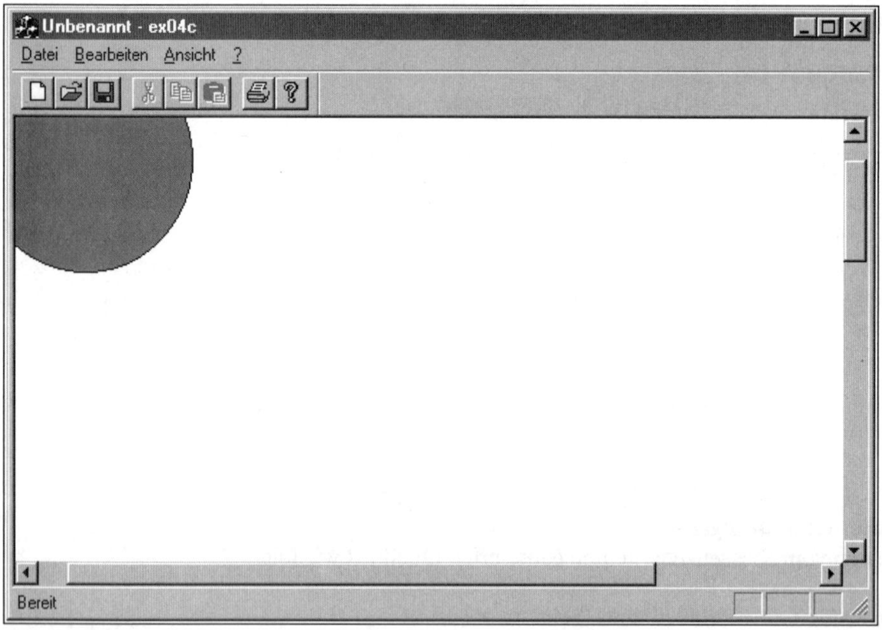

Abbildung 4.8: *Das Fenster der Beispielanwendung EX04C.*

Weitere Windows-Nachrichten

Die MFC-Bibliothek unterstützt Hunderte von Windows-Nachrichtenbehandlungsfunktionen direkt. Zusätzlich können Sie eigene Nachrichten definieren. Sie werden in den folgenden Kapiteln zahlreichen Beispielen zur Nachrichtenbehandlung begegnen und unter anderem Behandlungsroutinen für Menübefehle und untergeordnete Fenstersteuerelemente kennen lernen. Einstweilen verdienen fünf spezielle Windows-Nachrichten unsere besondere Aufmerksamkeit: WM_-CREATE, WM_CLOSE, WM_QUERYENDSESSION, WM_DESTROY und WM_NCDESTROY.

Die Nachricht WM_CREATE

Dies ist die erste Nachricht, die Windows an ein Ansichtsfenster sendet. Sie wird gesendet, wenn das Anwendungsgerüst die *Create*-Funktion des Fensters aufruft, und infolgedessen ist zu diesem Zeitpunkt das Fenster noch nicht vollständig erstellt worden und noch nicht sichtbar. Aus diesem Grund können Sie in einer *OnCreate*-Behandlungsroutine keine Windows-Funktionen aufrufen, die ein vollständig funktionsfähiges Fenster voraussetzen. Sie können solche Funktionen aufrufen, wenn Sie *OnInitialUpdate* überschreiben. Beachten Sie jedoch, dass *OnInitialUpdate* in einer SDI-Anwendung während des Bestehens einer Ansicht mehrere Male aufgerufen werden kann.

Die Nachricht WM_CLOSE

Windows sendet eine WM_CLOSE-Nachricht, sobald der Anwender ein Fenster mit Hilfe des Systemmenüs schließt oder wenn ein übergeordnetes Fenster geschlossen wird. Wenn Sie in einer abgeleiteten Ansichtsklasse eine *OnClose*-Nachrichtenbehandlungsroutine implementieren, können Sie den Schließvorgang steuern. Wenn Sie beispielsweise den Anwender fragen möchten, ob seine Änderungen auf der Festplatte gespeichert werden sollen, tun Sie dies in *OnClose*. Erst wenn Sie sicher sind, dass das Fenster gefahrlos geschlossen werden kann, rufen Sie die *OnClose*-Funktion der Basisklasse auf, die den Schließvorgang fortsetzt. Das Ansichtsobjekt und das entsprechende Fenster sind zunächst noch aktiv.

TIPP: Wenn Sie mit dem vollständigen Anwendungsgerüst arbeiten, werden Sie die Behandlungsroutine für WM_CLOSE wahrscheinlich nicht verwenden. Sie können statt dessen die virtuelle Funktion *CDocument::SaveModified* überschreiben, die im Anwendungsgerüst Bestandteil der komplexen Prozedur zum Beenden von Programmen ist.

Die Nachricht WM_QUERYENDSESSION

Windows sendet eine WM_QUERYENDSESSION-Nachricht an alle laufenden Anwendungen, wenn der Anwender Windows beendet. Die Nachrichtentabellenfunktion *OnQueryEndSession* ist für die Behandlung dieser Nachricht zuständig. Wenn Sie eine Behandlungsroutine für WM_CLOSE schreiben, sollten Sie auch eine für WM_QUERYENDSESSION implementieren.

Die Nachricht WM_DESTROY

Windows versendet diese Nachricht nach der Nachricht WM_CLOSE, und die Nachrichtentabellenfunktion *OnDestroy* verarbeitet sie. Wenn Ihr Programm diese Nachricht erhält, sollte es davon ausgehen, dass das Ansichtsfenster zwar nicht mehr sichtbar ist, dass es und seine untergeordneten Fenster aber noch aktiv sind. Verwenden Sie diese Behandlungsroutine für Aufräumarbeiten, bei denen das zugrunde liegende Fenster noch vorhanden sein muss. Vergessen Sie nicht, die *OnDestroy*-Funktion der Basisklasse aufzurufen. Sie können das Löschen des Fensters in der *OnDestroy*-Funktion der Ansichtsklasse nicht »abbrechen«. Der richtige Ort hierfür wäre *OnClose*.

Die Nachricht WM_NCDESTROY

Dies ist die letzte Nachricht, die Windows an ein zu löschendes Fenster sendet. Die untergeordneten Fenster sind zu diesem Zeitpunkt bereits gelöscht worden. Sie können in der Funktion *OnNcDestroy* letzte Verarbeitungsschritte ausführen, die kein aktives Fenster mehr voraussetzen. Vergessen Sie nicht, die *OnNcDestroy*-Funktion der Basisklasse aufzurufen.

TIPP: Versuchen Sie nicht, ein dynamisch zugewiesenes Fensterobjekt in *OnNcDestroy* zu löschen. Diese Aufgabe ist für die spezielle, virtuelle Member-Funktion von *CWnd* namens *PostNcDestroy* reserviert, die von der Basisklassenversion von *OnNcDestroy* aufgerufen wird. Sie finden in MFC Technical Note Nr. 17 in der Online-Dokumentation Hinweise dazu, wann es sinnvoll ist, ein Fensterobjekt zu löschen.

5 Grafikgeräteschnittstelle, Farben und Schriften

Sie haben bereits einige Elemente der Grafikgeräteschnittstelle oder GDI (für Graphics Device Interface) kennen gelernt. Jedes Programm, das etwas auf dem Bildschirm oder dem Drucker ausgibt, muss GDI-Funktionen verwenden. Die GDI enthält Funktionen zum Zeichnen von Punkten, Linien, Rechtecken, Vielecken, Ellipsen, Bitmaps und Text. Kreise und Quadrate werden Sie sofort zeichnen können, nachdem Sie sich die entsprechenden Funktionen angesehen haben, aber die Programmierung von Textausgaben ist schon schwieriger. Dieses Kapitel liefert Informationen, die Sie brauchen, um in der Microsoft Visual C++ Umgebung effizient mit der GDI arbeiten zu können. Sie werden lernen, wie man Schriften in Bildschirm- und Druckerausgaben einsetzt. Sie müssen sich allerdings bis Kapitel 19 gedulden, wenn Sie wissen möchten, wie das Anwendungsgerüst den Drucker steuert.

Gerätekontextklassen

In den Kapiteln 3 und 4 wurde der Member-Funktion *OnDraw* der Ansichtsklasse ein Zeiger auf ein Gerätekontextobjekt übergeben. Mit der Funktion *OnDraw* wurde ein Pinsel ausgewählt und eine Ellipse gezeichnet. Der Windows-*Gerätekontext*, der ein physisches Gerät repräsentiert, ist das entscheidende GDI-Element. Jedem C++-Gerätekontextobjekt entspricht ein Windows-Gerätekontext, der durch ein 32-Bit-Handle des Typs *HDC* identifiziert wird.

Die Version 6.0 der MFC-Bibliothek unterstützt eine Reihe von Gerätekontextklassen. Die Basisklasse *CDC* enthält alle zum Zeichnen erforderlichen Member-Funktionen (darunter einige virtuelle Funktionen). Von dem Ausnahmefall *CMetaFileDC* abgesehen, unterscheiden sich die einzelnen Klassen nur hinsichtlich ihrer Konstruktoren und Destruktoren. Wenn Sie ein Objekt einer abgeleiteten Gerätekontextklasse erstellen (oder wenn das Anwendungsgerüst dies tut), können Sie Funktionen wie *OnDraw* einen *CDC*-Zeiger übergeben. Für Bildschirmausgaben werden für gewöhnlich von *CClientDC* und *CWindowDC* abgeleitete Klassen verwendet. Für andere Geräte wie Drucker und Puffer im Arbeitsspeicher erstellen Sie Instanzen der Basisklasse *CDC*.

Der »virtuelle« Charakter der Klasse *CDC* zählt zu den wichtigsten Merkmalen des Anwendungsgerüsts. In Kapitel 19 werden Sie sehen, wie einfach es ist, Quelltext zu schreiben, der sowohl Drucker- als auch Bildschirmausgaben unterstützt. Eine Anweisung wie

```
pDC->TextOut(0, 0, "Hallo");
```

sendet Text zum Bildschirm, zum Drucker oder zum Fenster *Seitenansicht*, je nachdem, welcher Objekttyp der Funktion *CView::OnDraw* im Parameter *pDC* übergeben wird.

Bei Bildschirm- und Drucker-Gerätekontexten verknüpft das Anwendungsgerüst den Zeiger mit dem Gerätekontextobjekt. Bei anderen Gerätekontexten, beispielsweise dem Speicher-Gerätekontext, den Sie in Kapitel 11 kennen lernen werden, müssen Sie nach dem Anlegen des Gerätekontextobjekts eine Member-Funktion aufrufen, um das Objekt mit dem Gerätekontextzeiger zu verknüpfen.

Die Bildschirmkontextklassen CClientDC und CWindowDC

Sie erinnern sich, dass der Rahmen, die Titelleiste und die Menüleiste nicht zum Client-Bereich des Fensters gehören. Wenn Sie ein Objekt vom Typ *CClientDC* erstellen, erhalten Sie einen Gerätekontext, der exakt diesem Client-Bereich entspricht. Zeichenoperationen außerhalb des Bereichs sind nicht möglich. Der Punkt (0, 0) liegt normalerweise in der oberen linken Ecke des Client-Bereichs. Wie Sie noch sehen werden, entspricht ein *CView*-Objekt in der MFC-Bibliothek einem *untergeordneten Fenster*, das in einem separaten Rahmenfenster enthalten ist, das häufig überdies eine Symbolleiste, eine Statusleiste und Bildlaufleisten enthält. Im Client-Bereich der Ansicht (des *CView*-Objekts) sind diese anderen Fenster also nicht enthalten. Wenn das Fenster beispielsweise eine am oberen Rand angedockte Symbolleiste besitzt, dann beziehen sich die Koordinaten (0; 0) auf den Punkt, der unmittelbar *unter* der linken unteren Ecke der Symbolleiste liegt.

Wenn Sie ein Objekt der Klasse *CWindowDC* anlegen, befindet sich der Punkt (0; 0) in der oberen linken Ecke des Fensterbereichs außerhalb des Client-Bereichs. Mit einem solchen, das ganze Fenster umfassenden Gerätekontext können Sie auf den Rahmen, in die Titelleiste und in andere Bereiche zeichnen. Wie Sie aber wissen, verfügen Ansichtsfenster lediglich über einen Client-Bereich, so dass sich die Klasse *CWindowDC* eher für Rahmenfenster als für Ansichtsfenster eignet.

CDC-Objekte anlegen und löschen

Es ist wichtig, dass Sie die von Ihnen erstellten *CDC*-Objekte sofort wieder löschen, sobald Sie sie nicht mehr benötigen. Unter Microsoft Windows ist die Anzahl der verfügbaren Gerätekontexte beschränkt, und wenn Sie vergessen, einen Windows-Gerätekontext wieder freizugeben, ist eine gewisse Speichermenge bis zur Beendigung Ihres Programms nicht mehr verfügbar. In den meisten Fällen werden Gerätekontextobjekte in Nachrichtenbehandlungsroutinen wie *OnLButtonDown* erstellt. Am einfachsten lässt sich sicherstellen, dass das Gerätekontextobjekt beseitigt (und der entsprechende Windows-Gerätekontext freigeben) wird, indem man das Objekt auf dem Stack anlegt:

```
void CMyView::OnLButtonDown(UINT nFlags, CPoint point)
{
  CRect rect;
```

```
  CClientDC dc(this);  // dc wird auf dem Stack erstellt
  dc.GetClipBox(rect); // ermittelt das Clipping-Rechteck
} // dc wird automatisch freigegeben
```

Dem Konstruktor von *CClientDC* wird als Parameter einen Zeiger auf ein Fenster übergeben. Der Destruktor für das *CClientDC*-Objekt wird automatisch aufgerufen, wenn die Funktion zurückkehrt. Einen Zeiger auf einen Gerätekontext erhalten Sie auch über die Member-Funktion *CWnd::GetDC*, wie das folgende Quelltextfragment zeigt. Hier dürfen Sie nicht vergessen, die Funktion *ReleaseDC* zur Freigabe des Gerätekontexts aufzurufen.

```
void CMyView::OnLButtonDown(UINT nFlags, CPoint point)
{
  CRect rect;

  CDC* pDC = GetDC();      // Zeiger auf einen internen Gerätekontext
  pDC->GetClipBox(rect);  // ermittelt das Clipping-Rechteck
  ReleaseDC(pDC);          // Freigabe nicht vergessen!
}
```

WARNUNG: Löschen Sie auf keinen Fall das *CDC*-Objekt, das der Funktion *OnDraw* als Zeiger übergeben wird. Dafür ist das Anwendungsgerüst zuständig.

Der Zustand des Gerätekontexts

Sie wissen bereits, dass für Zeichenoperationen ein Gerätekontext notwendig ist. Wenn Sie ein *CDC*-Objekt verwenden, um eine Ellipse zu zeichnen, dann hängt es vom aktuellen Zustand des Gerätekontexts ab, was Sie auf dem Bildschirm oder dem Ausdruck zu sehen bekommen. Dieser Zustand beinhaltet folgende Aspekte:

- die zugeordneten GDI-Zeichenobjekte wie Stifte, Pinsel oder Schriften,
- den Abbildungsmodus, der die Skalierung der zu zeichnenden Objekte bestimmt (Sie haben bereits in Kapitel 4 mit Abbildungsmodi experimentiert),
- verschiedene Einstellungen, wie die Parameter für die Textausrichtung und der Füllmodus von Vielecken.

Sie haben zum Beispiel schon erfahren, dass eine Ellipse grau gezeichnet wird, wenn Sie zuvor einen grauen Pinsel auswählen. Jedes Gerätekontextobjekt, das Sie erstellen, verfügt über bestimmte voreingestellte Eigenschaften. Alle anderen Eigenschaften des Gerätekontexts werden mit den Member-Funktionen der Klasse *CDC* festgelegt. GDI-Objekte werden mit Hilfe der überladenen Funktion *SelectObject* in den Gerätekontext gewählt. Zu einem gegebenen Zeitpunkt kann in einem Gerätekontext jeweils nur ein Stift, ein Pinsel oder eine Schrift ausgewählt sein.

Die Klasse CPaintDC

Die Klasse *CPaintDC* benötigen Sie nur, wenn Sie die *OnPaint*-Funktion Ihrer Ansicht überschreiben. In der Standardversion ruft *OnPaint* die Funktion *OnDraw* mit dem korrekt eingestellten Gerätekontext auf. Manchmal benötigt man aber bildschirmspezifischen Code. Die Klasse *CPaintDC* ist ein Sonderfall, weil ihr Konstruktor und ihr Destruktor bestimmte, nur in Zusammenhang mit Bildschirmausgaben auftretende Verwaltungsaufgaben übernehmen. Sobald Sie jedoch einen Zeiger auf ein *CDC*-Objekt erhalten haben, können Sie ihn wie jeden anderen Gerätekontextzeiger verwenden.

Hier ist eine Version von *OnPaint*, die ein *CPaintDC*-Objekt erstellt:

```
void CMyView::OnPaint()
{
  CPaintDC dc(this);
  OnPrepareDC(&dc);   // wird später erklärt
  dc.TextOut(0, 0, "für den Bildschirm, nicht für den Drucker");
  OnDraw(&dc);        // Anweisungen, die für Bildschirm und Drucker gelten
}
```

Hinweis für Win32-Programmierer

Der Konstruktor von *CPaintDC* ruft *BeginPaint* auf, der Destruktor *EndPaint*. Wenn Sie das Gerätekontextobjekt auf dem Stack erstellen, erfolgt der Aufruf von *EndPaint* automatisch.

GDI-Objekte

Jeder Windows-GDI-Objekttyp wird durch eine Klasse der MFC-Bibliothek repräsentiert. *CGdiObject* ist die abstrakte Basisklasse für alle GDI-Objektklassen. Jedem Windows-GDI-Objekt entspricht ein C++-Objekt einer von *CGdiObject* abgeleiteten Klasse. Die abgeleiteten GDI-Klassen sind nachfolgend aufgeführt:

- **CBitmap** – Unter einem Bitmap versteht man ein Bit-Array, in dem ein oder mehrere Bits jeweils ein Bildschirmpixel repräsentieren. Sie können Bitmaps zur Darstellung von Grafiken oder zur Erstellung von Pinseln verwenden.
- **CBrush** – Ein Pinsel (englisch: *brush*) besteht aus einem Bitmap-Pixelmuster, das verwendet wird, um Bereiche mit Farbe zu füllen.
- **CFont** – Eine Schrift (englisch: *font*) ist eine vollständige Sammlung von Zeichen, die in einem bestimmten Schriftschnitt und einer bestimmten Größe vorliegen. Schriften werden normalerweise in Form von Ressourcen auf der Festplatte gespeichert. Einige Schriften sind geräteabhängig.
- **CPalette** – Eine Palette stellt eine Schnittstelle zur Zuordnung von Farben dar. Paletten ermöglichen es einer Anwendung, die bei einem Ausgabegerät gegebenen Möglichkeiten zur Farbdarstellung zu nutzen, ohne andere Anwendungen zu beeinträchtigen.
- **CPen** – Ein Stift (englisch: *pen*) ist ein Werkzeug zum Zeichnen von Linien und Umrissen. Sie können festlegen, welche Farbe, Linienstärke und Linienart der Stift haben soll.
- **CRgn** – Eine Fläche ist ein Bereich in Form eines Vielecks, einer Ellipse oder einer Kombination aus Vielecken und Ellipsen. Sie können Flächen füllen, für Clipping-Operationen verwenden und prüfen, ob diese Fläche angeklickt worden ist.

GDI-Objekte anlegen und löschen

Sie werden nie eine Instanz der Klasse *CGdiObject* erstellen; statt dessen erstellen Sie Objekte abgeleiteter Klassen. Einige der abgeleiteten GDI-Klassen, zum Beispiel *CPen* und *CBrush*, haben Konstruktoren, denen Sie so viele Informationen übergeben können, dass das Objekt in einem Schritt erstellt wird. Bei anderen Klassen, beispielsweise *CFont* und *CRgn*, ist ein zweiter Schritt zur Erstellung des Objekts erforderlich. Bei diesen Klassen erstellen Sie das C++-Objekt mit Hilfe des Standardkonstruktors und rufen anschließend eine Funktion wie *CreateFont* oder *CreatePolygonRgn* auf.

Die Klasse *CGdiObject* verfügt über einen virtuellen Destruktor. Die Destruktoren der abgeleiteten Klassen entfernen die Windows-GDI-Objekte, die den C++-Objekten zugeordnet sind, aus dem Speicher. Wenn Sie ein Objekt einer von *CGdiObject* abgeleiteten Klasse erstellen, müssen Sie es vor Verlassen des Programms löschen. Damit Sie ein GDI-Objekt löschen können, müssen Sie es aus dem Gerätekontext entfernen. Der nächste Abschnitt enthält ein Beispiel hierzu.

HINWEIS: Unter Win16 war es ein schweres Vergehen, wenn Sie vergaßen, ein GDI-Objekt zu löschen. Der GDI-Speicher wurde erst nach einem Windows-Neustart wieder freigegeben. Unter Win32 dagegen ist der Prozess Besitzer des GDI-Speichers, und der Speicher wird mit dem Beenden des Prozesses freigegeben. Ein nicht freigegebenes GDI-Bitmap-Objekt kann aber nach wie vor eine erhebliche Menge an Speicher blockieren.

GDI-Objekte überwachen

Sie wissen nun, dass Sie Ihre GDI-Objekte löschen müssen und dass diese zuvor von ihrem Gerätekontexten getrennt werden müssen. Wie trennen Sie sie? Die unter dem Namen *CDC::SelectObject* überladenen Funktionen erfüllen die Aufgabe, ein GDI-Objekt in den Speicherkontext zu wählen, und sie geben anschließend einen Zeiger auf das zuvor ausgewählte Objekt zurück (die Auswahl des letzteren wird damit aufgehoben). Dummerweise kann man die Auswahl eines Objekts nicht aufheben, ohne ein neues Objekt auszuwählen. Eine einfache Methode besteht darin, das alte Objekt zu »speichern«, wenn Sie Ihr eigenes GDI-Objekt auswählen, und nach dem Beenden der Arbeit das alte Objekt »wiederherzustellen«. Danach können Sie Ihr altes GDI-Objekt löschen. Hier ist ein Beispiel:

```
void CMyView::OnDraw(CDC* pDC)
{
  CPen newPen(PS_DASHDOTDOT, 2, (COLORREF) 0);  // schwarzer Stift, Breite 2 Pixel
  CPen* pOldPen = pDC->SelectObject(&newPen);

  pDC->MoveTo(10, 10);
  pDC->Lineto(110, 10);
  pDC->SelectObject(pOldPen);      // newPen ist nicht mehr ausgewählt
}      // newPen wird beim Verlassen der Funktion automatisch gelöscht
```

Beim Löschen eines Gerätekontextobjekts wird die Auswahl der ihm zugeordneten GDI-Objekte aufgehoben. Wenn Sie also wissen, dass ein Gerätekontext vor seinen GDI-Objekten gelöscht wird, brauchen Sie die Auswahl der GDI-Objekte nicht eigens aufzuheben. Nehmen wir an, Sie deklarieren in einer Ansichtsklasse einen Stift als Datenelement. Der Stift wird gleichzeitig mit der Ansicht initialisiert. Sie brauchen dann in *OnDraw* die Auswahl des Stifts nicht rückgängig zu machen, weil der Gerätekontext, der von der *OnPaint*-Funktion der Basisklasse kontrolliert wird, zuerst gelöscht wird.

Vordefinierte GDI-Objekte

Unter Windows steht eine Reihe *vordefinierter GDI-Objekte* zur Verfügung. Weil diese Objekte Bestandteile von Windows sind, brauchen Sie sich nicht um das Löschen zu kümmern. (Windows ignoriert Aufforderungen, vordefinierte Objekte zu löschen.) Die MFC-Funktion *CDC::SelectStockObject* wählt ein vordefiniertes Objekt in den Gerätekontext und gibt einen Zeiger auf das zuvor ausgewählte Objekt zurück, dessen Auswahl damit aufgehoben wird. Vordefinierte Objekte sind praktisch, wenn Sie ein eigenes, nicht vordefiniertes GDI-Objekt löschen möchten und dafür sorgen müssen, dass es nicht mehr ausgewählt ist. Vordefinierte Objekte eignen sich deshalb als Alternative zu dem »alten« Objekt aus dem obigen Beispiel:

```
void CMyView::OnDraw(CDC* pDC)
{
  CPen newPen(PS_DASHDOTDOT, 2, (COLORREF) 0);  // schwarzer Stift, Breite 2 Pixel

  pDC->SelectObject(&newPen);
  pDC->MoveTo(10, 10);
  pDC->Lineto(110, 10);
  pDC->SelectStockObject(BLACK_PEN);  // newPen ist nicht mehr ausgewählt
}          // newPen wird beim Verlassen der Funktion automatisch gelöscht
```

In der Referenz zur *Microsoft Foundation Class Library* finden Sie im Eintrag zu *CDC::SelectStockObject* eine Liste der vordefinierten Objekte für Stifte, Pinsel, Schriften und Paletten.

Wie lange gilt eine GDI-Auswahl?

Für den *Bildschirm* erhalten Sie zu Beginn jeder Nachrichtenbehandlungsfunktion einen »neuen« Gerätekontext. Nach dem Beenden der Funktion ist kein GDI-Objekt mehr ausgewählt (Abbildungsmodi und andere Einstellungen des Gerätekontexts haben ebenfalls keinen Bestand). Aus diesem Grund müssen Sie Ihren Gerätekontext jedesmal neu einrichten. Die virtuelle Member-Funktion *OnPrepareDC* der Klasse unterstützt Sie beim Einstellen des Abbildungsmodus, aber Ihre GDI-Objekte müssen Sie selbst verwalten.

In anderen Gerätekontexten, etwa Drucker- und Speicher-Gerätekontexten, haben Ihre Zuweisungen unter Umständen länger Bestand. Allerdings sind die Dinge hier auch etwas komplizierter. Die zusätzliche Komplexität ergibt sich aus der temporären Natur bestimmter C++-Zeiger, und zwar der Zeiger auf die GDI-Objekte, die die Funktion *SelectObject* zurückgibt. (Das Anwendungsgerüst löscht derartige »Objekte« in der Leerlaufschleife der Anwendung einige Zeit, nachdem die Behandlungsroutine beendet worden ist. Genauere Angaben hierzu finden Sie in *MFC Technical Note Nr. 3* in der Online-Dokumentation.) Sie können solche Zeiger nicht einfach in einem Datenelement speichern. Sie müssen sie vielmehr mit Hilfe der Funktion *GetSafeHdc* in Windows-Handles umwandeln (die einzigen dauerhaften GDI-Bezeichner). Es folgt ist ein Beispiel:

```
// m_pPrintFont zeigt auf ein CFont-Objekt, das im Konstruktor von CMyView erstellt wurde.
// m_hOldFont ist ein Datenelement von CMyView mit dem Typ HFONT das mit 0 initialisiert wird.

void CMyView::SwitchToCourier(CDC* pDC)
{
  m_pPrintFont->CreateFont(30, 10, 0, 0, 400, FALSE, FALSE,
                           0, ANSI_CHARSET, OUT_DEFAULT_PRECIS,
```

```
                          CLIP_DEFAULT_PRECIS, DEFAULT_QUALITY,
                          DEFAULT_PITCH | FF_MODERN,
                          "Courier New"); // TrueType
  CFont* pOldFont = pDC->SelectObject(m_pPrintFont);
  // m_hObject ist das öffentliche Datenelement vom Typ CGdiObjekt,
  // in dem das Handle gespeichert wird.
  m_hOldFont = (HFONT) pOldFont->GetSafeHandle();
}

void CMyView:SwitchToOriginalFont(CDC* pDC)
{
  // FromHandle ist eine statische Member-Funktion, die einen Zeiger auf ein Objekt zurückgibt.
  if (m_hOldFont) {
    pDC->SelectObject(CFont::FromHandle(m_hOldFont));
  }
}

// m_pPrintFont wird im Konstruktor von CMyView gelöscht.
```

Listing 5.1: *Beispiel für das Löschen eines GDI-Objekts.*

HINWEIS: Seien Sie vorsichtig, wenn Sie ein Objekt mit Hilfe eines von *SelectObject* gelieferten Zeigers löschen. Wenn Sie das Objekt selbst zugewiesen haben, dürfen Sie es löschen. Wenn es sich um einen temporären Zeiger handelt, wie bei Objekten, die beim Initialisieren in den Gerätekontext gewählt wurden, lässt sich das C++-Objekt nicht löschen.

Farbzuordnung unter Windows

Die Windows-GDI verfügt über eine von der Hardware unabhängige Geräteschnittstelle. Ihr Programm liefert einen »absoluten« Farbwert, und die GDI ordnet diesen Wert einer geeigneten Farbe oder Farbkombination zu, die vom Bildschirm Ihres PCs dargestellt werden kann. Die meisten Entwickler von Windows-Anwendungen versuchen, ihre Programme für einige gängige Kategorien von Grafikkarten zu optimieren.

Standard-VGA-Karten

Standard-VGA-Karten verwenden 18-Bit-Farbregister und verfügen damit über eine Palette von 262.144 Farben (VGA: *Video Graphics Array*). Weil der verfügbare Bildschirmspeicher jedoch beschränkt ist, arbeiten Standard-VGA-Karten mit 4-Bit-Farbwerten, und das heißt, dass sie 16 Farben gleichzeitig anzeigen können. Da Windows für Titelleisten, Rahmen, Bildlaufleisten usw. fest zugeordnete Farben benötigt, stehen Ihrem Programm die 16 Standardfarben als reine Farben zur Verfügung. Auf die übrigen Farben, die die Grafikkarte darstellen kann, kann nicht ohne weiteres zugegriffen werden.

Jede Windows-Farbe wird durch eine Kombination aus drei 8-Bit-Werten dargestellt, die die roten, grünen und blauen Farbanteile repräsentieren. Die 16 Standard-VGA-Farben (die nicht gerasterten Farben) werden in der nachfolgenden Tabelle 5.1 dargestellt:

GDI-Funktionen, die Farbe unterstützen, übernehmen 32 Bit lange *COLORREF*-Parameter. Diese Parameter enthalten je einen 8-Bit-Farbwert für Rot, Grün und Blau. Das Windows-Makro *RGB* wandelt die drei 8-Bit-Werte für Rot, Grün und Blau in einen *COLORREF*-Wert um. Die folgende Anweisung erzeugt auf einem Rechner, der mit einer Standard-VGA-Karte ausgestattet ist, einen Pinsel mit einer gerasterten Farbe (die aus einem Muster aus reinen Farben besteht):

```
CBrush brush(RGB(128, 128, 192));
```

Rot	Grün	Blau	Farbe
0	0	0	Schwarz
0	0	255	Blau
0	255	0	Grün
0	255	255	Zyan
255	0	0	Rot
255	0	255	Magenta
255	255	0	Gelb
255	255	255	Weiß
0	0	128	Dunkelblau
0	128	0	Dunkelgrün
0	128	128	Dunkles Zyan
128	0	0	Dunkelrot
128	0	128	Dunkles Magenta
128	128	0	Dunkelgelb
128	128	128	Dunkelgrau
192	192	192	Hellgrau

Tabelle 5.1: *Die 16 Standard-VGA-Farben.*

Die folgende Anweisung, die Sie in der *OnDraw*-Funktion Ihrer Ansicht aufrufen können, weist dem Texthintergrund die Farbe Rot zu:

```
pDC->SetBkColor(RGB(0, 255, 0));
```

Die CDC-Funktionen *SetBkColor* und *SetTextColor* unterstützen im Gegensatz zu den für den Einsatz von Pinseln bezogenen Funktionen keine gerasterten Farben. Wenn das Muster der gerasterten Farbe zu komplex wird, wird die reine Farbe, die der gewünschten Farbe am nächsten kommt, angezeigt.

Grafikkarten mit 256 Farben

Die meisten Grafikkarten können in allen Auflösungen 8-Bit-Farbwerte verarbeiten, was bedeutet, dass sie 256 Farben gleichzeitig anzeigen können. Dieser 256-Farben-Modus gilt mittlerweile als der kleinste gemeinsame Nenner in der Farbgrafik-Programmierung.

Im 256-Farben-Modus von Windows können Ihre Programme nur 20 reine Standardfarben nutzen, es sei denn, Sie aktivieren das Windows-Farbpalettensystem, das von der MFC-Klasse *CPalette* und der Windows-API unterstützt wird. In diesem Fall können Sie Ihre 256 Farben aus mehr als 16,7 Millionen Farben wählen. Die Programmierung von Farbpaletten unter Windows wird in Kapitel 11 behandelt. In diesem Kapitel gehen wir davon aus, dass die Standard-Farbzuordnung von Windows aktiv ist.

Wenn Sie einen SVGA-Grafiktreiber mit 256 Farben installiert haben, stehen Ihnen neben den 16 Standardfarben der Tabelle 5.1 vier weitere Farben zur Verfügung. Diese vier zusätzlichen Farben werden nachfolgend in Tabelle 5.2 beschrieben.

Rot	Grün	Blau	Farbe
192	220	192	Blassgrün
166	202	240	Himmelblau
255	251	240	Creme
160	160	164	Mittelgrau

Tabelle 5.2: *Bei SVGA-Grafikkarten zusätzlich verfügbare Farben.*

Das Makro *RGB* funktioniert in diesem Modus fast genauso wie im Standard-VGA-Modus. Wenn Sie für einen Pinsel eine der 20 Standardfarben angeben, erhalten Sie eine reine Farbe, andernfalls eine gerasterte Farbe. Verwenden Sie statt dessen das Makro *PALETTERGB*, erhalten Sie nie eine gerasterte Farbe, sondern stets die reine Standardfarbe aus der aktuellen Palette, die der gewünschten Farbe am nächsten kommt.

16-Bit-Grafikkarten

Die meisten modernen Grafikkarten unterstützen eine Auflösung von 1024 x 768 Pixel, und mit 1 Megabyte Bildschirmspeicher ist bei dieser Auflösung eine 8-Bit-Farbtiefe möglich. Grafikkarten mit 2 Megabyte Speicher unterstützen 16-Bit-Farben, wobei für Rot, Grün und Blau je 5 Bits zur Verfügung stehen. Solche Karten können also 32.768 Farben gleichzeitig darstellen. Das ist eine beeindruckende Zahl, aber für reines Rot, Grün und Blau stehen jeweils nur 32 Abstufungen zur Verfügung. Nach der Auswahl einer geeigneten Palette werden Bilder im 8-Bit-Modus oft wirklichkeitsgetreuer dargestellt. Zur Darstellung eines Waldes kann man beispielsweise bis zu 236 Grünschattierungen verwenden. Paletten werden im 16-Bit-Modus nicht unterstützt.

24-Bit-Grafikkarten

Hochwertige Grafikkarten (deren Verbreitung zunimmt) unterstützen 24-Bit-Farben. Bei dieser Farbtiefe können 16,7 Millionen reine Farben dargestellt werden. Wenn Sie eine 24-Bit-Grafikkarte verwenden, haben Sie direkten Zugriff auf alle Farben, und Sie können mit dem Makro *RGB* die gewünschten Farben exakt angeben. Allerdings benötigt die Grafikkarte 2,5 Megabyte Speicher, um eine Auflösung von 1024 x 768 Pixel mit einer 24-Bit-Farbtiefe anzeigen zu können.

Schriften

Die altmodischen Textmodus-Anwendungen konnten nur die langweilige Systemschrift auf dem Bildschirm anzeigen. Windows bietet viele geräteunabhängige Schriften in unterschiedlichen Größen. Klug eingesetzt, können diese Windows-Schriften bei minimalem Programmieraufwand eine Anwendung sehr beleben. Die TrueType-Schriften, die mit Windows 3.1 eingeführt wurden, sind sogar noch eindrucksvoller und zudem leichter zu programmieren als die vorherigen geräteabhängigen Schriften. Im Laufe dieses Kapitels werden Sie einige Beispielprogramme sehen, die verschiedene Schriften verwenden.

Schriften sind GDI-Objekte

Schriften sind ein integraler Bestandteil der Windows-GDI. Das heißt, dass sich Schriften ebenso wie andere GDI-Objekte verhalten. Sie können skaliert und abgeschnitten werden, und man kann sie wie einen Stift oder einen Pinsel einem Gerätekontext zuordnen. Alle Regeln zum Auswählen, Freigeben und Löschen von GDI-Objekten gelten auch für Schriften.

Eine Schrift auswählen

Wenn man früher eine Windows-Schrift ausgewählt hat, dann ging das ungefähr so vor sich, als würde man an einem Obststand »eine rötliche Frucht mit Kern und einem Gewicht von etwa 100 Gramm« verlangen. Man konnte nicht sicher sein, ob man einen Pfirsich, eine Pflaume oder eine Nektarine erhalten würde. Sicher war dagegen, dass die Frucht nicht genau 100 Gramm wiegen würde. Erst wenn man die Frucht in Besitz genommen hatte, konnte man sie wiegen und die Sorte bestimmen. Jetzt, da es TrueType-Schriften gibt, können Sie immerhin sagen, welches Obst Sie wollen, aber das genaue Gewicht können Sie immer noch nicht angeben.

Heutzutage können Sie zwischen zwei Arten von Schriften wählen – geräteunabhängigen TrueType-Schriften und geräteabhängigen Schriften wie der Windows-Systemschrift oder der Schriftart *LinePrinter* auf dem HP LaserJet. Sie können aber auch eine Schriftkategorie und Größe angeben und die Auswahl der Schrift Windows überlassen. Wenn Windows die Schrift auswählt, fällt die Entscheidung auf eine TrueType-Schrift, wann immer das möglich ist. Die MFC-Bibliothek enthält ein Dialogfeld zur Schriftauswahl, das mit dem aktuell ausgewählten Drucker verknüpft ist, so dass man nicht zu raten braucht, welche Schriften der Drucker unterstützt. Sie lassen den Anwender die Schriftart und -größe für die Druckerausgabe auswählen und passen die Bildschirmschrift so gut es geht daran an.

Schriften drucken

In sehr textlastigen Anwendungen werden Sie die Größe der Druckerschriften wahrscheinlich in Punkt angeben (1 Punkt = 1/72 Zoll). Warum? Die meisten, wenn nicht alle Druckerschriften werden in Punkt definiert. Die Schrift *LinePrinter* des HP LaserJets beispielsweise steht nur in der Größe 8,5 Punkt zur Verfügung. Für TrueType-Schriften können Sie jede beliebige Punktgröße angeben. Wenn Sie mit Punktgrößen arbeiten, brauchen Sie einen Abbildungsmodus, der mit dieser Einheit harmoniert. Aus diesem Grund wurde der Abbildungsmodus *MM_TWIPS* entwickelt. Eine Schriftgröße von 8,5 Punkt entspricht 8,5 × 20 = 170 Twips, und das ist die Zeichenhöhe, die Sie angeben müssen.

Schriften anzeigen

Wenn Sie nicht dafür Sorge tragen müssen, dass die Bildschirmanzeige exakt mit den Ausdrucken übereinstimmt, stehen Ihnen viele Möglichkeiten offen. Sie können eine beliebige, skalierbare TrueType-Schrift auswählen oder sich für eine Systemschrift mit fester Größe (ein vordefiniertes GDI-Objekt) entscheiden. Wenn Sie mit TrueType-Schriften arbeiten, spielt der Abbildungsmodus keine allzu große Rolle. Sie wählen einfach eine Schrifthöhe aus und brauchen sich um die Punktgrößen nicht weiter zu kümmern.

Druckerschriften so zu wählen, dass die Ausgaben auf dem Drucker genauso aussehen wie auf dem Bildschirm, ist ziemlich schwierig. Aber auch, wenn Sie mit TrueType-Schriften drucken, werden Sie nie erreichen, dass die Bildschirmausgaben mit den Druckerausgaben genau übereinstimmen. Warum? Die Zeichen werden letztlich in Pixeln dargestellt, und die Breite einer Zeichenfolge ergibt sich aus der Summe der Pixelbreite der einzelnen Zeichen, eventuell abzüglich eines Korrekturfaktors für die Unterschneidung. Die Pixelbreite der Zeichen hängt von der Schrift, dem Abbildungsmodus und der Auflösung des Ausgabegeräts ab. Nur wenn Sie für Drucker und Bildschirm den Abbildungsmodus *MM_TEXT* einstellen (ein Pixel entspricht einer logischen Einheit), stimmen Bildschirmanzeige und Ausdruck überein. Wenn Sie die Zeilenumbrüche mit Hilfe der Funktion *CDC::GetTextExtent* berechnen, werden die Zeilen auf dem Bildschirm gelegentlich nicht an derselben Stelle wie auf dem Drucker umbrochen.

HINWEIS: Im Seitenansichtsmodus der MFC-Anwendungen, den wir in Kapitel 19 genauer betrachten, werden die Zeilenumbrüche so angezeigt, wie sie im Ausdruck erscheinen. Dafür wird eine verminderte Ausgabequalität im Seitenansichtsfenster in Kauf genommen.

Wenn Sie für eine Druckerschrift eine entsprechende Bildschirmschrift suchen, erleichtern Ihnen TrueType-Schriften die Arbeit auch hier. Windows ersetzt die Druckerschrift automatisch durch die ähnlichste TrueType-Schrift. Für die Schrift *LinePrinter* in der Größe 8,5 Punkt findet Windows eine recht gute Entsprechung in der Schrift *Courier New*.

Logische und physische Bildschirmmaße

Die Member-Funktion *GetDeviceCaps* der Klasse *CDC* liefert verschiedene Bildschirmmaße, die für die Grafikprogrammierung wichtig sind. Die sechs in Tabelle 5.3 beschriebenen Rückgabewerte liefern Informationen über die Bildschirmgröße. Die Werte gelten für eine normale Grafikkarte, die unter Microsoft Windows NT 4.0 mit einer Auflösung von 640 x 480 Pixel arbeitet.

Index	Beschreibung	Wert
HORZSIZE	Physische Breite in Millimetern	320
VERTSIZE	Physische Höhe in Millimetern	240
HORZRES	Breite in Pixeln	640
VERTRES	Höhe in Rasterlinien	480
LOGPIXELSX	Punkte pro logischem Zoll in Horizontalrichtung	96
LOGPIXELSY	Punkte pro logischem Zoll in Vertikalrichtung	96

Tabelle 5.3: *Rückgabewerte der Funktion* GetDeviceCaps.

Die Indizes *HORZSIZE* und *VERTSIZE* repräsentieren die physischen Bildschirmabmessungen. (Diese Werte müssen nicht unbedingt stimmen, weil Windows nicht zuverlässig weiß, welche Größe der an die Grafikkarte angeschlossene Bildschirm hat.) Einen weiteren Wert für die Bildschirmgröße erhalten Sie, indem Sie *HORZRES* und *VERTRES* mit *LOGPIXELSX* und *LOGPIXELSY* multiplizieren. Die auf diese Weise errechnete Größe bezeichnet man als *logische Größe* des Bildschirms. Wenn wir von den obigen Werten ausgehen und berücksichtigen, dass 1 Zoll 25,4 Millimetern entspricht, können wir die beiden Größen für einen Bildschirm berechnen, der für eine Auflösung von 640 x 480 Pixel unter Windows NT 4.0 konfiguriert ist. Die physische Größe beträgt 12,60 mal 9,45 Zoll, die logische Größe 6,67 mal 5,00 Zoll. Physische und logische Größe müssen also nicht übereinstimmen.

Unter Windows NT 4.0 sind *HORZSIZE* und *VERTSIZE* von der Bildschirmauflösung unabhängig, und *LOGPIXELSX* und *LOGPIXELSY* haben stets den Wert 96. Bei unterschiedlichen Bildschirmauflösungen ändert sich also nur die logische Größe, nicht die physische. Unter

Windows 95 sind logische und physische Größe gleich, so dass sich beide Werte mit der Bildschirmauflösung ändern. (Bei einer Auflösung von 640 x 480 Pixel unter Windows 95 beträgt *HORZSIZE* 169 und *VERTSIZE* 127.)

Wenn Sie einen festen Abbildungsmodus wie *MM_HIMETRIC* oder *MM_TWIPS* benutzen, berechnet der Grafiktreiber die Zuordnung aufgrund der physischen Bildschirmgröße.

Unter Windows NT 4.0 wird daher Text bei einem kleineren Bildschirm in einer kleineren Schriftgröße dargestellt, was wir aber nicht wollen. Die Schriftgrößen sollen auf die logische Bildschirmgröße bezogen sein, nicht auf die physische.

Sie können einen speziellen Abbildungsmodus einführen, der so genannte *logische Twips* verwendet und in dem jede logische Einheit 1/1440 eines logischen Zolls entspricht. Dieser Abbildungsmodus ist vom Betriebssystem und von der Bildschirmauflösung unabhängig. Er wird von Programmen wie Microsoft Word verwendet. Mit den folgenden Anweisungen können Sie diesen Abbildungsmodus einstellen:

```
pDC->SetMapMode(MM_ANISOTROPIC);
pDC->SetWindowExt(1440, 1440);
pDC->SetViewportExt(pDC->GetDeviceCaps(LOGPIXELSX),
                    -pDC->GetDeviceCaps(LOGPIXELSY));
```

HINWEIS: In der Windows-Systemsteuerung können Sie sowohl die Größe der Bildschirmschrift als auch die Bildschirmauflösung einstellen. Wenn Sie die Größe der Bildschirmschrift von 100 Prozent zu 200 Prozent ändern, erhält *HORZSIZE* den Wert 160, *VERTSIZE* den Wert 120, und *LOGPIXELSX* und *LOGPIXELSY* erhalten den Wert 192. In diesem Fall wird die logische Größe durch 2 geteilt, und der Text, der im Abbildungsmodus für *logische Twips* gezeichnet wird, wird doppelt so groß dargestellt.

Die Zeichenhöhe berechnen

Die *CDC*-Member-Funktion *GetTextMetrics* liefert fünf Parameter für die Schriftgröße, wovon allerdings nur drei von Belang sind. Abbildung5.1 illustriert die wichtigsten Schriftmaße. Der Parameter *tmHeight* repräsentiert die gesamte Schrifthöhe einschließlich der Unterlängen (wie in *g*, *j*, *p*, *q* und *y*) und eventueller diakritischer Zeichen über den Großbuchstaben. Der Parameter *tmExternalLeading* (Durchschuss) beschreibt den Abstand zwischen zwei Zeilen, wenn sich in der oberen Zeile ein Zeichen mit Unterlänge und in der unteren Zeile ein diakritisches Zeichen befinden. Die Gesamtzeichenhöhe ergibt sich aus der Summe von *tmHeight* und *tmExternalLeading*. Der Wert von *tmExternalLeading* kann gleich 0 sein.

Man würde annehmen, dass *tmHeight* den Schriftgrad in Punkt angibt. Diese Annahme ist falsch. Hier kommt ein anderer Parameter ins Spiel, nämlich *tmInternalLeading*. Die Punktgröße entspricht der Differenz zwischen *tmHeight* und *tmInternalLeading*.

Im Abbildungsmodus *MM_TWIPS* kann eine Schrift mit dem Schriftgrad 12 Punkt einen *tmHeight*-Wert von 295 logischen Einheiten und einen *tmInternalLeading*-Wert von 55 logischen Einheiten haben. Die Netto-Schrifthöhe 240 entspricht der Punktgröße 12.

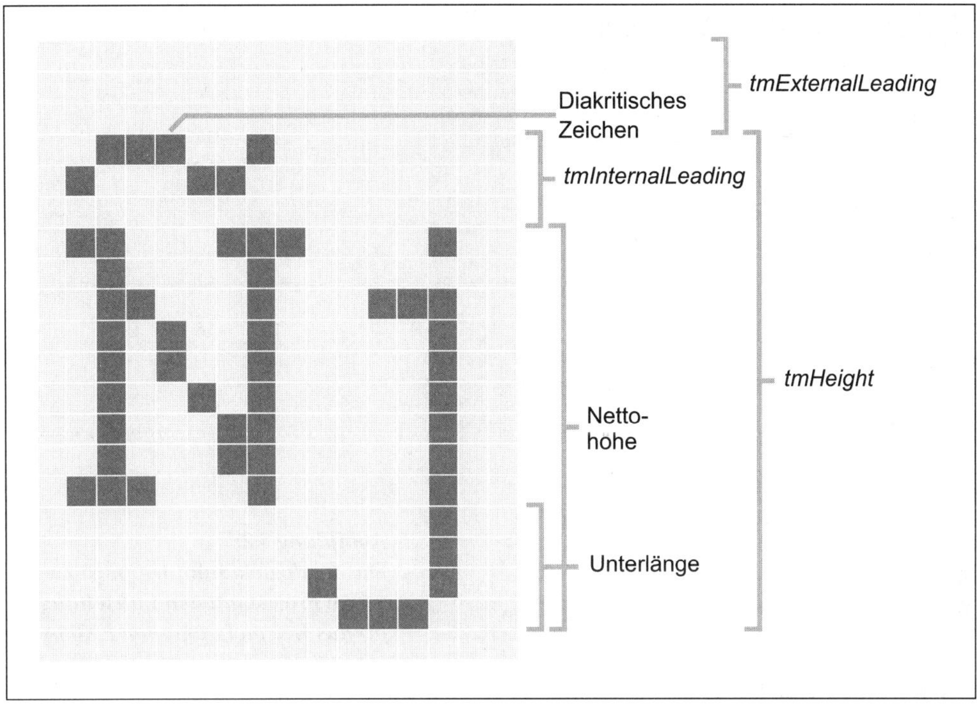

Abbildung 5.1: *Maße für die Schriftgröße.*

Das Beispielprogramm EX05A

In diesem Beispiel wird ein Ansichtsfenster mit dem Abbildungsmodus für logische Twips eingerichtet. Eine Zeichenfolge wird in der TrueType-Schrift Arial in zehn verschiedenen Punktgrößen angezeigt. Mit folgenden Arbeitsschritten erstellen Sie diese Anwendung.

1. Starten Sie den MFC-Anwendungs-Assistenten, und erstellen Sie das Projekt EX05A.

Wählen Sie im Menü *Datei* den Befehl *Neu*, und wählen Sie dann auf der Seite *Projekte* die Option *MFC-Anwendungs-Assistent (exe)*. Markieren Sie *Einzelnes Dokument (SDI)*, und entfernen Sie die Markierung von *Drucken und Druckvorschau*. Alle anderen Standardeinstellungen können Sie übernehmen. Die Optionen und die vorgeschlagenen Klassennamen werden in Abbildung 5.2 dargestellt.

2. Überschreiben Sie mit Hilfe des Klassen-Assistenten die Funktion OnPrepareDC in der Klasse *CEx05aView*.

Bearbeiten Sie den Quelltext in *ex05aView.cpp* wie folgt:

```
void CEx05aView::OnPrepareDC(CDC* pDC, CPrintInfo* pInfo)
{
  pDC->SetMapMode(MM_ANISOTROPIC);
  pDC->SetWindowExt(1440, 1440);
  pDC->SetViewportExt(pDC->GetDeviceCaps(LOGPIXELSX),
                     -pDC->GetDeviceCaps(LOGPIXELSY));
}
```

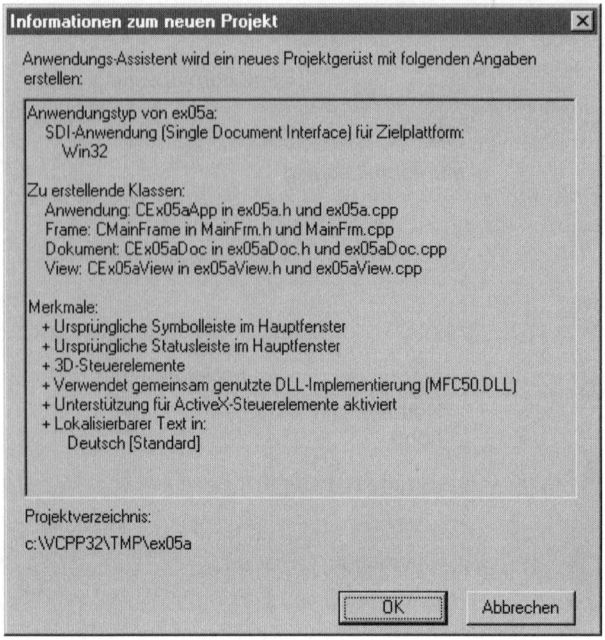

Abbildung 5.2:
Das Dialogfeld Informationen zum neuen Projekt *mit den Einstellungen für das Beispielprogramm EX05A.*

3. Fügen Sie die private Funktion *ShowFont* zur Ansichtsklasse hinzu.
Fügen Sie diesen Prototyp in *ex05aView.h* ein:

```
private:
  void ShowFont(CDC* pDC, int& nPos, int nPoints);
```

Fügen Sie dann die Funktion in ex05aView.cpp ein:

```
void CEx05aView::ShowFont(CDC* pDC, int& nPos, int nPoints)
{
  TEXTMETRIC tm;
  CFont      fontText;
  CString    strText;
  CSize      sizeText;

  fontText.CreateFont(-nPoints * 20, 0, 0, 0, 400, FALSE, FALSE, 0,
                      ANSI_CHARSET, OUT_DEFAULT_PRECIS,
                      CLIP_DEFAULT_PRECIS, DEFAULT_QUALITY,
                      DEFAULT_PITCH | FF_SWISS, "Arial");
  CFont* pOldFont = (CFont*) pDC->SelectObject(&fontText);
  pDC->GetTextMetrics(&tm);
  TRACE("Punktgröße = %d, tmHeight = %d, tmInternalLeading = %d,"
        " tmExternalLeading = %d\n", nPoints, tm.tmHeight,
          tm.tmInternalLeading, tm.tmExternalLeading);
  strText.Format("Das ist Arial %d Punkt", nPoints);
  sizeText = pDC->GetTextExtent(strText);
  TRACE("Stringlänge = %d, Stringhöhe = %d\n", sizeText.cx,
        sizeText.cy);
  pDC->TextOut(0, nPos, strText);
```

```
  pDC->SelectObject(pOldFont);
  nPos -= tm.tmHeight + tm.tmExternalLeading;
}
```

4. Bearbeiten Sie die Funktion *OnDraw* in der Datei *ex05aView.cpp*.
Der MFC-Anwendungs-Assistent fügt eine rudimentäre Version von *OnDraw* in die Ansichtsklasse ein. Suchen Sie diese Funktion, und ersetzen Sie die vorhandenen Anweisungen durch die folgenden:

```
void CEx05aView::OnDraw(CDC* pDC)
{
  int nPosition = 0;

  for (int i = 6; i <= 24; i += 2) {
      ShowFont(pDC, nPosition, i);
  }
  TRACE("LOGPIXELSX = %d, LOGPIXELSY = %d\n",
         pDC->GetDeviceCaps(LOGPIXELSX),
         pDC->GetDeviceCaps(LOGPIXELSY));
  TRACE("HORZSIZE = %d, VERTSIZE = %d\n",
         pDC->GetDeviceCaps(HORZSIZE),
         pDC->GetDeviceCaps(VERTSIZE));
  TRACE("HORZRES = %d, VERTRES = %d\n",
         pDC->GetDeviceCaps(HORZRES),
         pDC->GetDeviceCaps(VERTRES));
}
```

5. Erstellen Sie das Programm EX05A, und führen Sie es aus.
Wenn Sie die Ausgaben der TRACE-Anweisungen sehen möchten, müssen Sie das Programm im Debugger ausführen. Sie können dazu im Menü *Erstellen* in Visual C++ den Befehl *Debug starten* und anschließend *Ausführen* wählen, oder in der Symbolleiste *Erstellen* auf die Schaltfläche *Ausführen* klicken, die in Abbildung 5.3 dargestellt ist.

Abbildung 5.3:
Die Schaltfläche Ausführen.

Bei Verwendung einer Standard-VGA-Karte sieht das Anwendungsfenster dann etwa so aus wie in Abbildung 5.4.

Beachten Sie, dass die Größen der ausgegebenen Zeichenfolgen nicht ganz mit den Punktgrößen übereinstimmen. Diese Diskrepanz ergibt sich durch die Umwandlung von logischen Einheiten in Pixel. Die TRACE-Ausgaben des Programms, von denen Sie im Folgenden einen Auszug sehen, liefern die Schriftmaße. (Die genauen Werte hängen vom verwendeten Grafiktreiber ab.)

```
Punktgröße = 6, tmHeight = 150, tmInternalLeading = 30, tmExternalLeading = 0
Stringlänge = 1035, Stringhöhe = 150
Punktgröße = 8, tmHeight = 210, tmInternalLeading = 45, tmExternalLeading = 0
Stringlänge = 1440, Stringhöhe = 210
Punktgröße = 10, tmHeight = 240, tmInternalLeading = 45, tmExternalLeading = 0
Stringlänge = 1905, Stringhöhe = 240
Punktgröße = 12, tmHeight = 270, tmInternalLeading = 30, tmExternalLeading = 15
Stringlänge = 2250, Stringhöhe = 270
```

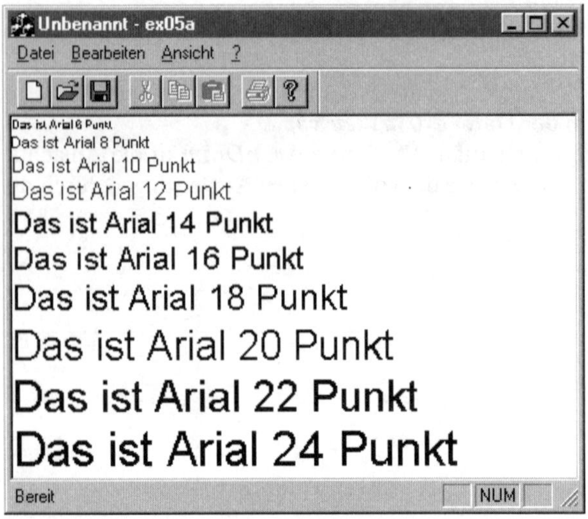

Abbildung 5.4:
Das Fenster der Anwendung EX05A.

Elemente des Programms EX05A

In den folgenden Abschnitten werden einige wichtige Bestandteile des Programms EX05A besprochen.

Den Abbildungsmodus in der Funktion OnPrepareDC einstellen

Das Anwendungsgerüst ruft *OnPrepareDC* vor *OnDraw* auf, so dass sich *OnPrepareDC* dazu anbietet, den Gerätekontext vorzubereiten. Falls Sie auch in anderen Nachrichtenbehandlungsroutinen den Abbildungsmodus einstellen müssen, rufen Sie innerhalb dieser Funktionen *OnPrepareDC* auf.

Die private Member-Funktion ShowFont

Der Code von *ShowFont* wird in einer Schleife zehnmal ausgeführt. In C hätten Sie diese Funktion als global deklariert, aber in C++ deklarieren Sie *tShowFont* am besten als private Member-Funktion. Solche Funktionen nennt man auch *Hilfsfunktionen*.

Die Funktion erstellt die Schrift, wählt sie in den Gerätekontext, gibt im Fenster eine Zeichenfolge aus und hebt die Auswahl der Schrift wieder auf. Wenn Sie bei der Kompilierung des Programms Debug-Informationen generieren lassen, gibt *ShowFont* auch wichtige Schriftmaße aus, unter anderem die tatsächliche Länge der Zeichenfolge.

Der Aufruf von CFont::CreateFont

Von den vielen Parametern dieses Aufrufs sind die ersten beiden am wichtigsten: die Höhe und Breite der Schrift. Wenn Sie für die Breite 0 angeben, heißt das, dass für das Seitenverhältnis der Schrift ein vom Entwickler der Schrift festgelegter Wert verwendet wird. Wenn Sie einen Wert ungleich 0 angeben, können Sie das Verhältnis zwischen Breite und Höhe beeinflussen.

TIPP: Wenn Ihre Schrift eine bestimmte Punktgröße haben soll, müssen Sie für den ersten Parameter von *CreateFont*, die Schrifthöhe, einen *negativen* Wert angeben. Verwenden Sie beispielsweise für einen Drucker den Abbildungsmodus *MM_TWIPS*, dann ergibt der Wert -240 einen Schriftgrad von 12 Punkt, wobei *tmHeight – tmInternalLeading* = 240 gilt. Wenn Sie für diesen Parameter den Wert +240 einsetzen, erhalten Sie eine kleinere Schrift, mit *tmHeight* = 240.

Im letzten Parameter von *CreateFont* wird der Name der Schrift angegeben, hier die TrueType-Schrift Arial. Falls Sie für diesen Parameter *NULL* übergeben hätten, dann hätte Windows aufgrund der Definition von *FF_SWISS* (für eine Proportionalschrift ohne Serifen) die passendste Schrift ermittelt, und das kann je nach angegebener Größe die Systemschrift oder die TrueType-Schrift Arial sein. Dabei hat der Schriftname Vorrang. Hätten Sie *FF_ROMAN* (für eine Proportionalschrift mit Serifen) und Arial angegeben, wäre die resultierende Schrift wieder Arial gewesen.

Das Beispielprogramm EX05B

Dieses Programm ähnelt dem Beispiel EX05A, zeigt aber verschiedene Schriften an. Als Abbildungsmodus kommt *MM_ANISOTROPIC* zum Einsatz, wobei die Skalierung von der Fenstergröße abhängt. Die Größe der einzelnen Zeichen ändert sich mit der Fenstergröße. Das Programm führt einige TrueType-Schriften eindrucksvoll vor und stellt sie dem älteren Schrifttyp gegenüber. Mit folgenden Arbeitsschritten erstellen Sie diese Anwendung.

1. Starten Sie den MFC-Anwendungs-Assistenten, und erstellen Sie das Projekt EX05B. Die Einstellungen der Optionen und die vorgeschlagenen Klassennamen können Sie der folgenden Abbildung 5.5 entnehmen.

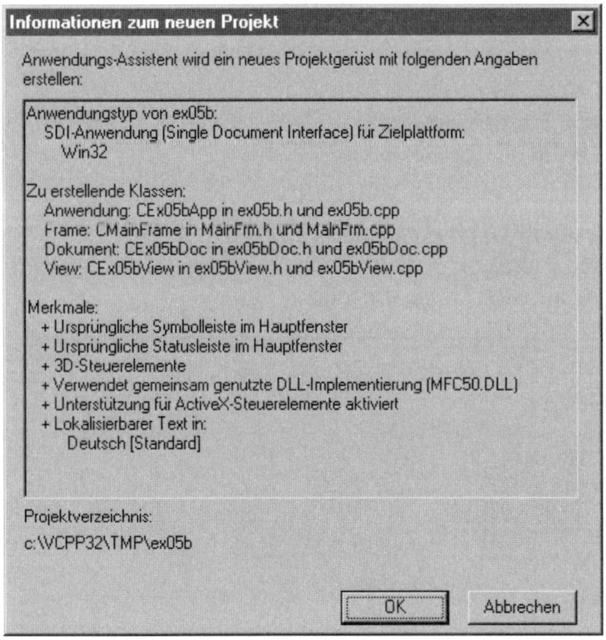

Abbildung 5.5:
Das Dialogfeld Informationen zum neuen Projekt *mit den Einstellungen für das Beispielprogramm EX05B.*

2. Überschreiben Sie mit Hilfe des Klassen-Assistenten die Funktion *OnPrepareDC* in der Klasse *CEx05bView.*

Fügen Sie in die Datei *ex05bView.cpp* folgende Anweisungen ein:

```
void CEx05bView::OnPrepareDC(CDC* pDC, CPrintInfo* pInfo)
{
  CRect clientRect;

  GetClientRect(clientRect);
  pDC->SetMapMode(MM_ANISOTROPIC); // +y = unten
  pDC->SetWindowExt(400, 450);
  pDC->SetViewportExt(clientRect.right, clientRect.bottom);
  pDC->SetViewportOrg(0, 0);
}
```

3. Fügen Sie in die Ansichtsklasse die private Funktion *TraceMetrics* ein.

Deklarieren Sie in *ex05bView.h* den folgenden Prototyp:

```
private:
  void TraceMetrics(CDC* pDC);
```

Implementieren Sie dann die Funktion in *ex05bView.cpp*:

```
void CEx05bView::TraceMetrics(CDC* pDC)
{
  TEXTMETRIC tm;
  char       szFaceName[100];

  pDC->GetTextMetrics(&tm);
  pDC->GetTextFace(99, szFaceName);
  TRACE("Schrift = %s, tmHeight = %d, tmInternalLeading = %d,"
        " tmExternalLeading = %d\n", szFaceName, tm.tmHeight,
        tm.tmInternalLeading, tm.tmExternalLeading);
}
```

4. Bearbeiten Sie die Funktion *OnDraw* in der Datei *ex05bView.cpp.*

Der MFC-Anwendungs-Assistent fügt eine rudimentäre Version von *OnDraw* in die Ansichtsklasse ein. Suchen Sie die Funktion, und bearbeiten Sie sie wie folgt:

```
void CEx05bView::OnDraw(CDC* pDC)
{
  CFont fontTest1, fontTest2, fontTest3, fontTest4;

  fontTest1.CreateFont(50, 0, 0, 0, 400, FALSE, FALSE, 0,
                       ANSI_CHARSET, OUT_DEFAULT_PRECIS,
                       CLIP_DEFAULT_PRECIS, DEFAULT_QUALITY,
                       DEFAULT_PITCH | FF_SWISS, "Arial");
  CFont* pOldFont = pDC->SelectObject(&fontTest1);
  TraceMetrics(pDC);
  pDC->TextOut(0, 0, "Arial in Standardlaufweite");

  fontTest2.CreateFont(50, 0, 0, 0, 400, FALSE, FALSE, 0,
                       ANSI_CHARSET, OUT_DEFAULT_PRECIS,
                       CLIP_DEFAULT_PRECIS, DEFAULT_QUALITY,
```

```
                     DEFAULT_PITCH | FF_MODERN, "Courier");
                     // nicht TrueType
  pDC->SelectObject(&fontTest2);
  TraceMetrics(pDC);
  pDC->TextOut(0, 100, "Courier in Standardlaufweite");

  fontTest3.CreateFont(50, 10, 0, 0, 400, FALSE, FALSE, 0,
                     ANSI_CHARSET, OUT_DEFAULT_PRECIS,
                     CLIP_DEFAULT_PRECIS, DEFAULT_QUALITY,
                     DEFAULT_PITCH | FF_ROMAN, NULL);
  pDC->SelectObject(&fontTest3);
  TraceMetrics(pDC);
  pDC->TextOut(0, 200, "Roman in variabler Laufweite");

  fontTest4.CreateFont(50, 0, 0, 0, 400, FALSE, FALSE, 0,
                     ANSI_CHARSET, OUT_DEFAULT_PRECIS,
                     CLIP_DEFAULT_PRECIS, DEFAULT_QUALITY,
                     DEFAULT_PITCH | FF_MODERN, "LinePrinter");
  pDC->SelectObject(&fontTest4);
  TraceMetrics(pDC);
  pDC->TextOut(0, 300, "LinePrinter in Standardlaufweite");
  pDC->SelectObject(pOldFont);
}
```

5. Erstellen Sie die Anwendung Ex05B, und führen Sie sie aus.
Starten Sie das Programm im Debugger, damit Sie die *TRACE*-Ausgaben sehen. Das Programmfenster sollte etwa so aussehen wie in Abbildung 5.6.

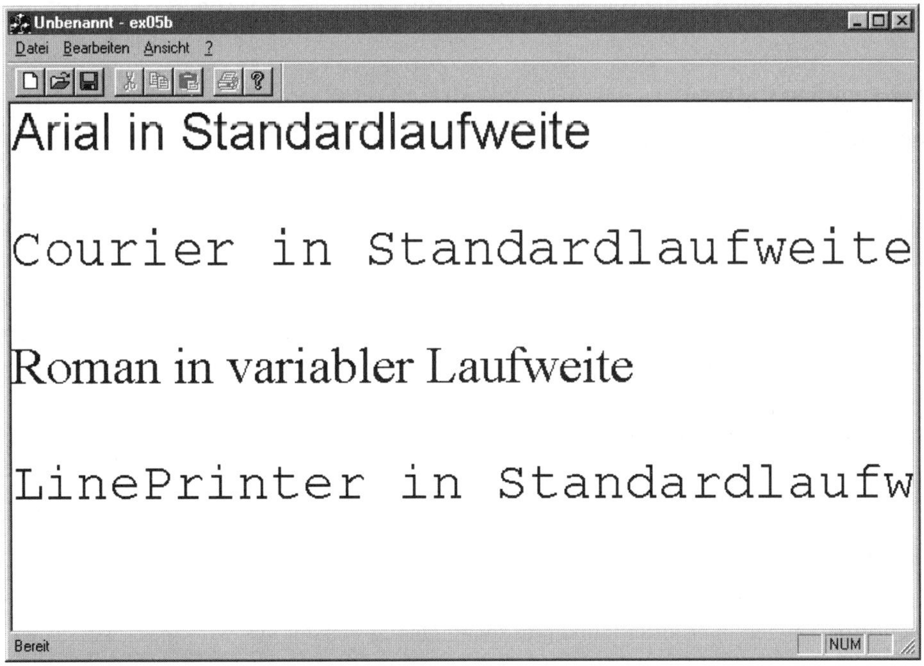

Abbildung 5.6: *Das Fenster der Anwendung EX05B.*

Verkleinern Sie nun das Fenster, und beobachten Sie, wie sich die Schriftgrößen ändern. Vergleichen Sie Abbildung 5.7 mit Abbildung 5.6:

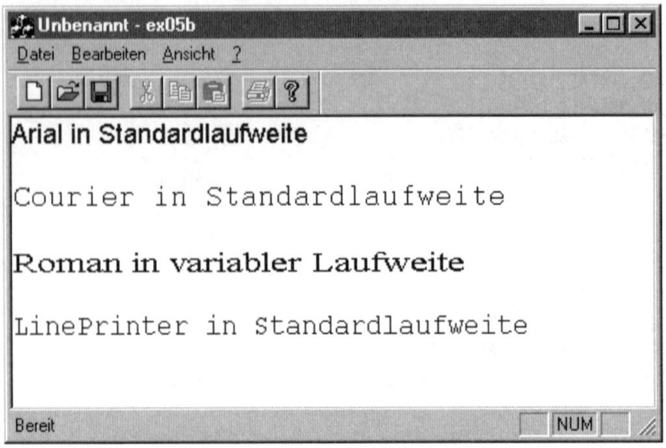

Abbildung 5.7:
Das Fenster der Anwendung EX05B nach dem Verkleinern.

Wenn Sie die Fenstergröße weiter verringern, werden Sie feststellen, dass die Größe der Schrift Courier ab einem bestimmten Punkt nicht mehr abnimmt und dass sich die Breite der generischen Schrift Roman (*FF_ROMAN*) ändert.

Elemente des Programms EX05B

In den folgenden Abschnitten werden einige wichtige Bestandteile des Programms EX05B besprochen.

Die Member-Funktion OnDraw

Die Funktion *OnDraw* zeigt Zeichenfolgen in vier Schriftarten an:

- **fontTest1** – Die TrueType-Schrift Arial in der Standardlaufweite.
- **fontTest2** – Die altherbrachte Schrift Courier in der Standardlaufweite. Beachten Sie, wie kantig die Schrift in höheren Schriftgraden aussieht.
- **fontTest3** – Der generische Schrifttyp Roman, für den Windows die TrueType-Schrift Times New Roman mit der programmierten Laufweite einsetzt. Die Laufweite ist mit der horizontalen Fensterskalierung verknüpft, und die Schrift wird so in die Breite gezogen, dass die Zeichenfolge das Fenster ausfüllt.
- **fontTest4** – Die Schriftart LinePrinter wurde ausgewählt. Weil es sich dabei aber nicht um eine Windows-Bildschirmschrift handelt, weicht die Schriften-Engine auf die Angabe *FF_MODERN* aus und entscheidet sich für die TrueType-Schrift Courier New.

Die Hilfsfunktion TraceMetrics

Die private Funktion *TraceMetrics* ruft *CDC::GetTextMetrics* und *CDC::GetTextFace* auf, um die aktuellen Schriftparameter zu ermitteln, und gibt sie im Debug-Fenster aus.

Das Beispielprogramm EX05C – Eine zweite Anwendung mit CScrollView

Sie sind der Klasse *CScrollView* bereits in Kapitel 4 begegnet (in EX04C). Dabei wird die Mauszeigerposition in einem bildlauffähigen Fenster mit dem Abbildungsmodus *MM_LOENGLISH* aufgezeichnet. Auf Tastaturbefehle für den Bildlauf verzichten wir. Sie können dieses Merkmal aber einfach implementieren, indem Sie die Member-Funktion *OnKeyDown* aus EX04C übernehmen.

Statt eines vordefinierten Pinsels verwenden wir einen Bitmap-Pinsel – ein echtes GDI-Objekt – zum Zeichnen der Ellipse. Bitmap-Pinsel bringen eine Schwierigkeit mit sich: Sie müssen den Ursprung zurücksetzen, wenn ein Bildlauf durchgeführt wird. Ansonsten werden die Streifen des Pinselmusters nicht exakt ausgerichtet, und das sieht unschön aus.

Die Ansichtsklasse ist in diesem Programm wie in EX04C von *CScrollView* abgeleitet. Führen Sie die folgenden Arbeitsschritte aus, um die Anwendung zu erstellen.

1. Starten Sie den MFC-Anwendungs-Assistenten, und erstellen Sie das Projekt EX05C.
Denken Sie daran, als Basisklasse für die Ansichtsklasse *CScrollView* festzulegen. Die Einstellungen der Optionen und die vorgeschlagenen Klassennamen können Sie der folgenden Abbildung 5.8 entnehmen.

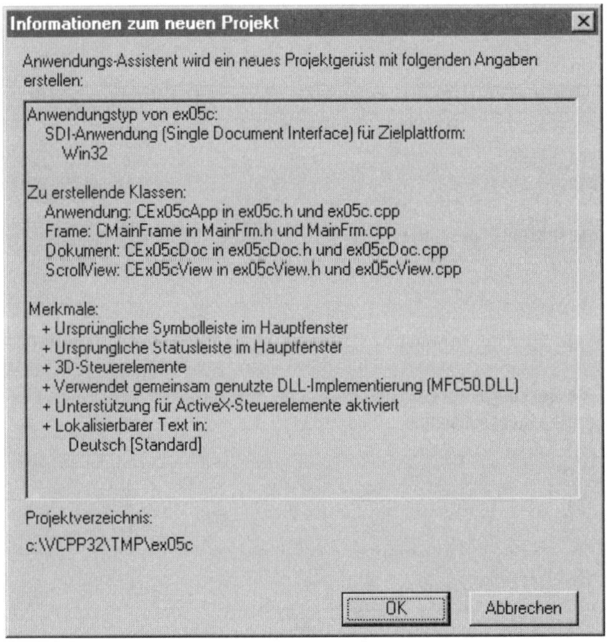

Abbildung 5.8:
Das Dialogfeld Informationen zum neuen Projekt *mit den Einstellungen für das Beispielprogramm EX05C.*

2. Bearbeiten Sie die Klassendeklaration von *CEx05cView* in der Datei ex05cView.h.
Fügen Sie die folgenden Zeilen in die Klassendeklaration ein:

```
private:
  const CSize m_sizeEllipse; // logische Koordinaten
  CPoint m_pointTopLeft; // logische Koordinaten, obere linke Ecke
```

```
                         // des Begrenzungsrechtecks der Ellipse
  CSize  m_sizeOffset;   // Gerätekoordinaten, obere linke Ecke
                         // bis Mausklick
  BOOL   m_bCaptured;
```

3. Führen Sie mit dem Klassen-Assistenten die folgenden drei Nachrichtenbehandlungsroutinen in die Klassen *CEx05cView* ein.

Fügen Sie Nachrichtenbehandlungsroutinen für folgende Nachrichten ein:

Nachricht	Member-Funktion
WM_LBUTTONDOWN	*OnLButtonDown*
WM_LBUTTONUP	*OnLButtonUp*
WM_MOUSEMOVE	*OnMouseMove*

4. Bearbeiten Sie die Nachrichtenbehandlungsroutinen von *CEx05cView*.

Der Klassen-Assistent hat rudimentäre Versionen der im letzten Schritt hinzugekommenen Funktionen generiert. Suchen Sie die Funktionen in ex05CView.cpp, und bearbeiten Sie sie wie folgt:

```
void CEx05cView::OnLButtonDown(UINT nFlags, CPoint point)
{
  CRect rectEllipse(m_pointTopLeft, m_sizeEllipse);  // noch logische Koordinaten
  CRgn  circle;

  CClientDC dc(this);
  OnPrepareDC(&dc);
  dc.LPtoDP(rectEllipse); // jetzt Gerätekoordinaten
  circle.CreateEllipticRgnIndirect(rectEllipse);
  if (circle.PtInRegion(point)) {
    // Aufzeichnung der Mauszeigerposition garantiert, dass wir
    // LButtonUp-Nachricht erhalten
    SetCapture();
    m_bCaptured = TRUE;
    CPoint pointTopLeft(m_pointTopLeft);
    dc.LPtoDP(&pointTopLeft);
    m_sizeOffset = point - pointTopLeft; // Gerätekoordinaten
    // Neuer Mauszeiger ist aktiv, während Mauszeigerbewegungen
    // aufgezeichnet werden
    ::SetCursor(::LoadCursor(NULL, IDC_CROSS));
  }
}

void CEx05cView::OnLButtonUp(UINT nFlags, CPoint point)
{
  if (m_bCaptured) {
     ::ReleaseCapture();
     m_bCaptured = FALSE;
  }
}
```

```
void CEx05cView::OnMouseMove(UINT nFlags, CPoint point)
{
    if (m_bCaptured) {
        CClientDC dc(this);
        OnPrepareDC(&dc);
        CRect rectOld(m_pointTopLeft, m_sizeEllipse);
        dc.LPtoDP(rectOld);
        InvalidateRect(rectOld, TRUE);
        m_pointTopLeft = point - m_sizeOffset;
        dc.DPtoLP(&m_pointTopLeft);
        CRect rectNew(m_pointTopLeft, m_sizeEllipse);
        dc.LPtoDP(rectNew);
        InvalidateRect(rectNew, TRUE);
    }
}
```

5. **Bearbeiten Sie den *CEx05cView*-Konstruktor, die Funktion *OnDraw* und die Funktion *OnInitialUpdate*.**
Der MFC-Anwendungs-Assistent hat rudimentäre Versionen dieser Funktionen erzeugt. Suchen Sie die Funktionen in *ex05CView.cpp*, und bearbeiten Sie sie wie folgt:

```
CEx05cView::CEx05cView(): m_sizeEllipse(100, -100),
                          m_pointTopLeft(0, 0),
                          m_sizeOffset(0, 0)
{
  m_bCaptured = FALSE;
}

void CEx05cView::OnDraw(CDC* pDC)
{
  CBrush brushHatch(HS_DIAGCROSS, RGB(255, 0, 0));
  CPoint point(0, 0);                  // logische Koordinaten (0, 0)

  pDC->LPtoDP(&point);                 // Gerätekoordinaten,
  pDC->SetBrushOrg(point);             // Pinsel am Fensterursprung
                                       // ausrichten
  pDC->SelectObject(&brushHatch);
  pDC->Ellipse(CRect(m_pointTopLeft, m_sizeEllipse));
  pDC->SelectStockObject(BLACK_BRUSH); // Auswahl von brushHatch
                                       // aufheben
  pDC->Rectangle(CRect(100, -100, 200, -200)); // ungültiges
                                               // Rechteck testen
}

void CEx05cView::OnInitialUpdate()
{
  CScrollView::OnInitialUpdate();

  CSize sizeTotal(800, 1050);          // 8 mal 10.5 Zoll
  CSize sizePage(sizeTotal.cx / 2, sizeTotal.cy / 2);
  CSize sizeLine(sizeTotal.cx / 50, sizeTotal.cy / 50);
  SetScrollSizes(MM_LOENGLISH, sizeTotal, sizePage, sizeLine);
}
```

6. Erstellen Sie die Anwendung EX05C, und führen Sie sie aus.

In diesem Programm kann der Anwender mit der Maus eine Ellipse an eine andere Position ziehen. Das Programmfenster ist bildlauffähig. Es müsste etwa so aussehen wie in Abbildung 5.9. Beobachten Sie das schwarze Quadrat, wenn Sie die Ellipse ziehen. Sie sollten daraus ersehen können, was passiert, wenn man das Rechteck für ungültig erklärt.

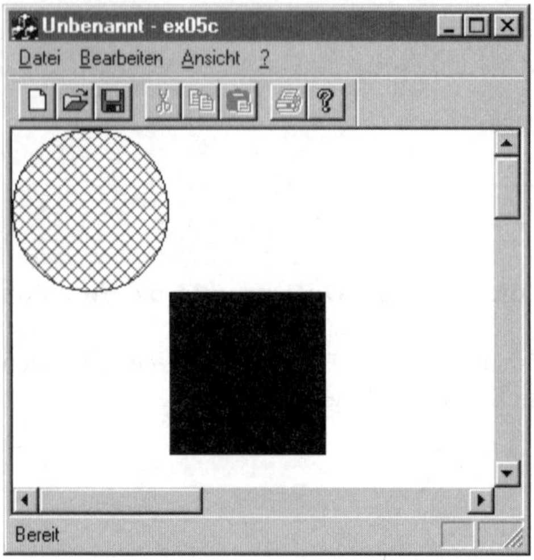

Abbildung 5.9:
Das Fenster der Anwendung EX05C.

Elemente des Programms EX05C

In den folgenden Abschnitten werden einige wichtige Bestandteile des Programms EX05C besprochen.

Die Datenelemente m_sizeEllipse und m_pointTopLeft

Anstatt das Begrenzungsrechteck der Ellipse in einem einzigen *CRect*-Objekt zu speichern, verwendet das Programm zwei Datenstrukturen, eine für die Größe (*m_sizeEllipse*) und eine für die obere linke Ecke (*m_pointTopLeft*). Um die Ellipse zu verschieben, berechnet das Programm lediglich *m_pointTopLeft* neu, so dass die Größe der Ellipse von Rundungsfehlern nicht beeinflusst wird.

Das Datenelement m_sizeOffset

Wenn in der Funktion *OnMouseMove* die Ellipse verschoben wird, muss die relative Position des Mauszeigers in der Ellipse stets so bleiben, wie sie war, als der Anwender die linke Maustaste gedrückt hat. Dieser ursprünglichen Abstand des Mauszeigers von der oberen linken Ecke des umgebenden Rechtecks wird in *m_sizeOffset* gespeichert.

Das Datenelement m_bCaptured

Während die Mausbewegungen aufgezeichnet werden, hat die Boolesche Variable *m_bCaptured* den Wert *TRUE*.

Die Funktionen SetCapture und ReleaseCapture

SetCapture ist die Member-Funktion von *CWnd*, die die Mauszeigerbewegungen aufzeichnet, damit Nachrichten über Mausbewegungen auch dann an dieses Fenster gesendet werden, wenn sich der Mauszeiger außerhalb des Fensters befindet. Ein unglücklicher Nebeneffekt dieser Funktion besteht darin, dass die Ellipse aus dem Fenster herausgezogen werden kann. Ein erwünschter und notwendiger Effekt ist, dass alle in der Folge generierten Mausnachrichten an das Fenster gesendet werden, einschließlich der WM_LBUTTONUP-Nachricht, die ansonsten verloren ginge. Mit der Win32-Funktion *ReleaseCapture* wird die Aufzeichnung der Mauszeigerbewegungen deaktiviert.

Die Win32-Funktionen SetCursor und LoadCursor

Einige Funktionen werden durch die MFC-Bibliothek nicht abgedeckt. Gemäß Konvention verwenden wir beim direkten Aufruf von Win32-Funktionen den C++-Zugriffsoperator (::). In diesem Fall liegt ohnehin kein Konflikt mit einer Member-Funktion von *CView* vor. Wenn Sie jedoch eine Win32-Funktion, die den gleichen Namen wie eine Member-Funktion hat, aufrufen möchten, sorgt der Operator :: dafür, dass tatsächlich die globale Win32-Funktion aufgerufen wird.

Wenn der erste Parameter von *LoadCursor* den Wert *NULL* hat, erzeugt die Funktion aus dem verwendeten, vordefinierten Windows-Mauszeiger eine *Mauszeiger-Ressource*. Die Funktion *SetCursor* aktiviert die angegebene Mauszeiger-Ressource. Dieser Mauszeiger bleibt solange aktiv, wie die Mauszeigerbewegungen aufgezeichnet werden.

Die Member-Funktion CScrollView::OnPrepareDC

Die Klasse *CView* verfügt über eine virtuelle Member-Funktion namens *OnPrepareDC*, die nichts tut. In der Klasse *CScrollView* wird diese Funktion zur Festlegung des Abbildungsmodus und Ursprungs der Ansicht implementiert. Sie verwendet hierzu die Parameter, die Sie im *SetScrollSizes*-Aufruf in *OnCreate* übergeben haben. Das Anwendungsgerüst ruft *OnPrepareDC* automatisch vor *OnDraw* auf, so dass Sie sich darum nicht zu kümmern brauchen. In allen anderen Nachrichtenbehandlungsfunktionen, die mit dem Gerätekontext der Ansicht arbeiten, müssen Sie *OnPrepareDC* selbst aufrufen, beispielsweise in *OnLButtonDown* und *OnMouseMove*.

Die Übersetzung der Koordinaten in OnMouseMove

Wie Sie sehen, enthält die Funktion mehrere Anweisungen zur Übersetzung der Koordinaten. Der zugrundeliegende Algorithmus lässt sich folgendermaßen zusammenfassen:

1. Das alte Begrenzungsrechteck der Ellipse erstellen und es von logischen Koordinaten in Gerätekoordinaten übersetzen.
2. Das alte Rechteck für ungültig erklären.
3. Die Koordinaten der oberen linken Ecke des Begrenzungsrechtecks aktualisieren.
4. Das neue Rechteck erstellen und in Gerätekoordinaten konvertieren.
5. Das neue Rechteck für ungültig erklären.

Diese Funktion ruft *InvalidateRect* zweimal auf. Windows »merkt« sich die beiden ungültigen Rechtecke und berechnet ein neues ungültiges Rechteck, das sich aus der Schnittmenge des Client-Rechtecks mit der Vereinigung der beiden ungültigen Rechtecke ergibt.

Die Funktion OnDraw

Der Aufruf von *SetBrushOrg* ist notwendig, um sicherzustellen, dass das Füllmuster der Ellipse nach einem vom Benutzer durchgeführten Bildlauf sauber ausgerichtet bleibt. Der Pinsel wird an einem Referenzpunkt ausgerichtet, der sich an der oberen linken Ecke des logischen Fensters befindet und in Gerätekoordinaten übersetzt wird. Dies ist eine beachtenswerte Ausnahme von der Regel, dass die Member-Funktionen von *CDC* logische Koordinaten erfordern.

SetScaleToFitSize-Modus in CScrollView

Die Klasse *CScrollView* unterstützt einen Modus, in dem der gesamte bildlauffähige Bereich im Ansichtsfenster angezeigt wird. Der Windows-Abbildungsmodus *MM_ANISOTROPIC* spielt hierbei eine Rolle, mit der Einschränkung, dass die y-Werte nach unten hin zunehmen und positiv sind, wie im *MM_TEXT*-Modus.

Wenn Sie diesen Modus nutzen wollen, rufen Sie in der entsprechenden Funktion Ihrer Ansicht mit folgender Anweisung die Funktion *SetScaleToFitSize* anstelle von *SetScrollSizes* auf:

```
SetScaleToFitSize(sizeTotal);
```

Mit diesem Aufruf können Sie beispielsweise auf einen Menübefehl wie *An Inhalt anpassen* reagieren. Auf diese Weise kann die Anzeige zwischen dem Gesamtansichtsmodus und dem Bildlaufmodus umgeschaltet werden.

Den Abbildungsmodus für logische Twips in bildlauffähigen Ansichten verwenden

Die MFC-Klasse *CScrollView* unterstützt nur die Standardabbildungsmodi. Das Beispielprogramm EX19A in Kapitel 19 enthält eine neue Klasse namens *CLogScrollView*, die mit dem Abbildungsmodus für logische Twips umgehen kann.

6 Modale Dialogfelder und die Standardsteuerelemente von Windows

Fast jedes Windows-Programm verwendet ein Dialogfeld, um mit dem Anwender zu kommunizieren. Bei diesem Dialogfeld kann es sich um ein einfaches Meldungsfenster mit der Schaltfläche *OK* oder ein komplexes Dateneingabeformular handeln. Dieses leistungsfähige Element ein Dialog-»feld« zu nennen, ist ungerecht. Denn ein Dialogfeld ist eigentlich ein Fenster, das Nachrichten empfängt, verschoben und geschlossen werden kann und das sogar Anweisungen zum Zeichnen in seinem Client-Bereich verarbeiten kann.

Man unterscheidet zwei Arten von Dialogfeldern: *modale* und *nichtmodale*. In diesem Kapitel wird der gebräuchlichere Typ der modalen Dialogfelder näher betrachtet. In den ersten beiden Beispielen dieses Kapitels werden Ihnen die vertrauten »alten« Steuerelemente begegnen, wie beispielsweise das Eingabefeld und das Listenfeld, die aus Win16 übernommen wurden. Im zweiten Beispiel lernen Sie die Windows-Standardsteuerelemente kennen, die mit Microsoft Windows 95 vorgestellt wurden. In Kapitel 7 werden wir nichtmodale Dialogfelder und die Standarddialogfelder von Windows zum Öffnen von Dateien, zur Auswahl von Schriften usw. behandeln. In Kapitel 8 untersuchen wir ActiveX-Steuerelemente. Anschließend behandelt Kapitel 9 die neuen Steuerelementklassen von Internet Explorer, die mit MFC 6.0 eingeführt worden sind.

Modale im Vergleich zu nichtmodalen Dialogfeldern

Die Basisklasse *CDialog* unterstützt sowohl modale als auch nichtmodale Dialogfelder. Modale Dialogfelder, wie das Dialogfeld *Öffnen*, zeichnen sich dadurch aus, dass der Anwender nicht ein einem anderen Fenster der gleichen Anwendung (genauer gesagt, des gleichen Benutzeroberflächen-Threads) weiter arbeiten, solange das Dialogfeld geöffnet ist. Bei einem nichtmodalen Dialogfeld kann der Anwender in einem anderen Fenster der Anwendung arbeiten, während das Dialogfeld angezeigt wird. Das Dialogfeld *Ersetzen* von Microsoft Word ist ein gutes Beispiel für ein nichtmodales Dialogfeld. Sie können Ihren Text bearbeiten, während das Dialogfeld angezeigt wird.

Ob Sie ein modales oder ein nichtmodales Dialogfeld verwenden sollen, hängt von der Anwendung ab. Ihre Entscheidung wird möglicherweise dadurch beeinflusst, dass modale Dialoge wesentlich einfacher zu programmieren sind.

HINWEIS: Die 16-Bit-Versionen von Windows unterstützen eine besondere Art von modalen Dialogfeldern, die so genannten *systemmodalen Dialogfelder*, die verhindern, dass der Anwender zu einer anderen Anwendung wechselt. Win32 unterstützt zwar auch systemmodale Dialogfelder, zeigt aber ein recht eigentümliches Verhalten: der Anwender kann zu einer anderen Anwendung wechseln, das Dialogfeld wird aber weiterhin als oberstes Fenster angezeigt. Es empfiehlt sich daher weniger, systemmodale Dialogfelder in Win32-Anwendungen zu verwenden.

Ressourcen und Steuerelemente

Sie wissen nun, dass ein Dialogfeld ein Fenster ist. Worin unterscheiden sich Dialogfelder nun von den *CView*-Fenstern, die Sie bereits kennen gelernt haben? Zum einen ist ein Dialogfeld fast immer mit einer Windows-Ressource verknüpft, die die Elemente und das Layout des Dialogfelds festlegt. Da Sie mit dem Dialog-Editor (einem der Ressourcen-Editoren) eine Dialogressource erstellen und bearbeiten können, können Sie Dialogfelder sehr rasch und effizient mit grafischen Werkzeugen entwickeln.

Ein Dialog enthält eine Reihe von Elementen, die man *Steuerelemente* nennt. Dialogfelder können als Steuerelemente Eingabefelder, Schaltflächen, Listenfelder, Kombinationsfelder, Textfelder (auch Beschriftung genannt), Strukturansichten, Statusanzeigen, Regler usw. enthalten. Windows verwaltet diese Steuerelemente mit Hilfe einer speziellen Gruppierungs- und Tabulatorlogik, wodurch Ihnen eine der aufwendigsten Programmieraufgaben erspart bleibt. Auf die Dialogfeld-Steuerelemente kann entweder über einen *CWnd*-Zeiger (da auch sie eigentlich Fenster sind) oder eine Indexnummer (die mit einer *#define*-Konstante verknüpft ist), die in der Ressourcendatei zugewiesen wird, Bezug genommen werden. Ein Steuerelement sendet an sein übergeordnetes Dialogfeld eine Nachricht, sobald der Anwender etwas eingibt oder auswählt, zum Beispiel Text eingibt oder eine Schaltfläche anklickt.

Mit Hilfe der MFC-Bibliothek und dem Klassen-Assistent können Sie die von Windows bereitgestellte Verarbeitungslogik für Dialogfelder erweitern. Der Klassen-Assistent erstellt eine von *CDialog* abgeleitete Klasse, und Sie können die Datenelemente dieser Dialogklasse Dialogfeld-Steuerelementen zuordnen. Sie können die Bearbeitungsparameter festlegen, wie beispielsweise die maximale Textlänge oder Grenzwerte für numerische Eingaben. Der Klassen-Assistent generiert Anweisungen zum Aufruf der MFC-Funktionen für den Datenaustausch und die Datenvalidierung, um den Austausch von Daten zwischen dem Bildschirm und den Datenelementen zu ermöglichen.

Ein modales Dialogfeld erstellen

Modale Dialogfelder sind die am häufigsten verwendeten Dialogfelder. Eine Anwenderaktion (zum Beispiel eine Menüauswahl) bewirkt die Anzeige eines Dialogfelds, in das der Anwender Daten eingeben kann und das der Anwender anschließend schließt. Im Folgenden werden die Arbeitsschritte beschrieben, die Sie ausführen müssen, um ein modales Dialogfeld in ein bestehendes Projekt einzufügen.

1. Legen Sie mit dem Dialog-Editor eine Dialogressource an, die verschiedene Steuerelemente enthält. Der Dialog-Editor aktualisiert die Ressourcenskriptdatei (RC-Datei) des Projekts und fügt die neue Dialogressource dort ein, und er ergänzt die Datei resource.h des Projekts durch die zugehörigen *#define*-Konstanten.
2. Erzeugen Sie mit dem Klassen-Assistenten eine Dialogklasse, die von *CDialog* abgeleitet ist, und verknüpfen Sie sie mit der Ressource, die Sie in Schritt 1 erstellt haben. Der Klassen-Assistent fügt die zugehörige Quelltext- und Header-Datei in das Microsoft Visual C++-Projekt ein.

HINWEIS: Der Klassen-Assistent generiert für die abgeleitete Dialogklasse einen öffentlichen Konstruktor, der einen modalen *CDialog*-Konstruktur aufruft, welchem eine Ressourcen-ID als Parameter übergeben wird. Die generierte Header-Datei für die Dialogklasse enthält die *enum*-Konstante *IDD*, der als Wert die Ressourcen-ID der Dialogressource zugewiesen wird. In der CPP-Datei ist dieser Konstruktor wie folgt implementiert:

```
CMyDialog::CMyDialog(CWnd* pParent /*=NULL*/)
    : CDialog(CMyDialog::IDD, pParent)
{
  // Initialisierungscode hier einfügen
}
```

Durch den Einsatz der *enum*-Konstanten *IDD* ist die CPP-Datei unabhängig von den Ressourcen-IDs, die in der Datei resource.h des Projekts definiert sind, einsetzbar.

3. Fügen Sie mit Hilfe des Klassen-Assistenten Datenelemente, Datenaustauschfunktionen und Validierungsfunktionen in die Dialogklasse ein.
4. Verwenden Sie den Klassen-Assistenten, um Nachrichtenbehandlungsroutinen für die Schaltflächen und andere Steuerelemente des Dialogfelds, die Ereignisse generieren, hinzuzufügen.
5. Schreiben Sie den Code zur Initialisierung spezieller Steuerelemente (in *OnInitDialog*) und für die Nachrichtenbehandlungsroutinen. Stellen Sie sicher, dass die virtuelle Member-Funktion *OnOK* der Klasse *CDialog* aufgerufen wird, wenn der Anwender das Dialogfeld schließt (sofern der Anwender das Dialogfeld nicht mit der Schaltfläche *Abbrechen* oder Taste Esc schließt). (Hinweis: *OnOK* wird standardmäßig aufgerufen.)
6. Fügen Sie den Code zur Aktivierung des Dialogfelds in Ihre Ansichtsklasse ein. Dazu muss der Konstruktor der Dialogklasse und anschließend die Member-Funktion *DoModal* der Dialogklasse aufgerufen werden. *DoModal* gibt die Steuerung nur zurück, wenn der Anwender das Dialogfeld schließt.

Wir werden uns die einzelnen Bearbeitungsschritte nun in einem praktischen Beispiel ansehen.

Das Dialogfeld der Dialoge und Editoren – Beispiel EX06A

Wir wollen uns erst gar nicht mit der Erstellung irgendeines langweiligen, kleinen Dialogfelds aufhalten. Wir werden ein Dialogfeld produzieren, das fast jede Art von Steuerelement enthält. Das wird einfach zu bewerkstelligen sein, weil der Dialog-Editor von Visual C++ uns dabei hilft. Das fertige Produkt ist in Abbildung 6.1 dargestellt.

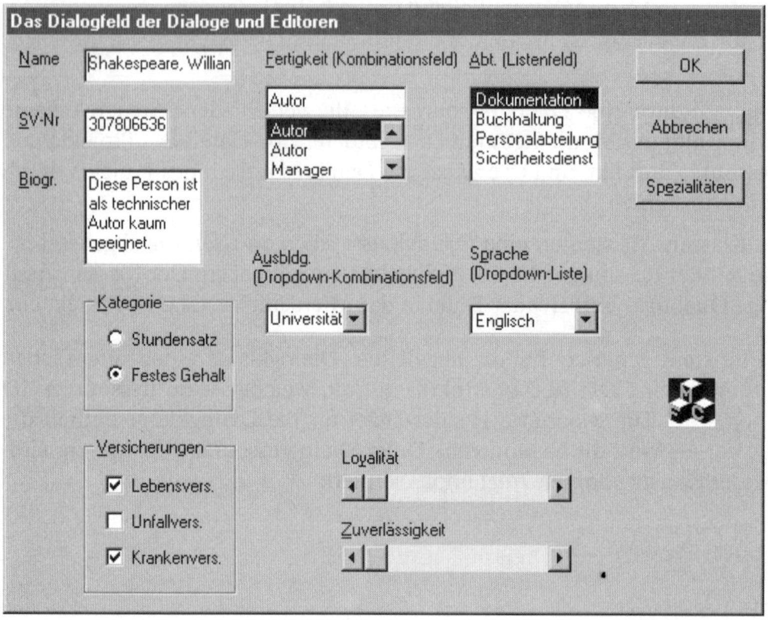

Abbildung 6.1: *Das fertig gestellte Dialogfeld während der Ausführung.*

Wie Sie sehen, dient das Dialogfeld zur Verwaltung von Mitarbeiterdaten. Diese Art von Unternehmensanwendungen sind in der Regel ziemlich langweilig, und daher soll etwas entwickelt werden, das sich von den Produkten der Lochkartenära abhebt. Das Programm wird durch die Verwendung der Bildlaufleisten für »Loyalität« und »Zuverlässigkeit« etwas belebt. Sie haben hier ein klassisches Beispiel für das Zusammenspiel zwischen Eingabe und Datenrepräsentation! ActiveX-Steuerelemente könnten das Dialogfeld noch interessanter gestalten, aber Sie müssen sich bis Kapitel 8 gedulden, wenn Sie mehr über ActiveX erfahren wollen.

Die Dialogressource erstellen

Mit folgenden Arbeitsschritten wird die Dialogressource erstellt.

1. Führen Sie den MFC-Anwendungs-Assistenten aus, um das Projekt EX06A zu erstellen. Wählen Sie im Menü *Datei* von Visual C++ den Befehl *Neu*, klicken Sie dann auf die Registerkarte *Projekte*, und wählen Sie die Option *MFC-Anwendungs-Assistent (exe)*. Übernehmen Sie alle Standardeinstellungen bis auf folgende beiden Ausnahmen: Wählen Sie die Option *Einzelnes Dokument (SDI)*, und deaktivieren Sie die Option *Drucken und Druckvorschau*. Die Einstellungen der Optionen und die vorgeschlagenen Klassennamen können Sie der folgenden Abbildung 6.2 entnehmen.

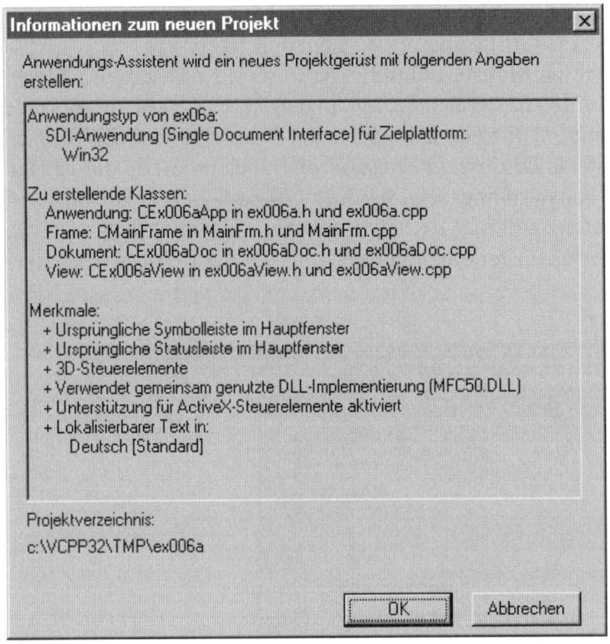

Abbildung 6.2:
Das Dialogfeld Informationen zum neuen Projekt *für das Projekt ex06a.*

Wie gewöhnlich legt der MFC-Anwendungs-Assistent das neue Projekt als aktuelles Projekt fest.

2. Erstellen Sie eine neue Dialogressource mit der ID *IDD_DIALOG1*.
Wählen Sie im Menü *Einfügen* von Visual C++ den Befehl *Ressource*. Daraufhin wird das Dialogfeld *Ressource einfügen* angezeigt. Klicken Sie auf *Dialog* und dann auf *Neu*. Visual C++ legt eine neue Dialogressource an, die wie in Abbildung 6.3 aussieht.

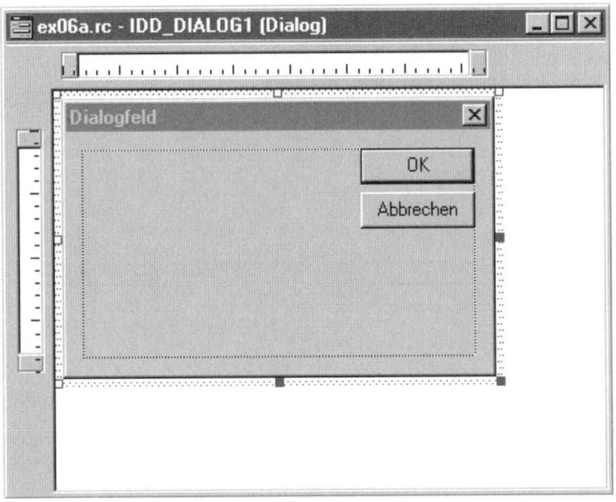

Abbildung 6.3:
Die neue Dialogressource.

Der Dialog-Editor weist dem neuen Dialogfeld die ID *IDD_DIALOG1* zu. Beachten, dass der Dialog-Editor die Schaltflächen *OK* und *Abbrechen* in das Dialogfeld eingefügt hat.

3. Verändern Sie die Größe des Dialogfelds, und legen Sie einen Titel fest.
Vergrößern Sie das Dialogfeld, so dass es eine Größe von etwa 13 cm mal 18 cm hat.
Wenn Sie das neue Dialogfeld mit der rechten Maustaste anklicken und im Kontextmenü *Eigenschaften* wählen, wird das Dialogfeld *Dialogfeld Eigenschaften* angezeigt. Geben Sie in das Feld *Beschriftung* den Dialogfeldtitel aus Abbildung 6.4 ein. Der Status der Schaltfläche *Geöffnet halten* in der oberen linken Ecke des Dialogfelds *Dialogfeld Eigenschaften* bestimmt, ob dieses Dialogfeld geöffnet bleibt und über anderen Fenstern angezeigt wird. (Ist diese Schaltfläche aktiviert, bleibt das Dialogfeld über anderen Fenstern geöffnet.) Klicken Sie auf die Schaltfläche *Raster ein/aus* (in der Symbolleiste *Dialog*), um das Raster einzublenden, das die Ausrichtung von Steuerelementen erleichtert.

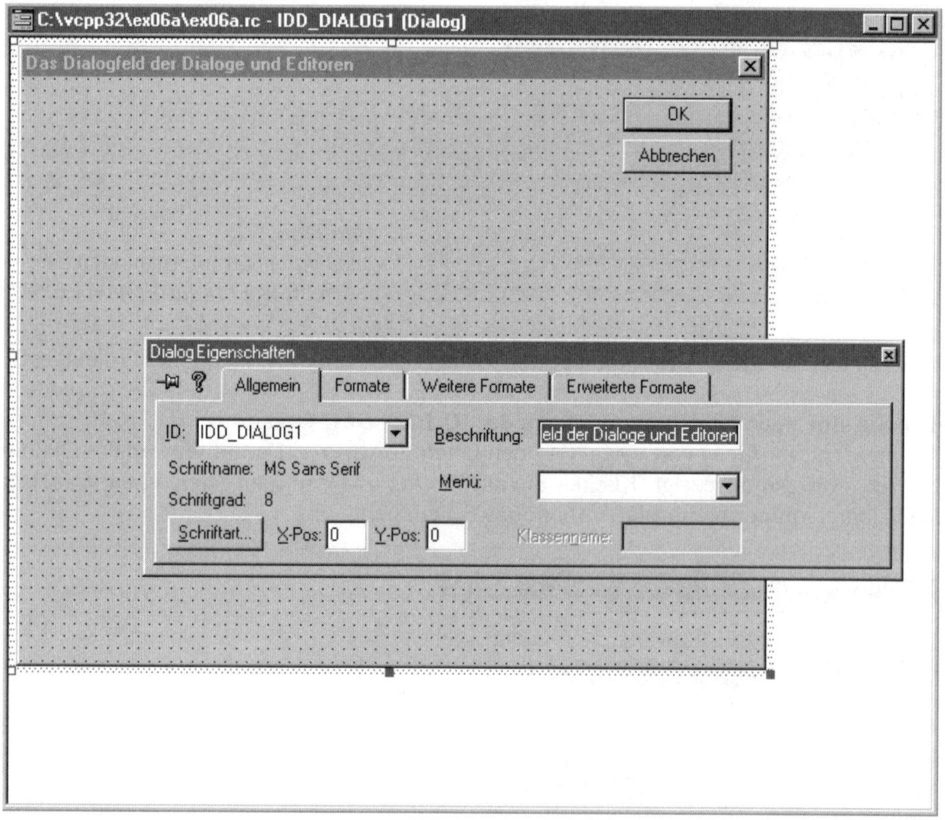

Abbildung 6.4: *Das Dialogfeld* Dialog Eigenschaften.

4. Legen Sie das Format des Dialogfelds fest.
Klicken Sie auf die Registerkarte *Formate* des Dialogfelds *Dialog Eigenschaften*, und wählen Sie die in Abbildung 6.5 dargestellten Formatoptionen.

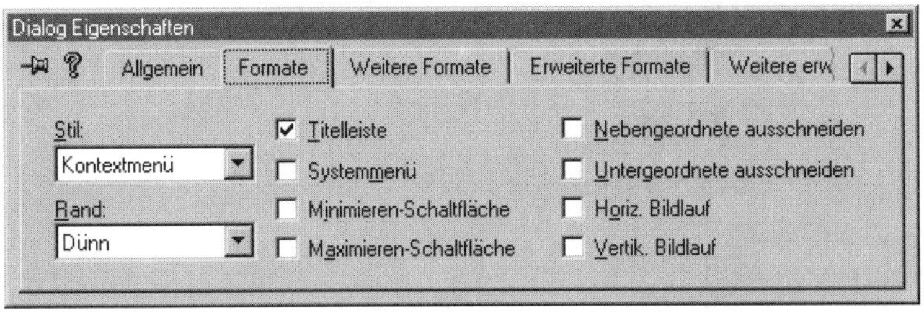

Abbildung 6.5: *Einstellungen auf der Seite* Formate *des Dialogfelds* Dialog Eigenschaften.

5. Legen Sie weitere Formate fest.
Klicken Sie auf die Registerkarte *Weitere Formate* des Dialogfelds *Dialog Eigenschaften*, und wählen Sie die in Abbildung 6.6 dargestellten Formatoptionen.

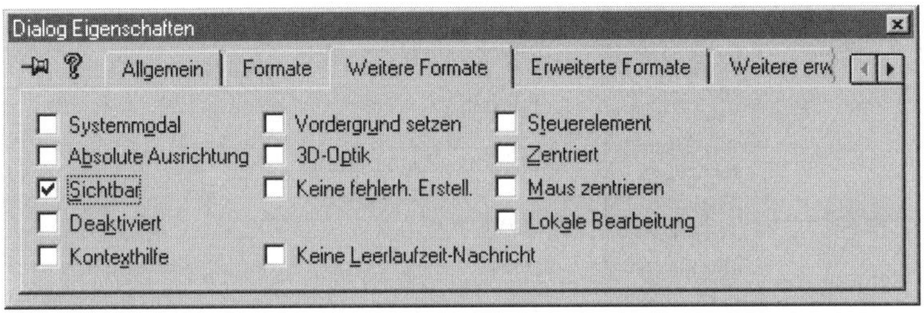

Abbildung 6.6: *Einstellungen auf der Seite* Weitere Formate *des Dialogfelds* Dialog Eigenschaften.

6. Fügen Sie die Steuerelemente in das Dialogfeld ein.
Verwenden Sie die Symbolleiste *Steuerelemente*, um die einzelnen Steuerelemente hinzuzufügen. (Falls diese Symbolleiste nicht angezeigt wird, klicken Sie mit der rechten Maustaste auf irgendeine Symbolleiste und wählen im Kontextmenü die Option *Steuerelemente* aus.) Ziehen Sie die Steuerelemente aus der Symbolleiste *Steuerelemente* in das neue Dialogfeld, und verändern Sie dann deren Größe und Position entsprechend der Abbildung 6.1. Welche Steuerelemente in der Symbolleiste *Steuerelemente* verfügbar sind, wird in Abbildung 6.7 dargestellt.

HINWEIS: Der Dialog-Editor zeigt die Position und die Größe der einzelnen Steuerelemente in der Statusleiste an. Die Position wird in speziellen »Dialogeinheiten« oder DLUs und *nicht* in Geräteeinheiten angegeben. Eine horizontale Dialogeinheit (DLU) entspricht einem Viertel der durchschnittlichen Breite der Dialogfeldschrift. Eine vertikale DLU entspricht einem Achtel der durchschnittlichen Höhe der Dialogfeldschrift. Als Dialogfeldschrift wird normalerweise MS Sans Serif in der Größe 8 Punkt verwendet.

Im Folgenden werden die Steuerelemente dieses Dialogfelds kurz beschrieben.

- **Das statische Textfeld für das Bezeichnungsfeld *Name*.** Das Steuerelement statisches Textfeld dient einfach zur Bildschirmanzeige von Zeichen. Es findet während der Ausführung keine Interaktion mit dem Anwender statt. Sie können den Text eingeben, nachdem Sie das Begrenzungsrechteck positioniert haben. Das Begrenzungsrechteck kann beliebig in der Größe verändert werden. Obwohl hier nur dieses Textfeld erwähnt wird, sollten Sie sämtliche Textfelder erstellen, die in Abbildung 6.1 dargestellt sind. Fügen Sie die übrigen Textfelder in der glei-

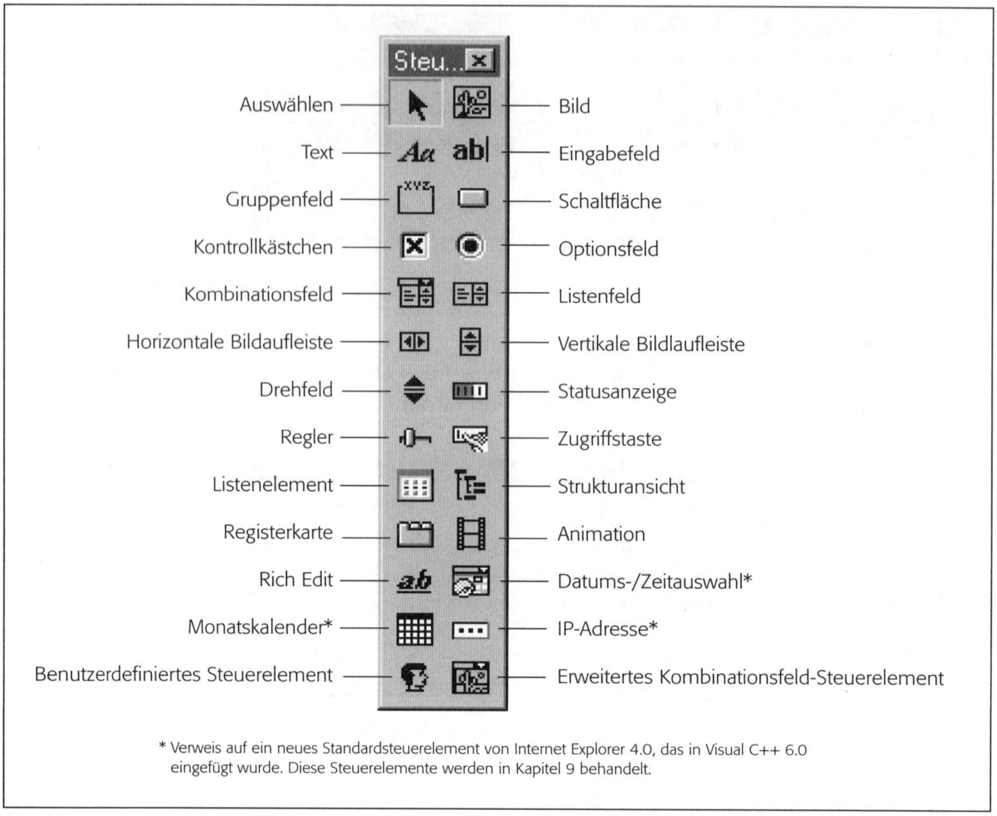

Abbildung 6.7: *Die Symbolleiste* Steuerelemente.

chen Weise wie hier beschrieben ein. Die statischen Textfelder haben alle die gleiche Ressourcen-ID. Dies ist aber nicht von Belang, da das Programm auf keines dieser Textfelder zugreifen muss.

- **Das Eingabefeld *Name*.** Eingabefelder ermöglichen Texteingaben in Dialogfelder. Klicken Sie mit der rechten Maustaste auf das Steuerelement, und wählen Sie dann *Eigenschaften*. Ändern Sie die ID dieses Steuerelements von *IDC_EDIT1* zu *IDC_NAME*. Übernehmen Sie ansonsten die voreingestellten Eigenschaften. Beachten Sie, dass die Option *Auto Hor. Bildlauf* gemäß Voreinstellung aktiviert ist. Der Text wird daher in horizontaler Richtung verschoben, wenn der Anzeigebereich des Eingabefelds gefüllt ist.
- **Das Eingabefeld *SV-Nr* (Sozialversicherungsnummer).** Das Eingabefeld *SV-Nr* unterscheidet sich, was die Einstellungen im Dialog-Editor betrifft, nicht vom Eingabefeld *Name*. Sie weisen ihm lediglich die ID *IDC_SSN* zu. Später werden Sie dieses Eingabefeld mit Hilfe des Klassen-Assistenten in ein numerisches Feld umwandeln.
- **Das Eingabefeld *Bio* (Biographie).** Es handelt sich hier um ein mehrzeiliges Eingabefeld. Ändern Sie seine ID zu *IDC_BIO*, und wählen Sie dann die in Abbildung 6.8 gezeigten Einstellungen.

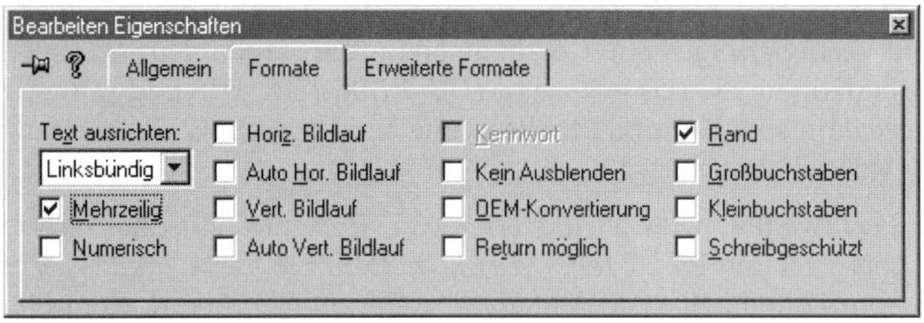

Abbildung 6.8: *Einstellungen für das Eingabefeld* Bio *im Dialogfeld* Bearbeiten Eigenschaften.

- **Das Gruppenfeld *Kategorie*.** Dieses Steuerelement dient lediglich zur optischen Gruppierung der beiden Optionsfelder. Geben Sie die Beschriftung *Kategorie* ein, und übernehmen Sie die vorgegebene ID.
- **Die Optionsfelder *Stundensatz* und *Festes Gehalt*.** Fügen Sie diese Optionsfelder in das Gruppenfeld *Kategorie* ein. Ändern Sie die ID des Optionsfelds *Stundensatz* zu *IDC_CAT*, und wählen Sie für die übrigen Eigenschaften die in Abbildung 6.9 dargestellten Einstellungen.

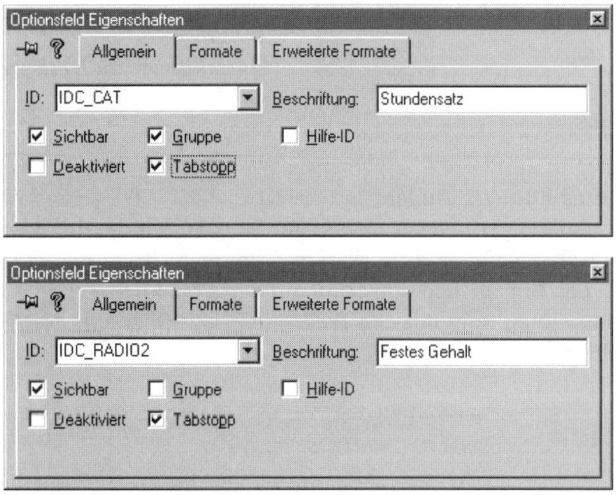

Abbildung 6.9: *Einstellungen im Dialogfeld* Optionsfeld Eigenschaften.

- Bei beiden Optionsfeldern muss auf der Seite *Formate* die Eigenschaft *Auto* aktiviert sein (Standardeinstellungen). Die Eigenschaft *Gruppe* darf dagegen nur beim Optionsfeld *Stundensatz* markiert sein. Wenn die Eigenschaften korrekt eingestellt sind, sorgt Windows dafür, dass zu einem Zeitpunkt immer nur eines dieser beiden Optionsfelder ausgewählt sein kann. Das Gruppenfeld *Kategorie* beeinflusst die Funktionsweise der Optionsfelder nicht.
- **Das Gruppenfeld *Versicherungen*.** Dieses Steuerelement nimmt drei Kontrollkästchen auf. Geben Sie die Beschriftung *Versicherungen* ein.

HINWEIS: Wenn Sie später die Tabulator-Reihenfolge des Dialogfelds festlegen, überprüfen Sie nochmals, ob das Gruppenfeld *Versicherungen* auch tatsächlich dem letzten Optionsfeld des Gruppenfelds *Kategorie* folgt. Markieren Sie die Eigenschaft *Gruppe* des Gruppenfelds *Versicherungen*, um die vorhergehende Gruppe zu »terminieren«. Falls Sie dies übersehen, erhalten Sie mehrere Warnungen, wenn Sie das Programm im Debugger ausführen.

- **Die Kontrollkästchen *Lebensvers., Unfallvers.* und *Krankenvers.*** Fügen Sie diese Steuerelemente in das Gruppenfeld *Versicherungen* ein. Übernehmen Sie die Standardeinstellungen im Eigenschaftendialogfeld, ändern Sie die IDs jedoch zu *IDC_LIFE*, *IDC_DIS* und *IDC_MED*. Im Gegensatz zu Optionsfeldern sind Kontrollkästchen voneinander unabhängig; der Anwender kann sie in beliebiger Kombination auswählen.
- **Das Kombinationsfeld *Fertigkeiten*.** Dies ist das erste von drei unterschiedlich gearteten Kombinationsfeldern. Ändern Sie die ID zu *IDC_SKILL*, klicken Sie dann auf das Register *Formate*, und wählen Sie im Dropdown-Listenfeld *Typ* die Option *Einfach*. Klicken Sie auf das Register *Daten*, und geben Sie die in Abbildung 6.10 dargestellten Einträge in das Eingabefeld *Listenelemente eingeben* ein (wobei Sie jede Zeile mit Strg+Eingabe abschließen).
  Es handelt sich hier um ein Kombinationsfeld vom Typ *Einfach*. Der Anwender kann etwas in das Eingabefeld eingeben und dann mit der Maus oder mit den Pfeiltasten Nach-Oben und Nach-Unten einen Eintrag aus dem Listenfeld wählen.

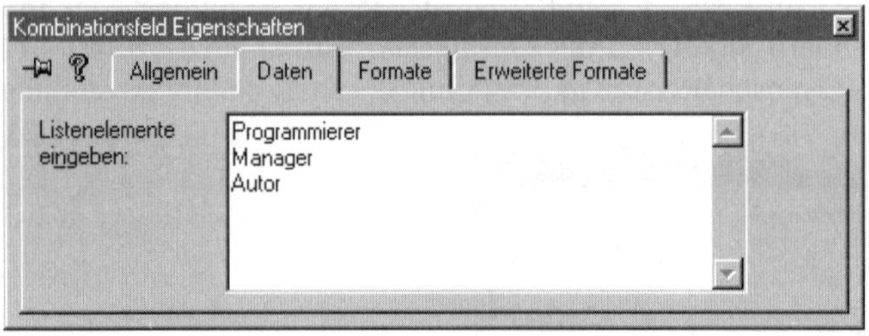

Abbildung 6.10: *Einstellungen im Dialogfeld* Kombinationsfeld Eigenschaften.

- **Das Kombinationsfeld *Ausbldg* (Ausbildung).** Ändern Sie die ID zu *IDC_EDUC*, und übernehmen Sie die übrigen Standardeinstellungen. Fügen Sie auf der Seite *Daten* die drei Listenelemente ein, die in Abbildung 6.11 abgebildet sind. In diesem Dropdown-Kombinationsfeld kann der Anwender irgendetwas in das Eingabefeld eingeben, auf den Pfeil klicken und einen Eintrag aus der Dropdown-Liste auswählen oder mit den Pfeiltasten Nach-Oben und Nach-Unten einen Eintrag aus dem Listenfeld wählen.

Steuerelemente ausrichten

Wenn Sie zwei oder mehr Steuerelemente ausrichten möchten, wählen Sie diese Steuerelemente aus, indem Sie auf das erste Steuerelement klicken und dann die Taste Umschalt gedrückt halten, während Sie die anderen Steuerelemente anklicken. Wählen Sie dann den gewünschten Ausrichtungsbefehl (*Links, Horizontal zentrieren, Rechts, Oben, Vertikal zentrieren* oder *Unten*) aus dem Untermenü *Ausrichten*, auf das Sie über das Menü *Layout* des Dialog-Editors zugreifen.

HINWEIS: Sie können die Größe des Dropdown-Listenfelds eines Kombinationsfelds verändern, indem Sie auf den Pfeil klicken und dann die mittlere Ziehmarke am unteren Rand des Begrenzungsrechtecks nach oben oder unten ziehen.

- **Das Listenfeld *Abt.* (Abteilung).** Ändern Sie die ID zu *IDC_DEPT*, und übernehmen Sie die übrigen Standardeinstellungen. In diesem Listenfeld kann der Anwender nur einen einzigen Eintrag auswählen, indem er auf den Eintrag klickt, ihn mit den Pfeiltasten Nach-Oben und Nach-Unten markiert oder den Anfangsbuchstaben des Eintrags eingibt. Beachten Sie, dass Sie hier die Listenelemente nicht im Dialog-Editor definieren können. Sie werden später erfahren, wie diese Listenelemente festgelegt werden.

- **Das Kombinationsfeld *Sprache.*** Ändern Sie die ID zu *IDC_LANG*, klicken Sie dann auf das Register *Formate*, und wählen Sie im Dropdown-Listenfeld *Typ* die Option *Dropdown-Liste*. Fügen Sie die drei Sprachen (Englisch, Französisch und Spanisch) in die Seite *Daten* ein. Bei diesem Kombinationsfeld vom Typ *Dropdown-Liste*, kann der Anwender lediglich einen Eintrag aus dem zugehörigen Listenfeld wählen. Zur Auswahl kann der Anwender auf den Pfeil und dann auf ein Element der Dropdown-Liste klicken oder den Anfangsbuchstaben eines Listeneintrags eingeben und den gewünschten Eintrag dann mit den Pfeiltasten Nach-Oben und Nach-Unten markieren.
- **Die Bildlaufleisten *Loyalität* und *Zuverlässigkeit.*** Sie dürfen diese Steuerelementen nicht mit den Bildlaufleisten verwechseln, die in bildlauffähigen Ansichtsfenstern angezeigt werden. Bildlaufleisten-Steuerelemente verhalten sich wie andere Steuerelemente, und ihre Größe kann im Entwurfsmodus verändert werden. Ordnen Sie die Steuerelemente Horizontale Bildlaufleiste so wie in Abbildung 6.1 an, verändern Sie ihre Größe entsprechend, und weisen Sie ihnen die IDs *IDC_LOYAL* und *IDC_RELY* zu.

Mehrere Steuerelemente auswählen

Sie können eine Gruppe von Steuerelementen rasch mit der Maus auswählen. Bewegen Sie den Mauszeiger dazu an eine Stelle, die außerhalb dieser Steuerelementgruppe liegt. Halten Sie dann die linke Maustaste gedrückt, und ziehen Sie den Mauszeiger über die Steuerelementgruppe hinweg, bis der Markierungsrahmen alle gewünschten Steuerelemente umspannt (siehe Abbildung 6.11).

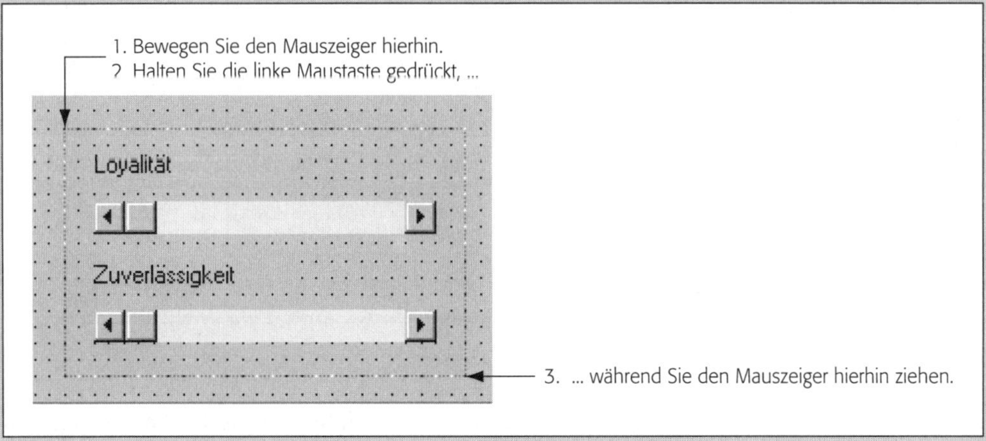

Abbildung 6.11: *Mehrere Steuerelemente mit der Maus markieren.*

- **Die Schaltflächen *OK, Abbrechen* und *Spezialitäten.*** Überprüfen Sie, ob diese Schaltflächen tatsächlich die Beschriftungen *OK, Abbrechen* und *Spezialitäten* aufweisen, und weisen Sie der Schaltfläche *Spezialitäten* die ID *IDC_SPECIAL* zu. Sie werden später erfahren, welche besondere Bedeutung die Standard-IDs *IDOK* und *IDCANCEL* haben.

- **Ein Bildfeld mit einem Symbol. (Das MFC-Symbol wird hier als Beispiel verwendet.)** Sie können das Bild-Steuerelement zur Darstellung beliebiger Symbole und Bitmaps in Dialogfeldern verwenden, sofern Sie in das Ressourcenskript die entsprechenden Definition des Symbols oder der Bitmap einfügen. Wir verwenden das MFC-Programmsymbol, das den Bezeichner *IDR_MAINFRAME* hat. Wählen Sie im Eigenschaftendialogfeld im Dropdown-Listenfeld *Typ* die Option *Symbol*, und wählen Sie im Listenfeld *Bild* den Bezeichner *IDR_MAINFRAME* aus. Übernehmen Sie als ID *IDC_STATIC*.

7. Überprüfen Sie die Tabulatorreihenfolge des Dialogfelds.

Wählen Sie im Menü *Layout* des Dialog-Editors den Befehl *Tabulator-Reihenfolge*. Legen Sie mit der Maus die Tabulator-Reihenfolge gemäß Abbildung 6.12 fest. Klicken Sie die Steuerelemente in der gezeigten Reihenfolge nacheinander an, und drücken Sie dann Eingabe.

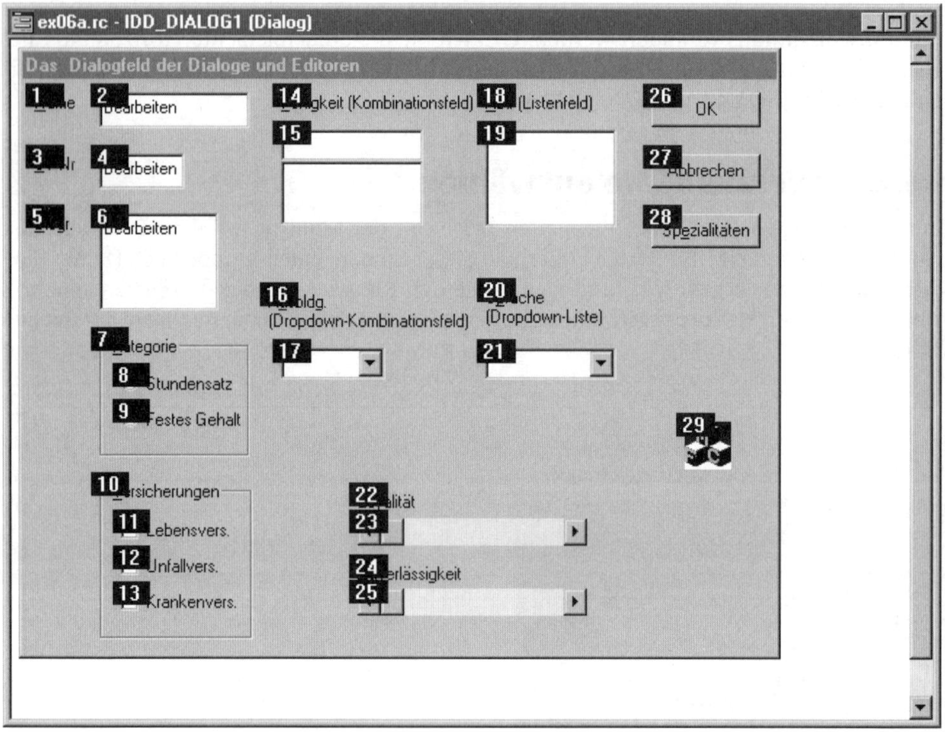

Abbildung 6.12: Die Tabulator-Reihenfolge des Dialogfelds.

TIPP: Wenn Sie während der Festlegung der Tabulator-Reihenfolge das falsche Steuerelement anklicken, können Sie den Fehler korrigieren, indem Sie mit der linken Maustaste das *letzte, richtig eingeordnete* Steuerelement anklicken und die Tabulator-Reihenfolge bis zu diesem Punkt zurücksetzen. Steuerelementen, die Sie danach mit der rechten Maustaste anklicken, werden in dieser Tabulator-Reihenfolge weiter fortlaufend nummeriert.

HINWEIS: Bei statischen Textfeldern (wie beispielsweise *Name* oder *Fertigkeiten*) weist die Beschriftung ein Und-Zeichen (&) auf. Während der Ausführung wird dieses Und-Zeichen nicht angezeigt, sondern tritt als Unterstrich des nachfolgenden Zeichens in Erscheinung (siehe Abbildung 6.1). Damit wird der Anwender in die Lage versetzt, Steuerelemente über die Tastenkombination Alt+x auszuwählen, wobei x dem unterstrichenen Buchstaben entspricht. (Das zugehörige Steuerelement muss dem Textfeld in der Tabulator-Reihenfolge unmittelbar folgen.) Daher kann der Anwender mit der Tastenkombination Alt+N das Eingabefeld *Name* und mit Alt+F das Kombinationsfeld *Fertigkeiten* auswählen. Selbstverständlich müssen die Zugriffstasten innerhalb eines Dialogfelds eindeutig definiert sein. So wurde beispielsweise für das Textfeld *Sprache* die Zugriffstaste *P* gewählt, weil *S* schon für *SV-Nr.* vergeben worden war.

8. Speichern Sie die Ressourcendatei auf der Festplatte.
Wählen Sie sicherheitshalber im Menü *Datei* den Befehl *Speichern*, oder klicken Sie in der Symbolleiste auf die Schaltfläche *Speichern*, um die Datei ex06a.rc zu speichern. Lassen Sie den Dialog-Editor und das neu erstellte Dialogfeld geöffnet.

Der Klassen-Assistent und die Dialogklasse

Sie haben nun eine Dialogressource erstellt, können Sie jedoch erst verwenden, wenn eine entsprechende Dialogklasse existiert. (Im nachfolgenden Abschnitt *Aufbau der Anwendung EX06A* wird die Beziehung zwischen Dialogfeld und den zugrunde liegenden Dialogklassen erläutert.) Der Klassen-Assistent kann in Verbindung mit dem Dialog-Editor in folgender Weise zur Erstellung dieser Dialogklasse eingesetzt werden.

1. Wählen Sie im Menü *Ansicht* von Visual C++ den Befehl *Klassen-Assistent* (oder drücken Sie Strg+W).
Das neue erstellte Dialogfeld mit der Ressourcen-ID *IDD_DIALOG1* muss im Dialog-Editor ausgewählt sein, und EX06A muss das aktuelle Projekt sein, wenn Sie den Klassen-Assistenten aufrufen.

2. Fügen Sie die Klasse *CEx06aDialog* hinzu.
Der Klassen-Assistent bemerkt, dass Sie gerade eine Dialogressource erstellt haben, für die keine entsprechende C++-Klasse vorhanden ist. Er fragt Sie höflich, ob Sie eine Klasse erstellen möchten (siehe Abbildung 6.13).

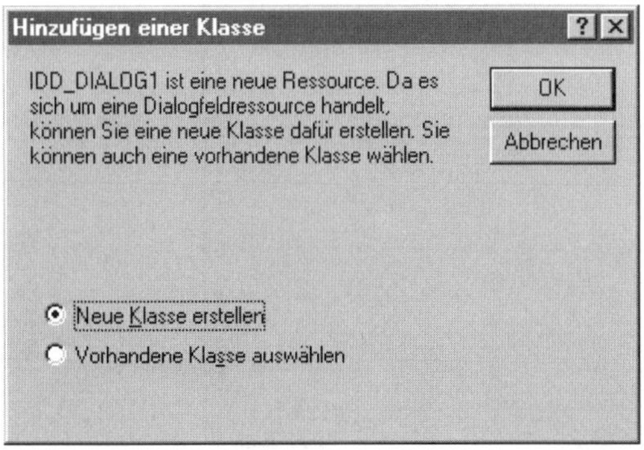

Abbildung 6.13:
Das Dialogfeld Hinzufügen einer Klasse.

Übernehmen Sie die Standardeinstellung *Eine neue Klasse erstellen*, und klicken Sie auf *OK*. Machen Sie im oberen Bereich des Dialogfelds *Neue Klasse* die Angaben, die in Abbildung 6.14 dargestellt sind.

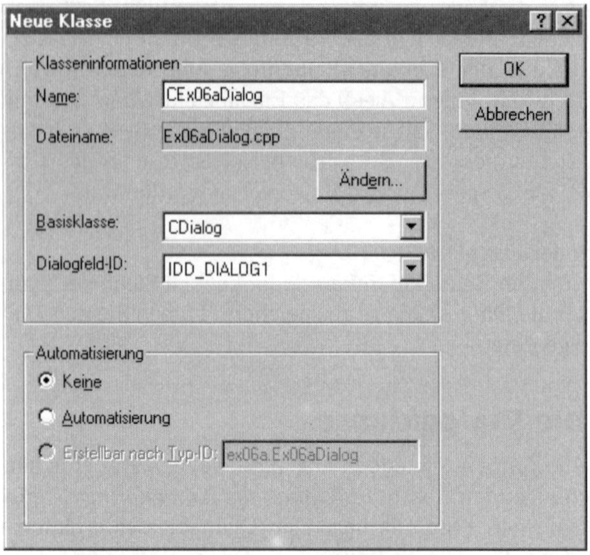

Abbildung 6.14: *Das Dialogfeld* Neue Klasse.

3. Fügen Sie die Member-Variablen für *CEx06aDialog* hinzu.

Nachdem der Klassen-Assistent die Klasse *CEx06aDialog* erstellt hat, wird das Dialogfeld MFC-Klassen-Assistent angezeigt. Klicken Sie auf das Register *Member-Variablen*, damit die Seite *Member-Variablen*, die in Abbildung 6.15 dargestellt ist, angezeigt wird.

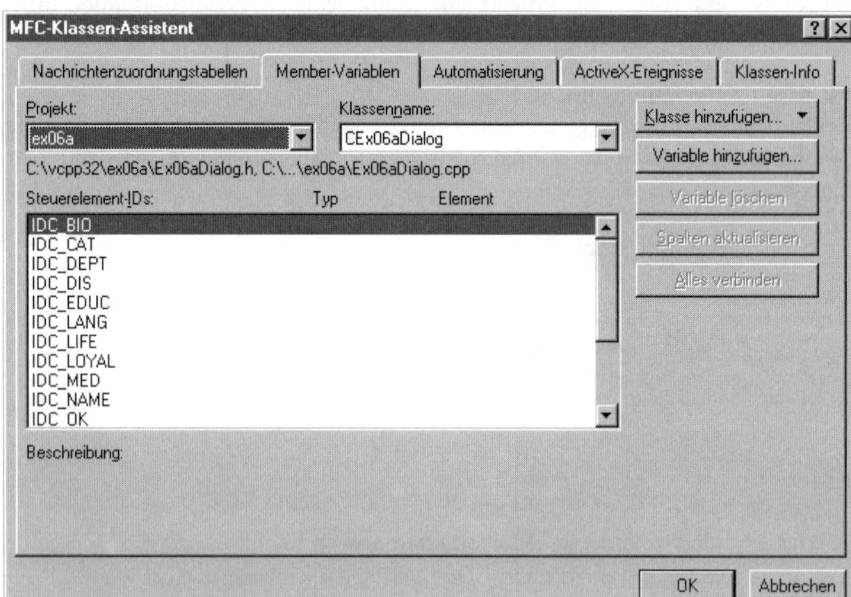

Abbildung 6.15: *Die Seite* Member-Variablen *des Dialogfelds* MFC-Klassen-Assistent.

Sie müssen jedem Steuerelement des Dialogfelds Datenelemente zuweisen. Klicken Sie dazu auf eine Steuerelement-ID und dann auf die Schaltfläche *Variable hinzufügen*. Daraufhin wird das Dialogfeld *Member-Variable hinzufügen* angezeigt (siehe Abbildung 6.16).

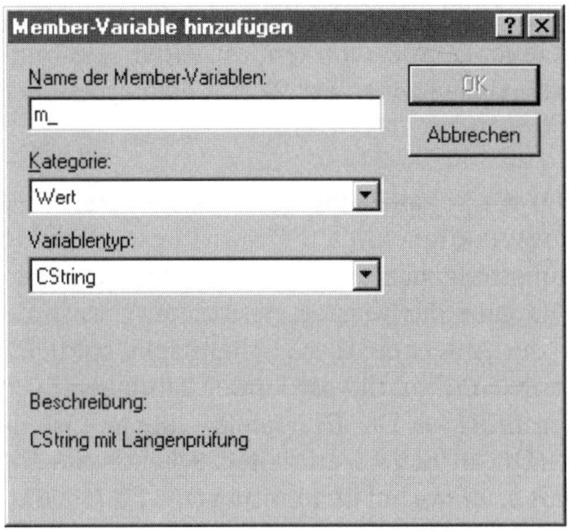

Abbildung 6.16:
Das Dialogfeld Member-Variable hinzufügen.

Geben Sie den Member-Variablennamen ein, und wählen Sie anhand der nachfolgenden Tabelle 6.1 den zugehörigen Variablentyp. Geben Sie die Namen der Member-Variablen genau wie unten angegeben ein, auch die Groß- und Kleinschreibung ist hier wichtig. Wenn Sie alle Member-Variablen definiert haben, klicken Sie auf *OK*, um zum Dialogfeld *MFC-Klassen-Assistent* zurückzukehren. Führen Sie diesen Arbeitsschritt für alle unten aufgeführten Steuerelemente aus.

Objekt-ID	Datenelement	Typ
IDC_BIO	m_strBio	CString
IDC_CAT	m_nCat	int
IDC_DEPT	m_strDept	CString
IDC_DIS	m_bInsDis	BOOL
IDC_EDUC	m_strEduc	CString
IDC_LANG	m_nLang	CString
IDC_LIFE	m_bInsLife	BOOL
IDC_LOYAL	m_nLoyal	int
IDC_MED	m_bInsMed	BOOL
IDC_NAME	m_strName	CString
IDC_RELY	m_nRely	int
IDC_SKILL	m_strSkill	CString
IDC_SSN	m_nSsn	int

Tabelle 6.1: *Die Datenelemente für die Steuerelemente des Beispielprogramms Ex06a.*

Während Sie im Dialogfeld *MFC-Klassen-Assistent* Standardsteuerelemente auswählen, werden im unteren Bereich des Dialogfeld verschiedenen Eingabefelder angezeigt. Wenn Sie eine *CString*-Variable auswählen, können Sie für diese Variable die maximale Anzahl von Zeichen festlegen.

Wenn Sie eine numerische Variable auswählen, können Sie einen oberen und einen unteren Grenzwert definieren. Legen Sie für das Steuerelement *IDC_SSN* als kleinsten Wert 0 und als größten Wert 999999999 fest.

In den meisten Fällen erklärt sich die Beziehung zwischen Steuerelementtyp und Variablentyp von selbst. Die Art und Weise, in der Optionsfelder mit Variablen in Beziehung stehen, ist allerdings erklärungsbedürftig. Die Klasse *CDialog* ordnet jeder *Gruppe* von Optionsfelder eine Integer-Variable zu, wobei dem ersten Optionsfeld der Wert 0, dem zweiten der Wert 1, dem dritten der Wert 2 usw. zugeordnet wird.

4. Fügen Sie eine Nachrichtenbehandlungsroutine für die Schaltfläche *Spezialitäten* ein.

CEx06aDialog benötigt keine Nachrichtenbehandlungsfunktionen, da die Basisklasse *CDialog* zusammen mit Windows einen Großteil der Verwaltungsaufgaben erledigt. Wenn Sie beispielsweise der Schaltfläche *OK* die ID *IDOK* zuweisen (Vorgabe des Klassen-Assistenten), wird die virtuelle *CDialog*-Funktion *OnOK* aufgerufen, sobald der Anwender diese Schaltfläche anklickt. Für andere Schaltflächen müssen Sie allerdings Nachrichtenbehandlungsroutinen schreiben.

Klicken Sie auf das Register *Nachrichtenzuordnungstabellen*. Das Dialogfeld sollte im Listenfeld *Objekt-IDs* einen Eintrag für das Steuerelement *IDC_SPECIAL* enthalten. Klicken Sie auf diesen Eintrag, und doppelklicken Sie im Listenfeld *Nachrichten* auf den Eintrag *BN_CLICKED*. Der Klassen-Assistent erfindet einen Namen für die Member-Funktion, hier *OnSpecial*, und öffnet das Dialogfeld *Member-Funktion hinzufügen*, das in Abbildung 6.17 dargestellt ist.

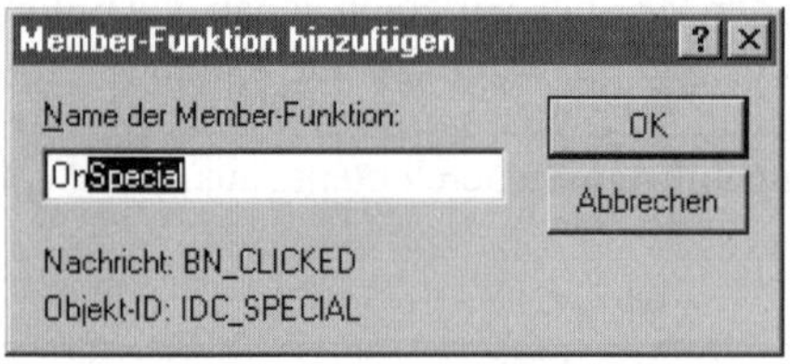

Abbildung 6.17:
Das Dialogfeld Member-Funktion hinzufügen.

Sie können sich auch einen Funktionsnamen ausdenken und ihn hier eingeben, aber diesmal sollen Sie die Vorgabe übernehmen und auf *OK* klicken. Klicken Sie im Dialogfeld *MFC-Klassen-Assistent* auf die Schaltfläche *Code bearbeiten*. Daraufhin wird die Datei ex06aDialog.cpp geöffnet und die Einfügemarke zur Funktion *OnSpecial* gesetzt. Fügen Sie die *TRACE*-Anweisung in die Funktion *OnSpecial* ein, die unten fett gedruckt ist. Der vorhandene Code wird durch diese Anweisung ersetzt.

```
void CEx06aDialog::OnSpecial()
{
  TRACE("CEx06aDialog::OnSpecial\n");
}
```

5. Fügen Sie mit Hilfe des Klassen-Assistenten eine Nachrichtenbehandlungsroutine für *OnInitDialog* hinzu.

Wie Sie gleich sehen werden, generiert der Klassen-Assistent Code zur Initialisierung der Steuerelemente des Dialogfelds. Mit diesem DDX-Code (DDX – Dialog Data Exchange) werden die Listenelemente allerdings nicht initialisiert, und daher müssen Sie die Funktion *CDialog::OnInitDialog* überschreiben. Obwohl *OnInitDialog* eine virtuelle Member-Funktion ist, generiert der Klassen-Assistent den Prototyp und den Funktionsrumpf, wenn Sie die Nachricht WM_INITDIALOG der abgeleiteten Klasse zuordnen. Klicken Sie dazu im Listenfeld *Objekt-IDs* auf

CEx06aDialog, und doppelklicken Sie dann im Listenfeld *Nachrichten* auf *WM_INITDIALOG.* Klicken Sie im Dialogfeld MFC-Klassen-Assistent auf die Schaltfläche *Code bearbeiten*, und bearbeiten Sie die Funktion *OnInitDialog*. Ersetzen Sie vorhandenen Code durch den nachfolgend fett gedruckten Code:

```
BOOL CEx06aDialog::OnInitDialog()
{
  // Beachten Sie, dass CDialog::OnInitDialog in dieser
  // Funktion nur einmal aufgerufen werden darf
  CListBox* pLB = (CListBox*) GetDlgItem(IDC_DEPT);
  pLB->InsertString(-1, "Dokumentation");
  pLB->InsertString(-1, "Buchhaltung");
  pLB->InsertString(-1, "Personalabteilung");
  pLB->InsertString(-1, "Sicherheitsdienst");

  // Aufruf nach Initialisierung
  return CDialog::OnInitDialog();
}
```

Sie könnten die gleiche Initialierungstechnik für die Kombinationsfelder verwenden, statt sie in den Ressourcen zu initialisieren.

Das Dialogfeld mit der Ansicht verknüpfen

Wir haben nun eine Ressource und den Code für ein Dialogfeld, aber diese sind nicht mit der Ansicht verknüpft. In den meisten Anwendungen werden Sie Dialogfelder wahrscheinlich über Menübefehle aktivieren, aber Menüs haben wir noch nicht behandelt. Wir verwenden hier die vertraute Mausklick-Nachricht WM_LBUTTONDOWN zum Aufruf des Dialogfelds. Dazu führen Sie die nachfolgend beschriebenen Arbeitsschritte aus.

1. Wählen Sie im Klassen-Assistenten die Klasse *CEx06aView.*
Vergewissern Sie sich, dass EX06A das aktuelle Visual C++-Projekt ist.

2. Fügen Sie mit Hilfe des Klassen-Assistenten die Member-Funktion *OnLButtonDown* hinzu.
Sie haben bereits in einigen Beispielen vorangegangener Kapitel mit dem Klassen-Assistenten Member-Funktionen eingefügt. Markieren Sie einfach den Klassennamen *CEx06aView,* klicken Sie auf die Objekt-ID *CEx06aView,* und doppelklicken Sie dann auf die Nachricht *WM_LBUTTONDOWN.*

3. Schreiben Sie den Quellcode für *OnLButtonDown* in die Datei *ex06aView.cpp.*
Fügen Sie den unten fett gedruckten Code ein. Dieser Code besteht größtenteils aus *TRACE*-Anweisungen, damit die Datenelemente des Dialogfelds ausgegeben werden, nachdem der Anwender das Dialogfeld geschlossen hat. Der Aufruf von *CEx06aDialog* und der *DoModal*-Aufruf sind hier jedoch am wichtigsten.

```
void CEx06aView::OnLButtonDown(UINT nFlags, CPoint point)
{
  CEx06aDialog dlg;
  dlg.m_strName  = "Shakespeare, William";
  dlg.m_nSsn     = 307806636;
  dlg.m_nCat     = 1;  // 0 = Stundensatz, 1 = Festes Gehalt
```

```
    dlg.m_strBio    = "Diese Person ist als technischer Autor kaum geeignet.";
    dlg.m_bInsLife = TRUE;
    dlg.m_bInsDis  = FALSE;
    dlg.m_bInsMed  = TRUE;
    dlg.m_strDept  = "Dokumentation";
    dlg.m_strSkill = "Autor";
    dlg.m_nLang  = 0;
    dlg.m_strEduc  = "Universität";
    dlg.m_nLoyal   = dlg.m_nRely = 50;
    int ret = dlg.DoModal();
    TRACE("DoModal-Rückgabe= %d\n", ret);
    TRACE("Name = %s, ssn = %d, Kat = %d\n",
          dlg.m_strName, dlg.m_nSsn, dlg.m_nCat);
    TRACE("Abt. = %s, Fert = %s, Spr = %d, Ausb = %s\n",
          dlg.m_strDept, dlg.m_strSkill, dlg.m_nLang, dlg.m_strEduc);
    TRACE("Leben = %d, Unfall = %d, Krankheit = %d, Bio = %s\n",
          dlg.m_bInsLife, dlg.m_bInsDis, dlg.m_bInsMed, dlg.m_strBio);
    TRACE("Loyalität = %d, Zuverlässigkeit = %d\n",
          dlg.m_nLoyal, dlg.m_nRely);
}
```

4. Fügen Sie Quellcode in die virtuelle Funktion *OnDraw* in der Datei *ex06aView.cpp* ein.
Fügen Sie folgenden Code in die Funktion *CEx06aView::OnDraw* ein, um den Anwender aufzufordern, die linke Maustaste zu drücken. (Der Funktionsrumpf wurde vom MFC-Anwendungs-Assistenten generiert.) Ersetzen Sie den vorhandenen Code zwischen den geschweiften Klammern durch den fett gedruckten Code:

```
void CEx06aView::OnDraw(CDC* pDC)
{
  pDC->TextOut(0, 0, "Drücken Sie hier die linke Maustaste.");
}
```

5. Fügen Sie die *include*-Anweisung für die Dialogklasse in die Datei ex06aView.cpp ein.
Die oben definierte Funktion *OnLButtonDown* hängt von der Deklaration der Klasse *CEx06aDialog ab*. Sie müssen die include-Anweisung

```
#include "ex06aDialog.h"
```

am Beginn der Quellcodedatei der Klasse *CEx06aView* (ex06aView.cpp) unmittelbar nach folgender Anweisung einfügen:

```
#include "ex06aView.h"
```

6. Erstellen und testen Sie die Anwendung.
Wenn Sie diese Arbeitsschritte korrekt ausgeführt haben, sollten Sie die Anwendung EX06A mit Visual C++ erstellen und ausführen können. Versuchen Sie, in jedes Steuerelement Daten einzugeben, und klicken Sie dann auf die Schaltfläche *OK*. Daraufhin werden die *TRACE*-Ergebnisse im Debug-Fenster ausgegeben. Beachten Sie, dass die Bildlaufleisten anscheinend kaum eine Funktion haben. Wir werden uns später um sie kümmern. Beachten Sie auch, was passiert, wenn Sie Eingabe drücken, während Sie Text in ein Steuerelement eingeben. Das Dialogfeld wird sofort geschlossen.

Erläuterungen zur Anwendung EX06A

Wenn Ihr Programm die Funktion *DoModal* aufruft,wird die Steuerung nur dann an das Programm zurückgegeben, wenn der Anwender das Dialogfeld schließt. Sobald Sie das verstanden haben, verstehen Sie modale Dialogfelder. Wenn Sie mit der Erstellung nichtmodaler Dialogfelder beginnen, werden Sie die Einfachheit der Programmierung modaler Dialogfelder zu schätzen lernen. Es läuft jedoch aufgrund dieses *DoModal*-Aufrufs viel »hinter den Kulissen«. Es folgt ein Überblick über die Aufruffolge:

```
CDialog::DoModal
  CEx06aDialog::OnInitDialog
    ...zusätzliche Initialisierung...
    CDialog::OnInitDialog
      CWnd::UpdateData(FALSE)
        CEx06aDialog::DoDataExchange
  Anwender gibt Daten ein...
  Anwender klickt auf OK
  CEx06aDialog::OnOK
    ...zusätzliche Validierung...
    CDialog::OnOK
      CWnd::UpdateData(TRUE)
        CEx06aDialog::DoDataExchange
      CDialog::EndDialog(IDOK)
```

OnInitDialog und *DoDataExchange* sind virtuelle Funktionen, die in der Klasse *CEx06aDialog* überschrieben werden. Windows ruft *OnInitDialog* im Rahmen der Initialisierung des Dialogfelds auf, und dieser Aufruf resultiert in einem Aufruf von *DoDataExchange*, einer virtuellen Funktion von *CWnd*, die vom Klassen-Assistenten überschrieben worden ist. Nachfolgend ist der Quellcode dieser Funktion abgedruckt.

```
void CEx06aDialog::DoDataExchange(CDataExchange* pDX)
{
  CDialog::DoDataExchange(pDX);
  //{{AFX_DATA_MAP(CEx06aDialog)
  DDX_Text(pDX, IDC_BIO, m_strBio);
  DDX_Radio(pDX, IDC_CAT, m_nCat);
  DDX_LBString(pDX, IDC_DEPT, m_strDept);
  DDX_Check(pDX, IDC_DIS, m_bInsDis);
  DDX_CBString(pDX, IDC_EDUC, m_strEduc);
  DDX_CBIndex(pDX, IDC_LANG, m_nLang);
  DDX_Check(pDX, IDC_LIFE, m_bInsLife);
  DDX_Scroll(pDX, IDC_LOYAL, m_nLoyal);
  DDX_Check(pDX, IDC_MED, m_bInsMed);
  DDX_Text(pDX, IDC_NAME, m_strName);
  DDX_Scroll(pDX, IDC_RELY, m_nRely);
  DDX_CBString(pDX, IDC_SKILL, m_strSkill);
  DDX_Text(pDX, IDC_SSN, m_nSsn);
  DDV_MinMaxInt(pDX, m_nSsn, 0, 999999999);
  //}}AFX_DATA_MAP
}
```

Listing 6.1: *Der Quellcode der Funktion* DoDataExchange.

Die Funktion *DoDataExchange* sowie die *DDX_*- (Austausch-) und *DDV_*-Funktionen (Validierung) sind »bidirektional«. Falls *UpdateData* mit dem Parameter *FALSE* aufgerufen wird, übertragen die Funktionen Daten von den Datenelementen an die Dialogfeld-Steuerelemente. Wird der Parameter *TRUE* übergeben, übertragen die Funktionen Daten von den Dialogfeld-Steuerelementen an die Datenelemente. *DDX_Text* wurde überladen, damit verschiedene Datentypen verarbeitet werden können.

Die Funktion *EndDialog* ist für die Prozedur zum Beenden des Dialogfelds wichtig. *DoModal* liefert den Parameter, der *EndDialog* übergeben wird. Bei der Übergabe von *IDOK* werden die Dialogfelddaten übernommen, und mit *IDCANCEL* wird der Dialog abgebrochen.

TIPP: Sie können Ihre eigenen »benutzerdefinierten« DDX-Funktionen schreiben und sie in Microsoft Visual C++ 6.0 einbinden. Diese Möglichkeit ist besonders hilfreich, wenn Sie in der gesamten Anwendung einen besonderen Datentyp verwenden. Genauere Angaben hierzu finden Sie in *MFC Technical Note Nr. 26* in der Online-Dokumentation.)

Das Dialogprogramm erweitern

Das Programm EX06A verfügte über eine ganze Menge Funktionen, für die wir kaum Code schreiben mussten. Wir werden nun eine neue Version dieses Programms erstellen, für die wir einigen Code von Hand einfügen, um weitere Funktionen hinzuzufügen. Wir werden dafür sorgen, dass EX06A Anwender zuvorkommender behandeln wird und sie nicht mehr »hinauswirft«, sobald sie Eingabe drücken, und wir werden den Bildlaufleisten »Leben einhauchen«.

Aufruf der Funktion OnOK abfangen

Im ursprünglichen Beispielprogramm EX06A war die virtuelle Funktion *CDialog::OnOK* für die Schaltfläche *OK* zuständig und hat bei deren Auswahl den Datenaustausch veranlasst und das Dialogfeld geschlossen. Die Taste Eingabe hat zufällig den gleichen Effekt, und das ist nicht immer wünschenswert. Wenn der Anwender Eingabe drückt, während er beispielsweise in das Eingabefeld *Name* etwas eingibt, wird das Dialogfeld sofort geschlossen.

Was geschieht hier? Wenn der Anwender Eingabe drückt, prüft Windows, welche Schaltfläche den *Eingabefokus* besitzt. Auf dem Bildschirm wird diese Schaltfläche durch ein gepunktetes Rechteck hervorgehoben. Falls keine Schaltfläche den Eingabefokus besitzt, sucht Windows nach der *Standardschaltfläche*, welche im Programm oder der Ressource als solche definiert ist. (Die Standardschaltfläche hat einen etwas dickeren Rand.) Ist im Dialogfeld keine Standardschaltfläche definiert, wird die virtuelle Funktion *OnOK* aufgerufen, und zwar unabhängig davon, ob das Dialogfeld eine Schaltfläche *OK* aufweist.

Sie können die Taste Eingabe deaktivieren, indem Sie eine Funktion namens *CEx06aDialog::OnOK* schreiben, die nichts bewirkt, und dann eine neue Funktion einfügen, die das Dialogfeld schließt, sobald die Schaltfläche *OK* ausgewählt wird. Sie gehen dazu wie folgt vor:

1. **Verwenden Sie den Klassen-Assistenten, um der Schaltfläche *IDOK* die virtuelle Funktion *OnOK* »zuzuordnen«.**

Wählen Sie im Klassen-Assistenten im Listenfeld *Objekt-IDs* der Klasse *CEx06aDialog* den Eintrag *IDOK*, und doppelklicken Sie auf die Nachricht BN_CLICKED. Daraufhin generiert der Klassen-Assistent den Prototyp und den Funktionsrumpf von *OnOK*.

2. Ändern Sie mit Hilfe des Dialog-Editors die ID der Schaltfläche *OK*.
Wählen Sie die Schaltfläche *OK* aus, ändern Sie ihre ID von *IDOK* zu *IDC_OK*, und deaktivieren Sie die Eigenschaft *Standardschaltfläche*. Lassen Sie die Funktion *OnOK* unverändert.

3. Erstellen Sie mit Hilfe des Klassen-Assistenten eine Member-Funktion namens *OnClickedOk*.
Diese Member-Funktion der Klasse *CEx06aDialog* verarbeitet die Nachricht BN_CLICKED der eben in *IDC_OK* umbenannten Schaltfläche.

4. Bearbeiten Sie den Rumpf der Funktion *OnClickedOk* in der Datei ex06aDialog.cpp.
Diese Funktion ruft wie die ursprüngliche Funktion *CEx06aDialog::OnOK* die *OnOK*-Funktion der Basisklasse auf. Fügen Sie folgenden Code ein:

```
void CEx06aDialog::OnClickedOk()
{
  TRACE("CEx06aDialog::OnClickedOk\n");
  CDialog::OnOK();
}
```

5. Bearbeiten Sie die Funktion *OnOK* in der Datei *ex06aDialog.cpp*.
Diese Funktion ist ein »Überbleibsel« der alten Schaltfläche *IDOK*. Bearbeiten Sie die Funktion wie folgt:

```
void CEx06aDialog::OnOK()
{
  // Dummy-Funktion OnOK - CDialog::OnOK() NICHT aufrufen
  TRACE("CEx06aDialog::OnOK\n");
}
```

6. Erstellen und testen Sie die Anwendung.
Drücken Sie jetzt Eingabe. Das Dialogfeld sollte sich nicht verändern. Es sollten jedoch *TRACE*-Ausgaben im Debug-Fenster angezeigt werden. Wenn Sie auf die Schaltfläche *OK* klicken, sollte das Dialogfeld jedoch wie zuvor geschlossen werden.

Hinweis für Win32-Programmierer

Dialogfeld-Steuerelemente senden WM_COMMAND-*Nachrichten* an das übergeordnete Dialogfeld. Bei der Benachrichtigung zu einem einfachen Mausklick auf eine Schaltfläche enthalten beispielsweise die unteren 16 Bits von *wParam* die Schaltflächen-ID; die oberen 16 Bits von *wParam* enthalten die Kennung der BN_CLICKED Benachrichtigung, und *lParam* enthält die Zugriffsnummer der Schaltfläche. Die meisten Fensterverarbeitungsfunktionen verarbeiten diese Benachrichtigungen mit einer verschachtelten *switch*-Anweisung. Die MFC-Bibliothek hat diese Nachrichtenverarbeitungstechnik »verflacht«, indem sie Steuerelement-Benachrichtigungen gleichrangig mit anderen Windows-Nachrichten verarbeitet.

Für die Schaltfläche *Löschen* würde der Klassen-Assistent beispielsweise einen Nachrichtentabelleneintrag generieren, der etwa wie folgt aussieht:

```
ON_BN_CLICKED(IDC_DELETE, OnDeleteClicked)
ON_BN_DOUBLECLICKED(IDC_DELETE, OnDeleteDblClicked)
```

Schaltflächenereignisse nehmen eine Sonderstellung ein, weil sie *Befehlsnachrichten* generieren, falls die Dialogklasse nicht über solche Behandlungsroutinen für Benachrichtigungen wie die oben angeführten verfügt. Wie in Kapitel 13 erläutert wird, leitet das Anwendungsgerüst diese Befehlsnachrichten an verschiedene Objekte innerhalb der Anwendung weiter. Sie könnten die Steuerelement-Benachrichtigungen auch durch einen allgemeineren *ON_COMMAND*-Nachrichtentabelleneintrag abfangen:

```
ON_COMMAND(IDC_DELETE, OnDelete)
```

In diesem Fall ist die Funktion *OnDelete* nicht in der Lage, zwischen einem einfachen Mausklick und einem Doppelklick zu unterscheiden, was aber nicht weiter schlimm ist, da die meisten Windows-Anwendungen Doppelklicks auf Schaltflächen nicht berücksichtigen.

Verarbeitung von OnCancel

*l*So wie durch die Betätigung der Taste **Eingabe** ein *OnOK*-Aufruf ausgelöst wird, wird mit der Taste **Esc** ein *OnCancel*-Aufruf ausgelöst. Dieser Aufruf bewirkt, dass das Dialogfeld geschlossen wird und die Funktion *DoModal* den Rückgabewert *IDCANCEL* liefert. EX06A verfügt über keine besondere Behandlungsroutine für *IDCANCEL*, und daher wird das Dialogfeld geschlossen, wenn der Anwender **Esc** drückt (oder auf die Schaltfläche *Schließen* klickt). Sie können dieses Standardverhalten außer Kraft setzen, indem Sie eine Dummy-Funktion *OnCancel* schreiben, wobei Sie etwa genauso vorgehen, wie oben für die Funktion *OnOK* beschrieben.

Die Bildlaufleisten-Steuerelemente implementieren

Mit dem Dialog-Editor können Sie Bildlaufleisten-Steuerelemente in Ihre Dialogfelder aufnehmen, und mit dem Klassen-Assistent können Sie Integer-Datenelemente hinzufügen. Sie müssen Quelltext beisteuern, damit die Bildlaufleisten *Loyalität* und *Zuverlässigkeit* funktionieren.

Bildlaufleisten-Steuerelemente verfügen über Positions- und Wertebereichsangaben, die gelesen und geschrieben werden können. Wenn Sie beispielsweise den Wertebereich mit (0, 100) definieren, wird mit einem entsprechenden Datenelement, das den Wert 50 hat, das Bildlauffeld in die Mitte der Bildlaufleiste gesetzt. (Die Funktion *CScrollBar::SetScrollPos* dient ebenfalls zur Festlegung der Position des Bildlauffelds.) Die Bildlaufleiste sendet die Nachrichten WM_HSCROLL und WM_VSCROLL an das Dialogfeld, wenn der Anwender das Bildlauffeld zieht oder auf die Bildlaufpfeile klickt. Die Nachrichtenbehandlungsroutinen des Dialogfelds müssen diese Nachrichten auswerten und das Bildlauffeld entsprechend positionieren.

Die Steuerelemente, die Sie bislang kennen gelernt haben, haben alle über ihre eigenen Nachrichtenbehandlungsfunktionen verfügt. Bildlaufleisten-Steuerelemente sind hier anders, da alle horizontalen Bildlaufleisten eines Dialogfelds mit einer einzigen WM_HSCROLL-Nachrichtenbehandlungsroutine und alle vertikalen Bildlaufleisten mit einer einzigen WM_VSCROLL-Nachrichtenbehandlungsroutine verknüpft sind. Da unser Dialogfeld zwei horizontale Bildlaufleisten enthält, muss diese WM_HSCROLL-Nachrichtenbehandlungsroutine irgendwie herausfinden, von welcher Bildlaufleiste die WM_HSCROLL-Nachricht stammt.

Im Folgenden sind die Arbeitsschritte beschrieben, mit denen Sie die Bildlaufleisten in EX06A implementieren:

1. **Fügen Sie die folgenden *enum*-Anweisungen zur Definition des Wertebereichs der Bildlaufleisten hinzu.**

Fügen Sie die folgenden Zeilen am Beginn der Klassendeklaration in die Datei *ex06aDialog.h* ein:

```
enum { nMin = 0 };
enum { nMax = 100 };
```

2. **Bearbeiten Sie die Funktion *OnInitDialog*, um die Wertebereiche der Bildlaufleisten zu initialisieren.**

In der Funktion *OnInitDialog* legen wir die Minimal- und Maximalwerte der Bildlaufleisten so fest, dass die Datenelemente von *CEx06aDialog* Prozentwerte darstellen. Der Wert 100 bedeutet infolgedessen: »Bildlauffeld ganz nach rechts verschieben«, und der Wert 0 bedeutet »Bildlauffeld ganz nach links verschieben«.

Fügen Sie den folgenden Code in der Datei ex06aDialog.cpp in die Member-Funktion *OnInitDialog* der Klasse *CEx06aDialog* ein:

```
CScrollBar* pSB = (CScrollBar*) GetDlgItem(IDC_LOYAL);
pSB->SetScrollRange(nMin, nMax);

pSB = (CScrollBar*) GetDlgItem(IDC_RELY);
pSB->SetScrollRange(nMin, nMax);
```

3. **Fügen Sie mit Hilfe des Klassen-Assistenten Nachrichtenbehandlungsroutinen für die Bildlaufleisten in *CEx06aDialog* ein.**

Wählen Sie die Nachricht WM_HSCROLL aus, und fügen Sie die Member-Funktion *OnHScroll* hinzu. Geben Sie den fett gedruckten Code ein:

```
void CEx06aDialog::OnHScroll(UINT nSBCode, UINT nPos, CScrollBar* pScrollBar)

{
  int nTemp1, nTemp2;
  nTemp1 = pScrollBar->GetScrollPos();
  switch(nSBCode) {
  case SB_THUMBPOSITION:
    pScrollBar->SetScrollPos(nPos);
    break;
  case SB_LINELEFT: // linker Bildlaufpfeil
    nTemp2 = (nMax - nMin) / 10;
    if ((nTemp1 - nTemp2) > nMin) {
      nTemp1 -= nTemp2;
      }
    else {
      nTemp1 = nMin;
    }
      pScrollBar->SetScrollPos(nTemp1);
      break;
  case SB_LINERIGHT: // rechter Bildlaufpfeil
    nTemp2 = (nMax - nMin) / 10;
    if ((nTemp1 + nTemp2) < nMax) {
      nTemp1 += nTemp2;
    }
```

```
      else {
        nTemp1 = nMax;
      }
      pScrollBar->SetScrollPos(nTemp1);
      break;
    }
}
```

HINWEIS: Die Bildlaufleistenfunktionen verwenden zur Angabe von Wertebereich und Position 16-Bit-Ganzzahlen.

4. Erstellen und testen Sie die Anwendung.
Erstellen Sie das Programm EX06A erneut, und führen Sie es aus. Funktionieren die Bildlaufleisten jetzt? Die Bildlauffelder sollten nun an der Position bleiben, an die Sie sie mit der Maus ziehen, und sie sollten verschoben werden, wenn Sie auf die Bildlaufpfeile klicken. (Beachten Sie, dass wir bislang noch keine Funktionen definiert haben, um Mausklicks auf die Bildlaufleiste zu verarbeiten.)

Bezeichnung von Steuerelementen: CWnd-Zeiger und Steuerelement-IDs

Wenn Sie eine Dialogressource im Dialog-Editor entwerfen, bezeichnen Sie jedes Steuerelement durch eine eindeutige ID, wie beispielsweise *IDC_SSN*. Im Programmcode müssen Sie allerdings häufig das Fensterobjekt ansprechen, in das das Steuerelement eingebettet ist. Die MFC-Bibliothek bietet die Funktion *CWnd::GetDlgItem* zur Umwandlung einer ID in einen *CWnd*-Zeiger. Sie haben diese Funktion bereits in der Member-Funktion *OnInitDialog* der Klasse *CEx06aDialog* kennen gelernt. Das Anwendungsgerüst hat diesen *CWnd*-Zeiger »produziert«, da nirgendwo ein Konstruktoraufruf für die Steuerelementobjekte vorhanden war. Dieser Zeiger ist temporär und sollte nicht für eine spätere Verwendung gespeichert werden.

TIPP: Wenn Sie einen *CWnd*-Zeiger in eine Steuerelement-ID umwandeln müssen, verwenden Sie die MFC-Member-Funktion *GetDlgCtrlID* der Klasse *CWnd*.

Die Hintergrundfarbe für Dialogfelder und Steuerelemente festlegen

Sie können die Hintergrundfarbe von einzelnen Dialogfeldern und von bestimmten Steuerelementen innerhalb eines Dialogfelds ändern, müssen dazu aber etwas zusätzliche Programmierarbeit leisten. An das übergeordnete Dialogfeld wird für jedes Steuerelement eine WM_CTLCOLOR-Nachricht gesendet, bevor das Steuerelement angezeigt wird. Es wird auch für das Dialogfeld eine WM_CTLCOLOR-Nachricht gesendet. Wenn Sie dieser Nachricht in Ihrer abgeleiteten Dialogklasse eine Behandlungsroutine zuordnen, können Sie die Hintergrund- und Vordergrundfarben des Textes bestimmen und einen Pinsel für die Bereiche des Steuerelements oder Dialogfelds auswählen, die keinen Text enthalten.

Das folgende Listing 6.2 enthält die Beispieldefinition einer *OnCtlColor*-Funktion, die sämtlichen Eingabefelder die Hintergrundfarbe Gelb und dem Dialogfeld die Hintergrundfarbe Rot zuweist. Bei den Variablen *m_hYellowBrush* und *m_hRedBrush* handelt es sich um Datenelemente vom Typ *HBRUSH*, die in der Funktion *OnInitDialog* der Dialogklasse initialisiert werden. Der Parameter *nCtlColor* bezeichnet den Steuerelementtyp, und der Parameter *pWnd* verweist auf ein bestimmtes Steuerelement. Wenn Sie die Farbe eines einzelnen Eingabefelds festlegen möchten, können Sie *pWnd* die ID eines untergeordneten Fensters zuweisen und diesen Parameter auswerten.

```
HBRUSH CMyDialog::OnCtlColor(CDC* pDC, CWnd* pWnd, UINT nCtlColor)
{
  if (nCtlColor == CTLCOLOR_EDIT) {
    pDC->SetBkColor(RGB(255, 255, 0));  // gelb
    return m_hYellowBrush;
  }
  if (nCtlColor == CTLCOLOR_DLG) {
    pDC->SetBkColor(RGB(255, 0, 0));    // rot
    return m_hRedBrush;
  }
  return CDialog::OnCtlColor(pDC, pWnd, nCtlColor);
}
```

Listing 6.2: *Beispielcode für die Funktion* OnCtlColor.

HINWEIS: Das Dialogfeld fügt die WM_CTLCOLOR-Nachricht nicht in die Nachrichtenwarteschlange ein, sondern ruft die Win32-Funktion *SendMessage* auf, damit die Nachricht sofort weitergeleitet wird. Daher kann die Nachrichtenbehandlungsroutine einen Parameter zurückgeben – in diesem Fall die Zugriffsnummer für einen Pinsel. Es handelt sich hierbei nicht um ein MFC-Objekt vom Typ *CBrush*, sondern um ein Win32-Objekt vom Typ *HBRUSH*. Sie können den Pinsel durch den Aufruf einer Win32-Funktion wie *CreateSolidBrush*, *CreateHatchBrush* usw. erstellen.

Hinweis für Win32-Programmierer

Win32 verwendet die Nachricht WM_CTLCOLOR nicht mehr. Sie wurde durch steuerelementspezifische Nachrichten ersetzt, wie WM_CTLCOLORBTN, WM_CTLCOLORDLG usw. Die MFC-Bibliothek und der Klassen-Assistent verarbeiten diese Nachrichten im Verborgenen, so dass Ihre Programme so aussehen, als würden sie die alten 16-Bit-Nachrichten WM_CTLCOLOR verarbeiten. Durch diesen Trick wird Fehlersuche zwar verkompliziert, aber die Entwicklung portablen Codes erleichtert. Eine andere Möglichkeit bestünde darin, echte Win32-Nachrichten mit Hilfe des Makros *ON_MESSAGE* Nachrichtenbehandlungsroutinen zuzuordnen.

Falls Ihre Dialogklasse (oder eine andere MFC-Fensterklasse) keine Behandlungsroutine für die Nachricht WM_CTLCOLOR enthält, wird die Nachricht vom Anwendungsgerüst zurück zum Steuerelement *reflektiert*. Sie werden in Kapitel 16, in dem die Bildung von Fensterunterklassen behandelt wird, lernen, wie Sie eigene Steuerelementfensterklassen schreiben, die diese reflektierten Nachrichten verarbeiten können.

Zeichnen innerhalb des Dialogfelds

Sie können zwar direkt in den Client-Bereich eines Dialogfelds zeichnen, laufen dabei aber Gefahr, Dialogfeldelemente zu überschreiben. Sie können dies vermeiden, indem Sie nur innerhalb eines Steuerelementfensters zeichnen. Wenn Sie lediglich Text anzeigen wollen, erstellen Sie mit dem Dialog-Editor ein leeres Textfeld mit einer eindeutigen ID und rufen dann die Funktion *CWnd::SetDlgItemText* in einer Member-Funktion der Dialogklasse, wie beispielsweise *OnInitDialog* auf, um Text in das Textfeld einzufügen.

Grafiken anzuzeigen ist etwas schwieriger. Sie müssen mit dem Klassen-Assistenten eine *OnPaint*-Member-Funktion der Dialogklasse hinzufügen. Diese Funktion muss die Steuerelement-ID in einen *CWnd*-Zeiger konvertieren und sich einen Gerätekontextzeiger besorgen. Die Schwierigkeit besteht darin, in das Steuerelementfenster zu zeichnen und gleichzeitig zu verhindern, dass Ihr Werk später von Windows überschrieben wird. Mit der Sequenz *Invalidate/UpdateWindow* wird dies erreicht. Folgende *OnPaint*-Funktion zeichnet ein kleines schwarzes Quadrat in ein Textfeld:

```
void CMyDialog::OnPaint()
{
  CWnd* pWnd = GetDlgItem(IDC_STATIC1);      // IDC_STATIC1 wird im
                                             // Dialog-Editor definiert
  CDC* pControlDC = pWnd->GetDC();

  pWnd->Invalidate();
  pWnd->UpdateWindow();
  pControlDC->SelectStockObject(BLACK_BRUSH);
  pControlDC->Rectangle(0, 0, 10, 10);       // schwarzes Aufzählungszeichen
  pWnd->ReleaseDC(pControlDC);
}
```

Wie bei allen Fenstern wird die *OnPaint*-Funktion des Dialogfelds nur aufgerufen, falls ein Teil des Dialogfeld für ungültig erklärt wird. Sie können den Aufruf von *OnPaint* mit folgender Anweisung über eine andere Member-Funktion der Dialogklasse erzwingen:

```
Invalidate();
```

Dialogsteuerelemente zur Laufzeit hinzufügen

Sie haben erfahren, wie Sie mit dem Ressourcen-Editor im Entwurfsmodus Steuerelemente in einem Dialogfeld erstellen. Wenn Sie zur Laufzeit ein Steuerelement in ein Dialogfeld einfügen möchten, führen Sie die folgenden Programmierschritte aus:

1. Fügen Sie in Ihre Dialogklasse ein Datenelement für ein eingebettetes Steuerelementfenster ein. Zu den MFC-Steuerelementfensterklassen zählen unter anderem *CButton*, *CEdit*, *CListBox* und *CComboBox*. Das C++-Objekt für das eingebettete Steuerelement wird zusammen mit dem Dialogklassenobjekt erstellt und gelöscht.

2. Wählen Sie im Menü *Ansicht* von Visual C++ den Befehl *Ressourcensymbole*. Definieren Sie eine ID-Konstante für das neue Steuerelement.

3. Fügen Sie mit dem Klassen-Assistenten eine Behandlungsroutine für die Nachricht WM_INITDIALOG hinzu. Damit wird *CDialog::OnInitDialog* überschrieben. Diese Funk-

tion sollte die Member-Funktion *Create* des eingebetteten Steuerelementfensters aufrufen. Dieser Aufruf bewirkt, dass das neue Steuerelement im Dialogfeld angezeigt wird. Windows löscht das Steuerelementfenster, wenn es das Dialogfeld löscht.

4. Fügen Sie in Ihre abgeleitete Dialogklasse von Hand die notwendigen Benachrichtigungsbehandlungsroutinen für das neue Steuerelement ein.

In Kapitel 13 werden Sie ein Rich-Edit-Steuerelement zur Laufzeit in eine Ansicht einfügen.

Andere Steuerelementfunktionen verwenden

Wir haben oben die Steuerelementklasse *CScrollBar* angepasst, indem wir Code in die Member-Funktion *OnInitDialog* der Dialogklasse eingefügt haben. Sie können andere Steuerelemente auf ähnliche Weise programmieren. Schlagen Sie in der *MFC Library Reference von Visual C++* oder in der Online-Hilfe unter *Microsoft Foundation Class Libary and Templates* die Einträge zu den Steuerelementklassen nach, insbesondere zu *CListBox* und *CComboBox*. Jede dieser Klassen verfügt über eine Reihe von Leistungsmerkmalen, die vom Klassen-Assistenten nicht direkt unterstützt werden. Einige Kombinationsfelder können beispielsweise eine Mehrfachauswahl unterstützen. Falls Sie dieses Merkmal nutzen möchten, versuchen Sie nicht, mit dem Klassen-Assistenten Datenelemente einzufügen. Definieren Sie statt dessen die Datenelemente selbst, und entwickeln Sie Datenaustauschfunktionen, die Sie in *OnInitDialog* und *OnClickedOK* einfügen.

Hinweis für Win32-Programmierer

Wenn Sie bereits Steuerelemente für Win32 programmiert haben, wissen Sie, dass übergeordnete Fenster über Windows-Nachrichten mit Steuerelementen kommunizieren. Welche Aufgabe erfüllt dann eine Funktion wie *CListBox::InsertString*? (Diese Funktion wurde in Ihrer *OnInitDialog*-Funktion aufgerufen.) Wenn Sie sich den MFC-Quellcode ansehen, werden Sie feststellen, dass *InsertString* eine LB_INSERTSTRING-Nachricht an das angegebene Listenfeld sendet. Andere Member-Funktionen von Steuerelementklassen senden keine Nachrichten, da sie auf alle Fenstertypen anwendbar sind. Die Funktion *CScrollView::SetScrollRange* ruft beispielsweise die Win32-Funktion *SetScrollRange* mit dem korrekten *hWnd*-Parameter auf.

Windows 95-Standardsteuerelemente

Die Steuerelemente aus der Beispielanwendung EX06A eigneten sich hervorragend als Einstieg in die Verwendung von Steuerelementen, da sie einfach zu programmieren sind. Es ist an der Zeit, ein paar »interessantere« Steuerelemente kennen zu lernen. Wir sehen uns nun einige neue Windows-Steuerelemente an, die mit Microsoft Windows 95 eingeführt wurden und auch in Microsoft Windows NT verfügbar sind. Zu diesen Steuerelementen gehören Statusanzeige, Regler, Drehfeld, Listenelement und Strukturansicht.

Die Windows-Datei COMCTL32.DLL enthält den Code für diese Steuerelemente. Dieser Quellcode enthält die Fensterprozeduren für die verschiedenen Steuerelemente und Routinen zur Registrierung der Fensterklasse jedes Steuerelements. Die Registrierungsroutinen werden beim Laden der DLL aufgerufen. Wenn Ihr Programm ein Dialogfeld initialisiert, verwendet es den symbolischen Klassennamen der Dialogressource, um die Dialogfeldelemente mit den in der DLL enthaltenen Fensterprozeduren zu verknüpfen. Ihr Programm ist also der Besitzer des Steuerelementfensters, der Code ist jedoch in der DLL enthalten. Mit Ausnahme der ActiveX-Steuerelementen, gilt dies für die meisten Steuerelemente.

Die oben genannten Steuerelemente werden im Beispielprogramm EX06B verwendet. Abbildung 6.18 zeigt das Dialogfeld dieser Beispielanwendung. Die Steuerelemente werden in den nachfolgenden Absätzen beschrieben.

Beachten Sie, dass mit dem Klassen-Assistent keine Member-Variablen für die Standardsteuerelemente erzeugt werden können. Sie müssen den entsprechenden Code selbst in Ihre *OnInitDialog*- und *OnOK*-Funktionen einfügen, um die Steuerelementdaten zu initialisieren und zu lesen. Sie können mit dem Klassen-Assistenten allerdings den von Standardsteuerelementen gesendeten Benachrichtigungen Nachrichtenbehandlungsroutinen zuordnen.

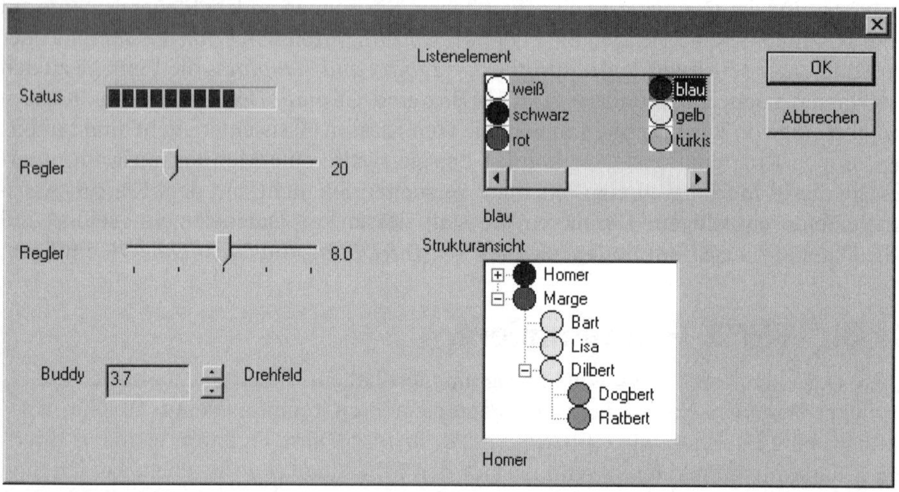

Abbildung 6.18: *Das Dialogfeld der Beispielanwendung EX06B mit Windows 95-Standardsteuerelementen.*

Das Steuerelement Statusanzeige

Das Steuerelement Statusanzeige ist das am einfachsten zu programmierende Standardsteuerelement. Es wird durch die MFC-Klasse *CProgressCtrl* repräsentiert und im Allgemeinen nur für Ausgaben verwendet. Wir können die Bildlaufleisten-Steuerelemente des vorigen Beispiels durch die Kombination dieses Steuerelements mit einem Regler-Steuerelement ersetzen. Zur Initialisierung der Statusanzeige rufen Sie die Member-Funktionen *SetRange* und *SetPos* in der *OnInitDialog*-Funktion Ihrer Anwendung auf. Danach können Sie *SetPos* jederzeit in Ihren Nachrichtenbehandlungsfunktionen aufrufen. Die in Abbildung 6.18 gezeigte Statusanzeige verfügt über den Wertebereich 0 bis 100, was dem Standardwertebereich entspricht.

Das Steuerelement Regler

Das Steuerelement Regler (Klasse *CSliderCtrl*)(Klasse *CSliderCtrl*) ermöglicht es dem Anwender, einen Wert »analog« einzustellen. (Regler hätten sich im Beispiel EX06A besser zur Angabe von *Loyalität* und *Zuverlässigkeit* geeignet als die horizontalen Bildlaufleisten.) Wenn Sie diesem Steuerelement einen großen Wertebereich zuweisen (beispielsweise 0 bis 100 oder mehr), scheint der Regler stetige, fließende Werte zu haben. Definieren Sie einen kleinen Wertebereich wie 0 bis 5, wird der Regler in schrittweisen Abstufungen bewegt. Sie können Teilstriche für die zulässigen Wertabstufungen programmieren. Mit schrittweise arbeitenden Reglern können Sie solche Einstellungen festlegen, wie Bildschirmauflösungen, Zoomfaktoren etc. Regler haben keinen vordefinierten Wertebereich.

Regler sind einfacher zu programmieren als Bildlaufleisten, da Sie in der Dialogklasse keine Behandlungsroutine für WM_HSCROLL- oder WM_VSCROLL-Nachrichten definieren müssen. Solange Sie den Wertebereich festgelegt haben, bewegt sich der Regler, sobald der Anwender auf die Reglerleiste klickt. Sie können Behandlungsroutinen für diese Nachrichten schreiben, wenn Sie in einem anderen Steuerelement den Wert der aktuellen Reglerposition anzeigen möchten. Die Member-Funktion *GetPos* liefert den Wert der aktuellen Position. Der obere Regler aus Abbildung 6.18 lässt sich fließend im Wertebereich 0 bis 100 einstellen. Der untere Regler hat den Wertebereich 0 bis 4, und diese Indexwerte sind einer Folge von Werten vom Typ *double* (4.0, 5.6, 8.0, 11.0 und 16.0) zugeordnet.

Das Steuerelement Drehfeld

Das Steuerelement Drehfeld (Klasse *CSpinButtonCtrl*) ist eigentlich eine winzig kleine Bildlaufleiste, die meistens in Kombination mit einem Eingabefeld verwendet wird. Das Eingabefeld, das in der Tabulator-Reihenfolge des Dialogfelds dem Drehfeld unmittelbar vorangeht, wird auch als sein *Buddy* (»Freund«) bezeichnet. Mit dieser Kombination wird es dem Anwender ermöglicht, über das Drehfeld mit der Maus den Wert des Eingabefelds zu erhöhen und zu reduzieren. Wenn der Anwender die Maustaste über dem Drehfeld gedrückt hält, steigt die Drehgeschwindigkeit.

Falls im zugehörigen Eingabefeld nur ganzzahlige Werte zulässig sind, brauchen Sie fast überhaupt keinen C++-Code zu schreiben. Sie verknüpfen das Eingabefeld einfach mit dem Klassen-Assistenten mit einem Integer-Datenelement und legen den Wertebereich des Drehfelds in der Funktion *OnInitDialog* fest. (In der Regel werden Sie den vorgegebenen Wertebereich des Drehfelds ändern, bei dem als Minimalwert 100 und als Maximalwert 0 definiert ist.) Vergessen Sie nicht, auf der Eigenschaftenseite *Formate* des Drehfelds die Optionen *Auto Buddy* und *Buddy-Ganzzahl setzen* zu aktivieren. Sie können die Member-Funktionen *SetRange* und *SetAccel* in der Funktion *OnInitDialog* aufrufen, um den Wertebereich und den Wertezuwachs festzulegen.

Falls das Drehfeld keine ganzzahligen Werte anzeigen soll, sondern beispielsweise Zeitangaben oder Fließkommazahlen, müssen Sie Nachrichtenbehandlungsroutinen für die WM_VSCROLL-Nachrichten (oder WM_HSCROLL-Nachrichten) des Drehfelds schreiben, um die ganzzahligen Drehfeldwerte in die Werte des Buddy-Eingabefelds zu konvertieren.

Das Steuerelement Listenelement

Verwenden Sie das Listenelement (Klasse *CListCtrl*), wenn eine Liste sowohl Text als auch Bilder enthalten soll. Abbildung 6.18 zeigt ein Listenelement mit dem Ansichtsformat *Liste* und kleinen Symbolen. Die Elemente sind tabellarisch angeordnet, und das Steuerelement enthält eine horizontale Bildlaufleiste. Wenn der Anwender einen Listeneintrag auswählt, sendet das Steuerelement eine Benachrichtigung, für die Sie eine entsprechende Nachrichtenbehandlungsroutine in Ihre Dialogklasse aufnehmen müssen. Diese Nachrichtenbehandlungsroutine kann bestimmen, welches Element vom Anwender ausgewählt worden ist. Listeneinträge werden durch einen ganzzahligen Indexwert (beginnend mit 0) bezeichnet.

Die Steuerelemente Listenelement und Strukturansicht beziehen ihre grafischen Darstellungen von einem Standardsteuerelementobjekt namens *Bildliste* (Klasse *CImageList*). Ihr Programm muss diese Bildliste aus Symbolen oder Bitmaps zusammenstellen und dem Listenelement einen Zeiger auf die Bildliste übergeben. Anweisungen zur Erstellung und Zuordnung der Bildliste und zur Zuweisung von Textzeichenfolgen werden am besten in der Funktion *OnInitDialog* untergebracht. Die Member-Funktion *InsertItem* erfüllt diesen Zweck.

Die Programmierung von Listenelementen ist einfach, wenn Sie lediglich Zeichenfolgen und Symbole verwenden. Falls Sie Drag-&-Drop implementieren oder die Grafiken des Listenelementes selbst zeichnen wollen, ist die Programmierung aufwendiger.

Das Steuerelement Strukturansicht

Sie sind mit Strukturansicht-Steuerelementen bereits vertraut, wenn Sie mit Microsoft Windows Explorer oder dem Fenster *Arbeitsbereich* von Visual C++ gearbeitet haben. Die MFC-Klasse *CTreeCtrl* ermöglicht es Ihnen, diese Funktionalität in Ihre Programme auszunehmen. Abbildung 6.18 zeigt eine Strukturansicht mit dem Stammbaum eines modernen amerikanischen Familienverbunds. Der Anwender kann die Elemente erweitern und reduzieren, indem er auf die Schaltflächen + und – klickt oder auf die Elemente doppelklickt. Die Symbole, die neben den Einträgen angezeigt werden, ändern sich, wenn der Anwender auf einen Eintrag klickt.

Das Listenelement und die Strukturansicht haben einige Dinge gemein: Sie können die gleiche Bildliste verwenden, und sie senden teilweise dieselben Benachrichtigungen. Allerdings werden Elemente auf unterschiedliche Weise identifiziert. Das Strukturansicht-Steuerelement verwendet eine *HTREEITEM*-Zugriffsnummer statt eines ganzzahligen Indexwerts. Sie fügen Elemente mit einem Aufruf der Member-Funktion *InsertItem* ein, müssen dazu jedoch zuerst eine *TV_INSERTSTRUCT*-Struktur erzeugen, die (unter anderem) die Zeichenfolge, den Bildlistenindex und die Zugriffsnummer des übergeordneten Elements (die bei Elementen der obersten Ebene Null ist) angibt.

Wie bei Listenelementen sind für die Strukturansicht unendliche Anpassungsmöglichkeiten gegeben. Sie können dem Anwender beispielsweise erlauben, Elemente zu bearbeiten und Elemente einzufügen und zu löschen.

Die Nachricht WM_NOTIFY

Die ursprünglichen Windows-Steuerelemente senden Benachrichtigungen in Form von WM_COMMAND-Nachrichten. Die regulären 32-Bit-Nachrichtenparameter *wParam* und *lParam* sind allerdings für die Daten, die ein Standardsteuerelement an sein übergeordnetes Fenster senden muss, nicht ausreichend. Microsoft löst dieses »Bandbreitenproblem« durch die Definition einer neuen Nachricht namens WM_NOTIFY. Bei der WM_NOTIFY-Nachricht enthält *wParam* die Steuerelement-ID und *lParam* einen Zeiger auf eine *NMHDR*-Struktur, die vom Steuerelement verwaltet wird. Diese C-Struktur ist wie folgt definiert:

```
typedef struct tagNMHDR {
  HWND hwndFrom; // Zugriffsnummer für Steuerelement, das die Nachricht sendet
  UINT idFrom;   // ID des Steuerelements, das die Nachricht sendet
  UINT code;     // steuerelementspezifischer Benachrichtigungscode
} NMHDR;
```

Viele Steuerelemente senden WM_NOTIFY-Nachrichten, die Zeiger auf Strukturen enthalten, die größer als *NMHDR* sind. Diese Strukturen enthalten die drei oben genannten Elemente sowie zusätzliche steuerspezifische Elemente. Viele Benachrichtigungen der Strukturansicht übergeben beispielsweise einen Zeiger auf eine *NM_TREEVIEW*-Struktur, die *TV_ITEM*-Strukturen enthält, einen Drag-Punkt usw. Der Klassen-Assistent generiert in der Nachrichtenbehandlungsroutine für WM_NOTIFY einen Zeiger auf die entsprechende Struktur.

Das Beispielprogramm EX06B

Ich werde hier nicht versuchen, ein in der Praxis sinnvolles Beispiel für den Einsatz benutzerdefinierter Steuerelemente zu erstellen. Ich packe die Steuerelemente einfach in ein modales Dialogfeld, und hoffe, dass Sie die Zusammenhänge und die Funktionsweise dieser Elemente verstehen werden. Nachfolgend werden die Arbeitsschritte beschrieben. Nach Schritt 3 sind die Anweisungen auf die Verwendung benutzerdefinierter Steuerelemente ausgerichtet und weniger auf die Komponenten von Visual C++, die Sie hier einsetzen werden.

1. **Erstellen Sie mit dem MFC-Anwendungs-Assistenten das Projekt ex06b.**

Wählen Sie im Menü *Datei* von Visual C++ den Befehl *Neu*, klicken Sie dann auf die Registerkarte *Projekte*, und wählen Sie die Option *MFC-Anwendungs-Assistent (exe)*. Übernehmen Sie alle Standardeinstellungen bis auf folgende beiden Ausnahmen: Wählen Sie die Option *Einzelnes Dokument (SDI)*, und deaktivieren Sie die Option *Drucken und Druckvorschau*. Die Einstellungen der Optionen und die vorgeschlagenen Klassennamen können Sie der folgenden Abbildung 6.19 entnehmen.

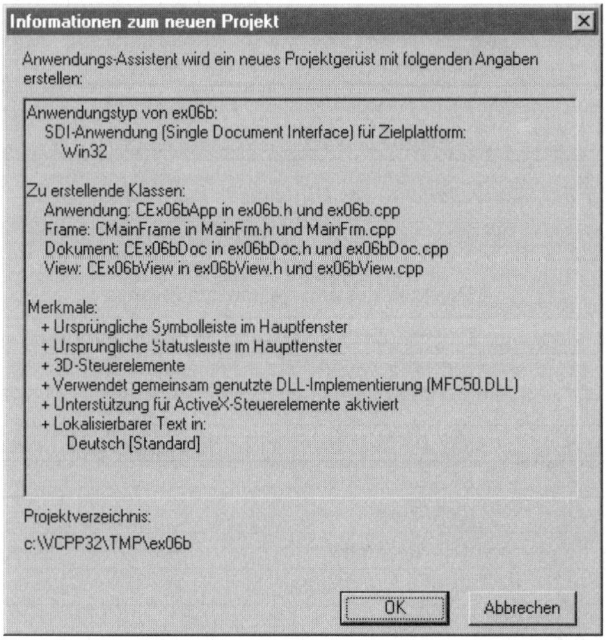

Abbildung 6.19:
Das Dialogfeld Informationen zum neuen Projekt *für das Beispielprogramm EX06B.*

2. **Erstellen Sie eine neue Dialogressource mit der ID *IDD_DIALOG1*.**

Ordnen Sie die Steuerelemente so an wie in Abbildung 6.18 dargestellt.
Sie können die Steuerelemente aus der Symbolleiste *Steuerelemente*, die in Abbildung 6.7 dargestellt ist, auswählen und in das Dialogfeld ziehen. In der folgenden Tabelle 6.2 sind die Steuerelemente und ihre Objekt-IDs aufgeführt.

Machen Sie sich keine Gedanken über die übrigen Eigenschaften. Wir werden diese in den nachfolgenden Arbeitsschritten einstellen. (Einige Steuerelemente sehen erst dann genauso aus wie in Abbildung 6.18, wenn Sie sämtliche Eigenschaften definiert haben.) Legen Sie die Tabulator-Reihenfolge so wie in Abbildung 6.20 gezeigt fest.

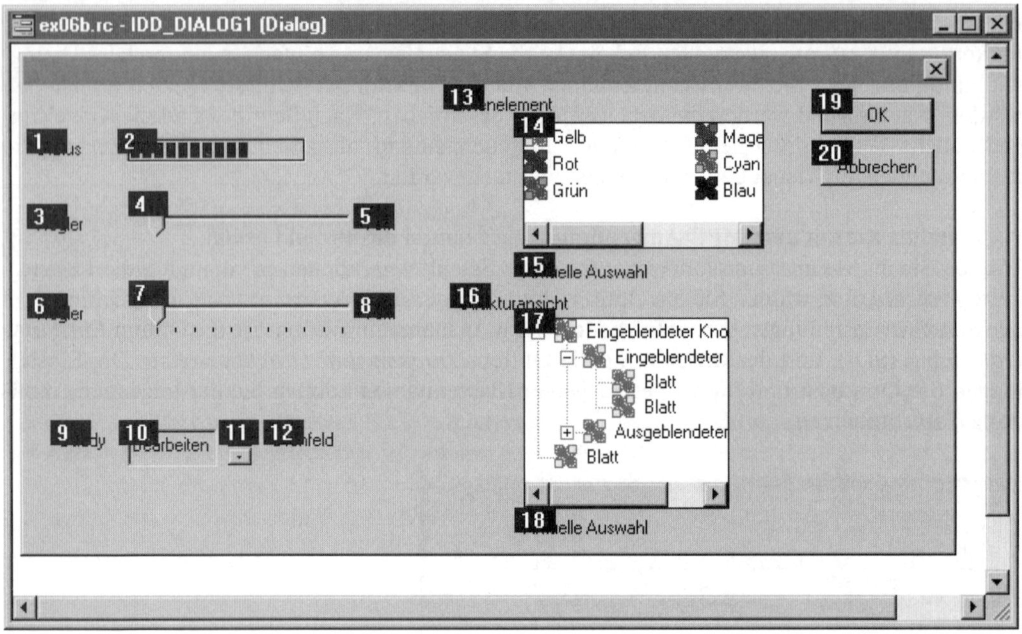

Abbildung 6.20: *Die Tabulator-Reihenfolge der Steuerelemente des Dialogfelds aus dem Beispielprogramm EX06B.*

Tabulator-Reihenfolge	Steuerelementtyp	Objekt-ID des untergeordneten Fensters
1	Text (statisch)	*IDC_STATIC*
2	Statusanzeige	*IDC_PROGRESS1*
3	Text (statisch)	*IDC_STATIC*
4	Regler	*IDC_TRACKBAR1*
5	Text (statisch)	*IDC_STATIC_TRACK1*
6	Text (statisch)	*IDC_STATIC*
7	Regler	*IDC_TRACKBAR2*
8	Text (statisch)	*IDC_STATIC_TRACK2*
9	Text (statisch)	*IDC_STATIC*
10	Eingabefeld	*IDC_BUDDY_SPIN1*
11	Drehfeld	*IDC_SPIN1*
12	Text (statisch)	*IDC_STATIC*
13	Text (statisch)	*IDC_STATIC*
14	Listenfeld	*IDC_LISTVIEW1* ►

Tabulator-Reihenfolge	Steuerelementtyp	Objekt-ID des untergeordneten Fensters
15	Text (statisch)	*IDC_STATIC_LISTVIEW1*
16	Text (statisch)	*IDC_STATIC*
17	Strukturansicht	*IDC_TREEVIEW1*
18	Text (statisch)	*IDC_STATIC_TREEVIEW1*
19	Schaltfläche	*IDOK*
20	Schaltfläche	*IDCANCEL*

Tabelle 6.2: *Die Steuerelemente des Beispielprogramms EX06B.*

3. Erstellen Sie mit dem Klassen-Assistenten eine neue, von *CDialog* abgeleitete Klasse namens *CEx06bDialog*.

Der Klassen-Assistent fragt Sie automatisch, ob er diese Klasse erstellen soll, da er erkennt, dass für die Ressource *IDD_DIALOG1* keine entsprechende C++-Klasse vorhanden ist. Fügen Sie Nachrichtenbehandlungsroutinen für die Nachrichten WM_INITDIALOG, WM_HSCROLL und WM_VSCROLL hinzu.

4. Fügen Sie Programmcode für die Statusanzeige ein.

Da der Klassen-Assistent für dieses Steuerelement kein Datenelemente erzeugt, müssen Sie dies selbst tun. Fügen Sie ein öffentliches Integer-Datenelement namens *m_nProgress* in die Klassendeklaration von *CEx06bDialog* ein, und initialisieren Sie es im Konstruktor mit 0. Fügen Sie zudem die folgenden Codezeilen in die Member-Funktion *OnInitDialog* ein:

```
CProgressCtrl* pProg =
  (CProgressCtrl*) GetDlgItem(IDC_PROGRESS1);
pProg->SetRange(0, 100);
pProg->SetPos(m_nProgress);
```

5. Programmieren Sie das »stetige« Regler-Steuerelement.

Fügen Sie ein öffentliches Integer-Datenelement namens *m_nTrackbar1* in die Klassendeklaration von *CEx06bDialog* ein, und initialisieren Sie es im Konstruktor mit 0. Fügen Sie dann die folgenden Codezeilen in die Member-Funktion *OnInitDialog* ein, um den Wertebereich des Reglers festzulegen, die Reglerposition anhand des Datenelements zu initialisieren und dem benachbarten Textfeld den aktuellen Reglerwert zuzuweisen:

```
CString strText1;
CSliderCtrl* pSlide1 =
  (CSliderCtrl*) GetDlgItem(IDC_TRACKBAR1);
pSlide1->SetRange(0, 100);
pSlide1->SetPos(m_nTrackbar1);
strText1.Format("%d", pSlide1->GetPos());
SetDlgItemText(IDC_STATIC_TRACK1, strText1);
```

Zur Aktualisierung des Textfelds müssen Sie eine Nachrichtenbehandlungsroutine für die Nachricht WM_HSCROLL, die der Regler an das Dialogfeld sendet, schreiben. Definieren Sie diese Nachrichtenbehandlungsroutine wie folgt:

```
void CEx06bDialog::OnHScroll(UINT nSBCode, UINT nPos,
                             CScrollBar* pScrollBar)
{
  CSliderCtrl* pSlide = (CSliderCtrl*) pScrollBar;
  CString strText;
  strText.Format("%d", pSlide->GetPos());
  SetDlgItemText(IDC_STATIC_TRACK1, strText);
}
```

Schließlich müssen Sie das Datenelement *m_nTrackbar1* des Reglers aktualisieren, sobald der Anwender auf *OK* klickt. Sie vermuten wahrscheinlich, dass dieser Code in die *OnOK*-Behandlungsroutine der Schaltfläche gehört. Sie kämen dann allerdings in Schwierigkeiten, wenn eine Datenvalidierungsfunktion aufgrund eines anderen Steuerelement des Dialogfelds einen Fehler erzeugt. Ihr Behandlungsroutine würde *m_nTrackbar1* auch dann setzen, wenn der Anwender das Dialogfeld mit *Abbrechen* oder Esc verlässt. Um dies zu vermeiden, fügen Sie den unten angegebenen Code in die Funktion *DoDataExchange* ein. Falls Sie Ihre eigene Validierungsfunktion verwenden und einen Fehler erhalten, rufen Sie die Funktion *CDataExchange::Fail* auf, die den Anwender durch ein Meldungsfenster auf den Fehler aufmerksam macht.

```
if (pDX->m_bSaveAndValidate) {
  TRACE("Reglerdaten werden aktualisiert\n");
  CSliderCtrl* pSlide1 =
    (CSliderCtrl*) GetDlgItem(IDC_TRACKBAR1);
  m_nTrackbar1 = pSlide1->GetPos();

}
```

6. Programmieren Sie den »schrittweisen« Regler.

Fügen Sie ein öffentliches Integer-Datenelement namens *m_nTrackbar2* in die Klassendeklaration von *CEx06bDialog* ein, und weisen Sie ihm im Konstruktor den Wert 0 zu. Bei diesem Datenelement handelt es sich um einen Indexwert eines mit Null beginnenden Indizes, der auf *dValue* verweist. *dValue* ist ein Datenfeld mit den Zahlen (4.0, 5.6, 8.0, 11.0 und 16.0), die vom Regler repräsentiert werden können. Definieren Sie die Member-Variable *dValue* in der Datei ex06bDialog.h als privates, statisches Datenfeld vom Typ double, und fügen Sie die folgende Codezeile in die Datei ex06bDialog.cpp ein:

```
double CEx06bDialog::dValue[5] = {4.0, 5.6, 8.0, 11.0, 16.0};
```

Fügen Sie dann folgenden Code in die Member-Funktion *OnInitDialog* ein, um den Wertebereich und die Ausgangsposition des Reglers zu definieren.

```
CString strText2;
CSliderCtrl* pSlide2 =
  (CSliderCtrl*) GetDlgItem(IDC_TRACKBAR2);
pSlide2->SetRange(0, 4);
pSlide2->SetPos(m_nTrackbar2);
strText2.Format("%3.1f", dValue[pSlide2->GetPos()]);
SetDlgItemText(IDC_STATIC_TRACK2, strText2);
```

Falls nur ein Regler vorhanden wäre, würde die WM_HSCROLL-Behandlungsroutine aus Schritt 5 genügen. Da es aber zwei Regler gibt, die WM_HSCROLL-Nachrichten senden, muss die Behandlungsroutine diese unterscheiden können. Modifizieren Sie die Behandlungsroutine wie folgt:

```
void CEx06bDialog::OnHScroll(UINT nSBCode, UINT nPos,
                             CScrollBar* pScrollBar)
{
  CSliderCtrl* pSlide = (CSliderCtrl*) pScrollBar;
  CString strText;

  // Zwei Regler senden HSCROLL-Nachrichten
  // (unterschiedliche Verarbeitung)
  switch(pScrollBar->GetDlgCtrlID()) {
  case IDC_TRACKBAR1:
    strText.Format("%d", pSlide->GetPos());
    SetDlgItemText(IDC_STATIC_TRACK1, strText);
    break;
  case IDC_TRACKBAR2:
    strText.Format("%3.1f", dValue[pSlide->GetPos()]);
    SetDlgItemText(IDC_STATIC_TRACK2, strText);
    break;
  }
}
```

Da bei diesem Regler Teilstriche angezeigt werden sollen, müssen Sie im Dialog-Editor die Eigenschaften *Teilstriche* und *Auto-Teilstriche* für dieses Steuerelement aktivieren. Wenn die Option *Auto-Teilstriche* eingestellt ist, werden die Abstufungen des Reglerwertebereichs jeweils durch Teilstriche dargestellt. Dieselben Überlegungen, die wir hinsichtlich des Datenaustauschs für den ersten Regler angestellt haben, gelten auch für diesen Regler. Fügen Sie die folgenden Codezeilen in der Member-Funktion *DoDataExchange* der Dialogklasse in den Block mit *if*-Anweisungen ein, den Sie im vorigen Schritt hinzugefügt haben:

```
CSliderCtrl* pSlide2 =
  (CSliderCtrl*) GetDlgItem(IDC_TRACKBAR2);
m_nTrackbar2 = pSlide2->GetPos();
```

Verwenden Sie den Dialog-Editor, um bei beiden Reglern die Eigenschaft *Punkt* auf *Unten/Rechts* einzustellen. Wählen Sie für die Eigenschaft *Text ausrichten* bei den Textfeldern *IDC_STATIC_TRACK1* und *IDC_STATIC_TRACK2* die Einstellung *Rechtsbündig*.

7. Programmieren Sie das Drehfeld.

Das Drehfeld hängt von seinem Buddy-Eingabefeld ab, das ihm in der Tabulator-Reihenfolge unmittelbar vorangeht. Definieren Sie mit dem Klassen-Assistenten ein Datenelement namens *m_dSpin* vom Typ *double* für das Eingabefeld *IDC_BUDDY_SPIN1*. Wir verwenden den Typ *double* anstelle von *int*, da wir für ein Datenelement vom Typ *int* kaum etwas programmieren müssten, und das wäre zu einfach. Wir möchten für das Eingabefeld den Wertebereich 0,0 bis 10,0 definieren. Das Drehfeld erfordert jedoch einen ganzzahligen Wertebereich. Fügen Sie den folgenden Code in die Funktion *OnInitDialog* ein, um dem Drehfeld den Wertebereich 0 bis 100 zuzuweisen und es mit dem Wert *m_dSpin * 10.0* zu initialisieren:

```
CSpinButtonCtrl* pSpin =
  (CSpinButtonCtrl*) GetDlgItem(IDC_SPIN1);
pSpin->SetRange(0, 100);
pSpin->SetPos((int) (m_dSpin * 10.0));
```

Damit der aktuelle Wert des Buddy-Eingabefelds angezeigt wird, müssen Sie in die Dialogklasse eine Nachrichtenbehandlungsroutine für die vom Drehfeld gesendeten WM_VSCROLL-Nachrichten einfügen. Der entsprechende Code sieht wie folgt aus:

```
void CEx06bDialog::OnVScroll(UINT nSBCode, UINT nPos,
                             CScrollBar* pScrollBar)
{
  if (nSBCode == SB_ENDSCROLL) {
      return; // falsche Nachrichten zurückweisen
    }
    // Nur Bildlaufnachrichten von IDC_SPIN1 verarbeiten
    if (pScrollBar->GetDlgCtrlID() == IDC_SPIN1) {
        CString strValue;
        strValue.Format("%3.1f", (double) nPos / 10.0);
        ((CSpinButtonCtrl*) pScrollBar)->GetBuddy()
                                ->SetWindowText(strValue);
    }
}
```

Es ist nicht erforderlich, in *OnOK* oder *DoDataExchange* Code einzufügen, da die Datenaustauschfunktionen der Dialogklasse den Inhalt des Eingabefelds verarbeiten. Wählen Sie im Dialog-Editor für das Drehfeld die Eigenschaft *Auto Buddy* und für das Buddy-Eingabefeld die Eigenschaft *Schreibgeschützt*.

8. Erstellen Sie eine Bildliste.

Sowohl das *Listenelement* als auch die *Strukturansicht* benötigen eine Bildliste, und die Bildliste erfordert Symbole.

Sie werden den Grafik-Editor nun zuerst dazu verwenden, um Symbole in die RC-Datei des Projekts einzufügen. Auf der Begleit-CD sind Symbole enthalten, die schwarz umrandete Kreise mit unterschiedlichen Hintergrundfarben zeigen. Wenn Sie ansprechendere Grafiken besitzen, können Sie diese statt dieser Symbole verwenden. Sie können ein Symbol importieren, indem Sie im Menü *Einfügen* den Befehl *Ressource* wählen und dann auf die Schaltfläche *Importieren* klicken. Verwenden Sie für die Symbole dieses Beispiels die folgenden Ressourcen-IDs:

Ressourcen-ID	Bilddatei
IDI_BLACK	Icon1
IDI_BLUE	Icon3
IDI_CYAN	Icon5
IDI_GREEN	Icon7
IDI_PURPLE	Icon6
IDI_RED	Icon2
IDI_WHITE	Icon0
IDI_YELLOW	Icon4

Nehmen Sie dann die private Member-Variable *m_imageList* vom Typ *CImageList* in die Klassendeklaration von *CEx06bDialog* auf, und fügen Sie die folgenden Codezeilen in die Funktion *OnInitDialog* ein:

```
HICON hIcon[8];
int n;
m_imageList.Create(16, 16, 0, 8, 8); // 32, 32 für große Symbole
hIcon[0] = AfxGetApp()->LoadIcon(IDI_WHITE);
hIcon[1] = AfxGetApp()->LoadIcon(IDI_BLACK);
hIcon[2] = AfxGetApp()->LoadIcon(IDI_RED);
hIcon[3] = AfxGetApp()->LoadIcon(IDI_BLUE);
hIcon[4] = AfxGetApp()->LoadIcon(IDI_YELLOW);
hIcon[5] = AfxGetApp()->LoadIcon(IDI_CYAN);
hIcon[6] = AfxGetApp()->LoadIcon(IDI_PURPLE);
hIcon[7] = AfxGetApp()->LoadIcon(IDI_GREEN);
for (n = 0; n < 8; n++) {
  m_imageList.Add(hIcon[n]);
}
```

Hinweis zu Symbolen

Sie wissen wahrscheinlich, dass ein Bitmap ein Bit-Datenfeld ist, das Bildschirmpixel repräsentiert. (In Kapitel 11 erfahren Sie mehr über Bitmaps.) In Microsoft Windows ist ein Symbol ein »Bündel« von Bitmaps. Erstens verfügt ein Symbol über verschiedene Bitmaps für unterschiedliche Größen. Normalerweise umfassen kleine Symbole 16 x 16 Pixel und große Symbole 32 x 32 Pixel. Für jede Größe sind wiederum zwei eigene Bitmaps für die Farbdarstellung (eine Bitmap mit 4 Bits pro Pixel) und die Schwarzweißmaske (eine Bitmap mit einem Bit pro Pixel) vorhanden. Wenn das Bit der Maske den Wert 0 hat, repräsentiert der zugehörige Bildpunkt eine undurchsichtige Farbe. Hat das Maskenbit den Wert 1, bewirkt die Bildfarbe Schwarz (0), dass der Bildpunkt transparent ist, und die Bildfarbe Weiß (0xF), dass die Hintergrundfarbe des Pixels invertiert wird. Windows 95 und Windows NT verarbeiten invertierte Farben anscheinend etwas anders als Windows 3.*x*: Invertierte Pixel erscheinen auf dem Desktop transparent, in einem Windows Explorer-Fenster schwarz und in einem Listenelement oder einer Strukturansicht weiß. Fragen Sie mich nicht, warum das so ist.

Kleine Symbole wurden mit Windows 95 eingeführt. Sie werden in der Taskleiste, im Windows Explorer und in den Steuerelementen Listenelement und Strukturansicht verwendet. Wenn für ein Symbol kein Bitmap der Größe 16 x 16 Pixel verfügbar ist, produziert Windows aus der 32 x 32 Pixel großen Bitmap ein kleines Symbol, das allerdings nicht ganz so hübsch ausfällt wie ein von Ihnen gezeichnetes.

Sie können mit dem Grafik-Editor Symbole erstellen und bearbeiten. Betrachten Sie die in Abbildung 6.21 dargestellte Symbolleiste *Farben*.

Das obere Quadrat im oberen linken Bereich dieser Farbpalette zeigt die Hauptfarbe für Pinsel, Innenflächen von Formen usw. Das darunter liegende Quadrat zeigt die Rahmenfarbe für Umrisslinien. Sie wählen die Hauptfarbe, indem Sie mit der linken Maustaste auf ein Farbfeld klicken, und die Rahmenfarbe wählen Sie, indem Sie mit der rechten Maustaste auf ein Farbfeld klicken. Sehen Sie sich nun den mittleren Bereich der Farbpalette an. Sie klicken auf das obere Monitorsymbol, um transparente Pixel zu zeichnen, die in dunklem Zyan dargestellt werden. Um invertierte Pixel zu zeichnen, die in Rot dargestellt werden, klicken Sie auf das untere Monitorsymbol. ►

Abbildung 6.21: *Die Symbolleiste* Farben.

9. Programmieren Sie das Listenelement-Steuerelement.
Legen Sie im Dialog-Editor die in Abbildung 6.22 dargestellten Formateigenschaften für das Listenelement fest.

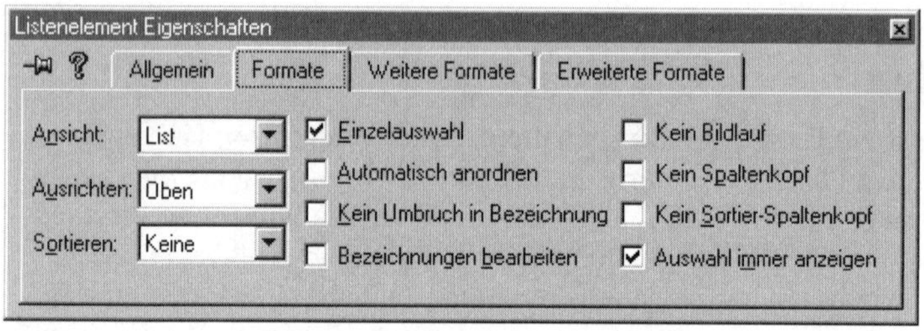

Abbildung 6.22: *Das Dialogfeld* Listenelement Eigenschaften.

Überprüfen Sie, ob auf der Seite *Weitere Formate* die Option *Rand* aktiviert ist. Fügen Sie dann folgenden Code in *OnInitDialog* ein:

```
static char* color[] = {"weiß", "schwarz", "rot",
                        "blau", "gelb", "türkis",
                        "lila", "grün"};
CListCtrl* pList =
    (CListCtrl*) GetDlgItem(IDC_LISTVIEW1);
pList->SetImageList(&m_imageList, LVSIL_SMALL);
for (n = 0; n < 8; n++) {
  pList->InsertItem(n, color[n], n);
}
pList->SetBkColor(RGB(0, 255, 255)); // Schrecklich!
pList->SetTextBkColor(RGB(0, 255, 255));
```

Wie die letzten beiden Zeilen zeigen, wird die WM_CTLCOLOR-Nachricht bei Standardsteuerelementen nicht verwendet. Sie rufen einfach eine Funktion auf, um die Hintergrundfarbe einzustellen. Wenn Sie das Programm ausführen, werden Sie allerdings bemerken, dass die Pixel mit invertierten Farben ziemlich schäbig aussehen.

Wenn Sie mit dem Klassen-Assistenten eine Nachrichtenbehandlungsroutine für die vom Listenelement gesendeten LVN_ITEMCHANGED-Benachrichtigungen hinzufügen, können Sie erfassen, welche Elemente vom Anwender ausgewählt worden sind. Mit den folgenden Anweisungen einer Nachrichtenbehandlungroutine wird in einem statischen Textfeld angezeigt, welches Element ausgewählt worden ist:

```
void CEx06bDialog::OnItemchangedListview1(NMHDR* pNMHDR,
                                          LRESULT* pResult)
{
  NM_LISTVIEW* pNMListView = (NM_LISTVIEW*)pNMHDR;
  CListCtrl* pList =
    (CListCtrl*) GetDlgItem(IDC_LISTVIEW1);
  int nSelected = pNMListView->iItem;
  if (nSelected >= 0) {
    CString strItem = pList->GetItemText(nSelected, 0);
    SetDlgItemText(IDC_STATIC_LISTVIEW1, strItem);
  }
  *pResult = 0;
}
```

Die Struktur *NM_LISTVIEW* enthält ein Datenelement namens *iItem*, in dem der Indexwert des gewählten Elements gespeichert wird.

10. Programmieren Sie das Strukturansicht-Steuerelement.
Legen Sie im Dialog-Editor die in Abbildung 6.23 dargestellten Formateigenschaften für das Strukturansicht-Steuerelement fest.

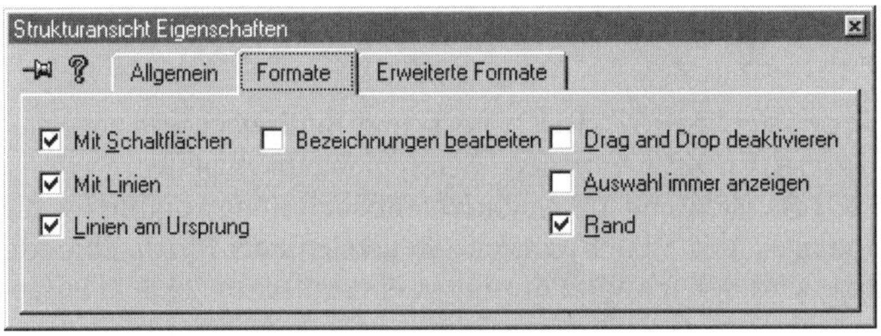

Abbildung 6.23:
Das Dialogfeld Strukturansicht Eigenschaften.

Fügen Sie die folgenden Codezeilen in *OnInitDialog* ein:

```
CTreeCtrl* pTree = (CTreeCtrl*) GetDlgItem(IDC_TREEVIEW1);
pTree->SetImageList(&m_imageList, TVSIL_NORMAL);
//gemeinsam genutzte Daten
TV_INSERTSTRUCT tvinsert;
tvinsert.hParent = NULL;
tvinsert.hInsertAfter = TVI_LAST;
tvinsert.item.mask = TVIF_IMAGE | TVIF_SELECTEDIMAGE |
                     TVIF_TEXT;
tvinsert.item.hItem = NULL;
tvinsert.item.state = 0;
tvinsert.item.stateMask = 0;
tvinsert.item.cchTextMax = 6;
tvinsert.item.iSelectedImage = 1;
tvinsert.item.cChildren = 0;
tvinsert.item.lParam = 0;
// oberste Ebene
tvinsert.item.pszText = "Homer";
tvinsert.item.iImage = 2;
HTREEITEM hDad = pTree->InsertItem(&tvinsert);
insert.item.pszText = "Marge";
```

```
HTREEITEM hMom = pTree->InsertItem(&tvinsert);
// zweite Ebene
tvinsert.hParent = hDad;
tvinsert.item.pszText = "Bart";
tvinsert.item.iImage = 3;
pTree->InsertItem(&tvinsert);
tvinsert.item.pszText = "Lisa";
pTree->InsertItem(&tvinsert);
// zweite Ebene
tvinsert.hParent = hMom;
tvinsert.item.pszText = "Bart";
tvinsert.item.iImage = 4;
pTree->InsertItem(&tvinsert);
tvinsert.item.pszText = "Lisa";
pTree->InsertItem(&tvinsert);
tvinsert.item.pszText = "Dilbert";
HTREEITEM hOther = pTree->InsertItem(&tvinsert);
// dritte Ebene
tvinsert.hParent = hOther;
tvinsert.item.pszText = "Dogbert";
tvinsert.item.iImage = 7;
pTree->InsertItem(&tvinsert);
tvinsert.item.pszText = "Ratbert";
pTree->InsertItem(&tvinsert);
```

Wie Sie sehen werden hier der Struktur TV_INSERTSTRUCT Text- und Bildindexwerte zugewiesen und über Aufrufe der Funktion *InsertItem* Knoten in den Hierarchiebaum eingefügt.
Fügen Sie schließlich mit dem Klassen-Assistenten eine Nachrichtenbehandlungsroutine für die TVN_SELCHANGED-Benachrichtigungen der Strukturansicht-Steuerelements hinzu. Mit folgendem Code der Behandlungsroutine wird der gewählte Eintrag in ein statisches Textfeld ausgegeben:

```
void CEx06bDialog::OnSelchangedTreeview1(NMHDR* pNMHDR, LRESULT* pResult)
{
  NM_TREEVIEW* pNMTreeView = (NM_TREEVIEW*)pNMHDR;
  CTreeCtrl* pTree = (CTreeCtrl*) GetDlgItem(IDC_TREEVIEW1);
  HTREEITEM hSelected = pNMTreeView->itemNew.hItem;
  if (hSelected != NULL) {
      char text[31];
      TV_ITEM item;
      item.mask = TVIF_HANDLE | TVIF_TEXT;
      item.hItem = hSelected;
      item.pszText = text;
      item.cchTextMax = 30;
      VERIFY(pTree->GetItem(&item));
      SetDlgItemText(IDC_STATIC_TREEVIEW1, text);
      }
  *pResult = 0;
}
```

Die Struktur *NM_TREEVIEW* verfügt über ein Datenelement namens *itemNew*, das Daten über den gewählten Knoten enthält. *itemNew.hItem* enthält die Zugriffsnummer dieses Knotens. Die Funktion *GetItem* ruft die Daten dieses Knotens ab und speichert den Text mit Hilfe eines von der

Struktur *TV_ITEM* übergebenen Zeigers. Die Variable *mask* teilt Windows mit, dass *hItem* eine gültige Zugriffsnummer enthält und dass eine Textausgabe erwartet wird.

11. Fügen Sie Anweisungen in die virtuelle Funktion *OnDraw* in der Datei *ex06bView.cpp* ein.
Ersetzen Sie den vorhandenen Code durch die fett dargestellte Codezeile:

```
void CEx06bView::OnDraw(CDC* pDC)
{
  pDC->TextOut(0, 0, "Drücken Sie hier die linke Maustaste.");
}
```

12. Fügen Sie mit Hilfe des Klassen-Assistenten die Member-Funktion *OnLButtonDown* hinzu.
Bearbeiten Sie den vom MFC-Anwendungs-Assistenten generierten Code wie folgt:

```
void CEx06bView::OnLButtonDown(UINT nFlags, CPoint point)
{
  CEx06bDialog dlg;
  dlg.m_nTrackbar1 = 20;
  dlg.m_nTrackbar2 = 2; // Index für 8.0
  dlg.m_nProgress = 70; // nur schreiben
  dlg.m_dSpin = 3.2;
  dlg.DoModal();
}
```

Fügen Sie eine include-Anweisung für die Datei ex06bDialog.h in die Datei ex06bView.cpp ein.

13. Kompilieren Sie das Programm, und führen Sie es aus.
Probieren Sie die Steuerelemente aus, um ihre Funktionsweise zu erkunden. Wir haben keinen Code für die Statusanzeige eingefügt, die daher noch nicht funktioniert. Darauf gehen wir in Kapitel 12 ein.

Andere Windows-Standardsteuerelemente

Sie haben in diesem Kapitel die meisten Standardsteuerelemente kennen gelernt, die in der *Steuerelemente*-Symbolleiste des Dialog-Editors angezeigt werden. Wir haben das Steuerelement *Animation* übergangen, da dieses Buch die Multimedia-Programmierung nicht zum Thema hat. Auch das Steuerelement *Zugriffstaste* haben wir ausgelassen, weil es nicht besonders interessant ist. Das Steuerelement *Registerkarte ist* zwar interessant, wird aber kaum innerhalb eines anderen Dialogfelds verwendet. Kapitel 13 erläutert, wie Sie ein Dialogfeld mit Registerkarten erstellen. Sie werden in Kapitel 13 auch eine Anwendung mit der Klasse *CRichEditView* kennen lernen, in der das Windows-Steuerelement Rich-Edit zum Einsatz kommt.

7 Nichtmodale Dialoge und Standarddialogfelder

In Kapitel 6 haben Sie ein gewöhnliches, modales Dialogfeld und die meisten Steuerelemente von Microsoft Windows kennen gelernt. Sie werden sich nun mit nichtmodalen Dialogfeldern und mit den Standarddialogfeldern von Microsoft Windows 95 und Microsoft Windows NT Version 4.0 und höher befassen. Wie Sie sich sicher erinnern, erlauben es nichtmodale Dialogfelder dem Anwender, in einem anderen Fenster der Anwendung weiter zu arbeiten, während das Dialogfeld aktiv ist. Die Standarddialogklassen stellen die C++-Programmierschnittstellen zu einer Gruppe von Windows-Standarddialogfeldern dar, die durch die dynamische Link-Bibliothek COMDLG32.DLL unterstützt werden und zu denen beispielsweise die Dialogfelder *Öffnen*, *Seite einrichten*, *Farben* usw. gehören.

Im ersten Beispiel dieses Kapitels werden Sie ein einfaches, nichtmodales Dialogfeld erstellen, das aus einer Ansicht heraus gesteuert wird. Im zweiten Beispiel werden Sie von der COMDLG32-Klasse *CFileDialog* eine Klasse ableiten, die das Löschen von Dateien ermöglicht.

Nichtmodale Dialogfelder

In der MFC-Bibliothek Version 6.0 haben modale und nichtmodale Dialogfelder die gleiche Basisklasse namens *CDialog*, und beide verwenden eine Dialogressource, die Sie mit dem Dialog-Editor erstellen können. Wenn Sie ein nichtmodales Dialogfeld mit einer Ansicht verwenden, müssen Sie einige spezielle Programmiertechniken kennen.

Nichtmodale Dialogfelder erstellen

Sie haben bereits erfahren, wie man ein modales Dialogfeld erstellt. Sie konstruieren mit Hilfe eines *CDialog*-Konstruktors, dem eine Ressourcenvorlagen-ID als Parameter übergeben wird, ein Dialogobjekt und zeigen das modale Dialogfeld durch einen Aufruf der Member-Funktion *DoModal* an. Das Fenster wird geschlossen, sobald *DoModal* die Steuerung zurückgibt. Infolgedessen können Sie ein modales Dialogobjekt auf dem Stack anlegen, da Sie wissen, dass das Dialogfeldfenster mit Sicherheit schon gelöscht worden ist, wenn das C++-Dialogobjekt ungültig wird.

Nichtmodale Dialogfelder sind etwas komplizierter. Sie rufen auch hier den Standardkonstruktor *CDialog* auf, um das Dialogobjekt zu erzeugen, aber zum Aufbau des Dialogfeldfensters müssen Sie die Member-Funktion *CDialog::Create* aufrufen statt *DoModal*. Die Funktion *Create* wird mit der Ressourcen-ID als Parameter aufgerufen. Diese Funktion gibt die Steuerung sofort zurück, wobei das Dialogfeldfenster auf dem Bildschirm noch geöffnet ist. Kritisch ist hierbei, genau zu bestimmen, wann das Dialogobjekt angelegt werden soll, wann das Dialogfeldfenster erstellt werden soll, wann das Dialogfeld gelöscht werden soll und wann die Benutzereingaben verarbeitet werden sollen.

Die Unterschiede in der Erstellung modaler und nichtmodaler Dialogfelder sind in der nachfolgenden Übersicht zusammengefasst:

	Modales Dialogfeld	Nichtmodales Dialogfeld
Konstruktor	Konstruktor mit Ressourcen-ID als Parameter	Standardkonstruktor (keine Parameter)
Funktion zur Erstellung des Fensters	*DoModal*	*Create* mit Ressourcen-ID als Parameter

Benutzerdefinierte Nachrichten

Nehmen wir an, Sie möchten, dass ein nichtmodales Dialogfeld geschlossen wird, wenn der Anwender im Dialogfeld auf die Schaltfläche *OK* klickt. Dies zu erreichen ist problematisch. Wie erfährt die Ansicht, dass der Anwender die Schaltfläche *OK* angeklickt hat? Das Dialogfeld könnte eine Member-Funktion der Ansicht direkt aufrufen, aber dann wäre das Dialogfeld an eine bestimmte Ansicht gebunden. Eine bessere Lösung besteht darin, dass das Dialogfeld auf einen Aufruf der Nachrichtenbehandlungsroutine der Schaltfläche *OK* hin eine benutzerdefinierte Nachricht an die Ansicht sendet. Nachdem die Ansicht diese Nachricht erhält, kann sie das Dialogfeldfenster löschen (aber nicht das Objekt). Damit haben wir die Kulisse für die Erstellung eines neuen Dialogfelds geschaffen.

Es stehen Ihnen zwei Funktionen zum Senden von Windows-Nachrichten zur Verfügung: die Funktion *CWnd::SendMessage* und die Funktion *PostMessage*. Die erstere bewirkt einen sofortigen Aufruf der Nachrichtenbehandlungsroutine und die letztere fügt Nachrichten in die Windows-Nachrichtenwarteschlange ein. Da beim Einsatz von *PostMessage* eine leichte Verzögerung in der Nachrichtenverarbeitung auftritt, kann man davon ausgehen, dass die Nachrichtenbehandlungsfunktion die Steuerung bereits zurückgegeben hat, wenn die Ansicht die Nachricht empfängt.

Besitzer eines Dialogfelds

Nehmen wir an, Sie haben im Eigenschaftendialogfeld die Standardeinstellung *Kontextmenü* für das Dialogfeldformat übernommen, so dass das Dialogfeld nicht auf den Client-Bereich der Ansicht beschränkt ist. Was Windows betrifft, ist das Hauptrahmenfenster der Anwendung (das in Kapitel 13 vorgestellt wird) der »Besitzer« des Dialogfelds und nicht die Ansicht. Sie müssen aber wissen, zu welcher Ansicht das Dialogfeld gehört, damit Sie der Ansicht Nachrichten senden können. Daher muss die Dialogklasse die ihr zugehörige Ansicht in einem Datenelement speichern, das im Konstruktor definiert wird. Da der Parameter *pParent* des *CDialog*-Konstruktors hier wenig nützt, brauchen Sie gar nicht versuchen, ihn zu verwenden.

Beispiel für ein nichtmodales Dialogfeld – EX07A

Wir könnten das Riesendialogfeld aus Kapitel 6 in ein nichtmodales Dialogfeld umwandeln, aber der Einfachheit halber wollen wir mit einem einfacheren Dialogfeld beginnen. Das Beispielprogramm EX07A verwendet ein Dialogfeld, das nur ein Eingabefeld, die Schaltfläche *OK* und die Schaltfläche *Abbrechen* enthält. Wie im Beispiel aus Kapitel 6 wird das Dialogfeld angezeigt, wenn man die linke Maustaste drückt, solange sich der Mauszeiger innerhalb des Ansichtsfenster befindet. Wir haben jetzt aber die Möglichkeit, ein anderes Ereignis zum Löschen des Dialogfelds zu nutzen. Das Dialogfeld wird nun entfernt, wenn man die *rechte* Maustaste drückt, solange sich der Mauszeiger im Ansichtsfenster befindet. Wir lassen nicht zu, dass mehrere Dialogfelder gleichzeitig geöffnet sind, und daher müssen wir dafür sorgen, dass mit einem zweiten Druck auf die linke Maustaste kein zweites Dialogfeld geöffnet wird.

Die Ansichtsklasse von EX07A verfügt nur über ein ihr zugeordnetes Dialogobjekt, das bei der Erstellung der Ansicht auf dem Heap angelegt wird. Das Dialogfeldfenster wird in Reaktion auf Benutzeraktionen erstellt und gelöscht. Das Dialogobjekt wird allerdings erst gelöscht, wenn die Anwendung beendet wird.

Mit folgenden Arbeitsschritten erstellen Sie das Beispielprogramm EX07A:

1. **Führen Sie den MFC-Anwendungs-Assistenten aus, und erstellen Sie das Projekt *\vcpp32\ex07a\ex07a.***

Übernehmen Sie alle Standardeinstellungen bis auf folgenden beiden Ausnahmen: Wählen Sie die Option *Einzelnes Dokument (SDI),* und deaktivieren Sie die Option *Drucken und Druckvorschau.* Die Einstellungen der Optionen und die vorgeschlagenen Klassennamen können Sie der folgenden Abbildung 7.1 entnehmen.

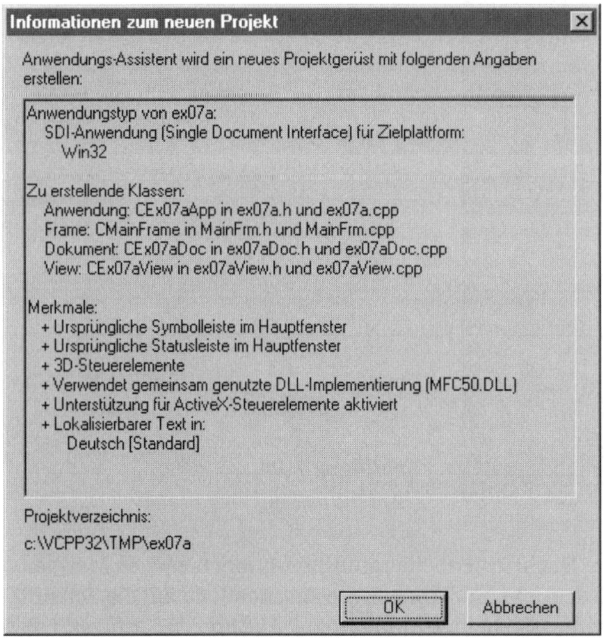

Abbildung 7.1:
Das Dialogfeld Informationen zum neuen Projekt *für das Beispielprogramm EX07A.*

2. Erstellen Sie mit dem Dialog-Editor eine Dialogressource.
Wählen Sie im Menü *Einfügen* von Visual C++ den Befehl *Ressource* und dann *Dialog*. Der Dialog-Editor weist dem neuen Dialog die ID *IDD_DIALOG1* zu. Ändern Sie die Beschriftung des Dialogfelds in *Nichtmodales Dialogfeld*. Übernehmen Sie die Standardschaltflächen *OK* und *Abbrechen* mit den IDs *IDOK* und *IDCANCEL*, und fügen Sie ein Textfeld und ein Eingabefeld ein. Das Eingabefeld hat die vorgegebene ID *IDC_EDIT1*. Ändern Sie die Beschriftung des Textfelds zu *Bearbeiten 1*. Das fertig gestellte Dialogfeld sollte so wie in Abbildung 7.2 aussehen.

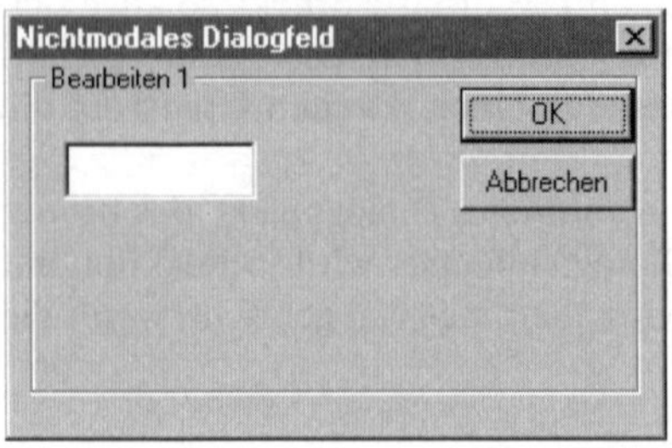

Abbildung 7.2:
Das Dialogfeld des Beispielprogramms EX07A.

HINWEIS: Überprüfen Sie, ob die Dialogfeldeigenschaft *Sichtbar* aktiviert ist.

3. Generieren Sie mit dem Klassen-Assistenten die Klasse *CEx07aDialog*.
Wählen Sie im Menü *Ansicht* von Visual C++ den Befehl *Klassen-Assistent*. Nehmen Sie im Dialogfeld *Neue Klasse* die in Abbildung 7.3 gezeigten Eingaben vor, und klicken Sie dann auf die Schaltfläche *OK*.

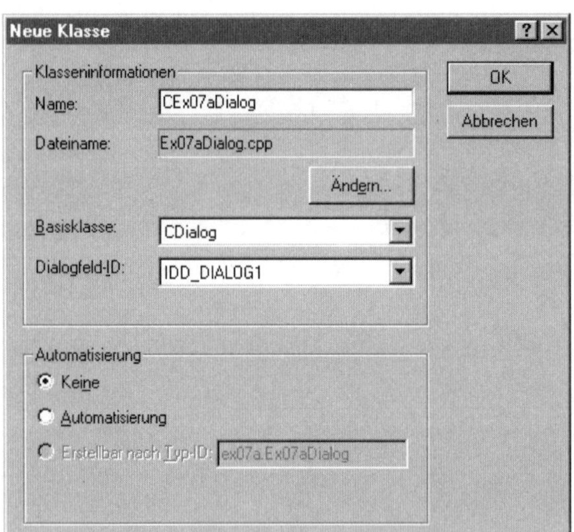

Abbildung 7.3:
Das Dialogfeld Neue Klasse.

Fügen Sie die nachfolgend aufgeführten Nachrichtenbehandlungsfunktionen hinzu. Markieren Sie dazu eine Objekt-ID und dann eine Nachricht, und klicken Sie anschließend auf die Schaltfläche *Funktion hinzufügen*. Daraufhin wird das Dialogfeld *Member-Funktion hinzufügen* angezeigt. Bearbeiten Sie den Funktionsnamen, falls erforderlich, und klicken Sie auf die Schaltfläche *OK*.

Objekt-ID	Nachricht	Member-Funktion
IDCANCEL	*BN_CLICKED*	*OnCancel*
IDOK	BN_CLICKED	*OnOK*

4. Nehmen Sie eine Variable in die Klasse *CEx07aDialog* auf.

Klicken Sie im Dialogfeld *MFC-Klassen-Assistent* auf die Registerkarte *Member-Variablen*, und markieren Sie das Steuerelement *IDC_EDIT1*. Klicken Sie dann auf die Schaltfläche *Variable hinzufügen*, und fügen Sie die *CString*-Variable *m_strEdit1* hinzu.

5. Fügen Sie in die Datei *ex07aDialog.h* einen Zeiger für die Ansicht und Funktionsprototypen ein.

Geben Sie den nachfolgend fett dargestellten Code in die Klassendeklaration von *CEx07aDialog* ein:

```
private
  CView* m_pView;
```

Geben Sie die folgenden Funktionsprototypen ein:

```
public:
  CEx07aDialog(CView* pView);
  BOOL Create();
```

HINWEIS: Wenn man die Klasse *CView* statt der Klasse *CEx07aView* angibt, kann die Dialogklasse mit jeder beliebigen Ansichtsklasse verwendet werden.

6. Definieren Sie in der Datei ex07aDialog.h die Nachrichten-ID für WM_GOODBYE.

Geben Sie die folgende Codezeile ein:

```
#define WM_GOODBYE    WM_USER + 5
```

Die Windows-Konstante WM_USER ist die erste, für benutzerdefinierte Nachrichten verfügbare Nachrichten-ID. Das Anwendungsgerüst verwendet einige solcher Nachrichten, und daher übergehen wir die ersten fünf Nachrichten.

HINWEIS: Visual C++ verwaltet zwar eine Liste mit den Symboldefinitionen, die in der Datei resource.h ihres Projekts enthalten sind, aber der Ressourcen-Editor kann Konstanten nicht anhand von anderen Konstanten interpretieren. Fügen Sie die Konstantendefinition WM_GOODBYE nicht von Hand in die Datei resource.h ein, da sie sonst von Visual C++ gelöscht werden kann.

7. Fügen Sie den nichtmodalen Konstruktor in die Datei *ex07aDialog.cpp* ein.

Sie könnten den vorhandenen *CEx07aDialo-Konstruktor* modifizieren. Wenn Sie jedoch einen neuen Konstruktor einfügen, kann diese Dialogklasse sowohl für modale als auch nichtmodale Dialogfelder verwendet werden. Fügen Sie die folgenden Anweisungen hinzu:

```
CEx07aDialog::CEx07aDialog(CView* pView) //nichtmodaler Konstruktor
{
  m_pView = pView;
}
```

Fügen Sie die folgende Codezeile in den vom MFC-Anwendungs-Assistenten generierten nichtmodalen Konstruktor ein:

```
m_pView = NULL;
```

Der C++-Compiler ist intelligent genug, um zwischen dem nichtmodalen Konstruktor *CEx07aDialog(CView*)* und dem modalen Konstruktor *CEx07aDialog(CWnd*)* unterscheiden zu können. Wenn der Compiler einen Parameter der Klasse *CView* oder einer abgeleiteten *CView*-Klasse erhält, generiert er einen Aufruf für den nichtmodalen Konstruktor. Findet er einen Parameter der Klasse *CWnd* oder einer abgeleiteten *CWnd*-Klasse, generiert er einen Aufruf für den modalen Konstruktor.

8. **Fügen Sie die Funktion *Create* in die Datei *ex07aDialog.cpp* ein.**
Diese *Create*-Funktion der abgeleiteten Dialogklasse ruft die Funktion der Basisklasse auf und übergibt ihr die Dialogressourcen-ID als Parameter. Fügen Sie die folgenden Codezeilen ein:

```
BOOL CEx07aDialog::Create()
{
  return CDialog::Create(CEx07aDialog::IDD);
}
```

HINWEIS: *Create* ist keine virtuelle Funktion. Wenn Sie möchten, können Sie dieser Funktion auch einen anderen Namen geben.

9. **Bearbeiten Sie die Funktionen *OnOK* und *OnCancel* in der Datei *ex07aDialog.cpp.***
Diese vom Klassen-Assistenten generierten virtuellen Funktionen werden aufgerufen, wenn die Schaltflächen des Dialogfelds angeklickt werden. Fügen Sie den im Folgenden fett gedruckten Code hinzu:

```
void CEx07aDialog::OnCancel() // keine echte Nachrichtenbehandlungsroutine
{
  if (m_pView != NULL) {
    // falls nichtmodales Dialogfeld, OnCancel-Funktion der
    // Basisklasse nicht aufrufen
    m_pView->PostMessage(WM_GOODBYE, IDCANCEL);
  }
  else {
    CDialog::OnCancel(); // falls modales Dialogfeld
  }
}

void CEx07aDialog::OnOK() // keine echte Nachrichtenbehandlungsroutine
{
  if (m_pView != NULL) {
    // falls nichtmodales Dialogfeld, OnOK-Funktion der
    // Basisklasse nicht aufrufen
    UpdateData(TRUE);
```

```
    m_pView->PostMessage(WM_GOODBYE, IDOK);
  }
  else {
    CDialog::OnOK(); // falls modales Dialogfeld
  }
}
```

Falls die Dialogklasse für ein nichtmodales Dialogfeld verwendet wird, sendet sie die benutzerdefinierte Nachricht WM_GOODBYE an die zugehörige Ansicht. Wir kümmern uns später um die Nachrichtenbehandlung.

HINWEIS: Bei nichtmodalen Dialogfeldern dürfen die Funktionen *CDialog::OnOK* und *CDialog::OnCancel* keinesfalls aufgerufen werden. Sie *müssen* daher diese virtuellen Funktionen in Ihrer abgeleiteten Klasse überschreiben, da ansonsten die Basisklassenfunktionen aufgerufen werden würden, wenn der Anwender Esc oder Eingabe drückt oder auf eine Schaltfläche klickt, und diese Basisklassenfunktionen dann die Windows-Funktion *EndDialog* aufrufen würden. Die Funktion *EndDialog* eignet sich nur für modale Dialoge. Bei einem nichtmodalen Dialogfeld müssen Sie statt dessen die Funktion *DestroyWindow* aufrufen und, falls erforderlich, mit einem Aufruf der Funktion *UpdateData* die Daten aus den Dialogfeld-Steuerelementen in die Datenelemente übertragen.

10. Bearbeiten Sie die Header-Datei *ex07aView.h.*

Sie müssen ein Datenelement für den Zeiger auf die Dialogklasse definieren:

```
private:
  CEx07aDialog* m_pDlg;
```

Wenn Sie die Vorwärtsdeklaration

```
class CEx07aDialog;
```

am Beginn der Datei *ex07aView.h* einfügen, müssen Sie nicht in jede Datei, in die die Datei ex07aView.h eingebunden wird, eine *include*-Anweisung für ex07aDialog.h aufnehmen.

11. Modifizieren Sie Konstruktor und Destruktor von *CEx07aView* in der Datei *ex07aView.cpp.*

Die Klasse *CEx07aView* verfügt über das Datenelement *m_pDlg*, das einen Zeiger auf das *CEx07aDialog*-Objekt der Ansicht enthält. Der Konstruktor der Ansichtsklasse legt das Dialogobjekt auf dem Heap an, und der Destruktor der Ansichtsklasse löscht es. Fügen Sie den im Folgenden fett gedruckten Code hinzu:

```
CEx07aView::CEx07aView()
{
  m_pDlg = new CEx07aDialog(this);
}

CEx07aView::~CEx07aView()
{
  delete m_pDlg; //löscht Fenster, falls nicht bereits geschehen
}
```

12. Fügen Sie Code in die virtuelle Funktion *OnDraw* in der Datei *ex07aView.cpp* ein.

Die Funktion *CEx07aView OnDraw* (deren Funktionsrumpf vom MFC-Anwendungs-Assistenten generiert worden ist) sollte die folgenden Anweisungen enthalten, damit der Anwender aufgefordert wird, die linke Maustaste zu drücken:

```
void CEx07aView::OnDraw(CDC* pDC)
{
  pDC->TextOut(0, 0, "Drücken Sie hier die linke Maustaste.");
}
```

13. Fügen Sie mit Hilfe des Klassen-Assistenten Nachrichtenbehandlungsroutinen für die Mausklick-Nachrichten in die Klasse *CEx07aView* ein.

Definieren Sie Behandlungsroutinen für die Nachrichten WM_LBUTTONDOWN und WM_RBUTTONDOWN. Bearbeiten Sie den Quelltext der Datei ex07aView.cpp wie folgt:

```
void CEx07aView::OnLButtonDown(UINT nFlags, CPoint point)
{
  // Dialogfeld erstellen, sofern nicht vorhanden
  if (m_pDlg->GetSafeHwnd() == 0) {
    m_pDlg->Create(); // Dialogfeld anzeigen
  }
}

void CEx07aView::OnRButtonDown(UINT nFlags, CPoint point)
{
  m_pDlg->DestroyWindow();
  // kein Problem, falls das Fenster bereits gelöscht worden ist
}
```

Bei den meisten Fenstertypen, mit Ausnahme von Rahmenfenstern, löscht die Funktion *DestroyWindow* das C++-Objekt nicht. Da wir das Dialogobjekt im Destruktor der Ansichtsklasse löschen, verwenden wir diese Funktion.

14. Fügen Sie die *include*-Anweisung für die Header-Datei der Dialogklasse in die Datei *ex07aView.cpp* ein.

Die Datei ex07aView.cpp sollte noch geöffnet sein. Fügen Sie die unten fett dargestellte *include*-Anweisung nach der include-Anweisung für die Header-Datei der Ansichtsklasse ein:

```
#include "ex07aView.h"
#include "ex07aDialog.h"
```

15. Definieren Sie eine Behandlungsroutine für die Nachricht WM_GOODBYE.

Da der Klassen-Assistent benutzerdefinierte Nachrichten nicht unterstützt, müssen Sie diese Behandlungsroutine selbst schreiben. Sie lernen hierbei sicher die Leistungen des Klassen-Assistenten zu schätzen, die Sie bei anderen Nachrichten in Anspruch nehmen.

- Fügen Sie in der Datei ex07aView.cpp nach der Anweisung *BEGIN_MESSAGE_MAP,* aber vor den *AFX_MSG_MAP-Anweisungen,* die folgende Codezeile ein:

```
ON_MESSAGE(WM_GOODBYE, OnGoodbye)
```

- Definieren Sie dann in ex07aView.cpp die eigentliche Nachrichtenbehandlungsroutine:

```
LRESULT CEx07aView::OnGoodbye(WPARAM wParam, LPARAM lParam)
{
  // Nachricht werden durch Schaltflächen OK und Abbrechen
  // des nichtmodalen Dialogfelds ausgelöst
  TRACE("CEx07aView::OnGoodbye %x, %lx\n", wParam, lParam);
  TRACE("Inhalt des Eingabefelds = %s\n",
        (const char*) m_pDlg->m_strEdit1);
  m_pDlg->DestroyWindow();
  return 0L;
}
```

- Nehmen Sie den folgenden Funktionsprototyp in die Datei ex07aView.h auf und zwar vor der Anweisung *DECLARE_MESSAGE_MAP()* und außerhalb der *AFX_MSG*-Anweisungen:

```
afx_msg LRESULT OnGoodbye(WPARAM wParam, LPARAM lParam);
```

Unter Win32 werden die Parameter *wParam* und *lParam* für gewöhnlich zur Übergabe der Nachrichtendaten verwendet. Zum Beispiel enthält bei einer Nachricht über einen linken Mausklick der Parameter *lParam* die *x*- und *y*-Koordinaten der Mauszeigerposition. Bei den MFC-Bibliotheksfunktionen werden die Nachrichtendaten in etwas aussagekräftigeren Parametern weitergeleitet. Die Mauszeigerposition wird als *CPoint-Objekt* übergeben. Benutzerdefinierte Nachrichten müssen *wParam* und *lParam* verwenden. Sie können diese beiden Variablen jedoch nach Belieben Werte zuordnen. In diesem Beispiel haben wir die Schaltflächen-ID in *wParam* gespeichert.

16. Erstellen und testen Sie die Anwendung.
Erstellen Sie das Programm EX07A, und führen Sie es aus. Drücken Sie die linke Maustaste und dann die rechte Maustaste. (Der Mauszeiger soll sich außerhalb des Dialogfelds befinden, wenn Sie die rechte Maustaste drücken.) Drücken Sie erneut die linke Maustaste, geben Sie Daten ein, und klicken Sie dann auf die Schaltfläche *OK* des Dialogfelds. Wird der Inhalt des Eingabefelds von der *TRACE*-Anweisung der Ansicht korrekt ausgegeben?

HINWEIS: Wenn Sie die Ansichts- und Dialogklassen von EX07A in einer MDI-Anwendung verwenden, kann jedes untergeordnete MDI-Fenster über ein nichtmodales Dialogfeld verfügen. Wenn der Anwender ein untergeordnetes MDI-Fenster schließt, wird das Dialogfeld dieses untergeordneten Fensters gelöscht, da der Destruktor der Ansicht den Destruktor der Dialogklasse aufruft, der wiederum das Dialogfenster entfernt.

Die Klasse CFormView – Eine Alternative zu nichtmodalen Dialogfeldern

Wenn Sie eine Anwendung schreiben müssen, die mit einem einzigen nichtmodalen Dialogfeld arbeitet, kann Ihnen die Klasse *CFormView* eine Menge Arbeit sparen. Sie müssen sich allerdings bis Kapitel 16 gedulden, da die Klasse *CFormView* sich in Verbindung mit der Klasse *CDocument* als am hilfreichsten erweist, und wir haben das Anwendungsgerüst noch nicht so weit erkundet.

Die Standarddialogfelder von Windows

Windows stellt eine Reihe von Standarddialogfeldern zur Verfügung, und diese werden von den MFC-Bibliotheksklassen unterstützt. Sie werden mit den meisten dieser Dialogfelder vertraut sein, da sie in vielen Windows-Anwendungen, einschließlich Visual C++, bereits verwendet werden. Alle Standarddialogklassen sind von der gemeinsamen Basisklasse *CCommonDialog* abgeleitet. Tabelle 7.1 enthält eine Übersicht über die *COMDLG32*-Klassen.

Klasse	Zweck
CColorDialog	Ermöglicht die Auswahl oder Definition einer Farbe.
CFileDialog	Ermöglicht das Öffnen und Speichern von Dateien.
CFindReplaceDialog	Ermöglicht es, eine Zeichenfolge durch eine andere zu ersetzen.
CPageSetupDialog	Ermöglicht die Festlegung von Seitengrößen.
CFontDialog	Ermöglicht die Auswahl einer Schrift aus einer Liste der verfügbaren Schriften.
CPrintDialog	Ermöglicht die Druckereinrichtung und den Druck von Dokumenten.

***Tabelle 7.1:** Die Klassen der Windows-Standarddialogfelder.*

Ein Merkmal ist allen Standarddialogfeldern eigen: Sie sammeln Benutzereingaben, aber sie verarbeiten sie nicht. Das Standarddialogfeld zum Öffnen von Dateien erleichtert es dem Anwender, eine Datei zum Öffnen auszuwählen. Es gibt Ihrem Programm allerdings nur den Pfadnamen weiter. Ihr Programm muss dann die notwendigen Aufrufe zum Öffnen der Datei ausführen. Ebenso erstellt das Standarddialogfeld zur Schriftenauswahl eine Struktur, die eine Schrift beschreibt, aber es erstellt die Schrift nicht.

Direkter Einsatz der Klasse CFileDialog

Es ist einfach, die Klasse *CFileDialog* zum Öffnen einer Datei zu verwenden. Mit den folgenden Anweisungen wird eine Datei geöffnet, die der Anwender in einem Dialogfeld ausgewählt hat:

```
CFileDialog dlg(TRUE, "bmp", "*.bmp");
if (dlg.DoModal() == IDOK) {
  CFile file;
  VERIFY(file.Open(dlg.GetPathName(), CFile::modeRead));
}
```

Der erste Parameter des Konstruktors (*TRUE*) gibt an, dass es sich bei diesem Objekt um das Dialogfeld *Öffnen* und nicht um das Dialogfeld *Speichern* handelt. Als Dateinamenerweiterung wird *bmp* vorgegeben, und **.bmp* wird im Dialogfeld im Eingabefeld *Dateiname* angezeigt. Die Funktion *CFileDialog::GetPathName* gibt ein *CString*-Objekt zurück, das die vollständige Pfadangabe der gewählten Datei enthält.

Klassen von Standarddialogfeldklassen ableiten

In den meisten Fällen können Sie die Standarddialogfeldklassen direkt verwenden. Die Ableitung eigener Klassen ermöglicht Ihnen, den Funktionsumfang zu erweitern, ohne vorhandenen Code nochmals schreiben zu müssen. Die Funktionsweise der einzelnen COMDLG32-Dialogfelder unterscheidet sich allerdings, und daher ist das nächste Beispiel speziell auf das Standarddialogfeld für Dateioperationen zugeschnitten.

HINWEIS: In früheren Ausgaben dieses Buches hat das Beispielprogramm EX07B dynamisch Steuerelemente innerhalb des Standarddialogfelds für Dateioperationen erstellt. Diese Technik funktioniert unter Win32 nicht, die hier beschriebene Methode verschachtelter Dialogfelder hat jedoch denselben Effekt.

Verschachtelte Dialogfelder

Unter Win32 können Dialogfelder so ineinander verschachtelt werden, dass mehrere Dialogfelder wie eine Einheit erscheinen. Sie müssen zuerst eine Dialogressourcenvorlage mit einer »Öffnung« – normalerweise ein Gruppenfeld – und der speziellen, für untergeordnete Fenster reservierten Fenster-ID *stc32 (=0x045f)* erstellen. Ihr Programm gibt einige Parameter an, die COMDLG32 mitteilen, wie Ihre Vorlage zu verwenden ist. Zudem muss Ihr Programm eine Verbindung zur COMDLG32-Nachrichtenschleife herstellen, damit es die gewünschten Benachrichtigungen zuerst empfängt. Sie werden nach der Ausführung dieser Schritte schließlich feststellen, dass Sie ein Dialogfeld erstellt haben, das ein untergeordnetes Fenster des COMDLG32-Dialogfeldfensters ist, obwohl Ihre Vorlage die COMDLG32-Vorlage überschreibt.

Das hört sich kompliziert an, und das ist es auch, sofern Sie nicht mit der MFC-Bibliothek arbeiten. Wenn Sie die MFC-Bibliothek verwenden, erstellen Sie die Dialogressourcenvorlage so wie oben beschrieben, leiten eine Klasse von der Standarddialogfeldklasse ab, fügen klassenspezifischen Verbindungscode in *OnInitDialog* ein, und verwenden dann den Klassen-Assistenten, um Nachrichtenbehandlungsroutinen für die neuen Steuerelemente Ihrer Dialogvorlage zu generieren.

HINWEIS: Windows NT 3.51 verwendet eine frühere Version der Standarddialogfeld-DLL, die die neue Windows-Funktion zur Verwaltung von Namensbereichen nicht unterstützt. Die Technik der verschachtelten Dialogfelder, die im Beispiel EX07B illustriert wird, funktioniert unter Windows NT 3.51 mit dem Standarddialogfeld für Dateioperationen nicht.

Ein Beispiel mit CFileDialog – EX07B

In diesem Beispiel leiten Sie die Klasse *CEx07bDialog* ab, die die Schaltfläche *Alle entsprechenden Dateien löschen* in das Standarddialogfeld für Dateioperationen einfügt. Sie ändert auch den Dialogfeldtitel und die Beschriftung der Schaltfläche *Öffnen* in *Löschen* (zum Löschen einzelner Dateien). Dieses Beispiel illustriert, wie Sie mit Hilfe verschachtelter Dialogfelder Standarddialogfelder mit neuen Steuerelementen ausstatten können. Das Dialogfeld dieses Beispiels wird wie das Dialogfeld im vorigen Beispiel aktiviert – durch Drücken der linken Maustaste, während sich der Mauszeiger im Ansichtsfenster befindet. Da Sie inzwischen einige Kenntnisse im Umgang mit Visual C++ erworben haben, sind die Arbeitsschritte zur Erstellung dieses Beispiels nicht so ausführlich beschrieben wie bei den vorangegangenen Beispielen. Abbildung 7.4 zeigt, wie das fertig gestellte Dialogfeld aussieht.

Sie erstellen die Anwendung EX07B in folgenden Arbeitsschritten.

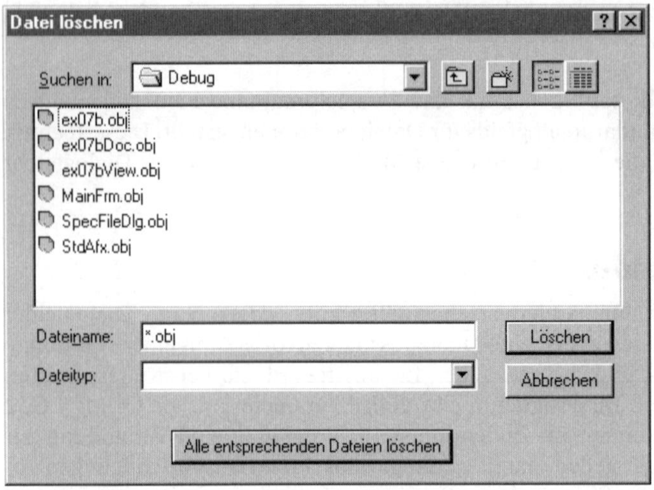

Abbildung 7.4:
Das Dialogfeld Datei löschen *während der Ausführung.*

1. **Führen Sie den MFC-Anwendungs-Assistenten aus, und erstellen Sie das Projekt *\vcpp32\ex07b\ex07b.***

Übernehmen Sie alle Standardeinstellungen bis auf folgenden beiden Ausnahmen: Wählen Sie die Option *Einzelnes Dokument (SDI),* und deaktivieren Sie die Option *Drucken und Druckvorschau.* Die Einstellungen der Optionen und die vorgeschlagenen Klassennamen können Sie der folgenden Abbildung 7.5 entnehmen.

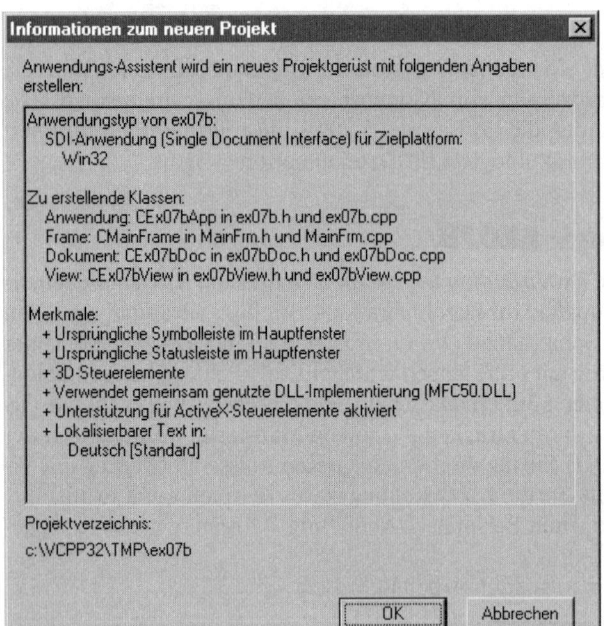

Abbildung 7.5:
Das Dialogfeld Informationen zum neuen Projekt *für das Beispielprogramm EX07B.*

2. Erstellen Sie mit dem Dialog-Editor eine Dialogressource.
Das Dialogfeld soll etwa 8 cm hoch und 12 cm breit sein und die ID *IDD_FILESPECIAL* haben. Wählen Sie im Eigenschaftendialogfeld unter *Format* die Option *Untergeordnet*, unter Rand die Option *Keine*, und aktivieren Sie die Optionen *Nebengeordnete ausschneiden* und *Sichtbar*. Erstellen Sie eine Vorlage mit einer Schaltfläche mit der ID *IDC_DELETE* und einem Gruppenfeld mit der ID *stc32=0x045f* (siehe Abbildung 7.6).

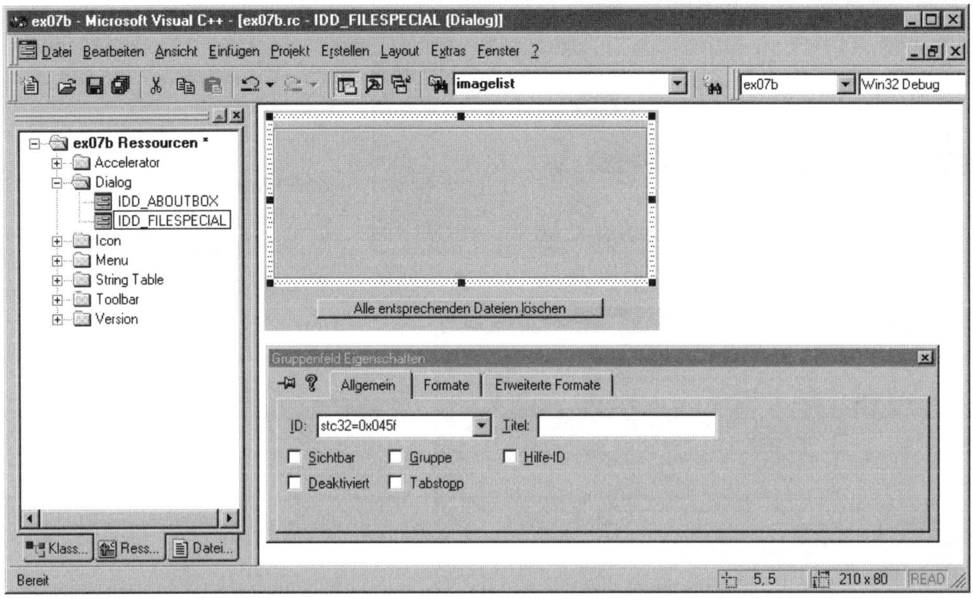

Abbildung 7.6: *Die anzulegende Dialogressource.*

Überprüfen Sie Ihre Eingaben, indem Sie im Menü *Ansicht* von Visual C++ den Befehl *Ressourcensymbole* wählen. Daraufhin sollte eine Symbolliste angezeigt werden, die der aus Abbildung 7.7 ähnclt.

3. Erstellen Sie mit dem Klassen-Assistenten die Klasse *CSpecialFileDialog*.
Nehmen Sie im Dialogfeld *Neue Klasse* die in Abbildung 7.8 gezeigten Eingaben vor, und klicken Sie dann auf die Schaltfläche *Ändern*.

Ändern Sie die Dateinamen in *SpecFileDlg.h* und *SpecFileDlg.cpp*. Unglücklicherweise können wir hier nicht das Dropdown-Listenfeld *Basisklasse* verwenden, um die Basisklasse in *CFileDialog* zu ändern, da unsere Klasse dann von der Vorlage *IDD_FILESPECIAL* getrennt werden würde. Wir müssen die Basisklasse von Hand ändern.

4. Bearbeiten Sie die Datei *SpecFileDlg.h*.
Ändern Sie die Zeile

```
class CSpecialFileDialog : public CDialog
```

in

```
class CSpecialFileDialog : public CFileDialog
```

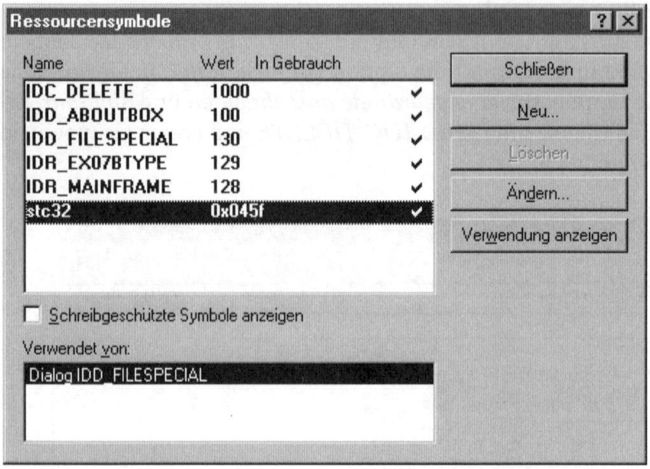

Abbildung 7.7:
Das Dialogfeld Ressourcensymbole.

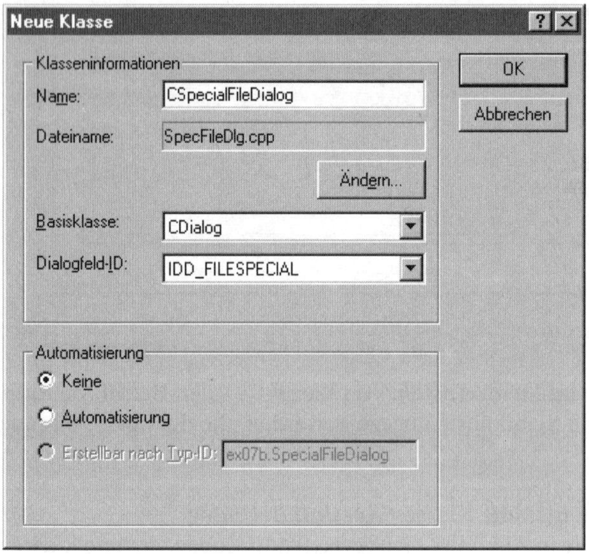

Abbildung 7.8:
Das Dialogfeld Neue Klasse *mit den Eingaben für* CSpecialFileDialog.

Fügen Sie die folgenden beiden öffentlichen Datenelemente hinzu:

```
CString m_strFilename;
BOOL m_bDeleteAll;
```

Bearbeiten Sie schließlich die Konstruktordeklaration:

```
CSpecialFileDialog(BOOL bOpenFileDialog,
  LPCTSTR lpszDefExt = NULL,
  LPCTSTR lpszFileName = NULL,
  DWORD dwFlags = OFN_HIDEREADONLY | OFN_OVERWRITEPROMPT,
  LPCTSTR lpszFilter = NULL,
  CWnd* pParentWnd = NULL);
```

5. Ersetzen Sie in der Datei *SpecFileDlg.h* den Namen *CDialog* durch *CFileDialog*.

Wählen Sie im Menü *Bearbeiten* von Visual C++ den Befehl *Ersetzen*, und ersetzen Sie alle Vorkommen dieses Klassennamens.

6. Bearbeiten Sie den Konstruktor der Klasse *CSpecialFileDialog* in der Datei *SpecFileDlg.cpp*.

Der Konstruktor der abgeleiteten Klasse muss den Konstruktor der Basisklasse aufrufen und das Datenelement *m_bDeleteAll* initialisieren. Zudem muss er einigen Elementen des Datenelements *m_ofn* der Basisklasse *CFileDialog* Werte zuweisen. Dieses Datenelement ist eine Instanz der Win32-Struktur *OPENFILENAME*. Über die Elemente *Flags* und *lpTemplateName* wird die Verbindung zu der Vorlage *IDD_FILESPECIAL* hergestellt, und das Element *lpstrTitle* ändert den Dialogfeldtitel. Bearbeiten Sie den Konstruktor wie folgt:

```
CSpecialFileDialog::CSpecialFileDialog(BOOL bOpenFileDialog,
      LPCTSTR lpszDefExt, LPCTSTR lpszFileName, DWORD dwFlags,
      LPCTSTR lpszFilter, CWnd* pParentWnd)
  : CFileDialog(bOpenFileDialog, lpszDefExt, lpszFileName,
      dwFlags, lpszFilter, pParentWnd)
{
  //{{AFX_DATA_INIT(CSpecialFileDialog)
    // HINWEIS: Der Klassen-Assistent fügt hier Elementinitialisierung ein
  //}}AFX_DATA_INIT
  m_ofn.Flags |= OFN_ENABLETEMPLATE;
  m_ofn.lpTemplateName = MAKEINTRESOURCE(IDD_FILESPECIAL);
  m_ofn.lpstrTitle = "Datei löschen";
  m_bDeleteAll = FALSE;
}
```

7. Fügen Sie eine Nachrichtenbehandlungsroutine für die Nachricht WM_INITDIALOG in die Klasse *CSpecialDialog* ein.

Die Member-Funktion *OnInitDialog* muss die Beschriftung der Schaltfläche *Öffnen* des Standarddialogfelds in *Löschen* ändern. Die Schaltfläche hat die untergeordnete Fenster-ID *IDOK*.

```
BOOL bRet - CFileDialog::OnInitDialog();
if (bRet == TRUE) {
   GetParent()->GetDlgItem(IDOK)->SetWindowText("Löschen");
return bRet;
```

8. Fügen Sie eine Nachrichtenbehandlungsroutine für die Schaltfläche *IDC_DELETE* (Alle entsprechenden Dateien löschen) in die Klasse *CSpecialDialog* ein.

Die Member-Funktion *OnDelete* setzt das Flag *m_bDeleteAll* flag und erzwingt dann, dass das Hauptdialogfeld geschlossen wird – so als wäre die Schaltfläche *Abbrechen* angeklickt worden. Das Client-Programm (in diesem Fall die Ansicht) erhält von der Funktion *DoModal* den Rückgabewert *IDCANCEL* und liest die Flags, um zu ermitteln, ob alle Dateien gelöscht werden sollen. Diese Funktion wird wie folgt definiert:

```
void CSpecialFileDialog::OnDelete()
{
    m_bDeleteAll = TRUE;
```

```
    // 0x480 ist die Fenster-ID des Eingabefelds Dateiname
    // (gemäß Ausgabe von SPYXX)
    GetParent()->GetDlgItem(0x480)->GetWindowText(m_strFilename);
    GetParent()->SendMessage(WM_COMMAND, IDCANCEL);
}
```

9. Fügen Sie Code für die virtuelle Funktion *OnDraw* in die Datei *ex07bView.cpp* ein.
Die *OnDraw*-Funktion von *CEx07bView* (deren Funktionsrumpf vom Anwendungs-Assistenten generiert worden ist) sollte folgende Anweisungen enthalten, damit der Anwender aufgefordert wird, die linke Maustaste zu drücken:

```
void CEx067View::OnDraw(CDC* pDC)
{
  pDC->TextOut(0, 0, "Drücken Sie hier die linke Maustaste.");
}
```

10. Fügen Sie die Nachrichtenbehandlungsroutine *OnLButtonDown* in die Klasse *CEx07bView* ein.
Erstellen Sie mit dem Klassen-Assistenten die Nachrichtenbehandlungsroutine für die Nachricht WM_LBUTTONDOWN, und bearbeiten Sie den Code dann wie folgt:

```
void CEx07bView::OnLButtonDown(UINT nFlags, CPoint point)
{
  CSpecialFileDialog dlgFile(TRUE, NULL, "*.obj");
  CString strMessage;
  int nModal = dlgFile.DoModal();
  if ((nModal == IDCANCEL) && (dlgFile.m_bDeleteAll)) {
    strMessage.Format(
      "Sollen wirklich alle %s-Dateien gelöscht werden?",
      dlgFile.m_strFilename);
      if (AfxMessageBox(strMessage, MB_YESNO) == IDYES) {
        HANDLE h;
        WIN32_FIND_DATA fData;
        while((h = ::FindFirstFile(dlgFile.m_strFilename, &fData))
              != (HANDLE) 0xFFFFFFFF) { // kein MFC-Äquivalent
          if (::DeleteFile(fData.cFileName) == FALSE) {
              strMessage.Format("Löschen der Datei %s nicht möglich\n",
                          fData.cFileName);
              AfxMessageBox(strMessage);
          break;
        }
      }
    }
  }
  else if (nModal == IDOK) {
    CString strSingleFilename = dlgFile.GetPathName();
    strMessage.Format(
        "Soll die Datei %s wirklich gelöscht werden?",
        strSingleFilename);'
      if (AfxMessageBox(strMessage, MB_YESNO) == IDYES) {
          CFile::Remove(strSingleFilename);
    }
  }
}
```

Denken Sie daran, dass Standarddialogfelder nur Daten erfassen. Da die Ansicht der Client des Dialogfelds ist, muss die Ansicht für dieses Dialogobjekt *DoModal* aufrufen und dann entscheiden, was mit den zurückgegebenen Daten passieren soll. Hier stehen der Ansicht der Rückgabewert von *DoModal* (*IDOK* oder *IDCANCEL*) und der Wert des öffentlichen Datenelements c *m_bDeleteAll* sowie verschiedene Member-Funktionen von *CFileDialog*, wie beispielsweise *GetPathName*, zur Verfügung. Wenn *DoModal* den Wert *IDCANCEL* zurückgibt und das Flag *TRUE* ist, führt die Funktion *OnLButtonDown* die notwendigen Win32-Dateisystemaufrufe durch, um alle entsprechenden Dateien zu löschen. Gibt *DoModal* den Wert *IDOK* zurück, kann die Funktion die MFC-Funktionen der Klasse *CFile* zum Löschen einzelner Dateien aufrufen.

Mit Hilfe der globalen Funktion *AfxMessageBox* kann recht komfortabel ein einfaches Dialogfeld eingeblendet werden, das etwas Text enthält und vom Anwender eine Ja-/Nein-Antwort fordert. Im Abschnitt *Microsoft Foundation Classes And Templates* der Online-Hilfe sind sämtliche Meldungsfenstervarianten und -optionen beschrieben.

Natürlich müssen Sie noch die folgende Anweisung

```
#include "SpecFileDlg.h"
```

nach dieser Zeile einfügen:

```
#include "ex07bView.h"
```

11. Erstellen und testen Sie die Anwendung.
Erstellen Sie das Programm EX07B, und führen Sie es aus. Wenn Sie die linke Maustaste drücken, sollte das Dialogfeld *Datei löschen* angezeigt werden, und Sie sollten das Verzeichnis durchsuchen und Dateien löschen können. Passen Sie auf, dass Sie nicht Ihre wichtigen Quelldateien löschen!

Weitere Anpassungsmöglichkeiten von CFileDialog

Im Beispiel EX07B haben Sie eine Schaltfläche in das Dialogfeld eingefügt. Es ist genauso einfach, andere Steuerelemente einzufügen. Sie fügen sie einfach in die Resssourcenvorlage ein, und falls es sich um Windows Standardsteuerelemente handelt, wie Eingabefelder oder Listenfelder, können Sie mit dem Klassen-Assistenten die erforderlichen Datenelemente und DDX/DDV-Funktionen in Ihre abgeleitete Klasse einfügen. Das Client-Programm kann den Datenelementen vor dem Aufruf von *DoModal* einen Wert zuweisen, und es kann die aktualisierten Werte nach Beendigung des *DoModal*-Aufrufs abrufen.

HINWEIS: Auch wenn Sie nicht mit verschachtelten Dialogfeldern arbeiten, sind zwei Fenster stets mit einem *CFileDialog*-Objekt verknüpft. Angenommen, Sie haben die Funktion *OnInitDialog* in einer abgeleiteten Klasse überschrieben und möchten dem Dialogfeld für Dateioperationen ein Symbol zuweisen. Sie müssen dazu ebenso wie im Beispielprogramm EX7B *CWnd::GetParent* aufrufen, um das Fenster der obersten Ebene zu ermitteln. Der entsprechende Code sieht wie folgt aus:

```
HICON hIcon = AfxGetApp()->LoadIcon(ID_MYICON);
GetParent()->SetIcon(hIcon, TRUE);       // Großes Symbol
GetParent()->SetIcon(hIcon, FALSE);      // Kleines Symbol
```

8 ActiveX-Steuerelemente verwenden

Microsoft Visual Basic (VB) kam 1991 auf den Markt und wurde zu einem beliebten und erfolgreichen Anwendungsentwicklungssystem für Microsoft Windows. Einen Teil seines Erfolges hat es seiner Erweiterungsfähigkeit zu verdanken. Die 16-Bit-Versionen von VB (Versionen 1 bis 3) unterstützten die Visual Basic-Steuerelemente (VBX), d.h. sofort einsatzfähige Softwarekomponenten, die VB-Entwickler kaufen oder selbst schreiben konnten. Aus der Entwicklung von VBX-Komponenten hat sich ein ganzer Industriezweig entwickelt, und recht bald waren Hunderte solcher Komponenten auf dem Markt. Bei Microsoft fand das Entwicklerteam der Microsoft Foundation Class (MFC) einen Weg für Microsoft Visual C++-Programmierer, VBX-Komponenten in Ihren Programmen zu verwenden.

Der VBX-Standard war sehr stark von der Architektur der 16-Bit-Segmene abhängig, und konnte sich deshalb in der 32-Bit-Welt nicht durchsetzen. Heute haben die ActiveX-Steuerelemente (vormals unter der Bezeichnung OLE-Steuerelemente oder OCX-Komponenten bekannt) die OCX-Komponenten als Industriestandard abgelöst. ActiveX-Steuerelemente basieren auf der COM-Technologie von Microsoft und können sowohl in VB als auch in Visual C++ 5.0 zur Anwendungsentwicklung eingesetzt werden. Während VBX-Komponenten meist in C geschrieben waren, können ActiveX-Steuerelemente mit Hilfe der MFC-Bibliothek oder der ATL (ActiveX Template Library) in C++ entwickelt werden.

Dieses Kapitel hat nicht die Entwicklung von ActiveX-Steuerelementen zum Thema, sondern ihre Verwendung in einer Visual C++-Anwendung. Sie sollen hier lernen, wie Sie ActiveX-Steuerelemente verwenden, ohne viel über das COM-Modell (COM – Component Object Model) zu wissen, auf dem sie basieren. Schließlich erwartet Microsoft auch von VB-Programmierern nicht, dass sie COM-Experten sind. Um effiziente ActiveX-Steuerelemente schreiben zu können, müssen Sie jedoch etwas mehr wissen und die Grundlagen von COM kennen. Falls Sie ernsthaft an der Entwicklung von ActiveX-Steuerelementen interessiert sind, sollten Sie sich den Titel *ActiveX-Steuerelemente* von Adam Denning (Microsoft Press, 1997) ansehen. Natürlich schaden Kenntnisse über die theoretischen Grundlagen der ActiveX-Steuerelemente nicht, wenn Sie diese Steuerelemente in Ihren Programmen verwenden. Kapitel 24, 25 und 30 dieses Buches bieten hier einen guten Einstieg.

ActiveX-Steuerelemente im Vergleich zu normalen Windows-Steuerelementen

Ein ActiveX-Steuerelement ist ein Softwaremodul, das sich auf die gleiche Weise in Ihr C++-Programm einklinkt wie ein Windows-Steuerelement. Wenigstens sieht es auf den ersten Blick so aus. Es lohnt sich, die Ähnlichkeiten und Unterschiede zwischen ActiveX-Steuerelementen und den Steuerelementen, die Sie bereits kennen, zu studieren.

Normale Steuerelemente im Rückblick

In Kapitel 6 haben Sie gewöhnliche Windows-Steuerelemente, wie das Eingabefeld und das Listenfeld, verwendet, und Sie haben Windows-Standardsteuerelemente kennen gelernt und erfahren, dass diese eigentlich genauso arbeiten. Bei all diesen Steuerelementen handelt es sich um untergeordnete Fenster, die Sie meist in Dialogfeldern verwenden und die durch MFC-Klassen, wie *CEdit* und *CTreeCtrl* repräsentiert werden. Das Client-Programm ist hier immer für die Erstellung des (untergeordneten) Steuerelementfensters verantwortlich.

Normale Steuerelemente senden Benachrichtigungen (gewöhnliche Windows-Nachrichten), wie z.B. BN_CLICKED, an das Dialogfeld. Wenn in einem Steuerelement irgendeine Operation ausgeführt werden soll, können Sie die Member-Funktion der C++-Klasse des Steuerelements aufrufen, die eine Windows-Nachricht an das Steuerelement sendet. Sämtliche Steuerelemente sind selbst eigenständige Fensterobjekte. Alle MFC-Steuerelementklassen sind von der Fensterklasse *CWnd* abgeleitet, und Sie rufen daher die Funktion *CWnd::GetWindowText* auf, wenn Sie den Text aus einem Eingabefeld einlesen möchten. Aber sogar die Arbeitsweise dieser Funktion basiert darauf, dass eine Nachricht an das Steuerelement gesendet wird.

Windows-Steuerelemente sind ein integraler Bestandteil von Windows, obwohl die Windows-Standarddialogfelder in einer getrennten DLL untergebracht sind. Eine andere Gattung gewöhnlicher Steuerelemente, die so genannten *benutzerdefinierten Steuerelemente*, sind vom Programmierer erstellte Steuerelemente, die wie normale Steuerelemente WM_COMMAND-Benachrichtigungen an ihr übergeordnetes Fenster senden und benutzerdefinierte Nachrichten empfangen. Sie werden in Kapitel 22 einem Exemplar dieser Gattung begegnen.

Ähnlichkeiten zwischen ActiveX-Steuerelementen und normalen Steuerelementen

Sie können ein ActiveX-Steuerelement wie ein normales Steuerelement als untergeordnetes Fenster betrachten. Wenn Sie ein ActiveX-Steuerelement in ein Dialogfeld einfügen möchten, können Sie den Dialog-Editor hierzu verwenden. Der Bezeichner (ID) des Steuerelements wird auch hier in die Ressourcenvorlage aufgenommen. Wenn Sie ein ActiveX-Steuerelement zur Laufzeit erstellen, rufen Sie die *Create*-Member-Funktion der Steuerelementklasse auf. Normalerweise erfolgt dieser Aufruf in der WM_CREATE-Behandlungroutine des übergeordneten Fensters. Wenn Sie ein ActiveX-Steuerelement bearbeiten möchten, können Sie zu diesem Zweck wie bei den Windows-Steuerelementen eine C++-Member-Funktion aufrufen. Das Fenster, in das das Steuerelement eingebettet ist, nennt man *Container*.

Unterschiede zwischen ActiveX-Steuerelementen und normalen Steuerelementen – Eigenschaften und Methoden

Die wichtigsten Merkmale von ActiveX-Steuerelementen sind ihre Eigenschaften und Methoden. Sämtliche C++-Member-Funktionen, die Sie zur Bearbeitung einer Steuerelementinstanz aufrufen, haben mit Eigenschaften und Methoden zu tun. Eigenschaften sind symbolische Namen, denen ganzzahlige Indizes zugeordnet sind. Entwickler von Steuerelementen weisen jeder Eigenschaft einen Namen, wie beispielsweise *BackColor* oder *GridCellEffect*, und einen Typ zu, wie *CString*, *int* oder *double*. Es gibt sogar einen Eigenschaftstyp für Bilder wie Bitmaps oder Symbole. Das Client-Programm kann einzelne Eigenschaften von ActiveX-Steuerelementen ändern, indem es den ganzzahligen Index der Eigenschaft und einen Eigenschaftswert angibt, und es kann Eigenschaftswerte abrufen, indem es den Index angibt und den entsprechenden Rückgabewert einliest. In bestimmten Fällen können Sie mit dem Klassen-Assistenten Datenelemente in Ihrer Client-Fensterklasse definieren, die mit den Eigenschaften der in der Client-Klasse enthaltenen Steuerelemente verknüpft sind. Der Klassen-Assistent generiert dann DDX-Funktionen für den Datenaustausch zwischen den Eigenschaften des Steuerelements und den Datenelementen der Client-Klasse.

Die Methoden von ActiveX-Steuerelementen entsprechen Funktionen. Eine Methode hat einen symbolischen Namen, eine definierte Menge von Parametern und einen Rückgabewert. Sie können Methoden aufrufen, indem Sie eine C++-Member-Funktion der Klasse aufrufen, durch die das Steuerelemente repräsentiert wird. Entwickler von Steuerelementen können nach Bedarf beliebige Methoden definieren, wie zum Beispiel *PreviousYear*, *LowerControlRods* usw.

ActiveX-Steuerelemente senden keine WM_-Benachrichtigungen wie die normalen Steuerelemente, sondern sie »lösen Ereignisse aus«. Ein Ereignis hat einen symbolischen Namen, und es kann eine beliebige Folge von Parametern haben. Eigentlich ist es eine Container-Funktion, die vom Steuerelement aufgerufen wird. Wie die Benachrichtigungen normaler Steuerelemente geben Ereignisse keinen Wert an das ActiveX-Steuerelement zurück. Beispiele für Ereignisse sind *Click*, *KeyDown* und *NewMonth*. Ereignissen werden in der Client-Klasse ebenso Behandlungsroutinen zugewiesen wie den Benachrichtigungen normaler Steuerelemente.

Aus der Perspektive der MFC-Bibliothek verhalten sich ActiveX-Steuerelemente genauso wie untergeordnete Fenster – zwischen dem Container-Fenster und dem Steuerelementfenster befindet sich lediglich eine ansehnliche Menge an Code. Steuerelement müssen nicht einmal ein Fenster besitzen. Wenn Sie *Create* aufrufen, wird das Fenster nicht sofort erstellt, sondern der Steuerelementcode wird geladen und erhält den Befehl zur »direkten Aktivierung«. Das ActiveX-Steuerelement erstellt dann selbst sein Fenster, auf das Sie mit MFC-Funktionen über einen

CWnd-Zeiger zugreifen können. Es empfiehlt sich für den Client allerdings nicht, das *hWnd*-Fenster-Handle des Steuerelements direkt zu verwenden.

ActiveX-Steuerelemente werden in DLLs gespeichert, wobei die DLL ein oder mehrere ActiveX-Steuerelemente enthalten und statt der Dateinamenerweiterung DLL die Erweiterung OCX haben kann. Ihr Container-Programm lädt die DLLs nach Bedarf mit Hilfe komplizierter COM-Techniken, bei denen die Windows-Registrierung ein zentrale Rolle spielt. Geben Sie sich vorerst mit der Aussage zufrieden, dass die ActiveX-Steuerelemente, die Sie im Entwurfsmodus angegeben, während der Programmausführung für Sie geladen werden. Es liegt auf der Hand, dass Sie die DLL- bzw. OCX-Dateien und ein entsprechendes Installationsprogramm mitliefern müssen, wenn Sie ein Programm anbieten, das spezielle ActiveX-Steuerelemente verwendet.

ActiveX-Steuerelemente installieren

Angenommen, Sie sind auf ein tolles ActiveX-Steuerelement gestoßen, das Sie in Ihrem Projekt verwenden möchten. Dazu müssen Sie zuerst einmal die DLL auf Ihre Festplatte kopieren. Natürlich können Sie sie in ein beliebiges Verzeichnis kopieren, aber Sie behalten einfacher den Überblick über Ihre ActiveX-Steuerelemente, wenn Sie sie an einem Ort sammeln wie etwa dem Systemverzeichnis (normalerweise \Windows\System bei Microsoft Windows 95 oder \Winnt\System32 bei Microsoft Windows NT). Kopieren Sie die zugehörigen Dateien, wie Hilfedateien (HLP) oder Lizenzierungsdateien (LIC), in dasselbe Verzeichnis.

Als Nächstes müssen Sie die ActiveX-Steuerelemente in der Windows-Registrierung registrieren. Eigentlich registrieren sich ActiveX-Steuerelement selbst, sobald ein Client-Programm eine spezielle exportierte Funktion aufruft. Das Windows-Dienstprogramm Regsvr32 ist ein Client-Programm, das mit dem Steuerelementnamen als Befehlszeilenparameter aufgerufen werden kann. Regsvr32 eignet sich daher besonders für Installationsroutinen. Mit einem anderen Programm namens RegComp, das im Verzeichnis REGCOMP der Begleit-CD zu diesem Buch enthalten ist, können Sie die Steuerelemente, die Sie registrieren möchten, sogar mit Hilfe eines Dialogfelds auf der Festplatte suchen. Für einige Steuerelemente gelten bestimmte Lizenzierungsbedingungen, die unter Umständen zusätzliche Einträge in der Registrierung erfordern. (Nähere Informationen über die Windows-Registrierungsdatenbank finden Sie in den Kapiteln 15, 17, 24 und 25.) Lizensierte Steuerelemente werden in der Regel mit einem eigenen Installationsprogramm ausgeliefert, das sich um diese Dinge kümmert.

Nachdem Sie Ihr ActiveX-Steuerelement registriert haben, müssen Sie es in jedem Projekt installieren, in dem es verwendet wird. Die OCX-Datei wird hierbei nicht kopiert, sondern die Installation bewirkt, dass der Klassen-Assistent eine Kopie der C++-Klasse erzeugt, die dem Steuerelement eigen ist, und dass das Steuerelement in diesem Projekt im Dialog-Editor in der Symbolleiste *Steuerelemente* angezeigt wird.

Um ein ActiveX-Steuerelement in einem Projekt zu installieren, wählen Sie im Menü Projekt den Befehl *Dem Projekt hinzufügen* und im Untermenü *Komponenten und Steuerelemente*. Wählen Sie dann die Option *Registered ActiveX Controls* (siehe Abbildung 8.1).

Daraufhin wird eine Liste sämtlicher ActiveX-Steuerelemente angezeigt, die gegenwärtig in Ihrem System registriert sind. Abbildung 8.2 zeigt eine typische Liste.

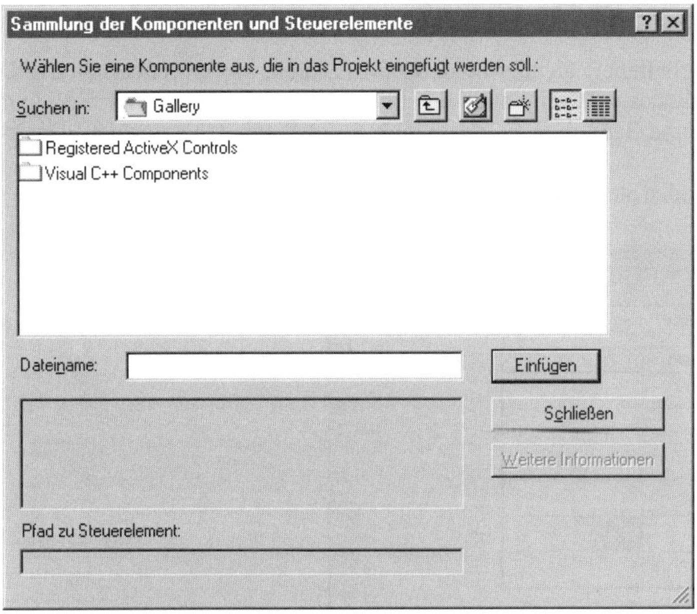

Abbildung 8.1:
Das Dialogfeld Sammlung der Komponenten und Steuerelemente.

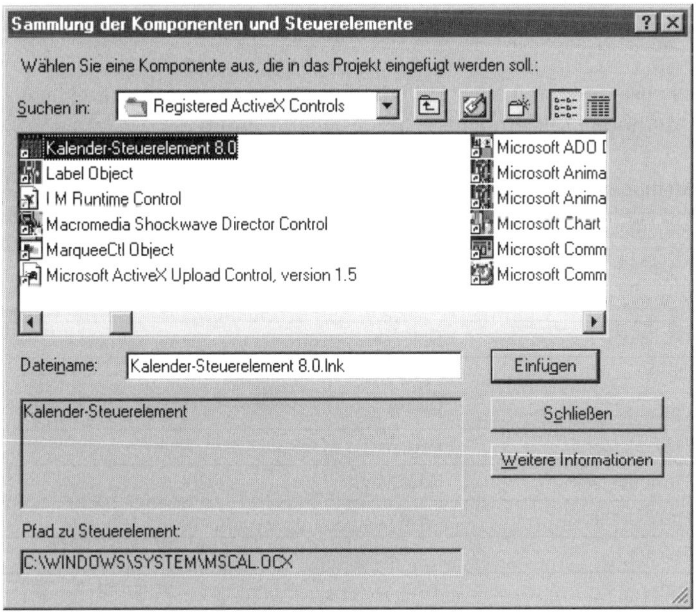

Abbildung 8.2:
Die Liste der auf einem PC registrierten ActiveX-Steuerelemente.

Das Kalender-Steuerelement

Das in der Datei MSCal.ocx enthaltene Kalender-Steuerelement ist ein so verbreitetes ActiveX-Steuerelement von Microsoft, dass es wahrscheinlich bereits auf Ihrem Computer installiert und registriert ist. Machen Sie sich keine Gedanken, falls dem nicht so ist. Sie finden es auf der Begleit-CD zu diesem Buch.

Abbildung 8.3 zeigt das Kalender-Steuerelement in einem modalen Dialogfeld.

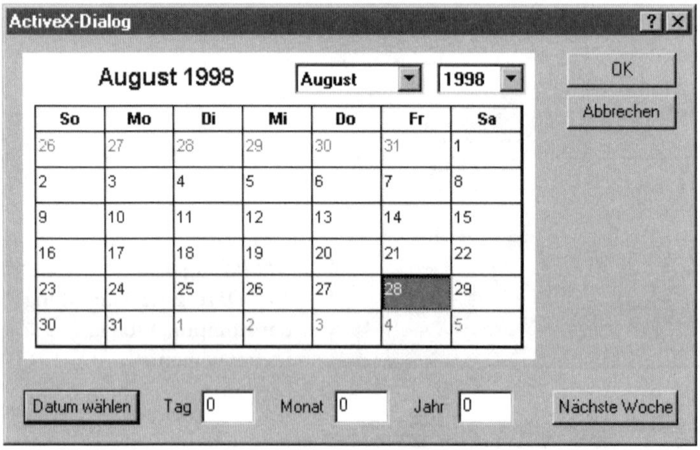

Abbildung 8.3: *Das Kalender-Steuerelement im Einsatz.*

Das Kalender-Steuerelement wird zusammen mit einer Hilfedatei ausgeliefert, in der in Tabelle 8.1 aufgeführten die Eigenschaften, Methoden und Ereignisse beschrieben werden.

Eigenschaften	Methoden	Ereignisse
BackColor	AboutBox	AfterUpdate
Day	NextDay	BeforeUpdate
DayFont	NextMonth	Click
DayFontColor	NextWeek	DblClick
DayLength	NextYear	KeyDown
FirstDay	PreviousDay	KeyPress
GridCellEffect	PreviousMonth	KeyUp
GridFont	PreviousWeek	NewMonth
GridFontColor	PreviousYear	NewYear
GridLinesColor	Refresh	
Month	Today	
MonthLength		
ShowDateSelectors		
ShowDays		
ShowHorizontalGridlines		
ShowTitle		►

Eigenschaften	Methoden	Ereignisse
ShowVerticalGridlines		
TitleFont		
TitleFontColor		
Value		
ValueIsNull		
Year		

Tabelle 8.1: *Eigenschaften, Methoden und Ereignisse des Kalender-Steuerelements.*

Sie werden später in diesem Kapitel (Beispiel EX08) mit den Eigenschaften *BackColor*, *Day*, *Month*, *Year* und *Value* arbeiten. *BackColor* hat den Datentyp *unsigned long*, wird aber wie eine *OLE_COLOR*-Struktur behandelt, und diese Struktur ist fast identisch mit *COLORREF*. *Day*, *Month* und *Year* sind 2-Byte-Integerwerte. *Value* hat den besonderen Datentyp *VARIANT*, der in Kapitel 25 beschrieben wird. Das gesamte Datum wird hier in einem 64-Bit-Wert gespeichert.

Alle oben aufgeführten Eigenschaften, Methoden und Ereignisse verfügen über einen eindeutigen, ganzzahligen Bezeichner. Informationen über Namen, Typen, Parameter und Integer-IDs werden im Steuerelement gespeichert. Sie können über den Klassen-Assistenten während des Entwurfs des Containers auf diese Daten zugreifen.

Programmierung von ActiveX-Steuerelement-Containern

Die MFC-Bibliothek und der Klassen-Assistent unterstützen ActiveX-Steuerelemente sowohl in Dialogfeldern als auch in »untergeordneten Fenstern«. Um ActiveX-Steuerelemente einsetzen zu können, müssen Sie verstehen, wie man auf die Eigenschaften eines Steuerelements zugreift und wie Ihre DDX-Funktionen diese Eigenschaftswerte verarbeiten.

Zugriff auf Eigenschaften

Entwickler von ActiveX-Steuerelementen legen bestimmte Eigenschaften fest, auf die im Entwurfsmodus zugegriffen werden kann. Diese Eigenschaften werden in dem Eigenschaftendialogfeld festgelegt, das im Dialog-Editor für das Steuerelement angezeigt wird, wenn Sie mit der rechten Maustaste auf das Steuerelement klicken und im Kontextmenü *Eigenschaften* wählen. Beim Kalender-Steuerelement sieht die Hauptseite des Eigenschaftendialogfelds so wie in Abbildung 8.4 dargestellt aus.

Wenn Sie auf die Registerkarte *Alle* klicken, sehen Sie eine Liste der Eigenschaften, auf die im Entwurfsmodus zugegriffen werden kann, und möglicherweise enthält diese Liste auch einige Eigenschaften, die in der Seite *Steuerelement* nicht verzeichnet sind. Die Seite *Alle* des Dialogfelds *Kalender-Steuerelement Eigenschaften* ist in Abbildung 8.5 dargestellt.

Auf sämtliche Eigenschaften des Steuerelements, auch die im Entwurfsmodus verfügbaren Eigenschaften, kann während der Ausführung zugegriffen werden. Einige Eigenschaften sind dann aber unter Umständen schreibgeschützt.

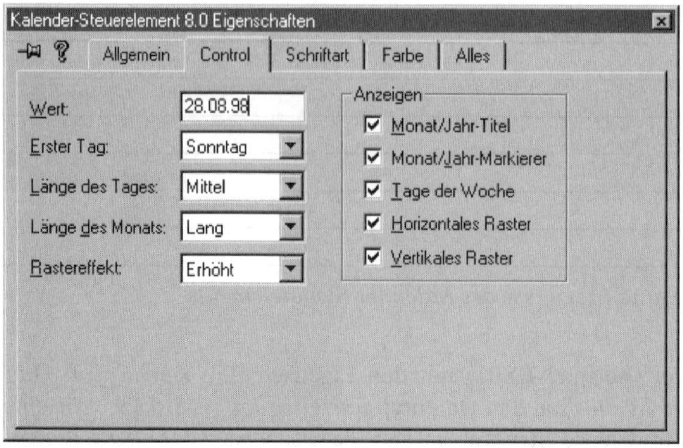

Abbildung 8.4:
Die Seite Control *des Dialogfelds* Kalender-Steuerelement 8.0 Eigenschaften.

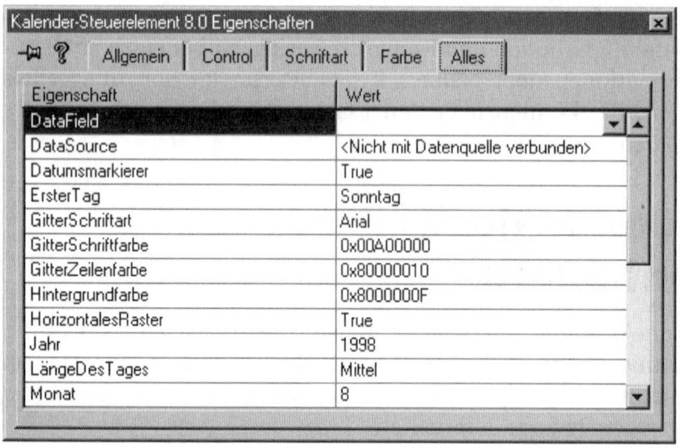

Abbildung 8.5:
Die Seite Alles *des Dialogfelds* Kalender-Steuerelement 8.0 Eigenschaften.

C++-Klassen für ActiveX-Steuerelemente

Wenn Sie ein ActiveX-Steuerelement in ein Projekt einfügen, generiert der Klassen-Assistent eine von *CWnd* abgeleitete C++-Klasse zur Kapselung des Steuerelements, die auf die Methoden und Eigenschaften dieses Steuerelements zugeschnitten ist. Diese Klasse weist Member-Funktionen für alle Eigenschaften und Methoden auf, und sie bietet Konstruktoren, die Sie zur dynamischen Erstellung einer Steuerelementinstanz verwenden können. (Der Klassen-Assistent generiert auch Klassen für Objekte, die von dem Steuerelement verwendet werden.) Nachfolgend sind einige typische tMember-Funktionen aus der Datei *Calendar.cpp* abgedruckt, die der Klassen-Assistent für das Kalender-Steuerelement erstellt hat.

```
unsigned long CCalendar::GetHintergrundfarbe()
{
  unsigned long result;
  InvokeHelper(DISPID_BACKCOLOR, DISPATCH_PROPERTYGET, VT_I4, (void*)&result, NULL);
  return result;
}

void CCalendar::SetHintergrundfarbe(unsigned long newValue)
```

```
{
  static BYTE parms[] = VTS_I4;
  InvokeHelper(DISPID_BACKCOLOR, DISPATCH_PROPERTYPUT, VT_EMPTY, NULL,
               parms,newValue);
}

short CCalendar::GetTag()
{
  short result;
  InvokeHelper(0x11, DISPATCH_PROPERTYGET, VT_I2, (void*)&result, NULL);
  return result;
}

void CCalendar::SetTag(short nNewValue)
{
  static BYTE parms[] = VTS_I2;
  InvokeHelper(0x11, DISPATCH_PROPERTYPUT, VT_EMPTY, NULL, parms,
               nNewValue);
}

COleFont CCalendar::GetTagSchriftart()
{
  LPDISPATCH pDispatch;
  InvokeHelper(0x1, DISPATCH_PROPERTYGET, VT_DISPATCH,
               (void*)&pDispatch, NULL);
  return COleFont(pDispatch);
}

void CCalendar::SetTagSchriftart(LPDISPATCH newValue)
{
  static BYTE parms[] = VTS_DISPATCH;
  InvokeHelper(0x1, DISPATCH_PROPERTYPUT, VT_EMPTY, NULL, parms, newValue);
}
```

(Hier wurden Member-Funktionen ausgelassen.)

```
VARIANT CCalendar::GetWert()
{
   VARIANT result;
  InvokeHelper(0xc, DISPATCH_PROPERTYGET, VT_VARIANT, (void*)&result, NULL);
  return result;
}

void CCalendar::SetWert(const VARIANT& newValue)
{
  static BYTE parms[] = VTS_VARIANT;
  InvokeHelper(0xc, DISPATCH_PROPERTYPUT, VT_EMPTY, NULL, parms, &newValue);
}

BOOL CCalendar::GetWertIstNull()
{
  BOOL result;
  InvokeHelper(0xe, DISPATCH_PROPERTYGET, VT_BOOL, (void*)&result, NULL);
  return result;
}
```

```
void CCalendar::SetWertIstNull(BOOL bNewValue)
{
  static BYTE parms[] = VTS_BOOL;
  InvokeHelper(0xe, DISPATCH_PROPERTYPUT, VT_EMPTY, NULL, parms, bNewValue);
}

short CCalendar::GetJahr()
{
  short result;
  InvokeHelper(0xf, DISPATCH_PROPERTYGET, VT_I2, (void*)&result, NULL);
  return result;
}

void CCalendar::SetJahr(short nNewValue)
{
  static BYTE parms[] = VTS_I2;
  InvokeHelper(0xf, DISPATCH_PROPERTYPUT, VT_EMPTY, NULL, parms, nNewValue);
}

void CCalendar::NextDay()
{
  InvokeHelper(0x3e9, DISPATCH_METHOD, VT_EMPTY, NULL, NULL);
}

void CCalendar::NextMonth()
{
  InvokeHelper(0x3ea, DISPATCH_METHOD, VT_EMPTY, NULL, NULL);
}

void CCalendar::NextWeek()
{
  InvokeHelper(0x3eb, DISPATCH_METHOD, VT_EMPTY, NULL, NULL);
}
```

Listing 8.1: *Auswahl an Member-Funktionen, die vom Klassen-Assistenten für das Kalender-Steuerelement generiert wurden.*

Sie brauchen sich kaum mit den Anweisungen innerhalb dieser Funktionen zu beschäftigen, können aber dem ersten Parameter jeder *InvokeHelper*-Funktion den in der Eigenschaftenliste des Kalender-Steuerelements angegebenen *dispid*-Wert der zugehörigen Eigenschaft oder Methode zuordnen. Wie Sie sehen, verfügen alle Eigenschaften über *Set*- und *Get*-Funktionen. Sie rufen Methoden einfach über die zugehörige Funktion auf. Wenn Sie beispielsweise die Methode *NextDay* über eine Funktion der Dialogklasse aufrufen möchten, formulieren Sie dies wie folgt:

```
m_calendar.NextDay();
```

Hier ist *m_calendar* ein Objekt der Klasse *CCalendar*, die zur Kapselung des Kalender-Steuerelements generiert worden ist.

Unterstützung des MFC-Anwendungs-Assistenten für ActiveX-Steuerelemente

Wenn im MFC-Anwendungs-Assistenten die Option *ActiveX-Steuerelemente* aktiviert ist (Standardeinstellung), fügt dieser Anwendungs-Assistent die folgende Zeile in die Member-Funktion *InitInstance* Ihrer Anwendungsklasse ein:

```
AfxEnableControlContainer();
```

Er fügt zudem folgende Zeile in die Datei StdAfx.h des Projekts ein:

```
#include <afxdisp.h>
```

Wenn Sie ActiveX-Steuerelemente in eine bestehendes Projekt aufnehmen, bei dessen Erstellung die Option *ActiveX-Steuerelemente* deaktiviert war, können Sie diese beiden Zeilen einfach in die entsprechenden Dateien einfügen.

Der Klassen-Assistent und das Container-Dialogfeld

Wenn Sie schon einmal mit dem Dialog-Editor eine Dialogressource erstellt haben, dann wissen Sie, dass Sie mit dem Klassen-Assistenten eine C++-Klasse für das Dialogfeldfenster erstellen können. Falls Ihre Dialogfeldvorlage ein oder mehrere ActiveX-Steuerelemente enthält, können Sie mit dem Klassen-Assistenten Datenelemente und Ereignisbehandlungsroutinen generieren.

Datenelemente der Dialogklasse oder Steuerelementklasse verwenden

Welche Art von Datenelemente können Sie der Dialogklasse für ein ActiveX-Steuerelement hinzufügen? Wenn Sie eine Steuerelementeigenschaft festlegen wollen, bevor Sie die Funktion *DoModal* für das Dialogfeld aufrufen, dann können Sie der Dialogklasse Datenelemente für diese Eigenschaft hinzufügen. Wenn Sie Eigenschaften innerhalb der Member-Funktionen der Dialogklasse ändern möchten, dann müssen Sie einen anderen Ansatz wählen: Sie fügen ein Datenelement ein, das ein Objekt der C++-Klasse des ActiveX-Steuerelements ist.

An dieser Stelle sollten wir uns die MFC-Mechanismen zum Dialogdatenaustausch (DDX) ansehen. Denken Sie zurück an das große Dialogfeld aus Kapitel 6. Die Funktion *CDialog::OnInitDialog* ruft *CWnd::UpdateData(FALSE)* auf, um die Datenelemente der Dialogklasse einzulesen, und die Funktion *CDialog::OnOK* ruft *UpdateData(TRUE)* auf, um die Datenelemente zu schreiben. Angenommen, Sie würden für jede ActiveX-Steuerelementeigenschaft ein Datenelement definieren und bräuchten den Wert der Eigenschaft *Value* in einer Schaltflächenbehandlungsroutine. Wenn Sie in der Schaltflächenbehandlungsroutine *UpdateData(FALSE)* aufrufen, würde diese Funktion alle Eigenschaftswerte von allen Steuerelementen des Dialogfelds einlesen, und das ist eindeutig Zeitverschwendung. Es ist effizienter, statt eines Datenelements, die *Get*-Funktion der Steuerelementklasse zu verwenden. Damit Sie diese Funktion aufrufen können, müssen Sie mit dem Klassen-Assistenten ein Datenelement für Objekte der Steuerelementklasse definieren.

Nehmen wir an, Sie haben die Kalender-Steuerelementklasse *CCalendar* und das Datenelement *m_calendar* in Ihrer Dialogklasse definiert. Mit folgender Anweisung würden Sie dann den Wert der Eigenschaft *Value* erhalten:

```
COleVariant var = m_calendar.GetWert();
```

HINWEIS: Der Typ *VARIANT* und die Klasse *COleVariant* werden in Kapitel 25 beschrieben.

Betrachten wir nun einen anderen Fall: Angenommen, Sie möchten als Tag den 5. des Monats einstellen, bevor das Steuerelement angezeigt wird. Sie definieren dazu das Datenelement *m_sCalDay* für die Eigenschaft *Day* (Typ short) in der Dialogklasse. Dann fügen Sie die folgende Codezeile in die Funktion *DoDataExchange* ein:

```
DDX_OCShort(pDX, IDC_KALENDER1, 0x11, m_sCalDay);
```

Der dritte Parameter enthält den Indexwert (den dispid-Wert) der Eigenschaft *Day*, den Sie den Funktionen *GetTag* und *SetTag* entnehmen können, die der Klassen-Assistent für das Steuerelement generiert hat. Mit folgenden Anweisungen können Sie das Dialogfeld aufbauen und anzeigen:

```
CMyDialog dlg;
dlg.m_sCalDay = 5;
dlg.DoModal();
```

Die DDX-Funktion weist der Eigenschaft den im Datenelement angegebenen Wert zu, bevor das Steuerelement angezeigt wird. Es sind hierzu keine weiteren Anweisungen erforderlich. Wie zu erwarten ist, weist die DDX-Routine dem Datenelement den Wert der Eigenschaft zu, sobald der Anwender die Schaltfläche *OK* auswählt.

HINWEIS: Auch wenn der Klassen-Assistent die Eigenschaften eines Steuerelements korrekt einliest, kann er nicht immer für sämtliche Eigenschaften Datenelemente generieren. Insbesondere sind für Eigenschaften vom Typ VARIANT, wie zum Beispiel die Eigenschaft *Value* des Kalender-Steuerelements, keine DDX-Routinen verfügbar. Sie müssen bei diesen Eigenschaften die C++-Steuerelementklasse verwenden.

ActiveX-Steuerelementereignisse verarbeiten

Sie können mit dem Klassen-Assistenten für ActiveX-Steuerelementereignisse auf die gleiche Weise Behandlungsroutinen definieren wie für Windows-Nachrichten und Befehlsnachrichten von Steuerelementen. Wenn eine Dialogklasse ein oder mehrere ActiveX-Steuerelemente enthält, definiert und verwaltet der Klassen-Assistent eine so genannte *Ereignisempfängertabelle* (englisch: *event sink map*), mit der Ereignisse den zugehörigen Behandlungsroutinen zugeordnet werden. Diese Tabelle ist mit einer Nachrichtenzuordnungstabelle vergleichbar. Sie finden den Quellcode einer solchen Ereignisempfängertabelle in Listing 8.2 in den Zeilen, die den Begriff EVENSINK enthalten.

HINWEIS: ActiveX-Steuerelemente haben die unschöne Angewohnheit, Ereignisse auszulösen, bevor Ihr Programm sie verarbeiten kann. Wenn Ihre Ereignisbehandlungsroutine mit Fenstern oder Zeigern auf C++-Objekten arbeitet, sollten Sie die Gültigkeit dieser Elemente überprüfen, bevor Sie sie verwenden.

ActiveX-Steuerelemente im Speicher halten

Normalerweise bleibt ein ActiveX-Steuerelement solange einem Prozess zugeordnet, solange das zugehörige übergeordnete Dialogfeld aktiv ist. Dies bedeutet, dass es jedes Mal wieder erneut geladen werden muss, wenn der Anwender ein modales Dialogfeld öffnet. Aufgrund der Verwendung eines Plattencache, dauern nachfolgende Ladevorgänge nicht so lange wie der erste Ladevorgang. Sie können die Ausführungsgeschwindigkeit jedoch weiter beschleunigen, indem Sie das Steuerelement im Speicher halten. Fügen Sie dazu in der überschriebenen *OnInitDialog*-Funktion nach dem Basisklassenaufruf die folgende Codezeile ein:

```
AfxOleLockControl(m_calendar.GetClsid());
```

Das ActiveX-Steuerelement bleibt dem Prozess zugeordnet, bis Sie Ihr Programm beenden oder die Funktion *AfxOleUnlockControl* aufrufen.

Das Beispielprogramm EX08A – Ein Dialogfeld als ActiveX-Steuerelement-Container

Jetzt ist es an der Zeit, eine Anwendung zu schreiben, in der das Kalender-Steuerelement in einem Dialogfeld verwendet wird. Mit folgenden Schritten erstellen Sie das Beispielprogramm EX08A:

1. **Überprüfen Sie, ob das Kalender-Steuerelement registriert ist.**

Falls das Steuerelement nicht im Ordner *Registered ActiveX Controls* des Visual C++-Dialogfelds *Sammlung der Komponenten und Steuerelemente* angezeigt wird, kopieren Sie die Dateien *MSCal.ocx*, *MSCal.hlp* und *MSCal.cnt* in das Systemverzeichnis, und registrieren Sie das Steuerelement mit dem Programm REGCOMP.

2. **Führen Sie den MFC-Anwendungs-Assistenten aus, und erstellen Sie das Projekt \vcpp32\ex08a\ex08a.**

Übernehmen Sie alle Standardeinstellungen bis auf folgende beiden Ausnahmen: Wählen Sie die Option *Einzelnes Dokument (SDI)*, und deaktivieren Sie die Option *Drucken und Druckvorschau*. Vergewissern Sie sich, dass im Dialogfeld *MFC-Anwendungs-Assistent – Schritt 3 von 6* die Option *ActiveX-Steuerelemente* aktiviert ist (siehe Abbildung 8.6).

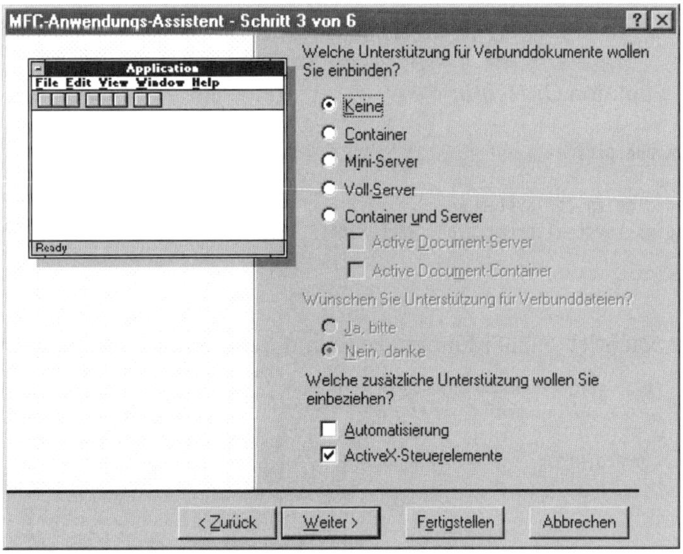

Abbildung 8.6: *Das Dialogfeld* MFC-Anwendungs-Assistent – Schritt 3 von 6.

3. Installieren Sie das Kalender-Steuerelement im Projekt EX08A.

Wählen Sie im Menü *Projekt* von Visual C++ den Befehl *Dem Projekt hinzufügen* und anschließend *Komponenten und Steuerelemente.* Wählen Sie den Eintrag *Registered ActiveX Controls* und dann *Kalender-Steuerelement*. Der Klassen-Assistent erstellt daraufhin die in Abbildung 8.7 gezeigten Klassen im Verzeichnis EX08A.

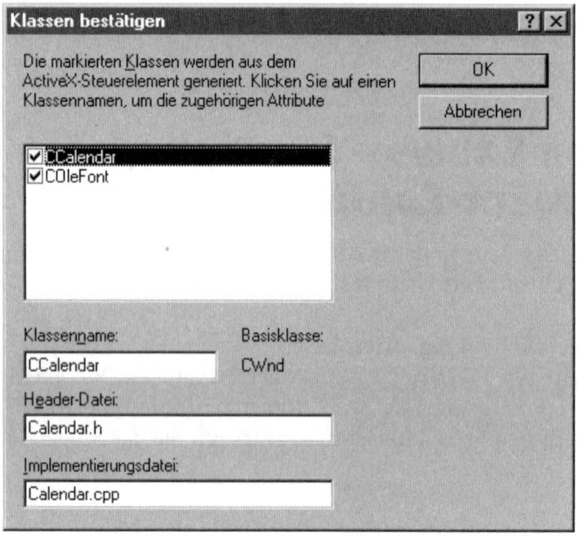

Abbildung 8.7:
Das Dialogfeld Klassen bestätigen.

4. Bearbeiten Sie die Kalender-Steuerelementklasse, damit Nachrichten des Hilfesystems verarbeitet werden.

Fügen Sie folgenden Nachrichtentabelleneintrag in die Datei *Calendar.cpp* ein:

```
BEGIN_MESSAGE_MAP(CCalendar, CWnd)
  ON_WM_HELPINFO()
END_MESSAGE_MAP()
```

Fügen Sie in diese Datei auch die Funktion *OnHelpInfo* ein:

```
BOOL CCalendar::OnHelpInfo(HELPINFO* pHelpInfo)
{
  // Passen Sie die folgende Zeichenfolge an Ihr System an
  ::WinHelp(GetSafeHwnd(), "c:\\windows\\system\\mscal.hlp", HELP_FINDER, 0);
  return FALSE;
}
```

Fügen Sie Deklarationen für die Nachrichtenzuordnungstabelle und den Funktionsprototyp in die Datei *Calendar.h* ein:

```
protected:
    afx_msg BOOL OnHelpInfo(HELPINFO* pHelpInfo);
    DECLARE_MESSAGE_MAP()
```

Die Funktion *OnHelpInfo* wird aufgerufen, wenn der Anwender die Taste F1 drückt, solange das Kalender-Steuerelement den Eingabefokus besitzt. Wir müssen den Eintrag für die Nachrichtbehandlungstabelle von Hand einfügen, da der Klassen-Assistent generierte ActiveX-Klassen nicht bearbeiten kann.

HINWEIS: Eine Neuerung von Microsoft Windows 95 und Microsoft Windows NT 4.0 ist, dass das Makro *ON_WM_HELPINFO* die Nachricht WM_HELP verarbeitet. Sie können *ON_WM_HELPINFO* in jeder Ansichts- oder Dialogklasse verwenden, und eine Behandlungsroutine schreiben, die ein beliebiges Hilfesystem aktivieren kann. Kapitel 21 beschreibt das kontextbezogene MFC-Hilfesystem, das der Nachricht WM_HELP zugrunde liegt.

5. Erstellen Sie mit dem Dialog-Editor eine neue Dialogressource.
Wählen Sie im Menü *Einfügen* von Visual C++ den Befehl *Ressource* und dann *Dialog*. Der Dialog-Editor weist dem neuen Dialog die ID *IDD_DIALOG1* zu. Ändern Sie diese ID in *IDD_ACTIVEXDIALOG*, ändern Sie den Dialogfeldtitel in *ActiveX-Dialogfeld*, und aktivieren Sie die Dialogfeldeigenschaft *Kontexthilfe* (auf der Seite *Weitere Formate*). Übernehmen Sie die Standardschaltflächen *OK* und *Abbrechen* mit den IDs *IDOK* und *IDCANCEL*, und fügen Sie dann die übrigen Steuerelemente ein, die in Abbildung 8.3 dargestellt sind. Aktivieren Sie bei der Schaltfläche *Datum wählen* die Eigenschaft *Standardschaltfläche*. Ziehen Sie das Kalender-Steuerelement aus der Symbolleiste *Steuerelemente* in die Dialogfeldvorlage. Legen Sie die Tabulator-Reihenfolge fest. Weisen Sie den Steuerelementen die IDs zu, die in Tabelle 8.2 angegeben sind.

Steuerelement	ID
Kalender-Steuerelement	*IDC_KALENDER1*
Schaltfläche Datum wählen	*IDC_SELECTDATE*
Eingabefeld	*IDC_DAY*
Eingabefeld	*IDC_MONTH*
Eingabefeld	*IDC_YEAR*
Schaltfläche Nächste Woche	*IDC_NEXTWEEK*

Tabelle 8.2: *Die Ressourcen-IDs der Steuerelemente aus dem Beispielprogramm EX08A.*

6. Benutzen Sie den Klassen-Assistenten zur Erstellung der Klasse *CActiveXDialog*.
Wenn Sie den Klassen-Assistenten aus dem Dialog-Editor heraus aufrufen, erkennt der Klassen-Assistent anhand der geladenen Vorlage *IDD_ACTIVEXDIALOG*, dass eine von *CDialog* abgeleitete Klasse erstellt werden soll. Übernehmen Sie einfach die Vorgaben, und nennen Sie die Klasse *CActiveXDialog*.

Klicken Sie im Dialogfeld *MFC-Klassen-Assistent* auf das Register *Nachrichtenzuordnungstabellen*, und fügen Sie die in Tabelle 8.3 aufgeführten Nachrichtenbehandlungsfunktionen hinzu. Sie fügen eine Funktion ein, indem Sie auf eine Objekt-ID klicken, dann eine Nachricht markieren und schließlich auf die Schaltfläche *Funktion hinzufügen* klicken. Wenn das Dialogfeld *Member-Funktion hinzufügen* angezeigt wird, geben Sie den Funktionsnamen ein und klicken auf die Schaltfläche *OK*.

Objekt-ID	Nachricht	Member-Funktion
CActiveXDialog	WM_INITDIALOG	*OnInitDialog* (virtuelle Funktion)
IDC_KALENDER1	NewMonth (Ereignis)	*OnNewMonthKalender1*
IDC_SELECTDATE	BN_CLICKED	*OnSelectDate*
IDC_NEXTWEEK	BN_CLICKED	*OnNextWeek*
IDOK	BN_CLICKED	*OnOK* (virtuelle Funktion)

Tabelle 8.3: *Nachrichtenbehandlungsfunktionen des Beispielprogramms EX08A.*

7. Führen Sie mit Hilfe des Klassen-Assistenten Datenelemente in die Klasse *CActiveXDialog* ein.

Klicken Sie auf die Registerkarte *Member-Variablen*, und fügen Sie dann die in Abbildung 8.8 gezeigten Datenelemente hinzu.

HINWEIS: Man würde erwarten, dass die Seite *ActiveX-Ereignisse* des Klassen-Assistenten dazu dient, den Ereignissen der in einem Container enthaltenen ActiveX-Steuerelemente Behandlungsroutinen zuzuordnen. Das stimmt aber nicht. Diese Seite ist für Entwickler von ActiveX-Steuerelementen vorgesehen, die Steuerelementereignisse *definieren* möchten.

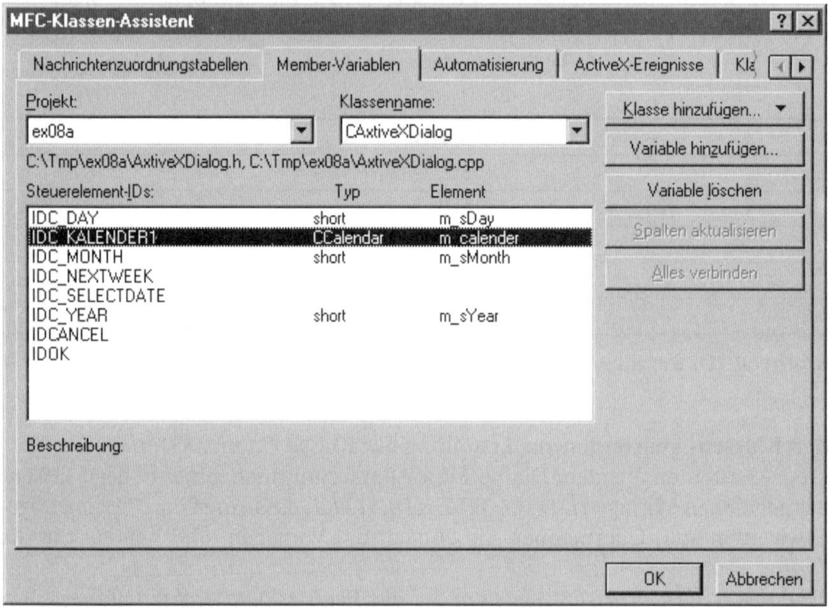

Abbildung 8.8: *Die Seite* Member-Variablen *des Dialogfelds* MFC-Klassen-Assistent.

8. Bearbeiten Sie die Klasse *CActiveXDialog*.

Fügen Sie die Datenelemente *m_varValue* und *m_BackColor* hinzu, und bearbeiten Sie dann den Code der fünf Funktionen *OnInitDialog*, *OnNewMonthCalendar1*, *OnSelectDate*, *OnNextWeek* und *OnOK*. Der Code der Dialogklasse ist in Listing 8.2 abgedruckt, wobei die neu einzufügenden Codeteile fett dargestellt sind.

ACTIVEXDIALOG.H

```
//{{AFX_INCLUDES()
#include "calendar.h"
//}}AFX_INCLUDES
#if !defined(AFX_ACTIVEXDIALOG_H__1917789D_6F24_11D0_8FD9_00C04FC2A0C2__INCLUDED_)
#define AFX_ACTIVEXDIALOG_H__1917789D_6F24_11D0_8FD9_00C04FC2A0C2__INCLUDED_

#if _MSC_VER >= 1000
#pragma once
#endif // _MSC_VER >= 1000

// ActiveXDialog.h : Header-Datei
//

/////////////////////////////////////////////////////////////////////////////
// Dialogfeld CActiveXDialog
class CActiveXDialog : public CDialog
{
// Konstruktion
public:
  CActiveXDialog(CWnd* pParent = NULL);   // Standardkonstruktor

// Dialogfelddaten
/////////////////////////////////////////////////////////////////////////////
  //{{AFX_DATA(CActiveXDialog)
  enum { IDD = IDD_ACTIVEXDIALOG };
  CCalendar    m_calendar;
  short    m_sDay;
  short    m_sMonth;
  short    m_sYear;
  //}}AFX_DATA
  COleVariant m_varValue;
  unsigned long m_BackColor;

// Überschreibungen
// Vom Klassen-Assistenten generierte virtuelle
// Funktionsüberschreibungen
  //{{AFX_VIRTUAL(CActiveXDialog)
  protected:
  virtual void DoDataExchange(CDataExchange* pDX);
                                           // DDX/DDV-Unterstützung
  //}}AFX_VIRTUAL

// Implementierung
protected:

                       // Generierte Nachrichtenzuordnungsfunktionen
  //{{AFX_MSG(CActiveXDialog)
  virtual BOOL OnInitDialog();
  afx_msg void OnNewMonthKalender1();
  afx_msg void OnSelectDate();
  afx_msg void OnNextWeek();
  virtual void OnOK();
  DECLARE_EVENTSINK_MAP()
```

```
  //}}AFX_MSG
  DECLARE_MESSAGE_MAP()
};

//{{AFX_INSERT_LOCATION}}
// Microsoft Developer Studio fügt zusätzliche Deklarationen unmittelbar
// vor der vorhergehenden Zeile ein.

#endif // !defined(AFX_ACTIVEXDIALOG_H__1917789D_6F24_11D0_8FD9_00C04FC2A0C2__INCLUDED_)
```

ACTIVEXDIALOG.CPP

```
// ActiveXDialog.cpp : Implementierungsdatei
//

#include "stdafx.h"
#include "ex08a.h"
#include "ActiveXDialog.h"

#ifdef _DEBUG
#define new DEBUG_NEW
#undef THIS_FILE
static char THIS_FILE[] = __FILE__;
#endif

/////////////////////////////////////////////////////////////////////////////
// Dialogfeld CActiveXDialog


CActiveXDialog::CActiveXDialog(CWnd* pParent /*=NULL*/)
    : CDialog(CActiveXDialog::IDD, pParent)
{
  //{{AFX_DATA_INIT(CActiveXDialog)
  m_sDay = 0;
  m_sMonth = 0;
  m_sYear = 0;
  //}}AFX_DATA_INIT
  m_BackColor = 0x8000000F;
}

void CActiveXDialog::DoDataExchange(CDataExchange* pDX)
{
  CDialog::DoDataExchange(pDX);
  //{{AFX_DATA_MAP(CActiveXDialog)
  DDX_Control(pDX, IDC_KALENDER1, m_calendar);
  DDX_Text(pDX, IDC_DAY, m_sDay);
  DDX_Text(pDX, IDC_MONTH, m_sMonth);
  DDX_Text(pDX, IDC_YEAR, m_sYear);
  //}}AFX_DATA_MAP
  DDX_OCColor(pDX, IDC_KALENDER1, DISPID_BACKCOLOR, m_BackColor);
}

BEGIN_MESSAGE_MAP(CActiveXDialog, CDialog)
  //{{AFX_MSG_MAP(CActiveXDialog)
  ON_BN_CLICKED(IDC_SELECTDATE, OnSelectDate)
```

```
  ON_BN_CLICKED(IDC_NEXTWEEK, OnNextWeek)
  //}}AFX_MSG_MAP
END_MESSAGE_MAP()

////////////////////////////////////////////////////////////////////////
// Behandlungsroutinen für Nachrichten CActiveXDialog

BEGIN_EVENTSINK_MAP(CActiveXDialog, CDialog)
  //{{AFX_EVENTSINK_MAP(CActiveXDialog)
  ON_EVENT(CActiveXDialog, IDC_KALENDER1, 2003 /* NewMonth */,
           OnNewMonthKalender1, VTS_NONE)
  //}}AFX_EVENTSINK_MAP
END_EVENTSINK_MAP()

BOOL CActiveXDialog::OnInitDialog()
{
  CDialog::OnInitDialog();
  m_calendar.SetValue(m_varValue); // kein DDX-Datenaustausch für VARIANT-Werte
    return TRUE;  // TRUE zrückgeben, sofern Steuerelement nicht der
                  // Eingabefokus zugewiesen wird
                  // AUSNAHME: OCX-Eigenschaftenseiten sollten FALSE
                  //          zurückgeben

}
void CActiveXDialog::OnNewMonthKalender1()
{
  AfxMessageBox("Ereignis:  CActiveXDialog::OnNewMonthKalender1");
}

void CActiveXDialog::OnSelectDate()
{
  CDataExchange dx(this, TRUE);
  DDX_Text(&dx, IDC_DAY, m_sDay);
  DDX_Text(&dx, IDC_MONTH, m_sMonth);
  DDX_Text(&dx, IDC_YEAR, m_sYear);
  m_calendar.SetDay(m_sDay);
  m_calendar.SetMonth(m_sMonth);
  m_calendar.SetYear(m_sYear);
}

void CActiveXDialog::OnNextWeek()
{
  m_calendar.NextWeek();
}

void CActiveXDialog::OnOK()
{
  CDialog::OnOK();
  m_varValue = m_calendar.GetWert(); // kein DDX-Datenaustausch für VARIANT-Werte
}
```

Listing 8.2: *Quelltext- und Header-Datei der Klasse* CActiveXDialog.

Die Funktion *OnSelectDate* wird aufgerufen, sobald der Anwender auf die Schaltfläche *Datum auswählen* klickt. Die Funktion übernimmt die Werte der Eingabefelder *Tag*, *Monat* und *Jahr* und überträgt sie in die zugehörigen Steuerelementeigenschaften. Der Klassen-Assistent kann keine DDX-Routine für die Eigenschaft *BackColor* generieren, und daher müssen Sie diese von Hand einfügen. Es sind auch keine DDX-Anweisungen für die Eigenschaften vom Typ *VARIANT* vorhanden, und deshalb müssen Sie Code in die Funktionen *OnInitDialog* und *OnOK* einfügen, um mit Hilfe der Steuerelementeigenschaft *Value* das Datum einzulesen.

9. Verknüpfen Sie das Dialogfeld mit der Ansicht.
Erstellen Sie mit dem Klassen-Assistent eine Nachrichtenzuordnung für die Nachricht WM_LBUTTONDOWN, und bearbeiten Sie dann die Nachrichtenbehandlungsroutine wie folgt:

```
void CEx08aView::OnLButtonDown(UINT nFlags, CPoint point)
{
    CActiveXDialog dlg;
    dlg.m_BackColor = RGB(255, 251, 240); // Helles Gelb
    COleDateTime today = COleDateTime::GetCurrentTime();
    dlg.m_varValue = COleDateTime(today.GetYear(), today.GetMonth(),
                                  today.GetDay(), 0, 0, 0);
    if (dlg.DoModal() == IDOK) {
        COleDateTime date(dlg.m_varValue);
        AfxMessageBox(date.Format("%B %d, %Y"));
    }
}
```

Damit wird als Hintergrundfarbe Hellgelb festgelegt, das aktuelle Tagesdatum eingesetzt, das modale Dialogfeld angezeigt und das vom Kalender-Steuerelement zurückgegebene Datum ausgegeben. Sie müssen natürlich auch eine *include*-Anweisung für die Datei *ActiveXDialog.h* in die Datei *ex08aView.cpp* einfügen.

10. Bearbeiten Sie die virtuelle Funktion *OnDraw* in der Datei ex08aView.cpp.
Damit der Anwender aufgefordert wird, die linke Maustaste zu drücken, müssen Sie die in der *OnDraw*-Funktion der Ansichtsklasse enthaltenen Anweisungen durch die folgende Zeile ersetzen.

```
pDC->TextOut(0, 0, "Drücken Sie hier die linke Maustaste.");
```

11. Erstellen und testen Sie die Anwendung EX08A.
Öffnen Sie das Dialogfeld, geben Sie in die drei Eingabefelder Daten ein, und klicken Sie dann auf die Schaltfläche *Datum wählen*. Klicken Sie auf die Schaltfläche *Nächste Woche*. Versuchen Sie, das gewählte Datum in einen anderen Monat zu verschieben, und beachten Sie die Anzeige des Meldungsfensters, die durch das Ereignis *NewMonth* ausgelöst wird. Klicken Sie auf *OK*. Ein anderes Meldungsfenster sollte dann das zuletzt eingestellte Datum anzeigen. Drücken Sie die Taste F1, um Hilfeinformationen zum Kalender-Steuerelement einzublenden.

Hinweis für Win32-Programmierer

Wenn Sie sich die Datei ex08a.rc in einem Texteditor ansehen, werden Sie sich wahrscheinlich über einige Dinge wundern. Der Eintrag für das Kalender-Steuerelement in unserem ActiveX-Dialogfeld sieht beispielsweise so aus:

```
CONTROL         "",IDC_KALENDER1,
                "{8E27C92B-1264-101C-8A2F-040224009C02}",
                WS_TABSTOP,7,7,217,113
```

An der Stelle, an der der Name der Fensterklasse stehen sollte, befindet sich eine 32-stellige Zahlenfolge. Was hat es damit auf sich? Die Ressourcenvorlage wird nicht direkt Windows übergeben, sondern von der Funktion *CDialog::DoModal* »vorverarbeitet«, bevor sie an die Dialogfeldprozedur von Windows weitergereicht wird. Diese Funktion entfernt zuerst alle ActiveX-Steuerelemente aus der Vorlage und erstellt das Dialogfeldfenster ohne ActiveX-Steuerelemente. Dann lädt sie die ActiveX-Steuerelemente (anhand ihrer 32-stelligen Bezeichner, den so genannten CLSIDs) und aktiviert sie vor Ort, so dass die Steuerelemente ihre Fenster selbst an den richtigen Orten erstellen. Die Anfangswerte der Eigenschaften, die Sie im Dialog-Editor festgelegt haben, werden in binärem Format in der DLGINIT-Ressource des Projekts gespeichert.

Wenn das modale Dialogfeld aktiv ist, koordinieren die MFC-Routinen den Nachrichtenaustausch zwischen Dialogfeldfenster und normalen Steuerelementen sowie ActiveX-Steuerelementen. Damit wird es dem Anwender ermöglicht, mit der Taste Tab sämtliche Steuerelemente des Dialogfelds auszuwählen, obwohl die ActiveX-Steuerelemente nicht zur eigentlichen Dialogfeldvorlage gehören.

Sie nehmen wahrscheinlich an, dass Aufrufe von Member-Funktionen des Steuerelementobjekts im Grunde genommen Aufrufen von Funktionen eines untergeordneten Fensters sind. Das Steuerelementfenster ist dem Dialogfeldfenster aber nicht direkt untergeordnet. Allerdings lasst es die MFC-Bibliothek so aussehen, als hätten Sie es mit einem echten untergeordneten Fenster zu tun. In der ActiveX-Terminologie besitzt der Container eine *Site* (oder Platzhalter), welche aber kein Fenster ist. Sie rufen Funktionen für die Site auf, und ActiveX und MFC stellen die Verbindung zum Fenster des ActiveX-Steuerelements her.

Das Container-Fenster ist ein Objekt einer von *CWnd* abgeleiteten Klasse. Auch die Steuerelement-Site ist ein Objekt einer von *CWnd* abgeleiteten Klasse, nämlich der ActiveX-Steuerelementklasse. Daraus ergibt sich, dass die Klasse *CWnd* sowohl Container als auch Sites unterstützt.

Was hier in Erscheinung tritt, ist die auf die regulären Windows-Funktionen aufgepfropfte MFC-Unterstützung für ActiveX-Steuerelemente. Vielleicht wird eine künftige Windows-Version ActiveX-Steuerelemente einmal direkt unterstützten. ActiveX-Versionen von Standard-Windows-Steuerelementen gibt es ja bereits.

ActiveX-Steuerelemente in HTML-Dateien

Sie haben das ActiveX-Kalender-Steuerelement in einem modalen Dialogfeld kennen gelernt. Sie können das gleiche Steuerelement auch in eine HTML-Seite einfügen. Mit dem folgenden HTML-Code wird das Kalender-Steuerelement in eine HTML-Seite eingefügt und in einem Webbrowser angezeigt, sofern die Person, die diese HTML-Seite liest, das Kalender-Steuerelement auf ihrem Rechner installiert und registriert hat:

```
<OBJECT
    CLASSID="clsid:8E27C92B-1264-101C-8A2F-040224009C02"
    WIDTH=300 HEIGHT=200 BORDER=1 HSPACE=5 ID=calendar>
<PARAM NAME="Day" VALUE=11>
<PARAM NAME="Month" VALUE=11>
<PARAM NAME="Year" VALUE=1998>
</OBJECT>
```

Der Eintrag CLASSID (die gleiche Zahlenfolge, die wir in der Dialogressource des Beispiels EX08A gefunden haben) gibt den Registrierungseintrag des Kalender-Steuerelements an. Ein Browser kann ActiveX-Steuerelemente laden.

ActiveX-Steuerelemente zur Laufzeit erstellen

Sie haben gelernt, wie man mit dem Dialog-Editor im Entwurfsmodus ActiveX-Steuerelemente in ein Dialogfeld einfügt. Falls Sie ein ActiveX-Steuerelement während der Laufzeit ohne Ressourcenvorlage erstellen wollen, müssen Sie folgende Programmierschritte ausführen:

1. Fügen Sie die Komponente in Ihr Projekt ein. Der Klassen-Assistent erstellt daraufhin die Dateien für die Steuerelementklasse.

2. Fügen Sie ein eingebettetes Datenelement vom Typ der ActiveX-Steuerelementklasse in Ihre Dialog- oder eine andere C++-Fensterklasse ein. Das eingebettete C++-Objekt wird dann zusammen mit dem Fensterobjekt erzeugt und gelöscht.

3. Wählen Sie im Menü *Ansicht* von Visual C++ den Befehl *Ressourcensymbole*. Definieren Sie eine ID-Konstante für das neue Steuerelement.

4. Falls es sich bei dem übergeordneten Fenster um ein Dialogfeld handelt, fügen Sie mit dem Klassen-Assistent Nachrichtentabelleneinträge für die Dialogfeldnachricht WM_INITDIALOG ein, womit *CDialog::OnInitDialog* überschrieben wird. Bei anderen Fenstern generieren Sie mit dem Klassen-Assistenten Nachrichtentabelleneinträge für die Nachricht WM_CREATE. Die neue Nachrichtenverarbeitungsfunktion sollte die *Create*-Member-Funktion der eingebetteten Steuerelementklasse aufrufen. Dieser Aufruf bewirkt indirekt, dass das neue Steuerelement im Dialogfeld angezeigt wird. Das Steuerelement wird ordnungsgemäß gelöscht, wenn das übergeordnete Fenster gelöscht wird.

5. Fügen Sie in die Klasse des übergeordneten Fensters von Hand die erforderlichen Ereignisbehandlungsroutinen und Prototypen für das neue Steuerelement ein. Vergessen Sie nicht, die entsprechenden EVENTSINK-Makros hinzuzufügen.

TIPP: Der Klassen-Assistent generiert keine Ereignisempfängertabelleneinträge, wenn Sie ActiveX-Steuerelemente zur Laufzeit dynamisch in ein Projekt einfügen. Sie können sich behelfen, indem Sie das gewünschte Steuerelemente in ein anderes temporäres Projekt einfügen, dort den Ereignissen Behandlungsroutinen zuordnen und den entsprechenden Code in die Fensterklasse ihres Hauptprojekts kopieren.

Das Beispielprogramm EX08B – Das ActiveX-Webbrowser-Steuerelement

Microsoft Internet Explorer 4.x ist inzwischen einer der führenden Webbrowser. Es ist recht überraschend, dass ein Großteil seiner Funktionalität in einem großen ActiveX-Steuerelement (Shdocvw.dll) verfügbar ist. Wenn Sie den Internet Explorer ausführen, starten Sie ein kleines Shell-Programm, das dieses Webbrowser-Steuerelement in sein Hauptfenster lädt.

HINWEIS: Die Eigenschaften, Methoden und Ereignisse des Webbrowser-Steuerelements sind im Internet SDK vollständig dokumentiert. Sie können das Internet SDK von der Website http://www.microsoft.com herunterladen. Natürlich liegt diese Dokumentation im HTML-Format vor.

Aufgrund dieser modularen Struktur können Sie mühelos selbst ein Webbrowser-Programm schreiben. EX08B erstellt einen Webbrowser mit zwei nebeneinander liegenden Fenstern, der in einem Fenster das Suchmodul und im anderen das Suchergebnis ausgibt, so wie in Abbildung 8.9 dargestellt.

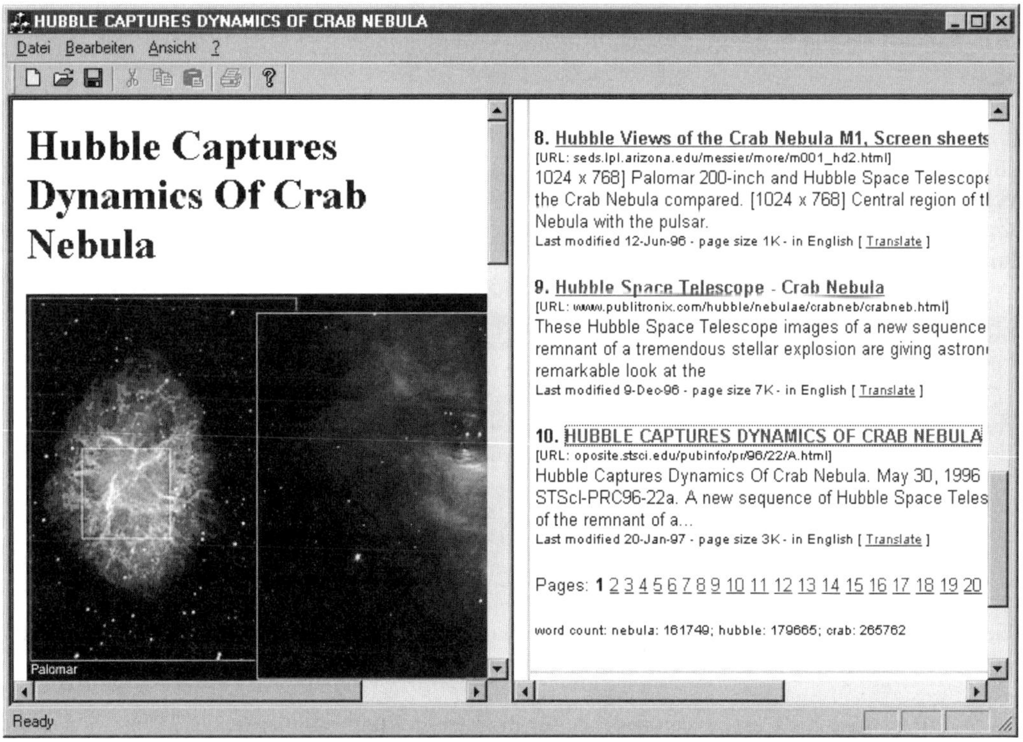

Abbildung 8.9: *Die Webbrowser-Steuerelemente des Beispielprogramms EX08B in Aktion.*

Die Ansicht enthält zwei Webbrowser-Steuerelemente, deren Größe so gewählt wurde, dass sie den gesamten Client-Bereich ausfüllen. Wenn der Anwender im Suchmodul (im rechten Fenster) auf einen Eintrag klickt, fängt das Programm diesen Befehl ab und leitet ihn an das Ergebnisausgabe-Steuerelement (im linken Fenster) weiter.

So erstellen Sie das Beispielprogramm:

1. **Vergewissern Sie sich, dass das Webbrowser-Steuerelement registriert ist.**

Sie haben sicher Microsoft Internet Explorer 4.*x* installiert, da Visual C++ dieses Programm benötigt, und daher sollte das Webbrowser-Steuerelement in Ihrem System registriert sein. Sie können den Internet Explorer auch von der Website http://www.microsoft.com herunterladen.

2. **Führen Sie den MFC-Anwendungs-Assistenten aus, und erstellen Sie das Projekt \vcpp32\ex08b\ex08b.**

Übernehmen Sie alle Standardeinstellungen bis auf folgende beiden Ausnahmen: Wählen Sie die Option *Einzelnes Dokument (SDI)*, und deaktivieren Sie die Option *Drucken und Druckvorschau*. Vergewissern Sie sich, dass wie beim Beispiel EX08A im Dialogfeld *MFC-Anwendungs-Assistent – Schritt 3 von 6* die Option *ActiveX-Steuerelemente* aktiviert ist.

3. **Installieren Sie das Webbrowser-Steuerelement im Projekt EX08B.**

Wählen Sie im Menü *Projekt* von Visual C++ den Befehl *Dem Projekt hinzufügen* und im zugehörigen Untermenü die Option *Komponenten und Steuerelemente*. Markieren Sie den Ordner *Registered ActiveX Controls*, und wählen Sie dort den Eintrag *Microsoft Webbrowser*. Visual C++ generiert daraufhin die Klasse *CWebBrowser* und fügt die zugehörigen Dateien in Ihr Projekt ein.

4. **Fügen Sie zwei Datenelemente vom Typ *CWebBrowser* in die Klasse *CEx08bView* ein.**

Klicken Sie im Fenster *Arbeitsbereich* auf die Registerkarte *Klassen*, und klicken Sie dann mit der rechten Maustaste auf die Klasse *CEx08bView*. Wählen Sie im Kontextmenü die Option *Member-Variable hinzufügen*, und nehmen Sie im Dialogfeld *Member-Variable hinzufügen* die in Abbildung 8.10 gezeigten Eingaben vor.

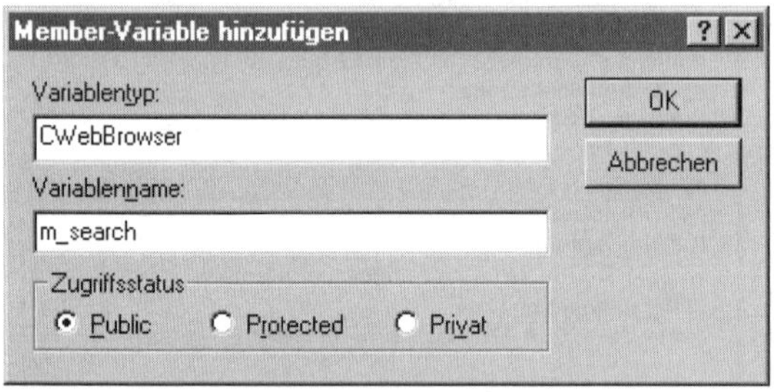

Abbildung 8.10:
Das Dialogfeld Member-Variable hinzufügen.

Wiederholen Sie diesen Arbeitsschritt, um das Datenelement *m_target* hinzuzufügen. Der Klassen-Assistent fügt eine *#include*-Anweisung für die Datei webbrowser.h ein.

5. **Definieren Sie die Ressourcensymbole für die beiden Steuerelemente.**

Wählen Sie im Menü *Ansicht* von Visual C++ den Befehl *Ressourcensymbole*, und fügen Sie die Symbole *ID_BROWSER_SEARCH* und *ID_BROWSER_TARGET* ein.

6. Deklarieren Sie eine statische Zeichenfeldkonstante für den URL von AltaVista.
Fügen Sie die folgende Deklaration für das statische Datenelement in die Klassendeklaration in der Datei ex08bView.h ein:

```
private:
    static const char s_engineAltavista[];
```

Fügen Sie dann folgende Definition in die Datei ex08bView.cpp ein. Diese Definition darf nicht innerhalb einer Funktion stehen:

```
const char CEx08bView::s_engineAltavista[] = "http://www.altavista.telia.com/";
```

7. Erstellen Sie mit dem Klassen-Assistenten Nachrichtentabelleneinträge für die Nachrichten WM_CREATE und WM_SIZE der Ansicht.
Bearbeiten Sie die Nachrichtenbehandlungsroutinen in der Datei *ex08bView.cpp* wie folgt:

```
int CEx08bView::OnCreate(LPCREATESTRUCT lpCreateStruct)
{
    if (CView::OnCreate(lpCreateStruct) == -1)
        return -1;

    DWORD dwStyle = WS_VISIBLE | WS_CHILD;
    if (m_search.Create(NULL, dwStyle, CRect(0, 0, 100, 100),
                        this, ID_BROWSER_SEARCH) == 0) {
        AfxMessageBox("Suchsteuerelement kann nicht erstellt werden!\n");
        return -1;
    }
    m_search.Navigate(s_engineAltavista, NULL, NULL, NULL, NULL);

    if (m_target.Create(NULL, dwStyle, CRect(0, 0, 100, 100),
                        this, ID_BROWSER_TARGET) == 0) {
        AfxMessageBox("Zielsteuerelement kann nicht erstellt werden!\n");
        return -1;
    }
    m_target.GoHome(); // Einstellung von IE4 übernehmen

    return 0;
}

void CEx08bView::OnSize(UINT nType, int cx, int cy)
{
    CView::OnSize(nType, cx, cy);

    CRect rectClient;
    GetClientRect(rectClient);
    CRect rectBrowse(rectClient);
    rectBrowse.right = rectClient.right / 2;
    CRect rectSearch(rectClient);
    rectSearch.left = rectClient.right / 2;

    m_target.SetWidth(rectBrowse.right - rectBrowse.left);
    m_target.SetHeight(rectBrowse.bottom - rectBrowse.top);
    m_target.UpdateWindow();

    m_search.SetLeft(rectSearch.left);
```

```
    m_search.SetWidth(rectSearch.right - rectSearch.left);
    m_search.SetHeight(rectSearch.bottom - rectSearch.top);
    m_search.UpdateWindow();
}
```

Die Funktion *OnCreate* erstellt zwei Browser-Fenster innerhalb des Ansichtsfensters. Im rechten Browser-Fenster wird die AltaVista-Startseite angezeigt und im linken Browser-Fenster die »Homepage« bzw. Standardseite, die in der *Systemsteuerung* in den Internet-Einstellungen angegeben ist. Die Funktion *OnSize*, die aufgerufen wird, sobald sich die Größe eines Ansichtsfensters ändert, sorgt dafür, dass die Browser-Fenster das Ansichtsfenster stets vollständig ausfüllen. Die *CWebBrowser*-Member-Funktionen *SetWidth* und *SetHeight* stellen die Browser-Eigenschaften *Width* und *Height* ein.

8. Fügen Sie die Einträge für die Ereignisempfängerzuordnung in die Datei *CEx08bView* ein.
Der Klassen-Assistent kann keine Zuordnungstabelleneinträge für Ereignisse von dynamischen ActiveX-Steuerelementen generieren, und daher müssen Sie sie von Hand einfügen. Geben Sie die folgenden Codezeilen in die Klassendeklaration in der Datei ex08bView.h ein:

```
protected:
  afx_msg void OnBeforeNavigateExplorer1(LPCTSTR URL,
    long Flags, LPCTSTR TargetFrameName,
    VARIANT FAR* PostData, LPCTSTR Headers, BOOL FAR* Cancel);
  afx_msg void OnTitleChangeExplorer2(LPCTSTR Text);
  DECLARE_EVENTSINK_MAP()
```

Fügen Sie dann den folgenden Code in die Datei ex08bView.cpp ein:

```
BEGIN_EVENTSINK_MAP(CEx08bView, CView)
  ON_EVENT(CEx08bView, ID_BROWSER_SEARCH, 101,
    OnBeforeNavigateExplorer1, VTS_BSTR VTS_I4 VTS_BSTR
    VTS_PVARIANT VTS_BSTR VTS_PBOOL)
  ON_EVENT(CEx08bView, ID_BROWSER_TARGET, 102,
    OnTitleChangeExplorer2, VTS_BSTR)
END_EVENTSINK_MAP()
```

9. Definieren Sie zwei Ereignisbehandlungsroutinen.
Fügen Sie die folgenden Member-Funktionen in die Datei ex08bView.cpp ein:

```
void CEx08bView::OnBeforeNavigateExplorer1(LPCTSTR URL,
  long Flags, LPCTSTR TargetFrameName,
  VARIANT FAR* PostData, LPCTSTR Headers, BOOL FAR* Cancel)
{
  TRACE("CEx08bView::OnBeforeNavigateExplorer1 - URL = %s\n", URL);
  if (!strnicmp(URL, s_engineAltavista, strlen(s_engineAltavista))) {
    return;
  }
  m_target.Navigate(URL, NULL, NULL, PostData, NULL);
  *Cancel = TRUE;
}

void CEx08bView::OnTitleChangeExplorer2(LPCTSTR Text)
{
  // Vorsicht!  Ereignis kann ausgelöst werden, bevor wir darauf reagieren können.
```

```
    CWnd* pWnd = AfxGetApp()->m_pMainWnd;
    if (pWnd != NULL) {
      if (::IsWindow(pWnd->m_hWnd)) {
          pWnd->SetWindowText(Text);
      }
    }
}
```

Die Behandlungsroutine *OnBeforeNavigateExplorer1* wird aufgerufen, wenn der Anwender in der Suchseite auf einen Hyperlink klickt. Die Funktion vergleicht den gewählten URL (der im String-Parameter *URL* enthalten ist) mit dem URL des Suchmoduls. Stimmen die URLs überein, wird der Suchvorgang im Suchfenster fortgesetzt. Andernfalls wird die Suche abgebrochen und die Methode *Navigate* für das Ausgabefenster aufgerufen. Die Behandlungsroutine *OnTitleChangeExplorer2* aktualisiert den Fenstertitel von EX08B mit dem Titel der Ausgabeseite.

10. Erstellen und testen Sie die Anwendung EX08B.
Suchen Sie auf der AltaVista-Seite nach irgendetwas. Die gesuchten Informationen sollten dann links im Ausgabefenster angezeigt werden.

HINWEIS: Während der Niederschrift dieses Buches war Visual C++ 6.0 noch nicht freigegeben. Es war mit der Prerelease-Version nicht möglich, die Beispiele EX08B und EX08C fehlerlos auszuführen. Der Quelltext auf der Begleit-CD wurde mit Visual C++ 5.0 erstellt und anschließend mit der Version 6.0 kompiliert. Wir hoffen, dass diese Beispiele auch mit der endgültigen Version von Visual C++ 6.0 ohne Probleme erstellt werden können.

Die Beispielanwendung EX08C – Ein vollständiger zweifenstriger Webbrowser

Das Beispielprogramm EX08B wurde absichtlich einfach gehalten, um die Verwendung des Webbrowser-Steuerelements klar vorführen zu können. Allerdings konnten wir nicht der Versuchung widerstehen, das Programm so weit zu verbessern, dass es als primärer Internet-Browser verwendet werden kann. Das Ergebnis dieser Bemühungen ist die Beispielanwendung EX08C, in der einige MFC-Funktionen eingesetzt werden, die erst in späteren Kapiteln dieses Buches besprochen werden. Es handelt sich dabei um folgende Merkmale:

- Fenster mit vertikal unterteilten Teilbereichen, das verschiebbare Browser-Fenster enthält
- Verwendung der Registrierung zum Speichern der Such- und Ergebnisseiten
- Drucken der Such- und der Ergebnisseiten
- Unterstützung mehrere Suchmodule
- Symbolleisten-Schaltflächen zum Suchen, Drucken und zur Auswahl des Suchmoduls
- Anzeige des Programmstatus und der gewählten URL in der Statusleiste

Wenn Sie EX08B ausführen konnten, sollte auch \vcpp32\Debug\ex08c ausgeführt werden. Sicherlich haben Sie Ideen für weitere Verbesserungen. Nachdem Sie die restlichen Kapitel dieses Buches gelesen haben, können Sie dieses Projekt von der Begleit-CD übernehmen und weiterentwickeln.

Bildeigenschaften

Einige ActiveX-Steuerelemente unterstützen eine Eigenschaft, der man Bitmaps, Metadateien und Symbole zuweisen kann. Wenn ein ActiveX-Steuerelement mindestens eine Picture-Eigenschaft aufweist, generiert der Klassen-Assistent während der Installation des Steuerelements in Ihrem Projekt eine *CPicture*-Klasse. Diese Klasse brauchen Sie nicht zu verwenden, aber die MFC-Klasse *CPictureHolder* müssen Sie verwenden. Um auf die Klassendeklaration und den Code der Klasse *CPictureHolder* zugreifen zu können, müssen Sie die folgende Zeile in die Datei StdAfx.h einfügen:

```
#include <afxctl.h>
```

Angenommen, Sie haben ein ActiveX-Steuerelement mit einer Bildeigenschaft namens *Picture*. Mit folgenden Anweisungen können Sie dieser Eigenschaft eine Bitmap aus den Ressourcen Ihres Programms zuweisen:

```
CPictureHolder pict;
pict.CreateFromBitmap(IDB_MYBITMAP); // aus Ressourcen des Projekts
m_control.SetPicture(pict.GetPictureDispatch());
```

HINWEIS: Wenn Sie die Datei AfxCtl.h mit einer include-Anweisung einbinden, können Sie das Programm nicht statisch mit der MFC-Bibliothek linken. Falls Sie ein eigenständiges Programm schreiben möchten, das Bildeigenschaften unterstützt und keine DLLs benötigt, müssen Sie Quellcode aus der Klasse *CPictureHolder*, die sich in der Datei \Programme\\Microsoft Visual Studio\VC98\mfc\src\ctlpict.cpp befindet, in Ihr Programm übernehmen.

Bindungsfähige Eigenschaften – Änderungsbenachrichtigungen

Falls ein ActiveX-Steuerelement über eine so genannte *bindungsfähige* Eigenschaft verfügt, sendet es eine *OnChanged*-Benachrichtigung an seinen Container, sobald sich der Wert dieser Eigenschaft ändert. Zudem kann das Steuerelement eine *OnRequestEdit*-Benachrichtigung für eine Eigenschaft senden, deren Wert sich noch nicht geändert hat. Falls die *OnRequestEdit*-Behandlungsroutine des Containers *FALSE* zurückgibt, darf das Steuerelement den Eigenschaftswert nicht ändern.

Die MFC-Bibliothek unterstützt die Verarbeitung von Änderungsbenachrichtigungen von Eigenschaften in ActiveX-Steuerelement-Containern. Aber auch in der aktuellen VersionVisual C++ Version 6.0 unterstützt der Klassen-Assistent dieses Leistungsmerkmal nicht. Das heißt, dass Sie die erforderlichen Einträge von Hand in die Ereignisempfängertabellen Ihrer Container-Klasse einfügen müssen.

Nehmen wir an, Sie haben ein ActiveX-Steuerelement mit einer bindungsfähigen Eigenschaft namens *Note* mit der DispID *4*. Sie fügen wie folgt das Makro *ON_PROPNOTIFY* in die *EVENTSINK*-Makros ein:

```
BEGIN_EVENTSINK_MAP(CAboutDlg, CDialog)
    //{{AFX_EVENTSINK_MAP(CAboutDlg)
    // Der Klassen-Assistent fügt hier weitere Ereignisbehandlungsmakros ein
    //}}AFX_EVENTSINK_MAP
```

```
    ON_PROPNOTIFY(CAboutDlg, IDC_MYCTRL1, 4, OnNoteRequestEdit,
                  OnNoteChanged)
END_EVENTSINK_MAP()
```

Sie müssen dann die Funktionen *OnNoteRequestEdit* und *OnNoteChanged* mit den unten angegebenen Rückgabe- und Parametertypen definieren:

```
BOOL CMyDlg::OnNoteRequestEdit(BOOL* pb)
{
  TRACE("CMyDlg::OnNoteRequestEdit\n");
  *pb = TRUE; // TRUE heißt, dass Änderung durchgeführt werden kann
  return TRUE;
}

BOOL CMyDlg::OnNoteChanged()
{
  TRACE("CMyDlg::OnNoteChanged\n");
  return TRUE;
}
```

Zudem müssen Sie die entsprechenden Prototypen in der Header-Datei der Klasse definieren:

```
afx_msg BOOL OnNoteRequestEdit(BOOL* pb);
afx_msg BOOL OnNoteChanged();
```

Weitere ActiveX-Steuerelemente

Sie haben wahrscheinlich die Erfahrung gemacht, dass immer mehr ActiveX-Steuerelemente Ihre Festplatte bevölkern, insbesondere, wenn Sie zulassen, dass Steuerelemente aus Websites geladen werden. Die meisten dieser Steuerelemente sind schwierig einzusetzen, sofern Sie nicht die Dokumentation zur Hand haben, aber ganz unterhaltsam. Sehen Sie sich das Steuerelement Marquee.ocx an, das zusammen mit Visual C++ ausgeliefert wird. Es funktioniert sowohl in MFC-Programmen als auch in HTML-Dateien. Wenn man der Eigenschaft *szURL* dieses Steuerelements den Namen einer anderen HTML-Datei, die Text enthält, zuweist, bewegt sich dieser Text wie bei einer Leuchtreklame im Steuerelementfenster über den Bildschirm.

Viele ActiveX-Steuerelemente wurden für Visual Basic-Programmierer entwickelt. Beim Steuerelement SysInfo.ocx, das zum Lieferumfang von Visual C++ gehört, können Sie beispielsweise Systemparameter als Eigenschaftswerte einlesen. C++-Programmierer können damit kaum etwas anfangen, da man ja jederzeit entsprechende Win32-Aufrufe schreiben kann. Anders als die vielen MFC-Objekte lassen sich die binären ActiveX-Steuerelemente nicht erweitern. Beispielsweise können Sie einem ActiveX-Steuerelement keine Eigenschaft bzw. kein Ereignis hinzufügen. Auch die zahlreichen in C++ verfügbaren objektorientierten Techniken wie Polymorphie lassen sich bei ActiveX-Steuerelementen nicht verwenden. Ein anderer Nachteil von ActiveX-Steuerelementen liegt darin, dass sie mit vielen leistungsfähigen MFC-Konzepten (beispielsweise der Dokument-Ansicht-Architektur, die wir später behandeln werden) nicht kompatibel sind.

9 Standardsteuerelemente von Internet Explorer 4

Die Entwickler von Microsoft haben Internet Explorer 4 (IE4) mit einer neuen, verbesserten Version der Komponente COMCTL32.DLL ausgeliefert, in der die Standardsteuerelemente, die sog. Microsoft Windows Common Controls, enthalten sind. Da diese Aktualisierung der Standardsteuerelemente nicht Teil einer neuen Betriebssystemversion war, nennt Microsoft diese Steuerelemente »Internet Explorer 4 Common Controls«, und wir bezeichnen sie im Folgenden als Standardsteuerelemente von Internet Explorer 4 (IE4) oder kurz IE4-Standardsteuerelemente. Zu den IE4-Standardsteuerelementen zählen aktualisierte Versionen der vorhandenen Windows-Standardsteuerelemente und verschiedene neue intelligente Steuerelemente. Microsoft Visual C++ 6.0 und Microsoft Foundation Class (MFC) 6.0 unterstützen diese neue Steuerelemente. In diesem Kapitel werden wir diese Steuerelemente erläutern und anhand von Beispielen zeigen, wie man sie verwendet. Falls Sie bisher weder mit den Windows-Steuerelementen noch den Windows-Standardsteuerelementen (Windows Common Controls) gearbeitet haben, sollten Sie unbedingt Kapitel 6 lesen, bevor Sie sich mit den IE4-Standardsteuerelementen beschäftigen.

HINWEIS: Die neue Version von COMCTL32.DLL ist zwar weder in Microsoft Windows 95 noch in Microsoft Windows NT 4.0 enthalten, wird jedoch mit künftigen Windows-Versionen ausgeliefert werden. Um Inkompatibilitäten zu vermeiden, müssen Sie die Datei COMCTL32.DLL zusammen mit Ihrer Anwendung für diese Betriebssysteme ausliefern. Sie müssen gegenwärtig eine »Developer Edition« von Internet Explorer besitzen, um diese Steuerelemente weitergeben zu können. Dies wird sich aber mit Sicherheit ändern, sobald eine Windows-Version mit den aktualisierten Steuerelementen ausgeliefert wird. Besuchen Sie auf jeden Fall *www.microsoft.com/msdn*, um die neuesten Informationen zu diesem Thema zu erhalten.

Einführung in die neuen Standardsteuerelemente von Internet Explorer 4

Im Beispielprogramm EX09A werden alle neuen Standardsteuerelemente von IE4 verwendet. Abbildung 9.1 zeigt das Dialogfeld aus diesem Beispielprogramm. Orientieren Sie sich an diesem Dialogfeld, wenn Sie die nachfolgenden Steuerelementbeschreibungen lesen.

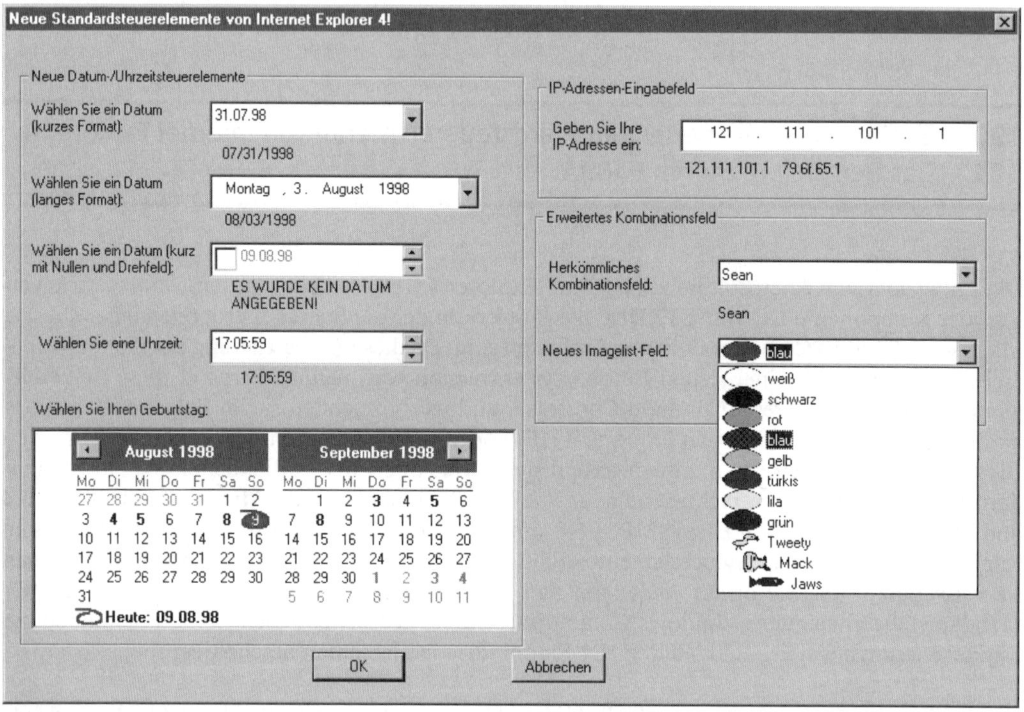

Abbildung 9.1: *Dialogfeld mit den neuen Standardsteuerelementen von Internet Explorer 4.*

Das Steuerelement zur Datums- und Zeitauswahl (DateTimePicker)

Dialogfelder enthalten häufig Felder, in die der Anwender ein Datum und eine Uhrzeit eingeben soll. Bevor die IE4-Standardsteuerelemente das Steuerelement zur Datums- und Zeitauswahl (*DateTimePicker*) zur Verfügung stellten, mussten Programmierer entweder ein Steuerelement von einem Fremdhersteller verwenden oder eine Klasse von einem MFC-Steuerelement ableiten, komplexe Routinen zur Überprüfung der Anwendereingaben schreiben, um die Gültigkeit der eingegebenen Daten sicherzustellen. Glücklicherweise ist das neue DateTimePicker-Steuerelement so intelligent, dass es den Anwender zur Eingabe eines Datums oder einer Uhrzeit auffordert und dem Programmierer gleichzeitig eine Reihe von Formaten und Optionen zur Auswahl stellt. Beispielsweise können Datumsangaben im kurzen Datumsformat (14.8.98) und im langen Datumsformat (Freitag, 14. August 1998) erfolgen. Zudem steht ein Uhrzeitmodus zur Verfügung, so dass der Anwender die Uhrzeit im vertrauten Format in Stunden/Minuten/Sekunden eingeben kann.

Sie können darüber hinaus festlegen, ob die Datumseingabe durch die direkte Bearbeitung eines Eingabefelds, über einen Pulldown-Kalender oder ein Drehfeld erfolgen soll. Es sind verschiedene Möglichkeiten zur Datumswahl verfügbar, wie z.B. die Auswahl einzelner oder mehrerer Daten (für einen Datumsbereich) und die Aktivierung und Deaktivierung der roten Markierung des aktuellen Datums. Das Steuerelement stellt sogar einen Modus bereit, in dem der Anwender über ein Markierungskästchen »kein Datum« wählen kann. In Abbildung 9.1 zeigen die ersten vier Steuerelemente in der linken Fensterhälfte die verschiedenen Konfigurationsmöglichkeiten, die beim DateTimePicker-Steuerelement zur Verfügung stehen.

Die neue MFC 6.0-Klasse *CDateTimeCtrl* beinhaltet die MFC-Schnittstelle für das IE4-Standardsteuerelement zur Datums- und Zeitauswahl (*DateTimePicker*). Diese Klasse enthält verschiedene Benachrichtigungsmechanismen, die die Programmierbarkeit des Steuerelements verbessern. *CDateTimeCtrl* stellt auch Member-Funktionen für die Bearbeitung von Strukturen vom Typ *CTime* bzw. *COleDateTime* zur Verfügung.

Sie verwenden die Member-Funktion *SetTime*, um in einem *CDateTimeCtrl*-Objekt Uhrzeit und Datum zu speichern. Mit der Funktion *GetTime* können Sie Datum und Uhrzeit abrufen. Mit der Member-Funktion *SetFormat* lassen sich benutzerdefinierte Formate definieren und mit der Schnittstelle *CDateTimeCtrl* können verschiedene andere Konfigurationen verändert werden.

CTime und COleDateTime

Die meisten »alten« MFC-Entwickler sind daran gewöhnt, die Klasse *CTime* zu verwenden. Da die Klasse *CTime* jedoch nur Daten zwischen dem 1. Januar 1970 und dem 18. Januar 2038 als gültige Daten zulässt, suchen viele Entwickler nach einer Alternative. Eine beliebte Alternative ist die Klasse *COleDateTime*, die zur Unterstützung der OLE-Automatisierung zur Verfügung gestellt wurde und Datumsangaben zwischen dem 1. Januar 100 und dem 31. Dezember 9999 verarbeiten kann. Beide Klassen haben verschiedene Vor- und Nachteile. Die Klasse *CTime* kann beispielsweise die Umstellung auf die Sommerzeit berücksichtigen, *COleDateTime* dagegen nicht.

Nachdem das Jahr 2000 nicht mehr fern ist, wählen viele Programmierer die Klasse *COleDateTime*, die sie einen größeren Wertebereich hat. Jede Anwendung, die *CTime* verwendet, muss in etwa 40 Jahren überarbeitet werden, da der obere Grenzwert dieser Klasse das Jahr 2038 ist. Wenn Sie herausfinden möchten, wie sich diese Begrenzung auswirkt, wählen Sie im Beispielprogramm EX09A einfach ein Datum, das außerhalb des Gültigkeitsbereichs von *CTime* liegt. Für welche Klasse Sie sich entscheiden werden, wird von den besonderen Anforderungen und der potentiellen Lebensdauer Ihrer Anwendung abhängen.

Das Monatskalender-Steuerelement

Das große Anzeigefeld im linken unteren Bereich von Abbildung 9.1 ist ein Monatskalender-Steuerelement. Wie das Steuerelement zur Datums- und Zeitauswahl (*DateTimePicker*) gibt das Monatskalender-Steuerelement dem Anwender die Möglichkeit, ein Datum auszuwählen. Sie können dieses Steuerelement aber auch dazu verwenden, um einen kleinen Personal Information Manager (PIM) in Ihre Anwendungen einzubinden. Sie können so viele Monate anzeigen, wie der Platz erlaubt – von einem Monat bis zu gleichzeitig 12 Monaten. Im Beispielprogramm EX09A werden mit Hilfe des Monatskalender-Steuerelements nur zwei Monate angezeigt.

Das Monatskalender-Steuerelement lässt neben der Auswahl einzelner Daten auch die Mehrfachauswahl von Daten zu und stellt verschiedene Anzeigeoptionen zur Auswahl, wie z.B. die Nummerierung von Monaten und die Markierung des aktuellen Tagesdatums. Mit Hilfe von Benachrichtigungen kann der Programmierer festlegen, welche Daten in Fettschrift angezeigt werden. Es liegt ganz im Ermessen des Programmierers, was fettgedruckte Daten repräsentieren. Sie können beispielsweise Fettdruck einsetzen, um Urlaubstage, Termine oder nicht verplanbare Daten zu kennzeichnen. Die MFC 6.0-Klasse *CMonthCalCtrl* implementiert dieses Steuerelement.

Zur Initialisierung der Klasse *CMonthCalCtrl* können Sie die Member-Funktion *SetToday()* aufrufen. *CMonthCalCtrl* stellt Member-Funktionen zur Verfügung, die sowohl *CTime* als auch *COleDateTime* verarbeiten können, z.B. *SetToday()*.

Das IP-Adresse-Steuerelement

Wenn Sie eine Anwendung schreiben, die auf irgendeine Weise Internet- oder TCP/IP-Funktionalität verwendet, müssen Sie den Anwender möglicherweise zur Eingabe einer IP-Adresse (IP – Internet Protocol) auffordern. Die IE4-Standardsteuerelemente beinhalten ein Steuerelement zur Bearbeitung von IP-Adressen, das Sie oben rechts in Abbildung 9.1 sehen. Dieses Steuerelement ermöglicht dem Anwender nicht nur, eine 4 Byte lange IP-Adresse einzugeben, sondern es überprüft auch automatisch, ob die eingegebene IP-Adresse gültig ist. Die MFC unterstützt dieses Steuerelement durch die Klasse *CIPAddressCtrl*.

Eine IP-Adresse besteht aus vier »Feldern«, die in Abbildung 9.2 dargestellt sind. Die Felder sind von links nach rechts nummeriert.

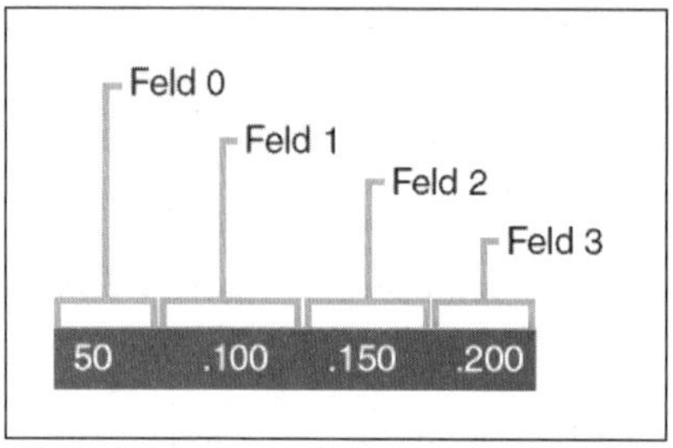

Abbildung 9.2:
Die Felder eines IP-Adresse-Steuerelements.

Zur Initialisierung des IP-Adresse-Steuerelements wird die Member-Funktion *SetAddress* in der *OnInitDialog*-Funktion der Anwendung aufgerufen. *SetAddress* wird ein Parameter vom Typ DWORD übergeben, wobei jedes BYTE dieses DWORD-Werts eines der Felder repräsentiert. In den Nachrichtenbehandlungsroutinen wird über einen Aufruf der Member-Funktion *GetAddress* ein Wert vom Typ DWORD oder eine Reihe von BYTE-Werten abgerufen, um die Werte der vier IP -Adressfelder zu ermitteln.

Erweitertes Kombinationsfeld-Steuerelement

Das »traditionelle« Kombinationsfeld wurde in den Anfangstagen von Windows entwickelt. Sein Alter und sein inflexibles Design haben bei vielen Entwicklern Verwirrung gestiftet. Microsoft hat beschlossen, mit den IE4-Standardsteuerelementen eine viel flexiblere Version des Kombinationsfelds, das sogenannte erweiterte Kombinationsfeld, zu veröffentlichen.

Das erweiterte Kombinationsfeld gibt dem Programmierer viel einfacher Zugriff auf das Bearbeitungsfeld des Kombinationsfelds und einfachere Steuerungsmöglichkeiten darüber. Im Gegensatz zu früher, als Kombinationsfelder vom besitzenden Fenster gezeichnet wurden, können heute im erweiterten Kombinationsfeld mühelos Grafiken angezeigt werden. Jedem Element eines erweiterten Kombinationsfelds können drei Bilder zugeordnet werden: ein Bild für den ausgewählten Zustand, ein Bild für den nicht ausgewählten Zustand und ein Überlagerungsbild. Mit Hilfe dieser drei Bilder können im Kombinationsfeld verschiedene grafische Anzeigen erzeugt werden, wie Sie im Beispiel EX09A sehen werden. Bei den beiden unteren Kombinationsfeldern aus Abbildung 9.1 handelt es sich um erweiterte Kombinationsfelder. Die MFC-Klasse *CComboBoxEx* bietet umfassende Unterstützung für erweiterte Kombinationsfelder.

Wie das Listenfeld-Steuerelement, das in Kapitel 6 vorgestellt wurde, kann ein Objekt vom Typ *CComboBoxEx* mit einem *CImageList*-Objekt verknüpft werden, das im erweiterten Kombinationsfeld automatisch Grafiken neben dem Text anzeigt. Wenn Sie mit der Klasse *CComboBox* bereits vertraut sind, kann die Klasse *CComboBoxEx* etwas verwirrend sein. Statt Zeichenfolgen enthält das erweiterte Kombinationsfeld Elemente vom Typ *COMBOBOXEXITEM*, einer Struktur, die sich aus folgenden Feldern zusammensetzt:

- ***UINT mask*** **–** Eine Gruppe von Bit-Flags, die angibt, welche Operationen unter Verwendung der Struktur ausgeführt werden sollen. Beispielsweise wird das Flag *CBEIF_IMAGE* gesetzt, wenn dem Anzeigefeld in einer Operation ein Wert zugewiesen oder daraus abgerufen werden soll.
- ***int iItem*** – Die Nummer des Elements des erweiterten Kombinationsfelds. Wie beim traditionellen Kombinationsfeld werden die Elemente von erweiterten Kombinationsfeldern durch einen mit Null beginnenden Index bezeichnet.
- ***LPSTR pszText*** – Der Text des Elements.
- ***int cchTextMax*** – Die Länge des Puffers, der in *pszText* verfügbar ist.
- ***int iImage*** – Mit Null beginnender Index der zugehörigen Bildliste (*CImageList*-Objekt).
- ***int iSelectedImage*** – Index des Bildes der Bildliste, das zur Repräsentation des Status »ausgewählt« verwendet werden soll.
- ***int iOverlay*** – Index des Bildes der Bildliste, das zur Überlagerung des aktuellen Bildes verwendet werden soll.
- ***int iIndent*** – Anzahl der 10 Pixel umfassenden Einrückungsstellen.
- ***LPARAM lParam*** – 32-Bit-Parameter für das Element.

Das Beispielprogramm EX09A führt vor Augen, wie man diese Struktur verwendet.

Das Beispielprogramm EX09A

Wir werden nun ein Dialogfeld aufbauen, das zeigt, wie man die Vorteile der Standardsteuerelemente von Internet Explorer 4 nutzt und wie man die verschiedenen Steuerelemente erstellt und programmiert. Nachfolgend werden die Schritte beschrieben, die zur Erstellung des Dialogfelds erforderlich sind.

1. Führen Sie den Anwendungs-Assistenten aus, um das Projekt EX09A anzulegen.
Wählen Sie im Menü *Datei* von Visual C++ den Befehl *Neu*, und wählen Sie dann auf der Registerkarte *Projekte* die Option *MFC-Anwendungs-Assistent (exe)*. Übernehmen Sie alle Voreinstellungen bis auf eine: Wählen Sie die Option *SDI-Anwendung (Single Document Interface)*. Abbildung 9.3 zeigt die eingestellten Optionen und die vorgegebenen Klassennamen.

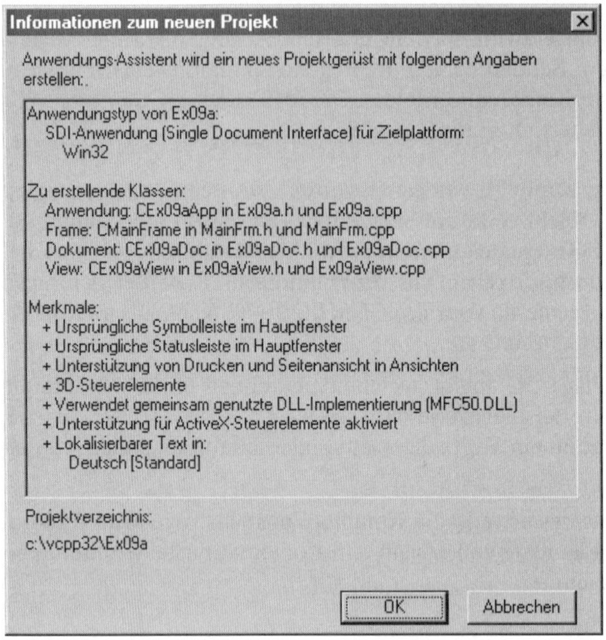

Abbildung 9.3: *Die Projekteinstellungen für das Beispielprogramm EX09A.*

2. Erstellen Sie eine neue Dialogressource mit der ID *IDD_DIALOG1*.
Platzieren Sie die Steuerelemente wie in Abbildung 9.1 gezeigt.

Sie können die Steuerelemente aus der Werkzeugsammlung ziehen, die in Kapitel 6 in Abbildung 6.7 dargestellt wurde. Denken Sie daran, dass sich die IE4-Standardsteuerelemente am unteren Ende der Werkzeugsammlung befinden. In der folgenden Tabelle sind die Steuerelemente und ihre IDs aufgeführt.

Tabulator-Reihenfolge	Steuerelementtyp	Steuerelement-ID
1	Gruppenfeld	*IDC_STATIC*
2	Bezeichnungsfeld	*IDC_STATIC*
3	DateTimePicker	*IDC_DATETIMEPICKER1*
4	Bezeichnungsfeld	*IDC_STATIC1*
5	Bezeichnungsfeld	*IDC_STATIC*
6	DateTimePicker	*IDC_DATETIMEPICKER2*
7	Bezeichnungsfeld	*IDC_STATIC2*
8	Bezeichnungsfeld	*IDC_STATIC*
9	DateTimePicker	*IDC_DATETIMEPICKER3*
10	Bezeichnungsfeld	*IDC_STATIC3*
11	Bezeichnungsfeld	*IDC_STATIC*
12	DateTimePicker	*IDC_DATETIMEPICKER4*
13	Bezeichnungsfeld	*IDC_STATIC4*
14	Bezeichnungsfeld	*IDC_STATIC*
15	Monatskalender	*IDC_MONTHCALENDAR*

▶

Tabulator-Reihenfolge	Steuerelementtyp	Steuerelement-ID
16	Bezeichnungsfeld	*IDC_STATIC5*
17	Gruppenfeld	*IDC_STATIC*
18	Bezeichnungsfeld	*IDC_STATIC*
19	IP-Adresse	*IDC_IPADDRESS1*
20	Bezeichnungsfeld	*IDC_STATIC6*
21	Gruppenfeld	*IDC_STATIC*
22	Bezeichnungsfeld	*IDC_STATIC*
23	Erweitertes Kombinationsfeld	*IDC_COMBOBOXEX1*
24	Bezeichnungsfeld	*IDC_STATIC7*
25	Bezeichnungsfeld	*IDC_STATIC*
26	Erweitertes Kombinationsfeld	*IDC_COMBOBOXEX2*
27	Bezeichnungsfeld	*IDC_STATIC8*
28	Befehlsschaltfläche	*IDOK*
29	Befehlsschaltfläche	*IDCANCEL*

Abbildung 9.4 zeigt die einzelnen Steuerelemente und ihre Tabulator-Reihenfolge.

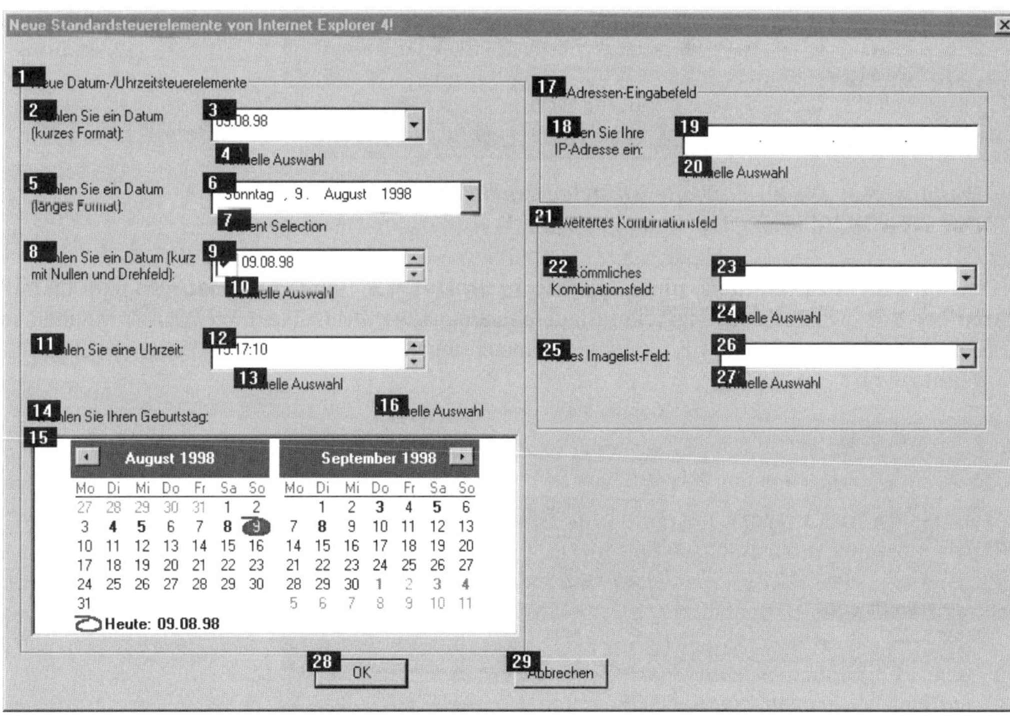

Abbildung 9.4: *Die Tabulator-Reihenfolge der Steuerelemente des Dialogfelds.*

Solange wir nicht einige Eigenschaften eingestellt haben, sieht Ihr Dialogfeld nicht so aus wie in Abbildung 9.1.

3. Erstellen Sie mit Hilfe des Klassen-Assistenten eine neue Klasse namens *CDialog1*, die von *CDialog* abgeleitet ist.

Der Klassen-Assistent fordert Sie automatisch zur Erstellung dieser Klasse auf, da er weiß, dass die Ressource *IDD_DIALOG1* ohne eine zugehörige C++-Klasse angelegt wurde. Erstellen Sie eine Behandlungsroutine für die Nachricht *WM_INITDIALOG*.

4. Stellen Sie die Eigenschaften der Steuerelemente des Dialogfelds ein.

Damit die Vielfalt dieser Steuerelemente deutlich wird, müssen wir verschiedene Eigenschaften bei jedem IE4-Standardsteuerelement des Beispiels bearbeiten. Es folgt eine Übersicht über die Eigenschaften, die bei den verschiedenen Steuerelementen einzustellen sind:

- **Steuerelement zur Datums- und Zeitauswahl für Daten im kurzen Format.** Damit beim ersten DateTimePicker-Steuerelement das kurze Datumsformat verwendet wird, wählen Sie für das Steuerelement mit der ID *IDC_DATETIMEPICKER1* die in Abbildung 9.5 gezeigten Eigenschafteneinstellungen.

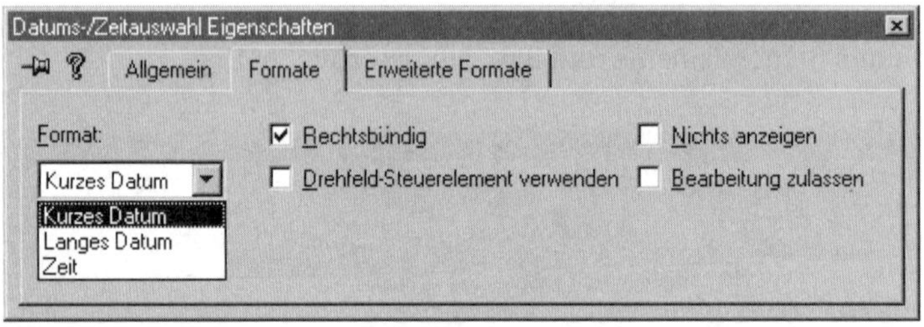

Abbildung 9.5: *Die Eigenschafteneinstellungen für das Steuerelement* IDC_DATETIMEPICKER1.

- **Steuerelement zur Datums- und Zeitauswahl für Daten im langen Format**. Nun konfigurieren Sie das zweite DateTimePicker-Steuerelement (*IDC_DATETIMEPICKER2*) mit den in Abbildung 9.6 dargestellten Eigenschafteneinstellungen, so dass das lange Datumsformat verwendet wird.

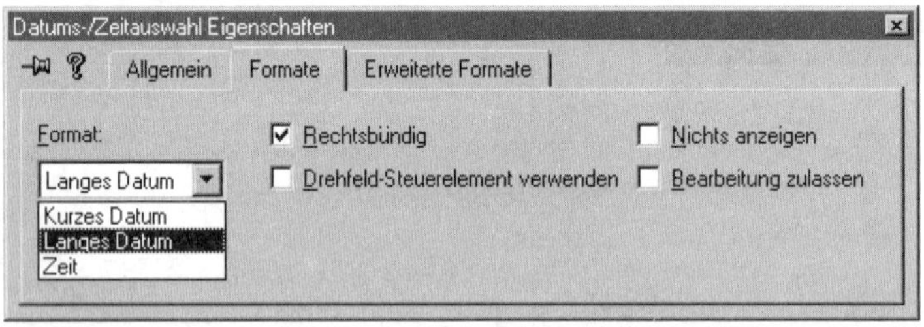

Abbildung 9.6: *Die Eigenschafteneinstellungen für das Steuerelement* IDC_DATETIMEPICKER2.

- **Steuerelement zur Datums- und Zeitauswahl mit kurzem Format und Nullanzeige**. Dies ist das dritte DateTimePicker-Steuerlement mit der ID *IDC_DATETIMEPICKER3*. Konfigurieren Sie dieses DateTimePicker-Steuerelement, so dass das kurze Datumsformat und die in Abbildung 9.7 gezeigten Einstellungen verwendet werden.

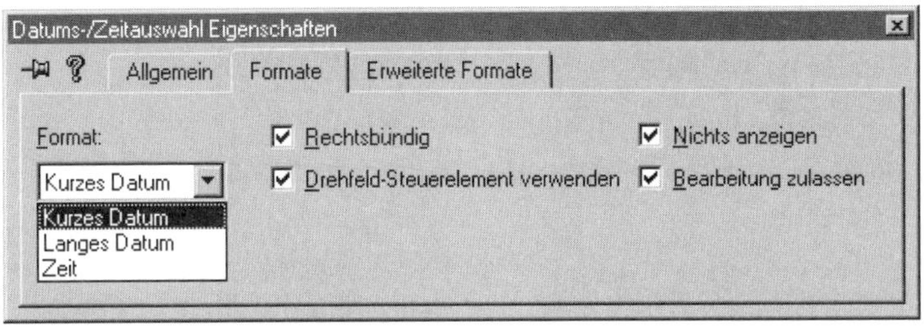

Abbildung 9.7: *Die Eigenschafteneinstellungen für das Steuerelement* IDC_DATETIMEPICKER3.

- **Steuerelement zur Zeitauswahl**. Das vierte DateTimePicker-Steuerlement mit der ID *IDC_DATETIMEPICKER4* wird so konfiguriert, dass der Anwender eine Uhrzeit auswählen kann. Wählen Sie dazu, wie in Abbildung 9.8 gezeigt, auf der Registerkarte *Formate* im Kombinationsfeld *Format* die Option *Zeit*.

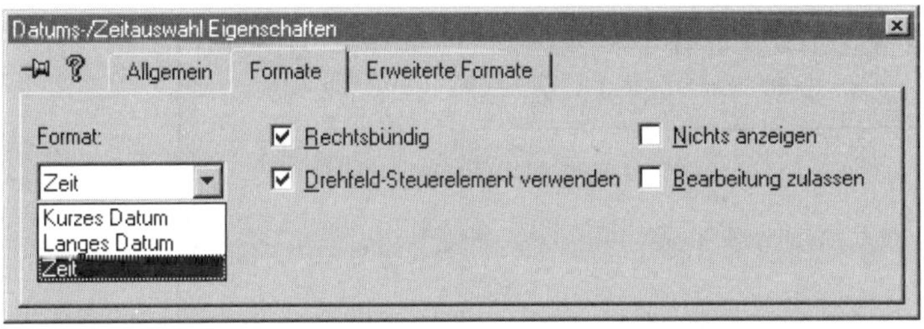

Abbildung 9.8: *Die Eigenschafteneinstellungen für das Steuerelement* IDC_DATETIMEPICKER4.

- **Monatskalender-Steuerelement.** Zur Konfiguration des Monatskalender-Steuerelements sind verschiedene Formateinstellungen erforderlich. Wählen Sie zuerst auf der Registerkarte *Formate* das Optionsfeld *Tagesstatus* aus (siehe Abbildung 9.9).

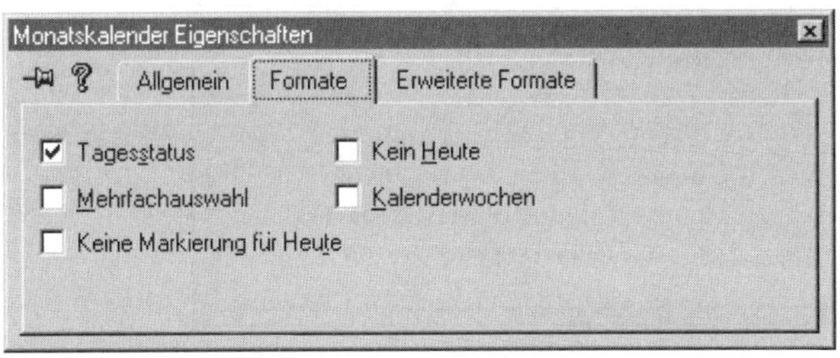

Abbildung 9.9: *Die Eigenschafteneinstellungen für das Steuerelement* Monatskalender.

Wenn Sie die vorgegebenen Formateinstellungen übernehmen, sieht das Monatskalender-Steuerelement im Dialogfeld gar nicht wie ein Steuerelement aus. Es werden dann überhaupt keine Rahmenlinien angezeigt. Damit das Steuerelement zu den anderen Steuerelementen des Dialogfelds passt, wählen Sie auf der Registerkarte *Erweiterte Formate* die Optionen *Client-Kante* und *Statische Kante* (siehe Abbildung 9.10).

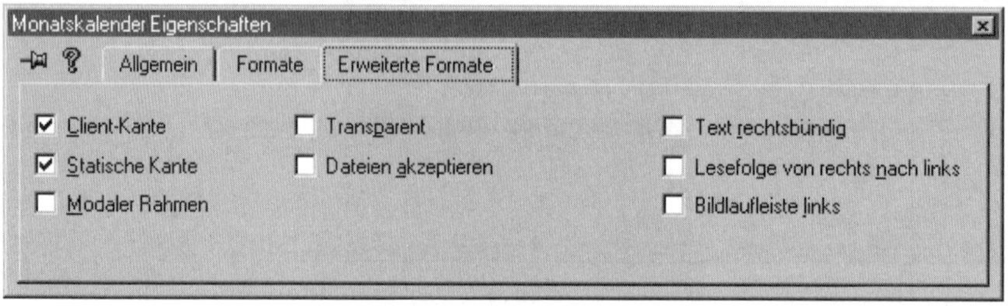

Abbildung 9.10: *Die erweiterten Eigenschafteneinstellungen für das Steuerelement* Monatskalender.

- **IP-Adressen-Steuerelement.** Für dieses Steuerelement (*IDC_IPADDRESS1*) sind keine besonderen Eigenschafteneinstellungen erforderlich.
- **Erstes erweitertes Kombinationsfeld.** Geben Sie einige Einträge ein (siehe Abbildung 9.11), und vergewissern Sie sich, dass die Liste für die Anzeige mehrerer Einträge groß genug ist.

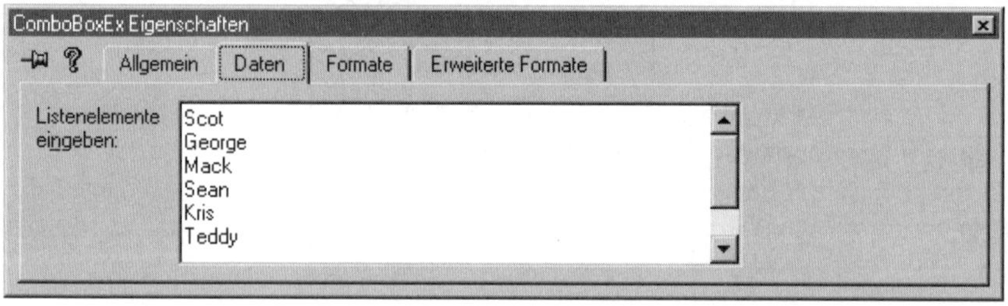

Abbildung 9.11: *Die Listeneinträge für das erste erweiterte Kombinationsfeld.*

- **Zweites erweitertes Kombinationsfeld.** Geben Sie drei Einträge ein: **Tweety**, **Mack** und **Jaws** (siehe Abbildung 9.12). Später werden wir diese Einträge verwenden, um eine der Methoden für die Anzeige von Grafiken in erweiterten Kombinationsfeldern zu illustrieren.

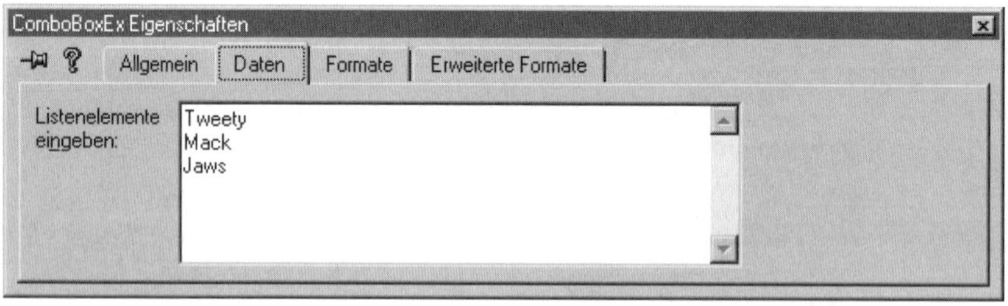

Abbildung 9.12: *Die Listeneinträge für das zweite erweiterte Kombinationsfeld.*

5. Fügen Sie Variablen für das Dialogfeld *CDialog1* hinzu.

Starten Sie den Klassen-Assistenten, und klicken Sie auf das Register *Member-Variablen*, um die Registerkarte *Member-Variablen* anzuzeigen. Geben Sie die in nachfolgender Tabelle aufgeführten Member-Variablen für die angegebenen Steuerelemente ein.

Steuerelement-ID	Member-Variable	Typ
IDC_DATETIMEPICKER1	*m_MonthCal1*	*CDateTimeCtrl*
IDC_DATETIMEPICKER2	*m_MonthCal2*	*CDateTimeCtrl*
IDC_DATETIMEPICKER3	*m_MonthCal3*	*CDateTimeCtrl*
IDC_DATETIMEPICKER4	*m_MonthCal4*	*CDateTimeCtrl*
IDC_IPADDRESS1	*m_ptrIPCtrl*	*CIPAddressCtrl*
IDC_MONTHCALENDAR1	*m_MonthCal5*	*CMonthCalCtrl*
IDC_STATIC1	*m_strDate1*	*CString*
IDC_STATIC2	*m_strDate2*	*CString*
IDC_STATIC3	*m_strDate3*	*CString*
IDC_STATIC4	*m_strDate4*	*CString*
IDC_STATIC5	*m_strDate5*	*CString*
IDC_STATIC6	*m_strIPValue*	*CString*
IDC_STATIC7	*m_strComboEx1*	*CString*
IDC_STATIC8	*m_strComboEx2*	*CString*

6. Schreiben Sie für das DateTimePicker-Steuerelement mit dem kurzen Datumsformat Programmcode.

In diesem Beispiel stört es uns nicht, dass im ersten DateTimePicker-Steuerelement anfangs das aktuelle Datum ausgewählt ist, und daher müssen wir für dieses Steuerelement auch keine *OnInitDialog*-Routine schreiben. Wenn wir das Datum jedoch ändern wollten, müssten wir in der *OnInitDialog*-Prozedur für dieses Steuerelement die Funktion *SetTime* aufrufen. Zur Laufzeit soll das zugehörige Bezeichnungsfeld automatisch aktualisiert werden, wenn der Anwender im ersten DateTimePicker-Steuerelement ein anderes Datum auswählt. Wir erreichen dies, indem wir mit dem Klassen-Assistenten eine Routine für die Nachricht *DTN_DATETIMECHANGE* hinzufügen. Starten Sie den Klassen-Assistenten (STRG+W), und wählen Sie in der Liste *Objekt-IDs* den Eintrag *IDC_DATETIMEPICKER1* und in der Liste *Nachrichten* den Eintrag *DTN_DATETIMECHANGE*. Übernehmen Sie den vorgegebenen Nachrichtennamen, und klicken Sie auf *OK*. Wiederholen Sie diesen Schritt für die übrigen drei Steuerelemente mit *IDC_DATETIMEPICKER*-IDs. Der Klassen-Assistent sollte nun so wie in Abbildung 9.13 aussehen.

Fügen Sie dann folgenden Quelltext in die Prozedur ein, die der Klassen-Assistent für das Steuerelement mit der ID *IDC_DATETIMEPICKER1* erstellt hat:

```
void CDialog1::OnDatetimechangeDatetimepicker1(NMHDR* pNMHDR,
    LRESULT* pResult)
{
    CTime ct;
    m_MonthCal1.GetTime(ct);
    m_strDate1.Format(_T("%02d/%02d/%2d"),
                      ct.GetMonth(),ct.GetDay(),ct.GetYear());
    UpdateData(FALSE);
    *pResult = 0;
}
```

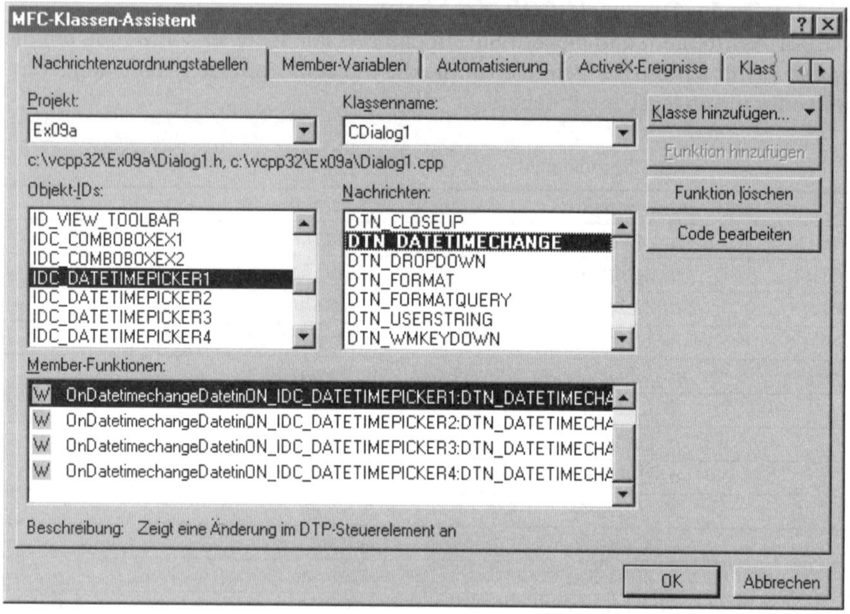

Abbildung 9.13: *Mit dem Klassen-Assistenten werden Prozeduren für die DateTimePicker-Steuerelemente definiert.*

Hier wird mit Hilfe der Member-Variablen *m_MonthCal1*, die dem ersten DateTimePicker-Steuerelement zugeordnet ist, die Uhrzeit abgerufen und in der *CTime*-Objektvariablen *ct* gespeichert. Anschließend wird die Member-Funktion *CString::Format* aufgerufen, um diese Uhrzeit für das zugehörige Bezeichnungsfeld als Zeichenfolge zu formatieren. Schließlich wird durch den Aufruf von *UpdateData(FALSE)* der MFC-DDX-Mechanismus ausgelöst, so dass der Wert des Bezeichnungsfelds automatisch mit *m_strDate1* aktualisiert wird.

7. Schreiben Sie für das DateTimePicker-Steuerelement mit dem langen Datumsformat Programmcode.

Wir müssen nun eine ähnliche Behandlungsroutine für das zweite DateTimePicker-Steuerelement bereitstellen.

```
void CDialog1::OnDatetimechangeDatetimepicker2(NMHDR* pNMHDR,
    LRESULT* pResult)
{
    CTime ct;
    m_MonthCal2.GetTime(ct);
    m_strDate2.Format(_T("%02d/%02d/%2d"),
                      ct.GetMonth(),ct.GetDay(),ct.GetYear());
    UpdateData(FALSE);
    *pResult = 0;
}
```

8. Schreiben Sie für das dritte DateTimePicker-Steuerelement Programmcode.

Das dritte DateTimePicker-Steuerelement erfordert eine ähnliche Behandlungsroutine. Da wir im Eigenschaftenfenster auch das Format *Nichts anzeigen* ausgewählt haben, kann der Anwender ein leeres Datum (NULL) angeben, indem er das innere Markierungskästchen auswählt. Statt *GetTime* einfach unbesehen aufzurufen, müssen wir den Rückgabewert überprüfen. Falls die Funktion *GetTime* einen Wert ungleich Null zurückgibt, hat der Anwender ein NULL-Datum gewählt. Ist der Rückgabewert gleich Null, wurde ein gültiges Datum ausgewählt. Wie bei den vorigen beiden Behandlungsroutinen, wird das zurückgegebene *CTime*-Objekt in eine Zeichenfolge umgewandelt und im zugehörigen Bezeichnungsfeld angezeigt.

```
void CDialog1::OnDatetimechangeDatetimepicker3(NMHDR* pNMHDR,
    LRESULT* pResult)
{
    //HINWEIS: Dieses Feld kann einen Leerwert enthalten!
    CTime ct;
    int nRetVal = m_MonthCal3.GetTime(ct);
    if (nRetVal) // Wenn ungleich Null, dann ist Datum leer; andernfalls
                // Angabe formatieren und Textfeld aktualisieren.
    {
        m_strDate3 = "ES WURDE KEIN DATUM ANGEGEBEN!";
    }
    else
    {
        m_strDate3.Format(_T("%02d/%02d/%2d"),ct.GetMonth(),
                    ct.GetDay(),ct.GetYear());
    }
    UpdateData(FALSE);
    *pResult = 0;
}
```

9. Schreiben Sie für das Steuerelement für die Zeitauswahl Programmcode.
Dieses Steuerelement erfordert eine ähnliche Behandlungsroutine. Hier muss der Wert jedoch im Format Stunden/Minuten/Sekunden angezeigt werden, statt im Format Monate/Tage/Jahre:

```
void CDialog1::OnDatetimechangeDatetimepicker4(NMHDR* pNMHDR,
    LRESULT* pResult)
{
    CTime ct;+
    m_MonthCal4.GetTime(ct);
    m_strDate4.Format(_T("%02d:%02d:%2d"),
                ct.GetHour(),ct.GetMinute(),ct.GetSecond());
    UpdateData(FALSE);
    *pResult = 0;
}
```

10. Schreiben Sie für das Monatskalender-Steuerelement Programmcode.
Sie werden wahrscheinlich annehmen, dass die Behandlungsroutine für das Monatskalender-Steuerelement den Routinen für die DateTimePicker-Steuerelemente ähnelt. Dem ist aber nicht so. Zum einen müssen Sie die Nachricht *MCN_SELCHANGE* auswerten, wenn Sie ermitteln wollen, ob der Anwender ein anderes Datum gewählt hat. Wählen Sie diese Nachricht im Klassen-Assistenten aus (siehe Abbildung 9.14).

Dieses Steuerelement verwendet nicht nur eine andere Nachrichtenbehandlungsroutine, sondern auch die Funktion *GetCurSel* statt der Funktion *GetTime* zum Einlesen der Eingabe. Nachfolgend ist die *MCN_SELCHANGE*-Routine für das Monatskalender-Steuerelement abgedruckt.

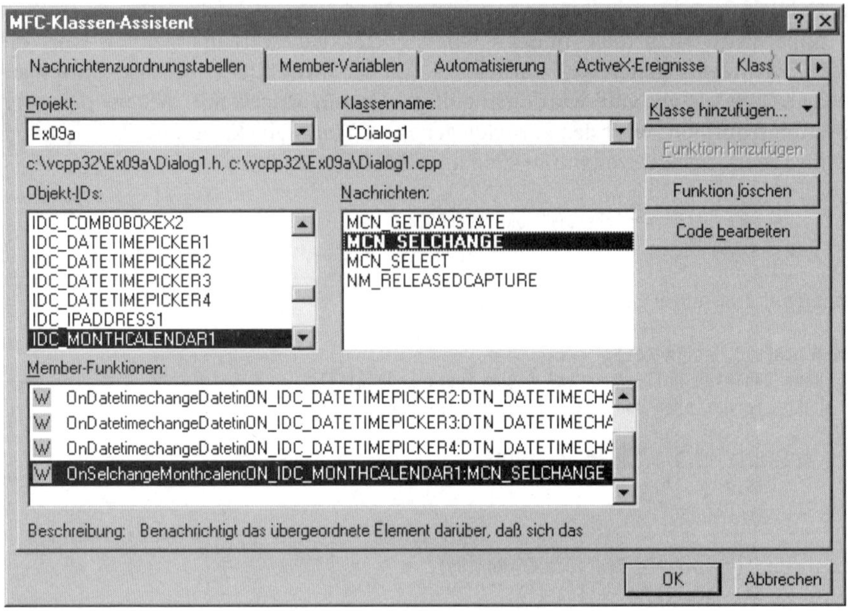

Abbildung 9.14: *Beim Monatskalender-Steuerelement muss die Nachricht* MCN_SELCHANGE *berücksichtigt werden.*

```
void CDialog1::OnSelchangeMonthcalendar1(NMHDR* pNMHDR,
    LRESULT* pResult)
{
    CTime ct;
    m_MonthCal5.GetCurSel(ct);
    m_strDate5.Format(_T("%02d/%02d/%2d"),
                    ct.GetMonth(),ct.GetDay(),ct.GetYear());
    UpdateData(FALSE);
    *pResult = 0;
}
```

11. Schreiben Sie für das IP-Adresse-Steuerelement Programmanweisungen.

Wir müssen zuerst sicherstellen, dass das Steuerelement initialisiert wird. In diesem Beispiel initialisieren wir das Steuerelement mit 0, indem wir ihm den DWORD-Wert 0 übergeben. Falls Sie das Steuerelement nicht initialisieren, bleibt jedes Segment leer. Zur Initialisierung des Steuerelements fügen Sie diesen Aufruf in die Funktion *CDialog1::OnInitDialog* ein:

```
m_ptrIPCtrl.SetAddress(0L);
```

Nun müssen wir eine Behandlungsroutine hinzufügen, damit das zugehörige Bezeichnungsfeld aktualisiert wird, sobald sich der Wert des IP-Adresse-Steuerelements ändert. Zuerst müssen wir mit Hilfe des Klassen-Assistenten eine Behandlungsroutine für die Nachricht *IPN_FIELDCHANGED* hinzufügen (siehe Abbildung 9.15).

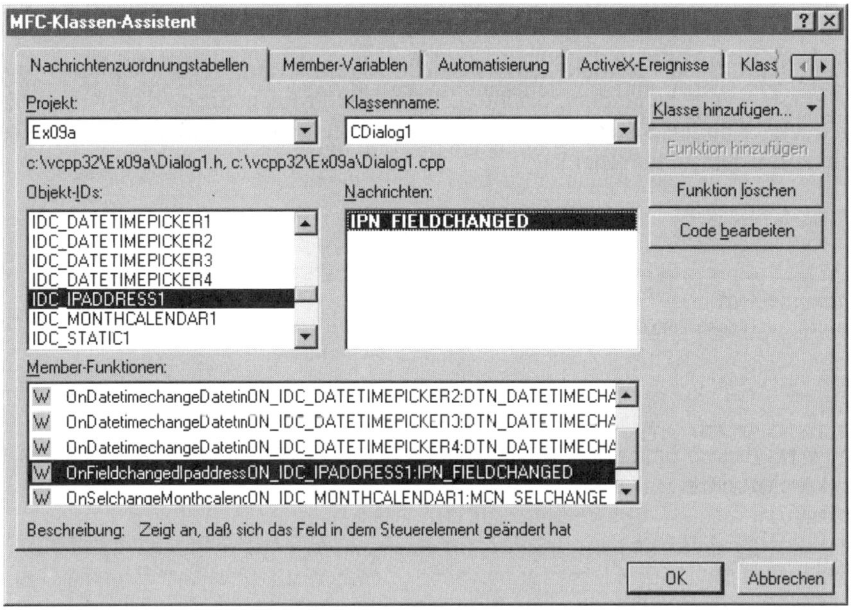

Abbildung 9.15: *Mit dem Klassen-Assistenten wird die Nachrichtenbehandlungsroutine für das IP-Adresse-Steuerelement hinzugefügt.*

Anschließend müssen wir die Behandlungsroutine wie folgt implementieren:

```
void CDialog1::OnFieldchangedIpaddress1(NMHDR* pNMHDR,
    LRESULT* pResult)
{
    DWORD dwIPAddress;
    m_ptrIPCtrl.GetAddress(dwIPAddress);

    m_strIPValue.Format("%d.%d.%d.%d   %x.%x.%x.%x",
        HIBYTE(HIWORD(dwIPAddress)),
        LOBYTE(HIWORD(dwIPAddress)),
        HIBYTE(LOWORD(dwIPAddress)),
        LOBYTE(LOWORD(dwIPAddress)),
        HIBYTE(HIWORD(dwIPAddress)),
        LOBYTE(HIWORD(dwIPAddress)),
        HIBYTE(LOWORD(dwIPAddress)),
        LOBYTE(LOWORD(dwIPAddress)));
    UpdateData(FALSE);
    *pResult = 0;
}
```

Mit dem ersten Aufruf von *CIPAddressCtrl::GetAddress* wird die aktuelle IP-Adresse in die lokale *DWORD*-Variable *dwIPAddress* geladen. Anschließend erfolgt ein recht komplizierter Aufruf von *CString::Format*, um den *DWORD*-Wert in die verschiedenen Felder aufzugliedern. In diesem Aufruf wird zuerst mit Hilfe des Makros *LOWORD* das untere Byte des *DWORD*-Werts ermittelt, und die *DWORD*-Komponenten werden dann mit den Makros *HIBYTE/LOBYTE* den Feldern in der Reihenfolge von Feld 0 bis Feld 3 zugeordnet.

12. Fügen Sie eine Nachrichtenbehandlungsroutine für das erste erweiterte Kombinationsfeld ein.

Das erweiterte Kombinationsfeld erfordert keine spezielle Initialisierung, aber wir müssen die Nachricht *CBN_SELCHANGE* behandeln. Nachfolgend ist der Programmcode dieser Behandlungsroutine abgedruckt. Können Sie sagen, in welcher Weise sich diese Routine von der eines »normalen« Kombinationsfelds unterscheidet?

```
void CDialog1::OnSelchangeComboboxex1()
{
    COMBOBOXEXITEM cbi;
    CString str ("dummy_string");
    CComboBoxEx * pCombo = (CComboBoxEx *)GetDlgItem(IDC_COMBOBOXEX1);

    int nSel = pCombo->GetCurSel();
    cbi.iItem = nSel;
    cbi.pszText = (LPTSTR)(LPCTSTR)str;
    cbi.mask = CBEIF_TEXT;
    cbi.cchTextMax = str.GetLength();
    pCombo->GetItem(&cbi);
    SetDlgItemText(IDC_STATIC7,str);
    return;
}
```

Als erstes wird Ihnen wahrscheinlich aufgefallen sein, dass die Listeneinträge bei dem erweiterten Kombinationsfeld mit Hilfe der Struktur *COMBOBOXEXITEM* bezeichnet werden, statt einfach durch Ganzzahlen wie bei traditionellen Kombinationsfeldern. Wenn die Routine einen Eintrag abruft, wird die Zeichenfolge extrahiert und die Funktion *SetDlgItemText* zur Aktualisierung des zugehörigen Bezeichnungsfelds aufgerufen.

13. Fügen Sie Bilder zu den Einträgen des zweiten erweiterten Kombinationsfelds hinzu.

Für das erste erweiterte Kombinationsfeld sind keine speziellen Programmanweisungen erforderlich. Es soll lediglich zeigen, wie man ein einfaches erweitertes Kombinationsfeld anlegt, das einem traditionellen Kombinationsfeld stark ähnelt. Das zweite Kombinationsfeld erfordert dagegen weit mehr Programmieraufwand. Zuerst haben wir sechs Bitmap-Grafiken und acht Symbole (.ico-Dateien) erstellt, die wir als Ressourcen dem Projekt hinzufügen müssen (siehe Abbildung 9.16).

Natürlich können Sie die Dateien von der Begleit-CD verwenden, statt Grafiken von Hand erstellen zu müssen. Es steht Ihnen jedoch frei, beliebige andere Bitmap- und Symboldateien zu verwenden.

Sie können erweiterte Kombinationsfelder auf zweierlei Weise mit Grafiken ausstatten. Die erste Methode besteht darin, Bilder bestehenden Kombinationsfeldeinträgen zuzuweisen. (Sie erinnern sich daran, dass wir mit dem Dialog-Editor die Einträge *Tweety*, *Mack* und *Jaws* in das Kombinationsfeld eingefügt haben.) Die zweite Methode besteht darin, bei der Definition neuer Einträge gleich die zugehörigen Bildern anzugeben.

Bevor wir damit beginnen, dem erweiterten Kombinationsfeld Grafiken hinzuzufügen, müssen wir eine globale Member-Variable namens *m_imageList* vom Typ *CImageList* in der Klasse *CDialog1* deklarieren. Sie dürfen nicht vergessen, diese Member-Variable in die Header-Datei (Dialog1.h) der Klasse einfügen.

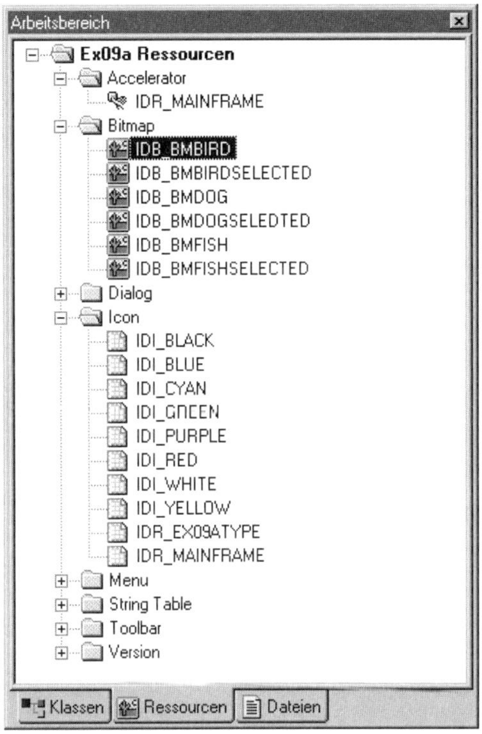

Abbildung 9.16:
Dem Projekt müssen Ressourcen vom Typ Bitmap *und* Icon *hinzugefügt werden.*

Nun können wir einige der Bitmap-Bilder dem *CImageList*-Objekt hinzufügen und die Bilder dann mit den drei bereits vorhandenen Einträgen des erweiterten Kombinationsfelds »verknüpfen«. Fügen Sie zu diesem Zweck die folgenden Anweisungen in die Methode *OnInitDialog* der Klasse *CDialog1* ein:

```
//IDC_COMBOBOXEX2 initialisieren
CComboBoxEx* pCombo =
    (CComboBoxEx*) GetDlgItem(IDC_COMBOBOXEX2);
//Zuerst wollen wir Bilder zu den vorhandenen Einträgen hinzufügen.
//Wir haben sechs Bitmap-Grafiken, die wir den Zeichenfolgen
//zuordnen können:

//CImageList * pImageList = new CImageList();
m_imageList.Create(32,16,ILC_MASK,12,4);

CBitmap bitmap;

bitmap.LoadBitmap(IDB_BMBIRD);
m_imageList.Add(&bitmap, (COLORREF)0xFFFFFF);
bitmap.DeleteObject();

bitmap.LoadBitmap(IDB_BMBIRDSELECTED);
m_imageList.Add(&bitmap, (COLORREF)0xFFFFFF);
bitmap.DeleteObject();

bitmap.LoadBitmap(IDB_BMDOG);
```

```
    m_imageList.Add(&bitmap, (COLORREF)0xFFFFFF);
    bitmap.DeleteObject();

    bitmap.LoadBitmap(IDB_BMDOGSELECTED);
    m_imageList.Add(&bitmap, (COLORREF)0xFFFFFF);
    bitmap.DeleteObject();

    bitmap.LoadBitmap(IDB_BMFISH);
    m_imageList.Add(&bitmap, (COLORREF)0xFFFFFF);
    bitmap.DeleteObject();

    bitmap.LoadBitmap(IDB_BMFISHSELECTED);
    m_imageList.Add(&bitmap, (COLORREF)0xFFFFFF);
    bitmap.DeleteObject();

    //Bildliste zuweisen
    pCombo->SetImageList(&m_imageList);
    //Bilder den Listeneinträgen zuordnen.
    COMBOBOXEXITEM    cbi;
    cbi.mask = CBEIF_IMAGE|CBEIF_SELECTEDIMAGE|CBEIF_INDENT;
    CString strTemp;
    int nBitmapCount = 0;
    for (int nCount = 0;nCount < 3;nCount++)
    {
        cbi.iItem = nCount;
        cbi.pszText = (LPTSTR)(LPCTSTR)strTemp;
        cbi.cchTextMax = 256;
        pCombo->GetItem(&cbi);
        cbi.iImage = nBitmapCount++;
        cbi.iSelectedImage = nBitmapCount++;
        cbi.iIndent = (nCount & 0x03);
        pCombo->SetItem(&cbi);

    }
```

Zuerst wird im Rahmen der Initialisierung des erweiterten Kombinationsfelds mit Hilfe von *GetDlgItem* ein Zeiger auf das Steuerelement erzeugt. Dann wird *Create* aufgerufen, um Speicher für die hinzuzufügenden Bilder zu reservieren und die Bildliste (die *CImageList*-Variable) zu initialisieren. Mit den nachfolgenden Aufrufen werden die einzelnen Bitmap-Grafiken geladen, in die Bildliste eingefügt und dann die Ressource gelöscht, die während des Ladevorgangs belegt worden war.

Mit dem Aufruf *CComboBoxEx::SetImageList* wird die Variable *m_imageList* dem erweiterten Kombinationsfeld zugewiesen. Anschließend wird eine Struktur vom Typ *COMBOBOXEXITEM* mit einer Maske initialisiert. Dann iteriert die *for*-Schleife von 0 bis 2 und weist bei jedem Schleifendurchlauf die Bilder für die Zustände »gewählt« und »nicht gewählt« zu. Die Variable *nBitmapCount* wird während der Bearbeitung der Bildliste inkrementiert, damit sichergestellt ist, dass die korrekte Bild-ID in die *COMBOBOXEXITEM*-Struktur eingefügt wird. Die *for*-Schleife ruft *CComboBoxEx::GetItem* auf, um die *COMBOBOXEXITEM*-Struktur für jedes Element des erweiterten Kombinationsfelds abzurufen. Dann weist die Schleife dem Listeneintrag die Bilder zu und ruft dann *CComboBoxEx::SetItem* auf, um die modifizierte *COMBOBOXEXITEM*-Struktur wieder dem erweiterten Kombinationsfeld zu übergeben und die Zuordnung der Bilder mit den vorhandenen Listeneinträgen abzuschließen.

14. Fügen Sie Elemente in das erweiterte Kombinationsfeld ein.

Die zweite Möglichkeit, Bilder in ein erweitertes Kombinationsfeld einzufügen, besteht darin, sie dynamisch hinzuzufügen. Der folgende Code, den Sie in die Methode *OnInitDialog* einfügen müssen, illustriert diese Technik:

```
    HICON hIcon[8];
    int n;
//Einige Farbsymbole hinzufügen
    hIcon[0] = AfxGetApp()->LoadIcon(IDI_WHITE);
    hIcon[1] = AfxGetApp()->LoadIcon(IDI_BLACK);
    hIcon[2] = AfxGetApp()->LoadIcon(IDI_RED);
    hIcon[3] = AfxGetApp()->LoadIcon(IDI_BLUE);
    hIcon[4] = AfxGetApp()->LoadIcon(IDI_YELLOW);
    hIcon[5] = AfxGetApp()->LoadIcon(IDI_CYAN);
    hIcon[6] = AfxGetApp()->LoadIcon(IDI_PURPLE);
    hIcon[7] = AfxGetApp()->LoadIcon(IDI_GREEN);
    for (n = 0; n < 8; n++) {
        m_imageList.Add(hIcon[n]);
    }

    static char* color[] = {"weiß", "schwarz", "rot",
                            "blau", "gelb", "türkis",
                            "lila", "grün"};

    cbi.mask = CBEIF_IMAGE|CBEIF_TEXT|CBEIF_OVERLAY|
               CBEIF_SELECTEDIMAGE;

    for (n = 0; n < 8; n++) {
        cbi.iItem = n;
        cbi.pszText = color[n];
        cbi.iImage = n+6;    //Nachdem wir die ersten sechs Elemente der
        cbi.iSelectedImage = n+6; // Bildliste hinzugefügt haben, müssen
        cbi.iOverlay = n+6;  //wir bei (n+6) beginnen.
        int nItem = pCombo->InsertItem(&cbi);
        ASSERT(nItem == n);
    }
```

Die Symbole werden hier auf ähnliche Weise hinzugefügt, wie im Listenfeldbeispiel EX06B aus Kapitel 6. Die *for*-Schleife füllt die *COMBOBOXEXITEM*-Struktur und ruft dann *CComboBoxEx::InsertItem* für jedes Element auf, um es der Liste hinzuzufügen.

15. Fügen Sie eine Nachrichtenbehandlungsroutine für das zweite erweiterte Kombinationsfeld hinzu.

Die Behandlungsroutine für das zweite erweiterte Kombinationsfeld ist im Grunde genommen mit der für das erste Kombinationsfeld identisch:

```
void CDialog1::OnSelchangeComboboxex2()
{
    COMBOBOXEXITEM cbi;
    CString str ("dummy_string");
    CComboBoxEx * pCombo = (CComboBoxEx *)GetDlgItem(IDC_COMBOBOXEX2);
    int nSel = pCombo->GetCurSel();
    cbi.iItem = nSel;
```

```
    cbi.pszText = (LPTSTR)(LPCTSTR)str;
    cbi.mask = CBEIF_TEXT;
    cbi.cchTextMax = str.GetLength();
    pCombo->GetItem(&cbi);
    SetDlgItemText(IDC_STATIC8,str);

    return;
}
```

16. Verknüpfen Sie die Ansicht mit dem Dialogfeld.
Fügen Sie Programmcode in die virtuelle *OnDraw*-Funktion in der Datei *ex09aView.cpp* ein. Der fettgedruckte Code ersetzt den vorherigen Code:

```
void CEx09aView::OnDraw(CDC* pDC)
{
    pDC->TextOut(0, 0, "Drücken Sie hier die linke Maustaste.");
}
```

17. Fügen Sie mit Hilfe des Klassen-Assistenten die Member-Funktion *OnLButtonDown* der Klasse *CEx09aView* hinzu.
Ändern Sie den vom MFC-Anwendungs-Assistenten generierten Code wie folgt ab:

```
void CEx09aView::OnLButtonDown(UINT nFlags, CPoint point)
{
    CDialog1 dlg;
    dlg.DoModal();
}
```

Fügen Sie eine Include-Anweisung hinzu, um die Datei *Dialog1.h* in die Datei *ex09aView.cpp* einzubinden.

18. Kompilieren Sie das Programm, und führen Sie es aus.
Sie können die verschiedenen IE4-Standardsteuerelemente nun ausprobieren und herausfinden, wie diese funktionieren und sich in Ihren eigenen Anwendungen einsetzen lassen.

10 Speicherverwaltung unter Win32

Vergessen Sie alles, was Sie über die Speicherverwaltung unter Win16 wissen. Einige Speicherverwaltungsfunktionen von Win16 wurden zwar auch in Win32 implementiert, beispielsweise *GlobalAlloc*, aber das geschah nur, um das Portieren von Quellcode zu erleichtern. Unter der Oberfläche arbeiten die übernommenen Funktionen ganz anders, und es sind viele neue Funktionen hinzugekommen.

Dieses Kapitel beginnt mit einem Ausflug in die Theorie der Speicherverwaltung unter Win32 und die grundlegenden Funktionen zur Heap-Verwaltung. Anschließend erfahren Sie, in welcher Beziehung die C++-Operatoren *new* und *delete* zu den zugrunde liegenden Heap-Funktionen stehen. Schließlich werden Sie lernen, wie man die Funktionen für Dateien mit direkt zugeordnetem Arbeitsspeicher, so genannte Speicherbilddateien (Memory-Mapped File), einsetzt, und Sie erhalten einige praktische Hinweise zur Verwaltung von dynamischem Arbeitsspeicher. Auf keinen Fall soll hier eine definitive Beschreibung der Speicherverwaltung von Win32 gegeben werden. Wenn Sie an einer solchen Beschreibung interessiert sind, müssen Sie das Buch *Windows: Programmierung für Experten* von Jeffrey Richter (Microsoft Press 1997) lesen. (Sie sollten unbedingt die neueste Ausgabe wählen – möglicherweise gibt es bereits eine neue Version, die Microsoft Windows 98/NT 5.0. berücksichtigt.)

HINWEIS: Zum Zeitpunkt der Niederschrift dieser Ausgabe befanden sich Windows 98 und Windows NT 5.0 im Betastadium und waren noch nicht freigegeben. Unsere Begutachtung dieser Betaversionen ergab, dass sich die Speicherverwaltung nicht wesentlich geändert hat.

Prozesse und Speicherbereiche

Bevor Sie sich mit der Speicherverwaltung von Microsoft Windows beschäftigen, müssen Sie verstanden haben, was ein Prozess ist. Wenn Sie bereits wissen, was ein *Programm* ist, befinden Sie sich auf dem richtigen Weg. Ein Programm ist eine EXE-Datei, die Sie unter Windows auf unterschiedliche Weisen starten können. Wenn das Programm ausgeführt wird, bezeichnet man es als *Prozess*. Ein Prozess besitzt Arbeitsspeicher, Dateizugriffsnummern und andere Systemressourcen. Wenn Sie ein und dasselbe Programm zweimal hintereinander starten, erhalten Sie zwei getrennte Prozesse, die gleichzeitig ausgeführt werden. Im Task-Manager von Microsoft Windows NT oder mit dem Programm PVIEW95 unter Microsoft Windows 95 erhalten Sie eine detaillierte Liste der gerade ausgeführten Prozesse, und Sie können nicht mehr reagierende Prozesse abbrechen. Das Programm SPYXX zeigt die Beziehungen zwischen Prozessen, Tasks und Fenstern auf.

HINWEIS: Die Windows-Taskleiste zeigt Hauptfenster an, keine Prozesse. Ein einzelner Prozess wie der Windows-Explorer kann mehrere Hauptfenster haben, die jeweils durch einen eigenen Thread unterstützt werden, und einige Prozesse besitzen gar kein Fenster. (In Kapitel 12 finden Sie weitere Informationen über Threads.)

Das Wichtigste, was Sie über Prozesse wissen müssen, ist die Tatsache, dass jeder Prozess über einen »privaten«, vier Gigabyte großen virtuellen Adressraum verfügt (auf den wir im nächsten Abschnitt ausführlich eingehen werden). Einstweilen stellen Sie sich am besten vor, Ihr Computer hätte hunderte Gigabyte Arbeitsspeicher, und jeder einzelne Prozess würde vier Gigabyte davon erhalten. Ihr Programm kann jedes Byte in diesem Adressraum mit einer einzigen, linearen 32-Bit-Adresse ansprechen. Der Speicherbereich eines Prozesses enthält eine Reihe von Objekten:

- das EXE-Bild der Datei,
- alle nicht zum Betriebssystem gehörenden DLLs, die Ihr Programm lädt, einschließlich der MFC-DLLs,
- die globalen Daten Ihres Programms (sowohl schreibgeschützte Daten als auch Daten, die überschrieben werden dürfen),
- die Aufrufliste des Programms,
- dynamisch reservierten Speicher, darunter die Heaps von Windows und der C-Laufzeitbibliothek,
- Speicherbilddateien mit direkt zugeordnetem Arbeitsspeicher (Memory-Mapped Files),
- Speicherblöcke, die von verschiedenen Prozessen gemeinsam genutzt werden,
- Speicherbereiche, die nur bestimmten ausgeführten Threads zur Verfügung stehen,
- spezielle Systemspeicherblöcke, beispielsweise virtuelle Speichertabellen,
- Windows-Kernel und Windows-Erweiterungen, sowie die zu Windows gehörenden DLLs.

Der Prozessadressraum unter Windows 95

Unter Windows 95 sind nur die unteren zwei Gigabyte (0 bis 0x7FFFFFFF) des Adressraums wirklich privat, und die unteren vier Megabyte dieses Bereichs sind nicht zugänglich. Der Stack, die diversen Heaps, und der nicht schreibgeschützte globale Speicher werden zusammen mit den EXE- und DLL-Dateien der Anwendung in diese unteren zwei Gigabyte eingeblendet.

Die oberen zwei Gigabyte des Adressraums sind für alle Prozesse gleich und werden von diesen gemeinsam genutzt. Kernel, Erweiterungen, virtuelle Gerätetreiber (VxDs) und der Code des Dateisystems von Windows 95 werden in das oberste Gigabyte des Adressraums (0xC0000000 bis 0xFFFFFFFF) eingeblendet. Die Windows-DLLs und Dateien mit direkt zugeordnetem Arbeitsspeicher befinden sich im Bereich von 0x80000000 bis 0xBFFFFFFF. Abbildung 10.1 zeigt die Speicheraufteilung für zwei Prozesse, die dieselbe EXE-Datei ausführen.

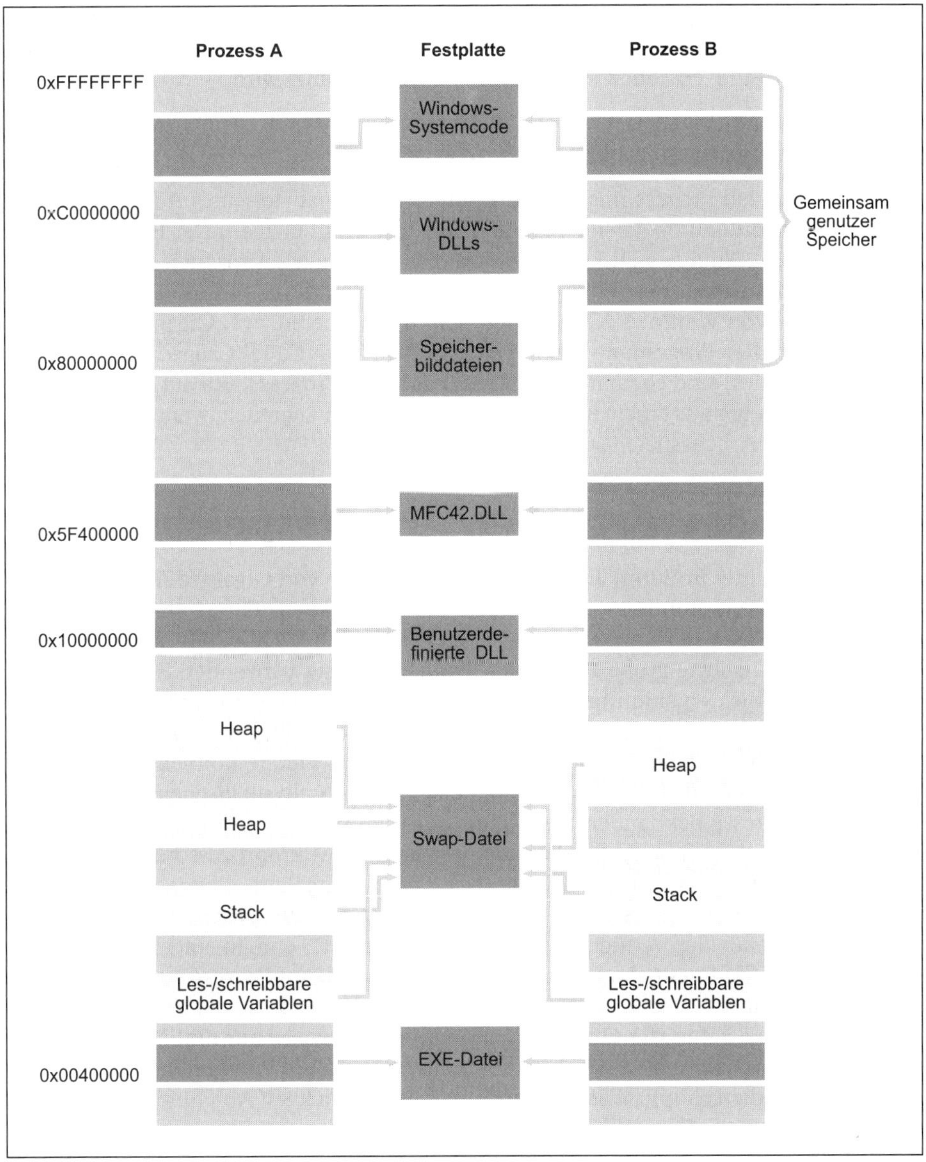

Abbildung 10.1: *Eine für Windows 95 typische Aufteilung des virtuellen Speichers mit zwei Prozessen, die mit derselben EXE-Datei verknüpft sind.*

Wie sicher ist dieses Konzept? Es ist so gut wie unmöglich, dass ein Prozess den Stack, den globalen oder den lokalen Heap eines anderen Prozesses überschreibt, weil die betreffenden Speicherbereiche, die sich in den unteren zwei Gigabyte des Adressraums befinden, ausschließlich diesem einen Prozess zugewiesen sind. EXE- und DLL-Code ist ausnahmslos schreibgeschützt, so dass es kein Problem darstellt, wenn dieser Code in mehrere Prozesse eingeblendet wird.

Das oberste Gigabyte des Adressraums ist dagegen verwundbar, weil in diesen Bereich wichtige, nicht schreibgeschützte Windows-Daten eingeblendet werden. Ein fehlerhaftes Programm könnte in diesem Gebiet wichtige Systemtabellen löschen. Außerdem könnte ein Prozess Dateien mit direkter Speicherzuordnung eines anderen Prozesses beschädigen, weil der Bereich zwischen 0x80000000 und 0xBFFFFFFF von allen Prozessen gemeinsam genutzt wird.

Der Prozessadressraum unter Windows NT

Unter Windows NT kann ein Prozess nur auf die unteren zwei Gigabyte seines Adressraums zugreifen, wobei die untersten und obersten 64 Kilobyte unzugänglich bleiben. Der EXE-Code, die DLLs der Anwendung, die Windows-DLLs und die Dateien mit direkt zugeordnetem Arbeitsspeicher befinden sich alle in diesem Bereich zwischen 0x00010000 und 0x7FFEFFFF. Kernel, Executive und Gerätetreiber von Windows NT befinden sich in den oberen zwei Gigabyte. Dort sind sie vor Zugriffen fehlerhafter Programme absolut sicher. Dateien mit direkt zugeordnetem Speicher (Memory-Mapped Files) sind ebenfalls besser geschützt. Ein Prozess kann auf eine Datei mit direkt zugeordnetem Speicher aus einem anderen Prozess nur dann zugreifen, wenn er den Dateinamen kennt und explizit Arbeitsspeicher zuweist.

Das Konzept des virtuellen Arbeitsspeichers

Sie wissen, dass Ihr Computer in Wirklichkeit nicht über Hunderte von Gigabyte Arbeitsspeicher verfügt. Ebenso wenig stehen Hunderte von Gigabyte Festplattenkapazität zur Verfügung. Windows arbeitet also mit Tricks.

Erstens wird der vier Gigabyte große Prozessadressraum sparsam verwendet. Eine Reihe von Programmen und Datenobjekten sind über den Adressraum verteilt. Der erforderliche Speicherplatz wird in vier Kilobyte großen Einheiten, die jeweils an einer 4-Kilobyte-Grenze beginnen, zugewiesen. Diese vier Kilobyte großen Einheiten, die so genannten *Seiten*, können sowohl Code als auch Daten aufnehmen. Wird eine Seite benutzt, belegt sie auch physikalischen Speicher. Die physikalische Speicheradresse bekommen Sie allerdings nie zu Gesicht. Mit Hilfe der in Abbildung 10.2 gezeigten, zweistufigen Seitentabellen können die Intel-Mikroprozessoren virtuelle 32-Bit-Adresse effizient auf eine physikalische Seite und ein Offset in die Seite abbilden. Ein Flag gibt an, ob eine Seite nur gelesen oder gelesen und geschrieben werden kann. Beachten Sie, dass jeder Prozess über eigene Seitentabellen verfügt. Das Prozessorregister CR3 enthält einen Zeiger auf die Verzeichnisseite, so dass Windows beim Umschalten auf einen anderen Prozess nur dieses Register zu aktualisieren braucht.

Ihr Prozess benötigt also keine vier Gigabyte, sondern beispielsweise nur fünf Megabyte – ein klarer Fortschritt. Wenn Sie aber neben Windows selbst mehrere andere Programme ausführen, ist der Speicher trotzdem bald erschöpft. Wenn Sie nochmals einen Blick auf Abbildung 10.2 werfen, werden Sie feststellen, dass die Seitentabelle ein »Anwesenheitsbit« enthält, das angibt, ob sich die 4-Kilobyte-Seite derzeit im Arbeitsspeicher befindet. Versuchen Sie auf eine Seite zuzugreifen, die sich nicht im Arbeitsspeicher befindet, wird ein Interrupt ausgelöst, und Windows analysiert die aktuelle Situation, indem es seine internen Tabellen auswertet. Wenn die Referenz auf die Speicheradresse ungültig war, erhalten Sie die gefürchtete Meldung über einen »Seitenfehler«,

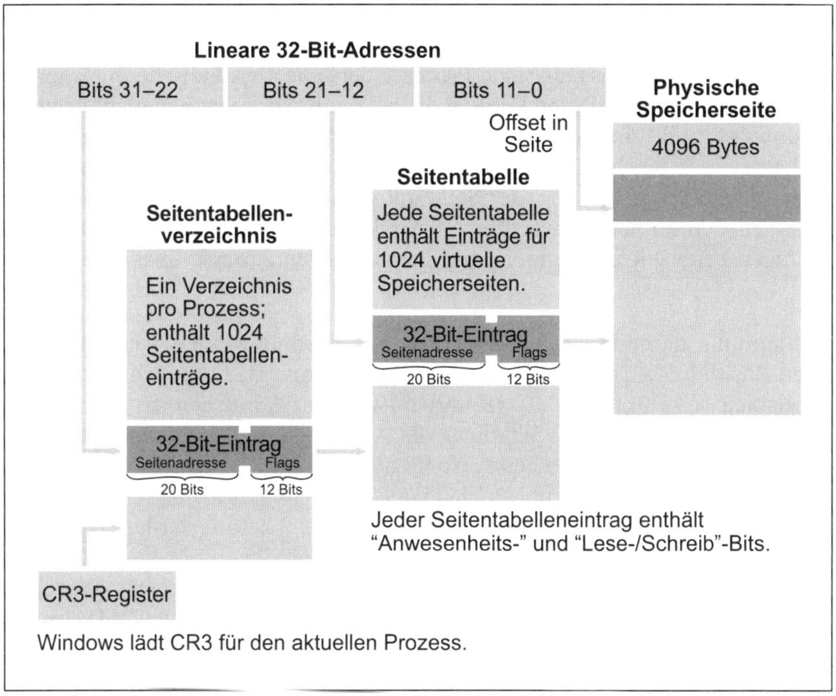

Abbildung 10.2: *Die virtuelle Speicherverwaltung unter Win32 (Intel-Plattformen).*

und das Programm wird beendet. Andernfalls lädt Windows die Seite aus einer Datei auf der Festplatte in den Arbeitsspeicher und aktualisiert die Seitentabelle, indem es die physikalische Adresse einträgt und das Anwesenheitsbit setzt. Das ist das Kernstück der virtuellen Speicherverwaltung von Win32.

Die virtuelle Speicherverwaltung von Windows optimiert das Lesen und Schreiben der 4-Kilobyte-Seiten und damit die Ausführungsgeschwindigkeit. Wenn ein Prozess eine Seite längere Zeit nicht benutzt hat und ein anderer Prozess Speicher benötigt, wird die erste Seite ausgelagert oder verworfen und der frei werdende Platz für eine Speicherseite des anderen Prozesses verwendet. Ihr Programm bemerkt normalerweise davon nichts. Je mehr Festplattenzugriffe aber auftreten, desto schlechter wird es um die Ausführungsgeschwindigkeit Ihres Programms bestellt sein, und es ist klar, dass zusätzlicher Arbeitsspeicher günstiger ist.

Wir haben zwar das Wort »Festplatte« verwendet, aber noch nicht über Dateien gesprochen. Alle Prozesse teilen sich in eine große, systemweite *Auslagerungsdatei*, die für alle nicht schreibgeschützten sowie für einige schreibgeschützte Dateien verwendet wird. (Windows NT unterstützt mehrere Auslagerungsdateien.) Windows berechnet die Größe der Auslagerungsdatei auf der Grundlage des verfügbaren Arbeitsspeichers und des freien Festplattenspeichers. Es gibt aber Verfahren zur Feinabstimmung der Größe der Auslagerungsdatei und zur Angabe ihrer physikalischen Position auf der Festplatte.

Die Auslagerungsdatei ist allerdings nicht die einzige Datei, die die virtuelle Speicherverwaltung benutzt. Es wäre nicht sinnvoll, Speicherseiten mit Code in die Auslagerungsdatei zu schreiben. Windows verwendet deshalb nicht die Auslagerungsdatei, sondern bildet EXE- und DLL-Code direkt auf die entsprechenden Dateien auf der Festplatte ab. Weil Speicherseiten mit Code schreibgeschützt sind, ist es nie nötig, sie auf die Festplatte zurückzuschreiben.

Wenn zwei Prozesse dieselbe EXE-Datei verwenden, wird ein Abbild dieser Datei in den Adressraum beider Prozesse eingeblendet. Der Code und die Konstanten ändern sich während der Programmausführung niemals, so dass für beide Prozesse derselbe physikalische Speicherbereich verwendet werden kann. Globalen Daten können die beiden Prozesse jedoch nicht gemeinsam nutzen, und Windows 95 und Windows NT behandeln diese Situation auf unterschiedliche Weise. Windows 95 blendet in jeden Prozess eine eigene Kopie der globalen Daten ein. Unter Windows NT verwenden beide Prozesse von jeder Seite mit globalen Daten dieselbe Kopie, bis ein Prozess versucht, auf eine dieser Seiten zu schreiben. An diesem Punkt wird die Seite kopiert, und anschließend verfügen beide Prozesse unter derselben virtuellen Adresse über eine eigene Kopie der Daten.

HINWEIS: Eine DLL kann nur dann direkt ihrer DLL-Datei zugeordnet werden, wenn die DLL an der vorgesehenen Basisadresse geladen werden kann. Wenn eine DLL statisch an eine bestimmte Adresse, beispielsweise 0x10000000, gebunden ist, dieser Adressbereich aber bereits von einer anderen DLL belegt wird, muss Windows die Adressen im DLL-Code berichtigen. Windows NT kopiert die geänderten Seiten beim ersten Laden der DLL in die Auslagerungsdatei. Dagegen kann Windows 95 die Änderungen gleich ausführen, wenn die betreffenden Seiten in den Arbeitsspeicher geschrieben werden. Es muss wohl kaum betont werden, wie wichtig es ist, dass sich die Adressbereiche Ihrer DLLs nicht überlappen. Wenn Sie die MFC-DLLs verwenden, sollte die Basisadresse Ihrer eigenen DLLs außerhalb des Bereichs zwischen 0x5F400000 und 0x5FFFFFFF liegen. Weitere Informationen über das Schreiben von DLLs finden Sie in Kapitel 22.

Es gibt weitere Dateien mit direkt zugeordnetem Arbeitsspeicher, die so genannten Speicherbilddateien (Memory-Mapped Files), auf die ich noch zu sprechen komme. Sie können Lese- und Schreibzugriffe zulassen und verschiedenen Prozessen zur gemeinsamen Nutzung zur Verfügung gestellt werden.

Hinweis für Win32-Programmierer: Segmentregister unter Win32

Wenn Sie unter Win32 mit dem Debugger experimentiert haben, sind Ihnen vielleicht die *Segmentregister* aufgefallen, insbesondere CS, DS und SS. Dabei handelt es sich um 16-Bit-Relikte, die Sie meistens ignorieren können. Die Intel-Prozessoren verwenden im 32-Bit-Modus nach wie vor die 16 Bit breiten Segmentregister, um Adressen vor der Weitergabe an die virtuelle Speicherverwaltung zu übersetzen. Im Arbeitsspeicher befindet sich die so genannte *Deskriptortabelle*, die für Code-, Daten- und Stack-Segmente die Basisadressen im virtuellen Speicher und die Blockgrößen enthält. Im 32-Bit-Modus können diese Segmente bis zu vier Gigabyte groß sein und optional schreibgeschützt werden. Bei jedem Speicherzugriff verwendet der Prozessor den *Selektor*, den Inhalt eines Segmentregisters, um den entsprechenden Eintrag in der Deskriptortabelle nachzuschlagen und damit die Adresse zu übersetzen.

Unter Win32 verfügt jeder Prozess über zwei Segmente – eines für den Code und eines für die Daten und die Aufrufliste (Stack). Sie können annehmen, dass beide Segmente die Basisadresse 0 und die Größe vier Gigabyte haben, so dass sie sich überlappen. Unterm Strich findet auf diese Weise also keinerlei Übersetzung statt, aber Windows stellt mit Hilfe einiger Tricks sicher, dass die unteren 16 Kilobyte des Datensegments ausgeschlossen werden. Wenn Sie versuchen, auf diesen Speicherbereich zuzugreifen, erhalten Sie anstelle eines Seitenfehlers eine Schutzverletzung, was beim Testen von Nullzeigern hilfreich ist. ►

Ein zukünftiges Betriebssystem könnte die Segmentregister eines Tages verwenden, um diese lästige 4-Gigabyte-Grenze zu umgehen, aber dann werden wir uns mit Win64 herumschlagen müssen!

Die Funktion VirtualAlloc – belegter und reservierter Speicher

Wenn Ihr Programm dynamischen Speicher anfordert, resultiert dies früher oder später in einem Aufruf der Win32-Funktion *VirtualAlloc*. Vermutlich wird Ihr Programm *VirtualAlloc* niemals selbst aufrufen. Statt dessen wird es auf die Funktionen zur Verwaltung des Windows-Heap oder des CRT-Heap zurückgreifen, die diese Funktion aufrufen. Wenn Sie aber wissen, wie VirtualAlloc funktioniert, werden Sie auch die Funktionen, die diese Funktion verwenden, besser verstehen.

Als erstes müssen Sie den Unterschied zwischen reserviertem und belegtem Speicher (englisch: *reserved* und *committed memory*) kennen. Bei der Reservierung von Arbeitsspeicher wird ein zusammenhängender, virtueller Adressbereich vorgemerkt. Wenn Sie beispielsweise wissen, dass Ihr Programm einen einzigen, fünf Megabyte umfassenden Speicherbereich verwenden wird (eine so genannte *Region*), den es aber nicht sofort benötigt, können Sie *VirtualAlloc* aufrufen und den Speicherzuweisungstyp *MEM_RESERVE* sowie die Größe fünf Megabyte als Parameter übergeben. Windows rundet die Startadresse der Region auf einen Wert, der auf einer 64-Kilobyte-Grenze liegt, und verhindert, dass Ihr Prozess weiteren Speicher in diesem Bereich reserviert. Sie können eine Startadresse für die Region festlegen, aber meist überlässt man dies Windows. Weiter geschieht nichts. Es wird kein Arbeitsspeicher zugewiesen, und in der Auslagerungsdatei wird kein Platz für die Region reserviert.

Wenn Sie mit Ihrer Speicheranforderung ernst machen möchten, rufen Sie nochmals *VirtualAlloc* auf, um den reservierten Speicher zu belegen, und übergeben *MEM_COMMIT* als Speicherzuweisungstyp. Nun werden die Start- und Endadresse so gerundet, dass sie auf 4-Kilobyte-Grenzen zu liegen kommen, und die Seitentabelle sowie die entsprechenden Seiten in der Auslagerungsdatei werden vorbereitet. Der Block wird als schreibgeschützt bzw. als nicht schreibgeschützt gekennzeichnet. Es wird jedoch noch immer kein Arbeitsspeicher zugewiesen. Die Speicherzuweisung findet erst dann statt, wenn Sie versuchen, auf den Speicher zuzugreifen. Es spielt keine Rolle, ob der Speicher zuvor reserviert worden ist. Es spielt ebenfalls keine Rolle, ob der Speicher bereits belegt worden ist. Als Regel gilt, dass der Arbeitsspeicher belegt werden muss, bevor er verwendet werden kann.

Mit der Funktion *VirtualFree* wird die Belegung wieder aufgehoben, so dass die angegebenen Seiten anschließend wieder Reservierungsstatus haben. Sie können mit *VirtualFree* auch eine reservierte Speicherregion freigeben, aber Sie müssen dabei die Basisadresse angeben, die Sie beim vorangegangenen Aufruf von *VirtualAlloc* erhalten haben.

Der Windows-Heap und die Familie der GlobalAlloc-Funktionen

Unter einem *Heap* versteht man einen Speicherbereich, der für einen bestimmten Prozess vorgesehen ist. Wenn ein Programm einen Speicherblock benötigt, ruft es eine Funktion für Heap-Speicherzuweisungen auf. Wird der Speicher nicht mehr gebraucht, ruft das Programm die entsprechende Funktionen zur Freigabe auf. 4-Kilobyte-Seitengrenzen brauchen nicht berücksichtigt zu werden. Der Heap-Manager verwendet den Platz vorhandener Seiten oder fordert mit *VirtualAl-*

loc zusätzliche Seiten an. Wir betrachten als erstes die Windows-Heaps. Anschließend befassen wir uns mit den Heaps, die die CRT-Bibliothek für Funktionen wie *malloc* und *new* verwaltet.

Windows stattet jeden Prozess mit einem Standard-Heap aus. Der Prozess kann daneben eine beliebige Anzahl zusätzlicher Windows-Heaps anlegen. Die Funktion *HeapAlloc* alloziert Speicher in einem Windows-Heap, und *HeapFree* gibt ihn wieder frei.

Unter Umständen brauchen Sie *HeapAlloc* nie selbst aufzurufen, weil dies die Funktion *GlobalAlloc*, ein Überbleibsel aus Win16, für Sie erledigt. In einer idealen 32-Bit-Welt müssten Sie *GlobalAlloc* nie aufrufen. In der Realität haben wir es dagegen nur zu oft mit Quelltexten zu tun, die aus Win16 portiert worden sind und in denen Parameter als Speicherzugriffsnummern (*HGLOBAL*-Werte) anstatt als 32-Bit-Adressen angegeben werden.

GlobalAlloc verwendet den Standard-Windows-Heap. Die Funktion erfüllt zwei verschiedene Aufgaben, je nachdem, welchen Wert der Attributparameter hat. Wenn Sie *GMEM_FIXED* angeben, ruft GlobalAlloc einfach *HeapAlloc* auf und liefert eine Adresse zurück, deren Typ in einen 32 Bit umfassenden *HGLOBAL*-Wert umgewandelt wurde. Wenn Sie *GMEM_MOVABLE* (*movable*: verschiebbar) angeben, ist der zurückgegebene HGLOBAL-Wert ein Zeiger auf einen Eintrag in einer *Handle*-Tabelle Ihres Prozesses. Dieser Eintrag enthält die eigentliche Adresse des über *HeapAlloc* zugewiesenen Speichers.

Warum sollte man sich mit »verschiebbarem Speicher« abgeben, wenn dieser lediglich eine weitere Umleitungsebene einführt? Wir haben hier ein Win16-Artefakt aus grauer Vorzeit vor uns, als das Betriebssystem tatsächlich Speicherblöcke verschoben hat. In Win32 gibt es verschiebbare Blöcke nur noch wegen der Funktion *GlobalReAlloc*. Diese Funktion weist einen neuen Speicherblock zu, kopiert den Inhalt des alten Blocks in den neuen, gibt den alten Block frei und schreibt die Adresse des neuen Blocks in den vorhandenen Eintrag der Handle-Tabelle. Wenn *GlobalReAlloc* nie aufgerufen würde, könnten wir statt *GlobalAlloc* stets *HeapAlloc* verwenden.

Leider verwenden viele Bibliotheksfunktionen anstelle von Speicheradressen *HGLOBAL*-Werte als Parameter und Rückgabewert. Wenn eine Funktion einen *HGLOBAL*-Wert zurückgibt, sollten Sie sicherheitshalber davon ausgehen, dass der Speicher unter Verwendung des Attributs *GMEM_MOVABLE* alloziert worden ist, und das heißt, dass Sie *GlobalLock* aufrufen müssen, um die Speicheradresse zu erhalten. (Wenn der Speicher mit *GMEM_FIXED* alloziert worden ist, wandelt *GlobalLock* die Zugriffsnummer (Handle) einfach in eine Adresse um.) Rufen Sie *GlobalUnlock* auf, wenn Sie nicht mehr auf den Speicher zugreifen. Wenn Sie einen *HGLOBAL*-Parameter bereitstellen müssen, sollten Sie ihn sicherheitshalber per *GlobalAlloc (GMEM_MOVABLE, ...)* erzeugen, um für den Fall gewappnet zu sein, dass die aufgerufene Funktion *GlobalReAlloc* aufruft und davon ausgeht, dass die Speicherzugriffsnummer unverändert bleibt.

Der Small-Block-Heap, die Operatoren new und delete und die Funktion _heapmin

Es steht Ihnen jederzeit frei, die Windows-Funktion *HeapAlloc* aufzurufen, aber in den meisten Fällen werden Sie statt dessen auf *malloc* und *free* aus der C-Laufzeitbibliothek (CRT – C Runtime Library) zurückgreifen. Wenn Sie in C++ programmieren, rufen Sie diese Funktionen normalerweise nicht direkt auf, sondern benutzen statt dessen die Operatoren *new* und *delete*, die den Funktionen *malloc* und *free* unmittelbar entsprechen. Wenn Sie mit *new* einen Speicherblock zuweisen, dessen Größe einen bestimmten Grenzwert übersteigt, reicht die CRT den Aufruf direkt an *HeapAlloc* weiter, um Speicher aus einem speziell für die CRT angelegten Windows-Heap anzufordern. Für Blöcke, deren Größe den Grenzwert unterschreitet, verwaltet die CRT den so genannten *Small-Block-Heap* und ruft dafür nach Bedarf die Funktionen *VirtualAlloc* und *VirtualFree* auf. Dabei wird der folgende Algorithmus angewendet:

1. Der Arbeitsspeicher wird in Regionen zu vier Megabyte reserviert.
2. Der Arbeitsspeicher wird in Blöcken zu 64 Kilobyte (entspricht 16 Seiten) belegt.
3. Beim Aufheben der Belegung wird immer nur ein 64-Kilobyte-Block zugleich freigegeben. Wenn 128 Kilobyte frei werden, werden die letzten 64 Kilobyte freigegeben.
4. Eine vier Megabyte große Region wird freigegeben, sobald in dieser Region keine Seite mehr belegt ist.

Wie Sie sehen, erledigt der Small-Block-Heap die notwendigen Aufräumarbeiten selbst. Der Windows-Heap der CRT dagegen macht die Reservierung und Belegung nicht automatisch rückgängig. Um die größeren Blöcke zu beseitigen, müssen Sie die CRT-Funktion *_heapmin* aufrufen, die ihrerseits die Windows-Funktion *HeapCompact* aufruft. (Leider führt die Windows 95-Version von *HeapCompact* überhaupt nichts aus – ein Grund mehr, Windows NT zu verwenden.) Sobald eine belegte Seite freigegeben wird, steht der entsprechende Platz in der Auslagerungsdatei anderen Programmen zur Verfügung.

HINWEIS: In früheren Versionen der CRT wurden die Zeiger auf freie Blöcke in den Heap-Seiten gespeichert. Bei dieser Vorgehensweise musste die Funktion *malloc* auf der Suche nach freiem Speicher auf viele Seiten in der Auslagerungsdatei zugreifen, was die Ausführungsgeschwindigkeit beeinträchtigte. Das aktuelle Verfahren, bei dem die Liste freier Blöcke in einem eigenen Speicherbereich verwaltet wird, ist schneller und ermöglicht in vielen Fällen den Verzicht auf Heap-Verwaltungssoftware anderer Hersteller.

Mit Hilfe der CRT-Funktionen *_set_sbh_threshold* und *_get_sbh_threshold* können Sie den Grenzwert für die Blockgröße ändern und abfragen.

Für Testzwecke gibt es von *malloc* eine spezielle Version, *_malloc_dbg*, die Debug-Informatio nen zu den allozierten Speicherblöcken hinzufügt. Der Operator *new* ruft *_malloc_dbg* auf, wenn Sie in einem MFC-Projekt *_DEBUG* definiert haben. Ihr Programm kann damit Speicherblöcke aufspüren, die Sie vergessen haben freizugeben oder versehentlich überschrieben haben.

Speicherbilddateien

Für den Fall, dass Ihr Appetit auf Speicherverwaltungsoptionen noch nicht gestillt ist, möchte ich Ihnen eine weitere Option vorstellen. Nehmen wir, an, Ihr Programm benötigt eine Datei mit einer geräteunabhängigen Bitmap-Grafik, eine DIB-Datei (DIB – Device Independent Bitmap). Intuitiv würden Sie wahrscheinlich einen Puffer der erforderlichen Größe allozieren, die Datei öffnen und eine Funktion aufrufen, die die gesamte Datei in den Puffer einliest. Speicherbilddateien (Memory-Mapped Files) bieten unter Windows jedoch eine elegantere Lösung. Sie weisen einfach einer Datei einen Adressbereich zu. Sobald der Prozess auf eine entsprechende Speicherseite zugreift, weist Windows Arbeitsspeicher zu und liest die Daten von der Festplatte. Der Quelltext sieht in etwa wie folgt aus:

```
HANDLE hFile = ::CreateFile(strPathname, GENERIC_READ,
    FILE_SHARE_READ, NULL, OPEN_EXISTING, FILE_ATTRIBUTE_NORMAL, NULL);
ASSERT(hFile != NULL);
```

```
HANDLE hMap = ::CreateFileMapping(hFile, NULL, PAGE_READONLY, 0, 0, NULL);
ASSERT(hMap != NULL);
LPVOID lpvFile = ::MapViewOfFile(hMap, FILE_MAP_READ, 0, 0, 0); // die ganze Datei einbeziehen
DWORD dwFileSize = ::GetFileSize(hFile, NULL);  // eine nützliche Information
// die Datei verwenden
::UnmapViewOfFile(lpvFile);
::CloseHandle(hMap);
::CloseHandle(hFile);
```

Sie verwenden virtuellen Speicher, dessen Inhalt aus der DIB-Datei geladen wird. Windows ermittelt die Dateigröße, reserviert einen entsprechenden Adressbereich, und belegt den Speicher der Datei als physikalischen Speicher für diesen Bereich. In diesem Fall befindet sich die Startadresse in *lpvFile*. Die Variable *hMap* enthält die Zugriffsnummer (oder Handle) auf das *Dateizuordnungsobjekt*, das bei Bedarf prozessübergreifend genutzt werden kann.

Die DIB-Datei in diesem Beispiel ist eine kleine Datei, die Sie auch als Ganzes in einen Puffer einlesen könnten. Stellen Sie sich aber eine größere Datei vor, auf die Sie über *seek*-Operationen zugreifen. Wegen der zugrunde liegenden virtuellen Speicherverwaltung können auch in solchen Fällen Dateien mit direkt zugeordnetem Arbeitsspeicher verwendet werden. Der Arbeitsspeicher wird zugewiesen und die Seiten werden gelesen, sobald Sie darauf zugreifen, und nicht vorher.

HINWEIS: Gemäß Voreinstellung wird für die gesamte Datei Arbeitsspeicher belegt. Es ist aber auch möglich, nur einem Teil der Datei Speicher zuzuordnen.

Wenn zwei Prozesse dasselbe Speicherzuordnungsobjekt nutzen (beispielsweise *hMap* im obigen Quelltext), repräsentiert die Datei letztlich einen gemeinsam genutzten Speicherbereich, wobei sich aber die virtuellen Adressen, die *MapViewOfFile* zurückgibt, unterscheiden können. Tatsächlich ist dies die Methode der Wahl, um unter Windows32 Speicher gemeinsam zu nutzen. (Es nicht mehr wie noch unter Win16 möglich, einen gemeinsam genutzten Speicherbereich einzurichten, indem man *GlobalAlloc* mit dem Flag *GMEM_SHARE* aufruft.) Wenn es Ihnen nur auf die gemeinsame Nutzung des Arbeitsspeichers ankommt und Sie keine permanente Festplattendatei benötigen, können Sie den Aufruf von *CreateFile* weglassen und für den Parameter *hFile* von *CreateFileMapping* 0xFFFFFFFF angeben. Dann basiert der gemeinsam genutzte Speicherbereich auf Seiten in der Auslagerungsdatei. Bei Richter finden Sie weitere Einzelheiten zu Dateien mit direkt zugeordnetem Arbeitsspeicher. Die Beispielprogramme EX35B und EX35C in Kapitel 35 illustrieren die gemeinsame Nutzung solcher Dateien.

HINWEIS: Wenn Sie vorhaben, nur auf einige wenige, zufällig verteilte Seiten eines Speicherzuordnungsobjekts zuzugreifen, können Sie auf eine Technik zurückgreifen, die Jeffrey Richter in seinem Buch *Windows: Programmierung für Experten* beschreibt. In diesem Fall rufen Sie *CreateFileMapping* mit einem speziellen Flag auf und belegen anschließend mit Hilfe der Funktion *VirtualAlloc* die gewünschten Adressbereiche.

HINWEIS: Sehen Sie sich einmal die Windows-Nachricht WM_COPYDATA näher an. Mit Hilfe dieser Nachricht können Sie über gemeinsam genutzten Speicher Daten zwischen verschiedenen Prozessen austauschen, ohne sich mit der API für Memory-Mapped Files auseinander setzen zu müssen. Sie müssen diese Nachricht mit *SendMessage* (nicht mit *PostMessage*) senden, was bedeutet, dass der sendende Prozess warten muss, bis der empfangende Prozess die Daten kopiert und verarbeitet hat.

Leider fehlt in der MFC-Bibliothek eine direkte Unterstützung für Dateien mit direkt zugeordnetem Arbeitsspeicher und gemeinsam genutzten Arbeitsspeicher. Die Klasse *CSharedFile* unterstützt lediglich Speichertransfers über die Zwischenablage und mit *HGLOBAL*-Zugriffsnummern, so dass der Name mehr verspricht, als die Klasse hält.

Zugriff auf Ressourcen

Ressourcen befinden sich innerhalb von EXE-Dateien und DLLs und besetzen somit virtuellen Adressraum, der sich während der Lebensdauer des Prozesses nicht ändert. Aufgrund dieser Tatsache ist es einfach, eine Ressource direkt zu lesen. Wenn Sie beispielsweise auf eine Bitmap zugreifen müssen, können Sie mit den folgenden Anweisungen die DIB-Adresse ermitteln:

```
LPVOID lpvResource = (LPVOID) ::LoadResource(NULL,
    ::FindResource(NULL, MAKEINTRESOURCE(IDB_REDBLOCKS),
    RT_BITMAP));
```

Die Funktion *LoadResource* liefert einen *HGLOBAL*-Wert, den Sie aber gefahrlos in einen Zeiger umwandeln können.

Tipps zum Umgang mit dynamischem Speicher

Je intensiver Sie den Heap benutzen, desto stärker wird er fragmentiert und desto langsamer wird Ihr Programm ausgeführt. Falls Ihr Programm stunden- oder tagelang laufen soll, müssen Sie besonders sorgfältig vorgehen. Am besten ist es, den gesamten Speicher, den ein Programm benötigt, beim Start zuzuweisen und beim Beenden freizugeben, aber das ist nicht immer möglich. Ein besonderes Ärgernis ist die Klasse *CString*, die ständig kleine Speicherportionen zuweist und freigibt. Glücklicherweise haben die Entwickler der MFC neuerdings einige Verbesserungen vorgenommen.

Vergessen Sie nicht, ab und zu in Ihrem Programm *_heapmin* aufzurufen, falls Ihr Programm Blöcke zuweist, deren Größe den Grenzwert für den Small-Block-Heap überschreitet. Und denken Sie immer daran, woher der Heap-Speicher stammt. Sie kämen zum Beispiel in große Schwierigkeiten, wenn Sie mit einem Small-Block-Zeiger, den Sie von *new* erhalten haben, *HeapFree* aufrufen würden.

Denken Sie daran, dass der Stack nicht mehr auf 64 Kilobyte beschränkt ist. Sie können also auch große Objekte auf dem Stack ablegen und sich somit viele Heap-Zuweisungen ersparen.

Wie reagiert Ihr Programm wenn Windows der Speicherplatz für die Auslagerungsdatei ausgeht? Wie unter Win16 ist es keineswegs so, dass Ihr Programm mit voller Geschwindigkeit ausgeführt wird, um irgendwann eine Ausnahme auszulösen. Es kommt vielmehr, zum Leidwesen Ihrer Kunden, langsam zum Stillstand. Und Sie können nicht viel mehr tun, als zu versuchen herauszufinden, welches Programm den Speicher verschlingt und warum es dies tut. Weil die USER- und GDI-Module von Windows 95 nach wie vor 16-Bit-Komponenten enthalten, besteht die Möglichkeit, dass die 64-Kilobyte-Heaps für GDI-Objekte und Windows-Strukturen ausgeschöpft wurden. Diese Möglichkeit liegt allerdings recht fern, und wenn eine solche Situation eintritt, ist das ein Hinweis auf einen Fehler in Ihrem Programm.

Optimale Speicherstrategien für konstante Daten

Denken Sie daran, dass der Code Ihres Programms nicht aus der Auslagerungsdatei geladen wird, sondern direkt aus den EXE- und DLL-Dateien. Wenn mehrere Instanzen Ihres Programms ausgeführt werden, werden dieselben EXE- und DLL-Dateien in die virtuellen Adressräume der einzelnen Prozesse eingeblendet. Was geschieht dann mit den konstanten Daten? Am besten wäre es doch, wenn die Daten in das Programm integriert werden könnten. Andernfalls müssten sie in einen anderen Block im Adressraum kopiert und gegebenenfalls aus der Auslagerungsdatei geladen werden.

Um sicherzustellen, dass konstante Daten mit dem Programm gespeichert werden, müssen Sie etwas Aufwand betreiben. Betrachten wir als erstes Zeichenfolgenkonstanten, von denen viele Programme durchsetzt sind. Auf den ersten Blick möchte man meinen, dass solche Daten nur Lesezugriffe zulassen. Andererseits sind folgende Anweisungen zulässig:

```
char* pch = "test";
*pch = 'x';
```

Offensichtlich kann *test* keine Konstante sein.

Wenn Sie möchten, dass *test* eine Konstante ist, müssen Sie sie mit dem Schlüsselwort *const* als globale oder statische Variable deklarieren. Die Definition als globale Variable sieht wie folgt aus.

```
const char g_pch[] = "test";
```

Jetzt wird *g_pch* im Code gespeichert, aber wo genau? Um diese Frage zu beantworten, müssen Sie etwas über die »Datenbereiche« wissen, die der Linker von Visual C++ erzeugt. Wenn Sie in den Linkeroptionen festlegen, dass eine Map-Datei generiert werden soll, erhalten Sie eine lange Liste mit den Bereichen (Speicherblöcken) Ihres Programms. Es gibt Bereiche für Code oder Daten sowie schreibgeschützte Bereiche und Bereiche mit Lese- und Schreibzugriff. Die wichtigen Abschnitte und ihre Eigenschaften können Sie der folgenden Tabelle 10.1 entnehmen:

Name	Typ	Zugriff	Inhalt
.text	Code	Nur Lesen	Programmcode
.rdata	Daten	Nur Lesen	Konstante, initialisierte Daten
.data	Daten	Lesen/Schreiben	Nicht konstante, initialisierte Daten
.bss	Daten	Lesen/Schreiben	Nicht konstante, nicht initialisierte Daten

Tabelle 10.1: *Abschnitte einer Map-Datei.*

Der Bereich .rdata ist Bestandteil der EXE-Datei, und in diesem Bereich speichert der Linker die Variable *g_pch*. Je mehr Daten Sie in .rdata unterbringen, desto besser. Verwenden Sie zu diesem Zweck den Modifizierer *const*.

Sie können vordefinierte Typen und sogar Datenstrukturen im .rdata-Bereich speichern, aber keine C++-Objekte mit Konstruktoren. Wenn Sie eine Anweisung wie die folgende schreiben,

```
const CRect g_rect(0, 0, 100, 100);
```

fügt der Linker das Objekt in den Abschnitt .bss ein. Als Folge wird das Objekt für jeden Prozess separat in die Auslagerungsdatei geschrieben. Wenn Sie darüber nachdenken, werden Sie erkennen, dass das sinnvoll ist, weil der Compiler den Konstruktor nach dem Laden des Programms aufrufen muss.

Nehmen wir jetzt einmal an, Sie möchten sich so ungeschickt wie möglich anstellen. Zu diesem Zweck deklarieren Sie eine globale Variable (oder ein statisches Datenelement) des Typs *CString* wie folgt:

```
const CString g_str("Das ist das ungeschickteste Vorgehen ");
```

Nun befindet sich das (recht kleine) *CString*-Objekt im .bss-Abschnitt, und im .data-Abschnitt haben Sie außerdem ein Zeichenfeld. Um die Dinge weiter zu verschlimmern, muss die Klasse *CString* Heap-Speicher für eine Kopie der Zeichen zuweisen. Viel besser wäre es, Sie würden statt des *CString*-Objekts ein mit dem Schlüsselwort *const* deklariertes Zeichenfeld verwenden.

11 Bitmaps

Ohne Grafiken würden Windows-Anwendungen recht langweilig aussehen. Bei manchen Programmen basiert die Funktionalität auf Grafiken. Fast alle Programme lassen sich jedoch mit dekorativen Grafiken aus unterschiedlichen Quellen attraktiver gestalten. Unter einem Windows-*Bitmap* versteht man ein Bit-Datenfeld, dessen Bits Pixeln zugeordnet werden. Das klingt recht einfach, aber um Bitmaps in professionellen Windows-Anwendungen einsetzen können, müssen Sie noch einiges lernen.

Wir beginnen mit der althergebrachten Methode der Bitmap-Programmierung. Wir erstellen geräteabhängige GDI-Bitmaps in einem Speicher-Gerätekontext. Sie müssen diese Technik kennen, weil viele Programmierer noch immer damit arbeiten, und gelegentlich werden auch Sie darauf zurückgreifen müssen.

Danach werden Sie mit der modernen Methode der Bitmap Programmierung Bekanntschaft schließen – mit der Erstellung geräteunabhängiger Bitmaps oder DIBs (DIBs – Device Independent Bitmaps). Wenn Sie DIBs verwenden, können Sie leichter mit Farben und Druckern umgehen, und manchmal erzielen Sie auch eine bessere Ausführungsgeschwindigkeit. Die Funktion *CreateDIBSection* aus der Win32-API vereint die Vorteile von DIBs mit sämtlichen Möglichkeiten von GDI-Bitmaps.

Schließlich werden Sie lernen, mit der MFC-Klasse *CBitmapButton* umzugehen, mit der Sie Schaltflächen mit Bitmaps ausstatten können. Dieses Thema hat zwar mit DIBs nichts zu tun, aber diese Technik ist nützlich und ohne Anleitung schwierig zu erlernen.

GDI-Bitmaps und geräteunabhängige Bitmaps

Unter Windows gibt es zwei Arten von Bitmaps, *geräteabhängige GDI-Bitmaps* und *geräteunabhängige Bitmaps (DIBs)*. GDI-Bitmaps werden seit Version 6.0 der MFC-Bibliothek durch die Klasse *CBitmap* repräsentiert. Zu einem GDI-Bitmap-Objekt gehört eine geräteabhängige Windows-Datenstruktur, die innerhalb des GDI-Moduls von Windows verwaltet wird. Ein Programm kann eine Kopie der Bitmap-Daten abrufen, aber die Anordnung der Bits hängt von der jeweiligen

Grafik-Hardware ab. GDI-Bitmaps können zwischen Programmen auf demselben Computer beliebig ausgetauscht werden, aber wegen ihrer Geräteabhängigkeit ist es nicht sinnvoll, Bitmaps über Disketten oder Modems zu verteilen.

HINWEIS: Unter Win32 ist es möglich, eine Zugriffsnummer (Handle) auf eine GDI-Bitmap in der Zwischenablage zu deponieren und auf diesem Weg an einen anderen Prozess zu übertragen. Hinter den Kulissen wandelt Windows aber die geräteabhängige Bitmap in eine DIB um und kopiert die Bitmap in den gemeinsam genutzten Arbeitsspeicher. Deshalb sollte man sich überlegen, ob man nicht von vornherein DIBs verwendet.

Hinsichtlich der Programmierung bieten DIBs gegenüber GDI-Bitmaps viele Vorteile. Weil eine DIB eigene Farbinformationen enthält, ist die Verwaltung von Farbpaletten einfacher. Mit DIBs lässt sich auch die Ausgabe der Graustufen beim Drucken leichter steuern. Jeder unter Windows betriebene Computer kann DIBs verarbeiten. Normalerweise werden DIBs als BMP-Dateien oder als Ressourcen in EXE- oder DLL-Dateien gespeichert. Das Hintergrundbild auf Ihrem Bildschirm wird beim Start von Windows ebenfalls aus einer BMP-Datei gelesen. BMP-Dateien sind das wichtigste Speicherformat von Microsoft Paint, und Visual C++ verwendet BMP-Dateien für Symbolleisten-Schaltflächen und andere Grafiken. Es gibt auch andere Formate für den Austausch von Grafikdaten, beispielsweise TIFF, GIF und JPEG, aber nur das DIB-Format wird von der Win32-API direkt unterstützt.

Farbige Bitmaps und monochrome Bitmaps

Jetzt wäre eine gute Gelegenheit, den Abschnitt »Farbzuordnung unter Windows« aus Kapitel 5 nochmals zu lesen. Wie Sie in diesem Kapitel erfahren haben, behandelt Windows farbige Bitmaps anders als Pinselfarben.

Viele farbige Bitmaps verwenden 16 Farben. Eine Standard-VGA-Karte verfügt über vier zusammenhängende Farbebenen. Ein Pixel wird durch je ein Bit aus diesen vier Ebenen repräsentiert. Die 4-Bit-Farbwerte werden beim Erstellen der Bitmap festgelegt. Eine Standard-VGA-Karte kann Bitmaps somit nur mit 16 Farben darstellen. Windows unterstützt in Bitmaps keine gerasterten Farben.

Eine monochrome Bitmap hat nur eine Ebene. Jedes Pixel wird durch ein einzelnes Bit dargestellt, das entweder nicht gesetzt (0) oder gesetzt (1) ist. Die Funktion *CDC::SetTextColor* legt die Farbe fest, in der die nicht gesetzten Bits dargestellt werden, *SetBkColor* definiert die Farbe der gesetzten Bits. Sie können diese reinen Farben mit Hilfe des Windows-Makros *RGB* auch individuell festlegen.

GDI-Bitmaps verwenden

Eine GDI-Bitmap ist einfach ein GDI-Objekt, wie etwa ein Stift oder eine Schrift. Sie müssen irgendwie ein Bitmap-Objekt erstellen und es anschließend in einen Gerätekontext wählen. Wenn Sie das Objekt nicht mehr brauchen, müssen Sie die Auswahl des Objekts aufheben und es löschen. Sie kennen das schon.

Die Sache hat aber einen Haken, weil sich die »Bitmap« des Bildschirm- oder Drucker-Gerätekontexts letztlich auf der Bildschirmoberfläche bzw. der bedruckten Seite befindet. Aus diesem Grund können Sie keine Bitmap in den Bildschirm- oder Drucker-Gerätekontext wählen. Sie müssen mit Hilfe der Funktion *CDC::CreateCompatibleDC* einen speziellen *Speicher-Gerätekontext* erstellen. Anschließend müssen Sie die *CDC*-Member-Funktion *StretchBlt* oder *BitBlt* zu Hilfe nehmen, um die Bits aus dem Speicher-Gerätekontext in den »echten« Gerätekontext zu kopieren. Diese »Bit-Verschiebefunktionen« werden normalerweise in der *OnDraw*-Funktion der Basisklasse aufgerufen. Natürlich dürfen Sie nicht vergessen, den Speicher-Gerätekontext wieder aufzuräumen, wenn Sie Ihre Arbeit beendet haben.

Eine GDI-Bitmap aus einer Ressource laden

Die einfachste Art, eine Bitmap zu verwenden, besteht darin, sie aus einer Ressource zu laden. Wenn Sie im Fenster *Arbeitsbereich* das Register *Ressourcen* aktivieren, wird eine Liste der Bitmap-Ressourcen des Projekts angezeigt. Wenn Sie eine Bitmap markieren und ihre Eigenschaften untersuchen, finden Sie unter anderem einen Dateinamen.

So sieht ein Eintrag einer RC-Datei (Ressourcenskriptdatei) aus, wenn Sie die Datei in einen Texteditor laden:

```
IDB_REDBLOCKS             BITMAP  DISCARDABLE      "res\\Red Blocks.bmp"
```

IDB_REDBLOCKS ist die Ressourcen-ID. Die zugehörige Datei heißt *Red Blocks.bmp* und befindet sich im Projektunterverzeichnis \res. (Es handelt sich um eine der Hintergrund-Bitmaps von Windows 95, die sich normalerweise im Verzeichnis \WINDOWS befinden.) Der Ressourcen-Compiler liest die DIB von der Festplatte und speichert sie in der RES-Datei des Projekts. Der Linker kopiert die DIB in die EXE-Datei des Programms. Daraus folgt, dass diese Bitmap ein geräteunabhängiges Format haben muss, weil die EXE-Datei mit jeder Grafikkarte ausgeführt werden kann, die von Windows unterstützt wird.

Die Funktion *CDC::LoadBitmap* konvertiert eine DIB aus einer Ressource in eine GDI-Bitmap. Im Folgenden sehen Sie die einfachste Version einer *OnDraw*-Funktion, die diese Bitmap anzeigt:

```
CMyView::OnDraw(CDC* pDC)
{
    CBitmap bitmap; // Die Reihenfolge ist wichtig
    CDC dcMemory;
    bitmap.LoadBitmap(IDB_REDBLOCKS);
    dcMemory.CreateCompatibleDC(pDC);
    dcMemory.SelectObject(&bitmap);
    pDC->BitBlt(100, 100, 54, 96, &dcMemory, 0, 0, SRCCOPY);
    // Der Destruktor von CDC löscht dcMemory:
    // die Bitmap ist nicht mehr ausgewählt
    // Der Destruktor von CBitmap löscht die Bitmap
}
```

Die Funktion *ttBitBlt* kopiert die Pixel der Bitmap *Red Blocks* aus dem Speicher-Gerätekontext in den Bildschirm- oder Drucker-Gerätekontext. Die Bitmap ist 54 Bit breit und 96 Bit hoch, und auf einem VGA-Bildschirm nimmt sie ein Rechteck von 54 x 96 logischen Einheiten ein. Als Offset von der oberen linken Ecke des Client-Bereichs des Fensters sind 100 Einheiten nach unten und rechts angegeben.

HINWEIS: Der Quelltext im obigen Beispiel funktioniert für Bildschirmausgaben einwandfrei. Wie Sie in Kapitel 19 sehen werden, ruft das Anwendungsgerüst zum Drucken die Funktion *OnDraw* auf, so dass dann *pDC* auf einen Drucker-Gerätekontext zeigt. Die Bitmap ist in unserem Beispiel aber speziell für den Bildschirm konfiguriert und kann deshalb nicht in einen druckerkompatiblen Speicher-Gerätekontext gewählt werden. Wenn Sie Bitmaps drucken möchten, sollten Sie sich die Klasse *CDib* ansehen, die weiter hinten in diesem Kapitel besprochen wird.

Wie sich der Bildschirm-Abbildungsmodus auswirkt

Wenn der Bildschirm-Abbildungsmodus in obigem Beispiel *MM_TEXT* ist, entspricht jedes Bitmap-Pixel einem Bildschirm-Pixel, und die Bitmap-Darstellung passt perfekt. Wenn der Abbildungsmodus *MM_LOENGLISH* eingestellt ist, ergibt sich für die Bitmap-Größe 0,54 x 0,96 Zoll bzw. unter Windows 95 52 x 92 Pixel, und die GDI muss die Bits neu berechnen, damit die Bitmap in das Ausgaberechteck passt. Folglich sieht die Bitmap im Abbildungsmodus *MM_LOENGLISH* unter Umständen nicht so gut aus. Rufen Sie *CDC::SetStretchBltMode* mit dem Parameter *COLORONCOLOR* auf, um das Aussehen verkleinerter Bitmaps zu verbessern.

Bits dehnen

Wie können wir erreichen, dass die Bitmap *Red Blocks ein Rechteck von genau 54 x 96 Pixel ausfüllt, wenn der Abbildungsmodus nicht MM_TEXT* ist? Die Funktion *StretchBlt* liefert die Lösung. Wenn wir den Aufruf von *BitBlt* durch die folgenden drei Anweisungen ersetzen, wird die Bitmap unabhängig vom Abbildungsmodus sauber angezeigt:

```
CSize size(54, 96);
pDC->DPtoLP(&size);
pDC->StretchBlt(0, 0, size.cx, -size.cy, &dcMemory, 0, 0, 54, 96, SRCCOPY);
```

Bei beiden Funktionen, *BitBlt* und *StretchBlt*, wird der Bildschirm langsamer aktualisiert, sobald die GDI das Bild tatsächlich dehnen oder stauchen muss. Wenn die GDI wie in unserem Fall feststellt, dass keine Konvertierung nötig ist, geht die Bildschirmaktualisierung zügig vonstatten.

Das Beispielprogramm EX11A

Das Beispielprogramm EX11A lädt eine Bitmap aus einer Ressource und zeigt sie in einem bildlauffähigen Ansichtsfenster mit dem Abbildungsmodus *MM_LOENGLISH* an. Das Programm verwendet den oben vorgestellten Algorithmus mit der Funktion *StretchBlt*, nur dass hier der Speicher-Gerätekontext und die Bitmap in der Member-Funktion *OnInitialUpdate* der Ansicht erstellt werden und dieselbe Lebensdauer haben wie das gesamte Programm. Außerdem liest das Programm mit einem Aufruf der Member-Funktion *GetObjekt* der Klasse *CGdiObject* die Größe der Bitmap ein, so dass anders als in den bisherigen Beispielen keine festkodierten Werte mehr verwendet werden.

So erstellen Sie das Beispielprogramm:

1. **Starten Sie den MFC-Anwendungs-Assistenten, und erstellen Sie die Anwendung \vcpp32\ex11a\ex11a.**

Übernehmen Sie alle Standardeinstellungen bis auf zwei Ausnahmen: Wählen Sie *Einzelnes Dokument (SDI)*, und wählen Sie als Basisklasse für *CEx11aView* die Klasse *CScrollView*. (Wie das geht, können Sie der Anleitung zur Erstellung des Beispielprogramms EX04C in Kapitel 4 entnehmen.) Die Einstellungen der Optionen und die vorgeschlagenen Klassennamen können Sie der folgenden Abbildung 11.1 entnehmen.

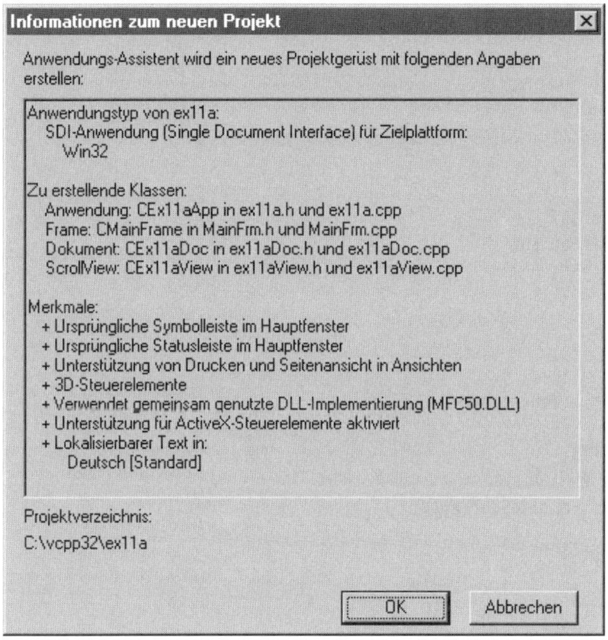

Abbildung 11.1:
Das Dialogfeld Informationen zum neuen Projekt *mit den Einstellungen für das Beispielprogramm EX11A.*

2. Importieren Sie die Bitmap *Gold Weave.*
Wählen Sie im Menü *Einfügen* von Visual C++ den Befehl *Ressource*. Importieren Sie die Bitmap aus dem Ressourcenverzeichnis \bitmaps von der Begleit-CD.Visual C++ kopiert diese Bitmap in das Unterverzeichnis Ihres Projektverzeichnisses. Weisen Sie der Ressource die ID *IDB_GOLDWEAVE* zu, und speichern Sie die Änderungen.

3. Fügen Sie die unten aufgeführten privaten Datenelemente in die Klasse *CEx11aView* ein.
Bearbeiten Sie die Datei ex11aView.h, oder verwenden Sie das *ClassView*-Fenster. Die Bitmap und der Speicher-Gerätekontext bleiben während der gesamten Lebensdauer der Ansicht verfügbar. Die *CSize*-Objekte speichern die Ausmaße der Quelle (Bitmap) und des Ziels (Bildschirmdarstellung).

```
CDC*     m_pdcMemory;
CBitmap* m_pBitmap;
CSize    m_sizeSource, m_sizeDest;
```

4. Bearbeiten Sie die unten aufgeführten Member-Funktionen der Klasse *CEx11aView.*
Bearbeiten Sie die Datei ex11aView.cpp. Der Konstruktor und der Destruktor kümmern sich um die C++-üblichen Aufräumarbeiten für die eingebetteten Objekte. Normalerweise gestaltet man den Konstruktor so einfach wie möglich, um die Probleme zu vermeiden, die mit nicht erfolgreich ausgeführten Konstruktoren verbunden sind.

Die Funktion *OnInitialUpdate* richtet den Speicher-Gerätekontext ein, lädt die Bitmap und berechnet eine Ausgabegröße, bei der jedes Bit einem Pixel zugeordnet wird. Die Funktion *OnDraw* ruft *StretchBlt* zweimal auf: einmal mit der berechneten Ausgabegröße und einmal mit einem Abbildungsverhältnis, bei dem jedes Bit einem Quadrat von 0,1 x 0,1 Zoll entspricht. Fügen Sie den im Folgenden fett gedruckten Code hinzu:

```
CEx11aView::CEx11aView()
{
  m_pdcMemory = new CDC;
  m_pBitmap = new CBitmap;
}

CEx11aView::~CEx11aView()
{
  // räumt Speicher-Gerätekontext und Bitmap auf
  delete m_pdcMemory; // hebt Auswahl der Bitmap auf
  delete m_pBitmap;
}
void CEx11aView::OnDraw(CDC* pDC)
{
  pDC->SetStretchBltMode(COLORONCOLOR);
  pDC->StretchBlt(20, -20, m_sizeDest.cx, -m_sizeDest.cy,
    m_pdcMemory, 0, 0,
    m_sizeSource.cx, m_sizeSource.cy, SRCCOPY);

  pDC->StretchBlt(350, -20, m_sizeSource.cx, -m_sizeSource.cy,
    m_pdcMemory, 0, 0,
    m_sizeSource.cx, m_sizeSource.cy, SRCCOPY);
}

void CEx11aView::OnInitialUpdate()
{
  CScrollView::OnInitialUpdate();
  CSize sizeTotal(800, 1050); // 8 mal 10,5 Zoll
  CSize sizeLine = CSize(sizeTotal.cx / 100, sizeTotal.cy / 100);
  SetScrollSizes(MM_LOENGLISH, sizeTotal, sizeTotal, sizeLine);

  BITMAP bm; // Windows-Datenstruktur. Siehe Online-Hilfe zu Win32
  if (m_pdcMemory->GetSafeHdc() == NULL) {
    CClientDC dc(this);
    OnPrepareDC(&dc); // notwendig
    m_pBitmap->LoadBitmap(IDB_GOLDWEAVE);
    m_pdcMemory->CreateCompatibleDC(&dc);
    m_pdcMemory->SelectObject(m_pBitmap);
    m_pBitmap->GetObject(sizeof(bm), &bm);
    m_sizeSource.cx = bm.bmWidth;
    m_sizeSource.cy = bm.bmHeight;
    m_sizeDest = m_sizeSource;
    dc.DPtoLP(&m_sizeDest);
  }
}
```

5. Erstellen und testen Sie die Anwendung EX11A.

Das Anwendungsfenster müsste nun etwa wie in Abbildung 11.2 aussehen.

6. Testen Sie die Befehle *Seitenansicht* und *Drucken*.

Die Bitmap wird skaliert ausgedruckt, weil das Anwendungsgerüst den Abbildungsmodus *MM_LOENGLISH* auf den Drucker-Gerätekontext ebenso anwendet wie auf den Bildschirm-Gerätekontext. Der Ausdruck sieht in der Seitenansicht sehr gut aus, aber der Drucker produziert (je nach Druckertreiber) wahrscheinlich nur eine Leerseite oder eine mikroskopisch kleine Kopie! Wir werden uns bald um dieses Problem kümmern.

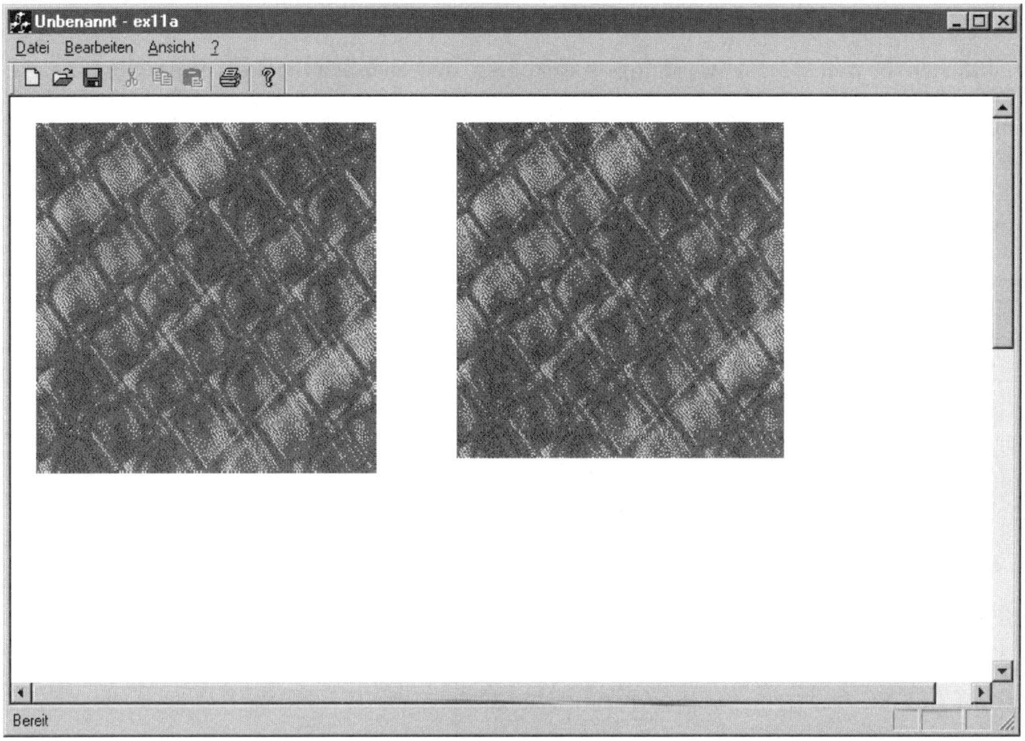

Abbildung 11.2: Das Fenster der Anwendung EX11A.

Mit Bitmaps die Bildschirmanzeige verbessern

Sie haben ein Beispielprogramm gesehen, das eine Bitmap anzeigt, die nicht aus dem Programm selbst stammt. Nun werden Sie ein Beispielprogramm kennen lernen, das eine eigene Bitmap generiert, um auf dem Bildschirm eine gleichmäßige Bewegung zu erzeugen. Das Prinzip ist einfach: Sie zeichnen eine ausgewählte Bitmap in einen Speicher-Gerätekontext, und anschließend kopieren Sie sie auf den Bildschirm.

Das Beispielprogramm EX11B

Im Beispielprogramm EX05C in Kapitel 5 sollte der Anwender mit der Maus einen Kreis ziehen. Während des Ziehens flimmerte der Bildschirm, weil der Kreis bei jeder eintreffenden WM_MOUSEMOVE-Nachricht gelöscht und neu gezeichnet wurde. In EX11B wird eine GDI-Bitmap verwendet, um dieses Problem zu beheben. Die benutzerdefinierten Anweisungen zur Verarbeitung der Mausnachrichten in EX05C können fast vollständig übernommen werden. Der größte Teil des neuen Quelltexts befindet sich in den Funktionen *OnPaint* und *OnInitialUpdate*.

Kurz gesagt, erzeugt die *OnInitialUpdate*-Version aus EX11B einen Speicher-Gerätekontext und eine Bitmap, die mit dem Bildschirm kompatibel sind. Die Funktion *OnPaint* bereitet den Speicher-Gerätekontext zum Zeichnen vor, übergibt ein Handle auf den Gerätekontext an *OnDraw* und kopiert die resultierende Bitmap vom Speicher-Gerätekontext auf den Bildschirm.

Mit den folgenden Schritten erstellen Sie das Beispielprogramm EX11B:

1. **Starten Sie den MFC-Anwendungs-Assistenten, und erstellen Sie die Anwendung \vcpp32\ex11b\ex11b.**

Übernehmen Sie alle Standardeinstellungen bis auf zwei Ausnahmen: Wählen Sie *Einzelnes Dokument (SDI)*, und wählen Sie als Basisklasse für *CEx11bView* die Klasse *CScrollView*. Die Einstellungen der Optionen und die vorgeschlagenen Klassennamen können Sie der folgenden Abbildung 11.3 entnehmen.

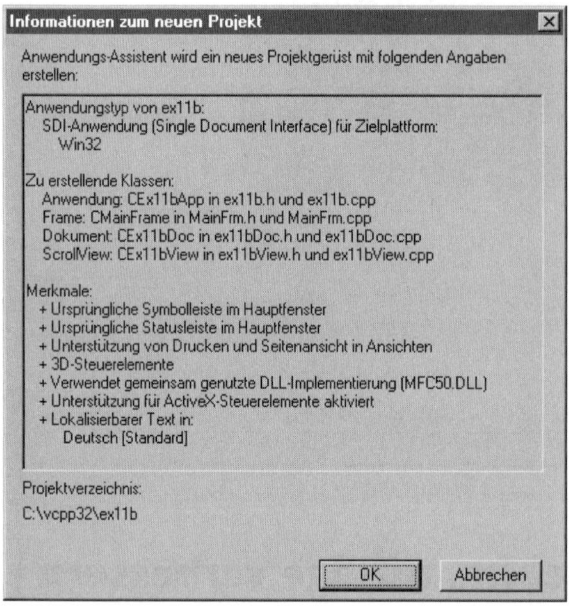

Abbildung 11.3:
Das Dialogfeld Informationen zum neuen Projekt *mit den Einstellungen für das Beispielprogramm EX11B.*

2. **Definieren Sie mit Hilfe des Klassen-Assistenten Nachrichtenbehandlungsroutinen für die Klasse *CEx11bView*.**

Fügen Sie Nachrichtenbehandlungsroutinen für folgende Nachrichten ein:

- WM_LBUTTONDOWN
- WM_LBUTTONUP
- WM_MOUSEMOVE
- WM_PAINT

3. **Bearbeiten Sie die Header-Datei *ex11bView.h*.**

Fügen Sie die folgenden privaten Datenelemente in die Klasse *CEx11bView* ein:

```
private:
    const CSize m_sizeEllipse;
    CPoint   m_pointTopLeft;
    BOOL     m_bCaptured;
    CSize    m_sizeOffset;
    CDC*     m_pdcMemory;
    CBitmap* m_pBitmap;
```

4. Implementieren Sie in der Datei *ex11bView.cpp* den Konstruktor und den Destruktor der Klasse *CEx11bView.*

Sie benötigen ein Objekt für den Speicher-Gerätekontext und ein Objekt für die GDI-Bitmap. Diese Objekte werden im Konstruktor der Ansicht angelegt und im Destruktor gelöscht. Fügen Sie den im Folgenden fett gedruckten Code hinzu:

```
CEx11bView::CEx11bView() : m_sizeEllipse(100, -100),
                           m_pointTopLeft(10, -10),
                           m_sizeOffset(0, 0)
{
  m_bCaptured = FALSE;
  m_pdcMemory = new CDC;
  m_pBitmap   = new CBitmap;
}

CEx11bView::~CEx11bView()
{
  delete m_pBitmap; // schon nicht mehr ausgewählt
  delete m_pdcMemory;
}
```

5. Ergänzen Sie die Funktion *OnInitialUpdate* in der Datei *ex11bView.cpp.*

Die C++-Objekte für den Speicher-Gerätekontext und die Bitmap wurden bereits im Konstruktor erstellt. Diese Funktion erzeugt die zugehörigen Windows-Objekte. Sowohl der Gerätekontext als auch die Bitmap sind mit dem Bildschirmkontext *dc* kompatibel. Aber Sie müssen den Abbildungsmodus des Speicher-Gerätekontexts explizit so festlegen, dass er mit dem Bildschirmkontext übereinstimmt. Sie könnten die Bitmap auch in der *OnPaint*-Funktion erstellen, aber das Programm wird schneller ausgeführt, wenn Sie sie nur einmal an dieser Stelle erzeugen. Fügen Sie den unten fett gedruckten Code hinzu.

```
void CEx11bView::OnInitialUpdate()
{
    CScrollView::OnInitialUpdate();
    CSize sizeTotal(800, 1050); // 8 mal 10,5 Zoll
    CSize sizePage(sizeTotal.cx / 2, sizeTotal.cy / 2);
    CSize sizeLine(sizeTotal.cx / 50, sizeTotal.cy / 50);
    SetScrollSizes(MM_LOENGLISH, sizeTotal, sizePage, sizeLine);
    // erstellt den Speicher-Gerätekontext und die Bitmap
    if (m_pdcMemory->GetSafeHdc() == NULL) {
        CClientDC dc(this);
        OnPrepareDC(&dc);
        CRect rectMax(0, 0, sizeTotal.cx, -sizeTotal.cy);
        dc.LPtoDP(rectMax);
        m_pdcMemory->CreateCompatibleDC(&dc);
        // Bitmap erhält dieselbe Größe wie das Bildschirmfenster
        m_pBitmap->CreateCompatibleBitmap(&dc, rectMax.right,
                                          rectMax.bottom);
        m_pdcMemory->SetMapMode(MM_LOENGLISH);
    }
}
```

6. **Ergänzen Sie die Funktion *OnPaint* in der Datei *ex11bView.cpp*.**
Normalerweise ist es nicht notwendig, in einer abgeleiteten Ansichtsklasse WM_PAINT-Nachrichten zu verarbeiten. Die *CView*-Version von *OnPaint* enthält die folgenden Anweisungen:

```
CPaintDC dc(this);
OnPrepareDC(&dc);
OnDraw(&dc);
```

In diesem Beispiel werden Sie die Funktion *OnPaint* in Kombination mit einem Speicher-Gerätekontext dazu verwenden, das Bildschirmflimmern zu vermindern. Dieser Speicher-Gerätekontext wird der Funktion *OnDraw* für die Bildschirmausgabe und der Funktion *OnPrint* für die Druckausgabe übergeben. *OnDraw* kann also die Aufgaben ausführen, die sowohl bei der Bildschirm- als auch bei der Druckausgabe anfallen. Für die Druckausgabe brauchen Sie die Bitmap nicht zu verwenden, weil der Geschwindigkeitsaspekt beim Drucker keine Rolle spielt.

Die Funktion *OnPaint* muss die folgenden drei Schritte nacheinander ausführen, um den Speicher-Gerätekontext auf die Zeichenausgabe vorzubereiten:

- Sie muss die Bitmap in den Speicher-Gerätekontext wählen.
- Sie muss das (von *OnMouseMove* berechnete) ungültige Rechteck vom Bildschirmkontext auf den Speicher-Gerätekontext übertragen. Es gibt keine Funktion mit dem Namen *SetClipRect*, aber die Funktion *CDC::IntersectClipRect* hat die gewünschte Wirkung, wenn zuvor *CDC:SelectClipRgn* mit dem Parameter *NULL* aufgerufen haben. Wählen Sie das Clipping-Rechteck so klein wie möglich, damit das Programm nicht unnötig verlangsamt wird.
- Sie muss die Bitmap mit der aktuellen Hintergrundfarbe des Fensters initialisieren. Die Funktion *CDC::PatBlt* füllt den angegebenen Bereich mit einem Muster aus. In unserem Fall handelt es dabei um das Pinselmuster für den aktuellen Fensterhintergrund. Dieser Pinsel muss zunächst erstellt und dann in den Speicher-Gerätekontext gewählt werden.

Nach der Vorbereitung des Speicher-Gerätekontexts kann *OnPaint* die Funktion *OnDraw* aufrufen und ihr den Speicher-Gerätekontext übergeben. Anschließend kopiert die Funktion *CDC::BitBlt* das aktualisierte Rechteck aus dem Speicher-Gerätekontext in den Bildschirm-Gerätekontext. Fügen Sie den im Folgenden fett gedruckten Code hinzu:

```
void CEx11bView::OnPaint()
{
  CPaintDC dc(this); // Gerätekontext zum  Zeichnen
  OnPrepareDC(&dc);
  CRect rectUpdate;
  dc.GetClipBox(&rectUpdate);
  CBitmap* pOldBitmap = m_pdcMemory->SelectObject(m_pBitmap);
  m_pdcMemory->SelectClipRgn(NULL);
  m_pdcMemory->IntersectClipRect(&rectUpdate);
  CBrush backgroundBrush((COLORREF) ::GetSysColor(COLOR_WINDOW));
  CBrush* pOldBrush = m_pdcMemory->SelectObject(&backgroundBrush);
  m_pdcMemory->PatBlt(rectUpdate.left, rectUpdate.top,
                      rectUpdate.Width(), rectUpdate.Height(),
                      PATCOPY);
  OnDraw(m_pdcMemory);
  dc.BitBlt(rectUpdate.left, rectUpdate.top,
          rectUpdate.Width(), rectUpdate.Height(),
```

```
            m_pdcMemory, rectUpdate.left, rectUpdate.top,
            SRCCOPY);
    m_pdcMemory->SelectObject(pOldBitmap);
    m_pdcMemory->SelectObject(pOldBrush);
}
```

7. Implementieren Sie die Funktion *OnDraw* in der Datei *ex11bView.cpp*.
Implementieren Sie die Funktion *OnDraw* in der Datei ex11bView.cpp. In EX11B übergibt die Funktion *OnPaint* der Funktion *OnDraw* einen Zeiger auf einen Speicher-Gerätekontext. Für die Druckausgabe wird der Funktion *OnDraw* ein Zeiger auf den Drucker-Gerätekontext übergeben.

8. Übernehmen Sie den Quelltext zur Behandlung der Mausnachrichten aus *ex05cView.cpp*.
Kopieren Sie die unten aufgeführten Funktionen aus ex05cView.cpp nach ex11bView.cpp. Vergessen Sie nicht, den Klassennamen der Funktionen von *CEx05cView* in *CEx11bView* zu ändern:

- OnLButtonDown
- OnLButtonUp
- OnMouseMove

9. Ändern Sie in der Datei *ex11bView.cpp* die folgenden beiden Zeilen in der Funktion *OnMouseMove*.
Ersetzen Sie

```
InvalidateRect(rectOld, TRUE);
InvalidateRect(rectNew, TRUE);
```

in

```
InvalidateRect(rectOld, FALSE);
InvalidateRect(rectNew, FALSE);
```

Wenn der zweite Parameter von *CWnd::InvalidateRect* den Standardwert *TRUE* hat, löscht Windows vor dem Neuzeichnen den Hintergrund des ungültigen Rechtecks. In EX05C war diese Maßnahme notwendig, aber sie war auch für das Bildschirmflimmern verantwortlich. Weil das gesamte ungültige Rechteck aus der Bitmap kopiert wird, brauchen Sie den Hintergrund nicht mehr zu löschen. Der Parameter *FALSE* verhindert das Löschen.

10. Erstellen Sie die Anwendung, und führen Sie sie aus.
Abbildung 11.4 zeigt die Ausgaben der Anwendung EX11B:

Bewegt sich der Kreis jetzt etwas flüssiger? Problematisch ist, dass die Bitmap nur 8 x 10,5 Zoll groß ist und der Kreis über den Rand hinausgeht, wenn das bildlauffähige Fenster groß genug ist. Eine mögliche Lösung für dieses Problem bestünde darin, die Größe der Bitmap an den größten Bildschirm anzupassen.

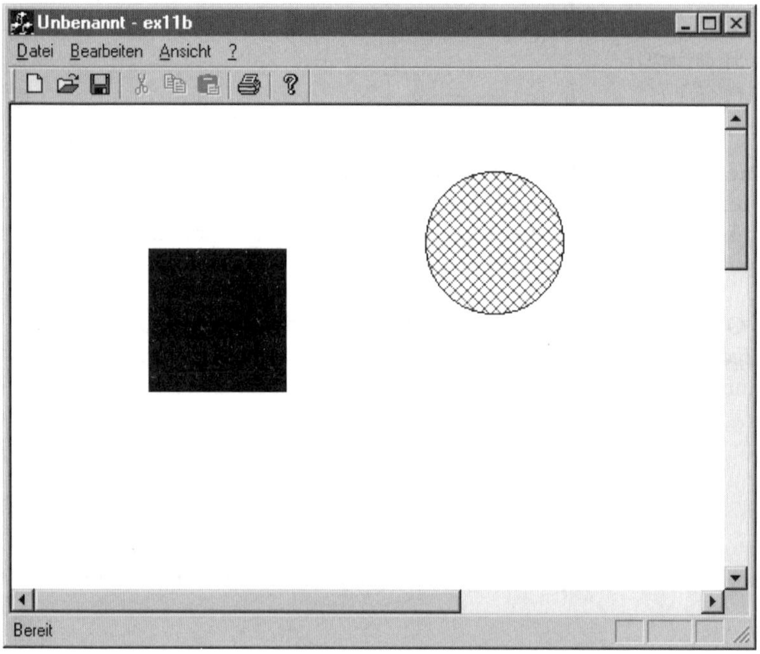

Abbildung 11.4: *Das Fenster der Anwendung EX11B.*

Animation unter Windows

EX11B ist ein primitives Beispiel für eine Animation unter Windows. Was ist, wenn Sie statt einen Kreises einen Großen Segelflosser bewegen möchten? Win32 verfügt (noch) über keine Funktion namens *Segelflosser*, und deshalb werden Sie diesen Segelflosser in einem eigenen Bitmap speichern und ihn mit Hilfe des ROP-Code-Parameters von *StretchBlt* in den Hintergrund einfügen. Wahrscheinlich werden Sie auch den Hintergrund in einer eigenen Bitmap speichern. Diese Dinge sind aber zu kompliziert, um sie in diesem Buch abzuhandeln. Wenn Sie mehr über die Animationstechniken unter Windows wissen möchten, besorgen Sie sich den Titel *Animation Techniques in Win32* (Microsoft Press 1995) von Nigel Thompson. Wenn Sie dieses Buch gelesen haben, können Sie mit dem Schreiben von Videospielen für Windows ein Vermögen verdienen!

Geräteunabhängige Bitmaps und die Klasse CDib

Es gibt eine MFC-Klasse für GDI-Bitmaps (*CBitmap*), aber keine für geräteunabhängige Bitmaps. Machen Sie sich nichts daraus, für Ersatz ist gesorgt. Ich habe die aus den ersten drei Auflagen dieses Buches bekannte Klasse *CDib* komplett neu geschrieben. Sie nutzt jetzt die Möglichkeiten von Win32, beispielsweise Speicherbilddateien, die bessere Speicherverwaltung und DIB-Abschnitte. Außerdem werden jetzt Paletten unterstützt. Bevor wir uns aber näher mit der Klasse *CDib* befassen, brauchen Sie etwas Hintergrundwissen über geräteunabhängige Bitmaps (DIBs).

Anmerkungen zur Palettenprogrammierung

Die Palettenprogrammierung unter Windows ist ziemlich kompliziert. Trotzdem müssen Sie sich damit auseinander setzen, wenn Sie davon ausgehen, dass die Anwender Ihrer Programme Grafikmodi mit 8 Bit Farbtiefe verwenden – und das trifft auf alle Anwender zu, deren Grafikkarten mit nicht mehr als 1 MB Speicher ausgestattet sind.

Nehmen wir an, Sie möchten eine einzelne geräteunabhängige Bitmap-Grafik in einem Fenster anzeigen. Als erstes müssen Sie eine *logische Palette* anlegen. Das ist ein GDI-Objekt, das die in der Bitmap vorkommenden Farben enthält. Dann müssen Sie die logische Palette auf die *Systempalette* der Hardware umsetzen. Die Systempalette ist eine Tabelle mit den 256 Farben, die die Grafikkarte zu einem bestimmten Zeitpunkt darstellen kann. Wenn Ihr Programm gerade im Vordergrund ausgeführt wird, wird bei der Umsetzung versucht, alle Farben der logischen Palette in die Systempalette zu kopieren. Dabei werden die 20 Standardfarben von Windows grundsätzlich nicht angetastet. Die geräteunabhängige Bitmap sieht nun im Großen und Ganzen so aus, wie Sie es sich vorgestellt haben.

Was geschieht, wenn ein anderes Programm im Vordergrund ausgeführt wird und dieses Programm eine Waldszene mit 236 verschiedenen Grünschattierungen anzeigt? Ihr Programm setzt auch dann seine Palette um, aber dieses Mal auf andere Weise. Die Systempalette wird nicht geändert. Statt dessen definiert Windows eine neue Zuordnung zwischen Ihrer logischen Palette und der Systempalette. Wenn die geräteunabhängige Bitmap beispielsweise die Farbe Neonpink enthält, bildet Windows diese Farbe auf das Standardrot ab. Falls Ihr Programm seine Palette nicht umgesetzt hat, werden die neonpinken Bildanteile in Grün angezeigt, solange das andere Programm aktiv wird.

Unsere Waldszene ist ein Extrembeispiel, weil wir angenommen haben, dass das andere Programm 236 Farben in Beschlag nimmt. Hätte das andere Programm sich mit einer logischen Palette von 200 Farben begnügt, könnte Ihr Programm 36 Farben laden, darunter hoffentlich auch Neonpink.

Wann soll ein Programm seine Palette umsetzen? Sobald irgendein Programm (auch Ihr eigenes) seine Palette umsetzt, wird die Windows-Nachricht WM_PALETTECHANGED an das Hauptfenster Ihres Programms gesendet. Eine andere Nachricht, WM_QUERYNEWPALETTE, wird versendet, sobald eines der Fenster Ihres Programms den Eingabefokus erhält. Ihr Programm sollte seine Palette beim Empfang dieser beiden Nachrichten umsetzen (sofern das Programm die Nachricht generiert hat). Die Palettennachrichten werden jedoch nicht an das Ansichtsfenster gesendet. Sie müssen sie im Hauptrahmenfenster Ihrer Anwendung abfangen und anschließend das Ansichtsfenster informieren. Die Beziehungen zwischen dem Rahmenfenster und der Ansicht werden in Kapitel 13 besprochen. Kapitel 26 enthält eine vollständige MDI-Anwendung, die mit Paletten umgehen kann (EXE26A).

Zur eigentlichen Umsetzung rufen Sie die Win32-Funktion *RealizePalette* auf. Zuvor müssen Sie allerdings die logische Palette der geräteunabhängigen Bitmap mit Hilfe der Funktion *SelectPalette* in den Gerätekontext wählen. *SelectPalette* hat einen Flag-Parameter, den Sie in Ihren Behandlungsroutinen für WM_PALETTECHANGED und WM_QUERYNEWPALETTE normalerweise auf *FALSE* setzen. Dieses Flag stellt sicher, dass Ihre Palette tatsächlich als Vordergrundpalette umgesetzt wird, wenn Ihr Programm im Vordergrund läuft. Wenn Sie für den Flag-Parameter *TRUE* übergeben, wird die Palette so umgesetzt, als ob das Programm im Hintergrund ausgeführt würde.

Sie müssen *SelectPalette* außerdem für jede DIB aufrufen, die Sie in Ihrer *OnDraw*-Funktion anzeigen. Dieses Mal übergeben Sie für den Flag-Parameter den Wert *TRUE*. Die Angelegenheit wird kompliziert, wenn Sie mehrere geräteunabhängige Bitmaps mit separaten Paletten anzeigen. Im Prinzip müssen Sie in den Behandlungsroutinen für die Palettennachrichten eine Palette für eine Bitmap auswählen und sie umsetzen (indem Sie *SelectPalette* aufrufen und *FALSE* übergeben). Die ausgewählte DIB wird letztlich besser aussehen als die anderen Bitmaps. Aber vermutlich ist es einfacher, in den nächsten Laden zu gehen und zusätzlichen Speicher zu kaufen.

DIBs, Pixel und Farbtabellen

Eine DIB besteht aus einem zweidimensionalen Datenfeld, dessen Elemente man als *Pixel* bezeichnet. In vielen Fällen entspricht ein DIB-Pixel auch einem Bildschirmpixel, aber das DIB-Pixel kann abhängig vom Abbildungsmodus und den an die Anzeigefunktionen übergebenen Dehnungsfaktoren einem logischen Bildschirmbereich zugeordnet werden.

Ein Pixel besteht je nach Farbtiefe der DIB aus 1, 4, 8, 16, 24 oder 32 aufeinander folgenden Bits. In DIBs mit 16 Bit, 24 Bit oder 32 Bit Farbtiefe repräsentiert jedes Pixel eine RGB-Farbe. Bei 16 Bit Farbtiefe enthält ein Pixel normalerweise je 5 Bits für Rot, Grün und Blau, bei 24 Bit Farbtiefe stehen je 8 Bit für jeden Farbwert zur Verfügung. DIBs mit 16 oder 24 Bit Farbtiefe sind für Grafikkarten optimiert, die 65.536 oder 16,7 Millionen Farben darstellen können.

Eine DIB mit einem Bit pro Pixel bezeichnet man als monochrom. Solche Bitmaps sind nicht unbedingt schwarzweiß. Sie können zwei beliebige Farben aus der Farbtabelle verwenden, die zu jeder DIB gehört. Monochrome Bitmaps enthalten zwei 32-Bit-Farbtabelleneinträge mit je 8 Bits für Rot, Grün und Blau sowie weiteren 8 Bits für Flags. Für Nullpixel gilt der erste Eintrag, für Pixel mit dem Wert 1 der zweite. Wenn die Grafikkarte 65.536 oder 16,7 Millionen Farben unterstützt, kann Windows die beiden Farben direkt anzeigen. (Bei einer Auflösung mit 65.536 Farben kürzt Windows die 8-Bit-Farbwerte auf 5 Bit.) Wird die Grafikkarte im Palettenmodus mit 256 Farben betrieben wird, kann Ihr Programm die Systempalette ändern und auf diese Weise die beiden angegebenen Farben laden.

DIBs mit 8 Bits pro Pixel sind recht verbreitet. Wie monochrome DIBs enthalten auch 8-Bit-DIBs eine Farbtabelle, wobei die Farbtabelle aber bis zu 256 32-Bit-Einträge enthalten kann. Jedes Pixel repräsentiert einen Index auf diese Farbtabelle. Wenn Ihre Grafikkarte im Palettenmodus arbeitet, kann Ihr Programm aus den 256 Einträgen eine logische Tabelle generieren. Falls gerade ein anderes Programm (das im Vordergrund ausgeführt wird) die Kontrolle über die Systempalette hat, versucht Windows, die Farben der logischen Palette auf bestmögliche Weise auf die Farben der Systempalette abzubilden.

Was machen Sie, wenn Sie eine DIB mit 24 Bit pro Pixel mit einer im Palettenmodus betriebenen Grafikkarte mit 256 Farben darstellen müssen? Wenn der Autor der DIB nett war, hat er eine Farbtabelle mit den wichtigsten Farben der Bitmap beigefügt. Aus dieser Tabelle kann Ihr Programm eine logische Palette generieren, und die DIB sieht dann ordentlich aus. Wenn die DIB keine Farbtabelle enthält, verwenden Sie die Palette, die von der Win32-Funktion *CreateHalftonePalette* geliefert wird. Sie erhalten so bessere Ergebnisse als mit den 20 Standardfarben, die eingesetzt werden, wenn Sie gar keine Palette verwenden. Eine andere Möglichkeit bestünde darin, die DIB auf die wichtigsten Farben zu untersuchen – aber dafür sind Dienstprogramme erhältlich.

Die Struktur einer DIB in einer BMP-Datei

Sie wissen, dass unter Windows das DIB-Format das Standardformat für Bitmaps ist und dass sich einer BMP-Datei eine DIB (DIB – Device-Independent Bitmap, geräteunabhängige Bitmap) befindet. Sehen wir uns den Inhalt einer BMP-Datei also einmal näher an. Abbildung 11.5 zeigt, wie eine BMP-Datei gegliedert ist.

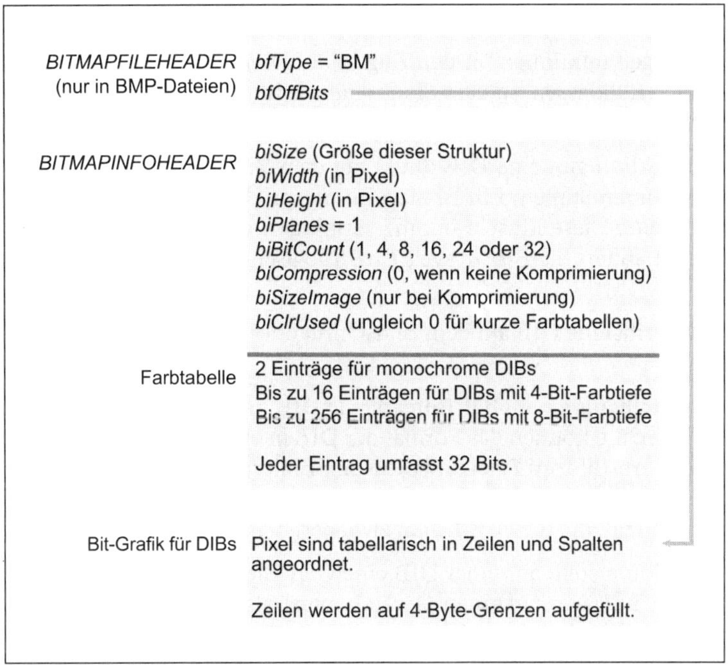

Abbildung 11.5:
Die Struktur einer BMP-Datei.

Die Struktur *BITMAPFILEHEADER* enthält das Offset auf die Bilddaten, woraus Sie die sich aus der *BITMAPINFOHEADER*-Struktur und der darauf folgenden Farbtabelle ergebenden Gesamtgröße berechnen können. Die *BITMAPFILEHEADER*-Struktur enthält auch ein Datenelement, das die Dateigröße angibt, aber Sie können sich darauf nicht verlassen, weil Sie nicht wissen, ob die Größe in Byte, in 16-Bit- oder in 32-Bit-Einheiten berechnet worden ist.

Die Struktur *BITMAPINFOHEADER* enthält die Größe der Bitmap, die Bits pro Pixel, Komprimierungsinformationen für Bitmaps mit 4 Bit und 8 Bit pro Pixel und die Zahl der Farbtabelleneinträge. Bei komprimierten DIBs enthält dieser Header die Größe des Pixel-Datenfelds. Andernfalls können Sie die Größe aus Breite und Höhe der Bitmap und den Bits pro Pixel berechnen. Unmittelbar hinter dem Header folgt die Farbtabelle (sofern die DIB eine Farbtabelle enthält). Die eigentliche DIB-Grafik folgt danach. Die DIB-Grafik besteht aus Pixeln, die in Zeilen und Spalten angeordnet sind, wobei die unterste Zeile zuerst angegeben wird. Die Zeilen werden so aufgefüllt, dass sie auf 4-Byte-Grenzen liegen.

BITMAPFILEHEADER-Strukturen kommen dagegen nur in BMP-Dateien vor. Wenn Sie eine DIB beispielsweise aus der Zwischenablage übernehmen, gibt es keinen Datei-Header. Sie können sich immer darauf verlassen, dass die Farbtabelle unmittelbar auf die *BITMAPINFOHEADER*-Struktur folgt, aber nicht darauf, dass die Grafik auf die Farbtabelle folgt. Falls Sie etwa die Funktion *CreateDIBSection* verwenden, müssen Sie für die *BITMAPINFOHEADER*-Struktur und die Farbtabelle Speicher zuweisen und zulassen, dass Windows für die Grafik an einer anderen Stelle Speicher zuweist.

HINWEIS: Die Informationen in diesem Kapitel und der zugehörige Quelltext gelten nur für DIBs unter Windows. Es gibt aber auch eine gut dokumentierte Variante des DIB-Formats für OS/2. Wenn Sie OS/2-DIBs verarbeiten möchten, müssen Sie die Klasse *CDib* modifizieren.

Zugriffsfunktionen für DIBs

Windows verfügt über einige wichtige Funktionen für den Zugriff auf DIBs. Die MFC-Bibliothek enthält für diese Funktionen keine Hüllklassen, so dass Sie für nähere Informationen auf die Online-Dokumentation zur Win32-API zurückgreifen müssen. Hier ist ein Überblick:

- *SetDIBitsToDevice* – Diese Funktion gibt eine DIB direkt auf dem Bildschirm oder Drucker aus. Es wird keine Skalierung vorgenommen. Ein Bitmap-Bit entspricht einem Pixel auf dem Bildschirm oder auf der Druckseite. Diese Einschränkung vermindert den Gebrauchswert der Funktion. Die Funktion arbeitet anders als *BitBlt*, weil *BitBlt* logische Koordinaten verwendet.
- *StretchDIBits* – Diese Funktion gibt eine DIB auf dem Bildschirm oder Drucker aus. Sie arbeitet so ähnlich wie *StretchBlt*.
- *GetDIBits* – Diese Funktion erstellt aus einer GDI-Bitmap eine DIB und verwendet dafür den von Ihnen zugewiesenen Speicher. Sie können das Format der DIB in einem gewissen Rahmen steuern, indem Sie die Zahl der Farb-Bits pro Pixel und die Komprimierung festlegen. Wenn Sie mit Komprimierung arbeiten, müssen Sie *GetDIBits* zweimal aufrufen – einmal, um den Speicherbedarf zu berechnen, und einmal, um die DIB-Daten zu generieren.
- *CreateDIBitmap* – Diese Funktion erstellt aus einer DIB eine GDI-Bitmap. Wie bei all diesen DIB-Funktionen müssen Sie einen Zeiger auf einen Gerätekontext als Parameter übergeben. Ein Bildschirm-Gerätekontext genügt. Sie müssen keinen Speicher-Gerätekontext anlegen.
- *CreateDIBSection* – Diese Win32-Funktion erstellt einen speziellen Typ von DIBs, die so genannten *DIB-Abschnitte*. Sie gibt eine Zugriffsnummer für eine GDI-Bitmap zurück. Die Funktion verbindet die Vorteile von GDI- und DIB-Bitmaps. Sie haben direkten Zugriff auf den Speicher der DIB, und mit der Bitmap-Zugriffsnummer und einem Speicher-Gerätekontext können Sie GDI-Funktionen aufrufen, um in die DIB-Grafik zu zeichnen.

Die Klasse CDib

Auch wenn der Umgang mit *bDIBs recht schwierig zu sein scheint, ist die Programmierung von DIBs dank der Klasse CDib* einfach. Am besten lernen Sie diese Klasse kennen, indem Sie sich die öffentlichen Member-Funktionen und Datenelemente ansehen. Listing 11.1 enthält die Header-Datei von *CDib*. Die Implementierungsdatei finden Sie auf der Begleit-CD im Unterverzeichnis \ex11c.

CDIB.H

```
#ifndef _INSIDE_VISUAL_CPP_CDIB
#define _INSIDE_VISUAL_CPP_CDIB

class CDib : public CObject
{
    enum Alloc {noAlloc, crtAlloc,
                heapAlloc}; // für BITMAPINFOHEADER
    DECLARE_SERIAL(CDib)
public:
    LPVOID  m_lpvColorTable;
    HBITMAP m_hBitmap;
    LPBYTE  m_lpImage;  // Startadresse der DIB-Bits
```

```
    LPBITMAPINFOHEADER m_lpBMIH; // Puffer für BITMAPINFOHEADER
private:
    HGLOBAL m_hGlobal;          // Für externe Fenster, die wir freigeben müssen,
                                // kann in dieser Klasse oder extern
                                // zugewiesen werden

    Alloc m_nBmihAlloc;
    Alloc m_nImageAlloc;
    DWORD m_dwSizeImage;        // Größe ohne BITMAPINFOHEADER
                                // und BITMAPFILEHEADER
    int m_nColorTableEntries;

    HANDLE m_hFile;
    HANDLE m_hMap;
    LPVOID m_lpvFile;
    HPALETTE m_hPalette;
public:
    CDib();
    CDib(CSize size, int nBitCount);  //  erstellt BITMAPINFOHEADER
    ~CDib();
    int GetSizeImage() {return m_dwSizeImage;}
    int GetSizeHeader()
        {return sizeof(BITMAPINFOHEADER) +
                sizeof(RGBQUAD) * m_nColorTableEntries;}
    CSize GetDimensions();
    BOOL AttachMapFile(const char* strPathname, BOOL bShare = FALSE);
    BOOL CopyToMapFile(const char* strPathname);
    BOOL AttachMemory(LPVOID lpvMem, BOOL bMustDelete = FALSE,
        HGLOBAL hGlobal = NULL);
    BOOL Draw(CDC* pDC, CPoint origin,
        CSize size); // bis wir CreateDibSection implementieren
    HBITMAP CreateSection(CDC* pDC = NULL);
    UINT UsePalette(CDC* pDC, BOOL bBackground = FALSE);
    BOOL MakePalette();
    BOOL SetSystemPalette(CDC* pDC);
    BOOL Compress(CDC* pDC,
        BOOL bCompress = TRUE); // FALSE bedeutet Dekomprimieren
    HBITMAP CreateBitmap(CDC* pDC);
    BOOL Read(CFile* pFile);
    BOOL ReadSection(CFile* pFile, CDC* pDC = NULL);
    BOOL Write(CFile* pFile);
    void Serialize(CArchive& ar);
    void Empty();
private:
    void DetachMapFile();
    void ComputePaletteSize(int nBitCount);
    void ComputeMetrics();
};
#endif // _INSIDE_VISUAL_CPP_CDIB
```

***Listing 11.1:** Die Deklaration der Klasse* CDib.

Es folgt eine Übersicht über die Member-Funktionen von *CDib*, beginnend mit dem Konstruktor und dem Destruktor:

- **Standardkonstruktor** – Mit diesem Konstruktor wird die Anwendung darauf vorbereitet, eine DIB-Grafik aus einer Datei zu laden, oder die Zuordnung zu einem DIB-Objekt im Arbeitsspeicher herzustellen. Der Standardkonstruktor erstellt ein leeres DIB-Objekt.
- **Konstruktor für DIB-Abschnitt** – Wenn Sie einen DIB-Abschnitt benötigen, wie er von der Funktion *CreateDIBSection* erstellt wird, verwenden Sie diesen Konstruktor. Seine Parameter steuern die Größe der DIB und die Anzahl der Farben. Der Konstruktor reserviert Speicher für die *BITMAPINFOHEADER*-Struktur, nicht aber für die eigentlichen Bilddaten. Sie können diesen Konstruktor auch einsetzen, wenn Sie selbst Bildspeicher zuweisen müssen.

Parameter	Beschreibung
size	*CSize*-Objekt mit der Breite und Höhe der DIB
nBitCount	Bits pro Pixel; mögliche Werte sind 1, 4, 8, 16, 24 und 32.

- **Destruktor** – Der Destruktor von *CDib* gibt sämtlichen für die DIB reservierten Speicher frei.
- ***AttachMapFile*** – Diese Funktion öffnet eine Speicherbilddatei für einen reinen Lesezugriff und verknüpft sie mit dem *CDib*-Objekt. Die Funktion kehrt sofort zurück, weil die Datei erst dann in den Speicher gelesen wird, wenn der erste Zugriff stattfindet. Wenn Sie auf die DIB zugreifen, kann eine Verzögerung auftreten, da die Datei seitenweise aus dem Arbeitsspeicher gelesen wird. Die Funktion *AttachMapFile* gibt zuvor reservierten Speicher wieder frei und schließt eventuell bereits zugeordnete Dateien.

Parameter	Beschreibung
strPathName	Pfadname der zu öffnenden Datei
bShare	Hat den Wert *TRUE*, wenn die Datei für den gemeinsamen Zugriff geöffnet werden soll. Standardwert ist *FALSE*.
Rückgabewert	Ist bei erfolgreicher Ausführung *TRUE*.

- ***AttachMemory*** – Diese Funktion verknüpft ein vorhandenes *CDib*-Objekt mit einer DIB im Arbeitsspeicher. Dieser Speicherbereich kann sich unter den Programmressourcen befinden oder zur Zwischenablage oder einem OLE-Datenobjekt gehören. Der Speicher kann mit dem Operator *new* oder mit *GlobalAlloc* reserviert worden sein und somit zum CRT-Heap oder Windows-Heap gehören.

Parameter	Beschreibung
lpvMem	Die Adresse des zuzuordnenden Speicherbereichs
bMustDelete	*TRUE*, wenn der Klasse *CDib* die Aufgabe zufällt, diesen Speicher freizugeben.
hGlobal	Wenn der Speicher mit der Win32-Funktion *GlobalAlloc* reserviert worden ist und *bMustDelete* den Wert *TRUE* hat, benötigt das *CDib*-Objekt dieses Handle, um den Speicher später freigeben zu können.
Rückgabewert	Ist bei erfolgreicher Ausführung *TRUE*.

- ***Compress*** – Diese Funktion generiert die DIB neu und erzeugt eine komprimierte oder unkomprimierte Bitmap. Sie konvertiert dazu die DIB intern in eine GDI-Bitmap und erzeugt daraus eine komprimierte bzw. unkomprimierte DIB. Die Komprimierung wird nur für DIBs mit 4 oder 8 Bit pro Pixel unterstützt. DIB-Abschnitte lassen sich nicht komprimieren.

Parameter	Beschreibung
pDC	Zeiger auf den Bildschirm-Gerätekontext
bCompress	*TRUE* (Standardwert), wenn die DIB komprimiert werden soll, *FALSE*, wenn es dekomprimiert werden soll.
Rückgabewert	Ist bei erfolgreicher Ausführung *TRUE*.

- ***CopyToMapFile*** – Diese Funktion erzeugt eine neue Speicherbilddatei und kopiert die vorhanden *CDib* Daten in den Speicherbereich dieser Datei. Sie gibt allen zuvor reservierten Speicher frei und schließt gegebenenfalls eine vorhandene Speicherbilddatei. Die Daten werden erst dann auf die Festplatte geschrieben, wenn die Datei geschlossen wird. Das geschieht, wenn das *CDib*-Objekt neu verwendet oder gelöscht wird.

Parameter	Beschreibung
strPathName	Pfadname der zu öffnenden Datei
Rückgabewert	Ist bei erfolgreicher Ausführung *TRUE*.

- ***CreateBitmap*** – Diese Funktion erstellt aus einer vorhandenen DIB eine GDI-Bitmap. Sie wird von der Funktion *Compress* aufgerufen. Verwechseln Sie diese Funktion nicht mit der Funktion *CreateSection*, die eine DIB generiert und das Handle speichert.

Parameter	Beschreibung
pDC	Ein Zeiger auf den Bildschirm- oder Drucker-Gerätekontext
Rückgabewert	Eine Zugriffsnummer (Handle) für eine GDI-Bitmap oder *NULL*, wenn die Funktion nicht erfolgreich ausgeführt wurde. Diese Zugriffsnummer wird *nicht* als öffentliches Datenelement gespeichert.

- ***CreateSection*** – Diese Funktion erzeugt einen DIB-Abschnitt, indem sie die Win32-Funktion *CreateDIBSection* aufruft. Der Bildspeicher wird nicht initialisiert.

Parameter	Beschreibung
pDC	Ein Zeiger auf den Bildschirm- oder Drucker-Gerätekontext
Rückgabewert	Eine Zugriffsnummer (Handle) für eine GDI-Bitmap oder *NULL*, wenn die Funktion nicht erfolgreich ausgeführt wurde. Diese Zugriffsnummer wird außerdem in einem öffentlichen Datenelement gespeichert.

- ***Draw*** – Diese Funktion gibt das *CDib*-Objekt auf den Bildschirm (oder den Drucker) aus. Sie ruft dazu die Win32-Funktion *StretchDIBits* auf. Die Bitmap wird gegebenenfalls so vergrößert, dass sie in das angegebene Rechteck passt.

Parameter	Beschreibung
pDC	Ein Zeiger auf den Bildschirm- oder Drucker-Gerätekontext, in dem die DIB-Grafik ausgegeben wird
origin	Ein *CPoint*-Objekt mit den logischen Koordinaten der Stelle, an der die DIB ausgegeben wird
size	Ein *CSize*-Objekt mit der Breite und Höhe des Anzeigerechtecks in logischen Koordinaten
Rückgabewert	Ist bei erfolgreicher Ausführung *TRUE*.

- ***Empty*** – Diese Funktion löscht das DIB-Objekt und gibt gegebenenfalls den zugewiesenen Speicher frei oder schließt die Speicherbilddatei.
- ***GetDimensions*** – Diese Funktion liefert die Breite und Höhe einer DIB in Pixel.

Parameter	Beschreibung
Rückgabewert	Ein *CSize*-Objekt

- ***GetSizeHeader*** – Diese Funktion liefert die Summe der Größen von *BITMAPINFOHEADER*-Struktur und Farbtabelle in Byte.

Parameter	Beschreibung
Rückgabewert	Ein 32 Bit umfassender Integer-Wert

- ***GetSizeImage*** – Diese Funktion liefert die Größe der DIB-Grafik in Byte (ohne *BITMAPINFOHEADER*-Struktur und Farbtabelle).

Parameter	Beschreibung
Rückgabewert	Ein 32 Bit umfassender Integer-Wert

- ***MakePalette*** – Die Funktion liest eine Farbtabelle, falls vorhanden, und erstellt eine Windows-Palette. Das *HPALETTE*-Handle wird in einem Datenelement gespeichert.

Parameter	Beschreibung
Rückgabewert	Ist bei erfolgreicher Ausführung *TRUE*.

- ***Read*** – Diese Funktion liest eine DIB aus einer Datei in ein *CDib*-Objekt ein. Die Datei muss zuvor erfolgreich geöffnet worden sein. Wenn es sich um eine BMP-Datei handelt, beginnt der Lesevorgang am Anfang der Datei. Handelt es sich um ein Dokument, beginnt der Lesevorgang an der aktuellen Position des Dateizeigers.

Parameter	Beschreibung
pFile	Ein Zeiger auf ein *CFile*-Objekt. Die entsprechende Datei enthält die DIB.
Rückgabewert	Ist bei erfolgreicher Ausführung TRUE.

- ***ReadSection*** – Diese Funktion liest die *BITMAPINFOHEADER*-Struktur aus einer BMP-Datei, ruft *CreateDIBSection* auf, um Speicher für das Bild zu reservieren, und lädt dann die Bilddaten aus der Datei in diesen Speicherbereich. Verwenden Sie diese Funktion, wenn Sie eine DIB von der Festplatte einlesen und sie anschließend mit GDI-Funktionen bearbeiten möchten. Mit *Write* oder *CopyToMapFile* können Sie das Bild wieder auf die Festplatte zurückschreiben.

Parameter	Beschreibung
pFile	Ein Zeiger auf ein *CFile*-Objekt. Die entsprechende Datei enthält die DIB
pDC	Ein Zeiger auf den Bildschirm- oder Drucker-Gerätekontext
Rückgabewert	Ist bei erfolgreicher Ausführung *TRUE*.

- ***Serialize*** – Die Serialisierung wird in Kapitel 17 behandelt. Die Funktion *CDib::Serialize*, die die MFC-Funktion *CObject::Serialize* überschreibt, ruft die Member-Funktionen *Read* und *Write* auf. Im Abschnitt *Microsoft Foundation Classes and Templates* der Online-Hilfe finden Sie eine Beschreibung der Parameter.
- ***SetSystemPalette*** – Wenn Sie es mit einer DIB mit 16, 24 oder 32 Bits pro Pixel zu tun haben, für das keine Farbtabelle vorhanden ist, können Sie diese Funktion aufrufen, um eine logische Palette für das *CDib*-Objekt zu erstellen. Diese Palette entspricht der Palette, die von der Funktion *CreateHalftonePalette* zurückgegeben wird. Wenn Ihr Programm im Palettenmodus mit 256 Farben ausgeführt wird und Sie die Funktion *SetSystemPalette* nicht aufrufen, haben Sie gar keine Palette, und die DIB wird nur mit den 20 Standardfarben von Windows angezeigt.

Parameter	Beschreibung
pDC	Ein Zeiger auf den Bildschirmkontext
Rückgabewert	Ist bei erfolgreicher Ausführung *TRUE*.

- ***UsePalette*** – Diese Funktion wählt die logische Palette des *CDib*-Objekts in den Gerätekontext und setzt sie um. *UsePalette* wird von der Member-Funktion *Draw* vor dem Zeichnen der DIB aufgerufen.

Parameter	Beschreibung
pDC	Ein Zeiger auf den Bildschirmkontext, in dem die Palette umgesetzt wird
BBackground	Wenn dieses Flag den Standardwert *FALSE* hat und die Anwendung im Vordergrund läuft, wird die Palette als Vordergrundpalette umgesetzt (es werden so viele Farben wie möglich in die Systempalette kopiert). Wenn das Flag *TRUE* ist, wird die Palette als Hintergrundpalette umgesetzt (die logische Palette wird bestmöglich auf die Systempalette abgebildet).
Rückgabewert	Die Anzahl der Einträge in der logischen Palette, die auf die Systempalette abgebildet wurden. Wenn die Funktion nicht erfolgreich ausgeführt werden konnte, ist der Rückgabewert *GDI_ERROR*.

- ***Write*** – Diese Funktion schreibt die im *CDib*-Objekt enthaltene DIB-Grafik in eine Datei. Die Datei muss zuvor geöffnet oder erstellt worden sein.

Parameter	Beschreibung
pFile	Ein Zeiger auf ein *CFile*-Objekt. Die entsprechende Datei enthält die DIB
Rückgabewert	Ist bei erfolgreicher Ausführung *TRUE*.

Um Ihnen den Zugriff zu erleichtern, gibt es vier öffentliche Datenelemente für den DIB-Speicherbereich und das Handle des DIB-Abschnitts. Diese Datenelemente sollten Ihnen eine Vorstellung davon geben, wie *CDib*-Objekte aufgebaut sind. Im Wesentlichen handelt sich bei einem *CDib*-Objekt nur um eine Menge Zeiger auf den Heap-Speicher. Besitzer dieses Speichers kann die DIB oder ein anderes Objekt sein. Zusätzliche private Datenelemente entscheiden darüber, ob die Klasse *CDib* den Speicher freigibt.

Die Anzeigegeschwindigkeit von DIBs

Die optimierte Verarbeitung von geräteunabhängigen Bitmaps gehört inzwischen zu den wichtigsten Eigenschaften von Windows. Moderne Grafikkarten verfügen über Bildspeicher, die dem Standardgrafikformat der DIBs entsprechen. Wenn Sie eine solche Grafikkarte besitzen, können Sie in Ihren Programmen die neue *DIB-Engine* von Windows nutzen, die das direkte Zeichnen von DIBs beschleunigt. Wenn Sie immer noch im VGA-Modus arbeiten, haben Sie Pech. Ihre Programme laufen zwar trotzdem, aber nicht so schnell.

Wenn Sie Windows im 256-Farben-Modus ausführen, können die Funktionen *StretchBlt* und *StretchDIBits* Bitmaps mit 8 Bits pro Pixel sehr schnell zeichnen. Zur Darstellung von Bitmaps mit 16 oder 24 Bits pro Pixel sind diese Zeichenfunktionen allerdings zu langsam. Ihre Bitmaps werden dann schneller dargestellt, wenn Sie eine eigene GDI-Bitmap mit 8 Bits pro Pixel erstellen und dann *StretchBlt* aufrufen. Natürlich müssen Sie sorgfältig darauf achten, die richtige Palette umzusetzen, bevor Sie die Bitmap erstellen und zeichnen.

Die folgenden Anweisungen können Sie nach der Funktion zum Laden des *CDib*-Objekts in Ihren Quelltext einfügen:

```
// m_hBitmap ist ein Datenelement des Typs HBITMAP
// m_dcMem ist ein Speicher-Gerätekontext der Klasse CDC
m_pDib->UsePalette(&dc);
m_hBitmap = m_pDib->CreateBitmap(&dc); // eventuell langsam
::SelectObject(m_dcMem.GetSafeHdc(), m_hBitmap);
```

Die folgenden Anweisungen verwenden Sie anstelle von *CDib::Draw* in der *OnDraw*-Member-Funktion Ihrer Ansichtsklasse:

```
m_pDib->UsePalette(pDC); // Könnte auch in einer Behandlungsroutine
                         // für Palettennachrichten stehen
CSize sizeDib = m_pDib->GetDimensions();
pDC->StretchBlt(0, 0, sizeDib.cx, sizeDib.cy, &m_dcMem,
                0, 0, sizeToDraw.cx, sizeToDraw.cy, SRCCOPY);
```

Vergessen Sie nicht, *DeleteObject* für *m_hBitmap* aufzurufen, wenn Sie das Objekt nicht mehr benötigen.

Das Beispielprogramm EX11C

Nun werden wir die Klasse *CDib* in einer Anwendung praktisch einsetzen. Das Programm EX11C zeigt zwei DIBs an, von denen die eine aus einer Ressource stammt und die andere aus einer BMP-Datei, die der Anwender zur Laufzeit auswählt. Das Programm verwaltet die Systempalette und gibt die DIBs korrekt auf dem Drucker aus. Vergleichen Sie den Quelltext von EX11C mit dem von EX11A. Beachten Sie, dass Sie sich nun nicht mehr mit Speicher-Gerätekontexten und GDI-Auswahlregeln herumschlagen müssen!

Es folgt die Anleitung zum Erstellen von EX11C. Am besten geben Sie den Quelltext der Ansichtsklasse von Hand ein und kopieren die Dateien *Cdib.h* und *Cdip.cpp* von der Begleit-CD.

1. Starten Sie den MFC-Anwendungs-Assistenten, und erstellen Sie die Anwendung \vcpp32\ex11c\ex11c.

Übernehmen Sie alle Standardeinstellungen bis auf zwei Ausnahmen: Wählen Sie *Einzelnes Dokument (SDI)*, und wählen Sie als Basisklasse für *CEx11cView* die Klasse *CScrollView*. Die Einstellungen der Optionen und die vorgeschlagenen Klassennamen können Sie der folgenden Abbildung 11.6 entnehmen.

2. Importieren Sie die Bitmap *Red Blocks*.

Wählen Sie im Menü *Einfügen* von Visual C++ den Befehl *Ressource*. Importieren Sie die Bitmap aus dem Verzeichnis *vcpp32\Bitmaps* von der Begleit-CD. Visual C++ kopiert diese Bitmap in das Unterverzeichnis Ihres Projektverzeichnisses. Weisen Sie der Ressource die ID *IDB_REDBLOCKS* zu, und speichern Sie die Änderungen.

3. Nehmen Sie die Klasse *CDib* in das Projekt auf.

Wenn Sie das Projekt ganz neu erstellen, kopieren Sie die Dateien *Cdib.h* und *Cdip.cpp* aus dem Verzeichnis *vcpp32\ex11c*. Es genügt allerdings nicht, die Dateien auf die Festplatte zu kopieren. Sie müssen sie auch in das Projekt einbinden. Wählen Sie im Menü *Projekt* von Visual C++ den Befehl *Dem Projekt hinzufügen* und anschließend *Dateien*. Markieren Sie *Cdib.h* und *Cdib.cpp*, und klicken Sie auf *OK*. Wenn Sie nun im Fenster *Arbeitsbereich* auf die Registerkarte *Klassen* klicken, werden die Klasse *CDib* und ihre Member-Variablen und -funktionen angezeigt.

4. Deklarieren Sie zwei zusätzliche Member-Variablen für die Klasse *CEx11cView*.

Klicken Sie auf der Registerkarte *Klassen* mit der rechten Maustaste auf die Klasse *CEx11cView*. Wählen Sie im Kontextmenü die Option *Member-Variable hinzufügen*, und deklarieren Sie, wie in Abbildung 11.7 gezeigt, die Member-Variable *m_dibResource*:

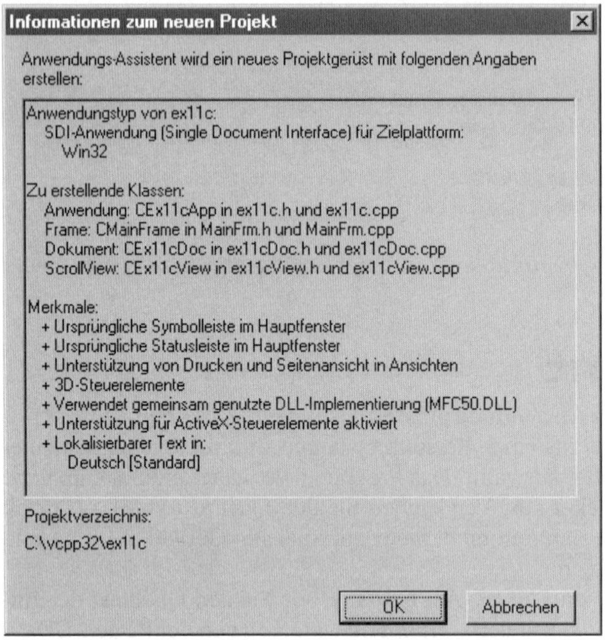

Abbildung 11.6:
Das Dialogfeld Informationen zum neuen Projekt *mit den Einstellungen für EX11C.*

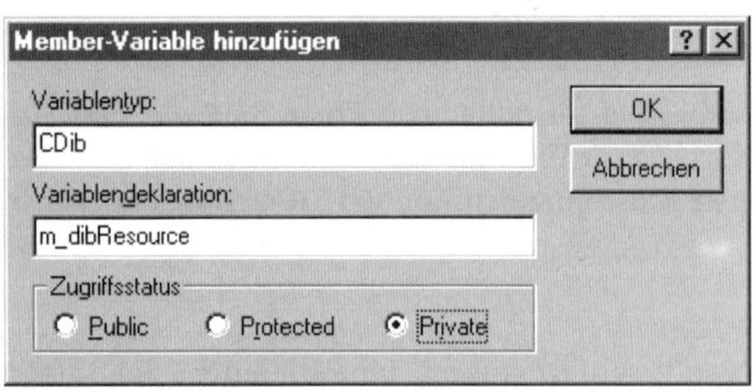

Abbildung 11.7:
Das Dialogfeld Member-Variable hinzufügen *mit den Einstellungen für* m_dibResource.

Gehen Sie für die Variable *m_dibFile* genauso vor. Schließlich sollten sich am Ende der Header-Datei die Deklarationen zweier neuer Datenelemente befinden:

```
CDib m_dibResource;
CDib m_dibFile;
```

Zudem muss am Beginn der Datei ex11cView.h die folgende Anweisung stehen:

```
#include "cdib.h"     // Hinzugefügt von der Klassenansicht
```

5. Bearbeiten Sie in der Datei *ex11cView.cpp* die Member-Funktion *OnInitialUpdate*.
Diese Funktion stellt den Abbildungsmodus *MM_HIMETRIC* ein und lädt das Objekt *m_dibResource* direkt aus der Ressource *IDB_REDBLOCKS*. Beachten Sie, dass wir nicht wie in EX11A *LoadBitmap* aufrufen, um eine GDI-Bitmap zu laden. Die Funktion *CDib::AttachMemory* verknüpft das Objekt mit der Ressource der EXE-Datei. Fügen Sie den im Folgenden fett gedruckten Code hinzu:

```
void CEx11cView::OnInitialUpdate()
{
  CScrollView::OnInitialUpdate();
  CSize sizeTotal(30000, 40000); // 30 mal 40 cm
  CSize sizeLine = CSize(sizeTotal.cx / 100, sizeTotal.cy / 100);
  SetScrollSizes(MM_HIMETRIC, sizeTotal, sizeTotal, sizeLine);

  LPVOID lpvResource = (LPVOID) ::LoadResource(NULL,
      ::FindResource(NULL, MAKEINTRESOURCE(IDB_REDBLOCKS),
      RT_BITMAP));
  m_dibResource.AttachMemory(lpvResource); // ::LockResource
                                           // nicht erforderlich
  CClientDC dc(this);
  TRACE("Bits pro Pixel = %d\n", dc.GetDeviceCaps(BITSPIXEL));
}
```

6. Bearbeiten Sie in der Datei *ex11cView.cpp* die Member-Funktion *OnDraw*.

Diese Funktion ruft zweimal die Funktion *CDib::Draw* auf, um die beiden DIBs anzuzeigen. Die Aufrufe von *UsePalette* sollten eigentlich in den Behandlungsroutinen für die Nachrichten WM_QUERYNEWPALETTE und WM_PALETTECHANGED erfolgen. Diese Nachrichten sind schwierig zu behandeln, weil sie nicht direkt an die Ansicht gerichtet sind. Fügen Sie den im Folgenden fett gedruckten Code hinzu:

```
void CEx11cView::OnDraw(CDC* pDC)
{
  BeginWaitCursor();
  m_dibResource.UsePalette(pDC); //  Sollte eigentlich nicht hier
  m_dibFile.UsePalette(pDC);     //  geschehen, sondern in den
             //  Behandlungsroutinen für die Palettennachrichten
  pDC->TextOut(0, 0,
      "Klicken Sie die linke Maustaste, um eine Datei zu laden.");
  CSize sizeResourceDib = m_dibResource.GetDimensions();
  sizeResourceDib.cx *= 30;
  sizeResourceDib.cy *= -30;
  m_dibResource.Draw(pDC, CPoint(0, -800), sizeResourceDib);
  CSize sizeFileDib = m_dibFile.GetDimensions();
  sizeFileDib.cx *= 30;
  sizeFileDib.cy *= -30;
  m_dibFile.Draw(pDC, CPoint(1800, -800), sizeFileDib);
  EndWaitCursor();
}
```

7. Definieren Sie in der Klasse *CEx11cView* eine Behandlungsroutine für die Nachricht WM_LBUTTONDOWN:

Bearbeiten Sie die Datei *ex11cView.cpp*. Die Funktion *OnLButtonDown* enthält Anweisungen, um eine DIB auf zwei unterschiedliche Weisen zu lesen. Wenn Sie die Definition von *MEMORY_MAPPED_FILES* intakt lassen, wird die Bitmap mit Hilfe der Funktion *AttachMapFile* aus einer Speicherbilddatei geladen. Wenn Sie die erste Zeile als Kommentar kennzeichnen, werden die Anweisungen mit dem Aufruf von *Read* aktiviert. Für DIBs ohne Farbtabelle wird die Funktion *SetSystemPalette* aufgerufen. Fügen Sie den im Folgenden fett gedruckten Code hinzu:

```
#define MEMORY_MAPPED_FILES
void CEx11cView::OnLButtonDown(UINT nFlags, CPoint point)
{
  CFileDialog dlg(TRUE, "bmp", "*.bmp");
  if (dlg.DoModal() != IDOK) {
     return;
  }
#ifdef MEMORY_MAPPED_FILES
  if (m_dibFile.AttachMapFile(dlg.GetPathName(),
          TRUE) == TRUE) { // gemeinsamer Zugriff
    Invalidate();
  }
#else
  CFile file;
  file.Open(dlg.GetPathName(), CFile::modeRead);
  if (m_dibFile.Read(&file) == TRUE) {
    Invalidate();
  }
#endif // MEMORY_MAPPED_FILES
  CClientDC dc(this);
  m_dibFile.SetSystemPalette(&dc);
}
```

8. Erstellen Sie die Anwendung, und führen Sie sie aus.

Das Projektverzeichnis für EX11C auf der Begleit-CD enthält mehrere interessante Bitmaps. Die Datei Chicago.bmp enthält eine DIB mit 8 Bit pro Pixel und Farbtabelleneinträgen für 256 Farben. Die Bitmaps Forest.bmp und Clouds.bmp haben ebenfalls 8 Bit Farbtiefe, verwenden aber Farbtabellen mit weniger Einträgen. Balloons.bmp enthält eine DIB mit 24 Bit Farbtiefe, die keine Farbtabelle hat. Experimentieren Sie auch mit anderen BMP-Dateien, sofern Sie welche haben. *Red Blocks* ist eine DIB mit 16 Standardfarben, die immer in der Systempalette enthalten sind.

Weitere Möglichkeiten zur DIB-Programmierung

Mit jeder neuen Version von Windows kommen weitere Möglichkeiten zur DIB-Programmierung hinzu. Sowohl Windows 95 als auch Windows NT 4.0 verfügen über die Funktionen *LoadImage* und *DrawDibDraw*, die nützliche Alternativen zu den bereits beschriebenen DIB-Funktionen darstellen. Experimentieren Sie mit diesen Funktionen, um herauszufinden, ob Sie sie in Ihren Anwendungen einsetzen können.

Die Funktion LoadImage

Die Funktion *LoadImage* liest eine Bitmap direkt aus einer Datei und gibt ein Handle auf einen DIB-Abschnitt zurück. Sie kann sogar DIBs im OS/2-Format verarbeiten. Nehmen wir an, Sie möchten eine Member-Funktion namens *ImageLoad* zu *CDib* hinzufügen, die sich in etwa so verhält wie *ReadSection*. Der entsprechende Quelltext in cdib.cpp würde dann wie in Listing 11.2 aussehen:

```
BOOL CDib::ImageLoad(const char* lpszPathName, CDC* pDC)
{
    Empty();
    m_hBitmap = (HBITMAP) ::LoadImage(NULL, lpszPathName, IMAGE_BITMAP,
        0, 0, LR_LOADFROMFILE | LR_CREATEDIBSECTION | LR_DEFAULTSIZE);
    DIBSECTION ds;
    VERIFY(::GetObject(m_hBitmap, sizeof(ds), &ds) == sizeof(ds));
    // Speicher für BITMAPINFOHEADER und die grösstmögliche
    //  Farbtabelle zuwiesen
    m_lpBMIH = (LPBITMAPINFOHEADER) new
        char[sizeof(BITMAPINFOHEADER) + 256 * sizeof(RGBQUAD)];
    memcpy(m_lpBMIH, &ds.dsBmih, sizeof(BITMAPINFOHEADER));
    TRACE("CDib::LoadImage, biClrUsed = %d, biClrImportant = %d\n",
        m_lpBMIH->biClrUsed, m_lpBMIH->biClrImportant);
    ComputeMetrics(); // definiert m_lpvColorTable
    m_nBmihAlloc = crtAlloc;
    m_lpImage = (LPBYTE) ds.dsBm.bmBits;
    m_nImageAlloc = noAlloc;
    // Farbtabelle des DIB-Abschnitts abrufen
    //  und daraus eine Palette erstellen
    CDC memdc;
    memdc.CreateCompatibleDC(pDC);
    ::SelectObject(memdc.GetSafeHdc(), m_hBitmap);
    UINT nColors = ::GetDIBColorTable(memdc.GetSafeHdc(), 0, 256,
        (RGBQUAD*) m_lpvColorTable);
    if (nColors != 0) {
        ComputePaletteSize(m_lpBMIH->biBitCount);
        MakePalette();
    }
    // memdc wurde gelöscht und die Auswahl der Bitmap aufgehoben
    return TRUE;
}
```

***Listing 11.2:** Die Funktion* ImageLoad, *eine mögliche Erweiterung der Klasse* CDib

Diese Funktion ruft die *BITMAPINFOHEADER*-Struktur ab, kopiert sie und setzt die Zeiger-Datenelemente von *CDib*. Eine Palette aus dem DIB-Abschnitt abzurufen ist recht aufwendig, und die Win32-Funktion *GetDIBColorTable* erleichtert diese Aufgabe. Es ist interessant, dass *GetDIBColorTable* nicht ermitteln kann, wie viele Paletteneinträge eine bestimmte DIB verwendet. Wenn die Bitmap beispielsweise nur 60 Einträge verwendet, generiert *GetDIBColorTable* eine Farbtabelle mit 256 Einträgen, wovon die letzten 196 Einträge den Wert 0 erhalten.

Die Funktion DrawDibDraw

Zu Windows gehört auch die Komponente Video für Windows (VFW), die von Visual C++ unterstützt wird. Die VFW-Funktion *DrawDibDraw* stellt eine Alternative zur Funktion *StretchDIBits* dar. Ein Vorteil von *DrawDibDraw* besteht darin, dass diese Funktion mit gerasterten Farben umgehen kann, und ein weiterer Vorteil ist die erhöhte Geschwindigkeit beim Zeichnen von DIBs, deren Farbtiefe nicht mit dem aktuellen Grafikmodus übereinstimmt. Der wichtigste Nachteil dieser Funktion ist jedoch, dass der VFW-Code zur Laufzeit eingebunden werden muss.

Es folgt in Listing 11.3 eine *CDib*-Member-Funktion namens *DrawDib*, die die Funktion *DrawDibDraw* aufruft:

```
BOOL CDib::DrawDib(CDC* pDC, CPoint origin, CSize size)
{
    if (m_lpBMIH == NULL) return FALSE;
    if (m_hPalette != NULL) {
        ::SelectPalette(pDC->GetSafeHdc(), m_hPalette, TRUE);
    }
    HDRAWDIB hdd = ::DrawDibOpen();
    CRect rect(origin, size);
    pDC->LPtoDP(rect); // DIB-Rechteck in MM_TEXT-Koordinaten
                       // umwandeln
    rect -= pDC->GetViewportOrg();
    int nMapModeOld = pDC->SetMapMode(MM_TEXT);
    ::DrawDibDraw(hdd, pDC->GetSafeHdc(), rect.left, rect.top,
        rect.Width(), rect.Height(), m_lpBMIH, m_lpImage, 0, 0,
        m_lpBMIH->biWidth, m_lpBMIH->biHeight, 0);
    pDC->SetMapMode(nMapModeOld);
    VERIFY(::DrawDibClose(hdd));
    return TRUE;
}
```

Listing 11.3: *Die Funktion* DrawDib, *eine weitere mögliche Ergänzung der Klasse* CDib.

Die Funktion *DrawDibDraw* setzt *MM_TEXT*-Koordinaten und den Abbildungsmodus *MM_TEXT* voraus. Auf diese Weise müssen die logischen Koordinaten nicht in Gerätekoordinaten umgewandelt werden, sondern in Pixel, und der Ursprung befindet sich in der oberen linken Ecke des bildlauffähigen Fensters.

Damit Sie die Funktion *DrawDibDraw* verwenden können, muss Ihr Programm die Anweisung *#include <vfw.h>* enthalten, und Sie müssen vfW32.lib in die Liste der Linker-Eingabedateien aufnehmen. Unter Umständen muss die Bitmap, die *DrawDibDraw* zeichnet, in einem Speicherbereich liegen, in dem Schreibzugriffe möglich sind. Wenn Sie der BMP-Datei Speicher zuweisen, sollten Sie daran denken.

Schaltflächen mit Bitmaps belegen

Die MFC-Bibliothek macht es Ihnen leicht, eine Bitmap anstelle von Text auf einer Schaltfläche anzuzeigen. Wenn Sie diese Möglichkeit selbst implementieren wollten, müssten Sie die Eigenschaft *Besitzerzeichnung* der Schaltfläche aktivieren und in die Dialogklasse eine Nachrichtenbehandlungsroutine einfügen, die eine Bitmap in das Fenster der Schaltfläche zeichnet. Falls Sie stattdessen die MFC-Klasse *CBitmapButton* verwenden, haben Sie letztlich weniger Arbeit, müssen sich aber an ein bestimmtes Rezept halten. Machen Sie sich nicht allzu viele Gedanken darüber, wie das alles funktioniert. Seien Sie einfach froh, dass Sie nicht viel Quelltext schreiben müssen.

HINWEIS: Es gibt mittlerweile noch ein anderes Verfahren zum Anbringen von Bitmaps auf Schaltflächen. In Kapitel 36 wird die Funktion *CButton::SetBitmap* beschrieben, die einer Schaltfläche eine einzelne Bitmap zuordnet.

Der langen Rede kurzer Sinn: Sie gestalten Ihre Dialog-Ressource wie bisher. Sie geben auch den Schaltflächen, die für Bitmaps vorgesehen sind, eindeutige Beschriftungen. Sie fügen dann einige Bitmap-Ressourcen zu Ihrem Projekt hinzu, die Sie über den *Namen*, nicht über eine numerische ID bezeichnen. Schließlich erweitern Sie Ihre Dialogklasse um einige Datenelemente des Typs

CBitmapButton und rufen dafür jeweils die Member-Funktion *AutoLoad* auf, die die Schaltflächenbeschriftungen den Bitmap-Namen zuordnet. Wenn die Schaltflächenbeschriftung *Kopieren* lautet, müssen Sie zwei Bitmaps bereitstellen: "KOPIERENU" für den Zustand »nicht gedrückt« und "KOPIEREND" für den Zustand »gedrückt« der Schaltfläche. Sie müssen dann nach wie vor die Eigenschaft *Besitzerzeichnung* der Schaltfläche aktivieren. Das alles wird etwas verständlicher werden, wenn Sie es in einem Programm ausprobieren.

HINWEIS: Wenn Sie sich den MFC-Quelltext für die Klasse *CBitmapButton* ansehen, werden Sie feststellen, dass die Bitmap der Schaltfläche ein gewöhnliches GDI-Bitmap ist, die mit der Funktion *BitBlt* gezeichnet wird. Sie können also keine Palettenunterstützung erwarten. Meistens stellt das kein Problem dar, weil man für Schaltflächen in der Regel 16-Farben-Bitmaps verwendet, die mit den Standard-VGA-Farben auskommen.

Das Beispielprogramm EX11D

Mit den folgenden Schritten erstellen Sie die Anwendung EX11D:

1. **Starten Sie den MFC-Anwendungs-Assistenten, und erstellen Sie die Anwendung \vcpp32\ex11d\ex11d.**

Übernehmen Sie alle Standardeinstellungen bis auf folgende drei Ausnahmen: Wählen Sie die Option *Einzelnes Dokument (SDI)*, deaktivieren Sie die Option *Drucken und Seitenansicht*, und aktivieren Sie die Option *Kontextabhängige Hilfe*. Die Optionen und die vorgeschlagenen Klassennamen werden in Abbildung 11.8 dargestellt.

Die Auswahl von *Kontextabhängige Hilfe* hatte nur einen Grund: Die Option bewirkt, dass der MFC-Anwendungs-Assistent einige Bitmap-Dateien in das Unterverzeichnis \hlp Ihres Projekts kopiert. Diese Bitmaps sollen eigentlich in die Hilfedatei zu Ihrem Projekt eingebunden werden, aber mit Hilfedateien befassen wir uns erst in Kapitel 21.

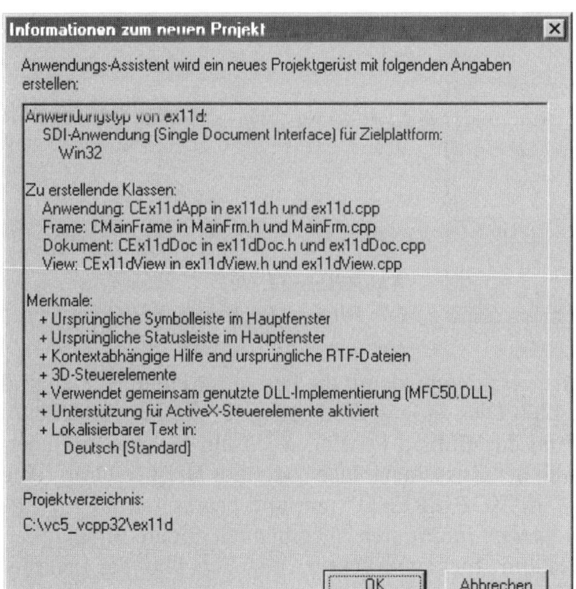

Abbildung 11.8:
Das Dialogfeld Informationen zum neuen Projekt *mit den Einstellungen für EX11D.*

2. **Bearbeiten Sie die Dialogressource *IDD_ABOUTBOX* des Projekts.**
Es lohnt sich nicht, für ein paar Schaltflächen eine neue Dialogressource anzulegen, und deshalb werden wir das Dialogfeld *Info* verwenden, das der Anwendungs-Assistent für jedes neue Projekt erstellt. Fügen Sie die in Abbildung 11.9 gezeigten, drei beschrifteten Schaltflächen hinzu. Übernehmen Sie die vorgeschlagenen IDs *IDC_BUTTON1*, *IDC_BUTTON2* und *IDC_BUTTON3*. Die Größe der Schaltflächen ist unwichtig, weil das Anwendungsgerüst sie zur Laufzeit an die Größe der Bitmaps anpasst.

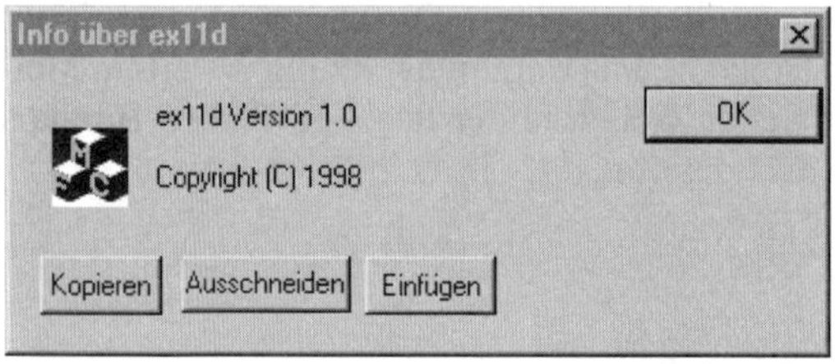

Abbildung 11.9:
Die Ressource für das Dialogfeld Info *nach dem Einfügen der drei Schaltflächen.*

Markieren Sie die Eigenschaft *Besitzerzeichnung* für alle drei Schaltflächen.

3. **Importieren Sie drei Bitmaps aus dem Projektunterverzeichnis \hlp.**
Wählen Sie im Menü *Einfügen* von Visual C++ den Befehl *Ressource*, und klicken Sie auf die Schaltfläche *Importieren*. Beginnen Sie mit EditCopy.bmp, die in der folgenden Abbildung 11.10 zu sehen ist.

Weisen Sie der Ressource, wie in Abbildung 11.11 gezeigt, den Namen "**KOPIERENU**" zu:

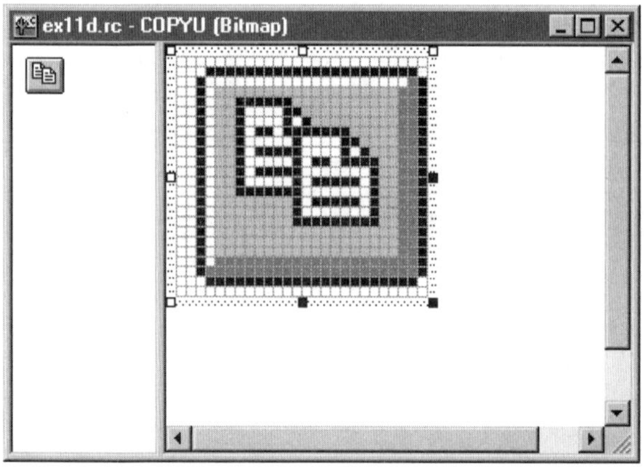

Abbildung 11.10:
Die Bitmap-Ressource EditCopy.bmp.

Setzen Sie den Namen unbedingt in Anführungszeichen, damit die Ressource einen Namen und nicht eine numerische ID als Bezeichner erhält. Dies ist jetzt die Bitmap für die Schaltfläche im Zustand »nicht gedrückt«. Schließen Sie nun das Bitmap-Fenster, wechseln Sie zur Resource-View-Ansicht, und erstellen Sie dort mit Hilfe der Zwischenablage (oder per Drag-&-Drop) eine Kopie der Bitmap. Benennen Sie die Kopie in "**KOPIEREND**" um, und bearbeiten Sie die Bitmap. Wählen Sie im Menü *Bild* den Befehl *Farben invertieren*. Es gibt auch andere Möglichkeiten, um eine Variation der Grafik für den Zustand »nicht gedrückt«zu erstellen, aber das Invertieren geht am schnellsten.

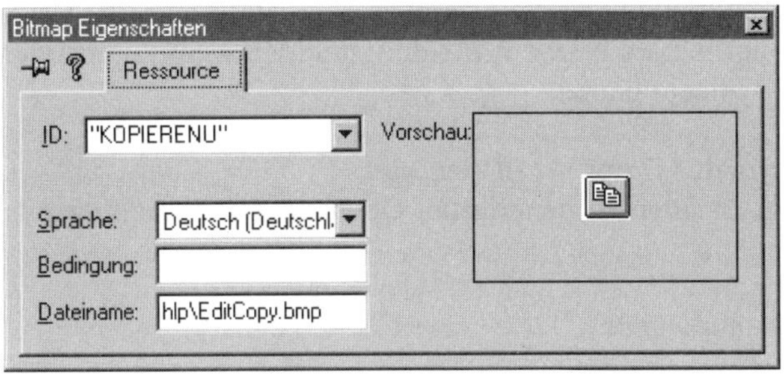

Abbildung 11.11:
Das Dialogfeld Bitmap Eigenschaften.

Wiederholen Sie die oben genannten Schritte für die Bitmaps *EditCut* und *EditPaste*. Wenn Sie die Eingabe abgeschlossen haben, sollte Ihr Projekt die folgenden Bitmap-Ressourcen enthalten:

Ressourcenname	Datei	Invertierte Farben
"KOPIERENU"	EditCopy.bmp	nein
"KOPIEREND"	Kopieren.bmp	ja
"AUSSCHNEIDENU"	EditCut.bmp	nein
"AUSSCHNEIDEND"	Ausschne.bmp	ja
"EINFÜGENU"	EditPast.bmp	nein
"EINFÜGEND"	Einfügen.bmp	ja

4. Bearbeiten Sie den Quelltext der Klasse *CAboutDlg*.
Sowohl die Deklaration als auch die Implementierung dieser Klasse befinden sich in der Datei ex11d.cpp. Nehmen Sie als erstes die folgenden drei privaten Datenelemente in die Klassendeklaration auf:

```
CBitmapButton m_editCopy;
CBitmapButton m_editCut;
CBitmapButton m_editPaste;
```

Fügen Sie dann mit Hilfe des Klassen-Assistenten eine Behandlungsroutine für die Nachricht WM_INITDIALOG in die Dialogklasse ein. (Achten Sie darauf, dass die Klasse *CAboutDlg* markiert ist.) Die Nachrichtenbehandlungsroutine (eigentlich eine virtuelle Funktion) sieht wie folgt aus:

```
BOOL CAboutDlg::OnInitDialog()
{
  CDialog::OnInitDialog();
  VERIFY(m_editCopy.AutoLoad(IDC_BUTTON1, this));
  VERIFY(m_editCut.AutoLoad(IDC_BUTTON2, this));
  VERIFY(m_editPaste.AutoLoad(IDC_BUTTON3, this));
  return TRUE;

  // TRUE zurückgeben, sofern nicht ein Steuerelement den Fokus
  // erhält
  // Ausnahme: OCX-Eigenschaftenseiten sollten FALSE zurückgeben
}
```

Die Funktion ordnet jeder Schaltfläche die beiden passenden Ressourcen zu. Das Makro *VERIFY* ist ein Diagnoseinstrument der MFC-Bibliothek. Es zeigt ein Meldungsfeld an, wenn Sie bei der Vergabe der Bitmap-Namen einen Fehler gemacht haben.

5. Bearbeiten Sie die Funktion *OnDraw* in der Datei *ex11dView.cpp*.
Ersetzen Sie den vom MFC-Anwendungs-Assistenten generierten Quelltext durch die folgende Zeile:

```
pDC->TextOut(0, 0, "Wählen Sie 'Info' aus dem Menü 'Hilfe'.");
```

6. Erstellen und testen Sie die Anwendung.
Wenn das Programm gestartet wird, wählen Sie im Menü *Hilfe* den Befehl *Info*. Beobachten Sie das Verhalten der Schaltflächen. Abbildung 11.12 zeigt, wie die Schaltfläche *Ausschneiden* im Zustand »gedrückt« aussieht:

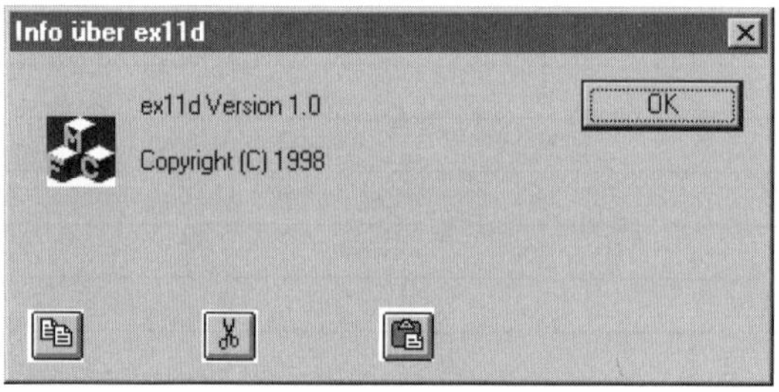

Abbildung 11.12:
Das Dialogfeld Info *der Anwendung EX11D.*

Wie gewöhnliche Schaltflächen versenden auch die Bitmap-Schaltflächen BN_CLICKED-Nachrichten. Natürlich können Sie mit Hilfe des Klassen-Assistenten diesen Nachrichten in Ihrer Dialogklasse Behandlungsroutinen zuordnen.

Weitere Möglichkeiten für Bitmap-Schaltflächen

Sie haben Bitmaps gesehen, die den Zustand »gedrückt« und »nicht gedrückt« von Schaltflächen darstellen. Die Klasse *CBitmapButton* unterstützt auch Bitmaps für fokussierte und deaktivierte Schaltflächen. Für die Schaltfläche *Kopieren* müsste die Bitmap für den fokussierten Zustand "KOPIERENF" heißen, für den deaktivierten Zustand "KOPIERENX". Wenn Sie die letztgenannte Option testen möchten, erstellen Sie eine Bitmap mit dem Namen "KOPIERENX", vielleicht mit einer diagonalen roten Linie, und fügen die folgende Anweisung in Ihr Programm ein:

```
m_editCopy.EnableWindow(FALSE);
```

12 Nachrichtenverarbeitung und Multithreading-Programmierung unter Windows

Die Win32-API hat dank Multitasking und Multithreading die Programmierung für Microsoft Windows revolutioniert. Falls Sie sich Zeitschriftenartikel und anspruchsvollere Programmierlehrbücher zu diesen Themen angesehen haben, hat Sie die Komplexität der Multithreading-Programmierung vielleicht eingeschüchtert. Win32-Anwendungen können auch mit einem einzigen Thread sehr leistungsfähig und nützlich sein. Wenn Sie sich aber mit den Grundlagen von Threads vertraut machen, werden Sie imstande sein, effizientere und leistungsfähigere Programme zu schreiben, und Sie werden im Verständnis des Programmiermodells von Win32 ein gutes Stück vorankommen.

Nachrichtenverarbeitung unter Windows

Um Threads zu verstehen, müssen Sie wissen, wie unter 32-Bit-Windows Nachrichten verarbeitet werden. Der beste Ausgangspunkt ist ein Programm mit einem einzigen Thread, das die Bedeutung des Vorgangs aufzeigt, in dessen Verlauf Nachrichten übersetzt und verteilt werden. Dieses Programm werden Sie anschließend durch einen zweiten Thread erweitern, der mit Hilfe einer globalen Variablen und einer einfachen Nachricht gesteuert wird. Dann werden Sie mit Ereignissen und kritischen Bereichen experimentieren. Wenn Sie sich für so leistungsfähige Multithreading-Komponenten wie Mutex-Objekte und Semaphoren interessieren, müssen Sie auf andere Bücher zurückgreifen, beispielsweise auf Jeffrey Richters *Windows: Programmierung für Experten*, 3. Auflage (Microsoft Press, 1997).

Wie ein Programm mit einem einzigen Thread Nachrichten verarbeitet

Bisher hatten alle Programme in diesem Buch nur einen Thread. Das bedeutet, dass der Code nur einen Ausführungspfad hat. Mit Hilfe des Klassen-Assistenten haben Sie für einige Windows-Nachrichten Behandlungsroutinen geschrieben, und Sie haben eine Funktion *OnDraw* entwikkelt, die beim Eintreffen einer WM_PAINT-Nachricht aufgerufen wird. Es sieht vielleicht so aus, als ob Windows die Behandlungsroutine auf geheimnisvolle Weise beim Eintreffen der Nachricht aufrufen würde, aber dem ist nicht so. Tief im Innern des MFC-Codes, der zu Ihrem Programm gelinkt wird, befinden sich Anweisungen wie die folgenden:

```
MSG message;
while (::GetMessage(&message, NULL, 0, 0)) {
  ::TranslateMessage(&message);
  ::DispatchMessage(&message);
}
```

Windows stellt fest, welche Nachrichten zu Ihrem Programm gehören, und die Funktion *GetMessage* kehrt zurück, wenn eine Nachricht verarbeitet werden muss. Wenn keine Nachrichten anliegen, pausiert Ihr Programm, und andere Programme können ausgeführt werden. Trifft schließlich eine Nachricht ein, »erwacht« Ihr Programm wieder. Die Funktion *TranslateMessage* übersetzt WM_KEYDOWN-Nachrichten in WM_CHAR-Nachrichten, die ASCII-Zeichen enthalten, und die Funktion *DispatchMessage* übergibt die Ablaufsteuerung (über die Fensterklasse) an die MFC-Nachrichtenschleife, in der Ihre Funktion mit Hilfe der Nachrichtentabelle aufgerufen wird. Wenn die Behandlungsroutine abgearbeitet ist, kehrt das Programm zum MFC-Code zurück, und die Funktion *DispatchMessage* wird schließlich beendet.

Die Ablaufsteuerung abgeben

Was passiert, wenn Sie eine Behandlungsroutine namens *Nichtsnutz* schreiben, die ungerührt 10 Sekunden CPU-Zeit konsumiert? In der 16-Bit-Ära hätte eine solche Funktion den Rechner blockiert. Nur die Aktualisierung der Mauszeigerposition und einige andere Tasks auf Interrupt-Basis wären noch ausgeführt worden. Mit der Einführung von Win32 wurde das Multitasking entscheidend verbessert. Aufgrund des präemptiven Multitasking können auch andere Programme laufen – Windows unterbricht die Funktion *Nichtsnutz* einfach, wenn es nötig ist. Ihr Programm jedoch würde auch unter Win32 10 Sekunden lang blockiert werden. Es könnte keine Nachrichten verarbeiten, weil *DispatchMessage* erst dann zurückkehrt, wenn *Nichtsnutz* beendet worden ist.

Es gibt jedoch einen Ausweg aus dieser Situation, der unter Win16 und Win32 funktioniert. Sie bringen der Funktion *Nichtsnutz* einfach bei, sich ein wenig zivilisierter zu benehmen und gelegentlich die Ablaufsteuerung abzugeben.

```
MSG message;
if (::PeekMessage(&message, NULL, 0, 0, PM_REMOVE)) {
    ::TranslateMessage(&message);
    ::DispatchMessage(&message);
}
```

Die Funktion *PeekMessage* arbeitet wie *GetMessage*, kehrt aber sofort zurück, auch wenn keine Nachricht für Ihr Programm anliegt. In diesem Fall kann *Ferkel* seine Aktivitäten ungestört fortsetzen. Wenn aber *tatsächlich* eine Nachricht anliegt, wird *Nichtsnutz* angehalten, die entsprechende Behandlungsroutine wird aufgerufen, und *Nichtsnutz* wird fortgesetzt, sobald die Behandlungsroutine beendet worden ist.

Zeitgeber

Ein Windows-Zeitgeber oder *Timer* ist eine nützliche Programmkomponente, mit deren Hilfe man manchmal auf Multithreading-Programmierung verzichten kann. Wenn Sie beispielsweise einen Kommunikationspuffer lesen müssen, können Sie einen Zeitgeber einrichten, der die anfallenden Zeichen alle 100 Millisekunden abruft. Mit Zeitgebern können Sie auch Animationen steuern, weil Zeitgeber vom CPU-Takt unabhängig sind.

Zeitgeber sind einfach zu verwenden. Sie rufen einfach die *CWnd*-Member-Funktion *SetTimer* auf und stellen mit Hilfe des Klassen-Assistenten eine Behandlungsfunktion für die entsprechenden WM_TIMER-Nachrichten bereit. Sobald Sie den Zeitgeber mit den in Millisekunden angegebenen Intervall gestartet haben, werden in gleichmäßigen Abständen solange WM_TIMER-Nachrichten an das Fenster gesendet, bis Sie *CWnd::KillTimer* aufrufen oder das Fenster des Zeitgebers gelöscht wird. Wenn Sie möchten, können Sie mehrere, durch ganzzahlige Werte gekennzeichnete Zeitgeber verwenden. Weil Windows kein Echtzeit-Betriebssystem ist, dürfen Sie keine besonders hohe Genauigkeit hinsichtlich der zeitlichen Abstände zwischen Timer-Ereignissen erwarten, wenn Sie ein wesentlich kürzeres Intervall als 100 Millisekunden angeben.

Wie alle anderen Windows-Nachrichten können auch Zeitgeber-Nachrichten durch andere Behandlungsfunktionen blockiert werden. Glücklicherweise werden Zeitgeber-Nachrichten nicht gestapelt. Wenn bereits eine Nachricht eines bestimmten Zeitgebers in der Warteschlange vorhanden ist, fügt Windows keine weiteren Nachrichten dieses Zeitgebers hinzu.

Das Programm EX12A

Wir werden ein Programm mit einem einzigen Thread schreiben, das eine Schleife mit CPU-intensiven Berechnungen enthält. Das Programm soll auch nach dem Start der Berechnung durch den Anwender noch Nachrichten verarbeiten, da andernfalls der Benutzer die Ausführung nicht abbrechen könnte. Außerdem soll das Programm mit Hilfe einer Statusanzeige eine Rückmeldung darüber geben, bis zu welchem Prozentsatz die Berechnung durchgeführt worden ist (siehe Abbildung 12.1). Das Programm ermöglicht die Bearbeitung von Nachrichten, indem es in der Berechnungsschleife die Ablaufsteuerung abgibt. Eine Zeitgeber-Behandlungsroutine aktualisiert die Statusanzeige anhand der Berechnungsdaten. Wenn die Berechnungsschleife die Ablaufsteuerung nicht abgeben würde, könnten die WM_TIMER-Nachrichten nicht verarbeitet werden.

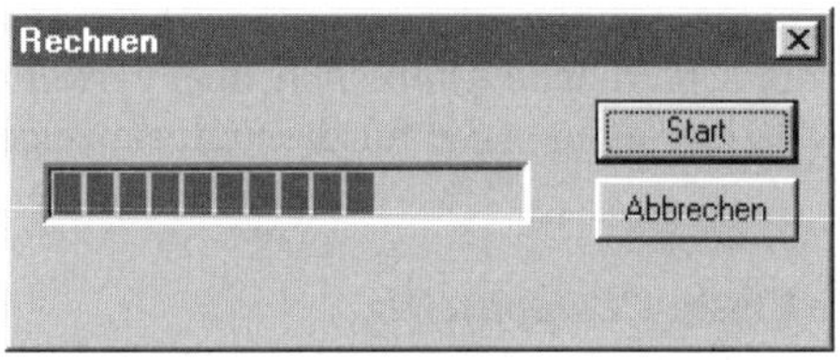

Abbildung 12.1:
Das Dialogfeld Rechnen.

So erstellen Sie die Anwendung EXE12A:

1. **Starten Sie den MFC-Anwendungs-Assistenten, und erstellen Sie die Anwendung \vcpp32\ex12a\ex12a.**

Übernehmen Sie alle Standardeinstellungen bis auf folgende beiden Ausnahmen: Wählen Sie die Option *Einzelnes Dokument (SDI)*, und deaktivieren Sie die Option *Drucken und Druckvorschau*. Die Einstellungen der Optionen und die vorgeschlagenen Klassennamen können Sie der folgenden Abbildung 12.2 entnehmen.

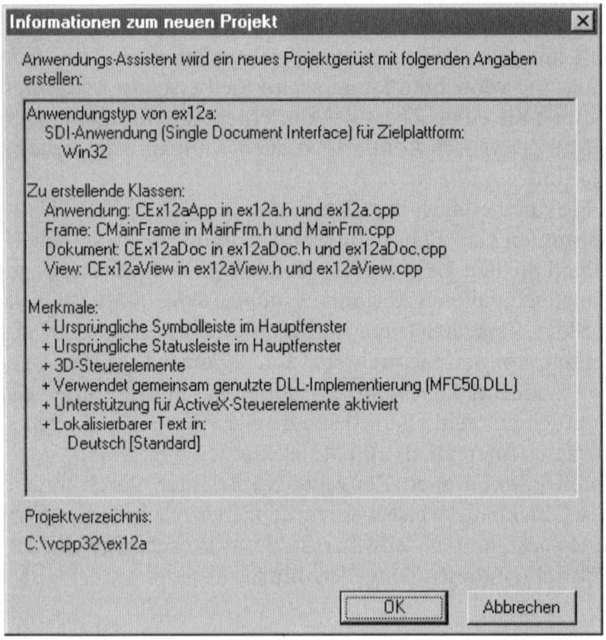

Abbildung 12.2:
Das Dialogfeld Informationen zum neuen Projekt *mit den Einstellungen für EX12A.*

2. Erstellen Sie mit Hilfe des Dialog-Editors die Dialogressource *IDD_COMPUTE*.
Verwenden Sie die Ressource aus Abbildung 12.3 als Vorlage:

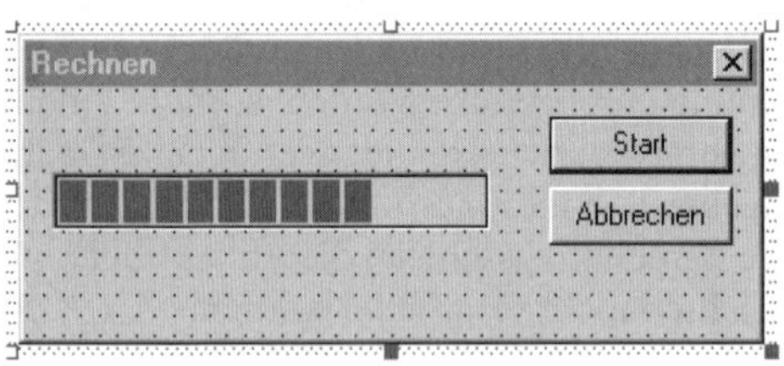

Abbildung 12.3:
Die Ressource für das Dialogfeld Rechnen.

Übernehmen Sie die vorgegebene Steuerelement-ID für die Schaltfläche *Abbrechen*, aber verwenden Sie für die Schaltfläche *Start* den Wert *IDC_START*. Übernehmen Sie für die Statusanzeige den Standardwert *IDC_PROGRESS1*.

3. Erstellen Sie mit Hilfe des Klassen-Assistenten die Klasse *CComputeDlg*.
Der Klassen-Assistent verknüpft die neue Klasse mit der Ressource *IDD_COMPUTE*, die Sie eben angelegt haben.
Nach der Generierung der Klasse definieren Sie eine Nachrichtenbehandlungsfunktion für WM_TIMER. Schreiben Sie auch BN_CLICKED-Behandlungsroutinen für *IDC_START* und *IDCANCEL*. Übernehmen Sie die vorgeschlagenen Namen *OnStart* und *OnCancel*.

4. Fügen Sie drei Datenelemente in die Klasse *CComputeDlg* ein.
Bearbeiten Sie die Datei *ComputeDlg.h*. Fügen Sie die folgenden privaten Datenelemente ein:

```
int m_nTimer;
int m_nCount;
enum { nMaxCount = 10000 };
```

Das Datenelement *m_nCount* der Klasse *CComputeDlg* wird während des Berechnungsvorgang inkrementiert. Mit der Division durch die »Konstante« *nMaxCount* wird daraus der Prozentwert berechnet, der den Status der Berechnung angibt.

5. Fügen Sie in der Datei *ComputeDlg.cpp* den Initialisierungscode in den Konstruktor von *CComputeDlg* ein.

Fügen Sie die folgende Zeile in den Konstruktor ein, um sicherstellen, dass die Schaltfläche *Abbrechen* auch dann funktioniert, wenn der Berechnungsvorgang noch nicht gestartet worden ist.

```
m_nCount = 0;
```

Achten Sie darauf, dass Sie die Zeile nicht versehentlich in die mit *//{{AFX_DATA_INIT* beginnenden Kommentare des Klassen-Assistenten einfügen.

6. Fügen Sie in die Datei *ComputeDlg.cpp* den Quelltext für die Funktion *OnStart* ein.

Dieser Code wird ausgeführt, wenn der Anwender auf die Schaltfläche *Start* klickt. Fügen Sie den im Folgenden fett gedruckten Code hinzu:

```
void CComputeDlg::OnStart()
{
    MSG message;

    m_nTimer = SetTimer(1, 100, NULL); // 1/10 Sekunde
    ASSERT(m_nTimer != 0);
    GetDlgItem(IDC_START)->EnableWindow(FALSE);
    volatile int nTemp;
    for (m_nCount = 0; m_nCount < nMaxCount; m_nCount++) {
        for (nTemp = 0; nTemp < 10000; nTemp++) {
            // verbraucht CPU-Zyklen
        }
        if (::PeekMessage(&message, NULL, 0, 0, PM_REMOVE)) {
            ::TranslateMessage(&message);
            ::DispatchMessage(&message);
        }
    }
    CDialog::OnOK();
}
```

Die übergeordnete for-Schleife wird vom Wert von *m_nCount* gesteuert. Der Aufruf von *PeekMessage* am Ende der äußeren Schleife bewirkt, dass auch andere Nachrichten, unter anderem WM_TIMER, verarbeitet werden können. *EnableWindow*(*False*) deaktiviert für die Zeit der Berechnung die Schaltfläche *Start*. Ohne diese Vorsichtsmaßnahme könnte während der Ausführung von *OnStart* die Funktion erneut aufgerufen werden.

7. Fügen Sie in die Datei *ComputeDlg.cpp* den Quelltext für die Funktion *OnTimer* ein.

Wenn der Zeitgeber seine Nachricht sendet, wird die Statusanzeige entsprechend dem Wert von *m_nCount* aktualisiert. Fügen Sie den im Folgenden fett gedruckten Code hinzu:

```
void CComputeDlg::OnTimer(UINT nIDEvent)
{
    CProgressCtrl* pBar = (CProgressCtrl*) GetDlgItem(IDC_PROGRESS1);
    pBar->SetPos(m_nCount * 100 / nMaxCount);
}
```

8. Bearbeiten Sie in der Datei *ComputeDlg.cpp* die Funktion *OnCancel*.

Wenn der Anwender während der Berechnung auf die Schaltfläche *Abbrechen* klickt, löschen wir das Dialogfeld nicht. Statt dessen setzen wir *m_nCount* auf den Maximalwert, was die Funktion *OnStart* veranlasst, das Dialogfeld zu schließen. Wenn die Berechnung noch nicht begonnen hat, kann das Dialogfeld sofort verlassen werden. Fügen Sie den im Folgenden fett gedruckten Code hinzu:

```
void CControlDlg::OnCancel()
{
    TRACE("Aufruf von CComputeDlg::OnCancel\n");
    if (m_nCount == 0) {      // vor dem Drücken der Schaltfläche Start
        CDialog::OnCancel();
    }
    else {                    // Berechnung ist im Gange
        m_nCount = nMaxCount; // Beendigung von OnStart erzwingen
    }
}
```

9. Bearbeiten Sie in der Datei *ex12aView.cpp* die Klasse *CEx12aView*.

Ändern Sie als Erstes die virtuelle Funktion *OnDraw* wie gezeigt, so dass sie eine Meldung ausgibt:

```
void CEx12aView::OnDraw(CDC* pDC)
{
  pDC->TextOut(0, 0, "Drücken Sie hier die linke Maustaste.");
}
```

Erstellen Sie dann mit Hilfe des Klassen-Assistenten die Funktion *OnLButtonDown*, um WM_BUTTONDOWN-Nachrichten zu verarbeiten, und fügen Sie die fett gesetzten Anweisungen hinzu:

```
void CEx12aView::OnLButtonDown(UINT nFlags, CPoint point)
{
    CComputeDlg dlg;
    dlg.DoModal();
}
```

Damit wird ein modales Dialogfeld eingeblendet, wenn der Anwender die linke Maustaste betätigt, während sich der Mauszeiger im Ansichtsfenster befindet.

Fügen Sie in ex12aView.cpp auch noch die folgende *#include*-Anweisung ein:

```
#include "ComputeDlg.h"
```

10. Erstellen Sie die Anwendung, und führen Sie sie aus.

Klicken Sie mit der linken Maustaste in das Ansichtsfenster, um das Dialogfeld einzublenden. Klicken Sie auf die Schaltfläche *Start* und anschließend auf die Schaltfläche *Abbrechen*. Die Statusanzeige sollte den Status der Berechnung wiedergeben.

Leerlaufroutinen

Vor der Einführung der Multithreading-Programmierung benutzten Windows-Programmierer Leerlaufroutinen zur Durchführung von »Hintergrundaufgaben« wie dem Seitenumbruch. Nun sind die Leerlaufroutinen nicht mehr so wichtig, aber immer noch nützlich. Das Anwendungsgerüst ruft die virtuelle Member-Funktion *OnIdle* der Klasse *CWinApp* auf, und Sie können diese Funktion überschreiben, um Hintergrundaufgaben zu bearbeiten. *OnIdle* wird in der Nachrichtenschleife des Anwendungsgerüsts aufgerufen, die in Wirklichkeit etwas komplizierter ist als die gezeigte Folge von *GetMessage/TranslateMessage/DispatchMessage*. Nach dem Beenden wird die Funktion *OnIdle* grundsätzlich erst dann wieder aufgerufen, wenn die Nachrichtenwarteschlange der Anwendung das nächste Mal geleert worden ist. Wenn Sie diese Funktion überschreiben, wird Ihr Code aufgerufen.. Er wird aber nur dann fortlaufend aufgerufen, wenn eine kontinuierliche Folge von Nachrichten eintrifft. Die Basisklassenversion von *OnIdle* aktualisiert Symbolleisten-Schaltflächen und Statusanzeigen und beseitigt verschiedene temporäre Objektzeiger. Es ist sinnvoll, *OnIdle* zu überschreiben, um die Benutzeroberfläche zu aktualisieren. Die Tatsache, dass Ihre Version von *OnIdle* nicht aufgerufen wird, wenn keine Nachrichten eintreffen, hat keine Bedeutung, weil sich in diesem Fall auch die Benutzeroberfläche nicht ändern dürfte.

HINWEIS: Wenn Sie *CWinApp::OnIdle* überschreiben, sollten Sie nicht vergessen, die Basisklassenversion von *OnIdle* aufzurufen. Andernfalls werden Ihre Symbolleisten-Schaltflächen nicht aktualisiert und temporäre Objekte nicht gelöscht.

OnIdle wird überhaupt nicht aufgerufen, wenn der Anwender ein modales Dialogfeld bearbeitet oder ein Menü verwendet. Wenn Sie auch in modalen Dialogen und Menüs Hintergrundverarbeitung benötigen, müssen Sie eine Behandlungsroutine für die Nachricht WM_ENTERIDLE definieren. Sie müssen sie aber in die *Rahmen*klasse statt in die Ansichtsklasse einfügen. Der Grund ist, dass Popup-Fenster immer dem Hauptfenster der Anwendung gehören, nicht dem Ansichtsfenster. In Kapitel 15 wird die Beziehung zwischen dem Rahmenfenster und Ansichtsfenster beschrieben.

Multithreading-Programmierung

Wie Sie aus Kapitel 10 noch wissen werden, versteht man unter einem *Prozess* ein ausgeführtes Programm, das Arbeitsspeicher, Dateizugriffsnummern und andere Systemressourcen besitzt. Ein einzelner Prozess kann verschiedene Ausführungspfade enthalten, die so genannten *Threads*. Fangen Sie jetzt aber nicht an, nach separatem Code für separate Threads zu suchen, denn eine gegebene Funktion kann aus vielen Threads heraus aufgerufen werden. Im Allgemeinen ist der gesamte Adressraum mit Code- und Datenbereichen allen Threads zugänglich. Zwei Threads können beispielsweise dieselben globalen Variablen benutzen. Threads werden vom Betriebssystem verwaltet und verfügen jeweils über eigene Stacks.

Windows unterstützt zwei Arten von Threads, *Arbeits-Threads* und *Benutzeroberflächen-Threads*. Die MFC-Bibliothek unterstützt beide Arten. Ein Benutzeroberflächen-Thread verfügt über Fenster und somit über eine eigene Nachrichtenschleife. Arbeits-Threads haben kein Fenster und müssen daher keine Nachrichten verarbeiten. Arbeits-Threads sind leichter zu programmieren und normalerweise nützlicher als Benutzeroberflächen-Threads. Die restlichen Beispiele in diesem Kapitel zeigen Arbeits-Threads. Am Ende des Kapitels wird jedoch eine Anwendung für einen Benutzeroberflächen-Thread beschrieben.

Vergessen Sie nicht, dass jede Anwendung mindestens einen Thread hat, den Haupt-Thread. In der MFC-Hierarchie ist *CWinApp* von *CWinThread* abgeleitet. In Kapitel 2 wurde erwähnt, dass *InitInstance* und *m_pMainWindow* Elemente von *CWinApp* sind. Na ja, das war gelogen. Diese Elemente sind in *CWinThread* deklariert, werden aber natürlich von *CWinApp* geerbt. Wichtig ist, dass Sie behalten, dass eine Anwendung tatsächlich ein Thread ist.

Einen Arbeits-Thread schreiben und starten

Wie Sie vielleicht schon erraten haben, ist es wesentlich effizienter, lange Berechnungen statt in einer Nachrichtenbehandlungsroutine, die *PeekMessage* aufruft, in einem Arbeits-Thread auszuführen. Um jedoch einen Arbeits-Thread starten zu können, müssen Sie eine globale Funktion für das Hauptprogramm des Thread schreiben. Diese globale Funktion muss einen *UINT*-Wert zurückgeben und einen als *LPVOID* deklarierten 32-Bit-Wert als einzigen Parameter übernehmen. Mit Hilfe dieses Parameters können Sie beim Starten des Thread diesem einen beliebigen Wert übergeben. Der Thread führt seine Berechnungen durch, und wenn die globale Funktion beendet wird, wird auch der Thread beendet. Der Thread würde auch beim Verlassen des Prozesses beendet werden. Es ist aber besser, dafür zu sorgen, dass der Arbeits-Thread zuerst beendet wird, weil auf diese Weise kein Speicherleck entstehen kann.

Um den Thread mit dem Funktionsnamen *ComputeThreadProc* zu starten, führen Sie in Ihrem Programm den folgenden Aufruf aus:

```
CWinThread* pThread =
    AfxBeginThread(ComputeThreadProc, GetSafeHwnd(),
                   THREAD_PRIORITY_NORMAL);
```

Der Thread für die Berechnung sieht folgendermaßen aus:

```
UINT ComputeThreadProc(LPVOID pParam)
{
    // Hier werden die Thread-Operationen ausgeführt
    return 0;
}
```

Die Funktion *AfxBeginThread* kehrt sofort zurück; der Rückgabewert ist ein Zeiger auf das neu erstellte Thread-Objekt. Mit Hilfe dieses Zeigers können Sie den Thread anhalten und fortsetzen (*CWinThread::SuspendThread* und *ResumeThread*). Dem Thread-Objekt fehlt aber eine Member-Funktion zum Beenden des Thread. Der zweite Parameter ist der 32-Bit-Wert, der an die globale Funktion übergeben wird, und der dritte Parameter repräsentiert den Prioritätscode des Thread. Sobald der Arbeits-Thread gestartet worden ist, werden beide Threads unabhängig voneinander ausgeführt. Windows teilt die Rechenzeit zwischen diesen beiden Threads und den Threads aus anderen Prozessen gemäß ihrer Priorität auf. Wenn der Haupt-Thread auf eine Nachricht wartet, kann der Arbeits-Thread weiterhin ausgeführt werden.

Wie der Haupt-Thread mit einem Arbeits-Thread kommuniziert

Der Haupt-Thread (das Anwendungsprogramm) kann mit seinem untergeordneten Arbeits-Thread auf viele verschiedene Weisen kommunizieren. Windows-Nachrichten sind allerdings für diesen Zweck untauglich, denn der Arbeits-Thread hat keine Nachrichtenschleife. Das einfachste Kommunikationsmittel sind globale Variablen, weil alle Threads eines Prozesses auf alle globalen Objekte zugreifen können. Angenommen, der Arbeits-Thread inkrementiert und prüft im Verlauf seiner Berechnungen eine globale Integer-Variable. Wenn die Variable den Wert 100 erreicht, wird der Thread beendet. Der Haupt-Thread könnte die Beendigung des Arbeits-Thread erzwingen, indem er die globale Variable auf einen Wert von 100 oder mehr setzt.

Der folgende Quelltext zeigt, wie das theoretisch und vermutlich auch praktisch funktioniert:

```
UINT ComputeThreadProc(LPVOID pParam)
{
    g_nCount = 0;
    while (g_nCount++ < 100) {
        // Hier die Berechnungen durchführen
    }
    return 0;
}
```

Es tritt hier jedoch ein Problem auf, das im Prinzip schon aus dem generierten Assemblercode abzulesen ist. Der Wert von *g_nCount* wird in ein Register geladen, das Register wird inkrementiert, und dann wird der Registerinhalt nach *g_nCount* zurückgeschrieben. Nehmen wir an, *g_nCount* hat den Wert 40, und Windows unterbricht den Arbeits-Thread in dem Augenblick, nachdem dieser den Wert 40 in das Register geladen hat. Nun erhält der Haupt-Thread die Ablaufkontrolle und weist der Variablen *g_nCount* den Wert 100 zu. Wenn der Arbeits-Thread fortgesetzt wird, inkrementiert dieser das Register und speichert den Wert 41 in *g_nCount*, wobei er den vorhandenen Wert 100 löscht. Die Schleife des Thread wird also nicht beendet!

Wenn Sie die Compiler-Optimierungen anschalten, stoßen Sie auf ein weiteres Problem. Der Compiler verwendet für *g_nCount* ein Register, in dem die Variable für die gesamte Dauer der Schleife verbleibt. Wenn der Haupt-Thread den Wert von *g_nCount* im Arbeitsspeicher ändert, hat dies keine Auswirkungen auf die Berechnungsschleife des Arbeits-Thread. (Sie können allerdings dafür sorgen, dass die Zählervariable *g_nCount* nicht in einem Register gespeichert wird, indem Sie sie als *volatile* deklarieren.)

Aber nehmen wir an, Sie würden die Thread-Prozedur wie folgt umschreiben:

```
UINT ComputeThreadProc(LPVOID pParam)
{
    g_nCount = 0;
    while (g_nCount < 100) {
        // Hier die Berechnungen durchführen
        ::InterlockedIncrement((long*) &g_nCount);
    }
    return 0;
}
```

Die Funktion *InterlockedIncrement* verhindert, dass andere Threads während der Inkrementierung auf die Variable zugreifen können. Der Haupt-Thread kann deshalb gefahrlos den Arbeits-Thread anhalten.

Nun haben Sie einige der Fallstricke gesehen, die mit der Verwendung globaler Variablen als Kommunikationsmedium einher gehen. Globale Variablen können manchmal sinnvoll eingesetzt werden, wie das nächste Beispiel zeigt. Aber wie Sie im Verlauf dieses Kapitels noch sehen werden, sind auch flexiblere Alternativen gegeben.

Wie der Arbeits-Thread mit dem Haupt-Thread kommuniziert

Für den Arbeits-Thread mag es sinnvoll sein, dass er eine globale Variable in einer Schleife testet. Wie ist das aber beim Haupt-Thread? Erinnern Sie sich noch an die Funktion, die nie endet? Ihr Haupt-Thread sollte auf keinen Fall in eine Schleife eintreten, weil dabei CPU-Zyklen verschwendet werden und das Programm in dieser Zeit keine Nachrichten verarbeiten kann. Für den Arbeits-Thread sind Windows-Nachrichten das Mittel Kommunikation mit dem Haupt-Thread, weil der Haupt-Thread immer eine Nachrichtenschleife hat. Dabei wird allerdings vorausgesetzt, dass der Haupt-Thread ein (sichtbares oder auch unsichtbares) Fenster hat und der Arbeits-Thread über eine Zugriffsnummer für dieses Fenster verfügt.

Wie kommt der Arbeits-Thread zu dieser Zugriffsnummer? Genau aus diesem Grund gibt es den 32-Bit-Parameter der Thread-Funktion, der weiter oben beschrieben wurde. Sie übergeben die Zugriffsnummer einfach an *AfxBeginThread*. Warum Sie nicht den C++-Zeiger auf das Fenster übergeben können? Das wäre gefährlich, weil Sie nicht davon ausgehen können, dass das Objekt immer vorhanden ist, und weil Sie MFC-Objekte nicht Thread-übergreifend nutzen dürfen. (Diese Regel gilt nicht für Objekte, die direkt von *CObject* oder von einfachen Klassen wie *CRect* oder *CString* abgeleitet sind.)

Verschicken Sie die Nachrichten mit *SendMessage* oder mit *PostMessage*? Die letztere Alternative ist besser, weil *SendMessage* zu einem Wiedereintritt in die MFC-Nachrichtenschleife führen könnte, und das würde modalen Dialogen Probleme bereiten. Zum Versenden eignet sich jede beliebige benutzerdefinierte Meldung.

Das Programm EX12B

Während der Ausführung unterscheidet sich das Programm EX12B nur dadurch von EX12A, dass es eine englische Oberfläche aufweist. Wenn Sie sich jedoch den Quelltext ansehen, werden Ihnen einige weitere Unterschiede auffallen. Die Berechnung wird nicht im Haupt-Thread, sondern in einem Arbeits-Thread ausgeführt. Der Zähler wird in einer globalen Variablen namens *g_nCount* gespeichert, die in der Behandlungsroutine für die Schaltfläche *Abbrechen* des Dialogfelds auf den Maximalwert gesetzt wird. Wenn der Thread beendet wird, sendet er mit *PostMessage* eine Meldung an das Dialogfeld, was *DoModal* zur Rückkehr veranlasst.

Die Dokument-, Ansichts-, Rahmen- und Anwendungsklassen sind bis auf die Namen identisch, und die Dialogressource bleibt ebenfalls dieselbe. Die Klasse des modalen Dialogfelds heißt nach wie vor *CComputeDialog*, der darin enthaltene Quelltext hat sich dagegen sehr geändert. Der Konstruktor, die Behandlungsroutine für den Zeitgeber und die Funktionen zum Datenaustausch ähneln weitgehend den alten Versionen. Das folgende Quelltextfragment zeigt die Definition der globalen Variablen und der globalen Thread-Funktion aus der Datei \ex12b\ComputeDlg.cpp auf der Begleit-CD. Beachten Sie, dass die Funktion zurückkehrt (und der Thread beendet wird), sobald *g_nCount* einen konstanten Maximalwert überschreitet. Vor der Rückkehr sendet die Funktion aber noch über *PostMessage* eine benutzerdefinierte Nachricht an das Dialogfeld.

```
int g_nCount = 0;

UINT ComputeThreadProc(LPVOID pParam)
{
    volatile int nTemp; // volatile, weil sonst der Compiler zu sehr
                        // optimiert

    for (g_nCount = 0; g_nCount < CComputeDlg::nMaxCount;
```

```
                /::InterlockedIncrement((long*) &g_nCount)) {
        for (nTemp = 0; nTemp < 10000; nTemp++) {
            // verbraucht CPU-Zyklen
        }
    }
    // WM_THREADFINISHED ist die benutzerdefinierte Nachricht
    ::PostMessage((HWND) pParam, WM_THREADFINISHED, 0, 0);
    g_nCount = 0;
    return 0; // beendet den Thread
}
```

Die Funktion *OnStart* ist der Schaltfläche *Start* des Dialogfelds zugeordnet. Ihre Aufgabe besteht darin, den Zeitgeber und den Arbeits-Thread zu starten. Mit dem dritten Parameter von *AfxBeginThread* können Sie die Priorität des Arbeits-Threads festlegen. Die Berechnung wird beispielsweise etwas langsamer ausgeführt, wenn Sie für die Priorität *THREAD_PRIORITY_LOWEST* angeben.

```
void CComputeDlg::OnStart()
{
    m_nTimer = SetTimer(1, 100, NULL); // 1/10 Sekunde
    ASSERT(m_nTimer != 0);
    GetDlgItem(IDC_START)->EnableWindow(FALSE);
    AfxBeginThread(ComputeThreadProc, GetSafeHwnd(),
                   THREAD_PRIORITY_NORMAL);
}
```

Die Funktion *OnCancel* ist der Schaltfläche *Abbrechen* des Dialogfelds zugeordnet. Sie weist der Variablen *g_nCount* den Maximalwert zu und bewirkt damit die Beendigung des Thread.

```
void CComputeDlg::OnCancel()
{
    if (g_nCount == 0) { // vor dem Drücken der Schaltfläche Start
        CDialog::OnCancel();
    }
    else { // Berechnung ist im Gang
        g_nCount = nMaxCount; // Beendigung des Thread erzwingen
    }
}
```

OnThreadFinished ist die Behandlungsroutine für die benutzerdefinierte Nachricht WM_THREADFINISHED des Dialogfelds. Sie bewirkt, dass die Funktion *DoModal* beendet wird.

```
LRESULT CComputeDlg::OnThreadFinished(WPARAM wParam, LPARAM lParam)
{
    CDialog::OnOK();
    return 0;
}
```

Ereignisse zur Synchronisation von Threads einsetzen

Globale Variablen sind ein primitives, aber effizientes Medium zur Kommunikation zwischen Threads. Wir wollen nun einen etwas raffinierten Ansatz versuchen, der in der *Synchronisation* statt in einfacher Kommunikation von Threads besteht. Unsere Threads sollen ihre Interaktionen sorgfältig untereinander synchronisieren.

Unter einem *Ereignis* versteht man ein Kernel-Objekt (andere Kernel-Objekte sind Prozesse und Threads), das Windows zum Zweck der Synchronisation von Threads zur Verfügung stellt. Ein Ereignis wird innerhalb eines Prozesses durch eine eindeutige 32-Bit-Zugriffsnummer identifiziert. Zur gemeinsamen Nutzung in verschiedenen Prozessen kann es auch durch einen Namen bezeichnet werden, und seine Zugriffsnummer kann dupliziert werden. Ein Ereignis kann zwei Zustände annehmen: »signalisiert« (*True*)oder »nicht signalisiert« (*False*). Es gibt zwei Arten von Ereignissen, mit manueller Rücksetzung oder automatischer Rücksetzung. Wir werden uns hier mit Ereignissen mit automatischer Rücksetzung befassen, weil diese sich für die Synchronisation zweier Prozesse ideal eignen.

Kommen wir nochmals auf unser Beispiel mit dem Arbeits-Thread zurück. Wir möchten, dass der Haupt-Thread (der Benutzeroberflächen-Thread) dem Arbeits-Thread signalisiert, wann dieser starten oder beendet werden soll. Die MFC verfügt praktischerweise über eine Klasse namens *CEvent*, die von *CSyncObject* abgeleitet ist. Nach Voreinstellung erzeugt der Konstruktor ein Win32-Ereignis mit *automatischer* Rücksetzung im Zustand »nicht signalisiert«. Wenn Sie Ihre Ereignisse als globale Objekte deklarieren, kann jeder Thread problemlos darauf zugreifen. Wenn der Haupt-Thread den Arbeits-Thread starten oder beenden möchte, versetzt er das entsprechende Ereignis in den Status »signalisiert«, indem er *CEvent::SetEvent* aufruft.

Nun muss der Arbeits-Thread beide Ereignisse überwachen und reagieren, wenn eines davon signalisiert wird. Zu diesem Zweck stellt die MFC die Klasse *CSingleLock* bereit, aber es ist einfacher, die Win32-Funktion *WaitForSingleObject* zu verwenden. Diese Funktion hält den Thread an, bis das angegebene Objekt signalisiert wird. Wenn der Thread angehalten wird, verbraucht er keine CPU-Zeit – ein Vorteil. Der erste Parameter von *WaitForSingleObject* ist das Ereignis-Handle. Sie können dafür ein *CEvent*-Objekt verwenden. *CEvent* erbt von *CSyncObject* einen Operator namens *HANDLE*, der das in einem öffentlichen Datenelement gespeicherte Ereignis-Handle zurückgibt. Der zweite Parameter ist das Zeitüberschreitungsintervall. Wenn Sie für diesen Parameter *INFINITE* angeben, wartet die Funktion unbegrenzt lange, bis das Ereignis signalisiert wird. Wenn Sie 0 angeben, wird *WaitForSingleObject* sofort beendet und gibt den Wert *WAIT_OBJECT_0* zurück, wenn das Ereignis signalisiert wurde.

Das Programm EX12C

Das Programm EX12C verwendet zwei Ereignisse, um den Arbeits-Thread mit dem Haupt-Thread zu synchronisieren. Der Großteil des Quelltextes von EX12C stimmt mit EX12B überein, aber die Klasse *CComputeDlg* hat sich stark geändert. Die Datei StdAfx.h enthält die folgende Zeile für die Klasse *CEvent*:

```
#include <afxmt.h>
```

Wie im Folgenden gezeigt, gibt es zwei globale Ereignisobjekte. Beachten Sie, dass die Konstruktoren diese Windows-Ereignisse generieren, noch bevor die Ausführung des Hauptprogramms beginnt.

```
CEvent g_eventStart; // erzeugt Ereignisse mit automatischer
CEvent g_eventKill;  // Rücksetzung
```

Am besten betrachten wir zunächst die globale Funktion für den Arbeits-Thread. Die Funktion inkrementiert *g_nCount*, wie sie es auch in EX12B getan hat. Der Arbeits-Thread wird nicht mehr von der Behandlungsroutine für die Schaltfläche *Start* gestartet, sondern von der Funktion *OnInitDialog*. Der erste Aufruf von *WaitForSingleObject* dient dem Warten auf das Startereignis, das von der Behandlungsroutine für die Schaltfläche *Start* ausgelöst wird. Der Parameter *INFINTTE* bewirkt, dass der Thread so lange wie nötig wartet. Im Gegensatz dazu wird im zweiten Aufruf von *WaitForSingleObject* für den Timeout-Parameter 0 angegeben. Dieser Aufruf befindet sich in der Berechnungsschleife und dient als schneller Test, ob die Behandlungsroutine für die Schaltfläche *Abbrechen* das Ereignis *g_eventKill* ausgelöst hat. Wenn das Ereignis ausgelöst wurde, wird der Thread beendet.

```
UINT ComputeThreadProc(LPVOID pParam)
{
    volatile int nTemp;

    ::WaitForSingleObject(g_eventStart, INFINITE);
    TRACE("Berechnung wird gestartet\n");
    for (g_nCount = 0; g_nCount < CComputeDlg::nMaxCount;
                    g_nCount++) {
        for (nTemp = 0; nTemp < 10000; nTemp++) {
            // Berechnung simulieren
        }
        if (::WaitForSingleObject(g_eventKill, 0) == WAIT_OBJECT_0) {
            break;
        }
    }
    // Mitteilung an das Besitzerfenster, dass der Thread beendet wurde
    ::PostMessage((HWND) pParam, WM_THREADFINISHED, 0, 0);
    g_nCount = 0;
    return 0; // beendet den Thread
}
```

Es folgt die Funktion *OnInitDialog*, die bei der Initialisierung des Dialogfelds aufgerufen wird. Beachten Sie, dass die Funktion den Arbeits-Thread startet, der wiederum inaktiv bleibt, bis das Startereignis ausgelöst wird:

```
BOOL CComputeDlg::OnInitDialog()
{
    CDialog::OnInitDialog();
    AfxBeginThread(ComputeThreadProc, GetSafeHwnd());
    return TRUE; // Gibt TRUE zurück, sofern Sie keinem Steuerelement den Fokus geben
                 // AUSNAHME: OCX-Eigenschaftenseiten sollten FALSE zurückgeben.
}
```

Die im Folgenden gezeigte Behandlungsroutine für die Schaltfläche *Start* versetzt das Ereignis *g_eventStart* in den Signalstatus und aktiviert damit die Berechnungsschleife des Arbeits-Thread:

```
void CComputeDlg::OnStart()
{
    m_nTimer = SetTimer(1, 100, NULL); // 1/10 Sekunde
    ASSERT(m_nTimer != 0);
    GetDlgItem(IDC_START)->EnableWindow(FALSE);
    g_eventStart.SetEvent();
}
```

Die im Folgenden gezeigte Behandlungsroutine für die Schaltfläche *Abbrechen* versetzt das *g_eventKill* in den Signalstatus und bewirkt damit, dass die Berechnungsschleife des Arbeits-Thread beendet wird:

```
void CComputeDlg::OnCancel()
{
    if (g_nCount == 0) { // vor dem Drücken der Schaltfläche Start
        // Thread muss vor dem Beenden gestartet werden
        g_eventStart.SetEvent();
    }
    g_eventKill.SetEvent();
}
```

Beachten Sie die merkwürdige Weise, in der das Startereignis hier eingesetzt wird, wenn der Anwender die Schaltfläche *Abbrechen* auswählt, ohne zuvor auf *Start* geklickt zu haben. Es wäre vielleicht sauberer, einen neues Abbruchereignis zu definieren und dann den ersten Aufruf von *WaitForSingleObject* in *ComputeThreadProc* durch einen Aufruf von *WaitForMultipleObjects* zu ersetzen. Wenn *WaitForMultipleObjects* ein Abbruchereignis empfangen würde, könnte die Funktion die sofortige Beendigung des Thread veranlassen.

Threads blockieren

Der erste Aufruf von *WaitForSingleObject* in der oben gezeigten Funktion *ComputeThreadProc* stellt ein Beispiel für das Blockieren von Threads dar. Der Thread wird einfach solange angehalten, bis ein Ereignis signalisiert wird. Daneben können Threads noch auf viele andere Weisen blockiert werden. Sie könnten beispielsweise die Win32-Funktion *Sleep* aufrufen, um Ihren Thread 500 Millisekunden ruhen zu lassen. Viele Funktionen blockieren Threads, insbesondere solche, die auf Hardware oder auf Internet-Hosts zugreifen. Zu Zeiten von Win16 belegten solche Funktionen die CPU, bis sie abgearbeitet waren. Unter Win32 können andere Prozesse und Threads parallel ausgeführt werden.

Sie sollten blockierende Aufrufe im Haupt-Thread der Benutzeroberfläche vermeiden. Denken Sie daran, dass Ihr Haupt-Thread keine Nachrichten verarbeiten kann, wenn er blockiert ist, und dass das Programm dadurch träge wirkt. Wenn Sie beispielsweise eine Aufgabe erledigen müssen, die mit sehr viel Datei-E/A verbunden ist, verlagern Sie den entsprechenden Code am besten in einen Arbeits-Thread, den Sie mit dem Haupt-Thread synchronisieren.

Achten Sie genau auf Aufrufe in Ihrem Arbeits-Thread, die diesen auf unbestimmte Zeit blockieren könnten. Schlagen Sie in der Online-Dokumentation nach, ob die Möglichkeit besteht, für eine bestimmte E/A-Operation eine Zeitüberschreitung festzulegen. Wenn ein Aufruf einen Thread tatsächlich dauerhaft blockiert, wird der Thread zugleich mit dem Hauptprozess beendet, gibt aber nicht allen belegten Arbeitsspeicher frei. Sie könnten auch die Win32-Funktion *TerminateThread* aus dem Haupt-Thread aufrufen, aber dies löst nicht das Problem der Speicherlecks.

Kritische Abschnitte

Erinnern Sie sich nach an die Probleme mit der globalen Variablen *g_nCount*? Wenn Sie globale Daten Thread-übergreifend nutzen möchten und mehr Flexibilität benötigen, als einfache Anweisungen wie *InterlockedIncrement* bieten, dann sind vielleicht *kritische Abschnitte* (Quelltextabschnitte mit exklusivem Zugriff auf gemeinsam genutzte Daten) das Synchronisationswerkzeug, das Sie brauchen. Ereignisse taugen als Signalgeber, kritische Abschnitte dagegen eignen sich zur Steuerung des Datenzugriffs.

Die MFC enthält eine Klasse namens *CCriticalSection*, die als Hülle für ein Windows-Handle für kritische Abschnitte fungiert. Der Konstruktor ruft die Win32-Funktion *InitializeCriticalSection* auf, die Member-Funktionen *Lock* und *Unlock* die Funktionen *EnterCrititicalSection* und *LeaveCriticalSection* und der Destruktor *DeleteCriticalSection*. Die folgenden Anweisungen zeigen, wie Sie mit Hilfe dieser Klasse globale Daten schützen:

```
CCriticalSection g_cs;    // globale Variablen, die allen Threads
int g_nCount;             // zugänglich sind
void func()
{
    g_cs.Lock();
    g_nCount++;
    g_cs.Unlock();
}
```

Nehmen wir an, Sie würden in einem Programm Zeitangaben in Stunden, Minuten und Sekunden aufzeichnen, wofür jeweils ein Integer-Wert zur Verfügung stünde, und zwei Threads würden auf die Zeitangaben gemeinsam zugreifen. Nun soll Thread A eine Zeitangabe ändern und nach dem Aktualisieren der Stunden, aber vor dem Aktualisieren der Minuten und Sekunden von Thread B unterbrochen werden. Thread B arbeitet dann mit einer ungültigen Zeitangabe.

Wenn Sie Ihr Zeitformat als C++-Klasse implementieren, können Sie den Datenzugriff auf einfache Weise steuern, indem Sie die Datenelemente als *private* deklarieren und öffentliche Member-Funktionen bereitstellen. Die in Listing 12.1 gezeigte Klasse *CHMS* erfüllt genau diesen Zweck. Beachten Sie das Datenelement des Typs *CCriticalSection* in dieser Klasse. Durch dieses *CCriticalSection*-Objekt wird jedem *CHMS*-Objekt ein kritischer Abschnitt zugeordnet.

Sie sehen, dass die anderen Member-Funktionen die Member-Funktionen *Lock* und *Unlock* aufrufen. Wenn Thread A mit der Ausführung von *SetTime* beschäftigt ist, wird Thread B durch den Aufruf von *Lock* in *GetTotalSecs* solange blockiert, bis Thread A *Unlock* aufruft. Die Funktion *IncrementSecs* ruft *SetTime* auf, so dass der kritische Abschnitt mehrfach gesperrt wird. Das ist zulässig, weil Windows über die Schachtelungstiefe der Sperren Protokoll führt.

Die Klasse *CHMS* arbeitet zufrieden stellend, wenn Sie damit globale Objekte anlegen. Wenn Sie Zeiger auf Heap-Objekte Thread-übergreifend nutzen, werden Sie mit einer Reihe weiterer Probleme konfrontiert. Jeder Thread muss prüfen, ob ein anderer Thread das jeweilige Objekt gelöscht hat, und das bedeutet, dass Sie den Zugriff auf die Zeiger synchronisieren müssen.

HMS.H

```
#include "StdAfx.h"

class CHMS
{
private:
    int m_nHr, m_nMn, m_nSc;
```

```
    CCriticalSection m_cs;
public:
    CHMS() : m_nHr(0), m_nMn(0), m_nSc(0) {}

    ~CHMS() {}

    void SetTime(int nSecs)
    {
        m_cs.Lock();
        m_nSc = nSecs % 60;
        m_nMn = (nSecs / 60) % 60;
        m_nHr = nSecs / 3600;
        m_cs.Unlock();
    }

    int GetTotalSecs()
    {
        int nTotalSecs;
        m_cs.Lock();
        nTotalSecs = m_nHr * 3600 + m_nMn * 60 + m_nSc;
        m_cs.Unlock();
        return nTotalSecs;
    }

    void IncrementSecs()
    {
        m_cs.Lock();
        SetTime(GetTotalSecs() + 1);
        m_cs.Unlock();
    }
};
```

Listing 12.1: *Die Quelltext- und Header-Datei der Klasse CHMS.*

Es gibt kein Beispielprogramm, das die Verwendung der Klasse *CHMS* illustriert. Sie finden aber die Datei hms.h im Verzeichnis \vcpp32\ex12c auf der Begleit-CD. Wenn Sie ein Multithreading-Programm schreiben, können Sie globale Objekte dieser Klasse Thread-übergreifend nutzen. Sie brauchen dazu keine anderen Thread-Funktionen aufzurufen.

Mutex-Objekte und Semaphoren

Wie ich schon gesagt habe, überlasse ich die Besprechung dieser Synchronisationsobjekte Jeffrey Richter und seinem Buch *Windows: Programmierung für Experten*. Mutex-Objekte und Semaphoren werden benötigt, wenn der Zugriff auf Daten in verschiedenen Prozessen gesteuert werden soll, weil ein kritischer Abschnitte nur innerhalb desselben Prozesses zugänglich ist. Der gemeinsame Zugriff auf Mutex-Objekte und Semaphoren (und Ereignisse) erfolgt über deren Namen.

Benutzeroberflächen-Threads

Die MFC-Bibliothek bietet eine gute Unterstützung für Benutzeroberflächen-Threads. Sie leiten eine Klasse von *CWinThread* ab und starten den Thread mit einer überladenen Version von *Afx-BeginThread*. Die von *CWinThread* abgeleitete Klasse verfügt über eine eigene Version von *InitInstance* und, was besonders wichtig ist, über eine eigene Nachrichtenschleife. Sie können wie gewünscht Fenster erstellen und Nachrichten zuordnen.

Warum sollte man einen Benutzeroberflächen-Thread einrichten? Wenn Sie auf Hauptprogrammebene mehrere Fenster verwenden, können Sie diese im Haupt-Thread erstellen und verwalten. Angenommen, Sie möchten es dem Anwender ermöglichen, mehrere Instanzen Ihrer Anwendung auszuführen, wobei alle Instanzen den Arbeitsspeicher gemeinsam nutzen sollen. Sie können einen einzelnen Prozess so konfigurieren, dass er mehrere Benutzeroberflächen ausführt. Dem Anwender wird so der Eindruck vermittelt, dass mehrere separate Prozesse ausgeführt werden. Der Windows-Explorer wendet dieses Verfahren an, wie Sie mit SPYXX nachprüfen können.

Der Start des zweiten und der nachfolgenden Threads ist etwas kompliziert, weil der Anwender zunächst für jede Kopie des Windows Explorers einen neuen Prozess initiiert. Wenn der zweite Prozess die Ausführung beginnt, signalisiert er dem ersten Prozess, einen neuen Thread zu starten, und wird dann beendet. Der zweite Prozess findet den ersten Prozess, indem er entweder die Win32-Funktion *FindWindow* aufruft oder indem er einen gemeinsam genutzten Datenbereich deklariert. Gemeinsam genutzte Datenbereiche werden bei Jeffrey Richter ausführlich beschrieben.

Teil C
Die Dokument-Ansicht-Architektur

13 Menüs, Zugriffstasten, das Rich-Edit-Steuerelement und Eigenschaftendialogfelder

Bis jetzt wurden in den Beispielen dieses Buches Programmaktivitäten meistens durch Mausklicks ausgelöst. Obwohl ein Menübefehl gelegentlich vielleicht die geeignetere Lösung gewesen wäre, haben Sie Mausklicks verwendet, weil Mausklicknachrichten einfach und direkt innerhalb des Ansichtsfensters der MFC-Bibliothek Version 6.0 bearbeitet werden. Falls Sie wollen, dass eine Programmaktivität ausgelöst wird, sobald der Anwender einen Menübefehl auswählt, müssen Sie sich zunächst einmal mit den anderen Elementen des Anwendungsgerüsts vertraut machen.

Dieses Kapitel konzentriert sich auf Menüs und die *Befehls-Routing-Architektur,* und gibt Ihnen eine Einführung in Rahmen und Dokumente. Außerdem wird erklärt, welche Beziehungen zwischen diesen neuen Elementen des Anwendungsgerüsts und dem schon bekannten Ansichtselement bestehen. Mit Hilfe des Menü-Editors werden Sie ein Menü visuell entwerfen, und mit Hilfe des Klassen-Assistenten werden Sie Dokument- und Ansichts-Member-Funktionen mit Menüeinträgen verknüpfen. Sie lernen weiterhin, wie man spezielle Member-Funktionen zur Aktualisierung der Benutzeroberflächenbefehle verwendet, um Menübefehle zu aktivieren oder zu deaktivieren. Zudem werden Sie lernen, Zugriffstasten für bestimmte Menübefehle zu definieren.

Da Sie von Kreisen und Dialogfeldern inzwischen wahrscheinlich genug haben, werden Sie als Nächstes zwei neue MFC-Bausteine untersuchen. Mit dem *Rich-Edit*-Steuerelement können Sie Ihre Anwendung mit leistungsfähigen Textverarbeitungsfunktionen versehen. *Eigenschaftendialogfelder* eignen sich hervorragend zur Festlegung von Bearbeitungsoptionen.

Das Hauptrahmenfenster und die Dokumentklassen

Bis jetzt haben Sie das Ansichtsfenster verwendet, als sei es das einzige Fenster der Anwendung. In einer SDI-Anwendung liegt das Ansichtsfenster innerhalb eines anderen Fensters, nämlich innerhalb des Hauptfensters der Anwendung. Das Hauptfenster enthält die Titel- und die Menüleiste. Verschiedene untergeordnete Fenster einschließlich des Symbolleistenfensters, des Ansichtsfensters und des Statusleistenfensters belegen den Raum im Client-Bereich des Hauptfensters, wie Sie in Abbildung 13.1 sehen können. Das Anwendungsgerüst steuert die Interaktionen zwischen dem Rahmen und der Ansicht, indem es Nachrichten vom Rahmen zur Ansicht weiterleitet.

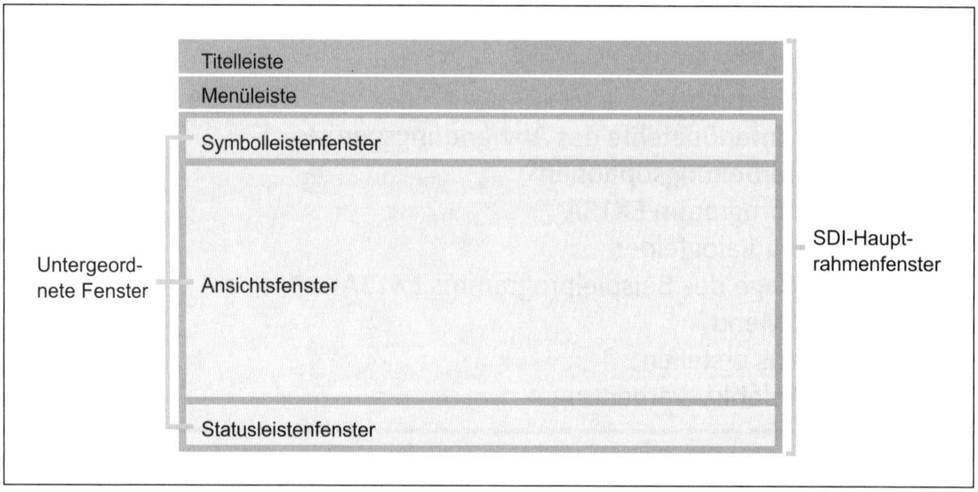

Abbildung 13.1: *Die untergeordneten Fenster innerhalb eines SDI-Hauptfensters.*

Sehen Sie sich noch einmal eine vom MFC-Anwendungs-Assistenten erzeugte Projektdatei an. Die Dateien MainFrm.h und MainFrm.cpp enthalten den Quelltext der Hauptfensterklasse der Anwendung, die von der Klasse *CFrameWnd* abgeleitet wurde. Andere Dateien mit Namen wie etwa ex13aDoc.h und ex13aDoc.cpp enthalten den Quelltext für die Dokumentklasse der Anwendung, die von *CDocument* abstammt. In diesem Kapitel beginnen Sie, mit der MFC-Dokumentklasse zu arbeiten. Wir steigen Schritt für Schritt ein. Sie erfahren daher zunächst nur, dass mit jedem Ansichtsobjekt genau ein Dokumentobjekt verbunden ist und dass die geerbte Member-Funktion *GetDocument* der Ansicht einen Zeiger auf dieses Objekt zurückgibt. In Kapitel 15 analysieren Sie Rahmenfenster und in Kapitel 16 erfahren Sie mehr über die Interaktionen zwischen Dokument und Ansicht.

Windows-Menüs

Ein Microsoft Windows-Menü ist ein bekanntes Anwendungselement, das aus einer horizontalen Liste von Einträgen in der obersten Ebene und den damit verbundenen Popup-Menüs besteht, die angezeigt werden, wenn der Anwender einen der Einträge aus der obersten Ebene auswählt. Meistens definiert man für ein Rahmenfenster eine Standard-Menüressource, die beim Aufbau des Fensters geladen wird. Sie können aber auch eine vom Rahmenfenster unabhängige Menüressource definieren. In diesem Fall muss Ihr Programm die zum Laden und Aktivieren des Menüs notwendigen Funktionen selbst aufrufen.

Eine Menüressource definiert exakt, wie das Menü zu Beginn aussieht. Menübefehle können grau dargestellt oder mit einem Häkchen versehen werden. Gruppen von Menübefehlen können durch Leisten voneinander getrennt werden. Es sind mehrere Ebenen von Popup-Menüs möglich. Wenn ein Menübefehl der ersten Ebene mit einem untergeordneten Popup-Menü verbunden ist, wird neben dem Menübefehl ein nach rechts weisender Pfeil angezeigt, wie Sie am Beispiel des Menübefehls *Debug starten* in Abbildung 13.2 sehen können.

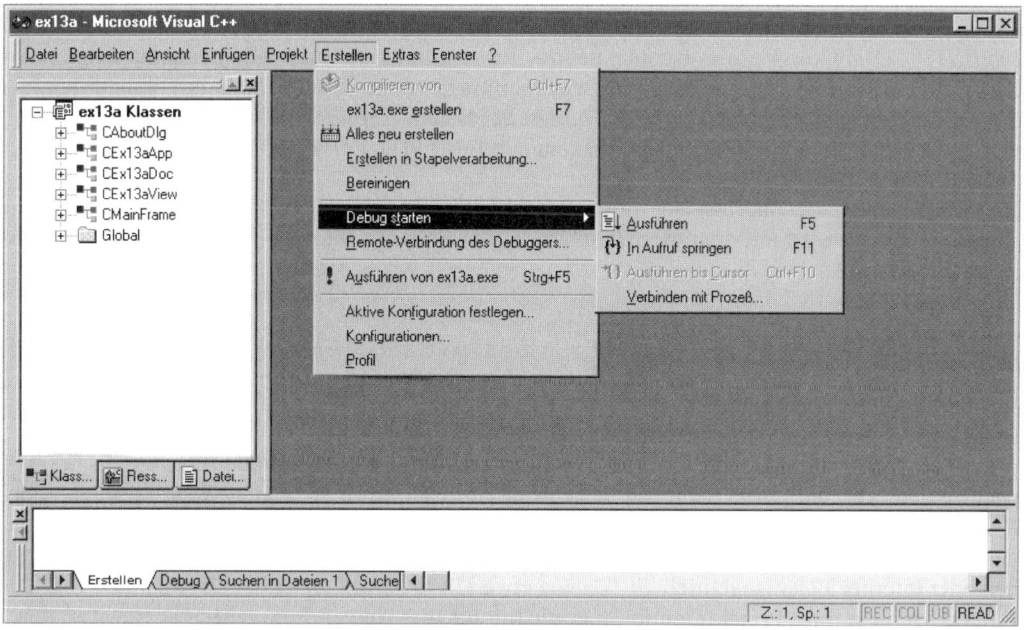

Abbildung 13.2: *Popup-Menüs in mehreren Ebenen (Microsoft Visual C++).*

Visual C++ enthält ein benutzerfreundliches Werkzeug zur Bearbeitung von Menüressourcen, mit dem Sie Menüs in einer WYSIWYG-Umgebung bearbeiten können. Zu jedem Menübefehl gehört ein Dialogfeld, in dem alle Eigenschaften dieses Befehls definiert werden. Die damit erstellte Ressourcendefinition wird in der Ressourcen-Skriptdatei (RC) der Anwendung gespeichert. Jeder Menübefehl ist mit einer ID (wie *ID_FILE_OPEN*) verbunden, die in der Datei resource.h definiert ist.

Die MFC-Bibliothek erweitert die Funktionalität der Windows-Standardmenüs. Jedem Menübefehl kann eine Zeichenfolge mit einer Beschreibung zugeordnet werden, die in der Statusleiste des Fensters angezeigt wird, wenn der Befehl markiert ist. Diese Beschreibungen sind eigentlich

Windows-Zeichenfolgeressourcen, die durch eine gemeinsame ID mit dem Menübefehl verknüpft sind. Aus der Perspektive des Menü-Editors und Ihres Programms erscheinen sie aber wie ein Teil der Definition der Menüelemente.

Zugriffstasten

Sie haben wahrscheinlich schon bemerkt, dass die meisten Menübefehle einen unterstrichenen Buchstaben enthalten. In Visual C++ (und in den meisten anderen Anwendungen) wird mit einem Druck auf Alt+D, gefolgt vom Buchstaben S, der Befehl *Speichern* aus dem Menü *Datei* aktiviert. Das System dieser *Zugriffstasten* ist unter Windows die Standardmethode, mit der Menübefehle über die Tastatur aktiviert werden. Wenn Sie sich einmal das Menüressourcenskript einer Anwendung (oder das Dialogfeld *Eigenschaften* des Menü-Editors) anschauen, werden Sie feststellen, dass vor jedem unterstrichenen Buchstaben in den Menübefehlen Ihrer Anwendung ein kaufmännisches Und (&) steht.

Windows bietet eine Alternative zur Verknüpfung von Tastenanschlägen mit Menübefehlen. Die *Zugriffstastenressource* besteht aus einer Tabelle mit Tastenkombinationen und dem damit verbundenen Befehls-IDs. Der Befehl *Kopieren* aus dem Menü *Bearbeiten* (mit der Befehls-ID *ID_EDIT_COPY)* könnte zum Beispiel mit der Tastenkombination Strg+C über einen Zugriffstasteneintrag verknüpft werden. Ein Zugriffstasteneintrag muss nicht unbedingt mit einem Menübefehl verbunden sein. Falls im Menü *Bearbeiten* der Befehl *Kopieren* nicht vorhanden sein sollte, würde die Tastenkombination Strg+C trotzdem den Befehl *ID_EDIT_COPY* aktivieren.

HINWEIS: Falls eine Zugriffstaste mit einem Menübefehl oder einer Symbolleistenschaltfläche verbunden ist, wird mit dem Menübefehl oder der Schaltfläche gleichzeitig auch die Zugriffstaste deaktiviert.

Befehlsverarbeitung

Wie Sie in Kapitel 2 gesehen haben, stellt das Anwendungsgerüst ein raffiniertes System zur Weiterleitung von Befehlsnachrichten zur Verfügung. Diese Nachrichten können von der Auswahl eines Menübefehls, von Zugriffstasten, Symbolleisten- und Schaltflächenklicks stammen. Befehlsnachrichten können außerdem durch Aufrufe der Funktionen *CWnd::SendMessage* oder *PostMessage* gesendet werden. Jede Nachricht wird durch eine *#define*-Konstante gekennzeichnet, die häufig vom Ressourcen-Editor zugewiesen wird. Das Anwendungsgerüst hat seinen eigenen Satz interner Befehlsnachrichten-IDs wie etwa *ID_FILE_PRINT* oder *ID_FILE_OPEN*. Die Datei resource.h Ihres Projekts enthält IDs, die nur für Ihre Anwendung gelten.

Die meisten Befehlsnachrichten stammen aus dem Rahmenfenster der Anwendung, und wenn Sie das Anwendungsgerüst nicht hätten, würden Sie dort auch die Nachrichtenbehandlungsroutinen unterbringen. Durch das Befehls-Routing ist es jedoch möglich, Nachrichten an fast jeder beliebigen Stelle zu verarbeiten. Wenn das Anwendungsgerüst die Befehlsnachricht eines Rahmenfensters erhält, sucht es in einer der in Tabelle 13.1 dargestellten Reihenfolgen nach geeigneten Nachrichtenbehandlungsroutinen.

SDI-Anwendung	MDI-Anwendung
Ansicht	Ansicht
Dokument	Dokument
SDI-Hauptrahmenfenster	Untergeordnetes MDI-Rahmenfenster
Anwendung	MDI-Hauptrahmenfenster
	Anwendung

Tabelle 13.1: *Priorität der Nachrichtenbehandlungsroutinen in SDI- und MDI-Anwendungen.*

Meist kommt eine bestimmte Befehlsbehandlungsroutine innerhalb einer Anwendung nur in einer Klasse vor. Stellen Sie sich jetzt aber vor, dass eine Anwendung, die nur über eine Ansicht verfügt, in der Ansichts- und in der Dokumentklasse identische Behandlungsroutinen aufweist. Da die Ansicht beim Befehls-Routing die höhere Priorität hat, wird nur die Befehlsbehandlungsroutine der Ansichtsklasse aufgerufen.

Was ist zur Installation einer Befehlsbehandlungsroutine nötig? Es gelten ähnliche Installationsvoraussetzungen wie für Nachrichtenbehandlungsroutinen, die Sie schon kennen. Sie brauchen die eigentliche Funktion, einen entsprechenden Eintrag in der Nachrichtenzuordnungstabelle und den Funktionsprototypen. Nehmen wir an, Sie hätten einen Menübefehl namens *Zoom* (mit der ID *IDM_ZOOM*), der von Ihrer Ansichtsklasse bearbeitet werden soll. Als Erstes fügen Sie die folgenden Anweisungen in die Implementierungsdatei Ihrer Ansicht ein:

```
BEGIN_MESSAGE_MAP(CMyView, CView)
  ON_COMMAND(IDM_ZOOM, OnZoom)
END_MESSAGE_MAP()

void CMyView::OnZoom()
{
  // Anweisungen zur Verarbeitung der Befehlsnachricht
}
```

Danach nehmen Sie den folgenden Funktionsprototyp in die Header-Datei der Klasse *CMyView* auf (vor dem Makro *DECLARE_MESSAGE_MAP*):

```
afx_msg void OnZoom();
```

Natürlich erleichtert der Klassen-Assistent das Einfügen von Befehlsbehandlungsroutinen in dieselben Art und Weise wie das Einfügen von Behandlungsroutinen für Fensternachrichten. Wie das funktioniert, erfahren Sie im Beispiel EX13A weiter unten.

Befehlsnachrichten in abgeleiteten Klassen bearbeiten

Das Routing-System für Befehle ist die eine Seite bei der Bearbeitung von Befehlsnachrichten, die Klassenhierarchie ist die andere Seite. Wenn Sie sich den Quelltext für die MFC-Klassen einmal anschauen, werden Sie in den Nachrichtenzuordnungstabellen eine Menge Einträge finden, die mit ON_COMMAND beginnen. Wenn Sie von einer dieser Basisklassen – beispielsweise von *CView* – eine neue Klasse ableiten, erbt die abgeleitete Klasse alle Nachrichtenbehandlungsfunktionen von *CView*, einschließlich der Befehlsnachrichtenfunktionen. Um eine Nachrichtenbehandlungsfunktion der Basisklasse zu überschreiben, müssen Sie sowohl eine Funktion als auch einen Nachrichtenzuordnungseintrag in Ihre abgeleitete Klasse einfügen.

Bearbeitungsroutinen für Befehle zur Aktualisierung der Benutzeroberfläche

Es passiert sehr häufig, dass Sie die Darstellung eines Menübefehls ändern müssen, um ihn an den Zustand Ihrer Anwendung anzupassen. Falls das Menü *Bearbeiten* Ihrer Anwendung zum Beispiel den Befehl *Alles löschen* enthält, sollten Sie dieses Element deaktivieren, wenn es überhaupt nichts zu löschen gibt. Sie haben zweifellos schon solche grau schattierten Menübefehle in Windows-Anwendungen gesehen. Wahrscheinlich haben Sie auch schon Häkchen neben Menüelementen gesehen.

In der Win32-Programmierung ist es schwierig, die Menübefehle mit dem internen Zustand der Anwendung synchron zu halten. Jeder Quelltextabschnitt, der den internen Zustand der Anwendung verändert, muss auch Anweisungen zur Aktualisierung des Menüs enthalten. Die MFC-Bibliothek bietet einen anderen Lösungsansatz: Wenn ein Popup-Menü zum ersten Mal angezeigt wird, ruft sie eine Behandlungsfunktion zur Aktualisierung der Benutzeroberflächenbefehle auf. Das Argument der Behandlungsfunktion ist ein *CCmdUI*-Objekt, das einen Zeiger auf den entsprechenden Menübefehl enthält. Die Behandlungsfunktion kann dann mit Hilfe dieses Zeigers das Aussehen des Menübefehls verändern. Befehlsbehandlungsroutinen zur Aktualisierung der Benutzeroberfläche gelten nur für Befehle in Popup-Menüs, nicht für die Menübefehle der obersten Ebene, die ständig angezeigt werden. Es ist zum Beispiel nicht möglich, mit Hilfe einer Befehlsbehandlungsroutine zur Aktualisierung der Benutzeroberfläche das Menü *Datei* zu deaktivieren.

Für die Implementierung von Behandlungsroutinen für Oberflächenaktualisierungsbefehle gelten ähnliche Voraussetzungen wie für die Kodierung anderer Befehle. Sie brauchen die eigentliche Funktion, einen speziellen Nachrichtenzuordnungseintrag und natürlich den Prototyp. Die damit verbundene ID – in diesem Fall *IDM_ZOOM* – ist dieselbe Konstante, die auch für den Befehl verwendet wird. Im folgenden Listing werden die notwendigen Zusätze zum Quelltext der Ansichtsklasse dargestellt:

```
BEGIN_MESSAGE_MAP(CMyView, CView)
  ON_UPDATE_COMMAND_UI(IDM_ZOOM, OnUpdateZoom)
END_MESSAGE_MAP()

void CMyView::OnUpdateZoom(CCmdUI* pCmdUI)
{
  pCmdUI->SetCheck(m_bZoomed); // m_bZoomed ist eine Member-Variable
}
```

Die folgende Zeile enthält den Funktionsprototyp, den Sie in die Header-Datei der Klasse (vor dem Makro *DECLARE_MESSAGE_MAP*) einfügen müssen:

```
afx_msg void OnUpdateZoom(CCmdUI* pCmdUI);
```

Natürlich kann auch der Klassen-Assistent das Einfügen von Befehlsbehandlungsroutinen zur Aktualisierung der Benutzeroberfläche übernehmen.

Aus Dialogfeldern stammende Befehle

Nehmen wir einmal an, Sie hätten ein Popup-Dialogfeld mit verschiedenen Schaltflächen und wollten jetzt, dass eine bestimmte Schaltfläche eine Befehlsnachricht sendet. Befehls-IDs müssen im Bereich 0x8000 bis 0xDFFF liegen – demselben ID-Bereich, den der Ressourcen-Editor für Ihre Menübefehle verwendet. Wenn Sie einer Dialogfeldschaltfläche eine ID in diesem Bereich zuweisen, erzeugt die Schaltfläche einen weiterleitbaren Befehl. Das Anwendungsgerüst leitet diesen Befehl als Erstes an das Hauptfenster der Anwendung weiter, zu dem alle Popup-Dialoge gehören. Danach nimmt das Befehls-Routing den üblichen Verlauf. Falls Ihre Ansicht eine Bearbeitungsroutine für den Schaltflächenbefehl hat, wird er von ihr bearbeitet. Um sicherzustellen, dass die ID im Bereich 0x8000 bis 0xDFFF liegt, geben Sie die ID im Symboleditor von Visual C++ ein, bevor Sie sie einer Schaltfläche zuweisen.

Die Standardmenübefehle des Anwendungsgerüsts

Sie müssen nicht jedes Rahmenmenü von Grund auf neu anlegen. Die MFC-Bibliothek definiert einige nützliche Menübefehle und stellt die dazugehörigen Befehlsbehandlungsfunktionen bereit (siehe Abbildung 13.3).

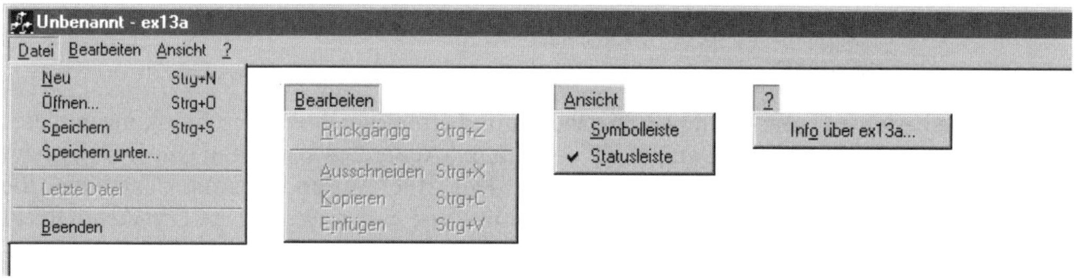

Abbildung 13.3: *Die Standardmenüs eines SDI-Rahmenfensters.*

Welche Menübefehle und Befehlsbehandlungsroutinen Sie erhalten, hängt von den Optionen ab, die Sie im MFC-Anwendungs-Assistenten wählen. Wenn Sie zum Beispiel die Auswahl der Option *Drucken und Druckvorschau* aufheben, werden die Menübefehle *Drucken* und *Seitenansicht* nicht angezeigt. Da der Befehl *Drucken* optional ist, werden die Nachrichtenzuordnungseinträge nicht in die Klasse *CView* eingefügt, sondern in Ihre abgeleitete Ansichtsklasse. Aus diesem Grund werden Einträge wie die folgenden in der Klasse *CMyView* anstatt in *CView* definiert:

```
ON_COMMAND(ID_FILE_PRINT, CView::OnFilePrint)
ON_COMMAND(ID_FILE_PRINT_PREVIEW, CView::OnFilePrintPreview)
```

Menübefehle aktivieren oder deaktivieren

Das Anwendungsgerüst kann einen tMenübefehl deaktivieren, wenn es in der aktuellen Befehlsroute keine Befehlsbehandlungsroutine findet. Daher brauchen Sie keine Behandlungsroutinen für *ON_UPDATE_COMMAND_UI* zu schreiben. Sie können dieses Leistungsmerkmal deaktivieren, indem Sie dem Datenelement *m_bAutoMenuEnable* von *CFrameWnd* den Wert *FALSE* zuweisen.

Nehmen wir einmal an, Sie hätten zwei Ansichten für ein Dokument, aber nur die erste Ansichtsklasse hätte eine Nachrichtenbehandlungsroutine für den Befehl IDM_ZOOM. Der im Rahmenmenü enthaltene Befehl *Zoom* wird nur aktiviert, wenn die erste Ansicht aktiv ist. Betrachten Sie auch einmal die vom Anwendungsgerüst implementierten Befehle *Kopieren*, *Ausschneiden* und *Einfügen* aus dem Menü *Bearbeiten*. Diese Befehle werden deaktiviert, wenn Sie in Ihrer abgeleiteten Ansichts- oder Dokumentklasse keine Nachrichtenbehandlungsroutinen zur Verfügung stellen.

MFC-Textverarbeitungsoptionen

Windows selbst bietet zwei Werkzeuge zur Textverarbeitung: das altbekannte Eingabefeld und das Rich-Edit-Steuerelement. Beide können innerhalb von Dialogfeldern verwendet werden. Beide können außerdem so gestaltet werden, dass sie wie Ansichtsfenster aussehen. Die MFC-Bibliothek unterstützt diese Vielseitigkeit mit den Klassen *CEditView* und *CRichEditView*.

Die Klasse CEditView

Diese Klasse basiert auf dem Windows-Eingabefeld und erbt deshalb alle Beschränkungen dieses Steuerelements. Die Textgröße ist auf 64 KB beschränkt. Außerdem können in einem Dokument nicht verschiedene Schriftarten gemischt werden. Der MFC-Anwendungs-Assistent bietet die Möglichkeit, *CEditView* als Basisklasse Ihrer Ansichtsklasse einzusetzen. Das *CEditView*-Objekt des Anwendungsgerüsts umfasst die gesamte Funktionalität der Klassen *CView* und *CEdit*. Dies wird nicht über Mehrfachvererbung ermöglicht, sondern mit einem kleinen Trick, der mit der Bildung von Fenster-Unterklassen zu tun hat. Die Klasse *CEditView* implementiert die Zwischenablagefunktionen *Ausschneiden*, *Kopieren* und *Einfügen* und ordnet entsprechende Behandlungsroutinen zu, so dass sie im Menü *Bearbeiten* als aktiv angezeigt werden.

Die Klasse CRichEditView

Diese Klasse verwendet das Rich-Edit-Steuerelement und unterstützt deshalb gemischte Formate und große Textmengen. Die Klasse *CRichEditView* ist darauf ausgelegt, zusammen mit den Klassen *CRichEditDoc* und *CRichEditCntrItem* eine vollständige ActiveX-Containeranwendung zu implementieren.

Die Klasse CRichEditCtrl

Diese Klasse fungiert als Hülle für das Rich-Edit-Steuerelement. Sie können mit ihr einen recht brauchbaren Texteditor erstellen, und genau das werden wir im Beispiel EX13A durchexerzieren. Wir verwenden eine gewöhnliche, von *CView* abgeleitete Ansichtsklasse und füllen den Client-Bereich der Ansicht mit einem großen Rich-Edit-Steuerelement, das sich an die jeweilige Größe der Ansicht anpasst. Die Klasse *CRichEditCtrl* enthält Dutzende nützlicher Member-Funktionen und übernimmt auch andere Funktionen aus der Basisklasse *CWnd*. In der folgenden Tabelle 13.2 sehen Sie die in diesem Kapitel verwendeten Funktionen:

Funktion	Beschreibung
Create	Erstellt das Rich-Edit-Steuerelementfenster (das von der WM_CREATE-Behandlungsroutine des übergeordneten Fensters aufgerufen wird).
SetWindowPos	Bestimmt die Größe und Position des Bearbeitungsfensters. (Verändert die Größe des Steuerelements so, dass es den Client-Bereich der Ansicht ausfüllt.)
GetWindowText	Ruft unformatierten Text vom Steuerelement ab. (Es stehen noch andere Funktionen zur Verfügung, mit denen Text mit Rich-Text-Formatierungscodes abgerufen werden kann.)
SetWindowText	Speichert unformatierten Text im Steuerelement.
GetModify	Ermittelt den Wert des *Modified*-Flags, das den Wert *TRUE* hat, falls der Text geändert wurde. (Der Text gilt als geändert, wenn der Anwender etwas in das Steuerelement eingibt oder wenn das Programm *SetModify(TRUE)* aufruft.)
SetModify	Setzt das *Modified*-Flag, das angibt, ob der Text geändert wurde, auf den Wert *TRUE* oder *FALSE*.
GetSel	Ermittelt den Wert eines Flags, das angibt, ob der Anwender Text markiert hat.
SetDefaultCharFormat	Bestimmt das Standardformat des Textes im Steuerelement.
SetSelectionCharFormat	Bestimmt das Format des markierten Textes.

Tabelle 13.2: *Member-Funktionen der Klasse* CRichEditCtrl.

HINWEIS: Wenn Sie mit dem Dialog-Editor ein Rich-Edit-Steuerelement in eine Dialogfeldressource einfügen, muss die *InitInstance*-Funktion Ihrer Ansichtsklasse die Funktion *AfxInitRichEdit* aufrufen.

Das Beispielprogramm EX13A

Dieses Beispiel illustriert die Weiterleitung von Menü- und Zugriffstastenbefehlen an Dokumente und Ansichten. Die Ansichtsklasse der Anwendung ist von *CView* abgeleitet und enthält ein Rich-Edit-Steuerelement. Menübefehle der Ansicht, die aus einem neuen Popup-Menü mit dem Namen *Transfer* stammen, übertragen die Daten zwischen dem Ansichtsobjekt und dem Dokumentobjekt. Ein Menübefehl mit dem Namen *Dokument löschen* löscht den Inhalt des Dokuments. Der Befehl *Dokumentdaten speichern* ist im Menü *Transfer* deaktiviert, wenn die Ansicht seit dem letzten Datentransfer nicht geändert wurde. Der Befehl *Dokument löschen* aus dem Menü *Bearbeiten* ist nicht verfügbar, wenn das Dokument leer ist. Abbildung 13.4 zeigt die erste Version des Programms EX13A.

Wollten wir die Dokument-Ansicht-Architektur vollständig ausnutzen, würden wir dem Rich-Edit-Steuerelement mitteilen, dass es seinen Text innerhalb des Dokuments verwalten soll. Stattdessen definieren wir in der Dokumentklasse ein *CString*-Datenelement namens *m_strText*, dessen Inhalt vom Anwender an das Steuerelement übertragen werden kann und umgekehrt. Zunächst enthält *m_strText* eine Begrüßungsmeldung. Mit dem Befehl *Dokument löschen* aus dem Menü *Bearbeiten* wird den Inhalt des Datenelements gelöscht.

Wenn Sie dieses Beispiel ausführen, werden Sie die Trennung von Dokument und Ansicht etwas besser verstehen.

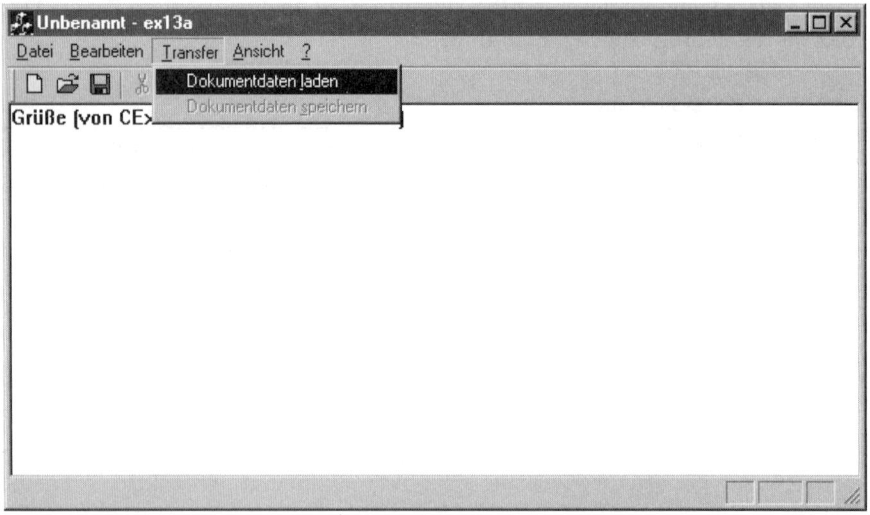

Abbildung 13.4: *Das Beispielprogramm EX13A während der Ausführung.*

Im ersten Teil von EX13A werden der WYSIWYG-Menü-Editor und der Zugriffstasten-Editor von Visual C++ zusammen mit dem Klassen-Assistenten verwendet. Sie müssen hier nur sehr wenig Code selbst schreiben. Führen Sie einfach die folgenden Schritte aus.

1. Starten Sie den MFC-Anwendungs-Assistenten, und erstellen Sie die Anwendung \vcpp32\ex13a\ex13a.

Übernehmen Sie alle Standardeinstellungen bis auf die folgenden beiden Ausnahmen: Wählen Sie die Option *Einzelnes Dokument (SDI)*, und deaktivieren Sie die Option *Drucken und Druckvorschau*.

2. Bearbeiten Sie mit Hilfe des Ressourcen-Editors das Hauptmenü der Anwendung:

Klicken Sie im Arbeitsbereichsfenster auf die Registerkarte *Ressourcen*. Bearbeiten Sie die Menüressource *IDR_MAINFRAME*, um eine Trennlinie und den Befehl *Dokument löschen* in das Menü *Bearbeiten* einzufügen, so wie es in der folgenden Abbildung 13.5 dargestellt wird.

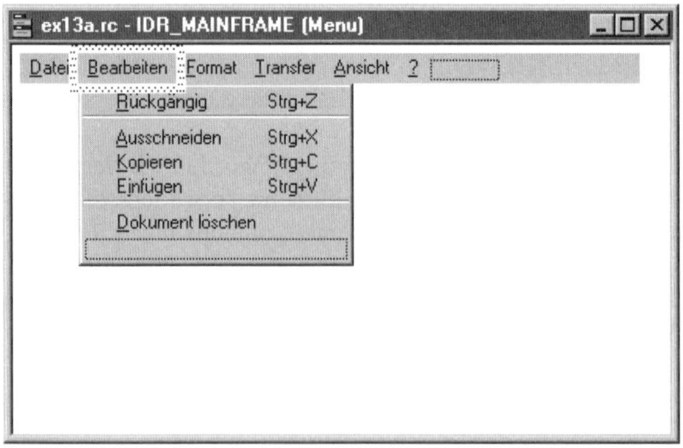

Abbildung 13.5:
Das Menü Bearbeiten *aus dem Beispielprogramm EX13A.*

TIPP: Obwohl der Menüressourcen-Editor einfach zu bedienen ist, werden Sie wahrscheinlich Hilfe brauchen, wenn Sie zum ersten Mal einen Befehl mitten in das Menü einfügen wollen. In jedem Menü steht am unteren Ende ein leerer Eintrag zur Verfügung. Ziehen Sie diesen Eintrag mit Hilfe der Maus an die Stelle, wo der neue Befehl eingefügt werden soll. Wenn Sie fertig sind, erscheint im unteren Teil des Menüs ein neuer leerer Eintrag.

Fügen Sie jetzt das Menü *Transfer* hinzu, und definieren Sie die zu diesem Menü gehörigen Befehle (siehe Abbildung 13.6).

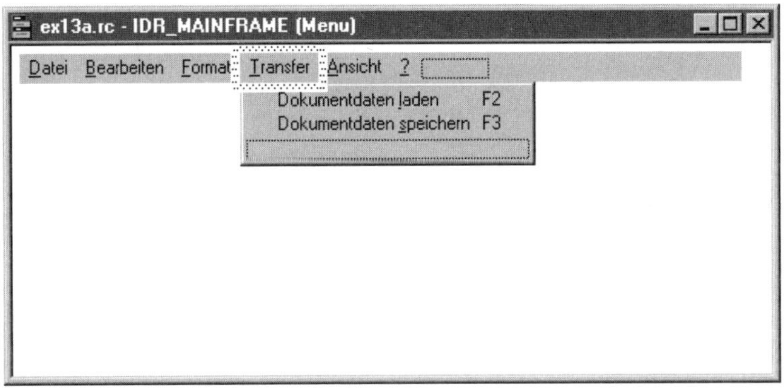

Abbildung 13.6: *Das Menü* Transfer.

Verwenden Sie die folgenden Befehls-IDs für Ihre neuen Menübefehle:

Menü	Beschriftung	Befehls-ID
Bearbeiten	&Dokument löschen	*ID_EDIT_CLEAR_ALL*
Transfer	Dokumentdaten &laden\tF2	*ID_TRANSFER_GETDATA*
Transfer	Dokumentdaten &speichern\tF3	*ID_TRANSFER_STOREDATA*

Der erste Befehl, ID_EDIT_CLEAR_ALL, ist in der MFC-Bibliothek schon definiert. (Hinweis: \t steht für ein Tabulatorzeichen – geben Sie dazu die Zeichenfolge *\t* ein, und drücken Sie nicht einfach nur die Tabulatortaste.)
Beim Einfügen eines neuen Menübefehls können Sie auch eine Beschreibung in das Dialogfeld *Menübefehl Eigenschaften* eingeben. Diese Beschreibung erscheint später in der Statusleiste der Anwendung, wenn der Menübefehl markiert ist.

3. Fügen Sie mit Hilfe des Ressourcen-Editors Zugriffstasten ein.
Öffnen Sie die Zugriffstastentabelle mit der ID *IDR_MAINFRAME*, und fügen Sie die folgenden Befehle ein (drücken Sie dazu die Taste **Einfg**):

Zugriffstasten-ID	Taste
ID_TRANSFER_GETDATA	VK_F2
ID_TRANSFER_STOREDATA	VK_F3

Stellen Sie sicher, dass die Zusatztasten **Strg**, **Alt** und **Umschalt** deaktiviert sind. Sie sehen das Zugriffstasten-Bearbeitungsfenster und das Dialogfeld *Accel Eigenschaften* in Abbildung 13.7.

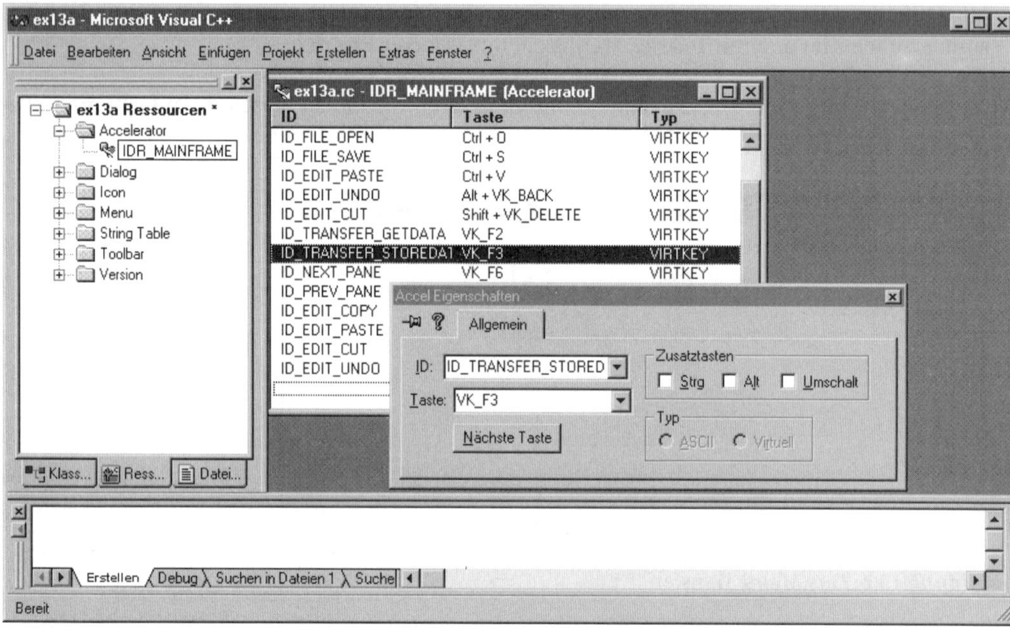

Abbildung 13.7: *Das Fenster zur Bearbeitung der Zugriffstasten und das Dialogfeld* Accel Eigenschaften.

4. **Fügen Sie mit dem Klassen-Assistenten Behandlungsroutinen für die Befehle der Ansichtsklassen und den Befehl zur Aktualisierung der Benutzeroberfläche ein.**

Markieren Sie die Klasse *CEx13aView*, und fügen Sie dann die folgenden Member-Funktionen hinzu:

Objekt-ID	Nachricht	Member-Funktion
ID_TRANSFER_GETDATA	COMMAND	*OnTransferGetdata*
ID_TRANSFER_STOREDATA	COMMAND	*OnTransferStoreData*
ID_TRANSFER_STOREDATA	UPDATE_COMMAND_UI	*OnUpdateTransferStoreData*

5. **Fügen Sie mit Hilfe des Klassen-Assistenten die Behandlungsroutinen für die Befehle der Dokumentklasse und den Befehl zur Aktualisierung der Benutzeroberfläche ein.**

Markieren Sie die Klasse *CEx13aDoc*, und fügen Sie die folgenden Member-Funktionen hinzu:

Objekt-ID	Nachricht	Member-Funktion
ID_EDIT_CLEAR_ALL	COMMAND	*OnEditClearDocument*
ID_EDIT_CLEAR_ALL	UPDATE_COMMAND_UI	*OnUpdateEditClearDocument*

6. Nehmen Sie ein Datenelement vom Typ *CString* in die Klasse *CEx13aDoc* auf.

Bearbeiten Sie dazu die Datei *ex13adoc.h*, oder verwenden Sie *ClassView*.

```
public
  CString m_strText;
```

7. Bearbeiten Sie die Member-Funktionen der Dokumentklasse in der Datei *ex13aDoc.cpp*.

Die Funktion *OnNewDocument* ist vom Klassen-Assistenten erstellt worden. Wie Sie in Kapitel 16 noch sehen werden, ruft das Anwendungsgerüst diese Funktion auf, nachdem es das Dokument erstellt und der Anwender den Befehl *Neu* aus dem Menü *Datei* gewählt hat. In Ihrer Version enthält das *CString*-Datenelement einen kurzen Text. Fügen Sie den im Folgenden fett gedruckten Code hinzu:

```
BOOL CEx13aDoc::OnNewDocument()
{
  if (!CDocument::OnNewDocument())
    return FALSE;
  m_strText = "Grüsse (aus CEx13aDoc::OnNewDocument)";
  return TRUE;
}
```

Die Nachrichtenbehandlungsroutine für den Befehl *Dokument löschen* aus dem Menü *Bearbeiten* löscht den Inhalt von *m_strText*. Die Bearbeitungsfunktion für den Befehl zur Oberflächenaktualisierung deaktiviert den Menübefehl, wenn die Zeichenfolge schon leer ist. Denken Sie daran, dass das Anwendungsgerüst die Funktion *OnUpdateEditClearDocument* aufruft, wenn das Menü *Bearbeiten* geöffnet wird. Fügen Sie den im Folgenden fett gedruckten Code hinzu:

```
void CEx13aDoc::OnEditClearDocument()
{
  m_strText.Empty();
}

void CEx13aDoc::OnUpdateEditClearDocument(CCmdUI* pCmdUI)
{
  pCmdUI->Enable(!m_strText.IsEmpty());
}
```

8. Nehmen Sie ein *CRichEditCtrl*-Datenelement in die Klasse *CEx13aView* auf.

Bearbeiten Sie dazu die Datei *ex13aView.h*, oder arbeiten Sie in der Ansicht *Klassen* des Arbeitsbereichsfensters.

```
public:
  CRichEditCtrl m_rich;
```

9. Definieren Sie mit Hilfe des Klassen-Assistenten in der Klasse *CEx13aView* Behandlungsroutinen für die Nachrichten WM_CREATE und WM_SIZE.

Die Funktion *OnCreate* erstellt das Rich-Edit-Steuerelement. Die Größe des Steuerelements beträgt in diesem Fall 0, weil die Größe des Ansichtsfensters noch nicht feststeht. Es folgt der Quelltext für die beiden Behandlungsroutinen:

```
int CEx13aView::OnCreate(LPCREATESTRUCT lpCreateStruct)
{
  CRect rect(0, 0, 0, 0);
  if (CView::OnCreate(lpCreateStruct) == -1)
    return -1;
  m_rich.Create(ES_AUTOVSCROLL | ES_MULTILINE | ES_WANTRETURN |
        WS_CHILD | WS_VISIBLE | WS_VSCROLL, rect, this, 1);
  return 0;
}
```

Windows sendet die Nachricht WM_SIZE an die Ansicht, sobald die Anfangsgröße der Ansicht bestimmt ist. Später wird diese Nachricht immer dann gesendet, wenn der Anwender die Größe des Rahmenfensters ändert. Diese Behandlungsroutine passt die Größe des Rich-Edit-Steuerelements so an, dass es immer den Client-Bereich der Ansicht voll ausfüllt. Fügen Sie den im Folgenden fett gedruckten Code hinzu:

```
void CEx13aView::OnSize(UINT nType, int cx, int cy)
{
  CRect rect;
  CView::OnSize(nType, cx, cy);
  GetClientRect(rect);
  m_rich.SetWindowPos(&wndTop, 0, 0, rect.right - rect.left,
          rect.bottom - rect.top, SWP_SHOWWINDOW);
}
```

10. Bearbeiten Sie die Menübefehl-Behandlungsfunktionen in *ex13aView.cpp*.
Der Klassen-Assistent hat die Funktionsrümpfe erstellt, als Sie in Schritt 4 die Menübefehle zugeordnet haben. Die Funktion *OnTransferGetdata* kopiert den Text aus dem Dokument-Datenelement in das Rich-Edit-Steuerelement. Danach löscht die Funktion das *Modified*-Flag des Steuerelements. Für den Oberflächenaktualisierungsbefehl ist keine Behandlungsroutine vorhanden. Fügen Sie den im Folgenden fett gedruckten Code hinzu:

```
void CEx13aView::OnTransferGetdata()
{
  CEx13aDoc* pDoc = GetDocument();
  m_rich.SetWindowText(pDoc->m_strText);
  m_rich.SetModify(FALSE);
}
```

Die Funktion *OnTransferStoredata* kopiert den Text aus dem Rich-Edit-Steuerelement der Ansicht in das Dokument und setzt das *Modified*-Flag des Steuerelements wieder zurück. Die entsprechende Behandlungsroutine für den Oberflächenaktualisierungsbefehl deaktiviert den Menübefehl, falls der Text nicht verändert wurde, seit er zuletzt in das Dokument beziehungsweise aus dem Dokument kopiert wurde. Fügen Sie den im Folgenden fett gedruckten Code hinzu:

```
void CEx13aView::OnTransferStoredata()
{
  CEx13aDoc* pDoc = GetDocument();
  m_rich.GetWindowText(pDoc->m_strText);
  m_rich.SetModify(FALSE);
}
```

```
void CEx13aView::OnUpdateTransferStoredata(CCmdUI* pCmdUI)
{
  pCmdUI->Enable(m_rich.GetModify());
}
```

11. Erstellen und testen Sie die Anwendung EX13A.
Nach dem Start der Anwendung sollte der Befehl *Dokument löschen* aus dem Menü *Bearbeiten* aktiviert sein. Wählen Sie den Befehl *Dokumentdaten laden* aus dem Menü *Transfer*. Jetzt sollte ein kurzer Text angezeigt werden. Bearbeiten Sie den Text, und wählen Sie danach den Befehl *Dokumentdaten speichern*. Dieser Menübefehl müsste anschließend deaktiviert sein. Versuchen Sie, den Befehl *Dokument löschen* auszuführen, und wählen Sie anschließend nochmals *Dokumentdaten laden*.

Eigenschaftendialogfelder

Sie kennen Eigenschaftendialogfelder aus Visual C++ und vielen anderen modernen Windows-Programmen. Ein Eigenschaftendialogfeld ist ein praktisches Oberflächenelement, mit dessen Hilfe Sie eine Menge kategorisierter Informationen in einem einzigen kleinen Dialogfeld unterbringen können. Der Anwender wählt mit einem Klick auf eine der Registerkarten eine bestimmte Seite aus. Windows bietet ein Registersteuerelement, das Sie in ein Dialogfeld eingliedern können. Wahrscheinlich aber werden Sie eher Dialogfelder in Registersteuerelemente einfügen wollen. Die MFC-Bibliothek unterstützt diese Möglichkeit; das Ergebnis ist ein so genanntes *Eigenschaftendialogfeld*. Die einzelnen Dialogfelder werden *Eigenschaftenseiten* genannt.

Eigenschaftendialogfelder erstellen

Um mit Hilfe der Visual C++-Tools ein Eigenschaftendialogfeld zu erstellen, gehen Sie dazu wie folgt vor:

1. Erstellen Sie mit dem Ressourcen-Editor eine Reihe von Dialogfeldvorlagen, die alle ungefähr dieselbe Größe haben. Als Titel geben Sie die Zeichenfolgen an, die auf den Registerkarten angezeigt werden sollen.
2. Erstellen Sie mit Hilfe des Klassen-Assistenten eine Klasse für jede Vorlage. Wählen Sie *CPropertyPage* als Basisklasse. Fügen Sie Datenelemente für die Steuerelemente hinzu.
3. Erstellen Sie mit Hilfe des Klassen-Assistenten eine von *CPropertySheet* abgeleitete Klasse.
4. Nehmen Sie ein Datenelement für jede von *CPropertySheet* abgeleitete Klasse in die Dialogfeldklasse auf.
5. Rufen Sie im Konstruktor der Dialogfeldklasse für jede Seite die Member-Funktion *AddPage* auf, und geben Sie die Adresse des eingebetteten Seitenobjekts an.
6. Erstellen Sie in Ihrer Anwendung ein Objekt der von *CPropertySheet* abgeleiteten Klasse, und rufen Sie dann *DoModal* auf. Sie müssen im Aufruf des Konstruktors einen Titel angeben, den Sie später durch einen Aufruf von *CPropertySheet::SetTitle* wieder ändern können.
7. Programmieren Sie jetzt die Schaltfläche *Übernehmen*.

Datenaustausch in Eigenschaftendialogfeldern

Das Anwendungsgerüst setzt drei Schaltflächen in das Eigenschaftendialogfeld (siehe Abbildung 13.8). Sie müssen sich darüber im Klaren sein, dass das Anwendungsgerüst den Code für den Dialogfeld-Datenaustausch (DDX – Dialog Data Exchange) für eine Eigenschaftenseite immer dann aufruft, wenn der Anwender zu dieser Seite wechselt oder die Seite verlässt. Wie Sie wahrscheinlich schon vermutet haben, ruft das Anwendungsgerüst den DDX-Code für eine Seite auf, wenn der Anwender auf *OK* klickt und dadurch die Datenelemente dieser Seite aktualisiert. Nach diesen Aussagen sollte eigentlich klar sein, dass *alle* Datenelemente für *alle* Seiten aktualisiert werden, wenn der Anwender zum Verlassen der Seite auf *OK* klickt. All dies geschieht, ohne dass Sie dafür eine Zeile C++-Code schreiben müssen.

HINWEIS: Wenn der Anwender in einem normalen modalen Dialogfeld auf *Abbrechen* klickt, werden alle Änderungen gelöscht, und die Datenelemente der Dialogfeldklasse bleiben unverändert. Bei einem Eigenschaftendialogfeld werden die Datenelemente jedoch aktualisiert, sobald der Anwender eine Seite ändert und dann zu einer anderen wechselt – selbst wenn er das Dialogfeld mit einem Klick auf die Schaltfläche *Abbrechen* verlässt.

Welche Aufgabe erfüllt die Schaltfläche *Übernehmen*? Wenn Sie keinen entsprechenden Quelltext schreiben, gar keine! Sie würde nicht einmal aktiviert werden. Um sie für eine bestimmte Seite zu aktivieren, müssen Sie das *Modified*-Flag der Seite durch einen Aufruf von *SetModified(TRUE)* setzen, wenn Sie feststellen, dass der Anwender Änderungen an der Seite vorgenommen hat.

Wenn Sie die Schaltfläche *Übernehmen* aktiviert haben, können Sie dafür eine Behandlungsfunktion in Ihrer Seitenklasse schreiben, indem Sie die virtuelle Funktion *CPropertyPage::OnApply* überschreiben. Versuchen Sie nicht, die Nachrichtenverarbeitung einer Eigenschaftenseite nach den Maßstäben normaler modaler Dialogfelder zu verstehen – sie funktioniert völlig anders. Das Anwendungsgerüst erhält bei jedem Schaltflächenklick eine WM_NOTIFY-Nachricht. Es ruft den DDX-Code für die Seite auf, falls die Schaltfläche *OK* oder *Übernehmen* angeklickt wurde. Danach ruft es die virtuelle Funktion *OnApply* für alle Seiten auf und setzt das *Modified*-Flag wieder zurück, wodurch die Schaltfläche *Übernehmen* deaktiviert wird. Vergessen Sie nicht, dass der DDX-Code sämtliche Seiten aktualisiert. Sie müssen deshalb die Funktion *OnApply* nur in einer Seitenklasse überschreiben.

Was Sie in Ihrer Version von *OnApply* unterbringen, können Sie selber bestimmen. Eine sinnvolle Möglichkeit wäre, eine benutzerdefinierte Nachricht an das Objekt zu senden, das das Eigenschaftendialogfeld erstellt hat. Die Nachrichtenbehandlungsroutine kann dann die Datenelemente des Eigenschaftendialogfelds abrufen und bearbeiten. Das Eigenschaftendialogfeld bleibt dabei weiterhin auf dem Bildschirm.

Eine Neuauflage des Beispielprogramms EX13A

Wir wollen jetzt ein Eigenschaftendialogfeld in das Beispielprogramm EX13A aufnehmen, mit dessen Hilfe der Anwender die Schrifteigenschaften des Rich-Edit-Steuerelements ändern kann. Natürlich könnten wir hier auch mit der MFC-Standardklasse *CFontDialog* arbeiten, aber dann würden Sie nicht lernen, Eigenschaftendialogfelder zu erstellen. In Abbildung 13.8 sehen Sie das Eigenschaftendialogfeld, das Sie für das Beispiel EX13A erstellen sollen.

Falls Sie die Anwendung EX13A noch nicht erstellt haben, folgen Sie den Anweisungen weiter vorne. Wenn Sie schon eine funktionstüchtige Version von EX13A mit dem Menü *Transfer* haben, fahren Sie mit den folgenden Schritten fort:

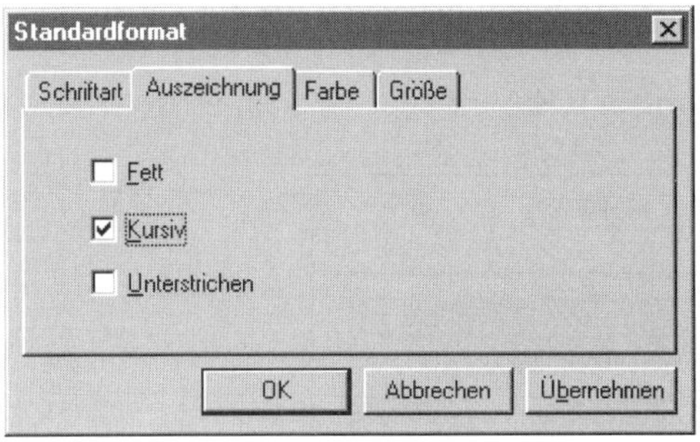

Abbildung 13.8:
Das Eigenschaftendialogfeld aus dem Beispielprogramm EX13A.

1. Bearbeiten Sie mit Hilfe des Ressourcen-Editors das Hauptmenü der Anwendung:
Klicken Sie im Arbeitsbereichsfenster auf die Registerkarte *Ressourcen*. Bearbeiten Sie die Menüressource *IDR_MAINFRAME*, um das Menü *Format* einzufügen, das wie in Abbildung 13.9 aussehen sollte.

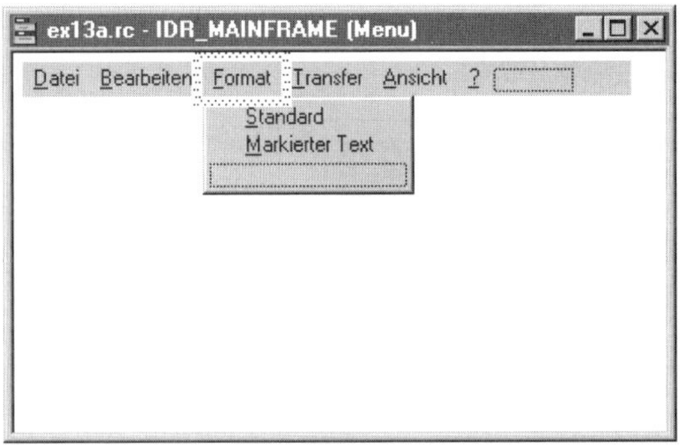

Abbildung 13.9:
Das Menü Format *aus EX13A.*

Verwenden Sie die folgenden Befehls-IDs für die Befehle des neuen Menüs *Format*.

Beschriftung	Befehls-ID
&Standard	*ID_FORMAT_DEFAULT*
&Markierter Text	*ID_FORMAT_SELECTION*

Geben Sie für die beiden Menübefehle einen passenden Statuszeilentext ein.

2. Fügen Sie mit dem Klassen-Assistenten Behandlungsroutinen für die Befehle der Ansichtsklassen und den Oberflächenaktualisierungsbefehl ein.
Markieren Sie die Klasse *CEx13aView*, und fügen Sie dann die folgenden Member-Funktionen hinzu:

Objekt-ID	Nachricht	Member-Funktion
ID_FORMAT_DEFAULT	COMMAND	*OnFormatDefault*
ID_FORMAT_SELECTION	COMMAND	*OnFormatSelection*
ID_FORMAT_SELECTION	UPDATE_COMMAND_UI	*OnUpdateFormatSelection*

3. Erstellen Sie mit Hilfe des Ressourcen-Editors vier Dialogfeldvorlagen für die Eigenschaftenseiten.

Abbildung 13.10 zeigt die Vorlagen mit den dazugehörigen IDs:

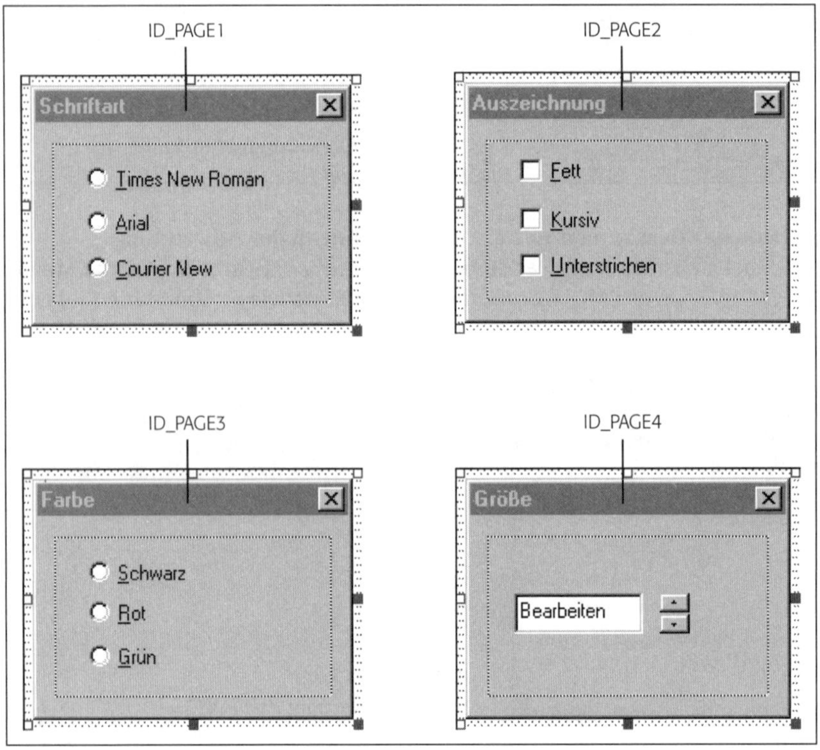

Abbildung 13.10: *Dialogfeldvorlagen für die Eigenschaftenseiten aus dem Beispielprogramm EX13A.*

Verwenden Sie für die Steuerelemente in den Dialogfeldern die IDs aus der folgenden Tabelle. Aktivieren Sie die Eigenschaften *Auto Buddy* und *Buddy-Ganzzahl setzen* für das Drehfeld-Steuerelement, und aktivieren Sie die Eigenschaft *Gruppe* der Optionsfelder *IDC_FONT* und *IDC_COLOR*. Setzen Sie den Minimalwert für *IDC_FONTSIZE* auf 8 und den Maximalwert auf 24.

Erstellen Sie mit dem Klassen-Assistenten die Klassen *CPage1*, *CPage2*, *CPage3* und *CPage4*. Wählen Sie in jedem Fall *CPropertyPage* als Basisklasse. Klicken Sie im Dialogfeld *Neue Klasse* des Klassen-Assistenten auf die Schaltfläche *Ändern*, und geben Sie an, dass der Quelltext für alle diese Klassen in die Dateien Property.h und Property.cpp eingefügt werden soll. Fügen Sie danach die folgenden Datenelemente hinzu:

Dialogfeld	Steuerelement	ID	Typ	Datenelement
IDD_PAGE1	Erstes Optionsfeld	*IDC_FONT*	int	*m_nFont*
IDD_PAGE2	Kontrollkästchen Fett	*IDC_BOLD*	BOOL	*m_bBold*
IDD_PAGE2	Kontrollkästchen Kursiv	*IDC_ITALIC*	BOOL	*m_bItalic*
IDD_PAGE2	Kontrollkästchen Unterstrichen	*IDC_UNDERLINE*	BOOL	*m_bUnderline* ►

Dialogfeld	Steuerelement	ID	Typ	Datenelement
IDD_PAGE3	Erstes Optionsfeld	*IDC_COLOR*	int	*m_nColor*
IDD_PAGE4	Eingabefeld	*IDC_FONTSIZE*	int	*m_nFontSize*
IDD_PAGE4	Drehfeld	*IDC_SPIN1*		

Fügen Sie mit dem Klassen-Assistenten zuletzt noch die Behandlungsfunktion *OnInitDialog* in die Klasse *CPage4* ein.

4. Erstellen Sie mit Hilfe des Klassen-Assistenten eine von *CPropertySheet* abgeleitete Klasse. Geben Sie ihr den Namen *CFontSheet*. Der Quelltext soll in den Dateien Property.h und Property.cpp gespeichert werden – denselben Dateien, die Sie für die Klassen der Eigenschaftenseiten verwendet haben. Diese Dateien sind in Listing 13.1 und Listing 13.1 abgedruckt. Quelltext, der hinzugefügt wurde, ist fett dargestellt.

PROPERTY.H

```
#if !defined(AFX_PROPERTY_H__CD702F99_7495_11D0_8FDC_00C04FC2A0C2__INCLUDED_)
#define AFX_PROPERTY_H_ _CD702F99_7495_11D0_8FDC_00C04FC2A0C2__INCLUDED_

#if _MSC_VER > 1000
#pragma once
#endif // _MSC_VER > 1000

// Property.h : Header-Datei
//

#define WM_USERAPPLY WM_USER + 5
extern CView* g_pView;

/////////////////////////////////////////////////////////////////////////////
// Dialogfeld CPage1

class CPage1 : public CPropertyPage
{
  DECLARE_DYNCREATE(CPage1)

// Konstruktion
public:
  CPage1();
  ~CPage1();

// Dialogfelddaten
  //{{AFX_DATA(CPage1)
  enum { IDD = IDD_PAGE1 };
  int m_nFont;
  //}}AFX_DATA


// Überschreibungen
  // Der Klassen-Assistent generiert virtuelle Funktionsüberschreibungen
  //{{AFX_VIRTUAL(CPage1)
```

```
  protected:
  virtual void DoDataExchange(CDataExchange* pDX);
                        // DDX/DDV-Unterstützung
  //}}AFX_VIRTUAL
  virtual BOOL OnApply();
  virtual BOOL OnCommand(WPARAM wParam, LPARAM lParam);

// Implementierung
protected:
  // Generierte Nachrichtenzuordnungsfunktionen
  //{{AFX_MSG(CPage1)
    // HINWEIS: Der Klassen-Assistent fügt hier Member-Funktionen ein
  //}}AFX_MSG
  DECLARE_MESSAGE_MAP()
};

/////////////////////////////////////////////////////////////////////////////
// Dialogfeld CPage2

class CPage2 : public CPropertyPage
{
  DECLARE_DYNCREATE(CPage2)

// Konstruktion
public:
  CPage2();
  ~CPage2();

// Dialogfelddaten
  //{{AFX_DATA(CPage2)
  enum { IDD = IDD_PAGE2 };
  BOOL m_bBold;
  BOOL m_bItalic;
  BOOL m_bUnderline;
  //}}AFX_DATA


// Überschreibungen
  // Der Klassen-Assistent generiert virtuelle Funktionsüberschreibungen
  //{{AFX_VIRTUAL(CPage2)
  protected:
  virtual void DoDataExchange(CDataExchange* pDX);  // DDX/DDV-Unterstützung
  //}}AFX_VIRTUAL
  virtual BOOL OnCommand(WPARAM wParam, LPARAM lParam);

// Implementierung
protected:
  // Generierte Nachrichtenzuordnungsfunktionen
  //{{AFX_MSG(CPage2)
    // HINWEIS: Der Klassen-Assistent fügt hier Member-Funktionen ein
  //}}AFX_MSG
  DECLARE_MESSAGE_MAP()
};
/////////////////////////////////////////////////////////////////////////////
// Dialogfeld CPage3
```

```
class CPage3 : public CPropertyPage
{
  DECLARE_DYNCREATE(CPage3)

// Konstruktion
public:
  CPage3();
  ~CPage3();

// Dialogfelddaten
  //{{AFX_DATA(CPage3)
  enum { IDD = IDD_PAGE3 };
  int m_nColor;
  //}}AFX_DATA


// Überschreibungen
  // Der Klassen-Assistent generiert virtuelle Funktionsüberschreibungen
  //{{AFX_VIRTUAL(CPage3)
  protected:
  virtual void DoDataExchange(CDataExchange* pDX);  // DDX/DDV-Unterstützung
  //}}AFX_VIRTUAL
  virtual BOOL OnCommand(WPARAM wParam, LPARAM lParam);


// Implementierung
protected:
  // Generierte Nachrichtenzuordnungsfunktionen
  //{{AFX_MSG(CPage3)
    // HINWEIS: Der Klassen-Assistent fügt hier Member-Funktionen ein
  //}}AFX_MSG
  DECLARE_MESSAGE_MAP()
};
/////////////////////////////////////////////////////////////////////////////
// Dialogfeld CPage4

class CPage4 : public CPropertyPage
{
  DECLARE_DYNCREATE(CPage4)

// Konstruktion
public:
  CPage4();
  ~CPage4();

// Dialogfelddaten
  //{{AFX_DATA(CPage4)
  enum { IDD = IDD_PAGE4 };
  int m_nFontSize;
  //}}AFX_DATA


// Überschreibungen
  // Der Klassen-Assistent generiert virtuelle Funktionsüberschreibungen
  //{{AFX_VIRTUAL(CPage4)
  protected:
```

```
  virtual void DoDataExchange(CDataExchange* pDX);   // DDX/DDV-Unterstützung
  //}}AFX_VIRTUAL
  virtual BOOL OnCommand(WPARAM wParam, LPARAM lParam);


// Implementierung
protected:
  // Generierte Nachrichtenzuordnungsfunktionen
  //{{AFX_MSG(CPage4)
  virtual BOOL OnInitDialog();
  //}}AFX_MSG
  DECLARE_MESSAGE_MAP()
};
/////////////////////////////////////////////////////////////////////////////
// CFontSheet

class CFontSheet : public CPropertySheet
{
  DECLARE_DYNAMIC(CFontSheet)

public:
  CPage1 m_page1;
  CPage2 m_page2;
  CPage3 m_page3;
  CPage4 m_page4;

// Konstruktion
public:
  CFontSheet(UINT nIDCaption, CWnd* pParentWnd = NULL,
           UINT iSelectPage = 0);
  CFontSheet(LPCTSTR pszCaption, CWnd* pParentWnd = NULL,
           UINT iSelectPage = 0);

// Attribute
public:

// Operationen
public:
// Überschreibungen
  // Vom Klassen-Assistenten generierte virtuelle
  // Funktionsüberschreibungen
  //{{AFX_VIRTUAL(CFontSheet)
  //}}AFX_VIRTUAL

// Implementierung
public:
  virtual ~CFontSheet();

  // Generierte Nachrichtenzuordnungsfunktionen
protected:
  //{{AFX_MSG(CFontSheet)
    // HINWEIS - Der Klassen-Assistent fügt hier Member-Funktionen ein
    // und entfernt diese.
  //}}AFX_MSG
  DECLARE_MESSAGE_MAP()
};
```

```
///////////////////////////////////////////////////////////////////////////
//{{AFX_INSERT_LOCATION}}
// Microsoft Visual C++ fügt zusätzliche Deklarationen unmittelbar
// vor der vorhergehenden Zeile ein.

#endif
// !defined(AFX_PROPERTY_H_ _CD702F99_7495_11D0_8FDC_00C04FC2A0C2__INCLUDED_)
```

Listing 13.1: *Die Header-Datei für die Klassen der Eigenschaftenseiten und des Eigenschaftendialogfelds aus EX13A.*

PROPERTY.CPP

```
// Property.cpp: Implementierungsdatei
//

#include "stdafx.h"
#include "ex13a.h"
#include "Property.h"

#ifdef _DEBUG
#define new DEBUG_NEW
#undef THIS_FILE
static char THIS_FILE[] = __FILE__;
#endif

CView* g_pView;

///////////////////////////////////////////////////////////////////////////
// Eigenschaftenseite CPage1

IMPLEMENT_DYNCREATE(CPage1, CPropertyPage)

CPage1::CPage1() : CPropertyPage(CPage1::IDD)
{
  //{{AFX_DATA_INIT(CPage1)
  m_nFont = -1;
  //}}AFX_DATA_INIT
}

CPage1::~CPage1()
{
}

BOOL CPage1::OnApply()
{
  TRACE("CPage1::OnApply\n");
  g_pView->SendMessage(WM_USERAPPLY);
  return TRUE;
}

BOOL CPage1::OnCommand(WPARAM wParam, LPARAM lParam)
{
  SetModified(TRUE);
  return CPropertyPage::OnCommand(wParam, lParam);
}
```

```
void CPage1::DoDataExchange(CDataExchange* pDX)
{
  TRACE("Eintritt in CPage1::DoDataExchange -- %d\n",
      pDX->m_bSaveAndValidate);
  CPropertyPage::DoDataExchange(pDX);
  //{{AFX_DATA_MAP(CPage1)
  DDX_Radio(pDX, IDC_FONT, m_nFont);
  //}}AFX_DATA_MAP
}


BEGIN_MESSAGE_MAP(CPage1, CPropertyPage)
  //{{AFX_MSG_MAP(CPage1)
    // HINWEIS: Der Klassen-Assistent fügt hier Zuordnungsmakros für Nachrichten ein
  //}}AFX_MSG_MAP
END_MESSAGE_MAP()

/////////////////////////////////////////////////////////////////////////////
// Behandlungsroutinen für Nachrichten CPage1
/////////////////////////////////////////////////////////////////////////////
// Eigenschaftenseite CPage2

IMPLEMENT_DYNCREATE(CPage2, CPropertyPage)

CPage2::CPage2() : CPropertyPage(CPage2::IDD)
{
  //{{AFX_DATA_INIT(CPage2)
  m_bBold = FALSE;
  m_bItalic = FALSE;
  m_bUnderline = FALSE;
  //}}AFX_DATA_INIT
}

CPage2::~CPage2()
{
}

BOOL CPage2::OnCommand(WPARAM wParam, LPARAM lParam)
{
  SetModified(TRUE);
  return CPropertyPage::OnCommand(wParam, lParam);
}

void CPage2::DoDataExchange(CDataExchange* pDX)
{
  TRACE("Eintritt in CPage2::DoDataExchange -- %d\n",
      pDX->m_bSaveAndValidate);
  CPropertyPage::DoDataExchange(pDX);
  //{{AFX_DATA_MAP(CPage2)
  DDX_Check(pDX, IDC_BOLD, m_bBold);
  DDX_Check(pDX, IDC_ITALIC, m_bItalic);
  DDX_Check(pDX, IDC_UNDERLINE, m_bUnderline);
  //}}AFX_DATA_MAP
}
```

```
BEGIN_MESSAGE_MAP(CPage2, CPropertyPage)
  //{{AFX_MSG_MAP(CPage2)
    // HINWEIS: Der Klassen-Assistent fügt hier Zuordnungsmakros
    //          für Nachrichten ein
  //}}AFX_MSG_MAP
END_MESSAGE_MAP()

/////////////////////////////////////////////////////////////////////////////
// Behandlungsroutinen für Nachrichten CPage2
/////////////////////////////////////////////////////////////////////////////
// Eigenschaftenseite CPage3

IMPLEMENT_DYNCREATE(CPage3, CPropertyPage)

CPage3::CPage3() : CPropertyPage(CPage3::IDD)
{
  //{{AFX_DATA_INIT(CPage3)
  m_nColor = -1;
  //}}AFX_DATA_INIT
}

CPage3::~CPage3()
{
}

BOOL CPage3::OnCommand(WPARAM wParam, LPARAM lParam)
{
  SetModified(TRUE);
  return CPropertyPage::OnCommand(wParam, lParam);
}

void CPage3::DoDataExchange(CDataExchange* pDX)
{
  TRACE("Eintritt in CPage3::DoDataExchange -- %d\n",
      pDX->m_bSaveAndValidate);
  CPropertyPage::DoDataExchange(pDX);
  //{{AFX_DATA_MAP(CPage3)
  DDX_Radio(pDX, IDC_COLOR, m_nColor);
  //}}AFX_DATA_MAP
}


BEGIN_MESSAGE_MAP(CPage3, CPropertyPage)
  //{{AFX_MSG_MAP(CPage3)
    // HINWEIS: Der Klassen-Assistent fügt hier Zuordnungsmakros für Nachrichten ein
  //}}AFX_MSG_MAP
END_MESSAGE_MAP()

/////////////////////////////////////////////////////////////////////////////
// Behandlungsroutinen für Nachrichten CPage3
/////////////////////////////////////////////////////////////////////////////
// Eigenschaftenseite CPage4

IMPLEMENT_DYNCREATE(CPage4, CPropertyPage)

CPage4::CPage4() : CPropertyPage(CPage4::IDD)
```

```
{
  //{{AFX_DATA_INIT(CPage4)
  m_nFontSize = 0;
  //}}AFX_DATA_INIT
}

CPage4::~CPage4()
{
}

BOOL CPage4::OnCommand(WPARAM wParam, LPARAM lParam)
{
  SetModified(TRUE);
  return CPropertyPage::OnCommand(wParam, lParam);
}

void CPage4::DoDataExchange(CDataExchange* pDX)
{
  TRACE("Eintritt in CPage4::DoDataExchange -- %d\n",
      pDX->m_bSaveAndValidate);
  CPropertyPage::DoDataExchange(pDX);
  //{{AFX_DATA_MAP(CPage4)
  DDX_Text(pDX, IDC_FONTSIZE, m_nFontSize);
  DDV_MinMaxInt(pDX, m_nFontSize, 8, 24);
  //}}AFX_DATA_MAP
}


BEGIN_MESSAGE_MAP(CPage4, CPropertyPage)
  //{{AFX_MSG_MAP(CPage4)
  //}}AFX_MSG_MAP
END_MESSAGE_MAP()

/////////////////////////////////////////////////////////////////////////////
// Behandlungsroutinen für Nachrichten CPage4

BOOL CPage4::OnInitDialog()
{
  CPropertyPage::OnInitDialog();
  ((CSpinButtonCtrl*) GetDlgItem(IDC_SPIN1))->SetRange(8, 24);
  return TRUE;  // TRUE zurückgeben, es sei denn, ein Steuerelement
                // erhält den Fokus
                // AUSNAHME: OCX-Eigenschaftenseiten sollten FALSE
                // zurückgeben
}
/////////////////////////////////////////////////////////////////////////////
// CFontSheet

IMPLEMENT_DYNAMIC(CFontSheet, CPropertySheet)

CFontSheet::CFontSheet(UINT nIDCaption, CWnd* pParentWnd, UINT iSelectPage)
  :CPropertySheet(nIDCaption, pParentWnd, iSelectPage)
{
}
```

```
CFontSheet::CFontSheet(LPCTSTR pszCaption, CWnd* pParentWnd, UINT iSelectPage)
  :CPropertySheet(pszCaption, pParentWnd, iSelectPage)
{
  AddPage(&m_page1);
  AddPage(&m_page2);
  AddPage(&m_page3);
  AddPage(&m_page4);
}

CFontSheet::~CFontSheet()
{
}


BEGIN_MESSAGE_MAP(CFontSheet, CPropertySheet)
  //{{AFX_MSG_MAP(CFontSheet)
    // HINWEIS - Der Klassen-Assistent fügt hier Zuordnungsmakros ein
    //          und entfernt diese.
  //}}AFX_MSG_MAP
END_MESSAGE_MAP()

////////////////////////////////////////////////////////////////////////////
// Behandlungsroutinen für Nachrichten CFontSheet
```

Listing 13.2: *Die Implementierungsdatei für die Klassen der Eigenschaftenseiten und des Eigenschaftendialogfelds aus EX13A.*

5. Fügen Sie zwei Datenelemente und zwei Prototypen in die Klasse *CEx13aView* ein.
Wenn Sie die Datenelemente mit Hilfe der *Klassen*-Ansicht hinzufügen, wird die *#include*-Anweisung für Property.h automatisch hinzugefügt.

```
private:
  CFontSheet m_sh;
  BOOL m_bDefault; // TRUE Standardformat, FALSE markierter Text
```

Fügen Sie jetzt den Prototyp für die private Funktion *Format* hinzu:

```
void Format(CHARFORMAT& cf);
```

Fügen Sie den Prototyp für die geschützte Funktion *OnUserApply* vor dem Makro *DECLARE_MESSAGE_MAP* ein.

```
afx_msg LRESULT OnUserApply(WPARAM wParam, LPARAM lParam);
```

6. Bearbeiten Sie die Datei *ex13aView.cpp*.
Ordnen Sie der benutzerdefinierten Nachricht WM_USERAPPLY eine Behandlungsroutine zu:

```
ON_MESSAGE(WM_USERAPPLY, OnUserApply)
```

Fügen Sie die folgenden Zeilen genau vor der Anweisung *return 0* in die Funktion *OnCreate* ein:

```
CHARFORMAT cf;
Format(cf);
m_rich.SetDefaultCharFormat(cf);
```

Bearbeiten Sie den neuen Konstruktor so, dass er Standardwerte für die Datenelemente des Eigenschaftendialogfelds festlegt, wie im folgenden Quelltext fett dargestellt:

```
CEx13aView::CEx13aView() : m_sh("")
{
  m_sh.m_page1.m_nFont = 0;
  m_sh.m_page2.m_bBold = FALSE;
  m_sh.m_page2.m_bItalic = FALSE;
  m_sh.m_page2.m_bUnderline = FALSE;
  m_sh.m_page3.m_nColor = 0;
  m_sh.m_page4.m_nFontSize = 12;
  g_pView = this;
  m_bDefault = TRUE;
}
```

Bearbeiten Sie die Behandlungsroutinen für die Befehlsnachrichten wie folgt:

```
void CEx13aView::OnFormatDefault()
{
  m_sh.SetTitle("Standardformat");
  m_bDefault = TRUE;
  m_sh.DoModal();
}

void CEx13aView::OnFormatSelection()
{
  m_sh.SetTitle("Format für markierten Text");
  m_bDefault = FALSE;
  m_sh.DoModal();
}

void CEx13aView::OnUpdateFormatSelection(CCmdUI* pCmdUI)
{
  long nStart, nEnd;
  m_rich.GetSel(nStart, nEnd);
  pCmdUI->Enable(nStart != nEnd);
}
```

Implementieren Sie die folgende Behandlungsroutine für die benutzerdefinierte Nachricht WM_USERAPPLY:

```
LRESULT CEx13aView::OnUserApply(WPARAM wParam, LPARAM lParam)
{
  TRACE("CEx13aView::OnUserApply - wParam = %x\n", wParam);
  CHARFORMAT cf;
  Format(cf);
  if (m_bDefault) {
    m_rich.SetDefaultCharFormat(cf);
  }
  else {
```

```
    m_rich.SetSelectionCharFormat(cf);
  }
  return 0;
}
```

Implementieren Sie die Hilfsfunktion *Format* (siehe folgenden Quelltext). Diese Funktion erstellt anhand der Werte der Datenelemente des Eigenschaftendialogfelds eine *CHARFORMAT*-Struktur.

```
void CEx13aView::Format(CHARFORMAT& cf)
{
  cf.cbSize = sizeof(CHARFORMAT);
  cf.dwMask = CFM_BOLD | CFM_COLOR | CFM_FACE |
        CFM_ITALIC | CFM_SIZE | CFM_UNDERLINE;
  cf.dwEffects = (m_sh.m_page2.m_bBold ? CFE_BOLD : 0) |
          (m_sh.m_page2.m_bItalic ? CFE_ITALIC : 0) |
          (m_sh.m_page2.m_bUnderline ? CFE_UNDERLINE : 0);
  cf.yHeight = m_sh.m_page4.m_nFontSize * 20;
  switch(m_sh.m_page3.m_nColor) {
  case -1:
  case 0:
    cf.crTextColor = RGB(0, 0, 0);
    break;
  case 1:
    cf.crTextColor = RGB(255, 0, 0);
    break;
  case 2:
    cf.crTextColor = RGB(0, 255, 0);
    break;
  }
  switch(m_sh.m_page1.m_nFont) {
  case -1:
  case 0:
    strcpy(cf.szFaceName, "Times New Roman");
    break;
  case 1:
    strcpy(cf.szFaceName, "Arial");
    break;
  case 2:
    strcpy(cf.szFaceName, "Courier New");
    break;
  }
  cf.bCharSet = 0;
  cf.bPitchAndFamily = 0;
}
```

7. Erstellen und testen Sie die verbesserte Version der Anwendung EX13A.
Geben Sie einen kurzen Text ein, und wählen Sie danach den Befehl *Standard* aus dem Menü *Format*. Beobachten Sie die *TRACE*-Nachrichten im Debug-Fenster, wenn Sie auf die Registerkarten des Eigenschaftendialogfelds und auf die Schaltfläche *Übernehmen* klicken. Versuchen Sie auch einmal, einen Textabschnitt zu markieren und die Auswahl zu formatieren.

Die Behandlung der Schaltfläche Übernehmen

Sie sind jetzt wahrscheinlich gespannt darauf zu erfahren, wie die Klassen für die Eigenschaftendialogfelder auf das Anklicken der Schaltfläche *Übernehmen* reagieren. In den Seitenklassen aktivieren die überschriebenen *OnCommand*-Funktionen die Schaltfläche *Übernehmen*, wenn ein Steuerelement eine Nachricht an die Seite sendet. Das funktioniert im Beispiel EX13A bei den Seiten 1 bis 3 auch gut. Bei Seite 4 wird jedoch *OnCommand* schon während der ersten Kommunikation zwischen dem Drehfeld-Steuerelement und seinem Partner aufgerufen.

Die überschriebene virtuelle Member-Funktion *OnApply* der Klasse *CPage1* sendet eine benutzerdefinierte Nachricht an die Ansicht. Die Funktion findet die Ansicht auf eine recht pragmatische Art und Weise: Sie bedient sich einer von der Ansichtsklasse initialisierten globalen Variablen. Eine bessere Lösung wäre es, einen Zeiger auf das Ansichtsobjekt an den Dialogfeldkonstruktor und danach an den Seitenkonstruktor zu übergeben.

Die Ansichtsklasse ruft die Funktion *DoModal* des Eigenschaftendialogfelds sowohl für die Standardformatierung als auch für die Formatierung des ausgewählten Texts auf. Das Flag *m_bDefault* gibt den Modus an. Wir müssen den Rückgabewert von *DoModal* nicht kontrollieren, weil die Schaltflächen *OK* und *Übernehmen* dieselbe benutzerdefinierte Nachricht senden. Wenn der Anwender auf *Abbrechen* klickt, wird keine Nachricht gesendet.

Die Klasse CMenu

Bis jetzt haben das Anwendungsgerüst und der Menü-Editor Sie von der Menüklasse *CMenu* abgeschirmt. Ein *CMenu*-Objekt kann jedes beliebige Windows-Menü repräsentieren, einschließlich der Menübefehle der obersten Ebene und der damit verbundenen Popup-Menüs. Meistens wird die Menüressource direkt mit dem Rahmenfenster verbunden, wenn die Funktionen *Create* oder *LoadFrame* des Fensters aufgerufen werden. Das *CMenu*-Objekt wird niemals explizit erstellt. Die Member-Funktion *GetMenu* von *CWnd* gibt einen vorläufigen *CMenu*-Zeiger zurück. Sobald Sie diesen Zeiger haben, können Sie auf das Menüobjekt zugreifen und es aktualisieren.

Nehmen wir einmal an, Sie wollten nach dem Start der Anwendung das Menü austauschen. Im Ressourcenskript bezeichnet *IDR_MAINFRAME* immer das Ausgangsmenü. Wenn Sie ein zweites Menü wollen, können Sie mit dem Menü-Editor eine Menüressource mit einer eigenen ID erstellen. Danach erstellen Sie in Ihrem Programm ein Objekt der Klasse *CMenu*, laden das Menü mit Hilfe der Funktion *CMenu::LoadMenu* aus der Ressource und rufen dann die Funktion *CWnd::SetMenu* auf, um das neue Menü mit dem Rahmenfenster zu verknüpfen. Danach müssen Sie die Member-Funktion *Detach* aufrufen, um das *HMENU*-Handle des Objekts abzutrennen, damit das Menü nicht gelöscht wird, wenn das *CMenu*-Objekt aus dem Gültigkeitsbereich verschwindet.

Sie können eine Ressource zur Definition eines Menüs verwenden, und das Programm ändert die Menübefehle danach zur Laufzeit. Wenn nötig, können Sie jedoch auch das ganze Menü zur Laufzeit erstellen, ohne die Vorteile auszunutzen, die eine Ressource Ihnen bietet. In beiden Fällen können Sie *CMenu*-Member-Funktionen wie *ModifyMenu, InsertMenu* und *DeleteMenu* verwenden. All diese Funktionen bearbeiten einen einzelnen Menübefehl, der durch eine ID oder einen Index auf seine relative Position bezeichnet wird.

Ein Menüobjekt ist eigentlich eine verschachtelte Struktur, die aus einzelnen Untermenüs besteht. Mit Hilfe der Member-Funktion *GetSubMenu* können Sie einen *CMenu*-Zeiger auf ein in einem *CMenu*-Objekt enthaltenes Popup-Menü anfordern. Die Funktion *CMenu::GetMenuString* gibt die Menübefehlszeichenfolge zurück, die entweder einer bei Null beginnenden Indexzahl oder einer Befehls-ID entspricht. Wenn Sie die Befehls-ID-Option verwenden, wird das Menü mit allen Untermenüs durchsucht.

Kontextmenüs erstellen

Kontextmenüs gehören zu den neuesten Trends bei der Entwicklung von Benutzeroberflächen: Der Anwender drückt die rechte Maustaste, und ein unverankertes Popup-Menü bietet daraufhin Befehle an, die sich auf die aktuelle Auswahl beziehen. Mit dem Ressourcen-Editor und der MFC-Bibliotheksfunktion *CMenu::TrackPopupMenu* können Sie solche Menüs relativ einfach erstellen. Führen Sie einfach die folgenden Schritte aus.

1. Fügen Sie mit dem Menü-Editor ein neues leeres Menü in die Ressourcendatei Ihres Projekts ein.

2. Geben Sie einige Zeichen in das linke Element der obersten Ebene ein. Fügen Sie danach Ihre Menübefehle in das neu entstandene Popup-Menü ein.

3. Fügen Sie mit dem Klassen-Assistenten eine Behandlungsroutine für die Nachricht WM_CONTEXTMENU in Ihre Ansichtsklasse oder eine andere Fensterklasse ein, die Mausklicknachrichten empfängt. Schreiben Sie die Behandlungsroutine nach folgendem Muster:

```
void CMyView::OnContextMenu(CWnd *pWnd, CPoint point)
{
  CMenu menu;
  menu.LoadMenu(IDR_MYFLOATINGMENU);
  menu.GetSubMenu(0)
    ->TrackPopupMenu(TPM_LEFTALIGN | TPM_RIGHTBUTTON,
    point.x, point.y, this);
}
```

4. Sie können die Befehls-IDs des unverankerten Menüs mit Hilfe des Klassen-Assistenten auf die gleiche Art und Weise zuordnen wie die Befehls-IDs des Rahmenmenüs.

Erweiterte Befehlsverarbeitung

Neben dem normalen Nachrichtenzuordnungsmakro *ON_COMMAND* bietet die MFC-Bibliothek eine erweiterte Version, nämlich *ON_COMMAND_EX*. Das erweiterte Nachrichtenzuordnungsmakro stellt zwei Funktionen zur Verfügung, die das normale Makro nicht bietet: einen Befehls-ID-Funktionsparameter und die Fähigkeit zur Ablehnung eines Befehls zur Laufzeit. Der Befehl wird in einem solchen Fall an das nächste Objekt auf der Befehlsroute gesendet. Wenn die erweiterte Befehlsbehandlungsroutine den Wert *TRUE* zurückgibt, wird der Befehl nicht weitergeleitet. Wenn sie den Wert *FALSE* zurückgibt, sucht das Anwendungsgerüst nach einer anderen Behandlungsroutine.

Der Befehls-ID-Parameter ist sehr nützlich, wenn es darum geht, dass eine einzige Funktion mehrere verwandte Befehlsnachrichten bearbeiten soll. Versuchen Sie ruhig, noch einige andere Anwendungen für diese Möglichkeit zu finden, Befehlsnachrichten abzulehnen.

Der Klassen-Assistent bietet keine Unterstützung für erweiterten Behandlungsroutinen. Sie müssen deshalb den gesamten Quelltext selbst außerhalb der *AFX_MSG_MAP*-Klammern einfügen. Nehmen wir einmal an, *IDM_ZOOM_1* und *IDM_ZOOM_2* seien zwei verwandte, in der Datei *resource.h* definierte Befehls-IDs. Das folgende Listing enthält den Klassencode, den Sie für die Bearbeitung beider Nachrichten mit nur einer Funktion, nämlich *OnZoom*, benötigen:

```
BEGIN_MESSAGE_MAP(CMyView, CView)
  ON_COMMAND_EX (IDM_ZOOM_1, OnZoom)
  ON_COMMAND_EX (IDM_ZOOM_2, OnZoom)
END_MESSAGE_MAP()

BOOL CMyView::OnZoom(UINT nID)
{
  if (nID == IDM_ZOOM1) {
    // Anweisungen für den ersten Zoom-Befehl
  }
  else {
    // Anweisungen für den zweiten Zoom-Befehl
  }
  // Gemeinsame Anweisungen für beide Befehle
  return TRUE; // Befehlsbearbeitung abgeschlossen
}
```

Hier ist der Funktionsprototyp:

```
afx_msg BOOL OnZoom(UINT nID);
```

Andere MFC-Nachrichtenzuordnungsmakros sind nützlich für die Bearbeitung von Befehlsbereichen, wie sie in Anwendungen mit dynamischen Menüs vorkommen können. Zu diesen Makros gehören:

- ON_COMMAND_RANGE
- ON_COMMAND_EX_RANGE
- ON_UPDATE_COMMAND_UI_RANGE

Falls die Werte von *IDM_ZOOM_1* und *IDM_ZOOM_2* direkt aufeinander folgen, können Sie die Nachrichtenzuordnung in *CMyView* folgendermaßen umschreiben:

```
BEGIN_MESSAGE_MAP(CMyView, CView)
  ON_COMMAND_EX (IDM_ZOOM_1, IDM_ZOOM_2, OnZoom)
END_MESSAGE_MAP()
```

OnZoom wird für beide Menübefehle aufgerufen. Die Behandlungsroutine bestimmt anhand des Integer-Parameters, welche Menüoption ausgewählt wurde.

14 Symbol- und Statusleisten

Sämtliche Microsoft Visual C++-Beispiele der bisherigen Kapitel haben Symbol- und Statusleisten enthalten. Der MFC-Anwendungs-Assistent erzeugt den Quelltext zur Initialisierung dieser Elemente des Anwendungsgerüsts, wenn Sie die Standardoptionen *Andockbare Symbolleiste* und *Statusleiste zu Beginn* übernehmen. Die Standardsymbolleiste bietet grafische Äquivalente zu vielen Standardmenübefehlen des Anwendungsgerüsts. Die Standardstatusleiste zeigt eine Beschreibung des ausgewählten Menübefehls und den Status der Feststelltaste sowie der Tasten Num und Rollen an.

Dieses Kapitel zeigt Ihnen, wie Sie die Symbol- und Statusleisten für Ihre Anwendungen anpassen können. Sie können eigene grafische Schaltflächen in Ihre Symbolleisten aufnehmen und deren Darstellung steuern. Sie werden außerdem lernen, die normale Anzeige von Menübeschreibungen und Tastaturstatus in der Statusleiste zu deaktivieren. Dadurch kann Ihre Anwendung die Statusleiste auch für eigene Zwecke verwenden.

Steuerelementleisten und das Anwendungsgerüst

Die Symbolleiste ist ein Objekt der Klasse *CToolBar*, die Statusleiste ist ein Objekt der Klasse *CStatusBar*. Beide Klassen sind von der Klasse *CControlBar* abgeleitet, die ihrerseits wiederum von der Klasse *CWnd* abstammt. Die Klasse *CControlBar* unterstützt Steuerelementleistenfenster, die in Rahmenfenster eingefügt werden. Diese Steuerelementleistenfenster ändern ihre Größe und Position gemeinsam mit dem übergeordneten Fenster. Das Anwendungsgerüst kümmert sich um die Konstruktion, um die Fenstererstellung und das Löschen der Objekte in der Steuerelementleiste. Der MFC-Anwendungs-Assistent erzeugt den Quelltext der Steuerelementleisten für die abgeleitete Rahmenklasse, die in den Dateien MainFrm.h und MainFrm.cpp definiert ist.

In einer typischen SDI-Anwendung belegt ein *CToolBar*-Objekt den oberen Teil des Client-Bereichs des *CMainFrame*-Objekts. Ein *CStatusBar*-Objekt besetzt den unteren Fensterabschnitt. Die Ansicht nimmt den übrigen (mittleren) Bereich des Fensters ein.

Seit der Version 4.0 basieren die Symbolleisten der MFC-Bibliothek auf einem Standardsteuerelement, das mit Windows 95 eingeführt wurde. Seither sind Symbolleisten andockbar. Die Programmierschnittstelle hat sich allerdings gegenüber früheren Versionen der MFC-Bibliothek nicht geändert. Die Schaltflächenabbildungen lassen sich jedoch problemlos bearbeiten, weil der Ressourcen-Editor jetzt einen speziellen Ressourcentyp unterstützt. Das alte globale Datenfeld *buttons* wird nicht mehr verwendet.

Sofern der Anwendungs-Assistent den Quelltext für die Steuerelementleiste Ihrer Anwendung erzeugt hat, kann der Anwender die Symbolleiste und die Statusleiste über Befehle aus dem Anwendungsmenü *Ansicht* einzeln aktivieren und deaktivieren. Wenn eine Steuerelementleiste deaktiviert ist, ist sie nicht mehr sichtbar, und die Größe der Ansicht wird neu berechnet. Abgesehen von dem gerade beschriebenen gemeinsamen Verhalten arbeiten Symbolleisten- und Statusleistenobjekte recht unterschiedlich, und sie haben auch recht unterschiedliche Eigenschaften.

In Visual C++ 6.0 wurde eine neue MFC-Symbolleiste namens *Infoleiste* eingeführt. Die Infoleiste basiert auf den Steuerelementen, die als Bestandteil von Microsoft Internet Explorer 4.0 eingeführt wurden, und realisiert eine Art »gleitende« Symbolleiste, wie sie in Microsoft Internet Explorer anzutreffen ist. Wir werden dieses Oberflächenelement am Ende dieses Kapitels behandeln.

Symbolleisten

Eine Symbolleiste besteht aus einer Anzahl horizontal (oder vertikal) angeordneter Schaltflächen, die auch in verschiedene Gruppen unterteilt sein können. Die Gruppierung lässt sich über die Programmierschnittstelle steuern. Die Bilder für die Schaltflächen sind in einer einzigen Bitmap-Datei gespeichert, die mit der Ressourcendatei der Anwendung verknüpft wird. Wenn eine Schaltfläche angeklickt wird, sendet sie eine Befehlsnachricht – sie verhält sich also wie ein Menü oder eine Zugriffstaste. Eine Behandlungsroutine für den Oberflächenaktualisierungsbefehl aktualisiert den Status der Schaltfläche, und dieser Status veranlasst das Anwendungsgerüst wiederum das Bild der Schaltfläche zu ändern.

Symbolleisten-Bitmaps

Es sieht so aus, als wäre für jede Schaltfläche der Symbolleiste eine eigene Bitmap-Datei vorhanden. Tatsächlich enthält jedoch eine einzige Bitmap-Datei die Bilder für die gesamte Symbolleiste. Die Symbolleisten-Bitmap umfasst mehrere Felder mit 16 Pixel Breite und 15 Pixel Höhe, die jeweils ein Bild enthalten. Das Anwendungsgerüst liefert die Schaltflächenumrandung und die Schaltflächenfarbe und modifiziert sie, um den aktuellen Status der Schaltfläche wiederzugeben. In Abbildung 14.1 sind die Symbolleisten-Bitmap und die entsprechende Symbolleiste einander gegenüber gestellt.

Abbildung 14.1:
Eine Symbolleisten-Bitmap und die entsprechende Symbolleiste.

Die Symbolleisten-Bitmap ist in der Datei Toolbar.bmp im Unterverzeichnis \res der Anwendung gespeichert. In der Resssourcenskriptdatei (RC) trägt die Bitmap die Bezeichnung *IDR_MAINFRAME*. Die Symbolleisten-Bitmap kann nicht direkt bearbeitet werden. Für diesen Zweck müssen Sie sich einer besonderen Visual C++-Bearbeitungsfunktion bedienen.

Schaltflächenzustände

Jede Schaltfläche kann einen der folgenden Zustände annehmen:

Status	Bedeutung
0	Normalzustand, nicht gedrückt.
TBSTATE_CHECKED	Gedrückt.
TBSTATE_ENABLED	Verfügbar. Schaltfläche ist deaktiviert und nicht verfügbar, wenn dieser Status nicht gesetzt ist.
TBSTATE_HIDDEN	Nicht sichtbar.
TBSTATE_INDETERMINATE	Deaktiviert (abgeblendet).
TBSTATE_PRESSED	Aktuell mit der Maus ausgewählt (gedrückt)
TBSTATE_WRAP	Zeilenwechsel hinter der Schaltfläche.

Tabelle 14.1: *Mögliche Zustände von Schaltflächen.*

Eine Schaltfläche kann eine der folgenden beiden Verhaltensweisen zeigen: Eine Aktionsschaltfläche hat nur in dem Moment den Status »gedrückt«, in dem sie mit der Maus angeklickt wird. Ein Kontrollkästchen wird kann durch Mausklicks abwechselnd den Status »gedrückt« und »nicht gedrückt« annehmen. Sämtliche Schaltflächen der Standardsymbolleiste des Anwendungsgerüsts verhalten sich wie Aktionsschaltflächen.

Symbolleisten und Befehlsnachrichten

Wenn der Anwender eine Symbolleistenschaltfläche anklickt, wird eine Befehlsnachricht erzeugt. Diese Nachricht wird genau wie Menübefehlsnachrichten, die Sie aus Kapitel 13 schon kennen, weitergeleitet. Meistens entsprechen Symbolleistenschaltflächen einem Menübefehl. Die Schaltfläche *Speichern* aus der Standardsymbolleiste des Anwendungsgerüsts entspricht zum Beispiel dem Befehl *Speichern* aus dem Menü *Datei*, weil beide den Befehl *ID_FILE_SAVE* senden. Das Objekt, das die Befehlsnachricht empfängt, braucht nicht zu wissen, ob die Befehlsnachricht durch einen Klick auf die Symbolleiste oder durch die Auswahl eines Menübefehls ausgelöst wurde.

Symbolleistenschaltflächen müssen nicht unbedingt Menübefehle repräsentieren. Wenn Sie keinen entsprechenden Menübefehl zur Verfügung stellen wollen, sind Sie jedoch gut beraten, eine Zugriffstaste für die Schaltfläche zu definieren, damit der Anwender den Befehl über die Tastatur oder eine Makro-Software für Microsoft Windows aktivieren kann. Mit dem Klassen-Assistenten können Sie Behandlungsroutinen für die Befehlsnachrichten und Oberflächenaktualisierungsbefehle der Symbolleiste definieren. Dabei spielt es keine Rolle, ob zu der jeweiligen Schaltfläche ein entsprechender Menübefehl vorhanden ist.

Zu jeder Symbolleiste gehört eine Bitmap-Ressource und (in der RC-Datei) eine TOOLBAR-Ressource, die definiert, welche Menübefehle den Schaltflächen zugeordnet sind. Das Bitmap und die TOOLBAR-Ressource haben dieselbe ID, und zwar normalerweise *IDR_MAINFRAME*. Den

Text der vom MFC-Anwendungs-Assistenten erzeugten TOOLBAR-Ressource sehen Sie in dem folgenden Listing 14.1:

```
IDR_MAINFRAME TOOLBAR DISCARDABLE  16, 15
BEGIN
  BUTTON     ID_FILE_NEW
  BUTTON     ID_FILE_OPEN
  BUTTON     ID_FILE_SAVE
  SEPARATOR
  BUTTON     ID_EDIT_CUT
  BUTTON     ID_EDIT_COPY
  BUTTON     ID_EDIT_PASTE
  SEPARATOR
  BUTTON     ID_FILE_PRINT
  BUTTON     ID_APP_ABOUT
END
```

Listing 14.1: *Vom MFC-Anwendungs-Assistenten erzeugte TOOLBAR-Ressource.*

Die Konstante *SEPARATOR* bewirkt, dass ein Zwischenraum in die Symbolleiste einfügt wird. Auf diese Weise lassen sich Schaltflächen in Gruppen unterteilen. Sollte die Anzahl der Schaltflächenfelder die Anzahl der Ressourcenelemente (ohne Separatoren) übersteigen, werden die überzähligen Schaltflächen nicht angezeigt.

Wenn Sie eine Symbolleiste mit dem Ressourcen-Editor bearbeiten, ändern Sie damit gleichzeitig die Bitmap- und die TOOLBAR-Ressource. Wählen Sie dazu ein Schaltflächenbild aus, und doppelklicken Sie in den linken Fensterausschnitt. Anschließend können Sie die Eigenschaften einschließlich der Schaltflächen-ID bearbeiten.

Behandlungsroutinen für die Befehle zur Symbolleistenaktualisierung

Aus Kapitel 13 wissen Sie, dass Behandlungsroutinen für Oberflächenaktualisierungsbefehle dazu verwendet werden, Menüeinträge mit Häkchen zu versehen oder sie zu deaktivieren. Die gleichen Nachrichtenbehandlungsroutinen gelten auch für Symbolleistenschaltflächen. Wenn Sie in Ihrer Behandlungsroutine zur Symbolleistenaktualisierung die Member-Funktion *CCmdUI::Enable* mit dem Parameter *FALSE* aufrufen, wird die entsprechende Schaltfläche deaktiviert (abgedunkelt) und reagiert nicht länger auf Mausklicks.

Bei einem Menübefehl blendet die Member-Funktion *CCmdUI::SetCheck* ein Häkchen ein. Bei Symbolleisten implementiert die Funktion *SetCheck* Kontrollkästchen. Wenn die Oberflächenaktualisierungsroutine *SetCheck* mit einem Parameterwert von 1 aufruft, wird der Schaltfläche der Zustand »gedrückt« zugewiesen.

HINWEIS: Wenn der *SetCheck*-Parameter den Wert 2 hat, wird die Schaltfläche in den *unbestimmten* Status (*TBBS_INDETERMINATE*) gesetzt. Dieser Status hat Ähnlichkeit mit dem Status *Nicht verfügbar (TBBS_DISABLED)*. Allerdings bleibt die Schaltfläche weiterhin aktiv, und ihre Farbe ist etwas heller.

Die Popup-Menüs zugeordneten Behandlungsroutinen zur Oberflächenaktualisierung werden nur dann aufgerufen, wenn das Menü gezeichnet wird. Symbolleisten werden ständig angezeigt. Wann also werden deren Behandlungsroutinen zur Oberflächenaktualisierung aufgerufen? Sie werden in der Leerlaufschleife der Anwendung aufgerufen, die Schaltflächen werden daher laufend aktualisiert. Falls ein und dieselbe Behandlungsroutine sowohl für einen Menübefehl als auch für eine Symbolleistenschaltfläche zuständig ist, wird sie in der Leerlaufschleife und bei der Anzeige eines Popup-Menüs aufgerufen.

QuickInfo

Sie kennen QuickInfos aus vielen Windows-Anwendungen, unter anderem auch aus Visual C++. Wenn der Anwender den Mauszeiger einige Sekunden lang über eine Symbolleistenschaltfläche hält, wird in einem kleinen QuickInfo-Feld neben der Schaltfläche ein Text angezeigt. In Kapitel 13 haben Sie gelernt, dass man einem Menübefehl eine Beschreibung (Statuszeilentext) zuordnen kann. Diese Beschreibungen sind Zeichenfolgenressourcen, die die gleichen IDs wie die Menübefehle haben. Um eine QuickInfo zu erstellen, müssen Sie nur ein Zeilenschaltungszeichen (\n) und den entsprechenden Text an das Ende des Statuszeilentexts anfügen. Wenn Sie im Ressourcen-Editor Symbolleistenbilder bearbeiten, können Sie auch den Statuszeilentext ändern. Doppelklicken Sie dazu einfach in den linken Ausschnitt.

Die Suche nach dem Hauptrahmenfenster

Die Symbolleisten- und Statusleistenobjekte, mit denen Sie arbeiten werden, sind mit dem Hauptrahmenfenster und nicht mit dem Ansichtsfenster der Anwendung verknüpft. Wie aber findet Ihre Ansicht das Hauptrahmenfenster? ttIn einer SDI-Anwendung können Sie dazu die Funktion *CWnd::GetParentFrame* verwenden. Leider liefert diese Funktion in einer MDI-Anwendung nicht die gewünschte Information, weil das übergeordnete Fenster der Ansicht der untergeordnete MDI-Rahmen und nicht das MDI-Rahmenfenster ist.

Wenn Sie wollen, dass Ihre Ansichtsklasse sowohl in SDI- als auch in MDI-Anwendungen funktioniert, müssen Sie das Hauptrahmenfenster mit Hilfe des Anwendungsobjekts identifizieren. Die globale Funktion *AfxGetApp* gibt einen Zeiger auf das Anwendungsobjekt zurück. Mit diesem Zeiger können Sie dann das *CWinApp*-Datenelement *m_pMainWnd* abrufen. Bei einer MDI-Anwendung generiert der MFC-Anwendungs-Assistent Code, mit dem die Variable *m_pMainWnd* initialisiert wird. Bei einer SDI-Anwendung initialisiert das Anwendungsgerüst diese Variable beim Erstellen der Ansicht. Sobald *m_pMainWnd* initialisiert worden ist, können Sie damit die Symbolleiste des Rahmens ermitteln.

```
CMainFrame* pFrame = (CMainFrame*) AfxGetApp()->m_pMainWnd;
CToolBar* pToolBar = &pFrame->m_wndToolBar;
```

HINWEIS: Sie müssen für *m_pMainWnd* eine Typumwandlung von *CFrameWnd** nach *CMainFrame** durchführen, weil *m_wndToolBar* ein Element dieser abgeleiteten Klasse ist. Außerdem muss entweder *m_wndToolBar* eine *public*-Variable oder Ihre Klasse ein *friend* von *CMainFrame* sein.

Ein ähnliches Verfahren können Sie auch zum Auffinden von Menü-, Statusleisten- und Dialogfeldobjekten verwenden.

HINWEIS: In SDI-Anwendungen ist *m_pMainWnd* beim Aufruf der *OnCreate*- Behandlungsroutine der Ansicht noch nicht initialisiert. Falls Sie aus der Funktion *OnCreate* heraus auf das Hauptrahmenfenster zugreifen wollen, müssen Sie die Funktion *GetParentFrame* verwenden.

Das Beispielprogramm EX14A – Symbolleiste

In diesem Beispiel ersetzen Sie die Standardsymbolleistenschaltflächen des Anwendungsgerüsts *Ausschneiden*, *Kopieren* und *Einfügen* durch drei Spezialschaltflächen, mit denen Sie die Zeichenoperationen im Ansichtsfenster steuern können. Sie werden außerdem das Menü *Zeichnen* mit den folgenden drei Einträgen erstellen:

Menübefehl	Funktion
Kreis	Zeichnet einen Kreis in das Ansichtsfenster.
Quadrat	Zeichnet ein Quadrat in das Ansichtsfenster.
Muster	Steuert, ob neue Quadrate und Kreise ein aus diagonalen Linien bestehendes Füllmuster erhalten (Ein-/Ausschalter).

Die Menü- und Symbolleistenoptionen sorgen dafür, dass der Anwender Quadrate und Kreise nur abwechselnd zeichnen kann. Nachdem der Anwender einen Kreis gezeichnet hat, werden der Menübefehl *Kreis* und die Symbolleistenschaltfläche deaktiviert. Nachdem der Anwender ein Quadrat gezeichnet hat, werden der Menübefehl *Quadrat* und die Symbolleistenschaltfläche deaktiviert.

Wenn neue Kreise und Quadrate mit einem Muster gefüllt werden, ist der Menübefehl *Muster* aus dem Anwendungsmenü *Zeichnen* mit einem Häkchen markiert. Die entsprechende Schaltfläche der Symbolleiste funktioniert wie ein Kontrollkästchen: Sie ist gedrückt, wenn das Füllmuster aktiviert ist, und nicht gedrückt, wenn das Füllmuster nicht aktiviert ist.

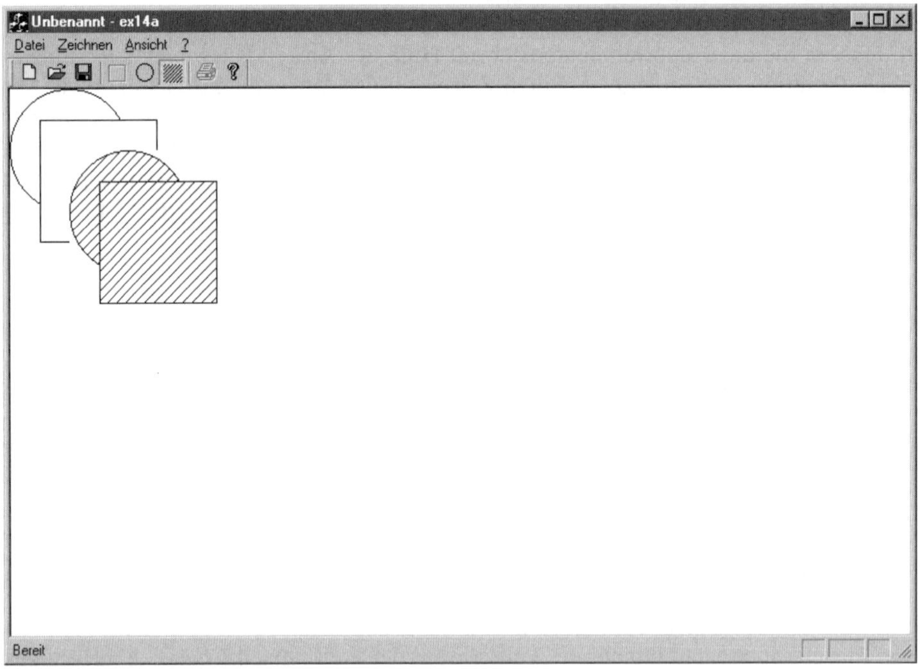

Abbildung 14.2: *Das Beispielprogramm EX14A während der Ausführung.*

In Abbildung 14.2 sehen Sie die Anwendung in Aktion. Der Anwender hat gerade ein Quadrat mit einem Füllmuster gezeichnet. Beachten Sie den Status der drei Schaltflächen, die die Zeichenoperationen steuern.

Im Beispielprogramm EX14A wird der Ressourcen-Editor für Symbolleisten vorgestellt. Sie müssen hier nur sehr wenig Code selbst schreiben. Führen Sie einfach die folgenden Schritte aus.

1. Starten Sie den MFC-Anwendungs-Assistenten, und erstellen Sie die Anwendung \vcpp32\ex14a\ex14a.

Übernehmen Sie alle Standardeinstellungen bis auf folgende beiden Ausnahmen: Wählen Sie die Option *Einzelnes Dokument (SDI)*, und deaktivieren Sie die Option *Drucken und Druckvorschau*. Die Einstellungen der Optionen und die vorgeschlagenen Klassennamen können Sie der folgenden Abbildung 14.3 entnehmen.

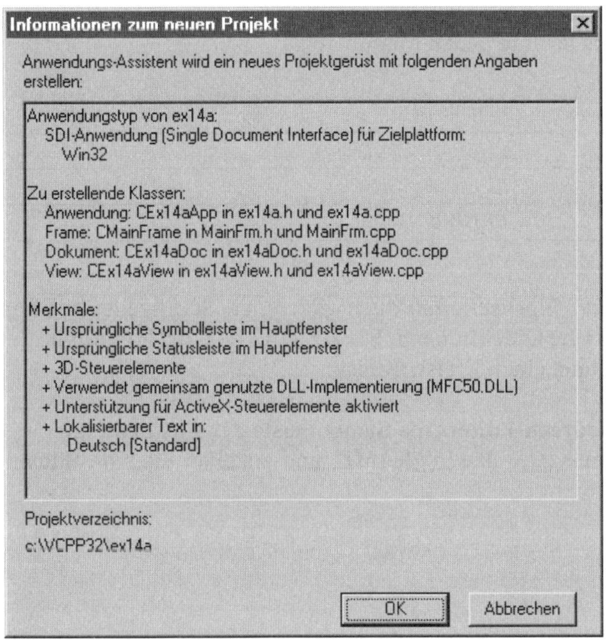

Abbildung 14.3:
Das Dialogfeld Informationen zum neuen Projekt *mit den Einstellungen für das Beispielprogramm EX14A.*

2. Bearbeiten Sie mit Hilfe des Ressourcen-Editors das Hauptmenü der Anwendung:

Doppelklicken Sie auf der Registerkarte *Ressourcen* unterhalb von *Menu* auf *IDR_MAINFRAME*. Modifizieren Sie diese Menüressource so, dass Sie ein Menü erhalten, das wie Abbildung 14.4 aussieht. (Sie müssen dazu das Menü *Bearbeiten* ändern.)

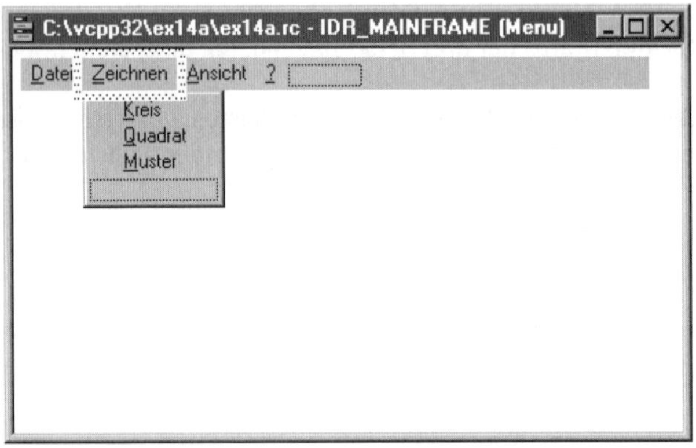

Abbildung 14.4:
Die Menüressource des Beispielprogramms EX14A.

Verwenden Sie die folgenden Befehls-IDs für Ihre neuen Menübefehle:

Menü	Beschriftung	Befehls-ID
Zeichnen	Kreis	*ID_DRAW_CIRCLE*
Zeichnen	Quadrat	*ID_DRAW_SQUARE*
Zeichnen	Muster	*ID_DRAW_PATTERN*

Geben Sie in das Dialogfeld *Menübefehl Eigenschaften* auch gleich den Statuszeilentext und (nach einer Zeilenschaltung) den Text für die QuickInfo ein. Für *ID_DRAW_CIRCLE* könnte der Text etwa folgendermaßen lauten: »Zeichnet einen Kreis\nKreis«.

3. Aktualisieren Sie mit Hilfe des Ressourcen-Editors die Symbolleiste der Anwendung. Bearbeiten Sie die Symbolleistenressource *IDR_MAINFRAME*, und erstellen Sie eine Bitmap, die folgendermaßen aussieht:

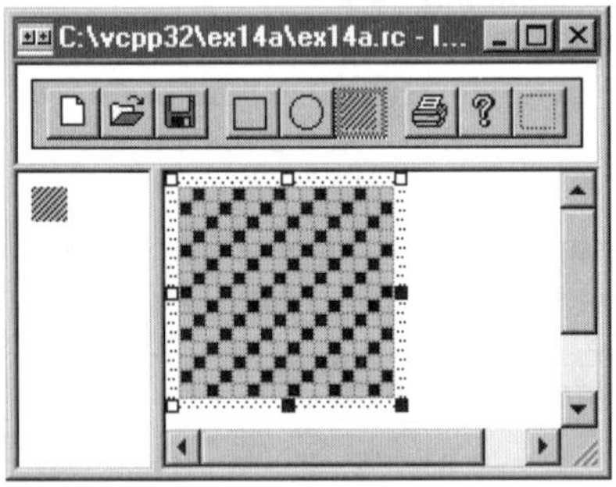

Abbildung 14.5:
Die Bitmap für die Schaltfläche Füllmuster *in EX14A.*

Ersetzen Sie die Schaltflächen *Ausschneiden, Kopieren* und *Einfügen* (die vierte, fünfte und sechste von links) durch neue Schaltflächen. Die Bedienung des Symbolleisten-Editors ist intuitiv: Sie können die Schaltflächen einfach mit der Maus verschieben. Mit einem Druck auf Entf lässt sich die Bitmap einer Schaltfläche löschen. Wollen Sie eine Schaltfläche vollständig entfernen, ziehen Sie sie einfach aus der Symbolleiste heraus. Experimentieren Sie anschließend mit dem Rechteck- und Ellipsenwerkzeug aus der Symbolleiste *Grafiken*. Testen Sie unterschiedliche Linienstärken. Wenn Sie mit dem Ergebnis zufrieden sind, speichern Sie die Ressourcendatei sicherheitshalber.

Weisen Sie den drei neuen Schaltflächen die IDs *ID_DRAW_CIRCLE, ID_DRAW_SQUARE* und *ID_DRAW_PATTERN* zu.

4. Fügen Sie mit dem Klassen-Assistenten Behandlungsroutinen in die Ansichtsklasse *CEx14aView* ein.

Implementieren Sie Behandlungsroutinen für die folgenden Befehle und Oberflächenaktualisierungsbefehle. Übernehmen Sie die vorgegebenen Funktionsnamen, die in der folgenden Tabelle aufgeführt sind.

Objekt-ID	Nachricht	Member-Funktion
ID_DRAW_CIRCLE	COMMAND	*OnDrawCircle*
ID_DRAW_CIRCLE	UPDATE_COMMAND_UI	*OnUpdateDrawCircle*
ID_DRAW_PATTERN	COMMAND	*OnDrawPattern*
ID_DRAW_PATTERN	UPDATE_COMMAND_UI	*OnUpdateDrawPattern*
ID_DRAW_SQUARE	COMMAND	*OnDrawSquare*
ID_DRAW_SQUARE	UPDATE_COMMAND_UI	*OnUpdateDrawSquare*

5. Nehmen Sie drei Datenelemente in die Klasse *CEx14aView* auf.

Bearbeiten Sie dazu die Datei *ex14aView.h*, oder arbeiten Sie mit der Arbeitsbereich-Ansicht *Klassen*.

```
private:
  CRect m_rect;
  BOOL  m_bCircle;
  BOOL  m_bPattern;
```

6. Bearbeiten Sie die Datei ex14aView.cpp.

Der Konstruktor von *CEx14aView* initialisiert einfach die Datenelemente der Klasse. Fügen Sie den im Folgenden fett gedruckten Code hinzu:

```
CEx14aView::CEx14aView() : m_rect(0, 0, 100, 100)
{
  m_bCircle = TRUE;
  m_bPattern = FALSE;
}
```

Die Funktion *OnDraw* zeichnet, abhängig vom Wert des Flags *m_bCircle*, entweder eine Ellipse oder ein Quadrat. Der verwendete Pinsel ist einfach weiß oder hat ein diagonales Muster – je nachdem, welchen Wert *m_bPattern* hat.

```
void CEx14aView::OnDraw(CDC* pDC)
{
  CBrush brush(HS_BDIAGONAL, 0L); // Pinsel mit diagonalem Muster

  if (m_bPattern) {
```

```
    pDC->SelectObject(&brush);
  }
  else {
    pDC->SelectStockObject(WHITE_BRUSH);
  }
  if (m_bCircle) {
    pDC->Ellipse(m_rect);
  }
  else {
    pDC->Rectangle(m_rect);
  }
  pDC->SelectStockObject(WHITE_BRUSH); // Hebt die Auswahl des
                    //  Pinsels auf
}
```

Die Funktion *OnDrawCircle* bearbeitet die Befehlsnachricht *ID_DRAW_CIRCLE* und die Funktion *OnDrawSquare* die Befehlsnachricht *ID_DRAW_SQUARE*. Diese beiden Funktionen verschieben das Zeichenrechteck nach unten und nach rechts. Danach machen sie das Rechteck ungültig und veranlassen dadurch die Funktion *OnDraw*, es neu zu zeichnen. Das Ergebnis ist eine diagonale Folge von einander überlappenden Quadraten und Kreisen. Außerdem wird die Anzeige nicht zwischengespeichert, so dass nach dem Minimieren oder Verbergen des Fensters die zuvor gezeichneten Figuren nicht neu angezeigt werden können.

```
void CEx14aView::OnDrawCircle()
{
  m_bCircle = TRUE;
  m_rect += CPoint(25, 25);
  InvalidateRect(m_rect);
}

void CEx14aView::OnDrawSquare()
{
  m_bCircle = FALSE;
  m_rect += CPoint(25, 25);
  InvalidateRect(m_rect);
}
```

Die folgenden beiden Funktionen für Oberflächenaktualisierungsbefehle aktivieren und deaktivieren abwechselnd die Schaltflächen zur Auswahl von Kreis und Quadrat sowie die entsprechenden Menübefehle. Es kann immer nur ein Befehl aktiviert sein.

```
void CEx14aView::OnUpdateDrawCircle(CCmdUI* pCmdUI)
{
  pCmdUI->Enable(!m_bCircle);
}

void CEx14aView::OnUpdateDrawSquare(CCmdUI* pCmdUI)
{
  pCmdUI->Enable(m_bCircle);
}
```

Die Funktion *OnDrawPattern* schaltet das Flag *m_bPattern* um.

```
void CEx14aView::OnDrawPattern()
{
  m_bPattern ^= 1;
}
```

Die Funktion *OnUpdateDrawPattern* aktualisiert je nach dem Zustand des Flags *m_bPattern* die Schaltfläche zur Auswahl des Füllmusters und den entsprechenden Menübefehl. Die Symbolleistenschaltfläche scheint nach unten und oben bewegt zu werden, das Häkchen neben dem Menübefehl wird ein- und ausgeblendet.

```
void CEx14aView::OnUpdateDrawPattern(CCmdUI* pCmdUI)
{
  pCmdUI->SetCheck(m_bPattern);
}
```

7. Erstellen und testen Sie die Anwendung EX14A.

Beobachten Sie das Verhalten der Symbolleistenschaltflächen. Testen Sie auch die entsprechenden Menübefehle, und beachten Sie, dass sie je nach Anwendungsstatus aktiviert, deaktiviert oder mit Häkchen versehen werden. Beachten Sie auch die QuickInfo-Texte, die angezeigt werden, wenn Sie den Mauszeiger über eine der neuen Symbolleistenschaltflächen bewegen.

Die Statusleiste

Das Statusleistenfenster kann weder Benutzereingaben annehmen noch Befehlsnachrichten erzeugen. Seine Aufgabe besteht einzig und allein darin, programmgesteuert einen Text in Fensterabschnitten anzuzeigen. Die Statusleiste unterstützt zwei Arten von Textbereichen, nämlich Abschnitte für Meldungszeilen und Statusindikatoren. Um die Statusleiste für anwendungsspezifische Daten zu verwenden, müssen Sie als Erstes die Standardstatusleiste deaktivieren, in der eine Beschreibung des gerade markierten Menübefehls und der Tastaturstatus angezeigt werden.

Statusleisten definieren

Das statische Datenfeld *indicators*, das der MFC-Anwendungs-Assistent in der Datei MainFrm.cpp erzeugt, definiert die Felder für die Statusleiste einer Anwendung. Die Konstante *ID_SEPARATOR* kennzeichnet eine Meldungszeile. Die übrigen Konstanten sind Zeichenfolgenressourcen-IDs und bezeichnen Abschnitte für Statusindikatoren. In Abbildung 14.6 sehen Sie das Datenfeld *indicators* und seine Beziehung zur Standardstatusleiste des Anwendungsgerüsts.

Die Member-Funktion *CStatusBar::SetIndicators*, die in der abgeleiteten Rahmenklasse der Anwendung aufgerufen wird, konfiguriert die Statusleiste entsprechend dem Inhalt des Datenfelds *indicators*.

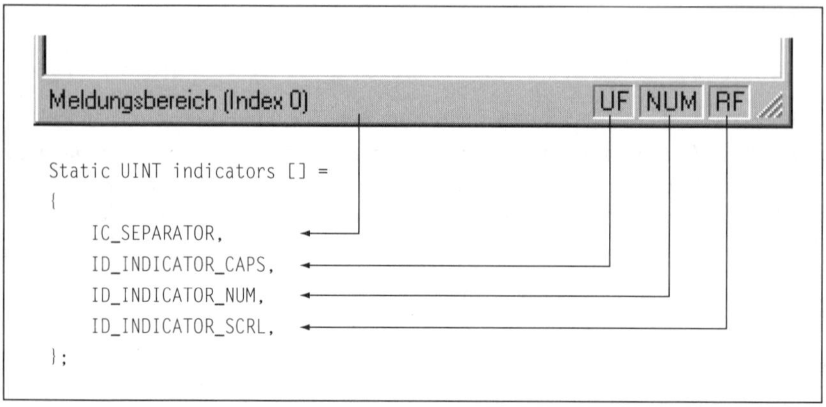

Abbildung 14.6: *Die Statusleiste und das Datenfeld* indicators.

Die Meldungszeile

Im Abschnitt für die Meldungszeile wird eine vom Programm dynamisch gelieferte Zeichenfolge angezeigt. Um den Wert der Meldungszeile festzulegen, müssen Sie zunächst auf das Statusleistenobjekt zugreifen und danach die Member-Funktion *CStatusBar::SetPaneText* mit einem Indexparameter, dessen Werte mit 0 beginnen, aufrufen. Abschnitt 0 ist der Bereich ganz links, Feld 1 ist der Bereich rechts daneben, und so weiter.

Der folgende Quelltextabschnitt ist Teil einer Ansichtsklassen-Member-Funktion. Beachten Sie, dass Sie erst das Anwendungsobjekt und anschließend das Hauptrahmenfenster ermitteln müssen.

```
CMainFrame* pFrame = (CMainFrame*) AfxGetApp()->m_pMainWnd;
CStatusBar* pStatus = &pFrame->m_wndStatusBar;
pStatus->SetPaneText(0, "Meldung für das erste Feld");
```

Normalerweise umfasst der Meldungszeilenabschnitt genau ein Viertel der Bildschirmbreite. Wird der Meldungszeile jedoch der erste Abschnitt (Index 0) zugewiesen, dann ist dieser Bereich dehnbar und hat keine vertieften Ränder. Die Minimallänge beträgt ein Viertel der Bildschirmbreite. Dieser Abschnitt kann vergrößert werden, wenn in der Statusleiste genügend Raum vorhanden ist.

Die Statusanzeige

Der Abschnitt für die Statusindikatoren ist mit einer einzelnen, in einer Ressource bereitgestellten Zeichenfolge verknüpft, die von der zugehörigen Behandlungsroutine für die Oberflächenaktualisierung aus- bzw. eingeblendet wird. Ein Statusindikator wird durch eine String-Ressourcen-ID beschrieben, die auch zur Weiterleitung von Befehlsnachrichten zur Oberflächenaktualisierung verwendet wird. Die Statusanzeige für die Feststelltaste wird von einem Nachrichtenzuordnungseintrag in der Rahmenklasse bearbeitet. Einen solchen Eintrag und die zugehörige Behandlungsfunktion sehen Sie im folgenden Quelltextfragment. Die Funktion *Enable* aktiviert die Statusanzeige, wenn die Feststelltaste (für Großschreibung) gedrückt worden ist.

```
ON_UPDATE_COMMAND_UI(ID_INDICATOR_CAPS, OnUpdateKeyCapsLock)

void CMainFrame::OnUpdateKeyCapsLock(CCmdUI* pCmdUI)
{
  pCmdUI->Enable(::GetKeyState(VK_CAPITAL) & 1);
}
```

Die Oberflächenaktualisierungsfunktionen für die Statusleiste werden in der Leerlaufschleife aufgerufen, so dass die Statusleiste immer dann aktualisiert wird, wenn die Anwendung neue Nachrichten empfängt.

Die Länge eines Statusindikatorabschnitts entspricht genau der Länge der entsprechenden Ressourcenzeichenfolge.

Die Steuerung der Statusleiste

In der Standardimplementierung des Anwendungsgerüsts ist der Statusleiste die ID *AFX_IDW_STATUS_BAR* eines untergeordneten Fensters zugeordnet. Das Anwendungsgerüst sucht diese ID, wenn es die Beschreibung eines Menübefehls anzeigen will. Die Oberflächenaktualisierungsroutinen für die Tastaturstatusindikatoren sind in die Rahmenfensterbasisklasse eingebettet und werden mit den folgenden Zeichenfolgen-IDs verknüpft: *ID_INDICATOR_CAPS*, *ID_INDICATOR_NUM* und *ID_INDICATOR_SCRL*. Wenn Sie die Steuerung der Statusleiste übernehmen möchten, müssen Sie eine andere Fenster-ID und andere Indikator-ID-Konstanten verwenden.

HINWEIS: Der einzige Grund, die Fenster-ID der Statusleiste zu ändern, liegt darin, das Anwendungsgerüst daran zu hindern, die Beschreibung des jeweils markierten Menübefehls im Abschnitt 0 anzuzeigen. Wenn Sie die Anzeige der Befehlsbeschreibungen nicht stört, können Sie die folgenden Anweisungen außer Acht lassen.

Die Fenster-ID der Statusleiste wird in der Funktion *CStatusBar::Create* zugewiesen, die von der Member-Funktion *OnCreate* der abgeleiteten Rahmenklasse aufgerufen wird. Diese Funktion ist in der vom MFC-Anwendungs-Assistenten erzeugten Datei MainFrm.cpp enthalten. Die Fenster-ID ist der dritte Parameter von *Create* und hat den Standardwert AFX_IDW_STATUS_BAR.

Wenn Sie eine eigene ID zuweisen möchten, müssen Sie den Aufruf

```
m_wndStatusBar.Create(this);
```

durch folgenden Aufruf ersetzen:

```
m_wndStatusBar.Create(this, WS_CHILD | WS_VISIBLE | CBRS_BOTTOM,
          ID_MY_STATUS_BAR);
```

Sie müssen natürlich auch die Konstante *ID_MY_STATUS_BAR* in der Datei resource.h definieren (mit dem Symbol-Editor in Visual C++).

Eines haben wir bis jetzt vergessen: Mit dem Standardmenü Ansicht des Anwendungsgerüsts ist es dem Anwender möglich, die Statusleiste ein- und auszublenden. Die dazu gehörende Logik knüpft an die Fenster-ID *AFX_IDW_STATUS_BAR* an. Sie müssen deshalb auch die Menülogik ändern. In Ihrer abgeleiteten Rahmenklasse müssen Sie Nachrichtenzuordnungseinträge und Behandlungsroutinen für den Befehl *ID_VIEW_STATUS_BAR* und die Oberflächenaktualisierungsbefehle implementieren. *ID_VIEW_STATUS_BAR* ist die ID des Menübefehls, der die Statusleistenanzeige steuert. Die Behandlungsroutinen der abgeleiteten Klasse überschreiben die Standard-Behandlungsroutinen der Basisklasse *CFrameWnd*. Die Einzelheiten können Sie dem Quelltext von EX14A entnehmen.

Das Beispielprogramm EX14B – Statusleiste

Im Beispielprogramm EX14B wird die Standardstatusleiste des Anwendungsgerüsts durch eine neue Statusleiste mit den folgenden Textfeldern ersetzt:

Feldindex	Zeichenfolgen-ID	Typ	Beschreibung
0	*ID_SEPARATOR* (0)	Meldungszeile	X-Mauszeigerkoordinate
1	*ID_SEPARATOR* (0)	Meldungszeile	Y-Mauszeigerkoordinate
2	*ID_INDICATOR_LEFT*	Statusanzeige	Status der linken Maustaste
3	*ID_INDICATOR_RIGHT*	Statusanzeige	Status der rechten Maustaste

Die sich aus diesen Angaben ergebende Statusleiste sehen Sie in Abbildung 14.7. Beachten Sie, dass der äußerste linke Abschnitt mehr als das übliche Zwanzigstel der Bildschirmbreite einnimmt, wenn das angezeigte Rahmenfenster vergrößert wird.

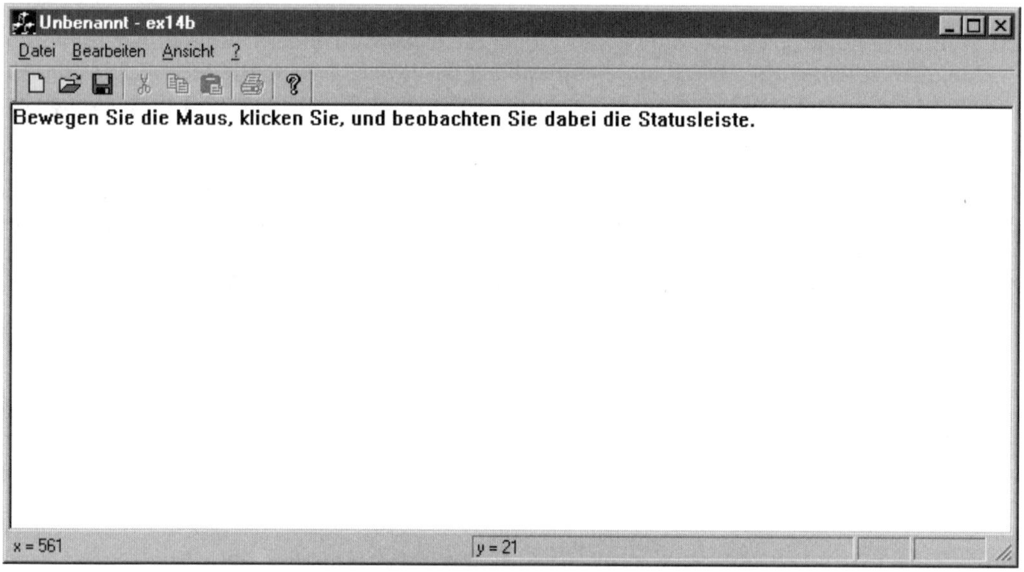

Abbildung 14.7: *Die Statusleiste des Beispielprogramms EX14B.*

Führen Sie die folgenden Arbeitsschritte aus, um das Beispielprogramm EX14B zu erstellen.

1. **Starten Sie den MFC-Anwendungs-Assistenten, und erstellen Sie die Anwendung \vcpp32\ex14b\ex14b.**

Übernehmen Sie alle Standardeinstellungen bis auf die folgenden beiden Ausnahmen: Wählen Sie die Option *Einzelnes Dokument (SDI),* und deaktivieren Sie die Option *Drucken und Druckvorschau*. Die Einstellungen der Optionen und die vorgeschlagenen Klassennamen können Sie der folgenden Abbildung 14.8 entnehmen.

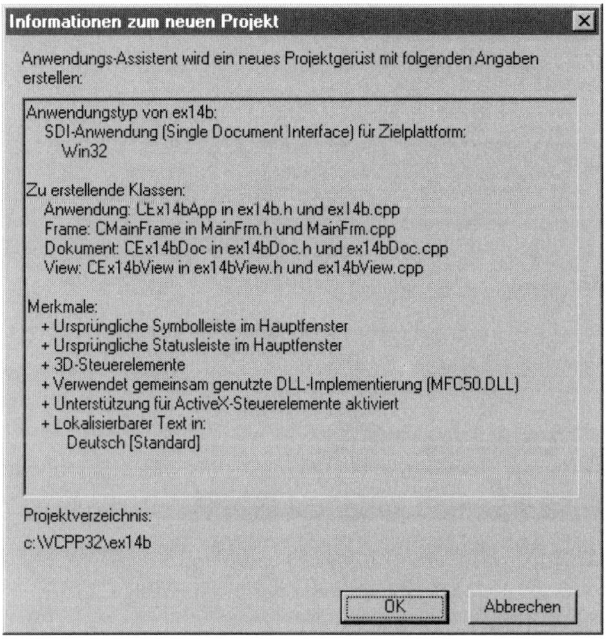

Abbildung 14.8:
Das Dialogfeld Informationen zum neuen Projekt *mit den Einstellungen für das Beispielsprogramm EX14B.*

2. **Bearbeiten Sie die Zeichenfolgentabelle der Anwendung.**

Die Anwendung hat eine einzige Zeichenfolgentabelle mit einer künstlichen Unterteilung in Segmente, die aus der 16-Bit-Zeit übrig geblieben ist. Doppelklicken Sie auf der Registerkarte *Ressourcen* auf den Ordner *String Table* und dann auf das Symbol *Zeichenfolgentabelle*, um den Zeichenfolgen-Editor zu öffnen. Doppelklicken Sie danach auf den leeren Eintrag am Ende der Liste. Anschließend können Sie in einem Dialogfeld die ID und den Zeichenfolgenwert zuweisen. Fügen Sie die folgenden beiden Zeichenfolgen hinzu:

Zeichenfolgen-ID	Beschriftung
ID_INDICATOR_LEFT	LINKS
ID_INDICATOR_RIGHT	RECHTS

3. **Bearbeiten Sie mit Hilfe von Visual C++ die Symbole der Anwendung.**

Wählen Sie *Ressourcensymbole* aus dem Menü *Ansicht*. Fügen Sie den neuen Statusleistenbezeichner *ID_MY_STATUS_BAR* hinzu, und übernehmen Sie den Standardwert.

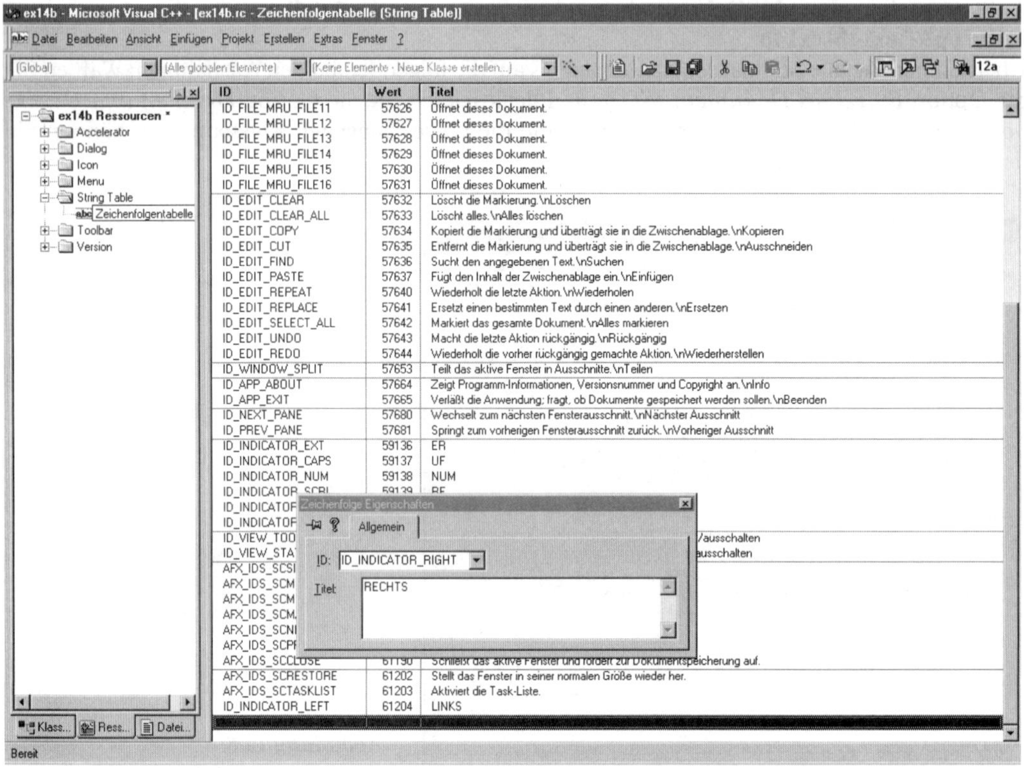

Abbildung 14.9: *Der Zeichenfolgen-Editor mit der Zeichenfolgentabelle der Anwendung EX14B.*

4. Fügen Sie mit dem Klassen-Assistenten Befehlsbehandlungsroutinen für das Menü *Ansicht* in der Klasse *CMainFrm* hinzu.

Implementieren Sie die folgenden Behandlungsroutinen:

Objekt-ID	Nachricht	Member-Funktion
ID_VIEW_STATUS_BAR	COMMAND	*OnViewStatusBar*
ID_VIEW_STATUS_BAR	UPDATE_COMMAND_UI	*OnUpdateViewStatusBar*

5. Nehmen Sie die folgenden Funktionsprototypen in die Datei *MainFrm.h* auf.

Sie müssen die Prototypen der Behandlungsroutinen manuell in *CMainFrm* einfügen, weil der Klassen-Assistent die zugeordneten Befehlsnachrichten-IDs nicht erkennt.

```
afx_msg void OnUpdateLeft(CCmdUI* pCmdUI);
afx_msg void OnUpdateRight(CCmdUI* pCmdUI);
```

Fügen Sie die Anweisungen für die Behandlungsroutinen *innerhalb* der *AFX_MSG*-Klammern ein, damit Sie später mit dem Klassen-Assistenten auf den Quelltext zugreifen und ihn bearbeiten können. Ändern Sie in *MainFrm.h* auch gleich den Zugriffstyp von *m_wndStatusBar* von *protected* in *public*.

6. Bearbeiten Sie die Datei *MainFrm.cpp*.
Ersetzen Sie das ursprüngliche Array *indicator* durch die fett dargestellten Anweisungen:

```
static UINT indicators[] =
{
  ID_SEPARATOR,  // Abschnitt für erste Meldung
  ID_SEPARATOR,  // Abschnitt für zweite Meldung
  ID_INDICATOR_LEFT,
  ID_INDICATOR_RIGHT,
};
```

Bearbeiten Sie als Nächstes die Member-Funktion *OnCreate*. Ersetzen Sie die Anweisung

```
  if (!m_wndStatusBar.Create(this) ||
    !m_wndStatusBar.SetIndicators(indicators,
      sizeof(indicators)/sizeof(UINT)))
  {
    TRACE0("Fehler bei Erstellung der Statusleiste.\n");
    return -1;    // Erstellung nicht möglich
  }
```

durch die folgende Anweisung:

```
  if (!m_wndStatusBar.Create(this,
      WS_CHILD | WS_VISIBLE | CBRS_BOTTOM, ID_MY_STATUS_BAR) ||
    !m_wndStatusBar.SetIndicators(indicators,
      sizeof(indicators)/sizeof(UINT)))
  {
    TRACE0("Fehler bei Erstellung der Statusleiste.\n");
    return -1;    // Erstellung nicht möglich
  }
```

Create wird nunmehr mit einer anderen Statusleisten-ID aufgerufen, nämlich mit *ID_MY_STATUS_BAR* an Stelle von *AFX_IDW_STATUS_BAR* (das Statusleistenobjekt des Anwendungsgerüsts).

Fügen Sie jetzt die folgenden Nachrichtenzuordnungseinträge für die Klasse *CMainFrame* hinzu. Der Klassen-Assistent kann diese Einträge nicht einfügen, weil er die Zeichenfolgentabellen-IDs nicht als Objekt-IDs erkennen kann.

```
ON_UPDATE_COMMAND_UI(ID_INDICATOR_LEFT, OnUpdateLeft)
ON_UPDATE_COMMAND_UI(ID_INDICATOR_RIGHT, OnUpdateRight)
```

Fügen Sie anschließend die folgenden *CMainFrame*-Funktionen hinzu, die die beiden Statusanzeigen aktualisieren:

```
void CMainFrame::OnUpdateLeft(CCmdUI* pCmdUI)
{
  pCmdUI->Enable(::GetKeyState(VK_LBUTTON) < 0);
}
void CMainFrame::OnUpdateRight(CCmdUI* pCmdUI)
{
  pCmdUI->Enable(::GetKeyState(VK_RBUTTON) < 0);
}
```

Beachten Sie, dass die linke und die rechte Maustaste wie die Tasten der Tastatur virtuelle Tastencodes haben. Sie sind deshalb nicht auf Mausklicknachrichten angewiesen, um den Status der Maustasten zu bestimmen.

Bearbeiten Sie zum Abschluss die folgenden Behandlungsroutinen für die Befehle des Menüs *Ansicht*, die der Klassen-Assistent in der Datei *MainFrm.cpp* erstellt hat:

```
void CMainFrame::OnViewStatusBar()
{
  m_wndStatusBar.ShowWindow((m_wndStatusBar.GetStyle() & WS_VISIBLE) == 0);
  RecalcLayout();
}
void CMainFrame::OnUpdateViewStatusBar(CCmdUI* pCmdUI)
{
  pCmdUI->SetCheck((m_wndStatusBar.GetStyle() & WS_VISIBLE) != 0);
}
```

Diese Funktionen sorgen dafür, dass der Befehl *Statusleiste* des Menüs *Ansicht* ordnungsgemäß mit der neuen Statusleiste verknüpft wird.

7. Bearbeiten Sie die Funktion *OnDraw* in der Datei *Ex14bView.cpp.*

Die Funktion *OnDraw* zeigt eine Nachricht im Ansichtsfenster an. Fügen Sie den im Folgenden fett gedruckten Code hinzu:

```
void CEx14bView::OnDraw(CDC* pDC)
{
  pDC->TextOut(0, 0,
     "Bewegen Sie die Maus, klicken Sie, und beobachten Sie dabei die Statusleiste.");
}
```

8. Fügen Sie eine Behandlungsroutine für die Nachricht WM_MOUSEMOVE in die Klasse *CEx14bView* ein.

Ordnen Sie die Nachricht mit dem Klassen-Assistenten der Funktion *OnMouseMove* zu, und bearbeiten Sie dann die Funktion, wie weiter unten gezeigt. Diese Funktion holt einen Zeiger auf das Statusleistenobjekt und ruft dann die Funktion *SetPaneText* zur Aktualisierung des ersten und zweiten Meldungsfelds auf.

```
void CEx14bView::OnMouseMove(UINT nFlags, CPoint point)
{
  CString str;
  CMainFrame* pFrame = (CMainFrame*) AfxGetApp()->m_pMainWnd;
  CStatusBar* pStatus = &pFrame->m_wndStatusBar;
  if (pStatus) {
    str.Format("x = %d", point.x);
    pStatus->SetPaneText(0, str);
    str.Format("y = %d", point.y);
    pStatus->SetPaneText(1, str);
  }
}
```

Fügen Sie zum Abschluss folgende Anweisung am Anfang der Datei *Ex14bView.cpp* ein:

```
#include "MainFrm.h"
```

9. Erstellen und testen Sie die Anwendung EX14B.
Bewegen Sie die Maus, und beachten Sie, dass die beiden linken Statusfelder die Position des Mauszeigers genau wiedergeben. Testen Sie auch die linke und die rechte Maustaste. Versuchen Sie außerdem, die Statusleiste mit den Befehlen aus dem Menü *Ansicht* aus- bzw. einzublenden.

HINWEIS: Wenn der erste Statusleistenabschnitt (Indexwert 0) wie die übrigen Abschnitte einen vertieften Rand haben soll und Sie in der Lage sein möchten, die Größe der Statusleiste einfacher zu verändern, fügen Sie die folgenden zwei Zeilen direkt nach dem Aufruf der Statusleistenfunktion *OnCreate* in die Funktion *CMainFrame::OnCreate* ein.

```
m_wndStatusBar.SetPaneInfo(0, 0, 0, 50);
m_wndStatusBar.SetPaneInfo(1, 0, SBPS_STRETCH, 50);
```

Mit diesen Anweisungen wird die Breite der ersten beiden Abschnitte (Standardbreite: ein Viertel der Bildschirmbreite) geändert. Außerdem wird der zweite Bereich (Indexwert 1) nun gedehnt, wenn das Fenster vergrößert wird.

Die Internet Explorer-Infoleiste

Wie wir in Kapitel 9 erfahren haben, übernimmt Visual C++ 6.0 viele Merkmale, die Bestandteil von Internet Explorer 4.0 sind: die Internet Explorer-Standardsteuerelemente. Eines dieser neuen Steuerelemente von Internet Explorer 4.0 repräsentiert eine neue Art von Symbolleiste, die als *Infoleiste* bezeichnet wird.

Wenn Sie schon einmal mit Internet Explorer 4.0 gearbeitet haben, kennen Sie die Infoleiste bereits. Die Infoleiste unterscheidet sich von der MFC-basierten Standardsymbolleiste darin, dass sie so genannte *Schiebergriffe* besitzt und es dem Anwender damit ermöglicht, ihre horizontale bzw. vertikale Position zu verändern, während die Position der MFC-Symbolleiste per Drag & Drop und Verankerung verändert wird. Entwickler können außerdem innerhalb von Infoleisten viel mehr Arten von Steuerelementen (wie beispielsweise Dropdown-Menüs) verwenden, als in *CToolBar* zur Verfügung stehen.

Aufbau einer Infoleiste

Abbildung 14.10 zeigt die verschiedenen Begriffe, die im Zusammenhang mit Infoleisten relevant sind. Jede in einer Infoleiste enthaltene, innere Symbolleiste wird als *Band* bezeichnet. Der gewölbte Randbereich, mit dessen Hilfe der Benutzer das Band verschiebt, wird *Schiebegriff* genannt. Jedes Band kann außerdem eine Beschriftung enthalten.

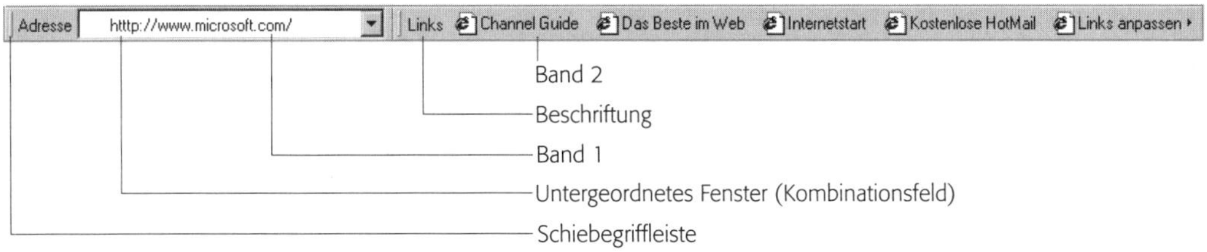

Abbildung 14.10: *Infoleisten-Terminologie.*

MFC stellt für die Arbeit mit Infoleisten zwei Klassen zur Verfügung:

- *CReBar* – Eine Klasse auf hoher Abstraktionsebene, die Member-Funktionen bereitstellt, mit denen Infoleisten um Bandobjekte der Klasse *CToolBar* und *CDialogBar* erweitert werden können. *CReBar* regelt auch die Kommunikation (beispielsweise das Versenden von Benachrichtigungen) zwischen dem zugrunde liegenden Steuerelement und dem MFC-Anwendungsgerüst.
- *CReBarCtrl* – Eine Steuerelementklasse mit Basisfunktionen, welche das Infoleisten-Steuerelement kapselt. Diese Klasse umfasst zahlreiche Member-Funktionen zum Erstellen und Manipulieren von Infoleisten, bietet aber nicht den Komfort der Klasse *CReBar*.

Die meisten MFC-Anwendungen verwenden *CReBar* und rufen gegebenenfalls die Member-Funktion *GetReBarCtrl* auf, die dann einen Zeiger auf ein Objekt vom Typ *CReBarCtrl* liefert, um auf dessen Basisfunktionen zuzugreifen.

Das Beispielprogramm EX14C – Infoleiste

Versuchen wir uns direkt an einem Beispiel, um die Eigenschaften der Infoleiste näher kennen zu lernen. Dieses Beispiel erstellt eine SDI-Anwendung mit einer Infoleiste, die zwei Bänder enthält, ein uns bereits vertrautes Symbolleistenband sowie ein Dialogleistenband. In Abbildung 14.11 sehen Sie die Anwendung in Aktion.

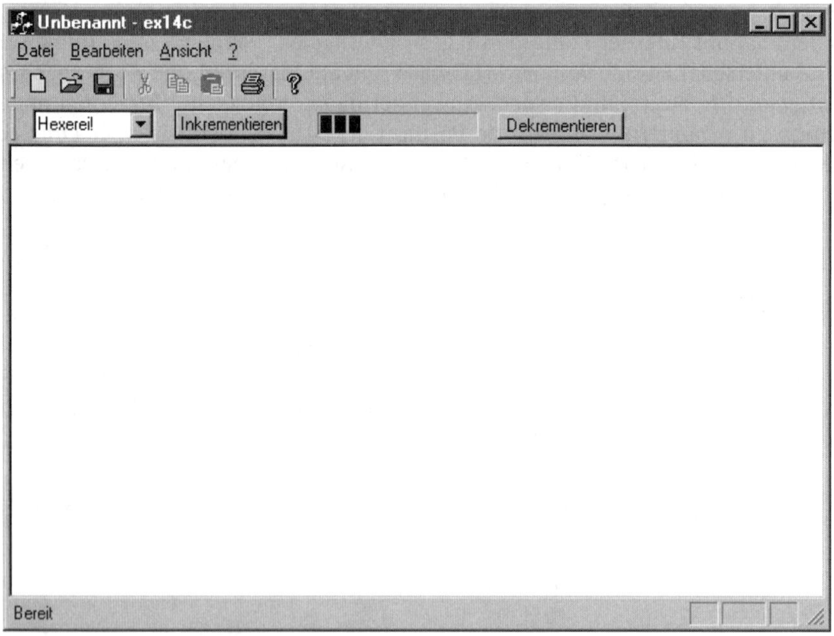

Abbildung 14.11: *Das Beispielprogramm EX14C.*

Mit folgenden Arbeitsschritten erstellen Sie das Beispielprogramm EX14C:

1. **Starten Sie den MFC-Anwendungs-Assistenten, und erstellen Sie die Anwendung \vcpp32\ex14c\ex14c.**

Wählen Sie die Option *Einzelnes Dokument (SDI)*. Achten Sie darauf, in Schritt 4 unter der Option *Wie Sollen Ihre Menüs aussehen?* die Einstellung *Internet Explorer-Infoleisten* auszuwählen. Die nachfolgende Abbildung 14.12 zeigt die richtigen Einstellungen. Übernehmen Sie ansonsten die Standardeinstellungen.

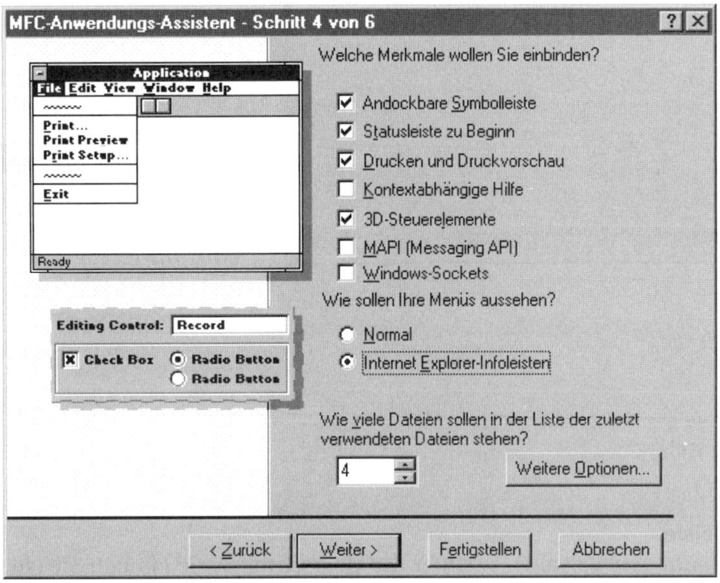

Abbildung 14.12: *Die in Schritt 4 des MFC-Anwendungs-Assistenten zu wählenden Einstellungen für das Infoleiste-Steuerelement.*

2. **Kompilieren Sie die Anwendung, und führen Sie sie aus.**

Bei Ausführung der Anwendung sehen Sie, dass der MFC-Anwendungs-Assistent automatisch eine Infoleiste mit zwei Bändern erstellt hat. Das eine Band enthält eine herkömmliche Symbolleiste und das andere den Text »ZU ERLEDIGEN: Layout der Dialogleiste«. Die nachfolgende Abbildung 14.13 zeigt den Anfangszustand der Infoleiste.

Sehen Sie sich jetzt die Header-Datei MainFrm.h genauer an, die das folgende Quelltextfragment mit der Deklaration des *CReBar*-Datenelements *m_ndReBar* enthält.

```
protected: // in die Steuerleiste eingebettete Komponenten
  CStatusBar   m_wndStatusBar;
  CToolBar     m_wndToolBar;
  CReBar        m_wndReBar;
  CDialogBar  m_wndDlgBar;
```

In der Datei MainFrm.cpp finden Sie den Quelltext, der die Symbolleiste und die Dialogleiste dem *CReBar*-Objekt hinzufügt.

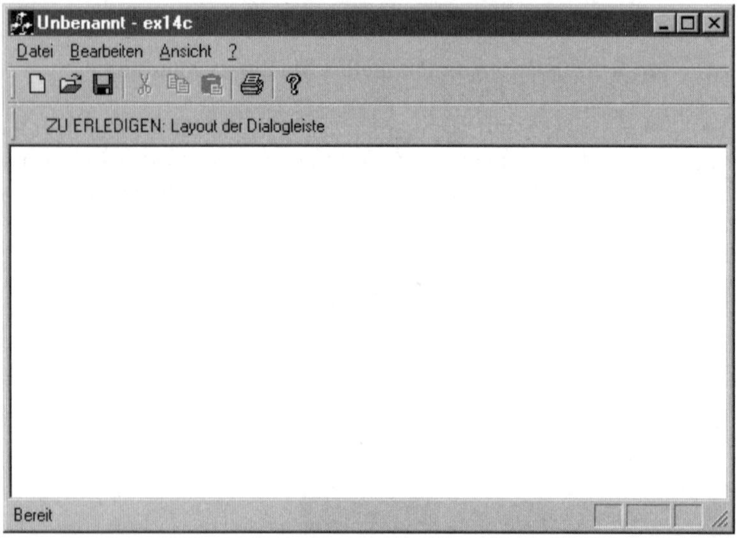

Abbildung 14.13: *Fenster beim Aufruf des Beispielprogramms EX14C mit der Standard-Infoleiste.*

```
    if (!m_wndReBar.Create(this) ||
  !m_wndReBar.AddBar(&m_wndToolBar) ||
  !m_wndReBar.AddBar(&m_wndDlgBar))
  {
    TRACE0("Fehler  beim Erstellen der Infoleiste.\n");
    return -1; // Fehler beim Erstellen
}
```

3. Entwerfen Sie die Dialogleiste.

Öffnen Sie den Ressourcen-Editor von Visual C++. Unter der Überschrift *Dialog* finden Sie eine Dialogressource für die Dialogleiste mit der ID *IDR_MAINFRAME*. Öffnen Sie *IDR_MAINFRAME*. Anschließend wird die Dialogleiste mit dem Text »ZU ERLEDIGEN: Layout der Dialogleiste« angezeigt. Folgen wir dem freundlichen Rat des MFC-Anwendungs-Assistenten, und fügen wir einige echte Steuerelemente in die Dialogleiste ein. Zuerst sollte das statische Textfeld mit dem Text »ZU ERLEDIGEN« gelöscht werden. Als Nächstes platzieren Sie ein Kombinationsfeld in der Dialogleiste und geben ein paar Standarddaten ein, beispielsweise *Eins, zwei, drei, keine, Hexerei!* Platzieren Sie dann in der Dialogleiste eine Schaltfläche, und ändern Sie die Beschriftung der Schaltfläche in *Inkrementieren*. Fügen Sie daneben eine Statusanzeige mit Standardeigenschaften in die Dialogleiste ein. Platzieren Sie schließlich eine weitere Schaltfläche mit der Beschriftung *Dekrementieren* auf der Dialogleiste. Nach Abschluss dieser Entwurfsarbeiten sollte die Dialogleiste der folgenden Darstellung in Abbildung 14.14 ähneln.

4. Verknüpfen Sie die Dialogleiste mit der Klasse *CMainFrame*.

Bevor wir die Behandlungsroutinen für die Schaltflächen *Inkrementieren* und *Dekrementieren* erstellen, müssen wir die Dialogleiste unter Verwendung des Klassen-Assistenten mit einer Klasse verknüpfen. Rufen Sie im Ressourcen-Editor den Klassen-Assistenten auf, indem Sie auf die Schaltfläche *Inkrementieren* doppelklicken. Anschließend wird das Dialogfeld aus Abbildung 14.15 angezeigt.

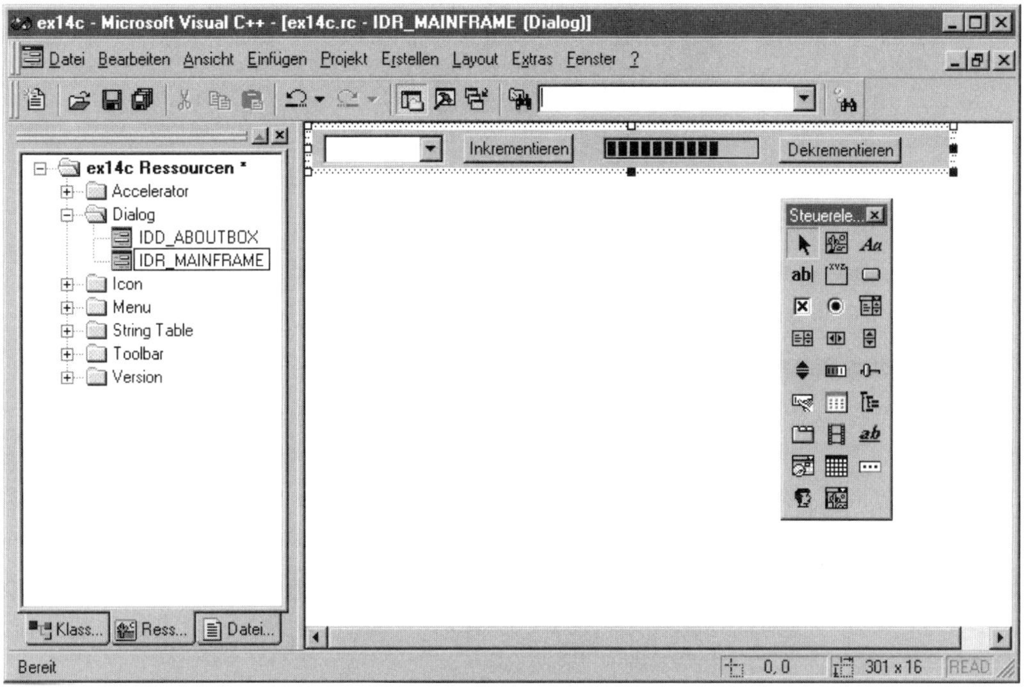

Abbildung 14.14: *Die Dialogleiste* IDR_MAINFRAME *nach ihrer Bearbeitung.*

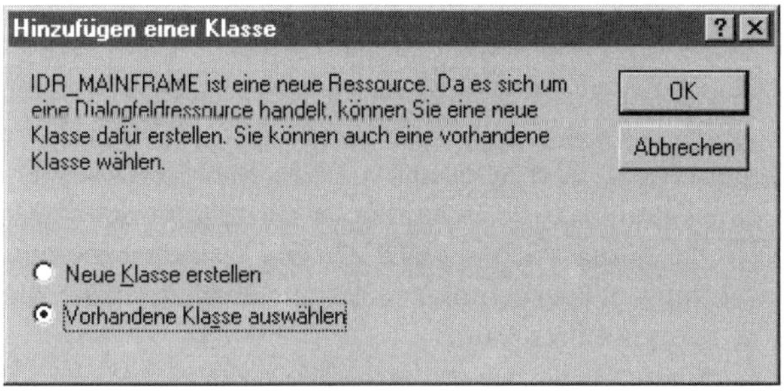

Abbildung 14.15:
Das Dialogfeld Hinzufügen einer Klasse *des MFC-Klassen-Assistenten.*

Wählen Sie die Option *Vorhandene Klasse auswählen*. Wir wählen diese Option, da wir unsere Dialogressource als Band innerhalb der Symbolleiste und nicht als separate Dialogklasse einsetzen möchten. Klicken Sie auf *OK*. Anschließend werden die in Abbildung 14.16 dargestellten Auswahlmöglichkeiten angezeigt:

Wählen Sie in der Liste den Eintrag *CMainFrame*, und klicken Sie dann auf *Auswählen*. Der Klassen-Assistent zeigt nun das in Abbildung 14.17 gezeigte Dialogfeld an.

Klicken Sie auf *Ja*, und beenden Sie dann den Klassen-Assistenten. Sie haben nun die Dialogleiste *IDR_MAINFRAME* erfolgreich mit der Klasse *CMainFrame* verknüpft.

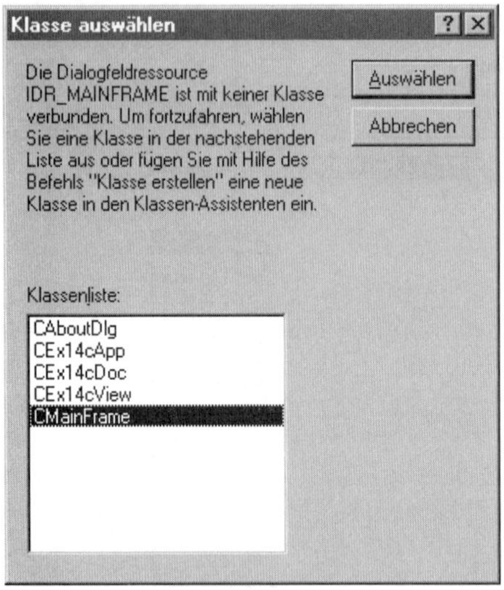

Abbildung 14.16: *Das Dialogfeld* Klasse auswählen *des MFC-Klassen-Assistenten.*

Abbildung 14.17: *Meldungsfeld des MFC-Klassen-Assistenten nach Auswahl der hinzuzufügenden Klasse.*

5. Programmieren Sie die Dialogleiste.

Um die Dialogleiste zu programmieren, öffnen Sie die Dialogressource *IDR_MAINFRAME* erneut im Ressourcen-Editor und doppelklicken dann auf die Schaltfläche *Inkrementieren*. Der Klassen-Assistent erstellt automatisch eine Behandlungsroutine *ONBUTTON1*, so dass Sie einfach nur den Standardnamen für diese Funktion zu übernehmen brauchen. Erweitern Sie die Funktion *OnButton1* um den nachfolgend fett dargestellten Code:

```
void CMainFrame::OnButton1()
{
  CProgressCtrl *   pProgress =
    (CProgressCtrl*) m_wndDlgBar.GetDlgItem(IDC_PROGRESS1);
  pProgress->StepIt();
}
```

Die Behandlungsroutine *OnButton1* ermittelt zuerst einen Zeiger auf die Fortschrittsleiste und ruft dann *StepIt* auf, um den Zähler dieses Steuerelements zu inkrementieren.

Ähnliche Befehle müssen wir nun noch der Behandlungsroutine zur Dekrementierung hinzufügen. Doppelklicken Sie im Ressourcen-Editor auf die Schaltfläche *Dekrementieren*. Der Klassen-Assistent erstellt wiederum automatisch den Quelltext der Behandlungsroutine *OnButton2*. Erweitern Sie die Funktion *OnButton2* um den nachfolgend fett dargestellten Code:

```
void CMainFrame::OnButton2()
{
   CProgressCtrl * pProgress =
    (CProgressCtrl*)m_wndDlgBar.GetDlgItem(IDC_PROGRESS1);

  int nCurrentPos = pProgress->GetPos();

  pProgress->SetPos(nCurrentPos-10);

}
```

6. Kompilieren und testen Sie das Programm.

Sie können nun das Programm EX14C kompilieren und ausführen, um Ihre Standard-Infoleiste zu testen. Die Schaltfläche *Inkrementieren* verlängert die Fortschrittsleiste, während die Schaltfläche *Dekrementieren* sie verkürzt.

In diesem Kapitel haben Sie gelernt, wie sich mit MFC-Unterstützung Symbolleisten, Statusleisten und die neuen Infoleisten verwenden lassen. Im nächsten Kapitel untersuchen wir, wie MFC erweitert werden kann, um ein Rahmenfenster zu implementieren, das sich seine Position auf dem Bildschirm merkt.

15 Eine wiederverwendbare Rahmenfensterklasse

C++ verspricht den Programmierern, »Software-Lego-Steine« produzieren zu können, die einfach aus dem Baukasten genommen und ebenso einfach in eine Anwendung eingefügt werden. Die Klassen der Microsoft Foundation Class-Bibliothek Version 6.0 sind ein gutes Beispiel für diese Art wiederverwendbarer Software. Dieses Kapitel zeigt Ihnen, wie Sie eine eigene wiederverwendbare Basisklasse auf der Grundlage der MFC-Bibliothek erstellen.

Während Sie in diesem Kapitel eine wiederverwendbare Klasse erstellen, werden Sie mit neuen Aspekten von Microsoft Windows und der MFC-Bibliothek Bekanntschaft machen. Insbesondere werden Sie erfahren, wie Sie mit dem Anwendungsgerüst auf die Windows-Registrierung zugreifen können. Außerdem werden Sie eine Menge neuer Details über die Funktionsweise der Klasse *CFrameWnd* und Einzelheiten über statische Klassenvariablen und die Klasse *CString* kennen lernen.

Warum wiederverwendbare Basisklassen schwer zu schreiben sind

Bei einer normalen Anwendung schreiben Sie Quelltext für Softwarekomponenten, die ein bestimmtes Problem bearbeiten. Es handelt sich dabei meistens darum, bestimmte Projektspezifikationen zu erfüllen. Bei wiederverwendbaren Basisklassen müssen Sie jedoch auch die zukünftigen Programmieranforderungen berücksichtigen – Ihre eigenen und die anderer Programmierer. Sie müssen eine Klasse schreiben, die sowohl allgemein gültig und vollständig als auch effizient und benutzerfreundlich ist.

Das Beispiel in diesem Kapitel führt vor Augen, wie schwierig es ist, wiederverwendbare Software zu schreiben. Ausgangspunkt war die Absicht, eine Rahmenklasse zu schreiben, die sich an ihre Fenstergröße und -position »erinnern« kann. Als wir mit der Arbeit begannen, entdeckten wir, dass manche Windows-Programme sich merken können, ob sie auf ein Symbol in der Task-Leiste minimiert oder auf volle Bildschirmgröße maximiert wurden. Außerdem gab es da noch den merkwürdigen Fall eines Fensters, dass gleichzeitig sowohl maximiert als auch in Symbolgröße vorhanden war. Danach mussten wir uns mit der Symbolleiste und der Statusleiste beschäftigen. Außerdem sollte die Klasse auch mit einer dynamischen Link-Bibliothek (DLL) zusammenarbeiten können. Kurz gesagt, es war erstaunlich schwierig, eine Rahmenklasse zu schreiben, die alles das leistete, was ein Programmierer von ihr normalerweise erwarten würde.

In einer Produktionsumgebung fällt die Entwicklung wiederverwendbarer Klassen möglicherweise aus dem normalen Software-Entwicklungszyklus heraus. Eine für ein bestimmtes Projekt geschriebene Klasse kann extrahiert und für ein neues Projekt weiter verallgemeinert werden. Dabei erliegt man häufig der Versuchung, vorhandene Klassen einfach zu kopieren und einzufügen, ohne zu fragen, welche Funktionen man in eine Basisklasse auslagern könnte. Wenn Sie sich für längere Zeit im Softwaregeschäft einrichten wollen, wäre es vorteilhaft, eine eigene Bibliothek mit wirklich wiederverwendbaren Komponenten anzulegen.

Die Klasse CPersistentFrame

In diesem Kapitel werden Sie mit einer Klasse namens *CPersistentFrame* arbeiten, die von der Klasse *CFrameWnd* abgeleitet ist. Die Klasse *CPersistentFrame* unterstützt ein persistentes SDI-Rahmenfenster (SDI=*Single Document Interface*), das sich die folgenden Eigenschaften merken kann:

- Fenstergröße
- Fensterposition
- Status *Maximiert*
- Status *Minimiert*
- Aktivierung und Positionierung von Symbol- und Statusleiste

Wenn Sie eine Anwendung beenden, die mit der Klasse *CPersistentFrame* erstellt wurde, werden die gerade genannten Informationen in der Windows-Registrierung gespeichert. Wenn die Anwendung dann erneut gestartet wird, liest sie die Registrierung und stellt den Zustand des Rahmenfensters wieder her, den es beim vorhergehenden Beenden der Anwendung hatte.

Sie können die Klasse *CPersistentFrame* in jeder SDI-Anwendung – auch in den Beispielen dieses Buches – verwenden. Sie müssen dazu lediglich in Ihren Anwendungsdateien, die die abgeleitete Rahmenklasse enthalten, die Klasse *CFrameWnd* durch *CPersistentFrame* ersetzen.

Die Klasse CFrameWnd und die Funktion ActivateFrame

Warum sollten Sie ausgerechnet *CFrameWnd* als Basisklasse für ein persistentes Fenster wählen? Warum verwenden Sie nicht einfach eine persistente Ansicht? In einer mit der MFC-Bibliothek erstellten SDI-Anwendung ist das Hauptrahmenfenster immer auch das übergeordnete Fenster des Ansichtsfensters. Das Rahmenfenster wird zuerst erstellt; danach werden die Steuerelementleisten und die Ansicht als untergeordnete Fenster generiert. Das Anwendungsgerüst sorgt dafür, dass die untergeordneten Fenster entsprechend verkleinert beziehungsweise vergrößert werden, wenn der Anwender die Größe des Rahmenfensters ändert. Es hätte deshalb keinen Sinn, die Ansichtsgröße nach der Erstellung des Rahmens zu ändern.

Für die Steuerung der Rahmengröße ist die virtuelle Funktion *CFrameWnd::ActivateFrame* verantwortlich. Das Anwendungsgerüst ruft diese Funktion während der Erstellung des SDI-Hauptrahmenfensters (und in Reaktion auf die Befehle *Datei/Neu* und *Datei/Öffnen*) auf. Die Aufgabe des Anwendungsgerüsts besteht darin, die Funktion *CWnd::ShowWindow* mit dem Parameter *nCmdShow* aufzurufen. *ShowWindow* macht das Rahmenfenster zusammen mit seinem Menü, dem Ansichtsfenster und der Steuerelementleiste sichtbar. Der Parameter *nCmdShow* bestimmt, ob das Fenster maximiert, minimiert oder beides ist.

Wenn Sie die Funktion *ActivateFrame* in Ihrer abgeleiteten Rahmenklasse überschreiben, können Sie den Wert von *nCmdShow* ändern, bevor er an *CFrameWnd::ActivateFrame* übergeben wird. Sie können außerdem die Funktion *CWnd::SetWindowPlacement* aufrufen, die die Größe und Position des Rahmenfensters bestimmt, und festlegen, ob die Steuerelementleisten sichtbar sind. Da all diese Änderungen vorgenommen werden, bevor das Rahmenfenster sichtbar wird, entsteht kein störendes Bildschirmflackern.

Sie müssen dafür sorgen, dass die Position und Größe des Rahmenfensters nicht jedes Mal zurückgesetzt werden, wenn der Anwender den Befehl *Datei/Neu* oder *Datei/Öffnen* wählt. Mit einem speziellen Datenelement, das den ersten Aufruf protokolliert, können Sie erreichen, dass *CPersistentFrame::ActivateFrame* nur beim Start der Anwendung ausgeführt wird.

Die Funktion PreCreateWindow

Die Funktion *CWnd::PreCreateWindow* ist eine weitere virtuelle Funktion, die Sie überschreiben können, um die Eigenschaften Ihres Fensters vor der Anzeige zu ändern. Das Anwendungsgerüst ruft diese Funktion vor *ActivateFrame* auf. Der Anwendungs-Assistent überschreibt die Funktion *PreCreateWindow* immer mit Versionen in der Ansichts- und Rahmenfensterklasse Ihrer Anwendung.

Der Parameter dieser Funktion ist eine *CREATESTRUCT*-Struktur, die unter anderem die Datenelemente *style* und *dwExStyle* enthält. Sie können diese Parameter ändern, bevor Sie die Struktur an die Basisklassenversion von *PreCreateWindow* übergeben. Das Attribut *style* bestimmt, ob das Fenster einen Rand, Bildlaufleisten, Schaltflächen für Minimieren und Maximieren etc. hat. Das Attribut *dwExStyle* steuert andere Charakteristika, wie beispielsweise den Status *Immer im Vordergrund*. Nähere Einzelheiten finden Sie in der Online-Dokumentation unter den Stichwörtern »Window Styles« und »Extended Window Styles«.

Wenn Sie den Hintergrundpinsel, den Mauszeiger und das Symbol Ihrer Anwendung ändern wollen, ist das *CREATESTRUCT*-Element *lpszClass* sehr nützlich. Es ist kaum sinnvoll, Pinsel oder Mauszeiger in einem Rahmenfenster zu ändern, weil dessen Client-Bereich vom Ansichtsfenster ausgefüllt wird. Falls Sie aber zum Beispiel ein hässliches rotes Ansichtsfenster mit einem speziellen Mauszeiger wünschen, können Sie die Funktion *PreCreateWindow* in Ihrer *Ansichtsklasse* folgendermaßen überschreiben:

```
BOOL CMyView::PreCreateWindow(CREATESTRUCT& cs)
{
  if (!CView::PreCreateWindow(cs)) {
    return FALSE;
  }
  cs.lpszClass =
    AfxRegisterWndClass(CS_DBLCLKS | CS_HREDRAW | CS_VREDRAW,
                        AfxGetApp()->LoadCursor(IDC_MYCURSOR),
                        ::CreateSolidBrush(RGB(255, 0, 0)));
  if (cs.lpszClass != NULL) {
    return TRUE;
  }
  else {
    return FALSE;
  }
}
```

Wenn Sie die Funktion *PreCreateWindow* in Ihrem persistenten Rahmenfenster überschreiben, haben die Fenster aller abgeleiteten Klassen die in der Basisklasse programmierten Eigenschaften. Natürlich können auch abgeleitete Klassen eigene Versionen von *PreCreateWindow* haben. Sie müssen dann nur genau auf die Interaktion zwischen der Basisklassenfunktion und der Funktion der abgeleiteten Klasse achten.

Unicode

Europäische Sprachen verwenden Zeichen, die mit 8 Bit codiert werden können (auch die diakritischen Zeichen). Die meisten asiatischen Sprachen benötigen für ihre Zeichen 16 Bit. Viele Programmierer verwenden den *Doppel-Byte-Zeichensatz* DBCS (DBCS = Double Byte Character Set). Dabei sind einige Zeichen 8 Bit breit, andere belegen für ein Zeichen, abhängig vom Wert der ersten 8 Bit, auch 16 Bits. Der DBCS-Standard wird derzeit durch den Unicode-Standard ersetzt, in dem alle Zeichen 16 Bit breit sind. Für die einzelnen Sprachen sind keine besonderen Zeichenbereiche eingerichtet: Wenn ein Zeichen zum Beispiel sowohl im Chinesischen als auch im Japanischen verwendet wird, erscheint dieses Zeichen nur einmal im Unicode-Zeichensatz.

Wenn Sie sich den MFC-Quellcode und den vom MFC-Anwendungs-Assistenten erzeugten Code einmal anschauen, finden Sie dort die Typen *TCHAR*, *LPTSTR* und *LPCTSTR* sowie Literal-Zeichenfolgen wie etwa *_T(»string«)*. Was Sie da sehen, sind Unicode-*Makros*. Wenn beim Erstellen Ihres Projekts das Symbol *_UNICODE* nicht definiert ist, generiert der Compiler Quelltext für gewöhnliche ANSI-Zeichen von 8 Bit Breite (*CHAR*) und Zeiger auf 8-Bit-Zeichenfelder (*LPSTR* und *LPCRSTR*). Falls das Symbol *_UNICODE* definiert ist, generiert der Compiler Zeichen (*WCHAR*), Zeiger (*LPWSTR*) und Literale (*L"wide string«*) für 16-Bit-Unicode.

Das Präprozessorsymbol *_UNICODE* bestimmt auch, welche Windows-Funktionen Ihr Programm aufruft. Viele Win32-Funktionen existieren in zwei Versionen. Wenn Ihr Programm zum Beispiel *CreateWindowEx* aufruft, erzeugt der Compiler entweder Quelltext zum Aufruf ►

von *CreateWindowExA* (mit ANSI-Parametern) oder Quelltext zum Aufruf von *CreateWindowExW* (mit Unicode-Parametern). Unter Microsoft Windows NT, das intern mit Unicode arbeitet, kann *CreateWindowExW* alle Parameter einfach weitergeben, *CreateWindowExA* muss hingegen ANSI-Zeichenfolgen- und ANSI-Zeichenparameter in Unicode konvertieren. Unter Microsoft Windows 95, das intern den ANSI-Zeichensatz verwendet, ist *CreateWindowExW* ein Stub-Objekt und erzeugt einen Fehler. *CreateWindowExA* dagegen gibt alle Parameter weiter.

Wenn Sie eine Unicode-Anwendung erstellen wollen, sollten Sie Windows NT als Zielplattform wählen und durchgehend Makros verwenden. Sie können zwar auch Unicode-Anwendungen für Windows 95 schreiben, müssen dann allerdings die Mühe auf sich nehmen, die »A«-Versionen der Win32-Funktionen aufzurufen. Wie Sie in den Kapiteln 24 bis 30 noch sehen werden, verwenden COM-Aufrufe (außer DAO) immer den 16-Bit-Zeichensatz. Es gibt zwar Win32-Funktionen zur Konvertierung von ANSI in Unicode und umgekehrt, aber wenn Sie die Klasse *CString* verwenden, können Sie auf einen Konstruktor für den 16-Bit-Zeichensatz zurückgreifen, und zum Konvertieren steht die Member-Funktion *AllocSysString* zur Verfügung.

Der Einfachheit halber verwenden die Beispielprogramme dieses Buches nur den ANSI-Zeichensatz. Der von Anwendungs-Assistenten erzeugte Code enthält Unicode-Makros, während der selbst erstellte Code 8-Bit-Zeichenfolgenliterale und die Typen *char*, *char** und *const char** verwendet.

Die Windows-Registrierung

Wenn Sie bereits mit Win16-Anwendungen gearbeitet haben, sind Ihnen INI-Dateien wahrscheinlich nicht ganz unbekannt. Sie können in Win32-Anwendungen zwar immer noch INI-Dateien verwenden, Microsoft empfiehlt aber, statt dessen mit der Windows-Registrierung zu arbeiten. Die Registrierung ist eine von Windows verwaltete Sammlung von Systemdateien, in der Windows und einzelne Anwendungen Informationen dauerhaft speichern und abrufen können. Die Registrierung ist wie eine hierarchische Datenbank aufgebaut, auf deren Zeichenfolgen- und Integer-Daten mit einem mehrteiligen Schlüssel zugegriffen wird.

Betrachten wir beispielsweise eine Textverarbeitung namens TEXTPROC. Sie könnte die zuletzt verwendete Schriftart und Punktgröße in der Registrierung speichern. Nehmen wir weiter an, dass der Programmname den Stamm des Schlüssels bildet (eine Vereinfachung) und die Anwendung zwei Hierarchieebenen unter dem Namen unterhält. Die Struktur würde dann ungefähr folgendermaßen aussehen:

TEXTPROC
  Textformatierung
    Schriftart = Times Roman
    Punkt = 10

Die MFC-Bibliothek stellt vier *CWinApp*-Funktionen – Überbleibsel aus der Zeit der INI-Dateien – für den Zugriff auf die Registrierung zur Verfügung. Seit Visual C++ Version 5 generiert der MFC-Anwendungs-Assistent in der *InitInstance*-Funktion Ihrer Anwendung den folgenden Aufruf von *CWinApp::SetRegistryKey*:

```
SetRegistryKey(_T("Local AppWizard-Generated Applications"));
```

Wenn Sie diesen Aufruf entfernen, verwendet Ihre Anwendung nicht die Registrierung, sondern eine INI-Datei im Windows-Verzeichnis. Der Zeichenfolgen-Parameter der Funktion *SetRegistryKey* bildet die Spitze der Hierarchie. Die folgenden Funktionen der Windows-Registrierung definieren die beiden unteren Ebenen, die als Überschriftenname und Eintragsname bezeichnet werden:

- *GetProfileInt*
- *WriteProfileInt*
- *GetProfileString*
- *WriteProfileString*

Diese Funktionen behandeln Registrierungsdaten entweder als *CString*-Objekte oder als Ganzzahlen ohne Vorzeichen. Sollten Sie Gleitkommawerte als Einträge brauchen, müssen Sie die Zeichenfolgenfunktionen verwenden und die Umwandlung selbst vornehmen. Alle Funktionen übernehmen einen Überschriftennamen und einen Eintragsnamen als Parameter. In dem oben gezeigten Beispiel lautet der Überschriftenname *Textformatierung*, und die Eintragsnamen sind *Schriftart* und *Punkt*.

Für die Zugriffsfunktionen der Registrierung braucht man einen Zeiger auf das Anwendungsobjekt. Die global definierte Funktion *AfxGetApp* erledigt diese Aufgabe. In unserer Beispiel-Registrierung würden die Einträge *Schriftart* und *Punkt* mit folgendem Quelltext festgelegt:

```
AfxGetApp()->WriteProfileString("Textformatierung", "Schriftart",
                                "Times Roman");
AfxGetApp()->WriteProfileInt("Textformatierung", "Punkt", 10);
```

In der Anwendung EX15A werden Sie ein richtiges Beispiel für einen Registrierungseintrag kennen lernen. Sie werden außerdem lernen, mit dem Windows-Programm *Regedit* die Registrierung zu untersuchen und zu bearbeiten.

HINWEIS: Das Anwendungsgerüst speichert in der Registrierung eine Liste der zuletzt verwendeten Dateien unter der Überschrift *Recent File List*.

Mit der Klasse CString arbeiten

Die MFC-Klasse *CString* ist eine wichtige De-Facto-Spracherweiterung von C++. Wie Sie im Abschnitt *Microsoft Foundation Classes and Templates* der Online-Hilfe nachlesen können, hat die Klasse *CString* eine Menge nützlicher Operatoren und Member-Funktionen, ihr wichtigstes Merkmal ist jedoch die Fähigkeit zur dynamischen Speicherreservierung. Sie müssen sich nie mehr um die Größe eines *CString*-Objekts kümmern. Die folgenden Anweisungen zeigen eine typische Verwendung für *CString*-Objekte:

```
CString strFirstName("Elvis");
CString strLastName("Presley");
CString strTruth = strFirstName + " " + strLastName; // Verkettung
strTruth += " lebt!";
ASSERT(strTruth == "Elvis Presley lebt!");
ASSERT(strTruth.Left(5) == strFirstName);
ASSERT(strTruth[2] == 'v'); // Indexoperator
```

Im Idealfall würden C++-Programme durchweg *CString*-Objekte und keine gewöhnlichen, mit Null abgeschlossenen Zeichenfelder mehr enthalten. Leider verwenden aber viele Funktionen der Laufzeitbibliothek immer noch Zeichenfelder, so dass Programme unterschiedliche Darstellungen für Zeichenfolgen aufeinander abstimmen müssen. Glücklicherweise verfügt die Klasse *CString* über den Operator *const char*()*, der ein *CString*-Objekt in einen Zeichenzeiger umwandelt. Viele Funktionen der MFC-Bibliothek übernehmen *const char**-Parameter. Betrachten wir zum Beispiel die globale Funktion *AfxMessageBox*. In folgender Listingzeile sehen Sie einen der Funktionsprototypen:

```
int AFXAPI AfxMessageBox(LPCTSTR lpszText, UINT nType = MB_OK,
                         UINT nIDHelp = 0);
```

(Hinweis: *LPCTSTR* ist kein Zeiger auf ein *CString*-Objekt, sondern ein Unicode-fähiger Ersatz für *const char**.)

Sie können *AfxMessageBox* folgendermaßen aufrufen:

```
char szMessageText[] = "Unbekannter Fehler";
AfxMessageBox(szMessageText);
```

Es geht aber auch so:

```
CString strMessageText("Unbekannter Fehler");
AfxMessageBox(strMessageText);
```

Nehmen Sie jetzt einmal an, Sie wollten eine formatierte Zeichenfolge erzeugen. Dazu können Sie *CString::Format* verwenden. Hier das Listing:

```
int nError = 23;
CString strMessageText;
strMessageText.Format("Fehler Nummer %d", nError);
AfxMessageBox(strMessageText);
```

HINWEIS: Nehmen wir an, Sie möchten direkt Zeichen in ein *CString*-Objekt schreiben. Sie könnten Folgendes versuchen:

```
CString strTest("test");
strncpy(strTest, "T", 1);
```

In diesem Fall erhalten Sie jedoch einen Compiler-Fehler, weil der erste Parameter von *strncpy* als *char** und nicht als *const char** deklariert ist. Aber es gibt die Funktion *CString::GetBuffer*, die die Puffergröße auf eine feste Obergrenze beschränkt und einen *char**-Zeiger liefert. Sie müssen später die Member-Funktion *ReleaseBuffer* aufrufen, um die Zeichenfolge wieder dynamisch zu machen. Das folgende Listing zeigt den richtigen Weg, ein großes »T« einzusetzen:

```
CString strTest("test");
strncpy(strTest.GetBuffer(5), "T", 1);
strTest.ReleaseBuffer();
ASSERT(strTest == "Test");
```

Der Operator *const char** sorgt für die Konvertierung eines *CString*-Objekts in einen Zeiger auf ein konstantes Zeichenfeld. Wie aber funktioniert die Umwandlung in die andere Richtung? Wie der Zufall so spielt, hat die Klasse *CString* einen Konstruktor, der einen Zeiger auf eine konstante Zeichenfolge in ein *CString*-Objekt umwandeln kann. Außerdem verfügt sie über eine Reihe von überladenen Operatoren für diese Zeiger. Und genau aus diesem Grund funktionieren Anweisungen wie die folgende:

```
strTruth += " lebt!";
```

Der spezielle Konstruktor funktioniert bei Funktionen, die einen *CString*-Referenzparameter übernehmen, wie etwa *CDC::TextOut*. In der folgenden Anweisung wird ein temporäres *CString*-Objekt auf dem Stack des aufrufenden Programms erstellt. Danach wird die Adresse des Objekts an *TextOut* übergeben.

```
pDC->TextOut(0, 0, "Hello, world!");
```

Es ist allerdings effizienter, die andere überladene Version von *CDC::TextOut* zu verwenden, sofern Sie bereit sind, die Zeichen des *CString*-Objekts zu zählen:

```
pDC->TextOut(0, 0, "Hello, world!", 13);
```

Wenn Sie eine Funktion schreiben, die einen Zeichenfolgenparameter übernimmt, haben Sie mehrere Gestaltungsmöglichkeiten. Hier sind einige Faustregeln:

- Falls die Funktion den Inhalt der Zeichenfolge nicht ändert und Sie beabsichten, auch Funktionen der C-Laufzeitbibliothek wie *strcpy* zu einzusetzen, verwenden Sie einen Parameter des Typs *const char**.
- Falls die Funktion den Inhalt der Zeichenfolge nicht ändert, Sie aber *CString*-Funktionen innerhalb der Funktion verwenden wollen, verwenden Sie einen Parameter des Typs *const CString&*.
- Falls die Funktion den Inhalt der Zeichenfolge ändert, verwenden Sie einen Parameter des Typs *CString&*.

Die Position eines maximierten Fensters

Als Windows-Anwender wissen Sie, dass Sie ein Fenster über das Systemmenü oder mit einem Klick auf eine der Schaltflächen in der oberen rechten Fensterecke maximieren können. Auf die gleiche Art und Weise können Sie ein maximiertes Fenster auch wieder in seine Originalgröße zurücksetzen. Offenbar merkt ein maximiertes Fenster sich seine Originalgröße und -position.

Die *CWnd*-Funktion *GetWindowRect* ruft die Bildschirmkoordinaten eines Fensters ab. Ist ein Fenster maximiert, gibt *GetWindowRect* die Koordinaten des Bildschirms und nicht die Koordinaten des nicht maximierten Fensters zurück. Wenn eine Klasse für persistente Rahmenfenster mit einem maximierten Fenster funktionieren soll, muss sie die Koordinaten des nicht maximierten Fensters kennen. *CWnd::GetWindowPlacement tt*ruft diese Koordinaten zusammen mit einigen Attributen ab, die anzeigen, ob das Fenster gegenwärtig maximiert, minimiert oder beides ist.

Mit dem Gegenspieler dieser Funktion, der Funktion *SetWindowPlacement*, können Sie festlegen, ob das Fenster maximiert oder minimiert ist und seine Größe und Position einstellen. Um die Position der oberen linken Ecke eines maximierten Fensters zu berechnen, müssen Sie die Rahmengröße des Fensters berücksichtigen. Diese kann mit der Win32-Funktion *GetSystemsMetrics* ermittelt werden. Listing 15.1 enthält im Quelltext von *CPersistent::ActivateFrame* ein Beispiel für die Verwendung von *SetWindowPlacement*.

Der Status der Steuerelementleiste und die Registrierung

Die MFC-Bibliothek stellt in *CFrameWnd* zwei Member-Funktionen bereit, *SaveBarState* und *LoadBarState*, die den Status der Steuerelementleiste in der Registrierung speichern beziehungsweise daraus abrufen. Diese Funktionen verarbeiten die Größe und Position der Statusleiste und der angedockten Symbolleisten. Sie berücksichtigen jedoch nicht die Position von unverankerten Symbolleisten.

Statische Datenelemente

Die Klasse *CPersistentFrame* speichert die Namen ihrer Registrierungsschlüssel in Datenelementen des Typs *static const char*. Welche anderen Möglichkeiten gäbe es sonst? Zeichenfolgen-Ressourceneinträge würden nicht funktionieren, weil die Zeichenfolgen in der Klasse selbst definiert werden müssen. (Zeichenfolgen-Ressourcen wären jedoch dann sinnvoll, wenn man *CPersistentFrame* in einer DLL implementieren würde.) Globale Variablen sind im Allgemeinen nicht zu empfehlen, weil sie das Prinzip der Kapselung unterlaufen. Statische *CString*-Objekte sind auch widersinnig, weil die Zeichen beim Start des Programms in den Heap-Speicher kopiert werden müssten.

Eine nahe liegende Lösung wären normale Datenelemente. Statische Datenelemente sind jedoch besser, weil sie wie Konstanten in den schreibgeschützten Datenbereich des Programms verlagert werden und mehreren Instanzen desselben Programms zugeordnet werden können. Ist die Klasse *CPersistentFrame* Teil einer DLL, so können alle Programme, die diese DLL verwenden, auf dieselbe Kopie der Zeichenfelder zugreifen. Statische Datenelemente sind eigentlich globale Variablen, aber ihr Gültigkeitsbereich ist auf ihre Klasse beschränkt, so dass keine Namenskonflikte zu befürchten sind.

Das Standard-Fensterrechteck

Sie sind daran gewöhnt, Rechtecke mit Hilfe von Geräte- oder logischen Koordinaten zu definieren. Ein mit der Anweisung

```
CRect rect(CW_USEDEFAULT, CW_USEDEFAULT, 0, 0);
```

konstruiertes *CRect*-Objekt hat eine besondere Bedeutung. Wenn Windows ein neues Fenster mit diesem besonderen Rechteck erstellt, positioniert es das Fenster so, dass die obere linke Ecke unterhalb und rechts von dem zuletzt erstellten Fenster liegt. Damit ergibt sich eine überlappende Anordnung. Rechter und unterer Fensterrand werden so gewählt, dass sie immer innerhalb des Bildschirmbereichs liegen.

Das statische Datenelement *rectDefault* der Klasse *CFrameWnd* wird mit Hilfe von CW_USEDEFAULT auf diese Art und Weise konstruiert und enthält deshalb dieses spezielle

Rechteck. Die Klasse *CPersistentFrame* deklariert ein eigenes statisches *rectDefault*-Datenelement, das das Basisklassenelement verdeckt, und verwendet somit ein eigenes Standardfensterrechteck mit einer festen Größe und Position.

Das Beispielprogramm EX15A

Das Beipielprogramm EX15A illustriert die Verwendung eines persistenten Rahmenfensters in Gestalt der Klasse *CPersistentFrame*. Listing 15.1 enthält die Dateien Persist.h und Persist.cpp, die sich im Projektverzeichnis zu EX15A auf der Begleit-CD befinden. In diesem Beispiel sollen Sie die neue Rahmenklasse in eine vom Anwendungs-Assistenten erstellte SDI-Anwendung einfügen. Die Anwendung EX15A leistet eigentlich nichts, aber sie zeigt, wie Sie auch Ihre eigenen, sinnvolleren SDI-Anwendungen mit einem dauerhaften Rahmenfenster ausstatten können.

PERSIST.H

```
// Persist.h

#ifndef _INSIDE_VISUAL_CPP_PERSISTENT_FRAME
#define _INSIDE_VISUAL_CPP_PERSISTENT_FRAME

class CPersistentFrame : public CFrameWnd
{ // merkt sich die Postion auf dem Desktop
  DECLARE_DYNAMIC(CPersistentFrame)
private:
  static const CRect s_rectDefault;
  static const char s_profileHeading[];
  static const char s_profileRect[];
  static const char s_profileIcon[];
  static const char s_profileMax[];
  static const char s_profileTool[];
  static const char s_profileStatus[];
  BOOL m_bFirstTime;
protected: // Nur aus Serialisierung erstellen
  CPersistentFrame();
  ~CPersistentFrame();

  //{{AFX_VIRTUAL(CPersistentFrame)
  public:
  virtual void ActivateFrame(int nCmdShow = -1);
  protected:
//}}AFX_VIRTUAL

//{{AFX_MSG(CPersistentFrame)
  afx_msg void OnDestroy();
//}}AFX_MSG

  DECLARE_MESSAGE_MAP()
};

#endif // _INSIDE_VISUAL_CPP_PERSISTENT_FRAME
```

PERSIST.CPP

```
// Persist.cpp: Persistentes Rahmenfenster für SDI-Anwendungen

#include "stdafx.h"
#include "persist.h"

#ifdef _DEBUG
#undef THIS_FILE
static char BASED_CODE THIS_FILE[] = __FILE__;
#endif
///////////////////////////////////////////////////////////////
// CPersistentFrame

const CRect CPersistentFrame::s_rectDefault(10,  10,
                      500, 400);  // statisch
const char CPersistentFrame::s_profileHeading[] = "Window size";
const char CPersistentFrame::s_profileRect[] = "Rect";
const char CPersistentFrame::s_profileIcon[] = "icon";
const char CPersistentFrame::s_profileMax[] = "max";
const char CPersistentFrame::s_profileTool[] = "tool";
const char CPersistentFrame::s_profileStatus[] = "status";
IMPLEMENT_DYNAMIC(CPersistentFrame, CFrameWnd)

BEGIN_MESSAGE_MAP(CPersistentFrame, CFrameWnd)
  //{{AFX_MSG_MAP(CPersistentFrame)
  ON_WM_DESTROY()
  //}}AFX_MSG_MAP
END_MESSAGE_MAP()

///////////////////////////////////////////////////////////////
CPersistentFrame::CPersistentFrame()
{
  m_bFirstTime = TRUE;
}


///////////////////////////////////////////////////////////////
CPersistentFrame::~CPersistentFrame()
{
}

///////////////////////////////////////////////////////////////
void CPersistentFrame::OnDestroy()
{
  CString strText;
  BOOL bIconic, bMaximized;

  WINDOWPLACEMENT wndpl;
  wndpl.length = sizeof(WINDOWPLACEMENT);
  // ermittelt aktuelle Fenstergröße
  //  und ob das Fenster minimiert bzw maximiert ist
  BOOL bRet = GetWindowPlacement(&wndpl);
  if (wndpl.showCmd == SW_SHOWNORMAL) {
    bIconic = FALSE;
    bMaximized = FALSE;
  }
```

```
  else if (wndpl.showCmd == SW_SHOWMAXIMIZED) {
    bIconic = FALSE;
    bMaximized = TRUE;
  }
  else if (wndpl.showCmd == SW_SHOWMINIMIZED) {
    bIconic = TRUE;
    if (wndpl.flags) {
      bMaximized = TRUE;
    }
    else {
      bMaximized = FALSE;
    }
  }
  strText.Format("%04d %04d %04d %04d",
                 wndpl.rcNormalPosition.left,
                 wndpl.rcNormalPosition.top,
                 wndpl.rcNormalPosition.right,
                 wndpl.rcNormalPosition.bottom);
  AfxGetApp()->WriteProfileString(s_profileHeading,
                                  s_profileRect, strText);
  AfxGetApp()->WriteProfileInt(s_profileHeading,
                               s_profileIcon, bIconic);
  AfxGetApp()->WriteProfileInt(s_profileHeading,
                               s_profileMax, bMaximized);
  SaveBarState(AfxGetApp()->m_pszProfileName);
  CFrameWnd::OnDestroy();
}


///////////////////////////////////////////////////////////////
void CPersistentFrame::ActivateFrame(int nCmdShow)
{
  CString strText;
  BOOL bIconic, bMaximized;
  UINT flags;
  WINDOWPLACEMENT wndpl;
  CRect rect;

  if (m_bFirstTime) {
    m_bFirstTime = FALSE;
    strText = AfxGetApp()->GetProfileString(s_profileHeading,
                                            s_profileRect);
    if (!strText.IsEmpty()) {
      rect.left = atoi((const char*) strText);
      rect.top = atoi((const char*) strText + 5);
      rect.right = atoi((const char*) strText + 10);
      rect.bottom = atoi((const char*) strText + 15);
    }
    else {
      rect = s_rectDefault;
    }

    bIconic = AfxGetApp()->GetProfileInt(s_profileHeading,
                                         s_profileIcon, 0);
    bMaximized = AfxGetApp()->GetProfileInt(s_profileHeading,
                                            s_profileMax, 0);
```

```
    if (bIconic) {
      nCmdShow = SW_SHOWMINNOACTIVE;
      if (bMaximized) {
        flags = WPF_RESTORETOMAXIMIZED;
      }
      else {
        flags = WPF_SETMINPOSITION;
      }
    }
    else {
      if (bMaximized) {
        nCmdShow = SW_SHOWMAXIMIZED;
        flags = WPF_RESTORETOMAXIMIZED;
      }
      else {
        nCmdShow = SW_NORMAL;
        flags = WPF_SETMINPOSITION;
      }
    }
    wndpl.length = sizeof(WINDOWPLACEMENT);
    wndpl.showCmd = nCmdShow;
    wndpl.flags = flags;
    wndpl.ptMinPosition = CPoint(0, 0);
    wndpl.ptMaxPosition =
      CPoint(-::GetSystemMetrics(SM_CXBORDER),
             -::GetSystemMetrics(SM_CYBORDER));
    wndpl.rcNormalPosition = rect;
    LoadBarState(AfxGetApp()->m_pszProfileName);
    // legt die Größe des Fensters fest, und ob es minimiert
    // bzw. maximiert ist
    BOOL bRet = SetWindowPlacement(&wndpl);
  }
  CFrameWnd::ActivateFrame(nCmdShow);
}
```

Listing 15.1: *Der Quellcode der Klasse* CPersistentFrame.

Mit den folgenden Schritten erstellen Sie das Beispielprogramm EX15A:

1. Starten Sie den MFC-Anwendungs-Assistenten, und erstellen Sie die Anwendung \vcpp32\ex15a\ex15a.

Übernehmen Sie alle Standardeinstellungen bis auf folgende beiden Ausnahmen: Wählen Sie die Option *Einzelnes Dokument (SDI)*, und deaktivieren Sie die Option *Drucken und Druckvorschau*. Die Optionen und die vorgeschlagenen Klassennamen werden in Abbildung 15.1 dargestellt.

2. Bearbeiten Sie die Datei *MainFrm.h*.

Sie müssen die Basisklasse von *CMainFrm* ändern. Ändern Sie dazu einfach die Zeile:

```
class CMainFrame : public CFrameWnd
```

in

```
class CMainFrame : public CPersistentFrame
```

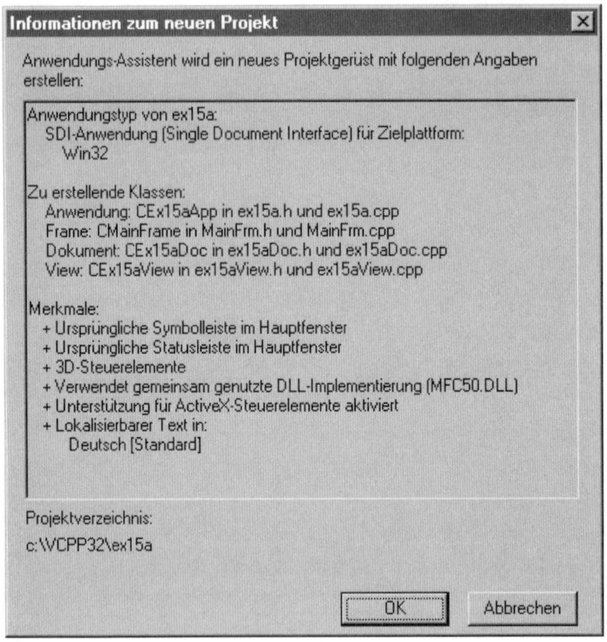

Abbildung 15.1:
Das Dialogfeld Informationen zum neuen Projekt *mit den Einstellungen für die Anwendung EX15A.*

Fügen Sie außerdem folgende Zeile ein:

```
#include "persist.h"
```

3. Bearbeiten Sie die Datei MainFrm.cpp.
Ersetzen Sie alle Vorkommen von *CFrameWnd* durch *CPersistentFrame*.

4. Bearbeiten Sie die *Datei ex15a.cpp.*
Ersetzen Sie die Zeile

```
SetRegistryKey(_T("Local AppWizard-Generated Applications"));
```

durch folgende Zeile:

```
SetRegistryKey("Inside Visual C++");
```

5. Fügen Sie die Dateien Persist.h und Persist.cpp zum Projekt hinzu.
Sie können den Quelltext für die Dateien Persist.h und Persist.cpp aus Listing 15.1 abtippen oder die Dateien von der Begleit-CD kopieren. Es genügt aber nicht, die Dateien lediglich im Verzeichnis \vcpp32\ex15a zu speichern. Sie müssen die Dateinamen auch in die Projektdatei (DSP) aufnehmen. Wählen Sie im Menü *Projekt* von Visual C++ den Befehl *Zu Projekt hinzufügen*. Wählen Sie im daraufhin erscheinenden Untermenü den Befehl *Dateien*. Markieren Sie in der Dateiliste *Persist.h* und *Persist.cpp*.

6. Erstellen Sie eine neue Klassen-Assistenten-Datei.

Löschen Sie mit Hilfe des Windows-Explorers die Klassen-Assistenten-Datei *ex15a.clw*. Wählen Sie in Visual C++ den Befehl *Klassen-Assistent* aus dem Menü *Ansicht*. Folgen Sie den Anweisungen von Visual C++, wenn Sie aufgefordert werden, Dateien zu schließen. Wenn Sie gefragt werden, ob Sie die CLW-Datei neu erstellen wollen, klicken Sie auf *Ja*. Daraufhin wird das Dialogfeld *Quellcodedateien auswählen* geöffnet. Stellen Sie sicher, dass alle Header- und Quelltextdateien im Feld *Dateien im Projekt* angezeigt werden, so wie es Abbildung 15.2 dargestellt ist.

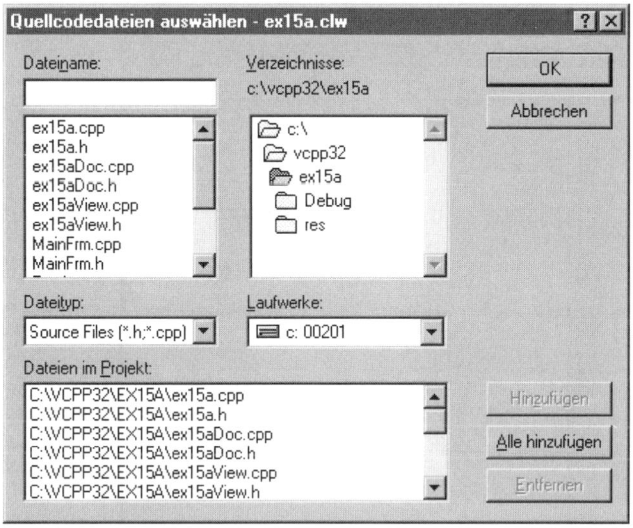

Abbildung 15.2:
Das Dialogfeld Quellcodedateien auswählen.

Klicken Sie anschließend auf *OK*, um die CLW-Datei neu zu erzeugen. Beachten Sie, dass *CPersistentFrame* nun in den Klassen-Assistenten integriert ist. Sie können jetzt Nachrichten zuordnen und virtuelle Funktionen in der Klasse *CPersistentFrame* überschreiben.

7. Erstellen und testen Sie die Anwendung EX15A.

Ändern Sie die Größe des Anwendungsfensters, und schieben Sie es auf dem Bildschirm herum. Schließen Sie anschließend die Anwendung. Wenn Sie die Anwendung neu starten, wird dann das Fenster an derselben Stelle geöffnet, an der es vorher geschlossen wurde? Experimentieren Sie mit den Maximierungs- und Minimierungsfunktionen, und ändern Sie dann den Status und die Position der Steuerelementleisten. Erinnert sich das persistente Rahmenfenster an seine Einstellungen?

8. Speichern Sie die Klasse *CPersistentFrame* für die künftige Verwendung in der Komponentensammlung.

Klicken Sie *CPersistentFrame* in der *Klassenansicht* mit der rechten Maustaste an, und wählen Sie dann die Option *Zu Komponentensammlung hinzufügen*. Öffnen Sie das Dialogfeld *Sammlung der Komponenten und Steuerelemente,* indem Sie im Menü *Projekt* zuerst den Befehl *Dem Projekt hinzufügen* und dann *Komponenten und Steuerelemente* wählen. Beachten Sie, dass Visual C++ die Datei Persistent Frame.ogx in einem Ordner mit dem Namen *\ex15a* erstellt hat. Ändern Sie den Namen dieses Ordners in *Persistentes Rahmenfenster* um. Jetzt können Sie die

Klasse *CPersistentFrame* in jedes beliebige Projekt aufnehmen, indem Sie einfach die Datei *Persistent Frame.ogx* hinzufügen. Auf diese Art und Weise werden wir *CPersistentFrame* auch in das Beispiel EX22A aufnehmen.

9. Überprüfen Sie die Windows-Registrierung.
Starten Sie das Windows-Programm Regedit.exe. Suchen Sie den Schlüssel *HKEY_CURRENT_-USER\Software\Programming Visual C++\ex15a*. Die dort angezeigten Datenwerte sollten ungefähr so aussehen, wie in Abbildung 15.3 dargestellt.

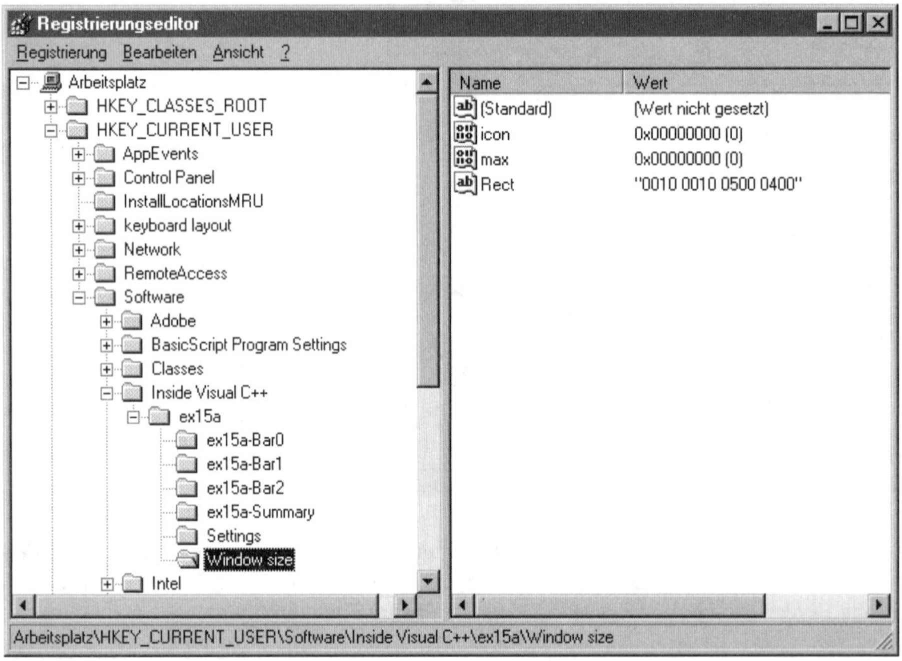

Abbildung 15.3: *Der Registrierungseditor mit den Einträgen des Programms EX15A.*

Beachten Sie die Beziehung zwischen dem Registrierungsschlüssel und dem *SetRegistryKey*-Funktionsparameter *»Inside Visual C++«*. Wenn Sie der Funktion *SetRegistryKey* eine leere Zeichenfolge übergeben würden, würde der Programmname (in diesem Fall *ex15a*) direkt unter dem Schlüssel *Software* angezeigt werden.

Persistente Rahmenfenster in MDI-Anwendungen

Eigentlich kommen wir erst in Kapitel 18 auf MDI-Anwendungen (MDI – Multiple Document Interface) zu sprechen. Wenn Sie dieses Buch jedoch als Referenzhandbuch verwenden, können Sie auch schon an dieser Stelle die Technik zur Erstellung von persistenten Rahmenfenstern auf MDI-Anwendungen anwenden.

So wie sie in diesem Kapitel vorgestellt wurde, kann die Klasse *CPersistentFrame* in einer MDI-Anwendung nicht funktionieren, weil die Funktion *ShowWindow* des MDI-Hauptrahmenfensters nicht von einer virtuellen *ActivateFrame*-Funktion aufgerufen wird, sondern direkt von der Member-Funktion *InitInstance* der Anwendungsklasse. Wenn Sie die Eigenschaften eines MDI-Hauptrahmenfensters steuern wollen, fügen Sie den notwendigen Quelltext in die Funktion *InitInstance* ein.

Die Funktion *ActivateFrame* wird jedoch für *CMDIChildWnd*-Objekte aufgerufen. Das bedeutet, dass Ihre MDI-Anwendung sich die Größe und Position der untergeordneten Fenster merken könnte. Sie könnten die Informationen in der Registrierung speichern, müssten dann allerdings mehrere Fenster verwalten. Das würde jedoch auch bedeuten, dass Sie für diesen Zweck die Klasse *CPersistentFrame* verändern müssten.

16 Dokument und Ansicht trennen

In diesem Kapitel werden Sie endlich etwas über die Interaktion zwischen Dokumenten und Ansichten erfahren. In Kapitel 13 haben Sie bei der Beschreibung der Weiterleitung von Befehlsnachrichten an Ansichts- und Dokumentobjekte einen ersten Einblick in diese Interaktion erhalten. In diesem Kapitel erfahren Sie, wie das Dokument die Daten der Anwendung verwaltet und wie die Ansicht diese Daten dem Anwender präsentiert. Sie erfahren außerdem, wie Dokument- und Ansichtsobjekte miteinander kommunizieren, während die Anwendung ausgeführt wird.

In den beiden Beispielen dieses Kapitels wird die Klasse *CFormView* als Basisklasse der Ansicht verwendet. Das erste Beispiel ist so einfach wie irgend möglich gestaltet. Das Dokument enthält lediglich ein Objekt der Klasse *CStudent*, das den Datensatz eines Studenten repräsentiert. Die Ansicht zeigt den Namen und die Punktzahl des Studenten und ermöglicht auch die Bearbeitung dieser Daten. Anhand der Klasse *CStudent* können Sie üben, praxisnahe Klassen zu schreiben. Sie werden außerdem lernen, mit den *Dump*-Diagnosefunktionen zu arbeiten, die die MFC-Bibliothek Version 6.0 bereitstellt.

Das zweite Beispiel geht einen Schritt weiter und führt Sie in die Arbeit mit Zeiger-Auflistungsklassen ein, wobei die Klassen *CObList* und *CTypedPrtList* besonders eingehend besprochen werden. Das Dokument enthält hier eine Liste mit Studentendatensätzen. In der Ansicht können Sie die Datensätze nacheinander abrufen, neu einfügen und löschen.

Funktionen für die Interaktion zwischen Dokument und Ansicht

Sie wissen mittlerweile, dass das Dokumentobjekt die Daten enthält und das Ansichtsobjekt sie anzeigt sowie ihre Bearbeitung ermöglicht. Eine SDI-Anwendung enthält eine von *CDocument* abgeleitete Dokumentklasse und mehrere Ansichtsklassen, die alle von *CView* abstammen. Das Dokument, die Ansicht und das übrige Anwendungsgerüst kommunizieren über ein sehr komplexes Protokoll. Um es zu verstehen, müssen Sie fünf wichtige Member-Funktionen der Dokument- und Ansichtsklasse kennen. Zwei diese Funktionen sind nicht-virtuelle Basisklassenfunktionen, die in den abgeleiteten Klassen aufgerufen werden. Die übrigen drei sind virtuelle Funktionen, die in den abgeleiteten Klassen häufig überschrieben werden. Im Folgenden wollen wir diese Funktionen der Reihe nach untersuchen.

Die Funktion CView::GetDocument

Mit jedem Ansichtsobjekt ist genau ein Dokumentobjekt verbunden. Die Funktion *GetDocument* ermöglicht es der Anwendung, auf das zu einer Ansicht gehörende Dokument zuzugreifen. Nehmen wir an, ein Ansichtsobjekt erhält eine Nachricht, dass der Anwender neue Daten in ein Eingabefeld eingegeben hat. Die Ansicht muss jetzt das Dokumentobjekt auffordern, seine internen Daten entsprechend zu aktualisieren. Die Funktion *GetDocument* liefert einen Zeiger auf das Dokument, der den Zugriff auf die Member-Funktionen der Dokumentklasse oder deren öffentliche Datenelemente ermöglicht.

HINWEIS: Die Funktion *CDocument::GetNextView* liefert die zum Dokument gehörende Ansicht. Weil ein Dokument aber mehr als eine Ansicht haben kann, ist es nötig, diese Member-Funktion in einer Schleife mehrmals aufzurufen. Sie werden *GetNextView* selten verwenden, weil das Anwendungsgerüst eine bessere Methode zur Iteration über die Dokumentansichten bietet.

Wenn der MFC-Anwendungs-Assistent eine von *CView* abgeleitete Klasse erzeugt, erstellt er eine typsichere Version der Funktion *GetDocument*. Diese Funktion liefert keinen *CDocument*-Zeiger, sondern einen Zeiger auf ein Objekt der abgeleiteten Klasse. Die Funktion ist als Inline-Funktion deklariert und sieht etwa folgendermaßen aus:

```
CMyDoc* GetDocument()
{
  return (CMyDoc*) m_pDocument;
}
```

Wenn der Compiler im Quelltext der Ansichtsklasse auf einen Aufruf von *GetDocument* stößt, verwendet er die Version der abgeleiteten Klasse und nicht die *CDocument*-Version, so dass Sie keine Typumwandlung des zurückgegebenen Zeigers auf Ihre abgeleitete Dokumentklasse durchführen müssen. Da *CView::GetDocument keine* virtuelle Funktion ist, wird in der Anweisung

```
pView->GetDocument(); // pView ist als CView* deklariert
```

die *GetDocument*-Funktion der Basisklasse aufgerufen. Daher liefert der Aufruf einen Zeiger auf ein *CDocument*-Objekt.

Die Funktion CDocument::UpdateAllViews

Falls sich die Daten des Dokuments aus irgendeinem Grund ändern, müssen alle Ansichten davon benachrichtigt werden, damit sie ihre Darstellung dieser Daten aktualisieren können. Wenn *UpdateAllViews* von der Member-Funktion einer abgeleiteten Dokumentklasse aufgerufen wird, ist ihr erster Parameter *pSender* gleich *NULL*. Wird *UpdateAllViews* von der Member-Funktion einer abgeleiteten Ansichtsklasse aufgerufen, übergeben Sie in *pSender* die aktuelle Ansicht. Gehen Sie dabei nach folgendem Muster vor:

```
GetDocument()->UpdateAllViews(this);
```

Ein von *NULL* verschiedener Parameter hindert das Anwendungsgerüst daran, die aktuelle Ansicht zu benachrichtigen. Wir gehen hier davon aus, dass die aktuelle Ansicht sich schon selbst aktualisiert hat.

Die Funktion hat optionale Parameter, mit denen ansichtsspezifische und anwendungsbezogene Hinweise dazu gegeben werden können, welche Teile der Ansicht aktualisiert werden sollen. Diese Aufrufvariante stellt höhere Anforderungen an den Programmierer.

Wie wird eine Ansicht eigentlich benachrichtigt, wenn *UpdateAllViews* aufgerufen wurde? Schauen Sie sich dazu die folgende Funktion *OnUpdate* an.

Die Funktion CView::OnUpdate

Diese virtuelle Funktion wird vom Anwendungsgerüst aufgerufen, nachdem die Funktion *CDocument::UpdateAllViews* aufgerufen worden ist. Natürlich ist auch ein direkter Aufruf in einer von *CView* abgeleiteten Klasse möglich. Normalerweise greift die *OnUpdate*-Funktion Ihrer abgeleiteten Klasse auf das Dokument zu, ruft dessen Daten ab und aktualisiert dann die Datenelemente oder Steuerelemente der Ansicht, um die Änderungen wiederzugeben. Als Alternative könnte *OnUpdate* auch einen Teil der Ansicht für ungültig erklären und dadurch die *OnDraw*-Funktion der Ansicht veranlassen, das Fenster mit den Dokumentdaten neu zu zeichnen. Die Funktion *OnUpdate* könnte etwa folgendermaßen aussehen:

```
void CMyView::OnUpdate(CView* pSender, LPARAM lHint, CObject* pHint)
{
  CMyDocument* pMyDoc = GetDocument();
  CString lastName = pMyDoc->GetLastName();
  m_pNameStatic->SetWindowText(lastName); // m_pNameStatic ist ein
                                          // Datenelement von CMyView
}
```

Die Informationen in den Parametern *lHint* und *pHint* werden direkt an *UpdateAllViews* weitergereicht. Die Standardimplementierung von *OnUpdate* erklärt das gesamte Fensterrechteck für ungültig. In einer überschriebenen Version der Funktion können Sie in diesen Parametern einen kleineren ungültigen Bereich definieren.

Wenn die Funktion *CDocument::UpdateAllViews* mit einem *pSender*-Parameter aufgerufen wird, der auf ein bestimmtes Ansichtsobjekt zeigt, wird *OnUpdate* für alle Ansichten des Dokuments bis auf die durch den Zeiger angegebene Ansicht aufgerufen.

Die Funktion CView::OnInitialUpdate

Diese virtuelle Member-Funktion von *CView* wird entweder beim Start der Anwendung aufgerufen, oder wenn der Anwender den Befehl *Neu* oder *Öffnen* aus dem Menü *Datei* auswählt. Die *CView*-Version von *OnInitialUpdate* tut nichts anderes, als *OnUpdate* aufzurufen. Wenn Sie *OnInitialUpdate* in Ihrer abgeleiteten Ansichtsklasse überschreiben, müssen Sie aber dafür sorgen, dass die Ansichtsklasse die Basisklassenversion von *OnInitialUpdate* oder die *OnUpdate*-Funktion der abgeleiteten Klasse aufruft.

Sie können mit der *OnInitialUpdate*-Funktion Ihrer abgeleiteten Klasse das Ansichtsobjekt initialisieren. Beim Start der Anwendung ruft das Anwendungsgerüst *OnInitialUpdate* unmittelbar nach *OnCreate* auf (sofern Sie die Behandlungsfunktion *OnCreate* in Ihrer Fensterklasse definiert haben). Während *OnCreate* nur einmal aufgerufen wird, kann *OnInitialUpdate* mehrmals aufgerufen werden.

Die Funktion CDocument::OnNewDocument

Das Anwendungsgerüst ruft diese virtuelle Funktion auf, nachdem ein Dokumentobjekt erstellt worden ist und wenn der Anwender in einer SDI-Anwendung den Befehl *Neu* aus dem Menü *Datei* ausgewählt hat. In dieser Funktion können Sie gut die Ausgangswerte der Datenelemente in Ihrer Anwendung festlegen. Der MFC-Anwendungs-Assistent überschreibt die Funktion *OnNewDocument* in Ihrer abgeleiteten Dokumentklasse. Behalten Sie aber auf jeden Fall den Aufruf der Basisklassenversion bei.

Eine einfache Dokument-Ansicht-Anwendung

Nehmen wir an, Sie brauchen von Ihrem Dokument nicht mehrere Ansichten und wollen die Unterstützung des Anwendungsgerüsts für Dateioperationen nutzen. In diesem Fall können Sie die Funktionen *UpdateAllViews* und *OnUpdate* vergessen. Führen Sie einfach diese Arbeitsschritte aus:

1. Deklarieren Sie die Datenelemente Ihres Dokuments in der Header-Datei der abgeleiteten Dokumentklasse (die vom MFC-Anwendungs-Assistenten erstellt wird). Diese Datenelemente bilden den primären Datenspeicher Ihrer Anwendung. Sie können diese Elemente als öffentliche Datenelemente definieren oder die abgeleitete Ansichtsklasse als *friend* der Dokumentklasse deklarieren.
2. Überschreiben Sie in der abgeleiteten Klasse die virtuelle Member-Funktion *OnInitialUpdate*. Das Anwendungsgerüst ruft diese Funktion auf, nachdem die Dokumentdaten initialisiert oder von einem Datenträger eingelesen wurden. (In Kapitel 17 werden Ein- und Ausgabeoperationen mit Datenträgern besprochen.) *OnInitialUpdate* sollte die Ansicht aktualisieren, um die aktuellen Daten des Dokuments korrekt wiederzugeben.
3. Richten Sie Ihre abgeleitete Ansichtsklasse so ein, dass die Behandlungsroutinen für Fenster- und Befehlsnachrichten sowie die Funktion *OnDraw* die Datenelemente des Dokuments direkt einlesen und aktualisieren. Verwenden Sie *GetDocument*, um auf das Dokumentobjekt zuzugreifen.

Die Reihenfolge der Ereignisse in dieser vereinfachten Dokument-Ansicht-Umgebung sieht folgendermaßen aus:

Anwendungsstart.	Ein *CMyDocument*-Objekt wird erstellt. Ein *CMyView*-Objekt wird erstellt. Das Ansichtsfenster wird erstellt. *CMyView::OnCreate* wird aufgerufen (falls definiert). *CMyDocument::OnNewDocument* wird aufgerufen. *CMyView::OnInitialUpdate* wird aufgerufen.	
		Das Ansichtsobjekt wird initialisiert. Das Ansichtsfenster wird für ungültig erklärt. *CMyView::OnDraw* wird aufgerufen.
Der Anwender bearbeitet Daten.	Die Member-Funktionen von *CMyView* aktualisieren die Datenelemente von *CMyDocument*.	
Der Anwender beendet die Anwendung.	*CMyView*-Objekt wird gelöscht. *CMyDocument*-Objekt wird gelöscht.	

Die Klasse CFormView

CFormView ist eine nützliche Ansichtsklasse, die viele Eigenschaften mit nichtmodalen Dialogfeldern gemein hat. Wie die von *CDialog* abgeleiteten Klassen sind auch die von *CFormView* abgeleiteten Klassen mit einer Dialogfeldressource verknüpft, die die Eigenschaften des Rahmens und der Steuerelemente beschreibt. Die Klasse *CFormView* unterstützt dieselben Funktionen zum Austausch und zur Validierung von Dialogfelddaten (DDX- und DDV-Funktionen), die Sie schon von den *CDialog*-Beispielen aus Kapitel 6 kennen.

WARNUNG: Wenn der MFC-Anwendungs-Assistent ein *CFormView*-Dialogfeld (eine Formularansicht) generiert, legt er die Eigenschaften korrekt fest. Falls Sie aber mit dem Dialogfeld-Editor selbst ein Dialogfeld für eine Formularansicht erstellen, *müssen* Sie im Dialogfeld *Dialogfeld Eigenschaften* die folgenden Optionen einstellen:

Format = Untergeordnet
Rand = Kein
Sichtbar = Nicht markiert

Ein *CFormView*-Objekt erhält Benachrichtigungen direkt von seinen Steuerelementen und Befehlsnachrichten vom Anwendungsgerüst. Die Art und Weise, in der Befehle hier vom Anwendungsgerüst verarbeitet werden, unterscheidet *CFormView* deutlich von *CDialog* und erleichtert es, die Ansicht über das Hauptmenü des Rahmenfensters oder die Symbolleiste zu steuern.

Die Klasse *CFormView* stammt von *CView* (genau genommen von *CScrollView*) und nicht von *CDialog* ab. Sie können deshalb nicht davon ausgehen, dass Member-Funktionen von *CDialog* unterstützt werden. In *CFormView* sind die virtuellen Funktionen *OnInitDialog*, *OnOK* und *OnCancel* nicht enthalten. *UpdateData* und die DDX-Funktionen werden von *CFormView*-Funktionen nicht aufgerufen. Sie müssen deshalb *UpdateData* bei Bedarf selbst aufrufen (normalerweise, wenn Steuerelement- oder Befehlsnachrichten eintreffen).

Aber obwohl die Klasse *CFormView* nicht von der Klasse *CDialog* abgeleitet ist, wurde sie zur Unterstützung der Dialogfelder von Microsoft Windows konzipiert. Aus diesem Grund können Sie viele der Member-Funktionen der Klasse *CDialog* verwenden, beispielsweise *GotoDlgCtrl* und *NextDlgCtrl*. Sie müssen dazu nur den *CFormView*-Zeiger in einen *CDialog*-Zeiger umwandeln. Die folgende Anweisung – ein Auszug aus einer Member-Funktion einer von *CFormView* abgeleiteten Klasse – weist einem bestimmten Steuerelement den Eingabefokus zu. *GetDlgItem* ist eine Member-Funktion von *CWnd* und wird daher von der abgeleiteten Klasse *CFormView* geerbt.

```
((CDialog*) this)->GotoDlgCtrl(GetDlgItem(IDC_NAME));
```

Der MFC-Anwendungs-Assistent gibt Ihnen die Möglichkeit, *CFormView* als Basisklasse für Ihre Ansicht zu verwenden. Wenn Sie *CFormView* auswählen, erzeugt der Anwendungs-Assistent ein leeres Dialogfeld mit den korrekten Stileigenschaften. Im nächsten Schritt müssen Sie mit dem Klassen-Assistenten Behandlungsroutinen für Steuerelementbenachrichtigungen, Befehlsnachrichten und Oberflächenaktualisierungsnachrichten erstellen. (In den Anweisungen zu EX16A weiter hinten erfahren Sie, was Sie dazu tun müssen.) Sie können außerdem Datenelemente definieren und Validierungskriterien festlegen.

Die Klasse CObject

Wenn Sie sich die Hierarchie der MFC-Bibliothek einmal ansehen, werden Sie feststellen, dass die Klasse *CObject* ganz an der Spitze steht. Die meisten anderen Klassen sind von *CObject* abgeleitet. Diese Klassen erben eine Reihe wichtiger Eigenschaften. Die vielen Vorteile einer Ableitung von *CObject* werden bei der Lektüre der folgenden Kapitel offensichtlich.

In diesem Kapitel werden Sie erfahren, dass Sie bei den von *CObject* abgeleiteten Objekte die Möglichkeit haben, zu Diagnosezwecken Datenauszüge zu erstellen, und dass diese Objekte Elemente von Auflistungsklassen sein können.

Programmdiagnose mit Datenauszügen

Die MFC-Bibliothek stellt Ihnen einige sehr nützliche Werkzeuge zur Verfügung, mit denen Sie Datenauszüge zu Diagnosezwecken erstellen können. Sie aktivieren diese Werkzeuge, wenn Sie als Projektkonfiguration eine *Debug*-Option wählen. Wenn Sie *Win32 Release* auswählen, wird die Diagnosefunktion deaktiviert, und der entsprechende Code wird nicht in Ihr Programm eingebunden. Alle Diagnoseausgaben werden an die *Debug*-Ansicht im Ausgabefenster des Debuggers ausgegeben.

TIPP: Um die Diagnoseausgaben aus dem Ausgabefenster des Debuggers zu löschen, klicken Sie mit der rechten Maustaste in das Ausgabefenster und wählen aus dem Popup-Menü den Befehl *Löschen*.

Das Makro TRACE

Das Makro *TRACE* ist in den vorangegangenen Beispielen schon verschiedentlich verwendet worden. *TRACE*-Anweisungen sind immer dann aktiv, wenn die Konstante *_DEBUG* definiert ist (das heißt, wenn Sie die Debug-Konfiguration ausgewählt haben und wenn die Variable *afxTraceEnabled* den Wert *TRUE* hat). *TRACE*-Anweisungen funktionieren wie die *printf*-Anweisungen von C, werden jedoch in der endgültigen Programmversion vollständig deaktiviert. Hier eine typische *TRACE*-Anweisung:

```
int nCount = 9;
CString strDesc("Summe");
TRACE("Anzahl = %d, Beschreibung = %s\n", nCount, strDesc);
```

HINWEIS: Das Makro *TRACE* kann eine variable Anzahl von Parametern übernehmen und lässt sich deshalb sehr flexibel einsetzen. Wenn Sie sich den MFC-Quelltext anschauen, sehen Sie dort nicht das Makro *TRACE*, sondern die Makros *TRACE0*, *TRACE1*, *TRACE2*, *TRACE3* und so weiter. Die so bezeichneten Makros übernehmen entweder 0, 1, 2 oder 3 Parameter. Es handelt sich hierbei um Überbleibsel aus der 16-Bit-Umgebung, wo es nötig war, Platz im Datensegment zu sparen.

Das Objekt afxDump

Es gibt eine Alternative zur *TRACE*-Anweisung, die mit der Sprache C++ besser kompatibel ist. Das MFC-Objekt *afxDump* übernimmt Programmvariablen mit einer Syntax, die der von *cout*, dem C++-Ausgabe-Stream-Objekt, ähnelt. Man braucht hier keine komplexen Formatzeichenfolgen. Statt dessen steuern überladene Operatoren das Ausgabeformat. Die *afxDump*-Ausgabe geht an dasselbe Ziel wie die *TRACE*-Ausgabe, nur ist das *afxDump*-Objekt ausschließlich in der Debug-Version der MFC-Bibliothek definiert. Das folgende Listing enthält eine stream-orientierte Diagnoseanweisung, die dieselbe Ausgabe produziert wie die *TRACE*-Anweisung weiter oben:

```
int nCount = 9;
CString strDesc("Summe");
#ifdef _DEBUG
  afxDump << "Anzahl = " << nCount
      << ", Beschreibung= " << strDesc << "\n";
#endif // _DEBUG
```

Obwohl *afxDump* und *cout* beide denselben Einfügeoperator (<<) verwenden, haben sie keinen gemeinsamen Quelltext. Das *cout*-Objekt ist Teil der Iostream-Bibliothek von Microsoft Visual C++, während *afxDump* zur MFC-Bibliothek gehört. Gehen Sie nie davon aus, dass *afxDump* dieselben Formatierungsfähigkeiten wie *cout* hat.

Klassen wie *CString*, *CTime* oder *CRect*, die nicht von *CObject* abstammen, enthalten eigene überladene Einfügeoperatoren für *CDumpContext*-Objekte. Die Klasse *CDumpContext*, von der *afxDump* eine Instanz ist, enthält die überladenen Einfügeoperatoren für die Standarddatentypen von C++ (*int*, *double*, *char** und so weiter). Außerdem enthält *CDumpContext* Einfügeoperatoren für *CObject*-Referenzen und -Zeiger. Und genau hier wird es richtig interessant.

Die Funktion Dump und die Klasse CObject

Wenn der *CDumpContext*-Einfügeoperator Zeiger und Referenzen auf *CObject* übernehmen kann, kann er auch Zeiger und Referenzen auf abgeleitete Klassen übernehmen. Betrachten Sie einmal die triviale Klasse *CAction*, die von *CObject* abgeleitet ist:

```
class CAction : public CObject
{
public:
  int m_nTime;
};
```

Was passiert, wenn die folgende Anweisung ausgeführt wird?

```
#ifdef _DEBUG
  afxDump << action; // action ist ein Objekt der Klasse CAction
#endif // _DEBUG
```

Die virtuelle Funktion *CObject::Dump* wird aufgerufen. Wenn Sie *Dump* nicht in *CAction* überschrieben haben, erhalten Sie nicht viel mehr als die Adresse des Objekts. Überschreiben Sie aber *Dump*, dann können Sie sich den internen Status des Objekts ausgeben lassen. Hier eine Version von *CAction::Dump*:

```
#ifdef _DEBUG
void CAction::Dump(CDumpContext& dc) const
{
  CObject::Dump(dc); // Immer die Basisklassenfunktion aufrufen
  dc << "Uhrzeit = " << m_nTime << "\n";
}
#endif // _DEBUG
```

Die *Dump*-Version aus der Basisklasse (*CObject*) gibt eine Zeile wie die folgende aus:

```
a CObject at $4115D4
```

Wenn Sie in der Klassendeklaration von *CAction* das Makro *DECLARE_DYNAMIC* und in Ihrer Definition von *CAction* das Makro *IMPLEMENT_DYNAMIC* aufrufen, wird der Klassennamen im Datenauszug angezeigt,

```
a CAction at $4115D4
```

selbst wenn die entsprechende Anweisung folgendermaßen aussieht:

```
#ifdef _DEBUG
  afxDump << (CObject&) action;
#endif // _DEBUG
```

Die beiden Makros arbeiten zusammen, um den Code für die MFC-Laufzeitklassen in Ihre von *CObject* abgeleitete Klasse einzubinden. Mit diesem Code kann Ihr Programm den Klassennamen eines Objekts zur Laufzeit (zum Beispiel für einen Datenauszug) bestimmen und Informationen über die Klassenhierarchie abrufen.

HINWEIS: Die Makropaare (*DECLARE_SERIAL, IMPLEMENT_SERIAL*) und (*DECLARE_-DYNCREATE, IMPLEMENT_DYNCREATE*) stellen dieselben Laufzeitklassenmerkmale wie das Makropaar (*DECLARE_DYNAMIC, IMPLEMENT_DYNAMIC*) zur Verfügung.

Automatischer Datenauszug von nicht gelöschten Objekten

Wenn die Debug-Konfiguration ausgewählt ist, erstellt das Anwendungsgerüst einen Datenauszug aller bei Programmende nicht gelöschten Objekte. Dieser Datenauszug ist eine praktische Diagnosehilfe. Diese Hilfestellung ist aber erst dann wirklich nützlich, wenn Sie dafür sorgen, dass *alle* Objekte gelöscht werden – auch diejenigen, die normalerweise nach Beendigung des Programms verschwinden. Zu einem guten, disziplinierten Programmierstil gehört ohnehin, dass man nicht mehr benötigte Objekte löscht.

HINWEIS: Der Code, der Debug-Informationen zu zugewiesenen Speicherblöcken hinzufügt, befindet sich jetzt in der Debug-Version der C-Laufzeitbibliothek (CRT) und nicht mehr in der MFC-Bibliothek. Wenn Sie sich dafür entscheiden, die MFC dynamisch zu linken, wird MSVCRTD.DLL zusammen mit den erforderlichen MFC-DLLs geladen. Wenn Sie die Zeile

```
#define new DEBUG_NEW
```

am Anfang einer CPP-Datei einfügen, protokolliert die C-Laufzeitbibliothek den Dateinamen und die Zeilennummer, an denen die Speicherreservierung vorgenommen wurde. Der MFC-Anwendungs-Assistent schreibt diese Zeile in alle von ihm generierten CPP-Dateien.

Fensterunterklassen für eine verbesserte Dateneingabesteuerung

Was müssen Sie tun, damit ein Eingabefeld (in einem Dialogfeld oder einer Formularansicht) nur numerische Zeichen akzeptiert? Die Lösung ist einfach. Sie markieren im Eigenschaftendialogfeld des Steuerelements auf der Registerkarte *Format* einfach die Option *Nummer*. Wenn Sie dagegen numerische Zeichen ausschließen oder die Groß- und Kleinschreibung von Buchstaben beeinflussen wollen, müssen Sie ein wenig programmieren.

Die MFC-Bibliothek bietet ein bequeme Möglichkeit, das Verhalten eines beliebigen Standardsteuerelements, einschließlich des Eingabefelds, zu ändern. Tatsächlich gibt es sogar mehrere Möglichkeiten. Sie könnten eigene Klassen von *CEdit*, *CListBox* usw. (mit eigenen Nachrichtenbehandlungsfunktionen) ableiten und dann Steuerelemente zur Laufzeit erstellen. Sie könnten aber auch eine spezielle Fensterklasse registrieren (Win32-Programmierer würden so vorgehen) und sie mit einem Texteditor in die Ressourcendatei des Projekts integrieren. Keine dieser Methoden erlaubt es Ihnen jedoch, Steuerelemente mit dem Dialogfeld-Editor in die Dialogfeldressource einzufügen.

Das einfachste Verfahren, das Verhalten eines Steuerelements zu verändern, ist der Einsatz der MFC-Funktionen zur Bildung von *Fensterunterklassen*. Sie fügen mit dem Dialogfeld-Editor ein normales Steuerelement in eine Dialogfeldressource ein. Anschließend schreiben Sie eine neue C++-Klasse mit Behandlungsroutinen für die Ereignisse, die Sie selbst bearbeiten wollen. Die folgenden Anweisungen zeigen Ihnen, wie Sie eine Unterklasse eines Eingabefelds erstellen können:

1. Fügen Sie mit dem Dialogfeld-Editor ein Eingabefeld in Ihre Dialogfeldressource ein. Nehmen wir an, die ID dieses untergeordneten Fensters wäre *IDC_EDIT1*. ▶

2. Leiten Sie eine neue Klasse von *CEdit* ab – zum Beispiel *CNonNumericEdit*. Definieren Sie eine Behandlungsroutine für die Nachricht WM_CHAR, und implementieren Sie die Funktion wie folgt:

```
void CNonNumericEdit::OnChar(UINT nChar, UINT nRepCnt, UINT nFlags)
{
  if (!isdigit(nChar)) {
    CEdit::OnChar(nChar, nRepCnt, nFlags);
  }
}
```

3. Deklarieren Sie in der Header-Datei Ihrer abgeleiteten Dialogfeld- oder Formularansichtsklasse ein Datenelement vom Typ *CNonNumericEdit*:

```
private:
  CNonNumericEdit m_nonNumericEdit;
```

4. Wenn Sie mit einer Dialogfeldklasse arbeiten, fügen Sie die folgende Zeile in Ihre überschriebene Version von *OnInitDialog* ein:

```
m_nonNumericEdit.SubclassDlgItem(IDC_EDIT1, this);
```

5. Wenn Sie mit einer Formularansichtsklasse arbeiten, fügen Sie den folgenden Quelltext in Ihre überschriebene Version von *OnInitUpdate* ein:

```
if (m_nonNumericEdit.m_hWnd == NULL) {
  m_nonNumericEdit.SubclassDlgItem(IDC_EDIT1, this);
}
```

Die Member-Funktion *CWnd::SubclassDlgItem* sorgt dafür, dass alle Nachrichten über das Routing-System des Anwendungsgerüsts weitergeleitet werden, bevor sie an die Fensterprozedur des Steuerelements geschickt werden. Die Technik wird als dynamische *Bildung von Unterklassen* bezeichnet und in *MFC Technical Note #14* der Online-Dokumentation näher beschrieben.

Der Quelltext in den obigen Anweisungen kann nur ein Zeichen übernehmen oder ablehnen. Falls Sie den Wert eines Zeichens ändern wollen, muss Ihre Behandlungsroutine die Funktion *CWnd::DefWindowProc* aufrufen, die einen Teil des MFC-Codes umgeht, in dem Parameterwerte in Thread-Objekt-Datenelementen gespeichert werden. Das folgende Listing zeigt eine Beispielroutine, die Kleinbuchstaben in Großbuchstaben umwandelt:

```
void CUpperEdit::OnChar(UINT nChar, UINT nRepCnt, UINT nFlags)
{
  if (islower(nChar)) {
    nChar = toupper(nChar);
  }
  DefWindowProc(WM_CHAR, (WPARAM) nChar,
                (LPARAM) (nRepCnt | (nFlags << 16)));
}
```

▶

Auch zur Bearbeitung von reflektierten Nachrichten, die in Kapitel 6 schon einmal erwähnt wurden, kann man die Technik der Fensterunterklassenbildung verwenden. Falls eine MFC-Fensterklasse für eine Nachricht von einem untergeordneten Steuerelement keine Behandlungsroutine hat, gibt das Anwendungsgerüst die Nachricht an das Steuerelement zurück. Einzelheiten dazu finden Sie in *Technical Note #62* in der Online-Hilfe.

Wenn Sie zum Beispiel ein Eingabefeld mit einem gelben Hintergrund brauchen, können Sie die Klasse *CYellowEdit* von der Klasse *CEdit* ableiten und mit Hilfe des Klassen-Assistenten in *CYellowEdit* eine Behandlungsroutine für =WM_CTLCOLOR definieren. (Der Klassen-Assistent stellt dem Nachrichtennamen ein Gleichheitszeichen voran, um anzuzeigen, dass die Nachricht reflektiert wird. Die unten gezeigte Behandlungsroutine unterscheidet sich kaum von der Behandlungsroutine für die nicht reflektierte Nachricht WM_CTLCOLOR. (Die Member-Variable *m_hYellowBrush* wird im Konstruktor der Steuerelementklasse definiert.)

```
HBRUSH CYellowEdit::CtlColor(CDC* pDC, UINT nCtlColor)
{
  pDC->SetBkColor(RGB(255, 255, 0)); // gelb
  return m_hYellowBrush;
}
```

Das Beispielprogramm EX16A

Das erste der beiden Beispiele in diesem Kapitel illustriert eine sehr einfache Interaktion zwischen Dokument und Ansicht. Die von *CDocument* abgeleitete Dokumentklasse *CEx16aDoc* lässt ein einziges eingebettetes *CStudent*-Objekt zu. Die Klasse *CStudent* repräsentiert den Datensatz eines Studenten, der aus einer Zeichenfolge (*CString*) für den Namen und einem Integer-Wert für die Punktzahl besteht. Die Ansichtsklasse *CEx16aView* ist von *CFormView* abgeleitet. Sie ist die visuelle Darstellung eines Studentendatensatzes mit Eingabefeldern für den Namen und die Punktzahl. Die Standardschaltfläche *Eingabe* aktualisiert das Dokument mit den Daten aus den Eingabefeldern. Abbildung 16.1 zeigt das Programmfenster von EX16A.

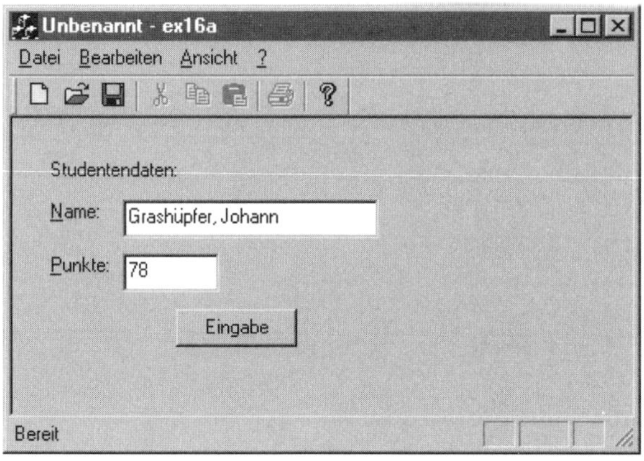

Abbildung 16.1:
Das Beispielprogramm EX16A während der Ausführung.

Listing 16.1 enthält den Quelltext der Klasse *CStudent*. Die meisten Merkmale der Klasse sind auf das Beispiel EX16A zugeschnitten. Bei einigen Elementen wurde aber schon das Beispiel EX16B und die in Kapitel 17 besprochenen Programme berücksichtigt. Wir wollen uns zunächst nur mit den beiden Datenelementen, dem Standardkonstruktor, den Operatoren und der Deklaration der Funktion *Dump* beschäftigen. Die Makros *DECLARE_DYNAMIC* und *IMPLEMENT_-DYNAMIC* stellen sicher, dass der Klassenname für die Diagnose zur Verfügung steht.

STUDENT.H

```
// student.h

#ifndef _INSIDE_VISUAL_CPP_STUDENT
#define _INSIDE_VISUAL_CPP_STUDENT

class CStudent : public CObject
{
  DECLARE_DYNAMIC(CStudent)
public:
  CString m_strName;
  int m_nGrade;

  CStudent()
  {
    m_nGrade = 0;
  }

  CStudent(const char* szName, int nGrade) : m_strName(szName)
  {
    m_nGrade = nGrade;
  }

  CStudent(const CStudent& s) : m_strName(s.m_strName)
  {
    // Kopierkonstruktor
    m_nGrade = s.m_nGrade;
  }

  const CStudent& operator =(const CStudent& s)
  {
    m_strName = s.m_strName;
    m_nGrade = s.m_nGrade;
    return *this;
  }

  BOOL operator ==(const CStudent& s) const
  {
    if ((m_strName == s.m_strName) && (m_nGrade == s.m_nGrade)) {
      return TRUE;
    }
    else {
      return FALSE;
    }
  }

  BOOL operator !=(const CStudent& s) const
  {
    // Wir benutzen den gerade definierten Operator!
    return !(*this == s);
  }
```

```
#ifdef _DEBUG
  void Dump(CDumpContext& dc) const;
#endif // _DEBUG
};

#endif // _INSIDE_VISUAL_CPP_STUDENT
```

STUDENT.CPP

```
#include "stdafx.h"
#include "student.h"

IMPLEMENT_DYNAMIC(CStudent, CObject)

#ifdef _DEBUG
void CStudent::Dump(CDumpContext& dc) const
{
  CObject::Dump(dc);
  dc << "m_strName = " << m_strName << "\nm_nGrade = " << m_nGrade;
}
#endif // _DEBUG
```

Listing 16.1: *Der Quelltext der Klasse* CStudent.

Führen Sie die folgenden Arbeitsschritte aus, um das Beispielprogramm EX16A zu erstellen:

1. **Starten Sie den MFC-Anwendungs-Assistenten, und erstellen Sie die Anwendung \vcpp32\ex16a\ex16a.**

Wählen Sie im Dialogfeld *MFC-Anwendungs-Assistent – Schritt 6 von 6 CFormView* als Basisklasse der Ansicht aus (siehe Abbildung 16.2).

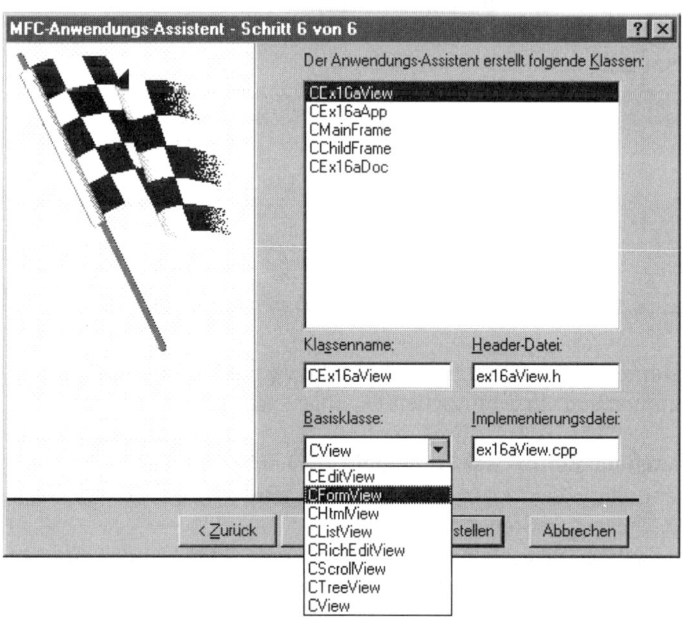

Abbildung 16.2: *Die Basisklasse einer Ansicht im MFC-Anwendungs-Assistenten ändern.*

Die auszuwählenden Optionen und die vorgegebenen Klassennamen können Sie Abbildung 16.3 entnehmen.

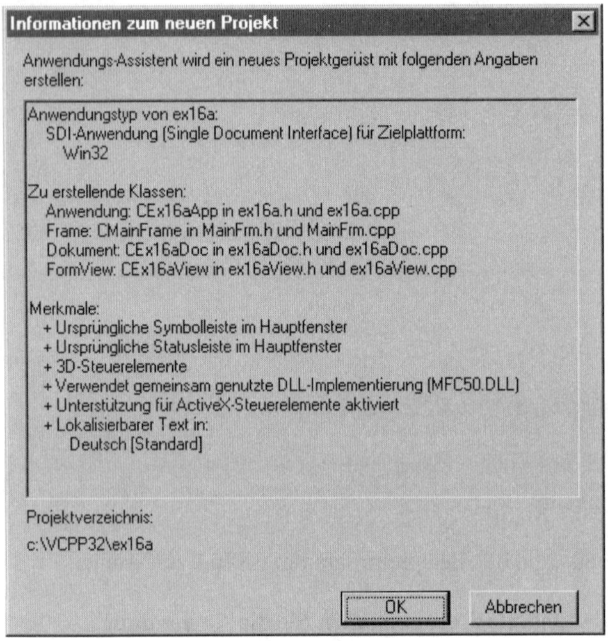

Abbildung 16.3:
Das Dialogfeld Informationen zum neuen Projekt *mit den Einstellungen für das Beispiel EX16A.*

2. Ersetzen Sie mit Hilfe des Menü-Editors die Optionen des Menüs *Bearbeiten.*
Löschen Sie die vorhandenen Befehle aus dem Menü, und ersetzen Sie sie durch den Befehl *Alles löschen.* Ihr Menü sollte dann etwa wie in Abbildung 16.4 aussehen:

Abbildung 16.4:
Die Menüressource der Anwendung EX16A.

Verwenden Sie die Standardkonstante *ID_EDIT_CLEAR_ALL*, die vom Anwendungsgerüst zugewiesen wird. Daraufhin wird automatisch ein Statuszeilentext angezeigt.

3. Ändern Sie mit Hilfe des Dialogfeld-Editors das Dialogfeld *IDD_EX16A_FORM.*
Öffnen Sie das vom MFC-Anwendungs-Assistenten erstellte Dialogfeld *IDD_EX16A_FORM*, und fügen Sie die in Abbildung 16.5 gezeigten Steuerelemente ein.

Vergewissern Sie sich, dass die Dialogfeldeigenschaften (Stil: *Untergeordnet*, Rand: *Keine*) *genau* wie im Dialogfeld *Dialogfeld Eigenschaften* aus Abbildung 16.5 eingestellt sind. Außerdem muss die Option *Sichtbar* deaktiviert sein.

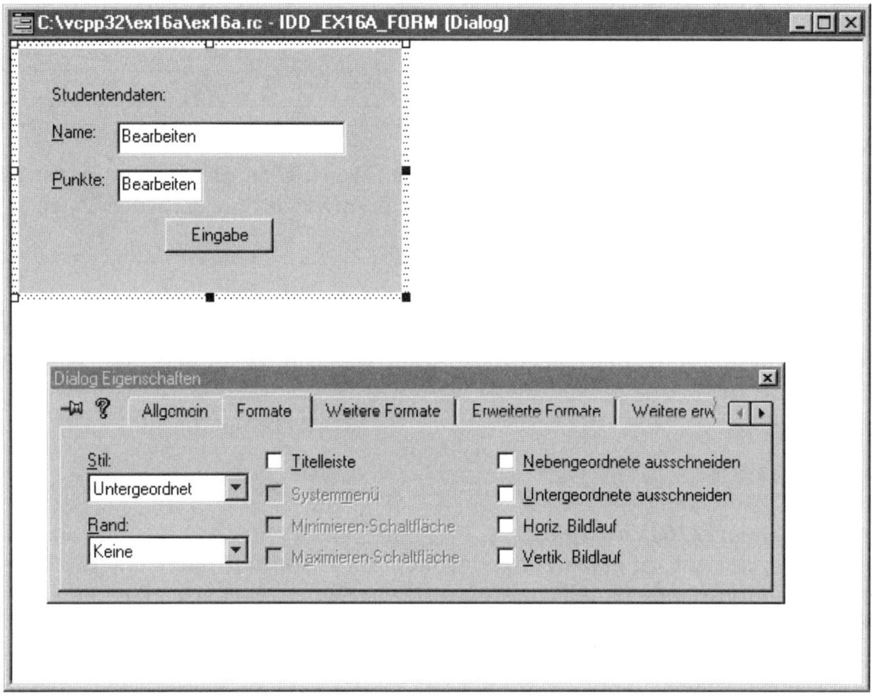

Abbildung 16.5: *Die Formularressource von EX16A im Dialogfeld-Editor.*

Verwenden Sie für die Steuerelemente die folgenden IDs:

Steuerelement	ID
Eingabefeld *Name*	*IDC_NAME*
Eingabefeld *Punkte*	*IDC_GRADE*
Schaltfläche *Eingabe*	*IDC_ENTER*

4. Implementieren Sie mit Hilfe des Klassen-Assistenten zusätzliche Nachrichtenbehandlungsroutinen für *CEx16aView.*

Markieren Sie die Klasse *CEx16aView,* und fügen Sie Behandlungsroutinen für die folgenden Nachrichten hinzu. Übernehmen Sie die vorgeschlagenen Funktionsnamen.

Objekt-ID	Nachricht	Member-Funktion
IDC_ENTER	BN_CLICKED	*OnEnter*
ID_EDIT_CLEAR_ALL	COMMAND	*OnEditClearAll*
ID_EDIT_CLEAR_ALL	UPDATE_COMMAND_UI	*OnUpdateEditClearAll*

5. Fügen Sie mit dem Klassen-Assistenten Variablen in *CEx16aView* ein.

Klicken Sie im Dialogfeld *MFC-Klassen-Assistent* auf das Register *Member-Variablen*. Definieren Sie anschließend die folgenden Variablen:

Steuerelement-ID	Member-Variable	Kategorie	Variablentyp
IDC_GRADE	*m_nGrade*	Wert	*int*
IDC_NAME	*m_strName*	Wert	*CString*

Geben Sie für *m_nGrade* als kleinsten Wert 0 und als größten Wert 100 an. Der Klassen-Assistent generiert dann den Quelltext, der für die Überprüfung der vom Anwender eingegebenen Daten erforderlich ist.

6. Deklarieren Sie einen Prototyp für die Hilfsfunktion *UpdateControlsFromDoc*.
Klicken Sie im Fenster der *Klassen-Ansicht* mit der rechten Maustaste auf *CEx16aView*, und wählen Sie *Member-Funktion hinzufügen*. Füllen Sie das Dialogfeld für die folgende Funktion aus:

```
private:
   void UpdateControlsFromDoc();
```

7. Bearbeiten Sie die Datei *ex16aView.cpp*.
Der MFC-Anwendungs-Assistent hat einen Funktionsrumpf für *OnInitialUpdate* und die Klassen-Ansicht einen Funktionsrumpf für *UpdateControlsFromDoc* erzeugt. Die Funktion *UpdateControlsFromDoc* ist eine private Hilfsfunktion, die Daten vom Dokument an die Datenelemente von *CEx16aView* und danach an die Eingabefelder des Dialogfelds überträgt. Bearbeiten Sie den Quelltext folgendermaßen:

```
void CEx16aView::OnInitialUpdate()
{
  // wird beim Start aufgerufen
  UpdateControlsFromDoc();
}
void CEx16aView::UpdateControlsFromDoc()
{
  // wird in OnInitialUpdate und OnEditClearAll aufgerufen
  CEx16aDoc* pDoc = GetDocument();
  m_nGrade = pDoc->m_student.m_nGrade;
  m_strName = pDoc->m_student.m_strName;
  UpdateData(FALSE); //  DDX-Aufruf
}
```

Die Funktion *OnEnter* ersetzt die Funktion *OnOK*, die Sie wahrscheinlich in einer Dialogfeldklasse erwarten würden. Die Funktion überträgt Daten von den Eingabefeldern zu den Datenelementen der Ansicht und danach an das Dokument. Fügen Sie den unten fett gedruckten Code hinzu.

```
void CEx16aView::OnEnter()
{
  CEx16aDoc* pDoc = GetDocument();
  UpdateData(TRUE);
  pDoc->m_student.m_nGrade = m_nGrade;
  pDoc->m_student.m_strName = m_strName;
}
```

In einer komplexen Anwendung mit mehreren Ansichten würde der Befehl *Alles löschen* aus dem Menü *Bearbeiten* direkt an das Dokument weitergeleitet werden. In diesem einfachen Beispiel wird er an die Ansicht weitergeleitet. Die Behandlungsroutine für die Oberflächenaktualisierung deaktiviert den Menübefehl, falls das *CStudent*-Objekt des Dokuments ohnehin leer ist. Fügen Sie den im Folgenden fett gedruckten Code hinzu:

```
void CEx16aView::OnEditClearAll()
{
  GetDocument()->m_student = CStudent(); // "leeres" CStudent-Objekt
  UpdateControlsFromDoc();
}
void CEx16aView::OnUpdateEditClearAll(CCmdUI* pCmdUI)
{
  pCmdUI->Enable(GetDocument()->m_student != CStudent()); // leer?
}
```

8. Fügen Sie die Dateien für *CStudent* in das Projekt EX16A ein.
Wählen Sie im Menü *Projekt* den Befehl *Dem Projekt hinzufügen* und im daraufhin erscheinenden Untermenü den Befehl *Dateien*. Markieren Sie die Header-Datei *Student.h* und die Quelltextdatei *Student.cpp*. Visual C++ fügt die Dateinamen in die DSP-Datei des Projekts ein, damit sie kompiliert werden, wenn Sie das Projekt erstellen.

9. Fügen Sie ein *CStudent*-Datenelement in die Klasse *CEx16aDoc* ein.
Wenn Sie mit der *Klassen-Ansicht* arbeiten, wird die *#include*-Datei automatisch hinzugefügt.

```
public:
  CStudent m_student;
```

Der Konstruktor von *CStudent* wird aufgerufen, wenn das Dokumentobjekt erstellt wird. Der Destruktor von *CStudent* wird aufgerufen, wenn das Dokumentobjekt gelöscht wird.

10. Bearbeiten Sie die Datei *Ex16aDoc.cpp*.
Initialisieren Sie das *CStudent*-Objekt im Konstruktor von *CEx16aDoc* wie hier gezeigt:

```
CEx16aDoc::CEx16aDoc() : m_student("Standardwert", 0)
{
  TRACE("Dokumentobjekt erstellt\n");
}
```

Wir wissen nur dann, ob das Programm EX16A ordnungsgemäß arbeitet, wenn wir beim Beenden des Programms einen Datenauszug des Dokuments erstellen. Zu diesem Zweck rufen wir im Destruktor die *Dump*-Funktion des Dokuments auf, die wiederum die im Folgenden gezeigte Funktion *CStudent::Dump* aufruft.

```
CEx16aDoc::~CEx16aDoc()
{
#ifdef _DEBUG
  Dump(afxDump);
#endif // _DEBUG
}
```

```
void CEx16aDoc::Dump(CDumpContext& dc) const
{
  CDocument::Dump(dc);
  dc << "\n" << m_student << "\n";
}
```

11. Erstellen und testen Sie die Anwendung EX16A.
Geben Sie einen Namen und eine Punktzahl ein, und klicken Sie auf Eingabe. Beenden Sie danach die Anwendung. Ihr Debug-Fenster sollte jetzt Meldungen enthalten, die ungefähr wie die folgenden aussehen:

```
a CEx15aDoc at $411580
m_strTitle = Unbenannt
m_strPathName =
m_bModified = 0
m_pDocTemplate = $4113A0

a CStudent at $4115D4
m_strName = Grashüpfer, Johann
m_nGrade = 78
```

HINWEIS: Damit diese Meldungen angezeigt werden, müssen Sie die Anwendung mit der Konfiguration *Win32-Debug* kompilieren. Außerdem müssen Sie die Anwendung aus dem Debugger heraus ausführen.

Eine etwas komplexere Interaktion zwischen Dokument und Ansicht

Falls Sie das Fundament für eine Anwendung mit mehreren Ansichten legen möchten, muss die Interaktion zwischen Dokument und Ansicht komplexer sein als in dem einfachen Beispiel EX16A. Hier liegt folgendes grundsätzliche Problem vor: Wenn der Anwender in Ansicht 1 Daten bearbeitet, müssen Ansicht 2 und alle anderen Ansichten aktualisiert werden, um die Änderungen wiederzugeben. Jetzt brauchen Sie die Funktionen *UpdateAllViews* und *OnUpdate,* weil nun alle Aktualisierungen der Ansicht über das Dokument laufen. Die erforderlichen Programmierschritte sind nachfolgend zusammengestellt.

1. Deklarieren Sie die Datenelemente Ihres Dokuments in der Header-Datei der abgeleiteten Dokumentklasse (die vom MFC-Anwendungs-Assistenten erstellt wird). Wenn Sie wollen, können Sie diese Datenelemente als *private* deklarieren und Member-Funktionen für den Zugriff auf diese Elemente definieren. Statt letzterem können Sie auch die Ansichtsklasse als *friend* der Dokumentklasse deklarieren.

2. Überschreiben Sie in Ihrer abgeleiteten Ansichtsklasse die virtuelle Member-Funktion *OnUpdate* mit dem Klassen-Assistenten. Das Anwendungsgerüst ruft diese Funktion immer dann auf, wenn die Dokumentdaten aus irgendeinem Grund geändert wurden. *OnUpdate* soll die Ansicht mit den aktuellen Dokumentdaten aktualisieren.

3. Überprüfen Sie sämtlich Befehlsnachrichten Ihrer Anwendung. Entscheiden Sie bei jeder Nachricht, ob sie dokumentbezogen oder ansichtsbezogen ist. (Ein gutes Beispiel für einen dokumentbezogenen Befehl ist *Alles löschen* aus dem Menü *Bearbeiten*.) Ordnen Sie anschließend die Befehle den entsprechenden Klassen zu.

4. Aktualisieren Sie die Dokumentdaten in den Befehlsbehandlungsfunktionen Ihrer abgeleiteten Ansichtsklasse. Stellen Sie sicher, dass diese Behandlungsroutinen die Funktion *CDocument::UpdateAllViews* aufrufen. Verwenden Sie für den Zugriff auf das zur Ansicht gehörende Dokument die typsichere Version der Member-Funktion *CView::GetDocument*.
5. Aktualisieren Sie die Dokumentdaten in den Befehlsbehandlungsfunktionen Ihrer abgeleiteten Dokumentklasse. Stellen Sie sicher, dass diese Behandlungsroutinen die Funktion *CDocument::UpdateAllViews* aufrufen.

Die Reihenfolge der Ereignisse für diese komplexe Interaktion zwischen Dokument und Ansicht geht aus folgender Aufstellung hervor:

Anwendungsstart.	Ein *CMyDocument*-Objekt wird erstellt. Ein *CMyView*-Objekt wird erstellt. Weitere Ansichtsobjekte werden erstellt. Ansichtsfenster werden erstellt. *CMyView::OnCreate* wird aufgerufen (falls definiert). *CDocument::OnNewDocument* wird aufgerufen. *CView::OnInitialUpdate* wird aufgerufen.	
		CMyView::OnUpdate wird aufgerufen. Die Ansicht wird initialisiert.
Der Anwender aktiviert einen Ansichtsbefehl.	Die Member-Funktionen von *CMyView* aktualisieren die Datenelemente von *CMyDocument*.	
		CDocument::UpdateAllViews wird aufgerufen. *OnUpdate*-Funktionen weiterer Ansichten werden aufgerufen.
Der Anwender aktiviert einen Dokumentbefehl.	Die Member-Funktionen von *CMyDocument* aktualisieren Datenelemente.	
		CDocument::UpdateAllViews wird aufgerufen. *CMyView::OnUpdate* wird aufgerufen. *OnUpdate*-Funktionen weiterer Ansichten werden aufgerufen.
Der Anwender beendet die Anwendung.	Ansichtsobjekte werden gelöscht. *CMyDocument*-Objekt wird gelöscht.	

Die Funktion CDocument::DeleteContents

Irgendwann brauchen Sie mit Sicherheit eine Funktion, mit der Sie den Inhalt Ihres Dokuments löschen können. Sie könnten dazu Ihre eigene Member-Funktion schreiben, aber das Anwendungsgerüst deklariert in der Klasse *CDocument* schon eine virtuelle Member-Funktion namens *DeleteContents*. Das Anwendungsgerüst ruft Ihre überschriebene *DeleteContents*-Funktion beim Schließen des Dokuments und bei einigen anderen Gelegenheiten auf, die Sie im nächsten Kapitel kennen lernen werden.

Die Auflistungsklasse CObList

Wenn man Auflistungsklassen einmal kennt, fragt man sich, wie man jemals ohne sie ausgekommen ist. Die Klasse *CObList* ist ein recht nützliches Exemplar dieser Gattung. Wenn Sie mit dieser Klasse vertraut sind, wird es Ihnen nicht schwer fallen zu lernen, wie man die anderen Listenklassen, die Datenfeldklassen und die Zuordnungsklassen handhabt

Vielleicht halten Sie Auflistungen für etwas Neues. Aber tatsächlich hat die Sprache C immer schon eine bestimmte Auflistungsart unterstützt: das Datenfeld (englisch: *array*). C-Datenfelder haben eine feste Größe, und sie erlauben kein nachträgliches Einfügen von Elementen. Viele C-Programmierer haben Funktionsbibliotheken für andere Auflistungen geschrieben, einschließlich verketteter Listen, dynamischer Datenfelder und indizierter Dictionaries. Für die Implementierung von Auflistungen sind C++-Klassen offensichtlich besser geeignet als eine C-Funktionsbibliothek. Ein Auflistungselement kann beispielsweise die internen Datenstrukturen der Auflistung sauber kapseln.

Die Klasse *CObList* unterstützt geordnete Listen mit Zeigern auf Objekte, die von *CObject* abgeleitet sind. Eine weitere MFC-Auflistungsklasse, *CPtrList*, speichert *void*-Zeiger anstelle von *CObject*-Zeigern. Warum also sollte man nicht *CPtrList* verwenden? Die Klasse *CObList* hat Vorteile bei Diagnose-Datenauszügen und bei der Serialisierung, was Ihnen in diesem und im nächsten Kapitel noch klar werden wird. Eines der wichtigsten Merkmale von *CObList* ist, dass die Klasse *gemischte* Zeiger speichern kann. Mit anderen Worten: Eine *CObList*-Auflistung kann sowohl Zeiger auf *CStudent*-Objekte als auch Zeiger auf *CLehrer*-Objekte enthalten – vorausgesetzt, *CStudent* und *CLehrer* wurden beide von *CObject* abgeleitet.

Eine FIFO-Liste auf der Basis von CObList

Eine der einfachsten Anwendungen für ein *CObList*-Objekt besteht darin, Elemente an das Ende der Liste anzuhängen und vom Anfang einer Liste zu entfernen. Das erste Element, das in die Liste eingefügt wird, ist auch das erste Element, das daraus gelöscht wird (daher FIFO-Liste, für *First In, First Out*). Angenommen, Sie arbeiten mit Objekten der Klasse *CAction* – einer benutzerdefinierten Klasse, die von *CObject* abgeleitet wurde. Ein Befehlszeilenprogramm, das fünf Elemente in eine Liste einfügt und sie danach in derselben Reihenfolge abruft, sehen Sie in folgendem Listing 16.2:

```
#include <afx.h>
#include <afxcoll.h>

class CAction : public CObject
{
private:
  int m_nTime;
```

```
public:
  CAction(int nTime) { m_nTime = nTime; } // Konstruktor speichert
                       //  Integer-Zeitwert
  void PrintTime() { trace("Uhrzeit = %d\n", m_nTime); }
};

int main()
{
  CAction* pAction;
  CObList actionList; // Listenobjekt wird auf dem Stack angelegt
  int i;

  // Objekte werden in der Reihenfolge {0, 1, 2, 3, 4} eingefügt
  for (i = 0; i < 5; i++) {
    pAction = new CAction(i);
    actionList.AddTail(pAction); // keine Typumwandlung erforderlich
  }

  // Objekte werden in der Reihenfolge {0, 1, 2, 3, 4} entfernt
  // und gelöscht
  while (!actionList.IsEmpty()) {
    pAction =                        // Typumwandlug
      (CAction*) actionList.RemoveHead(); // Rückgabewert notwendig
    pAction->PrintTime();
    delete pAction;
  }

  return 0;
}
```

Listing 16.2: *Eine einfache FIFO-Liste.*

In diesem Programm geschieht Folgendes: Als Erstes wird das *CObList*-Objekt *actionList* angelegt. Danach fügt die Member-Funktion *CObList::AddTail* Zeiger auf neu erstellte *CAction*-Objekte ein. *pAction* braucht keiner Typumwandlung unterzogen zu werden, weil *AddTail* einen *CObject*-Zeigerparameter übernimmt und *pAction* ein Zeiger auf eine abgeleitete Klasse ist.

Als Nächstes werden die *CAction*-Objektzeiger aus der Liste der gelöschten Objekte entfernt. Für den Rückgabewert von *RemoveHead* ist eine Typumwandlung erforderlich, weil *RemoveHead* einen *CObject*-Zeiger liefert, der in der Klassenhierarchie höher als *CAction* angesiedelt ist.

Wenn Sie einen Objektzeiger aus einer Auflistung entfernen, wird das zugehörige Objekt nicht automatisch beseitigt. Um die *CAction*-Objekte zu löschen, muss *delete* aufgerufen werden.

Über CObList iterieren: Die POSITION-Variable

Angenommen, Sie möchten über die Elemente einer Liste iterieren. Die Klasse *CObList* enthält die Member-Funktion *GetNext, tt*die einen Zeiger auf das »nächste« Element der Liste zurückgibt. Allerdings ist die Arbeit mit dieser Funktion etwas kompliziert. *GetNext* übernimmt einen Parameter vom Typ *POSITION* – eine 32-Bit-Variable. Die *POSITION*-Variable ist eine interne Darstellung der Position des abgerufenen Elements in der Liste. Da der *POSITION*-Parameter als Referenz (&) deklariert wird, kann die Funktion seinen Wert ändern.

Die Funktion *GetNext* arbeitet folgendermaßen:

1. Die Funktion gibt einen Zeiger auf das »aktuelle« Element in der Liste zurück, das durch den Wert des *POSITION*-Parameters beschrieben wird.
2. Sie erhöht danach den Wert des *POSITION*-Parameters, so dass er auf das nächste Listenelement zeigt.

In folgendem Listing sehen Sie, wie eine *GetNext*-Schleife aussieht. Wir verwenden dabei die Liste, die wir im vorigen Beispiel erstellt haben.

```
CAction* pAction;
POSITION pos = actionList.GetHeadPosition();
while (pos != NULL) {
  pAction = (CAction*) actionList.GetNext(pos);
  pAction->PrintTime();
}
```

Nehmen Sie jetzt weiter an, Sie hätten eine interaktive Windows-Anwendung, die mit Hilfe von Symbolleistenschaltflächen elementweise vorwärts und rückwärts durch die Liste navigiert. Zum Abrufen eines Eintrags können Sie nicht *GetNext* verwenden, weil *GetNext* die *POSITION*-Variable immer inkrementiert und Sie nicht vorher wissen können, ob der Anwender das nächste oder das vorherige Element will. Im folgenden Listing sehen Sie eine Befehlsnachrichtenfunktion aus der Ansichtsklasse, die den nächsten Listeneintrag abruft. Die Variable *m_actionList* ist ein in die Klasse *CMyView* eingebettetes *CObList*-Objekt, und *m_position* ist eine *POSITION*-Variable, die die aktuelle Listenposition speichert.

```
CMyView::OnCommandNext()
{
  POSITION pos;
  CAction*  pAction;

  if ((pos = m_position) != NULL) {
    m_actionList.GetNext(pos);
    if (pos != NULL) { // pos ist NULL am Listenende
      pAction = (CAction*) m_actionList.GetAt(pos);
      pAction->PrintTime();
      m_position = pos;
    }
    else {
      AfxMessageBox("Listenende erreicht");
    }
  }
}
```

GetNext wird zuerst aufgerufen, um die Listenposition um einen Zähler zu erhöhen. Anschließend wird die Member-Funktion *CObListe::GetAt* aufgerufen, um den Eintrag abzurufen. Die Variable *m_position* wird nur dann aktualisiert, wenn wir sicher sein können, dass sie nicht auf das Ende der Liste zeigt.

Die auf einer C++-Vorlage basierende Auflistungsklasse CTypedPtrList

Die Klasse *CObList* erfüllt ihren Zweck, wenn Sie eine Auflistung mit gemischten Zeigern benötigen. Wenn Sie aber eine typsichere Auflistung mit Objektzeigern eines bestimmten Typs brauchen, sollten Sie sich die auf Vorlagen basierenden Auflistungsklassen der MFC-Bibliothek ansehen. *CTypedPtrList* ist ein gutes Beispiel. Vorlagen (engl. *templates*) sind relativ neue Elemente von C++, die erst mit Microsoft Visual C++ Version 2.0 eingeführt wurden. *CTypedPtrList* ist eine Klasse, die aus einer C++-Vorlage erstellt wird und mit der Sie eine Liste von Zeigern auf Objekte einer bestimmten Klasse erzeugen können. Um es kurz zu machen: Sie erstellen mit Hilfe der auf einer Vorlage basierenden Klasse eine benutzerdefinierte Listenklasse, wobei Sie sowohl *CPtrList* als auch *CObList* als Basisklasse verwenden können.

Um ein Objekt für *CAction*-Zeiger zu erstellen, müssen Sie folgende Anweisung schreiben:

```
CTypedPtrList<CObList, CAction*> m_actionList;
```

Der erste Parameter gibt die Basisklasse der Auflistung an, der zweite Parameter den Typ der Parameter und Rückgabewerte. Als Basisklasse kommen nur *CPtrList* und *CObList* in Frage, weil diese beiden Klassen die einzigen Zeigerlisten der MFC-Bibliothek sind. Wenn Sie Objekte speichern, die von *CObject* abstammen, sollten Sie *CObList* als Basisklasse verwenden, ansonsten nehmen Sie *CPtrList*.

Wenn Sie die oben gezeigte Vorlage verwenden, sorgt der Compiler dafür, dass alle Member-Funktionen der Listenklasse einen *CAction*-Zeiger zurückgeben. Deshalb ist folgende Anweisung zulässig:

```
pAction = m_actionList.GetAt(pos); // keine Typumwandlung nötig
```

Wenn Sie eine etwas klarere Notation wollen, können Sie mit der Anweisung *typedef* etwas erzeugen, das aussieht wie eine Klasse:

```
typedef CTypedPtrList<CObList, CAction*> CActionList;
```

Anschließend können Sie *m_actionList* folgendermaßen deklarieren:

```
CActionList m_actionList;
```

Die Funktion Dump und Auflistungsklassen

Die *Dump*-Funktion der Klasse *CObList* und der anderen Auflistungsklassen hat eine nützliche Eigenschaft. Wenn Sie *Dump* für ein Auflistungsobjekt aufrufen, werden die einzelnen Elemente der Auflistung angezeigt. Wenn für die Elemente die Makros *DECLARE_DYNAMIC* und *IMPLEMENT_DYNAMIC* verwendet wurden, enthält der Datenauszug die Klassennamen aller Objekte.

Gemäß Vorgabe zeigen *Dump*-Funktionen von Auflistungen nur die Klassennamen und die Adressen der enthaltenen Objekte an. Wenn Sie wollen, dass die *Dump*-Funktion der Auflistung die *Dump*-Funktionen der enthaltenen Objekte aufruft, müssen Sie irgendwo am Anfang Ihres Programms den folgenden Aufruf einfügen:

```
#ifdef _DEBUG
  afxDump.SetDepth(1);
#endif
```

Dann kann die Anweisung

```
#ifdef _DEBUG
  afxDump << actionList;
#endif
```

zum Beispiel folgende Ausgabe erzeugen:

```
a CObList at $411832
with 4 elements
  a CAction at $412CD6
Uhrzeit = 0
  a CAction at $412632
Uhrzeit = 1
  a CAction at $41268E
Uhrzeit = 2
  a CAction at $4126EA
Uhrzeit = 3
```

Wenn die Auflistung gemischte Zeiger enthält, wird die virtuelle *Dump*-Funktion des Objekts aufgerufen, und der korrekte Klassenname wird ausgegeben.

Das Beispielprogramm EX16B

Dieses zweite SDI-Beispiel weist die folgenden Verbesserungen gegenüber EX16A auf:

- Anstelle eines einzigen eingebetteten *CStudent*-Objekts enthält das Dokument jetzt eine Liste mit *CStudent*-Objekten. (Jetzt erkennen Sie den Grund dafür, warum wir die Klasse *CStudent* verwendet haben, statt *m_strName* und *m_nGrade* als Datenelemente des Dokuments zu definieren.)
- Symbolleistenschaltflächen ermöglichen es dem Anwender, die Liste schrittweise zu durchlaufen.
- Die Anwendung ist so strukturiert, dass die Aufnahme weiterer Ansichten möglich ist. Der Befehl *Alles löschen* aus dem Menü *Bearbeiten* wird jetzt an das Dokumentobjekt weitergeleitet. Deshalb kommen jetzt die Funktion *UpdateAllViews* des Dokuments und die Funktion *OnUpdate* der Ansicht ins Spiel.
- Der studentenspezifische Ansichtsquelltext ist isoliert, damit die Klasse *CEx16bView* später in eine Basisklasse mit universal verwendbarem Quelltext umgewandelt werden kann. In einer davon abgeleiteten Klasse können ausgewählte Funktionen überschrieben werden, so dass man eine Liste mit anwendungsspezifischen Objekten erhält.

Das in Abbildung 16.6 dargestellte Fenster der Anwendung EX16B sieht etwas anders aus als das in Abbildung 16.1 gezeigte Fenster von EX16A. Die Symbolleistenschaltflächen sind nur aktiv, wenn dies sinnvoll ist. Die Schaltfläche *Weiter* (mit dem nach unten weisenden Pfeil) ist zum Beispiel deaktiviert, wenn wir uns am Ende der Liste befinden.

Abbildung 16.6:
Das Beispielprogramm EX16B während der Ausführung.

Die Symbolleistenschaltflächen funktionieren folgendermaßen:

Schaltfläche	Funktion
	Ruft den ersten Studentendatensatz ab.
	Ruft den letzten Studentendatensatz ab.
	Ruft den vorigen Studentendatensatz ab.
	Ruft den nächsten Studentendatensatz ab.
	Löscht den aktuellen Studentendatensatz.
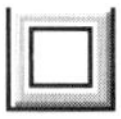	Fügt einen neuen Studentendatensatz ein.

Die Schaltfläche *Felder leeren* im Ansichtsfenster löscht den Inhalt der Eingabefelder *Name* und *Punkte*. Der Befehl *Alles löschen* aus dem Menü *Bearbeiten* löscht alle Studentendatensätze auf der Liste und löscht die Eingabefelder der Ansicht.

Die Beschreibung dieses Beispiels weicht von dem Schritt-für-Schritt-Format der vorigen Beispiele ab. Weil es mehr Quelltext umfasst, werden nur bestimmte Quelltextteile und die erforderlichen Ressourcen besprochen. Die fett gesetzten Anweisungen in den Listings weisen auf Änderungen hin, die Sie an dem vom MFC-Anwendungs-Assistenten oder Klassen-Assistenten generierten Quelltext vornehmen müssen. Dank des häufigen Einsatzes von *TRACE*-Anweisungen können Sie die Programmausführung im Debugger-Fenster überwachen.

Ressourcen

In der Datei ex16b.rc sind folgende Anwendungsressourcen definiert:

Die Symbolleiste

Die Symbolleiste, die in Abbildung 16.6 dargestellt ist, wurde erstellt, indem die Schaltflächen *Ausschneiden*, *Kopieren* und *Einfügen* (viertes, fünftes und sechstes Feld von links) gelöscht und durch sechs neue Grafiken ersetzt wurden. Einige der Schaltflächen wurden mit Hilfe des Befehls *Vertikal kippen* (aus dem Menü *Bild*) dupliziert. Die Datei ex16b.rc definiert die Verknüpfung zwischen den Befehls-IDs und den Symbolleistenschaltflächen.

Das Menü Student

Zu den neuen Symbolleistenschaltflächen muss es nicht unbedingt entsprechende Menübefehle geben. (Mit dem Klassen-Assistenten können Sie Befehle der Symbolleistenschaltflächen so einfach zuordnen wie Menübefehle.) Allerdings gibt es in den meisten Windows-Anwendungen zu allen Befehlen der Symbolleiste entsprechende Menüeinträge, und deshalb werden diese von den Anwendern auch erwartet.

Das Menü Bearbeiten

Im Menü *Bearbeiten* werden die Befehle für die Zwischenablage durch den Befehl *Alles löschen* ersetzt. In Schritt 2 der Anleitung zu EX16A finden Sie eine Abbildung des Menüs *Bearbeiten*.

Die Dialogfeldvorlage IDD_STUDENT

Die in Abbildung 16.7 gezeigte Dialogfeldvorlage *IDD_STUDENT* sieht ähnlich aus wie das in Abbildung 16.1 dargestellte Dialogfeld von Beispiel EX16A. Für dieses Beispiel haben wir jedoch die Schaltfläche *Eingabe* durch die Schaltfläche *Felder leeren* ersetzt.

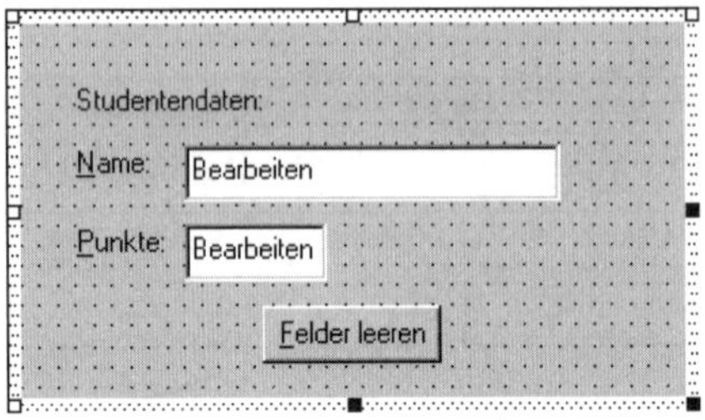

Abbildung 16.7:
Die Dialogfeldvorlage IDD_STUDENT.

Die folgenden IDs bezeichnen die Steuerelemente:

Steuerelement	ID
Eingabefeld *Name*	*IDC_NAME*
Eingabefeld *Punkte*	*IDC_GRADE*
Schaltfläche *Felder leeren*	*IDC_CLEAR*

Die Steuerelementeigenschaften belassen wir bei den Einstellungen von Beispiel EX16A.

Quelltext

Die folgende Tabelle enthält die Dateien und Klassen im Beispiel EX16B:

Header-Datei	Quelltextdatei	Klassen	Beschreibung
ex16b.h	ex16b.cpp	*CEx16bApp*	Anwendungsklasse (vom MFC-Anwendungs-Assistenten angelegt)
		CAboutDlg	Dialogfeld *Info*
MainFrm.h	MainFrm.cpp	*CMainFrame*	SDI-Hauptrahmen
StuDoc.h	StuDoc.cpp	*CStudentDoc*	Dokument
StuView.h	StuView.cpp	*CStudentView*	Formularansicht (von *CFormView* abgeleitet)
Student.h	Student.cpp	*CStudent*	Studentendatensatz (ähnlich wie in EX16A)
StdAfx.h	StdAfx.cpp		Enthält die vorkompilierten Standard-Header-Dateien.

CEx16bApp

Die Dateien ex16b.cpp und ex16b.h wurden vollständig vom MFC-Anwendungs-Assistenten generiert.

CMainFrame

Der Quelltext für die Klasse *CMainFrame* in MainFrm.cpp wurde vollständig vom MFC-Anwendungs-Assistenten generiert.

CStudent

Bei dieser Klasse handelt es sich um Quelltext aus dem Beispiel EX16A, dem am Ende von Student.h folgende Zeile hinzugefügt wurde:

```
typedef CTypedPtrList<CObList, CStudent*> CStudentList;
```

HINWEIS: Wenn Sie mit den auf Vorlagen basierenden Auflistungsklassen der MFC arbeiten, müssen Sie die folgende Anweisung in StdAfx.h einfügen:

```
#include <afxtempl.h>
```

CStudentDoc

Die Klasse *CStudentDoc* wurde ursprünglich vom MFC-Anwendungs-Assistenten erstellt. Listing 16.3 zeigt den in EX16B verwendeten Quelltext.

STUDOC.H

```
// StuDoc.h : Schnittstelle der Klasse CStudentDoc
//
/////////////////////////////////////////////////////////////////////////////

#if !defined(AFX_STUDOC_H__4D011047_7E1C_11D0_8FE0_00C04FC2A0C2__INCLUDED_)
#define AFX_STUDOC_H__4D011047_7E1C_11D0_8FE0_00C04FC2A0C2__INCLUDED_
```

```
#if _MSC_VER >= 1000
#pragma once
#endif // _MSC_VER >= 1000

#include "student.h"

class CStudentDoc : public CDocument
{
protected: // Nur aus Serialisierung erzeugen
  CStudentDoc();
  DECLARE_DYNCREATE(CStudentDoc)

// Attribute
public:
  CStudentList* GetList() {
    return &m_studentList;
  }

// Operationen
public:

// Überladungen
  // Vom Klassenassistenten generierte Überladungen virtueller Funktionen
  //{{AFX_VIRTUAL(CStudentDoc)
  public:
  virtual BOOL OnNewDocument();
  virtual void Serialize(CArchive& ar);
  virtual void DeleteContents();
  //}}AFX_VIRTUAL

// Implementierung
public:
  virtual ~CStudentDoc();
#ifdef _DEBUG
  virtual void AssertValid() const;
  virtual void Dump(CDumpContext& dc) const;
#endif

protected:

// Generierte Message-Map-Funktionen
protected:
  //{{AFX_MSG(CStudentDoc)
  afx_msg void OnEditClearAll();
  afx_msg void OnUpdateEditClearAll(CCmdUI* pCmdUI);
  //}}AFX_MSG
  DECLARE_MESSAGE_MAP()
private:
  CStudentList m_studentList;
};

/////////////////////////////////////////////////////////////////////////////

//{{AFX_INSERT_LOCATION}}
// Microsoft Visual C++ fügt zusätzliche Deklarationen unmittelbar vor der vorhergehenden Zeile ein.

#endif // !defined(AFX_STUDOC_H__4D011047_7E1C_11D0_8FE0_00C04FC2A0C2__INCLUDED_)
```

STUDOC.CPP

```
// StuDoc.cpp : Implementierung der Klasse CStudentDoc
//

#include "stdafx.h"
#include "ex16b.h"

#include "StuDoc.h"
#ifdef _DEBUG
#define new DEBUG_NEW
#undef THIS_FILE
static char THIS_FILE[] = __FILE__;
#endif

//////////////////////////////////////////////////////////////////////////////
// CStudentDoc

IMPLEMENT_DYNCREATE(CStudentDoc, CDocument)

BEGIN_MESSAGE_MAP(CStudentDoc, CDocument)
  //{{AFX_MSG_MAP(CStudentDoc)
  ON_COMMAND(ID_EDIT_CLEAR_ALL, OnEditClearAll)
  ON_UPDATE_COMMAND_UI(ID_EDIT_CLEAR_ALL, OnUpdateEditClearAll)
  //}}AFX_MSG_MAP
END_MESSAGE_MAP()

//////////////////////////////////////////////////////////////////////////////
// CStudentDoc Konstruktion/Destruktion

CStudentDoc::CStudentDoc()
{
  TRACE("Eintritt in den Konstruktor von CStudentDoc\n");
#ifdef _DEBUG
  afxDump.SetDepth(1); // Datenauszug soll Listenelemente erfassen
#endif // _DEBUG
}

CStudentDoc::~CStudentDoc()
{
}

BOOL CStudentDoc::OnNewDocument()
{
  TRACE("Eintritt CStudentDoc::OnNewDocument\n");
  if (!CDocument::OnNewDocument())
    return FALSE;

  // ZU ERLEDIGEN: Hier Code zur Reinitialisierung einfügen
  // (SDI-Dokumente verwenden dieses Dokument)

  return TRUE;
}

//////////////////////////////////////////////////////////////////////////////
```

```
// CStudentDoc Serialisierung

void CStudentDoc::Serialize(CArchive& ar)
{
  if (ar.IsStoring())
  {
    // ZU ERLEDIGEN: Hier Code zum Speichern einfügen
  }
  else
  {
    // ZU ERLEDIGEN: Hier Code zum Laden einfügen
  }
}

/////////////////////////////////////////////////////////////////////////////
// CStudentDoc Diagnose

#ifdef _DEBUG
void CStudentDoc::AssertValid() const
{
  CDocument::AssertValid();
}

void CStudentDoc::Dump(CDumpContext& dc) const
{
  CDocument::Dump(dc);
  dc << "\n" << m_studentList << "\n";
}
#endif //_DEBUG

/////////////////////////////////////////////////////////////////////////////
// CStudentDoc Befehle

void CStudentDoc::DeleteContents()
{
#ifdef _DEBUG
  Dump(afxDump);
#endif
  while (m_studentList.GetHeadPosition()) {
    delete m_studentList.RemoveHead();
  }
}

void CStudentDoc::OnEditClearAll()
{
  DeleteContents();
  UpdateAllViews(NULL);
}

void CStudentDoc::OnUpdateEditClearAll(CCmdUI* pCmdUI)
{
  pCmdUI->Enable(!m_studentList.IsEmpty());
}
```

Listing 16.3: *Der Quelltext der Klasse* CStudentDoc.

Der Klassen-Assistent und CStudentDoc

Der Befehl *Alles löschen* aus dem Menü *Bearbeiten* wird in der Dokumentklasse bearbeitet. Die folgenden Nachrichtenbehandlungsroutinen sind mit dem Klassen-Assistenten hinzugefügt worden:

Objekt-ID	Nachricht	Member-Funktion
ID_EDIT_CLEAR_ALL	COMMAND	*OnEditClearAll*
ID_EDIT_CLEAR_ALL	ON_UPDATE_COMMAND_UI	*OnUpdateEditClearAll*

Datenelemente

Die Dokumentklasse enthält ein eingebettetes *CStudentList*-Objekt, das Datenelement *m_studentList*, das Zeiger auf *CStudent*-Objekte enthält. Das Listenobjekt wird erstellt, wenn das *CStudentDoc*-Objekt angelegt wird. Beim Beenden des Programms wird es wieder gelöscht. *CStudentList* wurde per *typedef* als *CTypedPtrList*-Auflistung definiert, die *CStudent*-Zeiger enthält.

Der Konstruktor

Der Dokumentkonstruktor legt den Datenauszugskontext fest, so dass zusammen mit dem Datenauszug der Auflistung gleichzeitig Datenauszüge der einzelnen Listenelemente ausgegeben werden.

GetList

Die Inline-Funktion *GetList* hilft bei der Trennung von Ansicht und Dokument. Die Dokumentklasse muss auf den Objekttyp in der Liste abgestimmt sein – in diesem Fall auf *CStudent*. Eine generische Basisklasse für Listenansichten kann aber auch mit Hilfe einer Member-Funktion einen Zeiger auf die Liste abrufen, ohne den Namen des Listenobjekts zu kennen.

DeleteContents

DeleteContents ist eine virtuelle, überschriebene Funktion, die von anderen Dokumentfunktionen und vom Anwendungsgerüst aufgerufen wird. Ihre Aufgabe besteht darin, alle Zeiger auf *CStudent*-Objekte aus der Liste des Dokuments zu entfernen und die *CStudent*-Objekte zu löschen. An dieser Stelle sollten Sie daran denken, dass SDI-Dokumentobjekte nach dem Schließen wiederverwendet werden. *DeleteContents* erstellt außerdem einen Datenauszug der *CStudent*-Liste.

Dump

Der MFC-Anwendungs-Assistent fügt einen Funktionsrumpf für die Funktion *Dump* zwischen die Zeilen *#ifdef _DEBUG* und *#endif* ein. Da die Datenauszugstiefe *afxDump* im Dokumentkonstruktor auf 1 eingestellt wurde, wird ein Datenauszug aller in der Liste enthaltenen *CStudent*-Objekte erstellt.

CStudentView

Listing 16.4 enthält den Quelltext der Klasse *CStudentView*. Dieser Quelltext wird auch in den nächsten beiden Kapiteln verwendet.

STUVIEW.H

```
// StuView.h : Schnittstelle der Klasse CStudentView
//
///////////////////////////////////////////////////////////////////////////

#if !defined(AFX_STUVIEW_H__4D011049_7E1C_11D0_8FE0_00C04FC2A0C2__INCLUDED_)
#define AFX_STUVIEW_H__4D011049_7E1C_11D0_8FE0_00C04FC2A0C2__INCLUDED_

#if _MSC_VER >= 1000
#pragma once
#endif // _MSC_VER >= 1000

class CStudentView : public CFormView
{
protected:
  POSITION    m_position; // aktuelle Position in der Dokumentliste
  CStudentList* m_pList;  // aus Dokument kopiert

protected: // Nur aus Serialisierung erzeugen
  CStudentView();
  DECLARE_DYNCREATE(CStudentView)

public:
  //{{AFX_DATA(CStudentView)
  enum { IDD = IDD_STUDENT };
  int     m_nGrade;
  CString  m_strName;
  //}}AFX_DATA

// Attribute
public:
  CStudentDoc* GetDocument();

// Operationen
public:

// Überladungen
  // Vom Klassenassistenten generierte Überladungen virtueller
  // Funktionen
  //{{AFX_VIRTUAL(CStudentView)
  public:
  virtual BOOL PreCreateWindow(CREATESTRUCT& cs);
  protected:
  virtual void DoDataExchange(CDataExchange* pDX);
                       // DDX/DDV-Unterstützung
  virtual void OnInitialUpdate();
                       // wird nach Konstruktion das erste Mal aufgerufen
  virtual void OnUpdate(CView* pSender, LPARAM lHint, CObject* pHint);
  //}}AFX_VIRTUAL

// Implementierung
public:
  virtual ~CStudentView();
#ifdef _DEBUG
```

```
  virtual void AssertValid() const;
  virtual void Dump(CDumpContext& dc) const;
#endif

protected:
  virtual void ClearEntry();
  virtual void InsertEntry(POSITION position);
  virtual void GetEntry(POSITION position);

// Generierte Message-Map-Funktionen
protected:
  //{{AFX_MSG(CStudentView)
  afx_msg void OnClear();
  afx_msg void OnStudentHome();
  afx_msg void OnStudentEnd();
  afx_msg void OnStudentPrev();
  afx_msg void OnStudentNext();
  afx_msg void OnStudentIns();
  afx_msg void OnStudentDel();
  afx_msg void OnUpdateStudentHome(CCmdUI* pCmdUI);
  afx_msg void OnUpdateStudentEnd(CCmdUI* pCmdUI);
  afx_msg void OnUpdateStudentDel(CCmdUI* pCmdUI);
  //}}AFX_MSG
  DECLARE_MESSAGE_MAP()
};

#ifndef _DEBUG  // Testversion in StuView.cpp
inline CStudentDoc* CStudentView::GetDocument()
   { return (CStudentDoc*)m_pDocument; }
#endif

/////////////////////////////////////////////////////////////////////////////
//{{AFX_INSERT_LOCATION}}
// Microsoft Visual C++ fügt zusätzliche Deklarationen unmittelbar
// vor der vorhergehenden Zeile ein.

#endif // !defined(AFX_STUVIEW_H__4D011049_7E1C_11D0_8FE0_00C04FC2A0C2__INCLUDED_)
```

STUVIEW.CPP

```
// StuView.cpp : Implementierung der Klasse CStudentView
//

#include "stdafx.h"
#include "ex16b.h"

#include "StuDoc.h"
#include "StuView.h"

#ifdef _DEBUG
#define new DEBUG_NEW
#undef THIS_FILE
static char THIS_FILE[] = __FILE__;
#endif
```

```
////////////////////////////////////////////////////////////////////////
// CStudentView

IMPLEMENT_DYNCREATE(CStudentView, CFormView)
BEGIN_MESSAGE_MAP(CStudentView, CFormView)
  //{{AFX_MSG_MAP(CStudentView)
  ON_BN_CLICKED(IDC_CLEAR, OnClear)
  ON_COMMAND(ID_STUDENT_HOME, OnStudentHome)
  ON_COMMAND(ID_STUDENT_END, OnStudentEnd)
  ON_COMMAND(ID_STUDENT_PREV, OnStudentPrev)
  ON_COMMAND(ID_STUDENT_NEXT, OnStudentNext)
  ON_COMMAND(ID_STUDENT_INS, OnStudentIns)
  ON_COMMAND(ID_STUDENT_DEL, OnStudentDel)
  ON_UPDATE_COMMAND_UI(ID_STUDENT_HOME, OnUpdateStudentHome)
  ON_UPDATE_COMMAND_UI(ID_STUDENT_END, OnUpdateStudentEnd)
  ON_UPDATE_COMMAND_UI(ID_STUDENT_PREV, OnUpdateStudentHome)
  ON_UPDATE_COMMAND_UI(ID_STUDENT_NEXT, OnUpdateStudentEnd)
  ON_UPDATE_COMMAND_UI(ID_STUDENT_DEL, OnUpdateStudentDel)
  //}}AFX_MSG_MAP
END_MESSAGE_MAP()

////////////////////////////////////////////////////////////////////////
// CStudentView Konstruktion/Destruktion

CStudentView::CStudentView()
  : CFormView(CStudentView::IDD)
{
  TRACE("Eintritt in den Konstruktor von CStudentView\n");
  //{{AFX_DATA_INIT(CStudentView)
  m_nGrade = 0;
  m_strName = _T("");
  //}}AFX_DATA_INIT
  m_position = NULL;
}

CStudentView::~CStudentView()
{
}

void CStudentView::DoDataExchange(CDataExchange* pDX)
{
  CFormView::DoDataExchange(pDX);
  //{{AFX_DATA_MAP(CStudentView)
  DDX_Text(pDX, IDC_GRADE, m_nGrade);
  DDV_MinMaxInt(pDX, m_nGrade, 0, 100);
  DDX_Text(pDX, IDC_NAME, m_strName);
  DDV_MaxChars(pDX, m_strName, 20);
  //}}AFX_DATA_MAP
}

BOOL CStudentView::PreCreateWindow(CREATESTRUCT& cs)
{
  // ZU ERLEDIGEN: Ändern Sie hier die Fensterklasse oder das
  // Erscheinungsbild, indem Sie CREATESTRUCT cs modifizieren.
  return CFormView::PreCreateWindow(cs);
}
```

```
void CStudentView::OnInitialUpdate()
{
  TRACE("Eintritt in CStudentView::OnInitialUpdate\n");
  m_pList = GetDocument()->GetList();
  CFormView::OnInitialUpdate();
}

///////////////////////////////////////////////////////////////////////////
// CStudentView Diagnose

#ifdef _DEBUG
void CStudentView::AssertValid() const
{
  CFormView::AssertValid();
}

void CStudentView::Dump(CDumpContext& dc) const
{
  CFormView::Dump(dc);
}

CStudentDoc* CStudentView::GetDocument()
// Die endgültige (nicht zur Fehlersuche kompilierte) Version ist Inline
{
  ASSERT(m_pDocument->IsKindOf(RUNTIME_CLASS(CStudentDoc)));
  return (CStudentDoc*)m_pDocument;
}
#endif //_DEBUG

///////////////////////////////////////////////////////////////////////////
// CStudentView Nachrichten-Handler

void CStudentView::OnClear()
{
  TRACE("Eintritt in CStudentView::OnClear\n");
  ClearEntry();
}

void CStudentView::OnUpdate(CView* pSender, LPARAM lHint, CObject* pHint)
{
  // wird von OnInitialUpdate und UpdateAllViews aufgerufen
  TRACE("Eintritt in CStudentView::OnUpdate\n");
  m_position = m_pList->GetHeadPosition();
  GetEntry(m_position); // die ersten Daten für die Ansicht
}

void CStudentView::OnStudentHome()
{
  TRACE("Eintritt in CStudentView::OnStudentHome\n");
  // leere Liste muss behandelt werden
  if (!m_pList->IsEmpty()) {
    m_position = m_pList->GetHeadPosition();
    GetEntry(m_position);
  }
}
```

```
void CStudentView::OnStudentEnd()
{
  TRACE("Eintritt in CStudentView::OnStudentEnd\n");
  if (!m_pList->IsEmpty()) {
    m_position = m_pList->GetTailPosition();
    GetEntry(m_position);
  }
}

void CStudentView::OnStudentPrev()
{
  POSITION pos;
  TRACE("Eintritt in CStudentView::OnStudentPrev\n");
  if ((pos = m_position) != NULL) {
    m_pList->GetPrev(pos);
    if (pos) {
      GetEntry(pos);
      m_position = pos;
    }
  }
}

void CStudentView::OnStudentNext()
{
  POSITION pos;
  TRACE("Eintritt in CStudentView::OnStudentNext\n");
  if ((pos = m_position) != NULL) {
    m_pList->GetNext(pos);
    if (pos) {
      GetEntry(pos);
      m_position = pos;
    }
  }
}

void CStudentView::OnStudentIns()
{
  TRACE("Eintritt in CStudentView::OnStudentIns\n");
  InsertEntry(m_position);
  GetDocument()->SetModifiedFlag();
  GetDocument()->UpdateAllViews(this);
}

void CStudentView::OnStudentDel()
{
  // löscht aktuellen Eintrag und positioniert auf den nächsten
  // oder ersten Eintrag
  POSITION pos;
  TRACE("Eintritt in CStudentView::OnStudentDel\n");
  if ((pos = m_position) != NULL) {
    m_pList->GetNext(pos);
    if (pos == NULL) {
      pos = m_pList->GetHeadPosition();
      TRACE("GetHeadPos = %ld\n", pos);
      if (pos == m_position) {
        pos = NULL;
```

```
      }
    }
    GetEntry(pos);
    CStudent* ps = m_pList->GetAt(m_position);
    m_pList->RemoveAt(m_position);
    delete ps;
    m_position = pos;
    GetDocument()->SetModifiedFlag();
    GetDocument()->UpdateAllViews(this);
  }
}

void CStudentView::OnUpdateStudentHome(CCmdUI* pCmdUI)
{
  // wird in der Leerlaufschleife und beim Öffnen des Menüs
  // "Student" aufgerufen
  POSITION pos;

  // aktiviert die Schaltfläche, wenn die Liste nicht leer ist und
  // nicht bereits am Anfang steht
  pos = m_pList->GetHeadPosition();
  pCmdUI->Enable((m_position != NULL) && (pos != m_position));
}

void CStudentView::OnUpdateStudentEnd(CCmdUI* pCmdUI)
{
  // wird in der Leerlaufschleife und beim Öffnen des Menüs
  // "Student" aufgerufen
  POSITION pos;

  // aktiviert die Schaltfläche, wenn die Liste nicht leer ist und
  // nicht bereits am Ende steht
  pos = m_pList->GetTailPosition();
  pCmdUI->Enable((m_position != NULL) && (pos != m_position));
}

void CStudentView::OnUpdateStudentDel(CCmdUI* pCmdUI)
{
  // wird in der Leerlaufschleife und beim Öffnen des Menüs
  // "Student" aufgerufen
  pCmdUI->Enable(m_position != NULL);
}

void CStudentView::GetEntry(POSITION position)
{
  if (position) {
    CStudent* pStudent = m_pList->GetAt(position);
    m_strName = pStudent->m_strName;
    m_nGrade = pStudent->m_nGrade;
  }
  else {
    ClearEntry();
  }
  UpdateData(FALSE);
}
```

```
void CStudentView::InsertEntry(POSITION position)
{
  if (UpdateData(TRUE)) {
    // UpdateData gibt bei Fehler FALSE zurück
    CStudent* pStudent = new CStudent;
    pStudent->m_strName = m_strName;
    pStudent->m_nGrade = m_nGrade;
    m_position = m_pList->InsertAfter(m_position, pStudent);
  }
}

void CStudentView::ClearEntry()
{
  m_strName = "";
  m_nGrade = 0;
  UpdateData(FALSE);
  ((CDialog*) this)->GotoDlgCtrl(GetDlgItem(IDC_NAME));
}
```

***Listing 16.4:** Der Quelltext der Klasse* CStudentView.

Der Klassen-Assistent und CStudentView

Mit dem Klassen-Assistenten haben wir die Nachrichten der Schaltfläche *Feld leeren* in der Klasse *CStudentView* folgendermaßen zugeordnet:

Objekt-ID	Nachricht	Member-Funktion
IDC_CLEAR	BN_CLICKED	*OnClear*

Da *CStudentView* von *CFormView* abgeleitet ist, unterstützt der Klassen-Assistent die Definition von Dialogfeld-Datenelementen. Die folgenden Variablen wurden mit Hilfe der Schaltfläche *Variable hinzufügen* definiert.

Steuerelement-ID	Member-Variable	Kategorie	Variablentyp
IDC_GRADE	*m_nGrade*	Wert	*int*
IDC_NAME	*m_strName*	Wert	*CString*

Für das Datenelement *m_nGrade* wurde 0 als Minimalwert und 100 als Maximalwert festgelegt. Die maximale Länge des Datenelements *m_strName* wurde auf 20 Zeichen begrenzt.

Der Klassen-Assistent ordnet den Befehlen der Symbolleistenschaltflächen Behandlungsfunktionen zu. In der folgenden Tabelle sehen Sie die Befehle und die zugehörigen Behandlungsfunktionen:

Objekt-ID	Nachricht	Member-Funktion
ID_STUDENT_HOME	COMMAND	*OnStudentHome*
ID_STUDENT_END	COMMAND	*OnStudentEnd*
ID_STUDENT_PREV	COMMAND	*OnStudentPrev*
ID_STUDENT_NEXT	COMMAND	*OnStudentNext* ►

Objekt-ID	Nachricht	Member-Funktion
ID_STUDENT_INS	COMMAND	*OnStudentIns*
ID_STUDENT_DEL	COMMAND	*OnStudentDel*

Jede Befehlsbehandlungsfunktion verfügt über eine integrierte Fehlerprüfung.

Die folgenden Behandlungsfunktionen für Oberflächenaktualisierung werden in der Leerlaufschleife aufgerufen, um den Status der Symbolleistenschaltflächen und, wenn das Menü *Student* gezeichnet wird, die Menübefehle zu aktualisieren.

Objekt-ID	Nachricht	Member-Funktion
ID_STUDENT_HOME	UPDATE_COMMAND_UI	*OnUpdateStudentHome*
ID_STUDENT_END	UPDATE_COMMAND_UI	*OnUpdateStudentEnd*
ID_STUDENT_PREV	UPDATE_COMMAND_UI	*OnUpdateStudentHome*
ID_STUDENT_NEXT	UPDATE_COMMAND_UI	*OnUpdateStudentEnd*
ID_STUDENT_DEL	UPDATE_COMMAND_UI	*OnUpdateCommandDel*

Die Schaltfläche  beispielsweise ruft den ersten Studentendatensatz ab. Sie wird deaktiviert, wenn die Liste leer ist oder wenn die Variable *m_position* schon auf den Anfang der Liste zeigt. Die Schaltfläche *Vorheriger* wird in derselben Situation deaktiviert und verwendet deshalb dieselbe Oberflächenaktualisierungsroutine. Die Schaltflächen *Letzter* und *Nächster* teilen sich ebenfalls eine Behandlungsroutine. Da beim Aufruf der Oberflächenaktualisierungsfunktionen häufig eine Verzögerung auftritt, müssen die Nachrichtenbehandlungsroutinen eine Überprüfung auf Fehlerbedingungen durchführen.

Datenelemente

Das Datenelement *m_position* ist eine Art Cursor für die Auflistung des Dokuments. Es enthält die Position des aktuell angezeigten *CStudent*-Objekts. Die Variable *m_pList* bietet die Möglichkeit, schnell an die Studentenliste des Dokuments heranzukommen.

Die Funktion OnInitialUpdate

Die virtuelle Funktion *OnInitialUpdate* wird beim Start der Anwendung aufgerufen. Sie initialisiert das Ansichtsdatenelement *m_pList* für aufeinander folgende Zugriffe auf das Listenobjekt des Dokuments.

Die Funktion OnUpdate

Die virtuelle Funktion *OnUpdate* wird von *OnInitialUpdate* und von *CDocument::UpdateAllViews* aufgerufen. Sie setzt die aktuelle Position auf den Anfang der Liste zurück und zeigt den ersten Eintrag an. In diesem Beispiel wird die Funktion *UpdateAllViews* ausschließlich als Reaktion auf den Befehl *Alles löschen* aus dem Menü *Bearbeiten* aufgerufen. Bei einer Anwendung mit mehreren Ansichten brauchen Sie unter Umständen eine andere Strategie zur Aktualisierung der Variablen *CStudentView::m_position*, wenn das Dokument von verschiedenen Ansichten aus aktualisiert werden kann.

Geschützte virtuelle Funktionen

Die folgenden drei Funktionen sind geschützte virtuelle Funktionen, die speziell *CStudent*-Objekte bearbeiten:

- *GetEntry*
- *InsertEntry*
- *ClearEntry*

Sie können diese Funktionen in eine abgeleitete Klasse auslagern, wenn Sie die Funktionalität zur Bearbeitung beliebiger Listen in einer Basisklasse isolieren wollen.

Die Anwendung EX16B testen

Füllen Sie die Felder *Name* und *Punkte* aus, und klicken Sie anschließend auf die Schaltfläche , um den Eintrag in die Liste einzufügen.

Wiederholen Sie die Aktion mehrmals, und löschen Sie mit der Schaltfläche *Löschen* die Daten des jeweils vorhergehenden Eintrags. Wenn Sie die Anwendung beenden, sollte Ihre Debug-Ausgabe etwa folgendermaßen aussehen:

```
a CStudentDoc at $761120
m_strTitle = Unbenannt
m_strPathName =
m_bModified = 1
m_pDocTemplate = $760F10

a CObList at $761174
with 4 elements
  a CStudent at $7624C0
m_strName = Fischer, Ilona
m_nGrade = 67
  a CStudent at $762CD0
m_strName = Meier, Lisa
m_nGrade = 80
  a CStudent at $762D00
m_strName = Seghers, Johann
m_nGrade = 92
  a CStudent at $762880
m_strName = Anders, Wolfgang
m_nGrade = 87
```

Zwei Übungen für den Leser

Sie haben vielleicht bemerkt, dass die Symbolleiste keine Schaltfläche *Bearbeiten* enthält. Ohne eine solche Schaltfläche aber lässt sich ein vorhandener Studentendatensatz nicht verändern. Können Sie die benötigte Symbolleistenschaltfläche und die Nachrichtenbehandlungsroutinen in die Anwendung einfügen? Die schwierigste Aufgabe bei dieser Übung ist wahrscheinlich der Entwurf einer Grafik für die Schaltfläche.

Sie wissen, dass wir die Klasse *CStudent* schon fast vollständig auf ihre künftige Verwendung als Basisklasse vorbereitet haben. Versuchen Sie, die *CStudent*-spezifischen virtuellen Funktionen in eine abgeleitete Klasse auszulagern. Erstellen Sie anschließend eine weitere abgeleitete Klasse, die eine andere Elementklasse als *CStudent* verwendet.

17 Dokumente lesen und schreiben – SDI-Anwendungen

Wie Sie wahrscheinlich bereits bemerkt haben, enthält jedes vom MFC-Anwendungs-Assistenten erstellte Programm das Menü *Datei* mit den vertrauten Optionen *Neu*, *Öffnen*, *Speichern* und *Speichern unter*. In diesem Kapitel erfahren Sie, wie Sie Ihre Anwendung um Funktionen zum Lesen und Schreiben von Dokumenten erweitern können.

Auch in diesem Kapitel wird als Beispiel eine SDI-Anwendung verwendet, weil Sie mit diesem Anwendungstyp bereits vertraut sind. MDI-Anwendungen, die eine flexiblere Handhabung von Dateien und Dokumenten ermöglichen, werden in Kapitel 18 eingeführt. Beide Kapitel erhalten umfangreiche, aber notwendige Informationen zur Theorie des Anwendungsgerüsts, insbesondere zu den verschiedenen Hilfsklassen, die bis jetzt vor Ihnen verborgen blieben. Möglicherweise fühlen Sie sich durch die Vielzahl der Informationen etwas überfordert. Sie sollten aber bedenken, dass Sie das Anwendungsgerüst nur dann optimal nutzen können, wenn Sie alle Einzelheiten kennen.

Das Beispielprogramm EX17A dieses Kapitels ist eine SDI-Anwendung, die auf dem Beispiel EX16B aus dem letzten Kapitel basiert. In diesem Beispiel ist das Dokument eine Studentenliste, die mit einer von *CFormView* abgeleiteten Ansichtsklasse kombiniert wird. In der Anwendung EX17A wird die Studentenliste mit Hilfe eines Prozesses, der als *Serialisierung* bezeichnet wird, auf den Datenträger geschrieben bzw. vom Datenträger gelesen. In Kapitel 18 erfahren Sie, wie Sie dieselben Ansichts- und Dokumentklassen zum Erstellen einer MDI-Anwendung verwenden können.

Was ist Serialisierung?

Möglicherweise sind Sie mit dem Begriff *Serialisierung* nicht vertraut, obwohl er schon seit einiger Zeit in Zusammenhang mit objektorientierter Programmierung verwendet wird. Dahinter steckt die Idee der Erzeugung persistenter Objekte, d.h. Objekte, die beim Beenden des Programms gespeichert und beim Starten des Programms wieder geladen werden können. Dieser Prozess des Speicherns und Ladens von Objekten wird als *Serialisierung* bezeichnet. In der MFC-Bibliothek verfügen bestimmte Klassen über eine Member-Funktion namens *Serialize*. Wenn das

Anwendungsgerüst *Serialize* für ein bestimmtes Objekt (beispielsweise für ein Objekt der Klasse *CStudent*) aufruft, werden die Daten des Studenten entweder auf dem Datenträger gespeichert oder vom Datenträger gelesen.

Die von der MFC-Bibliothek zur Verfügung gestellten Serialisierungsfunktionen sind kein Ersatz für ein Datenbanksystem. Alle mit einem Dokument verknüpften Objekte werden *sequentiell* vom Datenträger gelesen bzw. auf den Datenträger geschrieben. Es ist deshalb nicht möglich, mit wahlfreiem Zugriff auf einzelne Objekte an bestimmten Dateiadressen zuzugreifen. Wenn Sie für Ihre Anwendung Datenbankfunktionen benötigen, sollten Sie dazu ODBC- (Open Database Connnectivity)-Software oder Datenzugriffsobjekte (Data Access Objects, DAO) verwenden. In Kapitel 31 und 32 finden Sie weiter gehende Informationen zur Verwendung von ODBC und DAO innerhalb des MFC-Anwendungsgerüsts.

HINWEIS: Es gibt eine neue Speicheroption, deren Möglichkeiten zwischen sequentiellen Dateien und einer Datenbank liegen: das *strukturierte Speichermodell*, das in Kapitel 27 beschrieben wird. Das MFC-Anwendungsgerüst verwendet das strukturierte Speichermodell für Containerprogramme, die eingebettete Objekte unterstützen.

Datenträgerdateien und Archive

Wie finden Sie heraus, ob die Funktion *Serialize* Daten lesen oder schreiben soll, und welche Verbindung besteht zwischen *Serialize* und der Datei auf dem Datenträger? Innerhalb der MFC-Bibliothek werden Dateien durch Objekte der Klasse *CFile* repräsentiert. Ein *CFile*-Objekt kapselt den Datei-Handle der Binärdatei, die über die Win32-Funktion *CreateFile* erstellt wird. Es handelt sich dabei *nicht* um den gepufferten *FILE*-Zeiger, den Sie beim Aufruf der Funktion *fopen* aus der C-Laufzeitbibliothek erhalten würden, sondern um eine Zugriffsnummer für die Binärdatei. Das Anwendungsgerüst verwendet diesen Datei-Handle für die Win32-Aufrufe *ReadFile*, *WriteFile* und *SetPointer*.

Wenn Ihre Anwendung keine direkten Datenträger-E/A-Operationen ausführt, sondern statt dessen auf einen Serialisierungsprozess zurückgreift, können Sie die direkte Verwendung von *CFile*-Objekten vermeiden. Wie Sie in Abbildung 17.1 sehen können, befindet sich zwischen der Funktion *Serialize* und dem *CFile*-Objekt ein Archivobjekt der Klasse *CArchive*.

Das *CArchive*-Objekt puffert die Daten des *CFile*-Objekts und setzt ein internes Flag, das anzeigt, ob das Archiv Daten speichert (auf den Datenträger schreibt) oder Daten lädt (vom Datenträger liest). Es kann jeweils nur ein aktives Archiv mit einer Datei verknüpft sein. Das Anwendungsgerüst erstellt die *CFile*- und *CArchive*-Objekte, öffnet die Datei für das *CFile*-Objekt und verknüpft das Archiv mit der Datei. Sie müssen mit Ihrer *Serialize*-Funktion nur Daten vom Archivobjekt laden bzw. Daten im Archivobjekt speichern. Das Anwendungsgerüst ruft die *Serialize*-Funktion des Dokuments bei der Verarbeitung der Befehle *Datei|Öffnen* und *Datei|Speichern* auf.

Die Serialisierung einer Klasse ermöglichen

Eine serialisierbare Klasse muss direkt oder indirekt von *CObject* abstammen. Außerdem muss die Klassendeklarationsdatei in der Regel den Makroaufruf *DECLARE_SERIAL* und die Klassenimplementierungsdatei den Makroaufruf *IMPLEMENT_SERIAL* enthalten. (Eine Beschreibung dieser Makros finden Sie in der *Microsoft Foundation Class Reference*.) Die im Beispiel dieses Kapitels verwendete Klasse *CStudent* wurde gegenüber der Klassendefinition in Kapitel 16 dahingehend geändert, dass sie jetzt diese Makros enthält.

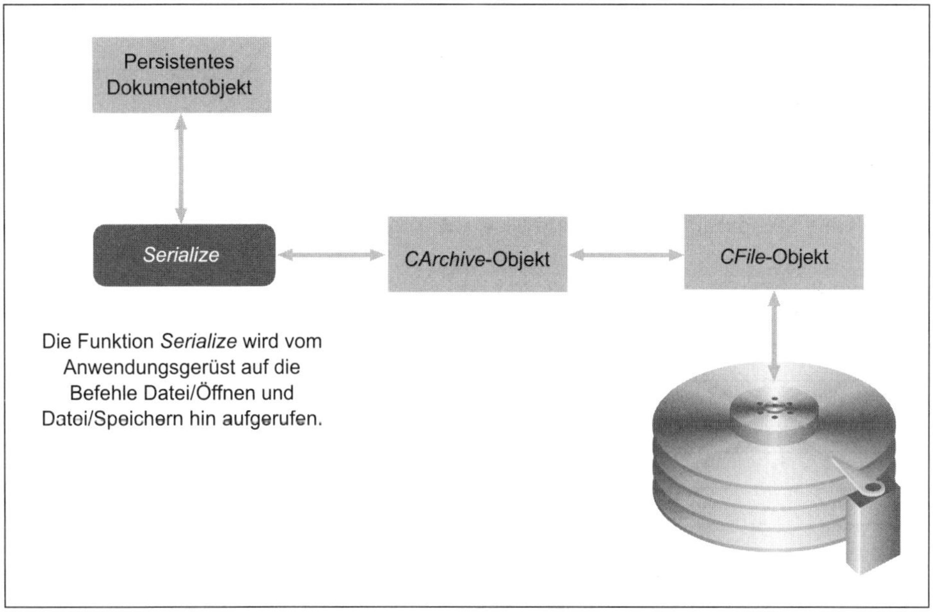

Abbildung 17.1: *Der Serialisierungsprozess.*

Eine Serialize-Funktion schreiben

In Kapitel 16 haben Sie die von *CObject* abgeleitete Klasse *CStudent* mit folgenden Datenelementen verwendet:

```
public:
  CString m_strName;
  int    m_nGrade;
```

In diesem Kapitel besteht Ihre Aufgabe darin, eine *Serialize*-Funktion für *CStudent* schreiben. Da *Serialize* eine virtuelle Member-Funktion der Klasse *CObject* ist, müssen Sie sicherstellen, dass der Rückgabewert und die Parametertypen mit der Deklaration in *CObject* übereinstimmen. Die *Serialize*-Funktion für die Klasse *CStudent* sieht folgendermaßen aus:

```
void CStudent::Serialize(CArchive& ar)
{
  TRACE("Eintritt in CStudent::Serialize\n");
  if (ar.IsStoring()) {
    ar << m_strName << m_nGrade;
  }
  else {
    ar >> m_strName >> m_nGrade;
  }
}
```

Die meisten Serialisierungsfunktionen rufen die *Serialize*-Funktion ihrer Basisklasse auf. Wenn Sie *CStudent* beispielsweise von der Klasse *CPerson* abgeleitet hätten, würde die erste Zeile der *Serialize*-Funktion so aussehen:

```
CPerson::Serialize(ar);
```

Die *Serialize*-Funktion für *CObject* (und für die Klasse *CDocument*, für die keine eigene Version erstellt wird) tut eigentlich nichts und muss deshalb nicht aufgerufen werden.

Der Referenzparameter *ar* vom Typ *CArchive* identifiziert das Archivobjekt der Anwendung. Über die Member-Funktion *CArchive::IsStoring* können Sie feststellen, ob das Archiv geschrieben oder gelesen wird. Die Klasse *CArchive* verfügt über überladene Schreib- (<<) und Leseoperatoren (>>) für viele Standarddatentypen von C++, die in der folgenden Tabelle 17.1 aufgeführt sind.

Typ	Beschreibung
BYTE	8 Bits, ohne Vorzeichen
WORD	16 Bits, ohne Vorzeichen
LONG	32 Bits, mit Vorzeichen
DWORD	32 Bits, ohne Vorzeichen
float	32 Bits
double	64 Bits, IEEE-Standard
int	32 Bits, mit Vorzeichen
short	16 Bits, mit Vorzeichen
char	8 Bits, ohne Vorzeichen
unsigned	32 Bits, ohne Vorzeichen

Tabelle 17.1: *Standarddatentypen, für die Operatoren in der Klasse* CArchive *definiert sind.*

Die Schreiboperatoren wurden für Werte, die Leseoperatoren für Referenzen überladen. Gelegentlich müssen Sie eine Typumwandlung vornehmen, um Compilerfehler zu vermeiden. Wenn Sie beispielsweise das Aufzählungstyp-Datenelement *m_nType* haben, würden Sie die folgenden Programmzeilen verwenden:

```
ar << (int) m_nType;
ar >> (int&) m_nType;
```

MFC-Klassen, die nicht *CObject* abgeleitet wurden, wie *CString* und *CRect*, verfügen über eigene überladene Schreib- und Leseoperatoren für *CArchive*.

Aus Archiven lesen: Eingebettete Objekte oder Zeiger

Nehmen wir an, das Objekt *CStudent* enthält weitere, eingebettete Objekte, die keine Instanzen von Standardklassen wie *CString*, *CSize* und *CRect* sind. Fügen wir jetzt ein neues Datenelement zur Klasse *CStudent* hinzu:

```
public:
  CTranscript m_transcript;
```

Dabei soll *CTranscript* eine benutzerdefinierte, von *CObject* abgeleitete Klasse sein, die über eine eigene *Serialize*-Funktion verfügt. Da die Operatoren << und >> nicht für *CObject* überladen wurden, sieht die Funktion *CStudent::Serialize* jetzt folgendermaßen aus:

```
void CStudent::Serialize(CArchive& ar)
{
  if (ar.IsStoring()) {
    ar << m_strName << m_nGrade;
  }
  else {
    ar >> m_strName >> m_nGrade;
  }
  m_transcript.Serialize(ar);
}
```

Bevor Sie die Funktion *CStudent::Serialize* aufrufen können, um einen Studentendatensatz aus dem Archiv zu lesen, müssen Sie über ein *CStudent*-Objekt verfügen. Das eingebettete *CTranscript*-Objekt *m_transcript* wird gleichzeitig mit dem *CStudent*-Objekt erstellt, bevor die Funktion *CStudent::Serialize* aufgerufen wird. Wenn die virtuelle Funktion *CTranscript::Serialize* aufgerufen wird, kann sie die im Archiv gespeicherten *CTranscript*-Daten in das eingebettete Objekt *m_transcript* laden. Als Faustregel gilt dabei, dass Sie für eingebettete Objekte oder Klassen, die von *CObject* abgeleitet wurden, *Serialize* immer direkt aufrufen müssen.

Nehmen wir nun an, dass das *CStudent*-Objekt statt eines eingebetteten Objekts einen *Zeiger* auf ein *CTranscript*-Objekt enthält:

```
public:
  CTranscript* m_pTranscript;
```

Wie nachfolgend gezeigt wird, können Sie die Funktion *Serialize* verwenden, müssen dabei aber selbst ein neues *CTranscript*-Objekt erstellen:

```
void CStudent::Serialize(CArchive& ar)
{
  if (ar.IsStoring())
    ar << m_strName << m_nGrade;
  else {
    m_pTranscript = new CTranscript;
    ar >> m_strName >> m_nGrade;
  }
  m_pTranscript->Serialize(ar);
}
```

Da die Schreib- und Leseoperatoren von *CArchive* eigentlich schon für *CObject*-Zeiger überladen sind, könnten Sie die *Serialize*-Funktion auch folgendermaßen schreiben:

```
void CStudent::Serialize(CArchive& ar)
{
  if (ar.IsStoring())
    ar << m_strName << m_nGrade << m_pTranscript;
  else
    ar >> m_strName >> m_nGrade >> m_pTranscript;
}
```

Sie fragen sich jetzt sicherlich, wie das *CTranscript*-Objekt erstellt wird, wenn die Daten aus dem Archiv geladen werden. An dieser Stelle kommen die Makros *DECLARE_SERIAL* und *IMPLEMENT_SERIAL* in der Klassendeklaration von *CTranscript* ins Spiel.

Wenn das *CTranscript*-Objekt in das Archiv geschrieben wird, stellen die Makros sicher, dass der Klassenname mit den Klassendaten gespeichert wird. Wenn das Archiv gelesen wird, wird der Klassenname eingelesen und ein Objekt der entsprechenden Klasse dynamisch erstellt; den entsprechenden Code generieren die Makros. Nachdem das *CTranscript*-Objekt angelegt worden ist, kann die überschriebene *Serialize*-Funktion von *CTranscript* aufgerufen werden, um die Studentendaten aus der Datenträgerdatei zu lesen. Abschließend wird der *CTranscript*-Zeiger im Datenelement *m_pTranscript* gespeichert. Um ein Speicherleck zu vermeiden, müssen Sie sicherstellen, dass *m_pTranscript* nicht bereits einen Zeiger auf ein *CTranscript*-Objekt enthält. Wenn das *CStudent*-Objekt gerade erst erstellt und somit nicht aus einem Archiv geladen wurde, hat der *CTranscript*-Zeiger den Wert *NULL*.

Eingebettete Objekte, die von *CObject* abstammen, können mit den Schreib- und Leseoperatoren *nicht* verarbeitet werden:

```
ar >> m_strName >> m_nGrade >> &m_transcript; // Funktioniert nicht!
```

Auflistungen serialisieren

Da alle Auflistungsklassen von der Klasse *CObject* abgeleitet sind und ihre Deklarationen den Makroaufruf *DECLARE_SERIAL* enthalten, können Sie Auflistungen einfach durch einen Aufruf der *Serialize*-Funktion serialisieren. Wenn Sie beispielsweise die *Serialize*-Funktion einer *CObList*-Auflistung aufrufen, die *CStudent*-Objekte enthält, wird die *Serialize*-Funktion von *CStudent* für alle *CStudent*-Objekte aufgerufen. Sie sollten jedoch beim Laden von Auflistungen aus einem Archiv die folgenden Besonderheiten beachten:

- Wenn eine Auflistung Zeiger auf Objekte unterschiedlicher Klassen enthält (die alle von *CObject* abstammen), werden die einzelnen Klassennamen im Archiv gespeichert, so dass die Objekte wieder mit dem entsprechenden Konstruktor erstellt werden.
- Wenn ein Container-Objekt (zum Beispiel ein Dokument) eine eingebettete Auflistung enthält, werden die geladenen Daten an die vorhandene Auflistung angehängt. Es kann deshalb erforderlich sein, zuvor den Inhalt der Auflistung zu löschen. Dies geschieht normalerweise mit der virtuellen Funktion *DeleteContents* des Dokuments, die vom Anwendungsgerüst aufgerufen wird.
- Wenn eine Auflistung von *CObject*-Zeigern von einem Archiv geladen wird, werden die folgenden Verarbeitungsschritte für jedes Objekt der Auflistung durchgeführt:
  1. Die Klasse des Objekts wird identifiziert.
  2. Für das Objekt wird Heap-Speicher alloziert.
  3. Die Daten des Objekts werden in den neu reservierten Speicherbereich geladen.
  4. Ein Zeiger auf das neue Objekt wird in der Auflistung gespeichert.

Das Beispielprogramm EX17A weiter hinten in diesem Kapitel zeigt, wie eine eingebettete Auflistung von *CStudent*-Datensätzen serialisiert wird.

Die Funktion Serialize und das Anwendungsgerüst

Mittlerweile haben Sie erfahren, wie *Serialize*-Funktionen geschrieben werden und dass diese Funktionsaufrufe verschachtelt werden können. Aber wissen Sie auch, wann die erste *Serialize*-Funktion aufgerufen wird, um den Serialisierungsprozess zu starten? Innerhalb des Anwendungsgerüsts beziehen sich alle Vorgänge auf das Dokument (das Objekt einer Klasse, die von *CDocument* abgeleitet wurde). Wenn Sie aus dem Menü *Datei* die Optionen *Speichern* oder *Öffnen* wählen, erstellt das Anwendungsgerüst ein *CArchive*-Objekt (sowie das zugrundeliegende *CFile*-Objekt), ruft die *Serialize*-Funktion der Dokumentklasse auf und übergibt eine Referenz an das *CArchive*-Objekt. Die *Serialize*-Funktion der abgeleiteten Dokumentklasse serialisiert anschließend alle Datenelemente, die nicht temporärer Natur sind.

HINWEIS: Wenn Sie sich die vom MFC-Anwendungs-Assistenten erzeugte Dokumentklasse genauer ansehen, werden Sie feststellen, dass die Klasse anstelle der Makros *DECLARE_-SERIAL* und *IMPLEMENT_SERIAL* die Makros *DECLARE_DYNCREATE* und *IMPLEMENT_DYNCREATE* enthält. Die *SERIAL*-Makros sind nicht erforderlich, weil Dokumentobjekte niemals zusammen mit dem *CArchive*-Leseoperator verwendet werden und auch nicht in Auflistungen enthalten sind. Das Anwendungsgerüst ruft die *Serialize*-Funktion des Dokuments direkt auf. In alle anderen serialisierbaren Klassen sollten Sie die Makros *DECLARE_SERIAL* und *IMPLEMENT_SERIAL* jedoch aufnehmen.

Die SDI-Anwendung

Sie haben bereits eine Vielzahl von SDI-Anwendungen kennen gelernt, die eine Dokument- und eine Ansichtsklasse enthalten. Auch in diesem Kapitel verwenden wir nur eine Ansichtsklasse, aber wir werden uns die Beziehungen zwischen dem Anwendungsobjekt, dem Hauptrahmenfenster, dem Dokument, der Ansicht, dem Dokumentvorlagenobjekt und den dazugehörigen Zeichenfolgen- und Menüressourcen genauer ansehen.

Das Windows-Anwendungsobjekt

Der MFC-Anwendungs-Assistent erzeugt für alle Anwendungen eine von *CWinApp* abgeleitete Klasse. Er generiert auch eine Anweisung wie die folgende:

```
CMyApp theApp;
```

Durch diese Anweisung wird die MFC-Anwendung gestartet. Die Klasse *CMyApp* ist von der Klasse *CWinApp* abgeleitet, und *theApp* ist eine global deklarierte Instanz der Klasse. Dieses globale Objekt wird als Windows-Anwendungsobjekt bezeichnet.

Nachfolgend finden Sie eine Zusammenfassung der Schritte, die beim Start einer MFC-Anwendung unter Microsoft Windows durchgeführt werden.

1. Windows lädt das Programm in den Speicher.
2. Das globale Objekt *theApp* wird erstellt. (Alle global deklarierten Objekte werden unmittelbar nach dem Laden des Programms erstellt.)
3. Windows ruft die globale Funktion *WinMain* auf, die ein Bestandteil der MFC-Bibliothek ist. (Die Funktion *WinMain* entspricht der Funktion *main* bei Nicht-Windows-Programmen. Sie bildet den Eintrittspunkt in das Hauptprogramm.)

4. *WinMain* sucht nach der einzigen Instanz einer Klasse, die von *CWinApp* abgeleitet ist.
5. *WinMain* ruft die Member-Funktion *InitInstance* von *theApp* auf, die in der abgeleiteten Anwendungsklasse überschrieben wurde.
6. Die von Ihnen erstellte Version der Funktion *InitInstance* beginnt damit, ein Dokument zu laden, und zeigt den Hauptrahmen und die Ansichtsfenster an.
7. *WinMain* ruft die Member-Funktion *Run* von *theApp* auf, wodurch der Verteilungsprozess für Fenster- und Befehlsnachrichten gestartet wird.

Sie können auch eine weitere wichtige *CWinApp*-Funktion überschreiben. Die Member-Funktion *ExitInstance* wird aufgerufen, nachdem die Anwendung beendet und alle ihre Fenster geschlossen wurden.

HINWEIS: Unter Windows ist es möglich, mehrere Instanzen einer Anwendung auszuführen. Bei jedem Start einer Instanz wird die Funktion *InitInstance* aufgerufen. In Win32 wird jede Instanz als unabhängiger Prozess ausgeführt. Dass dabei derselbe Code in den virtuellen Adressraum der verschiedenen Prozesse eingeblendet wird, ist nebensächlich. Wenn Sie nach weiteren Instanzen Ihres Programms suchen möchten, müssen Sie entweder die Win32-Funktion *FindWindow* aufrufen oder für die Kommunikation einen gemeinsamen Datenbereich oder eine Datei mit fest zugeordnetem Arbeitsspeicher einrichten.

Die Dokumentvorlagenklasse

Wenn Sie sich die *InitInstance*-Funktion ansehen, die der MFC-Anwendungs-Assistent für Ihre abgeleitete Anwendungsklasse erstellt hat, werden Sie feststellen, dass die folgenden Anweisungen verwendet werden:

```
CSingleDocTemplate* pDocTemplate;
pDocTemplate = new CSingleDocTemplate(
  IDR_MAINFRAME,
  RUNTIME_CLASS(CStudentDoc),
  RUNTIME_CLASS(CMainFrame),  // Hauptrahmenfenster der SDI-Anwendung
  RUNTIME_CLASS(CStudentView));
AddDocTemplate(pDocTemplate);
```

Sofern Sie nicht spezielle Funktionen wie teilbare Fenster oder Mehrfachansichten verwenden, dürfte dies das einzige Mal sein, dass Sie einem Dokumentvorlagenobjekt begegnen. In diesem Fall handelt es sich um eine Instanz der Klasse *CSingleDocTemplate*, die von der Klasse *CDocTemplate* abgeleitet ist. Die Klasse *CSingleDocTemplate* kann nur für SDI-Anwendungen verwendet werden, da SDI-Anwendungen auf ein einziges Dokumentobjekt beschränkt sind. *AddDocTemplate* ist eine Member-Funktion von *CWinApp*.

Über den Aufruf von *AddDocTemplate* und den Aufruf des Dokumentvorlagen-Konstruktors wird eine Beziehung zwischen der Anwendungsklasse, der Dokumentklasse, der Ansichtsfensterklasse und Hauptrahmenfensterklasse hergestellt. Das Anwendungsobjekt existiert natürlich schon vor der Erstellung der Vorlage, aber Dokument-, Ansichts- und Rahmenobjekte werden erst später angelegt. Das Anwendungsgerüst generiert diese Objekte dynamisch, wenn sie benötigt werden.

Die dynamische Erstellung von Objekten ist eine fortgeschrittene Funktion der Sprache C++. Wenn die Makros *DECLARE_DYNCREATE* und *IMPLEMENT_DYNCREATE* in die Klassendeklaration und -implementierung aufgenommen werden, kann die MFC-Bibliothek die Objekte dieser Klasse dynamisch zu erstellen. Gäbe es diese Funktion zur dynamischen Objekterstellung nicht, müssten Sie mehr Beziehungen zwischen den Klassen der Anwendung fest codieren. Beispielsweise würden Sie für die abgeleitete Anwendungsklasse Anweisungen zur Erstellung von Dokument-, Ansichts- und Rahmenobjekten Ihrer speziellen abgeleiteten Klassen benötigen. Dies würde aber der objektorientierten Ausrichtung Ihres Programms zuwiderlaufen.

Dank des Vorlagensystems braucht in der Anwendungsklasse lediglich das Makro *RUNTIME_CLASS* aufgerufen zu werden. Beachten Sie bitte, dass Sie auch die Deklaration der Zielklasse hinzufügen müssen, damit dieses Makro funktioniert.

Abbildung 17.2 verdeutlicht die Beziehungen zwischen den verschiedenen Klassen, während Abbildung 17.3 die Beziehungen zwischen den Objekten aufzeigt. Eine SDI-Anwendung kann nur eine Vorlage (und die dazugehörigen Klassen) enthalten, und wenn das SDI-Programm ausgeführt wird, kann es nur ein Dokument- und ein Hauptrahmenobjekt geben.

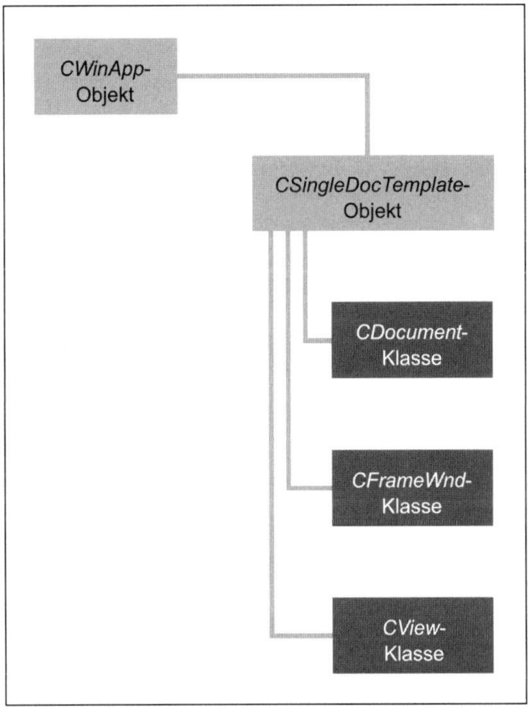

Abbildung 17.2:
Beziehungen zwischen Klassen in der Dokument-Ansicht-Architektur.

HINWEIS: Die Möglichkeit der dynamischen Objekterstellung in der MFC-Bibliothek wurde entwickelt, bevor die Laufzeittypinformationen (RTTI, für *Runtime Type Identification*) in die Sprache C++ eingeführt wurden. Die ursprüngliche MFC-Implementierung geht über die Möglichkeiten von RTTI hinaus und wird deshalb auch weiterhin verwendet. Weitere Informationen zur dynamischen Objekterstellung in der MFC-Bibliothek finden Sie in Anhang B.

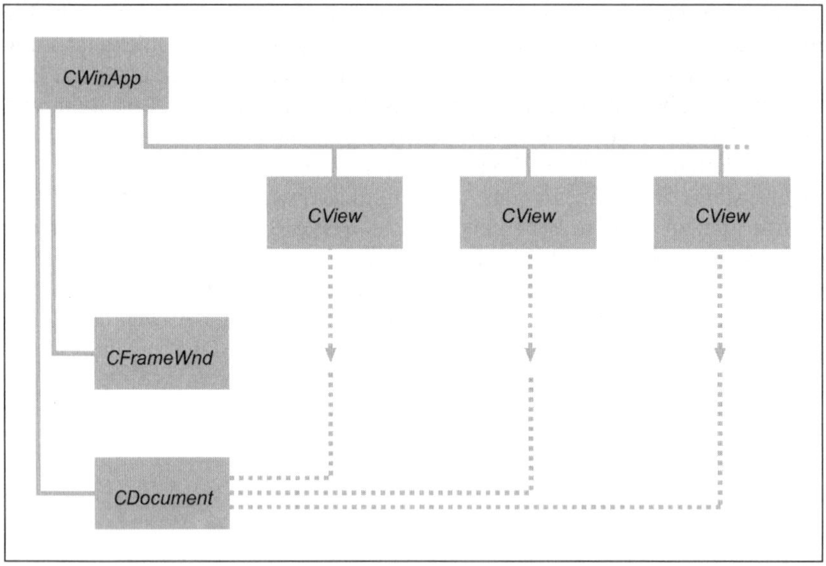

Abbildung 17.3: *Objektbeziehungen in der Dokument-Ansicht-Architektur.*

Die Dokumentvorlagen-Ressource

Der erste Parameter von *AddDocTemplate* ist *IDR_MAINFRAME*, eine ID für eine Zeichenfolgentabellen-Ressource. Die entsprechende Zeichenfolge, die der MFC-Anwendungs-Assistent in der Ressourcendatei der Anwendung EX17A erstellt, sieht folgendermaßen aus:

```
IDR_MAINFRAME
  "ex17a\n"                 // Titel des Anwendungsfensters
  "\n"                      // Kern des Standard-Dokumentnamens
                            // ("Unbenannt", wenn nicht angegeben)
  "Ex17a\n"                 // Name des Dokumenttyps
  "Ex17a Files (*.17a)\n"   // Beschreibung des Dokumenttyps und Filter
  ".17A\n"                  // Dateinamenserweiterung für Dokumente dieses Typs
  "Ex17a.Document\n"        // ID des Dateityps in der Registrierung
  "Ex17a Document"          // Beschreibung des Dateityps in der Registrierung
```

HINWEIS: Der Ressourcen-Compiler ist nicht in der Lage, Zeichenfolgen wie aus dem obigen Beispiel automatisch aneinanderzuhängen. Wenn Sie sich die Datei ex17a.rc ansehen, werden Sie feststellen, dass alle Teilzeichenfolgen zu einem einzigen, langen String zusammengefügt wurden.

IDR_MAINFRAME definiert eine einzige Zeichenfolge, die durch das Zeilenvorschubzeichen (*n*) in mehrere Teilzeichenfolgen unterteilt ist. Diese Teilzeichenfolgen tauchen während der Programmausführung an verschiedenen Stellen auf. Die Zeichenfolge *17A* ist die vom MFC-Anwendungs-Assistenten festgelegte Standard-Dateinamenserweiterung.

Die Ressource *IDR_MAINFRAME* definiert nicht nur die Zeichenfolgen einer Anwendung, sondern auch das Anwendungssymbol sowie die Symbolleisten- und Menüressourcen. Diese Ressourcen werden vom MFC-Anwendungs-Assistenten generiert, und Sie können sie mit den Ressourcen-Editoren bearbeiten.

Jetzt wissen Sie also, wie durch den Aufruf von *AddDocTemplate* die Elemente einer Anwendung verknüpft werden. Sie sollten sich jedoch vergegenwärtigen, dass bis jetzt noch keine Fenster erstellt wurden und deshalb noch nichts auf dem Bildschirm angezeigt wird.

Mehrere Ansichten für ein SDI-Dokument

Die Bereitstellung mehrerer Ansichten eines SDI-Dokuments ist etwas komplizierter. Sie könnten einen Menübefehl definieren, über die der Anwender eine Ansicht auswählen oder mehrere Ansichten in einem geteilten Fenster anzeigen kann. In Kapitel 20 erfahren Sie, wie Sie beide Techniken implementieren können.

Ein leeres Dokument erstellen – die Funktion CWinApp::OnFileNew

Nachdem die *InitInstance*-Funktion Ihrer Klasse die Member-Funktion *AddDocTemplate* aufgerufen hat, ruft sie (indirekt über *CWinApp::ProcessShellCommand*) *OnFileNew* auf – eine weitere wichtige Member-Funktion von *CWinApp*. Die Funktion *OnFileNew* durchsucht die miteinander verknüpften Klassennamen und führt die folgenden Schritte aus:

1. Sie erstellt das Dokumentobjekt, versucht jedoch nicht, Daten vom Datenträger zu lesen.
2. Sie erstellt das Hauptrahmenobjekt (Klasse *CMainFrame*) sowie das Hauptrahmenfenster, zeigt es jedoch nicht an. Das Hauptrahmenfenster enthält das Menü *IDR_MAINFRAME*, die Symbolleiste und die Statusleiste.
3. Sie erstellt das Ansichtsobjekt sowie das Ansichtsfenster, zeigt es jedoch nicht an.
4. Sie stellt Verbindungen zwischen Dokument-, Hauptrahmen- und Ansichts*objekten* her. Verwechseln Sie diese Verbindungen nicht mit *Klassen*verbindungen, die durch den Aufruf von *AddDocTemplate* hergestellt werden.
5. Sie ruft die virtuelle Funktion *CDocument::OnNewDocument* für das Dokumentobjekt auf, die wiederum die virtuelle Funktion *DeleteContents* aufruft.
6. Sie ruft die virtuelle Funktion *CView::OnInitialUpdate* für das Ansichtsobjekt auf.
7. Sie ruft die virtuelle Funktion *CFrameWnd::ActivateFrame* für das Rahmenobjekt auf, um das Hauptrahmenfenster mit den Menüs, dem Ansichtsfenster und den Steuerelementleisten anzuzeigen.

HINWEIS: Einige der genannten Funktionen werden nicht direkt in *OpenDocumentFile*, sondern indirekt über das Anwendungsgerüst aufgerufen.

Bei einer SDI-Anwendung werden Dokument-, Hauptrahmen- und Ansichtsobjekte nur einmal erstellt und bleiben erhalten, solange das Programm ausgeführt wird. Die Funktion *CWinApp::OnFileNew* wird von *InitInstance* aufgerufen. Sie wird auch aufgerufen, wenn der Anwender den Menübefehl *Datei|Neu* wählt. In diesem Fall muss sich *OnFileNew* jedoch anders verhalten. Die Funktion kann keine Dokument-, Rahmen- und Ansichtsobjekte erstellen, weil diese Objekte bereits angelegt sind. Statt dessen verwendet sie die vorhandenen Objekte und führt die Schritte 5, 6 und 7 aus. Beachten Sie, dass *OnFileNew* stets (indirekt) *DeleteContents* aufruft, um den Inhalt des Dokuments zu löschen.

Die Funktion OnNewDocument in der Dokumentklasse

Sie sind den Member-Funktionen *OnInitialUpdate* und *OnNewDocument* der Dokumentklasse bereits in Kapitel 16 begegnet. Würden SDI-Anwendungen Dokumentobjekte nicht wiederverwenden, bräuchten Sie *OnNewDocument* nicht, da Sie die gesamte Initialisierung des Dokuments über den Klassenkonstruktor des Dokuments durchführen könnten. Sie müssen *OnNewDocument* aber überschreiben, damit die Funktion das Dokumentobjekt jedes Mal initialisiert, wenn der Anwender den Menübefehl *Datei|Neu* oder *Datei|Öffnen* auswählt. Der MFC-Anwendungs-Assistent unterstützt Sie dabei, indem er einen Funktionsrumpf in die von ihm erzeugte Klasse einfügt.

HINWEIS: Es empfiehlt sich, die Anweisungen in Konstruktor-Funktionen auf ein Mindestmaß zu beschränken. Je kürzer der Konstruktor ist, desto geringer ist das Risiko, dass er nicht erfolgreich ausgeführt wird und erhebliche Probleme verursacht. Geeignete Orte für die Initialisierung sind Funktionen wie *CDocument::OnNewDocument* und *CView::OnInitialUpdate*. Wenn dennoch Fehler bei der Objekterstellung auftreten, können Sie ein Meldungsfenster anzeigen lassen oder *OnNewDocument* kann *FALSE* zurückgeben. Beachten Sie bitte, dass beide Funktionen mehrmals für dasselbe Objekt aufgerufen werden können. Wenn Sie bestimmte Anweisungen nur einmal ausführen möchten, sollten Sie ein Datenelement deklarieren, das festhält, ob die Funktion bereits ausgeführt wurde, und dieses Datenelement dann entsprechend setzen bzw. abfragen.

Dateien öffnen – Die Funktion OnFileOpen

Wenn der MFC-Anwendungs-Assistent eine Anwendung erstellt, ordnet er den Menübefehl *Datei|Öffnen* der Member-Funktion *CWinApp::OnFileOpen* zu. Diese Funktion sorgt für die Verbindung zwischen dem Menübefehl und der Serialisierung. Wenn sie aufgerufen wird, aktiviert sie einige Funktionen, um die folgenden Schritte auszuführen:

1. Sie fordert den Anwender zur Auswahl einer Datei auf.
2. Sie ruft die virtuelle Funktion *CDocument::OnOpenDocument* für das bereits vorhandene Dokumentobjekt auf. Diese Funktion öffnet die Datei, ruft *CDocument::DeleteContents* auf und erstellt ein *CArchive*-Objekt mit Lesezugriff. Anschließend ruft sie die *Serialize*-Funktion des Dokuments auf, die die Daten aus dem Archiv liest.
3. Sie ruft die *OnInitialUpdate*-Funktion der Anwendung auf.

Die Liste der zuletzt benutzten Dokumente ist eine komfortable Alternative zum Menübefehl *Datei|Öffnen*. Das Anwendungsgerüst speichert die vier zuletzt verwendeten Dateien und zeigt ihre Namen im Menü *Datei* an. Diese Dateinamen werden zwischen den Programmläufen in der Windows-Registrierungsdatenbank gespeichert.

HINWEIS: Sie können die Anzahl der zuletzt verwendeten Dateien, die im Menü *Datei* angezeigt werden, ändern, indem Sie in der *InitInstance*-Funktion der Anwendung der Funktion *LoadStdProfileSetting* einen entsprechenden Parameter übergeben.

Die Funktion DeleteContents der Dokumentklasse

Wenn Sie ein vorhandenes SDI-Dokumentobjekt aus einer Datenträgerdatei laden, müssen Sie den aktuellen Inhalt des Dokumentobjekts auf geeignete Weise löschen. Am besten überschreiben Sie dazu die virtuelle Funktion *CDocument::DeleteContents* in der abgeleiteten Dokumentklasse. Die überschriebene Version kann dann, wie in Kapitel 16 beschrieben, alle erforderlichen Schritte durchführen, um die Datenelemente der Dokumentklasse neu zu initialisieren. Als Reaktion auf die Menübefehle *Datei|Neu* oder *Datei|Öffnen* rufen sowohl *OnNewDocument* als auch *OnOpenDocument* (beides Member-Funktionen von *CDocument*) die Funktion *DeleteContents* auf. *DeleteContents* wird also unmittelbar nach der Erstellung des Dokumentobjekts aufgerufen. Die Funktion wird erneut aufgerufen, wenn Sie ein Dokument schließen.

Wenn Sie möchten, dass Ihre Dokumentklassen auch in SDI-Anwendungen funktionieren, sollten Sie den Inhalt des Dokuments über die Member-Funktion *DeleteContents* anstatt über den Destruktor löschen. Verwenden Sie den Destruktor nur zum Löschen von Daten, die während der gesamten Lebensdauer des Objekts erhalten bleiben.

Dateien speichern – OnFileSave und OnFileSaveAs

Wenn der MFC-Anwendungs-Assistent eine Anwendung erstellt, ordnet er den Menübefehl *Datei|Speichern* der Member-Funktion *CDocument::OnFileSave* zu. *OnFileSave* ruft *CDocument::OnSaveDocument* auf, die wiederum die *Serialize*-Funktion des Dokuments aufruft und ihr ein *CArchive*-Objekt mit Schreibzugriff übergibt. Der Menübefehl *Datei|Speichern unter* wird ähnlich behandelt; er wird der Member-Funktion *OnFileSaveAs* der Klasse *CDocument* zugeordnet, die wiederum die Funktion *OnSaveDocument* aufruft. In diesem Fall übernimmt das Anwendungsgerüst sämtliche Aufgaben, die beim Speichern des Dokuments auf dem Datenträger anfallen.

HINWEIS: Es stimmt wirklich: Den Menübefehlen *Datei|Neu* und *Datei|Öffnen* sind Member-Funktionen der *Anwendungs*klasse zugeordnet und den Menübefehlen *Datei|Speichern* und *Datei|Speichern unter* Member-Funktionen der *Dokument*klasse. Die Behandlungsfunktion für *Datei|Neu* ist *OnFileNew*. Die SDI-Version von *InitInstance* ruft ebenfalls (indirekt) *OnFileNew* auf. Wenn das *Anwendungsgerüst InitInstance* aufruft, existiert noch kein Dokumentobjekt, so dass *OnFileNew* schlechterdings keine Member-Funktion von *CDocument* sein kann. Beim Speichern eines Dokuments existiert dagegen mit Sicherheit ein Dokumentobjekt.

Das Änderungs-Flag des Dokuments

Viele dokumentorientierte Windows-Anwendungen überprüfen, ob der Anwender ein Dokument geändert hat. Wenn der Anwender versucht, das Dokument zu schließen oder das Programm zu beenden, wird ein Meldungsfenster angezeigt, in dem der Anwender gefragt wird, ob er das Dokument speichern möchte. Das MFC-Anwendungsgerüst unterstützt dieses Konzept direkt durch das *CDocument*-Datenelement *m_bModified*. Diese Boolesche Variable hat den Wert *TRUE*, wenn das Dokument geändert wurde, und ansonsten den Wert *FALSE*.

Der Zugriff auf das geschützte Flag *m_bModified* erfolgt über die Member-Funktionen *SetModifiedFlag* und *IsModified*. Das Anwendungsgerüst weist dem Flag des Dokumentobjekts den Wert *FALSE* zu, wenn das Dokument erstellt oder vom Datenträger gelesen wurde und wenn das Dokument auf dem Datenträger gespeichert wird. Sie als Programmierer müssen mit Hilfe der Funktion *SetModifiedFlag* das Flag auf *TRUE* setzen, wenn die Daten des Dokuments geändert wurden. Die virtuelle Funktion *CDocument::SaveModified*, die das Anwendungsgerüst aufruft, wenn der Anwender das Dokument zu schließen versucht, zeigt ein Meldungsfenster an, wenn das Flag *m_bModified* den Wert *TRUE* hat. Sie können die Funktion überschreiben, wenn sie noch andere Dinge tun soll.

Im Beispielprogramm EX17A wird gezeigt, wie Sie mit einer einzeiligen Oberflächenaktualisierungsfunktion die Funktion *IsModified* zur Abfrage des Status der Schaltfläche *Speichern* und der entsprechenden Menüoption verwenden können. Wenn der Anwender die Datei bearbeitet, wird die Schaltfläche *Speichern* aktiviert; sobald er die Datei gespeichert hat, wird die Schaltfläche abgeblendet.

HINWEIS: In einer Hinsicht unterscheiden sich MFC-SDI-Anwendungen geringfügig von anderen Windows-SDI-Anwendungen, wie zum Beispiel dem Microsoft Editor (NOTEPAD.EXE). Normalerweise geht der Anwender wie folgt vor:

1. Er erstellt ein Dokument und speichert es beispielsweise unter dem Namen test.dat auf dem Datenträger.
2. Er bearbeitet das Dokument.
3. Er wählt en Menübefehl *Datei|Öffnen* und gibt test.dat als zu öffnende Datei an.

Wenn der Anwender den Befehl *Datei|Öffnen* wählt, fragt der Microsoft Editor, ob die an der Datei (in Schritt 2 vorgenommenen) Änderungen gespeichert werden sollen. Wenn der Anwender auf *Nein* klickt, liest das Programm die Datei erneut vom Datenträger ein. Eine MFC-Anwendung geht dagegen davon aus, dass die Änderungen endgültig sind, und liest die Datei nicht neu ein.

Das Beispielprogramm EX17A – Eine SDI-Anwendung mit Serialisierung

Das Beispielprogramm EX17A ähnelt der Anwendung EX16B. Das Dialogfeld *Studentendaten*, die Symbolleiste und auch die Ansichtsklasse sind identisch. Neu hinzugekommen sind Serialisierungsfunktionen sowie eine Oberflächenaktualisierungsfunktion für den Befehl *Datei|Speichern*. Die Header- und Implementierungsdateien für die Ansichts- und Dokumentklassen werden im Beispiel EX18A im nächsten Kapitel wiederverwendet.

Soweit sich der Quelltext gegenüber Beispiel EX16B verändert hat, wird er hier aufgeführt. Änderungen und Ergänzungen an den vom Anwendungs- oder Klassen-Assistenten erzeugten Anweisungen werden fett dargestellt. Eine Liste der Dateien und Klassen, die im Beispiel EX17A verwendet werden, finden Sie in der folgenden Tabelle 17.2.

Header-Datei	Quelltextdatei	Klasse	Beschreibung
ex17a.h	ex17a.cpp	*CEx17aApp*	Anwendungsklasse (vom MFC-Anwendungs-Assistenten angelegt)
		CAboutDlg	Dialogfeld *Info*
MainFrm.h	MainFrm.cpp	*CMainFrame*	SDI-Hauptrahmen
StuDoc.h	StuDoc.cpp	*CStudentDoc*	*Student*-Dokument ▸

Header-Datei	Quelltextdatei	Klasse	Beschreibung
StuView.h	StuView.cpp	*CStudentView*	Formularansicht für Studentendaten (aus EX16B)
Student.h	Student.cpp	*CStudent*	Studentendatensatz
StdAfx.h	StdAfx.cpp		Vorkompilierte Header (mit afxtempl.h)

Tabelle 17.2: *Komponenten der Beispielanwendung EX17A.*

Die Klasse CStudent

Die Datei *Student.h* des Beispielprogramms EX17A ist nahezu identisch mit der entsprechenden Datei des Projekts EX16A. (Siehe Listing 16.1 aus Kapitel 16). Die Header-Datei enthält das Makro

```
DECLARE_SERIAL(CStudent)
```

anstelle von

```
DECLARE_DYNAMIC(CStudent)
```

und die Implementierungsdatei enthält das Makro

```
IMPLEMENT_SERIAL(CStudent, CObject, 0)
```

anstelle von

```
IMPLEMENT_DYNAMIC(CStudent, CObject)
```

Außerdem wurde die virtuelle Funktion *Serialize* hinzugefügt, die Sie im Abschnitt »Eine Serialize-Funktion schreiben« weiter vorne in diesem Kapitel finden.

Die Klasse CEx17aApp

Die Klassendateien der Anwendung enthalten (wie Sie dem Listing 17.1 entnehmen können) nur Anweisungen, die vom MFC-Anwendungs-Assistenten erzeugt wurden. Die Anwendung wurde mit einer Standarddateinamenserweiterung erzeugt und unterstützt die Start- und Drag-&-Drop-Funktionen des Windows-Explorers. Diese Funktionen werden später in diesem Kapitel noch genauer beschrieben.

Um zusätzliche Programmzeilen zu erzeugen, müssen Sie folgendermaßen vorgehen, wenn Sie zum ersten Mal den MFC-Anwendungs-Assistent ausführen: Klicken Sie im vierten Schritt des MFC-Anwendungs-Assistenten auf die Schaltfläche *Weitere Optionen*. Wenn das Dialogfeld *Weitere Optionen* geöffnet wird, müssen Sie die Dateinamenserweiterung, wie in Abbildung 17.4 gezeigt, in das linke obere Feld eingeben:

Dadurch wird sichergestellt, dass die Ressourcen-Zeichenfolge der Dokumentvorlage die richtige Standarddateinamenserweiterung erhält und dass die Anweisungen zur Unterstützung der Windows-Explorer-Funktionen in die *InitInstance*-Funktion der Anwendungsklasse eingefügt werden. Sie können auch einige der anderen Ressourcen-Teilzeichenfolgen ändern, wenn Sie dies möchten.

Abbildung 17.4:
Das Dialogfeld Weitere Optionen *des MFC-Anwendungs-Assistenten.*

HINWEIS: Die Aufrufe von *Enable3dControls* und *Enable3dControlsStatic*, die der MFC-Anwendungs-Assistent in *CEx17aApp::InitInstance* einfügt, sind unter Microsoft Windows 95, Microsoft Windows 98 und Microsoft Windows NT 4.0 nicht erforderlich. Diese beiden Funktionen dienen nur zur Unterstützung einer älteren DLL, die zum Lieferumfang von Microsoft Windows NT 3.51 gehört.

EX17A.H

```
// ex17a.h : Haupt-Header-Datei für die Anwendung EX17A
//

#if !defined(AFX_EX17A_H__06142D03_4671_11D2_A4E4_00403394CA84__INCLUDED_)
#define AFX_EX17A_H__06142D03_4671_11D2_A4E4_00403394CA84__INCLUDED_

#if _MSC_VER >= 1000
#pragma once
#endif // _MSC_VER >= 1000
#ifndef __AFXWIN_H__
  #error include 'stdafx.h' before including this file for PCH
#endif

#include "resource.h"       // Hauptsymbole

/////////////////////////////////////////////////////////////////////////////
// CEx17aApp:
// Siehe ex17a.cpp für die Implementierung dieser Klasse
//

class CEx17aApp : public CWinApp
{
public:
```

```
  CEx17aApp();

// Überladungen
  // Vom Klassenassistenten generierte Überladungen virtueller Funktionen
  //{{AFX_VIRTUAL(CEx17aApp)
  public:
  virtual BOOL InitInstance();
  //}}AFX_VIRTUAL

// Implementierung

  //{{AFX_MSG(CEx17aApp)
  afx_msg void OnAppAbout();
    // HINWEIS - An dieser Stelle werden Member-Funktionen vom
    // Klassen-Assistenten eingefügt und entfernt.
    // Innerhalb dieser generierten Quelltextabschnitte NICHTS VERÄNDERN!
  //}}AFX_MSG
  DECLARE_MESSAGE_MAP()
};


/////////////////////////////////////////////////////////////////////////////

//{{AFX_INSERT_LOCATION}}
// Microsoft Visual C++ fügt zusätzliche Deklarationen unmittelbar
// vor der vorhergehenden Zeile ein.

#endif // !defined(AFX_EX17A_H__06142D03_4671_11D2_A4E4_00403394CA84__INCLUDED_)
```

EX17A.CPP

```
// ex17a.cpp : Legt das Klassenverhalten für die Anwendung fest.
//

#include "stdafx.h"
#include "ex17a.h"

#include "MainFrm.h"
#include "StuDoc.h"
#include "StuView.h"

#ifdef _DEBUG
#define new DEBUG_NEW
#undef THIS_FILE
static char THIS_FILE[] = __FILE__;
#endif

/////////////////////////////////////////////////////////////////////////////
// CEx17aApp

BEGIN_MESSAGE_MAP(CEx17aApp, CWinApp)
  //{{AFX_MSG_MAP(CEx17aApp)
  ON_COMMAND(ID_APP_ABOUT, OnAppAbout)
```

```
    // HINWEIS - Hier werden Mapping-Makros vom Klassen-Assistenten eingefügt und entfernt.
    // Innerhalb dieser generierten Quelltextabschnitte NICHTS VERÄNDERN!
  //}}AFX_MSG_MAP
  // Dateibasierte Standard-Dokumentbefehle
  ON_COMMAND(ID_FILE_NEW, CWinApp::OnFileNew)
  ON_COMMAND(ID_FILE_OPEN, CWinApp::OnFileOpen)
END_MESSAGE_MAP()

/////////////////////////////////////////////////////////////////////////////
// CEx17aApp Konstruktion

CEx17aApp::CEx17aApp()
{
  // ZU ERLEDIGEN: Hier Code zur Konstruktion einfügen
  // Alle wichtigen Initialisierungen in InitInstance platzieren
}

/////////////////////////////////////////////////////////////////////////////
// Das einzige CEx17aApp-Objekt

CEx17aApp theApp;

/////////////////////////////////////////////////////////////////////////////
// CEx17aApp Initialisierung

BOOL CEx17aApp::InitInstance()
{
  AfxEnableControlContainer();

  // Standardinitialisierung
  // Wenn Sie diese Funktionen nicht nutzen und die Größe Ihrer
  // fertigen ausführbaren Datei reduzieren wollen, sollten Sie die
  // nachfolgenden spezifischen Initialisierungsroutinen, die Sie nicht
  // benötigen, entfernen.

#ifdef _AFXDLL
  Enable3dControls();           // Diese Funktion bei Verwendung von MFC in
                                // gemeinsam genutzten DLLs aufrufen
#else
  Enable3dControlsStatic();     // Diese Funktion bei statischen
                                // MFC-Anbindungen aufrufen
#endif

  // Ändern des Registrierungsschlüssels, unter dem unsere Einstellungen
  // gespeichert sind.
  // Sie sollten dieser Zeichenfolge einen geeigneten Inhalt geben
  // wie z.B. den Namen Ihrer Firma oder Organisation.
  SetRegistryKey(_T("Local AppWizard-Generated Applications"));

  LoadStdProfileSettings();  // Standard-INI-Dateioptionen einlesen
                             // (einschließlich MRU)

  // Dokumentvorlagen der Anwendung registrieren. Dokumentvorlagen
  // dienen als Verbindung zwischen Dokumenten, Rahmenfenstern und Ansichten.
```

```
  CSingleDocTemplate* pDocTemplate;
  pDocTemplate = new CSingleDocTemplate(
    IDR_MAINFRAME,
    RUNTIME_CLASS(CStudentDoc),
    RUNTIME_CLASS(CMainFrame),       // Haupt-SDI-Rahmenfenster
    RUNTIME_CLASS(CStudentView));
  AddDocTemplate(pDocTemplate);

  // DDE-Execute-Open aktivieren
  EnableShellOpen();
  RegisterShellFileTypes(TRUE);

  // Befehlszeile parsen, um zu prüfen auf Standard-Umgebungsbefehle
  // DDE, Datei offen
  CCommandLineInfo cmdInfo;
  ParseCommandLine(cmdInfo);

  // Verteilung der in der Befehlszeile angegebenen Befehle
  if (!ProcessShellCommand(cmdInfo))
    return FALSE;

  // Das einzige Fenster ist initialisiert und kann jetzt angezeigt und
  // aktualisiert werden.
  m_pMainWnd->ShowWindow(SW_SHOW);
  m_pMainWnd->UpdateWindow();

  // Enable drag/drop open
  m_pMainWnd->DragAcceptFiles();

  return TRUE;
}

/////////////////////////////////////////////////////////////////////////////
// CAboutDlg-Dialogfeld für Anwendungsbefehl "Info"

class CAboutDlg : public CDialog
{
public:
  CAboutDlg();

// Dialogfelddaten
  //{{AFX_DATA(CAboutDlg)
  enum { IDD = IDD_ABOUTBOX };
  //}}AFX_DATA

  // Vom Klassenassistenten generierte Überladungen virtueller
  // Funktionen
  //{{AFX_VIRTUAL(CAboutDlg)
  protected:
  virtual void DoDataExchange(CDataExchange* pDX);
                          // DDX/DDV-Unterstützung
  //}}AFX_VIRTUAL

// Implementierung
protected:
```

```
  //{{AFX_MSG(CAboutDlg)
    // Keine Nachrichten-Handler
  //}}AFX_MSG
  DECLARE_MESSAGE_MAP()
};

CAboutDlg::CAboutDlg() : CDialog(CAboutDlg::IDD)
{
  //{{AFX_DATA_INIT(CAboutDlg)
  //}}AFX_DATA_INIT
}

void CAboutDlg::DoDataExchange(CDataExchange* pDX)
{
  CDialog::DoDataExchange(pDX);
  //{{AFX_DATA_MAP(CAboutDlg)
  //}}AFX_DATA_MAP
}

BEGIN_MESSAGE_MAP(CAboutDlg, CDialog)
  //{{AFX_MSG_MAP(CAboutDlg)
    // Keine Nachrichten-Handler
  //}}AFX_MSG_MAP
END_MESSAGE_MAP()

// Anwendungsbefehl, um das Dialogfeld aufzurufen
void CEx17aApp::OnAppAbout()
{
  CAboutDlg aboutDlg;
  aboutDlg.DoModal();
}

/////////////////////////////////////////////////////////////////////////////
// CEx17aApp-Befehle
```

***Listing 17.1:** Der Quelltext der Klasse* CEx17aApp.

Die Klasse CMainFrame

Der Quelltext der Hauptrahmenfensterklasse, der in Listing 17.2 dargestellt wird, ist nahezu identisch mit dem Quelltext, den der MFC-Anwendungs-Assistent erstellt hat. Zu Diagnosezwecken wurden lediglich die Funktion *ActivateFrame* überschrieben und eine Behandlungsroutine für die Nachricht WM_DROPFILES implementiert.

MAINFRM.H

```
// MainFrm.h : Schnittstelle der Klasse CMainFrame
//
/////////////////////////////////////////////////////////////////////////////

#if !defined(AFX_MAINFRM_H__06142D07_4671_11D2_A4E4_00403394CA84__INCLUDED_)
#define AFX_MAINFRM_H__06142D07_4671_11D2_A4E4_00403394CA84__INCLUDED_

#if _MSC_VER >= 1000
```

```
#pragma once
#endif // _MSC_VER >= 1000

class CMainFrame : public CFrameWnd
{
protected: // Nur aus Serialisierung erzeugen
  CMainFrame();
  DECLARE_DYNCREATE(CMainFrame)

// Attribute
public:

// Operationen
public:

// Überladungen
  // Vom Klassenassistenten generierte Überladungen virtueller Funktionen
  //{{AFX_VIRTUAL(CMainFrame)
  public:
  virtual BOOL PreCreateWindow(CREATESTRUCT& cs);
  virtual void ActivateFrame(int nCmdShow = -1);
  //}}AFX_VIRTUAL

// Implementierung
public:
  virtual ~CMainFrame();
#ifdef _DEBUG
  virtual void AssertValid() const;
  virtual void Dump(CDumpContext& dc) const;
#endif

protected:  // Eingebundene Elemente der Steuerleiste
  CStatusBar  m_wndStatusBar;
  CToolBar  m_wndToolBar;

// Generierte Message-Map-Funktionen
protected:
  //{{AFX_MSG(CMainFrame)
  afx_msg int OnCreate(LPCREATESTRUCT lpCreateStruct);
  afx_msg void OnDropFiles(HDROP hDropInfo);
  //}}AFX_MSG
  DECLARE_MESSAGE_MAP()
};

/////////////////////////////////////////////////////////////////////////////

//{{AFX_INSERT_LOCATION}}
// Microsoft Visual C++ fügt zusätzliche Deklarationen unmittelbar
// vor der vorhergehenden Zeile ein.

#endif // !defined(AFX_MAINFRM_H__06142D07_4671_11D2_A4E4_00403394CA84__INCLUDED_)
```

MAINFRM.CPP

```
// MainFrm.cpp : Implementierung der Klasse CMainFrame
//

#include "stdafx.h"
#include "ex17a.h"

#include "MainFrm.h"

#ifdef _DEBUG
#define new DEBUG_NEW
#undef THIS_FILE
static char THIS_FILE[] = __FILE__;
#endif

/////////////////////////////////////////////////////////////////////////////
// CMainFrame

IMPLEMENT_DYNCREATE(CMainFrame, CFrameWnd)

BEGIN_MESSAGE_MAP(CMainFrame, CFrameWnd)
  //{{AFX_MSG_MAP(CMainFrame)
  ON_WM_CREATE()
  ON_WM_DROPFILES()
  //}}AFX_MSG_MAP
END_MESSAGE_MAP()

static UINT indicators[] =
{
  ID_SEPARATOR,          // Statusleistenanzeige
  ID_INDICATOR_CAPS,
  ID_INDICATOR_NUM,
  ID_INDICATOR_SCRL,
};

/////////////////////////////////////////////////////////////////////////////
// CMainFrame Konstruktion/Destruktion

CMainFrame::CMainFrame()
{
  // ZU ERLEDIGEN: Hier Code zur Member-Initialisierung einfügen

}

CMainFrame::~CMainFrame()
{
}

int CMainFrame::OnCreate(LPCREATESTRUCT lpCreateStruct)
{
  if (CFrameWnd::OnCreate(lpCreateStruct) == -1)
    return -1;

  if (!m_wndToolBar.Create(this) ||
```

```
    !m_wndToolBar.LoadToolBar(IDR_MAINFRAME))
  {
    TRACE0("Fehler beim Erstellen der Symbolleiste\n");
    return -1;    // Fehler beim Erzeugen
  }

  if (!m_wndStatusBar.Create(this) ||
    !m_wndStatusBar.SetIndicators(indicators,
      sizeof(indicators)/sizeof(UINT)))
  {
    TRACE0("Fehler beim Erstellen der Statusleiste\n");
    return -1;    // Fehler beim Erzeugen
  }

  // ZU ERLEDIGEN: Entfernen, wenn Sie keine QuickInfos oder variable
  // Symbolleiste wünschen
  m_wndToolBar.SetBarStyle(m_wndToolBar.GetBarStyle() |
    CBRS_TOOLTIPS | CBRS_FLYBY | CBRS_SIZE_DYNAMIC);

  // ZU ERLEDIGEN: Löschen Sie diese drei Zeilen, wenn Sie nicht wollen,
  // dass die Symbolleiste andockbar ist.
  m_wndToolBar.EnableDocking(CBRS_ALIGN_ANY);
  EnableDocking(CBRS_ALIGN_ANY);
  DockControlBar(&m_wndToolBar);

  return 0;
}

BOOL CMainFrame::PreCreateWindow(CREATESTRUCT& cs)
{
  // ZU ERLEDIGEN: Ändern Sie hier die Fensterklasse oder das
  // Erscheinungsbild, indem Sie CREATESTRUCT cs modifizieren.

  return CFrameWnd::PreCreateWindow(cs);
}

/////////////////////////////////////////////////////////////////////////////
// CMainFrame Diagnose

#ifdef _DEBUG
void CMainFrame::AssertValid() const
{
  CFrameWnd::AssertValid();
}

void CMainFrame::Dump(CDumpContext& dc) const
{
  CFrameWnd::Dump(dc);
}

#endif //_DEBUG

/////////////////////////////////////////////////////////////////////////////
// CMainFrame Nachrichten-Handler

void CMainFrame::ActivateFrame(int nCmdShow)
```

```
{
  TRACE("Eintritt in CMainFrame::ActivateFrame\n");
  CFrameWnd::ActivateFrame(nCmdShow);
}

void CMainFrame::OnDropFiles(HDROP hDropInfo)
{
  TRACE("Eintritt in CMainFrame::OnDropFiles\n");
  CFrameWnd::OnDropFiles(hDropInfo);
}
```

Listing 17.2: *Der Quelltext der Klasse* CMainFrame.

Die Klasse CStudentDoc

Die Klasse *CStudentDoc* entspricht der im letzten Kapitel verwendeten Klasse (siehe Listing 16.3) mit Ausnahme der folgenden vier Funktionen: *Serialize*, *DeleteContents*, *OnOpenDocument* und *OnUpdateFileSave*.

Die Funktion Serialize

Zu der vom MFCAnwendungs-Assistenten erzeugten Funktion wurde eine Zeile hinzugefügt, um die Serialisierung der Studentenliste des Dokuments zu ermöglichen:

```
//////////////////////////////////////////////////////////////////////////////
// CStudentDoc Serialisierung

void CStudentDoc::Serialize(CArchive& ar)
{
  TRACE("Eintritt in CStudentDoc::Serialize\n");
  if (ar.IsStoring())
  {
    // ZU ERLEDIGEN: Hier Code zum Speichern einfügen
  }
  else
  {
    // ZU ERLEDIGEN: Hier Code zum Laden einfügen
  }
  m_studentList.Serialize(ar);
}
```

Die Funktion DeleteContents

Der Aufruf von *Dump* wurde durch eine einfache *TRACE*-Anweisung ersetzt. Der geänderte Quelltext sieht folgendermaßen aus:

```
void CStudentDoc::DeleteContents()
{
  TRACE("Eintritt in CStudentDoc::DeleteContents\n");
  while (m_studentList.GetHeadPosition()) {
    delete m_studentList.RemoveHead();
  }
}
```

Die Funktion OnOpenDocument

Diese im Folgenden aufgelistete virtuelle Funktion wurde nur überschrieben, um eine *TRACE*-Meldung anzeigen zu können:

```
BOOL CStudentDoc::OnOpenDocument(LPCTSTR lpszPathName)
{
  TRACE("Eintritt in CStudentDoc::OnOpenDocument\n");
  if (!CDocument::OnOpenDocument(lpszPathName))
    return FALSE;
   // ZU ERLEDIGEN: Hier gegebenenfalls Quelltext zur Initalisierung einfügen
  return TRUE;
}
```

Die Funktion OnUpdateFileSave

Diese Nachrichtenbehandlungsfunktion blendet die Symbolleisten-Schaltfläche *Datei Speichern* ab, wenn das Dokument nicht geändert wurde. Die Ansicht steuert diesen Status, indem sie die Funktion *SetModifiedFlag* des Dokuments aufruft, wie nachfolgend gezeigt wird:

```
void CStudentDoc::OnUpdateFileSave(CCmdUI* pCmdUI)
{
  // Schaltfläche "Speichern" der Symbolleiste deaktivieren, wenn Datei nicht geändert wurde
  pCmdUI->Enable(IsModified());
}
```

Die Klasse CStudentView

Der Quelltext der Klasse *CStudentView* wurde vom vorhergehenden Kapitel übernommen. Sie finden ihn dort in Listing 16.4.

Die Anwendung EX17A testen

Kompilieren Sie das Programm, starten Sie es im Debugger, und testen Sie es, indem Sie einige Daten eingeben und die Daten auf der Festplatte unter dem Dateinamen *Test.17a* speichern. (Sie müssen die Dateinamenserweiterung *.17a* nicht eingeben.)

Beenden Sie das Programm, starten Sie es erneut, und öffnen Sie die Datei, die Sie gespeichert haben. Werden die von Ihnen eingegebenen Daten angezeigt? Sehen Sie sich das Debug-Fenster an und beobachten Sie die Reihenfolge der Funktionsaufrufe. Werden die Funktionsaufrufe in der folgenden Reihenfolge angezeigt, wenn Sie die Anwendung starten und die Datei öffnen?

```
Eintritt in den CStudentDoc-Konstruktor
Eintritt in den CStudentView-Konstruktor
Eintritt in CStudentDoc::OnNewDocument
Eintritt in CStudentDoc::DeleteContents
Eintritt in CStudentView::OnInitialUpdate
Eintritt in CStudentView::OnUpdate
Eintritt in CMainFrame::ActivateFrame
Eintritt in CStudentDoc::OnOpenDocument
Eintritt in CStudentDoc::DeleteContents
Eintritt in CStudentDoc::Serialize
Eintritt in CStudent::Serialize
Eintritt in CStudent::Serialize
```

```
Eintritt in CStudent::Serialize
Eintritt in CStudentView::OnInitialUpdate
Eintritt in CStudentView::OnUpdate
Eintritt in CMainFrame::ActivateFrame
```

Dokumente aus dem Windows Explorer laden

Früher mussten PC-Anwender ein Programm starten und anschließend eine Datei (gelegentlich auch als Dokument bezeichnet) öffnen, die Daten enthielt, die das Programm verarbeiten konnte. Viele MS-DOS-Programme funktionierten auf diese Weise. Der alte Windows-Programm-Manager brachte insofern eine Verbesserung, als man ein Programm mit einem Doppelklick auf ein Symbol öffnen konnte, anstatt den Namen des Programms einzugeben. Auf dem Apple Macintosh war es schon damals möglich, mit einem Doppelklick auf ein Dokumentsymbol das zugehörige Programm zu starten.

Im Windows-Explorer können die Anwender noch immer auf ein Programm doppelklicken, sie können aber auch auf ein Dokumentsymbol klicken, um das Programm auszuführen, mit dem das Dokument erstellt wurde. Woher weiß der Explorer, welches Programm ausgeführt werden muss? Der Explorer stellt die Verbindung zwischen dem Dokument und dem Programm mit Hilfe der Windows-Systemregistrierung her. Ausgangspunkt ist die Dateinamenserweiterung, die Sie im MFC-Anwendungs-Assistent eingegeben haben. Das ist aber noch längst nicht alles. Nachdem die Verknüpfung hergestellt wurde, können die Anwender Ihr Programm starten, indem sie auf das Dokumentsymbol doppelklicken oder das Symbol im Windows Explorer auf eine aktive Programminstanz ziehen. Außerdem können die Anwender das Dokumentsymbol auf ein Druckersymbol ziehen, um das Dokument vom Programm drucken zu lassen.

Programmregistrierung

In Kapitel 15 haben Sie erfahren, wie MFC-Anwendungen Daten in der Windows-Registrierungsdatenbank speichern können, indem sie in *InitInstance* die Funktion *SetRegistryKey* aufrufen. Unabhängig von diesem Aufruf kann Ihr Programm beim Start Informationen über das mit der Dateinamenserweiterung verknüpfte Programm in einen anderen Bereich der Registrierungsdatenbank schreiben. Um diese Funktion zu aktivieren, müssen Sie die Dateinamenserweiterung bei der Erstellung der Anwendung im MFC-Anwendungs-Assistent eingeben. (Klicken Sie dazu auf die Schaltfläche *Weitere Optionen* im Dialogfeld *MFC-Anwendungs-Assistent – Schritt 4.*) Nachdem Sie dies getan haben, fügt der MFC-Anwendungs-Assistent die Dateinamenserweiterung in Ihre Vorlagenzeichenfolge ein und ergänzt die Funktion *InitInstance* um die folgende Zeile:

```
RegisterShellFileTypes(TRUE);
```

Ihr Programm schreibt jetzt zwei Einträge in die Registrierungsdatenbank. Unterhalb des Hauptschlüssels HKEY_CLASSES_ROOT fügt es einen Schlüssel und eine Zeichenfolge ein, wie Sie hier (für das Beispiel EX17A) sehen:

```
.17A = Ex17a.Document
```

Diese Information betrifft die Dateityp-ID, die der MFC-Anwendungs-Assistent für Sie gewählt hat. *Ex17a.Document* ist wiederum der Schlüssel zum Auffinden des eigentlichen Programms.

Die Einträge in der Registrierungsdatenbank für *Ex17a.Document*, die sich ebenfalls unterhalb von *HKEY_CLASSES_ROOT* befinden, sind in Abbildung 17.5 dargestellt:

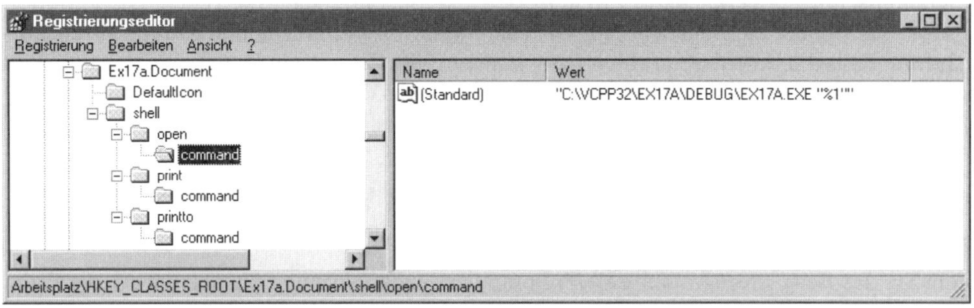

Abbildung 17.5: *Einträge für EX17A in der Windows-Registrierung.*

Beachten Sie bitte, dass die Registrierungsdatenbank den vollständigen Pfad zum Programm EX17A enthält. Jetzt kann der Explorer in der Registrierungsdatenbank über die Dateinamenserweiterung die Dateityp-ID und schließlich das eigentliche Programm ermitteln. Nachdem die Erweiterung registriert wurde, vergibt der Explorer für das Dokument ein Symbol und zeigt es neben dem Dateinamen an, wie Sie in der folgenden Abbildung 17.6 sehen:

Abbildung 17.6:
Dokumentsymbol für die Explorer-Anzeige.

Dokumente über Doppelklick öffnen

Wenn der Anwender auf ein Dokumentsymbol doppelklickt, führt der Windows-Explorer das damit verknüpfte SDI-Programm aus und übergibt den ausgewählten Dateinamen in der Befehlszeile. Möglicherweise haben Sie bemerkt, dass der MFC-Anwendungs-Assistent in die *InitInstance*-Funktion der Anwendungsklasse einen Aufruf von *EnableShellOpen* einfügt. Dieser Aufruf dient der Unterstützung der Ausführung über eine DDE-Nachricht. Dieses Verfahren wurde vom Datei-Manager von Windows NT 3.51 verwendet. Der Explorer kann hingegen Ihre SDI-Anwendung auch ohne diesen Aufruf starten.

Drag & Drop aktivieren

Wenn Sie möchten, dass Ihr bereits laufendes Programm Dateien öffnet, die aus dem Windows Explorer in das Anwendungsfenster gezogen werden, müssen Sie die *CWnd*-Funktion *DragAcceptFiles* für das Hauptrahmenfenster der Anwendung ausführen. Das öffentliche Datenelement *m_pMainWnd* des Anwendungsobjekts ist ein Zeiger auf ein Objekt des Typs *CFrameWnd* (oder *CMDIFrameWnd*). Wenn ein Anwender eine Datei an einer beliebigen Position innerhalb des Rahmenfensters ablegt, empfängt das Fenster eine WM_DROPFILES-Nachricht, die einen Aufruf von *FrameWnd::OnDropFiles* auslöst. Die folgende Zeile, die der MFC-Anwendungs-Assistent in *InitInstance* einfügt, aktiviert die Drag-&-Drop-Funktionalität:

```
m_pMainWnd->DragAcceptFiles();
```

Startparameter von Programmen angeben

Wenn Sie den Befehl *Ausführen* aus dem Menü *Start* auswählen oder im Windows-Explorer auf das Programm selbst doppelklicken, wird kein Befehlszeilenparameter übergeben. Die Funktion *InitInstance* verarbeitet die Befehlszeile, indem sie *ParseCommandLine* und *ProcessShellCommand* aufruft. Falls die Befehlszeile einen Parameter enthält, der wie ein Dateiname aussieht, lädt das Programm die Datei sofort. So können Sie eine Windows-Verknüpfung erstellen, die Ihre Programm automatisch mit einer bestimmten Dokumentdatei ausführt.

Start- und Drag-&-Drop-Funktionen des Windows-Explorer ausprobieren

Nachdem Sie das Beispielprogramm EX17A kompiliert haben, können Sie versuchen, die Datei im Windows Explorer zu starten. Sie müssen das Programm jedoch direkt ausführen, um die Starteinträge in die Registrierungsdatenbank zu schreiben. Speichern Sie mindestens eine Datei mit der Erweiterung 17A auf dem Datenträger, und beenden Sie EX17A. Starten Sie den Windows-Explorer, und öffnen Sie das Verzeichnis *\vcpp32\ex17a*. Doppelklicken Sie auf eine der 17A-Dateien im rechten Fenster. Das Programm sollte gestartet werden und die ausgewählte Datei laden. Versuchen Sie jetzt, da sowohl EX17A und der Windows Explorer auf dem Desktop geöffnet sind, eine weitere Datei vom Windows Explorer in das Fenster von EX17A zu ziehen. Das Programm sollte die neue Datei genauso öffnen, als ob Sie die Option *Datei|Öffnen* aus dem Menü der Anwendung EX17A gewählt haben.

Sie sollten auch die EX17A-Einträge in der Registrierungsdatenbank überprüfen. Führen Sie dazu das Programm *Regedit* aus (unter Windows NT kann das Programm auch *Regedt32* heißen), und lassen Sie sich die Einträge unter dem Schlüssel HKEY_CLASSES_ROOT anzeigen. Überprüfen Sie die Einträge unter *.17A* und *Ex17a.Document*. Lassen Sie sich auch die Einträge unter dem Schlüssel *HKEY_CURRENT_USER* (oder *HKEY_USERS\.DEFAULT*) anzeigen, und sehen Sie sich die Schlüssel unter dem Schlüssel *Software* an. Unter dem Unterschlüssel *ex17a* sollte der Schlüssel *Recent File List* (Liste der zuletzt geöffneten Dateien) angezeigt werden. Das Programm EX17A ruft *SetRegistryKey* mit dem Zeichenfolge *Local AppWizard-Generated Applications* auf, so dass der Programmname unterhalb des Unterschlüssels *ex17a* angezeigt wird.

18 Dokumente lesen und schreiben – MDI-Anwendungen

In diesem Kapitel wird die Unterstützung von MDI-Anwendungen durch die MFC-Bibliothek Version 6.0 beschrieben. (MDI steht für Multiple Document Interface – Mehrfachdokumenten-schnittstelle.) Es erläutert, wie Dokumente in MDI-Anwendungen eingelesen und geschrieben werden. MDI-Anwendungen scheinen den Großteil der Anwendungen auszumachen, die unter Zuhilfenahme der MFC-Bibliothek generiert werden. Im MFC-Anwendungs-Assistent ist dieser Typ voreingestellt, und die meisten Beispielprogramme, die mit Microsoft Visual C++ ausgeliefert werden, sind MDI-Anwendungen.

Sie erfahren in diesem Kapitel, worin die Unterschiede und Gemeinsamkeiten von SDI- und MDI-Anwendungen bestehen und wie man eine SDI-Anwendung in eine MDI-Anwendung umwandelt. Sie sollten die SDI-Anwendung aus Kapitel 17 gründlich verstanden haben, bevor Sie sich an die MDI-Anwendung in diesem Kapitel machen.

MDI-Anwendungen

Bevor Sie sich mit den MFC-Quelltexten für MDI-Anwendungen befassen, sollten Sie wissen, wie ein MDI-Programm unter Microsoft Windows funktioniert. Sehen Sie sich jetzt Visual C++ einmal genauer an. Es handelt sich dabei um eine MDI-Anwendung, deren Dokumente aus den Quelltextdateien des Programms bestehen. Visual C++ ist jedoch keine sehr typische MDI-Anwendung, weil es seine Dokumente zu Projekten zusammenfasst. Sehen Sie sich besser Microsoft Word oder, noch besser, eine mit der MFC-Bibliothek generierte MDI-Anwendung an, wie sie der MFC-Anwendungs-Assistent erzeugt.

Eine typische MDI-Anwendung im MFC-Stil

Das Beispielprogramm dieses Kapitels, EX18A, ist eine MDI-Version von EX17A. Starten Sie EX17A, und beobachten Sie, wie sich die SDI-Version verhält, nachdem der Anwender eine Datei ausgewählt hat. Sehen Sie sich dann die MDI-Version an, die in Abbildung 18.1 gezeigt wird.

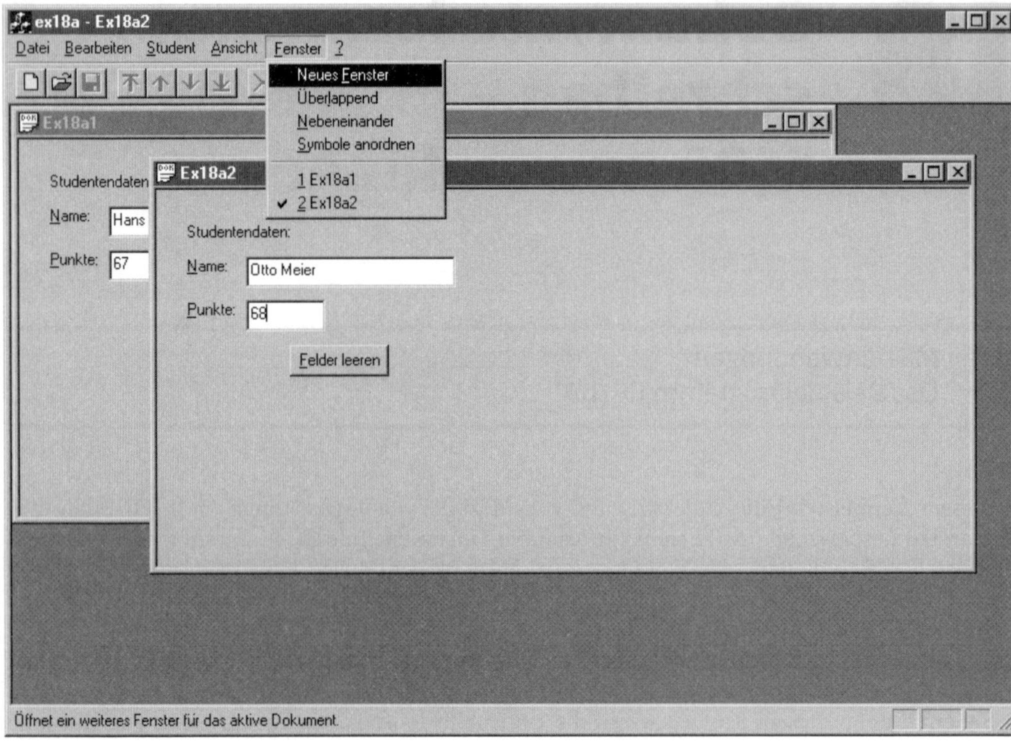

Abbildung 18.1: *Das Beispielprogramm EX18A mit zwei geöffneten Dateien und dem Menü* Fenster.

Der Anwender hat zwei Dokumente geöffnet, die sich in getrennten, untergeordneten MDI-Fenstern befinden. Es ist aber nur ein Fenster aktiv, nämlich das Fenster *Ex18a2*, das das andere untergeordnete Fenster zum Teil verdeckt. Die Anwendung hat nur ein Menü und eine Symbolleiste, und alle Befehle werden an das aktive untergeordnete Fenster weitergeleitet. In der Titelleiste des Hauptfensters findet sich der Name der Datei wieder, die im aktiven untergeordneten Fenster geladen ist.

Mit Hilfe der Schaltfläche *Minimieren* kann das untergeordnete Fenster auf ein Symbol im Hauptfenster verkleinert werden. Im Anwendungsmenü *Fenster* (siehe Abbildung 18.1) kann der Anwender die Anzeige mit folgenden Befehlen steuern.

Menübefehl	Operation
Neues Fenster	Öffnet für das ausgewählte Dokument ein neues untergeordnetes Fenster.
Überlappend	Ordnet die vorhandenen Fenster überlappend an.
Nebeneinander	Ordnet die vorhandenen Fenster so an, dass sie sich nicht verdecken oder überlappen.
Symbole anordnen	Richtet die minimierten Fenster im Rahmenfenster aus.
(Dokumentname)	Wählt das entsprechende untergeordnete Fenster aus und bringt es in den Vordergrund.

Wenn der Anwender beide untergeordnete Fenster schließt und das Menü *Datei* öffnet, sieht die Anwendung so aus wie in Abbildung 18.2.

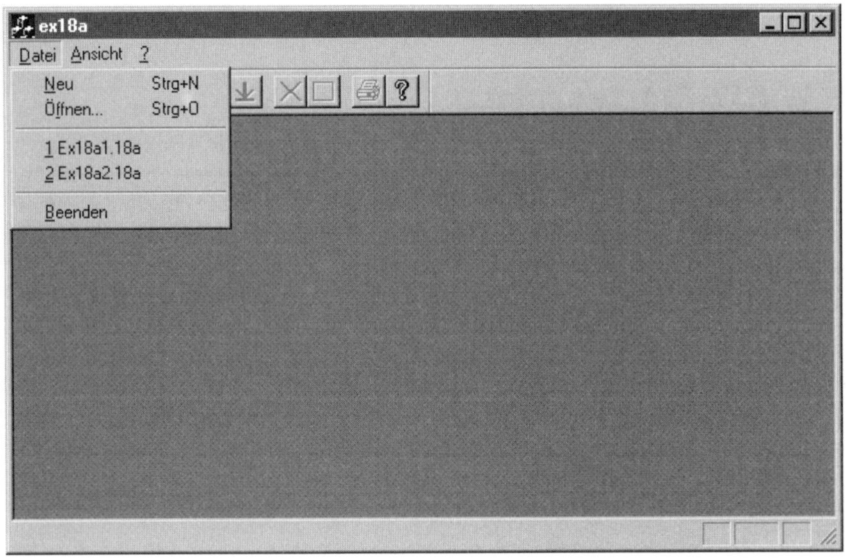

Abbildung 18.2: *Die Anwendung EX18A ohne untergeordnete Fenster.*

Das Menü *Datei* sieht nun anders aus. Die meisten Schaltflächen der Symbolleiste sind deaktiviert, und die Titelleiste des Fensters enthält keinen Dateinamen mehr. Der Anwender kann jetzt nur ein neues Dokument anlegen oder ein vorhandenes öffnen.

In Abbildung 18.3 zeigt die Anwendung nach dem Start und nach der Erstellung eines neuen Dokuments. Das einzige untergeordnete MDI-Fenster ist maximiert.

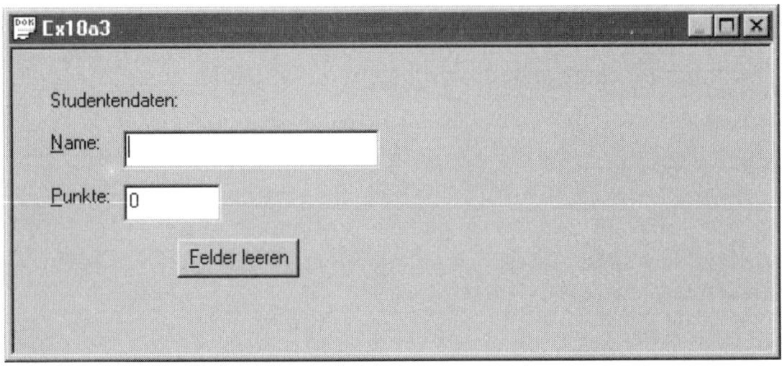

Abbildung 18.3: *Die Anwendung EX18A nach dem Start mit einem untergeordneten Fenster.*

Das eine, leere untergeordnete Fenster hat den vorgegebenen Dokumentnamen Ex18a1 erhalten. Dieser Name basiert auf den Angaben für den Dokumenttyp, die Sie im Dialogfeld *Zeichenfolgen für Dokumentvorlage* festlegen können, wenn Sie im Dialogfeld *MFC-Anwendungs-Assistent – Schritt 4 von 6* auf die Schaltfläche *Weitere Optionen* klicken. Die erste neue Datei wird Ex18a1 genannt, die zweite Ex18a2 und so weiter. Beim Speichern wählt der Anwender normalerweise einen anderen Namen.

Wie viele kommerzielle MDI-Anwendungen zeigen auch MDI-Anwendungen auf MFC-Basis nach dem Start ein neues, leeres Dokument an. (Visual C++ bildet eine Ausnahme.) Soll Ihre Anwendung mit einem leeren Rahmenfenster starten, ändern Sie in der Anwendungsklasse den entsprechenden Parameter im Aufruf von *ProcessShellCommand* (siehe Beispiel EX18A).

Hinweis für Win32-Programmierer

Seit Version 3.0 unterstützt Windows MDI-Anwendungen direkt. Die MFC-Bibliothek setzt auf den entsprechenden Funktionen auf, um eine MDI-Umgebung zu implementieren, die einer SDI-Umgebung ähnelt. In einer MDI-Anwendung unter Win32 enthält das Hauptfenster das Menü und ein einzelnes *Client-Fenster*. Das Client-Fenster verwaltet mehrere untergeordnete Fenster, die Dokumenten zugeordnet sind. Das MDI-Client-Fenster hat eine eigene registrierte Fensterklasse (nicht mit einer C++-Klasse verwechseln!) und eine Fensterprozedur, die spezielle Nachrichten wie WM_MDICASCADE oder WM_MDITITLE verarbeiten kann. Die Fensterprozedur eines untergeordneten MDI-Fensters ähnelt der Prozedur des Hauptfensters einer SDI-Anwendung.

In der MFC-Bibliothek erfüllt die Klasse *CMDIFrameWnd* sowohl die Funktionen den Hauptrahmenfensters als auch des untergeordneten MDI-Client-Fensters. Die Klasse enthält Behandlungsroutinen für alle MDI-Nachrichten und kann so ihre untergeordneten Fenster verwalten, die als Objekte des Typs *CMDIChildWnd* implementiert werden.

Das MDI-Anwendungsobjekt

Sie fragen sich vermutlich, wie eine MDI-Anwendung funktioniert und worin sich ihr Quelltext von einer SDI-Anwendung unterscheidet. Tatsächlich bestehen bei der Initialisierung keine großen Unterschiede. In Anwendungsobjekten, die von der Klasse *CWinApp* abgeleitet sind, wird die Member-Funktion *InitInstance* überschrieben. Diese Fassung von *InitInstance* unterscheidet sich ab dem Aufruf von *AddDocTemplate* etwas von der SDI-Version.

Die MDI-Dokumentvorlagenklasse

Wenn in *InitInstance* die MDI-Dokumentvorlage erstellt wird, sieht das wie folgt aus:

```
CMultiDocTemplate* pDocTemplate;
pDocTemplate = new CMultiDocTemplate(
  IDR_EX18ATYPE,
  RUNTIME_CLASS(CStudentDoc),
  RUNTIME_CLASS(CChildFrame), // benutzerdefinierter Rahmen
                              // für untergeordnete MDI-Fenster
  RUNTIME_CLASS(CStudentView));
AddDocTemplate(pDocTemplate);
```

Im Unterschied zu der SDI-Anwendung aus Kapitel 17 kann die MDI-Anwendung verschiedene Dokumenttypen unterstützen, und es darf auch *mehr als ein Dokumentobjekt* vorhanden sein. Das ist das wichtigste Merkmal einer MDI-Anwendung.

Der eine Aufruf von *AddDocTemplate* versetzt die MDI-Anwendung in die Lage, mehrere untergeordnete MDI-Fenster zu unterstützen, von denen jedes mit einem Dokumentobjekt und einem Ansichtsobjekt verbunden ist. Es können aber auch mehrere untergeordnete Fenster (und die entsprechenden Ansichtsobjekte) mit demselben Dokumentobjekt verbunden sein. Wir beginnen in diesem Kapitel aber erst einmal mit nur einer Ansichtsklasse und einer Dokumentklasse. Eine Anwendung mit mehreren Ansichtsklassen und Dokumentklassen sehen Sie später in Kapitel 20.

HINWEIS: Während Ihre Anwendung ausgeführt wird, verwaltet das Dokumentvorlagenobjekt eine Liste der aktiven Dokumentobjekte, die mit dieser Vorlage erstellt worden sind. Mit Hilfe der Funktionen und *GetNextDocGetFirstDocPosition* und *GetNextDoc* der Klasse *CMultiDocTemplate* können Sie diese Liste abfragen. Um die Vorlage zu einem Dokument zu ermitteln, rufen Sie *CDocument::GetDocTemplate* auf.

Das MDI-Rahmenfenster und die untergeordneten MDI-Fenster

In den SDI-Beispielprogrammen kam nur eine Rahmenfensterklasse und ein Rahmenfensterobjekt vor. Der MFC-Anwendungs-Assistent generiert bei SDI-Anwendungen eine Klasse namens *CMainFrame*, die von *CFrameWnd* abgeleitet ist. MDI-Anwendungen enthalten zwei Rahmenfensterklassen und viele Rahmenobjekte, wie Sie der folgenden Tabelle 18.1 entnehmen können. Die Beziehung zwischen MDI-Rahmen- und -Ansichtsfenstern wird in Abbildung 18.4 dargestellt.

Basisklasse	Vom MFC-Anwendungs-Assistenten generierte Klasse	Anzahl der Objekte	Menü- und Symbolleiste	Ansicht enthalten	Objekterstellung
CMDIFrameWnd	*CMainFrame*	nur eines	Ja	Nein	In der *InitInstance*-Funktion der Anwendungsklasse
CMDIChildWnd	*CChildFrame*	eines pro untergeordnetem Fenster	Nein	Ja	Durch das Anwendungsgerüst, wenn ein neues untergeordnetes Fenster geöffnet wird

Tabelle 18.1: *Rahmenfensterklassen und Rahmenobjekte von MDI-Anwendungen.*

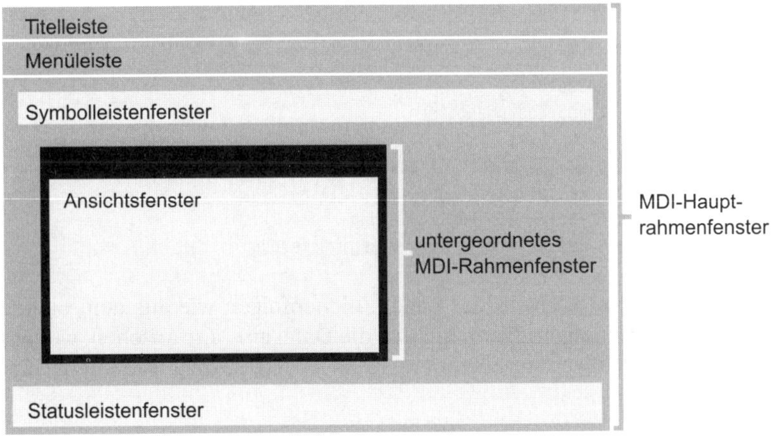

Abbildung 18.4: *Die Beziehung zwischen MDI-Rahmen und -Ansicht.*

In einer SDI-Anwendung liefert das *CMainFrame*-Objekt den Rahmen für die Anwendung und beherbergt zugleich das Ansichtsobjekt. In einer MDI-Anwendung werden diese Rollen verteilt.

Nun wird das *CMainFrame*-Objekt in *InitInstance* explizit angelegt, und das *CChildFrame*-Objekt nimmt die Ansicht auf. Der MFC-Anwendungs-Assistent generiert den folgenden Quelltext:

```
CMainFrame* pMainFrame = new CMainFrame;
if (!pMainFrame->LoadFrame(IDR_MAINFRAME))
  return FALSE;
m_pMainWnd = pMainFrame;
```

(Jetzt wird *ProcessShellCommand* aufgerufen, um das untergeordnete MDI-Fenster zu erstellen.)

```
pMainFrame->ShowWindow(m_nCmdShow);
pMainFrame->UpdateWindow();
```

Das Anwendungsgerüst kann die *CChildFrame*-Objekte dynamisch erstellen, weil der Zeiger für *CChildFrame* an den Konstruktor von *CMultiDocTemplate* übergeben wird.

HINWEIS: Die MDI-Variante der Funktion *InitInstance* initialisiert das *CWinApp*-Datenelement *m_pMainWnd* mit einem Zeiger auf das Hauptfenster der Anwendung. Über die globale Funktion *AfxGetApp* können Sie jederzeit auf *m_pMainWnd* zugreifen und damit einen Zeiger das Hauptfenster Ihrer Anwendung abrufen.

Ressourcen für Hauptrahmenfenster und Dokumentvorlagen

Die weiter unten beschriebene MDI-Anwendung EX18A hat zwei getrennte Zeichenfolgen- und Menüressourcen mit den Bezeichnern *IDR_MAINFRAME* und *IDR_EX18ATYPE*. Die erste Gruppe von Ressourcen ist für das leere Hauptrahmenfenster vorgesehen, die zweite für das besetzte Hauptrahmenfenster. Hier sind die beiden Zeichenfolgenressourcen, wobei die Teilzeichenfolgen herausgelöst wurden:

```
IDR_MAINFRAME
  "ex18a\n"                 // Titel des Anwendungsfensters

IDR_EX18ATYPE
  "\n"                      // (wird nicht benutzt)
  "Ex18a\n"                 // Stamm für Standarddokumentnamen
  "Ex18a\n"                 // Name des Dokumenttyps
  "Ex18a Files (*.18a)\n"   // Beschreibung des Dokumenttyps und Filter
  ".18A\n"                  // Dateinamenserweiterung für Dokumente dieses Typs
  "Ex18a.Document\n"        // ID des Dateityps in der Registrierung
  "Ex18a Document"          // Beschreibung des Dateityps in der Registrierung
```

HINWEIS: Der Ressourcen-Compiler ist nicht in der Lage, Zeichenfolgen wie aus dem obigen Beispiel automatisch aneinander zu hängen. Wenn Sie sich die Datei ex18a.rc ansehen, werden Sie feststellen, dass alle Teilzeichenfolgen zu einem einzigen, langen String zusammengefügt wurden.

Der Text in der Titelleiste des Hauptfensters stammt aus der Zeichenfolge *IDR_MAINFRAME*. Ist ein Dokument geöffnet, wird der Dateiname des Dokuments angehängt. Die beiden letzten Teilzeichenfolgen in *IDR_EX18ATYPE* dienen zur Unterstützung zum Start der Anwendung für eingebettete Objekte und für Drag & Drop.

Ein leeres Dokument erstellen – die Funktion CWinApp::OnFileNew

Die MDI-Variante von *InitInstance* ruft wie die SDI-Version die Funktion *OnFileNew* auf (über *ProcessShellCommand*). In diesem Fall ist das Hauptfenster allerdings bereits erstellt worden. *OnFileNew* ruft die Member-Funktion *OpenDocumentFile* auf und erfüllt damit die folgenden Aufgaben:

1. Ein Dokumentobjekt wird erstellt, aber es werden keine Daten von der Festplatte gelesen.
2. Ein untergeordnetes Rahmenfensterobjekt (der Klasse *CChildFrame*) wird erstellt. Das untergeordnete Rahmenfenster wird ebenfalls erstellt, aber nicht angezeigt. Im Hauptfenster wird die Menüressource *IDR_MAINFRAME* durch *IDR_EX18ATYPE* ersetzt. *IDR_EX18ATYPE* enthält auch eine Symbol, das angezeigt wird, wenn das untergeordnete Fenster im Rahmenfenster minimiert wird.
3. Ein Ansichtsobjekt wird erstellt. Das Ansichtsfenster wird ebenfalls erstellt, aber nicht angezeigt.
4. Die Verbindungen zwischen Dokument, dem Hauptfenster und den Ansichts*objekten* werden hergestellt. Verwechseln Sie diese Verbindungen auf Objektebene nicht mit den *Klassen*zuordnungen, die mit *AddDocTemplate* vorgenommen werden.
5. Die virtuelle Member-Funktion *OnNewDocument* des Dokumentobjekts wird aufgerufen.
6. Die virtuelle Member-Funktion *OnInitialUpdate* des Ansichtsobjekts wird aufgerufen.
7. Die virtuelle Member-Funktion *ActivateFrame* des untergeordneten Rahmenobjekts wird aufgerufen, um das Rahmenfenster und das Ansichtsfenster anzuzeigen.

Die Funktion *OnFileNew* wird auch aufgerufen, wenn der Anwender den Befehl *Datei/Neu* wählt. In einer MDI-Anwendung führt *OnFileNew* exakt dieselben Schritte aus wie bei einem Aufruf aus *InitInstance* heraus.

HINWEIS: Einige der oben genannten Funktionen werden nicht von *OnDocumentFile* direkt aufgerufen, sondern auf dem Umweg über das Anwendungsgerüst.

Zusätzliche Ansichten für vorhandene Dokumente erstellen

Wenn Sie im Menü *Fenster* den Befehl *Neues Fenster* wählen, öffnet das Anwendungsgerüst ein neues untergeordnetes Fenster, das mit dem derzeit ausgewählten Dokument verknüpft wird. Die zugehörige Member-Funktion *OnWindowNew* von *CMDIFrameWnd* erfüllt folgende Aufgaben:

1. Es wird ein untergeordnetes Rahmenfensterobjekt der Klasse *CChildFrame* erstellt. Das untergeordnete Rahmenfenster wird ebenfalls erstellt, aber nicht angezeigt.
2. Ein Ansichtsobjekt wird erstellt. Das Ansichtsfenster wird ebenfalls erstellt, aber nicht angezeigt.
3. Die Verbindungen zwischen dem neuen Ansichtsobjekt und den vorhandenen Dokument- und Hauptfensterobjekten werden hergestellt.
4. Die virtuelle Member-Funktion *OnInitialUpdate* des Ansichtsobjekts wird aufgerufen.
5. Die virtuelle Member-Funktion *ActivateFrame* des untergeordneten Rahmenobjekts wird aufgerufen, um das Rahmenfenster und das Ansichtsfenster anzuzeigen.

Dokumente öffnen und speichern

In MDI-Anwendungen werden Dokumente auf fast die gleiche Weise geöffnet und gespeichert wie in SDI-Anwendungen, mit zwei wichtigen Ausnahmen: Wenn eine Dokumentdatei von der Festplatte eingelesen wird, wird jedes Mal ein neues Dokumentobjekt erstellt, und das Dokumentobjekt wird beim Schließen des Dokumentfensters gelöscht. Sie brauchen vor dem Laden eines neuen Dokuments nicht den Inhalt des aktuellen Dokuments zu löschen, aber Sie sollten in jedem Fall die Funktion *CDocument::DeleteContents* überschreiben, damit die Klasse in eine SDI-Umgebung portiert werden kann.

Mehrere Dokumentvorlagen

Eine MDI-Anwendung kann mehrere Dokumentvorlagen unterstützen. Dazu muss die Funktion *AddDocTemplate* mehrmals aufgerufen werden. In jeder Vorlage kann eine andere Kombination aus den Klassen für Dokument, Ansicht und untergeordnetem MDI-Rahmen definiert werden. Wenn der Anwender in einer Anwendung, die mehrere Dokumentvorlagen unterstützt, im Menü *Datei* den Befehl *Neu* wählt, blendet das Anwendungsgerüst ein Listenfeld ein, in dem der Anwender den Namen einer Vorlage auswählen kann. (Dieser Name stammt aus einer Zeichenfolgenressource bzw. der Teilzeichenfolge für den Dokumenttyp.) In SDI-Anwendungen werden mehrfache Aufrufe von *AddDocTemplate* nicht unterstützt, weil Dokument-, Ansichts- und Rahmenobjekt je einmal für die ganze Lebensdauer der Anwendung erstellt werden.

HINWEIS: Während der Programmausführung verwaltet das Anwendungsobjekt eine Liste der aktiven Dokumentvorlagen-Objekte. Mit den Member-Funktionen *GetFirstDocTemplatePosition* und *GetNextDocTemplate* von *CWinApp* können Sie über diese Liste iterieren. Zusammen mit *GetFirstDocPosition* und *GetNextDoc*, zwei Member-Funktionen von *CDocTemplate*, ermöglichen Ihnen diese Funktionen den Zugriff auf alle Dokumentobjekte der Anwendung.

Wenn kein Listenfeld mit den Dokumentvorlagen anzeigt werden soll, können Sie im Menü *Datei* für jeden Dokumenttyp eine eigene Version des Befehls *Neu* vorsehen. Implementieren Sie die Behandlungsroutinen für die Befehlsnachrichten wie folgt (verwenden Sie die Teilzeichenfolge für den Dokumenttyp aus den Zeichenfolgenressourcen der Vorlagen):

```
void CMyApp::OnFileNewStudent()
{
  OpenNewDocument("Studnt");
}
void CMyApp::OnFileNewTeacher()
{
  OpenNewDocument("Teachr");
}
```

Implementieren Sie anschließend die Hilfsfunktion *OpenNewDocument* wie folgt:

```
BOOL CMyApp::OpenNewDocument(const CString& strTarget)
{
  CString strDocName;
  CDocTemplate* pSelectedTemplate;
  POSITION pos = GetFirstDocTemplatePosition();
  while (pos != NULL) {
```

```
    pSelectedTemplate = (CDocTemplate*) GetNextDocTemplate(pos);
    ASSERT(pSelectedTemplate != NULL);
    ASSERT(pSelectedTemplate->IsKindOf(
      RUNTIME_CLASS(CDocTemplate)));
    pSelectedTemplate->GetDocString(strDocName,
      CDocTemplate::docName);
    if (strDocName == strTarget) { // aus der Zeichenfolgenressource der Vorlage
      pSelectedTemplate->OpenDocumentFile(NULL);
      return TRUE;
    }
  }
  return FALSE;
}
```

Dokumente aus dem Windows-Explorer laden und per Drag & Drop verschieben

Wenn Sie im Microsoft Windows-Explorer auf das Dokumentsymbol einer MDI-Anwendung doppelklicken, wird die Anwendung nur gestartet, wenn nicht schon eine Instanz ausgeführt wird. In diesem Fall wird in der ausgeführten Instanz der Anwendung ein neues Fenster für das ausgewählte Dokument geöffnet. Voraussetzung dafür ist ein Aufruf von *EnableShellOpen* in der *InitInstance*-Funktion der Anwendungsklasse. Drag & Drop funktioniert in der MDI-Anwendung nicht viel anders als in einer SDI-Anwendung. Wenn Sie eine Datei aus dem Windows-Explorer in das Hauptfenster der MDI-Anwendung ziehen, wird ein neues untergeordnetes Rahmenfenster geöffnet (mitsamt Dokument und Ansicht), ganz so, als hätten Sie den Befehl *Datei|Öffnen* gewählt. Wie bei SDI-Anwendungen müssen Sie im Dialogfeld *MFC-Anwendungs-Assistent – Schritt 4 von 6* auf die Schaltfläche *Weitere Optionen* klicken, um die Dateinamenserweiterung angeben zu können.

Das Beispielprogramm EX18A

Dieses Beispielprogramm ist die MDI-Version der Anwendung EX17A aus dem vorherigen Kapitel. Der Quelltext für die Dokument- und Ansichtsklasse und die Ressourcen sind bis auf den Programmnamen identisch. Unterschiede bestehen dagegen beim Quelltext für die Anwendung und die Rahmenfensterklasse. Der neue Quelltext wird anschließend vollständig abgedruckt, einschließlich des vom MFC-Anwendungs-Assistenten generierten Codes. Die folgende Tabelle 18.2 enthält eine Liste der Dateien und Klassen aus EX18A.

Header-Datei	Quelltextdatei	Klasse	Beschreibung
ex18a.h	ex18a.cpp	*CEx18aApp*	Anwendungsklasse (vom MFC-Anwendungs-Assistenten angelegt)
		CAboutDlg	Dialogfeld *Info*
MainFrm.h	MainFrm.cpp	*CMainFrame*	MDI-Hauptrahmen
ChildFrm.h	ChildFrm.cpp	*CChildFrame*	Untergeordneter MDI-Rahmen
StuDoc.h	StuDoc.cpp	*CStudentDoc*	Dokument für Studentendaten (aus EX17A) ►

Header-Datei	Quelltextdatei	Klasse	Beschreibung
StuView.h	StuView.cpp	*CStudentView*	Formularansicht für Studentendaten (aus EX16B)
Student.h	Student.cpp	*CStudent*	Studentendatensatz (aus EX17A)
StdAfx.h	StdAfx.h		Vorkompilierte Header (mit afxtempl.h)

Tabelle 18.2: *Die Quelltextdateien der Beispielanwendung EX18A.*

Die Klasse CEx18aApp

Die Member-Funktion *OpenDocumentFile* wird in *CEx18aApp* nur deshalb überschrieben, um eine *TRACE*-Anweisung einfügen zu können. Außerdem kamen vor dem Aufruf von *AddDocTemplate* in *InitInstance* einige Zeilen hinzu. Damit wird das Argument von *ProcessShellCommand* überprüft und gegebenenfalls geändert, um zu verhindern, dass beim Start der Anwendung ein leeres Dokumentfenster angelegt wird. Der Quelltext ist nachfolgend abgedruckt.

EX18A.H

```
// ex18a.h : Haupt-Header-Datei für die Anwendung EX18A
//

#if !defined(AFX_EX18A_H__06142D42_4671_11D2_A4E4_00403394CA84__INCLUDED_)
#define AFX_EX18A_H__06142D42_4671_11D2_A4E4_00403394CA84__INCLUDED_

#if _MSC_VER >= 1000
#pragma once
#endif // _MSC_VER >= 1000
#ifndef __AFXWIN_H__
  #error include 'stdafx.h' before including this file for PCH
#endif

#include "resource.h"      // Hauptsymbole

/////////////////////////////////////////////////////////////////////////////
// CEx18aApp:
// Siehe ex18a.cpp für die Implementierung dieser Klasse
//

class CEx18aApp : public CWinApp
{
public:
  CEx18aApp();

// Überladungen
  // Vom Klassenassistenten generierte Überladungen virtueller
  // Funktionen
  //{{AFX_VIRTUAL(CEx18aApp)
  public:
  virtual BOOL InitInstance();
  virtual CDocument* OpenDocumentFile(LPCTSTR lpszFileName);
  //}}AFX_VIRTUAL
```

```
// Implementierung

  //{{AFX_MSG(CEx18aApp)
  afx_msg void OnAppAbout();
    // HINWEIS - An dieser Stelle werden Member-Funktionen vom
    // Klassen-Assistenten eingefügt und entfernt.
    // Innerhalb dieser generierten Quelltextabschnitte NICHTS VERÄNDERN!
  //}}AFX_MSG
  DECLARE_MESSAGE_MAP()
};


/////////////////////////////////////////////////////////////////////////////

//{{AFX_INSERT_LOCATION}}
// Microsoft Visual C++ fügt zusätzliche Deklarationen unmittelbar
// vor der vorhergehenden Zeile ein.

#endif // !defined(AFX_EX18A_H__06142D42_4671_11D2_A4E4_00403394CA84__INCLUDED_)
```

EX18A.CPP

```
// ex18a.cpp : Legt das Klassenverhalten für die Anwendung fest.
//

#include "stdafx.h"
#include "ex18a.h"

#include "MainFrm.h"
#include "ChildFrm.h"
#include "StuDoc.h"
#include "StuView.h"

#ifdef _DEBUG
#define new DEBUG_NEW
#undef THIS_FILE
static char THIS_FILE[] = __FILE__;
#endif

/////////////////////////////////////////////////////////////////////////////
// CEx18aApp

BEGIN_MESSAGE_MAP(CEx18aApp, CWinApp)
  //{{AFX_MSG_MAP(CEx18aApp)
  ON_COMMAND(ID_APP_ABOUT, OnAppAbout)
    // HINWEIS - Hier werden Mapping-Makros vom Klassen-Assistenten eingefügt und entfernt.
    // Innerhalb dieser generierten Quelltextabschnitte NICHTS VERÄNDERN!
  //}}AFX_MSG_MAP
  // Dateibasierte Standard-Dokumentbefehle
  ON_COMMAND(ID_FILE_NEW, CWinApp::OnFileNew)
  ON_COMMAND(ID_FILE_OPEN, CWinApp::OnFileOpen)
END_MESSAGE_MAP()
/////////////////////////////////////////////////////////////////////////////
// CEx18aApp Konstruktion
```

```
CEx18aApp::CEx18aApp()
{
  // ZU ERLEDIGEN: Hier Code zur Konstruktion einfügen
  // Alle wichtigen Initialisierungen in InitInstance platzieren
}

/////////////////////////////////////////////////////////////////////////////
// Das einzige CEx18aApp-Objekt

CEx18aApp theApp;

/////////////////////////////////////////////////////////////////////////////
// CEx18aApp Initialisierung

BOOL CEx18aApp::InitInstance()
{
  AfxEnableControlContainer();

  // Standardinitialisierung
  // Wenn Sie diese Funktionen nicht nutzen und die Größe Ihrer
  // fertigen ausführbaren Datei reduzieren wollen, sollten Sie die
  // nachfolgenden spezifischen Initialisierungsroutinen, die Sie nicht
  // benötigen, entfernen.

#ifdef _AFXDLL
  Enable3dControls();          // Diese Funktion bei Verwendung von MFC in
                               // gemeinsam genutzten DLLs aufrufen
#else
  Enable3dControlsStatic();    // Diese Funktion bei statischen
                               // MFC-Anbindungen aufrufen
#endif

  // Ändern des Registrierungsschlüssels, unter dem unsere Einstellungen
  // gespeichert sind.
  // ZU ERLEDIGEN: Sie sollten dieser Zeichenfolge einen geeigneten Inhalt
  // geben, wie z.B. den Namen Ihrer Firma oder Organisation.
  SetRegistryKey(_T("Local AppWizard-Generated Applications"));

  LoadStdProfileSettings();  // Standard-INI-Dateioptionen einlesen (einschliesslich MRU)

  // Dokumentvorlagen der Anwendung registrieren. Dokumentvorlagen
  // dienen als Verbindung zwischen Dokumenten, Rahmenfenstern und
  // Ansichten.

  CMultiDocTemplate* pDocTemplate;
  pDocTemplate = new CMultiDocTemplate(
    IDR_EX18ATYPE,
    RUNTIME_CLASS(CStudentDoc),
    RUNTIME_CLASS(CChildFrame),    // Benutzerspezifischer MDI-Child-Rahmen
    RUNTIME_CLASS(CStudentView));
  AddDocTemplate(pDocTemplate);

  // Haupt-MDI-Rahmenfenster erzeugen
  CMainFrame* pMainFrame = new CMainFrame;
  if (!pMainFrame->LoadFrame(IDR_MAINFRAME))
    return FALSE;
```

```
    m_pMainWnd = pMainFrame;

  // Öffnen per Drag&Drop aktivieren
  m_pMainWnd->DragAcceptFiles();

  // DDE-Execute-Open aktivieren
  EnableShellOpen();
  RegisterShellFileTypes(TRUE);

  // Befehlszeile parsen, um auf Standard-Umgebungsbefehle zu überprüfen
  // DDE, Datei offen
  CCommandLineInfo cmdInfo;
  ParseCommandLine(cmdInfo);

  // Kein leeres Dokumentfenster beim Programmstart
  if (cmdInfo.m_nShellCommand == CCommandLineInfo::FileNew) {
    cmdInfo.m_nShellCommand = CCommandLineInfo::FileNothing;
  }

  // Verteilung der in der Befehlszeile angegebenen Befehle
  if (!ProcessShellCommand(cmdInfo))
    return FALSE;

  // Das Hauptfenster ist initialisiert und kann jetzt angezeigt und aktualisiert werden.
  m_pMainWnd->ShowWindow(SW_SHOW);
  m_pMainWnd->UpdateWindow();

  return TRUE;
}

///////////////////////////////////////////////////////////////////////////
// CAboutDlg-Dialogfeld für Anwendungsbefehl "Info"

class CAboutDlg : public CDialog
{
public:
  CAboutDlg();

// Dialogfelddaten
  //{{AFX_DATA(CAboutDlg)
  enum { IDD = IDD_ABOUTBOX };
  //}}AFX_DATA

  // Vom Klassenassistenten generierte Überladungen virtueller Funktionen
  //{{AFX_VIRTUAL(CAboutDlg)
  protected:
  virtual void DoDataExchange(CDataExchange* pDX);
                          // DDX/DDV-Unterstützung
  //}}AFX_VIRTUAL

// Implementierung
protected:
  //{{AFX_MSG(CAboutDlg)
    // Keine Nachrichten-Handler
  //}}AFX_MSG
```

```
  DECLARE_MESSAGE_MAP()
};

CAboutDlg::CAboutDlg() : CDialog(CAboutDlg::IDD)
{
  //{{AFX_DATA_INIT(CAboutDlg)
  //}}AFX_DATA_INIT
}

void CAboutDlg::DoDataExchange(CDataExchange* pDX)
{
  CDialog::DoDataExchange(pDX);
  //{{AFX_DATA_MAP(CAboutDlg)
  //}}AFX_DATA_MAP
}

BEGIN_MESSAGE_MAP(CAboutDlg, CDialog)
  //{{AFX_MSG_MAP(CAboutDlg)
    // Keine Nachrichten-Handler
  //}}AFX_MSG_MAP
END_MESSAGE_MAP()

// Anwendungsbefehl, um das Dialogfeld aufzurufen
void CEx18aApp::OnAppAbout()
{
  CAboutDlg aboutDlg;
  aboutDlg.DoModal();
}

/////////////////////////////////////////////////////////////////////////////
// CEx18aApp-Befehle

CDocument* CEx18aApp::OpenDocumentFile(LPCTSTR lpszFileName)
{
  TRACE("CEx18aApp::OpenDocumentFile\n");
  return CWinApp::OpenDocumentFile(lpszFileName);
}
```

***Listing 18.1:** Der Quelltext der Klasse* CEx18aApp.

Die Klasse CMainFrame

Der Quelltext der Hauptrahmenklasse, der in Listing 18.2 gezeigt wird, unterscheidet sich kaum von der SDI-Version. Der wichtigste Unterschied besteht darin, dass die Klasse jetzt von *CMDIFrameWnd* statt von *CFrameWnd* abgeleitet wird.

MAINFRM.H

```
// MainFrm.h : Schnittstelle der Klasse CMainFrame
//
/////////////////////////////////////////////////////////////////////////////

#if !defined(AFX_MAINFRM_H__06142D46_4671_11D2_A4E4_00403394CA84__INCLUDED_)
#define AFX_MAINFRM_H__06142D46_4671_11D2_A4E4_00403394CA84__INCLUDED_

#if _MSC_VER >= 1000
```

```
#pragma once
#endif // _MSC_VER >= 1000

class CMainFrame : public CMDIFrameWnd
{
  DECLARE_DYNAMIC(CMainFrame)
public:
  CMainFrame();

// Attribute
public:

// Operationen
public:

// Überladungen
  // Vom Klassen-Assistenten generierte Überladungen virtueller Funktionen
  //{{AFX_VIRTUAL(CMainFrame)
  virtual BOOL PreCreateWindow(CREATESTRUCT& cs);
  //}}AFX_VIRTUAL

// Implementierung
public:
  virtual ~CMainFrame();
#ifdef _DEBUG
  virtual void AssertValid() const;
  virtual void Dump(CDumpContext& dc) const;
#endif

protected:  // Eingebundene Elemente der Steuerleiste
  CStatusBar  m_wndStatusBar;
  CToolBar  m_wndToolBar;

// Generierte Message-Map-Funktionen
protected:
  //{{AFX_MSG(CMainFrame)
  afx_msg int OnCreate(LPCREATESTRUCT lpCreateStruct);
    // HINWEIS - An dieser Stelle werden Member-Funktionen vom
    // Klassen-Assistenten eingefügt und entfernt.
    // Innerhalb dieser generierten Quelltextabschnitte NICHTS VERÄNDERN!
  //}}AFX_MSG
  DECLARE_MESSAGE_MAP()
};

/////////////////////////////////////////////////////////////////////////////

//{{AFX_INSERT_LOCATION}}
// Microsoft Visual C++ fügt zusätzliche Deklarationen unmittelbar
// vor der vorhergehenden Zeile ein.

#endif // !defined(AFX_MAINFRM_H__06142D46_4671_11D2_A4E4_00403394CA84__INCLUDED_)
```

MAINFRM.CPP

```
// MainFrm.cpp : Implementierung der Klasse CMainFrame
//

#include "stdafx.h"
#include "ex18a.h"

#include "MainFrm.h"

#ifdef _DEBUG
#define new DEBUG_NEW
#undef THIS_FILE
static char THIS_FILE[] = __FILE__;
#endif

/////////////////////////////////////////////////////////////////////////////
// CMainFrame

IMPLEMENT_DYNAMIC(CMainFrame, CMDIFrameWnd)
BEGIN_MESSAGE_MAP(CMainFrame, CMDIFrameWnd)
  //{{AFX_MSG_MAP(CMainFrame)
    // HINWEIS - Hier werden Mapping-Makros vom Klassen-Assistenten eingefügt und entfernt.
    // Innerhalb dieser generierten Quelltextabschnitte NICHTS VERÄNDERN!
  ON_WM_CREATE()
  //}}AFX_MSG_MAP
END_MESSAGE_MAP()

static UINT indicators[] =
{
  ID_SEPARATOR,         // Statusleistenanzeige
  ID_INDICATOR_CAPS,
  ID_INDICATOR_NUM,
  ID_INDICATOR_SCRL,
};

/////////////////////////////////////////////////////////////////////////////
// CMainFrame Konstruktion/Destruktion

CMainFrame::CMainFrame()
{
  // ZU ERLEDIGEN: Hier Quelltext zur Member-Initialisierung einfügen

}

CMainFrame::~CMainFrame()
{
}

int CMainFrame::OnCreate(LPCREATESTRUCT lpCreateStruct)
{
  if (CMDIFrameWnd::OnCreate(lpCreateStruct) == -1)
    return -1;

  if (!m_wndToolBar.CreateEx(this, TBSTYLE_FLAT, WS_CHILD
```

```
    | WS_VISIBLE | CBRS_TOP | CBRS_GRIPPER | CBRS_TOOLTIPS
    | CBRS_FLYBY | CBRS_SIZE_DYNAMIC) ||
    !m_wndToolBar.LoadToolBar(IDR_MAINFRAME))
  {
    TRACE0("Fehler beim Erstellen der Symbolleiste\n");
    return -1;    // Fehler beim Erzeugen
  }

  if (!m_wndStatusBar.Create(this) ||
    !m_wndStatusBar.SetIndicators(indicators,
      sizeof(indicators)/sizeof(UINT)))
  {
    TRACE0("Fehler beim Erstellen der Statusleiste\n");
    return -1;    // Fehler beim Erzeugen
  }

  // ZU ERLEDIGEN: Entfernen, wenn Sie keine QuickInfos oder variable Symbolleiste wünschen
  m_wndToolBar.SetBarStyle(m_wndToolBar.GetBarStyle() |
                           CBRS_TOOLTIPS | CBRS_FLYBY | CBRS_SIZE_DYNAMIC);

  // ZU ERLEDIGEN: Löschen Sie diese drei Zeilen, wenn Sie nicht wollen,
  // dass die Symbolleiste andockbar ist.
  m_wndToolBar.EnableDocking(CBRS_ALIGN_ANY);
  EnableDocking(CBRS_ALIGN_ANY);
  DockControlBar(&m_wndToolBar);

  return 0;
}

BOOL CMainFrame::PreCreateWindow(CREATESTRUCT& cs)
{
  // ZU ERLEDIGEN: Ändern Sie hier die Fensterklasse oder das
  // Erscheinungsbild, indem Sie CREATESTRUCT cs modifizieren.

  return CMDIFrameWnd::PreCreateWindow(cs);
}

/////////////////////////////////////////////////////////////////////////////
// CMainFrame Diagnose


#ifdef _DEBUG
void CMainFrame::AssertValid() const
{
  CMDIFrameWnd::AssertValid();
}

void CMainFrame::Dump(CDumpContext& dc) const
{
  CMDIFrameWnd::Dump(dc);
}

#endif //_DEBUG
```

Listing 18.2: *Der Quelltext der Klasse* CMainFrame.

Die Klasse CChildFrame

Die Klasse des untergeordneten Rahmenfensters, deren Quelltext in Listing 18.3 gezeigt wird, gibt Ihnen die komfortable Möglichkeit, die Eigenschaften dieses Fensters zu ändern, indem Sie weitere Anweisungen in die Funktion *PreCreateWindow* einfügen. Sie können außerdem Nachrichten verarbeiten und andere virtuelle Funktionen überschreiben.

CHILDFRM.H

```
// ChildFrm.h : Schnittstelle der Klasse CChildFrame
//
/////////////////////////////////////////////////////////////////////////////

#if !defined(AFX_CHILDFRM_H__06142D48_4671_11D2_A4E4_00403394CA84__INCLUDED_)
#define AFX_CHILDFRM_H__06142D48_4671_11D2_A4E4_00403394CA84__INCLUDED_

#if _MSC_VER >= 1000
#pragma once
#endif // _MSC_VER >= 1000

class CChildFrame : public CMDIChildWnd
{
  DECLARE_DYNCREATE(CChildFrame)
public:
  CChildFrame();

// Attribute
public:

// Operationen
public:

// Überladungen
  // Vom Klassen-Assistenten generierte Überladungen virtueller Funktionen
  //{{AFX_VIRTUAL(CChildFrame)
  public:
  virtual BOOL PreCreateWindow(CREATESTRUCT& cs);
  virtual void ActivateFrame(int nCmdShow = -1);
  //}}AFX_VIRTUAL


// Implementierung
public:
  virtual ~CChildFrame();
#ifdef _DEBUG
  virtual void AssertValid() const;
  virtual void Dump(CDumpContext& dc) const;
#endif

// Generierte Message-Map-Funktionen
protected:
  //{{AFX_MSG(CChildFrame)
    // HINWEIS - An dieser Stelle werden Member-Funktionen vom
    // Klassen-Assistenten eingefügt und entfernt.
    // Innerhalb dieser generierten Quelltextabschnitte NICHTS VERÄNDERN!
```

```
  //}}AFX_MSG
  DECLARE_MESSAGE_MAP()
};

/////////////////////////////////////////////////////////////////////////////

//{{AFX_INSERT_LOCATION}}
// Microsoft Visual C++ fügt zusätzliche Deklarationen
// unmittelbar vor der vorhergehenden Zeile ein.

#endif // !defined(AFX_CHILDFRM_H__06142D48_4671_11D2_A4E4_00403394CA84__INCLUDED_)
```

CHILDFRM.CPP

```
// ChildFrm.cpp : Implementierung der Klasse CChildFrame
//

#include "stdafx.h"
#include "ex18a.h"

#include "ChildFrm.h"

#ifdef _DEBUG
#define new DEBUG_NEW
#undef THIS_FILE
static char THIS_FILE[] = __FILE__;
#endif

/////////////////////////////////////////////////////////////////////////////
// CChildFrame

IMPLEMENT_DYNCREATE(CChildFrame, CMDIChildWnd)

BEGIN_MESSAGE_MAP(CChildFrame, CMDIChildWnd)
  //{{AFX_MSG_MAP(CChildFrame)
    // HINWEIS - Hier werden Mapping-Makros vom Klassen-Assistenten eingefügt und entfernt.
    // Innerhalb dieser generierten Quelltextabschnitte NICHTS VERÄNDERN!
  //}}AFX_MSG_MAP
END_MESSAGE_MAP()

/////////////////////////////////////////////////////////////////////////////
// CChildFrame Konstruktion/Destruktion

CChildFrame::CChildFrame()
{
  // ZU ERLEDIGEN: Hier Code zur Member-Initialisierung einfügen

}

CChildFrame::~CChildFrame()
{
}

BOOL CChildFrame::PreCreateWindow(CREATESTRUCT& cs)
{
```

```
  // ZU ERLEDIGEN: Ändern Sie hier die Fensterklasse oder das
  // Erscheinungsbild, indem Sie CREATESTRUCT cs modifizieren.

  if ( !CMDIChildWnd::PreCreateWindow(cs) )
    return FALSE;

  return TRUE;
}

/////////////////////////////////////////////////////////////////////////////
// CChildFrame Diagnose

#ifdef _DEBUG
void CChildFrame::AssertValid() const
{
  CMDIChildWnd::AssertValid();
}

void CChildFrame::Dump(CDumpContext& dc) const
{
  CMDIChildWnd::Dump(dc);
}

#endif //_DEBUG

/////////////////////////////////////////////////////////////////////////////
// CChildFrame Nachrichten-Handler

void CChildFrame::ActivateFrame(int nCmdShow)
{
  TRACE("Eintritt in CChildFrame::ActivateFrame\n");
  CMDIChildWnd::ActivateFrame(nCmdShow);
}
```

Listing 18.3: *Der Quelltext der Klasse* CChildFrame.

Die Anwendung EX18A testen

Erstellen Sie das Programm, starten Sie es aus Visual C++ heraus, und legen Sie einige Dokumente an. Speichern Sie die Dokumente auf der Festplatte, schließen Sie sie, und laden Sie sie wieder. Testen Sie auch den Befehl *Neues Fenster* aus dem Menü *Fenster*. In diesem Fall sind demselben Dokument zwei Ansichten (und untergeordnete Rahmenfenster) zugeordnet. Beenden Sie nun das Programm, und starten Sie den Windows-Explorer. Die Dateien, die Sie erstellt haben, werden mit Dokumentsymbolen angezeigt. Doppelklicken Sie auf ein Dokumentsymbol, um zu überprüfen, ob die Anwendung EX18A gestartet wird. Versuchen Sie dann, wenn sich sowohl das Programm als auch der Windows-Explorer auf dem Desktop befinden, ein Dokument aus dem Windows-Explorer in das Programmfenster zu ziehen. Wird die Datei geöffnet?

19 Drucken und Seitenansicht

Wenn Sie sich nur auf die Win32-API stützen, dürfte das Drucken zu den schwierigeren Aufgaben gehören, die Sie in Ihrer Programmiererlaufbahn zu bewältigen haben. Wenn Sie das nicht glauben, dann blättern Sie einfach einmal durch das etwa sechzigseitige Kapitel »Druckausgabe« in Charles Petzolds Buch *Windows 95 Programmierung* (Microsoft Press 1996). Andere Bücher über Microsoft Windows ignorieren dieses Thema ganz. Das Anwendungsgerüst der MFC-Bibliothek Version 6.0 bietet zahlreiche Funktionen, die das Drucken vereinfachen. Programme, die auf der MFC-Bibliothek basieren, erhalten als zusätzlichen Bonus eine Druckvorschau, die wie der Befehl *Seitenansicht* in Windows-Anwendungen wie Microsoft Word oder Microsoft Excel funktioniert.

In diesem Kapitel werden Sie lernen, die MFC-Unterstützung für das Drucken und die Seitenansicht (Druckvorschau) zu nutzen. Sie werden einen Eindruck davon bekommen, wie das Drucken unter Windows vonstatten geht und wie es sich vom Drucken unter DOS unterscheidet. Als Erstes werden Sie sich an einer WYSIWYG-Druckausgabe versuchen. (WYSIWYG steht für *What You See Is What You Get* – was Sie sehen, wird gedruckt.) Bei dieser Beispielanwendung sollen Drucker- und Bildschirmausgaben möglichst übereinstimmen. Dieses Beispiel verlangt einen sorgfältigen Umgang mit Abbildungsmodi. Danach werden Sie sich mit der seitenweisen Ausgabe von Daten in einen Bericht beschäftigen, wobei die Bildschirmausgaben hier den Druckerausgaben überhaupt nicht ähneln. In diesem Beispiel werden Sie das Dokument mit Hilfe eines Vorlagenfelds gliedern, so dass das Programm jeden geforderten Seitenbereich drucken kann.

Drucken unter Windows

Früher mussten Programmierer ihre Anwendungen für Dutzende von Druckern konfigurieren. Mit der Einführung von Microsoft Windows wurde die Programmierung einfacher, weil darin schon alle erdenklichen Druckertreiber enthalten sind. Außerdem steht für die Druckfunktionen eine konsistente Benutzeroberfläche zur Verfügung.

Standarddialogfelder zur Druckersteuerung

Wenn der Anwender einer Windows-Anwendung im Menü *Datei* den Befehl *Drucken* wählt, wird das Standarddialogfeld *Drucken* aus Abbildung 19.1 angezeigt.

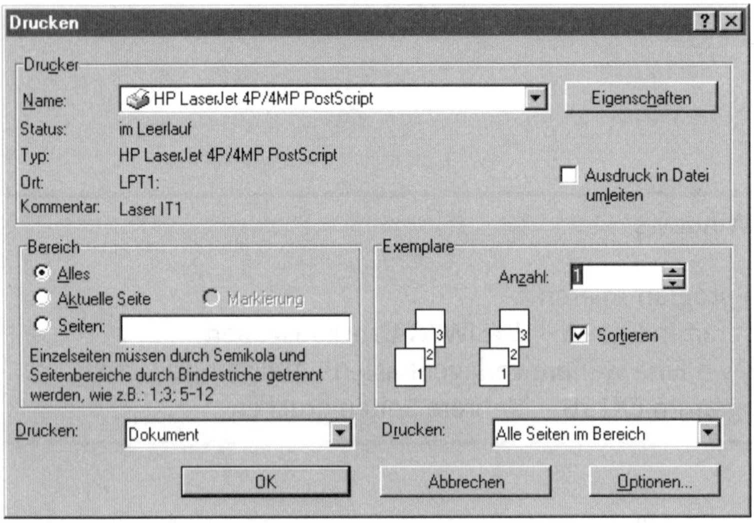

Abbildung 19.1: *Das Standarddialogfeld* Drucken.

Wählt der Anwender im Menü *Datei* den Befehl *Drucker einrichten*, wird das in Abbildung 19.2 gezeigte Dialogfeld *Drucker einrichten* eingeblendet.

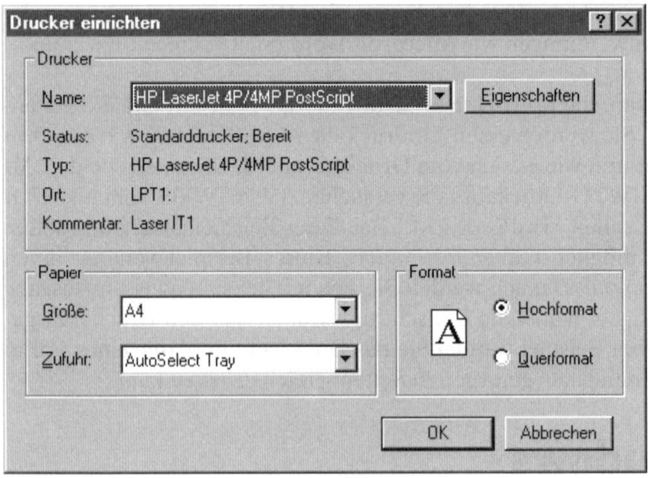

Abbildung 19.2: *Das Standarddialogfeld* Drucker einrichten.

Während des Druckvorgangs zeigt die Anwendung ein Standarddialogfeld für die Druckerstatusanzeige an, das in Abbildung 19.3 dargestellt ist.

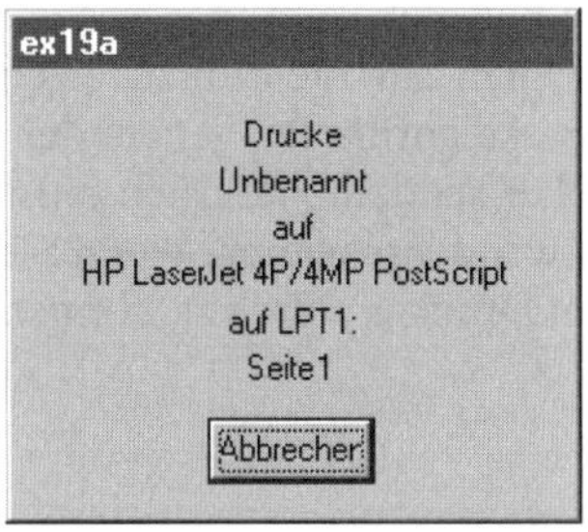

Abbildung 19.3:
Das Standarddialogfeld für die Druckerstatusanzeige.

Druckseiten interaktiv auswählen

Wenn Sie aus dem klassischen EDV-Bereich kommen, kennen Sie vermutlich das Drucken im Stapelverarbeitungsmodus. Ein Programm liest einen Datensatz ein, formatiert ihn und druckt die gewünschten Informationen als Zeile in einem Bericht. Sobald dann beispielsweise 50 Zeilen gedruckt worden sind, erzeugt das Programm einen Seitenvorschub und druckt eine neue Seitenüberschrift. Der Programmierer nimmt an, dass der gesamte Bericht auf einmal ausgedruckt wird, und sieht für den Anwender keine Möglichkeit zur Auswahl bestimmter Seiten vor.

Wie aus Abbildung 19.1 hervorgeht, haben Seitenzahlen beim Drucken unter Windows eine besondere Bedeutung. Der Anwender kann die zu druckenden Seiten auswählen, und die Programme müssen den Inhalt der ausgewählten Seiten ermitteln und sie drucken. Wenn Sie berücksichtigen, dass der Anwender die Druckseiten auswählen kann, müssen Sie die Datenstrukturen Ihrer Anwendung entsprechend konzipieren.

Erinnern Sie sich an die Studentenliste aus Kapitel 17? Was geschieht, wenn die Liste 1000 Namen enthält und der Anwender die Seite 5 des entsprechenden Berichts drucken möchte? Nehmen wir an, dass jeder Datensatz in eine Druckzeile passt und dass jede Seite 50 Zeilen aufnehmen kann. Auf Seite 5 befinden sich dann die Datensätze 201 bis 250. Wenn Sie eine MFC-Auflistungsklasse für Listen verwenden, müssen Sie über die ersten 200 Datensätze iterieren, bis Sie mit dem Drucken anfangen können. Eine Liste scheint nicht die ideale Datenstruktur zu sein. Wie steht es mit einer Datenfeldauflistung? Wenn Sie die Klasse *CObArray* (oder eine der Vorlagenklassen für Datenfelder) verwenden, können Sie direkt auf den 201. Datensatz zugreifen.

Nicht in jeder Anwendung stehen die Datenelemente in einem festen Verhältnis den benötigten Druckzeilen. Nehmen wir an, dass jeder Studentendatensatz ein mehrzeiliges Textfeld für den Lebenslauf enthält. Weil Sie nicht wissen können, wie viele Zeilen die einzelnen Lebensläufe enthalten, müssen Sie zur Berechnung der Seitenumbrüche die gesamte Datei lesen. Wenn Ihr Programm die einmal berechneten Seitenumbrüche speichern kann, arbeitet es effizienter.

Bildschirmseiten und Druckseiten

In vielen Fällen sollen die Druckseiten genau den Bildschirmseiten entsprechen. Wie Sie in Kapitel 5 erfahren haben, können Sie nicht garantieren, dass die Objekte genauso gedruckt werden wie Sie auf dem Bildschirm erscheinen. Wenn Sie TrueType-Schriften verwenden, wird die Druckerausgabe der Anzeige auf dem Bildschirm recht nahe kommen. Wenn Sie mit üblichen Papiergrößen arbeiten und möchten, dass die entsprechende Anzeige auf dem Bildschirm lesbar ist, benötigen Sie ein Anzeigefenster, das größer als der Bildschirm ist. Für solche Zwecke eignen sich bildlauffähige Ansichten, wie sie beispielsweise mit der Klasse *CScrollView* zur Verfügung stehen, besonders gut.

In manchen Situationen spielen Bildschirmseiten keine Rolle, zum Beispiel wenn Ihre Ansicht sämtliche Daten in einem Listenfeld verwaltet oder wenn Sie die Daten gar nicht anzuzeigen brauchen. In diesen Fällen können Sie in Ihrem Programm reine Druckalgorithmen verwenden, die einfach Daten aus dem Dokument extrahieren und an den Drucker senden. Natürlich muss das Programm korrekt auf die Auswahl der Druckseiten durch den Anwender reagieren. Wenn Sie die Papiergröße und -ausrichtung (Hochformat oder Querformat) vom Drucker abfragen, können Sie den Seitenumbruch entsprechend festlegen.

Seitenansicht

Die Seitenansichtsfunktion der MFC-Bibliothek zeigt die *genauen* Zeilen- und Seitenumbrüche, die Sie beim Drucken Ihres Dokuments auf dem ausgewählten Drucker erhalten würden, auf dem Bildschirm an. Die Schriften sehen unter Umständen etwas seltsam aus, besonders bei Verwendung kleiner Schriftgrößen, aber das spielt keine Rolle. Sehen Sie sich doch einmal das Seitenansichtsfenster in Abbildung 19.6 weiter unten an.

Die Seitenansicht ist eine Funktion der MFC-Bibliothek, keine Windows-Funktion. Unterschätzen Sie nicht den Programmieraufwand, der hinter dieser Funktion steckt. Jedes einzelne Zeichen wird überprüft und seine Position anhand des Drucker-Gerätekontexts berechnet. Anschließend wird eine möglichst ähnliche Schrift ausgewählt und das Zeichen im Seitenansichtsfenster an der korrekten Position angezeigt.

Druckausgaben programmieren

Das Anwendungsgerüst übernimmt einen Großteil der Programmieraufgaben, die für das Drukken und die Seitenansicht anfallen. Um den Drucker effizient einsetzen zu können, müssen Sie die Abfolge der Funktionaufrufe verstehen und wissen, welche Funktionen Sie überschreiben müssen.

Der Drucker-Gerätekontext und die Funktion CView::OnDraw

Wenn Ihr Programm etwas auf dem Drucker ausgibt, verwendet es ein Gerätekontextobjekt der Klasse *CDC*. Woher das Objekt kommt, braucht Sie nicht zu kümmern. Das Anwendungsgerüst erstellt es und übergibt es als Parameter an die *OnDraw*-Funktion Ihrer Ansicht. Falls die Druckausgaben Ihrer Anwendung mit dem Bildschirminhalt identisch sind, kann die Funktion *OnDraw* gleich zwei Aufgaben übernehmen. Bei Bildschirmausgaben ruft *OnPaint* die Funktion *OnDraw* auf, und als Gerätekontext ist der Bildschirmkontext ausgewählt. Bei Druckausgaben wird *OnDraw* von einer anderen virtuellen Member-Funktion von *CView* aufgerufen, nämlich der Funktion *OnPrint*, die einen Drucker-Gerätekontext übergibt. Die Funktion *OnPrint* wird einmal pro Druckseite aufgerufen.

Im Seitenansichtsmodus ist der Parameter von *OnDraw* in Wirklichkeit ein Zeiger auf ein *CPreviewDoc*-Objekt. Die Funktion *OnPrint* und *OnDraw* arbeiten stets auf dieselbe Weise, egal ob Sie drucken oder die Seitenansicht aktivieren.

Die Funktion CView::OnPrint

Sie haben gesehen, dass die Basisklassenversion von *OnPrint* die Funktion *OnDraw* aufruft und dass *OnDraw* sowohl einen Bildschirm-Gerätekontext als auch einen Drucker-Gerätekontext verwenden kann. Der Abbildungsmodus muss vor dem Aufruf von *OnPrint* eingestellt werden. Sie können die Funktion *OnPrint* überschreiben, um Elemente zu drucken, die auf dem Bildschirm überflüssig wären, beispielsweise Titelseiten, Kopf- und Fußzeilen. Die Funktion *OnPrint* erwartet die folgenden Parameter:

- einen Zeiger auf den Gerätekontext.
- einen Zeiger auf ein *CPrintInfo*-Objekt, das Druckinformationen wie die Größe einer Seite, die aktuelle Seitennummer und die höchste Seitennummer enthält.

In Ihrer überschriebenen Version von *OnPrint* können Sie ganz darauf verzichten, *OnDraw* aufzurufen. So können Sie einen Druckalgorithmus implementieren, der von der Bildschirmausgabe völlig unabhängig ist. Das Anwendungsgerüst ruft die Funktion *OnPrint* einmal für jede zu druckende Seite auf, und die aktuelle Seitennummer wird in der *CPrintInfo*-Struktur übergeben. Sie werden bald erfahren, wie das Anwendungsgerüst die Seitennummer bestimmt.

Den Gerätekontext vorbereiten – Die Funktion CView::OnPrepareDC

Wenn Sie (wie meistens) einen anderen Abbildungsmodus als *MM_TEXT* benötigen, dann stellen Sie ihn normalerweise in der Funktion *OnPrepareDC* Ihrer Ansicht ein. Sie können diese Funktion selbst überschreiben, wenn Ihre Klasse unmittelbar von *CView* abstammt. Die Funktion wurde bereits einmal überschrieben, wenn *CScrollView* die Basisklasse Ihrer Ansicht ist. In *OnPaint* wird *OnPrepareDC* unmittelbar vor *OnDraw* aufgerufen. Bei Druckausgaben wird auch wieder *OnPrepareDC* aufgerufen, diesmal bevor das Anwendungsgerüst *OnPrint* aufruft. Auf diese Weise wird der Abbildungsmodus vor dem Zeichnen der Ansicht beziehungsweise dem Ausdruck der Seite festgelegt.

Der zweite Parameter der Funktion *OnPrepareDC* ist ein Zeiger auf eine Struktur des Typs *CPrintInfo*. Dieser Zeiger ist nur dann gültig, wenn *OnPrepareDC* zur Vorbereitung von Druckausgaben aufgerufen worden ist. Sie können prüfen, ob diese Situation vorliegt, indem Sie die Member-Funktion *IsPrinting* von *CDC* aufrufen. Die Funktion *IsPrinting* ist besonders hilfreich, wenn Sie die Funktion *OnPrepareDC* verwenden, um unterschiedliche Abbildungsmodi für den Bildschirm und den Drucker einzustellen.

Falls Sie nicht im voraus wissen, über wie viele Seiten sich Ihr Druckauftrag erstrecken wird, können Sie in Ihrer überschriebenen Version von *OnPrepareDC* das Ende des Dokuments ermitteln und das Flag *m_bContinuePrinting* in der *CPrintInfo*-Struktur zurücksetzen. Wenn dieses Flag den Wert *FALSE* hat, wird die Funktion *OnPrint* nicht nochmals aufgerufen, und das Programm am Ende der Schleife mit den Druckbefehlen fortgesetzt.

Beginn und Ende eines Druckauftrags

Zu Beginn eines neuen Druckauftrags ruft das Anwendungsgerüst zwei Member-Funktionen von *CView* auf: *OnPreparePrinting* und *OnBeginPrinting*. (Der MFC-Anwendungs-Assistent generiert die Funktionen *OnPreparePrinting*, *OnBeginPrinting* und *OnEndPrinting*, wenn Sie die Option *Drucken* und *Seitenansicht* aktivieren.) *OnPreparePrinting* wird unmittelbar vor der Anzeige des Dialogfelds *Drucken* aufgerufen. Wenn Sie die Nummer der ersten und der letzten Seite kennen, rufen Sie in *OnPreparePrinting* die Funktionen *CPrintInfo::SetMinPage* und *CPrintInfo::SetMaxPage* auf. Die Seitennummern, die Sie diesen Funktionen übergeben, werden im Dialogfeld *Drucken* als Voreinstellung angezeigt.

Die zweite Funktion namens *OnBeginPrinting* wird nach dem Schließen des Dialogfelds *Drucken* aufgerufen. Überschreiben Sie diese Funktion, wenn Sie GDI-Objekte (zum Beispiel Schriften) erstellen möchten, die Sie für den gesamten Druckauftrag benötigen. Das Programm wird schneller ausgeführt, wenn Sie eine Schrift nur einmal erstellen, anstatt dies für jede Seite gesondert zu wiederholen.

CView::OnEndPrinting wird bei der Beendigung des Druckauftrags aufgerufen, nachdem die letzte Seite gedruckt worden ist. Überschreiben Sie diese Funktion, wenn Sie GDI-Objekte beseitigen müssen, die Sie in *OnBeginPrinting* erzeugt haben.

Die folgende Tabelle 19.1 gibt einen Überblick über die wichtigsten Member-Funktionen von *CView*, die überschrieben werden können und in der Druckschleife aufgerufen werden:

Funktion	Übliches Verhalten beim Überschreiben
OnPreparePrinting	Legt die Nummer der ersten und der letzten Seite fest.
OnBeginPrinting	Erstellt GDI-Objekte.
OnPrepareDC (einmal pro Seite)	Legt den Abbildungsmodus fest und kann das Ende des Druckauftrags ermitteln.
OnPrint (einmal pro Seite)	Erzeugt Ausgaben, die nur bei Druckaufträgen relevant sind, und ruft anschließend *OnDraw* auf.
OnEndPrinting	Löscht GDI-Objekte.

Tabelle 19.1: *Member-Funktionen der Klasse* CView.

Das Beispielprogramm EX19A – WYSIWYG-Druckausgaben

Dieses Beispielprogramm druckt eine einzelne Textseite eines Dokuments. Der Ausdruck sollte mit der Bildschirmausgabe übereinstimmen. Für Drucker und Bildschirm wird der Abbildungsmodus *MM_TWIPS* eingesetzt. Wir verwenden zunächst ein festes Zeichenrechteck. Später werden wir das Zeichenrechteck auf der Basis des bedruckbaren Bereich festlegen, den der Druckertreiber zurückgibt.

Mit den folgenden Schritten erstellen Sie das Beispielprogramm:

1. Starten Sie den MFC-Anwendungs-Assistenten, und erstellen Sie die Anwendung \vcpp32\ex19a\ex19a.

Übernehmen Sie die Standardeinstellungen, und benennen Sie die Dokument- und Ansichtsklasse so wie in Abbildung 19.4 gezeigt.

Beachten Sie, dass es sich hier um eine MDI-Anwendung handelt.

2. Fügen Sie der Klasse *CPoemDoc* ein Datenelement vom Typ *CStringArray* hinzu.

Bearbeiten Sie die Datei *PoemDoc.h*, oder verwenden Sie dazu die Registerkarte *Klassen*.

```
public:
  CStringArray m_stringArray;
```

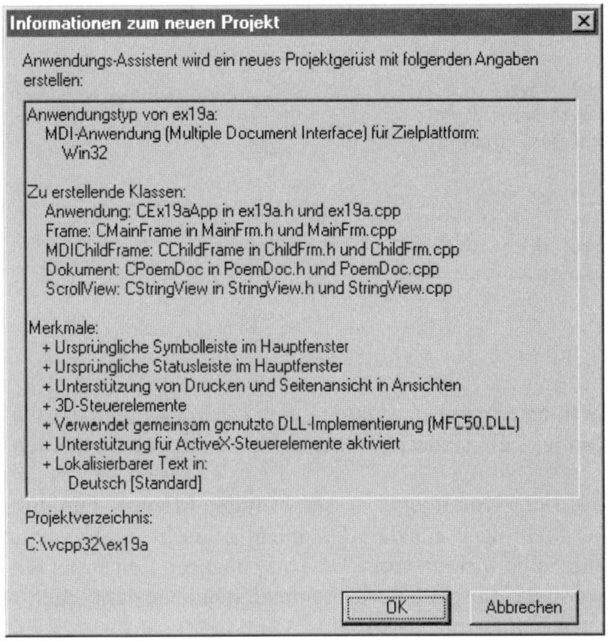

Abbildung 19.4:
Das Dialogfeld Informationen zum neuen Projekt *mit den Einstellungen für das Beispielprogramm EX19A.*

Die Daten des Dokuments werden in einem Zeichenfolgenfeld gespeichert. Die MFC-Klasse *CStringArray* enthält ein Datenfeld aus *CString*-Objekten, auf die über einen bei Null beginnenden Index zugegriffen wird. Sie können bei der Deklaration keine maximale Dimension angeben, weil es sich um ein dynamisches Datenfeld handelt.

3. Fügen Sie in die Klasse *CStringView* ein Datenelement vom Typ *CRect* ein.
Bearbeiten Sie die Header-Datei StringView.h, oder verwenden Sie dazu die *Klassenansicht*.

```
private:
  CRect m_rectPrint;
```

4. Bearbeiten Sie drei Member-Funktionen von *CPoemDoc* in der Datei *PoemDoc.cpp*.
Der MFC-Anwendungs-Assistent hat Basisversionen der Funktionen *OnNewDocument* und *Serialize* erstellt. Zum Überschreiben der Funktion *DeleteContents* müssen wir allerdings den Klassen-Assistenten bemühen. Wir initialisieren das Dokument, das ein Gedicht enthält, in der überschriebenen Version von *OnNewDocument. DeleteContents* wird in *CDocument::OnNewDocument* aufgerufen. Wenn wir also die Basisklassenfunktion zuerst aufrufen, können wir sicher sein, dass das Dokument nicht gelöscht wird. (Es ist übrigens ein Auszug aus dem zwanzigsten Gedicht in Lawrence Ferlinghettis Buch *A Cooney Island of the Mind.*) Geben Sie zehn Zeilen Text ein. Sie können auch ein anderes Gedicht verwenden oder die Beschreibung Ihrer Lieblingsfunktion aus der Win32-API. Fügen Sie den im Folgenden fett gedruckten Code hinzu:

```
BOOL CPoemDoc::OnNewDocument()
{
  if (!CDocument::OnNewDocument())
    return FALSE;
```

```
  m_stringArray.SetSize(10);
  m_stringArray[0] = "The pennycandystore beyond the El";
  m_stringArray[1] = "is where I first";
  m_stringArray[2] = "                  fell in love";
  m_stringArray[3] = "                     with unreality";
  m_stringArray[4] = "Jellybeans glowed in the semi-gloom";
  m_stringArray[5] = "of that september afternoon";
  m_stringArray[6] = "A cat upon the counter moved among";
  m_stringArray[7] = "                     the licorice sticks";
  m_stringArray[8] = "                  and tootsie rolls";
  m_stringArray[9] = "             and Oh Boy Gum";

  return TRUE;
}
```

HINWEIS: Die Klasse *CStringArray* unterstützt dynamische Datenfelder. Wir verwenden das Objekt *m_stringArray* hier jedoch so, als wäre es ein statisches Datenfeld mit zehn 10 Elementen.

Das Anwendungsgerüst ruft beim Schließen des Dokuments dessen virtuelle Member-Funktion *DeleteContents* auf. Dabei werden die Zeichenfolgen aus dem Datenfeld gelöscht. Eine Instanz von *CStringArray* enthält wirkliche Objekte, eine Instanz von *CObArray* dagegen Zeiger auf Objekte. Diese Unterscheidung ist wichtig, wenn das Löschen der Datenfeldlemente ansteht. Hier ist die Funktion *RemoveAll*, die die Zeichenfolgen tatsächlich löscht:

```
void CPoemDoc::DeleteContents()
{
  // Aufruf vor OnNewDocument und beim Schließen des Dokuments
  m_stringArray.RemoveAll();
}
```

Das Thema Serialisierung spielt in diesem Beispiel eigentlich keine Rolle. Die folgende Funktion zeigt aber, wie einfach es ist, Zeichenfolgen zu serialisieren. Das Anwendungsgerüst ruft vor dem Laden der Daten aus einem Archiv die Funktion *DeleteContents* auf, so dass Sie sich um das Leeren des Datenfelds nicht zu kümmern brauchen. Fügen Sie den im Folgenden fett gedruckten Code hinzu:

```
void CPoemDoc::Serialize(CArchive& ar)
{
  m_stringArray.Serialize(ar);
}
```

5. Bearbeiten Sie die Funktion *OnInitialUpdate* in der Datei *StringView.cpp*.
Sie müssen diese Funktion in allen von *CScrollView* abgeleiteten Klassen überschreiben. Die Funktion hat die Aufgabe, die Größe des logischen Fensters und den Abbildungsmodus festzulegen. Fügen Sie den im Folgenden fett gedruckten Code hinzu:

```
void CStringView::OnInitialUpdate()
{
  CScrollView::OnInitialUpdate();
  CSize sizeTotal(m_rectPrint.Width(),-m_rectPrint.Height());
  CSize sizePage(sizeTotal.cx / 2,
          sizeTotal.cy / 2);  // Seitenbildlauf
```

```
  CSize sizeLine(sizeTotal.cx / 100,
          sizeTotal.cy / 100); // Zeilenbildlauf
  SetScrollSizes(MM_TWIPS, sizeTotal, sizePage, sizeLine);
}
```

6. Bearbeiten Sie die Funktion *OnDraw* in der Datei *StringView.cpp*.

Die Member-Funktion *OnDraw* der Klasse *CStringView* erzeugt Ausgaben sowohl für den Bildschirm als auch für den Drucker. Sie zeigt die Gedichtzeilen in der Schrift Times New Roman 10 Punkt an, zeichnet einen Rahmen um den bedruckbaren Bereich und ein primitives Lineal am oberen und linken Rand. *OnDraw* setzt den Abbildungsmodus *MM_TWIPS* voraus, bei dem 1 Zoll entspricht 1440 Einheiten (ein Zentimeter entspricht ungefähr 567 Einheiten). Fügen Sie die fett dargestellten Anweisungen hinzu:

```
void CStringView::OnDraw(CDC* pDC)
{
  int     i, j, nHeight;
  CString  str;
  CFont    font;
  TEXTMETRIC tm;

  CPoemDoc* pDoc = GetDocument();

  // Rahmen zeichnen - etwas kleiner, damit nichts
  // abgeschnitten wird
  pDC->Rectangle(m_rectPrint + CRect(0, 0, -20, 20));
  // horizontales und vertikales Lineal zeichnen
  j = m_rectPrint.Width() / 1440;
  for (i = 0; i <= j; i++) {
    str.Format("%02d", i);
    pDC->TextOut(i * 1440, 0, str);
  }
  j = - (m_rectPrint.Height() / 1440);
  for (i = 0; i <= j; i++) {
    str.Format("%02d", i);
    pDC->TextOut(0, -i * 1440, str);
  }
  // Das Gedicht um 0.5 Zoll nach unten und rechts versetzt drucken
  // Schrift: Roman 10 Punkt
  font.CreateFont(-200, 0, 0, 0, 400, FALSE, FALSE, 0, ANSI_CHARSET,
                  OUT_DEFAULT_PRECIS, CLIP_DEFAULT_PRECIS,
                  DEFAULT_QUALITY, DEFAULT_PITCH | FF_ROMAN,
                  "Times New Roman");
  CFont* pOldFont = (CFont*) pDC->SelectObject(&font);
  pDC->GetTextMetrics(&tm);
  nHeight = tm.tmHeight + tm.tmExternalLeading;
  TRACE("Schrifthöhe = %d, tmInternalLeading = %d\n",
      nHeight, tm.tmInternalLeading);
  j = pDoc->m_stringArray.GetSize();
  for (i = 0; i < j; i++) {
    pDC->TextOut(720, -i * nHeight - 720, pDoc->m_stringArray[i]);
  }
  pDC->SelectObject(pOldFont);
  TRACE("LOGPIXELSX = %d, LOGPIXELSY = %d\n",
        pDC->GetDeviceCaps(LOGPIXELSX),
```

```
        pDC->GetDeviceCaps(LOGPIXELSY));
    TRACE("HORZSIZE = %d, VERTSIZE = %d\n",
        pDC->GetDeviceCaps(HORZSIZE),
        pDC->GetDeviceCaps(VERTSIZE));
}
```

7. Bearbeiten Sie die Funktion *OnPreparePrinting* in der Datei *StringView.cpp*.
Diese Funktion legt die maximale Anzahl der Seiten im Druckauftrag fest. In unserem Beispiel wird nur eine Seite gedruckt. Sie müssen in Ihrer überschriebenen Version von *OnPreparePrinting* unbedingt die Funktion *DoPreparePrinting* aus der Basisklasse aufrufen. Fügen Sie den im Folgenden fett gedruckten Code hinzu:

```
BOOL CStringView::OnPreparePrinting(CPrintInfo* pInfo)
{
    pInfo->SetMaxPage(1);
    return DoPreparePrinting(pInfo);
}
```

8. Bearbeiten Sie den Konstruktor in der Datei *StringView.cpp*.
Der Ausgangswert für das Rechteck zur Darstellung des Druckbereichs sollte 20 x 28,7 Zentimeter betragen (ein Zentimeter weniger als DIN A4). Die Koordinaten müssen in Twips umgerechnet werden (1 Zentimeter = 567 Twips). Fügen Sie den im Folgenden fett gedruckten Code hinzu:

```
CStringView::CStringView() : m_rectPrint(0, 0, 11338, -16270)
{
}
```

9. Erstellen und testen Sie die Anwendung.
Wenn Sie das Programm EX19A unter Microsoft Windows NT mit der kleinstmöglichen Bildschirmauflösung ausführen, wird das untergeordnete MDI-Fenster so aussehen wie in Abbildung 19.5. (Bei Verwendung höherer Auflösungen und unter Windows 95 bzw. unter Windows 98 wird der Text größer dargestellt.)

Der Text im Fenster ist zu klein, nicht wahr? Wählen Sie im Menü *Datei* den Befehl *Seitenansicht*, und klicken Sie mit der Lupe zweimal auf das Dokument. Die Seitenvorschau produziert dann eine Ausgabe wie in Abbildung 19.6.

Erinnern Sie sich an den Abschnitt über logische Twips in Kapitel 5? Wir werden nunmehr den Abbildungsmodus für logische Twips verwenden, damit die Schrift auf dem Bildschirm vergrößert wird, in der Druckausgabe jedoch unverändert bleibt. Dazu ist etwas zusätzlicher Programmieraufwand nötig, weil die Klasse *CScrollView* nur mit den Standardabbildungsmodi zurechtkommt. Sie werden die bisherige Basisklasse der Ansicht (*CScrollView*) durch *CLogScrollView* ersetzen. Wir haben für diese Klasse den Quelltext aus ViewScrl.cpp kopiert und bearbeitet. Die Dateien *LogScrollView.h* und *LogScrollView.cpp* befinden sich im Verzeichnis \vcpp32\ex19a auf der Begleit-CD.

10. Fügen Sie die Klasse *CScrollView* zum Projekt hinzu.
Kopieren Sie die Dateien *LogScrollView.h* und *LogScrollView.cpp* von der Begleit-CD in Ihr Projektverzeichnis, falls nicht bereits geschehen. Wählen Sie im Menü *Projekt* den Eintrag *Dem Projekt hinzufügen* und im Untermenü den Befehl *Dateien*. Markieren Sie die beiden neuen Dateien, und klicken Sie auf *OK*, um sie in das Projekt einzufügen.

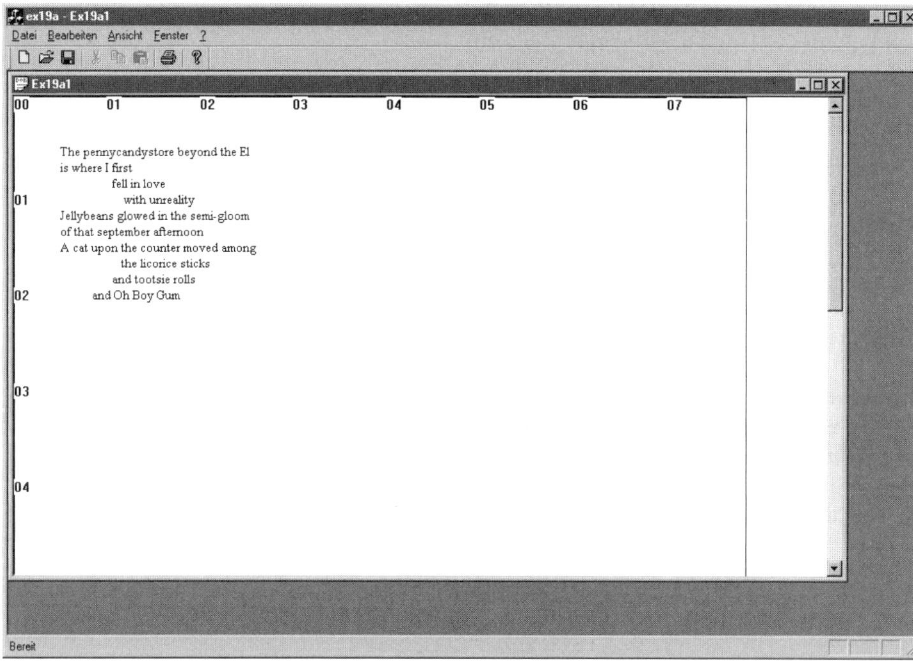

Abbildung 19.5: *Das Fenster der Anwendung EX19A.*

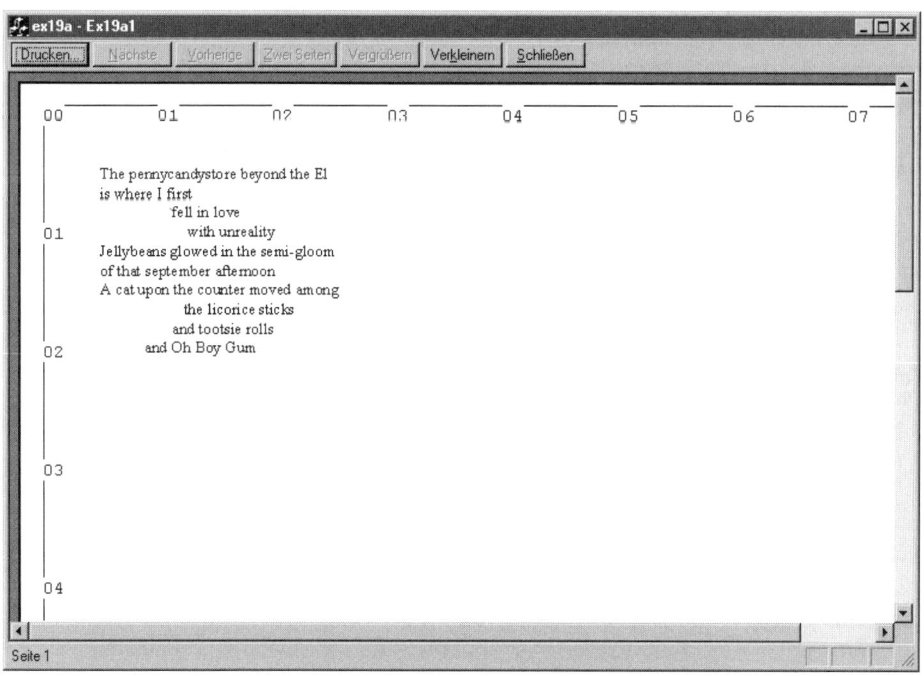

Abbildung 19.6: *Die Anwendung EX19A im Seitenansichtsmodus.*

11. Bearbeiten Sie die Header-Datei *StringView.h*.
Fügen Sie am Beginn der Datei die folgende Zeile ein:

```
#include "LogScrollView.h"
```

Ändern Sie dann die Zeile

```
class CStringView : public CScrollView
```

in

```
class CStringView : public CLogScrollView
```

12. Bearbeiten Sie die Datei *StringView.cpp*.
Ersetzen Sie alle Vorkommen von *CScrollView* durch *CLogScrollView*. Bearbeiten Sie dann die Funktion *OnInitialUpdate*. Die viel kürzere, überarbeitete Version sehen Sie hier:

```
void CStringView::OnInitialUpdate()
{
  CLogScrollView::OnInitialUpdate();
  CSize sizeTotal(m_rectPrint.Width(), m_rectPrint.Height());
  SetLogScrollSizes(sizeTotal);
}
```

13. Erstellen Sie die Anwendung, und testen Sie sie nochmals.
Nun sollte Ihre Bildschirmanzeige etwa wie in Abbildung 19.7 aussehen.

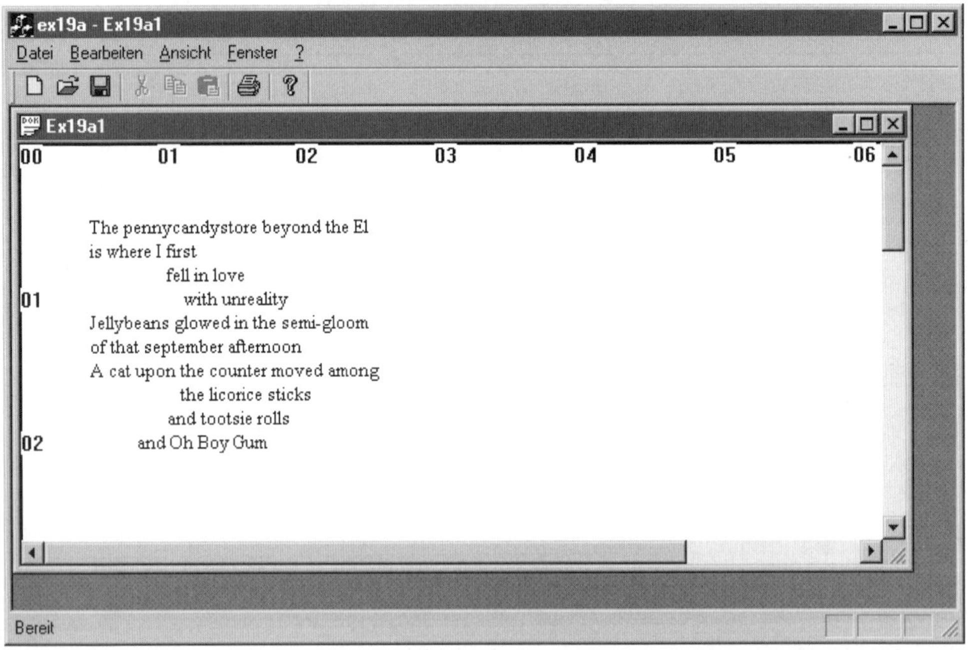

Abbildung 19.7: *Das Fenster der Anwendung EX19A nach der Überarbeitung.*

Den bedruckbaren Bereich ermitteln

Das Programm EX19A druckt in ein Rechteck mit fester Größe, das auf einen Laserdrucker abgestimmt ist, der das Papierformat Papierformat DIN A4 (210 mal 297 Millimeter) im Hochformat bedruckt. Was aber, wenn Sie ein anderes Papierformat verwenden oder im Querformat drucken möchten? Das Programm sollte sich auf diese Bedingungen einstellen können.

Es ist relativ einfach, die Koordinaten des bedruckbaren Bereichs zu ermitteln. Erinnern Sie sich noch an den *CPrintInfo*-Zeiger, der an *OnPrint* übergeben wird? Diese Struktur enthält ein Datenelement namens *m_rectDraw*, das die logischen Koordinaten des entsprechenden Rechtecks enthält. In Ihrer überschriebenen Version von *OnPaint* kopieren Sie dieses Rechteck einfach in ein Datenelement der Ansicht, und *OnDraw* greift darauf zu. Die Sache hat nur einen Haken: Sie können das Rechteck erst ermitteln, wenn Sie mit dem Drucken beginnen, und deshalb muss der Konstruktor nach wie vor einen Vorgabewert für *OnDraw* angeben, der vor Beginn des Druckvorgangs benutzt werden kann.

Wenn Sie im Beispielprogramm EX19A den bedruckbaren Bereich ermitteln und die Größe der bildlauffähigen Ansicht entsprechend berichtigen möchten, überschreiben Sie die Funktion *OnPrint* mit Hilfe des Klassen-Assistenten und implementieren die Funktion wie folgt:

```
void CStringView::OnPrint(CDC* pDC, CPrintInfo* pInfo)
{
  m_rectPrint = pInfo->m_rectDraw;
  SetLogScrollSizes(CSize(m_rectPrint.Width(), -m_rectPrint.Height()));
  CLogScrollView::OnPrint(pDC, pInfo);
}
```

Die Klasse CArray – Eine weitere vorlagenbasierte Auflistungsklasse

In Beispiel EX16B aus Kapitel 16 sind Sie der vorlagenbasierten Auflistungsklasse *CTypedPtrList* begegnet. (Die Klasse diente dort zum Speichern von *CStudent*-Objekten.) Im nächsten Beispielprogramm (EX19B) verwenden wir eine weitere Auflistungsklasse namens *CArray*. Diese Klasse unterscheidet sich in zweierlei Hinsicht von *CTypedPtrList*. Erstens handelt es sich um ein Datenfeld, auf dessen Elemente über Indizes zugegriffen werden kann, wie bei der Klasse *CStringArray* aus EX19A. Zweitens enthält dieses Datenfeld echte Objekte, nicht nur Zeiger auf Objekte. In Beispiel EX19B sind die Elemente *CRect*-Objekte. Der Elementtyp braucht keine von *CObject* abgeleitete Klasse zu sein, und *CRect* ist dies auch nicht.

Wie schon in Beispiel EX16B zu sehen war, erleichtert eine *typedef*-Anweisung den Umgang mit der vorlagenbasierten Auflistung. Mit der Anweisung

```
typedef CArray<CRect, CRect&> CRectArray;
```

definieren wir eine Datenfeldklasse, die *CRect*-Objekte speichert und deren Member-Funktionen *CRect*-Objekte als Referenzparameter übernehmen. (Es ist effizienter, einen 32-Bit-Zeiger zu übergeben, als ein 128-Bit-Objekt zu kopieren.) Um das Vorlagenfeld einzusetzen, deklarieren Sie eine Instanz von *CRectArray* und rufen Member-Funktionen von *CArray* auf, beispielsweise *SetSize*. Sie können Elemente auch mit dem Indexoperator von *CArray* abrufen und schreiben.

Die vorlagenbasierten Auslistungsklassen *CArray*, *CList* und *CMap* sind einfach zu verwenden, sofern der Elementtyp nicht zu kompliziert ist. Die Klasse *CRect* erfüllt diese Bedingung, weil sie keine Zeiger als Datenelemente enthält. In allen vorlagenbasierten Auflistungsklassen wird eine globale Funktion namens *SerializeElements* zur Serialisierung der Auflistungselemente verwendet. Die Standardversion dieser Funktion kopiert die einzelnen Elemente Bit für Bit in das Archiv.

Wenn die Elementklasse Zeiger enthält oder aus einem anderen Grund komplexer ist, müssen Sie eine eigene Version von *SerializeElements* schreiben. Wenn Sie diese Funktion für das *CRect*-Array implementieren würden (was nicht notwendig ist), sähe der Quelltext etwa wie folgt aus:

```
void AFXAPI SerializeElements(CArchive& ar, CRect* pNewRects,
  int nCount)
{
  for (int i = 0; i < nCount; i++, pNewRects++) {
    if (ar.IsStoring()) {
      ar << *pNewRects;
    }
    else {
      ar >> *pNewRects;
    }
  }
}
```

Wenn der Compiler auf diese Funktion stößt, verwendet er sie innerhalb der Vorlage anstelle der Standardversion von *SerializeElements*. Das funktioniert allerdings nur, wenn der Compiler den Prototyp von *SerializeElements* vor der Deklaration der Template-Klasse zu sehen bekommt.

HINWEIS: Die vorlagenbasierten Auflistungsklassen stützen sich auf zwei weitere globale Funktionen namens *ConstructElements* und *DestructElements*. Seit der Version 4.0 von Visual C++ rufen diese Funktionen für jedes enthaltene Objekt den Konstruktur und Destruktor der Elementklasse auf. Deshalb gibt es keinen echten Grund, diese Funktionen zu ersetzen.

Das Beispielprogramm EX19B – Mehrere Seiten drucken

Das Dokument in diesem Beispiel enthält ein Datenfeld mit 50 *CRect*-Objekten, die Kreise beschreiben. Die Kreise werden in einem Rechteck der Größe 6 x 6 Zoll zufällig verteilt, und für den Durchmesser wird ebenfalls ein Zufallswert von maximal 0,5 Zoll verwendet. Auf dem Bildschirm sehen die Kreise wie eine zweidimensionale Darstellung von Seifenblasen aus. Diese Kreise werden nicht gedruckt. Statt dessen gibt die Anwendung die entsprechenden *CRect*-Koordinaten in numerischer Form auf dem Drucker aus (jeweils 12 Werte pro Seite einschließlich Kopf- und Fußzeile).

1. **Starten Sie den MFC-Anwendungs-Assistenten, und erstellen Sie die Anwendung \vcpp32\ex19b\ex19b.**

Wählen Sie *Einzelnes Dokument (SDI)*, und übernehmen Sie ansonsten die Standardeinstellungen. Die Einstellungen der Optionen und die vorgeschlagenen Klassennamen können Sie der folgenden Abbildung 19.8 entnehmen.

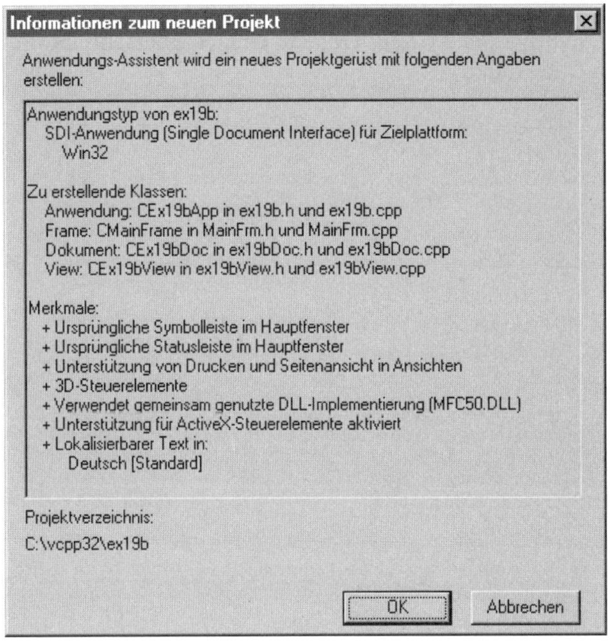

Abbildung 19.8:
Das Dialogfeld Informationen zum neuen Projekt *mit den Einstellungen für das Beispielprogramm EX19B.*

2. Bearbeiten Sie die Header-Datei *StdAfx.h*.
Sie benötigen die Deklarationen der vorlagenbasierten MFC-Auflistungsklassen. Fügen Sie daher die folgende Anweisung ein:

```
#include <afxtempl.h>
```

3. Bearbeiten Sie die Header-Datei *ex19bDoc.h*.
Im Beispielprogramm EX19A bestehen die Daten des Dokuments aus einer Reihe von Zeichenfolgen, die in einer Auflistung des Typs *CStringArray* gespeichert sind. Da wir die umschließenden Rechtecke der Ellipsen in einer vorlagenbasierten Auflistung ablegen, benötigen wir eine *typedef*-Anweisung außerhalb der Klassendeklaration:

```
typedef CArray<CRect, CRect&> CRectArray;
```

Fügen Sie dann die folgenden öffentlichen Datenelemente in die Header-Datei *ex19bDoc.h* ein:

```
public:
  enum { nLinesPerPage = 12 };
  enum { nMaxEllipses = 50 };
  CRectArray m_ellipseArray;
```

In der objektorientierten Programmierung dienen *enum*-Deklarationen wie hier als Ersatz für *#define*-Anweisungen.

4. Bearbeiten Sie die Implementierungsdatei *ex19bDoc.cpp*.
Die überschriebene Version von *OnNewDocument* initialisiert das Ellipsenfeld mit Zufallswerten, und die Funktion *Serialize* liest und schreibt das gesamte Datenfeld. Der MFC-Anwendungs-

Assistent hat Basisversionen beider Funktionen erstellt. Eine *DeleteContents*-Funktion ist nicht nötig, weil der Indexoperator von *CArray* vorhandene *CRect*-Objekte einfach überschreibt. Fügen Sie den im Folgenden fett gedruckten Code hinzu:

```
BOOL CEx19bDoc::OnNewDocument()
{
  if (!CDocument::OnNewDocument())
    return FALSE;

  int n1, n2, n3;
  // 50 zufällig verteilte Kreise erstellen
  srand((unsigned) time(NULL));
  m_ellipseArray.SetSize(nMaxEllipses);

  for (int i = 0; i < nMaxEllipses; i++) {
    n1 = rand() * 600 / RAND_MAX;
    n2 = rand() * 600 / RAND_MAX;
    n3 = rand() * 50  / RAND_MAX;
    m_ellipseArray[i] = CRect(n1, -n2, n1 + n3, -(n2 + n3));
  }

  return TRUE;
}

void CEx19bDoc::Serialize(CArchive& ar)
{
  m_ellipseArray.Serialize(ar);
}
```

5. Bearbeiten Sie die Header-Datei *ex19bView.h.*

Deklarieren Sie mit Hilfe der *Klassenansicht* das unten gezeigte Datenelement und die beiden Funktionsprototypen. Die *Klassenansicht* generiert auch für diese beiden Funktionen Basisversionen in der Datei *ex19bView.cpp*.

```
public:
  int m_nPage;
private:
  void PrintPageHeader(CDC* pDC);
  void PrintPageFooter(CDC* pDC);
```

Das Datenelement *m_nPage* enthält die Nummer der aktuellen Druckseite des Dokuments. Die beiden privaten Funktionen dienen zum Drucken der Kopf- und Fußzeile.

6. Bearbeiten Sie die Funktion *OnDraw* in der Datei *ex19bView.cpp.*

Die neue Version von *OnDraw* zeichnet die Seifenblasen in das Ansichtsfenster. Fügen Sie den unten fett gedruckten Code hinzu.

```
void CEx19bView::OnDraw(CDC* pDC)
{
  int i, j;

  CEx19bDoc* pDoc = GetDocument();
  j = pDoc->m_ellipseArray.GetUpperBound();
```

```
  for (i = 0; i < j; i++) {
    pDC->Ellipse(pDoc->m_ellipseArray[i]);
  }
}
```

7. Implementieren Sie die Funktion *OnPrepareDC* in der Datei *ex19bView.cpp*.

Die Ansichtsklasse ist nicht bildlauffähig, so dass der Abbildungsmodus in dieser Funktion festgelegt werden muss. Überschreiben Sie die Funktion *OnPrepareDC* mit dem Klassen-Assistenten, und fügen Sie die fett dargestellte Anweisung ein:

```
void CEx19bView::OnPrepareDC(CDC* pDC, CPrintInfo* pInfo)
{
  pDC->SetMapMode(MM_LOENGLISH);
}
```

8. Implementieren Sie die Funktion *OnPrint* in der Datei *ex19bView.cpp*.

Die Standardversion von *OnPrint* aus der Klasse *CView* ruft *OnDraw* auf. In diesem Beispiel sollen die Druckausgaben ganz anders aussehen als die Bildschirmdarstellung. Aus diesem Grund muss die Funktion *OnPrint* die Druckausgabe ohne Zuhilfenahme von *OnDraw* bewältigen. Die Funktion stellt zunächst den Abbildungsmodus *MM_TWIPS* ein und erstellt anschließend eine Schrift mit festem Zeichenabstand. Dann druckt *OnPrint* die numerischen Werte von 12 *m_ellipseArray*-Elementen und hebt die Auswahl der Schrift wieder auf. In der Funktion *OnBeginPrinting* müssten Sie die Schrift nur einmal erstellen, aber der Unterschied macht sich nicht bemerkbar. Überschreiben Sie die Funktion *OnPrint* mit dem Klassen-Assistenten, und fügen Sie die fett dargestellte Anweisung ein:

```
void CEx19bView::OnPrint(CDC* pDC, CPrintInfo* pInfo)
{
  int    i, nStart, nEnd, nHeight;
  CString  str;
  CPoint   point(720, -1440);
  CFont    font;
  TEXTMETRIC tm;

  pDC->SetMapMode(MM_TWIPS);
  CEx19bDoc* pDoc = GetDocument();
  m_nPage = pInfo->m_nCurPage; // für PrintPageFooter
  nStart = (m_nPage - 1) * CEx19bDoc::nLinesPerPage;
  nEnd = nStart + CEx19bDoc::nLinesPerPage;
  // 14-Punkt-Schrift mit festem Zeichenabstand
  font.CreateFont(-280, 0, 0, 0, 400, FALSE, FALSE,
                  0, ANSI_CHARSET, OUT_DEFAULT_PRECIS,
                  CLIP_DEFAULT_PRECIS, DEFAULT_QUALITY,
                  DEFAULT_PITCH | FF_MODERN, "Courier New");
                  // Courier New ist eine TrueType-Schrift
  CFont* pOldFont = (CFont*) (pDC->SelectObject(&font));
  PrintPageHeader(pDC);
  pDC->GetTextMetrics(&tm);
  nHeight = tm.tmHeight + tm.tmExternalLeading;
  for (i = nStart; i < nEnd; i++) {
    if (i > pDoc->m_ellipseArray.GetUpperBound()) {
      break;
    }
```

```
    str.Format("%6d %6d %6d %6d %6d", i + 1,
               pDoc->m_ellipseArray[i].left,
               pDoc->m_ellipseArray[i].top,
               pDoc->m_ellipseArray[i].right,
               pDoc->m_ellipseArray[i].bottom);
    point.y -= nHeight;
    pDC->TextOut(point.x, point.y, str);
  }
  PrintPageFooter(pDC);
  pDC->SelectObject(pOldFont);
}
```

9. Bearbeiten Sie die Funktion *OnPreparePrinting* in der Datei *ex19bView.cpp*.
Die Funktion *OnPreparePrinting* (deren Grundgerüst vom MFC-Anwendungs-Assistenten erstellt wurde) berechnet die Anzahl der Seiten des Dokuments und gibt diesen Wert mit Hilfe der Funktion *SetMaxPage* an das Anwendungsgerüst weiter. Fügen Sie den im Folgenden fett gedruckten Code hinzu:

```
BOOL CEx19bView::OnPreparePrinting(CPrintInfo* pInfo)
{
  CEx19bDoc* pDoc = GetDocument();
  pInfo->SetMaxPage(pDoc->m_ellipseArray.GetUpperBound() /
                    CEx19bDoc::nLinesPerPage + 1);
  return DoPreparePrinting(pInfo);
}
```

10. Implementieren Sie die Funktionen für Kopf- und Fußzeile in der Datei *ex19bView.cpp*.
Die privaten Funktionen *PrintPageHeader* und *PrintPageFooter*, die in *OnPrint* aufgerufen werden, drucken die Kopf- bzw. Fußzeile jeder Seite. In der Fußzeile steht auch die Seitennummer, die von *OnPrint* im Datenelement *m_nPage* gespeichert wird. Die Funktion *CDC::GetTextExtent* liefert die Breite der Seitennummer, damit sie rechtsbündig ausgerichtet werden kann. Fügen Sie den unten fett gedruckten Code hinzu.

```
void CEx19bView::PrintPageHeader(CDC * pDC)
{
  CString str;

  CPoint point(0, 0);
  pDC->TextOut(point.x, point.y, "Position der Seifenblasen");
  point += CSize(720, -720);
  str.Format("%6.6s %6.6s %6.6s %6.6s %6.6s",
             "Index", "Links", "Oben", "Rechts", "Unten");
  pDC->TextOut(point.x, point.y, str);
}

void CEx19bView::PrintPageFooter(CDC * pDC)
{
  CString str;

  CPoint point(0, -14400); // 10 Zoll nach unten gehen
  CEx19bDoc* pDoc = GetDocument();
  str.Format("Dokument %s", (LPCSTR) pDoc->GetTitle());
  pDC->TextOut(point.x, point.y, str);
```

```
  str.Format("Seite %d", m_nPage);
  CSize size = pDC->GetTextExtent(str);
  point.x += 11520 - size.cx;
  pDC->TextOut(point.x, point.y, str); // rechtsbündig
}
```

11. Erstellen und testen Sie die Anwendung.
Das Ansichtsfenster mit den zufällig verteilten Seifenblasen kann beispielsweise wie in Abbildung 19.9 aussehen.

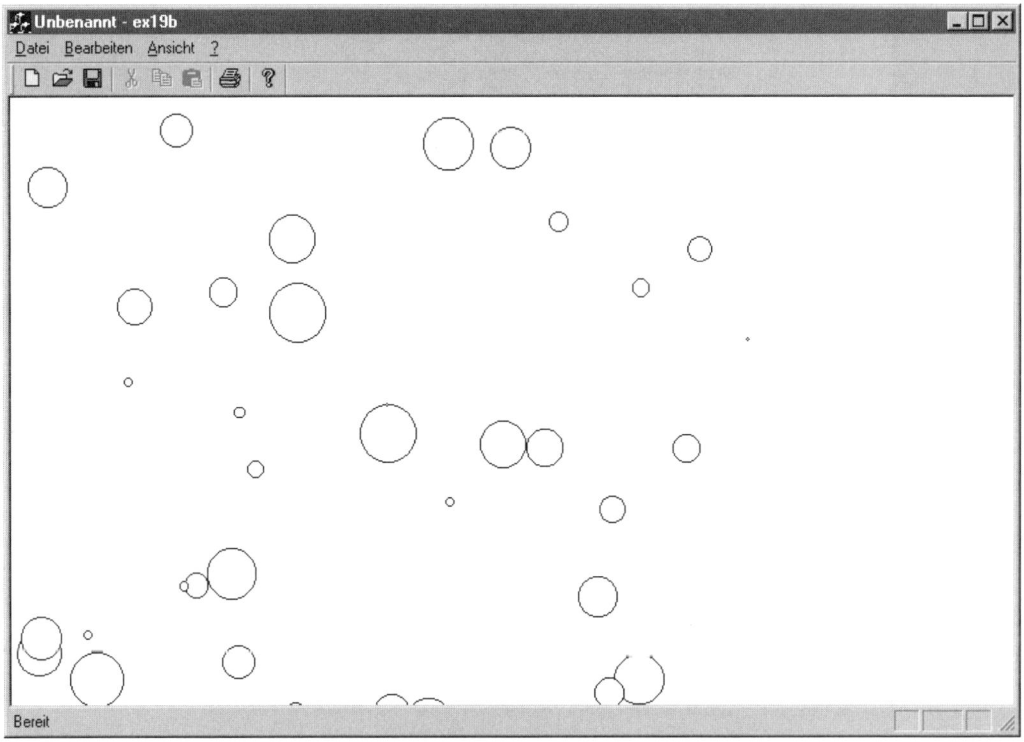

Abbildung 19.9: *Das Fenster der Anwendung EX19B.*

Jedes Mal, wenn Sie im Menü *Datei* den Befehl *Neu* wählen, erhalten Sie andere Ausgaben. In der Seitenansicht sieht die erste Druckseite etwa wie in Abbildung 19.10 aus.

Im Dialogfeld *Drucken* können Sie angeben, wie viele Seiten gedruckt werden sollen.

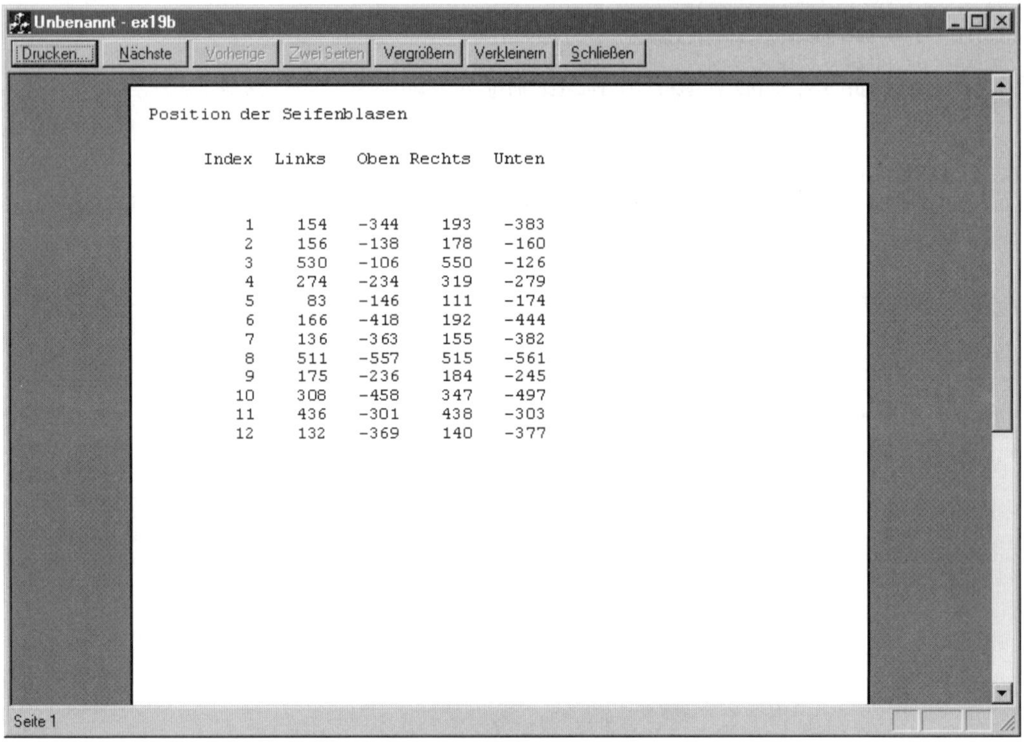

Abbildung 19.10: *Das Fenster der Anwendung EX19B im Seitenansichtsmodus.*

20 Teilbare Fenster und Mehrfachansichten

Von Beispiel EX18A abgesehen, unterstützten aller bisherigen Beispiele dieses Buches nur eine Ansicht, die einem Dokument zugeordnet war. Wenn Sie schon einmal mit einer Textverarbeitung unter Microsoft Windows gearbeitet haben, wissen Sie, wie praktisch es ist, wenn man zwei verschiedene Abschnitte eines Dokuments in zwei Fenstern nebeneinander betrachten kann. Beide Fenster können normale Ansichten enthalten, oder das eine Fenster kann eine Ansicht mit dem Seitenlayout und das andere eine Gliederungsansicht zeigen.

Das Anwendungsgerüst bietet die Möglichkeit, *teilbare Fenster* zu verwenden oder in *mehreren untergeordneten MDI-Fenstern* mehrere Ansichten anzuzeigen. Beide Darstellungsmöglichkeiten werden in diesem Kapitel vorgestellt. Sie werden sehen, wie einfach es in beiden Fällen ist, mehrere Ansichts*objekte* derselben Ansichtsklasse (der normalen Ansicht) zu erzeugen. Dagegen ist es schon etwas schwieriger, zwei oder mehrere Ansichts*klassen* in derselben Anwendung zu verwenden (zum Beispiel eine Ansicht für die Gliederung und eine für das Seitenlayout).

Der Schwerpunkt dieses Kapitels liegt in der Auswahl und Darstellung mehrerer Ansichten. Die Beispiele beruhen auf einem Dokument, das in der Funktion *OnNewDocument* mit Daten initialisiert wird. Lesen Sie jetzt nochmals in Kapitel 16 nach, wie die Kommunikation zwischen Dokument und Ansicht funktioniert.

Teilbare Fenster

Teilbare Fenster sind eine spezielle Abart von Rahmenfenstern, die in verschiedenen *Fensterausschnitten* mehrere Ansichten darstellen. Das Fenster kann beim Anwendungsstart oder durch den Anwender geteilt werden. Der Anwender kann zu diesem Zweck einen Menübefehl wählen oder mit der Maus an einem Teilungsfeld in der Bildlaufleiste des Fensters ziehen. Nachdem das Fenster geteilt worden ist, kann der Anwender den Fensterteiler mit der Maus ziehen und so die relative Größe der Fensterausschnitte festlegen. Teilbare Fenster können sowohl in SDI- als auch in MDI-Anwendungen verwendet werden. Beispiele für geteilte Fenster finden Sie in Abbildung 20.2 und 20.3 auf den folgenden Seiten.

Teilbare Fenster werden durch Objekte der Klasse *CSplitterWnd* repräsentiert. Für Windows ist ein *CSplitterWnd*-Objekt ein echtes Fenster, das den Client-Bereich seines Rahmenfensters (*CFrameWnd* oder *CMDIChildWindow*) vollständig ausfüllt. Die Ansichtsfenster füllen die Fensterausschnitte des teilbaren Fensters aus. Das teilbare Fenster ist an der Verteilung von Befehlsnachrichten nicht beteiligt. Das jeweils aktive Ansichtsfenster (ein Fensterausschnitt) ist direkt mit seinem Rahmenfenster verbunden.

Ansichtsoptionen

Wenn Sie Methoden zur Darstellung mehrerer Ansichten mit den Anwendungsmodellen kombinieren, erhalten Sie eine Reihe von Möglichkeiten. Einige davon sind im Folgenden aufgeführt:

- **SDI-Anwendung mit teilbarem Fenster, eine Ansichtsklasse.** Dieser Fall wird im ersten Beispiel dieses Kapitels, EX20A, abgehandelt. Jeder Ausschnitt eines geteilten Fensters kann einen anderen Teil des Dokuments anzeigen (indem der Fensterinhalt verschoben wird). Der Programmierer bestimmt, wie viele horizontale und vertikale Ausschnitte maximal erlaubt sind. Der Anwender teilt das Fenster zur Laufzeit.
- **SDI-Anwendung mit teilbarem Fenster, mehrere Ansichtsklassen.** Dieser Fall wird im Beispielprogramm EX20B vorgeführt. Der Programmierer legt die Anzahl der Ausschnitte und die Reihenfolge der Ansichten fest. Der Anwender kann die Größe der Ausschnitte zur Laufzeit einstellen.
- **SDI-Anwendung ohne teilbare Fenster, mehrere Ansichtsklassen.** Dieser Fall wird im Beispielprogramm EX20C vorgeführt. Der Anwender schaltet mit Hilfe eines Menübefehls zwischen den verschiedenen Ansichtsklassen um.
- **MDI-Anwendung ohne teilbare Fenster, eine Ansichtsklasse.** Dies ist die Standard-MDI-Anwendung, die Sie bereits in Kapitel 18 gesehen haben. Mit Hilfe des Menübefehls *Neues Fenster* kann der Anwender für ein bereits geöffnetes Dokument ein neues untergeordnetes Fenster öffnen.
- **MDI-Anwendung ohne teilbare Fenster, mehrere Ansichtsklassen.** Mit einer kleinen Änderung an der Standard-MDI-Anwendung können mehrere Ansichten verwendet werden. Wie das Beispiel EX20D zeigt, ist dazu nicht mehr nötig, als für jede weitere Ansichtsklasse einen Menübefehl und eine Behandlungsfunktion zu implementieren.
- **MDI-Anwendung mit teilbaren untergeordneten Fenstern.** Dieser Fall wird in der Online-Dokumentation ausführlich behandelt. Das Beispielprogramm SCRIBBLE zeigt, wie ein untergeordnetes MDI-Fenster geteilt wird.

Dynamische und statische Fensterteilung

Bei einem *dynamisch teilbaren Fenster* kann der Anwender das Fenster jederzeit teilen, indem er entweder einen Menübefehl auswählt oder an einem Teilungsfeld in der Bildlaufleiste zieht. Die Ausschnitte eines dynamisch teilbaren Fensters basieren in der Regel auf derselben Ansichtsklasse. Der obere linke Ausschnitt wird bei der Erstellung des dynamisch teilbaren Fensters mit einer bestimmten Ansicht initialisiert. Die Bildlaufleisten werden von den verschiedenen Ansichten gemeinsam genutzt. Beispielsweise werden in einem Fenster, das einmal in horizontaler Richtung geteilt ist, beide Ansichten über die untere Bildlaufleiste gesteuert. Anwendungen mit einem dynamisch teilbaren Fenster haben nach dem Start zunächst nur ein Ansichtsobjekt. Wenn der Anwender das Rahmenfenster teilt, werden weitere Ansichtsobjekte angelegt. Hebt der Anwender die Teilung wieder auf, werden die betreffenden Ansichtsobjekte gelöscht.

Die Ausschnitte eines *statisch geteilten* Fensters werden beim ersten Erstellen des Fensters festgelegt und können nicht mehr geändert werden. Der Anwender kann den Rahmen verschieben, aber das Fenster nicht neu teilen oder eine Teilung aufheben. Statisch geteilte Fenster können mehrere Ansichtsklassen enthalten, wobei die Konfiguration zum Zeitpunkt der Erstellung vorgenommen wird. In einem statisch geteilten Fenster verfügt jeder Ausschnitt über eigene Bildlaufleisten. In einer entsprechenden Anwendung werden die Ansichtsobjekte zusammen mit dem Rahmen erstellt und gelöscht.

Das Beispielprogramm EX20A – Eine SDI-Anwendung mit einer Ansichtsklasse und dynamisch teilbarem Fenster

In diesem Beispielprogramm kann der Anwender die Ansicht dynamisch in vier Ausschnitte mit vier getrennten Ansichtsobjekten teilen, die alle von derselben Ansichtsklasse verwaltet werden. Für Dokument und Ansicht verwenden wir den Quelltext aus EX19A. Der Anwendungs-Assistent kann ein dynamisch teilbares Fenster in eine neue Anwendung einfügen. Erstellen Sie ein SDI-Projekt, und klicken Sie im Dialogfeld *MFC-Anwendungs-Assistent – Schritt 4 von 6* auf die Schaltfläche *Weitere Optionen*. Klicken Sie auf die Registerkarte *Fensterstile*, und markieren Sie die Option *Geteiltes Fenster verwenden* (siehe Abbildung 20.1).

Wenn Sie die Option *Geteiltes Fenster verwenden* markieren, fügt der MFC-Anwendungs-Assistent zusätzliche Anweisungen in den Quelltext der Klasse *CMainFrame* ein. Natürlich könnten Sie dieselben Anweisungen auch in die *CMainFrame*-Klasse einer vorhandenen Klasse einfügen, um die Funktionalität eines teilbaren Fensters zu erhalten.

Ressourcen für die Fensterteilung

Wenn der MFC-Anwendungs-Assistent eine Anwendung mit einem teilbaren Rahmenfenster generiert, fügt er in das Menü *Ansicht* des Projekts den Befehl *Teilen* ein. Der Befehls-ID *ID_WINDOW_SPLIT* ist in der MFC-Klasse *CView* eine Behandlungsroutine zugeordnet.

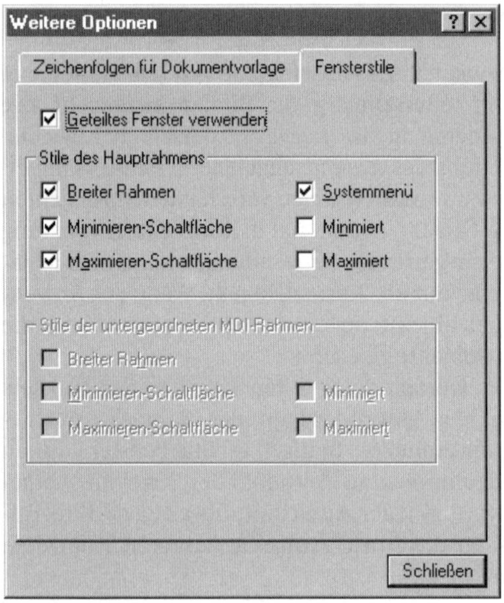

Abbildung 20.1:
Das Dialogfeld Weitere Optionen *aus Schritt 4 des MFC-Anwendungs-Assistenten.*

Die Klasse CMainFrame

Diese Klasse, in der das Hauptrahmenfenster der Anwendung implementiert wird, benötigt ein Datenelement für das teilbare Fenster und einen Prototyp zum Überschreiben der Funktion *OnCreateClient*. Zu diesem Zweck ergänzt der MFC-Anwendungs-Assistent die Datei MainFrm.h um folgende Zeilen:

```
protected:
  CSplitterWnd m_wndSplitter;
public:
  virtual BOOL OnCreateClient(LPCREATESTRUCT lpcs, CCreateContext* pContext);
```

Bei der Erstellung des Rahmenobjekts ruft das Anwendungsgerüst die virtuelle Funktion *CFrameWnd::OnCreateClient* auf. Die Basisklassenversion dieser Funktion erzeugt, wie in der Dokumentvorlage festgelegt, ein einziges Ansichtsfenster. Die neue Version der Funktion *OnCreateClient*, die der MFC-Anwendungs-Assistent in MainFrm.cpp generiert hat, legt stattdessen ein teilbares Fenster an, und dieses Fenster erstellt die erste Ansicht.

```
BOOL CMainFrame::OnCreateClient( LPCREATESTRUCT /*lpcs*/,
  CCreateContext* pContext)
{
  return m_wndSplitter.Create( this,
    2, 2,              // ZU ERLEDIGEN: Spalten- und Zeilenzahl festlegen
    CSize( 10, 10 ),   // ZU ERLEDIGEN: Minimale Grösse der Bearbeitungsfläche festlegen
    pContext );
}
```

Die Funktion *CSplitterWnd::Create* erstellt ein dynamisch teilbares Fenster. Dieses *CSplitterWnd*-Objekt kennt den Namen der Ansichtsklasse, weil dieser in der *CCreateContext*-Struktur, die der Funktion *Create* als Parameter übergeben wird, enthalten ist.

Der zweite und dritte Parameter von *Create* (2, 2) geben an, dass das Fenster maximal in zwei Spalten und Zeilen geteilt werden kann. Wenn Sie für diese Parameter (2, 1) angeben, darf das Fenster nur einmal in horizontaler Richtung geteilt werden. Die Parameterkombination (1, 2) lässt eine vertikale Teilung zu. Der Parameter *CSize* definiert die Minimalgröße der einzelnen Ausschnitte.

Die Anwendung EX20A testen

Nach dem Start der Anwendung können Sie das Fenster teilen, indem Sie den Menübefehl *Ansicht/Teilen* aufrufen oder die Teilungsfelder am linken bzw. oberen Rand der Bildlaufleiste ziehen. Abbildung 20.2 zeigt ein typisches Ansichtsfenster, das in vier Ausschnitte geteilt worden ist. Die Bildlaufleisten werden von allen Ansichten gemeinsam genutzt.

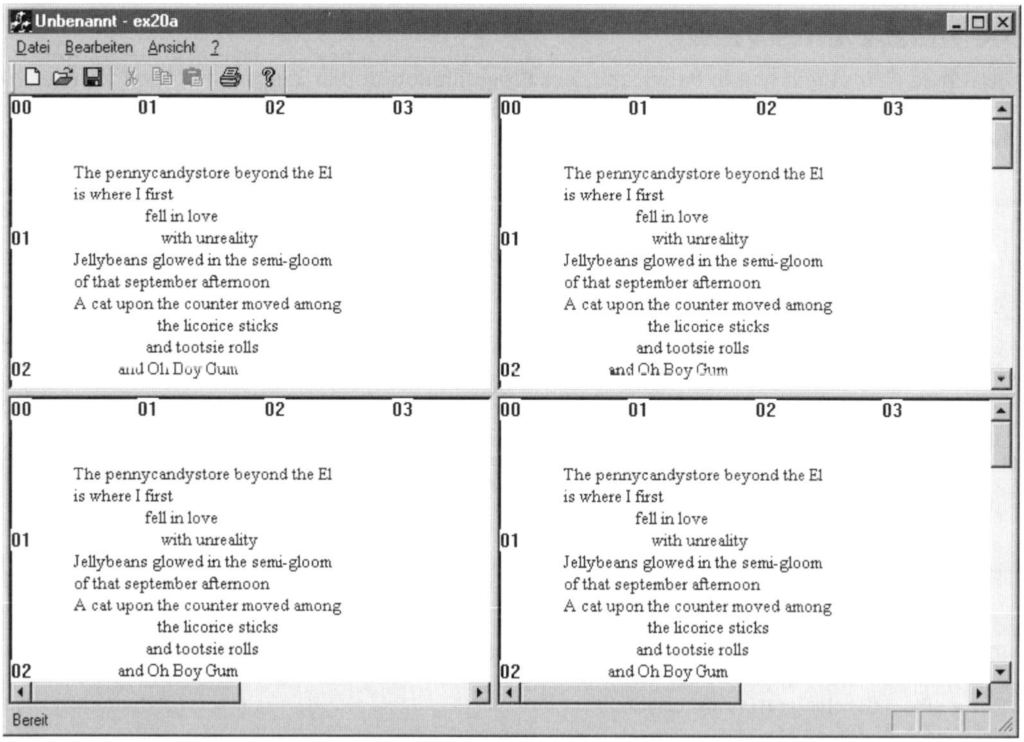

Abbildung 20.2: *Ein einfaches Ansichtsfenster, das in vier Ausschnitte geteilt wurde.*

Das Beispielprogramm EX20B – Eine SDI-Anwendung mit zwei Ansichtsklassen und statisch geteiltem Fenster

Im Beispielprogramm EX20B werden wir das Beispiel EX20A ausbauen, indem wir eine zweite Ansichtsklasse definieren und diese beiden Ansichten in einem statisch geteilten Fenster anzeigen. (Die H- und CPP-Dateien werden von der ursprünglichen Ansichtsklasse übernommen.) Diesmal funktioniert die Fensterteilung etwas anders. Beim Anwendungsstart wird das Fenster nicht mit einem, sondern mit zwei Ausschnitten geöffnet. Der Anwender kann den Fensterteiler durch Ziehen mit der Maus oder über den Menübefehl *Ansicht|Teilen* verschieben.

Die einfachste Methode, eine Anwendung mit einem statisch geteilten Fenster zu erstellen, besteht darin, mit dem MFC-Anwendungs-Assistenten eine Anwendung mit dynamisch teilbarem Fenster zu generieren und anschließend die Funktion *CMainFrame::OnCreateClient* zu bearbeiten.

Die Klasse CHexView

Die Klasse *CHexView* wurde entwickelt, um Programmierern den Zugang zur Lyrik zu erleichtern. Der Quelltext entspricht im Wesentlichen dem der Klasse *CStringView*, mit Ausnahme der Member-Funktion *OnDraw*:

```
void CHexView::OnDraw(CDC* pDC)
{
  // Hexadezimaldarstellung von Dokument-Zeichenfolgen
  int        i, j, k, l, n, nHeight;
  CString    outputLine, str;
  CFont      font;
  TEXTMETRIC tm;

  CPoemDoc* pDoc = GetDocument();
  font.CreateFont(-160, 80, 0, 0, 400, FALSE, FALSE, 0,
    ANSI_CHARSET, OUT_DEFAULT_PRECIS, CLIP_DEFAULT_PRECIS,
    DEFAULT_QUALITY, DEFAULT_PITCH | FF_SWISS, "Arial");
  CFont* pOldFont = pDC->SelectObject(&font);
  pDC->GetTextMetrics(&tm);
  nHeight = tm.tmHeight + tm.tmExternalLeading;

  j = pDoc->m_stringArray.GetSize();
  for (i = 0; i < j; i++) {
    outputLine.Format("%02x   ", i);
    l = pDoc->m_stringArray[i].GetLength();
    for (k = 0; k < l; k++) {
      n = pDoc->m_stringArray[i][k] & 0x00ff;
      str.Format("%02x ", n);
      outputLine += str;
    }
    pDC->TextOut(720, -i * nHeight - 720, outputLine);
  }
  pDC->SelectObject(pOldFont);
}
```

Diese Funktion gibt alle in der Auflistung *m_stringArray* enthaltenen Zeichenfolgen des Dokuments in hexadezimaler Darstellung aus. Der Zugriff auf die einzelnen, in den *CString*-Objekten enthaltenen Zeichen erfolgt dabei mit Hilfe des Indexoperators.

Die Klasse CMainFrame

Wie im Beispiel EX20A benötigt auch die Hauptfensterklasse der Anwendung EX20B ein Datenelement für das teilbare Fenster und einen Prototyp zum Überschreiben der Funktion *OnCreateClient*. Sie können die entsprechenden Anweisungen vom MFC-Anwendungs-Assistenten generieren lassen, indem Sie wie in EX20A die Option *Geteiltes Fenster verwenden* markieren. Die Header-Datei MainFrm.h brauchen Sie dann nicht weiter zu bearbeiten.

In die Implementierungsdatei MainFrm.cpp müssen die Header-Dateien beider Ansichtsklassen (und natürlich die Header-Datei der Dokumentklasse) eingebunden werden:

```
#include "PoemDoc.h"
#include "StringView.h"
#include "HexView.h"
```

Der MFC-Anwendungs-Assistent generiert in der Funktion *OnCreateClient* Anweisungen zur Erstellung eines dynamisch teilbaren Fensters. Wenn Sie ein statisch geteiltes Fenster wünschen, müssen Sie diesen Teil des Quelltextes bearbeiten. Anstelle von *CSplitterWnd::Create* rufen Sie die Funktion *CSplitterWnd::CreateStatic* auf, die für den Einsatz mit mehreren Ansichtsklassen gedacht ist. Die folgenden Aufrufe von *CSplitterWnd::CreateView* stellen die Verbindung zu den beiden Ansichtsklassen her. Wie aus dem zweiten und dritten Parameter (2, 1) von *CreateStatic* hervorgeht, enthält dieses geteilte Fenster nur zwei Ausschnitte. Die horizontale Teilung beginnt gemäß Voreinstellung 100 Geräteeinheiten unter dem oberen Fensterrand. Der obere Ausschnitt enthält die Ansicht mit den Zeichenfolgen, der untere die Ansicht mit der Hexadezimaldarstellung. Der Anwender kann den Fensterteiler verschieben, aber sonst nichts an der Konfiguration der Ansichten ändern.

```
BOOL CMainFrame::OnCreateClient( LPCREATESTRUCT /*lpcs*/,
  CCreateContext* pContext)
{
  VERIFY(m_wndSplitter.CreateStatic(this, 2, 1));
  VERIFY(m_wndSplitter.CreateView(0, 0, RUNTIME_CLASS(CStringView), CSize(100, 100), pContext));
  VERIFY(m_wndSplitter.CreateView(1, 0, RUNTIME_CLASS(CHexView), CSize(100, 100), pContext));
  return TRUE;
}
```

Die Anwendung EX20B testen

Nach dem Start sollte das Fenster der Anwendung EX20B so aussehen wie in Abbildung 20.3. Beachten Sie, dass hier beide Ansichten über eine eigene horizontale Bildlaufleiste verfügen.

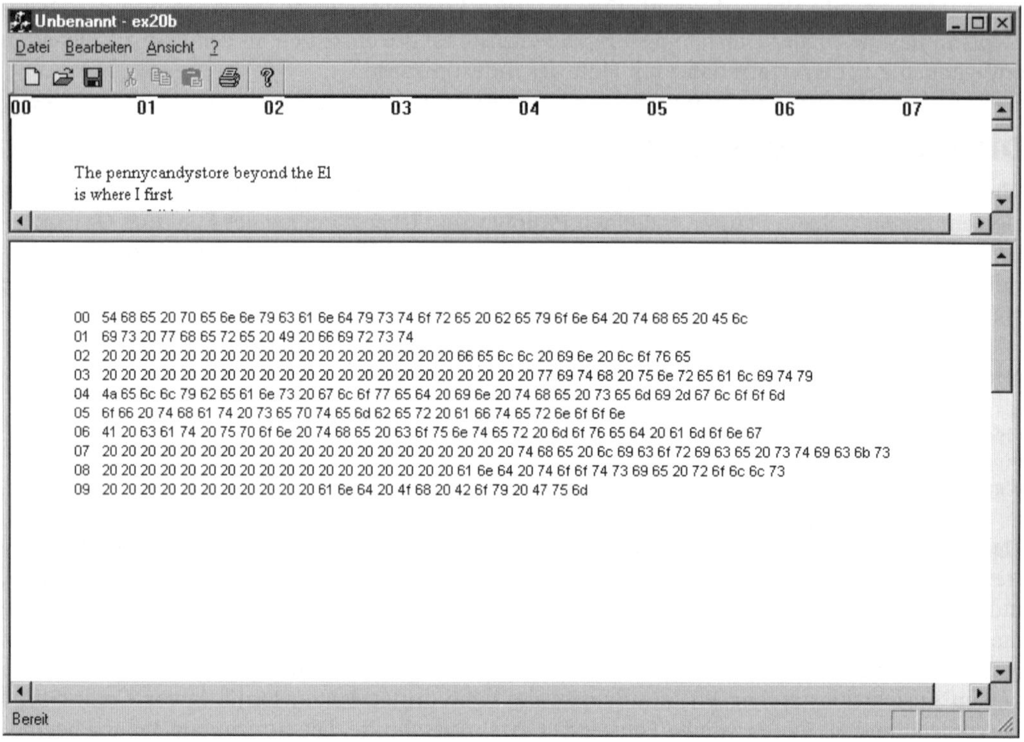

Abbildung 20.3: *Das Fenster der Anwendung EX20B.*

Das Beispielprogramm EX20C – Verschiedene Ansichten ohne teilbares Fenster

Gelegentlich möchte man zwischen verschiedenen Ansichtsklassen programmgesteuert umschalten können, ohne sich mit teilbaren Fenster herumzuschlagen. Das Beispiel EX20C zeigt eine SDI-Anwendung, die zwischen Ansichten der Klassen *CStringView* und *CHexView* umschalten kann. Dieser Vorgang wird über das Menü *Ansicht* gesteuert. Sie brauchen nur den vom MFC-Anwendungs-Assistenten Quelltext um zwei Menübefehle zu ergänzen und einige Anweisungen in die Klasse *CMainFrame* einzufügen. Außerdem müssen die Konstruktoren von *CStringView* und *CHexView* jetzt mit dem Schlüsselwort *public* deklariert werden (vorher: *protected*).

Ressourcen

Die folgenden Einträge wurden in das Menü *Ansicht* der Menüressource *IDR_MAINFRAME* eingefügt:

Beschriftung	Befehls-ID	Funktion in CMainFrame
T&extansicht	*ID_VIEW_STRINGVIEW*	*OnViewStringView*
&Hex-Ansicht	*ID_VIEW_HEXVIEW*	*OnViewHexView*

Die Befehlsbehandlungsroutinen (und die entsprechenden Oberflächenaktualisierungsroutinen) wurden mit Hilfe des Klassen-Assistenten in die Klasse *CMainFrame* eingefügt.

Die Klasse CMainFrame

Die Klasse *CMainFrame* erhält eine neue private Hilfsfunktion namens *SwitchToView*, die von den Behandlungsroutinen der beiden Menübefehle aufgerufen wird. Ein *enum*-Parameter legt fest, zu welcher Ansicht umgeschaltet werden soll. Die folgenden beiden Zeilen wurden in die Datei MainFrm.h eingefügt:

```
private:
  enum eView { STRING = 1, HEX = 2 };
  void SwitchToView(eView nView);
```

Die Funktion *SwitchToView* (in MainFrm.cpp) führt einige systemnahe MFC-Aufrufe aus, um die gewünschte Ansicht zu identifizieren und zu aktivieren. Zerbrechen Sie sich nicht den Kopf darüber, wie das vor sich geht. Wenn Sie dieses Merkmal benötigen, passen Sie die Funktion einfach an Ihre Anwendung an. Fügen Sie den im Folgenden fett dargestellten Quelltext ein:

```
void CMainFrame::SwitchToView(eView nView)
{
  CView* pOldActiveView = GetActiveView();
  CView* pNewActiveView = (CView*) GetDlgItem(nView);
  if (pNewActiveView == NULL) {
    switch (nView) {
    case STRING:
      pNewActiveView = (CView*) new CStringView;
      break;
    case HEX:
      pNewActiveView = (CView*) new CHexView;
      break;
    }
    CCreateContext context;
    context.m_pCurrentDoc = pOldActiveView->GetDocument();
    pNewActiveView->Create(NULL, NULL, WS_BORDER,
      CFrameWnd::rectDefault, this, nView, &context);
    pNewActiveView->OnInitialUpdate();
  }
  SetActiveView(pNewActiveView);
  pNewActiveView->ShowWindow(SW_SHOW);
  pOldActiveView->ShowWindow(SW_HIDE);
  pOldActiveView->SetDlgCtrlID(
    pOldActiveView->GetRuntimeClass() ==
    RUNTIME_CLASS(CStringView) ? STRING : HEX);
  pNewActiveView->SetDlgCtrlID(AFX_IDW_PANE_FIRST);
  RecalcLayout();
}
```

Nachzutragen sind noch die Behandlungsroutinen für die Menübefehle und die Oberflächenaktualisierung. Sie wurden ursprünglich vom Klassen-Assistenten angelegt (zusammen mit den Einträgen in die Nachrichtenzuordnungstabellen und den Prototypen). Die Behandlungsroutinen zur Oberflächenaktualisierung prüfen, zu welcher Klasse die aktuelle Ansicht gehört.

```
void CMainFrame::OnViewStringView()
{
  SwitchToView(STRING);
}

void CMainFrame::OnUpdateViewStringView(CCmdUI* pCmdUI)
{
  pCmdUI->Enable(!GetActiveView()->IsKindOf(RUNTIME_CLASS(CStringView)));
}
void CMainFrame::OnViewHexView()
{
  SwitchToView(HEX);
}

void CMainFrame::OnUpdateViewHexView(CCmdUI* pCmdUI)
{
  pCmdUI->Enable(!GetActiveView()->IsKindOf(RUNTIME_CLASS(CHexView)));
}
```

Die Anwendung EX20C testen

Die Anwendung EX20C zeigt nach dem Start die *CStringView*-Ansicht an. Mit dem entsprechenden Befehl aus dem Menü *Ansicht* können Sie zwischen der *CStringView*- und *CHexView*-Ansicht umschalten. In Abbildung 20.4 werden die beiden Ansichten des Dokuments nebeneinander gezeigt.

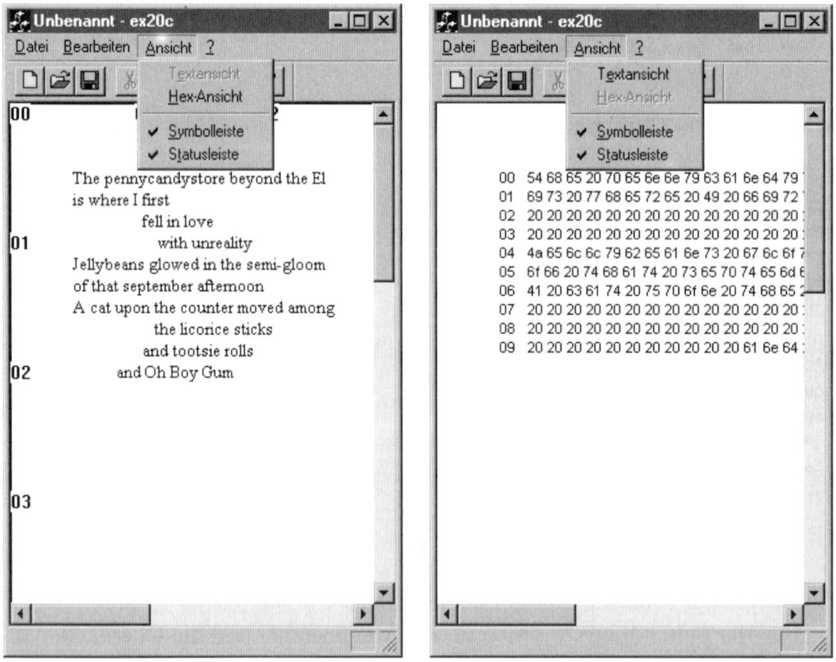

Abbildung 20.4: *Die Text- und Hex-Ansicht des Dokuments.*

Das Beispielprogramm EX20D – Eine MDI-Anwendung mit mehreren Ansichtsklassen

Im letzten Beispiel verwenden wir die bereits bekannten Dokument- und Ansichtsklassen, um eine MDI-Anwendung zu erstellen, die mehrere Ansichtsklassen unterstützt und dabei ohne teilbares Fenster auskommt. Der zugrunde liegende Algorithmus unterscheidet sich von dem Verfahren, das in den anderen Anwendungen mit mehreren Ansichtsklassen eingesetzt wurde. Hier spielt nicht mehr ausschließlich die Hauptrahmenklasse, sondern auch die Anwendungsklasse eine wichtige Rolle. Wenn Sie sich mit EX20D näher beschäftigen, werden Sie einiges über die Verwendung von *CDocTemplate*-Objekten lernen.

Während der Erstellung dieses Beispiels wurde im MFC-Anwendungs-Assistent die Option *Kontextabhängige Hilfe* markiert. In Kapitel 21 werden Sie von den Möglichkeiten der kontextabhängigen Hilfe Gebrauch machen.

Wenn Sie das Programm von Grund auf neu erstellen, dann generieren Sie mit Hilfe des MFC-Anwendungs-Assistenten eine gewöhnliche MDI-Anwendung mit einer der genannten Ansichtsklassen. Fügen Sie dann die zweite Ansichtsklasse zum Projekt hinzu, und bearbeiten Sie die Dateien der Anwendungsklasse und der Hauptrahmenklasse, wie es in den folgenden Abschnitten beschrieben wird.

Ressourcen

Die folgenden beiden Einträge wurden in der Menüressource *IDR_EX20DTYPE* in das Menü *Fenster* eingefügt:

Beschriftung	Befehls-ID	Funktion in CMainFrame
Neues T&extfenster (ersetzt den Befehl *Neues Fenster*)	*ID_WINDOW_NEW_STRING*	*CMDIFrameWnd::OnWindowNew*
Neues &Hex-Fenster	*ID_WINDOW_NEW_HEX*	*OnWindowNewHex*

Die Befehlsbehandlungsfunktion *OnNewHex* wurde mit Hilfe des Klassen-Assistenten in die Klasse *CMainFrame* eingefügt.

Die Klasse CEx20dApp

In die Header-Datei der Anwendungsklasse (ex20d.h) wurden ein Datenelement und ein Funktionsprototyp eingefügt:

```
public:
  CMultiDocTemplate* m_pTemplateHex;
  CEx20dApp();
```

Die Implementierungsdatei ex20d.cpp enthält die folgenden *#include*-Anweisungen:

```
#include "PoemDoc.h"
#include "StringView.h"
#include "HexView.h"
```

In die Funktion *CEx20dApp::InitInstance* wurden unmittelbar nach dem Aufruf von *AddDocTemplate* die folgenden Anweisungen eingefügt:

```
m_pTemplateHex = new CMultiDocTemplate(
  IDR_EX20DTYPE,
  RUNTIME_CLASS(CPoemDoc),
  RUNTIME_CLASS(CChildFrame),
  RUNTIME_CLASS(CHexView));
```

Der Aufruf von *AddDocTemplate*, den der MFC-Anwendungs-Assistent generiert hat, richtet die primäre Kombination aus Dokument, Rahmen und Ansicht ein, die beim Anwendungsstart aktiv ist. Das obige Vorlagenobjekt ist eine sekundäre Vorlage, die beim Aufruf des Menübefehls *Neues Hex-Fenster* aktiviert werden kann.

Jetzt fehlt nur noch eine Version von *ExitInstance*, die die sekundäre Vorlage beseitigt:

```
int CEx20dApp::ExitInstance()
{
  delete m_pTemplateHex;
  return CWinApp::ExitInstance(); // speichert Profileinstellungen
}
```

Die Klasse CMainFrame

In die Implementierungsdatei der Hauptrahmenklasse (MainFrm.cpp) werden die Header-Dateien für die Klasse *CHexView* (und natürlich die Header-Datei der Dokumentklasse) eingebunden:

```
#include "PoemDoc.h"
#include "HexView.h"
```

Die Basisklasse des Rahmenfensters, *CMDIFrameWnd*, enthält eine Member-Funktion namens *OnWindowNew*, die normalerweise dem Befehl *Neues Fenster* im Menü *Fenster* zugeordnet ist. In EX20D wird dieser Funktion der Menübefehl *Neues Textfenster* zugeordnet. Für den Befehl *Neues Hex-Fenster* wird die unten gezeigte Befehlsbehandlungsroutine eingerichtet. Diese Funktion ist eine Kopie von *OnNewWindow.* Sie wurde aber an die spezielle Vorlage angepasst, die in *InitInstance* für die Hex-Ansicht definiert worden ist.

```
void CMainFrame::OnWindowNewHex()
{
  CMDIChildWnd* pActiveChild = MDIGetActive();
  CDocument* pDocument;
  if (pActiveChild == NULL ||
      (pDocument = pActiveChild->GetActiveDocument()) == NULL) {
    TRACE("Warnung:  Kein aktives Dokument für WindowNew vorhanden\n");
    AfxMessageBox(AFX_IDP_COMMAND_FAILURE);
    return; // Befehl ist fehlgeschlagen
  }

  // Andernfalls haben wir einen neuen Rahmen!
  CDocTemplate* pTemplate =
    ((CEx20dApp*) AfxGetApp())->m_pTemplateHex;
  ASSERT_VALID(pTemplate);
```

```
  CFrameWnd* pFrame =
    pTemplate->CreateNewFrame(pDocument, pActiveChild);
  if (pFrame == NULL) {
    TRACE("Warnung:  Neuer Rahmen konnte nicht erstellt werden\n");
    AfxMessageBox(AFX_IDP_COMMAND_FAILURE);
    return; // Befehl ist fehlgeschlagen
  }

  pTemplate->InitialUpdateFrame(pFrame, pDocument);
}
```

HINWEIS: Das oben beschriebene Kopieren von Funktionen ist eine Programmiertechnik, die in der MFC oft sinnvoll eingesetzt werden kann. Sie müssen zunächst eine Basisklassenfunktion finden, die fast das leistet, was Sie möchten. Kopieren Sie dann die Funktion aus dem Unterverzeichnis \VC98\mfc\src in die abgeleitete Klasse, und bearbeiten Sie sie entsprechend. Die einzige Gefahr bei dieser Technik ist, dass die Originalfunktion in einer späteren Version der MFC-Bibliothek anders implementiert werden könnte.

Die Anwendung EX20D testen

Wenn Sie die Anwendung EX20D starten, wird ein untergeordnetes Ansichtsfenster mit dem Text angezeigt. Wählen Sie im Menü *Fenster* den Befehl *Neues Hex-Fenster*. Die Anwendung sollte dann wie Abbildung 20.5 aussehen.

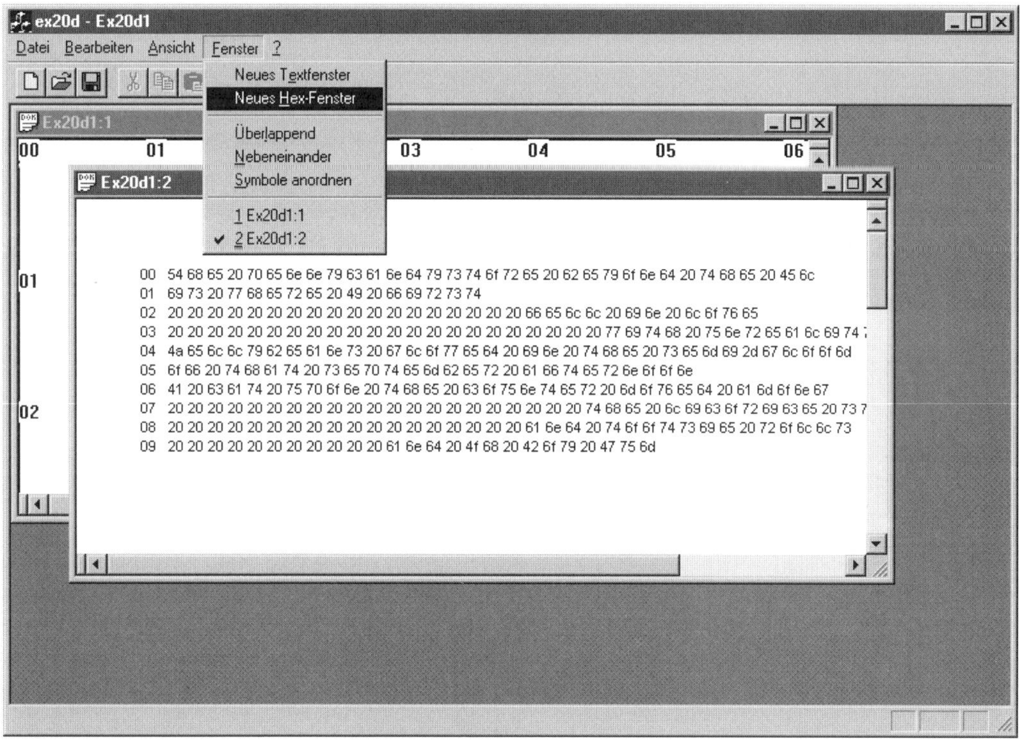

Abbildung 20.5: *Das Fenster der Anwendung EX20D.*

21 Kontextabhängige Hilfe

Die Technologie der Online-Hilfe befindet sich derzeit im Umbruch. Es so aus, als würde das HTML-Format das RTF-Format ablösen (HTML: *Hypertext Markup Language*, RTF: *Rich Text Format*), und die neue Online-Dokumentation von Microsoft Visual C++, auf die Sie über das Programm MSDN Library Viewer zugreifen, steht im Zeichen dieses Umbruchs und verwendet ein neues auf dem HTML-Format basierendes Hilfesystem, die sogenannte HTML-Hilfe. Microsoft entwickelt derzeit Werkzeuge zum Kompilieren und Indizieren von HTML-Dateien, die jedoch noch nicht mit Visual C++ 6.0 zusammen ausgeliefert werden. Vorerst verwenden die Programme, die auf dem Anwendungsgerüst der MFC-Bibliothek Version 6.0 basieren, noch WinHelp, also die in Windows integrierte Hilfe Engine. Das heißt, dass Sie RTF Dateien schrei ben und dass Ihre Programme kompilierte HLP-Dateien verwenden.

In diesem Kapitel werden Sie eine einfache, selbständige Hilfedatei erstellen und verarbeiten. Diese Datei enthält ein Inhaltsverzeichnis miteinander verknüpfte Themen. Sie werden dann erfahren, wie Sie aus Ihrem MFC-Programm heraus WinHelp aufrufen können. Sie werden Hilfekontext-IDs verwenden, die aus Fenster- und Befehls-IDs abgeleitet sind. Diese IDs werden den Themen der vom MFC-Anwendungs-Assistenten erstellten Hilfedatei zugeordnet. Schließlich lernen Sie noch, mit dem Befehls-Routing-System der MFC-Bibliothek umzugehen, über das die Hilfenachrichten weitergeleitet werden, damit Sie das Hilfesystem Ihren Anforderungen anpassen können.

WinHelp

Wenn Sie bereits mit kommerziellen Windows-Anwendungen gearbeitet haben, haben Sie wahrscheinlich die ausgefeilten Hilfebildschirme mit ihren Grafiken, Hypertext-Verweisen und Popup-Fenstern bestaunt. Bei einigen Softwareherstellern, darunter auch Microsoft, wurde die Erstellung von Hilfedateien zu einem eigenen Berufsstand erhoben. Dieses Kapitel kann keinen Hilfe-Experten aus Ihnen machen, aber es bringt Sie auf den richtigen Weg, indem es Ihnen zeigt, wie Sie eine einfache, auf das Wesentliche beschränkte Hilfedatei vorbereiten.

Das Rich Text Format

Die Originaldokumentation zum Windows-SDK beschreibt, wie man Hilfedateien mit dem RTF-Format, einem ASCII-Dateiformat, formatiert. Auch wir werden das RTF-Format verwenden, aber wir arbeiten im WYSIWYG-Modus und brauchen daher keine umständlichen Escape-Sequenzen einzugeben. Sie schreiben die Datei mit denselben Schriftarten, -größen und -auszeichnungen, die der Anwender auf seinem Hilfebildschirm sieht. Für dieses Buch habe ich mit Microsoft Word gearbeitet, aber es gibt auch viele andere Textverarbeitungen, die mit dem RTF-Format umgehen können.

HINWEIS: Es gibt eine Reihe von kommerziellen Werkzeugen für die Erstellung von Windows-Hilfedateien, unter anderem RoboHELP von Blue Sky Software und ForeHelp von der Forefront Corporation. RoboHELP besteht aus einer Reihe von Vorlagen und Makros für Microsoft Word. ForeHelp ist dagegen ein selbständiges Paket, das WinHelp emuliert und Ihnen beim Schreiben der Hilfe unmittelbare Rückmeldungen gibt.

Eine einfache Hilfedatei verfassen

Wir verfassen jetzt eine einfache Hilfedatei mit einem Inhaltsverzeichnis und drei Themen. Diese Datei soll schließlich unter Windows direkt in WinHelp geladen werden. Programmierung in C++ ist hierzu nicht erforderlich. Führen Sie die folgenden Schritte aus:

1. **Erstellen Sie das Verzeichnis \vcpp32\ex21a.**

2. **Schreiben Sie die Textdatei für die Hilfe.**
Geben Sie in Microsoft Word (oder eine andere RTF-kompatible Textverarbeitung) den in Abbildung 21.1 gezeigten Text ein:

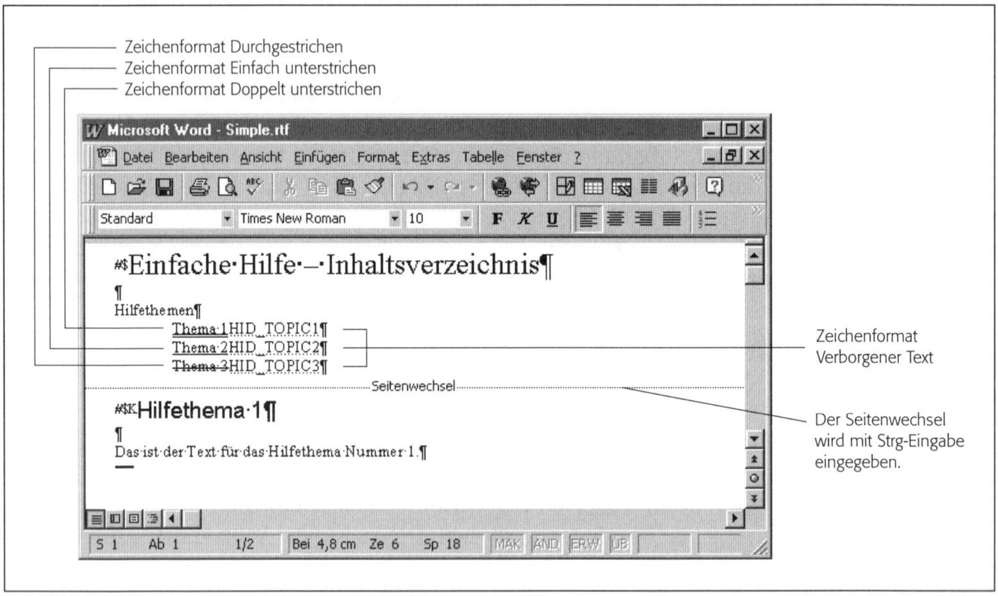

Abbildung 21.1: *Die Textdatei für das Hilfebeispiel.*

Achten Sie darauf, dass Sie die Formate *Doppelt unterstrichen* und *Verborgener Text* richtig anwenden und dass sich der Seitenwechsel an der richtigen Stelle befindet.

HINWEIS: Damit der verborgene Text angezeigt wird, müssen Sie die entsprechende Option in Ihrer Textverarbeitung aktivieren. In Microsoft Word wählen Sie dazu im Menü *Extras* den Befehl *Optionen*, klicken auf das Register *Ansicht*, und markieren im Abschnitt *Nichtdruckbare Zeichen* die Option *Alle*.

3. Fügen Sie Fußnoten für das Thema *Inhaltsverzeichnis* ein.

Das Inhaltsverzeichnis bildet das erste Thema unseres Hilfesystems. Fügen Sie vor der Themenüberschrift die folgenden Fußnoten ein, und verwenden Sie dabei die angegebenen benutzerdefinierten Fußnotenzeichen:

Fußnotenzeichen	Text	Beschreibung
#	HID_CONTENTS	Hilfekontext-ID
$	Einfache Hilfe – Inhalt	Themenüberschrift

Wenn Sie diesen Schritt abgeschlossen haben, sollte Ihr Dokument wie in Abbildung 21.2 aussehen.

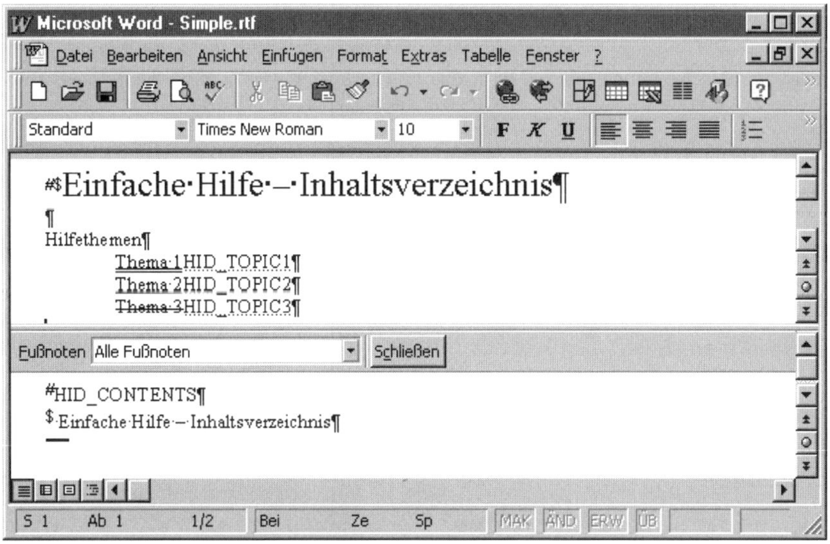

Abbildung 21.2: *Die Hilfedatei nach dem Einfügen der ersten Fußnoten.*

4. Fügen Sie die Fußnoten für das erste Hilfethema ein.

Das erste Hilfethema ist der zweite Themenbildschirm des Hilfesystems. Fügen die folgenden Fußnoten ein, und verwenden Sie dabei die angegebenen benutzerdefinierten Fußnotenzeichen:

Fußnotenzeichen	Text	Beschreibung
#	HID_TOPIC!	Hilfekontext-ID
$	Einfache Hilfe – Thema 1	Themenüberschrift
K	Einfache Hilfe – Themen	Schlüsselwort

5. Kopieren Sie das erste Hilfethema.

Kopieren Sie den gesamten Abschnitt, der zum ersten Hilfethema (Thema 1) gehört, einschließlich des Seitenwechsels, in die Zwischenablage, und fügen Sie zwei weitere Kopien in den Text ein. Die Fußnoten werden dabei auch kopiert. Ändern Sie in der ersten Kopie alle Vorkommen von *1* in *2* und in der zweiten Kopie alle Vorkommen von *1* in *3*. Vergessen Sie die Fußnoten nicht! In Microsoft Word ist es relativ schwierig zu erkennen, welche Fußnote zu welchem Thema gehört; seien Sie also vorsichtig. Wenn Sie diesen Schritt abgeschlossen haben, sollte Ihr Dokument (einschließlich der Fußnoten) so wie in Abbildung 21.3 aussehen.

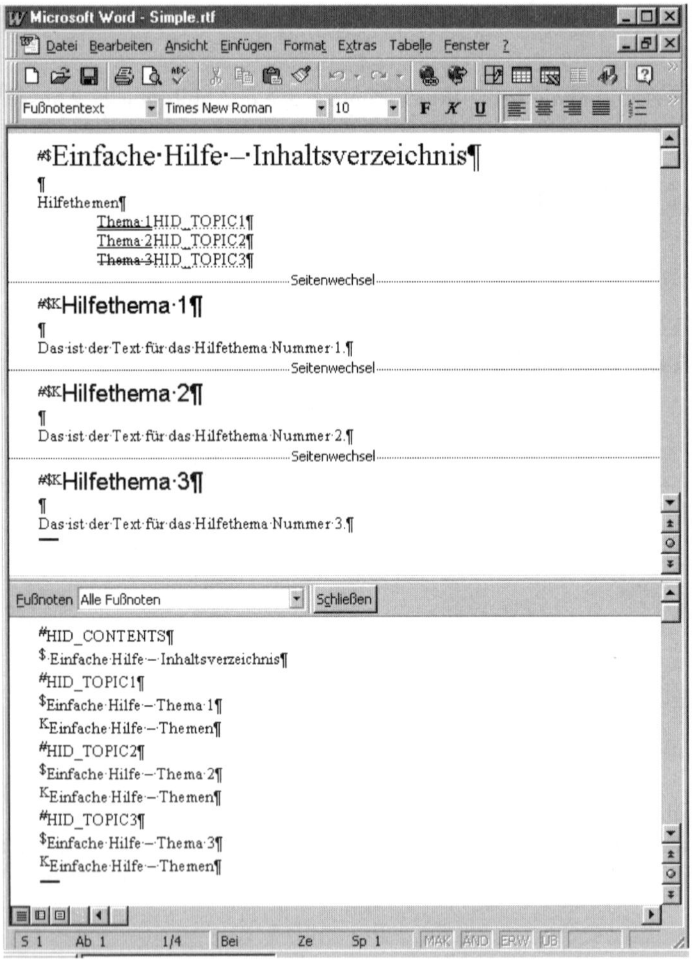

Abbildung 21.3: *Die Hilfedatei mit zwei weiteren Themen.*

6. Speichern Sie das Dokument.
Speichern Sie es unter dem Namen *\vcpp32\ex21a\Simple.rtf*. Geben Sie als Dateityp *Rich Text Format (.rtf)* an.

7. Schreiben Sie eine Projektdatei für die Hilfe.
Erstellen Sie in Visual C++ oder in einem anderen Texteditor die Datei vcpp32\ex21a\Simple.hpj:

```
[OPTIONS]
CONTENTS=HID_CONTENTS
TITLE=Einfache Hilfe für Anwendungen
COMPRESS=true
WARNING=2

[FILES]
Simple.rtf
```

In dieser Datei wird die Kontext-ID für das Inhaltsverzeichnis der Hilfe definiert und der Name der RTF-Datei angegeben, die den Text der Hilfe enthält. Beachten Sie, dass Sie die Datei als Textdatei (im ASCII-Format) speichern müssen.

8. Erstellen Sie die Hilfedatei.
Starten Sie unter Windows das Dienstprogramm Microsoft Help Workshop (HCRTF), das sich vorgabegemäß im Ordner Programm\Microsoft Visual Studio\Common\Tools befindet. Öffnen Sie die Datei *\vcpp32\ex21a\Simple.hpj*, und klicken Sie auf die Schaltfläche *Compile*.

Hiermit wird der Windows-Hilfe-Compiler mit der Projektdatei Simple.hpj aufgerufen. Er produziert die Hilfedatei Simple.hlp im selben Verzeichnis.

HINWEIS: Wenn Sie Ihre RTF-Dateien mit Microsoft Word 97 bearbeiten, müssen Sie Version 4.02 (oder höher) des Dienstprogramms HCRTF verwenden. Ältere Versionen von HCRTF können die RTF-Flags, die Word 97 generiert, nicht verarbeiten.

9. Laden Sie die neu erstellte Hilfedatei in WinHelp.
Doppelklicken Sie im Windows-Explorer auf die Datei \vcpp32\ex21a\Simple.hlp. Der Bildschirm mit dem Inhaltsverzeichnis sollte wie in Abbildung 21.4 aussehen.

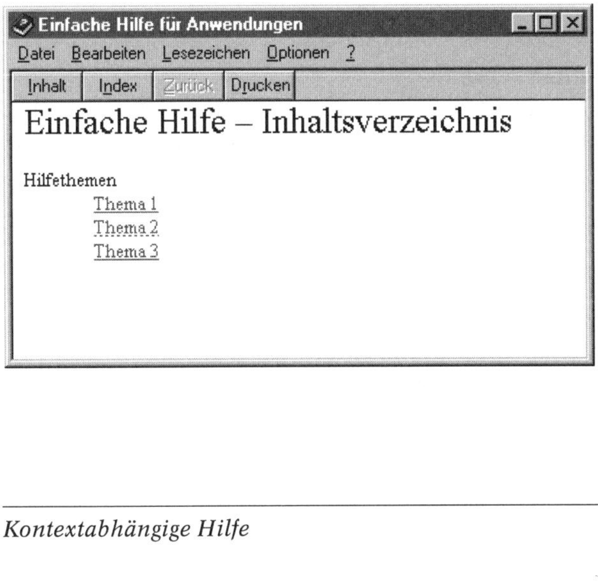

Abbildung 21.4: *Die neu erstellte Hilfedatei in WinHelp.*

Bewegen Sie jetzt den Mauszeiger auf *Thema 1* (die Zeigerdarstellung ändert sich von einem Pfeil in eine Hand). Wenn Sie die linke Maustaste drücken, sollte *Hilfethema 1* angezeigt werden:

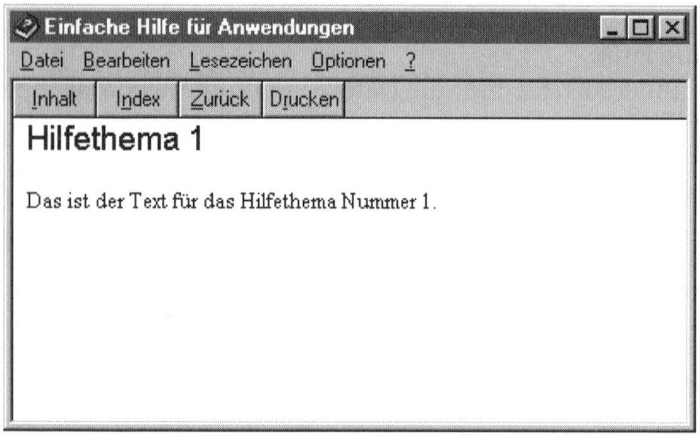

Abbildung 21.5:
WinHelp mit dem Hilfethema 1.

Der Text mit der ID *HID_TOPIC1* aus dem Inhaltsverzeichnis ist über die entsprechende Kontext-ID in der #-Fußnote mit der Themenseite verknüpft. Eine solche Verknüpfung bezeichnet man als *Sprung*.

Die Verknüpfung zu *Hilfethema 2* wurde als Popup-Sprung kodiert. Wenn Sie auf *Thema 2* klicken, sollte das in Abbildung 21.6 dargestellte Popup-Fenster angezeigt werden.

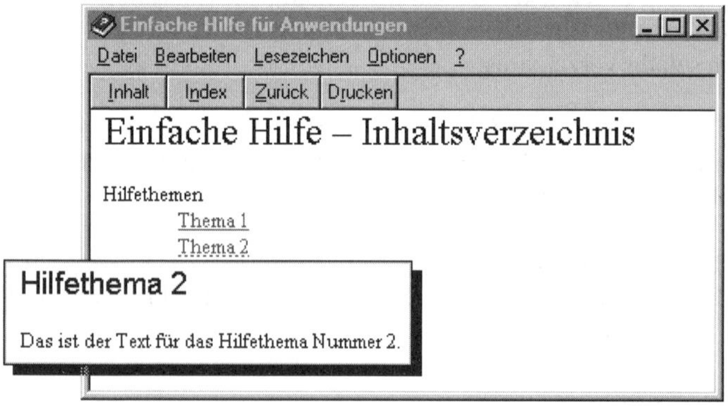

Abbildung 21.6:
Ein Sprung, der zu einem Popup-Fenster führt.

10. Klicken Sie in WinHelp auf die Schaltfläche *Inhalt*.

Wenn Sie auf diese Schaltfläche klicken, sollte wieder das Inhaltsverzeichnis angezeigt werden, das Sie schon zu Beginn von Schritt 9 gesehen haben. WinHelp kennt die ID des Inhaltsverzeichnisses, weil Sie sie in der HPJ-Datei angegeben haben.

11. Klicken Sie in WinHelp auf die Schaltfläche *Index*.

Wenn Sie auf diese Schaltfläche klicken, öffnet WinHelp das Dialogfeld *Index*, in dem die Schlüsselwörter der Hilfedatei angezeigt werden. In Simple.hlp wurde allen Themen (mit Ausnahme des Inhaltsverzeichnisses) in den K-Fußnoten dasselbe Schlüsselwort zugewiesen, nämlich *Einfache Hilfe – Themen*. Wenn Sie auf dieses Schlüsselwort doppelklicken, werden die zugehörigen Themenüberschriften (die $-Fußnoten) angezeigt (siehe Abbildung 21.7).

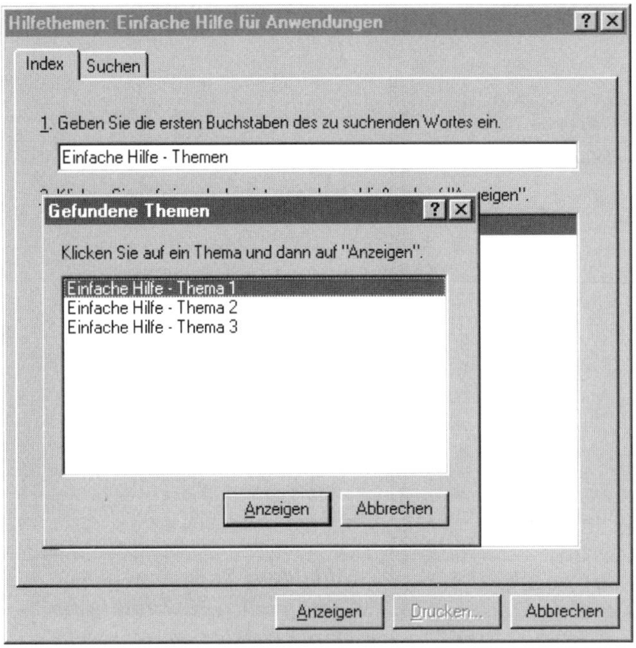

Abbildung 21.7:
Das Register Index *im Dialogfeld* Hilfethemen.

In der Hilfe wird also ein zweistufiger Suchalgorithmus angewendet. Der Anwender gibt die ersten Buchstaben des Schlüsselworts ein und kann anschließend ein Thema aus einer Liste auswählen. Je sorgfältiger Sie Ihre Schlüsselwörter und Themenüberschriften vergeben, desto effizienter wird Ihr Hilfesystem sein.

Ein verbessertes Inhaltsverzeichnis

Sie haben gerade die »alte« Form eines Inhaltsverzeichnisses gesehen. Die neueste Win32-Version von WinHelp kann das Inhaltsverzeichnis auch als Baumdiagramm darstellen. Dazu ist lediglich eine Textdatei mit der Namenerweiterung CNT erforderlich. Legen Sie im Verzeichnis \vcpp32\ex21a\ eine weitere Datei mit dem Namen *Simple.cnt* an. Diese Datei muss folgenden Text enthalten:

```
:Base Simple.hlp
1 Hilfethemen
2 Thema 1=HID_TOPIC1
2 Thema 2=HID_TOPIC2
2 Thema 3=HID_TOPIC3
```

Beachten Sie, dass hier dieselben Kontext-IDs wie in der Hilfedatei aufgeführt werden. Wenn Sie Simple.cnt kompiliert haben und anschließend Simple.hlp erneut in WinHelp laden, sehen Sie ein neues Inhaltsverzeichnis, das so aussieht wie Abbildung 21.8.

Sie können CNT-Dateien auch mit HCRTF bearbeiten. Die CNT-Datei ist von der HPJ-Datei und den RTF-Dateien unabhängig. Wenn Sie Ihre RTF-Dateien ändern, müssen Sie die Änderungen in der CNT-Datei nachvollziehen.

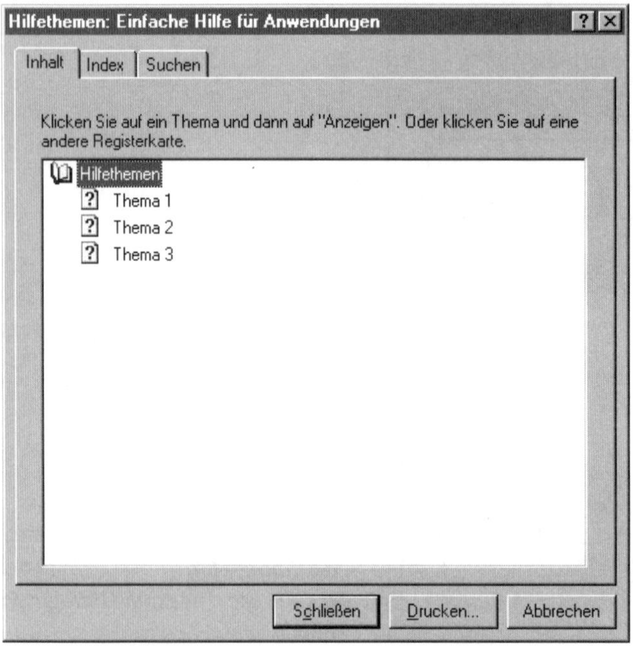

Abbildung 21.8:
Das Inhaltsverzeichnis in der Win32-Version von WinHelp.

Das Anwendungsgerüst und WinHelp

Bisher haben wir WinHelp als selbständiges Programm ausgeführt. Das MFC-Anwendungsgerüst und WinHelp können aber auch kooperieren, um eine kontextabhängige Hilfe bereitzustellen. Hier sind die wichtigsten Schritte:

1. Markieren Sie im MFC-Anwendungs-Assistenten die Option *Kontextabhängige Hilfe*.
2. Der MFC-Anwendungs-Assistent fügt in das Menü *Hilfe* den Befehl *Hilfethemen* ein und erstellt eine oder mehrere generische RTF-Dateien, eine HPJ-Datei und eine Stapelverarbeitungsdatei, die den Hilfe-Compiler startet.
3. Der MFC-Anwendungs-Assistent definiert F1 als Zugriffstaste, und er ordnet dieser Taste sowie dem Menübefehl *Hilfethemen* Member-Funktionen des Hauptrahmenfensters zu.
4. Wenn der Anwender zur Laufzeit F1 drückt oder den Menübefehl *Hilfethemen* wählt, ruft das Programm WinHelp auf. Dabei übergibt es eine Kontext-ID, die festlegt, welches Hilfethema angezeigt wird.

Sie müssen also verstehen, wie WinHelp von anderen Programmen aufgerufen wird und wie Sie in Ihrer Anwendung Kontext-IDs für WinHelp generieren können.

WinHelp aufrufen

Die Funktion *CWinApp::WinHelp* ruft WinHelp aus der Anwendung heraus auf. Wenn Sie die Beschreibung dieser Funktion in der Online-Dokumentation nachschlagen, sehen Sie eine lange Liste von Operationen, die über den optionalen zweiten Parameter gesteuert werden. Ignorieren Sie den zweiten Parameter, und tun Sie einfach so, als hätte WinHelp nur einen Parameter vom

Typ *unsigned long int*, den Parameter *dwData*. Dieser Parameter verweist auf ein Hilfethema. Nehmen wir an, dass die Hilfedatei Simple verfügbar ist und dass Ihr Programm die folgende Anweisung enthält:

```
AfxGetApp()->WinHelp(HID_TOPIC1);
```

Wenn diese Anweisung ausgeführt wird, beispielsweise wenn der Anwender F1 drückt oder in Reaktion auf irgendein anderes Ereignis, dann wird das Hilfethema 1 angezeigt, so als ob der Anwender im Inhaltsverzeichnis der Hilfe auf *Thema 1* geklickt hätte.

»Moment mal«, sagen Sie. »Woher weiß WinHelp, um welche Hilfedatei es geht?« Der Name der Hilfedatei stimmt mit dem Programmnamen überein. Wenn das ausführbare Programm »Simple« heißt, heißt die Hilfedatei *Simple.hlp*.

HINWEIS: Um zu erreichen, dass WinHelp eine andere Hilfedatei verwendet, weisen Sie der Member-Variablen *m_pszHelpFilePath* von *CWinApp* einen entsprechenden Wert zu.

»Und wie kann WinHelp die Programmkonstante *HID_TOPIC1* der Kontext-ID der Hilfedatei zuordnen?« fragen Sie. Die Projektdatei der Hilfe muss einen MAP-Abschnitt enthalten, in dem den Kontext-IDs numerische Werte zugewiesen werden. Wenn die Datei Resource.h Ihrer Anwendung *HID_TOPIC1* als *101* definiert, sieht der MAP-Abschnitt von Simple.hpj wie folgt aus:

```
[MAP]
HID_TOPIC1        101
```

Der Name der *#define*-Konstante im Programm muss nicht mit der Kontext-ID der Hilfedatei übereinstimmen, nur die numerischen Werte müssen identisch sein. Allerdings empfiehlt es sich, jeweils denselben Namen zu verwenden.

Suchzeichenfolgen

In textorientierten Anwendungen kann Hilfestellung zu bestimmten Schlüsselwörtern erforderlich sein, so dass numerische Kontext-IDs nicht ausreichen. In diesem Fall verwenden Sie die WinHelp-Optionen *HELP_KEY* oder *HELPPARTIALKEY*:

```
CString string("Gesuchte Zeichenfolge");
AfxGetApp()->WinHelp((DWORD) (LPCSTR) string, HELP_KEY);
```

Die doppelte Typumwandlung für *string* ist notwendig, weil der erste Parameter von *WinHelp* ein Mehrzweckparameter ist: Seine Bedeutung hängt vom Wert des zweiten Parameters ab.

WinHelp aus dem Anwendungsmenü aufrufen

Der MFC-Anwendungs-Assistent fügt in das Menü *Hilfe* den Befehl *Hilfethemen* ein und ordnet diesem Befehl die Funktion *CWnd::OnHelpFinder* des Hauptrahmenfensters zu. Diese Funktion ruft WinHelp in folgender Weise auf:

```
AfxGetApp()->WinHelp(0L, HELP_FINDER);
```

Bei dieser Aufrufvariante zeigt WinHelp das Inhaltsverzeichnis an, und der Anwender kann über Sprünge und über die Suchfunktion in der Hilfedatei Themen auswählen.

Wenn Sie das Inhaltsverzeichnis in der alten Form anzeigen möchten, verwenden Sie stattdessen folgenden Aufruf:

```
AfxGetApp()->WinHelp(0L, HELP_INDEX);
```

Und wenn Sie einen Befehl wie *Hilfe verwenden* anzeigen möchten, rufen Sie WinHelp wie folgt auf:

```
AfxGetApp()->WinHelp(0L, HELP_HELPONHELP);
```

Aliasbezeichner für Hilfekontext-IDs

Im Alias-Abschnitt einer HPJ-Datei können Sie eine Kontext-ID mit einer anderen gleichsetzen. Nehmen wir an, Ihre HPJ-Datei enthielte die folgenden Anweisungen:

```
[ALIAS]
HID_TOPIC1 = HID_GETTING_STARTED

[MAP]
HID_TOPIC1      101
```

In Ihren RTF-Dateien wären die Kontext-IDs *HID_TOPIC1* und *HID_GETTING_STARTED* gegeneinander austauschbar. Beide Bezeichner würden der Kontextnummer 101 der Anwendung zugeordnet.

Den Hilfekontext festlegen

Nun verfügen Sie über genügend Informationen, um ein MFC-Programm mit einer einfachen kontextabhängigen Hilfe auszustatten. Sie definieren F1 (die Standardtaste zum Aufruf der Hilfe in MFC-Bibliotheksroutinen) als Tastenkürzel, und dann schreiben Sie eine Befehlsbehandlungsroutine, die aus dem Hilfekontext des Programms den entsprechenden *WinHelp*-Parameter generiert. Sie könnten sich eine eigene Methode ausdenken, um die Kontext-ID zum jeweiligen Programmzustand zu ermitteln, aber es spricht nichts dagegen, das System zu verwenden, das schon in das Anwendungsgerüst integriert ist.

Das Anwendungsgerüst bestimmt den Hilfekontext anhand der ID des aktiven Programmelements. Zu den identifizierbaren Programmelementen gehören Menübefehle, Rahmenfenster, Dialogfelder, Meldungsfelder und Symbolleisten. Ein Menübefehl kann beispielsweise die ID *ID_EDIT_CLEAR_ALL* haben, und das Hauptrahmenfenster hat für gewöhnlich den Bezeichner *IDR_MAINFRAME*. Vielleicht meinen Sie jetzt, dass diese Bezeichner den Kontext-IDs der Hilfe direkt zugeordnet werden. Was geschieht dann, wenn eine Rahmenfenster-ID und eine Befehls-ID denselben numerischen Wert haben? Offensichtlich ist irgendein Verfahren notwendig, mit dem solche Überschneidungen vermieden werden können.

Das Anwendungsgerüst löst das Problem der Überschneidungen, indem es eine neue Gruppe von *#define*-Konstanten einführt, die von den IDs der Programmelemente abgeleitet werden. Diese Hilfekonstanten berechnen sich aus der Summe der Element-ID mit einem Basiswert, wie aus folgender Tabelle 21.1 hervorgeht:

Programmelement	Präfix der Element-ID	Präfix der Hilfekontext-ID	Basiswert (hexadezimal)
Menübefehl oder Symbolleistenschaltfläche	*ID_, IDM*	*HID_, HIDM*	10000
Rahmen oder Dialog	*IDR_, IDD_*	*HIDR_, HIDD_*	20000
Meldungsfeld für Fehlermeldung	*IDP_*	*HIDP_*	30000
Nicht-Client-Bereich		*H...*	40000
Symbolleiste	*IDW_*	*HIDW_*	50000
Fehlermeldungen in Zusammenhang mit der Nachrichtenverteilung			60000

Tabelle 21.1: *Algorithmus zur Berechnung der Hilfekonstanten.*

HID_EDIT_CLEAR_ALL (0x1E121) entspricht *ID_EDIT_CLEAR_ALL* (0xE121), und *HIDR_MAINFRAME* (0x20080) entspricht *IDR_MAINFRAME* (0x80).

Hilfe mit F1

Wenn Sie im MFC-Anwendungs-Assistenten die Option *Kontextabhängige Hilfe* markiert haben, verfügt Ihre MFC-Anwendung über zwei Zugriffsmöglichkeiten auf die kontextabhängige Hilfe. Die erste Möglichkeit führt über die Standardtaste F1.Wenn der Anwender F1 drückt, versucht das Programm, den Hilfekontext möglichst exakt zu bestimmen, und es ruft dann WinHelp auf. In diesem Modus ist es möglich, den aktuell ausgewählten Menübefehl oder das aktuell ausgewählte Fenster (Rahmenfenster, Ansichtsfenster, Dialogfeld oder Meldungsfenster) zu ermitteln.

Hilfe mit Umschalt+F1

Der zweite Modus der kontextabhängigen Hilfe ist leistungsfähiger als der F1-Modus. Wenn der Anwender Umschalt+F1 drückt, kann das Programm die folgenden Hilfekontexte identifizieren:

- den Menübefehl, der mit dem Mauszeiger hervorgehoben wird
- die Symbolleistenschaltfläche
- das Rahmenfenster
- das Ansichtsfenster
- ein spezielles grafisches Element innerhalb eines Ansichtsfensters
- die Statusleiste
- verschiedene Elemente außerhalb des Client-Bereichs, wie beispielsweise das Systemmenü

HINWEIS: Umschalt+F1 funktioniert nicht in modalen Dialogfeldern und Meldungsfenstern. Der Anwender kann diese Form der Hilfe statt über die Tastenkombination Umschalt+F1 auch über die Symbolleistenschaltfläche *Hilfe* aktivieren, die in Abbildung 21.9 dargestellt ist

Abbildung 21.9:
Die Symbolleistenschaftfläche Hilfe.

In beiden Fällen nimmt der Mauszeiger die in Abbildung 21.10 gezeigte Form an.

Abbildung 21.10:
Der Hilfe-Mauszeiger.

Beim nächsten Mausklick wird das Hilfethema angezeigt, der Hilfekontext anhand der Position des Mauszeigers bestimmt wird.

Hilfe in Meldungsfenstern – Die Funktion AfxMessageBox

Mit der globalen Funktion *AfxMessageBox* werden die Fehlermeldungen des Anwendungsgerüsts angezeigt. Diese Funktion ähnelt der Member-Funktion *CWnd::MessageBox*, übernimmt aber im Unterschied zu jener eine Hilfekontext-ID als Parameter. Das Anwendungsgerüst ordnet dieser ID eine WinHelp-Kontext-ID zu und ruft WinHelp auf, sobald der Anwender F1 drückt. Wenn Sie den Hilfekontext-Parameter von *AfxMessageHelp* verwenden möchten, sollten Sie IDs benutzen, die mit *IDP_* beginnen. Die ersten Zeichen der entsprechenden Kontext-IDs in der RTF-Datei sollten *HIDP_* lauten.

Es gibt zwei Versionen von *AfxMessageBox*. Bei der ersten Version wird die Eingabeaufforderung in Form eines Zeigers auf ein Zeichendatenfelds übergeben. In der zweiten Version wird die ID einer Zeichenfolgenressouce übergeben. Wenn Sie die zweite Version verwenden, führt das zu einem effizienteren ausführbaren Programm. Beide Versionen von *AfxMessageBox* übernehmen außerdem einen Stilparameter, der festlegt, welches grafisches Symbol das Meldungsfenster anzeigt – ein Ausrufezeichen, ein Fragezeichen oder etwas anderes.

Generische Hilfe

Wenn die kontextabhängige Hilfe aktiviert ist, generiert der MFC-Anwendungs-Assistent eine Reihe von Hilfethemen, die sich auf die Standardelemente eines MFC-Programms beziehen. Zu diesen Standardthemen gehören unter anderem:

- Menü- und Symbolleistenbefehle (*Datei*, *Bearbeiten* und so weiter)
- Fensterelemente außerhalb des Client-Bereichs (das Feld *Maximieren*, die Titelleiste und so weiter)
- die Statusleiste
- Fehlermeldungsfenster

Diese Themen sind in den Dateien AfxCore.rtf und AfxPrint.rtf enthalten, die mit den zugehörigen Bitmap-Dateien in das Projektverzeichnis kopiert werden. Ihre Aufgabe ist es, diese generischen Hilfedateien an Ihre Anwendung anzupassen.

HINWEIS: Der MFC-Anwendungs-Assistent generiert die Datei AfxPrint.rft nur dann, wenn Sie die Option *Drucken und Seitenansicht* aktiviert haben.

Ein Hilfebeispiel ohne Programmierung

Wenn Sie die Anweisungen für EX20D in Kapitel 20 befolgt haben, haben Sie im MFC-Anwendungs-Assistenten die Option *Kontextabhängige Hilfe* markiert. Wir kehren nun zu diesem Beispiel zurück und untersuchen die Fähigkeiten des Hilfesystems, das in das Anwendungsgerüst integriert ist. Sie werden feststellen, wie einfach es ist, Hilfethemen mit den IDs von Menübefehlen und Rahmenfenstern zu verknüpfen. Sie bearbeiten dazu RTF-Dateien, keine CPP-Dateien.

Mit den folgenden Schritten bearbeiten Sie die Hilfe zu EX20D:

1. Überprüfen Sie, ob die Hilfedatei korrekt erstellt worden ist.
Wenn Sie das Projekt EX20D bereits erstellt haben, ist dabei wahrscheinlich auch die Hilfedatei korrekt angelegt worden. Überprüfen Sie dies, indem Sie die Anwendung starten und dann die Taste F1 drücken. Es sollte dann der generische Hilfebildschirm mit dem Titel *Ändern des Dokuments* angezeigt werden (siehe Abbildung 21.11).

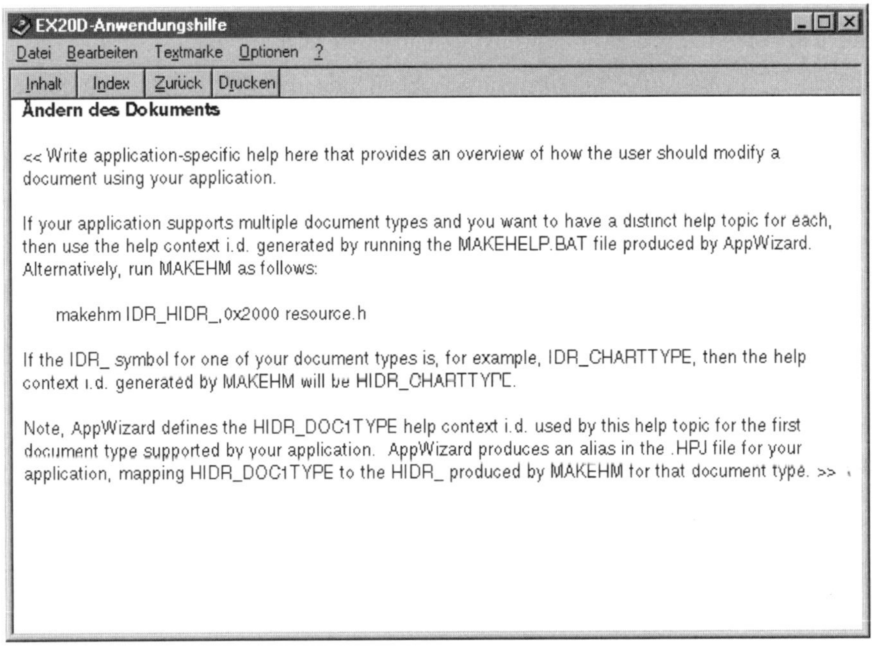

Abbildung 21.11: *Die generische Hilfe des Anwendungsgerüsts.*

Wenn dieser Bildschirm nicht angezeigt wird, wurde die Stapelverarbeitungsdatei MAKEHELP nicht korrekt ausgeführt. Überprüfen Sie als erstes die letzten beiden Zeilen der Datei ex20d.hpj im Unterverzeichnis \hlp. Sind die korrekten Pfade für Ihre Installation von Visual C++ angegeben? Wählen Sie als nächstes im Menü *Extras* den Befehl *Optionen*, und klicken Sie auf das Register *Verzeichnisse*. Stellen Sie sicher, dass das Unterverzeichnis \VC98\bin in Ihrem Visual Studio-Verzeichnis in der Liste der Verzeichnisse enthalten ist, die nach ausführbaren Dateien durchsucht werden.

Um die Hilfedatei zu generieren, markieren Sie die Datei ex20d.hpj auf der Seite *FileView* des Arbeitsbereichsfensters und wählen *Kompilieren von ex20d.hpj* aus dem Menü *Erstellen*. Dadurch wird die Stapelverarbeitungsdatei MAKEHELP ausgeführt, die sich in Ihrem Projektverzeichnis befindet. (Sie können MAKEHELP auch direkt von der MS-DOS-Eingabeaufforderung starten.) Einige Meldungen über kopierte Dateien werden angezeigt, aber es sollten keine Fehlermeldungen auftreten. Starten Sie das Programm EX20D erneut, und drücken Sie wieder F1.

HINWEIS: Der Make-Prozessor von Visual C++ erfasst nicht immer alle Abhängigkeiten in Ihrem Hilfesystem. Manchmal müssen Sie MAKEHELP selbst ausführen, um die HLP-Datei nach Änderungen neu zu erstellen.

2. Testen Sie die generische Hilfedatei.

Versuchen Sie Folgendes:

- Schließen Sie das Hilfefenster, und drücken Sie anschließend Alt+D und F1. Jetzt sollte das Hilfethema für den Befehl *Datei|Neu* angezeigt werden. Sie können auch den Menübefehl *Datei|Neu* mit der Maus markieren und bei gedrückter Maustaste F1 drücken.
- Schließen Sie das Hilfefenster, klicken Sie auf die Schaltfläche *Hilfe* in der Symbolleiste (wurde im Abschnitt *Hilfe mit Umschalt+F1* weiter oben gezeigt), und wählen Sie im Menü *Datei* den Befehl *Speichern*. Wird das richtige Hilfethema angezeigt?
- Klicken Sie erneut auf die Schaltfläche *Hilfe* und anschließend auf die Titelleiste des Rahmenfensters. Es sollte eine Erläuterung der Windows-Titelleiste angezeigt werden.
- Schließen Sie alle untergeordneten Fenster, und drücken Sie F1. Sie sollten jetzt eine Seite mit dem Index sehen, die gleichzeitig ein Inhaltsverzeichnis in der alten Form darstellt.

3. Ändern Sie den Titel der Anwendung.

Die Datei AfxCore.rtf, die sich im Verzeichnis \vcpp32\ex20d\hlp befindet, enthält durchgängig die Zeichenfolge <<*YourApp*>>. Ersetzen Sie alle Vorkommen durch *EX20D*.

4. Bearbeiten Sie den Hilfebildschirm für das Thema *Ändern des Dokuments*.

Die Datei AfxCore.rtf im Verzeichnis \vcpp32\ex20d\hlp enthält Text für eine generische Anwendung. Suchen Sie nach *Ändern des Dokuments*, und bearbeiten Sie den Text so, dass er auf die Anwendung passt. Dieses Thema hat die Hilfekontext-ID *HIDR_DOC1TYPE*. In der automatisch generierten Datei ex20d.hpj wird dafür das Alias *HIDR_EX20DTYPE* definiert.

5. Fügen Sie ein Thema für den Befehl *Neues Textfenster* im Menü *Fenster* hinzu.

Dieser Menübefehl wurde in EX20D zusätzlich eingefügt, und deshalb gibt es keinen zugehörigen Hilfetext. Fügen Sie ein Thema in die Datei *AfxCore.rtf* ein (siehe Abbildung 21.12).

Beachten Sie die #-Fußnote, die das Thema mit der Kontext-ID *HID_WINDOW_NEW_-STRING* verknüpft, die in hlp\ex20d.hm definiert ist. Die Befehls-ID des Programms für den Befehl *Neues Textfenster* lautet natürlich *ID_WINDOW_NEW_STRING*.

6. Erstellen Sie die Hilfedatei neu, und testen Sie die Anwendung.

Führen Sie MAKEHELP erneut aus, und starten Sie dann nochmals das Programm EX20D. Testen Sie die beiden neuen Hilfethemen.

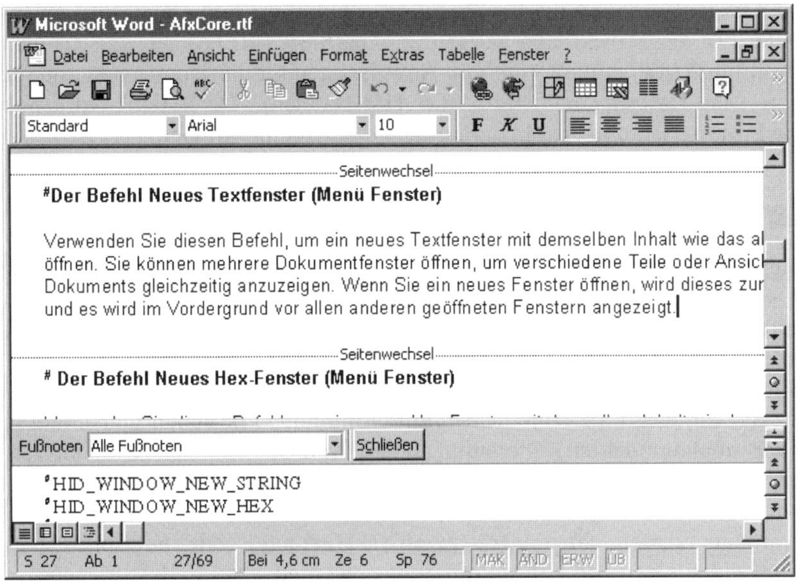

Abbildung 21.12: *Das Hilfethema für den Menübefehl* Neues Textfenster.

MAKEHELP

Das Erstellen der HLP-Datei einer Anwendung ist ein komplexer Vorgang. Ein Teil der Komplexität rührt daher, dass der Hilfe-Compiler Anweisungen wie die folgende nicht verarbeitet:

```
HID_MAINFRAME = ID_MAINFRAME + 0x20000
```

Aus diesem Grund muss ein spezielles Präprozessor-Programm mit dem Namen makehm.exe die Datei Resource.h auswerten, um eine MAP-Datei für die Hilfe zu erstellen, die die Werte der Hilfekontext-IDs definiert. Abbildung 21.13 zeigt, wie MAKEHELP arbeitet.

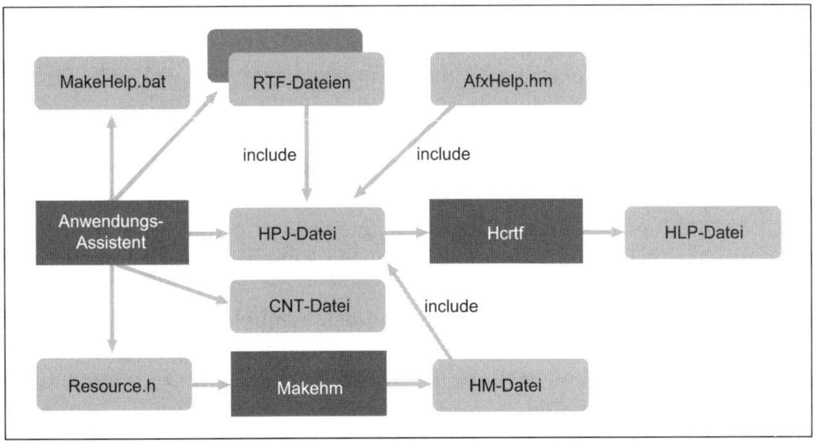

Abbildung 21.13: *Das Erstellen einer Hilfedatei mit MAKEHELP.*

Der MFC-Anwendungs-Assistent generiert die Projektdatei der Hilfe (die HPJ-Datei) und die Inhaltsdatei (die CNT-Datei). In der Projektdatei werden im Abschnitt *[FILES]* die RTF-Dateien aufgeführt, und der Abschnitt *[MAP]* enthält *#include*-Anweisungen für die generischen und die anwendungsspezifischen Map-Dateien der Hilfe (die HM-Dateien). Der Help Workshop (HCRTF) verarbeitet die Projektdatei und erstellt daraus die Hilfedatei für WinHelp.

Hilfebefehle verarbeiten

Sie haben die Bestandteile einer Hilfedatei kennen gelernt, und Sie wissen, welche Wirkung die Tasten F1 und Umschalt+F1 haben. Sie wissen außerdem, wie die Element-IDs der Anwendung den Hilfekontext-IDs zugeordnet werden. Was Sie noch nicht wissen, ist, wie das Anwendungsgerüst Hilfeanforderungen intern verarbeitet. Warum Sie sich darüber den Kopf zerbrechen sollen? Nehmen wir an, Sie möchten anstatt für das Rahmenfenster Hilfe für ein bestimmtes Ansichtsfenster bereitstellen. Wie gehen Sie vor, wenn Sie Hilfethemen mit bestimmten grafischen Elementen in einem Ansichtsfenster verknüpfen möchten? Diese und andere Problemstellungen lassen sich lösen, indem man den entsprechenden Hilfenachrichten in der Ansichtsklasse Behandlungsroutinen zuordnet.

Wie Hilfebefehle verarbeitet werden, hängt davon ab, ob die Hilfe mit F1 oder mit Umschalt+F1 angefordert wurde. Diese beiden Arten von Hilfeanforderungen werden getrennt beschrieben.

Hilfeanforderungen mit F1

Die Behandlung der Taste F1 wird normalerweise durch einen Zugriffstasteneintrag geregelt, den der MFC-Anwendungs-Assistent in die RC-Datei einfügt. Dieser Eintrag verknüpft die Taste F1 mit dem Befehl *ID_HELP*, der an die Funktion *CFrameWnd::OnHelp* gesendet wird.

HINWEIS: In einem aktiven modalen Dialogfeld oder während einer Menüauswahl wird die Taste F1 von einer speziellen Windows-Funktion verarbeitet, die dieselbe *OnHelp*-Funktion aufruft. Denn eigentlich wäre die Zugriffstaste F1 deaktiviert.

Die Funktion *CFrameWnd::OnHelp* sendet eine von der MFC definierte WM_COMMAND-Nachricht an das innerste Fenster, und das ist normalerweise die Ansicht. Wenn Sie diese Nachricht in Ihrer Ansichtsklasse nicht behandeln oder die Behandlungsroutine *FALSE* zurückgibt, leitet das Anwendungsgerüst die Nachricht an das nächste übergeordnete Fenster weiter, also entweder das untergeordnete MDI-Rahmenfenster oder das Hauptrahmenfenster. Falls Sie für die Nachricht in Ihren abgeleiteten Rahmenklassen keine Behandlungsroutinen definieren, wird sie in der MFC-Klasse *CFrameWnd* verarbeitet, und die Behandlungsroutine zeigt die Hilfe zu dem Symbol an, das der MFC-Anwendungs-Assistent für die Anwendung oder den Dokumenttyp generiert hat.

Wenn Sie die WM_COMMAND-Nachricht in einer abgeleiteten Klasse behandeln, müssen Sie in Ihrer Behandlungsroutine *CWinApp::WinHelp* mit der richtigen Kontext-ID als Parameter aufrufen.

Der MFC-Anwendungs-Assistent fügt für jede Anwendung das Symbol *IRD_MAINFRAME* zum Projekt hinzu. Die HM-Datei definiert die Hilfekontext-ID *HIRD_MAINFRAME*, die in der HPJ-Datei den Aliasbezeichner *main_index* erhält. In der Standardversion von AfxCore.rtf wird der Hauptindex mit dieser Kontext-ID verknüpft.

Bei MDI-Anwendungen definiert der MFC-Anwendungs-Assistent ein weiteres Symbol. Wenn die Anwendung beispielsweise SAMPLE heißt, enthält das Projekt das Symbol *IDR_SAMPLE-*

TYPE. Die HM-Datei definiert die Hilfekontext-ID *IDR_SAMPLETYPE*, für die in der HPJ-Datei das Alias *HIDR_DOC1TYPE* vergeben wird. In der Standardversion von AfxCore.rtf wird das Thema »Ändern des Dokuments« mit dieser Kontext-ID verknüpft.

Hilfeanforderungen mit Umschalt+F1

Wenn der Anwender die Tastenkombination Umschalt+F1 drückt oder auf die Symbolleistenschaltfläche *Hilfe* klickt, wird eine Befehlsnachricht an die Funktion *CFrameWnd::OnContextHelp* gesendet. Wenn der Anwender die Maustaste nochmals drückt, nachdem er den Mauszeiger auf das gewünschte Element gesetzt hat, wird eine von der MFC definierte WM_HELPHITTEST-Nachricht an das innerste Fenster gesendet, in dem der Mausklick erkannt worden ist. Ab hier wird WM_HELPHITTEST genauso weitergeleitet wie die Nachricht WM_COMMAND, was im Abschnitt *Hilfeanforderung mit F1* weiter oben beschrieben worden ist.

Der Parameter *lParam* von *OnHelpHitTest* enthält die Mauskoordinaten in Geräteeinheiten, bezogen auf die obere linke Ecke des Client-Bereichs des Fensters. Der *y*-Wert befindet sich in den höherwertigen Bytes des Parameters, der *x*-Wert in den niederwertigen Bytes. Mit Hilfe dieser Koordinaten können Sie Hilfekontext-IDs für spezielle Elemente der Ansicht festlegen. Ihre Version von *OnHelpHitText* muss die korrekte Kontext-ID liefern, das Anwendungsgerüst ruft *WinHelp* auf.

Das Beispielprogramm EX21B – Verarbeitung von Hilfebefehlen

EX21B basiert auf dem Beispielprogramm EX20D aus Kapitel 20. Dabei handelt es sich um eine MDI-Anwendung mit zwei Ansichten und einer ansichtsbezogenen Hilfe. Beide Ansichtsklassen verfügen über eine eigene Version von *OnCommandHelp*, um Hilfeanforderungen mit F1 behandeln, und eine Version von *OnHelpHitTest* zur Behandlung von Hilfeanforderungen mit Umschalt+F1.

Header-Dateien

Der Compiler erkennt die hilfespezifischen Bezeichner nur, wenn die folgende #include-Anweisung vorhanden ist:

```
#include <afxpriv.h>
```

Beim Beispiel EX21B befindet sich diese Anweisung in der Datei *StdAfx.h*.

Die Klasse CStringView

Die Datei *StringView.h* muss um zwei Prototypen ergänzt werden, und zwar um die Nachrichtenbehandlungsfunktionen für die Zugriffstasten F1 und Umschalt+F1:

```
afx_msg LRESULT OnCommandHelp(WPARAM wParam, LPARAM lParam);
afx_msg LRESULT OnHelpHitTest(WPARAM wParam, LPARAM lParam);
```

Die folgenden Nachrichtentabelleneinträge müssen in die Datei *StringView.cpp* eingefügt werden:

```
ON_MESSAGE(WM_COMMANDHELP, OnCommandHelp)
ON_MESSAGE(WM_HELPHITTEST, OnHelpHitTest)
```

Die in der Datei StringView.cpp definierte Nachrichtenbehandlungsfunktion *OnCommandHelp* verarbeitet Hilfeanforderungen über F1. Sie reagiert auf die Nachricht, die vom MDI-Hauptrahmenfenster versendet wird, und zeigt das Hilfethema für das Textansichtsfenster an:

```
LRESULT CStringView::OnCommandHelp(WPARAM wParam, LPARAM lParam)
{
  if (lParam == 0) { // Kontext wurde noch nicht bestimmt
    lParam = HID_BASE_RESOURCE + IDR_STRINGVIEW;
  }
  AfxGetApp()->WinHelp(lParam);
  return TRUE;
}
```

Schließlich behandelt die Member-Funktion *OnHelpHitTest* Hilfeanforderungen mit Umschalt+F1.

```
LRESULT CStringView::OnHelpHitTest(WPARAM wParam, LPARAM lParam)
{
  return HID_BASE_RESOURCE + IDR_STRINGVIEW;
}
```

In einer komplexeren Anwendung würden Sie den Hilfekontext in *OnHelpHitTest* auf der Basis der Mauszeigerposition festlegen.

Die Klasse CHexView

Die Klasse *CHexView* verarbeitet Hilfeanforderungen auf dieselbe Weise wie die Klasse *CStringView*. In die Datei HexView.h müssen dazu die folgenden Prototypen eingefügt werden:

```
afx_msg LRESULT OnCommandHelp(WPARAM wParam, LPARAM lParam);
afx_msg LRESULT OnHelpHitTest(WPARAM wParam, LPARAM lParam);
```

Die in der Datei HexView.cpp enthaltene Nachrichtezuordnungstabelle muss um folgende Einträge erweitert werden:

```
ON_MESSAGE(WM_COMMANDHELP, OnCommandHelp)
ON_MESSAGE(WM_HELPHITTEST, OnHelpHitTest)
```

Und so werden diese Funktionen in HexView.cpp implementiert:

```
LRESULT CHexView::OnCommandHelp(WPARAM wParam, LPARAM lParam)
{
  if (lParam == 0) { // Kontext noch nicht bestimmt
    lParam = HID_BASE_RESOURCE + IDR_HEXVIEW;
  }
  AfxGetApp()->WinHelp(lParam);
  return TRUE;
}
```

```
LRESULT CHexView::OnHelpHitTest(WPARAM wParam, LPARAM lParam)
{
  return HID_BASE_RESOURCE + IDR_HEXVIEW;
}
```

Ressourcen

In die zum Projekt gehörende Datei Resource.h wurden zwei neue Symbole eingefügt. Die Werte und die entsprechenden Hilfekontext-IDs können Sie in der folgenden Aufstellung entnehmen:

Symbol	Wert	Hilfekontext-ID	Wert
IDR_STRINGVIEW	101	*HIDR_STRINGVIEW*	0x20065
IDR_HEXVIEW	102	HIDR_HEXVIEW	0x20066

Hilfedateien

In die Datei AfxCore.rtf wurden zwei neue Themen mit den Hilfekontext-IDs *HIDR_STRINGVIEW* und *HIDR_HEXVIEW* eingefügt (siehe Abbildung 21.14).

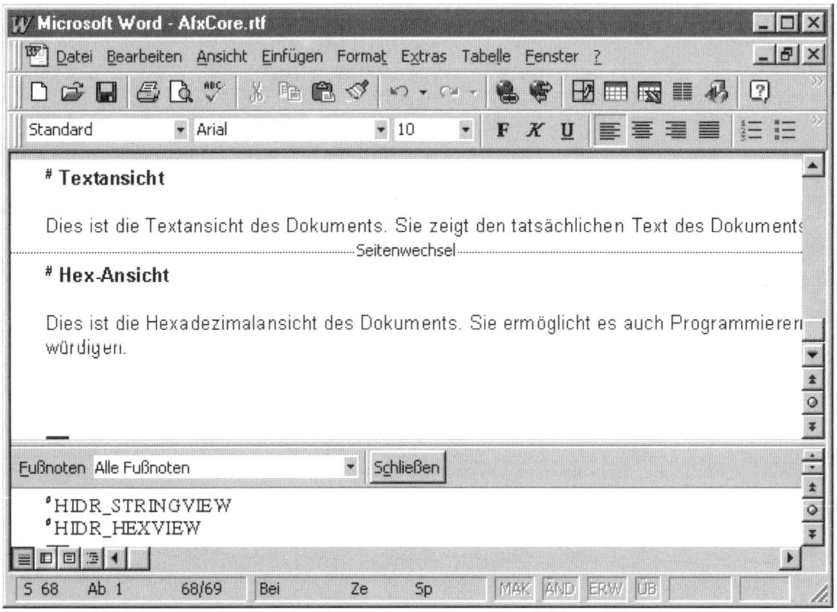

Abbildung 21.14: *Die Datei AfxCore.rtf mit den beiden neuen Hilfethemen.*

Die Datei ex21b.hm, die im Projektunterverzeichnis \hlp generiert wird, sollte wie folgt aussehen:

```
// Von MAKEHELP.BAT erzeugte Hilfe-Zuordnungsdatei.
// Wird verwendet von EX21B.HPJ.

// Befehle (ID_* and IDM_*)
HID_WINDOW_NEW_STRING                  0x18003
```

```
HID_WINDOW_NEW_HEX                  0x18004

// Eingabeaufforderungen (IDP_*)

// Ressourcen (IDR_*)
HIDR_STRINGVIEW                     0x20065
HIDR_HEXVIEW                        0x20066
HIDR_MAINFRAME                      0x20080
HIDR_EX21BTYPE                      0x20081

// Dialogfelder (IDD_*)
HIDD_ABOUTBOX                       0x20064

// Rahmen-Steuerelemente (IDW_*)
```

Die Anwendung EX21B testen

Öffnen Sie ein Textfenster und ein Hex-Fenster. Überprüfen Sie, was geschieht, wenn Sie in den beiden Fenstern F1 und Umschalt+F1 drücken. Wenn die Hilfedatei nicht korrekt kompiliert wurde, folgen Sie den Anweisungen im Abschnitt *Eine Hilfebeispiel ohne Programmierung* weiter vorne in diesem Kapitel.

22 Dynamische Link-Bibliotheken (DLLs)

Wenn Sie modulare Software schreiben möchten, dann sind dynamische Link-Bibliotheken oder DLLs (*Dynamic Link Libraries*) für Sie von großem Interesse. Wahrscheinlich denken Sie, dass Sie schon immer modulare Software geschrieben haben, denn schließlich sind C++-Klassen modular. Klassen sind aber *Entwicklungsmodule* für den Entwurfsmodus, DLLs dagegen *Laufzeitmodule*. Statt riesige EXE-Dateien zu schreiben, die Sie bei jeder kleinen Änderung neu erstellen und testen müssen, können Sie kleine DLL-Module erzeugen und sie individuell testen. Sie können beispielsweise eine C++-Klasse in eine DLL auslagern, die nach dem Kompilieren und Linken nicht größer als 12 KB zu sein braucht. Client-Programme können Ihre DLL zur Laufzeit sehr schnell laden und linken. Microsoft Windows selbst nutzt DLLs für seine wichtigsten Funktionen.

Das Schreiben von DLLs wird zunehmend einfacher. Mit Win32 wurde das Programmiermodell erheblich vereinfacht und Unterstützung vonseiten des MFC-Anwendungs-Assistenten und der MFC-Bibliothek erweitert. In diesem Kapitel erfahren Sie, wie Sie DLLs in C++ schreiben und wie Sie Client-Programme entwickeln, die auf DLLs zugreifen. Sie werden sehen, wie unter Win32 DLLs in Ihre Prozesse eingeblendet werden, und Sie werden die Unterschiede zwischen normalen und Erweiterungs-MFC-DLLs kennen lernen. Zu jedem DLL-Typ wird ein einfaches Beispiel vorgestellt, und in einem komplexeren Beispiel werden Sie sich mit einer DLL befassen, mit der ein benutzerdefiniertes Steuerelement implementiert wird.

DLL-Grundlagen

Bevor Sie sich damit auseinandersetzen, wie das Anwendungsgerüst DLLs unterstützt, müssen Sie verstanden haben, auf welche Weise Win32 eine DLL in einen Prozess einbindet. Sie sollten nochmals Kapitel 10 durchlesen, um Ihre Kenntnisse über Prozesse und virtuellen Speicher aufzufrischen. Wie Sie wissen, ist ein Prozess eine ausgeführte Instanz eines Programms, das als EXE-Datei auf dem Datenträger vorliegt.

Eine DLL ist im wesentlichen eine Datei auf einem Datenträger, die normalerweise die Namenserweiterung DLL trägt, globale Daten, kompilierte Funktionen und Ressourcen enthält und in einen Prozess integriert wird. Sie wird für eine bevorzugte Basisadresse kompiliert, und wenn kein Konflikt mit anderen DLLs auftritt, wird die Datei an dieser virtuellen Adresse in den Prozess eingebunden. Die DLL *exportiert* eine Reihe von Funktionen, und das Client-Programm (das Programm, in dem die DLL geladen wird) importiert diese Funktionen. Windows gleicht beim Laden der DLL Importe und Exporte gegeneinander ab.

HINWEIS: Unter Win32 können DLLs nicht nur Funktionen, sondern auch globale Variablen exportieren.

Unter Win32 verfügt jeder Prozess über eine eigene Kopie der globalen DLL-Variablen, die zum Lesen und Schreiben freigegeben sind. Wenn Sie Arbeitsspeicher prozessübergreifend nutzen möchten, müssen Sie entweder eine Datei mit fest zugeordnetem Arbeitsspeicher (Speicherbilddatei) verwenden oder einen *gemeinsam genutzten Datenbereich* deklarieren, wie es Jeffrey Richter in seinem Buch *Windows: Programmierung für Experten* (Microsoft Press 1997) beschreibt. Wenn die DLL Heap-Speicher anfordert, dann wird dieser Speicher auf dem Heap des Client-Prozesses belegt.

Wie Importe und Exporte abgeglichen werden

Jede DLL enthält eine Tabelle mit den exportierten Funktionen. Diese Funktionen werden gegenüber der Außenwelt anhand ihrer symbolischen Namen und (optional) über ganzzahlige Werte identifiziert, die man als *Ordinalzahlen* bezeichnet. Die Funktionstabelle enthält außerdem die Adressen der Funktionen innerhalb der DLL. Wenn das Client-Programm die DLL zum ersten Mal lädt, kennt es zwar nicht die Adressen der Funktionen, die es aufrufen muss, wohl aber deren symbolische Namen oder die Ordinalzahlen. Beim dynamischen Linken wird dann eine Tabelle erstellt, die den Client-Aufrufen die Funktionsadressen der DLL zuordnet. Wenn Sie die DLL bearbeiten und neu erstellen, müssen Sie das Client-Programm nur dann neu erstellen, wenn Sie Funktionsnamen oder Parameterlisten verändert haben.

HINWEIS: In einer einfachen Welt gäbe es nur eine EXE-Datei, die Funktionen aus einer oder mehreren DLLs importiert. In der Wirklichkeit rufen viele DLLs Funktionen aus anderen DLLs auf. Eine DLL kann also gleichzeitig Funktionen importieren und exportieren. Dies stellt aber kein Problem dar, weil beim dynamischen Linken wechselseitige Abhängigkeiten berücksichtigt werden.

Im Quelltext der DLL müssen Sie jede exportierte Funktion explizit als solche deklarieren:

```
__declspec(dllexport) int MeineFunktion(int n);
```

(Die Alternative besteht darin, die exportierten Funktionen in einer Moduldefinitionsdatei (DEF-Datei) aufzuführen, aber das ist normalerweise aufwendiger.) Auf der Client-Seite müssen Sie die entsprechenden Importe deklarieren:

```
__declspec(dllimport) int MeineFunktion(int n);
```

Wenn Sie in C++ programmieren, generiert der Compiler für eine Funktion wie *MeineFunktion* einen *ergänzten* Funktionsnamen, den andere Sprachen nicht verwenden können. Unter dem ergänzten Namen versteht man den langen Namen, den der Compiler auf der Basis des Klassennamens, des Funktionsnamens und der Parametertypen erstellt. Die ergänzten Namen werden in der MAP-Datei des Projekts aufgelistet. Wenn Sie den Namen *MeineFunktion* verwenden möchten, müssen Sie die Deklarationen wie folgt formulieren:

```
extern "C" __declspec(dllexport) int MeineFunktion(int n);
extern "C" __declspec(dllimport) int MeineFunktion(int n);
```

HINWEIS: Gemäß Voreinstellung verwendet der Compiler die *__cdecl*-Konvention zur Parameterübergabe, und das bedeutet, dass die aufrufende Funktion die Parameter vom Stack nimmt. Manche Client-Sprachen setzen die *__stdcall*-Konvention voraus, die die Pascal-Aufrufkonvention ablöst und bei der die aufgerufene Funktion die Parameter vom Stack nimmt. Aus diesem Grund müssen Sie unter Umständen in Ihren DLL-Exportdeklarationen den Modifizierer *__stdcall* angeben.

Importdeklarationen reichen aber nicht aus, um eine DLL in ein Client-Programm einzubinden. In der Projektdatei des Client-Programms muss die Importdatei beim Linker angemeldet werden, und zudem muss das Client-Programm mindestens eine der importierten Funktionen tatsächlich aufrufen. Dieser Aufruf muss im Ausführungspfad des Programms liegen.

Implizite und explizite Bindung

Im vorherigen Abschnitt wurde die *implizite Bindung* beschrieben, die Sie als C++-Programmierer wahrscheinlich für Ihre DLLs benutzen. Wenn Sie eine DLL erstellen, erzeugt der Linker dazu eine LIB-Datei, die sämtlichen exportierten Symbole und Ordinalzahlen (optional) der DLL enthält, aber keinen Code. Die LIB-Datei fungiert als Surrogat für die DLL, das in das Projekt des Client-Programms eingefügt wird. Wenn Sie den Client erstellen (statisch linken), werden die importierten Symbole mit den exportierten Symbolen der LIB-Datei abgeglichen, und diese Symbole oder Ordinalzahlen werden in die EXE-Datei eingebunden. Die LIB-Datei enthält auch den Dateinamen der DLL, der ebenfalls in der EXE-Datei gespeichert wird, nicht aber den vollen Pfadnamen. Beim Programmstart des Clients sucht und lädt Windows die DLL und bindet sie über die Symbole oder Ordinalzahlen dynamisch in das Client-Programm ein.

Die *explizite Bindung* eignet sich eher für interpretierte Sprachen wie Microsoft Visual Basic, aber Sie können sie bei Bedarf auch in C++ einsetzen. Bei der expliziten Bindung verwenden Sie keine Importdatei. Statt dessen rufen Sie die Win32-Funktion *LoadLibrary* auf und übergeben den Pfadnamen der DLL als Parameter. *LoadLibrary* gibt einen *HINSTANCE*-Wert zurück, mit dem Sie die Funktion *GetProcAddress* aufrufen können. Diese Funktion konvertiert ein Symbol (oder eine Ordinalzahl) in eine Adresse innerhalb der DLL. Nehmen wir an, Sie haben eine DLL, die die folgende Funktion exportiert:

```
extern "C" __declspec(dllexport) double SquareRoot(double d);
```

Ein Client könnte diese Funktion etwa auf folgende Weise explizit einbinden:

```
typedef double (SQRTPROC)(double);
HINSTANCE hInstance;
SQRTPROC* pFunction;
VERIFY(hInstance = ::LoadLibrary("c:\\winnt\\system32\\mydll.dll"));
VERIFY(pFunction = (SQRTPROC*)::GetProcAddress(hInstance, "SquareRoot"));
double d = (*pFunction)(81.0); // DLL-Funktion aufrufen
```

Bei der impliziten Bindung werden alle DLLs zusammen mit dem Client geladen. Bei der expliziten Bindung können dagegen Sie festlegen, wann eine DLL geladen und wieder aus dem Speicher entfernt wird. Sie können bei Verwendung der expliziten Bindung zur Laufzeit entscheiden, welche DLLs geladen werden sollen. Beispielsweise können Sie eine DLL mit deutschen und eine andere mit englischen Zeichenfolgenressourcen verwenden. Ihre Anwendung lädt dann die passende DLL, nachdem der Anwender eine Sprache ausgewählt hat.

Symbolische und ordinale Bindung

Unter Win16 war die ordinale Bindung effizienter und die Methode der Wahl. In Win32 wurde die symbolische Bindung verbessert, und Microsoft empfiehlt nun, der symbolischen Bindung gegenüber der ordinalen den Vorzug zu geben. Die DLL-Version der MFC-Bibliothek verwendet allerdings die ordinale Bindung. Ein gewöhnliches MFC-Programm kann Hunderte von Funktionen aus der MFC-DLL einbinden. Durch die ordinale Bindung kann die EXE-Datei des Programms klein gehalten werden, weil keine langen symbolischen Namen für die Importe gespeichert werden müssen. Um eine eigene DLL mit ordinaler Bindung zu erstellen, müssen Sie die Ordinalzahlen in der DEF-Datei des Projekts angeben. (Das ist so ziemlich der einzige Zweck, den diese Datei unter Win32 erfüllt.) Wenn Sie C++-Funktionen exportieren, müssen Sie in der DEF-Datei die ergänzten Namen angeben oder Ihre Funktionen als *extern »C«* deklarieren. Hier ist ein kurzer Auszug aus einer der DEF-Dateien der MFC-Bibliothek:

```
?ReadList@CRecentFileList@@UAEXXZ @ 5458 NONAME
?ReadNameDictFromStream@CPropertySection@@QAEHPAUIStream@@@Z @ 5459 NONAME
?ReadObject@CArchive@@QAEPAVCObject@@PBUCRuntimeClass@@@Z @ 5460 NONAME
?ReadString@CArchive@@QAEHAAVCString@@@Z @ 5461 NONAME
?ReadString@CArchive@@QAEPADPADI@Z @ 5462 NONAME
?ReadString@CInternetFile@@UAEHAAVCString@@@Z @ 5463 NONAME
?ReadString@CInternetFile@@UAEPADPADI@Z @ 5464 NONAME
```

Die Werte hinter den @-Symbolen sind die Ordinalzahlen. (Die symbolische Bindung wird Ihnen gleich sympathischer, nicht wahr?)

Der Eintrittspunkt in die DLL – DllMain

Gemäß Vorgabe legt der Linker *_DllMainCRTStartup* als Eintrittspunkt einer DLL fest. Wenn Windows die DLL lädt, wird diese Funktion aufgerufen, die wiederum zuerst die Konstruktoren der globalen Objekte und anschließend die globale Funktion *DllMain* aufruft, die Sie beisteuern müsse. Die Funktion *DllMain* wird nicht nur aufgerufen, wenn die DLL mit dem Prozess verbunden wird, sondern auch dann, wenn die Verbindung wieder gelöst wird, und überdies zu anderen Zeitpunkten. Das Grundgerüst einer *DllMain*-Funktion sieht folgendermaßen aus:

```
HINSTANCE g_hInstance;
extern "C" int APIENTRY
  DllMain(HINSTANCE hInstance, DWORD dwReason, LPVOID lpReserved)
{
  if (dwReason == DLL_PROCESS_ATTACH)
  {
    TRACE0("EX22A.DLL: Initializing!\n");
    // Hier Initialisierungen ausführen
  }
  else if (dwReason == DLL_PROCESS_DETACH)
  {
    TRACE0("EX22A.DLL: Terminating!\n");
    // Hier Aufräumarbeiten erledigen
```

```
  }
  return 1;   // ok
}
```

Wenn Sie für Ihre DLL keine *DllMain*-Funktion schreiben, wird eine Minimalversion dieser Funktion aus der Laufzeitbibliothek verwendet.

Die Funktion *DllMain* wird auch aufgerufen, wenn einzelne Threads gestartet und beendet werden. Die Ursache des Aufrufs geht aus dem Parameter *dwReason* hervor. In Jeffrey Richters Buch finden Sie alles, was Sie über dieses komplexe Thema wissen müssen.

Instanzzugriffsnummern und das Laden von Ressourcen

Jede DLL eines Prozesses wird durch einen 32-Bit-Wert des Typs *HINSTANCE* identifiziert. Außerdem hat der Prozess selbst einen *HINSTANCE*-Wert. Diese Instanzzugriffsnummern oder Handles sind nur innerhalb eines bestimmten Prozesses gültig, und sie enthalten die virtuelle Startadresse der DLL- bzw. der EXE-Datei. Unter Win32 sind *HINSTANCE*- und *HMODULE*-Werte identisch und können gegeneinander ausgetauscht werden. Die Instanzzugriffsnummer des Prozesses (der EXE-Datei) lautet fast immer 0x400000. Die Zugriffsnummer einer DLL, die an der vorgegebenen Basisadresse geladen wurde, ist 0x10000000. Wenn Sie in einem Programm mehrere DLLs verwenden, hat jede einen anderen *HINSTANCE*-Wert, weil entweder bei der Erstellung der DLL unterschiedliche Basisadressen angegeben wurden oder das Lademodul den DLL-Code kopiert und einer anderen Speicheradresse zugewiesen hat, damit sich die DLLs nicht überschneiden.

Instanzzugriffsnummern haben beim Laden von Ressourcen eine besondere Bedeutung. Die Win32-Funktion *FindResource* übernimmt einen Parameter des Typs *HINSTANCE*. EXE-Dateien und DLLs können jeweils über eigene Ressourcen verfügen. Wenn Sie eine Ressource aus einer DLL benötigen, geben Sie die Instanzzugriffsnummer der DLL an. Möchten Sie auf eine Ressource aus der EXE-Datei zugreifen, geben Sie die Instanzzugriffsnummer der EXE-Datei an.

Wie erhalten Sie die Instanzzugriffsnummer? Wenn Sie die Zugriffsnummer der EXE-Datei brauchen, rufen Sie die Win32-Funktion *GetModuleHandle* mit dem Parameter *NULL* auf. Um die Zugriffsnummer einer DLL zu erhalten, übergeben Sie der Funktion *GetModuleHandle* den Namen der DLL als Parameter. Sie werden noch sehen, dass die MFC Bibliothek ein eigenes Verfahren zum Laden von Ressourcen verwendet, indem sie verschiedene Module der Reihe nach durchsucht.

Wie das Client-Programm eine DLL findet

Wenn Sie die DLL über die Funktion *LoadLibrary* explizit einbinden, können Sie den vollständigen Pfadnamen der DLL angeben. Falls Sie den Pfadnamen weglassen oder mit impliziter Bindung arbeiten, durchsucht Windows Verzeichnisse in folgender Reihenfolge nach der DLL:

1. im Verzeichnis, das die EXE-Datei enthält,
2. im aktuellen Verzeichnis des Prozesses,
3. im Windows-Systemverzeichnis,
4. im Windows-Verzeichnis,
5. in den Verzeichnissen, die in der Umgebungsvariablen *Path* angegeben sind.

Hier ist ein Fallstrick verborgen, über den Sie leicht stolpern können. Angenommen, Sie erstellen eine DLL als eigenes Projekt, kopieren die DLL in das Window-Systemverzeichnis und starten die DLL schließlich aus einem Client-Programm heraus. So weit, so gut. Dann verändern Sie die DLL geringfügig, erstellen Sie neu, vergessen aber, die DLL in das Systemverzeichnis zu kopieren. Wenn Sie das Client-Programm nun das nächste Mal ausführen, lädt es daher wieder die alte Version der DLL. Aufpassen!

Eine DLL testen

In Visual C++ 6.0 ist es einfach, eine DLL von Fehlern zu bereinigen. Sie laden das DLL-Projekt und starten einfach den Debugger. Wenn Sie dies das erste Mal tun, fordert der Debugger Sie zur Angabe des Pfadnamens der Client-EXE-Datei auf. Bei nachfolgenden Testläufen lädt der Debugger jedes Mal, wenn Sie diese DLL »starten«, die angegebene EXE-Datei. Die EXE-Datei verwendet jedoch die oben angegebene Suchreihenfolge. Sie müssen also entweder den Suchpfad in der Umgebungsvariablen *Path* so einstellen, dass die DLL berücksichtigt wird, oder die DLL in ein im Suchpfad enthaltenes Verzeichnis kopieren.

Normale und Erweiterungs-MFC-DLLs

Bisher haben wir Win32-DLLs betrachtet, die eine *DllMain*-Funktion aufweisen und einige Funktionen exportieren. Nun werden wir uns in die Welt des MFC-Anwendungsgerüsts begeben, das die DLL-Unterstützung seitens Win32 durch eine eigene Ebene ergänzt. Im MFC-Anwendungs-Assistenten können Sie zwei Arten von DLLs mit MFC-Unterstützung erstellen: *Erweiterungs-DLLs* und *normale DLLs*. Sie müssen die Unterschiede zwischen diesen beiden Typen kennen, damit Sie entscheiden können, welcher für Ihre Anforderungen am besten geeignet ist.

HINWEIS: Natürlich können Sie mit dem Visual C++ nicht nur Windows-Programme auf der Grundlage der MFC-Bibliothek erstellen, sondern auch reine Win32-DLLs. Dieses Buch ist aber auf die MFC-Bibliothek ausgerichtet, und deshalb ignorieren wir hier die Win32-Option.

Erweitertungs-DLLs unterstützen eine C++-Schnittstelle. Eine solche DLL kann mit anderen Worten ganze Klassen exportieren, und das Client-Programm kann Objekte dieser Klassen erstellen oder andere Klassen davon ableiten. Erweiterungs-DLLs binden den Code der DLL-Version der MFC-Bibliothek dynamisch ein und setzen somit voraus, dass das Client-Programm die MFC-Bibliothek ebenfalls dynamisch einbindet (Voreinstellung im MFC-Anwendungs-Assistenten). Außerdem müssen das Client-Programm und die Erweiterungs-DLL auf dieselbe Version der MFC-DLLs abgestimmt sein (mfc42.dll, mfc42d.dll und so weiter). Erweiterungs-DLLs sind relativ klein. Eine einfache Erweiterungs-DLL muss nicht größer als 10 KB sein und wird entsprechend schnell geladen.

Wenn Sie eine DLL benötigen, die in jeder Programmierumgebung unter Win32 geladen werden kann (einschließlich Visual Basic Version 6.0), sollten Sie auf eine normale DLL zurückgreifen. Eine wichtige Einschränkung ist hier, dass normale DLLs nur Funktionen im C-Stil exportieren können. C++-Klassen, Member-Funktionen oder überladene Funktionen können nicht exportiert werden, weil jeder C++-Compiler sein eigenes Verfahren zur Namensergänzung verwendet. Innerhalb der DLL können Sie jedoch C++-Klassen (und insbesondere MFC-Klassen) verwenden.

Bei der Erstellung normaler MFC-DLL erstellen, können Sie wählen, ob die MFC-Bibliothek statisch oder dynamisch eingebunden werden soll. Bei der statischen Bindung enthält die resultierende DLL eine Kopie den benötigten Codes aus der MFC-Bibliothek und ist deshalb selbständig einsetzbar. Eine normale, statisch eingebundene DLL ohne Debug-Informationen hat eine typische Größe von etwa 144 KB. Wenn Sie sich für dynamische Bindung entscheiden, verringert sich die Größe auf 17 KB, aber Sie müssen sicherstellen, dass die erforderlichen MFC-DLLs auf dem Zielrechner vorhanden sind. Das ist unproblematisch, wenn das Client-Programm bereits dieselbe Version der MFC-Bibliothek dynamisch einbindet.

Anhand Ihrer Angaben über den zu erstellenden Typ von DLL-Datei oder EXE-Datei deklariert der MFC-Anwendungs-Assistent DLL die folgenden *#define*-Konstanten für den Compiler:

	Dynamische Bindung zu gemeinsam genutzter MFC-Bibliothek	Statische Bindung zur MFC-Bibliothek[1]
Normale DLL	*_AFXDLL, _USRDLL*	*_USRDLL*
Erweiterungs-DLL	*_AFXEXT, _AFXDLL*	Wird nicht unterstützt.
Client-EXE-Datei	*_AFXDLL*	Es werden keine Konstanten definiert.

Tabelle 22.1: *Vom MFC-Anwendungs-Assistenten für unterschiedliche Anwendungstypen generierte #define-Konstanten.*

Wenn Sie sich den Quelltext der MFC-Bibliothek und die Header-Dateien näher ansehen, werden Sie auf Unmengen von *#ifdef*-Anweisungen mit diesen Konstanten stoßen. Das heißt, dass der Quelltext der Bibliothek ganz unterschiedlich kompiliert wird, je nachdem, welche Art von Projekt Sie erstellen.

Gemeinsam genutzte MFC-DLLs und Windows-DLLs

Wenn Sie ein Projekt mit der Windows-Debug-Konfiguration erstellen und dabei die MFC-Bibliothek als gemeinsam genutzte DLL einbinden, werden eine oder mehrere der folgenden MFC-DLLs (ANSI-Version) in Ihr Programm eingebunden:

Dateiname der DLL	Beschreibung des Inhalts
mfc42d.dll	die wichtigsten MFC-Klassen
mfco42d.dll	ActiveX-Klassen (OLE-Klassen)
mfcd42d.dll	Datenbankklassen (ODBC und DAO)
mfcn42d.dll	Winsock- und WinInet-Klassen

Tabelle 22.2: *MFC-DLLs und deren Inhalt.*

Wenn Sie bei der Erstellung eine Release-Konfiguration verwenden, wird nur die Datei mfc42.DLL dynamisch in Ihr Programm eingebunden. Die Bindung zu diesen MFC-DLLs erfolgt implizit über Importbibliotheken. Man könnte vermuten, dass die ActiveX- und ODBC-DLLs unter Windows ebenfalls implizit gebunden werden. In diesem Fall würden alle diese DLLs beim Start der Release-Version des Client-Programms eingebunden werden, unabhängig davon, ob das Programm Funktionen von ActiveX und ODBC nutzt oder nicht. Das ist in Wirklichkeit nicht so. Über einige geschickte Verknüpfungen lädt die MFC-Bibliothek die ActiveX- und ODBC-DLLs

[1] Die statische Bindung wird in der Learning Edition von Visual C++ nicht unterstützt.

explizit (mit Hilfe von *LoadLibrary*), sobald eine Funktion dieser DLLs aufgerufen wird. Ihre Client-Anwendung lädt also nur die DLLs, die sie wirklich benötigt.

Klassen aus Erweiterungs-MFC-DLLs exportieren

Wenn Ihre Erweiterungs-DLL nur exportierte C++-Klassen enthält, wird Ihnen die Erstellung und Verwendung dieser DLL keine Schwierigkeiten bereiten. Aus der Anleitung zu Beispiel EX22A geht hervor, wie Sie dem MFC-Anwendungs-Assistenten vermitteln, dass Sie das Grundgerüst einer Erweiterungs-DLL erstellen möchten. Diese rudimentäre Version enthält lediglich die Funktion *DllMain*. Sie brauchen nur Ihre C++-Klassen zum Projekt hinzuzufügen. Sie müssen allerdings auf eine Besonderheit achten. Nehmen Sie das Makro *AFX_EXT_CLASS* in die Klassendeklaration auf, wie im folgenden Beispiel:

```
class AFX_EXT_CLASS CStudent : public CObject
```

Diese Modifikation betrifft sowohl die Header-Datei des DLL-Projekts als auch die Header-Datei des Client-Programms. Mit anderen Worten, die Header-Dateien für Client und DLL sind identisch. Das Makro generiert je nach Situation unterschiedlichen Code: in der DLL wird die Klasse exportiert, im Client-Programm wird sie importiert.

Die Suchreihenfolge für Ressourcen in Programmen mit Erweiterungs-MFC-DLLs

Wenn Sie eine MFC-Client-Anwendung mit dynamischer Bindung erstellen, werden viele Standardressourcen der MFC-Bibliothek (Zeichenfolgen mit Fehlermeldungen, Dialogfeldvorlagen für die Seitenansicht usw.) in den MFC-DLLs (mfc42.dll, mfco42d.dll, etc.) gespeichert. Die Anwendung verfügt aber auch über eigene Ressourcen. Rufen Sie eine MFC-Funktion wie *CString::LoadString* oder *CBitmap::LoadBitmap* auf, schaltet sich das Anwendungsgerüst ein und durchsucht zunächst die Ressourcen der EXE-Datei und danach die Ressourcen der MFC-DLLs.

Falls Ihr Programm eine Erweiterungs-DLL enthält und das EXE-Programm eine Ressource benötigt, wird zunächst die EXE-Datei durchsucht, dann die Erweiterungs-DLL und schließlich die MFC-DLLs. Wenn Sie beispielsweise eine Zeichenfolge mit einer im Gesamtbestand aller Ressourcen eindeutigen ID suchen, dann wird die MFC-Bibliothek diese Zeichenfolge sicherlich finden. Kommt diese Zeichenfolgen-ID sowohl in der EXE-Datei als auch in der Erweiterungs-DLL vor, lädt die MFC-Bibliothek die Zeichenfolge aus der EXE-Datei.

Wenn die Erweiterungs-DLL eine Ressource lädt, lautet die Suchreihenfolge: Erweiterungs-DLL, MFC-DLLs und EXE-Datei.

Bei Bedarf können Sie die Suchreihenfolge ändern. Nehmen wir an, der EXE-Code soll als erstes die Ressourcen der Erweiterungs-DLL durchsuchen. Dies können Sie mit folgenden Anweisungen erreichen:

```
HINSTANCE hInstResourceClient = AfxGetResourceHandle();
// Instanzzugriffsnummer der DLL verwenden
AfxSetResourceHandle(::GetModuleHandle("mydllname.dll"));
CString strRes;
strRes.LoadString(IDS_MYSTRING);
// Instanzzugriffsnummer des Clients wiederherstellen
AfxSetResourceHandle(hInstResourceClient);
```

Es ist hier nicht möglich, statt *::GetModuleHandle* die Funktion *AfxGetInstanceHandle* zu verwenden. Bei einer Erweiterungs-DLL liefert die Funktion *AfxGetInstanceHandle* die Instanzzugriffsnummer der EXE-Datei und nicht die der DLL.

Beispiel EX22A – Eine Erweiterungs-MFC-DLL

In diesem Beispiel erzeugen wir aus der Klasse *CPersistentFrame*, die Sie aus Kapitel 15 kennen, eine Erweiterungs-DLL. Wir erstellen zunächst die Datei ex22a.DLL. Anschließend verwenden wir die DLL in einem Test-Client, dem Programm EX22B.

Mit den folgenden Schritten erstellen Sie das Beispiel EX22A:

1. **Starten Sie den MFC-Anwendungs-Assistenten, und erstellen Sie das Projekt \vcpp32\ex22a\ex22a.**

Wählen Sie im Menü *Datei* von Visual C++ den Befehl *Neu*, und klicken Sie wie üblich auf das Register *Projekte*. Wählen Sie diesmal jedoch nicht die Option *MFC-Anwendungs-Assistent (exe)*, sondern *MFC-Anwendungs-Assistent (dll)* (siehe Abbildung 22.1).

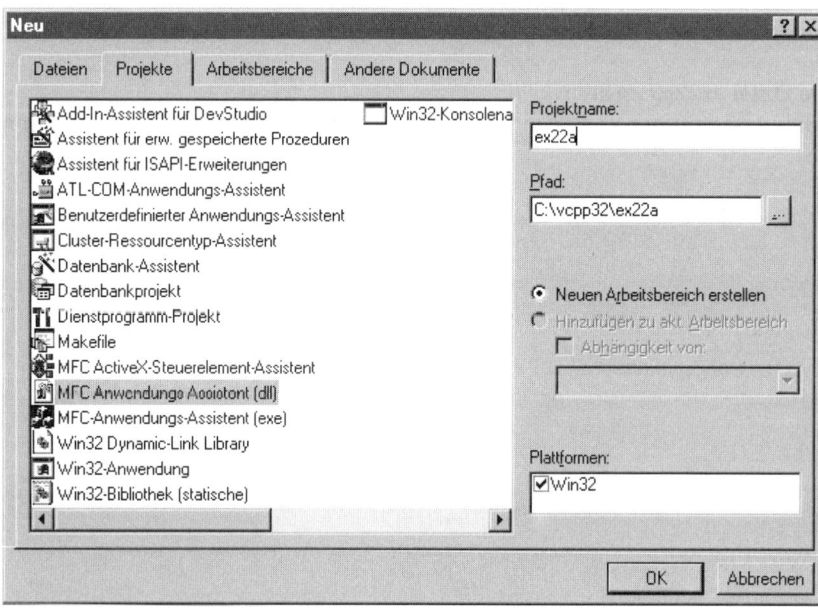

Abbildung 22.1: *Die Einstellungen, mit denen der MFC-Anwendungs-Assistent für das Projekt EX22A gestartet wird.*

In diesem Beispiel zeigt der MFC-Anwendungs-Assistent nur ein Dialogfeld an. Wählen Sie *Erweiterungs-MFC-DLL*, wie in Abbildung 22.2 gezeigt:

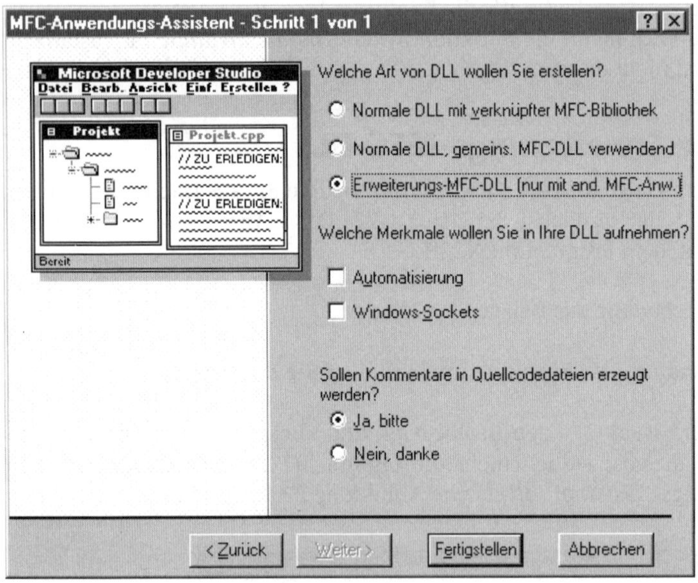

Abbildung 22.2: *Die Projekteinstellungen für EX22A im ersten und einzigen Dialogfeld des MFC-Anwendungs-Assistenten.*

2. Sehen Sie sich die Datei *ex22a.cpp* an.

Der MFC-Anwendungs-Assistent generiert den folgenden Quelltext, in dem auch die Funktion *DllMain* enthalten ist:

```
// ex22a.cpp : Legt die Initialisierungsroutinen für die DLL fest.
//

#include "stdafx.h"
#include <afxdllx.h>

#ifdef _DEBUG
#define new DEBUG_NEW
#undef THIS_FILE
static char THIS_FILE[] = __FILE__;
#endif


static AFX_EXTENSION_MODULE Ex22aDLL = { NULL, NULL };

extern "C" int APIENTRY
DllMain(HINSTANCE hInstance, DWORD dwReason, LPVOID lpReserved)
{
  // Entfernen Sie dies, wenn Sie lpReserved verwenden
  UNREFERENCED_PARAMETER(lpReserved);

  if (dwReason == DLL_PROCESS_ATTACH)
  {
    TRACE0("EX22a.DLL Initializing!\n");

    // One-Time-Initialisierung der Erweiterungs-DLL
    if (!AfxInitExtensionModule(Ex22aDLL, hInstance))
```

```
      return 0;

    // Diese DLL in Ressourcenkette einfügen
```

(Der an dieser Stelle generierte Kommentar wurde gelöscht.)

```
    new CDynLinkLibrary(Ex22aDLL);
  }
  else if (dwReason == DLL_PROCESS_DETACH)
  {
    TRACE0("EX22a.DLL Terminating!\n");
    // Bibliothek vor dem Aufruf der Destruktoren schließen
    AfxTermExtensionModule(Ex22aDLL);
  }
  return 1;   // OK
}
```

3. Fügen Sie Klasse *CPersistentFrame* zum Projekt hinzu.
Wählen Sie im Menü *Projekt* den Befehl *Dem Projekt hinzufügen* und anschließend *Komponenten und Steuerelemente*. Suchen Sie die Datei *PersistentFrame.ogx*, die Sie im Kapitel 15 erstellt haben (oder verwenden Sie die Kopie von der Begleit-CD). Klicken Sie auf die Schaltfläche *Einfügen*, um die Klasse in das aktuelle Projekt einzufügen.

HINWEIS: Wenn Sie keine OGX-Komponenten verwenden möchten, kopieren Sie die Dateien *Persist.h* und *Persist.cpp* in Ihr Projektverzeichnis. Wählen Sie dann im Menü *Projekt* den Befehl *Dem Projekt hinzufügen* und anschließend *Dateien*.

4. Bearbeiten Sie die Datei *Persist.h*.
Ändern Sie die Zeile

```
class CPersistentFrame : public CFrameWnd
```

wie folgt ab:

```
class AFX_EXT_CLASS CPersistentFrame : public CFrameWnd
```

5. Erstellen Sie das Projekt, und kopieren Sie die DLL-Datei.
Kopieren Sie die Datei ex22a.DLL aus dem Verzeichnis \vcpp32\ex22a\Debug in das Windows-Systemverzeichnis (\Windows\System oder \Winnt\System32).

Beispiel EX22B – Ein Test-Client für DLLs

Dieses Beispielprogramm soll zunächst als Client für ex22a.dll dienen. Das Programm importiert die Klasse *CPersistentFrame* aus der DLL und verwendet sie als Basisklasse für das SDI-Rahmenfenster. Später werden wir das Programm ergänzen, um damit auch die anderen Beispiel-DLLs dieses Kapitels laden und testen zu können.

Mit den folgenden Schritten erstellen Sie das Beispielprogramm EX22B:

1. **Starten Sie den MFC-Anwendungs-Assistenten, und erstellen Sie das Projekt \vcpp32\ex22b\ex22b.**

Wir erstellen hier ein gewöhnliches MFC-EXE-Programm. Wählen Sie daher die Option *Einzelnes Dokument (SDI)*. Übernehmen Sie ansonsten die Standardeinstellungen. Achten Sie insbesondere darauf, dass im Dialogfeld *MFC-Anwendungs-Assistent – Schritt 5 von 6* die Option *Als gemeinsam genutzte DLL* markiert ist.

2. **Kopieren Sie die Datei *Persist.h* aus dem Verzeichnis \vcpp32\ex22a.**

Achten Sie darauf, dass Sie die Header-Datei und nicht die CPP-Datei kopieren.

3. **Wählen Sie wie in Kapitel 15 als neue Basisklasse von *CMainFrame* die Klasse *CPersistentFrame*.**

Ersetzen Sie in den Dateien *MainFrm.h* und *MainFrm.cpp* alle Vorkommen von *CFrameWnd* durch *CPersistentFrame*. Fügen Sie außerdem folgende Zeile in MainFrm.h ein:

```
#include "persist.h"
```

4. **Fügen Sie die Importbibliothek EX22A in die entsprechende Liste des Linkers ein.**

Wählen Sie im Menü *Projekt* von Visual C++ den Befehl *Einstellungen*. Markieren Sie im Listenfeld *Einstellungen für* die Option *Alle Konfigurationen*. Geben Sie dann in das Eingabefeld *Objekt-/Bibliothek-Module* den Namen ein, der in Abbildung 22.3 gezeigt wird. Sie müssen den vollständigen Pfadnamen dieser Datei angeben, es sei denn, Sie haben sie in Ihr Projektverzeichnis kopiert.

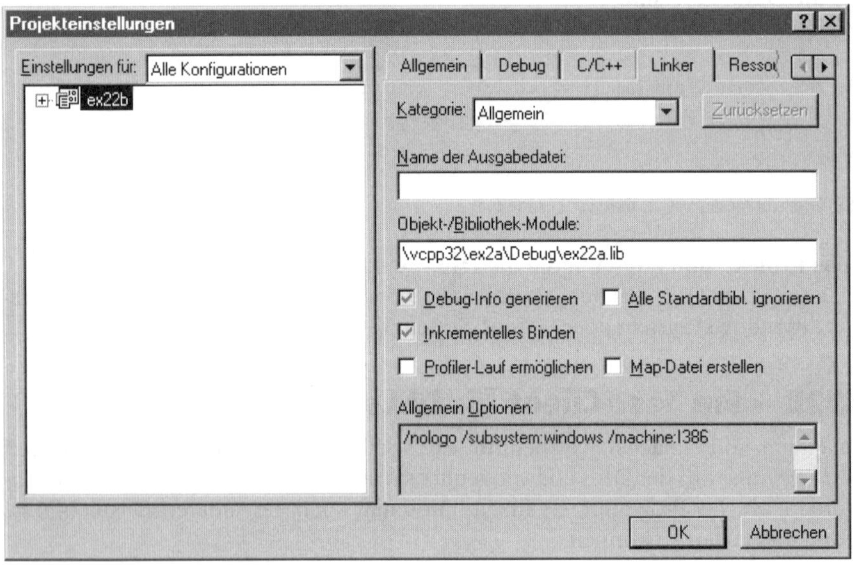

Abbildung 22.3: *Das Dialogfeld* Projekteinstellungen *mit den Linker-Einstellungen für das Beispielprogramm EX22B.*

5. Erstellen und testen Sie die Anwendung EX22B.

Wenn Sie das Programm aus dem Debugger starten und Windows die DLL EX22A nicht findet, wird beim Start von EX22B ein Meldungsfenster angezeigt. Wenn alles gut geht, erhalten Sie eine Anwendung mit persistentem Rahmenfenster, die genauso funktioniert wie in Kapitel 15. Der einzige Unterschied besteht darin, dass sich der Code von *CPersistentFrame* jetzt in einer Erweiterungs-DLL befindet.

Normale MFC-DLLs und die von CWinApp abgeleiteten Klassen

Wenn der MFC-Anwendungs-Assistent eine normale DLL generiert, befindet sich die Funktion *DllMain* innerhalb des Anwendungsgerüsts. Sie haben es dann wie bei einem EXE-Programm mit einer von *CWinApp* abgeleiteten Klasse und mit einem globalen Objekt dieser Klasse zu tun. Sie können das Programmverhalten steuern, indem Sie die Funktionen *CWinApp::InitInstance* und *CWinApp::ExitInstance* überschreiben. Meistens werden Sie sich allerdings nicht die Mühe machen, diese Funktionen zu überschreiben, sondern einfach die C-Funktionen schreiben und sie mit dem Modifizierer *__declspec(dllexport)* exportieren (oder über entsprechende Einträge in der DEF-Datei des Projekts).

Das Makro AFX_MANAGE_STATE

Wenn die Datei mfc42.dll als Teil eines Prozesses geladen wird, speichert sie gewisse Daten in einigen im wahrsten Sinne des Wortes globalen Variablen. Wenn Sie MFC-Funktionen aus einem MFC-Programm oder aus einer Erweiterungs-DLL heraus aufrufen, ist die MFC-DLL mfc42.dll in der Lage, diese globalen Variablen für den aufrufenden Prozess zu setzen. Rufen Sie allerdings Funktionen der MFC-DLL mfc42.dll aus einer normalen DLL heraus auf, werden die globalen Variablen nicht synchronisiert – mit unabsehbaren Folgen. Um dieses Problem zu lösen, fügen Sie die Anweisung

```
AFX_MANAGE_STATE(AfxGetStaticModuleState());
```

zu Beginn aller exportierten Funktionen der DLL ein. Wenn der MFC-Code statisch eingebunden wird, hat das Makro keinerlei Wirkung.

Die Suchreihenfolge für Ressourcen in Programmen mit normalen MFC-DLLs

Wenn eine normale DLL in eine EXE-Datei eingebunden wird und eine Funktion der EXE-Datei eine Ressource lädt, dann wird diese Ressource aus der EXE-Datei selbst geladen. In der DLL enthaltene Funktionen zum Laden von Ressourcen greifen auf die Ressourcen der DLL zu.

Möchten Sie über Funktionen der EXE-Datei DLL-Ressourcen laden, können Sie mit Hilfe der Funktion *AfxSetResourceHandle* die Ressourcenzugriffsnummer vorübergehend ändern. Die entsprechenden Anweisungen sehen fast genauso aus wie der Quelltext aus dem Abschnitt *Die Suchreihenfolge für Ressourcen in Programmen mit Erweiterungs-MFC-DLLs* weiter oben. Wenn Sie eine Anwendung schreiben, die lokalisiert werden muss, können Sie sprachspezifische Zeichenfolgen, Dialogfelder, Menüs und so weiter in eine normale MFC-DLL auslagern. Sie könnten beispielsweise Module mit den Namen Englisch.dll, Deutsch.dll und Spanisch.dll bereitstellen. Ihr Client-Programm würde dann die richtige DLL explizit laden und könnte mit den beschriebenen Anweisungen Ressourcen laden, die in allen DLLs dieselbe ID hätten.

Beispiel EX22C – Eine normale MFC-DLL

In diesem Beispiel erstellen wir eine normale DLL, die eine einzige Funktion exportiert – eine Funktion zum Berechnen der Quadratwurzel. Als erstes erstellen wir die Datei ex22c.dll, und anschließend modifizieren wir das Client-Test-Programm EX22B, um die neue DLL testen zu können.

Mit den folgenden Schritten erstellen Sie das Beispielprojekt EX22C:

1. **Starten Sie den MFC-Anwendungs-Assistenten, und erstellen Sie das Projekt \vcpp32\ex22c\ex22c.**

Gehen Sie so vor wie bei EX22a, aber akzeptieren Sie im Dialogfeld *MFC-Anwendungs-Assistent Schritt 1 von 1* die Voreinstellung *Normale DLL, gemeins. MFC-DLL verwendend.*

2. **Sehen Sie sich die Datei ex22c.cpp an.**

Der MFC-Anwendungs-Assistent generiert folgenden Quelltext, in dem unter anderem eine Klasse von *CWinApp* abgeleitet wird:

```
// ex22c.cpp : Legt die Initialisierungsroutinen für die DLL fest.
//

#include "stdafx.h"
#include "ex22c.h"

#ifdef _DEBUG
#define new DEBUG_NEW
#undef THIS_FILE
static char THIS_FILE[] = __FILE__;
#endif
```

(Der an dieser Stelle generierte Kommentar wurde gelöscht.)

```
/////////////////////////////////////////////////////////////////////////////
// CEx22cApp

BEGIN_MESSAGE_MAP(CEx22cApp, CWinApp)
  //{{AFX_MSG_MAP(CEx22cApp)
    // HINWEIS - Hier werden Mapping-Makros vom Klassen-Assistenten
    // eingefügt und entfernt.
    //    Innerhalb dieser generierten Quelltextabschnitte
    //    NICHTS VERÄNDERN!
  //}}AFX_MSG_MAP
END_MESSAGE_MAP()

/////////////////////////////////////////////////////////////////////////////
// CEx22cApp Konstruktion

CEx22cApp::CEx22cApp()
{
  // ZU ERLEDIGEN: Hier Code zur Konstruktion einfügen
  // Alle wichtigen Initialisierungen in InitInstance platzieren
}
```

```
//////////////////////////////////////////////////////////////////////////
// Das einzige CEx22cApp-Objekt

CEx22cApp theApp;
```

3. Implementieren Sie die Funktion *Ex22cSquareRoot*.
Es spricht nichts dagegen, diese Funktion in ex22c.cpp einzufügen, aber Sie können sie auch in einer eigenen Datei speichern.

```
extern "C" __declspec(dllexport) double Ex22cSquareRoot(double d)
{

  AFX_MANAGE_STATE(AfxGetStaticModuleState());
  TRACE("Eintritt in Ex22cSquareRoot\n");
  if (d >= 0.0) {
    return sqrt(d);
  }
  AfxMessageBox("Quadratwurzel einer negativen Zahl kann nicht berechnet werden.");
  return 0.0;
}
```

Sie sehen, dass es kein Problem darstellt, aus der DLL heraus ein Meldungsfenster oder ein anderes modales Dialogfeld anzuzeigen. Sie müssen nun in die Datei, in der sich diese Funktion befindet, noch die Anweisung *#include <math.h>* einfügen.

4. Erstellen Sie das Projekt, und kopieren Sie die DLL-Datei.
Kopieren Sie die Datei ex22c.dll aus dem Verzeichnis \vcpp32\ex22c\Debug in das Windows-Systemverzeichnis.

Eine Aktualisierung von EX22B – Code zum Testen von EX22C.dll

Die erste Version von EX22B, die Sie erstellt haben, hat die Erweiterungs-MFC-DLL EX22A dynamisch eingebunden. Nun werden Sie das Projekt so modifizieren, dass die normale MFC-DLL EX22C implizit eingebunden und die Wurzelfunktion aus der DLL aufgerufen wird.

So aktualisieren Sie das Beispielprogramm EX22B:

1. Fügen Sie eine neue Dialogfeldressource und eine Dialogfeldklasse zum Projekt \vcpp32\ex22b\ex22b hinzu.
Erstellen Sie mit dem Dialog-Editor die Vorlage *IDD_EX22C*, die in Abbildung 22.4 dargestellt ist:

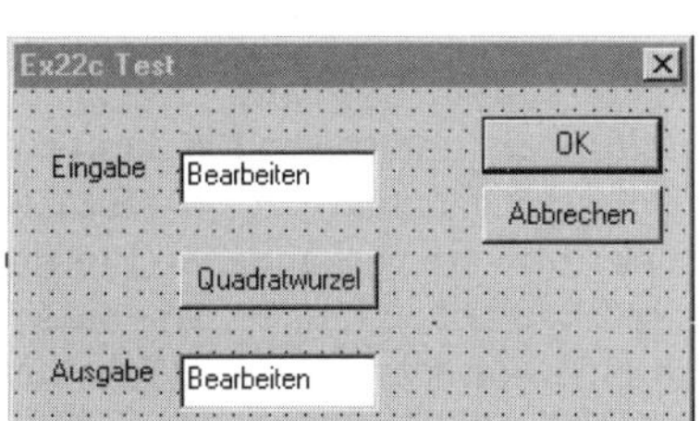

Abbildung 22.4:
Die Dialogfeldvorlage für EX22B.

Erstellen Sie jetzt mit dem Klassen-Assistenten eine von *CDialog* abgeleitete Klasse mit dem Namen *CTest22cDialog*.Die Steuerelemente, Datenelemente und Nachrichtenbehandlungsroutinen dieser Klasse können Sie der folgenden Übersicht entnehmen:

Steuerelement-ID	Typ	Datenelement	Nachrichtenbehandlungsfunktion
IDC_INPUT	Eingabefeld	*m_dInput* (double)	
IDC_OUTPUT	Eingabefeld	*m_dOutput* (double)	
IDC_COMPUTE	Schaltfläche		*OnCompute*

2. Implementieren Sie die Funktion *OnCompute*, in der die exportierte Funktion der DLL aufgerufen wird.

Bearbeiten Sie die Funktion, die der Klassen-Assistent erstellt hat, wie folgt:

```
void CTest22cDialog::OnCompute()
{
  UpdateData(TRUE);
  m_dOutput = Ex22cSquareRoot(m_dInput);
  UpdateData(FALSE);
}
```

Sie müssen die Funktion *Ex22cSquareRoot* als importierte Funktion deklarieren. Fügen Sie dazu die folgende Zeile in die Datei Test22cDialog.h ein:

```
extern "C" __declspec(dllimport) double Ex22cSquareRoot(double d);
```

3. Nehmen Sie die Klasse *CTest22cDialog* in die Anwendung EX22B auf.

Sie benötigen ein Menü namens *Test* mit dem Befehl *Quadratwurzel* und mit der ID *ID_TEST_EX22CDLL*. Ordnen Sie diesem Menübefehl mit Hilfe des Klassen-Assistenten eine Behandlungsroutine in der Klasse *CEx22bView* zu, und implementieren Sie diese Behandlungsroutine in *Ex22bView.cpp* wie folgt:

```
void CEx22bView::OnTestEx22cdll()
{
  CTest22cDialog dlg;
  dlg.DoModal();
}
```

Natürlich müssen Sie in die Datei *Ex22bView.cpp* noch die folgende Anweisung einfügen:

```
#include "Test22cDialog.h"
```

4. Nehmen Sie die Importbibliothek EX22C in die entsprechende Linker-Liste auf.

Wählen Sie im Menü *Projekt* von Visual C++ den Befehl *Einstellungen*, und tragen Sie dann auf der Seite *Linker* die Datei \vcpp32\ex22c\Debug\ex22c.lib in das Eingabefeld *Objekt-/Bibliothek-Module* ein. (Setzen Sie den neuen Eintrag mit einem Leerschritt vom vorhandenen Eintrag ab.) Nun sollte das Programm die beiden DLLs EX22A und EX22C implizit einbinden. Wie Sie sehen, ist es aus der Sicht des Clients gleichgültig, ob es sich um eine normale oder eine Erweiterungs-DLL handelt. Sie melden einfach den Namen der LIB-Datei beim Linker an.

5. Erstellen Sie die aktualisierte Version von EX22B, und testen Sie sie.
Wählen Sie im Menü *Test* den Befehl *Quadradwurzel*. Geben Sie in das Feld *Eingabe* eine Zahl ein, und drücken Sie dann auf die Schaltfläche *Quadratwurzel*. Das Ergebnis müßte im Feld *Ausgabe* angezeigt werden.

Eine DLL für benutzerdefinierte Steuerelemente

Programmierer verwenden DLLs seit den Anfängen von Windows für benutzerdefinierte Steuerelemente, weil es in sich geschlossene Komponenten sind. Die ersten benutzerdefinierten Steuerelemente wurden in C geschrieben und als selbständige DLLs konfiguriert. Heutzutage können Sie für benutzerdefinierte Steuerelemente die Möglichkeiten der MFC-Bibliothek nutzen und sich mit Hilfe der Assistenten die Programmierung erleichtern. Normale DLLs eignen sich für benutzerdefinierte Steuerelemente am besten, weil diese Steuerelemente keine C++-Schnittstelle benötigen und auf diese Weise mit jedem Entwicklungssystem eingesetzt werden können, das benutzerdefinierte Steuerelemente unterstützt (beispielsweise mit dem C++-Compiler von Borland). Sie werden wahrscheinlich auch die dynamische Bindung der MFC-Bibliothek nutzen, weil die resultierende DLL dann klein ist und schnell geladen wird.

Was ist ein benutzerdefiniertes Steuerelement?

In Kapitel 6 haben Sie normale Steuerelemente und die Standardsteuerelemente von Microsoft Windows und in Kapitel 8 haben Sie ActiveX-Steuerelemente kennen gelernt. Ein benutzerdefiniertes Steuerelement verhält sich insofern wie ein gewöhnliches Steuerelement, beispielsweise das Eingabefeld, als dass es Benachrichtigungen in Form von WM_COMMAND-Nachrichten an sein übergeordnetes Fenster sendet und benutzerdefinierte Nachrichten empfängt. Mit dem Dialog-Editor können Sie benutzerdefinierte Steuerelemente in Dialogfeldvorlagen einfügen. Zu diesem Zweck dient die in der Symbolleiste *Steuerelemente* enthaltene Schaltfläche mit dem Kopfbild (siehe Abbildung 22.5).

Abbildung 22.5:
Die Schaltfläche Benutzerdefiniertes Steuerelement.

Beim Entwurf benutzerdefinierter Steuerelemente stehen Ihnen viele Möglichkeiten offen. Sie können nach Belieben in das Fenster des Steuerelements zeichnen (das von der Client-Anwendung verwaltet wird) und nach Bedarf alle Arten von eingehenden und ausgehenden Nachrichten definieren. Mit dem Klassen-Assistenten können Sie Behandlungsroutinen für normale Windows-Nachrichten dem Steuerelement zuordnen. Die Zuordnung der benutzerdefinierten Nachrichten und der Benachrichtigungen in der Klasse des übergeordneten Fensters müssen Sie dagegen von Hand vornehmen.

Die Fensterklasse eines benutzerdefinierten Steuerelements

In einer Dialogressourcenvorlage werden benutzerdefinierte Steuerelemente durch den symbolischen Namen ihrer *Fensterklasse* identifiziert. Verwechseln Sie nicht die Win32-Fensterklasse mit der C++-Klasse. Außer dem Namen haben die beiden nichts gemeinsam. Eine Fensterklasse wird durch eine Struktur definiert, die folgende Informationen enthält:

- den Namen der Klasse,
- einen Zeiger auf die *WndProc*-Funktion, die die Nachrichten empfängt, die an Fenster dieser Klasse gesendet werden,
- verschiedene Attribute, wie beispielsweise den Hintergrundpinsel.

Die Win32-Funktion *RegisterClass* kopiert diese Struktur in einen Speicherbereich, der dem Prozess gehört, so dass jede Funktion des Prozesses ein Fenster der Klasse erstellen kann. Bei der Initialisierung des Dialogfelds erstellt Windows die untergeordneten Fenster der benutzerdefinierten Steuerelemente, deren Fensterklassennamen in der Vorlage gespeichert sind.

Angenommen, die *WndProc*-Funktion des Steuerelements befindet sich in einer DLL. Wenn die DLL (durch einen Aufruf von *DllMain*) initialisiert wird, kann sie die Fensterklasse des Steuerelements mit *RegisterClass* registrieren. Weil die DLL zum Prozess gehört, kann das Client-Programm danach untergeordnete Fenster mit der Fensterklasse des benutzerdefinierten Steuerelements anlegen. Kurz gesagt: Der Client verfügt über eine Zeichenfolge mit dem Namen der Fensterklasse des benutzerdefinierten Steuerelements, und mit Hilfe dieses Klassennamens kann er das untergeordnete Fenster erzeugen. Sämtlicher Code für das Steuerelement, einschließlich der *Wndproc*-Funktion, befindet sich in der DLL. Um das untergeordnete Fenster erstellen zu können, muss der Client nur eines tun, nämlich zuvor die DLL laden.

Die MFC-Bibliothek und die Funktion WndProc

Windows ruft also die *WndProc*-Funktion des Steuerelements für jede Nachricht auf, die an dessen Fenster gesendet wird. Aber Sie möchten jetzt ganz bestimmt keine altmodische *switch-case*-Anweisung schreiben. Sie möchten diesen Nachrichten C++-Member-Funktionen zuordnen, so wie Sie es bisher getan haben. Zu diesem Zweck müssen Sie in der DLL eine C++-Klasse definieren, die das Gegenstück zur Fensterklasse des Steuerelements bildet. Sobald Sie das getan haben, können Sie mit dem Klassen-Assistenten Nachrichten zuordnen.

Die C++-Klasse für das Steuerelement zu schreiben ist unproblematisch. Sie erstellen einfach mit dem Klassen-Assistenten eine neue, von *CWnd* abgeleitete Klasse. Die Schwierigkeit besteht darin, die C++-Klasse mit der Funktion *WndProc* und der Nachrichtenschleife des Anwendungsgerüsts zu verbinden. Im Beispiel EX22D werden Sie eine echte Fensterprozedur kennenlernen. Nachfolgend sehen Sie den Pseudocode einer typischen *WndProc*-Funktion für ein Steuerelement:

```
LRESULT SteuerelementFensterprozedur(HWND hWnd, UINT nachricht, WPARAM wParam, LPARAM lParam)
{
  if (erste Nachricht für dieses Fenster) {
    CWnd* pWnd = new CSteuerelementFensterklasse();
    Zuordnung von pWnd zu hWnd
  }
  return AfxCallWndProc(pWnd, hWnd, nachricht, wParam, lParam);
}
```

Die MFC-Funktion *AfxCallWndProc* leitet Nachrichten an das Anwendungsgerüst weiter, das sie wiederum an die Member-Funktionen verteilt, die in der Klasse *CSteuerelementFensterklasse* den Nachrichten zugeordnet sind.

Benachrichtigungen von benutzerdefinierten Steuerelementen

Das Steuerelement kommuniziert mit seinem übergeordneten Fenster, indem es ihm spezielle WM_COMMAND-Nachrichten sendet. Die Parameter dieser Nachrichten werden nachfolgend in Tabelle 22.3 beschrieben.

Parameter	Zweck
(HIWORD) wParam	Benachrichtigungscode
(LOWORD) wParam	ID des untergeordneten Fensters
lParam	Zugriffsnummer des untergeordneten Fensters

Tabelle 22.3: *Parameter von Nachrichten benutzerdefinierter Steuerelemente.*

Die Bedeutung des Benachrichtigungscodes ist beliebig und hängt vom jeweiligen Steuerelement ab. Das übergeordnete Fenster muss den Code anhand seiner Kenntnisse über das Steuerelement interpretieren. Zum Beispiel könnte der Wert 77 bedeuten, dass der Anwender ein Zeichen eingegeben hat, während das Steuerelement den Fokus hatte.

Das Steuerelement könnte beispielsweise folgende Benachrichtigung senden:

```
GetParent()->SendMessage(WM_COMMAND,
    GetDlgCtrlID() | ID_NOTIFYCODE << 16, (LONG) GetSafeHwnd());
```

Auf der Client-Seite können Sie der Nachricht mit dem MFC-Makro *ON_CONTROL* eine Behandlungsroutine zuordnen:

```
ON_CONTROL(ID_NOTIFYCODE, IDC_MYCONTROL, OnClickedMyControl)
```

Die Behandlungsfunktion deklarieren Sie dann wie folgt:

```
afx_msg void OnClickedMyControl();
```

Benutzerdefinierte Nachrichten an das Steuerelement senden

Sie haben bereits in Kapitel 7 benutzerdefinierte Nachrichten kennengelernt. Dieser Nachrichtentyp stellt das Mittel dar, mit dem das Client-Programm mit dem Steuerelement kommuniziert. Weil eine Standardnachricht einen 32-Bit-Wert zurückgibt, wenn sie mit *SendMessage* statt mit *PostMessage* gesendet wird, kann der Client auf diese Weise Informationen vom Steuerelement erhalten.

Das Beispielprogramm EX22D – Ein benutzerdefiniertes Steuerelement

Das Beispielprogramm EX22D besteht aus einer normalen MFC-DLL, mit der eine Verkehrsampel implementiert wird. Dieses Steuerelement kann die Zustände *Abgeschaltet*, *Rot*, *Gelb* und *Grün* annehmen. Wenn das Steuerelement mit der linken Maustaste angeklickt wird, sendet die DLL eine Benachrichtigung an sein übergeordnetes Fenster, und es reagiert auf zwei benutzerdefinierte Nachrichten namens RYG_SETSTATE und RYG_GETSTATE. Der Zustand ist ein ganzzahliger Wert, der die Farbe repräsentiert. Ich verdanke dieses Beispiel Richard Wilton, der die ursprüngliche C-Version dieses Steuerelements in seinem Buch *Windows 3 Developer's Workshop* (Microsoft Press 1991) vorgestellt hat.

Das Projekt EX22D wurde zunächst mit dem MFC-Anwendungs-Assistenten mit den gleichen Einstellungen für die gemeinsam genutzte MFC-DLL wie im Projekt EX22C generiert. Listing 22.1 zeigt den Inhalt der wichtigsten Quelltextdatei, wobei die zusätzlichen Anweisungen für die Funktion *InitInstance* fett dargestellt sind. Die exportierte Funktion *Ex22dEntry* ist nur aus einem einzigen Grund vorhanden: Sie bewirkt, dass die DLL implizit eingebunden wird. Das Client-Programm muss diese Funktion aufrufen, und dieser Aufruf muss sich im Ausführungspfad des Programms befinden (ansonsten tilgt der Compiler den Aufruf). Alternativ könnte das Client-Programm in seiner *InitInstance*-Funktion die Win32-Funktion *LoadLibrary* aufrufen und die DLL auf diese Weise auch explizit einbinden.

EX22D.CPP

```
// ex22d.cpp : Legt die Initialisierungsroutinen für die DLL fest.
//

#include "stdafx.h"
#include "ex22d.h"
#include "RygWnd.h"

#ifdef _DEBUG
#define new DEBUG_NEW
#undef THIS_FILE
static char THIS_FILE[] = __FILE__;
#endif

extern "C" __declspec(dllexport) void Ex22dEntry() {} // Dummy-Funktion
```

(Der an dieser Stelle generierte Kommentar wurde gelöscht.)

```
/////////////////////////////////////////////////////////////////////////////
// CEx22dApp

BEGIN_MESSAGE_MAP(CEx22dApp, CWinApp)
  //{{AFX_MSG_MAP(CEx22dApp)
    // HINWEIS - Hier werden Mapping-Makros vom Klassen-Assistenten eingefügt und entfernt.
    // Innerhalb dieser generierten Quelltextabschnitte NICHTS VERÄNDERN!
  //}}AFX_MSG_MAP
END_MESSAGE_MAP()

/////////////////////////////////////////////////////////////////////////////
// CEx22dApp Konstruktion

CEx22dApp::CEx22dApp()
{
  // ZU ERLEDIGEN: Hier Code zur Konstruktion einfügen
  // Alle wichtigen Initialisierungen in InitInstance platzieren
}

/////////////////////////////////////////////////////////////////////////////
```

```
// Das einzige CEx22dApp-Objekt

CEx22dApp theApp;

BOOL CEx22dApp::InitInstance()
{
  CRygWnd::RegisterWndClass(AfxGetInstanceHandle());
  return CWinApp::InitInstance();
}
```

Listing 22.1: *Die Implementierungsdatei von CEx22dApp, in der die DLL EX22D initialisiert wird.*

Listing 22.2 enthält den Quelltext der Klasse *CRygWnd* und der globalen Funktion *RygWndProc*. (Wählen Sie im Klassen-Assistenten die Schaltfläche *Klasse hinzufügen*, um diese Klasse zu erstellen.) Die Anweisungen, mit denen die Verkehrsampel gezeichnet wird, sind nicht sehr interessant. Wir konzentrieren uns deshalb auf die Funktionen, die den meisten benutzerdefinierten Steuerelementen gemeinsam sind. Die statische Member-Funktion *RegisterWndClass* registriert die Fensterklasse *RYG*. Sie muss sofort nach dem Laden der DLL aufgerufen werden. Die Nachrichtenbehandlungsfunktion *OnLButtonDown* wird aufgerufen, wenn der Anwender mit der linken Maustaste in das Fenster des Steuerelements klickt. Sie sendet eine entsprechende Benachrichtigung an das übergeordnete Fenster. Die Funktion *PostNcDestroy* wird überschrieben, weil sie das *CRygWnd*-Objekt beseitigen muss, wenn das Client-Programm das Steuerelementfenster löscht. Die Funktionen *OnGetState* und *OnSetState* werden auf die benutzerdefinierte Nachrichten hin aufgerufen, die der Client versendet. Vergessen Sie nicht, die DLL in das Windows-Systemverzeichnis zu kopieren.

RYGWND.H

```
#if !defined(AFX_RYGWND_H__B045FC75_47F2_11D2_A4E4_00403394CA84__INCLUDED_)
#define AFX_RYGWND_H__B045FC75_47F2_11D2_A4E4_00403394CA84__INCLUDED_

#if _MSC_VER > 1000
#pragma once
#endif // _MSC_VER > 1000
// RygWnd.h : Header-Datei
//
/////////////////////////////////////////////////////////////////////////////
// Fenster CRygWnd

#define RYG_SETSTATE WM_USER + 0
#define RYG_GETSTATE WM_USER + 1

LRESULT CALLBACK AFX_EXPORT
  RygWndProc(HWND hWnd, UINT message, WPARAM wParam, LPARAM lParam);

class CRygWnd : public CWnd
{
  private:
  int m_nState; // 0=aus, 1=rot, 2=gelb, 3=grün
  static CRect  s_rect;
  static CPoint s_point;
  static CRect  s_rColor[3];
  static CBrush s_bColor[4];
```

```
// Konstruktion
public:
  CRygWnd();
public:
  static BOOL RegisterWndClass(HINSTANCE hInstance);
// Attribute
public:

// Operationen
public:
// Überschreibungen
  // Vom Klassen-Assistenten generierte virtuelle Funktionsüberschreibungen
  //{{AFX_VIRTUAL(CRygWnd)
  protected:
  virtual void PostNcDestroy();
  //}}AFX_VIRTUAL

// Implementierung
public:
  virtual ~CRygWnd();

  // Generierte Nachrichtenzuordnungsfunktionen
private:
  void SetMapping(CDC* pDC);
  void UpdateColor(CDC* pDC, int n);
protected:
  //{{AFX_MSG(CRygWnd)
  afx_msg void OnLButtonDown(UINT nFlags, CPoint point);
  afx_msg void OnPaint();
  //}}AFX_MSG
  afx_msg LRESULT OnSetState(WPARAM wParam, LPARAM lParam);
  afx_msg LRESULT OnGetState(WPARAM wParam, LPARAM lParam);
  DECLARE_MESSAGE_MAP()
};

/////////////////////////////////////////////////////////////////////////////
//{{AFX_INSERT_LOCATION}}
// Microsoft Visual C++ fügt unmittelbar vor der vorhergehenden Zeile zusätzliche Deklarationen ein.

#endif // AFX_RYGWND_H__B045FC75_47F2_11D2_A4E4_00403394CA84__INCLUDED_
```

RYGWND.CPP

```
// RygWnd.cpp: Implementierungsdatei
//

#include "stdafx.h"
#include "ex22d.h"
#include "RygWnd.h"

#ifdef _DEBUG
#define new DEBUG_NEW
#undef THIS_FILE
static char THIS_FILE[] = __FILE__;
#endif
```

```
LRESULT CALLBACK AFX_EXPORT
  RygWndProc(HWND hWnd, UINT message, WPARAM wParam, LPARAM lParam)
{
  AFX_MANAGE_STATE(AfxGetStaticModuleState());

  CWnd* pWnd;

  pWnd = CWnd::FromHandlePermanent(hWnd);
  if (pWnd == NULL) {
    // wir nehmen an, dass der Client CRygWnd-Fenster erstellt hat
    pWnd = new CRygWnd();
    pWnd->Attach(hWnd);
  }
  ASSERT(pWnd->m_hWnd == hWnd);
  ASSERT(pWnd == CWnd::FromHandlePermanent(hWnd));
  LRESULT lResult = AfxCallWndProc(pWnd, hWnd, message,
                                   wParam, lParam);
  return lResult;
}

// statische Datenelemente
CRect  CRygWnd::s_rect(-500, 1000, 500, -1000); // äußeres Rechteck
CPoint CRygWnd::s_point(300, 300); // abgerundete Ecken
CRect  CRygWnd::s_rColor[] = {CRect(-250, 800, 250, 300),
                              CRect(-250, 250, 250, -250),
                              CRect(-250, -300, 250, -800)};
CBrush CRygWnd::s_bColor[] = {RGB(192, 192, 192),
                              RGB(0xFF, 0x00, 0x00),
                              RGB(0xFF, 0xFF, 0x00),
                              RGB(0x00, 0xFF, 0x00)};

BOOL CRygWnd::RegisterWndClass(HINSTANCE hInstance) // statische
                                                    // Member-Funktion
{
  WNDCLASS wc;
  wc.lpszClassName = "RYG"; // stimmt mit Klassennamen im Client überein
  wc.hInstance = hInstance;
  wc.lpfnWndProc = RygWndProc;
  wc.hCursor = ::LoadCursor(NULL, IDC_ARROW);
  wc.hIcon = 0;
  wc.lpszMenuName = NULL;
  wc.hbrBackground = (HBRUSH) ::GetStockObject(LTGRAY_BRUSH);
  wc.style = CS_GLOBALCLASS;
  wc.cbClsExtra = 0;
  wc.cbWndExtra = 0;
  return (::RegisterClass(&wc) != 0);
}

//////////////////////////////////////////////////////////////////////////////
// CRygWnd

CRygWnd::CRygWnd()
{
  m_nState = 0;
  TRACE("CRygWnd: Konstruktor\n");
}
```

```
CRygWnd::~CRygWnd()
{
  TRACE("CRygWnd: Destruktor\n");
}

BEGIN_MESSAGE_MAP(CRygWnd, CWnd)
  //{{AFX_MSG_MAP(CRygWnd)
  ON_WM_PAINT()
  ON_WM_LBUTTONDOWN()
  //}}AFX_MSG_MAP
  ON_MESSAGE(RYG_SETSTATE, OnSetState)
  ON_MESSAGE(RYG_GETSTATE, OnGetState)
END_MESSAGE_MAP()

void CRygWnd::SetMapping(CDC* pDC)
{
  CRect clientRect;
  GetClientRect(clientRect);
  pDC->SetMapMode(MM_ISOTROPIC);
  pDC->SetWindowExt(1000, 2000);
  pDC->SetViewportExt(clientRect.right, -clientRect.bottom);
  pDC->SetViewportOrg(clientRect.right / 2, clientRect.bottom / 2);
}

void CRygWnd::UpdateColor(CDC* pDC, int n)
{
  if (m_nState == n + 1) {
    pDC->SelectObject(&s_bColor[n+1]);
  }
  else {
    pDC->SelectObject(&s_bColor[0]);
  }
  pDC->Ellipse(s_rColor[n]);
}

//////////////////////////////////////////////////////////////////////////
// Behandlungsroutinen für Nachrichten CRygWnd

void CRygWnd::OnPaint()
{
  int i;
  CPaintDC dc(this); // Gerätekontext zum Zeichnen
  SetMapping(&dc);
  dc.SelectStockObject(DKGRAY_BRUSH);
  dc.RoundRect(s_rect, s_point);
  for (i = 0; i < 3; i++) {
    UpdateColor(&dc, i);
  }
}

void CRygWnd::OnLButtonDown(UINT nFlags, CPoint point)
{
  // Benachrichtigungscode ist in HIWORD von wParam, hier 0
  GetParent()->SendMessage(WM_COMMAND, GetDlgCtrlID(),
    (LONG) GetSafeHwnd()); // 0
}
```

```
void CRygWnd::PostNcDestroy()
{
  TRACE("CRygWnd::PostNcDestroy\n");
  delete this; // CWnd::PostNcDestroy tut nichts
}

LRESULT CRygWnd::OnSetState(WPARAM wParam, LPARAM lParam)
{
  TRACE("CRygWnd::SetState, wParam = %d\n", wParam);
  m_nState = (int) wParam;
  Invalidate(FALSE);
  return 0L;
}

LRESULT CRygWnd::OnGetState(WPARAM wParam, LPARAM lParam)
{
  TRACE("CRygWnd::GetState\n");
  return m_nState;
}
```

Listing 22.2: *Der Quelltext der Klasse* CRygWnd.

Eine weitere Aktualisierung von EX22B – Code zum Testen von ex22d.dll

Das Programm EX22B bindet bereits die DLLs EX22A und EX22C ein. Nun werden wir das Projekt dahingehend überarbeiten, dass auch das benutzerdefinierte Steuerelement EX22D implizit eingebunden wird.

So aktualisieren Sie die Beispielanwendung EX22B:

1. **Fügen Sie eine neue Dialogfeldressource und eine Dialogklasse in das Projekt \vcpp32\ex22b\ex22b ein.**

Erstellen Sie mit dem Dialog-Editor die Vorlage *IDD EX22D*, und fügen Sie das benutzerdefinierte Steuerelement mit der ID *IDC_RYG* dort ein (siehe Abbildung 22.6):

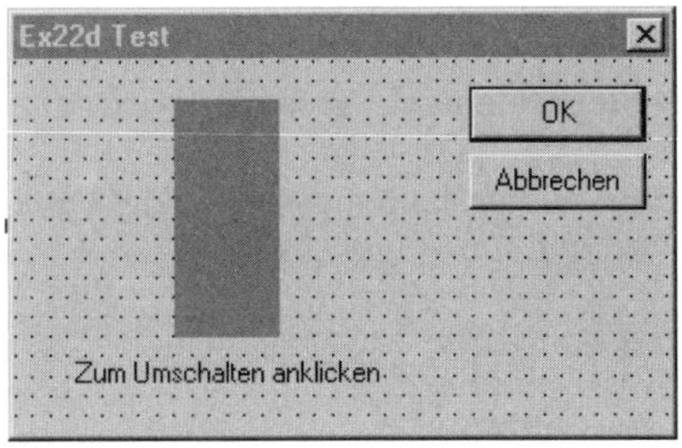

Abbildung 22.6:
Die Dialogfeldvorlage zum Testen der DLL EX22D.

Geben Sie *RYG* als Namen der Fensterklasse des benutzerdefinierten Steuerelements an (siehe Abbildung 22.7).

Erstellen Sie jetzt mit Hilfe des Klassen-Assistenten eine von *CDialog* abgeleitete Klasse namens *CTest22dDialog*.

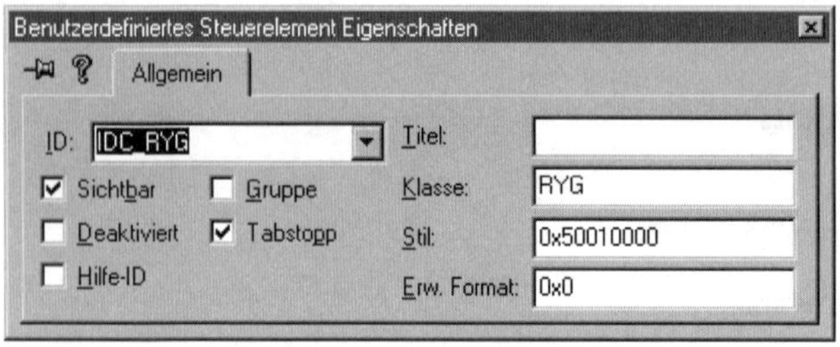

Abbildung 22.7: *Einstellungen für das benutzerdefinierte Steuerelement aus dem Beispielprogramm EX22D.*

2. Bearbeiten Sie die Datei *Test22dDialog.h*.

Fügen Sie das folgende private Datenelement hinzu:

```
enum { OFF, RED, YELLOW, GREEN } m_nState;
```

Fügen Sie auch die folgende Importdeklaration hinzu, und definieren Sie zwei IDs für benutzerdefinierte Nachrichten:

```
extern "C" __declspec(dllimport) void Ex22dEntry(); // Dummy-Funktion
#define RYG_SETSTATE WM_USER + 0
#define RYG_GETSTATE WM_USER + 1
```

3. Bearbeiten Sie den Konstruktor in der Datei Test22dDialog.cpp, um das Status-Datenelement zu initialisieren.

Fügen Sie die fett gesetzten Anweisungen hinzu:

```
CTest22dDialog::CTest22dDialog(CWnd* pParent /*=NULL*/)
  : CDialog(CTest22dDialog::IDD, pParent)
{
  //{{AFX_DATA_INIT(CTest22dDialog)
    // HINWEIS: Der Klassen-Assistent fügt hier Elementinitialisierung
    // ein
  //}}AFX_DATA_INIT
  m_nState = OFF;
  Ex22dEntry(); // bewirkt, dass die DLL geladen wird
}
```

4. Ordnen Sie der Nachricht, die beim Anklicken des Steuerelements gesendet wird, eine Behandlungsroutine zu.

Den Klassen-Assistenten können Sie hierzu nicht verwenden, und deshalb müssen Sie die Funktion von Hand in die Nachrichtentabelle und in die Datei *Test22dDialog.cpp* einfügen:

```
ON_CONTROL(0, IDC_RYG, OnClickedRyg) // Benachrichtigungscode ist 0
void CTest22dDialog::OnClickedRyg()
{
  switch(m_nState) {
  case OFF:
    m_nState = RED;
    break;
  case RED:
    m_nState = YELLOW;
    break;
```

```
  case YELLOW:
    m_nState = GREEN;
    break;
  case GREEN:
    m_nState = OFF;
    break;
  }
  GetDlgItem(IDC_RYG)->SendMessage(RYG_SETSTATE, m_nState);
  return;
}
```

Wenn das Dialogfeld die Nachricht empfängt, dass das Steuerelement angeklickt worden ist, sendet es die Nachricht RYG_SETSTATE zurück, um die Farbe des Steuerelements zu ändern. Vergessen Sie nicht, den folgenden Prototyp in die Datei *Test22dDialog.cpp* einzufügen:

```
afx_msg void OnClickedRyg();
```

5. Nehmen Sie die Klasse *CTest22dDialog* in die Anwendung EX22B auf.
Sie müssen einen zweiten Befehl mit dem Titel *Steuerelement* in das Menü *Test* einfügen. Geben Sie diesem Befehl die ID *ID_TEST_EX22DLL*. Ordnen Sie den Menübefehl mit dem Klassen-Assistenten einer Member-Funktion von *CEx22bView* zu, und implementieren Sie diese Behandlungsroutine in der Datei *Ex22bView.cpp* wie folgt:

```
void CEx22bView::OnTestEx22ddll()
{
  CTest22dDialog dlg;
  dlg.DoModal();
}
```

Natürlich müssen Sie in die Datei *Ex22bView.cpp* noch die folgende Zeile einfügen:

```
#include "Test22dDialog.h"
```

6. Nehmen Sie die Importbibliothek EX22D in die Linker-Liste auf.
Wählen Sie im Menü *Projekt* von Visual C++ den Befehl *Einstellungen*, und tragen Sie dann auf der Seite *Linker* die Datei *\vcpp32\ex22c\Debug\ex22d.lib* in das Eingabefeld *Objekt-/Bibliothek-Module* ein. Nun sollte das Programm alle drei DLLs implizit einbinden.

7. Erstellen Sie die aktualisierte Version der Anwendung EX22B, und testen Sie sie.
Wählen Sie im Menü *Test* den Befehl *Steuerelement*. Klicken Sie mit der linken Maustaste auf die Verkehrsampel. Die Ampel sollte daraufhin umschalten. Wenn Sie die Ampel mehrere Male anklicken, sieht das Dialogfeld so aus wie in Abbildung 22.8.

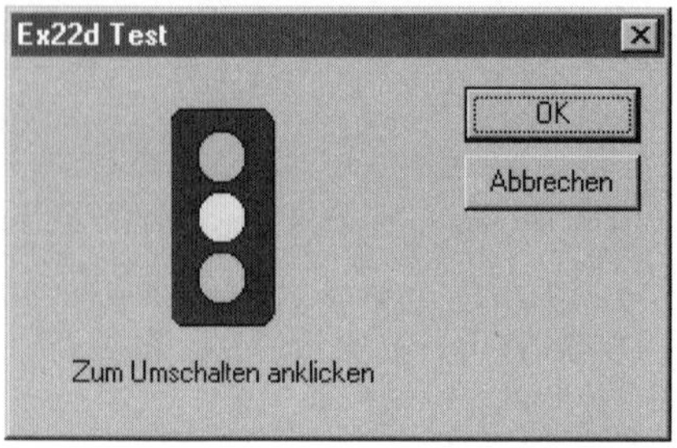

Abbildung 22.8:
Das Dialogfeld zum Testen der DLL EX22D.

23 MFC-Anwendungen ohne Dokument- und Ansichtsklassen

Die Dokument-Ansicht-Architektur eignet sich für viele Anwendungen, aber gelegentlich genügt auch eine einfachere Programmstruktur. Dieses Kapitel beschreibt drei Anwendungen: eine Anwendung auf Dialogfeldbasis, eine SDI- und eine MDI-Anwendung. In keinem dieser Programme werden Dokument-, Ansicht- oder Dokumentvorlagenklassen verwendet, das Befehls-Routing und andere Merkmale der MFC-Bibliothek werden dagegen schon genutzt. In Visual C++ 6.0 können alle drei Anwendungstypen mit dem MFC-Anwendungs-Assistenten erstellt werden.

Wie sehen uns bei jedem Beispiel an, wie der MFC-Anwendungs-Assistent Code generiert, der sich nicht auf die Dokument-Ansicht-Architektur stützt und erläutern, wie Sie diese Beispiele durch eigenen Programmcode erweitern.

Das Beispielprogramm EX23A – Eine Anwendung auf Dialogfeldbasis

Für viele Anwendungen stellt ein Dialogfeld eine ausreichende Benutzeroberfläche dar. Das Dialogfeld wird gleich beim Anwendungsstart angezeigt. Der Anwender kann das Dialogfeld minimieren, und sofern es nicht systemmodal ist, kann er jederzeit zu anderen Anwendungen wechseln.

In diesem Beispiel enthält das Dialogfeld einen einfachen Rechner (siehe Abbildung 23.1). Der Klassen-Assistent übernimmt die Aufgabe, die Datenelemente der Klasse zu definieren und die DDX-Funktionsaufrufe zu generieren. (DDX – Dialog Data Exchange oder Dialogdatenaustausch). Nur die Berechnungsfunktion müssen Sie noch selbst schreiben. Das Ressourcenskript der Anwendung in der Datei ex23a.rc definiert ein Symbol und das Dialogfeld, das in Abbildung 23.1 dargestellt ist.

Im MFC-Anwendungs-Assistenten haben Sie die Möglichkeit, eine Anwendung auf Dialogfeldbasis zu generieren. Führen Sie die folgenden Schritte aus, um das Beispielprogramm EX23A zu erstellen:

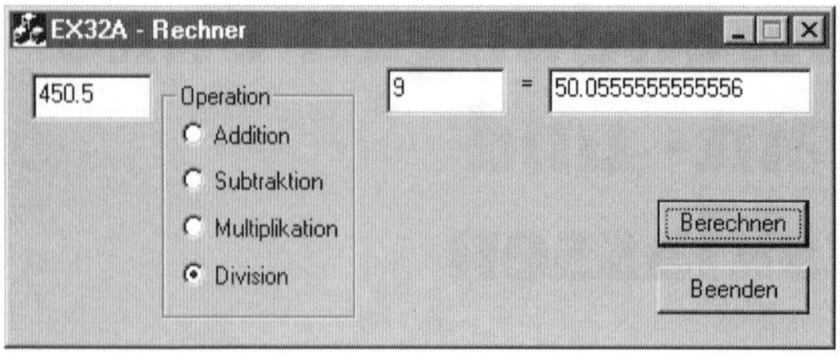

Abbildung 23.1:
Das Rechnerdialogfeld aus dem Beispielprogramm EX23A.

1. Starten Sie den MFC-Anwendungs-Assistenten, und erstellen Sie das Projekt \vcpp32\ex23a\ex23a.

Wählen Sie im Dialogfeld *MFC-Anwendungs-Assistent – Schritt 1 von 6* die Option *Dialogfeld-basierend*, wie in Abbildung 23.2 gezeigt:

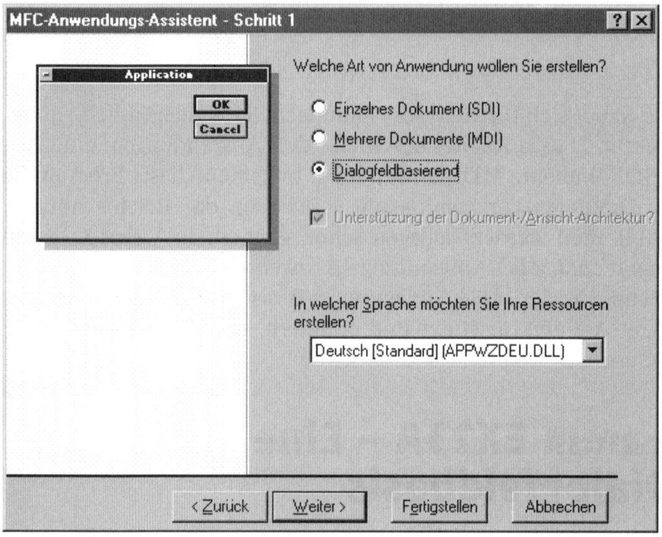

Abbildung 23.2:
Die Einstellungen für das Projekt EX23A im Dialogfeld MFC-Anwendungs-Assistent – Schritt 1.

Geben Sie im nächsten Dialogfeld *EX23A – Rechner* als Dialogfeldtitel an.

2. Bearbeiten Sie die Ressource *IDD_EX23A_DIALOG.*

Orientieren Sie sich an Abbildung 23.1. Weisen Sie mit Hilfe des Dialog-Editors den Steuerelementen die IDs zu, die in nachfolgender Übersicht aufgeführt sind.

Öffnen Sie das Dialogfeld *Eigenschaften*, und klicken Sie auf das Register *Formate*. Markieren Sie die Optionen *Systemmenü* und *Minimieren-Schaltfläche*.

Steuerelement	ID
Eingabefeld für linken Operanden	*IDC_LEFT*
Eingabefeld für rechten Operanden	*IDC_RIGHT*
Eingabefeld für Ergebnis	*IDC_RESULT*
Erstes Optionsfeld (Eigenschaft *Gruppe* aktiviert)	*IDC_OPERATION*
Schaltfläche *Berechnen*	*IDC_COMPUTE*

3. Fügen Sie mit Hilfe des Klassen-Assistenten Datenelemente und eine Befehlsbehandlungsfunktion hinzu.

Der MFC-Anwendungs-Assistent hat bereits eine Klasse namens *CEx23aDlg* generiert. Fügen Sie die folgenden Datenelemente hinzu:

Steuerelement-ID	Member-Variable	Typ
IDC_LEFT	*m_dLeft*	*double*
IDC_RIGHT	*m_dRight*	*double*
IDC_RESULT	*m_dResult*	*double*
IDC_OPERATION	*m_nOperation*	*int*

Fügen Sie eine Nachrichtenbehandlungsroutine mit dem Namen *OnCompute* für die Schaltfläche *IDC_COMPUTE* hinzu.

4. Implementieren Sie in der Datei *ex23aDlg.cpp* die Member-Funktion *OnCompute.*

Fügen Sie die fett dargestellten Anweisungen ein:

```
void CEx23aDlg::OnCompute()
{
  UpdateData(TRUE);
  switch (m_nOperation) {
  case 0:  // Addition
    m_dResult = m_dLeft + m_dRight;
    break;
  case 1:  // Subtraktion
    m_dResult = m_dLeft - m_dRight;
    break;
  case 2:  // Multiplikation
    m_dResult = m_dLeft * m_dRight;
    break;
  case 3:  // Division
    if (m_dRight != 0.0) {
      m_dResult = m_dLeft / m_dRight;
    }
    else {
      AfxMessageBox("Division durch Null");
      m_dResult = 0.0;
    }
    break;
  default:
    TRACE("default; m_nOperation = %d\n", m_nOperation);
  }
  UpdateData(FALSE);
}
```

5. Erstellen und testen Sie die Anwendung EX23A.

Beachten Sie, dass das Programmsymbol in der Task-Leiste von Microsoft Windows angezeigt wird. Überprüfen Sie, ob Sie das Dialogfeld minimieren können.

Die InitInstance-Funktion der Anwendungsklasse

Die wichtigste Komponente der Anwendung EX23A ist die Funktion *CEx23aApp::InitInstance*, die vom MFC-Anwendungs-Assistenten erstellt worden ist. Eine gewöhnliche *InitInstance*-Funktion erzeugt ein Hauptrahmenfenster und gibt *TRUE* zurück, wonach die Nachrichtenschleife der Anwendung ausgeführt werden kann. Die Version aus EX23A erstellt ein modales Dialogfeldobjekt, ruft *DoModal* auf und gibt *FALSE* zurück. Das bedeutet, dass die Anwendung beendet wird, wenn der Anwender das Dialogfeld schließt. Die Funktion *DoModal* lässt zu, dass die Windows-Dialogprozedur wie gewöhnlich Nachrichten empfängt und verteilt. Beachten Sie, dass der MFC-Anwendungs-Assistent keinen Aufruf von *CWinApp::SetRegistryKey* erzeugt.

So sieht der automatisch generierte Quelltext von *InitInstance* aus der Datei ex23a.cpp aus:

```
BOOL CEx23aApp::InitInstance()
{
    AfxEnableControlContainer();

  // Standardinitialisierung
  // Wenn Sie diese Funktionen nicht nutzen und die Größe Ihrer
  // fertigen ausführbaren Datei reduzieren wollen, sollten Sie die
  // nachfolgenden spezifischen Initialisierungsroutinen, die Sie
  // nicht benötigen, entfernen.

#ifdef _AFXDLL
  Enable3dControls();    // Diese Funktion bei Verwendung von MFC in
                         // gemeinsam genutzten DLLs aufrufen


#else
  Enable3dControlsStatic();  // Diese Funktion bei statischen
                             // MFC-Anbindungen aufrufen
#endif

  CEx23aDlg dlg;
  m_pMainWnd = &dlg;
  int nResponse = dlg.DoModal();
  if (nResponse == IDOK)
  {
    // ZU ERLEDIGEN: Fügen Sie hier Code ein, um ein Schließen des
    // Dialogfelds über OK zu steuern
  }
  else if (nResponse == IDCANCEL)
  {
    // ZU ERLEDIGEN: Fügen Sie hier Code ein, um ein Schließen des
    // Dialogfelds über "Abbrechen" zu steuern
  }
  // Da das Dialogfeld geschlossen wurde, FALSE zurückliefern, so dass wir
  // die Anwendung verlassen, anstatt das Nachrichtensystem der Anwendung
  // zu starten.
  return FALSE;
}
```

Die Dialogfeldklasse und das Programmsymbol

Die automatisch generierte Klasse *CEx23aDlg* enthält in ihrer Nachrichtentabelle die folgenden beiden Einträge:

```
ON_WM_PAINT()
ON_WM_QUERYDRAGICON()
```

Die zugehörigen Behandlungsroutinen haben die Aufgabe, das Anwendungssymbol anzuzeigen, wenn der Anwender das Programm minimiert. Diese Anweisungen gelten nur für Microsoft Windows NT Version 3.51, da hier das Symbol auf dem Desktop angezeigt wird. Unter Windows 95, Windows 98 oder Windows NT 4.0 sind diese Behandlungsroutinen nicht notwendig, weil das Programmsymbol bei diesen Windows-Versionen auf der Task-Leiste angezeigt wird.

Einige Anweisungen für die Symboldarstellung sind aber doch vonnöten. Sie befinden sich in WM_INITDIALOG-Behandlungsroutine des Dialogfelds, die vom MFC-Anwendungs-Assistenten generiert wird. Achten Sie im unten gezeigten Quelltext von *OnInitDialog* auf die beiden Aufrufe von *SetIcon*. Wenn Sie die Option *Dialogfeld »Info«* markieren, generiert der MFC-Anwendungs-Assistent Anweisungen, mit denen ein Befehl zum Aufruf dieses Dialogfelds in das Systemmenü eingefügt wird. *m_hIcon* ist ein Datenelement der Dialogfeldklasse, das im Konstruktor initialisiert wird.

```
BOOL CEx23aDlg::OnInitDialog()
{
  CDialog::OnInitDialog();

  // Hinzufügen des Menübefehls "Info..." zum Systemmenü.

  // IDM_ABOUTBOX muss sich im Bereich der Systembefehle befinden.
  ASSERT((IDM_ABOUTBOX & 0xFFF0) == IDM_ABOUTBOX);
  ASSERT(IDM_ABOUTBOX < 0xF000);

  CMenu* pSysMenu = GetSystemMenu(FALSE);
  if (pSysMenu != NULL)
  {
    CString strAboutMenu;
    strAboutMenu.LoadString(IDS_ABOUTBOX);
    if (!strAboutMenu.IsEmpty())
    {
      pSysMenu->AppendMenu(MF_SEPARATOR);
      pSysMenu->AppendMenu(MF_STRING, IDM_ABOUTBOX, strAboutMenu);
    }
  }

  // Symbol für dieses Dialogfeld festlegen. Wird automatisch erledigt
  // wenn das Hauptfenster der Anwendung kein Dialogfeld ist
  SetIcon(m_hIcon, TRUE);      // Grosses Symbol verwenden
  SetIcon(m_hIcon, FALSE);     // Kleines Symbol verwenden

  // ZU ERLEDIGEN: Hier zusätzliche Initialisierung einfügen

  return TRUE;  // Geben Sie TRUE zurück, außer ein Steuerelement soll
                // den Fokus erhalten
}
```

Das Beispielprogramm EX23B – Eine SDI-Anwendung

Diese SDI-Variante des bekannten »Hello, World!«-Beispiels basiert auf dem Quelltext, den Sie vor langer Zeit in Kapitel 2 gesehen haben. Die Anwendung hat nur ein Fenster, ein Objekt einer von *CFrameWnd* abgeleiteten Klasse. Alle Zeichenoperationen erfolgen innerhalb des Rahmenfensters, und auch alle Nachrichten werden hier behandelt.

1. **Starten Sie den MFC-Anwendungs-Assistenten, und erstellen Sie das Projekt \vcpp32\ex23b\ex23b.**

Wählen Sie im Dialogfeld *MFC-Anwendungs-Assistent – Schritt 1 von 6* die Option *Einzelnes Dokument (SDI),* und heben Sie die Markierung der Option *Unterstützung von Dokument-/Ansicht-Architektur?* auf (siehe Abbildung 23.3).

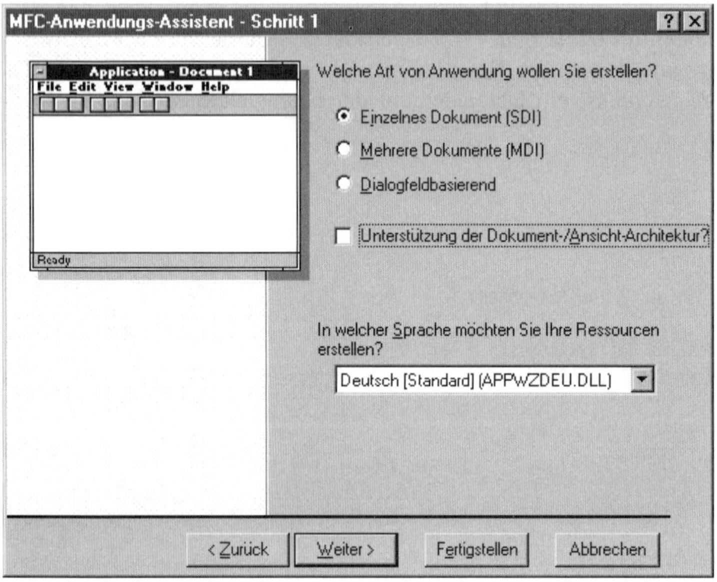

Abbildung 23.3: *Für das Beispielprogramm EX23B zu wählende Einstellungen im Dialogfeld* MFC-Anwendungs-Assistent – Schritt 1.

2. **Fügen Sie Quelltext zum Zeichnen des Dialogfelds ein.**

Fügen Sie den im Folgenden fett gedruckten Quelltext in die Funktion *CChild-View::OnPaint* in der Quelltextdatei *ChildView.cpp* ein:

```
void CChild-View::OnPaint
{
  CPaintDC dc(this); // Gerätekontext zum Zeichnen
  dc.TextOut(0, 0, "Hello, world!");
  // Kein Aufruf von CFrameWnd::OnPaint() für Zeichnungsnachrichten
}
```

3. **Erstellen Sie die Anwendung, und führen Sie sie aus.**

Sie verfügen nun über eine SDI-Anwendung, die keinerlei Abhängigkeiten zur Dokument-Ansicht-Architektur aufweist.

Der MFC-Anwendungs-Assistent löscht automatisch alle Abhängigkeiten zur Dokument-Ansicht-Architektur und erstellt eine Anwendung, die aus folgenden Elementen besteht:

- **Ein Hauptmenü** – Eine Windows-Anwendung braucht nicht unbedingt ein Menü – sie braucht nicht einmal ein Ressourcenskript. Die Beispielanwendung EX23B verfügt aber über beides. Das Anwendungsgerüst leitet Menübefehle an Behandlungsroutinen in der Rahmenklasse weiter.
- **Ein Symbol** – Ein Symbol ist nützlich, wenn das Programm aus dem Windows-Explorer aufgerufen werden soll. Es ist außerdem von Nutzen, wenn das Hauptrahmenfenster der Anwendung minimiert wird. Das Symbol wird zusammen mit dem Menü in den Ressourcen gespeichert.
- **Eine Behandlungsroutine für die Nachricht WM_CLOSE** – Viele Anwendungen müssen spezielle Vorkehrungen treffen, wenn ihr Hauptfenster geschlossen wird. Wenn Sie Dokumente verwenden würden, könnten Sie die Funktion *CDocument::SaveModified* überschreiben. Wenn Sie im vorliegenden Fall den Schließvorgang steuern möchten, müssen Sie Behandlungsroutinen für WM_CLOSE-Nachrichten schreiben, die versendet werden, wenn der Anwender entsprechende Eingaben vornimmt oder wenn Windows heruntergefahren wird.
- **Symbol- und Statusleiste** – Der MFC-Anwendungs-Assistent generiert automatisch Standardsymbol- und die erforderlichen Befehlsverarbeitungsroutinen, obwohl keine Dokument- und Ansichtsklassen vorhanden sind.

Diese SDI-Anwendung weist einige interessante Komponenten auf, bei denen Unterstützungsroutinen für die Dokument-Ansicht-Architektur fehlen. Zu diesen Komponenten gehören unter anderem:

- **Die Klasse *CChildView*** – Obwohl man sie aufgrund Ihres Namens für eine Ansichtsklasse halten könnte, ist diese Klasse von *CWnd* abgeleitet. Ihre Deklaration befindet sich in der Datei *ChildView.h* und ihre Implementierung in der Datei *ChildView.cpp*. Die Klasse *CChildView* implementiert lediglich die virtuelle Member-Funktion *OnPaint*, mit der festgelegt wird, was in das Rahmenfenster gezeichnet werden soll (wie in Schritt 2 des Beispielprogramms EX23B geschehen).
- **Die Klasse *CMainFrame*** – Diese Klasse enthält ein Datenelement namens *m_wndView*, das von der Member-Funktion *CMainFrame::OnCreate* erstellt und initialisiert wird.
- **Die Funktion *CMainFrame::OnSetFocus*** – Mit dieser Funktion wird sichergestellt, dass das *CChildView*-Objekt den Fokus erhält:

```
void CMainFrame::OnSetFocus(CWnd* pOldWnd)
{
  // Fokus an das Ansichtsfenster weitergeben
  m_wndView.SetFocus();
}
```

- **Die Funktion *CMainFrame::OnCmdMsg*** – Diese Funktion gibt dem Ansichtsfenster die Möglichkeit, evtl. eingehende Befehlsnachrichten zuerst zu bearbeiten:

```
BOOL CMainFrame::OnCmdMsg(UINT nID, int nCode, void* pExtra, AFX_CMDHANDLERINFO* pHandlerInfo)
{
  // Ansichtfenster erhält den Befehl zuerst
```

```
    if (m_wndView.OnCmdMsg(nID, nCode, pExtra, pHandlerInfo))
      return TRUE;
    // andernfalls die Standardbehandlung durchführen
    return CFrameWnd::OnCmdMsg(nID, nCode, pExtra, pHandlerInfo);
  }
```

Das Beispielprogramm EX23C – Eine MDI-Anwendung

Wir wollen nun eine MDI-Anwendung erstellen, die sich nicht auf die Dokument-Ansicht-Architektur stützt.

1. Starten Sie den MFC-Anwendungs-Assistenten, und erstellen Sie das Projekt \vcpp32\ex23c\ex23c.

Wählen Sie im Dialogfeld *MFC-Anwendungs-Assistent – Schritt 1 von 6* die Option *Einzelnes Dokument (MDI),* und heben Sie die Markierung der Option *Unterstützung von Dokument-/Ansicht-Architektur?* auf (siehe Abbildung 23.4).

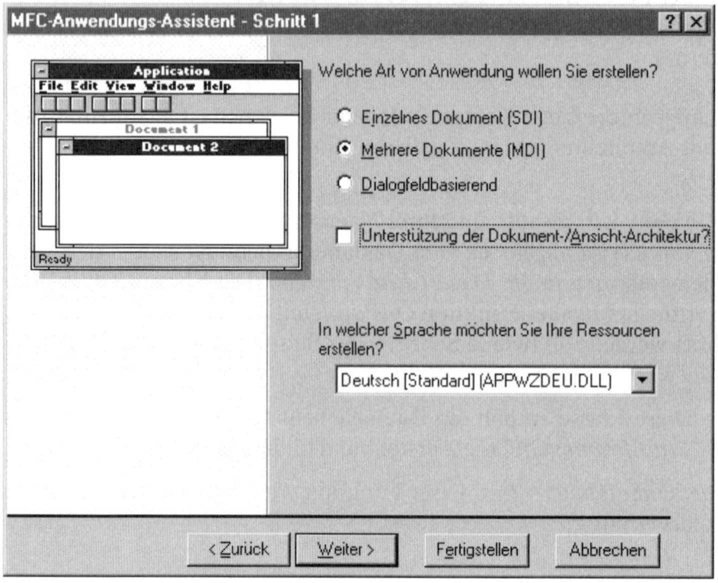

Abbildung 23.4: *Für das Beispielprogramm EX23C zu wählende Einstellungen im Dialogfeld* MFC-Anwendungs-Assistent – Schritt 1.

2. Fügen Sie Quelltext zum Zeichnen des Dialogfelds ein.

Fügen Sie den im Folgenden fett gedruckten Quelltext in die Funktion *CChild-View::OnPaint* in der Quelltextdatei *ChildView.cpp* ein:

```
void CChild-View::OnPaint
{
  CPaintDC dc(this); // Gerätekontext zum Zeichnen
  dc.TextOut(0, 0, "Hello, world!");
  // Kein Aufruf von CFrameWnd::OnPaint() für Zeichnungsnachrichten
}
```

3. Erstellen Sie die Anwendung, und führen Sie sie aus.

Sie verfügen nun über eine funktionsfähige MDI-Anwendung, die keinerlei Abhängigkeiten zur Dokument-Ansicht-Architektur aufweist.

Wie im Beispielsprogramm EX23B wird auch hier automatisch die Klasse *CChildView* erstellt. Die Beispiele EX23B und EX23C unterscheiden sich vor allem darin, dass die Klasse *CChildView* im Beispiel EX23C in der Funktion *CChildFrame::OnCreate* statt in der Klasse *CMainFrame* erstellt wird.

In diesem Kapitel haben Sie gelernt, wie man drei Anwendungstypen erstellt, die nicht auf der Dokument-Ansicht-Architektur beruhen. Sich anzusehen, wie diese Anwendungen erstellt werden, stellt eine hervorragende Möglichkeit dar, die Arbeitsweise der MFC kennen zu lernen. Wir empfehlen Ihnen, die hier präsentierten Anwendungen mit Anwendungen zu vergleichen, die die Dokument-Ansicht-Architektur unterstützen, um sich einen Eindruck davon zu verschaffen, in welchem Verhältnis die Dokument-Ansicht-Architektur zu den übrigen MFC-Komponenten steht.

Teil D
ActiveX: COM, Automatisierung und OLE

24 Das Komponentenobjektmodell – COM

Das Komponentenobjektmodell (engl.: Component Object Model, COM) ist die Grundlage vieler Konzepte der neuen Microsoft ActiveX-Technologie und wurde nach fünf Jahren zu einem integralen Bestandteil von Microsoft Windows. Aus diesem Grund ist COM nun ein fester Bestandteil von *Inside Visual C++*. Bald werden die meisten Windows-Programme in irgendeiner Form auf COM-Mechanismen zurückgreifen, so dass es besser ist, sich schon jetzt damit zu beschäftigen. Aber wo soll man anfangen? Sie könnten mit den MFC-Klassen zur Unterstützung von ActiveX-Steuerelementen, Automatisierung und OLE beginnen, aber diese Klassen, so nützlich sie auch sind, verbergen die tatsächliche COM-Architektur. Sie sollten mit der zugrundeliegenden Theorie beginnen, und dazu gehören COM und ein bestimmte Art von Objekten, die als *Schnittstellen* bezeichnet werden.

Dies ist das erste von sieben Kapiteln, aus denen sich der Teil D des vorliegenden Buches zusammensetzt. In diesem Kapitel werden Sie mit den theoretischen Grundlagen vertraut gemacht, die Sie für die folgenden sechs Kapitel benötigen. Sie werden Schnittstellen kennen lernen und erfahren, wie die MFC-Bibliothek solche Schnittstellen mit Hilfe ihrer Makros und *Schnittstellentabellen* implementiert.

Grundlagen der ActiveX-Technologie

Die Terminologie ändert sich ebenso schnell wie die Technologie und nicht alle Beteiligten bei Microsoft können sich auf den Gebrauch der Begriffe *ActiveX* und *OLE* einigen. Der Begriff »ActiveX« wurde erfunden, als die »alte« OLE-Technologie in Konflikt mit den neuen Internet-Anforderungen geriet. ActiveX umfasst nicht nur die auf COM fußenden Windows-Funktionen (die Sie in diesem Teil des Buches kennen lernen), sondern auch den Komplex des Microsoft Internet Information Server sowie die (im Teil F behandelte) WinInet-Programmierschnittstelle.

Der Begriff OLE existiert zwar noch, aber gemeint ist damit heute wieder nur die Technologie der Verbunddokumente (OLE – Object Linking and Embedding) – wie schon einmal in den Zeiten von OLE1. Zu diesem Teil der ActiveX-Technologie gehören solche lästigen Details wie Drag & Drop. Unglücklicherweise (oder glücklicherweise, falls Sie vorhandenen Code besitzen) haben MFC-Quelltext und Windows-API nicht mit den Neuerungen der Namenskonventionen Schritt gehalten. Infolgedessen werden Sie »OLE« und »Ole« häufig in Klassen- und Funktionsnamen antreffen, obwohl einige dieser Klassen bzw. Funktionen über die reine Verknüpfungs- und Einbettungsproblematik hinausgehen. In diesem Teil des Buches werden Sie vielleicht in dem von MFC-Anwendungs-Assistenten generierten Quelltext bestimmte Verweise auf den »Server« finden. Microsoft hat diesen Begriff neuerdings für Datenbank- und Internet-Server reserviert. OLE-Server heißen nun »Komponenten«.

Die Computerabteilungen in Bücherläden sind mittlerweile voll mit Büchern über OLE, COM und ActiveX. Wir werden diesen Themenkreis hier so detailliert behandeln wie diese Bücher es tun, aber Sie werden zumindest ein recht brauchbares Verständnis der COM-Theorie erwerben. Auf die Verbindung zu den MFC-Bibliotheksklassen wird in dieser Darstellung stärker eingegangen als in anderen Büchern zu diesem Thema, mit Ausnahme des Titels *MFC Internals* von George Shepherd und Scott Wingo (Addison-Wesley, 1996). Unter dem Strich sollten die folgenden Kapitel eine gute Vorbereitung zur Lektüre von Büchern sein, die eine wirklich gründliche Behandlung der ActiveX/COM-Thematik bieten, beispielsweise *Inside OLE,* 2d. ed. (Microsoft Press, 1995) von Kraig Brockschmidt und *COM* von Don Box (Addison Wesley, 1998). Ein gutes Buch mit mittlerem Anspruchsniveau ist *Inside COM* von Dale Rogerson (Microsoft Press, 1997).

Noch eine Anmerkung: Erwarten Sie keine leichte Lektüre. Kraig Brockschmidt erzählte von einem etwa sechs Monate anhaltenden »mentalen Nebel«, bevor er die grundlegenden Konzepte zu verstehen begann. Gründliche Kenntnisse der Sprache C++ bilden die Minimalvoraussetzung. Lassen Sie sich nicht davon abhalten, in die Einzelheiten zu gehen und entsprechenden Code zu schreiben. Stellen Sie sicher, dass Sie die einfachen Dinge beherrschen, bevor Sie versuchen, in fortgeschrittene Bereiche wie Multithreaded COM, benutzerdefiniertes Marshaling und DCOM (Distributed COM) vorzudringen.

Das Komponentenobjektmodell

Die COM-Architektur ist ein »Industriestandard«, der von Microsoft, Digital Equipment Corporation und vielen anderen Firmen unterstützt wird. Es handelt sich dabei keineswegs um den *einzigen* Standard. Tatsächlich steht COM im direkten Wettbewerb mit anderen Standards, beispielsweise Corba von der Open Software Foundation. Einige Leute arbeiten an der Interoperabilität von COM und anderen Architekturen, aber ich vermute, dass sich COM als führender Standard durchsetzen wird.

COM löst ein Problem

Dieses »Problem« besteht darin, dass es kein Standardverfahren gibt, mit dem Programmodule unter Windows miteinander kommunizieren können. »Aber«, werden Sie einwenden, »was ist mit den DLL-Modulen und ihren exportierten Funktionen, dem dynamischen Datenaustausch (DDE), der Windows-Zwischenablage und der Windows-API selbst, von herkömmlichen Standards wie VBX und OLE 1 ganz abgesehen? Reichen diese Mittel nicht aus?« Nun, das tun sie nicht. Ein zukünftiges objektorientiertes Betriebssystem lässt sich nicht auf der Grundlage dieser ad hoc entstandenen, voneinander unabhängigen Standards entwickeln. Mit dem Komponentenobjektmodell ist das jedoch möglich, und genau daran arbeitet Microsoft.

Wesentliche Merkmale von COM

Was fehlt den alten Standards? Eine ganze Menge. Die Windows-API bietet eine zu umfangreiche Progammierschnittstelle – mehr als 350 einzelne Funktionen. VBX-Module funktionieren nicht in der 32-Bit-Welt. DDE umfasst ein kompliziertes System von Anwendungen, Themen und Objekten. Der Aufruf einer DLL ist vollständig anwendungsspezifisch. COM bietet ein einheitliches, erweiterbares, objektorientiertes Kommunikationsprotokoll für Windows, das mittlerweile die folgenden Merkmale unterstützt:

- Ein sprachunabhängiges, standardisiertes Verfahren, nach dem Win32-EXE-Clients eine Win32-DLL laden und aufrufen können.
- Ein allgemeines Verfahren, nach dem ein Programm ein anderes, auf demselben Computer ausgeführtes Programm steuern kann (DDE-Ersatz).
- ActiveX-Steuerelemente als Ersatz für VBX-Steuerelemente.
- Eine leistungsfähige neue Methode, nach der Anwendungsprogramme mit dem Betriebssystem zusammenarbeiten.
- Erweiterungsmöglichkeiten für die Hinzunahme neuer Protokolle, beispielsweise die OLE-basierte Datenbankschnittstelle von Microsoft.
- Die vor kurzem veröffentliche DCOM (Distributed COM)-Schnittstelle, die es einem Programm ermöglicht, mit einem anderen, auf einem anderen Computer ausgeführten Programm zu kommunizieren, selbst wenn beide Computer verschiedene Hardware-Plattformen auf Basis unterschiedlicher Mikroprozessorfamilien repräsentieren.

Was ist COM? Diese Frage lässt sich leichter stellen als beantworten. Bei DevelopMentor (einem Schulungsinstitut für Software-Entwickler) verwendet man den Spruch, dass COM wie die Liebe ist. COM ist eine mächtige Technologie mit integrativen Kräften, die während der Laufzeit alle möglichen Arten voneinander unabhängiger Software-Komponenten zusammenführt. COM ermöglicht es Entwicklern, Software zu schreiben, die mit anderen Software-Komponenten zusammenarbeiten kann, ohne an eine bestimmte Programmiersprache oder ein Threading-Modell gebunden zu sein.

COM ist ein Protokoll, das eine Verbindung zwischen zwei Software-Modulen herstellt und dann aus dem Blickfeld verschwindet. Nachdem die Verbindung hergestellt ist, können die beiden Module über einen als *Schnittstelle* bezeichneten Mechanismus miteinander kommunizieren. Schnittstellen benötigen außer den wenigen allgemeinen COM-Funktionen, die den Kommunikationsprozess starten, keine weiteren statisch oder dynamisch festgelegten Einsprungstellen oder festkodierte Adressen. Der Begriff der »Schnittstelle« (bzw. genauer »COM-Schnittstelle«) wird Ihnen häufiger begegnen.

Was ist eine COM-Schnittstelle?

Bevor wir uns mit dem Thema Schnittstellen näher beschäftigen, wollen wir uns die Konzepte der Vererbung und Polymorphie in C++ genauer ansehen. Wir werden im Folgenden eine (NASA- oder Nintendo-taugliche) Simulation der Planetenbewegungen verwenden, um die Techniken der Vererbung und Polymorphie unter C++ zu demonstrieren. Stellen Sie sich ein Raumschiff vor, das sich unter dem Einfluß der Sonnenschwerkraft auf einer Reise durch unser Sonnensystem befindet. In normalem C++ könnten Sie eine Klasse namens *CSpaceship* deklarieren und einen Konstruktor schreiben, der Anfangsposition und Beschleunigung des Raumschiffs festlegt. Dann könnten Sie eine nicht-virtuelle Member-Funktion *Fly* schreiben, die unter Berücksichtigung der

Keplerschen Gesetze die Bewegung des Raumschiff zwischen zwei Punkten – beispielsweise für eine Flugdauer von 0,1 Sekunden – berechnet. Außerdem könnten Sie eine Funktion *Display* schreiben, die ein Bild des Raumschiffs in einem Fenster anzeigt. Das interessanteste Merkmal der Klasse *CSpaceship* ist, dass die Schnittstelle der C++-Klasse (die Art und Weise, in der der Client mit der Klasse kommuniziert) und die Implementation eng miteinander verbunden sind. Eines der Hauptziele von COM besteht darin, die Schnittstelle der Klasse von ihrer Implementierung zu trennen.

Im COM-Kontext betrachtet würde der Quelltext des Raumschiffbeispiels ein separates EXE- oder DLL-Modul (die *Komponente*) erzeugen, das ein COM-Modul bildet. Das COM-Simulationsprogramm (das *Client*-Programm) kann weder die Funktion *Fly* noch einen der *CSpaceship*-Konstruktoren nicht direkt aufrufen, da COM für den Zugriff auf das *CSpaceship*-Objekt nur eine globale Standardfunktion zur Verfügung stellt. Bevor wir ein echtes COM-Beispiel angehen, werden wir eine COM-Simulation erstellen, in der Komponenten- als auch Client-Code in derselben EXE-Datei statisch gebunden werden. Für unsere globale Standardfunktion erfinden wir eine Funktion mit dem Namen *GetClassObject*.

HINWEIS: Wenn Sie diesen Vorgang auf die Arbeitsweise der MFC abbilden möchten, können Sie sich die Klasse *CRuntimeClass* ansehen, die als Klassenobjekt für von *CObject* abgeleitete Klassen dient. Eine Klassenobjekt ist eine Metaklasse(konzeptionell und formal).

In dieser COM-Simulation verwenden Clients diese eine globale abstrakte Funktion (*GetClassObjects*) für Objekte einer bestimmten Klasse. In der Praxis würden Clients zuerst ein Klassenobjekt erhalten und dann das Klassenobjekt auffordern, das eigentliche Objekt zu erstellen. Dieser Vorgang lässt sich mit der dynamischen Objekterstellung der MFC vergleichen. *GetClassObjects* verfügt über die folgenden drei Parameter:

```
BOOL GetClassObject(int nClsid, int nIid, void** ppvObj);
```

nClsid, der erste Parameter der Funktion *GetClassObject*, ist ein 32-Bit-Integer-Wert, der die Klasse *CSpaceship* eindeutig kennzeichnet. Der zweite Parameter *nIid* ist der eindeutige Bezeichner der gewünschten Schnittstelle, und der dritte Parameter ist ein Zeiger auf eine Schnittstelle des Objekts. Denken Sie daran, dass wir uns im Folgenden mit Schnittstellen beschäftigen werden und nicht mit Klassen. Da eine Klasse kann mehrere Schnittstellen haben kann, dienen die letzten beiden Parameter zur Auswahl der Schnittstelle. Die Funktion gibt *TRUE* zurück, falls der Aufruf erfolgreich ausgeführt wurde.

Kehren wir nun zum Entwurf der Klasse *CSpaceship* zurück. Wir haben die Schnittstellen der Klasse *CSpaceship* noch nicht erläutert. Eine COM-Schnittstelle ist eine C++-Basisklasse (eigentlich ein *struct*-Objekt), die eine Gruppe von rein virtuellen Funktionen deklariert. Diese Funktionen steuern bestimmte Aspekte des Verhaltens der abgeleiteten Klassen. Für *CSpaceship* werden wir eine Schnittstelle *IMotion* entwerfen, die die Position des *CSpaceship*-Objekts steuert. Der Einfachheit halber deklarieren wir nur zwei Funktionen – *Fly* und *GetPosition* – und verwenden als Positionswert eine Ganzzahl. Die Funktion *Fly* berechnet die neue Position des Raumschiffs, während die Funktion *GetPosition* eine Referenz auf die gegenwärtige Position zurückgibt. Im Folgenden werden diese Deklarationen angegeben:

```
struct IMotion
{
  virtual void Fly() = 0;
  virtual int& GetPosition() = 0;
```

```
};

class CSpaceship : public IMotion
{
protected:
 int m_nPosition;
public:
 CSpaceship() { m_nPosition = 0; }
 void Fly();
 int& GetPosition() { return m_nPosition; }
};
```

Der eigentliche Quelltext für die Funktionen des *CSpaceship*-Objekts (einschließlich *GetClassObject*) befindet sich im Komponententeil des Programms. Der Client-Teil ruft die Funktion *GetClassObject* auf, um ein *CSpaceship*-Objekt zu erstellen und einen Zeiger auf *IMotion* zu erhalten. Beide Programmteile können während der Kompilierung auf die Deklaration der Schnittstelle *IMotion* zugreifen. Ein Client-Aufruf von *GetClassObject* sieht wie folgt aus:

```
IMotion* pMot;
GetClassObject(CLSID_CSpaceship, IID_IMotion, (void**) &pMot);
```

Wir nehmen für den Augenblick an, dass COM die eindeutigen ganzzahligen Bezeichner *CLSID_CSpaceship* und *IID_IMotion* dazu verwenden kann, wirklich ein *CSpaceship*-Objekt (statt irgendeines anderen Objekts) zu konstruieren. Ist der Aufruf erfolgreich, so verweist *pMot* auf ein Objekt vom Typ *CSpaceship*, das *GetClassObject* auf irgendeine Weise konstruiert hat. Wie Sie im folgenden sehen werden, implementiert die Klasse *CSpaceship* die Funktionen *Fly* und *GetPosition*, die unser Hauptprogramm für das eine gegebene *CSpaceship*-Objekt aufrufen kann:

```
int nPos = 50;
pMot->GetPosition() = nPos;
pMot->Fly();
nPos = pMot->GetPosition();
TRACE("neue Position = %d\n", nPos);
```

Das Raumschiff ist nun unterwegs, und wir steuern seine Reise allein durch den Zeiger *pMot*. Beachten Sie, dass *pMot* genau genommen kein Zeiger auf ein *CSpaceship*-Objekt ist, aber im vorliegenden Fall sind Zeiger vom Typ *CSpaceship** und *IMotion** identisch, da *CSpaceship* von *IMotion* abgeleitet wurde. Sie können an dieser Stelle die Arbeitsweise der virtuellen Funktionen studieren. Wir haben hier ein Beispiel der klassischen C++-Polymorphie vor uns.

Machen wir die Dinge etwas komplizierter, indem wir ein zweite Schnittstelle *IVisual* hinzufügen, die für die visuelle Darstellung des *CSpaceship*-Objekts verantwortlich ist. Eine einzige Funktion – *Display* – reicht aus. So sieht der gesamte Code der Basisklasse aus:

```
struct IVisual
{
 virtual void Display() = 0;
};
```

Haben Sie inzwischen den Verdacht, dass COM von Ihnen verlangt, Funktionen in Gruppen zusammenzufassen? (Da liegen Sie richtig.) Aber aus welchem Grund? In Ihrer Weltraumsimulation werden Sie wahrscheinlich außer Raumschiffen noch andere Arten von Objekten verwenden wollen. Man könnte sich vorstellen, dass die Schnittstellen *IMotion* und *IVisual* noch für andere Klassen von Objekten benutzt werden. Ein Klasse *CSun* umfasst vielleicht eine Implementierung von *IVisual*, aber keine Implementierung von *IMotion*, während eine weitere Klasse *CSpaceStation* zudem andere Schnittstellen kennt. Wenn Sie Ihre Schnittstellen *IMotion* und *IVisual* »veröffentlichten«, würden andere Software-Firmen, die Weltraumsimulationen produzieren, diese Schnittstellen unter Umständen übernehmen.

Sie können sich eine Schnittstelle als einen »Vertrag« zwischen zwei Softwaremodulen vorstellen. Der wesentliche Punkt dieser Analogie ist, dass sich Schnittstellendeklarationen niemals ändern. Wenn Sie den Quelltext Ihrer *CSpaceship*-Klasse erweitern möchten, brauchen Sie die Schnittstellen *IMotion* oder *IVisual* nicht zu modifizieren. Statt dessen können Sie eine neue Schnittstelle, beispielsweise *ICrew*, hinzufügen. Die vorhandenen *CSpaceship*-Clients können weiterhin mit den alten Schnittstellen arbeiten, während neue Client-Programme außerdem die neue Schnittstelle *ICrew* verwenden können. Diese Client-Programme sind in der Lage, zur Laufzeit zu ermitteln, welche Schnittstellen von einer bestimmten Version der Simulationssoftware unterstützt werden.

Man kann sich die Funktion *GetClassObject* sich als eine leistungsfähigere Alternative zu einem C++-Konstruktor vorstellen. Ein gewöhnlicher Konstuktor ermöglicht den Zugriff auf ein Objekt und den zugehörigen Satz von Member-Funktionen. Bei Verwendung der Funktion *GetClassObject* erhalten Sie den Zugriff auf das Objekt und die von Ihnen gewünschte Auswahl an Schnittstellen. Wie Sie später lernen werden, beginnen Sie zunächst mit einer Schnittstelle, mit deren Hilfe Sie anschließend auf andere Schnittstellen desselben Objekts zugreifen können.

Wie lassen sich nun *zwei* verschiedene Schnittstellen für *CSpaceship* programmieren? Sie könnten die C++-Mehrfachvererbung benutzen, aber das wäre keine Lösung, falls zwei Schnittstellen denselben Namen für eine Member-Funktion verwenden. Die MFC-Bibliothek verwendet statt dessen *verschachtelte Klassen*, und daher bedienen wir uns auch dieser Technik, um mehrere Schnittstellen der Klasse *CSpaceship* zu illustrieren. Nicht jeder C++-Programmierer ist mit dem Konzept der verschachtelten Klassen vertraut. Deshalb werde ich an dieser Stelle etwas Hilfestellung geben. Es folgt ein erster Entwurf der Klasse *CSpaceship* unter Verwendung verschachtelter Schnittstellen:

```
class CSpaceship
{
protected:
  int m_nPosition;
  int m_nAcceleration;
  int m_nColor;
public:
  CSpaceship()
    { m_nPosition = m_nAcceleration = m_nColor = 0; }
  class XMotion : public IMotion
  {
  public:
    XMotion() { }
    virtual void Fly();
    virtual int& GetPosition();
  } m_xMotion;

  class XVisual : public IVisual
  {
  public:
```

```
    XVisual() { }
    virtual void Display();
  } m_xVisual;

  friend class XVisual;
  friend class XMotion;
};
```

HINWEIS: Es ist unter Umständen sinnvoll, das Datenelement *m_nAcceleration* in die Klasse *XMotion* und das Datenelement *m_nColor* in die Klasse *XVisual* zu verlagern. Wir bringen beide Datenelemente direkt in der Klasse *CSpaceship* unter, da dieses Vorgehen besser zu den MFC-Makros passt, wie sich später zeigen wird.

Beachten Sie, dass die Implementierungen von *IMotion* und *IVisual* innerhalb der übergeordneten Klasse *CSpaceship* enthalten sind. In COM bezeichnet man diese übergeordnete Klasse als die Klasse, die die Objektidentität besitzt. Vergessen Sie nicht, dass *m_xMotion* und *m_xVisual* tatsächlich eingebettete Datenelemente von *CSpaceship* darstellen. Sie hätten *CSpaceship* natürlich auch unter ausschließlicher Verwendung der Einbettung implementieren können. Die Verschachtelung eröffnet allerdings folgende Vorteile: Zum einen können die Member-Funktionen der verschachtelten Klassen auf die Datenelemente der übergeordneten Klasse zugreifen, ohne dazu Zeiger vom Typ *CSpaceship* verwenden zu müssen; zum anderen sind die verschachtelten Klassen säuberlich in der übergeordneten Klasse verpackt und deshalb außerhalb der übergeordneten Klasse nicht sichtbar. Betrachten Sie den folgenden Quelltext für die Member-Funktion *GetPosition*:

```
int& CSpaceship::XMotion::GetPosition()
{
 METHOD_PROLOGUE(CSpaceship, Motion) // liefert pThis
 return pThis->m_nPosition;
}
```

Achten Sie auch auf das doppelte Vorkommen des Bereichsauflösungsoperators, das zur Bezeichnung der Member-Funktionen der verschachtelten Klassen erforderlich ist. *METHOD_PROLOGUE* ist ein einzeiliges MFC-Makro, das unter Verwendung des C-Operators *offsetof* die Offset-Adresse ermittelt, die zur Erzeugung des *this* -Zeigers *pThis* auf die übergeordnete Klasse benötigt wird. Der Compiler kennt die unterschiedlichen Anfangsadressen der Datenbereiche in der übergeordneten Klasse und in den verschachtelten Klassen. *GetPosition* kann deshalb auf das Datenelement *m_nPosition* der Klasse *CSpaceship* zugreifen.

Angenommen, Sie hätten nun *zwei* Schnittstellenzeiger *pMot* und *pVis* für ein bestimmtes *CSpaceship*-Objekt. (Es spielt im Augenblick noch keine Rolle, wie Sie diese Zeiger erhalten haben.) Sie können dann Member-Funktionen der Schnittstelle in folgender Weise aufrufen:

```
pMot->Fly();
pVis->Display();
```

Was passiert nun hinter den Kulissen? In C++ hat jede *Klasse* (zumindest jede Klasse mit virtuellen Funktionen, die keine abstrakte Basisklasse darstellt) eine Tabelle virtueller Funktionen, die man auch als *vtable* bezeichnet. In unserem Beispiel gibt es also vtable-Strukturen für *CSpaceship::XMotion* und *CSpaceship::XVisual*. Jedes *Objekt* verfügt über einen Zeiger auf die Objektdaten, deren erstes Element ein Zeiger auf die vtable-Struktur der Klasse ist. Die Beziehungen zwischen den verschiedenen Zeigern werden in Abbildung 24.1 illustriert.

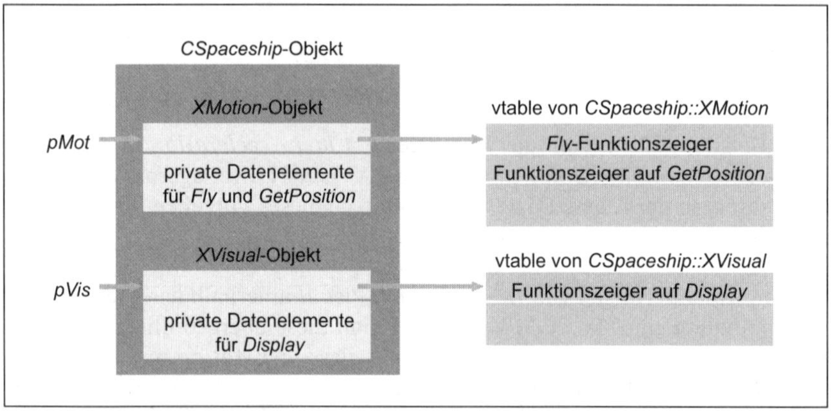

Abbildung 24.1: *Die vtable-Struktur der Klasse* CSpaceship.

HINWEIS: Theoretisch ist es möglich, COM-Mechanismen auch in C zu programmieren. In den Windows-Header-Dateien können Sie Konstrukte der folgenden Art finden:

```
#ifdef __cplusplus
    // C++-spezifische Header-Informationen
#else
    /* C-spezifische Header-Informationen */
#endif
```

In C++ werden Schnittstellen als *struct*-Objekte (oft unter Verwendung der Vererbung) deklariert. Unter C werden sie als Konstrukte vom Typ *typedef struct* ohne Vererbung deklariert. In C++ erzeugt der Compiler vtable-Strukturen für die abgeleiteten Klassen, in C müssen Sie Ihre eigenen vtable-Strukturen erstellen, und das kann mühsam werden. Übrigens sollte man sich klarmachen, dass in keiner der beiden Sprachen die Schnittstellendeklarationen über Datenelemente, Konstruktoren oder Destruktoren verfügen. Deshalb können Sie sich auch nicht darauf verlassen, dass Schnittstellen virtuelle Destruktoren haben. Allerdings ist das kein echtes Problem, da Sie niemals einen Destruktor einer Schnittstelle aufrufen werden.

Die Schnittstelle IUnknown und die Member-Funktion QueryInterface

Kommen wir nun wieder auf das Problem zurück, wie sich Zeiger auf Schnittstellen überhaupt gewinnen lassen. COM deklariert zu diesem Zweck eine spezielle Schnittstelle mit dem Namen *IUnknown*. Tatsächlich leiten sich alle Schnittstellen von *IUnknown* ab, die eine rein virtuelle Member-Funktion *QueryInterface* definiert. Diese Funktion übernimmt einen Schnittstellenbezeichner als Argument und liefert einen Zeiger auf die entsprechende Schnittstelle.

Sobald diese Schnittstellenmechanismen eingerichtet sind, benötigt der Client (zumindest) einen Zeiger auf *IUnknown* oder einen Zeiger auf eine von *IUnknown* abgeleitete Schnittstelle, beispielsweise *IMotion*. So sieht die neue Schnittstellenhierarchie mit *IUnknown* an der Spitze aus:

```
struct IUnknown
{
  virtual BOOL QueryInterface(int nIid, void** ppvObj) = 0;
};

struct IMotion : public IUnknown
{
  virtual void Fly() = 0;
  virtual int& GetPosition() = 0;
};

struct IVisual : public IUnknown
{
  virtual void Display() = 0;
};
```

Um den Compiler zufriedenzustellen, müssen wir nun Implementierungen der Funktion *QueryInterface* in den Klassen *CSpaceship::XMotion* und *CSpaceship::XVisual* hinzufügen. Wie sehen die vtable-Strukturen nun aus? Für jede abgeleitete Klasse erstellt der Compiler eine separate vtable-Struktur, in der die Funktionszeiger der Basisklasse an oberster Stelle stehen, wie Sie der folgenden Abbildung 24.2 entnehmen können.

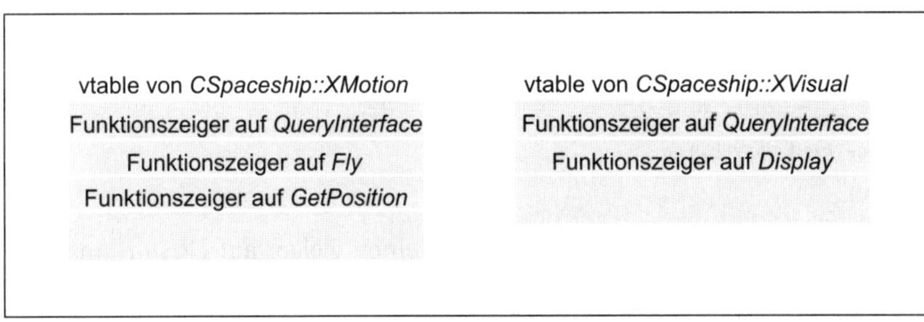

Abbildung 24.2: *vtable-Struktur der Klassen* CSpaceship: : XMotion *und* CSpaceship: : XVisual.

Die Funktion *GetClassObject* ist nun in der Lage, den Schnittstellenzeiger für ein gegebenes *CSpaceship*-Objekt zu erhalten, indem sie die Adresse des entsprechenden eingebetteten Objekts ermittelt. Es folgt der Quelltext der Funktion *QueryInterface* für die Klasse *XMotion*:

```
BOOL CSpaceship::XMotion::QueryInterface(int nIid,
                    void** ppvObj)
{
  METHOD_PROLOGUE(CSpaceship, Motion)
  switch (nIid) {
  case IID_IUnknown:
  case IID_IMotion:
    *ppvObj = &pThis->m_xMotion;
    break;
  case IID_IVisual:
    *ppvObj = &pThis->m_xVisual;
    break;
  default:
    *ppvObj = NULL;
```

```
    return FALSE;
  }
  return TRUE;
}
```

Da *IMotion* von *IUnknown* abgeleitet ist, kann ein Zeiger auf *IMotion* zurückgegeben werden, wenn der Aufrufer einen Zeiger auf *IUnknown* anfordert.

HINWEIS: Der COM-Standard verlangt, dass *QueryInterface* für den Bezeichner *IID_IUnknown* immer denselben Zeiger auf *IUnknown* liefert, wobei es keine Rolle spielt, mit welchem Schnittstellenzeiger Sie die Suche beginnen. Wenn also zwei *IUnknown*-Zeiger übereinstimmen, können Sie davon ausgehen, dass beide Zeiger auf dasselbe Objekt verweisen. *IUnknown* wird gelegentlich das »void*« von COM genannt, weil diese Schnittstelle die Identität von Objekten repräsentiert.

Im folgenden finden Sie den Quelltext der Funktion *GetClassObject* , die unter Verwendung der Adresse von *m_xMotion* einen ersten Schnittstellenzeiger für das neu erstellte *CSpaceship*-Objekt ermittelt:

```
BOOL GetClassObject(int& nClsid, int& nIid,
         void** ppvObj)
{
  ASSERT(nClsid == CLSID_CSpaceship);
  CSpaceship* pObj = new CSpaceship();
  IUnknown* pUnk = &pObj->m_xMotion;
  return pUnk->QueryInterface(nIid, ppvObj);
}
```

Ihr Client-Programm kann nun *QueryInterface* aufrufen, um einen Zeiger auf *IVisual* anzufordern:

```
IMotion* pMot;
IVisual* pVis;
GetClassObject(CLSID_CSpaceship, IID_IMotion, (void**) &pMot);
pMot->Fly();
pMot->QueryInterface(IID_IVisual, (void**) &pVis);
pVis->Display();
```

Beachten Sie, dass der Client zwar ein Objekt vom Typ *CSpaceship* verwendet, aber *niemals* über einen echten Zeiger auf ein *CSpaceship*-Objekt verfügt. Der Client kann also nicht direkt auf die Datenelemente von *CSpaceship* zugreifen, selbst wenn diese als öffentlich deklariert sind. Beachten Sie auch, dass wir noch nicht versucht haben, das *CSpaceship*-Objekt aus dem Speicher zu entfernen – dies wird bei nächster Gelegenheit geschehen.

Für Schnittstellen und COM-Klassen wird eine besondere Form der grafischen Darstellung verwendet. Schnittstellen werden durch kleine Kreise (bzw. Knotensymbole) repräsentiert, die durch Linien mit ihrer Klasse verbunden sind. Das Symbol für die Schnittstelle *IUnknown*, die von jeder COM-Klasse unterstützt wird, liegt oberhalb der Klassendarstellung, während die anderen Schnittstellensymbole auf der linken Seite angeordnet sind. Die Klasse *CSpaceship* lässt sich wie in Abbildung 24.3 gezeigt darstellen:

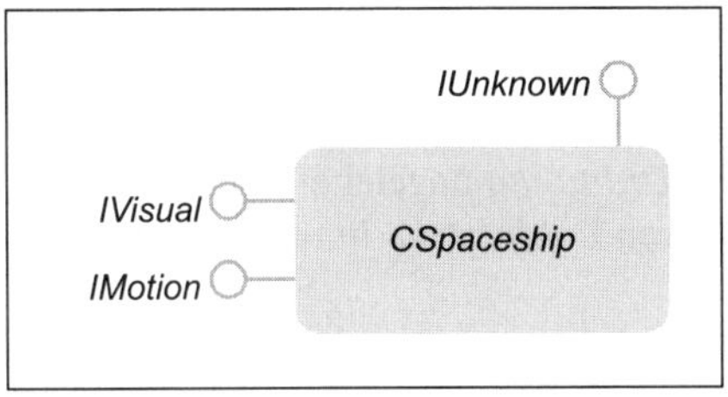

Abbildung 24.3:
Schnittstellendarstellung der Klasse CSpaceship.

Referenzzählung: Die Funktionen AddRef und Release

COM-Schnittstellen haben keine virtuellen Destruktoren. Es ist deshalb nicht empfehlenswert, Befehle der folgenden Art zu verwenden:

```
delete pMot; // pMot ist ein Zeiger auf IMotion. Das sollten Sie nicht tun!
```

Zum Löschen von Objekten sieht COM ein festes Verfahren vor. Den Schlüssel dazu bilden *AddRef* und *Release*, die beiden anderen Member-Funktionen von *IUnknown*. Jede COM-Klasse verfügt über ein bestimmtes Datenelement (in der MFC-Bibliothek heißt es *m_dwRef*), in dem die Anzahl der »Benutzer« eines Objekts gespeichert wird. Jedesmal, wenn das Komponentenprogramm einen neuen Schnittstellenzeiger (wie in *QueryInterface*) zurückgibt, ruft es *AddRef* auf, um den Wert von *m_dwRef* zu inkrementieren. Sobald das Client-Programm den Zeiger nicht mehr benötigt, ruft es *Release* auf. Wenn der Wert von *m_dwRef* auf 0 fällt, veranlasst das Objekt seine eigene Entfernung aus dem Speicher. Die Funktion *Release* für die Klasse *CSpaceship::XMotion* könnte beispielsweise folgendermaßen aussehen:

```
DWORD CSpaceship::XMotion::Release()
{
  METHOD_PROLOGUE(CSpaceship, Motion) // generiert pThis
  if (pThis->m_dwRef == 0)
    return 0;
  if (-pThis->m_dwRef == 0) {
    delete pThis; // das Raumschiff-Objekt
    return 0;
  }
  return pThis->m_dwRef;
}
```

In MFC COM-basierten Programmen setzt der Objektkonstruktor den zugehörigen Referenzzähler *m_dwRef* auf 1. Es ist deshalb nicht erforderlich, *AddRef* unmittelbar aufzurufen, nachdem das Objekt erstellt worden ist. Ein Client-Programm sollte *AddRef* allerdings aufrufen, nachdem es eine Kopie eines Schnittstellenzeigers erzeugt hat.

IClassFactory-Klassen

Die Begriffe der objektorientierten Programmierung sind manchmal etwas irreführend. Smalltalk-Programmierer beispielsweise reden über »Objekte« in derselben Weise, in der C++-Programmierer über »Klassen« reden. Die COM-Dokumentation benutzt häufig den Begriff »Komponentenobjekt«, um auf das Objekt und den mit ihm verknüpften Code zu verweisen. Was unter COM als »Class Factory« (also Klassenfabrik) bezeichnet wird, ist genau genommen eine »Objektfabrik«.

Ein COM-Klassenobjekt repräsentiert den globalen statischen Bereich einer bestimmten COM-Klasse. Ihm entspricht in MFC die Klasse *CRuntimeKlasse*. Ein Klassenobjekt wird gelegentlich *Class Factory* genannt, da es häufig eine bestimmte COM-Schnittstelle namens *IClassFactory* unterstützt. Diese Schnittstelle ist wie alle Schnittstellen von *IUnknown* abgeleitet. Die wichtigste Member-Funktion von *IClassFactory* ist *CreateInstance*, deren Deklaration in unserer COM-Simulation folgendermaßen lautet:

```
virtual BOOL CreateInstance(int& nIid, void** ppvObj) = 0;
```

Welchem Zweck dient also eine sogenannte Class Factory? Wir haben bereits gesehen, dass der Klassenkonstruktor nicht direkt aufrufbar ist, sondern dass es dem Komponentenmodul überlassen bleibt, darüber zu entscheiden, wie Objekte erstellt werden. Zu diesem Zweck stellt die Komponente die Class Factory zur Verfügung und kapselt auf diese Weise die Generierung. Komponentenmodule zu suchen und zu starten und derart eine Class Factory einzurichten ist aufwendig, während die Objekterzeugung mit *CreateInstance* eher einen geringen Aufwand bedeutet. Wir können daher mit einer einzelnen Class Factory auskommen, die mehrere Objekte erzeugt.

Welcher Schluß ist aus all dem zu ziehen? Wir können nicht zulassen, dass die Funktion *GetClassObject* das *CSpaceship*-Objekt direkt erzeugt. Statt dessen müssen wir ein Class Factory-Objekt erstellen und anschließend die Funktion *CreateInstance* aufrufen, die ihrerseits die Class Factory (Objektfabrik) veranlasst, das eigentliche *CSpaceship*-Objekt zu erzeugen.

Gehen wir also an die Arbeit, und bauen wir die Simulation korrekt auf. Als erstes deklarieren wir eine neue Klasse namens *CSpaceshipFactory*. Um die Dinge zu vereinfachen, leiten wir die Klasse von *IClassFactory* ab, um verschachtelte Klassen zu vermeiden, und wir fügen außerdem noch Code zur Referenzzählung hinzu.

```
struct IClassFactory : public IUnknown
{
  virtual BOOL CreateInstance(int& nIid, void** ppvObj) = 0;
};

class CSpaceshipFactory : public IClassFactory
{
private:
  DWORD m_dwRef;
public:
  CSpaceshipFactory() { m_dwRef = 1; }
  // IUnknown-Funktionen
  virtual BOOL QueryInterface(int& nIid,
              void** ppvObj);
  virtual DWORD AddRef();
  virtual DWORD Release();
  // IClassFactory-Funktion
  virtual BOOL CreateInstance(int& nIid,
              void** ppvObj);
};
```

Als nächstes schreiben wir die Member-Funktion *CreateInstance*:

```
BOOL CSpaceshipFactory::CreateInstance(int& nIid, void** ppvObj)
{
 CSpaceship* pObj = new CSpaceship();
```

```
 IUnknown* pUnk = &pObj->m_xMotion;
 return pUnk->QueryInterface(nIid, ppvObj);
}
```

Schließlich formulieren wir noch die neue Funktion *GetClassObject* , die ein Class Factory-Objekt erzeugt und einen Zeiger auf die Schnittstelle *IClassFactory* zurückgibt:

```
BOOL GetClassObject(int& nClsid, int& nIid,
          void** ppvObj)
{
 ASSERT(nClsid == CLSID_CSpaceship);
 ASSERT((nIid == IID_IUnknown) || (nIid == IID_IClassFactory));
 CSpaceshipFactory* pObj = new CSpaceshipFactory();
 *ppObj = pObj; // IUnknown* = IClassFactory* = CSpaceship*
}
```

Die Klassen *CSpaceship* und *CSpaceshipFactory* arbeiten zusammen und verwenden denselben Klassen-ID. Der Client-Quelltext sieht nun (ohne Fehlerprüfung) folgendermaßen aus:

```
IMotion* pMot;
IVisual* pVis;
IClassFactory* pFac;
GetClassObject(CLSID_CSpaceship, IID_IClassFactory, (void**) &pFac);
pFac->CreateInstance(IID_IMotion, &pMot);
pMot->QueryInterface(IID_IVisual, (void**) &pVis);
pMot->Fly();
pVis->Display();
```

Beachten Sie, dass die Klasse *CSpaceshipFactory* die Funktionen *AddRef* und *Release* implementiert. Dies ist nötig, weil *AddRef* und *Release* innerhalb der Basisklasse *IUnknown* rein virtuelle Funktionen darstellen. In der nächsten Version unseres Beispielprogramms werden wir diese Funktionen benutzen.

Die Klasse CCmdTarget

Wir sind zwar immer noch nicht beim echten MFC-basierten COM-Quelltext angelangt, doch können wir die COM-Simulation noch einen Schritt weitertreiben, bevor wir zum Eigentlichen kommen. Wie Sie vielleicht vermuten, kann ein Teil des Quelltexts und der Daten der COM-Klassen unseres Raumschiffbeispiels in eine Basisklasse ausgegliedert werden. Genau das leistet die MFC-Bibliothek. Die Basisklasse heißt hier *CCmdTarget* und ist die Standardbasisklasse für Dokumenten- und Fensterklassen. *CCmdTarget* wiederum ist von *CObject* abgeleitet. Wir definieren statt dessen die Klasse *CSimulatedCmdTarget*, in der wir nur die Programmlogik für die Referenzzählung und das Datenelement *m_dwRef* unterbringen. Die Funktionen *ExternalAddRef* und *ExternalRelease* der Klasse *CSimulatedCmdTarget* können in abgeleiteten Klassen aufgerufen werden. Da wir *CSimulatedCmdTarget* benutzen, werden wir *CSpaceshipFactory* innerhalb der Klasse *CSpaceship* unterbringen und für die Schnittstelle *IClassFactory* eine verschachtelte Klasse verwenden.

Bei dieser Gelegenheit können wir auch unsere Klasse *CSpaceship* umstrukturieren. Die Funktion *QueryInterface* kann von den verschachtelten Klassen an die Hilfsfunktion *ExternalQueryInterface* der äußeren Klasse »delegiert« werden, die ihrerseits *ExternalAddRef* aufruft. Jeder Aufruf der Funktion *QueryInterface* inkrementiert also den Referenzzähler, während

CreateInstance die Funktion *ExternalQueryInterface* und anschließend *ExternalRelease* aufruft. Wenn *CreateInstance* den ersten Schnittstellenzeiger zurückgibt, hat das *CSpaceship*-Objekt einen Referenzzähler von 1. Ein nachfolgender Aufruf von *QueryInterface* erhöht der Wert des Referenzzählers auf 2, und der Client muss in diesem Fall zweimal *Release* aufrufen, um das Raumschiff-Objekt zu entfernen.

Als letzte Änderung definieren wir das Class Factory-Objekt als globales Objekt. Auf diese Weise sind wird nicht gezwungen, seinen Konstruktor aufzurufen. Ein Aufruf von *Release* durch den Client ist unproblematisch, da der Referenzzähler der Class Factory den Wert 2 hat, wenn der Client das Objekt erhält. (Der Konstruktor von *CSpaceshipFactory* setzt den Referenzzähler auf 1, und *ExternalQueryInterface*, von *GetClassObject* aufgerufen, setzt den Zähler dann auf 2.)

Das Beispiel EX24A – Eine simulierte COM-Anwendung

Die folgenden vier Listings zeigen den Quelltext für ein funktionierendes Programm (EX24A), das die COM-Mechanismen »simuliert«. Es handelt sich um eine (ohne Rückgriff auf die MFC-Bibliothek) erstellte Win32-Konsolenanwendung, die unter Verwendung einer Class Factory ein Objekt vom Typ *CSpaceship* erstellt, dessen Schnittstellenfunktionen aufruft und anschließend das Objekt wieder freigibt. Die in Listing 24.1 gezeigte Header-Datei Interface.h enthält die Basisklasse *CSimulatedCmdTarget* und die Deklarationen der Schnittstellen, die von Client- und Komponentenprogrammen benutzt werden. Die in Listing 24.2 dargestellte Header-Datei Spaceship.h enthält Klassendeklarationen für die Details der Raumschiff-Objekte, die im Komponentenprogramm Verwendung finden. Die Datei Spaceship.cpp, die in Listing 24.3 gezeigt wird, enthält den Komponentenquelltext, der *GetClassObject* implementiert. Die in Listing 24.4 abgedruckte Datei Client.cpp enthält den Quelltext des Client-Programms, der *GetClassObject* aufruft. Nicht ganz den Regeln einer COM-Anwendung entspricht es, dass Client- und Konponentenprogramm zu einer einzigen ausführbaren Datei ex24a.exe zusammengebunden werden. Auf diese Weise muss unsere COM-Simulation nicht die Verbindung zwischen beiden Anwendungsteilen zur Laufzeit herstellen. (Wie dies geht, werden Sie an späterer Stelle in diesem Kapitel erfahren.)

INTERFACE.H

```
// Definitionen, die Ihren Code wie MFC-Code aussehen lassen
#define BOOL  int
#define DWORD unsigned int
#define TRUE  1
#define FALSE 0
#define TRACE printf
#define ASSERT assert
//-----Definitionen und Makros-----------------
#define CLSID_CSpaceship  10
#define IID_IUnknown    0
#define IID_IClassFactory  1
#define IID_IMotion     2
#define IID_IVisual     3

// Makro nur für 16-Bit-Windows
#define METHOD_PROLOGUE(theClass, localClass) \
  theClass* pThis = ((theClass*)((char*)(this) - \
  offsetof(theClass, m_x##localClass))); \


BOOL GetClassObject(int nClsid, int nIid, void*ppvObj);
```

```
//-----Schnittstellendeklarationen-----------------
struct IUnknown
{
  IUnknown() { TRACE("Entering IUnknown ctor %p\n", this); }
  virtual BOOL QueryInterface(int nIid, void** ppvObj) = 0;
  virtual DWORD Release() = 0;
  virtual DWORD AddRef() = 0;
};

struct IClassFactory : public IUnknown
{
  IClassFactory()
    { TRACE("Entering IClassFactory ctor %p\n", this); }
  virtual BOOL CreateInstance(int nIid, void** ppvObj) = 0;
};

struct IMotion : public IUnknown
{
  IMotion() { TRACE("Entering IMotion ctor %p\n", this); }
  virtual void Fly() = 0;
  virtual int& GetPosition() = 0;
};
struct IVisual : public IUnknown
{
  IVisual() { TRACE("Entering IVisual ctor %p\n", this); }
  virtual void Display() = 0;
};

class CSimulatedCmdTarget // 'simuliertes' CSimulatedCmdTarget
{
public:
  DWORD m_dwRef;

protected:
  CSimulatedCmdTarget() {
    TRACE("Entering CSimulatedCmdTarget ctor %p\n", this);
    m_dwRef = 1; // impliziert ersten AddRef-Aufruf
  }
  virtual ~CSimulatedCmdTarget()
    { TRACE("Entering CSimulatedCmdTarget dtor %p\n", this); }
  DWORD ExternalRelease() {
  TRACE("Entering CSimulatedCmdTarget::ExternalRelease-RefCount = \
    %ld\n", m_dwRef);
    if (m_dwRef == 0)
      return 0;
    if(-m_dwRef == 0L) {
      TRACE("deleting\n");
      delete this;
      return 0;
    }
    return m_dwRef;
  }
  DWORD ExternalAddRef() { return ++m_dwRef; }
};
```

Listing 24.1: *Die Datei Interface.h.*

SPACESHIP.H

```
class CSpaceship;

//-----Klassendeklarationen--------------------
class CSpaceshipFactory : public CSimulatedCmdTarget
{
public:
  CSpaceshipFactory()
    { TRACE("Entering CSpaceshipFactory ctor %p\n", this); }
  ~CSpaceshipFactory()
    { TRACE("Entering CSpaceshipFactory dtor %p\n", this); }
  BOOL ExternalQueryInterface(int lRid, void** ppvObj);
  class XClassFactory : public IClassFactory
  {
  public:
    XClassFactory()
      { TRACE("Entering XClassFactory ctor %p\n", this); }
    virtual BOOL QueryInterface(int lRid, void** ppvObj);
    virtual DWORD Release();
    virtual DWORD AddRef();
    virtual BOOL CreateInstance(int lRid, void** ppvObj);
  } m_xClassFactory;
  friend class XClassFactory;
};

class CSpaceship : public CSimulatedCmdTarget
{
private:
  int m_nPosition; // Wir können von allen Schnittstellen darauf
                   // zugreifen
  int m_nAcceleration;
  int m_nColor;
public:
  CSpaceship() {
    TRACE("Entering CSpaceship ctor %p\n", this);
    m_nPosition = 100;
    m_nAcceleration = 101;
    m_nColor = 102;
  }
  ~CSpaceship()
    { TRACE("Entering CSpaceship dtor %p\n", this); }
  BOOL ExternalQueryInterface(int lRid, void** ppvObj);
  class XMotion : public IMotion
  {
  public:
    XMotion()
      { TRACE("Entering XMotion ctor %p\n", this); }
    virtual BOOL QueryInterface(int lRid, void** ppvObj);
    virtual DWORD Release();
    virtual DWORD AddRef();
    virtual void Fly();
    virtual int& GetPosition();
  } m_xMotion;
```

```
  class XVisual : public IVisual
  {
  public:
    XVisual() { TRACE("Entering XVisual ctor\n"); }
    virtual BOOL QueryInterface(int lRid, void** ppvObj);
    virtual DWORD Release();
    virtual DWORD AddRef();
    virtual void Display();
  } m_xVisual;

  friend class XVisual; // Müssen ganz am Ende stehen!
  friend class XMotion;
  friend class CSpaceshipFactory::XClassFactory;
};
```

***Listing 24.2:** Die Datei Spaceship.h.*

SPACESHIP.CPP

```
#include <stdio.h>
#include <stddef.h> // für offsetof in METHOD_PROLOGUE
#include <ASSERT.h>
#include "Interface.h"
#include "Spaceship.h"

CSpaceshipFactory g_factory;

//-----Member-Funktionen--------------------
BOOL CSpaceshipFactory::ExternalQueryInterface(int nIid,
                        void** ppvObj) {
  TRACE("Entering CSpaceshipFactory::ExternalQueryInterface-nIid = \
     -%d\n", nIid);
  switch (nIid) {
  case IID_IUnknown:
  case IID_IClassFactory:
    *ppvObj = &m_xClassFactory;
    break;
  default:
    *ppvObj = NULL;
    return FALSE;
  }
  ExternalAddRef();
  return TRUE;
}
BOOL CSpaceshipFactory::XClassFactory::QueryInterface(int nIid,
                        void** ppvObj) {
  TRACE("Entering CSpaceshipFactory::XClassFactory::\
      QueryInterface-nIid = %d\n", nIid);
  METHOD_PROLOGUE(CSpaceshipFactory, ClassFactory) // generiert pThis
  return pThis->
  ExternalQueryInterface(nIid, ppvObj); // Delegieren an
                                        // CSpaceshipFactory
}

BOOL CSpaceshipFactory::XClassFactory::CreateInstance(int nIid,
                        void** ppvObj) {
```

```
  TRACE("Entering CSpaceshipFactory::XClassFactory::CreateInstance\n");
  METHOD_PROLOGUE(CSpaceshipFactory, ClassFactory) // liefert pThis
  CSpaceship* pObj = new CSpaceship();
  if (pObj->ExternalQueryInterface(nIid, ppvObj)) {
    pObj->ExternalRelease(); // Referenzzähler korrigieren
    return TRUE;
  }
  return FALSE;
}

DWORD CSpaceshipFactory::XClassFactory::Release() {
  TRACE("Entering CSpaceshipFactory::XClassFactory::Release\n");
  METHOD_PROLOGUE(CSpaceshipFactory, ClassFactory)
  return pThis->ExternalRelease(); // Delegieren an CSimulatedCmdTarget
}

DWORD CSpaceshipFactory::XClassFactory::AddRef() {
  TRACE("Entering CSpaceshipFactory::XClassFactory::AddRef\n");
  METHOD_PROLOGUE(CSpaceshipFactory, ClassFactory) // generiert pThis
  return pThis->ExternalAddRef(); // Delegieren an CSimulatedCmdTarget
}

BOOL CSpaceship::ExternalQueryInterface(int nIid, void** ppvObj) {
TRACE("Entering CSpaceship::ExternalQueryInterface-nIid =
    %d\n", nIid);
  switch (nIid) {
  case IID_IUnknown:
  case IID_IMotion:
    *ppvObj = &m_xMotion; // Da sowohl IMotion als auch IVisual von IUnknown
    break;        // abgeleitet ist, können beide Zeiger verwendet werden

  case IID_IVisual:
    *ppvObj = &m_xVisual;
    break;
  default:
    *ppvObj = NULL;
    return FALSE;
  }
  ExternalAddRef();
  return TRUE;
}

BOOL CSpaceship::XMotion::QueryInterface(int nIid, void** ppvObj) {
  TRACE("Entering CSpaceship::XMotion::QueryInterface-nIid = \
      %d\n", nIid);
  METHOD_PROLOGUE(CSpaceship, Motion) // generiert pThis
  return pThis->ExternalQueryInterface(nIid, ppvObj); // delegieren an CSpaceship
}

DWORD CSpaceship::XMotion::Release() {
  TRACE("Entering CSpaceship::XMotion::Release\n");
  METHOD_PROLOGUE(CSpaceship, Motion) // generiert pThis
  return pThis->ExternalRelease();    // delegieren an CSimulatedCmdTarget
}
```

```
DWORD CSpaceship::XMotion::AddRef() {
  TRACE("Entering CSpaceship::XMotion::AddRef\n");
  METHOD_PROLOGUE(CSpaceship, Motion) // generiert pThis
  return pThis->ExternalAddRef();     // delegieren an CSimulatedCmdTarget
}

void CSpaceship::XMotion::Fly() {
  TRACE("Entering CSpaceship::XMotion::Fly\n");
  METHOD_PROLOGUE(CSpaceship, Motion) // liefert pThis
  TRACE("this = %p, pThis = %p\n", this, pThis);
  TRACE("m_nPosition = %d\n", pThis->m_nPosition);
  TRACE("m_nAcceleration = %d\n", pThis->m_nAcceleration);
}

int& CSpaceship::XMotion::GetPosition() {
  TRACE("Entering CSpaceship::XMotion::GetPosition\n");
  METHOD_PROLOGUE(CSpaceship, Motion) // liefert pThis
  TRACE("this = %p, pThis = %p\n", this, pThis);

  TRACE("m_nPosition = %d\n", pThis->m_nPosition);
  TRACE("m_nAcceleration = %d\n", pThis->m_nAcceleration);
  return pThis->m_nPosition;
}
BOOL CSpaceship::XVisual::QueryInterface(int nIid, void** ppvObj) {
  TRACE("Entering CSpaceship::XVisual::QueryInterface-nIid = \
      %d\n", nIid);
  METHOD_PROLOGUE(CSpaceship, Visual) // generiert pThis
  return pThis->ExternalQueryInterface(nIid, ppvObj); // delegieren an CSpaceship
}

DWORD CSpaceship::XVisual::Release() {
  TRACE("Entering CSpaceship::XVisual::Release\n");
  METHOD_PROLOGUE(CSpaceship, Visual) // generiert pThis
  return pThis->ExternalRelease();    // delegieren an CSimulatedCmdTarget
}

DWORD CSpaceship::XVisual::AddRef() {
  TRACE("Entering CSpaceship::XVisual::AddRef\n");
  METHOD_PROLOGUE(CSpaceship, Visual) // generiert pThis
  return pThis->ExternalAddRef();     // delegieren an CSimulatedCmdTarget
}

void CSpaceship::XVisual::Display() {
  TRACE("Entering CSpaceship::XVisual::Display\n");
  METHOD_PROLOGUE(CSpaceship, Visual) // generiert pThis
  TRACE("this = %p, pThis = %p\n", this, pThis);
  TRACE("m_nPosition = %d\n", pThis->m_nPosition);
  TRACE("m_nColor = %d\n", pThis->m_nColor);
}
//-----simuliert COM-Komponente -----------------
// In einer echten COM-Anwendung würde hier DllGetClassObject folgen
// und immer dann aufgerufen werden, sobald ein Client
// CoGetClassObject aufruft

BOOL GetClassObject(int nClsid, int nIid, void** ppvObj)
```

```
{
  ASSERT(nClsid == CLSID_CSpaceship);
  ASSERT((nIid == IID_IUnknown) || (nIid == IID_IClassFactory));
  return g_factory.ExternalQueryInterface(nIid, ppvObj);
  // Refcount ist 2, womit ein unbeabsichtigtes Löschen verhindert wird
}
```

Listing 24.3: *Die Datei Spaceship.cpp.*

CLIENT.CPP

```
#include <stdio.h>
#include <stddef.h> // für offsetof in METHOD_PROLOGUE
#include <assert.h>
#include "interface.h"


//-----Hauptprogramm----------------------
int main() // simuliert OLE-Client-Programm
{
  TRACE("Entering client main\n");
  IUnknown* pUnk; // mit void* wäre Deklaration nicht typsicher
  IMotion* pMot;
  IVisual* pVis;
  IClassFactory* pClf;

  GetClassObject(CLSID_CSpaceship, IID_IClassFactory,
         (void**) &pClf);

  pClf->CreateInstance(IID_IUnknown, (void**) &pUnk);
  pUnk->QueryInterface(IID_IMotion, (void**) &pMot); // Alle drei Zeiger sollten funktionieren
  pMot->QueryInterface(IID_IVisual, (void**) &pVis);

  TRACE("main: pUnk = %p, pMot = %p, pDis = %p\n", pUnk, pMot, pVis);

  // Alle virtuellen Funktionen der Schnittstellen testen
  pMot->Fly();
  int nPos = pMot->GetPosition();
  TRACE("nPos = %d\n", nPos);
  pVis->Display();

  pClf->Release();
  pUnk->Release();
  pMot->Release();
  pVis->Release();
  return 0;
}
```

Listing 24.4: *Die Datei Client.cpp.*

COM-Anwendungen mit der MFC-Bibliothek erstellen

So viel zum Thema Simulation. Wir sind nun fast so weit, das Raumschiffbeispiel in ein echtes COM-Beispiel zu verwandeln. Zunächst allerdings müssen Sie noch einige zusätzliche Dinge erfahren. Sie müssen die Funktion *CoGetClassObject* kennen lernen und wissen, wie COM zum Aktivieren einer Komponente die Windows-Registrierung benutzt. Weiterhin müssen Sie den Unterschied zwischen einer *prozessinternen Komponente* (einer DLL) und einer *prozessexternen Komponente* (einer EXE-Datei oder einer als Surrogatprozess ausgeführten DLL) begreifen. Schließlich müssen Sie die MFC-Makros kennen lernen, die den Gebrauch verschachtelter Klassen unterstützen.

Am Ende steht eine normale, MFC-gestützte DLL-Komponente, die den gesamten Quelltext der Klasse *CSpaceship* einschließlich der Schnittstellen *IMotion* und *IVisual* enthält. Eine normale MFC-gestützte Windows-Anwendung dient als Client. Der Benutzer kann durch Auswahl eines Menübefehls den Client veranlassen, die Komponente in den Speicher zu laden und zu starten.

Die COM-Funktion CoGetClassObject

In unserer Simulation benutzten wir eine Ersatzfunktion namens *GetClassObject*. In einer echten COM-Anwendung verwenden wir die globale Funktion *CoGetClassObject*. (*Co* bedeutet hier »Component object«.) Vergleichen Sie den folgenden Prototyp mit der Funktion *GetClassObject*, die Sie schon kennen:

```
STDAPI CoGetClassObject(REFCLSID rclsid, DWORD dwClsContext,
  COSERVERINFO* pServerInfo, REFIID riid, LPVOID* ppvObj)
```

Der Schnittstellenzeiger entspricht dem Parameter *ppvObj*, und *pServerInfo* ist ein Zeiger auf den Computer, auf den sich die Instanz des Klassenobjekts befindet (mit einem Wert *NULL*, falls es sich um den lokalen Rechner handelt). Die Typen *REFCLSID* und *REFIID* sind Referenzen auf 128-Bit GUID-Werte (global eindeutige Bezeichner – »Globally Unique Identifiers« – für COM-Klassen und -Schnittstellen. *STDAPI* zeigt an, dass die Funktion einen 32-Bit-Wert vom Typ *HRESULT* zurückgibt.

Die Standard-GUID-Werte (z.B. die GUIDs von Schnittstellen, die von Microsoft bereitgestellt wurden) sind in den Windows-Bibliotheken festgelegt, die dynamisch in Ihr Programm eingebunden werden. GUID-Werte für benutzerdefinierte Klassen und Schnittstellen, beispielsweise für die *CSpaceship*-Objekte, müssen in Ihrem Programm in der folgenden Weise definiert werden:

```
// {692D03A4-C689-11CE-B337-88EA36DE9E4E}
static const IID IID_IMotion =
 {0x692d03a4, 0xc689, 0x11ce, {0xb3, 0x37, 0x88, 0xea, 0x36,
 0xde, 0x9e, 0x4e}};
```

Falls für den Parameter *dwClsContext* der Wert *CLSCTX_INPROC_SERVER* übergeben wird, sucht das COM-Subsytem nach einer DLL. Enthält dieser Parameter den Wert *CLSCTX_-LOCAL_SERVER*, sucht COM nach einer EXE-Datei. Die beiden Werte lassen sich kombinieren, so dass eine DLL oder eine EXE ausgewählt wird, je nachdem welches Leistungsverhalten gewünscht ist. Beispielsweise sind prozessinterne Server sehr schnell, da die Prozesse den gleichen

Adressraum nutzen. EXE-Kommunikationsserver sind dagegen erheblich langsamer, da für prozessinterne Aufrufe Daten kopiert werden müssen und möglicherweise viele Änderungen des Thread-Kontexts erforderlich sind. Die Funktion liefert ein Wert vom Typ *HRESULT* zurück. Dieser Wert ist 0 (*NOERROR*), falls kein Fehler aufgetreten ist.

HINWEIS: Eine andere COM-Funktion namens *CoCreateInstance* vereint die Funktionalität von *CoGetClassObject* und *IClassFactory::CreateInstance*.

COM und die Windows-Registrierung

Im Beispiel EX24A wurden Komponente und Client statisch gebunden, was nicht den COM-Regeln entspricht. In einer echten COM-Anwendung ist die Komponente entweder ein DLL- oder ein separates EXE-Modul. Wenn der Client die Funktion *CoGetClassObject* aufruft, übernimmt COM die Kontrolle und sucht nach der passenden Komponente, die sich irgendwo auf der Festplatte befindet. Wie stellt COM die Verbindung zur Komponente her? COM sucht zu diesem Zweck in der Windows-Registrierung nach dem eindeutigen 128-Bit-Klassenbezeichner (CLSID). Daraus folgt, dass die *Klasse* permanent auf Ihrem Computer registriert sein muss.

Beim Aufruf des Windows-Programms *Regedit* (unter Microsoft Windows NT 3.51 heißt es *Regedt32*) wird auf dem Bildschirm ein Dialogfeld angezeigt, das demjenigen in Abbildung 24.4 mehr oder weniger ähnelt. Sie sehen in dieser Abbildung drei untergeordnete Ordner für drei Klassen-IDs, von denen zwei mit DLLs (*InprocServer32*) verknüpft sind und der dritte mit einer EXE (*LocalServer32*) verknüpft ist. Die Funktion *CoGetClassObject* sucht in der Registrierung nach der Klassen-ID und lädt dann nach Bedarf die DLL bzw. EXE.

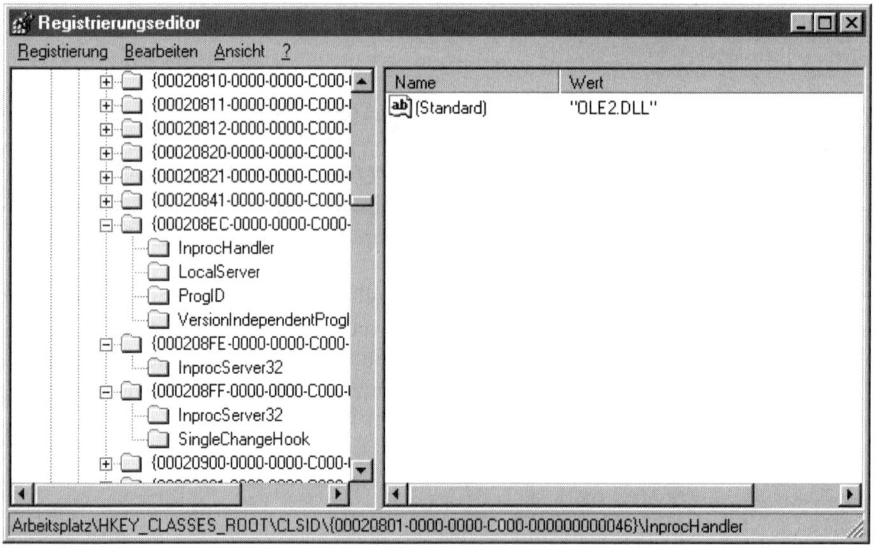

Abbildung 24.4: *Drei Klassen-IDs in der Windows-Registrierung.*

Ist es unbedingt nötig, diese unhandlichen Klassenbezeichner in das Client-Programm zu übernehmen? Keineswegs. COM unterstützt noch einen anderen Typ von Einträgen der Registrierungsdatenbank, der es ermöglicht, textuelle Programmbezeichner in die entsprechenden Klassen-IDs zu übersetzen. Abbildung 24.5 zeigt ein Beispiel für diese Art von Registierungseinträgen. Die COM-Funktion *CLSIDFromProgID* liest diese Datenbankeinträge und führt die nötige Umsetzung durch.

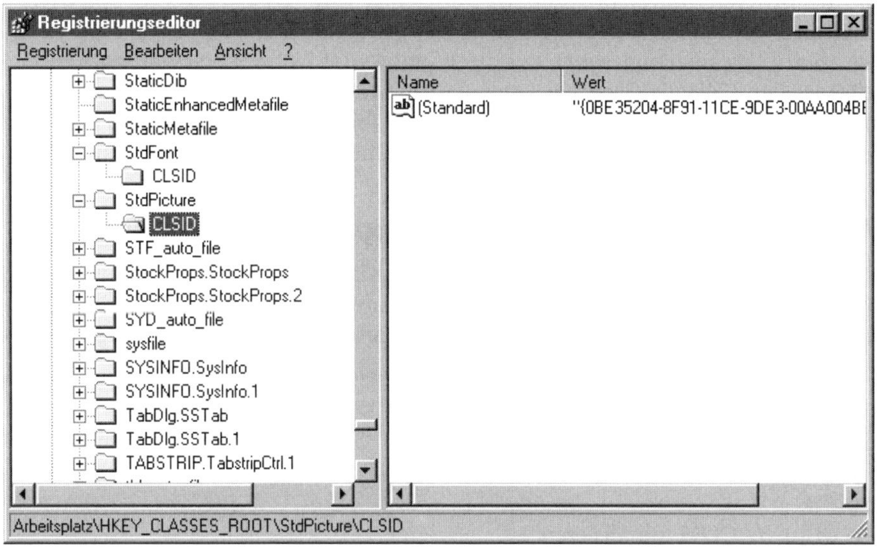

Abbildung 24.5: *Textuelle Programm IDs in der Registrierung.*

HINWEIS: Der erste Parameter der Funktion *CLSIDFromProgID* ist eine Zeichenfolge, die die Programm-ID aufnimmt. Allerdings ist es keine gewöhnliche Zeichenfolge. Sie treffen hier im Zusammenhang mit COM zum ersten Mal auf 2-Byte-Zeichenfolgen. Alle Zeichenfolgenparameter von COM-Funktionen (außer Datenzugriffsobjekten [DAO]) sind Zeiger auf Unicode-Zeichenfolgen vom Typ *OLECHAR**. Es werden wohl einige Komplikationen auf Sie zukommen angesichts der ständigen Notwendigkeit, zwischen 2-Byte- und gewöhnlichen Zeichenfolgen hin und her zu wechseln. Falls Sie eine 2-Byte Konstante benötigen, können Sie der Zeichenfolge ein großes *L* voranstellen, wie in dem folgenden Beispiel:

```
CLSIDFromProgID(L"Spaceship", &clsid);
```

Im Kapitel 25 werden Sie die Möglichkeiten der MFC-Bibliothek zur Umwandlung von Unicode-Zeichenfolgen kennen lernen.

Wie gelangen die Registrierungsinformationen in die Registrierung? Sie können (statt Regedit zu verwenden) durch eine entsprechende Programmierung Ihr Komponentenprogramms veranlassen, unter Verwendung bestimmter Windows-Funktionen die Registrierung direkt zu aktualisieren. Die MFC-Bibliothek fasst diese Funktionen praktischerweise in der Funktion *COleObjectFactory::UpdateRegistryAll* zusammen, die alle globalen Class Factory-Objekte eines Programms ermittelt und ihre Namen samt Klassen-IDs in der Registrierung einträgt.

Objektregistrierung zur Laufzeit

Sie haben gerade erfahren, wie die COM-Klassen in der Windows-Registrierung permanent registriert werden. Class Factory-*Objekte* müssen ebenfalls registriert werden. Es ist etwas unglücklich, dass der Begriff »Registrieren« für beide Vorgänge verwendet wird. Objekte in prozessexternen Komponentenmodulen werden zur Laufzeit durch einen Aufruf der COM-Funktion *CoRegisterClassObject* registriert. Anschließend verwalten die Windows-DLLs die Registrierungsinformationen im Arbeitsspeicher. Falls die Class Factory in einem Modus registriert wurde, der es einer einzelnen Komponenteninstanz ermöglicht, mehrere COM-Objekte zu erzeugen, kann COM auf einen bereits vorhandenen Prozess zurückgreifen, wenn ein Client *CoGetClassObject* aufruft.

Wie ein COM-Client prozessinterne Komponenten aufruft

Wir beginnen mit einer DLL-Komponente (statt mit einer EXE-Komponente), da in diesem Fall die Interaktionen der beteiligten Programme einfacher nachzuvollziehen sind. Ich verwende hier Pseudocode, da die MFC-Bibliotheksklassen, mit denen Sie arbeiten werden, die meisten Details verbergen.

Client

```
CLSID clsid;
IClassFactory* pClf;
IUnknown* pUnk;
CoInitialize(NULL); // COM initialisieren
CLSIDFromProgID(»Komponentenname«, &clsid);
```

COM

COM benutzt die Registrierung zur Suche nach der CLSID für »Komponentenname«.

Client

```
CoGetClassObject(clsid, CLSCTX_INPROC_SERVER,
                 NULL,IID_IClassFactory, (void**) &pClf );
```

COM

```
COM sucht mit der CLSID nach einer im Speicher vorhandenen Komponente.
if (Komponenten-DLL noch nicht in den Speicher geladen) {
   COM ermittelt den DLL-Dateinamen aus der Registrierung.
   COM lädt die Komponenten-DLL in den prozesseigenen Speicherbereich.
}
```

DLL-Komponente

```
if (Komponente neu geladen) {
   Globale Factory-Objekte werden erzeugt.
   Die Funktion InitInstance der DLL wird aufgerufen (nur bei MFC-DLLs).
}
```

COM

COM ruft die globale DLL-Funktion *DllGetClassObject* auf und übergibt ihr den *CLSID*-Wert, der zuvor an *CoGetClassObject* übergeben worden ist.

DLL-Komponente

DllGetClassObject liefert den Zeiger *IClassFactory** zurück.

COM

COM übergibt *IClassFactory** an den Client.

Client

pClf->CreateInstance (NULL, IID_IUnknown, (void**) &pUnk);

DLL-Komponente

Die Funktion *CreateInstance* der Class Factory wird (direkt über die vtable-Struktur der Komponente) aufgerufen.
Dabei wird ein Objekt der Klasse »Komponentenname« erzeugt.
Außerdem wird der angeforderte Schnittstellenzeiger zurückgegeben.

Client

```
pClf->Release();
pUnk->Release();
```

DLL-Komponente

Die Funktion Release der Klasse »Komponentenname« wird über die vtable-Struktur aufgerufen.

```
    if (refcount == 0) {
    Das Objekt entfernt sich selbst.
    }
```

Client

CoFreeUnusedLibraries();

COM

COM ruft die globale DLL-Funktion *DllCanUnloadNow* auf.

DLL-Komponente

```
if (alle DLL-Objekte entfernt wurden) {
    return TRUE
}
```

Client

```
CoUninitialize(); // COM gibt die DLL frei, falls DllCanUnloadNow
                  // den Wert TRUE zurückgibt
```

COM

COM gibt die Ressourcen frei.

Client

Client terminiert.

DLL-Komponente

Windows entfernt die DLL aus dem Speicher, sofern sie sich noch darin befindet und keine anderen Programme sie benutzen.

Einige wichtige Punkte sind hier zu beachten. Erstens wird in Reaktion auf den Client-Aufruf der Funktion *CoGetClassObject* die exportierte DLL-Funktion *DllGetClassObject* aufgerufen. Zweitens ist die als Ergebnis zurückgegebene Schnittstellenadresse der Class Factory die tatsächliche physische Adresse des vtable-Zeigers der Class Factory in der DLL. Drittens erfolgt der Client-Aufruf von *CreateInstance oder irgendeiner anderen Schnittstellenfunktion* direkt (über die vtable-Struktur der Komponente).

Die COM-Bindung zwischen einer Client-EXE und einer Komponenten-DLL ist also recht effizient. Sie ist mindestens so effizient wie die Bindung zu irgendeiner virtuellen C++-Funktion innerhalb desselben Prozesses. Außerdem stehen hier alle üblichen, während der Kompilierung möglichen C++-Typüberprüfungen von Parametern und Rückgabewerten zur Verfügung. Der einzige Nachteil bei der Verwendung der gewöhnlichen DLL-Bindung liegt darin, dass nach dem erstmaligen Laden der DLL zusätzlich nach der Klassen-ID in der Registrierung gesucht werden muss.

Wie ein COM-Client eine prozessexterne Komponente aufruft

Die COM-Bindung zu einer separaten EXE-Komponente ist komplizierter zu realisieren als die Bindung zu einer DLL-Komponente. Eine EXE-Komponente ist Bestandteil eines anderen Prozesses und kann sich unter Umständen auf einem anderen Computer befinden. Allerdings ist das kein Grund zur Sorge. Schreiben Sie Ihre Programme, als bestünde eine direkte Verbindung. Die erforderlichen Details werden von der Fernverarbeitunsarchitektur von COM in der Regel mit Hilfe von RPC-Aufrufen (*Remote Procedure Call*) gehandhabt.

In einem RPC-Aufruf wendet sich der Client an eine spezielle DLL, die als *Proxy-Objekt* bezeichnet wird. Das Proxy-Objekt kommuniziert über einen Datenstrom mit dem *Stub*-Objekt, das sich innerhalb einer DLL des Komponentenprozesses befindet. Wenn der Client eine Komponentenfunktion aufruft, wird das Stub-Objekt vom Proxy-Objekt durch eine Nachricht darüber informiert, die das Proxy-Objekt an das Komponentenprogramm übermittelt. Dort wird die Nachricht durch ein nicht sichtbares Fenster verarbeitet. Der Mechanismus der Parameterumwandlung in Datenströme wird als *Marshaling* bezeichnet.

Falls Sie Standardschnittstellen (d.h. von Microsoft definierte Schnittstellen) wie *IClassFactory* oder *IPersist* (eine Schnittstelle, der wir später im Zusammenhang mit der COM-Persistenz begegnen werden) verwenden, wird der Code für die Proxy- und Stub-Objekte, der das Marshaling implementiert, von der Windows-DLL OLE32 bereitgestellt. Sollten Sie eigene Schnittstellen definieren (in unserem Beispiel heißen sie *IMotion* und *IVisual*), so müssen Sie den Quelltext für die Proxy- und Stub-Klassen selbst schreiben. Glücklicherweise erfordert die Erstellung von Proxy- und Stub-Klassen lediglich, dass Sie die Schnittstellen in der Sprache IDL (Interface Definition Language) definieren und diesen Quelltext mit dem MIDL-Compiler (MIDL – Microsoft Interface Definition Language) kompilieren.

Nachfolgend wird die Interaktion zwischen einem EXE-Client und einer EXE-Komponente als Pseudocode formuliert. Vergleichen Sie diese Darstellung mit den Vorgängen bei der Benutzung einer DLL-Komponente, die im Abschnitt *Wie ein COM-Client eine prozessinterne Komponente aufruft* weiter oben beschrieben sind. Beachten Sie, dass die Aktionen der Client-Seite identisch sind.

Client

CLSID clsid;
IClassFactory* pClf;
IUnknown* pUnk;
CoInitialize(NULL); // COM initialisieren
CLSIDFromProgID(»Komponentenname«, &clsid);

COM

COM benutzt die Registrierung zur Suche nach der CLSID für »Komponentenname«.

Client
CoGetClassObject(clsid, CLSCTX_LOCAL_SERVER, NULL,
IID_IClassFactory, (void**) &pClf);

COM
COM sucht mit dem Klassen-ID nach einer im Speicher vorhandenen Komponente.
if (Komponenten-EXE noch nicht in den Speicher geladen) {
falls wir eine weitere Instanz benötigen) {
COM ermittelt den EXE-Dateinamen aus der Registrierung.
COM lädt die Komponenten-EXE in den Speicher
}

EXE-Komponente
if (Komponente neu geladen) {
Globale Factory-Objekte werden erzeugt.
Die Funktion *InitInstance* wird aufgerufen (nur bei MFC-EXEs).
CoInitialize(NULL);
für jedes Factory-Objekt {
CoRegisterClassObject(...);
COM übergibt *IClassFactory** an COM.
}
}

COM
COM gibt den angeforderten Schnittstellenzeiger an den Client zurück.
(Der Zeiger des Client ist nicht mit dem Schnittstellenzeiger der Komponente identisch.)

Client
pClf->CreateInstance(NULL, IID_IUnknown, (void**) &pUnk);

EXE-Komponente
Die Funktion *CreateInstance* der Class Factory wird aufgerufen.
(Aufruf erfolgt indirekt durch Marshaling.)
Dabei wird ein Objekt der Klasse »Komponentenname« erzeugt.
Außerdem wird (ebenfalls indirekt) der angeforderte Schnittstellenzeiger zurückgegeben.

Client
pClf->Release();
pUnk->Release();

EXE-Komponente
Die Funktion *Release* der Klasse »Komponentenname« wird indirekt aufgerufen.
if (refcount == 0) {
Das Objekt entfernt sich selbst.
}
if (alle Objekte wurden entfernt) {
Die Komponente terminiert ordnungsgemäß.
}

Client
CoUninitialize(); // unmittelbar vor Terminierung

COM
COM ruft *Release* für alle Objekte auf, die der Client nicht freigeben konnte.

EXE-Komponente
Komponente terminiert.

COM
COM gibt die Ressourcen frei.

Client
Client terminiert.

Wie Sie sehen können, spielt COM bei der Kommunikation zwischen Client und Komponente eine wichtige Rolle. COM verwaltet im Speicher eine Liste der Class Factory-Objekte aller aktiven EXE-Komponenten, aber es hält nicht fest, welche COM-Objekte im einzelnen (beispielsweise Objekte vom Typ *CSpaceship*) existieren. Solche COM-Objekte sind selbst für die Aktualisierung der Referenzzähler und ihre eigene Entfernung aus dem Arbeitsspeicher verantwortlich. Beide Aufgaben werden mit Hilfe des *AddRef/Release*-Mechanismus gelöst. COM übernimmt die Kontrolle, sobald ein Client terminiert. Falls ein Client eine prozessexterne Komponente benutzt, überwacht COM die Kommunikation zwischen beiden und protokolliert die Änderungen der Referenzzähler für jedes Objekt. COM trennt bei Terminierung des Clients die Verbindung zur Komponente, und dies führt unter bestimmten Umständen zur Freigabe der entsprechenden Objekte. Sie sollten aber nicht damit rechnen. Stellen Sie sicher, dass Ihr Client-Programm alle seine Schnittstellenzeiger freigibt, bevor es terminiert.

Die MFC-Schnittstellenmakros

Im Beispiel EX24A haben Sie die Verwendung verschachtelter Klassen bei der Implementierung von Schnittstellen kennengelernt. Die MFC-Bibliothek bietet eine Gruppe von Makros, mit denen sich dieser Prozess automatisieren lässt. Bei der Deklaration der Klasse *CSpaceship*, die von der MFC-Klasse *CCmdTarget* abgeleitet ist, verwenden Sie die folgenden Makros:

```
BEGIN_INTERFACE_PART(Motion, IMotion)
  STDMETHOD_(void, Fly) ();
  STDMETHOD_(int&, GetPosition) ();
END_INTERFACE_PART(Motion)

BEGIN_INTERFACE_PART(Visual, IVisual)
  STDMETHOD_(void, Display) ();
END_INTERFACE_PART(Visual)

DECLARE_INTERFACE_MAP()
```

Die *INTERFACE_PART*-Makros erzeugen die verschachtelten Klassen. Dabei fügen sie dem ersten Parameter ein *X* hinzu, um den Klassennamen zu formen, und in ähnlicher Weise erzeugen sie den Namen des eingebetteten Objekts, indem sie dem Parameternamen *m_x* voranstellen. Außerdem generieren diese Makros Prototypen für die angegebenen Schnittstellenfunktionen sowie Prototypen für *QueryInterface*, *AddRef* und *Release*.

Das *DECLARE_INTERFACE_MAP*-Makro generiert die Deklarationen für eine Tabelle, in der die IDs aller Klassenschnittstellen enthalten sind. Die Funktion *CCmdTarget::ExternalQueryInterface* benutzt diese Tabelle zur Ermittlung der Schnittstellenzeiger.

In der Implementierungsdatei für die Klasse *CSpaceship* können Sie die folgenden Makros einsetzen:

```
BEGIN_INTERFACE_MAP(CSpaceship, CCmdTarget)
  INTERFACE_PART(CSpaceship, IID_IMotion, Motion)
  INTERFACE_PART(CSpaceship, IID_IVisual, Visual)
END_INTERFACE_MAP()
```

Diese Makros erstellen die Schnittstellentabelle, die von *CCmdTarget::ExternalQueryInterface* benutzt wird. Eine typische Member-Funktion einer Schnittstelle sieht folgendermaßen aus:

```
STDMETHODIMP_(void) CSpaceship::XMotion::Fly()
{
  METHOD_PROLOGUE(CSpaceship, Motion)
  pThis->m_nPosition += 10;
  return;
}
```

Vergessen Sie nicht, dass Sie für jede Schnittstelle alle Funktionen implementieren müssen, einschließlich der Funktionen *QueryInterface*, *AddRef* und *Release*. Diese drei Funktionen können ihre Aufgaben aber an die gleichnamigen Funktionen in der Klasse *CCmdTarget* delegieren.

HINWEIS: Die Makros *STDMETHOD_* und *STDMETHODIMP_* deklarieren und implementieren Funktionen mit Hilfe der *__stdcall*-Konvention für die Parameterübergabe, die von COM vorausgesetzt wird. Mit diesen Makros können Sie den Rückgabewert als ersten Parameter spezifizieren. Die Varianten *STDMETHOD* und *STDMETHODIMP* arbeiten dagegen mit Rückgabewerten vom Typ *HRESULT*.

Die MFC-Klasse COleObjectFactory

In dem Beispiel der COM-Simulation gab es eine Klasse *CSpaceshipFactory* , die direkt Objekte vom Typ *CSpaceship* erzeugen konnte. Die MFC-Bibliothek liefert für dieses Problem der Objekterzeugung eine dynamische Lösung. In diesem Sinne ist eine einzelne Klasse mit dem naheliegenden Namen *COleObjectFactory* in der Lage, Objekte aller Klassen zu erzeugen, die zur Laufzeit angegeben werden. Sie müssen dazu nur Makros der folgenden Art für Ihre Klassendeklarationen benutzen:

```
DECLARE_DYNCREATE(CSpaceship)
DECLARE_OLECREATE(CSpaceship)
```

In der Implementierungsdatei sollten Makros der folgenden Art eingesetzt werden:

```
IMPLEMENT_DYNCREATE(CSpaceship, CCmdTarget)
// {692D03A3-C689-11CE-B337-88EA36DE9E4E}
IMPLEMENT_OLECREATE(CSpaceship, "Spaceship", 0x692d03a3, 0xc689, 0x11ce,
  0xb3, 0x37, 0x88, 0xea, 0x36, 0xde, 0x9e, 0x4e)
```

Die *DYNCREATE*-Makros dienen der Vorbereitung des Standardmechanismus für die dynamische Objekterzeugung, wie er in Anhang B beschrieben wird. Die *OLECREATE*-Makros deklarieren und definieren ein globales Objekt vom Typ *COleObjectFactory* mit dem angegebenen eindeutigen CLSID. In Falle einer DLL-Komponente sucht die exportierte Funktion *DllGetClassObject* nach dem angegebenen Class Factory-Objekt und liefert einen Zeiger darauf zurück. Dabei orientiert sich die Funktion an bestimmten globalen Variablen, deren Werte von den *OLECREATE*-Makros gesetzt wurden. Im Fall einer EXE-Komponente ruft der Initialisierungscode die statische Funktion *COleObjectFactory::RegisterAll* auf, die alle Class Factory-Objekte sucht und jedes von ihnen durch einen Aufruf von *CoRegisterClassObject* registriert. Die Funktion *RegisterAll* wird auch bei der Initialisierung einer DLL aufgerufen. In diesem Fall dient der Aufruf nur dazu, in jedem Factory-Objekt ein Flag zu setzen.

Wir sind hier nur sehr oberflächlich auf die COM-Unterstützung der MFC eingegangen. Falls Sie sich näher mit diesem Thema auseinander setzen möchten, empfehlen wir den Titel *MFC Internals* von Shepherd und Wingo (Addison-Wesley, 1996).

Unterstützung für prozessinterne COM-Komponenten durch MFC-Anwendungs- und Klassen-Assistenten

Obwohl der MFC-Anwendungs-Assistent nicht für die Erstellung von COM-DLL-Komponenten optimiert wurde, können Sie ihn dennoch »überlisten«, indem Sie die Erstellung einer regulären DLL mit Automatisierungsunterstützung anfordern. Die folgenden Funktionen in der generierten Hauptquelltextdatei des Projekts sind von Interesse:

```
BOOL CEx24bApp::InitInstance()
{
  COleObjectFactory::RegisterAll();
  return TRUE;
}

STDAPI DllGetClassObject(REFCLSID rclsid, REFIID riid, LPVOID* ppv)
{
  AFX_MANAGE_STATE(AfxGetStaticModule_State());
  return AfxDllGetClassObject(rclsid, riid, ppv);
}

STDAPI DllCanUnloadNow(void)
{
  AFX_MANAGE_STATE(AfxGetStaticModule_State());
  return AfxDllCanUnloadNow();
}

STDAPI DllRegisterServer(void)
{
  AFX_MANAGE_STATE(AfxGetStaticModule_State());
  COleObjectFactory::UpdateRegistryAll();
  return S_OK;
}
```

Die drei globalen Funktionen werden in der DEF-Datei des Projekts exportiert. Alle erforderliche Arbeiten innerhalb der prozessinternen COM-Komponente erledigen die globalen Funktionen durch Aufrufe der geeigneten MFC-Funktionen. Die Funktion *DllRegisterServer* zur Aktualisierung der Systemregistrierung kann von einem Hilfsprogramm aufgerufen werden.

Nach Erstellung des Projektgerüsts können Sie im nächsten Schritt mit Hilfe des Klassen-Assistenten dem Projekt eine oder mehrere COM-Klassen hinzufügen. Sie müssen dazu nur die entsprechenden Felder im Dialogfeld *Neue Klasse* ausfüllen (siehe Abbildung 24.6).

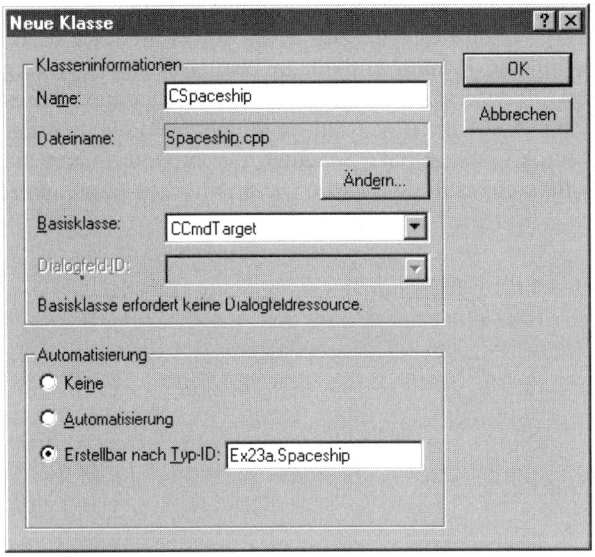

Abbildung 24.6:
Das Dialogfeld Neue Klasse.

In der generierten Klasse werden Sie zwar einige Elemente für die Automatisierung (beispielsweise Verteilertabellen) antreffen, aber diese Teile des Quelltexts können Sie problemlos löschen. Auch die beiden folgenden Zeilen in der Header-Datei StdAfx.h können Sie löschen:

```
#include <afxodlgs.h>
#include <afxdisp.h>
```

Client-Programme für COM-MFC-Anwendungen

Es ist keine besondere geistigen Kraftanstrengung nötig, ein Client-Programm für ein MFC-gestützte COM-Anwendung zu schreiben. Sie brauchen dazu nur mit dem MFC-Anwendungs-Assistenten eine normale Anwendung zu erstellen. Anschließend fügen Sie die folgende Zeile in der Datei StdAfx.h ein:

```
#include <afxole.h>
```

Außerdem fügen Sie die folgende Zeile am Anfang der Member-Funktion *InitInstance* der Anwendungsklasse ein:

```
AfxOleInit();
```

Sie sind nun in der Lage, neuen Quelltext zu schreiben, der *CoGetClassObject* aufruft.

Das Beispiel EX24B – Eine MFC-gestützte prozessinterne COM-Komponente

Das Beispiel EX24B ist eine mit MFC erstellte reguläre DLL, die eine echte COM-Version der Klasse *CSpaceship* aus dem Beispiel EX24A enthält. Der MFC-Anwendungs-Assistenten hat die Dateien ex24b.cpp und ex24b.h generiert. Listing 24.5 zeigt den Inhalt der Datei Interface.h, die die Deklarationen der Schnittstellen *IMotion* und *IVisual* enthält. In Listing 24.6 und Listing 24.7 ist der Quelltext für die Klasse *CSpaceship* dargestellt. Vergleichen Sie den Quelltext dieses Beispiels mit dem Quelltext von Beispiel EX24A. Fällt Ihnen auf, in welchem Maße sich der Quelltext durch Verwendung der MFC-Makros verkürzt hat? Beachten Sie auch, dass hier die MCF-Klasse *CCmdTarget* die Aufgabe der Referenzzählung und die *QueryInterface*-Logik übernimmt.

INTERFACE.H

```
struct IMotion : public IUnknown
{
  STDMETHOD_(void, Fly) () = 0;
  STDMETHOD_(int&, GetPosition) () = 0;
};

struct IVisual : public IUnknown
{
  STDMETHOD_(void, Display) () = 0;
};
```

Listing 24.5: *Die Datei Interface.h.*

SPACESHIP.H

```
void ITrace(REFIID iid, const char* str);

//////////////////////////////////////////////////////////////////////
// CSpaceship Befehlsziel

class CSpaceship : public CCmdTarget
{
  DECLARE_DYNCREATE(CSpaceship)

private:
  int m_nPosition; // Zugriff von allen Schnittstellen möglich
  int m_nAcceleration;
  int m_nColor;
protected:
  CSpaceship();  // Konstruktor für dynamische Erstellung
// Attribute
public:

// Operationen
public:

// Überschreibungen
  // Vom Klassen-Assistenten generierte Überladungen virtueller
  // Funktionen
```

```
  //{{AFX_VIRTUAL(CSpaceship)
  public:
  virtual void OnFinalRelease();
  //}}AFX_VIRTUAL

// Implementierung
protected:
  virtual ~CSpaceship();

  // Generierte Message-Map-Funktionen
  //{{AFX_MSG(CSpaceship)
    // HINWEIS - An dieser Stelle werden Member-Funktionen vom
    // Klassen-Assistenten eingefügt und entfernt.
  //}}AFX_MSG

  DECLARE_MESSAGE_MAP()
  DECLARE_OLECREATE(CSpaceship)
  BEGIN_INTERFACE_PART(Motion, IMotion)
    STDMETHOD_(void, Fly) ();
    STDMETHOD_(int&, GetPosition) ();
  END_INTERFACE_PART(Motion)

  BEGIN_INTERFACE_PART(Visual, IVisual)
    STDMETHOD_(void, Display) ();
  END_INTERFACE_PART(Visual)

  DECLARE_INTERFACE_MAP()
};
```

***Listing 24.6:** Die Datei Spaceship.h.*

SPACESHIP.CPP

```
#include "stdAfx.h"
#include "ex24b.h"
#include "Interface.h"
#include "Spaceship.h"

#ifdef _DEBUG
#undef THIS_FILE
static char THIS_FILE[] = __FILE__;
#endif
/////////////////////////////////////////////////////////////////////////////
// CSpaceship

// {692D03A4-C689-11CE-B337-88EA36DE9E4E}
static const IID IID_IMotion =
{ 0x692d03a4, 0xc689, 0x11ce,
  { 0xb3, 0x37, 0x88, 0xea, 0x36, 0xde, 0x9e, 0x4e } };

// {692D03A5-C689-11CE-B337-88EA36DE9E4E}
static const IID IID_IVisual =
{ 0x692d03a5, 0xc689, 0x11ce,
  { 0xb3, 0x37, 0x88, 0xea, 0x36, 0xde, 0x9e, 0x4e } };

IMPLEMENT_DYNCREATE(CSpaceship, CCmdTarget)
```

```
CSpaceship::CSpaceship()
{
  TRACE("CSpaceship ctor\n");
  m_nPosition = 100;
  m_nAcceleration = 101;
  m_nColor = 102;
  // Damit die Anwendung ausgeführt wird, solange das OLE-
  // Automatisierungs-Objekt aktiv ist, ruft der Konstruktor
  // AfxOleLockApp auf.

  AfxOleLockApp();
}

CSpaceship::~CSpaceship()
{
  TRACE("CSpaceship dtor\n");
  // Damit die Anwendung zusammen mit allen durch die OLE-Automatierung
  // erstellten Objekte terminiert wird, ruft der Destruktor
  // AfxOleUnlockApp auf.

  AfxOleUnlockApp();
}
void CSpaceship::OnFinalRelease()
{
  // Nachdem die letzte Referenz auf ein Automatierungsobjekt gelöscht
  // wurde, wird OnFinalRelease aufgerufen. Hier wird das Objekt
  // gelöscht. Es sind zusätzliche Aufräumarbeiten erforderlich, bevor
  // das Objekt aus dem Speicher gelöscht wird.

  delete this;
}
BEGIN_MESSAGE_MAP(CSpaceship, CCmdTarget)
  //{{AFX_MSG_MAP(CSpaceship)
    // HINWEIS - An dieser Stelle werden Member-Funktionen vom
    // Klassen-Assistenten eingefügt und entfernt.
  //}}AFX_MSG_MAP
END_MESSAGE_MAP()

BEGIN_INTERFACE_MAP(CSpaceship, CCmdTarget)
  INTERFACE_PART(CSpaceship, IID_IMotion, Motion)
  INTERFACE_PART(CSpaceship, IID_IVisual, Visual)
END_INTERFACE_MAP()

// {692D03A3-C689-11CE-B337-88EA36DE9E4E}
IMPLEMENT_OLECREATE(CSpaceship, "Spaceship", 0x692d03a3, 0xc689,
          0x11ce, 0xb3, 0x37, 0x88, 0xea, 0x36, 0xde,
          0x9e, 0x4e)
STDMETHODIMP_(ULONG) CSpaceship::XMotion::AddRef()
{
  TRACE("CSpaceship::XMotion::AddRef\n");
  METHOD_PROLOGUE(CSpaceship, Motion)
  return pThis->ExternalAddRef();
}

STDMETHODIMP_(ULONG) CSpaceship::XMotion::Release()
{
```

```
  TRACE("CSpaceship::XMotion::Release\n");
  METHOD_PROLOGUE(CSpaceship, Motion)
  return pThis->ExternalRelease();
}

STDMETHODIMP CSpaceship::XMotion::QueryInterface(
  REFIID iid, LPVOID* ppvObj)
{
  ITrace(iid, "CSpaceship::XMotion::QueryInterface");
  METHOD_PROLOGUE(CSpaceship, Motion)
  return pThis->ExternalQueryInterface(&iid, ppvObj);
}
STDMETHODIMP_(void) CSpaceship::XMotion::Fly()
{
  TRACE("CSpaceship::XMotion::Fly\n");
  METHOD_PROLOGUE(CSpaceship, Motion)
  TRACE("m_nPosition = %d\n", pThis->m_nPosition);
  TRACE("m_nAcceleration = %d\n", pThis->m_nAcceleration);
  return;
}

STDMETHODIMP_(int&) CSpaceship::XMotion::GetPosition()
{
  TRACE("CSpaceship::XMotion::GetPosition\n");
  METHOD_PROLOGUE(CSpaceship, Motion)
  TRACE("m_nPosition = %d\n", pThis->m_nPosition);
  TRACE("m_nAcceleration = %d\n", pThis->m_nAcceleration);
  return pThis->m_nPosition;
}

//////////////////////////////////////////////////////////////////////
STDMETHODIMP_(ULONG) CSpaceship::XVisual::AddRef()
{
  TRACE("CSpaceship::XVisual::AddRef\n");
  METHOD_PROLOGUE(CSpaceship, Visual)
  return pThis->ExternalAddRef();
}

STDMETHODIMP_(ULONG) CSpaceship::XVisual::Release()
{
  TRACE("CSpaceship::XVisual::Release\n");
  METHOD_PROLOGUE(CSpaceship, Visual)
  return pThis->ExternalRelease();
}

STDMETHODIMP CSpaceship::XVisual::QueryInterface(
  REFIID iid, LPVOID* ppvObj)
{
  ITrace(iid, "CSpaceship::XVisual::QueryInterface");
  METHOD_PROLOGUE(CSpaceship, Visual)
  return pThis->ExternalQueryInterface(&iid, ppvObj);
}

STDMETHODIMP_(void) CSpaceship::XVisual::Display()
{
  TRACE("CSpaceship::XVisual::Display\n");
```

```
  METHOD_PROLOGUE(CSpaceship, Visual)
  TRACE("m_nPosition = %d\n", pThis->m_nPosition);
  TRACE("m_nColor = %d\n", pThis->m_nColor);
}

//////////////////////////////////////////////////////////////////////
void ITrace(REFIID iid, const char* str)
{
  OLECHAR* lpszIID;
  ::StringFromIID(iid, &lpszIID);
  CString strTemp = (LPCWSTR) lpszIID;
  TRACE("%s - %s\n", (const char*) strTemp, (const char*) str);
  AfxFreeTaskMem(lpszIID);
}

//////////////////////////////////////////////////////////////////////
// CSpaceship-Nachrichtenbehandlungsroutinen
```

Listing 24.7: *Die Datei Spaceship.cpp.*

Das Beispiel EX24C – Ein MFC-gestützter COM-Client

Das Beispiel EX24C ist eine mit MFC erstelltes Programm, das eine echte COM-Version des Client-Programms aus dem Beispiel EX24A enthält. Es handelt sich um vom MFC-Anwendungs-Assistenten generierte SDI-Anwendung. Dem Quelltext wurden nachträglich eine *#include*-Anweisung für die MFC COM-Header-Dateien sowie ein Aufruf der Funktion *AfxOleInit* hinzugefügt. Letzterer initialisiert die DLL. Der Menübefehl *Spaceship* in dem neuen Menü *Testen* ist verknüpft mit der in Listing 24.8 gezeigten Behandlungsroutine für die Ansichtsklasse. Zu dem Projekt gehört außerdem eine Kopie der Datei Interface.h (Listing 24.5) für die Komponente des Beispiels EX24B. Eine *#include*-Anweisung für diese Header-Datei befindet sich am Anfang der Datei ex24cView.cpp.

```
void CEx24cView::OnTestSpaceship()
{
  CLSID clsid;
  LPCLASSFACTORY pClf;
  LPUNKNOWN pUnk;
  IMotion* pMot;
  IVisual* pVis;
  HRESULT hr;
  if ((hr = ::CLSIDFromProgID(L"Spaceship", &clsid)) != NOERROR) {
    TRACE("Prog-ID nicht gefunden - Fehler = %x\n", hr);
    return;
  }
  if ((hr = ::CoGetClassObject(clsid, CLSCTX_INPROC_SERVER,
    NULL, IID_IClassFactory, (void **) &pClf)) != NOERROR) {;
    TRACE("CLSID nicht gefunden - Fehler = %x\n", hr);
    return;
  }

  pClf->CreateInstance(NULL, IID_IUnknown, (void**) &pUnk);
  pUnk->QueryInterface(IID_IMotion, (void**) &pMot); // Alle drei
  pMot->QueryInterface(IID_IVisual, (void**) &pVis); // Zeiger sollten funktionieren
  TRACE("main: pUnk = %p, pMot = %p, pDis = %p\n", pUnk, pMot, pVis);
```

```
    // Alle virtuellen Schnittstellenfunktionen testen
    pMot->Fly();
    int nPos = pMot->GetPosition();
    TRACE("nPos = %d\n", nPos);
    pVis->Display();

    pClf->Release();
    pUnk->Release();
    pMot->Release();
    pVis->Release();
    AfxMessageBox("Test war erfolgreich. Ausgaben erscheinen im Debug-Fenster.");
}
```

Listing 24.8: *Behandlungsroutine für den Client-Befehl zum Laden und Testen der* CSpaceship-*Komponente.*

Um Client- und Komponentenprogramm zu testen, müssen Sie zuerst die Komponente aktivieren, damit die Registrierungsdaten aktualisiert werden. Verschiedene Hilfsprogramme können für diesen Zweck eingesetzt werden, unter anderem auch das Programm REGCOMP aus dem Verzeichnis *\vcpp32\RegComp* der Begleit-CD. Dieses Programm fordert Sie auf, die entsprechende DLL- bzw. OCX-Datei auszuwählen, und ruft anschließend die exportierte Funktion *DllRegisterServer* des ausgewählten Moduls auf.

Client und Komponente dokumentieren den aktuellen Stand der Programmausführung durch *TRACE*-Aufrufe. Deshalb benötigen Sie für das Testen auch den Debugger. Sie können entweder den Client oder die Komponente vom Debugger aus starten. Bei Ausführung der Komponente werden Sie aufgefordert, den Pfadnamen für den Client einzugeben. Auf jeden Fall ist es nicht nötig, die DLL zu kopieren, da Windows in der Lage ist, die DLL über die Registrierung zu finden.

Einbettung und Aggregation im Vergleich zur Vererbung

Bei der normalen C++-Programmierung verwenden Sie häufig die Technik der Vererbung, um allgemeines Objektverhalten in einer wiederverwendbaren Basisklasse zusammenzufassen. Die (im Kapitel 15 erläuterte) Klasse *CPersistentFrame* bietet ein Beispiel für Wiederverwendbarkeit, die durch Vererbung gewonnen wurde.

COM benutzt statt der Vererbung die Techniken der Einbettung und Aggregation. Betrachten wir zunächst die Einbettung. Angenommen, Sie würden die Raumschiffsimulation erweitern und außer Raumschiffen auch noch Planeten einbeziehen. Wenn Sie sich auf C++ beschränken, würden Sie vermutlich eine Basisklasse *COrbiter* definieren, in der die Gesetzmäßigkeiten der Planetenbewegungen verkapselt werden. Bei Verwendung der COM-Mechanismen würden Sie zwei »äußere« Klassen *CSpaceship* und *CPlanet* sowie eine »innere« Klasse *COrbiter* benutzen. Die äußeren Klassen würden die Schnittstelle *IVisual* direkt implementieren, aber ihre *IMotion*-Schnittstellen an die innere Klasse *delegieren*. Das Ergebnis sähe ungefähr so wie in Abbildung 24.7 aus.

Beachten Sie, dass dem *COrbiter*-Objekt nicht bekannt ist, dass es sich innerhalb eines Objekts vom Typ *CSpaceship* bzw. *CPlanet* befindet, wohingegen das äußere Objekt ganz sicher von dem eingebetteten *COrbiter*-Objekt weiß. Die äußere Klasse muss alle Funktionen ihrer Schnittstellen implementieren bis auf die Funktionen von *IMotion* (einschließlich *QueryInterface*). Deren Implementierungen rufen einfach die gleichnamigen *IMotion*-Funktionen der inneren Klasse auf.

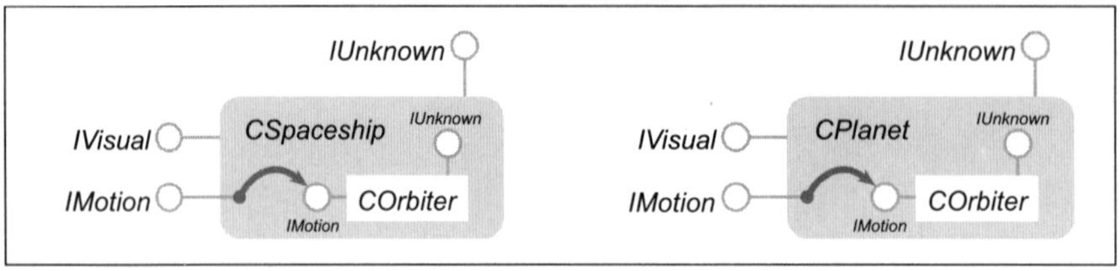

Abbildung 24.7: *Beispiel für Einbettung.*

Eine komplexere Alternative zur Einbettung ist die Aggregation. Bei der Aggregation kann der Client direkt auf die Schnittstellen des inneren Objekts zugreifen. In Abbildung 24.8 wird das Aggregationsmodell für die Raumschiffsimulation dargestellt.

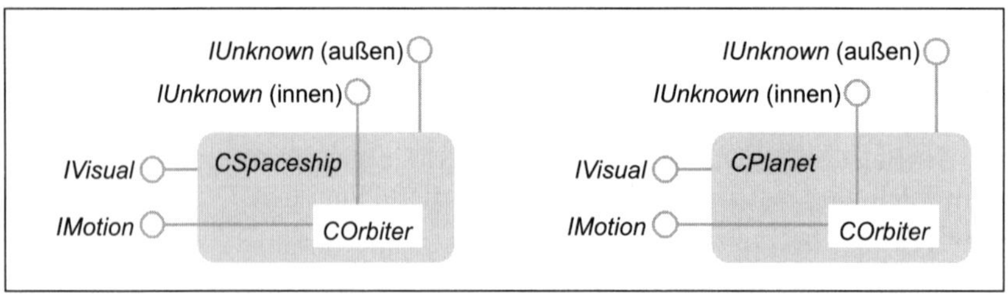

Abbildung 24.8: *Beispiel für Aggregation.*

Das *COrbiter*-Objekt ist hier ebenso wie im Einbettungsbeispiel in die Raumschiff- und Planetenobjekte eingebettet. Nehmen wir an, dass der Client eine Schnittstellenzeiger für *IVisual* erhält und anschließend *QueryInterface* aufruft und einen Zeiger für *IMotion* anfordert. Mit dem *IUnknown*-Zeiger der äußeren Klasse werden wir keinen Erfolg haben, da die Klasse *CSpaceship* die Schnittstelle *IMotion* nicht unterstützt. Allerdings weiß die Klasse *CSpaceship* von dem inneren *IUnknown*-Zeiger (des eingebetteten *COrbiter*-Objekts) und kann deshalb diesen Zeiger benutzen, um den *IMotion*-Zeiger für das *COrbiter*-Objekt zu ermitteln.

Nehmen wir weiterhin an, dass der Client einen *IMotion* -Zeiger erwirbt und anschließend über *QueryInterface* einen Zeiger auf *IVisual* anfordert. Das innere Objekt muss in der Lage sein, eine Verbindung zum äußeren Objekt herzustellen. Aber wie? Sehen Sie sich den Aufruf der Funktion *CreateInstance* im Listing 24.8 genauer an. Sie werden feststellen, dass für den ersten Parameter eine *NULL* als Argument übergeben wird. Beim Erstellen eines aggregierten (inneren) Objekts benutzen Sie diesen Parameter, um einen *IUnknown*-Zeiger für das gerade erstellte äußere Objekt zu übergeben. Dieser Zeiger wird als *kontrollierender Unknown-Zeiger* (»controlling unkown«) bezeichnet. Die Klasse *COrbiter* speichert diesen Zeiger in einem Datenelement und benutzt ihn später, um mit *QueryInterface*-Aufrufen nach Schnittstellen zu suchen, die die Klasse selbst nicht unterstützt.

Die MFC-Bibliothek unterstützt die Aggregation von Objekten. Die Klasse *CCmdTarget* enthält ein öffentliches Datenelement *m_pOuterUnknown*, das den *IUnknown*-Zeiger des äußeren Objekts speichert (sofern es sich um ein aggregiertes Objekt handelt). Die Member-Funktionen *ExternalQueryInterface*, *ExternalAddRef* und *ExternalRelease* der Klasse *CCmdTarget* delegieren ihre Aufrufe an die Schnittstelle *IUnknown* des äußeren Objekts, sofern es existiert. Die Member-Funktionen *InternalQueryInterface*, *InternalAddRef* und *InternalRelease* delegieren ihre Aufrufe nicht. Eine Beschreibung der MFC-Makros zur Unterstützung der Objektaggregation finden Sie in Technical Note Nr. 38.

25 Automatisierung

Nach der Lektüre von Kapitel 24 sollten Sie wissen, was eine COM-Schnittstelle ist, da Sie dort bereits Bekanntschaft mit den beiden Standardschnittstellen *IUnknown* und *IClassFactory* gemacht haben. Es ist nun an der Zeit, sich mit der COM-Praxis zu beschäftigen, zumindest mit einem ihrer Aspekte – der *Automatisierung* (die früher als OLE-Automatisierung bezeichnet wurde). Sie werden dabei die COM-Schnittstelle *IDispatch* kennen lernen, die es C++-Programmen ermöglicht, mit Microsoft VBA-Programmen (VBA – Visual Basic für Applikationen) und mit Programmen, die in anderen Skriptsprachen geschrieben wurden, zu kommunizieren. Zudem ist *IDispatch* der Schlüssel für die Integration von COM-Objekten in Webseiten. Sie werden die MFC-Implementierung von *IDispatch* verwenden, um Automatisierungsserver und Client-Programme zu schreiben. Es werden sowohl prozessexterne als auch prozessinterne Server behandelt.

Aber bevor Sie mit der C++-Programmierung von Automatisierungsservern beginnen, sollten Sie wissen, wie »der Rest der Welt« programmiert. In diesem Kapitel erfahren Sie einiges über VBA und dessen Implementierung in Microsoft Excel. Sie werden Ihre C++-Server-Komponenten aus Excel heraus und umgekehrt Excel aus einem C++-Client-Programm heraus aktivieren und steuern.

C++ mit VBA verbinden

Nicht alle Entwickler von Microsoft Windows-Anwendungen möchten sich als C++-Programmierer hervortun, schon gar nicht, wenn sie sich mit den Feinheiten der COM-Theorie abgeben müssen. In den letzten Jahren konnte man einen Trend dahingehend feststellen, dass C++-Programmierer wieder verwendbare Module produzieren. Programmierer, die mit höheren Programmiersprachen (z.B. VBA, Visual Basic, und Skriptsprachen für Webseiten) gebrauchen diese Module, indem sie sie in ihre Anwendungen integrieren. Sie können dieses Programmiermodell teilen, indem Sie lernen, wie Sie Ihre Software »skriptfreundlich« gestalten. Die Automatisierung ist dabei eines der bereits heute verfügbaren Werkzeuge, das von der MFC-Bibliothek unterstützt wird. ActiveX-Steuerelemente bilden ein weiteres Instrument zur Integration von C++ und VBA gewissermaßen eine Obermenge der Automatisierungsfunktionen, da beide Werkzeuge die Schnittstelle *IDispatch* benutzen. In dieser Hinsicht kann die Verwendung von ActiveX-Steuerelementen häufig »des Guten zu viel« sein. Viele Anwendungen (einschließlich Microsoft Excel 97) unterstützen sowohl Automatisierungsserver als auch ActiveX-Steuerelemente. Alle beim Umgang mit der Automatisierung erworbenen Kenntnisse lassen sich auch bei der Entwicklung und dem Einsatz von ActiveX-Steuerelementen anwenden.

Zwei Faktoren sind für den Erfolg der Automatisierung ausschlaggebend. Erstens bildet VBA (bzw. VB Script) heute den Programmierstandard bei den meisten Microsoft-Anwendungen, einschließlich Microsoft Word, Microsoft Excel und Microsoft Access, gar nicht zu reden von Microsoft Visual Basic selbst. Alle diese Anwendungen unterstützen die Automatisierung, lassen sich also mit anderen automatisierungsfähigen Komponenten kombinieren, insbesondere auch mit solchen, die in C++ und VBA programmiert worden sind. Sie können beispielsweise ein C++-Programm schreiben, das die Textverarbeitungsfunktionen von Word verwendet, oder eine C++-Komponente zur Matrixinvertierung entwickeln, die von einem VBA-Makro einer Excel-Tabelle aufgerufen werden kann.

Zum zweiten statten Dutzende von Software-Unternehmen ihre Anwendungen mit Programmierschnittstellen für die Automatisierung aus. Meist sind diese Schnittstellen für VBA-Programmierer gedacht. Allerdings lassen sich solche Anwendungen mit einem geringen Aufwand auch von C++ aus aufrufen. Es ist beispielsweise möglich, ein MFC-Programm zu schreiben, mit dem sich das Zeichenprogramm Visio von Shapeware aufrufen und steuern lässt.

Die Automatisierung bietet nicht nur C++- und VBA-Programmierern Vorteile. Hersteller von Werkzeugen für die Softwareentwicklung bieten bereits Basic-ähnliche, die Automatisierung unterstützende Sprachen an, die Sie für Ihre eigenen programmierbaren Anwendungen lizensieren können. Selbst eine der verfügbaren Versionen von Smalltalk unterstützt die Automatisierung.

Automatisierungsclient und Automatisierungsserver

Eine klar definierte »Master/Slave«-Beziehung kennzeichnet jeden »Automatisierungsdialog«. Als »Master« dient der *Automatisierungsclient* (auch Controller genannt), während der *Automatisierungsserver* (auch Komponente genannt) den »Slave« verkörpert. Der Client initiiert das Zusammenspiel, indem er ein Server-Objekt erstellt (und dabei gegebenenfalls das Serverprogramm laden muss) oder indem er eine Verbindung zu einem vorhandenen Objekt in einem bereits aktiven Server herstellt. Dann ruft der Client Schnittstellenfunktionen des Servers auf und gibt diese Schnittstellen wieder frei, sobald er sie nicht mehr benötigt.

Es folgen einige Beispiele für dieses Zusammenwirken von Client- und Server-Komponente:

- Ein C++-Automatisierungsclient benutzt als Server eine Microsoft-Anwendung oder ein Programm eines Fremdanbieters. Der Client könnte durch entsprechende Interaktion die Ausführung von VBA-Code in der Serveranwendung veranlassen.
- Ein C++-Automatisierungsserver wird von einer Microsoft-Anwendung (oder einer Visual Basic-Anwendung) benutzt, die als Automatisierungsclient dient. Auf diese Weise kann der VBA-Code C++-Objekte erzeugen und verwenden.
- Ein C++-Automatisierungsclient benutzt einen C++-Automatisierungsserver.
- Ein Visual Basic-Programm benutzt eine automatisierungsfähige Anwendung wie etwa Excel. In diesem Fall fungiert Visual Basic als Client, während Excel die Server-Komponente darstellt.

Microsoft Excel – Ein besseres Visual Basic als Visual Basic

Als die ersten drei Versionen dieses Buches erschienen, war Visual Basic zwar in der Lage, als Automatisierungsclient zu fungieren, konnte aber keinen Automatisierungsserver erzeugen. Seit Version 5.0 von Visual Basic lassen sich damit nun auch Server und sogar ActiveX-Steuerelemente entwickeln. Ursprünglich verwendeten wir Excel statt VB, da Excel die erste Microsoft-Anwendung war, die die VBA-Syntax unterstützte und sowohl als Client als auch als Server dienen konnte. Wir entschieden uns dafür, bei Excel zu bleiben, da C++-Programmierer, die etwas verächtlich auf Visual Basic herabschauen, möglicherweise eher bereit sind, Excel zu erwerben (und sei es auch nur zur Verwaltung ihrer Software-Tantiemen).

Wir können Ihnen nur dringend raten, sich eine Kopie von Microsoft Excel 97 (oder einer neueren Version) zu beschaffen. Excel ist eine echte 32-Bit-Anwendung und Bestandteil von Microsoft Office. Mit dieser Version von Excel können Sie VBA-Quelltext separat erstellen und mit diesem auf die Zellen des Arbeitsblatts in objektorientierter Weise zugreifen. Visuelle Programmelemente, beispielsweise Schaltflächen, lassen sich mühelos hinzufügen. Vergessen Sie also die alten Tabellenkalkulationsprogramme, bei denen Sie Makrocode in die Zellen hineinzwängen mussten.

Dieses Kapitel soll natürlich keine Einführung in Excel bieten, aber wir werden an dieser Stelle doch ein einfaches Beispiel einer Excel-Arbeitsmappe behandeln. (Eine *Arbeitsmappe* ist eine Datei, die mehrere Tabellen und separaten VBA-Quelltext enthalten kann.) Diese Arbeitsmappe führt ein VBA-Makro vor, das durch Auswahl einer Schaltfläche ausgeführt wird. Sie können die Beispieldatei Demo.xls aus dem Unterverzeichnis \vcpp32\ex25a in Excel laden oder das Beispiel selbst neu eingeben. Abbildung 25.1 zeigt diese Excel-Tabelle mit der Schaltfläche und einigen Beispieldaten.

In dieser Tabelle markieren Sie die Zellen A4 bis A9 und klicken dann auf die Schaltfläche *Spalte berechnen*. Ein VBA-Programm durchläuft die Spalte und zeichnet ein schraffiertes Muster in den Zellen, die einen numerischen Wert enthalten, der größer als 10 ist.

Abbildung 25.2 zeigt den Makroquelltext, der sozusagen »hinter« der Tabelle steckt. In Excel 97 wählen Sie im Menü *Extras* den Befehl *Makro* und klicken auf die Schaltfläche *Bearbeiten*, um den Visual Basic-Editor zu aktivieren. (Alt+F11 ist die Tastenkombination für diesen Befehl.) Wie Sie der Abbildung entnehmen können, arbeiten Sie zu diesem Zeitpunkt in der Standardumgebung von VBA 5.0.

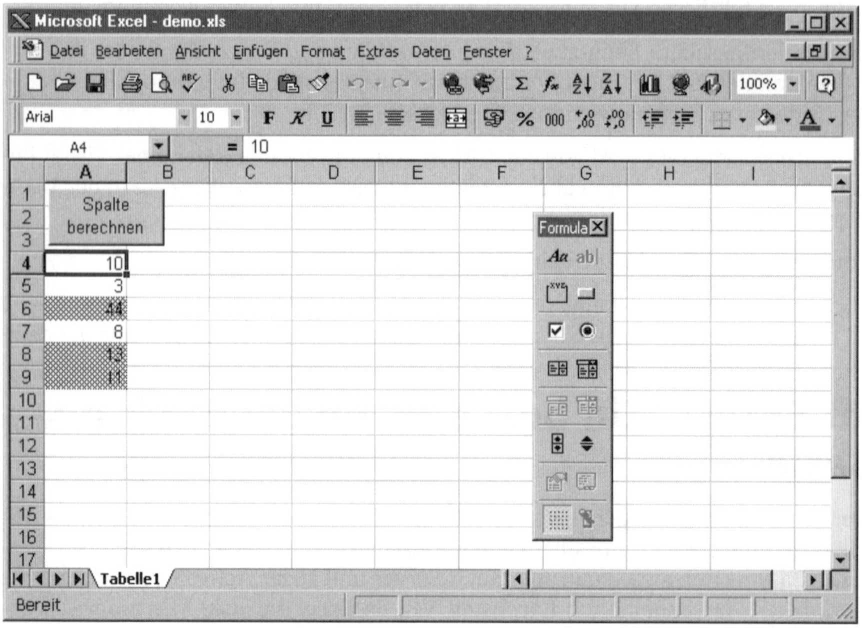

Abbildung 25.1: *Eine Excel-Tabelle, die VBA-Code verwendet.*

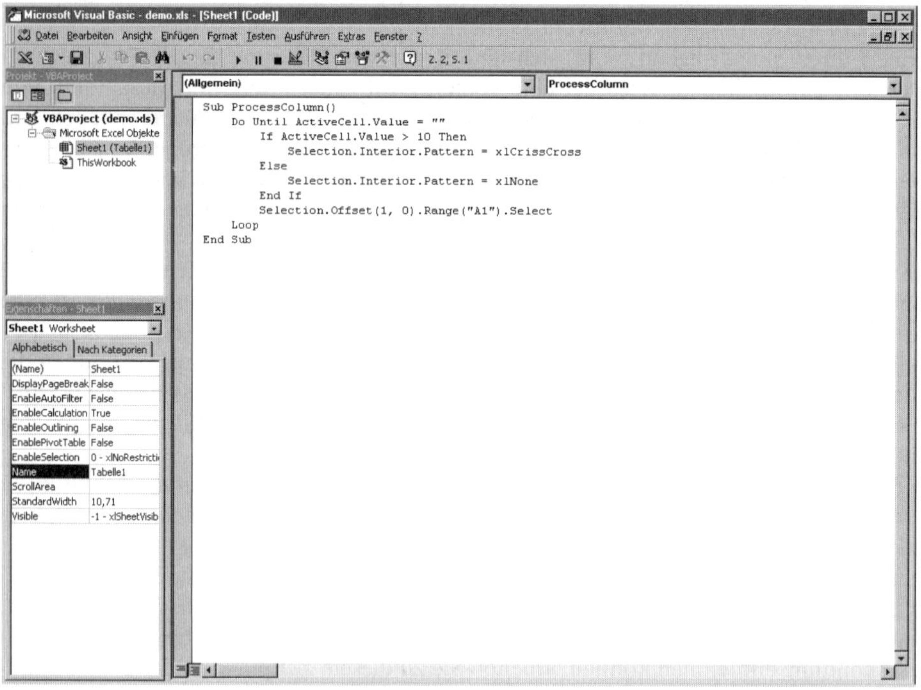

Abbildung 25.2: *Der Quelltext des VBA-Programms für die Excel-Tabelle.*

Falls Sie das Beispiel selbst neu erstellen möchten, führen Sie die folgenden Schritten aus.

1. Starten Sie Excel mit einer neuen Arbeitsmappe, drücken Sie die Tastenkombination **Alt+F11**, und doppelklicken Sie dann auf *Tabelle1* im oberen linken Fenster.
2. Geben Sie den in der Abbildung 25.2 gezeigten Makroquelltext ein.
3. Kehren Sie zum Excel-Fenster zurück, indem Sie *Schließen und zurück zu Microsoft Excel* wählen. Wählen Sie im Menü *Ansicht* den Befehl *Symbolleisten*. Klicken Sie auf den Eintrag *Steuerlement-Toolbox*, um die gleichnamige Symbolleiste anzuzeigen. (Die Liste der Symbolleisten wird auch angezeigt, wenn Sie mit der rechten Maustaste auf irgendeine sichtbare Symbolleiste klicken.)
4. Klicken Sie auf das Symbol für die Schaltfläche, und erstellen Sie dann die Befehlsschaltfläche, indem Sie den Mauszeiger in die obere linke Ecke der Tabelle ziehen. Verknüpfen Sie die Schaltfläche mit dem Makro *Tabelle1.ProcessColumn*.
5. Wählen Sie für die Schaltfläche die gewünschte Größe, und geben Sie die Beschriftung *Spalte berechnen* ein, wie in Abbildung 25.1 gezeigt.
6. Geben Sie einige Zahlen in der Spalte ab Zelle A4 ein. Markieren Sie die Zellen mit diesen Zahlen, und klicken Sie dann auf die Schaltfläche, um das VBA-Programm zu testen.

Ziemlich einfach, nicht wahr?

Wir wollen jetzt eine VBA-Anweisung des oben gezeigten Excel-Makros genauer untersuchen:

```
Selection.Offset(1, 0).Range("A1").Select
```

Das erste Element namens *Selection* ist eine *Eigenschaft* eines implizit vorhandenen *Objekts*, nämlich der Excel-*Anwendung*. In diesem Fall stellt die Eigenschaft *Selection* ein Objekt des Typs *Range* dar, das ein rechteckiges Feld von Zellen repräsentiert. Das zweite Element namens *Offset* ist eine Eigenschaft des *Range*-Objekts, die unter Berücksichtigung der beiden Parameter ein weiteres *Range*-Objekt liefert. Im vorliegenden Fall ist das zurückgegebene *Range*-Objekt ein einzelliger Bereich, der eine Zeile unterhalb des ursprünglichen Bereichs beginnt. Das dritte Element *Range* ist eine Eigenschaft des *Range*-Objekts, die ihrerseits wieder einen Zellenbereich liefert. Diesmal ist es die obere linke Zelle des zweiten Bereichs. Das letzte Element schließlich, die *Methode Select*, veranlasst Excel, die ausgewählte Zelle zu markieren und als neuen Wert der Eigenschaft *Selection* der Anwendung zu übernehmen.

Während das Programm die Schleife durchläuft, bewegt der zuvor erläuterte Befehl die Zellenauswahl jeweils um eine Zeile nach unten. Diese Art der Programmierung ist zwar gewöhnungsbedürftig, lässt sich aber einfach nicht mehr ignorieren. Der wirkliche Vorteil der VBA-Programmierung liegt darin, dass alle Funktionen, die Excel für die Tabellenkalkulation und die grafische Aufbereitung der Daten bietet, in einer integrierten Programmierumgebung zur Verfügung gestellt werden.

Eigenschaften, Methoden und Auflistungen

Die Unterscheidung zwischen *Eigenschaften* und *Methoden* ist etwas willkürlich. Eine Eigenschaft ist im Wesentlichen ein Wert, der gesetzt und abgefragt werden kann. So können Sie beispielsweise für eine Excel-Anwendung die Eigenschaft *Selection* setzen und abfragen. Ein anderes Beispiel ist die Excel-Eigenschaft *Width*, die bei vielen Arten von Objekten Anwendung findet. Einige Excel-Eigenschaften können nur abgefragt werden, aber die meisten lassen sich sowohl abfragen als auch setzen.

Eigenschaften haben offiziell keine Parameter, aber einige Eigenschaften sind *indiziert*. Der Eigenschaftenindex funktioniert wie ein Parameter. Er muss keine ganze Zahl sein und kann aus mehr als einem Element bestehen (beispielsweise aus zwei Angaben für Spalte und Zeile). Sie werden viele indizierte Eigenschaften im Objektmodell von Excel antreffen, und Excel VBA kann indizierte Eigenschaften in Automatisierungsservern handhaben.

Methoden sind flexibler als Eigenschaften. Sie können ohne und mit Parametern verwendet werden, und Objektdaten sowohl setzen als auch abfragen. Meistens führen sie irgendeine Aktion durch, beispielsweise Anzeigen eines Fensters. Die Excel-Methode *Select* ist ein Beispiel für eine Methode, die eine bestimmte Aktion durchführt.

Das Objektmodell von Excel unterstützt Auflistungsobjekte. Wenn Sie beispielsweise die Eigenschaft *Worksheets* des Objekts *Application* abfragen, erhalten Sie eine Auflistung von *Sheets*-Objekten, die alle Tabellen der aktiven Arbeitsmappe repräsentiert. Mit der Eigenschaft *Item* (die einen ganzzahligen Index hat) können Sie nach einem bestimmten *Worksheet*-Objekt innerhalb einer *Sheets*-Auflistung suchen, oder Sie können direkt unter Verwendung eines ganzzahligen Indexwertes auf die Elemente der Auflistung zugreifen.

Automatisierung löst ein Problem

Sie haben bereits gelernt, dass Windows-Programme am besten über COM-Schnittstellen miteinander kommunizieren, aber Sie wissen auch, dass es in den meisten Fällen recht unpraktisch, ist, eigene COM-Schnittstellen zu entwerfen. Die Automatisierung bedient sich einer allgemeinen Schnittstelle namens *IDispatch*, die gleichermaßen den Erfordernissen von C++- und VBA-Programmierern gerecht wird. Wie Sie nach dieser kurzen Begegnung mit Excel-VBA vielleicht schon vermuten, spielen Objekte, Methoden und Eigenschaften beim Umgang mit dieser Schnittstelle eine wesentliche Rolle.

Sie können COM-Schnittstellen entwickeln, deren Funktionen mit beliebigen Typen von Parametern und Rückgabewerten arbeiten. *IMotion* und *IVisual* (die beiden in Kapitel 24 vorgestellten Schnittstellen) sind Beispiele dafür. Falls Sie jedoch VBA-Programmierern den Zugriff auf Ihre Schnittstellen ermöglichen möchten, können Sie nicht mehr nach eigenem Belieben vorgehen. Das Kommunikationsproblem lässt sich durch eine Schnittstelle lösen, die über eine Member-Funktion verfügt, die in der Lage ist, VBA-Methoden und -Eigenschaften einzusetzen. *IDispatch* hat natürlich eine solche Funktion: *Invoke*. Die Funktion *IDispatch::Invoke* wird für COM-Objekte benutzt, die sowohl von C++- als auch von VBA-Programmen erzeugt und verwendet werden können.

Nun wird allmählich klar, was die Automatisierung eigentlich leistet. Sie leitet die gesamte Kommunikation zwischen den verschiedenen Modulen über die Funktion *IDispatch::Invoke*. Wie stellt ein Client die erste Verbindung zu seinem Server her? Da *IDispatch* eben nur eine weitere COM-Schnittstelle darstellt, kommt auch hier die gesamte Registrierungslogik von COM ins Spiel. Automatisierungsserver können DLL- oder EXE-Module sein und lassen sich unter Verwendung von DCOM (*Distributed COM*) auch über ein Netzwerk verteilt aktivieren.

Die Schnittstelle IDispatch

Die Schnittstelle *IDispatch* ist das Herzstück der Automatisierung. Diese Schnittstelle verfügt wie alle anderen Standard-COM-Schnittstellen über uneingeschränkte Marshaling-Unterstützung (d.h. Microsoft liefert den Marshaling-Code) und sie wird von der MFC-Bibliothek umfassend unterstützt. Auf der Server-Seite benötigen Sie eine COM-Klasse mit einer *IDispatch*-Schnittstelle (und natürlich der erforderlichen Class Factory). Im Client-Programm benutzen Sie Standard-COM-Techniken, um einen Zeiger auf eine *IDispatch*-Schnittstelle zu erhalten. (Sie werden feststellen, dass die MFC-Bibliothek und die Assistenten einen großen Teil dieser Details abhandeln.)

Die wichtigste Member-Funktion von *IDispatch* ist *Invoke*. Sollten Sie sich die entsprechenden Seiten über *IDispatch::Invoke* in der Online-Dokumentation zu Visual C++ anschauen, so werden Sie auf eine Unmenge von Parametern stoßen. Im Augenblick sollte Ihnen das aber kein Kopfzerbrechen bereiten. Die MFC-Bibliothek liefert Hilfestellung auf beiden Seiten eines *Invoke*-Aufrufs. Dabei verwendet sie zum Aufruf von Server-Funktionen ein datengesteuertes Verfahren auf der Grundlage einer Verteilertabelle, deren Zuordnungen Sie mit Hilfe von Makros festlegen.

Invoke ist nicht die einzige Member-Funktion von *IDispatch*. Ihr Client-Programm wird vermutlich auch die Funktion *GetIDsOfNames* aufrufen. Aus der Sicht des VBA-Programmierers haben Eigenschaften und Methoden symbolische Namen, aber C++-Programmierer schätzen eher den effizienten Zugriff über einen ganzzahligen Index. *Invoke* benutzt zur Identifizierung der Eigenschaften und Methoden ganze Zahlen. Deshalb ist es nützlich, am Anfang eines Programms mit einem Aufruf von *GetIDsOfNames* die Namen in die entsprechenden Zahlen zu konvertieren, falls diese zur Kompilierzeit noch nicht bekannt sein sollten. Sie wissen bereits, dass *IDispatch* die Verwendung symbolischer Namen für Methoden unterstützt. Außerdem lässt die Schnittstelle auch bei den Methodenparametern symbolische Namen zu. Die Funktion *GetIDsOfNames* liefert in ihrem Ergebnis die Namen dieser Parameter zusammen mit dem Methodennamen zurück. Leider unterstützt die MFC-Implementierung von *IDispatch* keine Parameternamen.

Möglichkeiten der Programmierung

Angenommen, Sie entwickeln in C++ einen Automatisierungsserver. Dann müssen Sie einige Entscheidungen treffen. Möchten Sie einen prozessinternen oder eher einen prozessexternen Server? Welche Art von Benutzeroberfläche möchten Sie? Braucht der Server überhaupt eine Benutzeroberfläche? Sollen die Anwender Ihren EXE-Server als eigenständiges Programm ausführen können? Soll der EXE-Server nach dem SDI- oder nach dem MDI-Schema arbeiten? Soll der Anwender den Server direkt beenden können?

Bei einem DLL-Server ist die COM-Bindung effizienter als bei einem EXE-Server, da kein Marshaling erforderlich ist. In den meisten Fällen werden prozessinterne Automatisierungs-Server außer modalen Dialogfeldern keine weiteren Elemente einer Benutzeroberfläche anbieten. Sofern Sie einen Server benötigen, der sein eigenes untergeordnetes Fenster verwaltet, sollten Sie ein ActiveX-Steuerelement verwenden. Wird für den Server ein Hauptrahmenfenster benötigt, so sollten Sie einen prozessexternen Server einsetzen. Wie es bei jeder 32-Bit-DLL der Fall ist, wird auch eine Automatisierungs-DLL in den Adressraum des Client-Prozesses integriert. Falls zwei Client-Programme zufällig dieselbe DLL anfordern, lädt und bindet Windows zwei verschiedene Instanzen der DLL. Keiner der Clients erfährt, dass der andere denselben Server benutzt.

Bei einem EXE-Server müssen Sie allerdings sorgfältig den Unterschied zwischen einem Server-Programm und einem Server-Objekt beachten. Wenn ein Client die Funktion *IClassFac-*

tory::CreateInstance aufruft, um ein Server-Objekt zu erzeugen, übernimmt die Class Factory des Servers diese Aufgabe, aber es ist nicht ausgemacht, ob COM das Server-Programm startet oder nicht.

Es folgen einige Beispielszenarien:

1. Die über COM-Funktionen erzeugbare Server-Klasse wurde so programmiert, dass sie für jedes neu erzeugte Objekt einen neuen Prozess benötigt. In diesem Fall startet COM nach jedem Aufruf von *CreateInstance* einen neuen Prozess, dem ein neuer *IDispatch*-Zeiger übergeben wird.
2. Es gibt einen Sonderfall des unter Punkt 1 beschriebenen Szenarios, der sich speziell auf MFC-Anwendungen bezieht. Die Server-Klasse ist eine MFC-Dokumentklasse in einer SDI-Anwendung. Jedes Mal, wenn ein Client *CreateInstance* aufruft, wird ein neuer Server-Prozess zusammen mit einem Dokumentobjekt, einem Ansichtsobjekt und einem SDI-Hauptrahmenfenster gestartet.
3. Die Server-Klasse wurde so programmiert, dass mehrere Objekte in einem einzelnen Prozess zulässig sind. Jedes Mal, wenn ein Client *CreateInstance* aufruft, wird ein neues Server-Objekt erstellt. Es gibt jedoch nur einen einzigen Server-Prozess.
4. Es gibt einen weiteren Sonderfall des unter Punkt 3 beschriebenen Szenarios, der sich speziell auf MFC-Anwendungen bezieht. Die Server-Klasse ist eine MFC-Dokumentklasse in einer MDI-Anwendung. Es gibt einen einzigen Server-Prozess mit einem MDI-Hauptrahmenfenster. Jedes Mal, wenn ein Client *CreateInstance* aufruft, wird ein neues Dokumentobjekt erzeugt, zusammen mit einem Ansichtsobjekt und einem untergeordneten MDI-Rahmenfenster.

Es gibt noch einen interessanten Fall. Angenommen, ein EXE-Server ist aktiv, bevor der Client ihn benötigt, und der Client entscheidet sich dann, auf ein anderes, bereits vorhandenes Server-Objekt zuzugreifen. Dieser Fall lässt sich an Excel studieren. Wir nehmen an, der Anwender habe Excel gestartet und dann auf dem Desktop minimiert. Der Client möchte auf das *Application*-Objekt von Excel zugreifen. In diesem Fall ruft der Client die COM-Funktion *GetActiveObject* auf, die einen Schnittstellenzeiger für ein vorhandenes Server-Objekt liefert. Sollte der Aufruf fehlschlagen, so kann der Client das Objekt mit einem Aufruf von *CoCreateInstance* erstellen.

Bei der Entfernung von Server-Komponenten gelten die normalen COM-Regeln. Automatisierungsobjekte haben Referenzzähler und sie veranlassen ihre eigene Löschung, wenn der Client *Release* aufruft und der Referenzzähler dabei auf Null herunter gezählt wird. Falls das Automatisierungsobjekt in einem MDI-Server ein MFC-Dokument ist, veranlasst seine Entfernung, dass das zugehörige untergeordnete MDI-Fenster geschlossen wird. In einem SDI-Server führt die Entfernung des Dokumentobjekts dazu, dass der Server-Prozess terminiert. Der Client muss vor seiner Terminierung dafür sorgen, dass für jede Schnittstelle *IDispatch* einmal die Funktion *Release* aufgerufen wird. Bei EXE-Servern unterbricht COM den Terminierungsvorgang, falls der Client eine Schnittstelle nicht freigegeben hat, und ermöglicht auf diese Weise dem Server-Prozess die Terminierung. Auf diese COM-Intervention können Sie sich allerdings nicht immer verlassen. Es ist deshalb besser, dafür zu sorgen, dass der Client rechtzeitig seine Schnittstellen freigibt.

Bei normalen COM-Anwendungen erhält das Client-Programm für ein einzelnes Server-Objekt oft mehrere Schnittstellenzeiger. Denken Sie beispielsweise zurück an das Raumschiffbeispiel aus Kapitel 24, in dem die simulierte COM-Server-Klasse sowohl einen *IMotion*-Zeiger als auch einen *IVisual*-Zeiger hatte. Bei der Automatisierung jedoch gibt es in der Regel nur einen einzigen Schnittstellenzeiger (*IDispatch*) pro Objekt. Wie immer bei der COM-Programmierung müssen Sie darauf achten, alle Schnittstellenzeiger auch wieder freizugeben. In Excel beispielsweise geben viele Eigenschaften einen *IDispatch*-Zeiger auf neue oder vorhandene Objekte zurück. Sollten Sie einen Zeiger auf einen prozessinternen COM-Server nicht freigeben, so meldet sich die Debug-Version der MFC-Bibliothek mit einem Hinweis auf einen möglichen Speicherverlust, wenn das Client-Programm endet.

Die MFC-Implementierung von IDispatch

Ein Server-Programm kann seine Schnittstelle *IDispatch* auf verschiedene Arten implementieren. Die gebräuchlichsten Methoden verlagern einen großen Teil der Arbeit zu den Windows COM-DLLs, indem sie die COM-Funktion *CreateStdDispatch* aufrufen oder indem sie den Aufruf von *Invoke* an die Schnittstelle *ITypeInfo* delegieren. Beide Verfahren benutzen die *Typbibliothek* des Servers. Eine Typbibliothek ist eine über die Registrierung auffindbare Tabelle, mit deren Hilfe ein Client vom Server die symbolischen Namen von Objekten, Methoden und Eigenschaften anfordern kann. Ein Client könnte beispielsweise eine Browser-Funktion bereitstellen, die es einem Anwender ermöglicht, die Eigenschaften eines Servers zu untersuchen.

Die MFC-Bibliothek unterstützt Typbibliotheken, benutzt sie aber nicht bei ihrer eigenen Implementierung von *IDispatch*, in der eine *Verteilertabelle* zur Steuerung der Schnittstelle eingesetzt wird. MFC-Programme rufen weder *CreateStdDispatch* auf, noch benutzen sie eine Typbibliothek zur Implementierung von *IDispatch::GetIDsOfNames*. Daraus folgt, dass Sie die MFC-Bibliothek nicht zur Implementierung einer mehrsprachigen Server-Komponente verwenden können – also einer Komponente, die beispielsweise englische und deutsche Namen für Eigenschaften und Methoden unterstützt. (*CreateStdDispatch* bietet ebenfalls keine Unterstützung für mehrsprachige Komponenten.)

Sie werden an späterer Stelle in diesem Kapitel erfahren, wie ein Client eine Typbibliothek benutzen kann und wie sich Typbibliotheken mit Hilfe von MFC-Anwendungs- und Klassen-Assistent erstellen und verwalten lassen. Sobald Ihr Server über eine Typbibliothek verfügt, kann ein Client darauf zugreifen und darin suchen, ohne sich um die jeweilige Implementierung von *IDispatch* kümmern zu müssen.

Ein MFC-Automatisierungsserver

Wir untersuchen nun, was sich in einem MFC-Automatisierungsserverabspielt und betrachten dazu eine vereinfachte Version des Programms Ex25c, das später in diesem Kapitel behandelt wird. In der MFC-Bibliothek gehört die Implementierung von *IDispatch* zur Basisklasse *CCmdTarget*. Sie brauchen deshalb keine Schnittstellenmakros vom Typ *INTERFACE_MAP*. Angenommen, Sie schreiben für einen Automatisierungsserver eine Klasse namens *CClock*, die sich von *CCmdTarget* ableitet. Die CPP-Datei für diese Klasse enthält folgenden *DISPATCH_MAP*-Makros:

```
BEGIN_DISPATCH_MAP(CClock, CCmdTarget)
  DISP_PROPERTY(CClock, "Time", m_time, VT_DATE)
  DISP_PROPERTY_PARAM(CClock, "Figure", GetFigure,
                   SetFigure, VT_VARIANT, VTS_I2)
  DISP_FUNCTION(CClock, "RefreshWin", Refresh, VT_EMPTY, VTS_NONE)
  DISP_FUNCTION(CClock, "ShowWin", ShowWin, VT_BOOL, VTS_I2)
END_DISPATCH_MAP()
```

Das Konstrukt ähnelt in gewisser Hinsicht einer MFC-Nachrichtentabelle. Die Header-Datei für die Klasse *CClock* enthält den folgenden Quelltext:

```
public:
  DATE m_time;
  afx_msg VARIANT GetFigure(short n);
  afx_msg void SetFigure(short n, const VARIANT& vaNew);
  afx_msg void Refresh();
  afx_msg BOOL ShowWin(short n);
  DECLARE_DISPATCH_MAP()
```

Welchen Reim soll man sich darauf machen? Nun, wir können dem Gezeigten entnehmen, dass die Klasse *CClock* die in Tabelle 25.1 aufgeführten Eigenschaften und Methoden hat:

Name	Typ	Beschreibung
Time	Eigenschaft	Ist direkt mit dem Datenelement *m_time* der Klasse verknüpft.
Figure	Eigenschaft	Indizierte Eigenschaft, auf die durch Member-Funktionen *GetFigure* und *SetFigure* zugegriffen wird: der erste Parameter ist der Index, während der zweite Parameter (für *SetFigure*) den Wert der Zeichenfolge übergibt. (Dabei handelt es sich um die Beschriftungen XII, III, VI und IX, die auf dem Ziffernblatt der Uhr erscheinen.)
RefreshWin	Methode	Ist mit der Member-Funktion *Refresh* der Klasse verknüpft – hat keine Parameter und liefert keinen Rückgabewert zurück.
ShowWin	Methode	Ist mit der Member-Funktion *ShowWin* der Klasse verknüpft – übernimmt einen Parameter vom Typ *short integer* und gibt einen Rückgabewert vom Typ *Boolean* zurück.

Tabelle 25.1: *Eigenschaften und Methoden der Klasse* CClock.

In welcher Beziehung steht die MFC-Verteilertabelle zur Schnittstelle *IDispatch* und der Member-Funktion *Invoke*? Die Makros der Verteilertabelle erzeugen statische Datentabellen, die von der MFC-Implementierung der Funktion *Invoke* gelesen werden können. Ein Client erhält einen *IDispatch*-Zeiger für *CClock* (über die Verbindung zur Basisklasse *CCmdTarget*) und ruft *Invoke* mit einem Feld von Zeigern als Parameter auf. Die MFC-Implementierung von *Invoke*, die irgendwo in *CCmdTarget* versteckt ist, benutzt die Verteilertabelle von *CClock*, um die übergebenen Zeiger zu dekodieren und entweder eine Ihrer Member-Funktionen aufzurufen oder direkt auf *m_time* zuzugreifen.

Sie werden anhand der Beispiele in diesem Kapitel feststellen, dass der Klassen-Assistent Ihnen die Generierung der Klasse für den Automatisierungsserver abnimmt und Ihnen auch bei der Kodierung der Verteilertabelle behilflich sein kann.

Ein MFC-Automatisierungsclient

Kommen wir nun zur Client-Seite des Automatisierungsgeschehens. Wie ruft ein MFC-Automatisierungsclient die Funktion *Invoke* auf? Die MFC-Bibliothek stellt zu diesem Zweck die Basisklasse *COleDispatchDriver* zur Verfügung. Diese Klasse enthält das Datenelement *m_lpDispatch*, in dem der *IDispatch*-Zeiger der entsprechenden Server-Komponente gespeichert wird. Um Ihnen die Einzelheiten der *Invoke*-Parameterfolge zu ersparen, bietet *COleDispatchDriver* verschiedene Member-Funktionen an, unter anderem die Funktionen *InvokeHelper*, *GetProperty* und *SetProperty*. Diese drei Funktionen rufen *Invoke* für den *IDispatch*-Zeiger auf, der auf diesen Server verweist. Dieser *IDispatch*-Zeiger ist Teil des *COleDispatchDriver*-Objekts.

Angenommen, unser Client-Programm verfügt über eine Klasse namens *CClockDriver*, die sich von *COleDispatchDriver* ableitet und Objekte des Typs *CClock* in einem Automatisierungsserver steuert. Im Folgenden sehen Sie die Funktionen zum Setzen und Abfragen der Eigenschaft *Time*:

```
DATE CClockDriver::GetTime()
{
  DATE result;
  GetProperty(1, VT_DATE, (void*)&result);
  return result;
}

void CClockDriver::SetTime(DATE propVal)
{
  SetProperty(1, VT_DATE, propVal);
}
```

Es folgen die Funktionen für den Zugriff auf die indizierte Eigenschaft *Figure*:

```
VARIANT CClockDriver::GetFigure(short i)
{
  VARIANT result;
  static BYTE parms[] = VTS_I2;
  InvokeHelper(2, DISPATCH_PROPERTYGET, VT_VARIANT,
            (void*)&result, parms, i);
  return result;
}

void CClockDriver::SetFigure(short i, const VARIANT& propVal)
{
  static BYTE parms[] = VTS_I2 VTS_VARIANT;
  InvokeHelper(2, DISPATCH_PROPERTYPUT, VT_EMPTY, NULL,
            parms, i, &propVal);
}
```

Und so sehen die Funktionen für den Zugriff auf die Server-Methoden aus:

```
void CClockDriver::RefreshWin()
{
  InvokeHelper(3, DISPATCH_METHOD, VT_EMPTY, NULL, NULL);
}

BOOL CClockDriver::ShowWin(short i)
{
  BOOL result;
  static BYTE parms[] = VTS_I2;
  InvokeHelper(4, DISPATCH_METHOD, VT_BOOL,
            (void*)&result, parms, i);
  return result;
}
```

Die Funktionsparameter bezeichnen die Eigenschaft bzw. Methode, den zugehörigen Rückgabewert und die zugehörigen Parameter. Über die Parameter der Verteilerfunktionen werden Sie später noch weitere Einzelheiten erfahren, doch im Augenblick sollten Sie Ihre Aufmerksamkeit auf den ersten Parameter der Funktionen *InvokeHelper*, *GetProperty* und *SetProperty* richten. Er ist ein eindeutiger ganzzahliger Index (DISPID) zur Kennzeichnung der Eigenschaft oder Methode. Da Sie kompilierten C++-Code verwenden, können Sie diese IDs zur Kompilierzeit festlegen. Falls Sie einen MFC-Automatisierungsserver mit einer Verteilertabelle benutzen, werden die Indizes durch die Tabellenreihenfolge bestimmt, die mit 1 beginnt. Wenn Sie die Verteilerindizes einer Server-Komponente nicht kennen, können Sie die Member-Funktion *GetIDsOfNames* von *IDispatch* aufrufen, um die symbolischen Namen von Eigenschaften oder Methoden in ganze Zahlen zu konvertieren.

Abbildung 25.3 zeigt das Zusammenspiel von Client (Controller) und Server (Komponente).

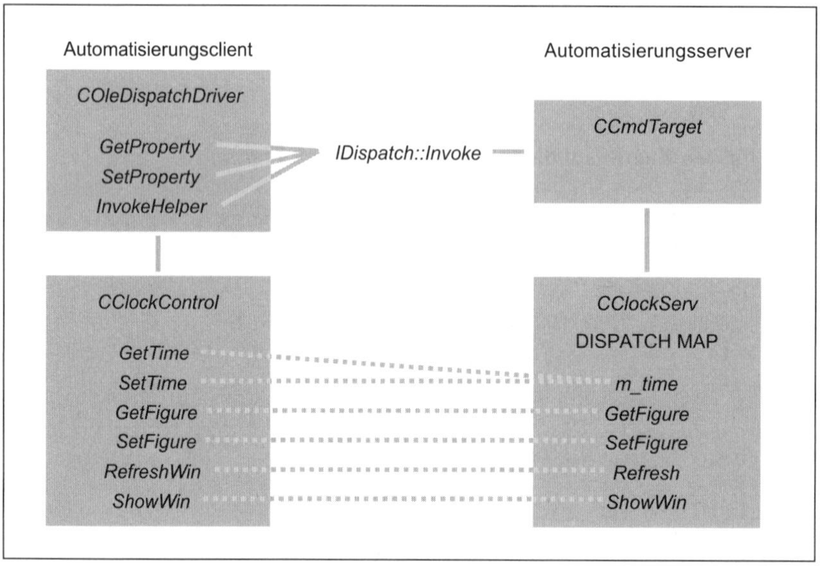

Abbildung 25.3: *Das Zusammenspiel von Automatisierungsclient und -server.*

Die durchgezogenen Linien illustrieren die tatsächlichen Verbindungen zwischen den MFC-Basisklassen und der Funktion *Invoke*. Mit den gepunkteten Linien werden die resultierenden logischen Verbindungen zwischen den Elementen der Client-Klasse und der Server-Klasse dargestellt.

Für die meisten Automatisierungsserver steht eine binäre Typbibliothek in Form einer TLB-Datei zur Verfügung. Der Klassen-Assistent kann auf diese Typbibliothek zugreifen, um eine von *COleDispatchDriver* abgeleitete Klasse zu generieren. Die auf diese Weise generierte Proxy-Klasse enthält Member-Funktionen für alle Server-Methoden und -Eigenschaften, jeweils mit festkodierten Verteiler-IDs. Manchmal muss der generierte Quelltext überarbeitet werden, aber das ist immer noch vorteilhafter als die Funktionen selbst neu zu schreiben.

Nach Generierung der Proxy-Klasse können Sie ein Objekt dieser Klasse in die Ansichtsklasse (oder eine andere Klasse) Ihrer Client-Anwendung einbetten:

```
CClockDriver m_clock;
```

Mit der folgenden Anweisung fordern Sie COM auf, ein Server-Objekt zu erstellen:

```
m_clock.CreateDispatch("Ex25c.Document");
```

Sie sind nun in der Lage, die Proxy-Funktionen aufzurufen.

```
m_clock.SetTime(COleDateTime::GetCurrentTime());
m_clock.RefreshWin();
```

Wenn das Objekt *m_clock* seinen Gültigkeitsbereich verlässt, gibt sein Destruktor den *IDispatch*-Zeiger frei.

Einen Automatisierungsclient mit der Compileranweisung #import erstellen

Neuerdings gibt es eine völlig andere Art, Programme für Automatisierungsclients zu erstellen. Sie verwenden nicht mehr den Klassen-Assistenten zur Generierung einer von *COleDispatchDriver* abgeleiteten Klasse, sondern generieren mit Hilfe des Compilers die Header- und Implementierungsdateien direkt von der Typbibliothek der Server-Komponente. Im Beispiel der Uhrkomponente enthält Ihr Client-Programm dann die folgende Anweisung:

```
#import" ..\ex25c\debug\ex25c.tlb" rename_namespace("ClockDriv") using namespace ClockDriv;
```

Der Compiler erzeugt (und bearbeitet) dann die beiden Dateien ex25c.tlh und ex25c.tli im Unterverzeichnis *Debug* oder *Release* des Projekts. Die TLH-Datei enthält die Deklaration der Proxy-Klasse *IEx25c* für diesen Server sowie die folgende Deklaration eines *»intelligenten Zeigers«* (Smart Pointer):

```
_COM_SMARTPTR_TYPEDEF(IEx25c, _ _uuidof(IDispatch));
```

Das Makro *_COM_SMARTPTR_TYPEDEF* generiert den Zeigertyp *IEx25cPtr*, der den *IDispatch*-Zeiger des Servers kapselt. Die TLI-Datei enthält Inline-Implementierungen der Member-Funktionen, von denen einige im nachfolgenden Quelltextfragment zu sehen sind:

```
inline HRESULT IEx25c::RefreshWin ( ) {
  return _com_dispatch_method(this, 0x4, DISPATCH_METHOD, VT_EMPTY, NULL,
      NULL);
}

inline DATE IEx25c::GetTime ( ) {
  DATE _result;
  _com_dispatch_propget(this, 0x1, VT_DATE, (void*)&_result);
  return _result;
}

inline void IEx25c::PutTime ( DATE _val ) {
  _com_dispatch_propput(this, 0x1, VT_DATE, _val);
}
```

Beachten Sie die Ähnlichkeit zwischen diesen Funktionen und den Member-Funktionen von *COleDispatchDriver*, die Sie bereits kennen gelernt haben. Die Funktionen *_com_dispatch_method*, *_com_dispatch_propget* und *_com_dispatch_propput* sind Teil der Laufzeitbibliothek.

In Ihrem Programm für den Automatisierungsclient fügen Sie einen Smart Pointer als Datenelement in Ihre Ansichtsklasse (oder in eine andere Klasse) ein. Dazu benutzen Sie eine Deklaration der folgenden Art:

```
IEx25cPtr  m_clock;
```

Mit der folgenden Anweisung erstellen Sie ein Server-Objekt:

```
m_clock.CreateInstance(__uuidof(Document));
```

Sie können nun den überladenen Auswahloperator (->) der Klasse *IEx25cPtr* benutzen, um die in der TLI-Datei definierten Member-Funktionen aufzurufen.

```
m_clock->PutTime(COleDateTime::GetCurrentTime());
m_clock->RefreshWin();
```

Wenn das Zeigerobjekt *m_clock* seinen Gültigkeitsbereich verlässt, ruft sein Destruktor die COM-Funktion *Release* auf.

Die *#import*-Anweisung zeigt uns die Zukunft der COM-Programmierung. Mit jeder neuen Version von Visual C++ übernimmt der Compiler die Handhabung weiterer COM-Elemente wie auch Details der Dokument-Ansicht-Architektur selbst.

Der Datentyp VARIANT

Sicherlich haben Sie den Datentyp *VARIANT* bemerkt, der im vorherigen Beispiel in Funktionen des Automatisierungsclients und des -servers verwendet wurde. *VARIANT* ist ein allgemeiner Datentyp, der von *IDispatch::Invoke* zur Übermittlung von Parameter- und Rückgabewerten verwendet wird. Für den Austausch von Daten mit VBA-Programmen ist der *VARIANT*-Typ die nahe liegende Wahl. Wir betrachten zunächst eine *vereinfachte* Version der *VARIANT*-Definition in den Windows-Header-Dateien.

```
struct tagVARIANT {
  VARTYPE vt; // vorzeichenlose, kurze Ganzzahl für Typcode
  WORD wReserved1, wReserved2, wReserved3;
  union {
    short      iVal;              // VT_I2  kurze Ganzzahl
    long       lVal;              // VT_I4  lange Ganzzahl
    float      fltVal;            // VT_R4  4-Byte-Gleitkomma
    double     dblVal;            // VT_R8  8-Byte-IEEE-Gleitkomma
    DATE       date;              // VT_DATE Datum/Zeit
    CY         vtCY               // VT_CY 64-Bit-Ganzzahl
    BSTR       bstrVal;           // VT_BSTR
    IUnknown*  punkVal;           // VT_UNKNOWN
    IDispatch* pdispVal;          // VT_DISPATCH
    short*     piVal;             // VT_BYREF | VT_I2
    long*      plVal;             // VT_BYREF | VT_I4
    float*     pfltVal;           // VT_BYREF | VT_R4
    double*    pdblVal;           // VT_BYREF | VT_R8
    DATE*      pdate;             // VT_BYREF | VT_DATE
```

```
    CY*        pvtCY;                    // VT_BYREF | VT_CY
    BSTR*      pbstrVal;                 // VT_BYREF | VT_BSTR
  }
};

typedef struct tagVARIANT VARIANT;
```

Offensichtlich ist ein *VARIANT*-Objekt eine C-Struktur, die einen Typcode *vt*, einige Füll-Bytes und eine große *Union*-Variable zur Aufnahme von Datentypen enthält, die Sie bereits kennen. Wenn *vt* beispielsweise den Wert VT_I2 hat, würden Sie den *VARIANT*-Wert dem Element *iVal* entnehmen, das eine ganze Zahl im 16-Bit-Format enthält. Hat *vt* den Wert VT_R8, so würden Sie den Union-Wert dem Element *dblVal* entnehmen, das einen 8-Byte-Wert speichert.

Ein *VARIANT*-Objekt kann Daten oder einen Zeiger auf Daten enthalten. Falls im Wert von *vt* das Bit VT_BYREF gesetzt ist, kann über den Zeiger in einem der Elemente *piVal*, *plVal* usw. auf die Daten zugegriffen werden. Beachten Sie, dass ein *VARIANT*-Objekt auch einen Zeiger auf eine *IUnknown*- oder *IDispatch*-Schnittstelle enthalten kann. Sie können also mit einem Automatisierungsaufruf ein vollständiges COM-Objekt übergeben, aber für eine Weiterverarbeitung durch VBA sollte die zugehörige Klasse eine *IDispatch*-Schnittstelle bereitstellen.

Zeichenfolgen sind ein Spezialfall. Der Typ *BSTR* ermöglicht eine andere Darstellung von Zeichenfolgen. Eine *BSTR*-Variable ist ein Zeiger auf ein nullterminiertes Zeichenfeld, das am Anfang die Länge der Zeichenfolge speichert. Deshalb kann eine *BSTR*-Variable auch binäre Zeichen einschließlich Nullen enthalten. Ein *VARIANT*-Objekt mit einem Inhalt des Typs *vt* = VT_BSTR würde auf die in Abbildung 25.4 dargestellt Weise gespeichert.

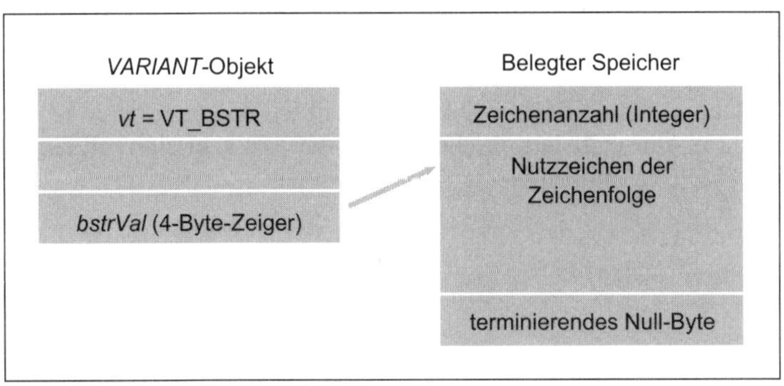

Abbildung 25.4: *Wie Zeichenfolgen in VARIANT-Strukturen gespeichert werden.*

Da die Zeichenfolge durch eine Null terminiert wird, können Sie das Element *bstrVal* als gewöhnlichen *char*-Zeiger benutzen, aber dann sollten Sie sehr umsichtig bei der Speicherfreigabe verfahren. Denn es reicht nicht, den Zeiger auf die Zeichenfolge zu löschen, da der reservierte Speicherbereich mit dem Längenzähler beginnt. Es gibt die Windows-Funktionen *SysAllocString* und *SysFreeString*, mit denen sich Reservierung und Freigabe von *BSTR*-Objekten handhaben lässt.

HINWEIS: *SysAllocString* ist eine weitere COM-Funktion, die als Parameter einen Zeiger auf ein Feld von Breitzeichen erwartet. Daraus folgt, dass alle *BSTR*-Objekte aus Breitzeichen bestehen, selbst wenn Sie *_UNICODE* gar nicht definiert haben. *Also Vorsicht*!

Windows stellt einige nützliche Funktionen für *VARIANT*-Objekte zur Verfügung. Nachfolgende Tabelle 25.2 zeigt eine Auswahl dieser Funktionen. Falls ein *VARIANT*-Objekt eine *BSTR*-Zeichenfolge enthält, stellen diese Funktionen sicher, dass der benötigte Speicher ordnungsgemäß reserviert und freigegeben wird. Die Funktionen *VariantInit* und *VariantClear* setzen den Typcode *vt* auf den Wert VT_EMPTY. Alle diese Funktionen sind globale Funktionen und erwarten einen Parameter vom Typ *VARIANT**.

Funktion	Beschreibung
VariantInit	Initialisiert ein VARIANT-Objekt.
VariantClear	Setzt ein VARIANT-Objekt zurück und gibt den reservierten Speicher frei.
VariantCopy	Gibt den mit dem VARIANT-Zielobjekt verknüpften Speicher frei und kopiert die VARIANT-Quellstruktur in das Zielobjekt.
VariantCopyInd	Gibt den mit dem VARIANT-Zielobjekt verknüpften Speicher frei und führt alle gegebenenfalls erforderlichen Zeigeroperationen durch, um die VARIANT-Quellstruktur zu kopieren.
VariantChangeType	Ändert den Typ des VARIANT-Inhalts.

Tabelle 25.2: *Windows-Funktionen für VARIANT-Objekte.*

Die Klasse COleVariant

Es wäre recht sinnvoll, eine C++-Klasse zu definieren, um die *VARIANT*-Struktur zu verpacken. Die Konstruktoren dieser Klasse könnten *VariantInit* aufrufen und der Destruktor könnte *VariantClear* aufrufen. Die Klasse könnte für jeden Standardtyp einen eigenen Konstruktor haben und ihre Kopierkonstruktoren und Zuweisungsoperatoren könnten *VariantCopy* aufrufen. Wenn ein *VARIANT*-Objekt seinen Gültigkeitsbereich verließe, würde sein Destruktor aufgerufen und der zugehörige Speicher automatisch freigegeben.

Das MFC-Team hat eine solche Klasse entwickelt, die vor allem für den Umgang mit dem Subsystem der Datenzugriffsobjekte (Data Access Objects, DAO) gedacht ist, das in Kapitel 32 beschrieben wird. Sie kann aber auch in Automatisierungsclients und -servern sehr sinnvoll eingesetzt werden. Es folgt eine vereinfachte Deklaration dieser Klasse:

```
class COleVariant : public tagVARIANT
{
// Konstruktor
public:
  COleVariant();

  COleVariant(const VARIANT& varSrc);
  COleVariant(const COleVariant& varSrc);

  COleVariant(LPCTSTR lpszSrc);
  COleVariant(CString& strSrc);

  leVariant(BYTE nSrc);
  COleVariant(short nSrc, VARTYPE vtSrc = VT_I2);
  COleVariant(long lSrc, VARTYPE vtSrc = VT_I4);

  COleVariant(float fltSrc);
  COleVariant(double dblSrc);
  COleVariant(const COleDateTime& dateSrc);
// Destruktor
  ~COleVariant(); // gibt BSTR frei
```

```
// Operationen
public:
  void Clear(); // gibt BSTR frei
  VARIANT Detach(); // später mehr
  void ChangeType(VARTYPE vartype, LPVARIANT pSrc = NULL);
};
```

Zu dieser Klasse gehören außerdem Vergleichsoperatoren, Zuweisungsoperatoren, Typumwandlungsoperatoren sowie *friendly*-Operatoren zum Einfügen und Extrahieren für die Klassen *CArchive* und *CDumpContext*. In der Online-Dokumentation finden Sie eine vollständige Beschreibung dieser nützlichen MFC-Klasse *COleVariant*.

Untersuchen wir nun, ob uns die Klasse *COleVariant* bei der Implementierung der Server-Funktion *GetFigure* helfen kann, die Sie zuvor in der Verteilertabelle des Beispiels gesehen haben. Angenommen, der Server speichert Zeichenfolgen für vier Ziffern in einem Datenelement:

```
private:
  CString m_strFigure[4];
```

Bei direkter Handhabung der *VARIANT*-Struktur müssten wir folgendermaßen vorgehen:

```
VARIANT CClock::GetFigure(short n)
{
  VARIANT vaResult;
  ::VariantInit(&vaResult);
  vaResult.vt = VT_BSTR;
  // CString::AllocSysString erzeugt BSTR-Objekt
  vaResult.bstrVal = m_strFigure[n].AllocSysString();
  return vaResult; // Kopiert vaResult ohne das BSTR-Objekt zu kopieren.
                   // BSTR-Objekt muss später freigegeben werden.
}
```

Eine äquivalente Version der Funktion mit einem *COleVariant*-Rückgabewert:

```
VARIANT CClock::GetFigure(short n)
{
  return COleVariant(m_strFigure[n]).Detach();
}
```

Entscheidend ist hier der Aufruf der Funktion *COleVariant::Detach*. Die Funktion *GetFigure* erzeugt ein temporäres Objekt, das einen Zeiger auf ein *BSTR*-Objekt enthält. Dieses Objekt wird bitweise zum Rückgabewert kopiert. Ohne den Aufruf von *Detach* würde der *COleVariant*-Destruktor den Speicher des *BSTR*-Objekts freigeben und das aufrufende Programm würde ein *VARIANT*-Objekt zurückerhalten, das einen ungültigen Zeiger enthielte.

Die *VARIANT*-Parameter der über die Verteilertabelle zugänglichen Server-Funktionen werden als *const VARIANT&* deklariert. Innerhalb der Funktion lässt sich ein *VARIANT*-Zeiger jederzeit in einen *COleVariant*-Zeiger konvertieren. Betrachten Sie beispielsweise die Funktion *SetFigure*:

```
void CClock::SetFigure(short n, const VARIANT& vaNew)
{
  COleVariant vaTemp;
```

```
  vaTemp.ChangeType(VT_BSTR, (COleVariant*) &vaNew);
  m_strFigure[n] = vaTemp.bstrVal;
}
```

HINWEIS: Vergessen Sie nicht, dass alle *BSTR*-Zeichenfolgen Breitzeichen enthalten. Die Klasse *CString* hat einen Konstruktor und einen Zuweisungsoperator für den Typ *LPCWSTR* (Zeiger auf Zeichenfolgen mit Breitzeichen). Deshalb enthält die Zeichenfolge in *m_strFigure* 8-Bit-Zeichen, selbst wenn *bstrVal* auf ein Feld mit Breitzeichen verweist.

Die *VARIANT*-Parameter der über die Proxy-Klasse des Client-Programms zugänglichen Funktionen werden ebenfalls als *const VARIANT&* deklariert. Sie können diese Funktionen entweder mit einem *VARIANT*- oder mit einem *COleVariant*-Objekt aufrufen. Hier ist ein Beispiel für einen Aufruf der Funktion *CClockDriver::SetFigure*:

```
pClockDriver->SetFigure(0, COleVariant("XII"));
```

HINWEIS: Mit Visual C++ 5.0 wurden zwei zusätzliche neue Klassen für *BSTR*- und *VARIANT*-Objekte eingeführt. Diese Klassen (*_bstr_* und *_variant_t*) können unabhängig von der MFC-Bibliothek benutzt werden. Die Klasse *_bstr_t* kapselt den *BSTR*-Datentyp, während die Klasse *_variant_t* den Datentyp *VARIANT* kapselt. Beide Klassen übernehmen die Reservierung und Freigabe der erforderlichen Ressourcen. Weitere Informationen über diese Klassen finden Sie in der Online-Dokumentation.

Typumwandlungen für Parameter und Rückgabewerte von Invoke

Alle Parameter und Rückgabewerte der Funktion *IDispatch::Invoke* werden intern als *VARIANT*-Objekte behandelt. Das dürfen Sie nicht vergessen! Die MFC-Implementierung von *Invoke* ist in der Lage, zwischen dem *VARIANT*-Typ und dem von Ihnen bereitgestellten Typ zu konvertieren (so weit das möglich ist). Sie haben deshalb bei der Deklaration der Parameter und Rückgabewerte eine gewisse Flexibilität. Nehmen wir beispielsweise an, dass Ihre Client-Funktion *GetFigure* als Ergebnis ein Objekt des Typs *BSTR* festlegt. So lange ein Server einen Wert vom Typ *int* oder *long* zurückgibt, ist alles in Ordnung. COM und die MFC-Bibliothek konvertieren die Zahl in eine Zeichenfolge. Angenommen, Ihr Server deklariert einen *long*-Parameter und der Client übergibt einen *int*-Wert. Auch dies ist unproblematisch.

HINWEIS: Ein MFC-Automatisierungsclient übernimmt den erwarteten Ergebnistyp als *VT_* Parameter von den *COleDispatchDriver*-Funktionen *GetProperty*, *SetProperty* und *InvokeHelper*. Eine MFC-Automatisierungsserver übergibt die erwarteten Parameter als *VTS_* Parameter an die Makros *DISP_PROPERTY* und *DISP_FUNCTION*.

VBA ist im Unterschied zu C++ keine Sprache mit starker Typisierung. VBA-Variablen werden intern oft als *VARIANT*-Objekte gespeichert. Nehmen wir als Beispiel den Wert einer Zelle in einer Excel-Kalkulationstabelle. Ein Anwender kann einen Text, eine ganze Zahl, eine Gleitkommazahl oder eine Datums/Zeitangabe in einer Zelle eingeben. VBA behandelt den Zellenwert als *VARIANT*-Objekt und liefert ihn in dieser Form an einen Automatisierungsclient zurück. Wenn Ihre Client-Funktion ein *VARIANT*-Ergebnis erwartet, kann sie *vt* testen und die Daten entsprechend verarbeiten.

Für Datum und Zeit benutzt VBA ein spezielles Format, das sich von demjenigen der MFC-Klasse *CTime* unterscheidet. Variablen vom Typ *DATE* speichern Datum und Zeit in einem einzigen Wert vom Typ *double*. Die Ziffern hinter dem Dezimalzeichen repräsentieren die Zeit (.25 ist 6:00 vormittags), während die Ziffern vor dem Dezimalzeichen das Datum darstellen (Zahl der Tage seit dem 30. Dezember 1899). Die MFC-Bibliothek enthält eine Klasse *COleDateTime*, die den Umgang mit Datums- und Zeitangaben vereinfacht. Mit ihrer Hilfe können Sie ein Datumsobjekt folgendermaßen erstellen:

```
COleDateTime date(1998, 10, 1, 18, 0, 0);
```

Diese Deklaration initialisiert das Datumsobjekt mit dem 1. Oktober 1998, 18.00 Uhr.

Die Klasse *COleVariant* hat einen Zuweisungsoperator für *COleDateTime* und in der Klasse *COleDateTime* gibt es Member-Funktionen zum Extrahieren des Datums- oder Zeitanteils eines Datumsobjekts. So könnten Sie die Zeit ausgeben:

```
TRACE("Uhrzeit = %d:%d:%d\n",
    date.GetHour(),date.GetMinute(),date.GetSecond());
```

Wenn Sie ein *VARIANT*-Objekt mit einem *DATE*-Inhalt haben, benutzen Sie die Funktion *COleVariant::ChangeType* zur Konvertierung der Datumsangabe in eine Zeichenfolge:

```
COleVariant vaTimeDate = date;
COleVariant vaTemp;
vaTemp.ChangeType(VT_BSTR, &vaTimeDate);
CString str = vaTemp.bstrVal;
TRACE("Datum = %s\n", str);
```

Eine letzte Bemerkung zu den Parametern von *Invoke*: die Funktionen der Verteilertabelle können *optionale Parameter* haben. Falls der Server die letzten Parameter als *VARIANT*-Objekte deklariert, braucht der Client beim Aufruf der Funktion diese Parameter nicht anzugeben. In diesem Fall übernimmt der Server ein *VARIANT*-Objekt, dessen Element *vt* einen Wert VT_ERROR enthält.

Beispiele für die Automatisierung

Im restlichen Teil dieses Kapitels werden fünf Beispielprogramme vorgestellt. Die ersten drei Programme sind Automatisierungsserver – ein EXE-Server ohne Benutzeroberfläche, ein DLL-Server und ein EXE-Server auf SDI-Basis mit mehreren Instanzen. Zu jedem dieser Server-Programme ist eine eigene Microsoft Excel-Arbeitsmappe vorhanden. Das vierte Beispielprogramm ist ein MFC-Automatisierungsclient, der die drei Server-Programme steuert und außerdem Excel unter Verwendung der Proxy-Klasse *COleDispatchDriver* ausführt. Das letzte Beispiel ist ein Client-Programm, das statt der MFC-Klasse *COleDispatchDriver* die neue C++-Anweisung *#import* verwendet.

Das Beispiel EX25A – Automatisierungsserver ohne Benutzeroberfläche

Das Visual C++-Beispiel *Autoclik* ist ein gutes Beispiel für eine MDI-Anwendung, in der das Dokumentobjekt als Automatisierungsserver fungiert. (Sie finden das Autoclik-Beispiel in der Online-Dokumentation zu Visual C++ nach *Autoclik: Automatisierung* suchen oder den Ordner *Visual C++-Dokumentation/Arbeiten mit Visual C++/Einführung zu Visual C++/Autoclik: Automatisierung* wählen.) Das Beispiel Ex25a unterscheidet sich von diesem Beispiel, da es keine Benutzeroberfläche aufweist. Es enthält eine automatisierungsfähige Klasse und in der ersten Version des Programms einen einzigen Prozess, der die Erstellung mehrerer Automatisierungsobjekte unterstützt. In der zweiten Version wird jedes Mal ein neuer Prozess gestartet, wenn ein Automatisierungsclient ein Objekt erzeugt.

Das Beispiel EX25A demonstriert den typischen Einsatz der Automatisierung. Eine C++-Server-Komponente implementiert finanzielle Transaktionen. VBA-Programmierer können sich bei der Entwicklung ihrer Anwendungen auf die Gestaltung der Benutzeroberfläche konzentrieren und die eigentliche Überwachung der Transaktionen dem Automatisierungsserver überlassen. Ein professionelles Server-Programm würde vermutlich eine Datenbank benutzen, aber EX25A ist einfacher angelegt. Es implementiert ein Bankkonto mit den zwei Methoden *Deposit* und *Withdrawal* und der schreibgeschützten Eigenschaft *Balance*. Offensichtlich darf die Methode *Withdrawal* keine Auszahlungen zulassen, die einen negativen Kontostand ergeben. Zur Steuerung der Server-Komponente können Sie Excel verwenden, wie Abbildung 25.5 zeigt.

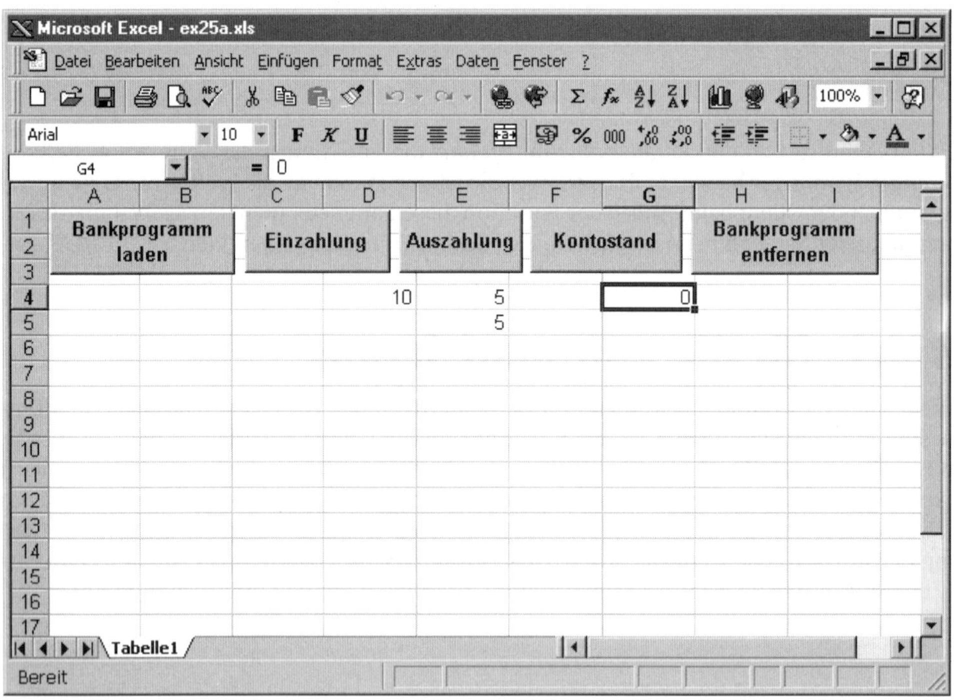

Abbildung 25.5: *Die Excel-Arbeitsmappe zur Steuerung des EX25A-Servers.*

Die folgenden Schritte beschreiben, wie das Programm erstellt wird:

1. Starten Sie den MFC-Anwendungs-Assistenten, und erstellen Sie das Projekt ex25a im Verzeichnis \vcpp32\ex25a.

Wählen Sie die Option *Dialogfeldbasierend* (Schritt 1). Deaktivieren Sie *alle* Optionen im Dialogfeld *MFC-Anwendungs-Assistent – Schritt 2 von 6*, und akzeptieren Sie die übrigen Standardeinstellungen. Diese Auswahl ergibt die einfachste Anwendung, die der MFC-Anwendungs-Assistent generieren kann.

2. Entfernen Sie die Dialogklassen aus dem Projekt.

Verwenden Sie den Windows-Explorer oder die MS-DOS-Eingabeaufforderung, um die Dateien *ex25aDlg.cpp* und *ex25aDlg.h* zu löschen. Entfernen Sie die Einträge für ex25aDlg.cpp und ex25aDlg.h aus dem Projekt, indem Sie sie im Fenster *Arbeitsbereich* von der Registerkarte *Dateien* des Projekts löschen. Bearbeiten Sie die Datei *ex25a.cpp*. Entfernen Sie die *#include*-Anweisung für die Dialogklasse und in der Funktion *InitInstance* sämtlichen Quelltext, der sich auf die Dialogklasse bezieht. Löschen Sie auf der Registerkarte *Ressourcen* die Dialogvorlage *IDD_EX25A_DIALOG*.

3. Fügen Sie Quelltext hinzu, um die Automatisierungsfunktionen bereitzustellen.

Fügen Sie die folgende Zeile in der Datei StdAfx.h ein:

```
#include <afxdisp.h>
```

Bearbeiten Sie die Funktion *InitInstance* (in der Datei *ex25a.cpp*). Sie sollte danach so aussehen:

```
BOOL CEx25aApp::InitInstance()
{
  AfxOleInit();
  if(RunEmbedded() || RunAutomated()) {
  // Komponente wird über COM gestartet
  COleTemplateServer::RegisterAll();
  return TRUE;
  }
  // Komponente wird direkt vom Anwender ausgeführt
  COleObjectFactory::UpdateRegistryAll();
  AfxMessageBox("Bank-Komponente wird registriert");
  return FALSE;
}
```

4. Fügen Sie mit dem Klassen-Assistenten eine neue Klasse *CBank* hinzu (siehe Abbildung 25.6).

Stellen Sie sicher, dass die Option *Erstellbar nach Typ-ID* ausgewählt ist.

5. Fügen Sie mit dem Klassen-Assistenten zwei Methoden und eine Eigenschaft hinzu.

Klicken Sie auf die Registerkarte *Automatisierung*, und fügen Sie dann eine Methode namens *Withdrawal* hinzu (siehe Abbildung 25.7).

Der Parameter *dAmount* bezeichnet den abzuhebenden Betrag, der Rückgabewert enthält den tatsächlich abgehobenen Betrag. Wenn Sie versuchen, DM 100 von einen Konto abzuheben, auf dem sich nur DM 60 befinden, ist der tatsächlich abgehobene Betrag DM 60.

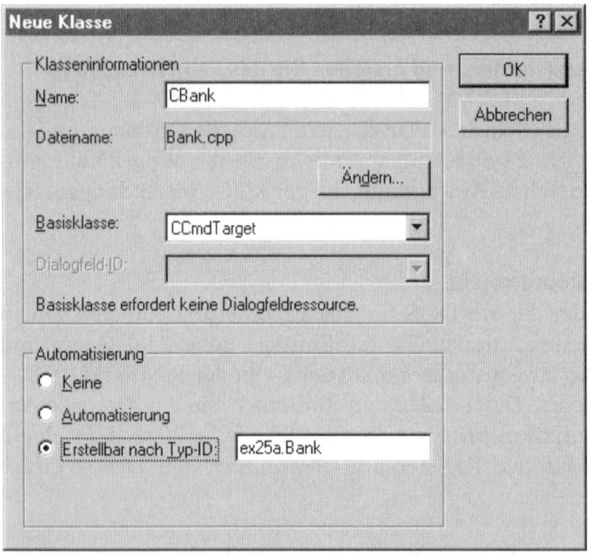

Abbildung 25.6:
Das Dialogfeld Neue Klasse *mit den Angaben für die Klasse* CBank.

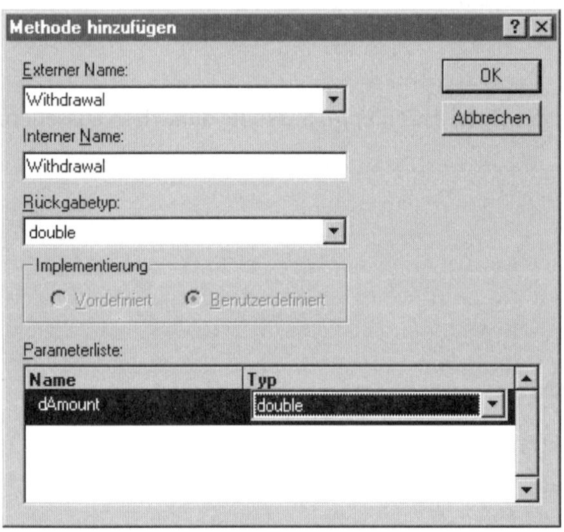

Abbildung 25.7:
Das Dialogfeld Methode hinzufügen *mit den Angaben für die Methode* Withdrawal.

Fügen Sie auf gleiche Weise eine Methode namens *Deposit*, die als Ergebnis *void* zurückgibt, sowie die Eigenschaft *Balance* hinzu (siehe Abbildung 25.8).

Wir hätten uns für den direkten Zugriff auf das Datenelement des Server-Objekts entscheiden können, aber dann hätten wir einen Zugang ohne Schreibschutz. Wir wählen die Option *Get/Set-Methoden*, so dass wir die Funktion *SetBalance* ohne wirklichen Inhalt belassen können.

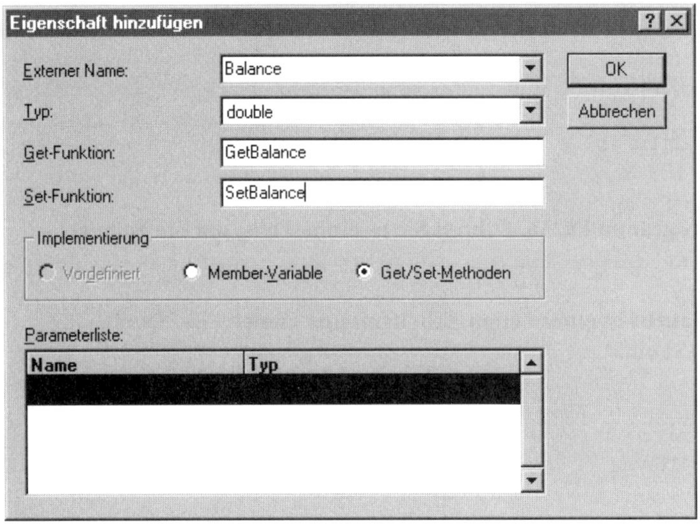

Abbildung 25.8:
Das Dialogfeld Eigenschaft hinzufügen *mit den Angaben für die Eigenschaft* Balance.

6. Fügen Sie der Klasse *CBank* ein öffentliches Datenelement *m_dBalance* vom Typ *double* hinzu.

Da wir für die Eigenschaft *Balance* die Option *Get/Set-Methoden* gewählt haben, generiert der Klassen-Assistent kein Datenelement für uns. Sie sollten *m_dBalance* in der Datei *Bank.h* deklarieren und durch den *CBank*-Konstruktor in der Datei *Bank.cpp* mit dem Wert 0.0 initialisieren.

7. Bearbeiten Sie den Quelltext der generierten Methoden- und Eigenschaftenfunktionen.

Fügen Sie den fett gesetzten Quelltext ein:

```
double CBank::Withdrawal(double dAmount)
{
  if (dAmount < 0.0) {
      return 0.0;
  }
  if (dAmount <= m_dBalance) {
      m_dBalance -= dAmount;
      return dAmount;
  }
  double dTemp = m_dBalance;
  m_dBalance = 0.0;
  return dTemp;
}

void CBank::Deposit(double dAmount)
{
  if (dAmount < 0.0) {
      return;
  }
  m_dBalance += dAmount;
}

double CBank::GetBalance()
{
```

```
  return m_dBalance
}

void CBank::SetBalance(double newValue)
{
  TRACE("Tut mir leid, das geht nicht!\n");
}
```

8. Erstellen Sie das Beispielprogramm Ex25a. Führen Sie es einmal aus, um die Server-Komponente zu registrieren.

9. Definieren Sie fünf neue Makros in einer neuen Arbeitsmappe namens *Ex25a.xls*.
Fügen Sie den folgenden Quelltext ein:

```
Dim Bank As Object
Sub LoadBank()
  Set Bank = CreateObject("Ex25a.Bank")
End Sub

Sub UnloadBank()
    Set Bank = Nothing
End Sub

Sub DoDeposit()
    Range("D4").Select
    Bank.Deposit (ActiveCell.Value)
End Sub

Sub DoWithdrawal()
    Range("E4").Select
    Dim Amt
    Amt = Bank.Withdrawal(ActiveCell.Value)
    Range("E5").Select
    ActiveCell.Value = Amt
End Sub

Sub DoInquiry()
    Dim Amt
    Amt = Bank.Balance()
    Range("G4").Select
    ActiveCell.Value = Amt
End Sub
```

10. Legen Sie eine Excel-Tabelle nach der in Abbildung 25.5 gezeigten Vorlage an.
Verknüpfen Sie die Makros mit den Befehlsschaltflächen (indem Sie mit der rechten Maustaste auf die Schaltflächen klicken).

11. Testen Sie die Beispielanwendung Ex25a.
Klicken Sie auf die Schaltfläche *Bankprogramm laden*, geben Sie einen Einzahlungsbetrag in die Zelle D4 ein, und klicken Sie dann auf *Einzahlung*. Klicken Sie auf die Schaltfläche *Kontostand*, und prüfen Sie, ob der Kontostand in Zelle G4 angezeigt wird. Geben Sie einen Auszahlungsbetrag in Zelle E4 ein, und klicken Sie dann auf *Auszahlung*. Um den neuen Kontostand zu sehen, müssen Sie auf die Schaltfläche *Kontostand* klicken.

HINWEIS: Sie müssen gelegentlich zweimal auf eine Schaltfläche klicken. Beim ersten Klicken wechselt der Fokus zur Tabelle, und mit dem zweiten Klicken wird das Makro ausgeführt. Während der Ausführung des Makros wird der Mauszeiger als Sanduhrsymbol angezeigt.

Was geschieht in diesem Programm? Betrachten Sie die Funktion *CEx25aApp::InitInstance* genauer. Wenn Sie das Programm direkt von Windows aus starten, zeigt es ein Meldungsfeld an und terminiert dann, nachdem es die Registrierung aktualisiert hat. Die Funktion *COleObjectFactory::UpdateRegistryAll* sucht nach globalen Class Factory-Objekten. Das Makro *IMPLEMENT_OLECREATE* der Klasse *CBank* definiert ein solches Objekt. (Die Zeile mit dem Aufruf von *IMPLEMENT_OLECREATE* wurde generiert, weil zuvor beim Hinzufügen der Klasse *CBank* das Kontrollkästchen *Erstellbar nach Typ-ID* im Klassen-Assistenten aktiviert worden war.) Die eindeutige Klassen-ID (Clsid) und die Programm-ID (ProgID) Ex25a.BANK werden in die Registrierungsdatenbank eingetragen.

Wenn Excel nun *CreateObject* aufruft, lädt COM das Programm Ex25a, das die globale Class Factory für *CBank*-Objekte enthält. Anschließend ruft COM die Funktion *CreateInstance* der Class Factory auf, um das *CBank*-Objekt zu erzeugen und gibt einen Zeiger auf *IDispatch* zurück. Es folgt die Deklaration der Klasse *CBank*, wie sie der Klassen-Assistent in der Datei *Bank.h* generiert hat, wobei unnötige Einzelheiten (sowie die bereits vorgestellten Methoden- und Eigenschaftenfunktionen) weggelassen wurden:

```
class CBank : public CCmdTarget
{
  DECLARE_DYNCREATE(CBank)
public:
  double m_dBalance;
  CBank();      // Dynamische Erstellung verwendet geschützten Konstruktor

// Attribute
public:

// Operationen
public:

// Überschreibungen
  // Vom Klassen-Assistenten generierte virtuelle Funktionsüberschreibungen
  //{{AFX_VIRTUAL(CBank)
  public:
  virtual void OnFinalRelease();
  //}}AFX_VIRTUAL

// Implementierung
protected:
  virtual ~CBank();

  // Generierte Nachrichtenzuordnungsfunktionen
  //{{AFX_MSG(CBank)
   // HINWEIS - Der Klassen-Assistent fügt hier Member-Funktionen ein und entfernt diese.
  //}}AFX_MSG

  DECLARE_MESSAGE_MAP()
  DECLARE_OLECREATE(CBank)
```

```
  // Generierte OLE-Dispatch-Zuordnungsfunktionen
  //{{AFX_DISPATCH(CBank)
  afx_msg double GetBalance();
  afx_msg void SetBalance(double newValue);
  afx_msg double Withdrawal(double dAmount);
  afx_msg void Deposit(double dAmount);
  //}}AFX_DISPATCH
  DECLARE_DISPATCH_MAP()
  DECLARE_INTERFACE_MAP()
};
```

Der folgende Quellcode wurde vom Klassen-Assistenten in *Bank.cpp* generiert:

```
IMPLEMENT_DYNCREATE(CBank, CCmdTarget)

CBank::CBank()
{
  EnableAutomation();

  // Um die Ausführung der Anwendung fortzusetzen, solange ein OLE-
  // Automatisierungsobjekt aktiv ist, ruft der Konstruktor
  // AfxOleLockApp auf.

  AfxOleLockApp();
}

CBank::~CBank()
{
  // Um die Anwendung zu beenden, nachdem alle Objekte durch OLE-
  // Automatisierung erstellt wurden, ruft der Destruktor
  // AfxOleUnlockApp auf.

  AfxOleUnlockApp();
}

void CBank::OnFinalRelease()
{
  // Nachdem die letzte Referenz auf ein Automatisierungsobjekt freigegeben
  // wurde, wird OnFinalRelease aufgerufen. Die Basisklasse löscht das Objekt
  // automatisch. Fügen Sie zusätzlichen Bereinigungscode für Ihr Objekt
  // hinzu, bevor Sie die Basisklasse aufrufen.

  CCmdTarget::OnFinalRelease
}

BEGIN_MESSAGE_MAP(CBank, CCmdTarget)
  //{{AFX_MSG_MAP(CBank)
    // HINWEIS - Der Klassen-Assistent fügt hier Zuordnungsmakros ein und entfernt diese.
  //}}AFX_MSG_MAP
END_MESSAGE_MAP()

BEGIN_DISPATCH_MAP(CBank, CCmdTarget)
  //{{AFX_DISPATCH_MAP(CBank)
  DISP_PROPERTY_EX(CBank, "Balance", GetBalance, SetBalance, VT_R8)
```

```
  DISP_FUNCTION(CBank, "Withdrawal", Withdrawal, VT_R8, VTS_R8)
  DISP_FUNCTION(CBank, "Deposit", Deposit, VT_EMPTY, VTS_R8)
  //}}AFX_DISPATCH_MAP
END_DISPATCH_MAP()

// Hinweis: Wir stellen Unterstützung für IID_IBank zur Verfügung, um
// typsicheres Binden von VBA zu ermöglichen. Diese IID muss mit der
// GUID übereinstimmen, die in der Disp-Schnittstelle in
// der .ODL-Datei angegeben ist.

// {A835AEB0-4811-11D2-A4E4-00403394CA84}
static const IID IID_IBank =
{ 0xa835aeb0, 0x4811, 0x11d2, { 0xa4, 0xe4, 0x0, 0x40, 0x33, 0x94, 0xca, 0x84 } };;

BEGIN_INTERFACE_MAP(CBank, CCmdTarget)
  INTERFACE_PART(CBank, IID_IBank, Dispatch)
END_INTERFACE_MAP()

// {A835AEB1-4811-11D2-A4E4-00403394CA84}
IMPLEMENT_OLECREATE2(CBank, "Ex25a.Bank", 0xa835aeb1, 0x4811, 0x11d2, 0xa4, 0xe4, 0x0, 0x40, 0x33,
0x94, 0xca, 0x84)
```

Von dieser erste Version des Programms EX25A wird wie beim Programm Autoclik immer nur eine einzige Instanz ausgeführt. Falls ein zweiter Automatisierungsclient ein neues *CBank*-Objekt anfordert, ruft COM die Funktion *CreateInstance* der Class Factory erneut auf und der existierende Prozess erstellt ein weiteres *CBank*-Objekt auf dem Heap-Speicher. Sie können dies überprüfen, indem Sie eine Kopie der Arbeitsmappe ex25a.xls (unter einem anderen Namen) erstellen und dann sowohl das Original als auch die Kopie laden. Klicken Sie in jeder Arbeitsmappe auf die Schaltfläche *Bank-Programm laden*, und untersuchen Sie die Ausgaben im Debug-Fenster. *InitInstance* sollte nur einmal aufgerufen werden.

Durch eine kleine Änderung am Programm EX25A lässt sich ein anderes Verhalten erreichen. Damit bei jeder Anforderung eines neuen Server-Objekts ein neuer EX25A-Prozess gestartet wird, müssen Sie die nachfolgend beschriebenen Schritte durchführen.

1. Fügen Sie die folgende Makrodeklaration in die Datei *bank.h* ein:

```
#define IMPLEMENT_OLECREATE2(class_name, external_name, \
  l, w1, w2, b1, b2, b3, b4, b5, b6, b7, b8) \
  AFX_DATADEF COleObjectFactory class_name::factory(class_name::guid, \
  RUNTIME_CLASS(class_name), TRUE, _T(external_name)); \
  const AFX_DATADEF GUID class_name::guid = \
  { l, w1, w2, { b1, b2, b3, b4, b5, b6, b7, b8 } };
```

Dieses Makro ist identisch mit dem MFC-Standardmakro *IMPLEMENT_OLECREATE*, außer dass hier der ursprünglich verwendete Wert *FALSE* (hinter dem Parameter *RUNTIME_CLASS*) in den Wert *TRUE* geändert wurde.

2. Ändern Sie in der Datei *bank.cpp* den Makroaufruf *IMPLEMENT_OLECREATE* in einen Aufruf des Makros *IMPLEMENT_OLECREATE2*.

3. Erstellen Sie das Programm, und testen Sie es mit Excel.
Starten Sie zwei Excel-Prozesse, und laden Sie von jeder Instanz aus das Bankprogramm. Überprüfen Sie mit dem Microsoft Windows NT Task-Manager oder mit PVIEW95, ob tatsächlich zwei EX25A-Instanzen ausgeführt werden.

HINWEIS: Das auf der Begleit-CD enthaltene Programm Ex25a benutzt das Makro *IMPLEMENT_OLECREATE2*.

Fehlersuche bei einem EXE-Server

Wenn ein Automatisierungsclienteinen EXE-Server startet, übergibt er den Befehlszeilenparameter */Embedding*. Zur Fehlersuche beim Server müssen Sie dasselbe tun. Wählen Sie im Menü *Projekt* von Visual C++ den Befehl *Einstellungen*, und geben Sie dann auf der Registerkarte *Debug* in das Feld *Programmargumente* den Begriff */Embedding* ein (siehe Abbildung 25.9).

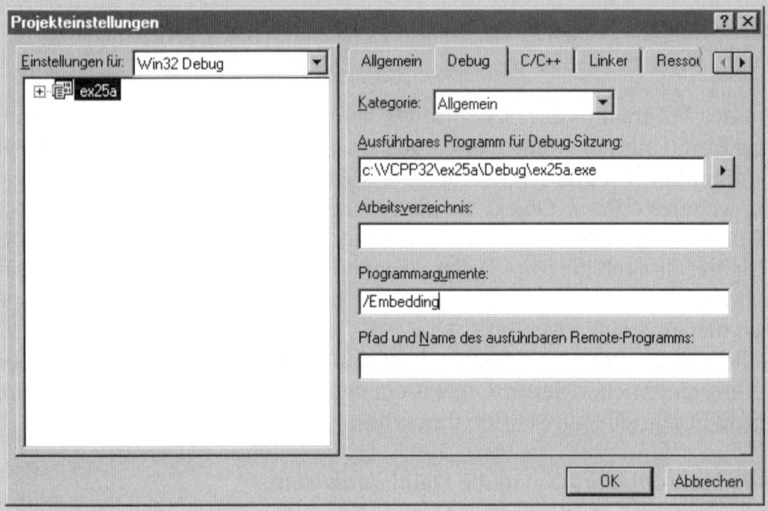

***Abbildung 25.9:** Das Dialogfeld* Projekteinstellung.

Wenn Sie in der Debug-Symbolleiste auf die Schaltfläche *Ausführen* klicken, wird Ihr Programm gestartet. Es wartet anschließend darauf, von einem Client aktiviert zu werden. Zu diesem Zeitpunkt sollten Sie das Client-Programm von Windows aus starten (sofern das noch nicht geschehen ist), und dann mit seiner Hilfe ein Server-Objekt erstellen. Ihr Server-Programm unter Kontrolle des Debuggers sollte dann ein Objekt generieren. Es könnte nützlich sein, eine *TRACE*-Anweisung in den Quelltext des Konstruktors für das Server-Objekt aufzunehmen.

Allerdings muss Ihr Server-Programm erst einmal registriert sein, bevor der Client es finden kann. Sie müssen das Server-Programm also einmal ausführen, *ohne* dabei den Schalter */Embedding* zu setzen. Viele Clients führen keinen Abgleich mit den Änderungen in der Registrierung durch. Falls Ihr Client-Programm gerade ausgeführt wird, während Sie den Server registrieren, müssen Sie gegebenenfalls den Client erneut starten.

Das Beispiel EX25B – Automatisierungsserver als DLL

Es wäre einfach, den EXE-Server des Beispiels Ex25a einen DLL-Server umzuwandeln. Die Klasse *CBank* würde sich nicht unterscheiden, und die Excel-Steuerung würde ähnlich ausfallen. Allerdings ist es interessanter, eine neue Anwendung zu schreiben – diesmal mit einer minimalen Benutzeroberfläche. Wir werden ein modales Dialogfeld benutzen, weil es die komplizierteste Benutzeroberfläche darstellt, die wir mit angemessenem Aufwand in einer Automatisierungs-DLL verwenden können.

Parameterübergabe per Referenz

Bisher haben Sie nur die Wertübergabe von VBA-Parametern kennen gelernt. VBA sieht recht seltsame Regeln für den Aufruf von Methoden vor. Falls die Methode nur einen Parameter erwartet, können Sie runde Klammern benutzen. Hat die Methode mehr als einen Parameter, so ist das nicht möglich (es sei denn, Sie verwenden das Funktionsergebnis – in diesem Fall *müssen* Sie Klammern verwenden). Es folgt ein VBA-Beispiel, in dem ein Parameter vom Typ Zeichenfolge als Wert übergeben wird:

```
Object.Method1 parm1, "text"
Object.Method2("text")
Dim s as String
s = "text"
Object.Method2(s)
```

Gelegentlich jedoch übergibt VBA die Adresse eines Parameters (eine *Referenz*). Im folgenden Beispiel wird die Zeichenfolge per Referenz übergeben:

```
Dim s as String
s = "text"
Object.Method1 parm1, s
```

Das VBA-Standardverhalten bei der Parameterübergabe lässt sich durch Kombination der Parameter mit einem Präfix *ByVal* oder *ByRef* überschreiben. Offensichtlich kann der Server niemals im voraus wissen, ob er einen Wert oder eine Referenz erhält. Er muss sich also auf beide Fälle vorbereiten. Das lässt sich erreichen, indem der in *vt* enthaltene Typcode auf das Bit *VT_BYREF* getestet wird. In der folgenden Implementierung kann der Methode sowohl per Referenz- als auch per Wertübergabe eine Zeichenfolge (in Form eines *VARIANT*-Parameters) übergeben werden:

```
void CMyComponent::Method(long nParm1, const VARIANT& vaParm2)
{
    CString str;
    if ((vaParm2.vt & 0x7f) == VT_BSTR) {
        if ((vaParm2.vt & VT_BYREF) != 0)
            str = *(vaParm2.pbstrVal); // per Referenz
        else
            str = vaParm2.bstrVal;     // per Wert
    }
    AfxMessageBox(str);
}
```

Falls Sie einen *BSTR*-Parameter deklarieren, erledigt die MFC-Bibliothek die Konvertierung für Sie. Angenommen, Ihr Client-Programm übergibt eine Referenz auf einen *BSTR*-Parameter an einen prozessexterne Server, und dieser Server ändert den Wert. Da der Server nicht auf den Adressraum des Client-Prozesses zugreifen kann, muss COM die Zeichenfolge zum Server kopieren, die Funktion ausführen und anschließend die Zeichenfolge wieder zum Client kopieren. Bevor Sie Referenzparameter definieren, sollten Sie also daran denken, dass sich die Übergabe von Referenzparametern über *IDispatch* von der Übergabe von Referenzen in C++ unterscheidet.

Das Programm EX25B ist recht einfach strukturiert. Die Klasse des Automatisierungsservers mit dem registrierten Namen EX25B.Auto hat die folgenden Eigenschaften und Methoden:

Server-Klasse	Eigenschaften und Methoden
LongData	Eigenschaft mit einem Rückgabewert vom Typ *long*
TextData	Eigenschaft mit einem *VARIANT*-Rückgabewert
DisplayDialog	Methode – ohne Parameter, mit einem Rückgabewert vom Typ *BOOL*

Tabelle 25.3: *Eigenschaften und Methoden der Klasse Ex25b.Auto.*

DisplayDialog zeigt das zur Dateneingabe bestimmte Dialogfeld von EX25B an, das in der Abbildung 25.10 dargestellt ist. Ein Excel-Makro übergibt die Werte zweier Zellen an die DLL, übernimmt die aktualisierten Werte und speichert sie wieder in denselben Zellen.

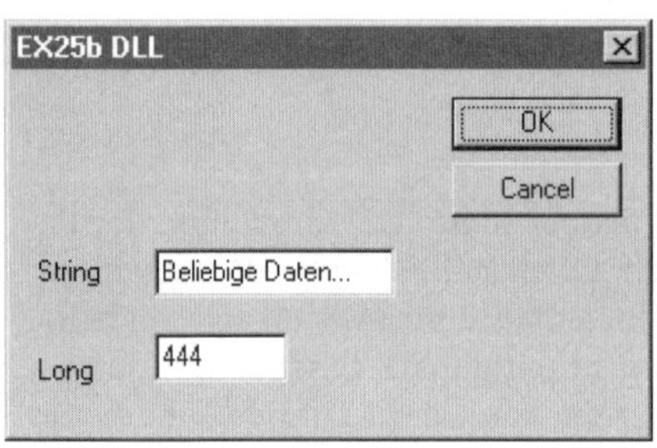

Abbildung 25.10:
Das Dialogfeld der DLL-Server-Komponente EX25B DLL während der Ausführung.

Das Beispiel wurde zunächst mit dem MFC-Anwendungs-Assistenten als normale MFC-DLL generiert, wobei die Optionen *Standard-DLL, gemeins. MFC-DLL verwendend* und *Automatisierung* ausgewählt wurden. Führen Sie die folgenden Schritte aus, um die DLL-Server-Komponente EX25B aus dem von der Begleit-CD installierten Quelltext zu erstellen und zu testen:

1. Öffnen Sie in Visual C++ den Arbeitsbereich \vcpp32\ex25b\ex25b.dsw.
Erstellen Sie das Projekt.

2. Registrieren Sie die DLL mit dem Dienstprogramm RegComp.
Sie finden das Programm RegComp im Verzeichnis \vcpp32\RegComp\Release auf der Begleit-CD. Ein Dialogfeld erleichtert die Auswahl der DLL-Datei.

Fehlerbehebung bei einem DLL-Server

Zur Fehlerbehebung bei einer DLL müssen Sie dem Debugger mitteilen, welche EXE-Datei zu laden ist. Wählen Sie im Menü *Projekt* von Visual C++ den Befehl *Einstellungen*, und geben Sie dann auf der Registerkarte *Debug* den vollständigen Pfadnamen des Client-Programms (einschließlich der Namenserweiterung EXE) in das Feld *Ausführbares Programm für Debug-Sitzung* ein (siehe Abbildung 25.11).

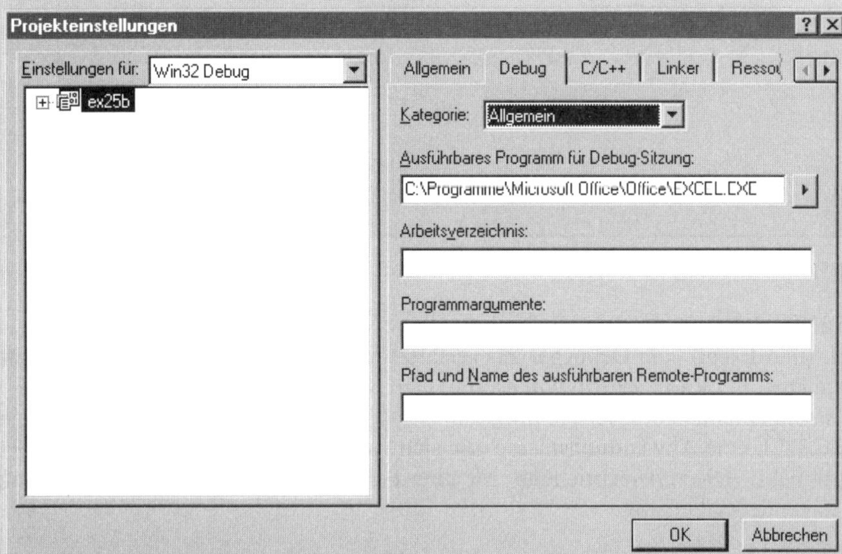

Abbildung 25.11: *Die Registerkarte* Debug *des Dialogfelds* Projekteinstellungen.

Wenn Sie in der Debug-Symbolleiste auf *Ausführen* klicken, wird Ihr Client-Programm gestartet (wobei auch die DLL geladen wird). Anschließend wartet der Client darauf, dass Sie den Server aktivieren.

Bei Aktivierung des Servers sollte die unter Kontrolle des Debuggers aktive DLL ihr Server-Objekt erzeugen. Es könnte nützlich sein, eine *TRACE*-Anweisung in den Quelltext des Konstruktors für das Server-Objekt aufzunehmen. Allerdings muss Ihr DLL-Server erst einmal registriert sein, bevor der Client ihn laden kann.

Es gibt eine weitere Möglichkeit. Falls Sie über den Quelltext des Client-Programms verfügen, können Sie das Client-Programm vom Debugger aus starten. Wenn der Client den DLL-Server lädt, können Sie die *TRACE*-Ausgaben des Server-Programms sehen.

3. Starten Sie Excel, und laden Sie dann die Arbeitsmappe \vcpp32\ex25b\ex25b.xls.
Geben Sie eine ganze Zahl in die Zelle C3 und dann etwas Text in die Zelle D3 ein (siehe Abbildung 25.12).

Klicken Sie auf die Schaltfläche *DLL laden* und dann auf die Schaltfläche *Daten erfassen*. Bearbeiten Sie die Daten, klicken Sie auf *OK*, und überprüfen Sie die anschließend in der Tabelle angezeigten Werte.

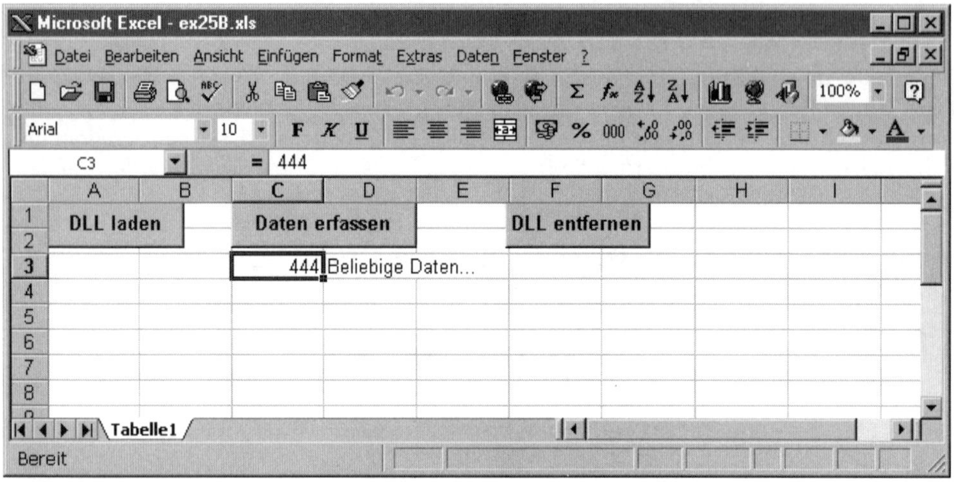

Abbildung 25.12: *Die Arbeitsmappe Ex25b.xls.*

4. Klicken Sie auf die Schaltfläche *DLL entfernen.*

Falls Sie die DLL (und Excel) vom Debugger aus gestartet haben, können Sie im Debug-Fenster überprüfen, ob die DLL-Funktion *ExitInstance* aufgerufen wird.

Kommen wir nun zum Quelltext des Beispielprogramms Ex25b. Wie jede MFC-EXE hat auch eine gewöhnliche MFC-DLL eine Anwendungsklasse (die sich von *CWinApp* ableitet) und ein globales Anwendungsobjekt. Die überschriebene Member-Funktion *InitInstance* in der Datei ex25b.cpp sieht folgendermaßen aus:

```
BOOL CEx25bApp::InitInstance()
{
  TRACE("CEx25bApp::InitInstance\n");
  // Alle OLE-Server (-fabriken) als aktiv registrieren. Dies aktiviert die
  // OLE-Bibliotheken, um Objekte von anderen Anwendungen zu erstellen.
  COleObjectFactory::RegisterAll();

  return TRUE;
}
```

Diese Datei enthält außerdem die Funktion *ExitInstance* für die Fehlersuche sowie den im nachfolgenden Quelltext für die drei exportierten Standardfunktionen für COM-DLLs:

```
STDAPI DllGetClassObject(REFCLSID rclsid, REFIID riid, LPVOID* ppv)
{
  AFX_MANAGE_STATE(AfxGetStaticModuleState());
  return AfxDllGetClassObject(rclsid, riid, ppv);
}

STDAPI DllCanUnloadNow(void)
{
  AFX_MANAGE_STATE(AfxGetStaticModuleState());
  return AfxDllCanUnloadNow();
}
```

```
STDAPI DllRegisterServer(void)
{
  AFX_MANAGE_STATE(AfxGetStaticModuleState());
  COleObjectFactory::UpdateRegistryAll();
  VERIFY(AfxOleRegisterTypeLib(AfxGetInstanceHandle(), theTypeLibGUID,
        "ex25b.tlb"));
  return S_OK;
}
```

Die Datei PromptDl.cpp enthält den Quelltext für die Klasse *CPromptDlg*, eine von *CDialog* abgeleitete Standardklasse. Die Datei PromptDl.h ist die Header-Datei für die Klasse *CPromptDlg*.

Die vom Klassen-Assistenten (mit der Option *Erstellbar nach Typ-ID*) generierte Klasse des Automatisierungsservers – *CEx25bAuto* – ist weit interessanter. Diese Klasse wird COM gegenüber unter der Program-ID Ex25b.Auto offen gelegt. Listing 25.1 zeigt die Header-Datei ex25bAuto.h.

EX25bAUTO.H

```
class CEx25bAuto : public CCmdTarget
{
  DECLARE_DYNCREATE(CEx25bAuto)

  CEx25bAuto(); // Dynamische Erstellung verwendet geschützten Konstruktor

// Attribute
public:

// Operationen
public:

// Überschreibungen
  // Vom Klassen-Assistenten generierte virtuelle Funktionsüberschreibungen
  //{{AFX_VIRTUAL(CEx25bAuto)
  public:
  virtual void OnFinalRelease();
  //}}AFX_VIRTUAL

// Implementierung
protected:
  virtual ~CEx25bAuto();

  // Generierte Nachrichtenzuordnungsfunktionen
  //{{AFX_MSG(CEx25bAuto)
    // HINWEIS - Der Klassen-Assistent fügt hier Member-Funktionen ein und entfernt diese.
  //}}AFX_MSG

  DECLARE_MESSAGE_MAP()
  DECLARE_OLECREATE(CEx25bAuto)

  // Generierte OLE-Dispatch-Zuordnungsfunktionen
  //{{AFX_DISPATCH(CEx25bAuto)
  long m_lData;
  afx_msg void OnLongDataChanged();
```

```
  VARIANT m_vaTextData;
  afx_msg void OnTextDataChanged();
  afx_msg BOOL DisplayDialog();
  //}}AFX_DISPATCH
  DECLARE_DISPATCH_MAP()
  DECLARE_INTERFACE_MAP()
};
```

***Listing 25.1:** Auszug aus der Header-Datei ex25bAuto.h.*

Listing 25.2 zeigt die Implementierungsdatei ex25bAuto.cpp.

EX25bAUTO.CPP

```
#include "stdafx.h"
#include "ex25b.h"
#include "ex25bAuto.h"
#include "Promptdl.h"

#ifdef _DEBUG
#define new DEBUG_NEW
#undef THIS_FILE
static char THIS_FILE[] = __FILE__;
#endif

/////////////////////////////////////////////////////////////////////////////
// CEx25bAuto

IMPLEMENT_DYNCREATE(CEx25bAuto, CCmdTarget)

CEx25bAuto::CEx25bAuto()
{
  EnableAutomation();

  // Um die Ausführung der Anwendung fortzusetzen, solange ein
  // OLE-Automatisierungsobjekt aktiv ist, ruft der Konstruktor
  // AfxOleLockApp auf.


  ::VariantInit(&m_vaTextData); // erforderliche Initialisierung
  m_lData = 0;

  AfxOleLockApp();
}

CEx25bAuto::~CEx25bAuto()
{
  // Um die Anwendung zu beenden, nachdem alle Objekte durch OLE-
  // Automatisierung erstellt wurden, ruft der Destruktor
  // AfxOleUnlockApp auf.

  AfxOleUnlockApp();
}

void CEx25bAuto::OnFinalRelease()
```

```
{
  // Nachdem die letzte Referenz auf ein Automatisierungsobjekt freigegeben
  // wurde, wird OnFinalRelease aufgerufen. Die Basisklasse löscht das Objekt
  // automatisch. Fügen Sie zusätzlichen Bereinigungscode für Ihr Objekt
  // hinzu, bevor Sie die Basisklasse aufrufen.

  CCmdTarget::OnFinalRelease();
}

BEGIN_MESSAGE_MAP(CEx25bAuto, CCmdTarget)
  //{{AFX_MSG_MAP(CEx25bAuto)
     // HINWEIS - Der Klassen-Assistent fügt hier Zuordnungsmakros ein und
     // entfernt diese.
  //}}AFX_MSG_MAP
END_MESSAGE_MAP()

BEGIN_DISPATCH_MAP(CEx25bAuto, CCmdTarget)
  //{{AFX_DISPATCH_MAP(CEx25bAuto)
      DISP_PROPERTY_NOTIFY(CEx25bAuto, "LongData", m_lData,
          OnLongDataChanged, VT_I4)
      DISP_PROPERTY_NOTIFY(CEx25bAuto, "TextData", m_vaTextData,
          OnTextDataChanged, VT_VARIANT)
      DISP_FUNCTION(CEx25bAuto, "DisplayDialog", DisplayDialog, VT_BOOL,
          VTS_NONE)
  //}}AFX_DISPATCH_MAP
END_DISPATCH_MAP()

// Hinweis: Wir stellen Unterstützung für IID_IEx25bAuto zur Verfügung, um
// typsicheres Binden von VBA zu ermöglichen. Diese IID muss mit der GUID
// übereinstimmen, die in der Disp-Schnittstelle in der .ODL-Datei angegeben ist.

  // {A9515AD7-5B85-11D0-848F-00400526305B}
  static const IID IID_IEx25bAuto =
  {0x7b698e2f, 0x4b39, 0x11d2, { 0xa4, 0xe4, 0x0, 0x40, 0x33, 0x94, 0xca, 0x84 } };

  BEGIN_INTERFACE_MAP(CEx25bAuto, CCmdTarget)
      INTERFACE_PART(CEx25bAuto, IID_IEx25bAuto, Dispatch)
  END_INTERFACE_MAP()

  // {A9515AD8-5B85-11D0-848F-00400526305B}
  IMPLEMENT_OLECREATE(CEx25bAuto, "Ex25b.Auto", 0xa9515ad8, 0x5b85,
         0x11d0, 0x84, 0x8f, 0x0, 0x40, 0x5, 0x26, 0x30, 0x5b)

/////////////////////////////////////////////////////////////////////////////
// Behandlungsroutinen für Nachrichten CEx25bAuto

void CEx25bAuto::OnLongDataChanged()
{
  TRACE("CEx25bAuto::OnLongDataChanged\n");
}

void CEx25bAuto::OnTextDataChanged()
{
  TRACE("CEx25bAuto::OnTextDataChanged\n");
}
```

```
BOOL CEx25bAuto::DisplayDialog()
{
  TRACE("Eintritt CEx25bAuto::DisplayDialog %p\n", this);
  BOOL bRet = TRUE;
  AfxLockTempMaps();  // Siehe MFC Tech Note #3
  CWnd* pTopWnd = CWnd::FromHandle(::GetTopWindow(NULL));
  try {
      CPromptDlg dlg/*(pTopWnd)*/;
      if (m_vaTextData.vt == VT_BSTR){
          dlg.m_strData = m_vaTextData.bstrVal; // 2 Byte lange Zeichen werden in
                                                 // 1 Byte lange Zeichen umgewandelt
      }
      dlg.m_lData = m_lData;
      if (dlg.DoModal() == IDOK) {
          m_vaTextData = COleVariant(dlg.m_strData).Detach();
          m_lData = dlg.m_lData;
          bRet = TRUE;
      }
      else {
          bRet =  FALSE;
      }
  }
  catch (CException* pe) {
      TRACE("Ausnahme ausgelöst: Dialog kann nicht angezeigt werden\n");
      bRet =  FALSE;
      pe->Delete();
  }
  AfxUnlockTempMaps();
  return bRet;
}
```

Listing 25.2: *Die Implementierungsdatei ex25bAuto.cpp.*

Die beiden Eigenschaften *LongData* und *TextData* werden durch Datenelemente der Klasse repräsentiert. Diese Variablen *m_lData* und *m_vaTextData* werden im Konstruktor initialisiert. Beim Hinzufügen der Eigenschaft *LongData* im Klassen-Assistenten wurde eine entsprechende Benachrichtigungsfunktion *OnLongDataChanged* angegeben. Diese Funktion wird aufgerufen, wenn der Client den Wert der Eigenschaft ändert. Benachrichtigungsfunktionen beziehen sich nur auf Eigenschaften, die durch Datenelemente repräsentiert werden. Verwechseln Sie diese Benachrichtigungen nicht mit der Art von Benachrichtigungen, die ActiveX-Steuerelemente an ihren Container schicken, wenn sich der Wert einer *Binden-Eigenschaft* ändert.

Die Member-Funktion *DisplayDialog*, identisch mit der gleichnamigen Methode, entspricht dem Üblichen, außer dass sie die beiden Funktion *AfxLockTempMaps* und *AfxUnlockTempMaps* benötigt, um temporäre Objektzeiger freizugeben, die andernfalls in der Nachrichtenwarteschleife eines EXE-Programms entfernt würden.

Wie steht es um den VBA-Quelltext des Excel-Clients? Es folgen die drei Makros und die globalen Deklarationen:

```
Dim Dllcomp As Object
Private Declare Sub CoFreeUnusedLibraries Lib "OLE32" ()

Sub LoadDllComp()
  Set Dllcomp = CreateObject("Ex25b.Auto")
  Range("C3").Select
```

```
  Dllcomp.LongData = Selection.Value
  Range("D3").Select
  Dllcomp.TextData = Selection.Value
End Sub

Sub RefreshDllComp()      'Schaltfläche Daten erfassen
  Range("C3").Select
  Dllcomp.LongData = Selection.Value
  Range("D3").Select
  Dllcomp.TextData = Selection.Value
  Dllcomp.DisplayDialog
  Range("C3").Select
  Selection.Value = Dllcomp.LongData
  Range("D3").Select
  Selection.Value = Dllcomp.TextData
End Sub

Sub UnloadDllComp()
  Set Dllcomp = Nothing
  Call CoFreeUnusedLibraries
End Sub
```

Die erste Zeile von *LoadDllComp* erzeugt ein Server-Objekt, dessen Typ durch den registrierten Namen *Ex25b.Auto* festgelegt wird. Das Makro *RefreshDllComp* greift auf die Eigenschaften *LongData* und *TextData* des Server-Objekts zu. Beim ersten Aufruf von *LoadDllComp* wird die DLL geladen und ein *Ex25b.Auto*-Objekt erzeugt. Beim zweiten Aufruf von *LoadDllComp* geschieht etwas Seltsames: ein zweites Objekt wird erzeugt und das ursprüngliche Objekt wird entfernt. Wenn Sie *LoadDllComp* von einer zweiten Kopie der Arbeitsmappe aus aufrufen, erhalten Sie zwei separate Objekte des Typs *Ex25b.Auto*. Natürlich gibt es in diesem Fall nur ein Speicherabbild der Datei ex25b.dll, es sei denn, Sie verwenden dabei mehr als eine Excel-Instanz.

Betrachten Sie das Makro *UnloadDllComp* genauer. Bei Ausführung des Befehl »Set Dllcomp = Nothing« wird die Verbindung zur DLL getrennt, aber die DLL wird nicht aus dem Adressraum von Excel ausgeblendet. Also wird die Funktion *ExitInstance* der Server-Komponente nicht aufgerufen. Die Funktion *CoFreeUnusedLibraries* ruft die exportierte Funktion *DllCanUnloadNow* für jede Server-DLL auf und gibt diese DLL frei, wenn der Aufruf den Wert *TRUE* zurückgibt. MFC-Programme rufen *CoFreeUnusedLibraries* in der Nachrichtenwarteschleife auf (jeweils im Abstand von einer Minute). Aber bei Excel ist das nicht der Fall. Aus diesem Grund muss *UnloadDllComp* die Funktion *CoFreeUnusedLibraries* nach der Trennung vom Server aufrufen.

HINWEIS: Die Funktion *CoFreeUnusedLibraries* hat unter Windows NT 3.51 keine Bedeutung, sofern Sie nicht das Service Pack 2 (SP2) installiert haben.

Das Beispiel EX25C – Automatisierungsserver mit SDI-Benutzeroberfläche

Dieses Beispiel eines Automatisierungsserversdemonstriert die Verwendung einer Server-Klasse auf Dokumentenbasis in einer SDI-Anwendung, die für jedes neue Server-Objekt einen neuen Prozess startet. Server-Programm verwendet eine indizierte Eigenschaft und eine Methode, die ein neues COM-Objekt erzeugt.

Das erste Beispiel eines Automatisierungsservers (Ex25a) hatte keine Benutzeroberfläche. Die globale Class Factory erzeugte ein *CBank*-Objekt, das die Aufgaben des Servers ausführte. Was ist zu tun, wenn Ihr EXE-Server über ein Fenster verfügen soll? Falls Sie sich auf die MFC Dokument-Ansicht-Architektur eingelassen haben, werden Sie die Elemente dieser Architektur (Dokumente, Ansichten und Rahmenfenster) mit allen ihren Vorteilen nutzen wollen.

Angenommen, Sie haben eine reguläre MFC-Anwendung erstellt und dann eine COM-Klasse wie *CBank* hinzugefügt. Wie verknüpfen Sie das *CBank*-Objekt mit Dokument und Ansicht? Aus einer Member-Funktion der Klasse *CBank* heraus könnten Sie über das Anwendungsobjekt und das Hauptrahmenfenster zum aktuellen Dokument bzw. zur aktuellen Ansicht gelangen, aber in einer MDI-Anwendung mit mehreren Server-Objekten und mehreren Dokumenten hätten Sie ein hübsches Problem zu bewältigen. Es gibt eine bessere Methode. Sie nehmen die Dokumentklasse als Server-Klasse und erhalten dabei umfassende Unterstützung durch den MFC-Anwendungs-Assistenten – sowohl bei MDI- als auch bei SDI-Anwendungen.

Das MDI-Beispiel *Autoclik* illustriert, wie COM die Erzeugung der neuen Dokument-, Ansicht- und Rahmenfensterobjekte veranlasst, wenn ein Automatisierungsclient ein neues Server-Objekt erstellt. Da das Beispiel EX25C ein SDI-Programm ist, startet Windows jedes Mal einen neuen Prozess, wenn der Client ein Objekt erzeugt. Unmittelbar nach dem Start des Programms erzeugt COM mit Hilfe des MFC-Anwendungsgerüsts nicht nur das automatisierungsfähige Dokument, sondern auch die Ansicht und das Hauptrahmenfenster.

Sie sollten mit der Anwendung EX25C zu experimentieren, deren Gerüst vom MFC-Anwendungs-Assistenten erstellt wurde, wobei die Option *Automatisierung* ausgewählt war. Es handelt sich um ein Windows-Programm zur Erzeugung eines Weckalarms, das durch einen Automatisierungsclient wie beispielsweise Excel gehandhabt werden kann. EX25C hat die folgenden Eigenschaften und Methoden:

Name	Beschreibung
Time	*DATE*-Eigenschaft zur Aufnahme eines Werts vom Typ *COM DATE* (*m_vaTime*)
Figure	Indizierte *VARIANT*-Eigenschaft für die vier Zahlendarstellungen auf dem Uhrenzifferblatt (*m_strFigure*[])
RefreshWin	Methode zur Aktualisierung des Ansichtsfensters, bringt das Hauptrahmenfenster in den Vordergrund (*Refresh*)
ShowWin	Methode zur Anzeige des Hauptrahmenfensters der Anwendung (*ShowWin*)
CreateAlarm	Methode zur Erstellung eines *CAlarm*-Objekts, liefert den zugehörigen *IDispatch*-Zeiger zurück (*CreateAlarm*)

Tabelle 25.4: *Eigenschaften und Methoden von EX25C.*

Führen Sie die folgenden Schritte aus, um den EXE-Server EX25C aus dem auf der Begleit-CD enthaltenen Quelltext zu erstellen und zu testen:

1. Öffnen Sie in Visual C++ den Arbeitsbereich \vcpp32\ex25c\ex25c.dsw.
Erstellen Sie das Projekt, um die Datei ex25c.exe im Unterverzeichnis *Debug* des Projekts zu generieren.

2. Führen Sie das Programm einmal aus, um es zu registrieren.
Der Programmentwurf sieht vor, dass das Programm als eigenständige EXE-Anwendung oder als Automatisierungsserver ausgeführt werden kann. Wird das Programm von Windows oder von Visual C++ aus gestartet, so aktualisiert es die Registrierungsdaten und zeigt das Ziffernblatt einer Uhr an. Dabei werden die Ziffernpositionen für 12, 3, 6, und 9 Uhr durch die Textelemente XII, III, VI und IX beschriftet. Beenden Sie das Programm.

3. Laden Sie die Excel-Arbeitsmappe aus der Datei \vcpp32\ex25c\ex25c.xls.
Die erste Tabelle sollte etwa wie in Abbildung 25.13 aussehen.

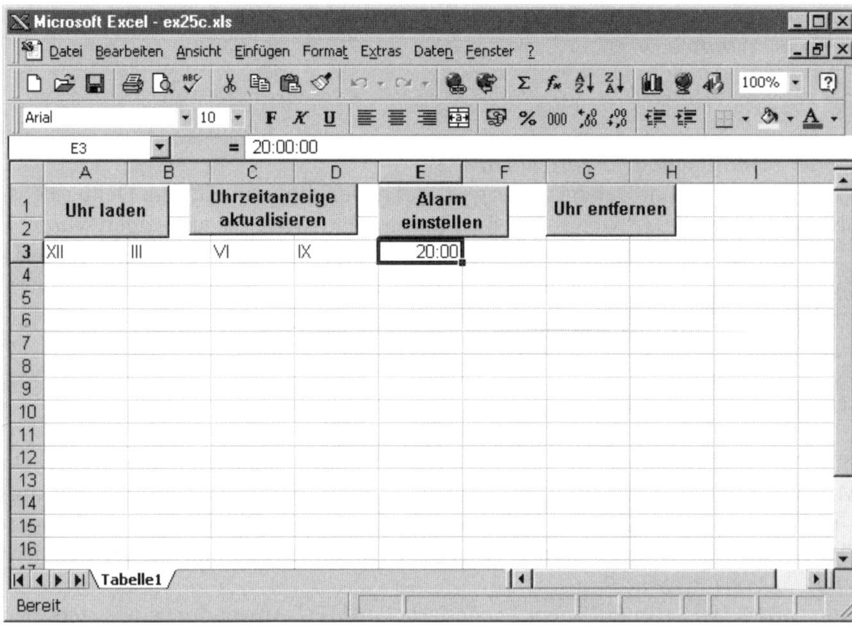

Abbildung 25.13: *Die Arbeitsmappe ex25c.xls.*

Klicken Sie auf die Schaltfläche *Uhr laden*, und doppelklicken Sie dann auf die Schaltfläche *Alarm einstellen*. (Abhängig von Ihrem System, kann nach dem Klicken auf *Uhr laden* eine längere Verzögerung auftreten.) Die Uhr sollte angezeigt werden und mit einem Buchstaben A die gesetzte Weckzeit angeben (siehe Abbildung 25.14).

Abbildung 25.14:
Der Alarm wurde auf 8 Uhr eingestellt.

Wenn Sie das Server-Programm vom Debugger aus gestartet haben, können Sie dem Debug-Fenster entnehmen, ob und wann *InitInstance* aufgerufen wird und wann das Dokumentobjekt erstellt wird.

Falls Sie sich fragen, warum die Menüs fehlen: das liegt an der folgenden Zeile in der Funktion *CMainFrame::PreCreateWindow*:

```
cs.hMenu = NULL;
```

4. Klicken Sie auf die Schaltfläche *Uhr entfernen.*

Wenn Sie das Server-Programm vom Debugger aus gestartet haben, können Sie dem Debug-Fenster entnehmen, ob ein Meldungsfeld anzeigt, dass die Funktion *ExitInstance* aufgerufen wurde.

Einen großen Teil der zur Einrichtung des Dokuments als Automatisierungsserver erforderlichen Aufgaben hat der MFC-Anwendungs-Assistent erledigt. In der abgeleiteten Anwendungsklasse *CEx25cApp* hat er ein Datenelement für den Server erzeugt:

```
public:
  COleTemplateServer m_server;
```

Die MFC-Klasse *COleTemplateServer* ist von *COleObjectFactory* abgeleitet. Sie dient dem Zweck, ein COM-Dokument zu erzeugen, wenn ein Client *IClassFactory::CreateInstance* aufruft. Die Klassen-ID stammt von der globalen Variablen *clsid*, die in der Datei ex25c.cpp definiert ist. Die in textueller Form vorliegende Programm-ID (Ex25c.Document) stammt aus der Zeichenfolgenressource *IDR_MAINFRAME*.

Für die Funktion *InitInstance* (in ex25c.cpp) generierte der MFC-Anwendungs-Assistent den folgenden Quelltext, der das Server-Objekt (das Dokument) mit der Dokumentvorlage der Anwendung verbindet.

```
CSingleDocTemplate* pDocTemplate;
pDocTemplate = new CSingleDocTemplate(
  IDR_MAINFRAME,
  RUNTIME_CLASS(CEx25cDoc),
  RUNTIME_CLASS(CMainFrame),       // Haupt-SDI-Rahmenfenster
  RUNTIME_CLASS(CEx25cView));
AddDocTemplate(pDocTemplate);

m_server.ConnectTemplate(clsid, pDocTemplate, TRUE);
```

Nun kann COM in Verbindung mit dem Anwendungsgerüst das Dokument zusammen mit der Ansicht und dem Rahmenfenster erzeugen. Die Objekte wurden zwar erstellt, aber das Hauptrahmenfenster wurde noch nicht sichtbar gemacht. Letzteres ist Ihre Aufgabe. Sie müssen eine Methode zur Anzeige des Fensters schreiben.

Der folgende Aufruf von *UpdateRegistry* in der Funktion *InitInstance* aktualisiert die Windows-Registrierung mit dem Inhalt der zum Projekt gehörigen Zeichenfolgenressource *IDR_MAINFRAME*:

```
m_server.UpdateRegistry(OAT_DISPATCH_OBJECT);
```

Die folgende Verteilertabelle in der Datei ex25cDoc.cpp zeigt die Eigenschaften und Methoden der Klasse *CEx25cDoc*. Beachten Sie, dass die Eigenschaft *Figure* eine indizierte Eigenschaft ist, die der Klassen-Assistent generieren kann, sofern Sie einen Parameter dafür angeben. Wir werden den für die Funktionen *GetFigure* und *SetFigure* benötigten Quelltext später behandeln.

```
BEGIN_DISPATCH_MAP(CEx25cDoc, CDocument)
  //{{AFX_DISPATCH_MAP(CEx25cDoc)
  DISP_PROPERTY_NOTIFY(CEx25cDoc, "Time", m_time, OnTimeChanged, VT_DATE)
  DISP_FUNCTION(CEx25cDoc, "ShowWin", ShowWin, VT_EMPTY, VTS_NONE)
  DISP_FUNCTION(CEx25cDoc, "CreateAlarm", CreateAlarm, VT_DISPATCH,
      VTS_DATE)
  DISP_FUNCTION(CEx25cDoc, "RefreshWin", Refresh, VT_EMPTY, VTS_NONE)
  DISP_PROPERTY_PARAM(CEx25cDoc, "Figure", GetFigure, SetFigure,
      VT_VARIANT, VTS_I2)
  //}}AFX_DISPATCH_MAP
END_DISPATCH_MAP()
```

Die Member-Funktionen *RefreshWin* und *ShowWin* sind nicht besonders interessant, aber die Methode *CreateAlarm* sollte man sich genauer ansehen. Es folgt die zugehörige Member-Funktion *CreateAlarm*:

```
LPDISPATCH CEx25cDoc::CreateAlarm(DATE time)
{
  TRACE("Eintritt CEx25cDoc::CreateAlarm, time = %f\n", time);
  // OLE entfernt jedes alte CAlarm-Objekt
  m_pAlarm = new CAlarm(time);
  return m_pAlarm->GetIDispatch(FALSE);   // ohne Aufruf von AddRef
}
```

Wir möchten, dass der Server ein *CAlarm*-Objekt erzeugt, wenn ein Client die Funktion *CreateAlarm* aufruft. *CAlarm* ist die Klasse eines Automatisierungsservers, die wir mit dem Klassen-Assistenten generiert haben. Sie ist *nicht* COM-erzeugbar, enthält also keinen Aufruf des Makros *IMPLEMENT_OLECREATE* und keine Class Factory. Die Funktion *CreateAlarm* erzeugt ein *CAlarm*-Objekt und liefert den zugehörigen *IDispatch*-Zeiger zurück. (Mit dem an *CCmdTarget::GetIDispatch* übergebenen Wert *FALSE* wird festgelegt, dass der Referenzzähler nicht inkrementiert wird, denn der Referenzzähler des *CAlarm*-Objekts hat bereits den Wert 1, wenn das Objekt erzeugt wird.)

Die Klasse *CAlarm* wird in der Datei alarm.h folgendermaßen deklariert:

```
class CAlarm : public CCmdTarget
{
  DECLARE_DYNAMIC(CAlarm)
public:
  CAlarm(DATE time);

// Attribute
public:

// Operationen
public:

// Überschreibungen
  // Vom Klassen-Assistenten generierte virtuelle Funktionsüberschreibungen
  //{{AFX_VIRTUAL(CAlarm)
  public:
```

```
  virtual void OnFinalRelease();
  //}}AFX_VIRTUAL

// Implementierung
protected:
  virtual ~CAlarm();

  // Generierte Nachrichtenzuordnungsfunktionen
  //{{AFX_MSG(CAlarm)
      // HINWEIS - Der Klassen-Assistent fügt hier Member-Funktionen ein
      // und entfernt diese.
  //}}AFX_MSG

  DECLARE_MESSAGE_MAP()
  // Generierte OLE-Dispatch-Zuordnungsfunktionen
public:
  //{{AFX_DISPATCH(CAlarm)
  DATE m_time;
  //}}AFX_DISPATCH
  DECLARE_DISPATCH_MAP()
  DECLARE_INTERFACE_MAP()
};
```

Beachten Sie das Fehlen des Makros *DECLARE_DYNCREATE*.

Die Datei Alarm.cpp enthält die folgende Verteilertabelle:

```
BEGIN_DISPATCH_MAP(CAlarm, CCmdTarget)
  //{{AFX_DISPATCH_MAP(CAlarm)
  DISP_PROPERTY(CAlarm, "Time", m_time, VT_DATE)
  //}}AFX_DISPATCH_MAP
END_DISPATCH_MAP()
```

Welchem Zweck dient die Klasse *CAlarm*? Wir hätten die Klasse *CEx25cDoc* um eine Eigenschaft *AlarmTime* ergänzen können, aber dann hätten wir noch eine weitere Eigenschaft oder Methode benötigt, um den Alarm ein- und auszuschalten. Mit der Klasse *CAlarm* bereiten wir uns schon darauf vor, mehrere Alarmzeiten zu unterstützen – eben eine *Auflistung* von *CAlarm*-Objekten.

Zur Implementierung einer Automatisierungsauflistung würden wir eine neue Klasse namens *CAlarms* definieren, die die Methoden *Add*, *Remove* und *Item* enthielte. *Add* und *Remove* sind selbsterklärend. *Item* lieferte einen *IDispatch*-Zeiger für ein Auflistungselement, das durch einen (numerischen oder sonstigen) Index bezeichnet wird. Wir würden außerdem eine schreibgeschützte Eigenschaft *Count* implementieren, die die Zahl der Elemente der Auflistung zurückgeben würde. Die Dokumentklasse (der die Auflistung gehört) hätte eine Methode *Alarms* mit einem optionalen Parameter des Typs *VARIANT*. Würde der Parameter beim Aufruf weggelassen, so würde die Methode den *IDispatch*-Zeiger für die Auflistung zurückgeben. Würde für den Parameter beim Aufruf ein Index übergeben, so würde die Methode den *IDispatch*-Zeiger für das ausgewählte Alarmobjekt zurückgeben.

HINWEIS: Falls unsere Auflistung die VBA-Syntax der »For each...Next«-Anweisungen unterstützen sollte, hätten wir noch einige weitere Vorkehrungen zu treffen. Wir würden eine Schnittstelle *IEnumVARIANT* zur Klasse *CAlarms* hinzufügen, um eine Aufzählung der Auflistung von *VARIANT*-Objekten zu ermöglichen, und wir würden die Member-Funktion *Next* implementieren, um die einzelnen Elemente der Auflistung nacheinander verarbeiten zu können. Dann würden wir in der Klasse *CAlarms* eine Methode *_NewEnum* hinzufügen, die einen Schnittstellenzeiger auf *IEnumVARIANT* zurückgeben würde. Sollte die Auflistung allgemein verwendbar sein, würden wir separate Aufzählungsobjekte (mit einer *IEnumVARIANT*-Schnittstelle) ermöglichen und die anderen Funktionen der Schnittstelle *IEnumVARIANT* implementieren – *Skip*, *Reset* und *Clone*.

Die Eigenschaft *Figure* ist eine indizierte Eigenschaft und deshalb für uns von Interesse. Durch *Figure* werden die vier Schriftzüge auf dem Ziffernblatt der Uhr repräsentiert – XII, III, VI und IX. Das entsprechende Datenelement ist eine Zeichenfolge vom Typ *CString*. Wir können deshalb römische Ziffern verwenden. Es folgt die Deklaration aus ex25cDoc.h:

```
public:
  CString m_strFigure[4];
```

Und so sieht der Quelltext für die Funktionen *GetFigure* und *SetFigure* aus der Datei ex25cDoc.cpp aus:

```
VARIANT CEx25cDoc::GetFigure(short n)
{
  TRACE("Eintritt CEx25cDoc::GetFigure -- n = %d m_strFigure[n] = %s\n",
        n, m_strFigure[n]);
  return COleVariant(m_strFigure[n]).Detach();
}

void CEx25cDoc::SetFigure(short n, const VARIANT FAR& newValue)
{
  TRACE("Eintritt CEx25cDoc::SetFigure -- n = %d, vt = %d\n", n,
        newValue.vt);
  COleVariant vaTemp;
  vaTemp.ChangeType(VT_BSTR, (COleVariant*) &newValue);
  m_strFigure[n] = vaTemp.bstrVal; // konvertiert Breitzeichen in
                                   // einfache Zeichen
}
```

Diese Funktionen sind mit dem Makro *DISP_PROPERTY_PARAM* der Verteilertabelle für die Klasse *CEx25cDoc* verknüpft. Der erste Parameter übergibt die Indexnummer, ist eine ganz Zahl vom Typ *short* und entspricht dem letzten Makroparameter. Indizes von Eigenschaften müssen keine ganzen Zahlen sein, und können aus mehreren Teilen bestehen (beispielsweise aus Zeilen- und Spaltennummern). Der Aufruf von *ChangeType* in der Funktion *SetFigure* ist nötig, da der Client sonst unter Umständen Zahlen statt Zeichenfolgen übergibt.

Sie haben gerade einiges über die Eigenschaften von Auflistungen und indizierte Eigenschaften erfahren. Worin besteht der Unterschied? Ein Client kann keine Elemente einer indizierten Eigenschaft löschen oder hinzufügen, aber er kann einer Auflistung Elemente hinzufügen und Elemente aus einer Auflistung entfernen.

Wer oder was zeichnet das Ziffernblatt? Es ist die Member-Funktion *OnDraw* der Ansichtsklasse. Diese Funktion benutzt *GetDocument*, um einen Zeiger auf das Dokumentobjekt zu erhalten, und greift anschließend auf die zu den Eigenschaften gehörigen Datenelemente und die den Methoden zugeordneten Member-Funktionen der Dokumentklasse zu.

Es folgt der Quelltext des Excel-Makros:

```
Dim Clock As Object
Dim Alarm As Object

Sub LoadClock()
  Set Clock = CreateObject("ex25c.Document")
  Range("A3").Select
  n = 0
  Do Until n = 4
      Clock.figure(n) = Selection.Value
      Selection.Offset(0, 1).Range("A1").Select
      n = n + 1
  Loop
  RefreshClock
  Clock.ShowWin
End Sub

Sub RefreshClock()
  Clock.Time = Now()
  Clock.RefreshWin
End Sub

Sub CreateAlarm()
  Range("E3").Select
  Set Alarm = Clock.CreateAlarm(Selection.Value)
  RefreshClock
End Sub

Sub UnloadClock()
  Set Clock = Nothing
End Sub
```

Achten Sie auf die *Set Alarm*-Anweisung im Makro *CreateAlarm*. Das Makro ruft die Methode *CreateAlarm* auf und gibt einen *IDispatch*-Zeiger zurück, der in einer Objektvariablen gespeichert wird. Bei der nächsten Ausführung des Makros wird ein neues *CAlarm*-Objekt erzeugt, während das ursprüngliche *CAlarm*-Objekt entfernt wird, da dessen Referenzzähler auf Null fällt.

WARNUNG: Sie haben einen modalen Dialog in einem als DLL implementierten Server (Beispiel EX25B) und ein Hauptrahmenfenster in einem als EXE-Datei implementierten Server (Beispiel EX25C) kennen gelernt. Seien Sie vorsichtig in der Verwendung modaler Dialogen in EXE-Servern. Ein *Info*-Dialogfeld, das direkt vom Server-Programm aufgerufen wird, ist unproblematisch. Aber es ist nicht ratsam, ein modales Dialogfeld in einer Methode eines prozessexternen Servers aufzurufen. Die Schwierigkeit besteht darin, dass der Anwender zurück zum Client-Programm wechseln kann, sobald das modale Dialogfeld auf dem Bildschirm erscheint. MFC-Clients handhaben diese Situation mit einem besonderen Meldungsfeld, das eine Meldung wie »Server nicht verfügbar« enthält und sofort angezeigt wird. Excel regelt das Problem ähnlich, wartet aber 30 Sekunden lang, was den Anwender verwirren kann.

Das Beispiel EX25D – Ein Automatisierungsclient

Bis jetzt haben Sie C++-Programme für Automatisierungsserver kennen gelernt. Im Folgenden wird Ihnen das Programm eines C++-Automatisierungsclients vorgestellt, das alle zuvor behandelten Server ausführen und auch Microsoft Excel 97 steuern kann. Das Beispielprogramm EX25D wurde ursprünglich vom MFC-Anwendungs-Assistenten generiert, allerdings ohne irgendwelche COM-Optionen. Es war einfacher, den Quelltext um COM-Details zu ergänzen, als die server-spezifischen Teile zu entfernen. Falls Sie mit dem MFC-Anwendungs-Assistenten einen solchen Automatisierungsclient erstellen, müssen Sie die folgenden Zeile am Ende der Datei StdAfx.h einfügen:

```
#include <afxdisp.h>
```

Zusätzlich sollten Sie den folgenden Funktionsaufruf am Anfang der Funktion *InitInstance* einfügen:

```
AfxOleInit();
```

Um das Beispiel EX25D testen zu können, öffnen Sie den Arbeitsbereich \vcpp32\ex25d\ex25d.dsw, und erstellen Sie dann das Projekt. Führen Sie die Anwendung im Debugger aus. Es wird eine Standard-SDI-Anwendung mit einer Menüstruktur angezeigt, die der in Abbildung 25.15 dargestellten ähnelt.

Falls Sie alle Server erstellt und registriert haben, können Sie sie mit dem EX25D-Client testen. Die DLL braucht nicht in das Verzeichnis \Winnt\System32 kopiert zu werden, da Windows die DLL über die Registrierung finden kann. Bei einigen Servern müssen Sie das Debug-Fenster überwachen, um sicherzustellen, dass die Testergebnisse korrekt sind. Das Programm ist recht modular. Menübefehle und Befehle zur Aktualisierung der Menüs werden durch Behandlungsroutinen der Ansichtsklassen verarbeitet. Jedes Server-Objekt hat seine eigene C++-Client-Klasse und ein eingebettetes Datenelement in ex25dView.h. Wir werden jeden Teil für sich untersuchen, nachdem wir uns mit den Typbibliotheken befasst haben.

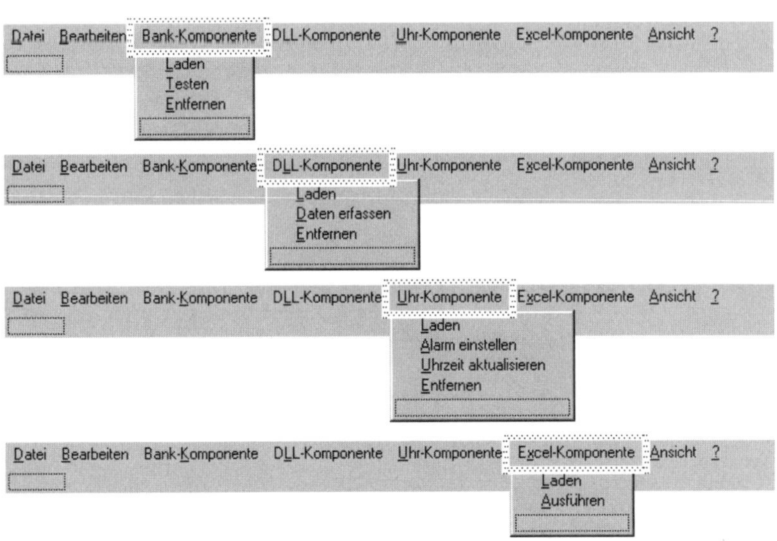

Abbildung 25.15: *Beispiel einer Menüstruktur für eine gewöhnliche SDI-Anwendung.*

Typbibliotheken und ODL-Dateien

Wir haben behauptet, dass Typbibliotheken für die MFC-Implementierung von *IDispatch* nicht erforderlich sind. Dennoch hat Visual C++ »in aller Stille« für alle Ihre Server auch Typbibliotheken generiert. Wozu taugen diese Typbibliotheken? VBA kann von einer Typbibliothek bestimmte Informationen über die Methoden und Eigenschaften Ihres Servers abrufen und mit diesen Informationen den Zugriff auf jene Methoden und Eigenschaften optimieren. Dieser Vorgang wird *frühe Bindung* genannt und an späterer Stelle in diesem Kapitel beschrieben. Aber wir entwickeln hier ein C++-Client-Programm und kein VBA-Prrogramm. Der Klassen-Assistent ist ebenfalls in der Lage, die Typbibliothek einer Server-Komponente zu lesen und deren Informationen zur Generierung von C++-Quelltext zu verwenden, mit dem das Client-Programm den Automatisierungsserver steuert.

HINWEIS: Der MFC-Anwendungs-Assistent initialisiert die ODL-Datei (ODL – Object Description Language) eines Projekts bei dessen Neuerstellung. Der Klassen-Assistent bearbeitet diese Datei jedes Mal, wenn eine neue Klasse für Automatisierungsserver generiert oder eine vorhandene Klasse um neue Eigenschaften und Methoden erweitert wird. Anders als bei der CLW-Datei kann der Klassen-Assistent die ODL-Datei nicht aus den Quelltextdateien rekonstruieren. Falls Sie Ihre OLD-Datei beschädigen, müssen Sie sie von Hand neu erstellen.

Während Sie Ihre Server-Klassen um neue Eigenschaften und Methoden erweitern, aktualisiert der Klassen-Assistent die ODL-Datei des Projekts. Diese Datei enthält Text, der eine ODL-Beschreibung des Servers darstellt. (Ihr GUID-Wert wird ein anderer sein, wenn Sie das Projekt mit dem MFC-Anwendungs-Assistenten erstellen.) Es folgt die ODL-Datei für die Server-Anwendung EX25A:

```
// ex25a.odl : Quellcode für Typbibliothek für ex25a.exe
// Diese Datei wird vom MIDL-Compiler bearbeitet, um die
// Typbibliothek zu erzeugen (ex25a.tlb).

[ uuid(A9515AA2-5B85-11D0-848F-00400526305B), version(1.0) ]
library Ex25a
{
  importlib("stdole32.tlb");

  // Primäre Dispatch-Schnittstelle für CBank

  [ uuid(A9515AB6-5B85-11D0-848F-00400526305B) ]
  dispinterface IBank
  {
      properties:
      // HINWEIS - Der Klassen-Assistent verwaltet hier Informationen über
      // die Eigenschaften.
      // Lassen Sie äußerste Vorsicht walten, falls Sie diesen Abschnitt
      // bearbeiten.
          //{{AFX_ODL_PROP(CBank)
          [id(1)] double Balance;
          //}}AFX_ODL_PROP

      methods:
      // HINWEIS - Der Klassen-Assistent verwaltet hier Informationen über
      // die Methoden.
```

```
        // Lassen Sie äußerste Vorsicht walten, falls Sie diesen Abschnitt
        // bearbeiten.
       //{{AFX_ODL_METHOD(CBank)
            [id(2)] double Withdrawal(double dAmount);
            [id(3)] void Deposit (double dAmount);
        //}}AFX_ODL_METHOD

    };

    // Klassen-Informationen für CBank
        [ uuid(632B1E4C-F287-11CE-B5E3-00AA005B1574) ]
        coclass Bank
        {
            [default] dispinterface IBank;
        };

    // {{AFX_APPEND_ODL}}
    // }}AFX_APPEND_ODL}}
};
```

Die ODL-Datei enthält einen eindeutigen GUID-Wert als Kennung für die Typbibliothek (A9515AA2-5B85-11D0-848F-00400526305B) und beschreibt vollständig die Eigenschaften und Methoden des Bank-Programms aus der Sicht einer *Verteilerschnittstelle* (*dispinterface)* mit dem Namen *IBank*. Außerdem enthält die Datei den GUID-Wert der Verteilerschnittstelle (A9515AB6-5B85-11D0-848F-00400526305B), der mit dem GUID-Wert der Schnittstellentabelle für die Klasse *CBank* aus der anfangs beschriebenen Beispielanwendung EX25A übereinstimmt. Sie werden die Bedeutung dieses GUID-Werts erkennen, wenn Sie den Abschnitt *Frühe Bindung unter VBA* am Ende dieses Kapitels durchlesen. Die Klassen-ID 632B1E4C-F287-11CE-B5E3-00AA005B1574 wird von VBA zum Laden Ihrer Server-Komponente benutzt.

Während Sie Ihr Server-Projekt erstellen, ruft Visual C++ den MIDL-Compiler auf, der die ODL-Datei liest und eine binäre TLB-Datei generiert, die im Debug- oder Release-Unterverzeichnis Ihres Projekts gespeichert wird. Bei der Entwicklung eines C++-Client-Programms können Sie den Klassen-Assistenten veranlassen, eine entsprechende Proxy-Klasse aus der TLB-Datei des Server-Projekts zu generieren.

HINWEIS: Der MIDL-Compiler erzeugt die Typbibliothek in Form einer eigenständigen TLB-Datei. Nach dieser Datei suchen Automatisierungsclients wie Excel. ActiveX-Steuerelemente binden ihre Typbibliotheken in ihre Ressourcen ein.

Zur Durchführung klicken Sie im Klassen-Assistenten auf die Schaltfläche *Klasse hinzufügen* und wählen dann aus der Dropdown-Liste die Option *Aus einer Typbibliothek*. Sie durchsuchen die TLB-Datei des Server-Projekts und anschließend präsentiert der Klassen-Assistent ein Dialogfeld, das dem in Abbildung 25.16 ähnelt.

IBank ist die Verteilerschnittstelle aus der OLD-Datei. Sie können diesen Namen für die Klasse beibehalten und die erforderlichen Namen für die H- und CPP-Dateien angeben. Falls eine Typbibliothek mehrere Schnittstellen enthält, können Sie mehrere Auswahlen treffen. In den folgenden Abschnitten werden die generierten Proxy-Klassen vorgestellt.

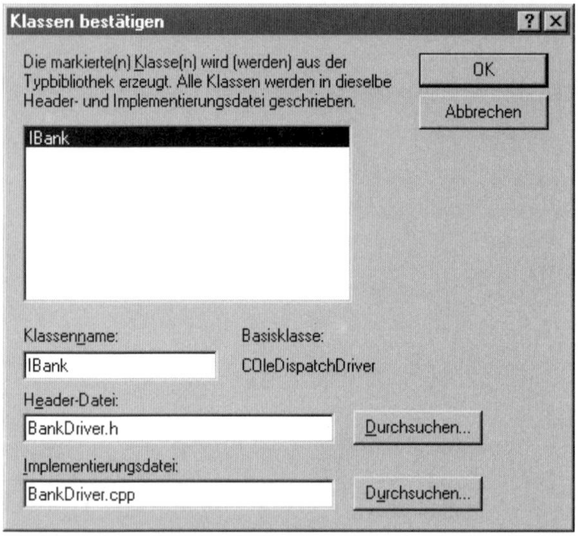

Abbildung 25.16:
Das Dialogfeld Klassen bestätigen.

Proxy-Klasse für ex25a.exe

Der Klassen-Assistent erzeugt die Klasse *IBank* (die von *COleDispatchDriver* abgeleitet ist), deren Quelltext in Listing 25.3 zu sehen ist. Schauen Sie sich vor allem die Implementierungen der Member-Funktionen genau an. Beachten Sie die ersten Parameter der Funktionsaufrufe von *GetProperty*, *SetProperty* und *InvokeHelper*. Es handelt sich um die fest vorgegebenen DISPIDs für die Eigenschaften und Methoden der Server-Komponente, wie sie durch die Reihenfolge der Verteilertabelle für die Komponente festgelegt sind.

WARNUNG: Wenn Sie im Klassen-Assistenten eine Eigenschaft löschen und anschließend wieder hinzufügen, werden sich die DISPIDs der Verteilerschnittstelle wahrscheinlich ändern. In diesem Fall müssen Sie die Proxy-Klasse neu generieren oder bearbeiten, so dass die IDs übereinstimmen.

BANKDRIVER.H

```
class IBank : public COleDispatchDriver
{
public:
  IBank() {} // Aufruf des Standardkonstruktors von COleDispatchDriver
  IBank(LPDISPATCH pDispatch) : COleDispatchDriver(pDispatch) {}
  IBank(const IBank& dispatchSrc) : COleDispatchDriver(dispatchSrc) {}

// Attribute
public:
  double GetBalance();
  void SetBalance(double);

// Operationen
public:
  double Withdrawal(double dAmount);
  void Deposit(double dAmount);
};
```

BANKDRIVER.CPP

```
#include "StdAfx.h"
#include "BankDriver.h"

#ifdef _DEBUG
#define new DEBUG_NEW
#undef THIS_FILE
static char THIS_FILE[] = __FILE__;
#endif

/////////////////////////////////////////////////////////////////////////////
// Eigenschaften IBank

double IBank::GetBalance()
{
  double result;
  GetProperty(0x1, VT_R8, (void*)&result);
  return result;
}
void IBank::SetBalance(double propVal)
{
  SetProperty(0x1, VT_R8, propVal);
}
/////////////////////////////////////////////////////////////////////////////
// Operationen IBank

double IBank::Withdrawal(double dAmount)
{
  double result;
  static BYTE parms[] =
      VTS_R8;
  InvokeHelper(0x2, DISPATCH_METHOD, VT_R8, (void*)&result, parms,
               dAmount);
  return result;
}

void IBank::Deposit(double dAmount)
{
  static BYTE parms[] =
      VTS_R8;
  InvokeHelper(0x3, DISPATCH_METHOD, VT_EMPTY, NULL, parms,
               dAmount);
}
```

Listing 25.3: *Header- und Implementierungsdatei der Klasse* IBank.

Die Klasse *CEx25dView* hat ein Datenelement *m_bank* vom Typ *IBank*. Die Member-Funktionen von *CEx25dView* für die Server-Komponente Ex25a.Bank ist weiter unten aufgelistet. Sie sind mit Optionen des Hauptmenüs von Ex25d verknüpft. Von besonderem Interesse ist die Funktion *OnBankoleLoad*. Die Funktion *COleDispatchDriver::CreateDispatch* lädt das Server-Programm (indem sie *CoGetClassObject* und *IClassFactory::CreateInstance* aufruft). Anschließend ruft sie *QueryInterface* auf, um einen *IDispatch*-Zeiger zu erhalten, den sie im Datenelement *m_lpDispatch* des Objekts speichert. Diesen Zeiger gibt die Funktion *COleDispatchDriver::ReleaseDispatch*, die in der Funktion *OnBankoleUnload* aufgerufen wird, mit *Release* frei.

```
void CEx25dView::OnBankoleLoad()
{
    if(!m_bank.CreateDispatch("Ex25a.Bank")) {
       AfxMessageBox("Ex25a.Bank-Komponente nicht gefunden");
       return;
    }
}

void CEx25dView::OnUpdateBankoleLoad(CCmdUI* pCmdUI)
{
  pCmdUI->Enable(m_bank.m_lpDispatch == NULL);
}

void CEx25dView::OnBankoleTest()
{
  m_bank.Deposit(20.0);
  m_bank.Withdrawal(15.0);
  TRACE("Neuer Kontostand = %f\n", m_bank.GetBalance());
}

void CEx25dView::OnUpdateBankoleTest(CCmdUI* pCmdUI)
{
  pCmdUI->Enable(m_bank.m_lpDispatch != NULL);
}

void CEx25dView::OnBankoleUnload()
{
  m_bank.ReleaseDispatch();
}

void CEx25dView::OnUpdateBankoleUnload(CCmdUI* pCmdUI)
{
  pCmdUI->Enable(m_bank.m_lpDispatch != NULL);
}
```

Proxy-Klasse für ex25b.dll

Listing 25.4 zeigt die vom Klassen-Assistenten genererierte Header-Datei der Klasse.

AUTODRIVER.H

```
class IEx25bAuto : public COleDispatchDriver
{
public:
  IEx25bAuto() {} // Aufruf des Standardkonstruktors für COleDispatchDriver
  IEx25bAuto(LPDISPATCH pDispatch) : COleDispatchDriver(pDispatch) {}
  IEx25bAuto(const IEx25bAuto& dispatchSrc) :
      COleDispatchDriver(dispatchSrc) {}

// Attribute
public:
  long GetLongData();
  void SetLongData(long);
  VARIANT GetTextData();
  void SetTextData(const VARIANT&);
```

```
// Operationen
public:
  BOOL DisplayDialog();
};
```

***Listing 25.4:** Header-Datei der Klasse* Ex25bAuto.

Beachten Sie, dass jede Eigenschaft eigene Funktionen *Get* und *Set* in der Client-Klasse benötigt, selbst wenn die Eigenschaft durch ein Datenelement im Server repräsentiert wird.

In der Header-Datei der Ansichtsklasse gibt es die Deklaration eines Datenelements *m_auto* vom Typ *IEx25bAuto*. Es folgt der Quelltext einiger DLL-bezogener Member-Funktionen für die Befehlsbehandlung aus der Datei ex25dView.cpp:

```
void CEx25dView::OnDlloleGetdata()
{
  m_auto.DisplayDialog();
  COleVariant vaData = m_auto.GetTextData();
  ASSERT(vaData.vt == VT_BSTR);
  CString strTextData = vaData.bstrVal;
  long lData = m_auto.GetLongData();
  TRACE("CEx25dView::OnDlloleGetdata - Long = %ld, Text = %s\n",
        lData, strTextData);
}

void CEx25dView::OnUpdateDlloleGetdata(CCmdUI* pCmdUI)
{
  pCmdUI->Enable(m_auto.m_lpDispatch != NULL);
}

void CEx25dView::OnDlloleLoad()
{
  if(!m_auto.CreateDispatch("Ex25b.Auto")) {
      AfxMessageBox("Ex25b.Auto-Komponente nicht gefunden");
      return;
  }
  m_auto.SetTextData(COleVariant("test"));  // Testen
  m_auto.SetLongData(79);  // Testen
  // Validierung der Verteilerschnittstelle
  // {A9515AD7-5B85-11D0-848F-00400526305B}
  static const IID IID_IEx25bAuto =
      { 0xa9515ad7, 0x5b85, 0x11d0, { 0x84, 0x8f, 0x0, 0x40, 0x5, 0x26,
          0x30, 0x5b } };
  LPDISPATCH p;
  HRESULT hr = m_auto.m_lpDispatch->QueryInterface(IID_IEx25bAuto,
      (void**) &p);
  TRACE("OnDlloleLoad - QueryInterface-Ergebnis = %x\n", hr);
  p->Release();
}

void CEx25dView::OnUpdateDlloleLoad(CCmdUI* pCmdUI)
{
  pCmdUI->Enable(m_auto.m_lpDispatch == NULL);
}

void CEx25dView::OnDlloleUnload()
```

```
{
  m_auto.ReleaseDispatch();
}

void CEx25dView::OnUpdateDlloleUnload(CCmdUI* pCmdUI)
{
  pCmdUI->Enable(m_auto.m_lpDispatch != NULL);
}
```

Proxy-Klasse für ex25c.exe

Listing 25.5 zeigt die Header-Dateien für die Klassen *IEx25c* und *IAlarm*, die zur Steuerung des Automatisierungsservers EX25C dienen.

CLOCKDRIVER.H

```
class IEx25c : public COleDispatchDriver
{
public:
  IEx25c() {} // Ruft den Standardkonstruktor für COleDispatchDriver auf
  IEx25c(LPDISPATCH pDispatch) : COleDispatchDriver(pDispatch) {}
  IEx25c(const IEx25c& dispatchSrc) :
         COleDispatchDriver(dispatchSrc) {}

// Attribute
public:
  DATE GetTime();
  void SetTime(DATE);

// Operationen
public:
  void ShowWin();
  LPDISPATCH CreateAlarm(DATE Time);
  void RefreshWin();
  void SetFigure(short n, const VARIANT& newValue);
  VARIANT GetFigure(short n);
};

class IAlarm : public COleDispatchDriver
{
public:
  IAlarm() {} // Ruft den Standardkonstruktor für COleDispatchDriver auf
  IAlarm(LPDISPATCH pDispatch) : COleDispatchDriver(pDispatch) {}
  IAlarm(const IAlarm& dispatchSrc) :
         COleDispatchDriver(dispatchSrc) {}

// Attribute
public:
  DATE GetTime();
  void SetTime(DATE);

// Operationen
public:
};
```

Listing 25.5: *Header-Dateien für die Klassen* IEx25c *und* IAlarm.

Von besonderem Interesse ist hier die Member-Funktion *IEx25c::CreateAlarm* in der Datei ClockDriver.cpp:

```
LPDISPATCH IEx25c::CreateAlarm(DATE time)
{
  LPDISPATCH result;
  static BYTE parms[] =
      VTS_DATE;
  InvokeHelper(0x3, DISPATCH_METHOD, VT_DISPATCH, (void*)&result,
      parms, time);
  return result;
}
```

Diese Funktion kann erst dann aufgerufen werden, wenn das *CClock*-Objekt (Dokument) erzeugt worden ist. Sie veranlasst den Ex25c-Server, ein *CAlarm*-Objekt zu erzeugen, und liefert einen *IDispatch*-Zeiger mit einem Referenzzähler von 1 zurück. Die Funktion *COleDispatchDriver::AttachDispatch* verknüpft dieses Zeiger mit dem Objekt *m_alarm* des Client. Falls dieses Objekt bereits einen solchen Schnittstellenzeiger hat, wird der alte Zeiger freigegeben. Hier haben Sie den Grund, warum Sie beim Überwachen des Debug-Fensters feststellen können, dass die alte Ex25c-Instanz sofort terminiert, wenn Sie eine neue Instanz anfordern. Sie müssen dieses Verhalten mit dem Excel-Client testen, da Ex25d den Menübefehl *Laden* deaktiviert, sobald der Server aktiv ist.

Die Ansichtsklasse verfügt über die Datenelemente *m_clock* und *m_alarm*. Es folgt der Quelltext für die Routinen zur Befehlsbehandlung in der Ansichtsklasse:

```
void CEx25dView::OnClockoleCreatealarm()
{
  CAlarmDialog dlg;
  if (dlg.DoModal() == IDOK) {
      COleDateTime dt(1995, 12, 23, dlg.m_nHours, dlg.m_nMinutes,
          dlg.m_nSeconds);
      LPDISPATCH pAlarm = m_clock.CreateAlarm(dt);
      m_alarm.AttachDispatch(pAlarm);  // Vorheriges Objekt freigeben!
      m_clock.RefreshWin();
  }
}
void CEx25dView::OnUpdateClockoleCreatealarm(CCmdUI* pCmdUI)
{
  pCmdUI->Enable(m_clock.m_lpDispatch != NULL);
}

void CEx25dView::OnClockoleLoad()
{
   if(!m_clock.CreateDispatch("Ex25c.Document")) {
      AfxMessageBox("Ex25c.Document nicht gefunden");
      return;
   }
  m_clock.SetFigure(0, COleVariant("XII"));
  m_clock.SetFigure(1, COleVariant("III"));
  m_clock.SetFigure(2, COleVariant("VI"));
  m_clock.SetFigure(3, COleVariant("IX"));
  OnClockoleRefreshtime();
```

```
  m_clock.ShowWin();
}

void CEx25dView::OnUpdateClockoleLoad(CCmdUI* pCmdUI)
{
  pCmdUI->Enable(m_clock.m_lpDispatch == NULL);
}

void CEx25dView::OnClockoleRefreshtime()
{
  COleDateTime now = COleDateTime::GetCurrentTime();
  m_clock.SetTime(now);
  m_clock.RefreshWin();
}

void CEx25dView::OnUpdateClockoleRefreshtime(CCmdUI* pCmdUI)
{
  pCmdUI->Enable(m_clock.m_lpDispatch != NULL);
}

void CEx25dView::OnClockoleUnload()
{
  m_clock.ReleaseDispatch();
}

void CEx25dView::OnUpdateClockoleUnload(CCmdUI* pCmdUI)
{
  pCmdUI->Enable(m_clock.m_lpDispatch != NULL);
}
```

Microsoft Excel steuern

Das Beispielprogramm EX25D enthält Code, der Excel lädt, eine Arbeitsmappe erstellt und den Inhalt von Zellen der aktiven Tabelle liest oder schreibt. Excel wird auf dieselbe Weise gesteuert wie ein MFC-Automatisierungsserver, aber es gibt einige Excel-Besonderheiten, die man wissen sollte.

Beim Studium von Excel VBA werden Sie feststellen, dass Sie mehr als 100 verschiedene »Objekte« in Ihren Programmen verwenden können. Alle diese Objekte sind über die Automatisierung zugänglich. Aber zur Entwicklung eines MFC-Automatisierungsclients müssen Sie die Eigenschaften und Methoden der Objekte kennen. Am besten wäre es, für jedes Objekt eine eigene C++-Klasse zu haben, deren Member-Funktionen mit den passenden Verteiler-IDs verknüpft sind.

Excel hat eine eigene Typbibliothek in einer Datei mit dem Namen Excel8.olb, die sich in der Regel im Verzeichnis \Programme\Microsoft Office\Office befindet. Der Klassen-Assistent kann diese Datei wie eine TLB-Datei lesen und für einzelne Excel-Objekte die gewünschten C++-Proxy-Klassen generieren. Sinnvollerweise wählt man die benötigten Objekte aus und kombiniert die generierten Klassen in zwei Dateien. Abbildung 25.17 demonstriert diesen Vorgang.

Möglicherweise müssen Sie den generierten Quelltext bearbeiten und Ihren Erfordernissen anpassen. Betrachten wir ein Beispiel. Falls Sie den Klassen-Assistenten verwenden, um eine Proxy-Klasse für das Tabellenobjekt zu generieren, erhalten Sie eine Member-Funktion *GetRange*:

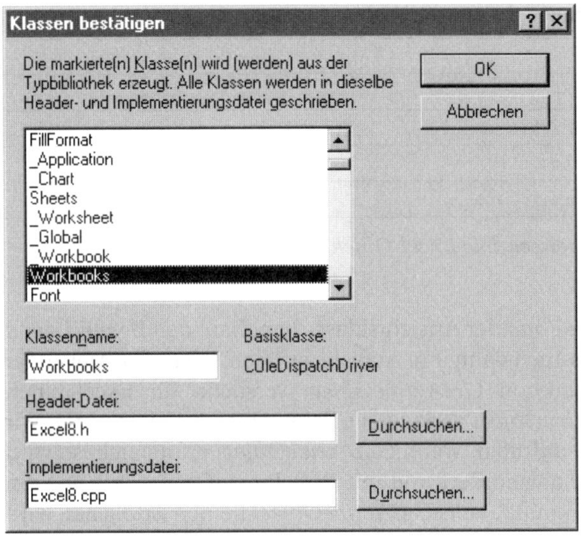

Abbildung 25.17:
Der Klassen-Assistent kann C++-Klassen für die in Excel8.olb aufgelisteten Excel-Objekte erzeugen.

```
LPDISPATCH _Worksheet::GetRange(const VARIANT& Cell1, const VARIANT& Cell2)
{
  LPDISPATCH result;
  static BYTE parms[] = VTS_VARIANT VTS_VARIANT;
  InvokeHelper(0xc5, DISPATCH_PROPERTYGET, VT_DISPATCH, (void*)&result,
      parms, &Cell1, &Cell2);
  return result;
}
```

Sie wissen (aus der Excel VBA-Dokumentation), dass dieser Methode beim Aufruf entweder eine Zelle (ein Parameter) oder einen rechteckigen Bereich von Zellen (zwei Parameter) übergeben wird. Außerdem wissen Sie, dass optionale Parameter beim Aufruf von *InvokeHelper* weggelassen werden können. Es scheint nun sinnvoll, durch Überschreiben eine zweite Funktion *GetRange* hinzuzufügen, die einen einzigen Zellen-Parameter akzeptiert:

```
LPDISPATCH _Worksheet::GetRange(const VARIANT& Cell1) // hinzugefügt
{
  LPDISPATCH result;
  static BYTE parms[] = VTS_VARIANT;
  InvokeHelper(0xc5, DISPATCH_PROPERTYGET, VT_DISPATCH, (void*)&result,
      parms, &Cell1);
  return result;
}
```

Wie erfahren Sie, welche Funktionen zu ändern sind? Es sind genau die Funktionen, die Sie in Ihrem Programm benutzen möchten. In dem Referenzhandbuch zu Excel VBA finden Sie die Informationen über die erforderlichen Parameter und Rückgabewerte. Vielleicht wird ja demnächst jemand eine Menge von C++-Proxy-Klassen für Excel entwickeln.

Das Beispielprogramm Ex25d verwendet die Excel-Objekte der unten gezeigten Tabelle und enthält die zugehörigen Klassen. Der gesamte Quelltext für diese Objekte ist in den Dateien excel8.h und excel8.cpp enthalten.

Objekt/Klasse	Datenelement der Ansichtsklasse
_Application	*m_app*
Range	*m_range[5]*
_Worksheet	*m_worksheet*
Workbooks	*m_workbooks*
Worksheets	*m_worksheets*

Tabelle 25.5: *Im Beispielprogramm EX25D verwendete Excel-Objekte.*

Die folgende Member-Funktion *OnExceloleLoad* der Ansichtsklasse handhabt den Befehl *Laden* im Menü *Excel COM*. Diese Funktion muss auch dann ihre Aufgabe erfüllen, wenn der Anwender Excel bereits gestartet hat. Die COM-Funktion *GetActiveObject* versucht, für Excel einen *IUnknown*-Zeiger zurückzugeben. *GetActiveObject* verlangt als Parameter eine Klassen-ID. Wir müssen deshalb zuerst *CLSIDFromProgID* aufrufen. Wenn *GetActiveObject* erfolgreich ist, wird über *QueryInterface* ein *IDispatch*-Zeiger angefordert und mit dem Proxy-Objekt *m_app* vom Typ *_Application* in der Ansichtsklasse verknüpft. Falls *GetActiveObject* keinen Erfolg hat, wird wie bei den anderen Servern *COleDispatchDriver::CreateDispatch* aufgerufen.

```
void CEx25dView::OnExceloleLoad()
{  // Falls Excel bereits ausgeführt wird, Verbindung herstellen,
   // ansonsten starten
  LPDISPATCH pDisp;
  LPUNKNOWN pUnk;
  CLSID clsid;
  TRACE("Eintritt CEx25dView::OnExcelLoad\n");
  BeginWaitCursor();
  ::CLSIDFromProgID(L"Excel.Application.8", &clsid); // CLSID aus
                                                     // der Registrierung
  if(::GetActiveObject(clsid, NULL, &pUnk) == S_OK) {
      VERIFY(pUnk->QueryInterface(IID_IDispatch,
            (void**) &pDisp) == S_OK);
      m_app.AttachDispatch(pDisp);
      pUnk->Release();
      TRACE(" Verknüpfung abgeschlossen\n");
  }
  else {
      if(!m_app.CreateDispatch("Excel.Application.8")) {
          AfxMessageBox("Programm Excel 97 nicht gefunden");
      }
      TRACE(" Erstellung abgeschlossen\n");
  }
  EndWaitCursor();
}
```

OnExceloleExecute ist die Behandlungsroutine für den Befehl *Execute* im Menü *Excel COM*. Ihre erste Aufgabe, ist es, das Hauptfenster von Excel zu finden und in den Vordergrund zu bringen. Wir müssen hier einige Windows-Funktionen verwenden, da ich keine Methode für diesen Zweck finden konnte. Wir müssen außerdem eine Arbeitsmappe erstellen, falls noch keine geöffnet worden ist.

Nicht zuletzt müssen wir die Rückgabewerte der Methoden sorgfältig überprüfen. Die Methode *Add* von *Workbooks*-Objekten beispielsweise liefert einen *IDispatch*-Zeiger auf ein Objekt des Typs *Workbook* und inkrementiert natürlich den Referenzzähler. Hätten wir eine Klasse für *Workbook* generiert, so könnten wir *COleDispatchDriver::AttachDispatch* aufrufen und dafür sorgen, dass *Release* aufgerufen würde, sobald das *Workbook*-Objekt entfernt würde. Da wir ansonsten keine *Workbook*-Klasse brauchen, geben wir den Zeiger einfach am Ende der Funktion frei. Wenn wir unsere Zeiger nicht ordnungsgemäß wieder freigeben, erhalten wir in der Debug-Version unseres MFC-Programms gegebenenfalls entsprechende Meldungen über einen möglichen Speicherverlust angezeigt.

Der Rest der Funktion *OnExceloleExecute* behandelt den Zugriff auf Zellen in der Tabelle. Es bereitet keine Probleme, Zahlen, Datumsangaben, Zeichenfolgen und Formeln zu lesen und zu schreiben. Der C++-Quelltext ähnelt dem VBA-Code, der zur Erledigung derselben Aufgaben erforderlich wäre.

```
void CEx25dView::OnExceloleExecute()
{
  LPDISPATCH pRange, pWorkbooks;

  CWnd* pWnd = CWnd::FindWindow("XLMAIN", NULL);
  if (pWnd != NULL) {
      TRACE("Excel-Fenster gefunden\n");
      pWnd->ShowWindow(SW_SHOWNORMAL);
      pWnd->UpdateWindow();
      pWnd->BringWindowToTop();
  }

  m_app.SetSheetsInNewWorkbook(1);

  VERIFY(pWorkbooks = m_app.GetWorkbooks());
  m_workbooks.AttachDispatch(pWorkbooks);

  LPDISPATCH pWorkbook = NULL;
  if (m_workbooks.GetCount() == 0) {
        // Add liefert einen Workbook-Zeiger, aber wir haben
        // keine Workbook-Klasse
      pWorkbook = m_workbooks.Add(); // Zeiger in Referenzzählung
                                     // aufnehmen
  }
  LPDISPATCH pWorksheets = m_app.GetWorksheets();
  ASSERT(pWorksheets != NULL);
  m_worksheets.AttachDispatch(pWorksheets);
  LPDISPATCH pWorksheet = m_worksheets.GetItem(COleVariant((short) 1));

  m_worksheet.AttachDispatch(pWorksheet);
  m_worksheet.Select();

  VERIFY(pRange = m_worksheet.GetRange(COleVariant("A1")));
  m_range[0].AttachDispatch(pRange);

  VERIFY(pRange = m_worksheet.GetRange(COleVariant("A2")));
  m_range[1].AttachDispatch(pRange);

  VERIFY(pRange = m_worksheet.GetRange(COleVariant("A3")));
```

```
    m_range[2].AttachDispatch(pRange);

    VERIFY(pRange = m_worksheet.GetRange(COleVariant("A3"),
        COleVariant("C5")));
    m_range[3].AttachDispatch(pRange);

    VERIFY(pRange = m_worksheet.GetRange(COleVariant("A6")));
    m_range[4].AttachDispatch(pRange);

    m_range[4].SetValue(COleVariant(COleDateTime(1994, 4, 24, 15, 47, 8)));
    // gespeicherten Datumswert lesen und als Zeichenfolge ausgeben
    COleVariant vaTimeDate = m_range[4].GetValue();
    TRACE("Datentyp des Rückgabewerts= %d\n", vaTimeDate.vt);
    COleVariant vaTemp;
    vaTemp.ChangeType(VT_BSTR, &vaTimeDate);
    CString str = vaTemp.bstrVal;
    TRACE("Datum = %s\n", (const char*) str);

    m_range[0].SetValue(COleVariant("Test-String"));

    COleVariant vaResult0 = m_range[0].GetValue();
    if (vaResult0.vt == VT_BSTR) {
        CString str = vaResult0.bstrVal;
        TRACE("vaResult0 = %s\n", (const char*) str);
    }

    m_range[1].SetValue(COleVariant(3.14159));

    COleVariant vaResult1 = m_range[1].GetValue();
    if (vaResult1.vt == VT_R8) {
        TRACE("vaResult1 = %f\n", vaResult1.dblVal);
    }

    m_range[2].SetFormula(COleVariant("=$A2*2.0"));

    COleVariant vaResult2 = m_range[2].GetValue();
    if (vaResult2.vt == VT_R8) {
        TRACE("vaResult2 = %f\n", vaResult2.dblVal);
    }

    COleVariant vaResult2a = m_range[2].GetFormula();
    if (vaResult2a.vt == VT_BSTR) {
        CString str = vaResult2a.bstrVal;
        TRACE("vaResult2a = %s\n", (const char*) str);
    }

    m_range[3].FillRight();
    m_range[3].FillDown();

    // Objekte freigeben
    if (pWorkbook != NULL) {
        pWorkbook->Release();
    }
}
```

Das Beispiel EX25E – Ein weiterer Automatisierungsclient

Dieses Programm benutzt die neue C++-Anweisung *#import*, um intelligente Zeiger zu generieren. Es verhält sich wie das Beispielprogramm EX25D, außer dass es Excel nicht ausführt. Die *#import*-Anweisungen befinden sich alle in der Datei StdAfx.h. Auf diese Weise werden überflüssige Generierungsläufe des Compilers für die Proxy-Klassen vermieden. Hier sehen Sie den zusätzlich eingefügten Quelltext:

```
#include <afxdisp.h>

#import "..\ex25a\debug\ex25a.tlb" rename_namespace("BankDriv")
using namespace BankDriv;

#import "..\ex25b\debug\ex25b.tlb" rename_namespace("Ex25bDriv")
using namespace Ex25bDriv;

#import "..\ex25c\debug\ex25c.tlb" rename_namespace("ClockDriv")
using namespace ClockDriv;
```

Natürlich müssen Sie auch noch *AfxOleInit* in der Member-Funktion *InitInstance* Ihrer Anwendungsklasse aufrufen.

Die Header-Datei der Ansichtsklasse enthält die folgenden eingebetteten intelligenten Zeiger:

```
IEx25bAutoPtr m_auto;
IBankPtr m_bank;
IEx25cPtr m_clock;
IAlarmPtr m_alarm;
```

Es folgt der Quelltext für die Behandlungsroutinen der Menübefehle in der Ansichtsklasse:

```
void CEx25eView::OnBankoleLoad()
{
  if(m_bank.CreateInstance(__uuidof(Bank)) != S_OK) {
      AfxMessageBox("Bank-Komponente nicht gefunden");
      return;
  }
}

void CEx25eView::OnUpdateBankoleLoad(CCmdUI* pCmdUI)
{
  pCmdUI->Enable(m_bank.GetInterfacePtr() == NULL);
}

void CEx25eView::OnBankoleTest()
{
  try {
      m_bank->Deposit(20.0);
      m_bank->Withdrawal(15.0);
      TRACE("Neuer Kontostand = %f\n", m_bank->GetBalance());
  } catch(_com_error& e) {
      AfxMessageBox(e.ErrorMessage());
  }
}
```

```
void CEx25eView::OnUpdateBankoleTest(CCmdUI* pCmdUI)
{
  pCmdUI->Enable(m_bank.GetInterfacePtr() != NULL);
}

void CEx25eView::OnBankoleUnload()
{
  m_bank.Release();
}

void CEx25eView::OnUpdateBankoleUnload(CCmdUI* pCmdUI)
{
  pCmdUI->Enable(m_bank.GetInterfacePtr() != NULL);
}

void CEx25eView::OnClockoleCreatealarm()
{
  CAlarmDialog dlg;
  try {
      if (dlg.DoModal() == IDOK) {
          COleDateTime dt(1995, 12, 23, dlg.m_nHours, dlg.m_nMinutes,
              dlg.m_nSeconds);
          LPDISPATCH pAlarm = m_clock->CreateAlarm(dt);
          m_alarm.Attach((IAlarm*) pAlarm);  // Vorheriges Objekt freigeben!
          m_clock->RefreshWin();
      }
  } catch(_com_error& e) {
      AfxMessageBox(e.ErrorMessage());
  }
}

void CEx25eView::OnUpdateClockoleCreatealarm(CCmdUI* pCmdUI)
{
  pCmdUI->Enable(m_clock.GetInterfacePtr() != NULL);
}

void CEx25eView::OnClockoleLoad()
{
  if(m_clock.CreateInstance(__uuidof(Document)) != S_OK) {
      AfxMessageBox("Uhrenkomponente nicht gefunden");
      return;
  }
  try {
      m_clock->PutFigure(0, COleVariant("XII"));
      m_clock->PutFigure(1, COleVariant("III"));
      m_clock->PutFigure(2, COleVariant("VI"));
      m_clock->PutFigure(3, COleVariant("IX"));
      OnClockoleRefreshtime();
      m_clock->ShowWin();
  } catch(_com_error& e) {
      AfxMessageBox(e.ErrorMessage());
  }
}

void CEx25eView::OnUpdateClockoleLoad(CCmdUI* pCmdUI)
{
```

```
  pCmdUI->Enable(m_clock.GetInterfacePtr() == NULL);
}

void CEx25eView::OnClockoleRefreshtime()
{
  COleDateTime now = COleDateTime::GetCurrentTime();
  try {
      m_clock->PutTime(now);
      m_clock->RefreshWin();
  } catch(_com_error& e) {
      AfxMessageBox(e.ErrorMessage());
  }
}

void CEx25eView::OnUpdateClockoleRefreshtime(CCmdUI* pCmdUI)
{
  pCmdUI->Enable(m_clock.GetInterfacePtr() != NULL);
}

void CEx25eView::OnClockoleUnload()
{
  m_clock.Release();
}

void CEx25eView::OnUpdateClockoleUnload(CCmdUI* pCmdUI)
{
  pCmdUI->Enable(m_clock.GetInterfacePtr() != NULL);
}

void CEx25eView::OnDlloleGetdata()
{
  try {
      m_auto->DisplayDialog();
      COleVariant vaData = m_auto->GetTextData();
      ASSERT(vaData.vt == VT_BSTR);
      CString strTextData = vaData.bstrVal;
      long lData = m_auto->GetLongData();
      TRACE("CEx25dView::OnDlloleGetdata-long = %ld, text = %s\n",
            lData, strTextData);
  } catch(_com_error& e) {
      AfxMessageBox(e.ErrorMessage());
  }
}

void CEx25eView::OnUpdateDlloleGetdata(CCmdUI* pCmdUI)
{
  pCmdUI->Enable(m_auto.GetInterfacePtr() != NULL);
}

void CEx25eView::OnDlloleLoad()
{
  if(m_auto.CreateInstance(__uuidof(Ex25bAuto)) != S_OK) {
      AfxMessageBox("Ex25bAuto-Komponente nicht gefunden");
      return;
  }
}
```

```
void CEx25eView::OnUpdateDlloleLoad(CCmdUI* pCmdUI)
{
  pCmdUI->Enable(m_auto.GetInterfacePtr() == NULL);
}

void CEx25eView::OnDlloleUnload()
{
  m_auto.Release();
}

void CEx25eView::OnUpdateDlloleUnload(CCmdUI* pCmdUI)
{
  pCmdUI->Enable(m_auto.GetInterfacePtr() != NULL);
}
```

Achten Sie auf die Verwendung der *try/catch*-Blöcke in den Funktionen zur Handhabung der Server. Diese Konstrukte sind insbesondere für die Bearbeitung von Fehlerbedingungen erforderlich, die sich bei der Terminierung eines Server-Programms ergeben. Beim vorherigen Beispiel EX25D war die MFC-Klasse *COleDispatchDriver* dafür zuständig.

Frühe Bindung unter VBA

Als Sie die Beispiel-Server EX25A, EX25B und EX25C von Excel VBA aus gesteuert haben, benutzten Sie einen Mechanismus, der als *dynamische Bindung* bezeichnet wird. In der Regel ruft VBA beim jedem Zugriff auf eine Eigenschaft oder Methode die Funktion *IDispatch::GetIDsOfNames* auf, um die Verteiler-ID für den gegebenen symbolischen Namen anzufordern. Das ist nicht nur sehr ineffizient, sondern VBA kann auch keine Typüberprüfung vornehmen, solange es nicht wirklich auf eine Eigenschaft oder Methode zugreift. Angenommen, ein VBA-Programm versucht beispielsweise, den Wert einer Eigenschaft zu lesen, und erhält statt des erwarteten numerischen Wertes eine Zeichenfolge zurück. In diesem Fall würde VBA erst einen Laufzeitfehler melden, wenn es die Anweisung *Property Get* ausführt.

Bei Verwendung der *frühen Bindung* kann VBA das Visual Basic-Programm vorverarbeiten und die Namen von Eigenschaften und Methoden in DISPIDs konvertieren, bevor es das Server-Programm startet. Auf diese Weise kann VBA Typüberprüfungen für Eigenschaften, Rückgabewerte und Parameter von Methoden durchführen, und diesbezügliche Fehlermeldungen bereits während der Kompilierung ausgeben. Wie kommt VBA an die im voraus benötigten Informationen? Natürlich über die Typbibliothek der Komponente. Zu diesem Zweck benutzt VBA dieselbe Typbibliothek, die auch von VBA-Programmierern zum Durchsuchen der Server-Eigenschaften und -methoden verwendet wird. VBA liest die Typbibliothek, bevor das Server-Programm geladen wird.

Eine Typbibliothek registrieren

Sie wissen bereits, dass das Visual C++ für jede Komponente eine eigene TLB-Datei generiert. Damit VBA diese Bibliothek finden kann, muss deren Position in der Windows-Registrierung bekannt sein. Der entsprechende Eintrag lässt sich am einfachsten realisieren, indem eine REG-Datei mit dem erforderlichen Text erstellt und anschließend vom Windows-Registrierungseditor importiert wird. Es folgt die Datei ex25b.reg für die DLL-Server-Komponente EX25B:

```
REGEDIT4

[HKEY_CLASSES_ROOT\TypeLib\{A9515ACA-5B85-11D0-848F-00400526305B}]

[HKEY_CLASSES_ROOT\TypeLib\{A9515ACA-5B85-11D0-848F-00400526305B}\1.0]
@="Ex25b"

[HKEY_CLASSES_ROOT\TypeLib\{A9515ACA-5B85-11D0-848F-00400526305B}\1.0\0]

[HKEY_CLASSES_ROOT\TypeLib\{A9515ACA-5B85-11D0-848F-00400526305B}\1.0\0\win32]
@="C:\\vcpp32\\ex25b\\Debug\\ex25b.tlb"

[HKEY_CLASSES_ROOT\TypeLib\{A9515ACA-5B85-11D0-848F-00400526305B}\1.0\FLAGS]
@="0"

[HKEY_CLASSES_ROOT\TypeLib\{A9515ACA-5B85-11D0-848F-00400526305B}\1.0\HELPDIR]
@="C:\\vcpp32\\ex25b\\Debug"

[HKEY_CLASSES_ROOT\Interface\{A9515AD7-5B85-11D0-848F-00400526305B}]
@="IEx25bAuto"

[HKEY_CLASSES_ROOT\Interface\{A9515AD7-5B85-11D0-848F-00400526305B}\ProxyStubClsid]
@="{00020420-0000-0000-C000-000000000046}"

[HKEY_CLASSES_ROOT\Interface\{A9515AD7-5B85-11D0-848F-00400526305B}\ProxyStubClsid32]
@="{00020420-0000-0000-C000-000000000046}"

[HKEY_CLASSES_ROOT\Interface\{A9515AD7-5B85-11D0-848F-00400526305B}\TypeLib]
@="{A9515ACA-5B85-11D0-848F-00400526305B}"
"Version"="1.0"
```

Beachten Sie, dass diese Datei unterhalb der Schlüssel *TypeLib* und *Interface* Teilbäume erzeugt. Der dritte Eintrag bezeichnet den Pfad für die TLB-Datei (Version 1). Der Unterschlüssel 0 bedeutet hier »sprachneutral«. Bei einer mehrsprachigen Anwendung hätten Sie an dieser Stelle separate Einträge für Englisch, Französisch usw. Die Einträge unter *TypeLib* werden von Objekt-Browsern benutzt, während die Einträge unter *Interface* für Typüberprüfungen zur Laufzeit verwendet werden und bei EXE-Servern auch für das Marshaling der Verteilerschnittstelle.

Wie ein Server seine Typbibliothek registriert

Ein als eigenständiges Programm gestarteter EXE-Server kann die MFC-Funktion *AfxRegisterTypeLib* aufrufen, um die erforderlichen Registrierungseinträge vorzunehmen:

```
VERIFY(AfxOleRegisterTypeLib(AfxGetInstanceHandle(), theTypeLibGUID,
    "ex25b.tlb"));
```

Als Parameter ist hier *theTypeLibGUID* zu sehen, eine statische Variable vom Typ *GUID*:

```
// {A9515ACA-5B85-11D0-848F-00400526305B}
static const GUID theTypeLibGUID =
{ 0xa9515aca, 0x5b85, 0x11d0, { 0x84, 0x8f, 0x00, 0x40, 0x05, 0x26, 0x30,
  0x5b } };
```

Die Funktion *AfxRegisterTypeLib* ist in der Header-Datei afxwin.h deklariert. Für deren Import muss *_AFXDLL* definiert sein. Sie können diese Funktion also nicht in einer normalen DLL benutzen, es sei denn, Sie kopieren den entsprechenden Teil aus den MFC-Quelltexten.

Die ODL-Datei

Langsam wird es Zeit, sich die ODL-Datei des Projekts genauer anzusehen.

```
// ex25b.odl : Quellcode der Typbibliothek für ex25b.dll

// Diese Datei wird vom MIDL-Compiler bearbeitet, um die
// Typbibliothek zu erzeugen (ex25b.tlb).

[ uuid(A9515ACA-5B85-11D0-848F-00400526305B), version(1.0) ]

// GUID für die Typbibliothek - stimmt mit TypeLib-Eintrag in der
// Registrierung und dem entsprechenden Parameter von
// AfxOleRegisterTypeLib überein
library Ex25b
{
  // Bibliotheksname für Excel-Objekte
  importlib("stdole32.tlb");

  // Primäre Dispatch-Schnittstelle für ex25bAuto
  [ uuid(A9515AD7-5B85-11D0-848F-00400526305B) ]

  // GUID aus der Schnittstellentabelle der Komponente - stimmt mit dem
  // Interface-Eintrag der Registrierung überein

  dispinterface IEx25bAuto
  {
      // Namen, die in VBA Dim -Anweisung und Objektliste verwendet werden
      properties:
          // HINWEIS - Klassen-Assistent speichert an dieser Stelle
          // Informationen über Eigenschaften.
          // Lassen Sie äußerte Vorsicht walten, falls Sie diesen Abschnitt bearbeiten.
          //{{AFX_ODL_PROP(CEx25bAuto)
          [id(1)] long LongData;
          [id(2)] VARIANT TextData;
          //}}AFX_ODL_PROP

      methods:
          // HINWEIS - Klassen-Assistent speichert an Stelle Informationen über Methoden.
          // Lassen Sie äußerte Vorsicht walten, falls Sie diesen Abschnitt bearbeiten.
          //{{AFX_ODL_METHOD(CEx25bAuto)
          [id(3)] boolean DisplayDialog();
          //}}AFX_ODL_METHOD
  };

  //  Klasseninformationen für Ex25bAuto

  [ uuid(A9515AD8-5B85-11D0-848F-00400526305B) ]

  // CLSID der Komponente
```

```
  coclass Ex25bAuto
  {
      [default] dispinterface IEx25bAuto;
  };

  //{{AFX_APPEND_ODL}}
};
```

Offensichtlich gibt es zahlreiche Verbindungen zwischen der Registrierung, der Typbibliothek, der Server-Komponente und dem VBA-Client.

HINWEIS: OLEVIEW ist ein nützliches Visual C++-Dienstprogramm, mit dem Sie registrierte Komponenten und ihre Typbibliotheken untersuchen können.

Wie Excel Typbibliotheken verwendet

Betrachten wir nun die Folge von Schritten, mit denen Excel die Nutzung Ihrer Typbibliothek vorbereitet:

1. Beim Start liest Excel den *TypeLib*-Teil der Registrierung, um eine Liste aller Typbibliotheken zu erstellen. Anschließend lädt Excel die Typbibliotheken für VBA und die Excel-Objektbibliothek.
2. Nachdem der Anwender Excel gestartet, eine Arbeitsmappe geladen und zum Visual Basic-Editor gewechselt hat, wählt er im Menü *Extras* den Befehl *Verweise* und markiert die Zeile *Ex25b* (siehe Abbildung Abbildung 25.18).

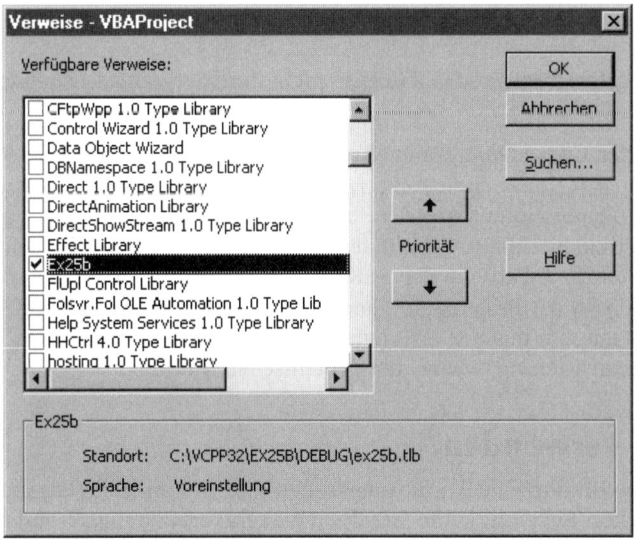

Abbildung 25.18: *Das Dialogfeld* Verweise *von Visual Basic.*

Beim Speichern der Arbeitsmappe werden auch diese Verweisinformationen gespeichert.

3. Der Excel-Anwender ist nun in der Lage, die Eigenschaften und Methoden der Server-Komponente EX25B zu untersuchen, indem er im Menü *Ansicht* des Visual Basic-Editors den Befehl *Objektkatalog* auswählt, um das gleichnamige Dialogfeld anzuzeigen (siehe Abbildung 25.19).

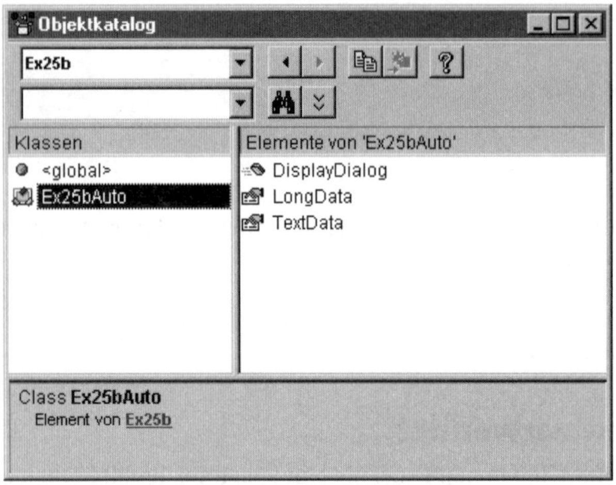

Abbildung 25.19: *Das Dialogfeld* Objektkatalog *aus Visual Basic.*

4. Um die Typbibliothek in Ihrem VBA-Programm nutzen zu können, müssen Sie nur die folgende Zeile

   ```
   Dim DllComp as Object
   ```

   durch

   ```
   Dim DllComp as IEx25bAuto
   ```

   ersetzen.

   Das VBA-Programm terminiert sofort, wenn es *IEx25bAuto* nicht in seiner Verweisliste finden kann.

5. Unmittelbar nach Ausführung der *CreateObject*-Anweisung und dem Laden des Server-Programms ruft VBA *QueryInterface* für die Schnittstelle *IID_IEx25bAuto* auf. Diese Schnittstelle ist in der Registrierung, der Typbibliothek und der Schnittstellentabelle der Server-Klasse definiert. (*IEx25bAuto* ist in Wirklichkeit eine Schnittstelle vom Typ *IDispatch*.) Es handelt sich um eine Art Sicherheitsvorkehrung. Falls die Server-Komponente diese Schnittstelle nicht bereitstellen kann, terminiert das VBA-Programm. Theoretisch gesehen könnte Excel die CLSID der Typbibliothek benutzen, um das Server-Programm zu laden, aber statt dessen benutzt Excel die CLSID aus der Registrierung (wie bei der dynamischen Bindung).

Warum frühe Bindung verwenden?

Vielleicht denken Sie, dass die frühe Bindung die Ausführungszeiten Ihrer Automatisierungskomponente verbessert. Allerdings dürften Sie wohl keine Geschwindigkeitsverbesserungen feststellen, da die Aufrufe von *IDispatch::Invoke* die eigentliche Schranke darstellen. Ein typischer MFC-Aufruf von *Invoke*, von einem kompilierten C++-Client an einen kompilierten C++-Server gerichtet, benötigt ca. 0,5 Millisekunden, was ziemlich viel ist.

Die Suchmöglichkeiten, die eine Typbibliothek bietet, sind vermutlich von größerem Wert als die Bindung während der Kompilierung. Wenn Sie beispielsweise einen C++-Client entwickeln, können Sie die Typbibliothek mit Hilfe verschiedener COM-Funktionen laden, unter anderem durch *LoadTypeLib*, und anschließend auf die geladenen Daten über die Schnittstellen *ITypeLib* und *ITypeInfo* zugreifen. Sie sollten allerdings etwas Zeit für dieses Vorhaben einplanen, da die Schnittstellen der Typbibliothek ziemlich trickreich zu handhaben sind.

Schnellere Verbindungen zwischen Client und Server

Microsoft kennt mittlerweile die Grenzen der Schnittstelle *IDispatch*. Sie ist natürlich langsam, da alle Daten in *VARIANT*-Objekten verpackt und unter Umständen an beiden Enden der Verbindung konvertiert werden müssen. Es gibt jetzt eine neue Schnittstellenvariante, die als *duale Schnittstelle* bezeichnet wird. (Allerdings führt eine Behandlung dualer Schnittstellen über den Rahmen dieses Buches hinaus. Weitere Informationen zu diesem Thema finden Sie in dem Buch *Inside OLE,* 2d ed.von Kraig Brockschmidt, Microsoft Press, 1995.) Bei der Implementierung einer dualen Schnittstelle definieren Sie Ihre eigene, von *IDispatch* abgeleitete Schnittstelle. Neben den Funktionen *Invoke* und *GetIDsOfNames* gehören noch andere Funktionen zu solchen Schnittstellen. Ein mit entsprechender »Intelligenz« ausgestatteter Client kann die ineffizienten *Invoke*-Aufrufe umgehen und statt dessen die spezialisierten Funktionen verwenden. Duale Schnittstellen können sowohl reine Standardtypen als auch beliebige andere Varianten der Automatisierung unterstützen.

Es gibt keine direkte MFC-Unterstützung für duale Schnittstellen in Version 6.0 von Visual C++, aber das Visual C++-Beispiel ACDUAL sollte einen brauchbaren Ausgangspunkt für eigene Implementierungen bieten.

26 Vereinheitlichter Datenaustausch – Zwischenablage und OLE-Drag-&-Drop

Teil der ActiveX-Technologie ist ein leistungsfähiger Mechanismus zur Übertragung von Daten sowohl innerhalb eines Programms als auch zwischen unterschiedlichen Microsoft Windows-Anwendungen. Die COM-Schnittstelle *IDataObject* ist der Schlüssel zu dem als UDT-Mechanismus (*Uniform Data Transfer*) oder vereinheitlichten Datenaustausch als bezeichneten Verfahren. Sie werden feststellen, dass dieser vereinheitlichte Datenaustausch eine Vielzahl von Optionen zur Formatierung und Speicherung Ihrer übertragenen Daten zur Verfügung stellt, die weit über das hinausgehen, was gewöhnliche Transferoperationen über die Zwischenablage leisten.

Die MFC-Bibliothek unterstützt den vereinheitlichten Datenaustausch zwar, aber nicht so umfassend, dass sie alle Details auf der Ebene der COM-Schnittstellen verbergen würde. Zu den nützlichen Anwendungen des vereinheitlichten Datenaustauschs gehört OLE Drag-&-Drop. Viele Entwickler möchten Drag & Drop in ihren Anwendungen verwenden. Unter diesen Umständen bedeutet die Unterstützung von Drag & Drop, dass Programme über eine Standardmethode für den Datenaustausch verfügen. Die MFC-Bibliothek unterstützt Drag-&-Drop-Operationen. Diese Unterstützung von Drag & Drop zusammen mit dem Datentransfer über die Zwischenablage bilden den Schwerpunkt dieses Kapitels.

Die Schnittstelle IDataObject

Die Schnittstelle *IDataObject* wird für den Datenaustausch über die Zwischenablage und bei Drag-&-Drop-Operationen verwendet, aber auch in Verbindung mit Verbunddokumenten, ActiveX-Steuerelementen und benutzerdefinierten OLE-Funktionen. In seinem Buch *Inside OLE,* 2d ed. (Microsoft Press, 1995) gibt uns Kraig Brockschmidt den Rat: »Stellen Sie sich Objekte als kleine Materialstapel vor.« Mit Hilfe der Schnittstelle *IDataObject* können Sie solche Stapel hin und her schieben, wobei es keine Rolle spielt, welche Art von »Material« da verschoben wird.

Als Win32-Programmierer würden Sie C++ Quelltext schreiben, der die Schnittstelle *IDataObject* unterstützt. Ihr Programm würde dann *Datenobjekte* dieser Klasse erzeugen, die Sie anschließend mit den Member-Funktionen der Schnittstelle *IDataObject* bearbeiten würden. In diesem Kapitel erfahren Sie, wie Sie das gleiche Ergebnis mit Hilfe der MFC-Implementierung von *IDataObject* erzielen. Wir wollen zuerst kurz untersuchen, warum die OLE-Zwischenablage eine Verbesserung gegenüber der normalen Windows-Zwischenablage darstellt.

Verbesserte Nutzung der Zwischenablage durch IDataObject

Es hat niemals viel Unterstützung der Windows-Zwischenablage durch die MFC-Bibliothek gegeben. Programme, die die Zwischenablage benutzen wollten, verwendeten dafür Win32-Funktionen wie *OpenClipboard*, *CloseClipboard*, *GetClipboardData* und *SetClipboardData*. Ein Programm kopiert ein einzelnes Datenelement eines bestimmten Formats zur Zwischenablage und ein anderes Programm entnimmt die Daten nach Maßgabe einer Formatangabe und fügt sie an der gewünschten Stelle ein. Zu den Standardformaten der Zwischenablage gehören globale Speicherblöcke (deren Zugriffsnummern in Variablen vom Typ *HGLOBAL* gespeichert werden) sowie verschieden GDI-Objekte, beispielsweise Bitmaps und Metadateien (die durch eigene Zugriffsnummern angegeben werden). Globale Speicherblöcke können sowohl Text als auch Daten eines benutzerdefinierten Formats enthalten.

Die Schnittstelle *IDataObject* setzt dort an, wo die bisherigen Möglichkeiten der Windows-Zwischenablage enden. Kurz gesagt geht es darum, dass beim Datentransfer statt einer Menge unterschiedlicher Formate nur ein einzelner *IDataObject*-Zeiger in der Zwischenablage abgelegt bzw. ihr entnommen wird. Das eigentliche Datenobjekt kann selbst ein ganzes Feld mit Formatbeschreibungen enthalten. Diese Formatbeschreibungen können zusätzliche Informationen über *Zielgeräte*, beispielsweise Druckerinformationen, sowie Angaben zur Darstellung der Daten enthalten (die den *Datenaspekt* bzw. die Datenansicht festlegen). Der Standardaspekt ist *CONTENT*. Andere Aspekte beziehen sich auf die Symboldarstellung der Daten oder auf die Darstellung als Miniaturbild.

Hervorzuheben ist auch, dass die Schnittstelle *IDataObject* das *Speichermedium* für ein Datenformat festlegt. Ein herkömmlicher Datentransfer über die Zwischenablage verwendet ausschließlich globalen Speicher. Mit der Schnittstelle *IDataObject* läßt sich (als Transportmedium) auch der Name einer Festplattendatei oder ein Zeiger auf ein Objekt innerhalb einer Verbunddatei übertragen. Beim Transfer eines sehr großen Datenblocks, der in einer Datei gespeichert ist, brauchen Sie also keine Zeit mehr darauf zu verwenden, die Daten in einem Speicherblock zwischenzuspeichern.

Die Verwendung von *IDataObject*-Zeigern ist übrigens kompatibel mit den herkömmlichen Methoden des Datenaustauschs über die Zwischenablage. Die Formatcodes sind identisch. Windows übernimmt die Konvertierung der Daten vom und zum Datenobjekt. Wenn allerdings ein OLE-fähiges Programm einen *IStorage*-Zeiger in einem Datenobjekt unterbringt und dieses Objekt zur Zwischenablage kopiert, wird ein herkömmliches Programm ohne OLE-Fähigkeiten dieses Datenformat nicht lesen können.

Die Strukturen FORMATETC und STGMEDIUM

Bevor Sie sich den Member-Funktionen der Schnittstelle *IDataObject* widmen können, müssen Sie zwei wichtige COM-Strukturen, die als Parametertypen benutzt werden, kennen lernen: die *FORMATETC*-Struktur und die *STGMEDIUM*-Struktur.

Die Struktur FORMATETC

Die *FORMATETC*-Struktur wird anstelle von Zwischenablageformaten benutzt, um Informationen über ein Datenformat zu repräsentieren. Anders als die Zwischenablageformate kann die *FORMATETC*-Struktur jedoch zusätzliche Informationen über ein Zielgerät, die Datenansicht (den »Aspekt«) und ein Speichermedium enthalten. Die folgende Tabelle 26.1 beschreibt die Elemente der *FORMATETC*-Struktur:

Typ	Name	Beschreibung
CLIPFORMAT	*cfFormat*	Struktur, die Zwischenablageformate enthält, beispielsweise Standardformate (wie das Textformat *CF_TEXT* und *CF_DIB*, ein Format für komprimierte Bilddaten), benutzerdefiniert Formate (beispielsweise das Rich-Text-Format), und OLE-Formate, die zur Erstellung verknüpfter oder eingebetteter Objekte dienen
*DVTARGETDEVICE**	*ptd*	Struktur, die Informationen über das Zielgerät für die Daten, einschließlich des Namens des Gerätetreibers (kann NULL sein) enthält
DWORD	*dwAspect*	Eine Aufzählungskonstante vom Typ *DVASPECT* (*DVASPECT_CONTENT, DVASPECT_THUMBNAIL* usw.)
LONG	*lindex*	Enthält in der Regel den Wert –1
DWORD	*tymed*	Gibt den Typ des Speichermediums an, das für den Transfer der Objektdaten benutzt wird (*TYMED_HGLOBAL, TYMED_FILE, TYMED_ISTORAGE* usw.)

Tabelle 26.1: *Die Elemente der Struktur* FORMATETC.

Ein einzelnes Datenobjekt kann eine Auflistung von *FORMATETC*-Elementen aufnehmen, und die Schnittstelle *IDataObject* bietet ein Verfahren für den Zugriff auf diese Elemente. Das folgende Makro ist nützlich, um eine *FORMATETC*-Struktur mit Werten aufzufüllen.

```
#define SETFORMATETC(fe, cf, asp, td, med, li)  \
  ((fe).cfFormat=cf, \
  (fe).dwAspect=asp, \
  (fe).ptd=td, \
  (fe).tymed=med, \
  (fe).lindex=li)
```

Die Struktur STGMEDIUM

Die zweite wichtige Struktur für Member-Funktionen von *IDataObject* ist die *STGMEDIUM*-Struktur. Es handelt sich um eine Zugriffsnummer für einen globalen Speicherblock, der bei Operationen verwendet wird, die einen Datentransfer beinhalten. In folgender Tabelle 26.2 werden die Elemente der Struktur angegeben:

Typ	Name	Beschreibung
DWORD	*tymed*	Wert zur Bezeichnung eines Speichermediums, das bei Marshaling- und Unmarshaling-Routinen verwendet wird
HBITMAP	*hBitmap*	Zugriffsnummer für Bitmap[1]
HMETAFILEPICT	*hMetaFilePict*	Zugriffsnummer für Metadatei[1]
HENHMETAFILE	*hEnhMetaFile*	Zugriffsnummer[1] für erweiterte Metadatei
HGLOBAL	*hGlobal*	Zugriffsnummer[1] für globalen Speicherblock
LPOLESTR	*lpszFileName*	Name einer Datenträgerdatei (im 2-Byte-Format)[1]
*ISTREAM**	*pstm*	Zeiger[1] auf die Schnittstelle *IStream*
*ISTORAGE**	*pstg*	Zeiger[1] auf die Schnittstelle *IStorage*
*IUNKNOWN**	*pUnkForRelease*	Wird von Clients für den *Release*-Aufruf verwendet, um Formate mit Schnittstellenzeigern freizugeben[1]

Tabelle 26.2: *Die Elemente der Struktur* STGMEDIUM.

Offensichtlich gibt die *STGMEDIUM*-Struktur an, *wo* die Daten gespeichert sind. Die Variable *tymed* gibt an, welches der *union*-Elemente zu verwenden ist.

Die Member-Funktionen der Schnittstelle IDataObject

Diese Schnittstelle umfaßt neun Member-Funktionen. Sowohl Brockschmidt als auch die Online-Dokumentation bieten eine ausführliche Beschreibung aller dieser Funktionen. Im Folgenden sind die Funktionen aufgeführt, die für das Verständnis dieses Kapitels wichtig sind.

HRESULT EnumFormatEtc(DWORD dwDirection, IEnumFORMATETC ppEnum);

Falls Sie über den *IDataObject*-Zeiger eines Datenobjekts verfügen, können Sie mit der Funktion *EnumFormatEtc* alle Formate aufzählen, die das Datenobjekt unterstützt. Die MFC-Bibliothek ermöglicht es Ihnen, auf die direkte Verwendung dieser API-Funktion zu verzichten. Wenn wir uns mit der Klasse *COleDataObject* beschäftigen, werden Sie Näheres hierzu erfahren.

HRESULT GetData(FORMATETC* pFEIn, STGMEDIUM* pSTM);

GetData ist die wichtigste Funktion der Schnittstelle. Irgendwo im Universum befindet sich ein Datenobjekt, und Sie haben einen Zeiger auf die Schnittstelle *IDataObject* des Objekts. Sie geben in einer *FORMATETC*-Variable das genaue Format an, das Sie beim Zugriff auf die Daten benutzen möchten, und Sie stellen eine leere *STGMEDIUM*-Variable für die Aufnahme der Ergebnisdaten bereit. Unterstützt das Datenobjekt das von Ihnen gewünschte Format, so überträgt *GetData* die Daten in die *STGMEDIUM*-Struktur. Andernfalls erhalten Sie einen Rückgabewert, der einen Fehler anzeigt.

[1] Dieses Element ist Teil einer *union*-Struktur. Diese kombinierten Elemente (einschließlich Zugriffsnummern, Zeichenfolgen- und Schnittstellenzeiger) erlauben dem empfangenden Prozeß, auf die übertragenen Daten zuzugreifen.

HRESULT QueryGetData(FORMATETC* pFE);

Die Funktion *QueryGetData* wird aufgerufen, wenn nicht sicher ist, ob das Datenobjekt Daten in dem Format liefern kann, das in der *FORMATETC*-Struktur angegeben ist. Ein Ergebniswert *S_OK* bedeutet eine positive Antwort, ein anderer Ergebniswert deutet auf eine Fehlerbedingung. Ein Aufruf dieser Funktion ist ganz bestimmt effizienter als die Bereitstellung einer *STGMEDIUM*-Variable und der anschließende Aufruf von *GetData*.

HRESULT SetData(FORMATETC* pFEIn, STGMEDIUM* pSTM, BOOL fRelease);

Die Funktion *SetData* wird selten von Datenobjekten unterstützt. Datenobjekte werden in der Regel zusammen mit den Formaten in ihren eigenen Servermodul geladen. Clients greifen auf die Daten zu, indem sie *GetData* aufrufen. *SetData* dient zum Datentransfer in der umgekehrten Richtung – als würde man Wasser durch die Wasserleitung zurück zum Wasserwerk pumpen.

Andere Member-Funktionen der Schnittstelle IDataObject – Benachrichtigungsverbindungen

Zu dieser Schnittstelle gehören noch andere wichtige Funktionen, mit denen Sie eine *Benachrichtigungsverbindung* implementieren können. Wenn das Client-Programm, das ein Datenobjekt benutzt, über Änderungen an den Daten des Datenobjekts informiert werden möchte, hat es die Möglichkeit, dem Datenobjekt einen Zeiger auf die Schnittstelle *IAdviseSink* zu übergeben, indem es die Funktion *IDataObject::DAdvise* aufruft. Das Datenobjekt ist dann seinerseits in der Lage, die verschiedenen Member-Funktionen von *IAdviseSink* aufzurufen, deren Implementierung in der Verantwortung des Client-Programms liegt. Solche Benachrichtigungsverbindungen sind für Drag-&-Drop-Operationen nicht erforderlich, wohl aber für die Realisierung der Objekteinbettung, wie sie im Kapitel 28 beschrieben wird.

MFC-Unterstützung für den vereinheitlichten Datenaustausch

Die MFC-Bibliothek bietet einiges, um die Programmierung von Datenobjekten zu vereinfachen. Bei einem genauen Blick auf die MFC-Datenobjektklassen wird Ihnen auffallen, dass die MFC-Unterstützung für COM einem bestimmten Muster folgt. Auf der Server-Seite stellt die MFC-Bibliothek eine Basisklasse zur Verfügung, die eine oder mehrere OLE-Schnittstellen implementiert. Die Member-Funktionen der Schnittstellen rufen virtuelle Funktionen auf, die Sie in Ihren abgeleiteten Klassen überschreiben. Für die Client-Seite bietet die MFC-Bibliothek eine Klasse, die einen Schnittstellenzeiger kapselt. Sie rufen einfach die Member-Funktionen der Klasse auf, die ihrerseits den Schnittstellenzeiger verwenden, um COM-Funktionen aufzurufen.

An dieser Stelle sind einige begriffliche Klarstellungen angebracht. Das *Datenobjekt*, von dem bisher die Rede war, ist das von Ihnen erstellte C++ Objekt. In diesem Sinne verwendet auch Brockschmidt den Begriff. In der MFC-Dokumentation steht *Datenobjekt* für ein COM-Objekt, das dem Client über einen Zeiger auf die Schnittstelle *IDataObject* zugänglich ist. Eine *Datenquelle* ist das Objekt, das Sie in einem Server-Programm erstellen.

Die Klasse COleDataSource

Um eine Datenquelle verwenden zu können, erzeugen Sie ein Objekt der Klasse *COleDataSource*. Diese Klasse implementiert die Schnittstelle *IDataObject* (allerdings ohne Unterstützung für Benachrichtigungsverbindungen). Außerdem erzeugt diese Klasse eine *Auflistung* von Datenformaten, die sie in einem eigenen *Cache* im Arbeitsspeicher verwaltet. Eine Datenquelle ist ein reguläres COM-Objekt mit einem Referenzzähler. In der Regel erzeugen Sie eine Datenquelle, füllen sie mit Datenformaten und übergeben sie dann an die Zwischenablage oder verschieben sie per Drag & Drop an eine andere Stelle, ohne sich noch weiter um sie zu kümmern. Falls Sie die Datenquelle nicht weiterreichen, können Sie den Destruktor aufrufen, um die Datenformate der Datenquelle zu löschen.

Im Folgenden werden einige der nützlicheren Member-Funktionen der Klasse *COleDataSource* beschrieben.

void CacheData(CLIPFORMAT cfFormat,
STGMEDIUM* lpStgMedium,
FORMATETC* lpFormatEtc = NULL);

Diese Funktion fügt ein Element für den Datentransfer in den Cache des Datenobjekts ein. Der Parameter *lpStgMedium* zeigt auf die Daten, während der Parameter *lpFormatEtc* die Daten beschreibt. Wenn die *STGMEDIUM*-Struktur beispielsweise den Namen einer Festplattendatei angibt, wird dieser Dateiname innerhalb des Datenobjekts gespeichert. Wird für *lpFormatEtc* der Wert *NULL* übergeben, so füllt die Funktion eine *FORMATETC*-Struktur mit Standardwerten auf. Es ist allerdings sicherer, wenn Sie Ihre *FORMATETC*-Variable selbst initialisieren und den Parameter *tymed* auf einen geeigneten Wert setzen.

void CacheGlobalData(CLIPFORMAT cfFormat,
HGLOBAL hGlobal, FORMATETC* lpFormatEtc = NULL);

Mit dieser speziellen Variante der Funktion *CacheData* lassen sich Daten im globalen Speicher übergeben (über eine Variable vom Typ *HGLOBAL*). Die Datenquelle gilt als Besitzer des globalen Speicherblocks. Deshalb sollten Sie den Block nicht freigeben, nachdem er im Cache abgelegt worden ist. Normalerweise können Sie den Parameter *lpFormatEtc* weglassen. Die Funktion *CacheGlobalData* erzeugt *keine* Kopie der Daten.

DROPEFFECT DoDragDrop(DWORD *dwEffects* =
DROPEFFECT_COPY | DROPEFFECT_MOVE |
DROPEFFECT_LINK, LPCRECT *lpRectStartDrag* = NULL,
COleDropSource* *pDropSource* = NULL);

Diese Funktion dient Ausführung von Drag-&-Drop-Operationen auf einer Datenquelle. Das Beispiel EX26b zeigt einen Anwendungsfall.

void SetClipboard(void);

Die Funktion *SetClipboard*, die im Beispiel Ex26a zur Anwendung kommt, ruft die Funktion *OleSetClipboard* auf, um eine Datenquelle in die Windows-Zwischenablage zu verschieben. Die Zwischenablage ist dafür zuständig, die Datenquelle zu entfernen und den globalen Speicher freizugeben, den die Datenformate im Cache belegen. Wenn Sie ein *COleDataSource*-Objekt erzeugen und dann *SetClipboard* aufrufen, ruft COM die Funktion *AddRef* des Datenobjekts auf.

Die Klasse COleDataObject

Diese Klasse erzeugt Objekte, die als Empfänger eines Datentransfers fungieren. Die zugehörige Basisklasse ist *CCmdTarget*. Die Objekte der Klasse haben ein öffentliches Datenelement namens *m_lpDataObject*, in dem ein Zeiger auf die Schnittstelle *IDataObject* gespeichert wird. Diesem Datenelement muss ein Wert zugewiesen werden, bevor das Objekt tatsächlich benutzt werden kann. Der Klassendestruktor ruft für den Zeiger auf *IDataObject* nur *Release* auf.

Im Folgenden werden einige der nützlicheren Member-Funktionen von *COleDataObject* beschrieben.

BOOL AttachClipboard(void);

Wie Brockschmidt ausführt, sind die internen Vorgänge bei der OLE-Verwendung der Zwischenablage ziemlich kompliziert. Aus Ihrer Sicht jedoch liegen die Dinge recht einfach, sofern Sie sich auf die Member-Funktionen von *COleDataObject* beschränken. Zuerst erzeugen Sie ein »leeres« *COleDataObject*-Objekt und rufen dann *AttachClipboard* auf. Diese Funktion ruft ihrerseits die globale Funktion *OleGetClipboard* auf. Anschließend verweist das Datenelement *m_lpDataObject* zurück auf das ursprüngliche Datenobjekt (zumindest scheint es so) und Sie können auf dessen Datenformate zugreifen.

Wenn Sie die Member-Funktion *GetData* aufrufen, um ein Format zu übernehmen, sollten Sie beachten, dass die Zwischenablage als Besitzer des Datenformats auftritt, so dass Sie dessen Inhalt nicht modifizieren können. Besteht das Format aus einem *HGLOBAL*-Zeiger, so dürfen Sie diesen Speicherbereich nicht freigeben. Andererseits können Sie diesen Zeiger auch nicht über einen längeren Zeitraum hinweg benutzen. Sie sollten statt dessen *GetGlobalData* aufrufen, wenn Sie längerfristig Zugang zu den Daten im globalen Speicher benötigen.

Kopiert ein herkömmliches (nicht COM-fähiges) Programm Daten zur Zwischenablage, so wird die Funktion *AttachClipboard* dennoch korrekt arbeiten, da COM ein Datenobjekt erzeugt, das mit Datenformaten ausgestattet ist, die den regulären Windows-Datenformaten der Zwischenablage entspricht.

void BeginEnumFormats(void);
BOOL GetNextFormat(FORMATETC* *lpFormatEtc*);

Diese beiden Funktionen ermöglichen die Aufzählung der Formate, die im Datenobjekt enthalten sind. Sie rufen zunächst *BeginEnumFormats* auf und anschließend wiederholt *GetNextFormat*, bis diese Funktion den Wert *FALSE* zurückgibt.

BOOL GetData(CLIPFORMAT cfFormat,
STGMEDIUM* lpStgMedium
FORMATETC* lpFormatEtc = NULL);

Diese Funktion leistet im wesentlichen einen Aufruf von *IDataObject ::GetData*. Sie gibt den Wert *TRUE* zurück, falls die Datenquelle das angeforderte Format enthält. In der Regel geben Sie kein Argument für den Parameter *lpFormatEtc* an.

HGLOBAL GetGlobalData(CLIPFORMAT cfFormat,
FORMATETC* lpFormatEtc = NULL);

Benutzen Sie die Funktion *GetGlobalData*, wenn Sie sicher sind, dass Ihr gewünschtes Format mit dem globalen Speicher kompatibel ist. Diese Funktion erzeugt eine Kopie des Speicherbereichs, in dem das ausgewählte Format gespeichert ist, und liefert eine Zugriffsnummer vom Typ *HGLOBAL*, die Sie später freigeben müssen. Normalerweise können Sie den Parameter *lpFormatEtc* weglassen.

**BOOL IsDataAvailable(CLIPFORMAT cfFormat,
FORMATETC* lpFormatEtc = NULL);**

Die Funktion *IsDataAvailable* überprüft, ob das Datenobjekt das angegebene Format enthält.

MFC-Datenaustausch über die Zwischenablage

Sie haben nun die Klassen *COleDataObject* und *COleDataSource* kennen gelernt. Es dürfte deshalb kein Problem mehr für Sie sein, Datenobjekte mit Hilfe der Zwischenablage zu übertragen. Aber warum nicht einfach nach der herkömmlichen Methode mit *GetClipboardData* und *SetClipboardData* verfahren? Das wäre für die meisten gebräuchlichen Datenformate möglich. Sobald Sie aber Funktionen schreiben, die Datenobjekte verarbeiten, lassen sich diese Funktionen auch für Drag-&-Drop-Operationen einsetzen.

Abbildung 26.1 illustriert die Beziehungen zwischen der Zwischenablage und den beiden Klassen *COleDataSource* und *COleDataObject*. Aufseiten der Datenquelle erzeugen Sie ein Objekt vom Typ *COleDataSource* und füllen dessen Cache mit Datenformaten. Beim Aufruf von *SetClipboard* werden die Formate in die Zwischenablage kopiert. Aufseiten des Einfügeziels rufen Sie *AttachClipboard* auf, um einen *IDataObject*-Zeiger mit einem *COleDataObject*-Objekt zu verknüpfen. Anschließend können Sie einzelne Formate abrufen.

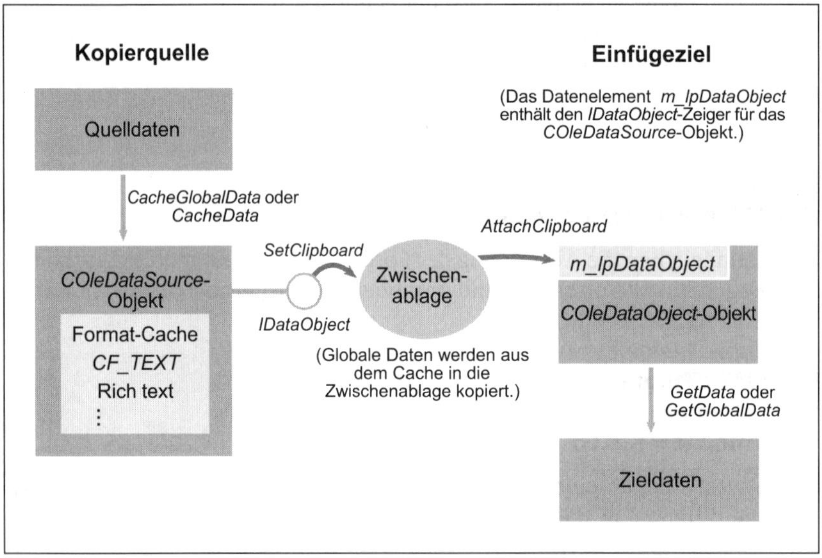

***Abbildung 26.1:** MFC-Unterstützung für den OLE-Datenaustausch über die Zwischenablage.*

Angenommen, Sie entwickeln eine Anwendung nach dem Dokument-Ansicht-Modell. Das Dokumentobjekt enthält ein Datenelement *m_strText* vom Typ *CString*. Sie möchten für die Ansichtsklasse Routinen für die Behandlung von Befehlen entwerfen, mit denen Daten zur Zwischenablage kopiert bzw. aus der Zwischenablage entnommen und im Dokument eingefügt werden können. Bevor Sie diese Routinen schreiben, sollten Sie zwei Hilfsfunktionen implementieren. Die erste Funktion namens *SaveText* erzeugt eine Datenquelle unter Verwendung des Inhalts von *m_strText*. Dazu generiert die Funktion ein *COleDataSource*-Objekt und kopiert dann den Inhalt der Zeichenfolge in einen globalen Speicherbereich. Danach ruft sie *CacheGlobalData* auf, um die *HGLOBAL*-Zugriffsnummer in der Datenquelle zu speichern. Im Folgenden sehen Sie den Quelltext für *SaveText*:

```
COleDataSource* CMyView::SaveText()
{
  CEx26fDoc* pDoc = GetDocument();
  if (!pDoc->m_strtext.IsEmpty()) {
    COleDataSource* pSource = new COleDataSource();
    int nTextSize = GetDocument()->m_strText.GetLength() + 1;
    HGLOBAL hText = ::GlobalAlloc(GMEM_SHARE, nTextSize);
    LPSTR pText = (LPSTR) ::GlobalLock(hText);
    ASSERT(pText);
    strcpy(pText, GetDocument()->m_strText);
    ::GlobalUnlock(hText);
    pSource->CacheGlobalData(CF_TEXT, hText);
    return pSource;
  }
  return NULL;
}
```

Die zweite Hilfsfunktion namens *DoPasteText* füllt das Datenelement *m_strText* mit Daten, die sie von einem Datenobjekt übernimmt, das als Parameter übergeben wird. Wir benutzen hier *COleDataObject::GetData* anstelle von *GetGlobalData*, da die Funktion *GetGlobalData* eine Kopie des globalen Speicherblocks erzeugt. Dieser Kopiervorgang ist unnötig, da wir den Text in das *CString*-Objekt kopieren. Wir geben den ursprünglichen Speicherblock nicht frei, denn das Datenobjekt ist als Besitzer des Blocks dafür zuständig. Hier sehen Sie den Quelltext für *DoPasteText*:

```
BOOL CMyView::DoPasteText(COleDataObject* pDataObject)
{
  STGMEDIUM stg;
  FORMATETC fmt;
  // Die Behandlungsroutine für den Befehl zur Aktualisierung der Menüoption
  // sollte verhindern, dass wir hier landen, falls keine Daten im CF_TEXT-Format vorliegen
  if (!pDataObject->IsDataAvai_Àlable(CF_TEXT)) {
    TRACE("CF_TEXT - Format ist nicht verfügbar\n");
    return FALSE;
  }
  // Speicher ist MOVEABLE, deshalb müssen wir GlobalLock verwenden!
  SETFORMATETC(fmt, CF_TEXT, DVASPECT_CONTENT, NULL, TYMED_HGLOBAL, -1);
  VERIFY(pDataObject->GetData(CF_TEXT, &stg, &fmt));
  HGLOBAL hText = stg.hGlobal;
  GetDocument->m_strText = (LPSTR) ::GlobalLock(hText);
  ::GlobalUnlock(hText);
  return TRUE;
}
```

Es folgen die beiden Routinen für die Befehlsverarbeitung:

```
void CMyView::OnEditCopy()
{
  COleDataSource* pSource = SaveText();
  if (pSource) {
    pSource->SetClipboard();
  }
}
void CMyView::OnEditPaste()
{
  COleDataObject dataObject;
  VERIFY(dataObject.AttachClipboard());
  DoPasteText(&dataObject);
  // Datenobjekt wird freigegeben
}
```

Die MFC-Klasse CRectTracker

Die Klasse *CRectTracker* ist nicht nur für OLE-Programme nützlich, sondern läßt sich auch in Programmen verwenden, die keine OLE-Funktionen einsetzen. Mit Hilfe dieser Klasse kann der Anwender ein rechteckiges Objekt in einem Ansichtsfenster verschieben. Es gibt zwei wichtige Datenelemente: *m_nStyle* definiert den Objektrahmen, die Ziehpunkte für Größenveränderungen und andere Eigenschaften, während *m_rect* die *Gerätekoordinaten* des Rechtecks speichert.

Im Folgenden werden die wichtigsten Member-Funktionen beschrieben.

void Draw(CDC* *pDC*) const;

Die Funktion *Draw* zeichnet den Rahmen des Rechtecks und die Ziehpunkte für die Größenveränderung, aber nicht den Inhalt des Rechtecks. Letzteres ist Ihre Aufgabe.

BOOL Track(CWnd* pWnd, CPoint point, BOOL bAllowInvert = FALSE, CWnd* pWndClipTo = NULL);

Sie rufen diese Funktion innerhalb einer Routine zur Behandlung der Nachricht WM_LBUTTONDOWN auf. Falls sich der Mauszeiger über dem Rechteckrahmen befindet, kann der Anwender die Größe des Rechtsecks ändern, indem er die Maustaste gedrückt hält. Befindet sich der Mauszeiger über dem Inneren des Rechtecks, so kann der Anwender das Rechteck verschieben. Befindet sich der Mauszeiger außerhalb des Rechtecks, so gibt *Track* unmittelbar den Wert *FALSE* zurück. Andernfalls liefert *Track* den Wert *TRUE*, sobald der Anwender die Maustaste löst. *Track* arbeitet also ähnlich wie *CDialog::DoModal*. Die Funktion implementiert einen eigenen Nachrichtenverteiler.

int HitTest(CPoint point) const;

Rufen Sie *HitTest* auf, wenn Sie wissen möchten, ob ein Mausklick über der Rechteckfläche oder über dem Rechteckrahmen erfolgte. Die Funktion liefert unmittelbar den »Trefferstatus« als Ergebnis zurück.

BOOL SetCursor(CWnd* pWnd, UINT nHitTest) const;

Rufen Sie diese Funktion in der Routine zur Behandlung der Nachricht WM_SETCURSOR auf, um sicherzustellen, dass der Mauszeiger sein Aussehen während der Rechteckverschiebung ändert. Falls *SetCursor* den Wert *FALSE* zurückgibt, sollten Sie die Funktion *OnSetCursor* der Basisklasse aufrufen. Liefert *SetCursor* den Wert *TRUE*, dann sollten Sie ebenfalls *TRUE* zurückgeben.

Rechteckkoordinaten eines CRectTracker-Objekts konvertieren

Sie müssen den Umstand berücksichtigen, dass *CRectTracker::m_rect* die Gerätekoordinaten speichert. Sollten Sie eine bildlauffähige Ansicht verwenden oder auf andere Weise das Koordinatensystem bzw. den Ursprung des Ansichtsbereichs geändert haben, müssen Sie eine Koordinatenumwandlung durchführen. Dabei können Sie beispielsweise folgendermaßen vorgehen:

1. Definieren Sie in Ihrer Ansichtsklasse ein Datenelement vom Typ *CRectTracker*. Geben Sie ihm den Namen *m_tracker*.
2. Definieren Sie ein weiteres Datenelement in Ihrer Ansichtsklasse, das die logischen Koordinaten des Rechtecks speichern soll. Geben Sie ihm den Namen *m_rectTracker*.
3. Weisen Sie in der Funktion *OnDraw* Ihrer Ansichtsklasse dem Datenelement *m_rect* die aktuellen Gerätekoordinaten zu, und zeichnen Sie dann das Rechteck. Auf diese Weise werden alle Bildlaufverschiebungen seit dem letzten Aufruf von *OnDraw* berücksichtigt. Im Quelltext könnten diese Schritte folgendermaßen aussehen:

```
m_tracker.m_rect = m_rectTracker;
pDC->LPtoDP(m_tracker.m_rect); // Rechteck benötigt Gerätekoordinaten
m_tracker.Draw(pDC);
```

4. Rufen Sie *Track* in der Routine zur Behandlung von Mausklick-Ereignissen auf, und weisen Sie dem Datenelement *m_rectTracker* die aktuellen logischen Koordinaten zu. Rufen Sie anschließend *Invalidate* auf:

```
if (m_tracker.Track(this, point, FALSE, NULL)) {
    CClientDC dc(this);
    OnPrepareDC(&dc);
    m_rectTracker = m_tracker.m_rect;
    dc.DPtoLP(m_rectTracker);
    Invalidate();
}
```

Das Beispiel EX26A – Datentransfer über die Zwischenablage

Das Beispiel benutzt die Klasse *CDib* aus dem Beispiel EX11C. Hier soll das DIB-Bild unter Verwendung eines Größenänderungsrechtecks verschoben und in der Größe verändert werden können. Außerdem soll es möglich sein, die DIB-Daten in die Zwischenablage zu kopieren bzw. eine Kopie der DIB-Daten aus der Zwischenablage in das Ansichtsfenster einzufügen. Dabei soll ein COM-Datenobjekt zum Einsatz kommen. Zu dem Beispiel gehören unter anderem auch Funktionen zur Konvertierung von DIB-Daten in BMP-Dateien und umgekehrt.

Wenn Sie eine solche Anwendung neu erstellen möchten, verwenden Sie den MFC-Anwendungs-Assistenten, ohne irgendwelche ActiveX- oder Automatisierungsoptionen zu benutzen, und fügen nach Abschluß der Quelltextgenerierung die folgende Zeile in Ihre Datei StdAfx.h ein:

```
#include <afxole.h>
```

Zusätzlich sollten Sie den folgenden Funktionsaufruf am Anfang der Funktionsdefinition für *InitInstance* einfügen:

```
AfxOleInit();
```

Um das Beispiel EX26A zu testen, öffnen Sie den Arbeitsbereich \vcpp32\ex26a\ex26a.dsw und erstellen dann das Projekt. Starten Sie die Anwendung, und fügen Sie eine Bitmap in das Rechteckobjekt ein, indem Sie im Menü *Bearbeiten* den Befehl *Einfügen* wählen. Die MDI-Ansicht Ihrer Anwendung ähnelt der Darstellung in Abbildung 26.2.

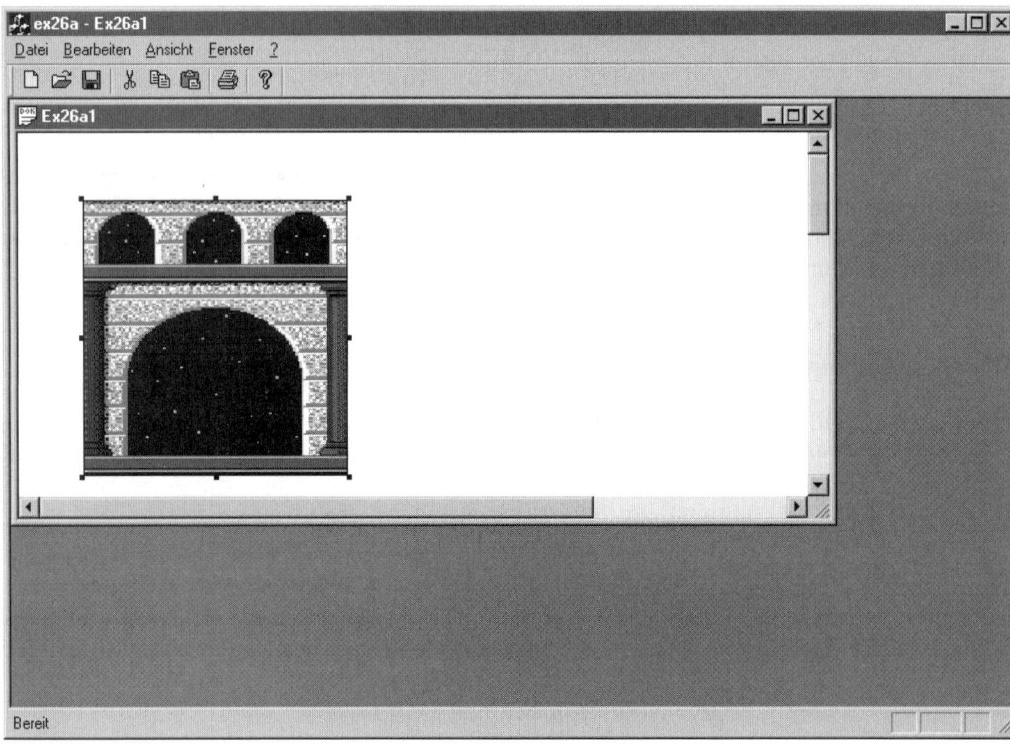

Abbildung 26.2: *Das Programm EX26A während der Ausführung.*

Die Klasse CMainFrame

Diese Klasse enthält die Routinen *OnQueryNewPalette* und *OnPaletteChanged* für die Behandlung der Windows-Nachrichten WM_QUERYNEWPALETTE und WM_PALETTECHANGED. Diese Behandlungsroutinen senden eine benutzerdefinierte Nachricht WM_VIEWPALETTE_-CHANGED an alle Ansichtsobjekte. Die für diese Nachricht zuständige Behandlungsroutine des Ansichtsobjekts ruft *CDib::UsePalette* auf, um die DIB-Palette zu realisieren. Der Wert des Parameters *wParam* entscheidet, ob die Ansicht die Palette im Vordergrund oder im Hintergrund realisieren sollte.

Die Klasse CEx26aDoc

Diese Klasse ist recht einfach formuliert. Sie enthält ein eingebettetes Objekt *m_dib* vom Typ *CDib* sowie eine Behandlungsroutine für den Befehl *Alles löschen*. Die überschriebene Member-Funktion *DeleteContents* ruft die Funktion *CDib::Empty* auf.

Die Klasse CEx26aView

Diese Klasse enthält die Routinen für die Behandlung der Menübefehle, die auf die Zwischenablage zugreifen, den Quelltext für das Verschieben des Bildobjekts und für die Anzeige der DIB-Daten sowie die Routine für die Behandlung von Palettennachrichten. Listing 26.1 zeigt die Header- und die Implementierungsdatei des Beispiels. Von Hand in den generierten Quelltext eingefügte Teile sind fett gedruckt.

EX26AVIEW.H

```
#if !defined(AFX_EX26AVIEW_H__8077DA8D_4C87_11D2_A4E4_00403394CA84__INCLUDED_)
#define AFX_EX26AVIEW_H__8077DA8D_4C87_11D2_A4E4_00403394CA84__INCLUDED_

#if _MSC_VER >= 1000
#pragma once
#endif// _MSC_VER >= 1000

#define WM_VIEWPALETTECHANGED WM_USER + 5

class CEx26aView : public CScrollView
{
  // zur Erfassung des Bildlaufs
  CRectTracker m_tracker;
  CRect m_rectTracker; // logische Koordinaten
  CSize m_sizeTotal;  // Dokumentgröße
protected: // Nur aus Serialisierung erzeugen
  CEx26aView();
  DECLARE_DYNCREATE(CEx26aView)

// Attribute
public:
  CEx26aDoc* GetDocument();

// Operationen
public:

// Überschreibungen
  // Vom Klassen-Assistenten generierte Überladungen virtueller Funktionen
  //{{AFX_VIRTUAL(CEx26aView)
  public:
  virtual void OnDraw(CDC* pDC); // Überladen zum Zeichnen der Ansicht
  virtual BOOL PreCreateWindow(CREATESTRUCT& cs);
  virtual void OnPrepareDC(CDC* pDC, CPrintInfo* pInfo = NULL);
  virtual void OnInitialUpdate(); // das erste Mal nach der Konstruktion aufgerufen
  protected:
  virtual BOOL OnPreparePrinting(CPrintInfo* pInfo);
  virtual void OnBeginPrinting(CDC* pDC, CPrintInfo* pInfo);
  virtual void OnEndPrinting(CDC* pDC, CPrintInfo* pInfo);
```

```
    //}}AFX_VIRTUAL

// Implementierung
public:
    virtual ~CEx26aView();
#ifdef _DEBUG
    virtual void AssertValid() const;
    virtual void Dump(CDumpContext& dc) const;
#endif

protected:

// Generierte Message-Map-Funktionen
protected:
    //{{AFX_MSG(CEx26aView)
    afx_msg void OnEditCopy();
    afx_msg void OnUpdateEditCopy(CCmdUI* pCmdUI);]
    afx_msg void OnEditCopyto();
    afx_msg void OnEditCut();
    afx_msg void OnEditPaste();
    afx_msg void OnUpdateEditPaste(CCmdUI* pCmdUI);
    afx_msg void OnEditPastefrom();
    afx_msg void OnLButtonDown(UINT nFlags, CPoint point);
    afx_msg BOOL OnSetCursor(CWnd* pWnd, UINT nHitTest, UINT message);
    afx_msg LONG OnViewPaletteChanged(UINT wParam, LONG lParam);
    afx_msg void OnSetFocus(CWnd* pOldWnd);
    //}}AFX_MSG
    DECLARE_MESSAGE_MAP()

private:
    BOOL DoPasteDib(COleDataObject* pDataObject);
    COleDataSource* SaveDib();
};

#ifndef _DEBUG // Debug-Version in Ex26aView.cpp
inline CEx26aDoc* CEx26aView::GetDocument()
    { return (CEx26aDoc*)m_pDocument; }
#endif

//////////////////////////////////////////////////////////////////////////

//{{AFX_INSERT_LOCATION}}
// Microsoft Developer Studio fügt zusätzliche Deklarationen unmittelbar vor
// der vorhergehenden Zeile ein.

#endif
// !defined(AFX_EX26AVIEW_H__8077DA8D_4C87_11D2_A4E4_00403394CA84__INCLUDED_)
```

EX26AVIEW.CPP

```
#include "stdafx.h"
#include "ex26a.h"

#include "cdib.h"
#include "ex26aDoc.h"
```

```
#include "ex26aView.h"

#ifdef _DEBUG
#define new DEBUG_NEW
#undef THIS_FILE
static char THIS_FILE[] = __FILE__;
#endif

/////////////////////////////////////////////////////////////////////////////
// Implementierung der Klasse CEx26aView

IMPLEMENT_DYNCREATE(CEx26aView, CScrollView)

BEGIN_MESSAGE_MAP(CEx26aView, CScrollView)
  //{{AFX_MSG_MAP(CEx26aView)
  ON_COMMAND(ID_EDIT_COPY, OnEditCopy)
  ON_UPDATE_COMMAND_UI(ID_EDIT_COPY, OnUpdateEditCopy)
  ON_COMMAND(ID_EDIT_COPYTO, OnEditCopyto)
  ON_COMMAND(ID_EDIT_CUT, OnEditCut)
  ON_COMMAND(ID_EDIT_PASTE, OnEditPaste)
  ON_UPDATE_COMMAND_UI(ID_EDIT_PASTE, OnUpdateEditPaste)
  ON_COMMAND(ID_EDIT_PASTEFROM, OnEditPastefrom)
  ON_WM_LBUTTONDOWN()
  ON_WM_SETCURSOR()
  ON_MESSAGE(WM_VIEWPALETTECHANGED, OnViewPaletteChanged)
  ON_UPDATE_COMMAND_UI(ID_EDIT_COPYTO, OnUpdateEditCopy)
  ON_UPDATE_COMMAND_UI(ID_EDIT_CUT, OnUpdateEditCopy)
  ON_WM_SETFOCUS()
  //}}AFX_MSG_MAP
  // Standard-Druckbefehle
  ON_COMMAND(ID_FILE_PRINT, CScrollView::OnFilePrint)
  ON_COMMAND(ID_FILE_PRINT_DIRECT, CScrollView::OnFilePrint)
  ON_COMMAND(ID_FILE_PRINT_PREVIEW, CScrollView::OnFilePrintPreview)
END_MESSAGE_MAP()

/////////////////////////////////////////////////////////////////////////////
// CEx26aView Konstruktion/Destruktion

CEx26aView::CEx26aView() : m_sizeTotal(800, 1050), // 8 x 10,5 Zoll beim Drucken verwenden
  m_rectTracker(50, 50, 250, 250)
{
}

CEx26aView::~CEx26aView()
{
}

BOOL CEx26aView::PreCreateWindow(CREATESTRUCT& cs)
{
  // ZU ERLEDIGEN: Ändern Sie hier die Fensterklasse oder das
  // Erscheinungsbild, indem Sie CREATESTRUCT cs modifizieren.

  return CScrollView::PreCreateWindow(cs);
}
```

```
//////////////////////////////////////////////////////////////////////
// CEx26aView Zeichnen

void CEx26aView::OnDraw(CDC* pDC)
{
  CDib& dib = GetDocument()->m_dib;
  m_tracker.m_rect = m_rectTracker;
  pDC->LPtoDP(m_tracker.m_rect); // m_tracker erfordert Gerätekoordinaten
  m_tracker.Draw(pDC);
  dib.Draw(pDC, m_rectTracker.TopLeft(), m_rectTracker.Size());
}

//////////////////////////////////////////////////////////////////////
// CEx26aView Drucken

BOOL CEx26aView::OnPreparePrinting(CPrintInfo* pInfo)
{
  pInfo->SetMaxPage(1);
  return DoPreparePrinting(pInfo);
}

void CEx26aView::OnBeginPrinting(CDC* /*pDC*/, CPrintInfo* /*pInfo*/)
{
  // ZU ERLEDIGEN: Zusätzliche Initialisierung vor dem Drucken hier einfügen
}

void CEx26aView::OnEndPrinting(CDC* /*pDC*/, CPrintInfo* /*pInfo*/)
{
  // ZU ERLEDIGEN: Hier Bereinigungsarbeiten nach dem Drucken einfügen
}

//////////////////////////////////////////////////////////////////////
// CEx26aView Diagnose

#ifdef _DEBUG
void CEx26aView::AssertValid() const
{
  CScrollView::AssertValid();
}

void CEx26aView::Dump(CDumpContext& dc) const
{
  CScrollView::Dump(dc);
}

CEx26aDoc* CEx26aView::GetDocument() // Die endgültige (nicht zur
                           // Fehlersuche kompilierte) Version ist Inline
{
  ASSERT(m_pDocument->IsKindOf(RUNTIME_CLASS(CEx26aDoc)));
  return (CEx26aDoc*)m_pDocument;
}
#endif //_DEBUG

/////////////////////////////////////////////////////////////////
// Hilfsfunktionen für Zwischenablage- und Drag-&-Drop-Operationen
```

```
BOOL CEx26aView::DoPasteDib(COleDataObject* pDataObject)
{
  // Oberflächenaktualisierungsbefehl sollte sich darum kümmern,
  // falls nicht CF_DIB
  if (!pDataObject->IsDataAvailable(CF_DIB)) {
    TRACE("CF_DIB-Format ist nicht verfügbar\n");
    return FALSE;
  }
  CEx26aDoc* pDoc = GetDocument();
  // Speicherbereich ist nicht fix, daher müssen wir GlobalLock verwenden!
  // (hDib != lpDib) GetGlobalData kopiert Daten in den Speicher,
  // wir löschen sie zusammen mit CDib-Objekt.
  HGLOBAL hDib = pDataObject->GetGlobalData(CF_DIB);
  ASSERT(hDib != NULL);
  LPVOID lpDib = ::GlobalLock(hDib);
  ASSERT(lpDib != NULL);
  pDoc->m_dib.AttachMemory(lpDib, TRUE, hDib);
  pDoc->SetModifiedFlag();
  pDoc->UpdateAllViews(NULL);
  return TRUE;
}

COleDataSource* CEx26aView::SaveDib()
{
  CDib& dib = GetDocument()->m_dib;
  if (dib.GetSizeImage() > 0) {
    COleDataSource* pSource = new COleDataSource();
    int nHeaderSize = dib.GetSizeHeader();
    int nImageSize = dib.GetSizeImage();
    HGLOBAL hHeader = ::GlobalAlloc(GMEM_SHARE,
      nHeaderSize + nImageSize);
    LPVOID pHeader = ::GlobalLock(hHeader);
    ASSERT(pHeader != NULL);
    LPVOID pImage = (LPBYTE) pHeader + nHeaderSize;
    memcpy(pHeader, dib.m_lpBMIH, nHeaderSize);
    memcpy(pImage, dib.m_lpImage, nImageSize);
    // Empfänger soll globalen Speicher freigeben
    ::GlobalUnlock(hHeader);
    pSource->CacheGlobalData(CF_DIB, hHeader);
    return pSource;
  }
  return NULL;
}

//////////////////////////////////////////////////////////////////////
// CEx26aView Nachrichten-Handler

void CEx26aView::OnEditCopy()
{
  COleDataSource* pSource = SaveDib();
  if (pSource) {
    pSource->SetClipboard(); // OLE löscht Datenquelle
  }
}
```

```
void CEx26aView::OnUpdateEditCopy(CCmdUI* pCmdUI)
{
  // Unterstützt Kopieren, Ausschneiden und Kopieren in
  CDib& dib = GetDocument()->m_dib;
  pCmdUI->Enable(dib.GetSizeImage() > 0L);
}

void CEx26aView::OnEditCopyto()
{
  CDib& dib = GetDocument()->m_dib;
  CFileDialog dlg(FALSE, "bmp", "*.bmp");
  if (dlg.DoModal() != IDOK) return;

  BeginWaitCursor();
  dib.CopyToMapFile(dlg.GetPathName());
  EndWaitCursor();
}

void CEx26aView::OnEditCut()
{
  OnEditCopy();
  GetDocument()->OnEditClearAll();
}
void CEx26aView::OnEditPaste()
{
  CEx26aDoc* pDoc = GetDocument();
  COleDataObject dataObject;
  VERIFY(dataObject.AttachClipboard());
  DoPasteDib(&dataObject);
  CClientDC dc(this);
  pDoc->m_dib.UsePalette(&dc);
  pDoc->SetModifiedFlag();
  pDoc->UpdateAllViews(NULL);
}

void CEx26aView::OnUpdateEditPaste(CCmdUI* pCmdUI)
{
  COleDataObject dataObject;
  BOOL bAvail = dataObject.AttachClipboard() &&
    dataObject.IsDataAvailable(CF_DIB);
  pCmdUI->Enable(bAvail);
}

void CEx26aView::OnEditPastefrom()
{
  CEx26aDoc* pDoc = GetDocument();
  CFileDialog dlg(TRUE, "bmp", "*.bmp");
  if (dlg.DoModal() != IDOK) return;
  if (pDoc->m_dib.AttachMapFile(dlg.GetPathName(), TRUE)) { // gemeinsam nutzen
    CClientDC dc(this);
    pDoc->m_dib.SetSystemPalette(&dc);
    pDoc->m_dib.UsePalette(&dc);
    pDoc->SetModifiedFlag();
    pDoc->UpdateAllViews(NULL);
  }
}
```

```
void CEx26aView::OnPrepareDC(CDC* pDC, CPrintInfo* pInfo)
{
  // benutzerdefinierter Modus MM_LOENGLISH; umgekehrte y-Achse
  if (pDC->IsPrinting()) {
    int nHsize = pDC->GetDeviceCaps(HORZSIZE) * 1000 / 254;
    int nVsize = pDC->GetDeviceCaps(VERTSIZE) * 1000 / 254;
    pDC->SetMapMode(MM_ANISOTROPIC);
    pDC->SetWindowExt(nHsize, nVsize);
    pDC->SetViewportExt(pDC->GetDeviceCaps(HORZRES),
              pDC->GetDeviceCaps(VERTRES));
  }
  else {
    CScrollView::OnPrepareDC(pDC, pInfo);
  }
}
void CEx26aView::OnInitialUpdate()
{
  SetScrollSizes(MM_TEXT, m_sizeTotal);
  m_tracker.m_nStyle = CRectTracker::solidLine |
    CRectTracker::resizeOutside;
  CScrollView::OnInitialUpdate();
}

void CEx26aView::OnLButtonDown(UINT nFlags, CPoint point)
{
  if (m_tracker.Track(this, point, FALSE, NULL)) {
    CClientDC dc(this);
    OnPrepareDC(&dc);
    m_rectTracker = m_tracker.m_rect;
    dc.DPtoLP(m_rectTracker); // logische Koordinaten aktualisieren
    Invalidate();
  }
}

BOOL CEx26aView::OnSetCursor(CWnd* pWnd, UINT nHitTest, UINT message)
{
  if (m_tracker.SetCursor(pWnd, nHitTest)) {
    return TRUE;
  }
  else {
    return CScrollView::OnSetCursor(pWnd, nHitTest, message);
  }
}

LONG CEx26aView::OnViewPaletteChanged(UINT wParam, LONG lParam)
{
  TRACE("CEx26aView::OnViewPaletteChanged, HWND = %x, \
    code = %d\n", GetSafeHwnd(), wParam);
  CClientDC dc(this);
  GetDocument()->m_dib.UsePalette(&dc, wParam);
  Invalidate();
  return 0;
}
```

```
void CEx26aView::OnSetFocus(CWnd* pOldWnd)
{
  CScrollView::OnSetFocus(pOldWnd);
  AfxGetApp()->m_pMainWnd->SendMessage(WM_PALETTECHANGED,
    (UINT) GetSafeHwnd());
}
```

***Listing 26.1:** Quelltext der Klasse* CEx26aView.

Die Ansichtsklasse weist einige interessante Details auf. In der Hilfsfunktion *DoPasteDib* können wir die Funktion *GetGlobalData* aufrufen, da es möglich ist, den Rückgabewert der *HGLOBAL*-Variablen mit dem *CDib*-Objekt des Dokuments zu verknüpfen. Beim Aufruf von *GetData* müßten wir den Speicherblock selbst kopieren. Die Behandlungsroutinen für die Befehle *Einfügen* und *Kopieren* beziehen sich auf die Unterstützung der Klasse *CDib* für Speicherbilddateien (Memory Mapped Files). Die Funktion *OnPrepareDC* definiert ein spezielles Koordinatensystem für die Druckausgabe, das sich von dem Koordinatensystem des Abbildungsmodus MM_LOENGLISH nur dadurch unterscheidet, dass die positiven Werte der *y*-Achse nach unten hin wachsen. Ein Pixel auf dem Bildschirm entspricht 0,01 Zoll in der Druckausgabe.

MFC-Unterstützung für Drag & Drop

Der eigentliche Grund unseres bisherigen Interesses für Datenobjekte und ihre Handhabung war Drag & Drop. OLE unterstützt dieses Merkmal durch seine Schnittstellen *IDropSource* und *IDropTarget* und einige Bibliotheksfunktionen, die den Prozeß des Ziehens und Ablegens von Objekten steuern. Die MFC-Bibliothek stellt auf Ansichtsebene eine brauchbare Unterstützung für Drag & Drop zur Verfügung. Wir werden deshalb darauf zurückgreifen. Beachten Sie, dass Drag-&-Drop-Verschiebungen unmittelbar und unabhängig von der Zwischenablage stattfinden. Falls der Anwender die Operation abbricht, bleiben keine »Spuren« zurück, die einen Hinweis auf das gerade gezogene Objekt geben können.

Der Datenaustausch über Drag & Drop sollten zwischen Anwendungen, zwischen verschiedenen Fenstern derselben Anwendung und innerhalb eines Fensters immer in derselben Weise ablaufen. Sobald der Anwender die Operation startet, sollte der Mauszeiger sein Aussehen ändern und als Kombination aus Rechteck- und Pfeilsymbol angezeigt werden. Wenn der Anwender während der Operation zusätzlich die Taste Strg drückt, wird neben dem Mauszeigersymbol noch ein Pluszeichen (+) angezeigt, das darauf hinweist, dass das Objekt nicht verschoben, sondern kopiert wird.

Die MFC-Bibliothek unterstützt außerdem Drag-&-Drop-Operationen für Objekte innerhalb von Verbunddokumenten. Das bezieht sich aber schon auf die nächst höhere Ebene der MFC-Unterstützung für OLE und wird nicht in diesem Kapitel behandelt. Sehen Sie sich hierzu das Beispiel OCLIENT in der Online-Dokumentation von Visual C++ an.

Aktionen aufseiten der Datenquelle

Wenn Ihr Programm eine Drag-&-Drop-Operation für ein Datenobjekt startet, ruft es *COleDataSource::DoDragDrop* auf. Diese Funktion erzeugt intern ein Objekt der MFC-Klasse *COleDropSource*, die die Schnittstelle *IOleDropSource* implementiert. *DoDragDrop* ist eine jener Funktionen, die eine Zeit lang die Kontrolle behalten und nicht zum Aufrufer zurückkehren. Die Funktion terminiert, wenn der Anwender das Objekt beim Ziel ablegt bzw. die Operation abbricht, oder nach Ablauf einer festgelegten Anzahl von Millisekunden.

Bei der Programmierung von Drag-&-Drop-Operationen in Verbindung mit einem *CRectTracker*-Objekt sollten Sie *DoDragDrop* nur dann aufrufen, wenn der Anwender auf ein Ziel *innerhalb* des Rechtecks klickt und nicht auf den Rahmen des Rechtecks. *CRectTracker::HitTest* liefert Ihnen die diesbezüglich erforderlichen Informationen. Wenn Sie *DoDragDrop* aufrufen, müssen Sie ein Flag setzen, dem Sie später entnehmen können, ob der Anwender das Objekt auf derselben Ansicht (bzw. demselben Dokument) ablegt, von der aus das Objekt gezogen wurde.

Aktionen aufseiten des Zielobjekts

Falls Sie die Ansichtsklasse der MFC-Bibliothek verwenden und auf die entsprechende MFC-Unterstützung für Drag-&-Drop-Operationen zurückgreifen möchten, müssen Sie Ihrer abgeleiteten Klasse ein Datenelement des Typs *COleDropTarget* hinzufügen. Diese Klasse implementiert die Schnittstelle *IDropTarget* und verwaltet eine Zeiger auf *IDropSource*, der eine Verbindung zurück zum *COleDropSource*-Objekt herstellt. In der Funktion *OnInitialUpdate* Ihrer Ansichtsklasse rufen Sie die Member-Funktion *Register* des eingebetteten *COleDropTarget*-Objekts auf.

Nachdem Ihr Ansichtsobjekt zum Ziel einer Drop-Aktion definiert wurde, müssen Sie vier virtuelle Funktionen von *CView* überschreiben. Diese Funktionen ruft das Anwendungsgerüst während der Drag-&-Drop-Operation auf. Es folgt eine Zusammenfassung der Aufgaben, die diesen Funktionen unter der Annahme zukommen, dass ein Rechteckobjekt der zuvor beschriebenen Art benutzt wird:

Funktion	Beschreibung
OnDragEnter	Sorgt für die Nachführung des Fokusrechtecks und ruft *OnDragOver* auf.
OnDragOver	Verschiebt das (durch eine Punktlinie kenntliche) Fokusrechteck und signalisiert den Status des Drop-Vorgangs (durch entsprechende Veränderungen der Mauszeigerform).
OnDragLeave	Bricht den Transfervorgang ab und stellt die ursprüngliche Lage und Größe des Rechtecks wieder her.
OnDrop	Sorgt für die Nachführung des Fokusrechtecks und ruft die Hilfsfunktion *DoPaste* auf, um Formatinformationen vom Datenobjekt zu erhalten.

Tabelle 26.3: *Funktionen zur Unterstützung von Drag-&-Drop-Operationen.*

Ablauf einer Drag-&-Drop-Operation

Abbildung 26.3 illustriert den von der MFC-Bibliothek unterstützten Drag-&-Drop-Prozess.

Es folgt eine Zusammenfassung des Geschehens:

1. Der Anwender drückt auf die linke Maustaste, während sich der Mauszeiger über dem Ansichtsfenster der als Quelle fungierenden Anwendung befindet.
2. Die Behandlungsroutine für Maustastenereignisse ruft *CRectTracker::HitTest* auf und stellt fest, dass der Mauszeiger sich über dem Inneren des Rechtecks befand.
3. Die Behandlungsroutine speichert Datenformate in einem *COleDataSource*-Objekt.
4. Die Behandlungsroutine ruft *COleDataSource::DoDragDrop* der Datenquelle auf.
5. Der Anwender verschiebt den Mauszeiger in das Ansichtsfenster der Zielanwendung.

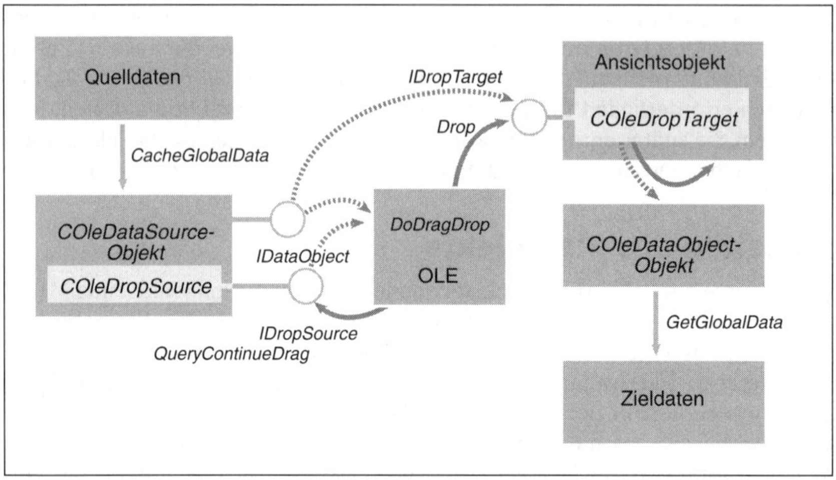

Abbildung 26.3: *Ablaufschema von MFC-gestützten OLE-Drag-&-Drop-Operationen.*

6. OLE ruft *IDropTarget::OnDragEnter* und *OnDragOver* beim *COleDropTarget*-Objekt auf. Diese Funktion rufen ihrerseits die entsprechenden virtuellen Funktion der Zielansicht auf. Der Funktion *OnDragOver* wird ein *COleDataObject*-Zeiger auf das Quellobjekt übergeben. Das Zielobjekt erkundet, welche Datenformate das Quellobjekt unterstützt.
7. *OnDragOver* liefert einen speziellen Code zur Beschreibung des Drop-Status zurück, den OLE zur Anpassung des Mauszeigersymbols benutzt.
8. OLE ruft *IDataSource::QueryContinueDrag* der Quellenanwendung auf, um herauszufinden, ob die Drag-Operation noch läuft. Die MFC-Klasse *COleDataSource* übermittelt eine entsprechende Antwort.
9. Der Anwender löst die Maustaste, um das Objekt im Ansichtsfenster der Zielanwendung abzulegen.
10. OLE ruft die Funktion *IDropTarget::OnDrop* auf, die ihrerseits *OnDrop* für die Zielansicht aufruft *OnDrop* erhält dabei einen *COleDataObject*-Zeiger, mit dem die Funktion das gewünschte Datenformat vom Datenobjekt anfordern kann.
11. Nachdem *OnDrop* in der Zielanwendung terminiert, kann auch *DoDragDrop* in der Quellanwendung terminieren.

Das Beispiel EX26B – OLE-Drag-&-Drop

Dieses Beispiel ist eine Fortsetzung des vorherigen Beispiels EX26A. Das neue Beispiel ergänzt das alte um Drag-&-Drop-Unterstützung unter Verwendung der bereits vorhandenen Hilfsfunktionen *SaveDib* und *DoPasteDib*. Der gesamte Quelltext zur Handhabung der Zwischenablage bleibt unverändert. Es sollte Ihnen möglich sein, EX26B als Vorlage für andere Anwendungen zu verwenden, die Drag-&-Drop für Datenobjekte benötigen.

Um das Beispiel EX26B zu testen, öffnen Sie den Arbeitsbereich \vcpp32\ex26b\ex26b.dsw und erstellen dann das Projekt. Starten Sie die Anwendung, und testen Sie die Drag-&-Drop-Funktionalität zwischen untergeordneten Fenstern derselben Instanz sowie zwischen Fenstern verschiedener Instanzen der Anwendung.

Die Klasse CEx26bDoc

Diese Klasse entspricht der Version des Beispiels EX26A, enthält aber ein zusätzliches Flag-Datenelement *m_bDragHere*. Dieses Flag hat den Wert *TRUE*, solange eine Drag-&-Drop-Operation noch nicht terminiert ist. Das Flag ist sinnvollerweise Teil des Dokumentobjekts und nicht Teil der Ansicht, da es möglich ist, mehrere Ansichten mit demselben Dokument zu verknüpfen. Es bringt nicht viel, ein DIB-Bild von einer Ansicht zu einer anderen zu ziehen, wenn beide Ansichten dasselbe Element *m_dib* des Dokuments anzeigen.

Die Klasse CEx26bView

Diese Klasse enthält drei zusätzliche Datenelemente und einen Konstruktor, der alle Datenelemente initialisiert:

```
CRect m_rectTrackerEnter; // logische Anfangskoordinaten
COleDropTarget m_dropTarget;
CSize m_dragOffset; // Gerätekoordinaten

CEx26bView::CEx26bView() : m_sizeTotal(800, 1050), // 8 x 10,5 Zoll
                           // bei der Druckausgabe
  m_rectTracker(50, 50, 250, 250),
  m_dragOffset(0, 0),
  m_rectTrackerEnter(50, 50, 250, 250)
{
}
```

Die Funktion *OnInitialUpdate* benötigt eine zusätzliche Zeile zur Registrierung des Drop-Zielobjekts.

```
m_dropTarget.Register(this);
```

Im Folgenden sind die überschriebenen Versionen der virtuellen Drag-&-Drop-Funktionen aufgeführt. Beachten Sie, dass *OnDrop* die DIB-Daten nur dann ersetzt, wenn das Flag *m_bDragHere* des Dokuments den Wert *TRUE* hat. Falls der Anwender das DIB-Bild in demselben oder in einem anderen Ansichtsfenster ablegt, das mit demselben Dokument verknüpft ist, passiert überhaupt nichts.

```
DROPEFFECT CEx26bView::OnDragEnter(COleDataObject* pDataObject,
  DWORD dwKeyState, CPoint point)
{
  TRACE("Eintritt CEx26bView::OnDragEnter, point = (%d, %d)\n",
    point.x, point.y);
  m_rectTrackerEnter = m_rectTracker; // Anfangskoordinaten des Mauszeigers
                                      // beim Verlassen des Rechtecks speichern
  CClientDC dc(this);
  OnPrepareDC(&dc);
  dc.DrawFocusRect(m_rectTracker); // wird in OnDragOver gelöscht
  return OnDragOver(pDataObject, dwKeyState, point);
}

DROPEFFECT CEx26bView::OnDragOver(COleDataObject* pDataObject,
  DWORD dwKeyState, CPoint point)
```

```
{
  if (!pDataObject->IsDataAvailable(CF_DIB)) {
    return DROPEFFECT_NONE;
  }
  MoveTrackRect(point);
  if ((dwKeyState & MK_CONTROL) == MK_CONTROL) {
    return DROPEFFECT_COPY;
  }
  // Prüfung auf erzwungene Verschiebung
  if ((dwKeyState & MK_ALT) == MK_ALT) {
    return DROPEFFECT_MOVE;
  }
  // Empfohlene Standardaktion ist Verschieben
  return DROPEFFECT_MOVE;
}

void CEx26bView::OnDragLeave()
{
  TRACE("Eintritt CEx26bView::OnDragLeave\n");
  CClientDC dc(this);
  OnPrepareDC(&dc);
  dc.DrawFocusRect(m_rectTracker);
  m_rectTracker = m_rectTrackerEnter; // So tun, als wäre nichts passiert
}

BOOL CEx26bView::OnDrop(COleDataObject* pDataObject,
  DROPEFFECT dropEffect, CPoint point)
{
  TRACE("Eintritt CEx26bView::OnDrop - dropEffect = %d\n", dropEffect);
  BOOL bRet;
  CEx26bDoc* pDoc = GetDocument();
  MoveTrackRect(point);
  if (pDoc->m_bDragHere) {
    pDoc->m_bDragHere = FALSE;
    bRet = TRUE;
  }
  else {
    bRet = DoPasteDib(pDataObject);
  }
  return bRet;
}
```

Die Behandlungsroutine für die Nachricht WM_LBUTTONDOWN ist gründlich überholt worden. Sie muss nun *DoDragDrop* aufrufen, falls der Mauszeiger sich über der Rechteckfläche befindet, und *Track* , falls er sich über dem Rechteckrahmen befindet. Es folgt ein Listing des geänderten Quelltexts:

```
void CEx26bView::OnLButtonDown(UINT nFlags, CPoint point)
{
  CEx26bDoc* pDoc = GetDocument();
  if (m_tracker.HitTest(point) == CRectTracker::hitMiddle) {
    COleDataSource* pSource = SaveDib();
    if (pSource) {
      // DoDragDrop terminiert erst nach Beendigung des Drop-Vorgangs
      CClientDC dc(this);
```

```
      OnPrepareDC(&dc);
      CPoint topleft = m_rectTracker.TopLeft();
      dc.LPtoDP(&topleft);
      // "point" ist hier nicht dasselbe wie der "point"-Parameter in
      //  OnDragEnter. Wir benutzen "point", um den Abstand zu berechnen
      m_dragOffset = point - topleft; // Gerätekoordinaten
      pDoc->m_bDragHere = TRUE;
      DROPEFFECT dropEffect = pSource->DoDragDrop(
        DROPEFFECT_MOVE | DROPEFFECT_COPY, CRect(0, 0, 0, 0));
      TRACE("nach DoDragDrop - dropEffect = %ld\n", dropEffect);
      if (dropEffect == DROPEFFECT_MOVE && pDoc->m_bDragHere) {
        pDoc->OnEditClearAll();
      }
      pDoc->m_bDragHere = FALSE;
      delete pSource;
    }
  }
  else {
    if (m_tracker.Track(this, point, FALSE, NULL)) {
      CClientDC dc(this);
      OnPrepareDC(&dc);
      // Es wäre sinnvoll, zu verhindert, dass die DC-Grenzen überschritten
      // werden
      m_rectTracker = m_tracker.m_rect;
      dc.DPtoLP(m_rectTracker); // Aktualisierung der logischen Koordinaten
    }
  }
  Invalidate();
}
```

Schließlich gibt es noch eine neue Hilfsfunktion *MoveTrackRect* , die bei jedem Aufruf von *OnDragOver* das Fokusrechteck verschiebt. Im Beispiel EX26A wurde diese Aufgabe von der Funktion *CRectTracker::Track* wahrgenommen.

```
void CEx26bView::MoveTrackRect(CPoint point)
{
  CClientDC dc(this);
  OnPrepareDC(&dc);
  dc.DrawFocusRect(m_rectTracker);
  dc.LPtoDP(m_rectTracker);
  CSize sizeTrack = m_rectTracker.Size();
  CPoint newTopleft = point - m_dragOffset; // Gerätekoordinaten
  m_rectTracker = CRect(newTopleft, sizeTrack);
  m_tracker.m_rect = m_rectTracker;
  dc.DPtoLP(m_rectTracker);
  dc.DrawFocusRect(m_rectTracker);
}
```

Windows-Anwendungen und Drag-&-Drop – Dobjview

Ich habe das Beispielprogramm EX26B zusammen mit den Microsoft Office 97-Anwendungen getestet. Dabei habe ich Datenübertragungen sowohl per Drag & Drop als auch unter Verwendung der Zwischenablage durchgeführt. Die Testergebnisse sind in der folgenden Tabelle 26.4 enthalten:

EX26b	Word	Excel	PowerPoint
Kopiert Daten aus der Zwischenablage in	•	√ (ohne Paletten)	•
Übernimmt Daten aus der Zwischenablage von			
Übergibt Daten per Drag & Drop Daten an	•		•
Übernimmt Daten per Drag & Drop von			

***Tabelle 26.4:** Datenaustausch über Zwischenablage und Drag & Drop mit Windows-Anwendungen.*

Als ich zu untersuchen begann, warum diese Programme so häufig die Zusammenarbeit verweigerten, stieß ich auf ein nützliches OLE-Programm namens *Dobjview* (ein Viewer-Programm für *IDataObject*-Objekte). Mit Hilfe von Dobjview konnte ich ein Datenobjekt in der Zwischenablage inspizieren sowie Objekte aus anderen Anwendungen in das Dobjview-Fenster ziehen. So erhielt ich beispielsweise die in Abbildung 26.4 gezeigte Ausgabe, als ich eine Grafik aus Microsoft Excel per Drag & Drop in das Dobjview-Fenster ziehen wollte.

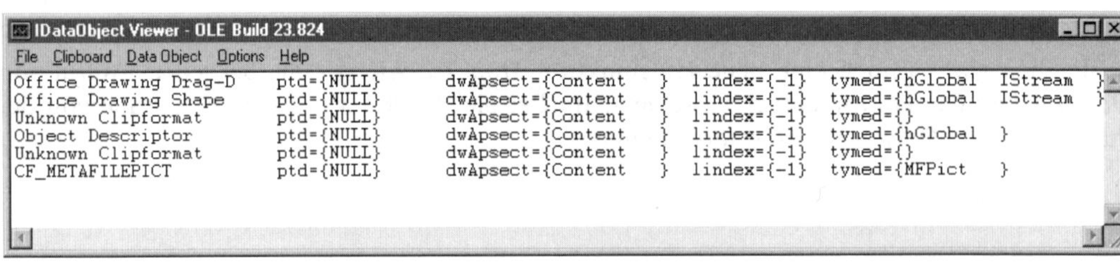

***Abbildung 26.4:** Die Ausgaben von Dobjview.*

Offensichtlich fehlt das Format *CF_DIB*. Falls Sie Excel-Grafiken in dieser Weise importieren möchten, müssen Sie das Beispielprogramm EX26B erweitern und in die Lage versetzen, auch Metadateien verarbeiten zu können. Eine andere Möglichkeit besteht darin, das Programm neu zu schreiben und es mit der Fähigkeit auszustatten, Verbunddokumente zu verarbeiten. Solche Programme werden in Kapitel 28 beschrieben. Die OLE-Bibliotheken enthalten Funktionen zur Anzeige von Bitmaps und Metadateien.

Zusammenfassung

Wie Sie feststellen konnten, erleichtert die MFC-Bibliothek den Datentransfer über die Zwischenablage und Drag-&-Drag-Operationen gewaltig. Obwohl es Ihnen unbenommen bleibt, den Code zur Implementierung für die Schnittstellen (*IDataObject*, *IDropTarget* und *IDropSource*) selbst zu schreiben, ist es doch viel einfacher, die MFC-Implementierungen zu verwenden. Wir haben uns in diesem Kapitel zwar lediglich damit beschäftigt, wie mit Hilfe der Schnittstelle *IDataObject* der Datentransfer über die Zwischenablage und Drag & Drop erfolgt, aber die hier erworbenen Kenntnisse der Schnittstelle *IDataObject* werden Ihnen im Umgang mit Verbunddokumenten, die im nächsten Kapitel behandelt werden, zu Gute kommen.

27 Strukturierte Ablage

Ähnlich wie Automatisierung und vereinheitlichter Datenaustausch kann auch das COM-Prinzip der strukturierten Ablage als wirksame Programmiertechnik eigenständig eingesetzt werden. Natürlich bildet sie auch eine wichtige Grundlage der ActiveX-Technologie, insbesondere der Verbunddokumente.

In diesem Kapitel erfahren Sie, wie sich Daten mit Hilfe der Schnittstellen *IStorage* und *IStream* in Verbunddateien speichern lassen und wie man auf derart gespeicherte Daten zugreifen kann. Die Schnittstelle *IStorage* wird benutzt, um Storage-Objekte zu erstellen und zu verwalten. *IStream* dient der Handhabung der Daten, die in dem Storage-Objekten enthalten sind. Wie alle COM-Schnittstellen sind *IStorage* und *IStream* nichts anderes als Deklarationen virtueller Funktionen. Verbunddateien hingegen werden durch den Code der Microsoft Windows OLE32-DLL implementiert. Verbunddateien stellen einen neuen Microsoft-Standard für Ein-/Ausgabeoperationen auf Dateien dar. Im Wesentlichen geht es dabei um die Handhabung eines »Dateisystems innerhalb einer Datei«.

Nachdem Sie *IStorage* und *IStream* kennen gelernt haben, erfahren Sie etwas über die Schnittstellen *IPersistStorage* und *IPersistStream*. Mit Hilfe von *IPersistStorage* und *IPersistStream* können Sie Klassen programmieren, deren Objekte ihre Daten in einer Verbunddatei speichern bzw. aus einer Verbunddatei laden können. Derartige Objekte erhalten einfach den Befehl »Speichere dich selbst« und wissen dann, was zu tun ist.

Verbunddateien

Im vorliegenden Buch werden vier verschiedene Möglichkeiten der Dateiverarbeitung erörtert. Sie können ganze Dateien sequentiell lesen und schreiben (etwa die MFC-Archivdateien, die Sie zuerst im Kapitel 17 kennen gelernt haben). Sie können auch ein DBMS benutzen (wie in den Kapiteln 31 und 32 beschrieben) oder selbst Funktionen für den wahlfreien Dateizugriff schreiben. Uns schließlich können Sie *Verbunddateien* verwenden.

Man kann sich eine Verbunddatei als ein Dateisystem innerhalb einer Datei vorstellen. Abbildung 27.1 zeigt die Verzeichnisstruktur eines herkömmlichen Dateisystems, wie es von alten Versionen der Betriebssysteme MS-DOS und Microsoft Windows unterstützt wurde. Dieses Dateisystem besteht aus Dateien und Unterverzeichnissen sowie einem Stammverzeichnis an der Spitze. Denken Sie sich nun dieselbe Struktur innerhalb einer einzelnen Datei auf einem Datenträger. Die »Dateien« dieser Struktur heißen *Stream-Objekte*, während die »Verzeichnisse« als *Storage-Objekte* bezeichnet werden. Jedes dieser Elemente wird durch einen Namen identifiziert, der aus maximal 32 Zeichen bestehen kann. Ein Stream-Objekt ist eine logische Folge von Bytes. Ein Storage-Objekt ist eine Kollektion von Stream-Objekten und untergeordneten Storage-Objekten. (Ein Storage-Objekt kann also andere Storage-Objekte enthalten, so ähnlich wie ein Verzeichnis andere Unterverzeichnisse enthalten kann.) Die Bytes einer Datei werden auf einem Datenträger nicht notwendigerweise in physisch aufeinander folgenden Speicherbereichen abgelegt. Auch die Bytes eines Stream-Objekts liegen innerhalb der Verbunddatei nicht zwangsläufig nebeneinander. Das tun sie nur nach außen hin.

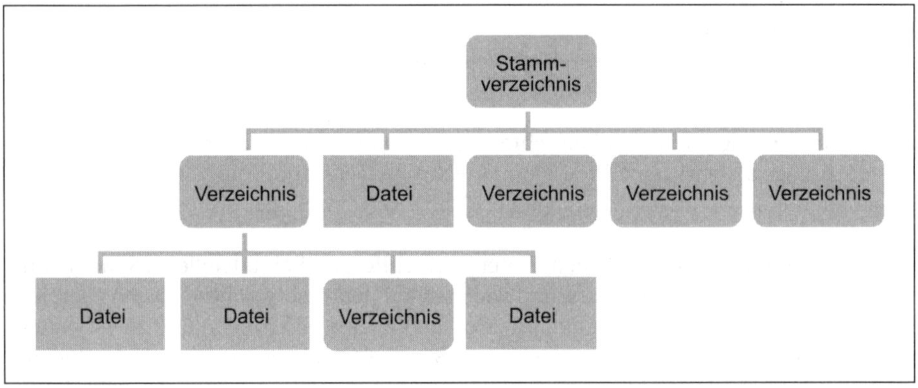

Abbildung 27.1: *Ein Dateiverzeichnis eines Datenträgers mit Dateien und Unterverzeichnissen.*

HINWEIS: Die Namen von Storage- und Stream-Objekten dürfen nicht die Zeichen /, \, :, oder ! enthalten. Falls das erste Zeichen einen ASCII-Wert kleiner als 32 hat, wird das Objekt nicht von seinem Besitzer verwaltet.

Verbunddateien lassen sich vielseitig einsetzen. Das klassische Beispiel ist ein großes Dokument, das aus Kapiteln besteht, die sich wiederum aus Absätzen zusammensetzen. Das Dokument ist so groß, dass Sie es beim Programmstart nicht als Ganzes in den Speicher laden möchten. Außerdem soll es möglich sein, Teile des Dokuments zu löschen oder neu einzufügen. Man könnte eine Verbunddatei entwerfen, deren Stammobjekt untergeordnete Storage-Objekte für die einzelnen Kapitel enthält. Diese untergeordneten Storage-Objekte für die Kapitel würden Stream-Objekte für die Absätze enthalten. Andere Stream-Objekte könnten Indexinformationen aufnehmen.

Ein sehr nützliches Merkmal von Verbunddateien ist die Möglichkeit, Datenzugriffe in Transaktionen zusammenzufassen. Wenn Sie eine Transaktion für eine Verbunddatei starten, werden alle Änderungen in eine temporäre Datei geschrieben. Diese Änderungen werden erst dann an der Verbunddatei vorgenommen, wenn Sie sie durch Festschreiben der Transaktionen bestätigen.

Storage-Objekte und die Schnittstelle IStorage

Storage-Objekte lassen sich mit Hilfe der Schnittstelle *IStorage* handhaben. Sie sollten sich etwas näher mit den Funktionen dieser Schnittstelle beschäftigen, denn MFC bietet keine Unterstützung für den Zugriff auf Storage-Objekte. Im Folgenden werden einige der wichtigeren Member-Funktionen und ihre wesentlichen Parameter beschrieben.

HRESULT Commit(...);

Schreibt alle Änderungen an dem angegebenen Storage-Objekt und alle Änderungen an allen untergeordneten Elementen fest.

HRESULT CopyTo(..., IStorage pStgDest);**

Kopiert ein Storage-Objekt zusammen mit seinem Namen und allen untergeordneten Storage- und Stream-Objekten (rekursiv) in ein anderes vorhandenes Storage-Objekt. Die kopierten Elemente werden in die Struktur des Zielobjekts eingeordnet, wobei gleichnamige Elemente überschrieben werden.

HRESULT CreateStorage(const WCHAR* pName, ..., DWORD mode, ..., IStorage ppStg);**

Erzeugt für das gegebene Storage-Objekt ein neues untergeordnetes Storage-Objekt.

HRESULT CreateStream(const WCHAR* pName, ..., DWORD mode, ..., IStream ppStream);**

Erzeugt für das gegebene Storage-Objekt ein neues Stream-Objekt.

HRESULT DestroyElement(const WCHAR* pName);

Entfernt das durch den Namensparameter bezeichnete Storage- bzw. Stream-Objekt, das dem angegebenen Storage-Objekt untergeordnet ist. Ein Storage-Objekt kann sich selbst nicht entfernen.

HRESULT EnumElements(..., IEnumSTATSTG ppEnumStatstg);**

Durchläuft alle dem angegebenen Storage-Objekt untergeordneten Storage- und Stream-Objekte. Die Schnittstelle *IEnumSTATSTG* umfaßt Member-Funktionen *Next*, *Skip* und *Clone*, die auch in anderen COM-Aufzählungsschnittstellen zur Verfügung stehen.

HRESULT MoveElementTo(const WCHAR* pName, IStorage* pStgDest, const LPWSTR* pNewName, DWORD flags);

Verschiebt ein Element aus dem angegebenen Storage-Objekt in ein anderes Storage-Objekt.

HRESULT OpenStream(const WCHAR* pName, ..., DWORD mode, ..., IStorage ppStg);**

Öffnet ein durch den Namensparameter bezeichnetes, unterhalb des gegebenen Storage-Objekts vorhandenes Stream-Objekt.

HRESULT OpenStorage(const WCHAR* pName, ..., DWORD mode, ..., IStorage ppStg);**

Öffnet ein durch den Namensparameter bezeichnetes, unterhalb des gegebenen Storage-Objekts vorhandenes Storage-Objekt.

DWORD Release(void);

Dekrementiert den Referenzzähler. Ist das gegebene Storage-Objekt das Stammobjekt einer Verbunddatei, so schließt *Release* die Datei, wenn der Referenzzähler 0 erreicht.

HRESULT RenameElement(const WCHAR* pOldName, const WCHAR* pNewName);

Weist einem unterhalb des gegebenen Storage-Objekts befindlichen Storage- oder Stream-Objekt einen neuen Namen zu.

HRESULT Revert(void);

Bricht eine Transaktion ab. Die Verbunddatei bleibt also unverändert.

HRESULT SetClass(CLSID& *clsid*);

Fügt eine 128 Bit lange Klassen-ID in das gegebene Storage-Objekt ein. Diese Klassen-ID lässt sich anschließend mit der Funktion *Stat* abfragen.

HRESULT Stat(STATSTG* pStatstg, DWORD flag);

Füllt eine Struktur des Typs *STATSTG* mit Informationen über das Storage-Objekt und trägt dort unter anderem den Namen und die Klassen-ID ein.

Zeiger auf IStorage-Objekte

Auf welche Weise erhält man nun den ersten Zeiger auf ein Storage-Objekt? COM stellt die globale Funktion *StgCreateDocfile* bereit, mit der eine neue Verbunddatei auf einem Datenträger erstellt werden kann. Mit der COM-Funktion *StgOpenStorage* lässt sich eine vorhandene Verbunddatei öffnen. Beide Funktionen liefern einen Zeiger auf das Stammobjekt der Datei. Im folgenden Quelltextbeispiel wird eine vorhandene Verbunddatei namens MeineAblage.stg geöffnet und dann ein neues untergeordnetes Storage-Objekt erstellt:

```
IStorage* pStgRoot;
IStorage* pSubStg;

if (::StgCreateDocfile(L"MeineAblage.stg",
  STGM_READWRITE | STGM_SHARE_EXCLUSIVE | STGM_CREATE,
  0, &pStgRoot) == S_OK) {
  if (pStgRoot->CreateStorage(L"UnterablageName",
    STGM_READWRITE | STGM_SHARE_EXCLUSIVE | STGM_CREATE,
    0, 0, &pSubStg) == S_OK) {
    // Hier kann irgendetwas mit pSubStg angestellt werden
```

```
    pSubStg->Release();
  }
  pStgRoot->Release();
}
```

Den durch STATSTG belegten Speicher freigeben

Wird *IStorage::Stat* mit dem Wert *STATFLAG_DEFAULT* für den *flag*-Parameter aufgerufen, reserviert COM einen Speicherbereich für den Objektnamen. Dieser Speicherbereich muss in der dafür vorgesehenen Weise wieder freigegeben werden. COM hat eine eigene Speicherverwaltung und benutzt dazu ein *Speicherverwaltungsobjekt* mit der Schnittstelle *IMalloc*. Zunächst muss von COM ein *IMalloc*-Zeiger angefordert werden. Dann wird der Speicherbereich des Objektnamens mit einem Aufruf von *IMalloc::Free* freigegeben. Schließlich ist das Speicherverwaltungsobjekt wieder freizugeben. Das Quelltextbeispiel im nächsten Abschnitt illustriert den Vorgang.

Falls Sie nur Größe und Typ, aber nicht den Namen eines Objekts abfragen möchten, können Sie die Funktion *Stat* mit einem *flag*-Parameter *STATFLAG_NONAME* aufrufen. In diesem Fall wird kein zusätzlicher Speicher reserviert, der später wieder freizugeben wäre. Sie mögen diesen Punkt für ein belangloses Detail halten, aber sofern Sie nicht darauf achten, müssen Sie mit Speicherverlusten rechnen.

Aufzählung untergeordneter Elemente eines Storage-Objekts

Im folgenden Beispiel werden alle Elemente unterhalb eines Storage-Objekts aufgelistet, wobei zwischen (untergeordneten) Storage- und Stream-Objekten unterschieden wird. Die Reihenfolge, in der die Aufzählung die Elemente liefert, scheint zufällig und jedenfalls unabhängig von der Reihenfolge, in die Elemente erstellt worden sind. Allerdings fiel mir auf, dass die Stream-Objekte immer zuerst erscheinen. Die Member-Funktion *IEnumSTATSTG::Next* schreibt Informationen in eine *STATSTG*-Struktur, denen zu entnehmen ist, ob es sich um ein Stream- oder ein Storage-Objekt handelt.

```
IEnumSTATSTG* pEnum;
IMalloc* pMalloc;
STATSTG statstg;
extern IStorage* pStg;  // Zeiger auf Storage-Objekt, vermutlich von
                        // OpenStorage
::CoGetMalloc(MEMCTX_TASK, &pMalloc);
                        // setzt voraus, dass AfxOleInit aufgerufen wurde
VERIFY(pStg->EnumElements(0, NULL, 0, &pEnum) == S_OK)
while (pEnum->Next(1, &statstg, NULL) == NOERROR) {
  if (statstg.type == STGTY_STORAGE) {
    if (pStg->OpenStorage(statstg.pwcsName, NULL,
        STGM_READ | STGM_SHARE_EXCLUSIVE,
        NULL, 0, &pSubStg) == S_OK) {
        // Hier kann irgendeine Operation mit dem untergeordneten
        // Storage-Objekt erfolgen
    }
    else if (statstg.type == STGTY_STREAM) {
        // Hier kann irgendeine Operation mit dem Stream-Objekt erfolgen
    }
    pMalloc->Free(statstg.pwcsName); // um Speicherverluste zu vermeiden
  }
  pMalloc->Release();
}
```

Gemeinsame Nutzung von Storage-Objekten durch mehrere Prozesse

Falls Sie einen *IStorage*-Zeiger an einen anderen Prozess weitergeben, sorgt das Marshaling dafür, dass der andere Prozess auf das entsprechende Storage-Objekt und dessen untergeordneten Elemente zugreifen kann. Auf diese Weise lässt sich sehr bequem die gemeinsame Nutzung von Teilen einer Datei durch mehrere Prozesse realisieren. Unter den Speichermedien für Datenobjekte, deren Parameterwerte durch die *TYMED*-Aufzählung definiert sind, gibt es auch den Standardtyp *TYMED_ISTORAGE*. Es ist also möglich, einen *IStorage*-Zeiger über die Zwischenablage oder durch eine Drag-&-Drop-Operation zu übergeben.

Stream-Objekte und die Schnittstelle IStream

Stream-Objekte lassen sich über die Schnittstelle *IStream* handhaben. Stream-Objekte sind immer unterhalb eines Storage-Objekts angeordnet. Beim Schreiben der Stream-Daten werden Stream-Objekte automatisch (in 512-Byte-Schritten) erweitert *COleStreamFile* ist eine MFC-Klasse für Stream-Objekte, die es ermöglicht, ein Stream-Objekt wie ein Objekt von Typ *CFile* zu behandeln. Allerdings interessiert uns diese Klasse im Kontext dieses Kapitels nicht weiter.

Sobald Sie einen Zeiger auf *IStream* besitzen, stehen Ihnen eine Reihe von Funktionen zur Bearbeitung von Stream-Objekten zur Verfügung. Nachfolgend werden sämtliche Funktionen der Schnittstelle *IStream* aufgeführt.

HRESULT CopyTo(IStream pStm, ULARGE_INTEGER cb, ...);**

Kopiert *cb* Bytes vom gegebenen zu dem durch den Parameter bezeichneten Stream-Objekt. *ULARGE_INTEGER* ist eine Struktur mit zwei 32-Bit-Elementen – *HighPart* und *LowPart*.

HRESULT Clone(IStream ppStm);**

Erzeugt ein neues Stream-Objekt mit eigenem Positionszeiger, der auf die Daten des gegebenen Stream-Objekts verweist. Die Stream-Daten werden nicht kopiert, so dass Änderungen in einem Stream-Objekt auch in dem anderen sichtbar sind.

HRESULT Commit(...);

Transaktionen werden für Stream-Objekte zurzeit noch nicht unterstützt.

HRESULT Read(void const* pv, ULONG cb, ULONG* pcbRead);

Versucht, *cb* Bytes aus dem gegebenen Stream-Objekt zu lesen und in den mit *pv* bezeichneten Pufferbereich zu schreiben. Die Variable *pcbRead* gibt an, wie viele Bytes tatsächlich gelesen wurden.

DWORD Release(void);

Schließt das gegebene Stream-Objekt.

HRESULT Revert(void);

Hat keine Auswirkung für Stream-Objekte.

HRESULT Seek(LARGE_INTEGER dlibMove, WORD dwOrigin, ULARGE_INTEGER* NewPosition);

Setzt den Positionszeiger des Stream-Objekts auf die angegebene Position. Der Parameter *dwOrigin* legt den Ursprung der relativen Positionsangabe fest. Der Abstand zum Ursprung wird mit dem Parameter *NewPosition* angegeben.

HRESULT SetSize(ULARGE_INTEGER libNewSize);

Erweitert oder beschränkt die Größe eines Stream-Objekts. Stream-Objekte »wachsen« automatisch, während ihre Daten geschrieben werden, aber mit *SetSize* lässt sich die Leistung der Stream-Funktionen verbessern.

HRESULT Stat(STATSTG* pStatstg, DWORD flag);

Füllt eine Struktur des Typs *STATSTG* mit Informationen über das Stream-Objekt. Unter anderem werden Namen und Größe des Stream-Objekts eingetragen. Die Größenangabe wird beispielsweise zur Speicherreservierung im Rahmen einer Leseoperation benötigt.

HRESULT Write(void const* pv, ULONG cb, ULONG* pcbWritten);

Versucht, *cb* Bytes aus dem mit *pv* bezeichneten Pufferbereich zu lesen und in das gegebene Stream-Objekt zu schreiben. Die Variable *pcbWritten* gibt an, wie viele Bytes tatsächlich geschrieben wurden.

Programmierung mit IStream

Der Quelltext des folgenden Beispiels erzeugt ein Stream-Objekt unterhalb eines gegebenen Storage-Objekts und überträgt einige Bytes aus dem Pufferbereich *m_buffer* zum Stream-Objekt.

```
extern IStorage* pStg;
IStream* pStream;
ULONG nBytesWritten;

if (pStg->CreateStream(L"MeinStreamName",
    STGM_CREATE | STGM_READWRITE | STGM_SHARE_EXCLUSIVE,
    0, 0, &pStream) == S_OK) {
    ASSERT(pStream != NULL);
    pStream->Write(m_buffer, m_nLength, &nBytesWritten);
    pStream->Release();
}
```

Die Schnittstelle ILockBytes

Wie bereits erwähnt, wird die bisher behandelte Funktionalität der Verbunddateien in der OLE32-DLL implementiert. Die Schnittstellen für die strukturierte Ablage sind allerdings flexibel genug, um Änderungen an der zugrundeliegenden Implementierung zuzulassen. Der Schlüssel zu dieser Flexibilität ist die Schnittstelle *ILockBytes*. Die globalen Funktionen *StgCreateDocfile* und *StgOpenStorage* benutzen das herkömmliche Windows-Dateisystem. Sie können Ihre eigenen Funktionen für den Dateizugriff schreiben und mit ihnen die Schnittstelle *ILockBytes* implementieren. Anschließend können Sie statt der erwähnten globalen Funktionen die Funktionen *Stg-*

CreateDocfileOnILockBytes oder *StgOpenStorageOnILockBytes* aufrufen, um eine Datei zu erstellen oder zu öffnen.

Um eine Verbunddatei im RAM zu erstellen, ist es nicht erforderlich, eine eigene Implementierung von *ILockBytes* zu entwickeln, da hierfür die Funktion *CreateILockBytesOnHGlobal* zur Verfügung steht. Sollten Sie Verbunddateien in einer Datenbank speichern wollen, so würde eine dementsprechende Implementierung von *ILockBytes* die *Blob*-Felder der Datenbank (Binary Large Objects) verwenden.

Das Beispielprogramm EX27A – Strukturierte Ablage

Wenn Sie im Beispielprogramm EX27A den Menübefehl *Ablage|Schreiben* wählen, durchsucht das Programm das gesamte Dateiverzeichnis des aktuellen Laufwerks nach TXT-Dateien. Während dieses Suchlaufs erstellt es eine Verbunddatei (\direct.stg) im Stammverzeichnis des Verzeichnisbaums. Diese Datei enthält Storage-Objekte, die den gefundenen Unterverzeichnissen entsprechen. Das Programm kopiert aus jeder Textdatei, die es in einem Unterverzeichnis findet, die erste Zeile in das entsprechende Storage-Objekt. Wenn Sie anschließend die Menüoption *Ablage/Lesen* wählen, liest das Programm die Verbunddatei direct.stg und gibt den Inhalt dieser Datei im Debug-Fenster aus.

Wenn Sie eine solche Anwendung neu erstellen, müssen Sie den Anwendungs-Assistenten ausführen, ohne irgendwelche ActiveX- oder Automatisierungsoptionen zu aktivieren, und nach Abschluss der Quelltextgenerierung die folgende Zeile in Ihre Datei StdAfx.h einfügen:

```
#include <afxole.h>
#include <afxpriv.h> // für die Konvertierung von Breitzeichen-Daten
```

Außerdem sollten Sie die folgende Zeile löschen:

```
#define VC_EXTRALEAN
```

Um das Beispiel EX27A testen zu können, öffnen Sie den Arbeitsbereich \vcpp32\ex27a\ex27a.dsw und erstellen dann das Projekt. Führen Sie das Programm unter der Kontrolle des Debuggers aus. Wählen Sie zuerst im Menü *Ablage* den Befehl *Schreiben*, und warten Sie, bis die Meldung »Schreibvorgang abgeschlossen« angezeigt wird. Wählen Sie dann den Befehl *Lesen*. Schauen Sie sich die Trace-Ausgaben im Debug-Fenster an.

Das Menü

Das Beispiel EX27A weist ein zusätzliches Menü namens *Ablage* mit den Befehlen *Schreiben* und *Lesen* auf.

Die Klasse CEx27aView

Diese Klasse verknüpft die zuvor erwähnten neuen Menübefehle *Ablage|Lesen* und *Ablage|Schreiben* mit den zugehörigen Arbeits-Threads. Es folgt der Quelltext für die Behandlungsroutinen:

```
void CEx27aView::OnStorageRead()
{
    CWinThread* pThread = AfxBeginThread(ReadThreadProc, GetSafeHwnd());
}

void CEx27aView::OnStorageWrite()
{
    CWinThread* pThread = AfxBeginThread(WriteThreadProc, GetSafeHwnd());
}
```

Die Arbeits-Threads

Listing 27.1 zeigt den Quelltext für die Arbeits-Threads zur Behandlung der Menübefehle *Ablage|Schreiben* und *Ablage|Lesen*.

THREAD.H

```
extern int g_nIndent;
extern const char* g_szBlanks;
extern const char* g_szRootStorageName;

UINT WriteThreadProc(LPVOID pParam);
UINT ReadThreadProc(LPVOID pParam);
void ReadDirectory(const char* szPath, LPSTORAGE pStg);
void ReadStorage(LPSTORAGE pStg);
```

WRITETHREAD.CPP

```
#include "StdAfx.h"
#include "Thread.h"

int g_nIndent = 0;
const char* g_szBlanks = "                                                ";
const char* g_szRootStorageName = "\\direct.stg";


UINT WriteThreadProc(LPVOID pParam)
{
  USES_CONVERSION;
  LPSTORAGE pStgRoot = NULL;
  g_nIndent = 0;
  VERIFY(::StgCreateDocfile(T2COLE(g_szRootStorageName),
         STGM_READWRITE | STGM_SHARE_EXCLUSIVE | STGM_CREATE,
         0, &pStgRoot) == S_OK);
  ReadDirectory("\\", pStgRoot);
  pStgRoot->Release();
  AfxMessageBox("Schreibvorgang abgeschlossen");
  return 0;
}

void ReadDirectory(const char* szPath, LPSTORAGE pStg)
{
  // rekursive Funktion
  USES_CONVERSION;
  WIN32_FIND_DATA fData;
```

```
HANDLE h;
char szNewPath[MAX_PATH];
char szStorageName[100];
char szStreamName[100];
char szData[81];
char* pch = NULL;

LPSTORAGE pSubStg = NULL;
LPSTREAM pStream = NULL;

g_nIndent++;
strcpy(szNewPath, szPath);
strcat(szNewPath, "*.*");
h = ::FindFirstFile(szNewPath, &fData);
if (h == (HANDLE) 0xFFFFFFFF) return;  // Verzeichnis nicht gefunden
do {
  if (!strcmp(fData.cFileName, "..") ||
      !strcmp(fData.cFileName, ".") ) continue;
  while((pch = strchr(fData.cFileName, '!')) != NULL) {
      *pch = '|';
  }
  if (fData.dwFileAttributes & FILE_ATTRIBUTE_DIRECTORY) {
      // Es ist ein Verzeichnis, also Storage-Objekt anlegen
      strcpy(szNewPath, szPath);
      strcat(szNewPath, fData.cFileName);
      strcat(szNewPath, "\\");

      strcpy(szStorageName, fData.cFileName);
      szStorageName[31] = '\0';    // Beschränkung durch OLE
      TRACE("%0.*sStorage = %s\n", (g_nIndent - 1) * 4,
        g_szBlanks, szStorageName);
      VERIFY(pStg->CreateStorage(T2COLE(szStorageName),
             STGM_CREATE | STGM_READWRITE | STGM_SHARE_EXCLUSIVE,
             0, 0, &pSubStg) == S_OK);
      ASSERT(pSubStg != NULL);
      ReadDirectory(szNewPath, pSubStg);
      pSubStg->Release();
      }
      else {
        if ((pch = strrchr(fData.cFileName, '.')) != NULL) {
          if (!stricmp(pch, ".TXT")) {
            // Es ist eine Textdatei, also ein Stream-Objekt anlegen
            strcpy(szStreamName, fData.cFileName);
            strcpy(szNewPath, szPath);
            strcat(szNewPath, szStreamName);
            szStreamName[32] = '\0'; // maximale Länge
            TRACE("%0.*sStream = %s\n", (g_nIndent - 1) * 4,
                  g_szBlanks, szNewPath);
            CStdioFile file(szNewPath, CFile::modeRead);
            // Dateien mit der Länge Null ignorieren
            if(file.ReadString(szData, 80)) {
                TRACE("%s\n", szData);
            VERIFY(pStg->CreateStream(T2COLE(szStreamName),
                   STGM_CREATE | STGM_READWRITE |
                   STGM_SHARE_EXCLUSIVE,
```

```
                    0, 0, &pStream) == S_OK);
            ASSERT(pStream != NULL);
            // Nullterminator in Stream-Objekt aufnehmen
            pStream->Write(szData, strlen(szData) + 1, NULL);
            pStream->Release();
          }
        }
      }
    }
  } while (::FindNextFile(h, &fData));
  g_nIndent-;
}
```

READTHREAD.CPP

```
#include "StdAfx.h"
#include "Thread.h"

UINT ReadThreadProc(LPVOID pParam)
{
  USES_CONVERSION;
  LPSTORAGE pStgRoot = NULL;
  // funktioniert nicht ohne STGM_SHARE_EXCLUSIVE
  g_nIndent = 0;
  if (::StgOpenStorage(T2COLE(g_szRootStorageName), NULL,
     STGM_READ | STGM_SHARE_EXCLUSIVE,
     NULL, 0, &pStgRoot) == S_OK) {
     ASSERT(pStgRoot!= NULL);
     ReadStorage(pStgRoot);
     pStgRoot->Release();
  }
  else {
    AfxMessageBox("Datei ist nicht vorhanden oder nicht lesbar.");
  }
  AfxMessageBox("Lesevorgang abgeschlossen");
  return 0;
}

void ReadStorage(LPSTORAGE pStg)
// liest ein Storage-Objekt - rekursive Aufrufe für untergeordnete
// Storage-Objekte
{
  USES_CONVERSION;
  LPSTORAGE pSubStg = NULL;
  LPSTREAM pStream = NULL;
  LPENUMSTATSTG pEnum = NULL;
  LPMALLOC pMalloc = NULL; // statstg freigeben
  STATSTG statstg;
  ULONG nLength;
  BYTE buffer[101];

  g_nIndent++;
  ::CoGetMalloc(MEMCTX_TASK, &pMalloc); // setzt AfxOleInit-Aufruf
                                        // voraus
  VERIFY(pStg->EnumElements(0, NULL, 0, &pEnum) == S_OK);
```

```
    while (pEnum->Next(1, &statstg, NULL) == S_OK) {
      if (statstg.type == STGTY_STORAGE) {
          VERIFY(pStg->OpenStorage(statstg.pwcsName, NULL,
                 STGM_READ | STGM_SHARE_EXCLUSIVE,
                 NULL, 0, &pSubStg) == S_OK);
          ASSERT(pSubStg != NULL);
          TRACE("%0.*sStorage = %s\n", (g_nIndent - 1) * 4,
                g_szBlanks, OLE2CT(statstg.pwcsName));
          ReadStorage(pSubStg);
          pSubStg->Release();
    }
    else if (statstg.type == STGTY_STREAM) {
      VERIFY(pStg->OpenStream(statstg.pwcsName, NULL,
             STGM_READ | STGM_SHARE_EXCLUSIVE,
             0, &pStream) == S_OK);
      ASSERT(pStream != NULL);
      TRACE("%0.*sStream = %s\n", (g_nIndent - 1) * 4,
            g_szBlanks, OLE2CT(statstg.pwcsName));
      pStream->Read(buffer, 100, &nLength);
        buffer[nLength] = '\0';
        TRACE("%s\n", buffer);
        pStream->Release();
    }
    else {
        ASSERT(FALSE);  // LockBytes?
      }
    pMalloc->Free(statstg.pwcsName); // Speicherverluste verhindern
    }
    pMalloc->Release();
    pEnum->Release();
    g_nIndent-;
  }
```

Listing 27.1: *Quelltext für die beiden Arbeits-Threads des Beispielprogramms EX27A.*

Um das Programm einfach zu halten, gibt es keine Synchronisation zwischen dem Thread des Hauptprogramms und den beiden Arbeits-Threads. Beide Threads können sogar gleichzeitig ablaufen, wenn Sie zwei separate Verbunddateien verwenden.

Wenn man das Win32-Threading-Modell kennt, könnte man erwarten, dass durch Schließen des Hauptfensters auch der Lese- oder der Schreib-Thread »auf halber Strecke« enden und möglicherweise Speicherverluste entstehen. Aber dies geschieht nicht, da MFC berücksichtigt, dass die Arbeits-Threads mit COM-Objekten arbeiten. Obwohl das Fenster sofort geschlossen wird, endet die Ausführung des Programms erst, wenn alle Threads terminiert sind.

Beide Threads verwenden rekursive Funktionen. Die Funktion *ReadStorage* liest den Inhalt eines Storage-Objekts und ruft sich anschließend selbst auf, um den Inhalt der untergeordneten Storage-Objekte zu lesen. In analoger Weise liest die Funktion *ReadDirectory* den Inhalt eines Verzeichnisses und ruft sich anschließend selbst auf, um den Inhalt der Unterverzeichnisse zu lesen. Diese Funktion ruft die Win32-Funktionen *FindFirstFile* und *FindNextFile* auf, um die Einträge in einem Verzeichnis aufzulisten. Das Element *dwFileAttributes* der Struktur *WIN32_-FIND_DATA* gibt an, ob das gefundene Element eine Datei oder ein Unterverzeichnis ist. *Read-Directory* macht Gebrauch von der MCF-Klasse *CStdioFile* , da diese Klasse ideal für das Einlesen von Text ist.

Das Makro *USES_CONVERSION* wird zur Unterstützung der Makros *OLE2CT* und *T2COLE* benötigt, die der Konvertierung von Breitzeichen dienen. Diese Makros werden hier deshalb verwendet, weil das Beispiel keinen Gebrauch von der Klasse *CString* macht, in der die erforderliche Konvertierungslogik enthalten ist.

Strukturierte Ablage und persistente COM-Objekte

Das Programm EX27A ruft explizit die Member-Funktionen der Schnittstellen *IStorage* und *IStream* auf, um Daten in eine Verbunddatei zu schreiben und aus ihr zu lesen. In der objektorientierten Welt sollten Objekte in der Lage sein, ihre Daten in einer Verbunddatei zu speichern bzw. gespeicherte Daten wieder zu laden. Diesem Zweck dienen die Schnittstellen *IPersistStorage* und *IPersistStream*. Falls eine COM-Komponente diese Schnittstellen implementiert, kann ein Container-Programm das Objekt mit einer Verbunddatei »verknüpfen«, indem es beim Aufruf der Member-Funktionen *Save* und *Load* der Schnittstelle *IPersistStorage* den *IStorage*-Zeiger der Datei als Parameter übergibt. Derartige Objekte heißen persistent. Abbildung 27.2 illustriert die Vorgänge beim Aufruf der Funktion *IPersistStorage::Save*.

Eine COM-Komponente wird eher eine Schnittstelle *IStorage* als eine Schnittstelle *IStream* implementieren. Wird das COM-Objekt mit einem bestimmten Storage-Objekt verknüpft, so kann die COM-Komponente auf die unterhalb dieses Storage-Elements befindlichen Storage- bzw. Stream-Objekte zugreifen, sobald sie den *IStorage*-Zeiger erhalten hat. Eine COM-Komponente implementiert die Schnittstelle *IStream* nur dann, wenn sie alle ihre Daten in einer Bytefolge speichert. ActiveX-Steuerelemente implementieren die Schnittstelle *IStream*, um die Werte ihrer Eigenschaften zu speichern bzw. zu laden.

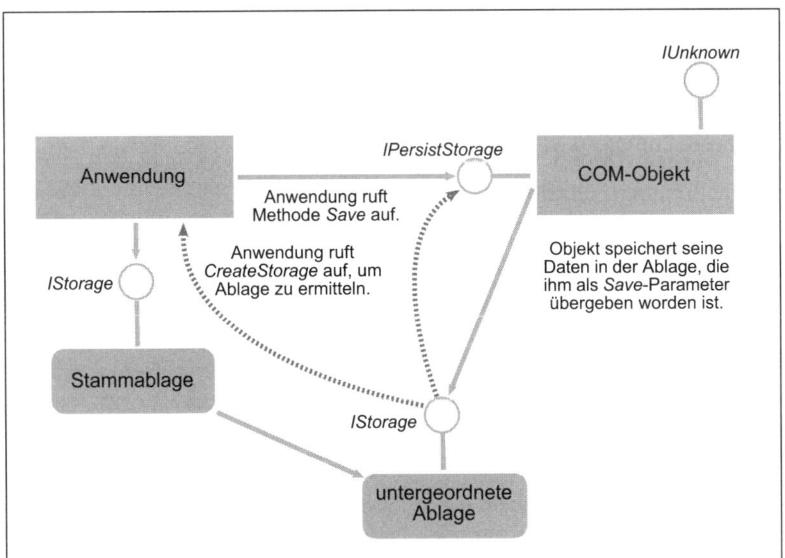

***Abbildung 27.2:** Der Aufruf von* IPersistStorage: : Save.

Die Schnittstelle IPersistStorage

Die beiden Schnittstellen *IPersistStorage* und *IPersistStream* sind von *IPersist* abgeleitet. Diese Schnittstelle stellt die Member-Funktion *GetClassID* zur Verfügung. Es folgt ein Überblick über die Member-Funktionen von *IPersistStorage*:

HRESULT GetClassID(CLSID* pClsid);

Gibt als Ergebnis die 128-Bit-Klassen-ID an die COM-Komponente zurück.

HRESULT InitNew(IStorage* pStg);

Initialisiert ein neu erzeugtes Objekt. Möglicherweise benötigt die Komponente ein Storage-Objekt zum Speichern temporärer Daten. Also muss der Container einen *IStorage*-Zeiger bereitstellen, der für die gesamte Lebensdauer des Objekt Gültigkeit hat. Die Komponente sollte *AddRef* aufrufen, sofern sie diese Storage-Objekt benutzen möchte. Sie sollte allerdings diesen *IStorage*-Zeiger nicht zum Laden und Speichern verwenden, sondern auf die Aufruf von *Save* und *Load* warten und dann mit dem dabei übergebenen *IStorage*-Zeiger die Funktionen *IStorage::Write* und *Read* aufrufen.

HRESULT IsDirty(void);

Gibt *S_OK* zurück, falls sich die Daten des Objekts seit dem letzten Speichern geändert haben. Andernfalls gibt die Funktion den Wert *S_FALSE* zurück.

HRESULT Load(IStorage* pStg);

Lädt die Daten des COM-Objekts aus dem angegebenen Storage-Objekt.

HRESULT Save(IStorage* pStg, BOOL fSameAsLoad);

Speichert die Daten des COM-Objekts in dem angegebenen Storage-Objekt.

Die Schnittstelle IPersistStream

Es folgt ein Überblick über die Member-Funktionen von *IPersistStream*:

HRESULT GetClassID(CLSID* pClsid);

Gibt als Ergebnis die 128-Bit-Klassen-ID der COM-Komponente zurück.

HRESULT GetMaxSize(ULARGE_INTEGER* pcbSize);

Gibt die als Ergebnis der Anzahl der zum Speichern des Objekts benötigten Bytes zurück.

HRESULT IsDirty(void);

Gibt *S_OK* zurück, falls sich die Daten des Objekts seit dem letzten Speichern geändert haben. Andernfalls gibt die Funktion den Wert *S_FALSE* zurück.

HRESULT Load(IStream* pStm);

Lädt die Daten des COM-Objekts aus dem angegebenen Stream-Objekt.

HRESULT Save(IStream* pStm, BOOL fClearDirty);

Speichert die Daten des COM-Objekts im angegebenen Stream-Objekt. Falls der Parameter *fClearDirty* den Wert *TRUE hat,* setzt *Save* das »dirty«-Flag (zur Anzeige von Änderungen) zurück.

Programmierung mit IPersistStream

Das folgende Quelltextfragment eines Container-Programms erzeugt ein Stream-Objekt und speichert darin die Daten eines COM-Objekts. Der *IPersistStream*-Zeiger für das COM-Objekt und der *IStorage*-Zeiger werden an anderer Stelle gesetzt.

```
extern IStorage* pStg;
extern IPersistStream* pPersistStream;
IStream* pStream;
if (pStg->CreateStream(L"MeinStreamName",
  STGM_CREATE | STGM_READWRITE | STGM_SHARE_EXCLUSIVE,
  0, 0, &pStream) == S_OK) {
  ASSERT(pStream != NULL);
  pPersistStream->Save(pStream, TRUE);
  pStream->Release();
}
```

Wenn Sie Ihre eigene COM-Klasse programmieren, deren Objekte in einem Container verwendet werden sollen, müssen Sie die MFC-Schnittstellenmakros verwenden, um die Schnittstelle *IPersistStream* hinzuzufügen. Leider gibt es keinen Schnittstellen-Assistenten, mit dem sich diese Aufgabe erledigen ließe.

Das Beispiel EX27B – Ein persistenter prozessinterner Server

Bei dem Beispielprogramm EX27B, das auch im Beispiel EX27C Verwendung findet, handelt es sich um eine COM-DLL, die eine Komponente vom Typ *CText* enthält. Es ist eine einfache COM-Klasse, die die Schnittstellen *IDispatch* und *IPersistStream* implementiert. Die Schnittstelle *IDispatch* ermöglicht den Zugriff auf die einzige Eigenschaft *Text* der Komponente. Mit Hilfe der Schnittstelle *IPersistStream* kann ein Objekt der Klasse den Wert dieser Eigenschaft *Text* in einer Verbunddatei speichern bzw. auch wieder lesen.

Um das Beispiel EX27B testen zu können, öffnen Sie den Arbeitsbereich \vcpp32\ex27b\ex27b.dsw und erstellen dann das Programm. Verwenden Sie den das Dienstprogramm *Regsvr32* oder *REGCOMP*, um die DLL zu registrieren.

Listing 27.2 zeigt die Dateien Text.h und Text.cpp mit dem Quelltext für die Klasse *CText*.

TEXT.H

```
#ifndef __TEXT_H__
#define __TEXT_H__
// Befehlsziel CText
class CText : public CCmdTarget
{
private:
```

```
  char* m_pchText;

  DECLARE_DYNCREATE(CText)

  CText();        // Dynamische Erstellung verwendet geschützten Konstruktor

// Attribute
public:

// Operationen
public:

// Überschreibungen
  // Vom Klassen-Assistenten generierte virtuelle Funktionsüberschreibungen
  //{{AFX_VIRTUAL(CText)
  public:
  virtual void OnFinalRelease();
  //}}AFX_VIRTUAL

// Implementierung
protected:
  virtual ~CText()
  // Generierte Nachrichtenzuordnungsfunktionen
  //{{AFX_MSG(CText)
      // HINWEIS - Der Klassen-Assistent fügt hier Member-Funktionen ein und entfernt diese.
  //}}AFX_MSG

  DECLARE_MESSAGE_MAP()
  DECLARE_OLECREATE(CText)

  // Generierte OLE-Dispatch-Zuordnungsfunktionen
  //{{AFX_DISPATCH(CText)
  afx_msg VARIANT GetText();
  afx_msg void SetText(const VARIANT FAR& newValue);
  //}}AFX_DISPATCH
  DECLARE_DISPATCH_MAP()
  DECLARE_INTERFACE_MAP()

  BEGIN_INTERFACE_PART(PersistStream, IPersistStream)
      STDMETHOD(GetClassID)(LPCLSID);
      STDMETHOD(IsDirty)();
      STDMETHOD(Load)(LPSTREAM);
      STDMETHOD(Save)(LPSTREAM, BOOL);
      STDMETHOD(GetSizeMax)(ULARGE_INTEGER FAR*);
  END_INTERFACE_PART(PersistStream)
};

///////////////////////////////////////////////////////////////////////////
//{{AFX_INSERT_LOCATION}}
// Microsoft Developer Studio fügt zusätzliche Deklarationen unmittelbar
// vor der vorhergehenden Zeile ein.

#endif // __TEXT_H__
```

TEXT.CPP

```
#include "stdafx.h"
#include "ex27b.h"
#include "Text.h"

#ifdef _DEBUG
#define new DEBUG_NEW
#undef THIS_FILE
static char THIS_FILE[] = __FILE__;
#endif

//////////////////////////////////////////////////////////////////////////
// CText

IMPLEMENT_DYNCREATE(CText, CCmdTarget)

CText::CText()
{
  EnableAutomation();

  // Um die Ausführung der Anwendung fortzusetzen, solange ein
  // OLE-Automatisierungsobjekt aktiv ist, ruft der Konstruktor
  // AfxOleLockApp auf.

  AfxOleLockApp();
  m_pchText = NULL;
}

CText::~CText()
{
  // Um die Anwendung zu beenden, nachdem alle Objekte durch OLE-
  // Automatisierung erstellt wurden, ruft der Destruktor
  // AfxOleUnlockApp auf.

  if(m_pchText != NULL) {
      delete [] m_pchText;
  }
  AfxOleUnlockApp();
}


void CText::OnFinalRelease()
{
  // Nachdem die letzte Referenz auf ein Automatisierungsobjekt freigegeben
  // wurde, wird OnFinalRelease aufgerufen. Die Basisklasse löscht das Objekt
  // automatisch. Fügen Sie zusätzlichen Bereinigungscode für Ihr Objekt
  // hinzu, bevor Sie die Basisklasse aufrufen.

    CCmdTarget::OnFinalRelease();
}


BEGIN_MESSAGE_MAP(CText, CCmdTarget)
  //{{AFX_MSG_MAP(CText)
```

```
    // HINWEIS - Der Klassen-Assistent fügt hier Zuordnungsmakros ein und entfernt diese
  //}}AFX_MSG_MAP
END_MESSAGE_MAP()

BEGIN_DISPATCH_MAP(CText, CCmdTarget)
  //{{AFX_DISPATCH_MAP(CText)
  DISP_PROPERTY_EX(CText, "Text", GetText, SetText, VT_VARIANT)
  //}}AFX_DISPATCH_MAP
END_DISPATCH_MAP()

// Hinweis: Wir stellen Unterstützung für IID_IText zur Verfügung, um
// typsicheres Binden von VBA zu ermöglichen. Diese IID muss mit der
// GUID übereinstimmen, die in der Disp-Schnittstelle in der .ODL-Datei
// angegeben ist.

// {4EBFDD71-5F7D-11D0-848F-00400526305B}
static const IID IID_IText =
{ 0x4ebfdd71, 0x5f7d, 0x11d0, { 0x84, 0x8f, 0x0, 0x40, 0x5, 0x26,
  0x30, 0x5b } };

BEGIN_INTERFACE_MAP(CText, CCmdTarget)
  INTERFACE_PART(CText, IID_IPersistStream, PersistStream)
  INTERFACE_PART(CText, IID_IText, Dispatch)
END_INTERFACE_MAP()

// {4EBFDD72-5F7D-11D0-848F-00400526305B}
IMPLEMENT_OLECREATE(CText, "Ex27b.Text", 0x4ebfdd72, 0x5f7d,
    0x11d0, 0x84, 0x8f, 0x0, 0x40, 0x5, 0x26, 0x30, 0x5b)

//////////////////////////////////////////////////////////////////////////////
// Behandlungsroutinen für Nachrichten CText

VARIANT CText::GetText()
{
  return COleVariant(m_pchText).Detach();
}

void CText::SetText(const VARIANT FAR& newValue)
{
  CString strTemp;
  ASSERT(newValue.vt == VT_BSTR);
  if(m_pchText != NULL) {
      delete [] m_pchText;
  }
  strTemp = newValue.bstrVal; // Umwandlung in 1 Byte lange Zeichen
  m_pchText = new char[strTemp.GetLength() + 1];
  strcpy(m_pchText, strTemp);
}

//////////////////////////////////////////////////////////////////////////////

STDMETHODIMP_(ULONG) CText::XPersistStream::AddRef()
{
  METHOD_PROLOGUE(CText, PersistStream)
  return (ULONG) pThis->ExternalAddRef();
}
```

```
STDMETHODIMP_(ULONG) CText::XPersistStream::Release()
{
  METHOD_PROLOGUE(CText, PersistStream)
  return (ULONG) pThis->ExternalRelease();
}

STDMETHODIMP CText::XPersistStream::QueryInterface(REFIID iid,
  void FAR* FAR* ppvObj)
{
  METHOD_PROLOGUE(CText, PersistStream)
  // ExternalQueryInterface schlägt IID in den generierten Tabellen nach
  return (HRESULT) pThis->ExternalQueryInterface(&iid, ppvObj);
}
///////////////////////////////////////////////////////////////////////

STDMETHODIMP CText::XPersistStream::GetClassID(LPCLSID lpClassID)
{
  TRACE("Beginn CText::XPersistStream::GetClassID\n");
  METHOD_PROLOGUE(CText, PersistStream)
  ASSERT_VALID(pThis);

  *lpClassID = CText::guid;
  return NOERROR;
}

STDMETHODIMP CText::XPersistStream::IsDirty()
{
  TRACE("Beginn CText::XPersistStream::IsDirty\n");
  METHOD_PROLOGUE(CText, PersistStream)
  ASSERT_VALID(pThis);

  return NOERROR;
}

STDMETHODIMP CText::XPersistStream::Load(LPSTREAM pStm)
{
  ULONG nLength;
  STATSTG statstg;
  METHOD_PROLOGUE(CText, PersistStream)
  ASSERT_VALID(pThis);
  if(pThis->m_pchText != NULL) {
      delete [] pThis->m_pchText;
  }
  // Freigabe von statstg.pwcsName wegen Flag NONAME nicht erforderlich
  VERIFY(pStm->Stat(&statstg, STATFLAG_NONAME) == NOERROR);
  int nSize = statstg.cbSize.LowPart; // assume < 4 GB
  if(nSize > 0) {
      pThis->m_pchText = new char[nSize];
      pStm->Read(pThis->m_pchText, nSize, &nLength);
  }
  return NOERROR;
}

STDMETHODIMP CText::XPersistStream::Save(LPSTREAM pStm, BOOL fClearDirty)
```

```
{
  METHOD_PROLOGUE(CText, PersistStream)
  ASSERT_VALID(pThis);
  int nSize = strlen(pThis->m_pchText) + 1;
  pStm->Write(pThis->m_pchText, nSize, NULL);
  return NOERROR;
}

STDMETHODIMP CText::XPersistStream::GetSizeMax(ULARGE_INTEGER FAR* pcbSize)
{
  TRACE("Beginn CText::XPersistStream::GetSizeMax\n");
  METHOD_PROLOGUE(CText, PersistStream)
  ASSERT_VALID(pThis);
  pcbSize->LowPart = strlen(pThis->m_pchText) + 1;
  pcbSize->HighPart = 0; // assume < 4 GB
  return NOERROR;
}
```

Listing 27.2: *Der Quelltext der Klasse* CText.

Die Klasse *CText* wurde vom Klassen-Assistenten als gewöhnliche Automatisierungskomponente generiert. Die Schnittstelle *IPersistStream* wurde von Hand hinzugefügt. Schauen Sie sich die Funktionen *XPersistStream::Load* und *XPersistStream::Save* sorgfältig an. Die Funktion *Load* reserviert Heap-Speicher und ruft dann *IStream::Read* auf, um den Inhalt des Stream-Objekts in den Speicher zu laden. Die Funktion *Save* kopiert durch einen Aufruf von *IStream::Write* die Objektdaten zum Stream-Objekt.

Das Beispiel EX27C – Client-Programm für eine persistente Komponente

Dieses Programm ähnelt in seiner Funktion dem Beispielprogramm EX27A – tatsächlich werden miteinander kompatible Verbunddateien verwendet. Intern jedoch verwenden die beiden Arbeits-Threads die persistente COM-Klasse *CText* (Ex27b) zum Laden und Speichern von Text.

Um das Beispiel EX27C testen zu können, öffnen Sie den Arbeitsbereich \vcpp32\ex27c\ex27c.dsw, und erstellen Sie dann das Programm. Lassen Sie das Programm durch den Debugger ausführen, und wählen Sie im Menü *Ablage* zuerst *Schreiben* und anschließend *Lesen* aus. Schauen Sie sich die Trace-Ausgaben im Debug-Fenster an.

Menü, Ansichtsklasse und Anwendungsklasse entsprechen denen des Beispielprogramms EX27A. Nur der Quelltext für die Threads unterscheidet sich.

Listing 27.3 zeigt den Quelltext für die beiden Threads zum Lesen und Schreiben der Objektdaten, der sich in den Dateien WriteThread.cpp und ReadThread.cpp befindet.

WRITETHREAD.CPP

```
#include "StdAfx.h"
#include "Thread.h"
#include "itext.h"

CLSID g_clsid; // für den Text-Server
int g_nIndent = 0;
const char* g_szBlanks = "                                        ";
```

```
const char* g_szRootStorageName = "\\direct.stg";


UINT WriteThreadProc(LPVOID pParam)
{
  USES_CONVERSION;
  LPSTORAGE pStgRoot = NULL;
  g_nIndent = 0;
  ::CoInitialize(NULL);
  ::CLSIDFromProgID(L"EX27b.TEXT", &g_clsid);
  VERIFY(::StgCreateDocfile(T2COLE(g_szRootStorageName),
         STGM_READWRITE | STGM_SHARE_EXCLUSIVE | STGM_CREATE,
         0, &pStgRoot) == S_OK);
  ReadDirectory("\\", pStgRoot);
  pStgRoot->Release();
  AfxMessageBox("Schreibvorgang abgeschlossen");
  return 0;
}

void ReadDirectory(const char* szPath, LPSTORAGE pStg)
{
  // rekursive Funktion
  USES_CONVERSION;
  WIN32_FIND_DATA fData;
  HANDLE h;
  char szNewPath[MAX_PATH];
  char szStorageName[100];
  char szStreamName[100];
  char szData[81];
  char* pch = NULL;

  LPSTORAGE pSubStg = NULL;
  LPSTREAM pStream = NULL;
  LPPERSISTSTREAM pPersistStream = NULL;

  g_nIndent++;
  strcpy(szNewPath, szPath);
  strcat(szNewPath, "*.*");
  h = ::FindFirstFile(szNewPath, &fData);
  if (h == (HANDLE) 0xFFFFFFFF) return;  // Verzeichnis nicht gefunden
  do {
        if (!strcmp(fData.cFileName, "..") ||
            !strcmp(fData.cFileName, ".") ) continue;
        while((pch = strchr(fData.cFileName, '!')) != NULL) {
            *pch = '|';
    }
    if (fData.dwFileAttributes & FILE_ATTRIBUTE_DIRECTORY) {
        // Es ist ein Verzeichnis, daher Storage-Objekt anlegen
        strcpy(szNewPath, szPath);
        strcat(szNewPath,fData.cFileName);
        strcat(szNewPath, "\\");

        strcpy(szStorageName, fData.cFileName);
        szStorageName[31] = '\0';    // Beschränkung durch OLE
        TRACE("%0.*sStorage = %s\n", (g_nIndent - 1) * 4,
              g_szBlanks, szStorageName);
```

```
        VERIFY(pStg->CreateStorage(T2COLE(szStorageName),
               STGM_CREATE | STGM_READWRITE | STGM_SHARE_EXCLUSIVE,
               0, 0, &pSubStg) == S_OK);
        ASSERT(pSubStg != NULL);
        ReadDirectory(szNewPath, pSubStg);
        pSubStg->Release();
    }
    else {
        if ((pch = strrchr(fData.cFileName, '.')) != NULL) {
            if (!stricmp(pch, ".TXT")) {
                // Es ist eine Textdatei, daher Stream-Objekt anlegen
                strcpy(szStreamName, fData.cFileName);
                strcpy(szNewPath, szPath);
                strcat(szNewPath, szStreamName);
                szStreamName[32] = '\0'; // max. Länge
                TRACE("%0.*sStream = %s\n", (g_nIndent - 1) * 4,
                      g_szBlanks, szNewPath);
                CStdioFile file(szNewPath, CFile::modeRead);
                // Dateien mit der Länge Null ignorieren
                if(file.ReadString(szData, 80)) {
                    TRACE("%s\n", szData);
                    VERIFY(pStg->CreateStream(T2COLE(szStreamName),
                               STGM_CREATE | STGM_READWRITE |
                               STGM_SHARE_EXCLUSIVE,
                               0, 0, &pStream) == S_OK);
                    ASSERT(pStream != NULL);
                    // Abschließendes Nullzeichen in Stream-Objekt aufnehmen
                    IText text;
                    VERIFY(text.CreateDispatch(g_clsid));
                    text.m_lpDispatch->QueryInterface(IID_IPersistStream,
                        (void**) &pPersistStream);
                    ASSERT(pPersistStream != NULL);
                    text.SetText(COleVariant(szData));
                    pPersistStream->Save(pStream, TRUE);
                    pPersistStream->Release();
                    pStream->Release();
                }
            }
        }
    }
  } while (::FindNextFile(h, &fData));
  g_nIndent-;
}
```

READTHREAD.CPP

```
#include "StdAfx.h"
#include "Thread.h"
#include "itext.h"

#ifdef _DEBUG
#define new DEBUG_NEW
#undef THIS_FILE
static char THIS_FILE[] = __FILE__;
#endif
```

```
UINT ReadThreadProc(LPVOID pParam)
{
  g_nIndent = 0;
  ::CoInitialize(NULL);
  ::CLSIDFromProgID(L"EX27b.TEXT", &g_clsid);
  LPSTORAGE pStgRoot = NULL;
  if(::StgOpenStorage(L"\\DIRECT.STG", NULL,
                      STGM_READ|STGM_SHARE_EXCLUSIVE,
                      NULL, 0, &pStgRoot) == S_OK) {
      ASSERT(pStgRoot!= NULL);
      ReadStorage(pStgRoot);
      pStgRoot->Release();
  }
  else {
      AfxMessageBox("Datei ist nicht vorhanden oder nicht lesbar.");
  }
  AfxMessageBox("Lesevorgang abgeschlossen");
  return 0;
}

void ReadStorage(LPSTORAGE pStg)
// Liest ein Storage-Objekt - rekursive Aufrufe für untergeordnete Storage-Objekte
  LPSTORAGE pSubStg = NULL;
  LPSTREAM pStream = NULL;
  LPENUMSTATSTG pEnum = NULL;
  STATSTG statstg;
  LPPERSISTSTREAM pPersistStream = NULL;

  g_nIndent++;
  if(pStg->EnumElements(0, NULL, 0, &pEnum) != NOERROR) {
      ASSERT(FALSE);
      return;
  }
  while(pEnum->Next(1, &statstg, NULL) == NOERROR) {
    if(statstg.type == STGTY_STORAGE) {
        VERIFY(pStg->OpenStorage(statstg.pwcsName, NULL,
               STGM_READ|STGM_SHARE_EXCLUSIVE,
               NULL, 0, &pSubStg) == S_OK);
        ASSERT(pSubStg != NULL);
        ReadStorage(pSubStg);



        pSubStg->Release();
    }
    else if(statstg.type == STGTY_STREAM) {
        VERIFY(pStg->OpenStream(statstg.pwcsName, NULL,
               STGM_READ|STGM_SHARE_EXCLUSIVE,
               0, &pStream) == S_OK);
        ASSERT(pStream != NULL);
        IText text;
        VERIFY(text.CreateDispatch(g_clsid));
        text.m_lpDispatch->QueryInterface(IID_IPersistStream,
            (void**) &pPersistStream);
        ASSERT(pPersistStream != NULL);
```

```
            pPersistStream->Load(pStream);
            pPersistStream->Release();
            COleVariant va = text.GetText();
            ASSERT(va.vt == VT_BSTR);
            CString str = va.bstrVal;
            TRACE("%s\n", str);
            pStream->Release();
        }
        else {
            ASSERT(FALSE); // LockBytes?
        }
        ::CoTaskMemFree(statstg.pwcsName);
    }
    pEnum->Release();
    g_nIndent-;
}
```

Listing 27.3: *Quelltext für die beiden Arbeits-Threads des Beispielprogramms EX27C.*

Betrachten Sie die zweite Hälfte der Funktion *ReadDirectory* in der im Listing 27.3 dargestellten Datei WriteThread.cpp. Für jede TXT-Datei erzeugt das Programm ein Objekt des Typs *CText*, indem es ein *IText*-Objekt erzeugt und anschließend *CreateDispatch* aufruft. Danach ruft das Programm die Member-Funktion *SetText* auf, um die erste Zeile der Textdatei zum Objekt zu übertragen. Dann ruft das Programm *IPersistStream::Save* auf, um das Objekt in der Verbunddatei zu speichern. Das *CText*-Objekt wird entfernt, nachdem der *IPersistStream*-Zeiger freigegeben und das *IText*-Objekt entfernt worden sind, und auf diese Weise wird der *IDispatch*-Zeiger des Objekts freigegeben.

Betrachten Sie die nun zweite Hälfte der Funktion *ReadStorage* in der Datei ReadThread.cpp. Wie bei *ReadDirectory* wird auch hier ein *IText*-Objekt erzeugt und *CreateDispatch* aufgerufen. Danach ruft *ReadStorage* die Funktion *QueryInterface* auf, um den *IPersistStream*-Zeiger des Objekts zu erhalten. Dieser Zeiger wird anschließend für einen Aufruf von *Load* benutzt. Schließlich ruft das Programm die Funktion *GetText* auf, um die Textzeile für die Protokollausgabe zu erhalten.

Es wurde bereits darauf hingewiesen, dass eine COM-Komponente in der Regel die Schnittstelle *IPersistStorage*, nicht aber *IPersistStream* implementiert. Die Klasse *CText* hätte sich auch nach diesem Prinzip benutzen lassen, aber dies hätte zu einer komplizierteren Struktur der Verbunddatei geführt, da für jede TXT-Datei sowohl ein Storage-Objekt (zur Schnittstellenunterstützung) als auch ein Stream-Objekt (zur Aufnahme der Daten) benötigt worden wäre.

Wir sind nun für den nächsten großen Schritt vorbereitet. Angenommen, Sie hätten eine echte, über ihre Klassen-ID (CLSID) erzeugbare COM-Komponente, die die Schnittstelle *IPersistStorage* unterstützt. Erinnern Sie sich an die *IStorage*-Funktionen für Klassen-IDs. Wenn ein Storage-Objekt eine Klassen-ID sowie alle sonst irgendwie erforderlichen Daten eines Objekts enthält, kann COM die Komponente laden, mit Hilfe der Class Factory ein Objekt erzeugen, einen *IPersistStorage*-Zeiger anfordern und mit einem Aufruf von *Load* die Daten aus einer Verbunddatei laden. Damit haben wir eine Vorschau auf die Verbunddokumente, die wir im Kapitel 28 kennen lernen.

Fragmentierung von Verbunddateien

Die strukturierte Ablage hat auch Nachteile. Ebenso wie der Speicher eines Datenträgers können auch Verbunddateien durch häufige Zugriffe fragmentiert werden. Die Fragmentierung eines Datenträgers hat keine Auswirkungen auf die Menge des verfügbaren freien Speicherplatzes. Bei Verbunddateien hingegen steht der durch das Entfernen von Elementen entstandene Platz nicht immer zur Verfügung. Verbunddateien können also wachsen, selbst wenn Daten in ihnen gelöscht werden.

Glücklicherweise ist es möglich, unbenutzten Platz innerhalb einer Verbunddatei wiederzugewinnen. Sie müssen dazu einfach eine neue Datei erstellen und den Inhalt der alten Datei in die neue Datei kopieren. Die Funktion *IStorage::CopyTo* kann diese Aufgabe mit einem Aufruf erledigen, sofern Sie sie verwenden, um das Stammobjekt zu kopieren. Sie können ein eigenes Programm schreiben oder Ihre Anwendung um eine entsprechende Defragmentierungsfunktion erweitern.

Vorteile von Verbunddateien

Sie haben erfahren, wie Ihre Programme durch Verwendung von Verbunddateien eine Art wahlfreien Zugriff auf Objektdaten erhalten, und Sie kennen auch den Nutzen von transaktionsgesteuerten Dateioperationen. Nun stellen Sie sich vor, dass jedes Programm die Dokumente jedes anderen Programms lesen könnte. Wir sind zwar noch nicht so weit, aber es gibt einen Anfang in dieser Richtung. In den von Microsoft-Anwendungen erstellten Verbunddateien befindet sich unterhalb des Stammobjekts ein Stream-Element mit dem Namen »\005SummaryInformation«. Dieses Stream-Element ist als eine Menge von Eigenschaftswerten formatiert, wie sie bei ActiveX-Steuerelementen Verwendung finden. Falls Sie in der Lage sind, das Format dieses Stream-Objekts zu entschlüsseln, können Sie jede entsprechend erstellte Datei öffnen und deren Inhaltsinformationen lesen.

Im Lieferumfang von Visual C++ ist ein Dienstprogramm zur Anzeige von Verbunddateien enthalten. Dieses Programm mit dem Namen *DocFile-Viewer* (*Dfview.exe*) verwendet eine Strukturansicht, um die Storage- und Stream-Elemente einer Verbunddatei anzuzeigen. Abbildung 27.3 zeigt die DocFile-Viewer-Darstellung der mit dem Beispielprogramm EX27A generierten Verbunddatei:

Tatsächlich können Sie die Anwendung EX27A verwenden, um die Struktur einer beliebigen Verbunddatei anzuzeigen. Können Sie sich nun eine Vorstellung davon machen, welche Möglichkeiten ein solch »universelles Dateiformat« bietet?

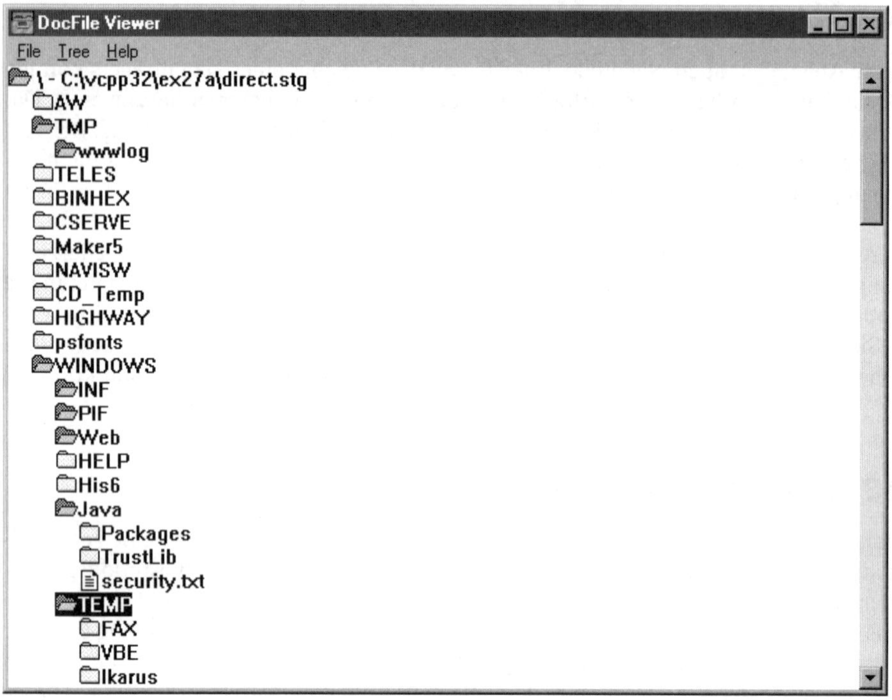

Abbildung 27.3: *Darstellung einer Verbunddatei im Dienstprogramm DocFile-Viewer.*

28 OLE-Server und -Container

In diesem Kapitel werden Sie Bekanntschaft mit dem Kern der *Objektverknüpfung- und -einbettung* (Object Linking and Embedding, OLE) machen. Sie erfahren, wie ein eingebetteter Server mit seinem Container kommuniziert. Dieses Wissen brauchen Sie, um ActiveX-Steuerelemente, direkte Aktivierung (visuelle Bearbeitung) und Objektverknüpfung einsetzen zu können. All dies wird in *ActiveX-Steuerelemente* von Adam Denning (Microsoft Press, 1997), in *Inside OLE,* 2. Auflage von Kraig Brockschmidt (Microsoft Press, 1995) und in anderen Büchern beschrieben.

Sie werden mit einem MFC-Mini-Server beginnen, einem prozessexternen OLE-Server, der die direkte Aktivierung unterstützt, aber nicht als eigenständiges Programm ausgeführt werden kann. Tests mit diesem Server können Ihnen eine gute Vorstellung davon vermitteln, wie sich OLE dem Anwender präsentiert. Sie werden auch feststellen, in welchem Umfang MFC diese Art von Anwendungen unterstützt. Falls Sie nur mit der obersten MFC-Ebene arbeiten, werden Sie allerdings die zugrunde liegenden OLE-Mechanismen nicht begreifen oder würdigen können. Um das zu erreichen, müssen Sie schon tiefer schürfen. Shepherd und Wingo gehen in ihrem Titel *MFC Internals* (Addison-Wesley, 1996) eingehend auf die Interna der MFC-Unterstützung für OLE-Dokumente ein.

Im nächsten Schritt werden Sie ein Container-Programm erstellen, das einerseits die bereits bekannten Teile der MFC-Bibliothek benutzt, außerdem aber eingebettete OLE-Objekte unterstützt, die in ihren eigenen Fenstern bearbeitet werden können. Dieser Container kann natürlich den

MFC-Mini-Server als Server verwenden, aber Sie werden OLE erst dann richtig kennen lernen, wenn Sie einen Mini-Server selbst entwickeln und das Zusammenwirken von Server und Container untersuchen.

Einbettung und direkte Aktivierung (visuelle Bearbeitung)

Visuelle Bearbeitung (Visual Editing) ist der Microsoft-Name für die *direkte Aktivierung*. Ein Server, der die direkte Aktivierung unterstützt, unterstützt auch die *Einbettung*. Mit beiden Methoden werden Daten im Dokument eines Containers gespeichert, und in beiden Fällen wird der Server vom Container aktiviert. Eine Server-Komponente, die die direkte Aktivierung unterstützt, kann im Hauptfenster der Container-Anwendung ablaufen und die Kontrolle über dessen Menü- und Symbolleisten übernehmen. Eine solche Server-Komponente kann aber nach Bedarf auch in ihrem eigenen Hauptfenster ausgeführt werden. Ein eingebetteter Server kann nur innerhalb seines eigenen Fensters ausgeführt werden. Zu diesem Fenster gehört ein spezielles Menü, in dem keine Befehle zur Dateiverarbeitung enthalten sind. Abbildung 28.1 zeigt eine Microsoft Excel-Tabelle, die innerhalb eines Microsoft Word-Dokuments direkt aktiviert wurde. Beachten Sie die Excel-spezifischen Menüs und Symbolleisten.

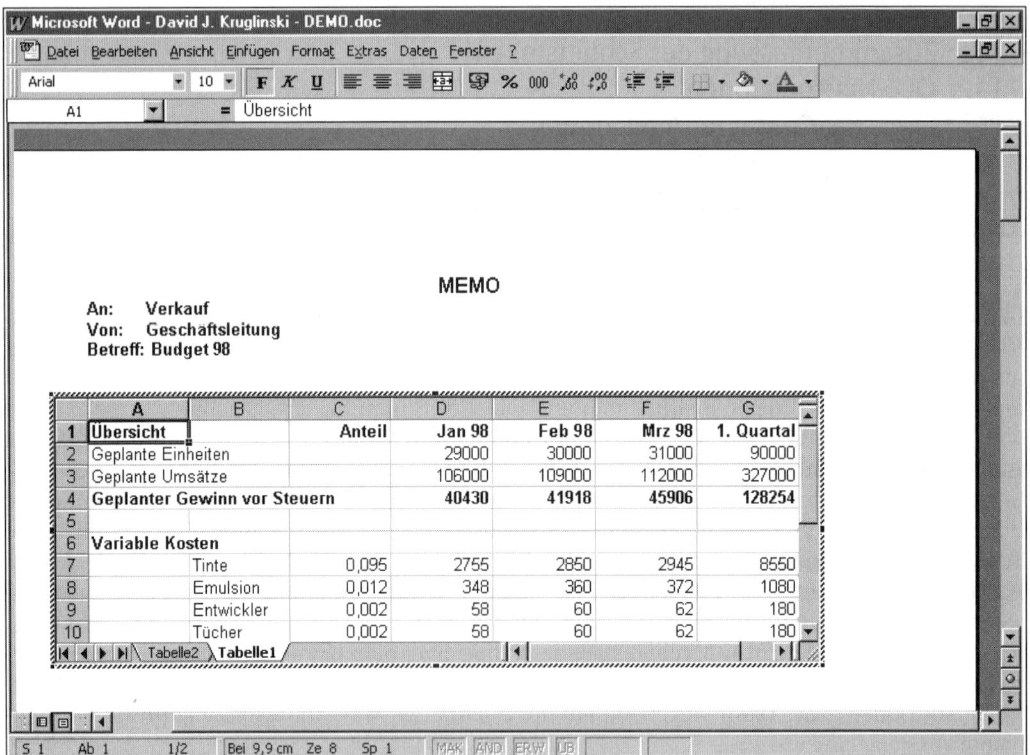

Abbildung 28.1: *Eine Excel-Tabelle, die innerhalb eines Word-Dokuments direkt aktiviert wurde.*

Einige Container-Anwendungen unterstützen nur eingebettete Server-Komponenten, andere Container unterstützen zudem auch die direkte Aktivierung. In der Regel kann der Anwender eines zur direkten Aktivierung fähigen Container-Programms direkt aktivierbare Server entweder direkt oder in ihren eigenen Fenstern aktivieren. Es scheint, als ob die Einbettung einen Spezialfall der direkten Aktivierung darstellt. Das betrifft nicht nur die Anwendersicht, sondern gilt auch für die Ebene der OLE-Implementierung. Die Methode der Einbettung stützt sich auf zwei wichtige Schnittstellen namens *IOleObject* und *IOleClientSite*, die auch bei der direkten Aktivierung eine Rolle spielen.

Mini-Server und Voll-Server

Eine als *Mini-Server* bezeichnete Komponente kann nicht als eigenständiges Programm ausgeführt werden, sondern sie benötigt eine Container-Anwendung, die sie aktiviert. Ein Mini-Server kann keine eigenen Dateien verarbeiten, sondern muss auf die Dateien des Containers zurückgreifen. Ein sogenannter *Voll-Server* kann hingegen als eigenständiges Programm und auch aus einem Container heraus gestartet werden. Ein als selbständiges Programm ausgeführter Voll-Server kann eigene Dateien erstellen und lesen. Er unterstützt damit die OLE-*Verknüpfung* von Objekten. Bei der Einbettung eines Objekts enthält das Container-Dokument alle vom Server benötigten Daten. Der Container eines verknüpften Objekts enthält nur den Namen einer Datei, die vom Server geöffnet werden muss.

Die Schattenseite der visuellen Bearbeitung

Wir sind wirklich begeistert von der COM-Architektur, und wir glauben wirklich, dass ActiveX-Steuerelemente die Welt der Programmierung erobern werden. Allerdings sind wir uns bei der visuellen Bearbeitung nicht so sicher, und wir sind nicht die einzigen, die ihre Zweifel haben. Aus Gesprächen mit Entwicklern wissen wir, dass nur wenige Entwickler an Anwendungen arbeiten, die dem Modell der »in ein Dokument eingebetteten Objekte« entsprechen. Unsere Programmiererfahrung sagt uns, dass die wechselseitige Abstimmung von Größe und Maßstab der eingebetteten Objekte zwischen Container und Server eine diffizile Angelegenheit ist. Aus unseren Erfahrungen als Anwender haben wir gelernt, dass die direkte Aktivierung recht langsam und mühselig verlaufen kann, obwohl sich dies mit der Verfügbarkeit schnellerer Computer verbessert.

Wenn Sie uns nicht glauben wollen, dann versuchen Sie doch, eine Excel-Tabelle in ein Word-Dokument einzubetten, wie es in Abbildung 28.1 zu sehen ist. Ändern Sie die Größe der Tabelle sowohl im aktiven als auch im inaktiven Modus. Sie werden bemerken, dass die beiden geänderten Größen nicht übereinstimmen und dass die Größenänderung der Tabelle langsam erfolgt.

Denken Sie auch an die Anforderungen eines Grafikprogramms. Ältere Versionen von Microsoft PowerPoint benutzten einen Mini-Server namens Microsoft Draw. Beabsichtigt wurde damit, anderen Anwendungen die Möglichkeit zu geben, diesen Server für eigene Zeichenoperationen zu verwenden. Allerdings liefen die Dinge anders als geplant und PowerPoint enthält heute eigene Zeichenfunktionen. Sollten Sie über alte PowerPoint-Dateien verfügen, in denen Microsoft Draw-Objekte gespeichert sind, dann dürften Sie ein hübsches Konvertierungsproblem damit haben.

Ein weiteres Beispiel ist der Druck von Dokumenten. Angenommen, Sie erhalten über das Internet ein Word-Dokument aus Singapur, und dieses Dokument enthält Metadateien für einige eingebettete Objekte. Allerdings verfügen Sie nicht über das Server-Programm für diese Objekte. Sie drucken das Dokument zusammen mit den darin enthaltenen Metadateien auf Ihrem zuverlässigen 1200-dpi-Farblaserdrucker. Die Metadateien eingebetteter Objekte können in Verbindung mit einem bestimmten Drucker ausgegeben werden, aber es scheint recht unwahrscheinlich, dass der Absender aus Singapur gerade Ihren Drucker im Sinne hatte, als er das Dokument erstellte. Man wird also nicht mit einem optimalen Druckergebnis rechnen können und unpassende Zeilenumbrüche nicht vermeiden können.

Trotzdem glauben wir, dass die OLE-Objekteinbettung eine Technologie mit Zukunft ist. Das Abspielen von Klängen und Videoclips aus Dokumenten heraus ist einfach *cool,* und das Speichern von Objekten in einer Datenbank verspricht interessante Möglichkeiten. Die in diesem Kapitel behandelten Themen werden Ihnen genügend Anregungen bieten, über neue Anwendungsmöglichkeiten dieser Technologie nachzudenken.

Windows-Metadateien und eingebettete Objekte

Sie werden noch etwas Windows-Theorie benötigen, bevor Sie verstehen, wie direkt aktivierte und eingebettete Server-Komponenten die Daten ihrer Objekte in den Client-Fenstern anzeigen. Bisher haben wir es vermieden, uns mit Metadateien zu beschäftigen, da wir sie nicht benötigten. Aber sie sind schon immer ein fester Bestandteil von Windows gewesen. Stellen Sie sich eine Metadatei wie eine Magnetbandaufzeichnung von GDI-Befehlen vor. Zum Abspielen einer solchen Aufzeichnung benötigen Sie eine entsprechende Einrichtung (beispielsweise einen Recorder). Genau das liefert der Metadatei-Gerätekontext. Falls Sie während der Erstellung des Metadatei-Gerätekontexts einen Dateinamen angeben, wird die Metadatei auf einem Datenträger gespeichert. Andernfalls wird sie in einem Speicherblock abgelegt und Sie erhalten die Zugriffsnummer für diesen Speicherbereich.

In der Welt der OLE-Einbettung werden Metadateien von Servern erzeugt und von Containern »abgespielt«. Der folgende Quelltext eines Server-Programms erstellt eine Metadatei, die einige Textelemente und ein Rechteck enthält:

```
CMetaFileDC dcm; // MFC-Klasse für Metadatei-DC
VERIFY(dcm.Create());
dcm.SetMapMode(MM_ANISOTROPIC);
dcm.SetWindowOrg(0,0);
dcm.SetWindowExt(5000, -5000);
// Aufrufe zum Zeichnen der verschiedenen Elemente
dcm.Rectangle(CRect(500, -1000, 1500, -2000));
dcm.TextOut(0, 0, m_strText);
HMETAFILE hMF = dcm.Close();
ASSERT(hMF != NULL);
```

Eine Metadatei lässt sich auch unter Verwendung eines festen Koordinatensystems erstellen (beispielsweise *MM_LOENGLISH*), aber unter OLE werden wir immer den Modus *MM_ANISOTROPIC* verwenden, der keine festen Relationen bei der Umsetzung von logischen in Gerätekoordinaten vorsieht. Die Metadatei enthält einen Aufruf von *SetWindowExt* zur Festlegung der x- und y-Dimensionen des Fensters. Beim Abspielen der Metadatei setzt das abspielende Programm diesen Aufruf in einen Aufruf von *SetViewportExt* um, mit dem die Dimensionen des Ansichtsbereichs definiert werden. Die Funktion *OnDraw* der Container-Ansicht könnte beispielsweise folgenden Quelltext enthalten:

```
pDC->SetMapMode(MM_HIMETRIC);
pDC->SetViewportExt(5000, 5000);
pDC->PlayMetafile(hMF);
```

Damit würde auf dem Bildschirm ein quadratisches Rechteck mit 1 cm Kantenlänge angezeigt werden, da der Server hier mit dem Koordinatensystems des Abbildungsmodus *MM_HIMETRIC* arbeitet. Diese quadratische Form bleibt erhalten, solange die Seitenverhältnisse von Ansichtsbereich und Fenster übereinstimmen. Wenn der Container die Dimensionen des Ansichtsbereichs auf (5000, 10000) änderte, würde das Rechteck in vertikaler Richtung gedehnt, während der Text seine Größe behalten würde, da er mit einer nicht skalierbaren Systemschriftart dargestellt wird. Würde der Container zur einen anderen Abbildungsmodus als *MM_HIMETRIC* verwenden, könnte er das Seitenverhältnis des Ansichtsbereichs entsprechend modifizieren, um die quadratische Darstellung mit 1 x 1 cm zu erhalten.

Zur Wiederholung: der *Server* legt die Dimensionen des Fensters auf die angenommene Größe des Ansichtsbereichs fest und zeichnet innerhalb dieses Bereichs. Falls der Server einen negativen *y*-Wert benutzt, arbeiten die Zeichenfunktionen so, als ob der Abbildungsmodus *MM_HIMETRIC* eingestellt sei. In diesem Fall ermittelt der *Container* auf irgendeine Weise die Größenverhältnisse der Server-Darstellung und versucht, die Metadatei in einem Bereich mit diesen *HIMETRIC*-Dimensionen zu zeichnen.

Warum beschäftigen wir uns mit Metadateien? Weil der Container das Fensterrechteck zur Aufnahme des eingebetteten Server-Objekts mit irgendetwas auffüllen muss, selbst wenn das Server-Programm nicht aktiv ist. Die Server-Komponente erstellt die Metadatei und übergibt sie in einem prozessinternen Datenobjekt an die prozessinternen OLE-*Behandlungsroutine* auf der Container-Seite der RPC-Verbindung. Die Behandlungsroutine speichert die Metadatei in einem eigenen Cache und spielt sie nach Bedarf ab. Sie übernimmt auch die Aufgabe, die Metadatei in der Verbunddatei des Containers zu speichern bzw. ihre Daten aus der Verbunddatei zu lesen. Wird ein Server hingegen direkt aktiviert, schreiben seine Zeichenfunktionen direkt in ein vom Container verwaltetes Fenster.

Die MFC-OLE-Architektur für Server-Programme

Wir werden an dieser Stelle nicht allzu sehr in Detail gehe. Es genügt, wenn Sie den Quelltext des folgenden Beispielprogramms verstehen. Sie werden zu diesem Zweck drei neue MFC-Basisklassen kennen lernen: die Klassen *COleIPFrameWnd*, *COleServerDoc* und *COleServerItem*.

Wenn Sie mit dem MFC-Anwendungs-Assistenten einen OLE-Server erstellen, generiert dieser neben einer Anwendungs-, Rahmenfenster- und Ansichtsklasse eine abgeleitete Klasse für jede Basisklasse. Die Klasse *COleIPFrameWnd* entspricht ungefähr der Klasse *CFrameWnd*. Sie liefert das Hauptrahmenfenster Ihrer Anwendung, in dem die Dokumentansicht enthalten ist. Zu dem Fenster gehört ein Menü mit der Ressourcen-ID *IDR_SRVR_INPLACE*, das in die Menüleiste des Container-Programms integriert wird. Wenn das Server-Programm direkt aktiviert wird, verwendet es das »Direkt-Rahmenfenster«, und wenn es eigenständig bzw. eingebettet abläuft, benutzt es ein reguläres Rahmenfenster, das durch ein Objekt einer von *CFrameWnd* abgeleiteten Klasse repräsentiert wird. Das »eingebettete Menü« hat die Ressourcen-ID *IDR_SRVR_EMBEDDED*, während das Menü für die eigenständige Ausführung des Server-Programms mit *IDR_MAINFRAME* identifiziert wird.

Die Klasse *COleServerDoc* ersetzt die Klasse *CDocument*. Sie enthält weitere Funktionen, die OLE-Verbindungen zum Container unterstützen. Die Klasse *COleServerItem* arbeitet mit der Klasse *COleServerDoc* zusammen. Gäbe es keine Unterstützung der OLE-Objektverknüpfung auf Seiten der Server-Programme, so könnte man beide Klassen zu einer einzigen Klasse zusammenfassen. Da eigenständige Server-Programme die Objektverknüpfung unterstützen, sieht die MFC-Architektur vor, dass in allen Servern beide Klassen vorkommen müssen. Sie können dem Beispiel EX28A entnehmen, dass ein Mini-Server auch ohne diese Aufteilung erstellt werden kann.

Die Klasse *COleServerItem* und *COleServerDoc* implementieren eine Reihe von OLE-Schnittstellen, unter anderem *IOleObject*, *IDataObject*, *IPersistStorage* und *IOleInPlaceActiveObject*. Diese Klassen rufen den Container auf, wobei sie Schnittstellenzeiger verwenden, die sie vom Container erhalten haben. Vor allem aber müssen Sie wissen, dass Ihre von *CView* abgeleitete Klasse in das Fenster des direkt aktivierten Servers schreibt, während die von *COleServerItem* abgeleitete Klasse den Inhalt der Metadatei auf Anweisung des Containers anzeigt.

Das Beispiel EX28A – Ein direkt aktivierter MFC-Mini-Server

Sie benötigen nicht viel OLE-Theorie, um mit Hilfe der MFC-Bibliothek einen Mini-Server zu erstellen. Trotzdem bietet dieses Beispiel einen guten Einstieg in die Problematik, da es Ihnen eine Vorstellung von dem Zusammenwirken zwischen Container und Server vermitteln kann. Der hier verwendete Server ist recht einfach. Er beschränkt sich darauf, einige Textelemente und Grafiken in einem Fenster zu zeichnen. Der Text wird in einem Dokument gespeichert und kann mit Hilfe eines Dialogfelds geändert werden.

So erstellen Sie dieses Beispielprogramm:

1. **Starten Sie den MFC-Anwendungs-Assistenten, und erstellen Sie das Projekt EX28a im Verzeichnis \vcpp32\ex28a.**

Wählen Sie die Option *Einzelnes Dokument (SDI)*. Klicken Sie im Dialogfeld *MFC-Anwendungs-Assistent – Schritt 3 von 6* auf die Option *Mini-Server* (siehe Abbildung 28.2).

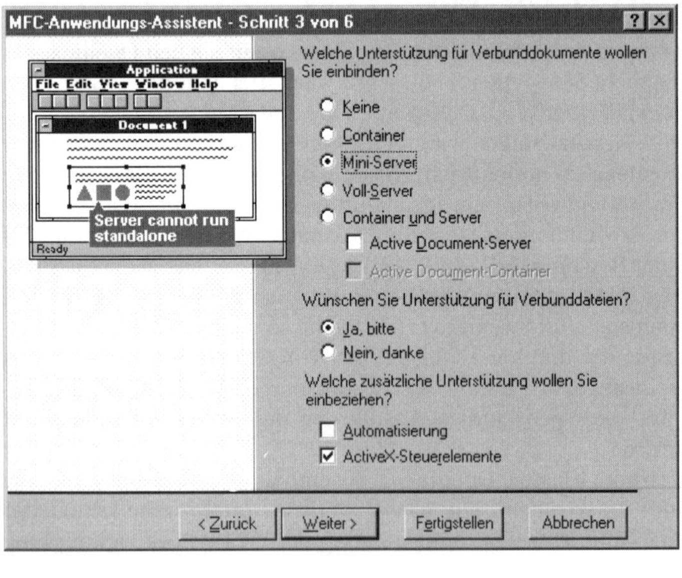

Abbildung 28.2: *Das Dialogfeld* MFC-Anwendungs-Assistent – Schritt 3 von 6 *mit aktivierter Option* Mini-Server.

2. Betrachten Sie die generierten Dateien.

Sie finden neben den üblichen Quelltext- und Header-Dateien für Anwendung, Dokument, Hauptrahmen und Ansichten folgende zusätzliche Dateien:

Header-Datei	Implementierungsdatei	Klasse	MFC-Basisklasse
SrvrItem.h	SrvrItem.cpp	*CEx28aSrvrItem*	*COleServerItem*
IpFrame.h	IpFrame.cpp	*CInPlaceFrame*	*COleIPFrameWnd*

3. Fügen Sie ein Textdatenelement in die Dokumentenklasse ein.

Fügen Sie die folgende Deklaration eines öffentlichen Datenelements in die Klassendeklaration der Datei ex28aDoc.h ein:

```
CString m_strText;
```

Weisen Sie dieser Zeichenfolge in der Member-Funktion *OnNewDocument* den Anfangswert *Standardtext bei Anwendungsstart* zu.

4. Fügen Sie ein Dialogfeld ein, in dem sich der Text ändern lässt.

Fügen Sie eine neue Dialogfeldvorlage mit einem Eingabefeld ein, und generieren Sie anschließend mit Hilfe des Klassen-Assistenten eine von *CDialog* abgeleitete Klasse namens *CTextDialog*. Vergessen Sie nicht, auch die Header-Datei für diese neue Dialogklasse per *include*-Anweisung in die Datei ex28aDoc.cpp aufzunehmen. Fügen Sie zudem mit Hilfe des Klassen-Assistenten eine *CString*-Variable namens *m_strText* für das Eingabefeld in diese Quelltextdatei ein.

5. Ergänzen Sie die Menüs um einen neuen Menübefehl.

Fügen Sie in die Menüs mit der ID *IDR_SRVR_EMBEDDED* und *IDR_SRVR_INPLACE* jeweils einen neuen Menübefehl namens *Ändern* ein. Sie fügen diesen Menübefehl in das Menü *IDR_SRVR_EMBEDDED* ein, indem Sie im Ressourceneditor den Befehl EX28A-EMBED auf der obersten Menüebene einfügen und dann in das zugehörige Untermenü die Option *Ändern* aufnehmen. Fügen Sie dann in die oberste Ebene des Menüs mit der ID *IDR_SRVR_INPLACE* den Befehl EX28A-INPLACE ein, und definieren Sie im zugehörigen Untermenü eine Option namens *Ändern*.

Um beide Menüoptionen mit derselben Funktion *OnModify* zu verknüpfen, weisen Sie in beiden Menüs (*IDR_SRVR_EMBEDDED* und *IDR_SRVR_INPLACE*) der Menüoption *Ändern* die Ressourcen-ID *ID_MODIFY* zu. Benutzen Sie den Klassen-Assistenten, um beide Menüoptionen mit der Funktion *OnModify* der Dokumentklasse zu verbinden. Fügen Sie den folgenden Quelltext in die Behandlungsroutine für den Befehl *Ändern* ein.

```
void CEx28aDoc::OnModify()
{
  CTextDialog dlg;
  dlg.m_strText = m_strText;
  if (dlg.DoModal() == IDOK) {
    m_strText = dlg.m_strText;
    UpdateAllViews(NULL); // Auslöser für CEx28aView::OnDraw
    UpdateAllItems(NULL); // Auslöser CEx28aSrvrItem::OnDraw
    SetModifiedFlag();
  }
}
```

6. Überschreiben Sie die Funktion *OnPrepareDC* der Ansichtsklasse.
Verwenden Sie den Klassen-Assistenten, um die Funktion zu generieren, und fügen Sie dann die folgende Zeile ein:

```
pDC->SetMapMode(MM_HIMETRIC);
```

7. Bearbeiten Sie die Funktion *OnDraw* der Ansichtsklasse.
Fügen Sie die folgenden Codezeilen in die Datei ex28aView.cpp ein, um einen Kreis von 2 cm Durchmesser in der Mitte des Client-Fensters zu zeichnen und den entsprechend umbrochenen Text im Fenster auszugeben:

```
void CEx28aView::OnDraw(CDC* pDC)
{
  CEx28aDoc* pDoc = GetDocument();
  ASSERT_VALID(pDoc);
  CFont font;
  font.CreateFont(-500, 0, 0, 0, 400, FALSE, FALSE, 0,
                  ANSI_CHARSET, OUT_DEFAULT_PRECIS,
                  CLIP_DEFAULT_PRECIS, DEFAULT_QUALITY,
                  DEFAULT_PITCH | FF_SWISS, "Arial");
  CFont* pFont = pDC->SelectObject(&font);
  CRect rectClient;
  GetClientRect(rectClient);
  CSize sizeClient = rectClient.Size();
  pDC->DPtoHIMETRIC(&sizeClient);
  CRect rectEllipse(sizeClient.cx / 2 - 1000,
                   -sizeClient.cy / 2 + 1000,
                    sizeClient.cx / 2 + 1000,
                   -sizeClient.cy / 2 - 1000);
  pDC->Ellipse(rectEllipse);
  pDC->TextOut(0, 0, pDoc->m_strText);
  pDC->SelectObject(pFont);
}
```

8. Bearbeiten Sie die Funktion *OnDraw* des Server-Elements.
Fügen Sie den folgenden Quelltext in die Datei SrvrItem.cpp ein, um denselben Kreis zu zeichnen wie die Funktion *OnDraw* der Ansichtsklasse. Sie werden in Kürze erfahren, was ein Server-Element ist.

```
BOOL CEx28aSrvrItem::OnDraw(CDC* pDC, CSize& rSize)
{
  // Entfernen Sie dies, wenn Sie rSize verwenden
  UNREFERENCED_PARAMETER(rSize);

  CEx28aDoc* pDoc = GetDocument();
  ASSERT_VALID(pDoc);

// ZU ERLEDIGEN: Setzen Sie Mapping-Modus und Extent
// (Das Extent stimmt üblicherweise mit der von OnGetExtent
// zurückgelieferten Größe überein)
  pDC->SetMapMode(MM_ANISOTROPIC);
  pDC->SetWindowOrg(0,0);
  pDC->SetWindowExt(3000, -3000);
```

```
  CFont font;
  font.CreateFont(-500, 0, 0, 0, 400, FALSE, FALSE, 0,
                  ANSI_CHARSET, OUT_DEFAULT_PRECIS,
                  CLIP_DEFAULT_PRECIS, DEFAULT_QUALITY,
                  DEFAULT_PITCH | FF_SWISS, "Arial");
  CFont* pFont = pDC->SelectObject(&font);
  CRect rectEllipse(CRect(500, -500, 2500, -2500));
  pDC->Ellipse(rectEllipse);
  pDC->TextOut(0, 0, pDoc->m_strText);
  pDC->SelectObject(pFont);

  return TRUE;
}
```

9. Bearbeiten Sie die Funktion *Serialize* der Dokumentklasse.
Das Anwendungsgerüst übernimmt die Aufgabe, die Dokumentdaten in einem OLE Stream-Objekt namens *Contents* zu speichern bzw. aus diesem Stream-Objekt zu lesen. Das Stream-Objekt ist mit dem Haupt-Storage-Objekt des Dokuments verknüpft. Sie schreiben einfach normalen Serialisierungscode:

```
void CEx28aDoc::Serialize(CArchive& ar)
{
  if (ar.IsStoring())
  {
    ar << m_strText;
  }
  else
  {
    ar >> m_strText;
  }
}
```

Es ist zudem eine Funktion namens *CEx28aSrvrItem::Serialize* vorhanden, die den Aufruf an die gleichnamige Dokumentenfunktion *Serialize* delegiert.

10. Erstellen und registrieren Sie die Anwendung EX28A.
Die Anwendung muss zunächst einmal aufgerufen werden, damit die Registrierung aktualisiert wird.

11. Testen Sie die Anwendung EX28A.
Sie benötigen ein Container-Programm, das die direkte Aktivierung unterstützt. Sie können Microsoft Excel 97 oder eine neuere Version verwenden, falls Sie es besitzen, oder Sie können das Programm des MFC-Beispiels MFC DRAWCLI erstellen. Wählen Sie im Container den Menübefehl *Einfügen|Objekt*. Wenn diese Option nicht im Menü *Einfügen* enthalten ist, prüfen Sie, ob sie im Menü *Bearbeiten* aufgeführt ist. Wählen Sie dann in der Liste den Typ *Ex28a* aus.

HINWEIS: Sie testen einen eingebetteten Server auf dieselbe Weise wie Sie einen eigenständigen Automatisierungsserver testen. Weitere Informationen zu diesem Thema finden Sie im Einschub *Fehlersuche bei einem EXE-Server* in Kapitel 25.

Wenn Sie zum ersten Mal ein Ex28a-Objekt einfügen, werden Sie einen schraffierten Rahmen sehen, der die direkte Aktivierung des Objekts anzeigt. Das Begrenzungsrechteck hat die Form eines

Quadrats von 3 x 3 cm, in dessen Mitte ein Kreis von 2 cm Durchmesser angezeigt wird (siehe Abbildung 28.3).

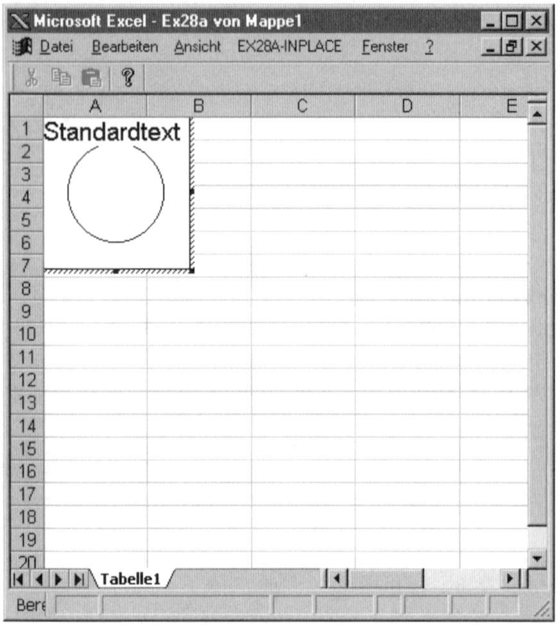

Abbildung 28.3:
Das aktive eingebettete Ex28a-Objekt.

Wenn Sie auf irgendeine Stelle im Container-Fenster klicken, wird das Objekt deaktiviert und wie in Abbildung 28.4 dargestellt angezeigt:

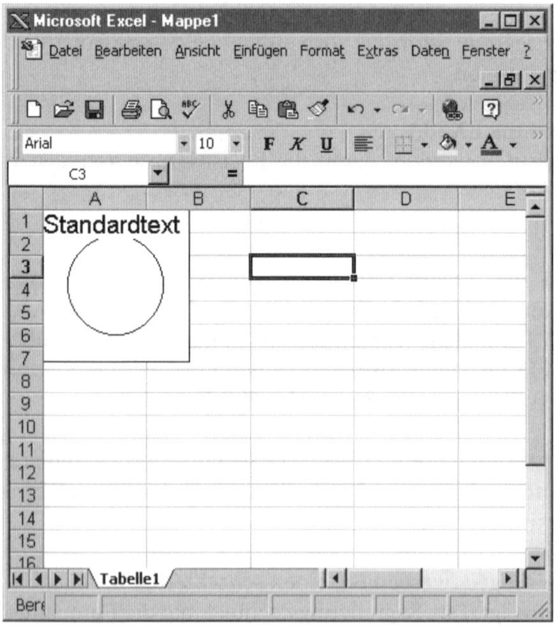

Abbildung 28.4:
Das deaktivierte eingebettete Ex28a-Objekt.

In Abbildung 28.3 werden die Ausgabe der Ansichtsfunktion *OnDraw* dargestellt, in Abbildung 28.4 handelt es sich um die Ausgabe der Funktion *OnDraw* des Server-Elements. Die Kreisfiguren sind identisch, aber der Text wird unterschiedlich formatiert, da die Funktion des Server-Elements einen Metadatei-Gerätekontext verwendet.

Wenn Sie mit Hilfe der Ziehpunkte für Größenänderungen das Objekt in die Länge ziehen (die Ziehpunkte werden angezeigt, wenn Sie einmal auf das Objekt klicken – nicht doppelklicken), werden Sie feststellen, dass Kreis und Text in vertikaler Richtung gestreckt werden (siehe Abbildung 28.5). Wenn Sie das Objekt durch Doppelklick reaktivieren, wird es neu formatiert und ähnelt dann der Darstellung in Abbildung 28.6.

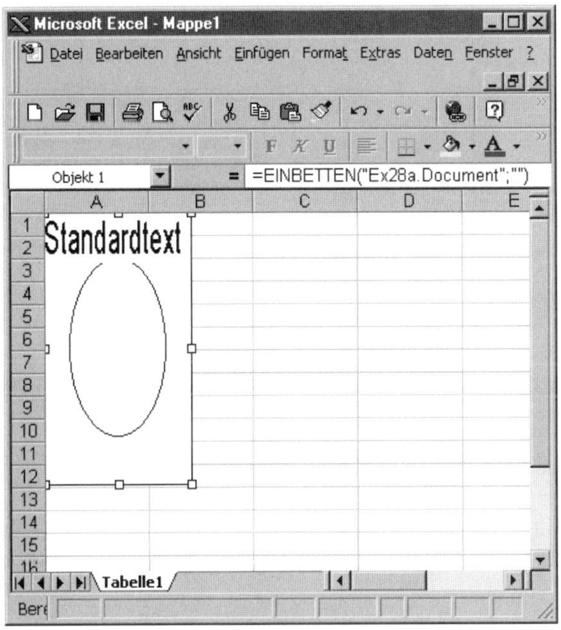

Abbildung 28.5:
Die Größe des aktivierten Ex28a-Objekts wurde verändert.

Klicken Sie nun auf irgendeine Stelle im Container-Fenster und dann auf das Objekt, und wählen Sie dann den Eintrag *Ex28a-Objekt*, der nun am unteren Ende des Menüs *Bearbeiten* angezeigt wird. Wählen Sie im Untermenü dieses Befehls *Open*. Auf diese Weise wird das Server-Programm im Einbettungsmodus statt im Modus der direkten Aktivierung gestartet, wie Sie der Abbildung 28.7 entnehmen können:

Beachten Sie, dass jetzt das Server-Menü *EX28A-EMBED*, das die Ressourcen-ID *IDR_SRVR_EMBEDDED* hat, angezeigt wird.

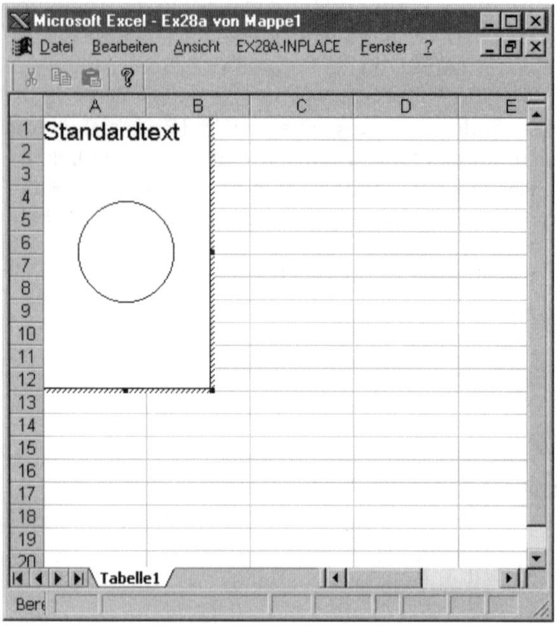

Abbildung 28.6: *Das veränderte Ex28a-Objekt in deaktiviertem Zustand.*

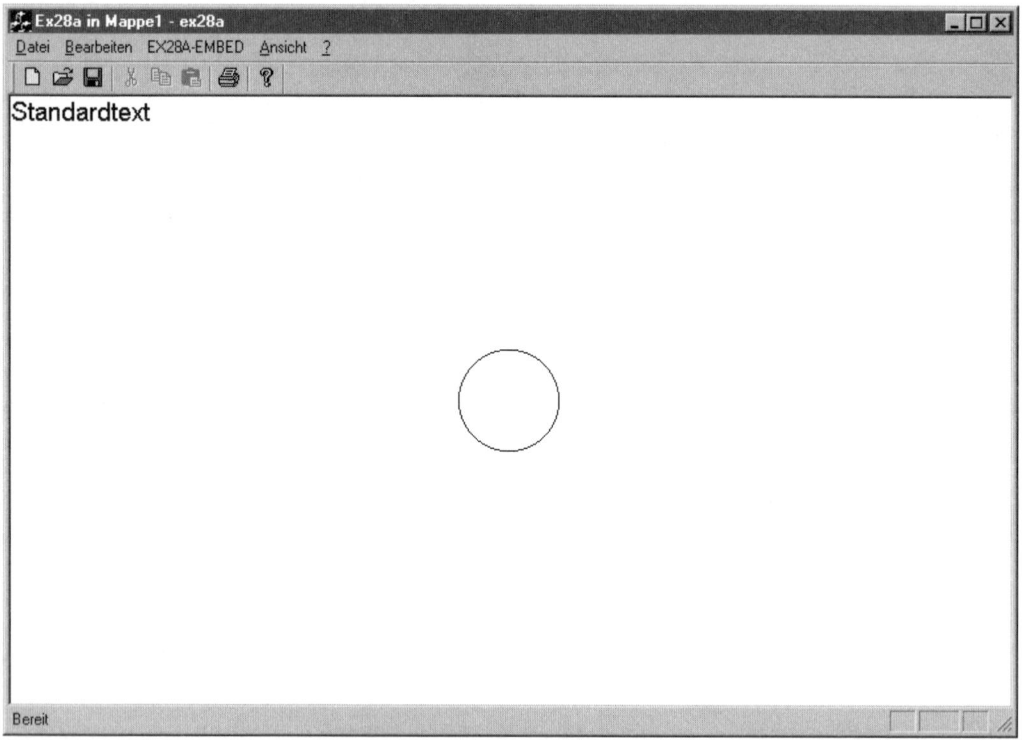

Abbildung 28.7: *Das Server-Programm Ex28a.*

Ein eingebetteter MDI-Server?

Das Beispiel EX28A zeigt einen SDI-Mini-Server. Sobald ein Controller ein Ex28a-Objekt erzeugt, wird ein neuer EX28a-Prozess gestartet. Sie erwarten möglicherweise, dass ein MDI-Mini-Server mehrere Server-Objekte mit jeweils eigenen Dokumenten unterstützt. Das ist nicht der Fall. Wenn Sie mit dem MFC-Anwendungs-Assistenten einen MDI-Mini-Server erstellen, generiert er ein SDI-Programm wie im Beispiel EX28A. Es ist zwar theoretisch möglich, dass ein einzelner Prozess die Bearbeitung mehrerer eingebetteter Objekte in unterschiedlichen Fenstern unterstützt, aber ein solches Programm lässt sich mit der MFC-Bibliothek nicht so einfach implementieren.

Strategie zur Größenbemessung eines direkt aktivierbaren Servers

Wenn Sie die Ausgaben des Beispielsprogramms EX28A in Abbildung 28.3 bis Abbildung 28.7 betrachten, werden Sie feststellen, dass die Metadatei-Darstellung nicht immer mit der Darstellung im direkt aktivierten Rahmenfenster übereinstimmt. Wir hatten die Absicht, ein weiteres Beispielprogramm zu erstellen, in dem die beiden Darstellungen übereinstimmen. Allerdings hatten wir keinen Erfolg, als wir die Microsoft Office 97-Anwendungen als Container-Programme verwenden wollten. Jede dieser Anwendungen verhielt sich etwas anders als erwartet. Es wird noch komplizierter, wenn man die Zoom-Funktionen der Container betrachtet.

Wenn der MFC-Anwendungs-Assistent ein Server-Programm generiert, erzeugt er unter anderem auch eine überschriebene Funktion *OnGetExtent* in der Server-Klasse. Diese Funktion liefert ein festes Größenverhältnis von (3000, 3000). Sie können diesen Wert natürlich Ihren eigenen Erfordernissen anpassen, müssen aber Vorsicht walten lassen, wenn Sie ihn dynamisch ändern. Wir haben versucht, die Größe der Server-Ausgaben in einem eigenen Datenelement des Dokuments zu speichern, aber das reichte bei Änderungen des Container-Zoomfaktors nicht aus. Wir haben vermutet, dass Container-Programme etwas mehr Gebrauch von einer anderen virtuellen Funktion von Server Elementen namens *OnSetExtent* machen würden, aber das tun sie offensichtlich nicht.

Am sichersten ist es, für den Server feste Größen vorzugeben und anzunehmen, dass der Container richtig damit umgeht. Denken Sie daran, dass die Container-Anwendung beim Drucken ihres Dokuments die Metadatei des Servers druckt. Der Inhalt einer Metadatei ist wichtiger als die Darstellung einer direkt aktivierten Dokumentansicht.

Wenn Sie das Container- und das Server-Programm steuern, haben Sie natürlich mehr Möglichkeiten. Sie können dann ein modulares System zur Verarbeitung des Dokuments erstellen, das sein eigenes Protokoll zur Steuerung der Größendarstellungen verwendet. Es wäre dann auch möglich, andere OLE-Schnittstellen einzusetzen.

Zusammenwirken von OLE-Container und -Server

Die Arbeitsweise von Container und Server wird kaum verständlich, wenn man diese Komponenten getrennt analysiert. Man muss ihr Zusammenspiel betrachten, um die Interaktionen zu begreifen. Wir werden die Komplexität dieser Vorgänge Schritt für Schritt analysieren. Wir haben es also mit einer Container-EXE und einer Server-EXE zu tun, wobei der Container den Server mit Hilfe von OLE-Schnittstellen steuert.

Betrachten Sie noch einmal das Beispiel mit der Weltraumsimulation aus Kapitel 24. Das Client-Programm rief die Funktionen *CoGetClassObject* und *IClassFactory::CreateInstance* auf, um den Server zu laden und ein *CSpaceship*-Objekt zu erstellen. Danach rief es *QueryInterface* auf, um Zeiger auf die Schnittstellen *IMotion* und *IVisual* zu erhalten. Ein Container-Programm, das eingebettete Objekte unterstützt, funktioniert in derselben Weise wie der Client der Weltraumsimulation. Es startet das Server-Programm unter Verwendung der Klassen-ID des Servers. Anschließend erzeugt das Server-Programm ein Objekt. Nur die Schnittstellen unterscheiden sich.

Abbildung 28.8 zeigt ein Container-Programm und dessen Sicht auf einen Server. Sie kennen bereits alle in dieser Abbildung gezeigten Schnittstellen bis auf eine: *IOleObject*.

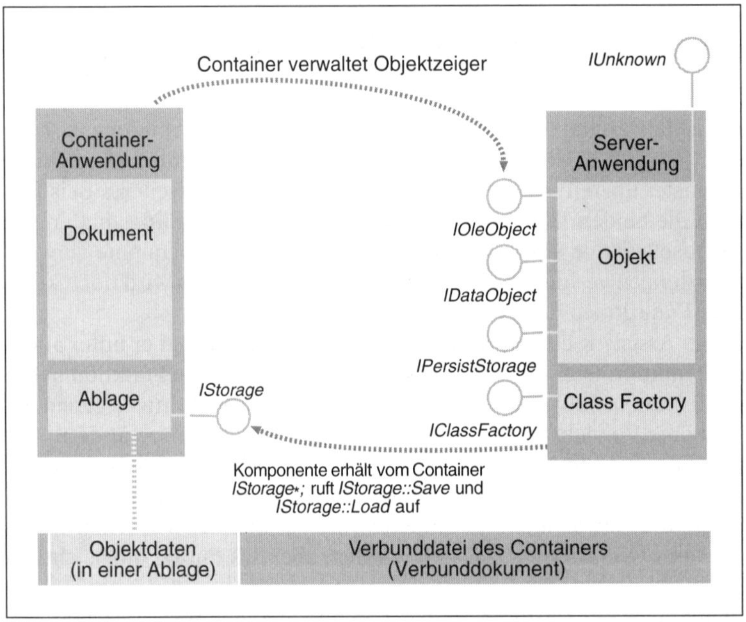

Abbildung 28.8: *Ein Server aus der Sicht eines Container-Programms.*

Die Server-Schnittstelle IOleObject

Einen Server in den Speicher zu laden heißt nicht, ihn zu aktivieren. Beim Laden wird nur ein Prozess gestartet, der auf weitere Anweisungen wartet. Wenn der Container einen Schnittstellenzeiger für die Schnittstelle *IOleObject* des Server-Objekts erhält, kann er die Member-Funktion *DoVerb* aufrufen und ihr ein OLE-Verb wie *OLEIVERB_SHOW* als Parameter übergeben. Die Server-Komponente sollte anschließend ihr Hauptfenster anzeigen und sich wie ein normales Windows-Programm verhalten. Wenn Sie sich die später in diesem Kapitel folgende Beschreibung von *IOleObject::DoVerb* anschauen, werden Sie einen Parameter *IOleClientSite** bemerken. Wir werden »Client Sites« (im Weiteren als *Platzhalter* bezeichnet) noch behandeln, aber im Augenblick belassen wir es damit, den Parameter auf *NULL* zu setzen. Die meisten Server werden einwandfrei arbeiten.

Eine andere wichtige Funktion von *IOleObject* ist *Close*. Naheliegenderweise ruft der Container *Close* auf, wenn er das Server-Programm terminieren möchte. Falls der Server-Prozess ein eingebettetes Objekt bedient (wie es bei MFC-Servern der Fall ist), terminiert der Prozess.

Server-Daten laden und speichern – Verbunddokumente

Sie können der Abbildung 28.8 entnehmen, dass der Container ein Storage-Objekt über einen *IStorage*-Zeiger verwaltet und dass der Server eine Schnittstelle namens *IPersistStorage* implementiert. Der Server kann also seine eigenen Daten laden und speichern, wenn der Container die Funktionen *Load* und *Save* der Schnittstelle *IPersistStorage* aufruft. Sie haben die Schnittstellen *IStorage* und *IPersistStorage* in Kapitel 27 kennen gelernt. Im vorliegenden Fall speichert der Container die Klassen-ID des Servers im Storage-Objekt. Der Container kann dann die Klassen-ID aus dem Storage-Objekt lesen und sie benutzen, um das Server-Programm zu starten, bevor er *IPersistStorage::Load* aufruft.

Tatsächlich ist das Storage-Objekt für das eingebettete Objekt von großer Bedeutung. Ein eingebettetes Objekt braucht ein Storage-Objekt, um arbeiten zu können, so wie ein Virus zum Überleben eine Zelle benötigt. Das Storage-Objekt muss immer verfügbar sein, da das Server-Objekt ständig damit beschäftigt ist, sich selbst zu laden und zu speichern bzw. temporäre Daten zu lesen und zu schreiben.

Im unteren Teil der Abbildung 28.8 wird ein *Verbunddokument* angeführt. Der Container verwaltet zwar die Datei als Ganzes, aber die eingebetteten Server sind für die Storage-Objekte innerhalb der Datei zuständig. Jedes eingebettete Objekt verfügt über ein Haupt-Storage-Objekt, dessen Inhalt den Container nicht kümmert und den er auch nicht kennt.

Datenaustausch über die Zwischenablage

Wenn Sie schon mit OLE-Container-Programmen (beispielsweise Microsoft Excel) gearbeitet haben, werden Sie festgestellt haben, dass eingebettete Objekte als Ganzes kopiert und eingefügt werden können. Für eingebettete Objekte wird ein spezielles Datenobjektformat namens *CF_EMBEDDEDOBJECT* verwendet. Wenn Sie einen *IDataObject*-Zeiger in die Zwischenablage kopieren und das entsprechende Datenobjekt das Format *CF_EMBEDDEDOBJECT* (bzw. das zugehörige Format *CF_OBJECTDESCRIPTOR*) hat, kann ein anderes Programm das zuständige Server-Programm laden und das Objekt rekonstruieren.

Dieser Vorgang ist problemloser als es auf den ersten Blick scheint. Das Format *CF_EMBEDDEDOBJECT* enthält lediglich einen *IStorage*-Zeiger. Die Programmfunktion, die das Objekt in die Zwischenablage kopieren soll, überprüft, ob *IPersistStorage::Save* aufgerufen worden ist, um die Daten des eingebetteten Objekts in dem Storage-Objekt zu speichern, und übergibt dann in einem Datenobjekt den *IStorage*-Zeiger. Das Programm auf der Empfängerseite liest die Klassen-ID des Storage-Objekts, lädt das Server-Programm und ruft dann *IPersistStorage::Load* auf, um die Objektdaten aus dem Storage-Objekt einzulesen.

Die für die Zwischenablage bestimmten Datenobjekte werden nach Bedarf vom Container-Programm erzeugt. Die Schnittstelle *IDataObject* des Servers wird nicht für den Transfer der objekteigenen Daten benutzt.

Zugriff auf die Metadatei des Servers

Sie wissen bereits, dass ein Server-Programm grafische Daten in einer Metadatei speichert, deren Inhalt der Container »abspielt«. Aber wie übergibt der Server die Metadatei? Diesen Zweck erfüllt die Schnittstelle *IDataObject*, die in der Abbildung 28.8 dargestellt wird. Der Container braucht nur *IDataObject::GetData* aufzurufen und ein Format *CF_METAFILEPICT* anzufordern. Das reicht aber noch nicht aus. Der Container soll ja auch Zugriff auf die Metadatei haben, wenn das Server-Programm nicht geladen ist. Anscheinend müssen wir noch tiefer ins Detail gehen.

Die Rolle der prozessinternen Behandlungsroutine

Ein aktives Server-Programm wird in einem eigenen Prozess ausgeführt. Allerdings ist es nicht immer aktiv. In beiden Fällen wird die OLE32-DLL in den Container-Prozess geladen. Diese DLL wird als *Objektbehandlungsroutine* bezeichnet.

HINWEIS: Ein EXE-Server kann seine eigene DLL für die Objektbehandlungsroutine benutzen, aber die meisten Server verwenden standardmäßig die OLE32-DLL.

In Abbildung 28.9 ist das Zusammenwirken zwischen Behandlungsroutine und Server dargestellt. Die Behandlungsroutine kommuniziert mit dem Server über eine RPC-Verbindung und leitet per Marshaling alle Aufrufe von Schnittstellenfunktionen weiter. Aber die Behandlungsroutine leistet für den Server mehr als nur das Marshaling. Sie verwaltet einen *Cache*, der die Metadatei des Server-Objekts enthält. Die Behandlungsroutine speichert und lädt den Cache über das Storage-Objekt. Sie erhält die im Cache gespeicherten Daten über Aufrufe der Server-Funktion *IDataObject::GetData*.

Wenn der Container die Metadatei zeichnen möchte, erledigt er diese Aufgabe nicht selbst, sondern fordert die Behandlungsroutine dazu auf, indem er die Funktion *IViewObject2::Draw* der Behandlungsroutine aufruft. Die Behandlungsroutine versucht, möglichst viele Anforderungen des Containers ohne Rückgriff auf das Server-Programm zu erledigen. Sollte sie aber doch eine Server-Funktion aufrufen müssen, sorgt die Behandlungsroutine dafür, dass das Server-Programm gegebenenfalls geladen wird.

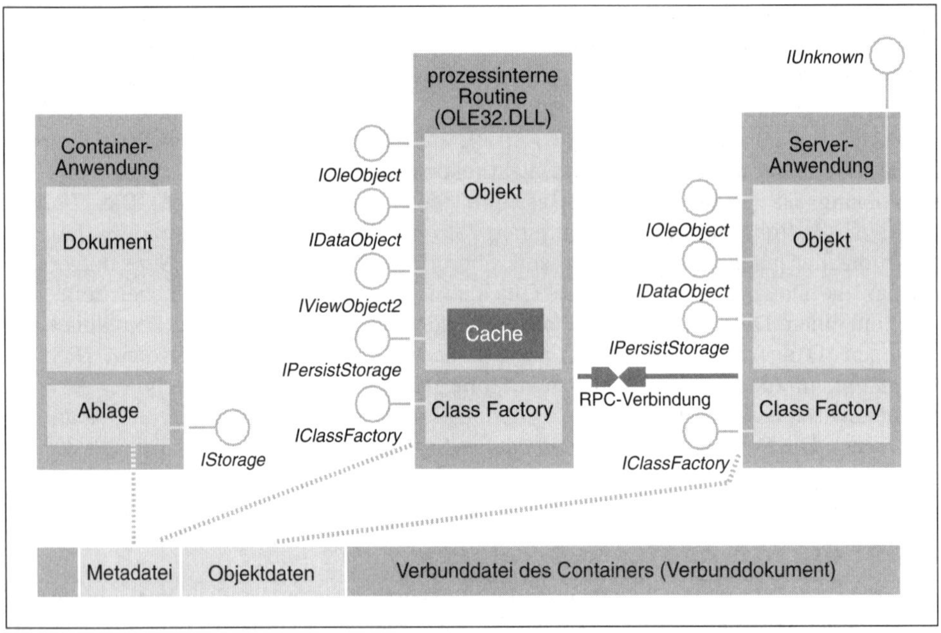

Abbildung 28.9: *Das Zusammenspiel von prozessinterner Behandlungsroutine und Server.*

HINWEIS: Die Schnittstelle *IViewObject2* stellt ein Beispiel für die Weiterentwicklung von OLE dar. Jemand entschied, eine neue Funktion (in diesem Fall *GetExtent*) der Schnittstelle *IViewObject* hinzuzufügen. *IViewObject2* ist von *IViewObject* abgeleitet und enthält die neue Funktion. Alle neuen Server sollten die neue Schnittstelle implementieren und einen Zeiger auf die Schnittstelle *IViewObject2* erhalten, wenn mit *QueryInterface* ein Zeiger auf *IID_IViewObject* oder *IID_IViewObject2* angefordert wird. Bei Verwendung der MFC-Bibliothek brauchen Sie dazu nur zwei Einträge in die Schnittstellentabelle zu schreiben, die eine Verknüpfung mit derselben verschachtelten Klasse herstellen.

Abbildung 28.9 zeigt in dem Storage-Element des eingebetteten Objekts neben Objektdaten auch Metadatei-Daten. Wenn der Container die Funktion *IPersistStorage::Save* der Behandlungsroutine aufruft, speichert die Behandlungsroutine den Cache-Inhalt samt der darin enthaltenen Metadatei im Storage-Objekt und ruft dann die Server-Funktion *IPersistStorage::Save* auf, um in demselben Storage-Element auch die Objektdaten zu speichern. Beim Laden des Objekts wird dieser Vorgang in umgekehrter Reihenfolge ausgeführt.

Server-Zustände

Nachdem Sie nun das Konzept der Behandlungsroutinen kennen gelernt haben, ist es angebracht, eine Beschreibung der vier Zustände zu geben, in denen sich ein eingebettetes Objekt befinden kann.

Zustand	Beschreibung
Passiv	Das Objekt existiert nur in einem Storage-Objekt.
Geladen	Die Objektbehandlungsroutine ist geladen und hat in ihrem Cache eine Metadatei, aber der EXE-Server ist noch nicht geladen.
Laufend	Der EXE-Server wurde geladen und ist aktiv, aber sein Fenster ist für den Anwender nicht sichtbar.
Aktiv	Das Fenster des EXE-Servers ist für den Anwender sichtbar.

Tabelle 28.1: *Mögliche Zustände eines eingebetteten Servers.*

Die Container-Schnittstellen

Betrachten wir nun die Container-Seite. Sehen Sie sich Abbildung 28.10 an. Der Container besteht aus einem Dokument und einem oder mehreren *Platzhalterobjekten*. Die Schnittstelle *IOleContainer* hat Funktionen zur Aufzählung der Platzhalterobjekte, aber wir werden diesen Punkt für den Augenblick außer Acht lassen. Hier ist die Schnittstelle *IOleClientSite* wichtig. Jeder Platzhalter (Site) ist ein Objekt, auf das der Server über einen *IOleClientSite*-Schnittstellenzeiger zugreifen kann. Wenn der Container ein eingebettetes Objekt erzeugt, ruft er *IOleObject::SetClientSite* auf, um eine der beiden Verbindungen zwischen Server und Container herzustellen. Das Platzhalterobjekt erhält einen *IOleObject*-Zeiger auf das zugehörige Server-Objekt.

Eine der wichtigen *IOleClientSite*-Funktionen ist *SaveObject*. Wenn der Server entscheidet, seine Daten im Storage-Objekt zu speichern, führt er diesen Vorgang nicht selbst durch, sondern veranlasst statt dessen über einen Aufruf der Funktion *IOleClientSite::SaveObject* das Platzhalterobjekt, die Daten zu speichern. »Wozu dieser Umweg?« werden Sie fragen. Der Grund dafür ist, dass die Behandlungsroutine die Metadatei im Storage-Objekt speichern muss. Die Funktion *SaveObject* ruft *IPersistStorage::Save* der Behandlungsroutine auf, so dass die Behandlungsroutine die Daten speichern kann, bevor die Server-Funktion *Save* aufgerufen wird.

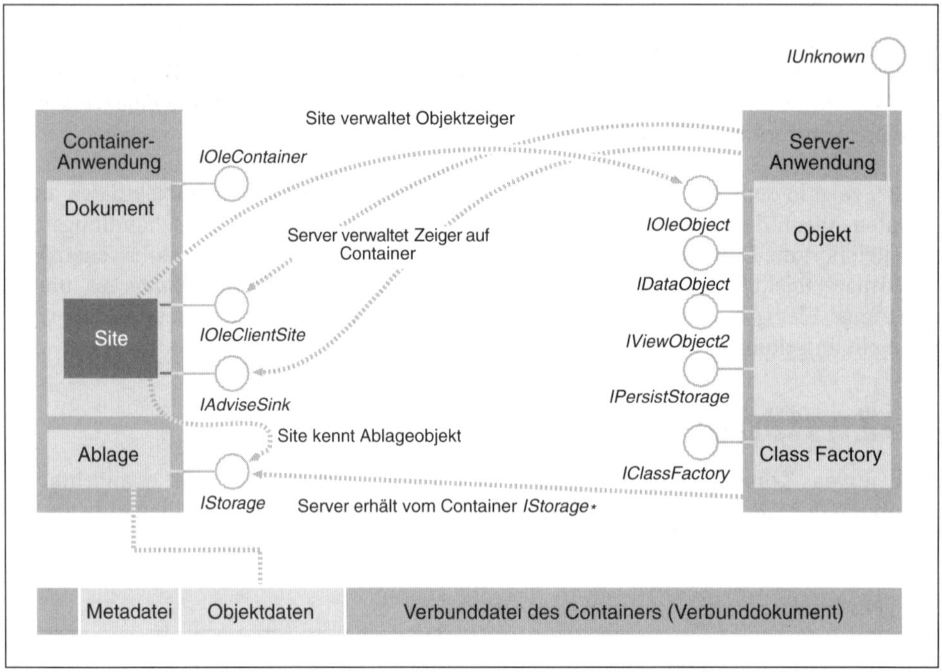

Abbildung 28.10: *Das Zusammenspiel von Container und Server.*

Eine andere wichtige *IOleClientSite*-Funktion ist *OnShowWindow*. Das Server-Programm ruft diese Funktion auf, wenn es aktiviert oder deaktiviert wird. Der Container-Client sollte auf dem Rahmen des eingebetteten Objekts ein schraffiertes Muster anzeigen, wenn das Server-Programm geladen und aktiv ist.

Die Benachrichtigungsverbindung

Abbildung 28.10 zeigt eine weitere Schnittstelle des Platzhalterobjekts namens *IAdviseSink*. Sie bildet den Endpunkt der zweiten Verbindung zwischen Server und Container. Wozu dient diese zweite Verbindung? Die Verbindung über *IOleClientSite* verläuft direkt vom Server zum Container, wohingegen die Verbindung über *IAdviseSink* durch die Behandlungsroutine vermittelt wird. Nachdem das Platzhalterobjekt das eingebettete Objekt erzeugt hat, ruft es *IViewObject2::SetAdvise* auf und übergibt einen Zeiger auf die Schnittstelle *IAdviseSink*. In der Zwischenzeit hat die Behandlungsroutine bereits zwei Benachrichtungsverbindungen zum Server eingerichtet. Wenn das eingebettete Objekt erstellt wird, ruft die Behandlungsroutine die Schnittstellenfunktionen *IOleObject::Advise* und anschließend *IDataObject::DAdvise* auf, um den Benachrichtigungsempfänger über Änderungen am Datenobjekt zu informieren. Falls sich die Server-Daten ändern, benachrichtigt der Server die Behandlungsroutine über die Benachrichtigungsverbindung von *IDataObject*. Wenn der Anwender die Server-Daten speichert bzw. das Programm beendet, informiert der Server die Behandlungsroutine über die *IOleObject*-Benachrichtigungsverbindung. Abbildung 28.11 illustriert diese Verbindungen.

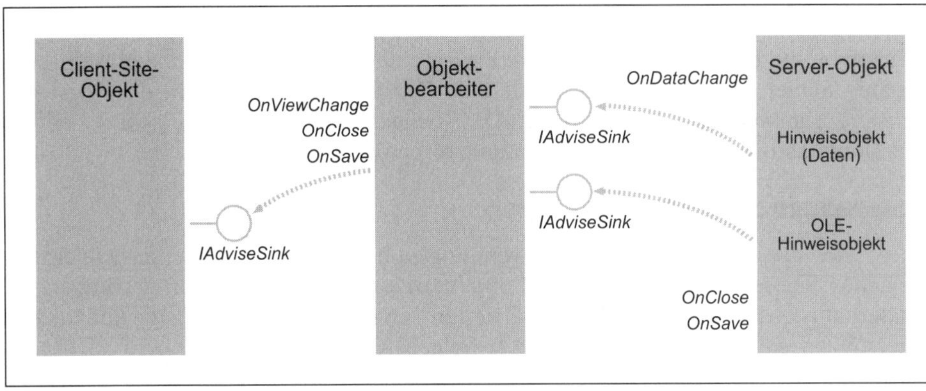

Abbildung 28.11: *Benachrichtigungsverbindungen zwischen Container- und Server-Anwendung.*

Wenn die Behandlungsroutine vom Server über die Datenänderungen benachrichtigt worden ist (der Server ruft dazu *IAdviseSink::OnDataChange* auf), kann sie ihrerseits den Container benachrichtigen, indem sie *IAdviseSink::OnViewChange* aufruft. Der Container antwortet darauf, indem er *IViewObject2::Draw* der Behandlungsroutine aufruft. Sollte das Server-Programm nicht aktiv sein, zeichnet die Behandlungsroutine den Inhalt der im Cache enthaltenen Metadatei. Ist das Server-Programm aktiv, ruft die Behandlungsroutine die Server-Funktion *IDataObject::GetData* auf, um die neueste Version der Metadatei zu erhalten und zu zeichnen. Die Benachrichtigungen *OnClose* und *OnSave* werden auf ähnliche Weise weitergereicht.

Eine Metadatei für die Zwischenablage

Wie Sie gerade erfahren haben, gibt sich der Container nicht direkt mit der Metadatei ab, wenn er das eingebettete Objekt zeichnen möchte, sondern er ruft statt dessen *IViewObject2::Draw* auf. Es gibt jedoch einen Fall, wo der Container direkt auf die Metadatei zugreifen muss. Wenn der Container ein eingebettetes Objekt in die Zwischenablage kopiert, muss er außer den Objektdaten auch eine Metadatei und einen Objektdeskriptor kopieren. Diesen Zweck erfüllt die Schnittstelle *IDataObject* der Behandlungsroutine. Der Container ruft *IDataObject::GetData* auf und fordert ein Metadatei-Format an. Danach kopiert er dieses Format in das Datenobjekt der Zwischenablage.

Zusammenfassung der Schnittstellen

Es folgt eine Zusammenfassung der wichtigeren OLE-Schnittstellen, die wir in den übrigen Beispielen dieses Kapitels verwenden werden. Die aufgelisteten Funktionen (wie auch die Parameterlisten) sind durchaus nicht vollständig. Vollständige Angaben finden Sie in *MSDN Online* oder in dem Buch von Kraig Brockschmidt.

Die Schnittstelle IOleObject

Diese Schnittstelle wird von eingebetteten Servern implementiert. Das Platzhalterobjekt verwaltet einen *IOleObject*-Zeiger auf ein eingebettetes Objekt.

HRESULT Advise(IAdviseSink* pAdvSink, DWORD* pdwConnection);

Die Behandlungsroutine ruft diese Funktion auf, um eine der beiden Benachrichtigungsverbindungen zwischen Server und Container einzurichten. Der Server verwendet in der Regel die Funktion *Advise* zusammen mit einem speziellen OLE-Objekt (einem »Hinweisobjekt«), das zur vereinfachten Handhabung mehrerer Benachrichtigungsverbindungen verwendet wird.

HRESULT Close(DWORD dwSaveOption);

Der Container ruft *Close* auf, um die Server-Anwendung zu beenden, belässt aber das Objekt im Zustand »geladen«. Diese Funktion wird von Containern aufgerufen, wenn der Anwender auf eine Stelle außerhalb des Fensters eines direkt aktivierten Server klickt. Server, die die direkte Aktivierung unterstützen, sollten dann ihre Ressourcen freigeben und terminieren.

HRESULT DoVerb(LONG iVerb, ..., IOleClientSite* pActiveSite, ...);

OLE-Server unterstützen numerische *Verben*, wie sie in der Registrierung definiert werden. Eingebettete Server müssen das Verb *OLEIVERB_SHOW* unterstützen, mit dem das Objekt veranlasst wird, sich anzuzeigen, so dass es bearbeitet oder betrachtet werden kann. Wenn ein Server die direkte Aktivierung unterstützt, startet dieses Verb den Prozess der visuellen Bearbeitung. Andernfalls startet es das Server-Programm in einem eigenen Fenster außerhalb des Containers. Das Verb *OLEIVERB_OPEN* startet einen direkt aktivierbaren Server in einem separaten Fenster.

HRESULT GetExtent(DWORD dwDrawAspect, SIZEL* pSizel);

Der Server gibt die Objektdimensionen in *HIMETRIC*-Werten zurück. Der Container benutzt diese Abmessungen, um die Größe des Rechtecks für die Server-Metadatei festzulegen. Manchmal verwendet der Container auch die Abmessungen, die in dem Metadatei-Abbild des Servers gespeichert sind.

HRESULT SetClientSite(IOleClientSite* pClientSite);

Der Container ruft *SetClientSite* auf, um den Server in die Lage zu versetzen, einen Zeiger auf das Platzhalterobjekt im Container zu speichern.

HRESULT SetExtent(DWORD dwDrawAspect, SIZEL* pSizel);

Einige Container rufen diese Funktion auf, um bestimmte Größenabmessungen für den Server vorzugeben.

HRESULT SetHostNames(LPCOLESTR szContainerApp, LPCOLESTR szContainerObj);

Der Container ruft *SetHostNames* auf, damit der Server den Programmnamen des Containers in der Titelleiste seines Fensters anzeigen kann.

HRESULT Unadvise(DWORD* dwConnection);

Diese Funktionen terminiert die Benachrichtigungsverbindung, die durch *Advise* eingerichtet worden ist.

Die Schnittstelle IViewObject2

Diese Schnittstelle wird von den *Behandlungsroutinen* eingebetteter Server implementiert. Mit Behandlungsroutinen (auch Handler genannt) sind hier eine spezielle Art von COM-Servern gemeint, die sich um bestimmte client-seitige Aspekte der Objekteinbettung und -verknüpfung kümmern. Die Standardbehandlungsroutine (die von Microsoft gelieferte) befindet sich in einer DLL namens *OLE32.DLL*. Der Container ruft die Funktionen dieser Schnittstelle auf, aber das Server-Programm implementiert sie nicht. Eine Schnittstelle *IViewObject2* kann nicht über Prozessgrenzen hinweg aufgerufen werden, da sie mit einem Gerätekontext verknüpft ist.

HRESULT Draw(DWORD dwAspect, ..., const LPRECTL lprcBounds, ...);

Der Container ruft diese Funktion auf, um die Metadatei eines Servers in einem angegebenen Rechteck zu zeichnen.

HRESULT SetAdvise(DWORD dwAspect, ..., IAdviseSink* pAdvSink);

Der Container ruft *SetAdvise* auf, um die Benachrichtigungsverbindung zur Behandlungsroutine einzurichten. Diese richtet ihrerseits die Benachrichtigungsverbindung zum Server ein.

Die Schnittstelle IOleClientSite

Diese Schnittstelle wird von Containern implementiert. Für jedes Server-Objekt ist im Container ein Platzhalterobjekt vorhanden.

HRESULT GetContainer(IOleContainer ppContainer);**

Die Funktion *GetContainer* liefert einen Zeiger auf das Container-Objekt (Dokument), mit dessen Hilfe sich die Platzhalter des Containers auflisten lassen.

HRESULT OnShowWindow(BOOL fShow);

Das Server-Programm ruft diese Funktion auf, wenn es zwischen den Zuständen »laufend« und »geladen« (bzw. »aktiv«) hin und her wechselt. Ist ein Objekt geladen, sollte der Container einen schraffierten Rahmen um das eingebettete Objekt anzeigen.

HRESULT SaveObject(void);

Das Server-Programm ruft *SaveObject* auf, wenn es seine Daten in seinem Storage-Objekt speichern möchte. Der Container ruft zu diesem Zweck *IPersistStorage::Save* auf.

Die Schnittstelle IAdviseSink

Diese Schnittstelle wird von Containern implementiert. Behandlungsroutinen eingebetteter Objekte rufen die Funktionen dieser Schnittstelle auf, nachdem sie Benachrichtigungen vom Server erhalten haben.

void OnClose(void);

Server-Programme rufen diese Funktion auf, wenn sie terminiert werden.

void OnViewChange(DWORD dwAspect, ...);

Die Behandlungsroutine ruft *OnViewChange* auf, wenn die Metadatei geändert worden ist. Da eine entsprechende Benachrichtigung nur von einem aktiven Server-Programm gesendet wird, kann die Behandlungsroutine die Server-Funktion *IDataObject::GetData* aufrufen, um die neueste Version der Metadatei zu erhalten und in ihrem Cache zu speichern. Anschließend kann der Container diese Metadatei zeichnen, indem er *IViewObject2::Draw* aufruft.

OLE-Hilfsfunktionen

Es gibt einige globale OLE-Funktionen, die jeweils unterschiedliche Folgen von Aufrufen der OLE-Schnittstellenfunktionen kapseln. Im Folgenden werden die Hilfsfunktionen beschrieben, die im Beispiel EX28B verwendet werden:

**HRESULT OleCreate(REFCLSID rclsid, REFIID riid, ...,
IOleClientSite* pClientSite, IStorage* pStg, void** ppvObj);**

Die Funktion *OleCreate* führt zunächst die Schritte zur Erzeugung des COM-Objekts durch und benutzt dabei die angegebene Klassen-ID. Im Ergebnis wird das Server-Programm geladen. Dann fordert die Funktion über *QueryInterface* einen *IPersistStorage*-Zeiger an, mit dessen Hilfe sie *InitNew* aufruft und dabei den Parameter *pStg* übergibt. Außerdem ruft die Funktion *QueryInterface* auf, um einen *IOleObject*-Zeiger zu erhalten, über den sie dann *SetClientSite* aufruft, wobei sie den Parameter *pClientSite* übergibt. Schließlich fordert sie über *QueryInterface* die durch *riid* bezeichnete Schnittstelle (normalerweise *IID_IOleObject*) an.

**HRESULT OleCreateFromData(IDataObject* pSrcDataObj, REFIID riid, ..., IOleClientSite*
pClientSite, IStorage* pStg, void** ppvObj);**

Die Funktion *OleCreateFromData* erzeugt aus einem Datenobjekt ein eingebettetes Objekt. Im Beispiel EX28B liegt das eingehende Datenobjekt im Format *CF_EMBEDDEDOBJECT* vor und verfügt deshalb über einen *IStorage*-Zeiger. Die Funktion lädt dann das Server-Programm mit Hilfe der Klassen-ID aus dem Storage-Objekt und ruft anschließend *IPersistStorage::Load* auf, um den Server zu veranlassen, die Objektdaten zu laden. Außerdem ruft die Funktion *IOleObject::SetClientSite* auf.

**HRESULT OleDraw(IUnknown* pUnk, DWORD dwAspect,
HDC hdcDraw, LPCRECT lprcBounds);**

Diese Funktion ruft *QueryInterface* mit *pUnk* auf, um einen *IViewObject*-Zeiger zu erhalten, und übergibt anschließend den Parameter *lprcBounds* an *IViewObject::Draw.*

**HRESULT OleLoad(IStorage* pStg, REFIID riid,
IOleClientSite* pClientSite, void** ppvObj);**

Die Funkion *OleLoad* führt zunächst die Schritte zur Erzeugung des COM-Objekts durch und benutzt dabei die im Storage-Objekt angegebene Klassen-ID. Danach ruft sie *IOleObject::SetClientSite* und *IPersistStorage::Load* auf. Schließlich fordert sie über *QueryInterface* die durch *riid* bezeichnete Schnittstelle (normalerweise *IID_IOleObject*) an.

HRESULT OleSave(IPersistStorage* pPS, IStorage* pStg, ...);

Diese Funktion ruft *IPersistStorage::GetClassID* auf, um die Klassen-ID des Objekts zu erhalten, Anschließend schreibt sie diese Klassen-ID in das durch *pStg* bezeichnete Storage-Objekt. Zum Schluss ruft sie *IPersistStorage::Save* auf.

Eine OLE-Container-Anwendung

Nachdem wir (in Beispiel EX28B) einen funktionsfähigen Mini-Server vorgestellt haben, der Objekteinbettung unterstützt, werden wir nun ein Container-Programm schreiben, mit dem der Mini-Server aktiviert werden kann. Allerdings werden wir nicht die MFC-Funktionen für die Container-Unterstützung einsetzen, da es nötig ist, die Vorgänge auf der Ebene der OLE-Schnittstellen zu beleuchten. Wir werden jedoch das MFC-Dokument-Ansicht-Modell, die MFC-Schnittstellentabellen und die MFC-Klassen für Datenobjekte verwenden.

MFC-Unterstützung für OLE-Container

Wenn Sie mit dem MFC-Anwendungs-Assistenten eine MFC-OLE-Container-Anwendung generieren, erhalten Sie eine von *COleDocument* abgeleitete Klasse sowie eine von *COleClientItem* abgeleitete Klasse. Diese MFC-Basisklassen implementieren eine Anzahl wichtiger OLE-Container-Schnittstellen für die Realisierung von Einbettung und direkter Aktivierung. Es geht darum, für jedes eingebettete Objekt ein *COleClientItem*-Objekt im Container-Dokument bereitzustellen. Jedes *COleClientItem*-Objekt definiert einen Platzhalter, der angibt, wo sich das Server-Objekt im Dokumentenfenster befindet.

Die Klasse *COleDocument* verwaltet eine Liste von Platzhaltern, aber es liegt bei Ihnen, festzulegen, wie ein Server-Objekt ausgewählt wird und auf welche Weise die Position der Metadatei mit dem Rahmen der direkten Aktivierung in Übereinstimmung gebracht werden kann. Der MFC-Anwendungs-Assistent erzeugt ein Container-Anwendungsgerüst, das keine Unterstützung für die Objektverknüpfung und den Datenaustausch über die Zwischenablage oder Drag & Drop zur Verfügung stellt. Sollten Sie an diesen Merkmalen interessiert sein, müssen Sie sich die MCF-Beispiele OLE DRAWCLI und OCLIENT ansehen.

Wir werden nur eine MFC-OLE-Klasse in diesem Container-Beispiel verwenden, nämlich *COleInsertDialog*. Diese Klasse kapselt die Funktion *OleUIInsertObject* , die ihrerseits das Standarddialogfeld *Objekt einfügen* aufruft. Dieses Dialogfeld ermöglicht es dem Benutzer, aus einer Liste ein registriertes Server-Programm auszuwählen.

Einschränkungen der Container-Funktionen

Da unsere Container-Anwendung vor allem Studienzwecken dient, werden wir einige Vereinfachungen vornehmen, um den Umfang des benötigten Quelltexts zu reduzieren. Der Container wird keine direkte Aktivierung unterstützen, sondern die Anwender können eingebettete Objekte nur in einem separaten Fenster bearbeiten. Außerdem unterstützt der Container nur ein eingebettetes Objekt je Dokument. Es gibt also keine Unterstützung für die OLE-Verknüpfung von Objekten. Der Container verwendet zur Speicherung des eingebetteten Objekts eine Verbunddatei, greift aber direkt auf dessen Elemente zu und umgeht so die Serialisierungsfunktionen des Anwendungsgerüsts. Die Verwendung der Zwischenablage wird unterstützt, Drag & Drop dagegen nicht. Abgesehen von diesen Einschränkungen, erhalten wir jedoch einen recht brauchbaren Container!

Funktionen des Containers

Was leistet der Container nun eigentlich? Es folgt eine Liste der Container-Funktionen:

- Als MFC-MDI-Anwendung kann der Container mehrere Dokumente handhaben.
- Er zeigt die Metadatei des Servers in einem verschiebbaren Rechteck im Ansichtsfenster an.
- Er verwaltet für jedes eingebettete Objekte ein temporäres Storage-Objekt.
- Er implementiert die Menüoption *Objekt einfügen*, mit deren Hilfe der Anwender einen registrierten Server auswählen kann. Das ausgewählte Server-Programm wird in seinem eigenen Fenster gestartet.
- Im Container können eingebettete Objekt durch *Kopieren* (oder *Ausschneiden*) in die Zwischenablage übertragen und anschließend wieder eingefügt werden. Auf diese Weise lassen sich eingebettete Objekte mit anderen Containern, beispielsweise Microsoft Word und Microsoft Excel, austauschen.
- Eingebettete Objekte können gelöscht werden.
- Der Container überwacht die Zustandsänderungen des Server-Programms und sorgt für die schraffierte Darstellung des Objektrahmens, wenn der Server *akt*iv ist bzw. ausgeführt wird.
- Er zeichnet die Metadatei des eingebetteten Objekts neu, wenn er über Änderungen des Servers benachrichtigt wird.
- Er speichert das Objekt in dessen temporärem Storage-Objekt, wenn der Server das Objekt aktualisiert oder seine Ausführung beendet.
- Er kopiert das temporäre Storage-Objekt des eingegebetteten Objekts in Verbunddateien, wenn die Befehle *Kopieren in* und *Einfügen aus* im Menü *Bearbeiten* ausgewählt werden.

Das Beispiel EX28B – Ein OLE-Container

Wir können uns jetzt dem Beispielprogramm zuwenden. Öffnen Sie den Arbeitsbereich \vcpp32\ex28b\ex28b.dsw, und erstellen Sie das Programm EX28B. Führen Sie das Programm aus. Wenn Sie im Menü *Bearbeiten* den Befehl *Objekt einfügen* und dann den Objekttyp *Ex28a Document* auswählen, wird der Server EX28B gestartet. Ändern Sie die Server-Daten, und wechseln Sie wieder zum Container. Wenn Sie den Server erneut aktivieren, sollte ihr Bildschirm etwa wie in Abbildung 28.12 aussehen.

Die Klasse CEx28bView

Sie werden das Programm am ehesten verstehen, wenn Sie sich mit der Ansichtsklasse beschäftigen. Betrachten Sie den Quelltext im Listing 28.1, ohne jedoch auf die *IOleClientSite*-Zeiger zu achten. Das Container-Programm wird auch dann funktionieren, wenn Sie für jeden *IOleClientSite*-Zeiger den Wert *NULL* als Parameter übergeben. Allerdings wird der Container dann nicht mehr benachrichtigt, wenn sich Metadatei oder Objektdaten geändert haben. Außerdem werden die Server dann mit ihren normalen Menüs statt der speziellen Einbettungsmenüs angezeigt.

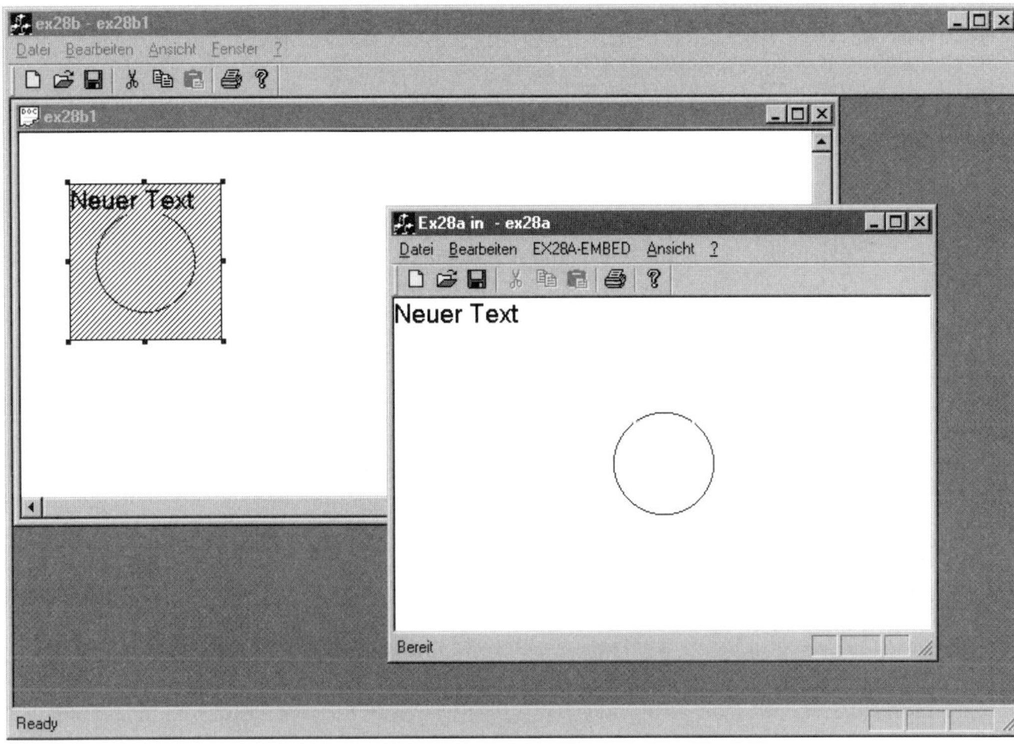

Abbildung 28.12: *Ein in das Beispielprogramm EX28B eingebettetes Ex28a-Objekt.*

EX28BVIEW.H

```
#if !defined(AFX_EX28BVIEW_H__1EAAB6E1_6011_11D0_848F_00400526305B__INCLUDED_)
#define AFX_EX28BVIEW_H__1EAAB6E1_6011_11D0_848F_00400526305B__INCLUDED_

#if _MSC_VER >= 1000
#pragma once
#endif // _MSC_VER >= 1000

#define CF_OBJECTDESCRIPTOR "Object Descriptor"
#define CF_EMBEDDEDOBJECT "Embedded Object"
#define SETFORMATETC(fe, cf, asp, td, med, li) \
  ((fe).cfFormat=cf, \
   (fe).dwAspect=asp, \
   (fe).ptd=td, \
   (fe).tymed=med, \
   (fe).lindex=li)

////////////////////////////////////////////////////////////////////////////
class CEx28bView : public CScrollView
{
public:
  CLIPFORMAT m_cfObjDesc;
  CLIPFORMAT m_cfEmbedded;
```

```
  CSize m_sizeTotal; // Dokumentgröße
  CRectTracker m_tracker;
  CRect m_rectTracker; // logische Koordinaten
protected: // Nur aus Serialisierung erzeugen
  CEx28bView();
  DECLARE_DYNCREATE(CEx28bView)

// Attribute
public:
  CEx28bDoc* GetDocument();

private:
  void GetSize();
  void SetNames();
  void SetViewAdvise();
  BOOL MakeMetafilePict(COleDataSource* pSource);
  COleDataSource* SaveObject();
  BOOL DoPasteObject(COleDataObject* pDataObject);
  BOOL DoPasteObjectDescriptor(COleDataObject* pDataObject);

// Überladungen
  // Vom Klassenassistenten generierte Überladungen virtueller Funktionen
  //{{AFX_VIRTUAL(CEx28bView)
  public:
  virtual void OnDraw(CDC* pDC); // überladen zum Zeichnen dieser Ansicht
  virtual BOOL PreCreateWindow(CREATESTRUCT& cs);
  virtual void OnInitialUpdate();
  protected:
  virtual BOOL OnPreparePrinting(CPrintInfo* pInfo);
  virtual void OnBeginPrinting(CDC* pDC, CPrintInfo* pInfo);
  virtual void OnEndPrinting(CDC* pDC, CPrintInfo* pInfo);
  //}}AFX_VIRTUAL

// Implementierung
public:
  virtual ~CEx28bView();
#ifdef _DEBUG
  virtual void AssertValid() const;
  virtual void Dump(CDumpContext& dc) const;
#endif

protected:

// Generierte Message-Map-Funktionen
protected:
  //{{AFX_MSG(CEx28bView)
  afx_msg void OnEditCopy();
  afx_msg void OnUpdateEditCopy(CCmdUI* pCmdUI);
  afx_msg void OnEditCopyto();
  afx_msg void OnEditCut();
  afx_msg void OnEditPaste();
  afx_msg void OnUpdateEditPaste(CCmdUI* pCmdUI);
  afx_msg void OnEditPastefrom();
  afx_msg void OnEditInsertobject();
  afx_msg void OnUpdateEditInsertobject(CCmdUI* pCmdUI);
  afx_msg void OnLButtonDown(UINT nFlags, CPoint point);
```

```
  afx_msg void OnLButtonDblClk(UINT nFlags, CPoint point);
  afx_msg BOOL OnSetCursor(CWnd* pWnd, UINT nHitTest, UINT message);
  //}}AFX_MSG
  DECLARE_MESSAGE_MAP()
};

#ifndef _DEBUG // Testversion in ex28bView.cpp
inline CEx28bDoc* CEx28bView::GetDocument()
  { return (CEx28bDoc*)m_pDocument; }
#endif

/////////////////////////////////////////////////////////////////////////////

//{{AFX_INSERT_LOCATION}}
// Microsoft Developer Studio fügt zusätzliche Deklarationen unmittelbar vor
// der vorhergehenden Zeile ein.

#endif
//!defined(AFX_EX28bVIEW_H__1EAAB6E1_6011_11D0_848F_00400526305B__INCLUDED_)
```

EX28BVIEW.CPP

```
#include "stdafx.h"
#include "ex28b.h"

#include "ex28bDoc.h"
#include "ex28bView.h"

#ifdef _DEBUG
#define new DEBUG_NEW
#undef THIS_FILE
static char THIS_FILE[] = _FILE_;
#endif

/////////////////////////////////////////////////////////////////////////////
// CEx28bView

IMPLEMENT_DYNCREATE(CEx28bView, CScrollView)

BEGIN_MESSAGE_MAP(CEx28bView, CScrollView)
  //{{AFX_MSG_MAP(CEx28bView)
  ON_COMMAND(ID_EDIT_COPY, OnEditCopy)
  ON_UPDATE_COMMAND_UI(ID_EDIT_COPY, OnUpdateEditCopy)
  ON_COMMAND(ID_EDIT_COPYTO, OnEditCopyto)
  ON_UPDATE_COMMAND_UI(ID_EDIT_COPYTO, OnUpdateEditCopy)
  ON_COMMAND(ID_EDIT_CUT, OnEditCut)
  ON_UPDATE_COMMAND_UI(ID_EDIT_CUT, OnUpdateEditCopy)
  ON_COMMAND(ID_EDIT_PASTE, OnEditPaste)
  ON_UPDATE_COMMAND_UI(ID_EDIT_PASTE, OnUpdateEditPaste)
  ON_COMMAND(ID_EDIT_PASTEFROM, OnEditPastefrom)
  ON_COMMAND(ID_EDIT_INSERTOBJECT, OnEditInsertobject)
  ON_UPDATE_COMMAND_UI(ID_EDIT_INSERTOBJECT, OnUpdateEditInsertobject)
  ON_WM_LBUTTONDOWN()
  ON_WM_LBUTTONDBLCLK()
  ON_WM_SETCURSOR()
```

```
  //}}AFX_MSG_MAP
  // Standard-Druckbefehle
  ON_COMMAND(ID_FILE_PRINT, CScrollView::OnFilePrint)
  ON_COMMAND(ID_FILE_PRINT_DIRECT, CScrollView::OnFilePrint)
  ON_COMMAND(ID_FILE_PRINT_PREVIEW, CScrollView::OnFilePrintPreview)
END_MESSAGE_MAP()

/////////////////////////////////////////////////////////////////////////////
// CEx28bView Konstruktion/Destruktion

CEx28bView::CEx28bView() : m_sizeTotal(20000, 25000),
  // 20 x 25 cm in Druckausgabe
  m_rectTracker(0, 0, 0, 0)
{
  m_cfObjDesc = ::RegisterClipboardFormat(CF_OBJECTDESCRIPTOR);
  m_cfEmbedded = ::RegisterClipboardFormat(CF_EMBEDDEDOBJECT);
}

CEx28bView::~CEx28bView()
{
}

BOOL CEx28bView::PreCreateWindow(CREATESTRUCT& cs)
{
  // ZU ERLEDIGEN: Ändern Sie hier die Fensterklasse oder das
  // Erscheinungsbild, indem Sie CREATESTRUCT cs modifizieren.
  return CScrollView::PreCreateWindow(cs);
}

/////////////////////////////////////////////////////////////////////////////
// CEx28bView Zeichnen

void CEx28bView::OnDraw(CDC* pDC)
{
  CEx28bDoc* pDoc = GetDocument();

  if(pDoc->m_lpOleObj != NULL) {
    VERIFY(::OleDraw(pDoc->m_lpOleObj, DVASPECT_CONTENT,
        pDC->GetSafeHdc(), m_rectTracker) == S_OK);
  }

  m_tracker.m_rect = m_rectTracker;
  pDC->LPtoDP(m_tracker.m_rect);  // Gerät
  if(pDoc->m_bHatch) {
    m_tracker.m_nStyle |= CRectTracker::hatchInside;
  }
  else {
    m_tracker.m_nStyle &= ~CRectTracker::hatchInside;
  }
  m_tracker.Draw(pDC);
}

/////////////////////////////////////////////////////////////////////////////
// CEx28bView Drucken

BOOL CEx28bView::OnPreparePrinting(CPrintInfo* pInfo)
```

```
{
  pInfo->SetMaxPage(1);
  return DoPreparePrinting(pInfo);
}

void CEx28bView::OnBeginPrinting(CDC* /*pDC*/, CPrintInfo* /*pInfo*/)
{
  // ZU ERLEDIGEN: Zusätzliche Initialisierung vor dem Drucken hier einfügen
}

void CEx28bView::OnEndPrinting(CDC* /*pDC*/, CPrintInfo* /*pInfo*/)
{
  // ZU ERLEDIGEN: Hier Bereinigungsarbeiten nach dem Drucken einfügen
}

//////////////////////////////////////////////////////////////////////////////
// CEx28bView Diagnose

#ifdef _DEBUG
void CEx28bView::AssertValid() const
{
  CScrollView::AssertValid();
}

void CEx28bView::Dump(CDumpContext& dc) const
{
  CScrollView::Dump(dc);
}

CEx28bDoc* CEx28bView::GetDocument() // Die endgültige (nicht zur
                    //Fehlersuche kompilierte) Version ist Inline
{
  ASSERT(m_pDocument->IsKindOf(RUNTIME_CLASS(CEx28bDoc)));
  return (CEx28bDoc*)m_pDocument;
}
#endif //_DEBUG

//////////////////////////////////////////////////////////////////////////////
// CEx28bView Nachrichten-Handler

void CEx28bView::OnInitialUpdate()
{
  TRACE("CEx28bView::OnInitialUpdate\n");
  m_rectTracker = CRect(1000, -1000, 5000, -5000);
  m_tracker.m_nStyle = CRectTracker::solidLine |
    CRectTracker::resizeOutside;
  SetScrollSizes(MM_HIMETRIC, m_sizeTotal);
  CScrollView::OnInitialUpdate();
}

void CEx28bView::OnEditCopy()
{
  COleDataSource* pSource = SaveObject();
  if(pSource) {
    pSource->SetClipboard(); // OLE löscht Datenquelle
  }
```

```
}

void CEx28bView::OnUpdateEditCopy(CCmdUI* pCmdUI)
{
  // Unterstützung der Befehle Kopieren, Ausschneiden, Kopieren in
  pCmdUI->Enable(GetDocument()->m_lpOleObj != NULL);
}

void CEx28bView::OnEditCopyto()
{
  // Text in STG-Datei kopieren (STG ist beliebig gewählte Erweiterung)
  CFileDialog dlg(FALSE, "stg", "*.stg");
  if (dlg.DoModal() != IDOK) {
    return;
  }
  CEx28bDoc* pDoc = GetDocument();
  // Strukturierte Ablage für das Objekt einrichten (m_pStgSub).
  // Stammablagedatei und dann Unterablage namens "sub" anlegen.
  LPSTORAGE pStgRoot;
  VERIFY(::StgCreateDocfile(dlg.GetPathName().AllocSysString(),
      STGM_READWRITE|STGM_SHARE_EXCLUSIVE|STGM_CREATE,
      0, &pStgRoot) == S_OK);
  ASSERT(pStgRoot != NULL);

  LPSTORAGE pStgSub;
  VERIFY(pStgRoot->CreateStorage(CEx28bDoc::s_szSub,
      STGM_CREATE|STGM_READWRITE|STGM_SHARE_EXCLUSIVE,
      0, 0, &pStgSub) == S_OK);
  ASSERT(pStgSub != NULL);

  // Zeiger IPersistStorage* für das Objekt abrufen
  LPPERSISTSTORAGE pPS = NULL;
  VERIFY(pDoc->m_lpOleObj->QueryInterface(IID_IPersistStorage,
     (void**) &pPS) == S_OK);
  // Objekt in der Server-Datei speichern
  VERIFY(::OleSave(pPS, pStgSub, FALSE) == S_OK);
  // FALSE bedeutet, dass andere Ablage verwendet wird
  pPS->SaveCompleted(NULL); // Was passiert hier?
  pPS->Release();

  pStgSub->Release();
  pStgRoot->Release();
}

void CEx28bView::OnEditCut()
{
  OnEditCopy();
  GetDocument()->OnEditClearAll();
}

void CEx28bView::OnEditPaste()
{
  CEx28bDoc* pDoc = GetDocument();
  COleDataObject dataObject;
  VERIFY(dataObject.AttachClipboard());
  pDoc->DeleteContents();
```

```
  DoPasteObjectDescriptor(&dataObject);
  DoPasteObject(&dataObject);
  SetViewAdvise();
  GetSize();
  pDoc->SetModifiedFlag();
  pDoc->UpdateAllViews(NULL);
}

void CEx28bView::OnUpdateEditPaste(CCmdUI* pCmdUI)
{
  // Sicherstellen, dass Objektdaten verfügbar sind
  COleDataObject dataObject;
  if (dataObject.AttachClipboard() &&
    dataObject.IsDataAvailable(m_cfEmbedded)) {
    pCmdUI->Enable(TRUE);
  } else {
    pCmdUI->Enable(FALSE);
  }
}

void CEx28bView::OnEditPastefrom()
{
  CEx28bDoc* pDoc = GetDocument();
  // Einfügen aus STG-Datei
  CFileDialog dlg(TRUE, "stg", "*.stg");
  if (dlg.DoModal() != IDOK) {
    return;
  }
  // Ablage und Unterablage öffnen
  LPSTORAGE pStgRoot;
  VERIFY(::StgOpenStorage(dlg.GetPathName().AllocSysString(), NULL,
      STGM_READ|STGM_SHARE_EXCLUSIVE,
      NULL, 0, &pStgRoot) == S_OK);
  ASSERT(pStgRoot != NULL);

  LPSTORAGE pStgSub;

  VERIFY(pStgRoot->OpenStorage(CEx28bDoc::s_szSub, NULL,
      STGM_READ|STGM_SHARE_EXCLUSIVE,
      NULL, 0, &pStgSub) == S_OK);
  ASSERT(pStgSub != NULL);

  // Objektdaten aus Server-Ablage in temporäre Ablage kopieren
  VERIFY(pStgSub->CopyTo(NULL, NULL, NULL,
      pDoc->m_pTempStgSub) == S_OK);
  // Objekt laden - pClientSite nicht erforderlich
  LPOLECLIENTSITE pClientSite =
    (LPOLECLIENTSITE) pDoc->GetInterface(&IID_IOleClientSite);
  ASSERT(pClientSite != NULL);
  pDoc->DeleteContents();
  VERIFY(::OleLoad(pDoc->m_pTempStgSub, IID_IOleObject, pClientSite,
     (void**) &pDoc->m_lpOleObj) == S_OK);
  SetViewAdvise();
  pStgSub->Release();
  pStgRoot->Release();
  GetSize();
```

```
  pDoc->SetModifiedFlag();
  pDoc->UpdateAllViews(NULL);
}

void CEx28bView::OnEditInsertobject()
{
  CEx28bDoc* pDoc = GetDocument();
  COleInsertDialog dlg;
  if(dlg.DoModal() == IDCANCEL) return;
  // keine Referenzzählung für GetInterface
  LPOLECLIENTSITE pClientSite =
    (LPOLECLIENTSITE) pDoc->GetInterface(&IID_IOleClientSite);
  ASSERT(pClientSite != NULL);
  pDoc->DeleteContents();
  VERIFY(::OleCreate(dlg.GetClassID(), IID_IOleObject,
      OLERENDER_DRAW, NULL, pClientSite, pDoc->m_pTempStgSub,
      (void**) &pDoc->m_lpOleObj) == S_OK);
  SetViewAdvise();

  pDoc->m_lpOleObj->DoVerb(OLEIVERB_SHOW, NULL, pClientSite, 0,
    NULL, NULL); // OleRun zeigt Objekt nicht an
  SetNames();
  GetDocument()->SetModifiedFlag();
  GetSize();
  pDoc->UpdateAllViews(NULL);
}

void CEx28bView::OnUpdateEditInsertobject(CCmdUI* pCmdUI)
{
  pCmdUI->Enable(GetDocument()->m_lpOleObj == NULL);
}

void CEx28bView::OnLButtonDown(UINT nFlags, CPoint point)
{
  TRACE("**Eintritt CEx28bView::OnLButtonDown - point = "
      "(%d, %d)\n", point.x, point.y);
  if(m_tracker.Track(this, point, FALSE, NULL)) {
    CClientDC dc(this);
    OnPrepareDC(&dc);
    m_rectTracker = m_tracker.m_rect;
    dc.DPtoLP(m_rectTracker); // logische Koordinaten aktualisieren
    GetDocument()->UpdateAllViews(NULL);
  }
  TRACE("**Austritt CEx28bView::OnLButtonDown\n");
}

void CEx28bView::OnLButtonDblClk(UINT nFlags, CPoint point)
{
  if(m_tracker.HitTest(point) == CRectTracker::hitNothing) return;
  // Objekt aktivieren
  CEx28bDoc* pDoc = GetDocument();
  if(pDoc->m_lpOleObj != NULL) {
    LPOLECLIENTSITE pClientSite =
      (LPOLECLIENTSITE) pDoc->GetInterface(&IID_IOleClientSite);
    ASSERT(pClientSite != NULL);
    VERIFY(pDoc->m_lpOleObj->DoVerb(OLEIVERB_OPEN, NULL, pClientSite,
```

```
        0,GetSafeHwnd(), CRect(0, 0, 0, 0)) == S_OK);
    SetNames();
    GetDocument()->SetModifiedFlag();
  }
}

BOOL CEx28bView::OnSetCursor(CWnd* pWnd, UINT nHitTest, UINT message)
{
  if(m_tracker.SetCursor(pWnd, nHitTest)) {
    return TRUE;
  }
  else {
    return CScrollView::OnSetCursor(pWnd, nHitTest, message);
  }
}

////////////////////////////////////////////////////////////////////////////

void CEx28bView::SetViewAdvise()
{
  CEx28bDoc* pDoc = GetDocument();
  if(pDoc->m_lpOleObj != NULL) {
    LPVIEWOBJECT2 pViewObj;
    pDoc->m_lpOleObj->QueryInterface(IID_IViewObject2,
      (void**) &pViewObj);
    LPADVISESINK pAdviseSink =
      (LPADVISESINK) pDoc->GetInterface(&IID_IAdviseSink);
    VERIFY(pViewObj->SetAdvise(DVASPECT_CONTENT, 0, pAdviseSink)
      == S_OK);
    pViewObj->Release();
  }
}

void CEx28bView::SetNames() // Host-Namen festlegen
{
  CEx28bDoc* pDoc = GetDocument();
  CString strApp = AfxGetApp()->m_pszAppName;
  if(pDoc->m_lpOleObj != NULL) {
    pDoc->m_lpOleObj->SetHostNames(strApp.AllocSysString(), NULL);
  }
}

void CEx28bView::GetSize()
{
  CEx28bDoc* pDoc = GetDocument();
  if(pDoc->m_lpOleObj != NULL) {
    SIZEL size;  // Komponentengröße ermitteln
    pDoc->m_lpOleObj->GetExtent(DVASPECT_CONTENT, &size);
    m_rectTracker.right = m_rectTracker.left + size.cx;
    m_rectTracker.bottom = m_rectTracker.top - size.cy;
  }
}

BOOL CEx28bView::DoPasteObject(COleDataObject* pDataObject)
{
  TRACE("Eintritt CEx28bView::DoPasteObject\n");
```

```
  // Befehl zur Oberflächenaktualisierung sollte aktiviert werden,
  // falls CF_EMBEDDEDOBJECT nicht verfügbar
  if (!pDataObject->IsDataAvailable(m_cfEmbedded)) {
    TRACE("CF_EMBEDDEDOBJECT-Format ist nicht verfügbar\n");
    return FALSE;
  }
  CEx28bDoc* pDoc = GetDocument();
  // Objekt anhand von IDataObject* erstellen. OleCreateFromData
  // verwendet das Format CF_EMBEDDEDOBJECT, falls verfügbar.
  LPOLECLIENTSITE pClientSite =
    (LPOLECLIENTSITE) pDoc->GetInterface(&IID_IOleClientSite);
  ASSERT(pClientSite != NULL);
  VERIFY(::OleCreateFromData(pDataObject->m_lpDataObject,
      IID_IOleObject, OLERENDER_DRAW, NULL, pClientSite,
      pDoc->m_pTempStgSub, (void**) &pDoc->m_lpOleObj) == S_OK);
  return TRUE;
}

BOOL CEx28bView::DoPasteObjectDescriptor(COleDataObject* pDataObject)
{
  TRACE("Eintritt CEx28bView::DoPasteObjectDescriptor\n");
  STGMEDIUM stg;
  FORMATETC fmt;
  CEx28bDoc* pDoc = GetDocument();
  if (!pDataObject->IsDataAvailable(m_cfObjDesc)) {
    TRACE("OBJECTDESCRIPTOR-Format ist nicht verfügbar\n");
    return FALSE;
  }
  SETFORMATETC(fmt, m_cfObjDesc, DVASPECT_CONTENT, NULL,
    TYMED_HGLOBAL, -1);
  VERIFY(pDataObject->GetData(m_cfObjDesc, &stg, &fmt));

  return TRUE;
}

// Hilfsfunktion für Zwischenablage und Drag & Drop
COleDataSource* CEx28bView::SaveObject()
{
  TRACE("Eintritt CEx28bView::SaveObject\n");
  CEx28bDoc* pDoc = GetDocument();
  if (pDoc->m_lpOleObj != NULL) {
    COleDataSource* pSource = new COleDataSource();

    // CODE FÜR OBJEKTDATEN
    FORMATETC fmte;
    SETFORMATETC(fmte, m_cfEmbedded, DVASPECT_CONTENT, NULL,
      TYMED_ISTORAGE, -1);
    STGMEDIUM stgm;
    stgm.tymed = TYMED_ISTORAGE;
    stgm.pstg = pDoc->m_pTempStgSub;
    stgm.pUnkForRelease = NULL;
    pDoc->m_pTempStgSub->AddRef();  // zwei Referenzzähler erforderlich!
    pDoc->m_pTempStgRoot->AddRef();
    pSource->CacheData(m_cfEmbedded, &stgm, &fmte);

    // Metadatei wird benötigt
```

```
    MakeMetafilePict(pSource);

    // CODE FÜR OBJEKTBESCHREIBUNG
    HGLOBAL hObjDesc = ::GlobalAlloc(GMEM_SHARE, sizeof(OBJECTDESCRIPTOR));
    LPOBJECTDESCRIPTOR pObjDesc =
      (LPOBJECTDESCRIPTOR) ::GlobalLock(hObjDesc);
    pObjDesc->cbSize = sizeof(OBJECTDESCRIPTOR);
    pObjDesc->clsid = CLSID_NULL;
    pObjDesc->dwDrawAspect = 0;
    pObjDesc->dwStatus = 0;
    pObjDesc->dwFullUserTypeName = 0;
    pObjDesc->dwSrcOfCopy = 0;
    pObjDesc->sizel.cx = 0;
    pObjDesc->sizel.cy = 0;
    pObjDesc->pointl.x = 0;
    pObjDesc->pointl.y = 0;
    ::GlobalUnlock(hObjDesc);
    pSource->CacheGlobalData(m_cfObjDesc, hObjDesc);
    return pSource;
  }
  return NULL;
}

BOOL CEx28bView::MakeMetafilePict(COleDataSource* pSource)
{
  CEx28bDoc* pDoc = GetDocument();
  COleDataObject dataObject;
  LPDATAOBJECT pDataObj; // IDataObject-Schnittstelle des OLE-Objekts
  VERIFY(pDoc->m_lpOleObj->QueryInterface(IID_IDataObject,
     (void**) &pDataObj) == S_OK);
  dataObject.Attach(pDataObj);
  FORMATETC fmtem;
  SETFORMATETC(fmtem, CF_METAFILEPICT, DVASPECT_CONTENT, NULL,
    TYMED_MFPICT, -1);
  if (!dataObject.IsDataAvailable(CF_METAFILEPICT, &fmtem)) {
    TRACE("CF_METAFILEPICT format is unavailable\n");
    return FALSE;
  }
  // Nur Metadatei-Zugriffsnummer des OLE-Objekts
  // in das Zwischenablage-Datenobjekt kopieren
  STGMEDIUM stgmm;
  VERIFY(dataObject.GetData(CF_METAFILEPICT, &stgmm, &fmtem));
  pSource->CacheData(CF_METAFILEPICT, &stgmm, &fmtem);
  return TRUE;
}
```

***Listing 28.1:** Quelltext der Ansichtsklasse* CEx28bView *des Containers.*

Untersuchen Sie die Nachrichtentabelle und die mit ihr verknüpften Behandlungsroutinen. Sie sind alle ziemlich kurz und rufen zumeist eine der oben beschriebenen OLE-Funktionen auf. Allerdings müssen einige der privaten Hilfsfunktionen näher erläutert werden.

HINWEIS: Sie werden festgestellt haben ,dass die Funktion *GetInterface* häufig aufgerufen wird. Es handelt sich dabei um eine Member-Funktion der Klasse *CCmdTarget*, die für eine Klasse in Ihrem Projekt den angegebenen OLE-Schnittstellenzeiger liefert. Im Wesentlichen wird sie verwendet, um den *IOleClientSite*-Schnittstellenzeiger Ihres Dokuments anzufordern. Aufrufe dieser Funktion sind effizienter als die Verwendung von *ExternalQueryInterface*. Allerdings inkrementiert die Funktion den Objektreferenzzähler nicht.

GetSize

Diese Funktion ruft *IOleObject::GetSize* auf, um die Abmessungen des eingebetteten Objekts zu erhalten, und konvertiert diese in ein Rechteck, dessen Koordinaten im Größenänderungsrechteck gespeichert werden.

SetNames

Die Funktion *SetNames* ruft *IOleObject::SetHostNames* auf, um den Namen der Container-Anwendung an den Server zu übermitteln.

SetViewAdvise

Diese Funktion ruft die Funktion *IViewObject2::SetAdvise* des eingebetteten Objekts auf, um die Benachrichtigungsverbindung vom Server-Objekt zum Container-Dokument einzurichten.

MakeMetafilePict

Die Funktion *MakeMetafilePict* ruft die Funktion *IDataObject::GetData* des eingebetteten Objekts auf, um eine Metadatei-Grafik zu erhalten, die dann in das Datenobjekt der Zwischenablage kopiert wird. Eine Metadatei-Grafik ist eine Instanz einer Windows-eigenen Struktur *METAFILEPICT*, die einen Zeiger auf die Metadatei sowie Angaben zur Größenbemessung enthält.

SaveObject

Diese Funktion arbeitet wie die Funktion *SaveDib* des Beispielprogramms EX26A. Sie erzeugt ein *COleDataSource*-Objekt mit drei Formaten für: eingebettete Objekte, Metadateien und Objektdeskriptoren.

DoPasteObjectDescriptor

Die Funktion *DoPasteObjectDescriptor* entnimmt der Zwischenablage einen Objektdeskriptor, unternimmt aber weiter nichts mit ihm. Bei einem Aufruf von *DoPasteObject* muss zuvor diese Funktion aufgerufen werden.

DoPasteObject

Diese Funktion ruft *OleCreateFromData* auf, um unter Verwendung eines entsprechenden Formats für eingebettete Objekte in der Zwischenablage ein eingebettetes Objekt zu erzeugen.

Die Klasse CEx28bDoc

Diese Klasse implementiert die Schnittstellen *IOleClientSite* und *IAdviseSink*. Da wir uns auf ein eingebettetes Objekt je Dokument beschränken, brauchen wir nicht zu wissen, welche Platzhalter es gibt. Das Dokument *ist* der Platzhalter. Wir benutzen die normalen MFC-Schnittstellenmakros und müssen (wie immer) für *alle* Schnittstellenfunktionen zumindest einen Funktionsrumpf bereitstellen.

Sehen Sie sich die Funktionen *XOleClientSite::SaveObject*, *XOleClientSite::OnShowWindow* und *XAdviseSink::OnViewChange* im folgenden Listing 28.2 genau an. Alle anderen Funktionen sind weniger wichtig, enthalten aber zumindest eine TRACE-Anweisung, so dass Sie erkennen können, welche Funktionen vom Server bzw. der Behandlungsroutine aufgerufen werden. Sehen Sie sich auch die Funktionen *OnNewDocument*, *OnCloseDocument* und *DeleteContents* der Ansichtsklasse *CEx28bView* an. Beachten Sie, wie das Dokument ein temporäres Storage-Objekt verwaltet. Das Datenelement *m_pTempStgSub* des Dokuments speichert den Zeiger auf das Storage-Objekt für das eingebettete Objekt, während das Datenelement *m_lpOleObj* den Zeiger auf die Schnittstelle *IOleObject* des eingebetteten Objekts enthält.

EX28BDOC.H

```
#if !defined(AFX_EX28BDOC_H__1EAAB6DF_6011_11D0_848F_00400526305B__INCLUDED_)
#define AFX_EX28BDOC_H__1EAAB6DF_6011_11D0_848F_00400526305B__INCLUDED_

#if _MSC_VER >= 1000
#pragma once
#endif //_MSC_VER >= 1000

void ITrace(REFIID iid, const char* str);

class CEx28bDoc : public CDocument
{
protected: // // Nur aus Serialisierung erzeugen
  CEx28bDoc();
  DECLARE_DYNCREATE(CEx28bDoc)
  BEGIN_INTERFACE_PART(OleClientSite, IOleClientSite)
    STDMETHOD(SaveObject)();
    STDMETHOD(GetMoniker)(DWORD, DWORD, LPMONIKER*);
    STDMETHOD(GetContainer)(LPOLECONTAINER*);
    STDMETHOD(ShowObject)();
    STDMETHOD(OnShowWindow)(BOOL);
    STDMETHOD(RequestNewObjectLayout)();
  END_INTERFACE_PART(OleClientSite)

  BEGIN_INTERFACE_PART(AdviseSink, IAdviseSink)
    STDMETHOD_(void,OnDataChange)(LPFORMATETC, LPSTGMEDIUM);
    STDMETHOD_(void,OnViewChange)(DWORD, LONG);
    STDMETHOD_(void,OnRename)(LPMONIKER);
    STDMETHOD_(void,OnSave)();
    STDMETHOD_(void,OnClose)();
  END_INTERFACE_PART(AdviseSink)

  DECLARE_INTERFACE_MAP()

friend class CEx28bView;
private:
  LPOLEOBJECT m_lpOleObj;
  LPSTORAGE m_pTempStgRoot;
  LPSTORAGE m_pTempStgSub;
  BOOL m_bHatch;
  static const OLECHAR* s_szSub;
// Überladungen
  // Vom Klassen-Assistenten generierte Überladungen virtueller Funktionen
  //{{AFX_VIRTUAL(CEx28bDoc)
  public:
```

```
  virtual BOOL OnNewDocument();
  virtual void Serialize(CArchive& ar);
  virtual void OnCloseDocument();
  virtual void DeleteContents();
  protected:
  virtual BOOL SaveModified();
  //}}AFX_VIRTUAL

// Implementierung
public:
  virtual ~CEx28bDoc();
#ifdef _DEBUG
  virtual void AssertValid() const;
  virtual void Dump(CDumpContext& dc) const;
#endif

protected:

// Generierte Message-Map-Funktionen
protected:
  //{{AFX_MSG(CEx28bDoc)
  afx_msg void OnEditClearAll();
  //}}AFX_MSG
  DECLARE_MESSAGE_MAP()
};

/////////////////////////////////////////////////////////////////////////////

//{{AFX_INSERT_LOCATION}}
// Microsoft Developer Studio fügt zusätzliche Deklarationen unmittelbar vor
// der vorhergehenden Zeile ein.

#endif
// !defined(AFX_EX28bDOC_H__1EAAB6DF_6011_11D0_848F_00400526305B__INCLUDED_)
```

EX28BDOC.CPP

```
#include "stdafx.h"
#include "ex28b.h"

#include "ex28bDoc.h"

#ifdef _DEBUG
#define new DEBUG_NEW
#undef THIS_FILE
static char THIS_FILE[] = __FILE__;
#endif
const OLECHAR* CEx28bDoc::s_szSub = L"sub";  // statisch

/////////////////////////////////////////////////////////////////////////////
// CEx28bDoc

IMPLEMENT_DYNCREATE(CEx28bDoc, CDocument)

BEGIN_MESSAGE_MAP(CEx28bDoc, CDocument)
```

```
  //{{AFX_MSG_MAP(CEx28bDoc)
  ON_COMMAND(ID_EDIT_CLEAR_ALL, OnEditClearAll)
  //}}AFX_MSG_MAP
END_MESSAGE_MAP()

BEGIN_INTERFACE_MAP(CEx28bDoc, CDocument)
  INTERFACE_PART(CEx28bDoc, IID_IOleClientSite, OleClientSite)
  INTERFACE_PART(CEx28bDoc, IID_IAdviseSink, AdviseSink)
END_INTERFACE_MAP()

//////////////////////////////////////////////////////////////////////
// Implementierung von IOleClientSite

STDMETHODIMP_(ULONG) CEx28bDoc::XOleClientSite::AddRef()
{
  TRACE("CEx28bDoc::XOleClientSite::AddRef\n");
  METHOD_PROLOGUE(CEx28bDoc, OleClientSite)
  return pThis->InternalAddRef();
}

STDMETHODIMP_(ULONG) CEx28bDoc::XOleClientSite::Release()
{
  TRACE("CEx28bDoc::XOleClientSite::Release\n");
  METHOD_PROLOGUE(CEx28bDoc, OleClientSite)
  return pThis->InternalRelease();
}
STDMETHODIMP CEx28bDoc::XOleClientSite::QueryInterface(
  REFIID iid, LPVOID* ppvObj)
{
  ITrace(iid, "CEx28bDoc::XOleClientSite::QueryInterface");
  METHOD_PROLOGUE(CEx28bDoc, OleClientSite)
  return pThis->InternalQueryInterface(&iid, ppvObj);
}

STDMETHODIMP CEx28bDoc::XOleClientSite::SaveObject()
{
  TRACE("CEx28bDoc::XOleClientSite::SaveObject\n");
  METHOD_PROLOGUE(CEx28bDoc, OleClientSite)
  ASSERT_VALID(pThis);

  LPPERSISTSTORAGE lpPersistStorage;
  pThis->m_lpOleObj->QueryInterface(IID_IPersistStorage,
    (void**) &lpPersistStorage);
  ASSERT(lpPersistStorage != NULL);
  HRESULT hr = NOERROR;
  if (lpPersistStorage->IsDirty() == NOERROR)
  {
    // NOERROR == S_OK != S_FALSE, Objekt wurde also verändert!
    hr = ::OleSave(lpPersistStorage, pThis->m_pTempStgSub, TRUE);
    if (hr != NOERROR)
      hr = lpPersistStorage->SaveCompleted(NULL);

    // Dirty-Flag für Dokument setzen, falls Speichervorgang abgeschlossen
    pThis->SetModifiedFlag();
  }
  lpPersistStorage->Release();
```

```
  pThis->UpdateAllViews(NULL);
  return hr;
}

STDMETHODIMP CEx28bDoc::XOleClientSite::GetMoniker(
  DWORD dwAssign, DWORD dwWhichMoniker, LPMONIKER* ppMoniker)
{
  TRACE("CEx28bDoc::XOleClientSite::GetMoniker\n");
  return E_NOTIMPL;
}

STDMETHODIMP CEx28bDoc::XOleClientSite::GetContainer(
  LPOLECONTAINER* ppContainer)
{
  TRACE("CEx28bDoc::XOleClientSite::GetContainer\n");
  return E_NOTIMPL;
}

STDMETHODIMP CEx28bDoc::XOleClientSite::ShowObject()
{
  TRACE("CEx28bDoc::XOleClientSite::ShowObject\n");
  METHOD_PROLOGUE(CEx28bDoc, OleClientSite)
  ASSERT_VALID(pThis);
  pThis->UpdateAllViews(NULL);
  return NOERROR;
}

STDMETHODIMP CEx28bDoc::XOleClientSite::OnShowWindow(BOOL fShow)
{
  TRACE("CEx28bDoc::XOleClientSite::OnShowWindow\n");
  METHOD_PROLOGUE(CEx28bDoc, OleClientSite)
  ASSERT_VALID(pThis);
  pThis->m_bHatch = fShow;
  pThis->UpdateAllViews(NULL);
  return NOERROR;
}

STDMETHODIMP CEx28bDoc::XOleClientSite::RequestNewObjectLayout()
{
  TRACE("CEx28bDoc::XOleClientSite::RequestNewObjectLayout\n");
  return E_NOTIMPL;
}

//////////////////////////////////////////////////////////////////////////
// Implementierung von IAdviseSink

STDMETHODIMP_(ULONG) CEx28bDoc::XAdviseSink::AddRef()
{
  TRACE("CEx28bDoc::XAdviseSink::AddRef\n");
  METHOD_PROLOGUE(CEx28bDoc, AdviseSink)
  return pThis->InternalAddRef();
}

STDMETHODIMP_(ULONG) CEx28bDoc::XAdviseSink::Release()
{
  TRACE("CEx28bDoc::XAdviseSink::Release\n");
```

```
    METHOD_PROLOGUE(CEx28bDoc, AdviseSink)
    return pThis->InternalRelease();
}

STDMETHODIMP CEx28bDoc::XAdviseSink::QueryInterface(
    REFIID iid, LPVOID* ppvObj)
{
    ITrace(iid, "CEx28bDoc::XAdviseSink::QueryInterface");
    METHOD_PROLOGUE(CEx28bDoc, AdviseSink)
    return pThis->InternalQueryInterface(&iid, ppvObj);
}

STDMETHODIMP_(void) CEx28bDoc::XAdviseSink::OnDataChange(
    LPFORMATETC lpFormatEtc, LPSTGMEDIUM lpStgMedium)
{
    TRACE("CEx28bDoc::XAdviseSink::OnDataChange\n");
    METHOD_PROLOGUE(CEx28bDoc, AdviseSink)
    ASSERT_VALID(pThis);

    // Nur für komplexere Container interessant. Damit Container
    // nicht die gesamte Schnittstellen implementieren müssen,
    // Informationen entsprechend weitergeben.
}

STDMETHODIMP_(void) CEx28bDoc::XAdviseSink::OnViewChange(
    DWORD aspects, LONG /*lindex*/)
{
    TRACE("CEx28bDoc::XAdviseSink::OnViewChange\n");
    METHOD_PROLOGUE(CEx28bDoc, AdviseSink)
    ASSERT_VALID(pThis);

    pThis->UpdateAllViews(NULL);    // die wirklich wichtige Funktion
}

STDMETHODIMP_(void) CEx28bDoc::XAdviseSink::OnRename(
    LPMONIKER /*lpMoniker*/)
{
    TRACE("CEx28bDoc::XAdviseSink::OnRename\n");
    // Ist nur für das verknüpfte OLE-Objekt interessant.
    // Container ignorieren dies.
}

STDMETHODIMP_(void) CEx28bDoc::XAdviseSink::OnSave()
{
    TRACE("CEx28bDoc::XAdviseSink::OnSave\n");
    METHOD_PROLOGUE(CEx28bDoc, AdviseSink)
    ASSERT_VALID(pThis);

    pThis->UpdateAllViews(NULL);
}

STDMETHODIMP_(void) CEx28bDoc::XAdviseSink::OnClose()
{
    TRACE("CEx28bDoc::XAdviseSink::OnClose\n");
    METHOD_PROLOGUE(CEx28bDoc, AdviseSink)
    ASSERT_VALID(pThis);
```

```
  pThis->UpdateAllViews(NULL);
}

////////////////////////////////////////////////////////////////////////
// CEx28bDoc Konstruktion/Destruktion

CEx28bDoc::CEx28bDoc()
{
  m_lpOleObj = NULL;
  m_pTempStgRoot = NULL;
  m_pTempStgSub = NULL;
  m_bHatch = FALSE;
}

CEx28bDoc::~CEx28bDoc()
{
}

BOOL CEx28bDoc::OnNewDocument()
{
  TRACE("Eintritt CEx28bDoc::OnNewDocument\n");
  // Strukturierte Ablage für Objekt erstellen (m_pTempStgSub).
  // Es handelt sich dabei um eine temporäre Datei, deren Name
  // von OLE bestimmt wird.
  VERIFY(::StgCreateDocfile(NULL,
      STGM_READWRITE|STGM_SHARE_EXCLUSIVE|STGM_CREATE|
      STGM_DELETEONRELEASE,
      0, &m_pTempStgRoot) == S_OK);
  ASSERT(m_pTempStgRoot != NULL);

  VERIFY(m_pTempStgRoot->CreateStorage(OLESTR("sub"),
      STGM_CREATE|STGM_READWRITE|STGM_SHARE_EXCLUSIVE,
      0, 0, &m_pTempStgSub) == S_OK);
  ASSERT(m_pTempStgSub != NULL);
  return CDocument::OnNewDocument();
}

////////////////////////////////////////////////////////////////////////
// CEx28bDoc Serialisierung
void CEx28bDoc::Serialize(CArchive& ar)
{
  // keine Verknüpfung mit MFC-Serialisierung
  if (ar.IsStoring())
  {
    //  ZU ERLEDIGEN: Hier Code zum Speichern einfügen
  }
  else
  {
    // ZU ERLEDIGEN: Hier Code zum Laden einfügen
  }
}

////////////////////////////////////////////////////////////////////////
// CEx28bDoc Diagnose

#ifdef _DEBUG
```

```
void CEx28bDoc::AssertValid() const
{
  CDocument::AssertValid();
}

void CEx28bDoc::Dump(CDumpContext& dc) const
{
  CDocument::Dump(dc);
}
#endif //_DEBUG

//////////////////////////////////////////////////////////////////////////
// CEx28bDoc Befehle

void CEx28bDoc::OnCloseDocument()
{
  m_pTempStgSub->Release(); // Freigabe VOR Aufruf der Basisklasse
  m_pTempStgRoot->Release();
  CDocument::OnCloseDocument();
}

void CEx28bDoc::DeleteContents()
{
  if(m_lpOleObj != NULL) {
    // Falls Objekt ausgeführt wird, schließen wir es, womit
    // unser IOleClientSite-Objekt freigegeben wird
    m_lpOleObj->Close(OLECLOSE_NOSAVE);
    m_lpOleObj->Release(); // letztes Objekt sollte gelöscht sein
    m_lpOleObj = NULL;
  }
}

void CEx28bDoc::OnEditClearAll()
{
  DeleteContents();
  UpdateAllViews(NULL);
  SetModifiedFlag();
  m_bHatch = FALSE;
}

BOOL CEx28bDoc::SaveModified()
{
  // Aufforderung zum Speichern der Datei eliminieren
  return TRUE;
}

void ITrace(REFIID iid, const char* str)
{
  OLECHAR* lpszIID;
  ::StringFromIID(iid, &lpszIID);
  CString strIID = lpszIID;
  TRACE("%s - %s\n", (const char*) strIID, (const char*) str);
  AfxFreeTaskMem(lpszIID);
}
```

Listing 28.2: *Quelltext der Dokumentklasse* CEx28bDoc *des Containers.*

Das Beispiel EX28C – Ein eingebetteter OLE-Server

Sie haben bereits (im Beispiel EX28A) einen Server mit der MFC-Bibliothek erstellt, der sich in eine Container-Anwendung einbetten lässt und die direkte Aktivierung unterstützt. Nun werden Sie ein auf das Nötigste reduziertes Server-Programm kennen lernen, das ein eingebettetes Objekt in einem separaten Fenster aktiviert. Das Programm zeigt nur etwas Text und Grafik an, aber beim Studium seines Quelltexts lässt sich eine Menge lernen. Die Anwendung wurde mit dem MFC-Anwendungs-Assistenten als SDI-Automatisierungsserver erstellt, wobei das Dokument gerade das erzeugbare Objekt darstellt. Die Schnittstelle *IDispatch* des Dokuments wurde durch die Schnittstellen *IOleObject*, *IDataObject* und *IPersistStorage* ersetzt. Der gesamte Quelltext des Anwendungsgerüsts wurde übernommen, so dass die Dokument-, Ansichts- und Hauptrahmenobjekte erzeugt werden, sobald der Container den Server aktiviert.

Öffnen und erstellen Sie nun das Projekt EX28C. Starten Sie die Anwendung, um sie zu registrieren, und testen Sie die Anwendung dann in Kombination mit dem EX28B-Container oder mit irgendeinem anderen Container-Programm.

Die Klasse CEx28cView

Diese Klasse ist einfach formuliert. Von Interesse sind hier nur die Member-Funktionen *OnDraw* und *OnPrepareDC*, deren Quelltext im Folgenden gezeigt wird:

```
void CEx28cView::OnDraw(CDC* pDC)
{
  CEx28cDoc* pDoc = GetDocument();
  ASSERT_VALID(pDoc);

  pDC->Rectangle(CRect(500, -1000, 1500, -2000));
  pDC->TextOut(0, 0, pDoc->m_strText);
}
void CEx28cView::OnPrepareDC(CDC* pDC, CPrintInfo* pInfo)
{
  pDC->SetMapMode(MM_HIMETRIC);

}
```

Die Klasse CEx28cDoc

Diese Klasse leistet den Hauptteil der Arbeit des Servers. Sie ist zu umfangreich, um sie hier abzudrucken. Listing 28.3 enthält die Header-Datei der Klasse, deren Implementierungsdatei Sie auf der Begleit-CD finden. Nachfolgend werden wir allerdings einige der wichtigsten Funktionen anführen.

EX28CDOC.H

```
#if !defined(AFX_EX28CDOC_H__1EAAB6F5_6011_11D0_848F_00400526305B__INCLUDED_)
#define AFX_EX28CDOC_H__1EAAB6F5_6011_11D0_848F_00400526305B__INCLUDED_

#if _MSC_VER >= 1000
#pragma once
#endif // _MSC_VER >= 1000
extern const CLSID clsid; // definiert in ex28c.cpp
```

```
void ITrace(REFIID iid, const char* str);

#define SETFORMATETC(fe, cf, asp, td, med, li)  \
  ((fe).cfFormat=cf, \
   (fe).dwAspect=asp, \
   (fe).ptd=td, \
   (fe).tymed=med, \
   (fe).lindex=li)

class CEx28cDoc : public CDocument
{
friend class CEx28cView;
private:
  CString m_strText;
  LPOLECLIENTSITE m_lpClientSite;
  LPOLEADVISEHOLDER m_lpOleAdviseHolder;
  LPDATAADVISEHOLDER m_lpDataAdviseHolder;
  CString m_strContainerApp;
  CString m_strContainerObj;
  HGLOBAL MakeMetaFile();

  BEGIN_INTERFACE_PART(OleObject, IOleObject)
    STDMETHOD(SetClientSite)(LPOLECLIENTSITE);
    STDMETHOD(GetClientSite)(LPOLECLIENTSITE*);
    STDMETHOD(SetHostNames)(LPCOLESTR, LPCOLESTR);
    STDMETHOD(Close)(DWORD);
    STDMETHOD(SetMoniker)(DWORD, LPMONIKER);
    STDMETHOD(GetMoniker)(DWORD, DWORD, LPMONIKER*);
    STDMETHOD(InitFromData)(LPDATAOBJECT, BOOL, DWORD);
    STDMETHOD(GetClipboardData)(DWORD, LPDATAOBJECT*);
    STDMETHOD(DoVerb)(LONG, LPMSG, LPOLECLIENTSITE, LONG,
      HWND, LPCRECT);
    STDMETHOD(EnumVerbs)(LPENUMOLEVERB*);
    STDMETHOD(Update)();
    STDMETHOD(IsUpToDate)();
    STDMETHOD(GetUserClassID)(LPCLSID);
    STDMETHOD(GetUserType)(DWORD, LPOLESTR*);
    STDMETHOD(SetExtent)(DWORD, LPSIZEL);
    STDMETHOD(GetExtent)(DWORD, LPSIZEL);
    STDMETHOD(Advise)(LPADVISESINK, LPDWORD);
    STDMETHOD(Unadvise)(DWORD);
    STDMETHOD(EnumAdvise)(LPENUMSTATDATA*);
    STDMETHOD(GetMiscStatus)(DWORD, LPDWORD);
    STDMETHOD(SetColorScheme)(LPLOGPALETTE);
  END_INTERFACE_PART(OleObject)

  BEGIN_INTERFACE_PART(DataObject, IDataObject)
    STDMETHOD(GetData)(LPFORMATETC, LPSTGMEDIUM);
    STDMETHOD(GetDataHere)(LPFORMATETC, LPSTGMEDIUM);
    STDMETHOD(QueryGetData)(LPFORMATETC);
    STDMETHOD(GetCanonicalFormatEtc)(LPFORMATETC, LPFORMATETC);
    STDMETHOD(SetData)(LPFORMATETC, LPSTGMEDIUM, BOOL);
    STDMETHOD(EnumFormatEtc)(DWORD, LPENUMFORMATETC*);
    STDMETHOD(DAdvise)(LPFORMATETC, DWORD, LPADVISESINK, LPDWORD);
    STDMETHOD(DUnadvise)(DWORD);
    STDMETHOD(EnumDAdvise)(LPENUMSTATDATA*);
```

```
.
  END_INTERFACE_PART(DataObject)
  BEGIN_INTERFACE_PART(PersistStorage, IPersistStorage)
    STDMETHOD(GetClassID)(LPCLSID);
    STDMETHOD(IsDirty)();
    STDMETHOD(InitNew)(LPSTORAGE);
    STDMETHOD(Load)(LPSTORAGE);
    STDMETHOD(Save)(LPSTORAGE, BOOL);
    STDMETHOD(SaveCompleted)(LPSTORAGE);
    STDMETHOD(HandsOffStorage)();
  END_INTERFACE_PART(PersistStorage)

  DECLARE_INTERFACE_MAP()

protected: // Nur aus Serialisierung erzeugen
  CEx28cDoc();
  DECLARE_DYNCREATE(CEx28cDoc)

// Überladungen
  // Vom Klassen-Assistenten generierte Überladungen virtueller Funktionen
  //{{AFX_VIRTUAL(CEx28cDoc)
  public:
  virtual BOOL OnNewDocument();
  virtual void Serialize(CArchive& ar);
  virtual void OnFinalRelease();
  virtual void OnCloseDocument();
  protected:
  virtual BOOL SaveModified();
  //}}AFX_VIRTUAL

// Implementierung
public:
  virtual ~CEx28cDoc();
#ifdef _DEBUG
  virtual void AssertValid() const;
  virtual void Dump(CDumpContext& dc) const;
#endif

// Generierte Message-Map-Funktionen
public:
  //{{AFX_MSG(CEx28cDoc)
  afx_msg void OnModify();
  afx_msg void OnFileUpdate();
  afx_msg void OnUpdateFileUpdate(CCmdUI* pCmdUI);
  //}}AFX_MSG
  DECLARE_MESSAGE_MAP()
};

/////////////////////////////////////////////////////////////////////////////

//{{AFX_INSERT_LOCATION}}
// Microsoft Developer Studio fügt zusätzliche Deklarationen unmittelbar vor
// der vorhergehenden Zeile ein.

#endif
// !defined(AFX_EX28CDOC_H__1EAAB6F5_6011_11D0_848F_00400526305B__INCLUDED_)
```

***Listing 28.3:** Header-Datei der Dokumentklasse* CEx28cDoc *des Servers.*

Es folgt eine Liste der wichtigsten Schnittstellenfunktionen der Datei ex28cDoc.cpp:

```
XOleObject::SetClientSite
XOleObject::DoVerb
XOleObject::Advise
XDataObject::GetData
XDataObject::QueryGetData
XDataObject::DAdvise
XPersistStorage::GetClassID
XPersistStorage::InitNew
XPersistStorage::Load
XPersistStorage::Save
```

Sie haben bereits im Quelltext gesehen, wie der Container eine Metadatei zeichnet. Im Folgenden finden Sie den Server-Quelltext, der die Metadatei erzeugt. Die Objektbehandlungsroutine ruft die Server-Funktion *XDataObject::GetData* auf, um eine Metadatei anzufordern. Die folgende Implementierung von *GetData* ruft eine Hilfsfunktion namens *MakeMetaFile* auf, die eine Metadatei-Grafik erzeugt. Vergleichen Sie den Quelltext zur Metadatei-Anzeige mit dem entsprechenden Quelltext der Funktion *CEx28cView::OnDraw*.

```
STDMETHODIMP CEx28cDoc::XDataObject::GetData(
  LPFORMATETC lpFormatEtc, LPSTGMEDIUM lpStgMedium)
{
  TRACE("CEx28cDoc::XDataObject::GetData - %d\n",
        lpFormatEtc->cfFormat);
  METHOD_PROLOGUE(CEx28cDoc, DataObject)
  ASSERT_VALID(pThis);

  if (lpFormatEtc->cfFormat != CF_METAFILEPICT) {
      return S_FALSE;
  }
  HGLOBAL hPict = pThis->MakeMetaFile();
  lpStgMedium->tymed = TYMED_MFPICT;
  lpStgMedium->hMetaFilePict = hPict;
  lpStgMedium->pUnkForRelease = NULL;
  return S_OK;
}

HGLOBAL CEx28cDoc::MakeMetaFile
{
  HGLOBAL hPict;
  CMetaFileDC dcm;
  VERIFY(dcm.Create());
  CSize size(5000, 5000); // anfängliche Größe des Objekts in Excel & Word
  dcm.SetMapMode(MM_ANISOTROPIC);
  dcm.SetWindowOrg(0,0);
  dcm.SetWindowExt(size.cx, -size.cy);
  // Zeichencode
  dcm.Rectangle(CRect(500, -1000, 1500, -2000));
  CFont font;
  font.CreateFont(-500, 0, 0, 0, 400, FALSE, FALSE, 0,
                  ANSI_CHARSET, OUT_DEFAULT_PRECIS,
                  CLIP_DEFAULT_PRECIS, DEFAULT_QUALITY,
                  DEFAULT_PITCH | FF_SWISS, "Arial");
```

```
    CFont* pFont = dcm.SelectObject(&font);
    dcm.TextOut(0, 0, m_strText);
    dcm.SelectObject(pFont);

    HMETAFILE hMF = dcm.Close();
    ASSERT(hMF != NULL);
    hPict = ::GlobalAlloc(GMEM_SHARE|GMEM_MOVEABLE, sizeof(METAFILEPICT));
    ASSERT(hPict != NULL);
    LPMETAFILEPICT lpPict;
    lpPict = (LPMETAFILEPICT) ::GlobalLock(hPict);
    ASSERT(lpPict != NULL);
    lpPict->mm = MM_ANISOTROPIC;
    lpPict->hMF = hMF;
    lpPict->xExt = size.cx;
    lpPict->yExt = size.cy;  // HIMETRIC-Höhe
    ::GlobalUnlock(hPict);
    return hPict;
}
```

Die Funktionen *XOleObject::Advise* und *XDataObject::DAdvise* ähneln einander. Beide rufen globale OLE-Funktionen auf, um OLE -Hinweisobjekte einzurichten, mit denen sich mehrere Benachrichtigungsempfänger verwalten lassen. (In diesem Programm gibt es für jedes OLE-Hinweisobjekt nur einen Benachrichtigungsempfänger.) Die weiter unten aufgelistete Funktion *XOleObject::Advise* erstellt ein OLE-Hinweisobjekt mit einer Schnittstelle vom Typ *IOleAdviseHolder*. Andere Dokumentfunktionen rufen die Funktionen *IOleAdviseHolder::SendOnClose* und *SendOnSave* auf, die ihrerseits für jeden Benachrichtigungsempfänger *IAdviseSind::OnClose* und *OnSave* aufrufen.

```
STDMETHODIMP CEx28cc::XOleObject::Advise(
    IAdviseSink* pAdvSink, DWORD* pdwConnection)
{
    TRACE("CEx28cDoc::XOleObject::Advise\n");
    METHOD_PROLOGUE(CEx28cDoc, OleObject)
    ASSERT_VALID(pThis);
    *pdwConnection = 0;
    if (pThis->m_lpOleAdviseHolder == NULL &&
        ::CreateOleAdviseHolder(&pThis->m_lpOleAdviseHolder)
        != NOERROR) {
            return E_OUTOFMEMORY;
    }
    ASSERT(pThis->m_lpOleAdviseHolder != NULL);
    return pThis->m_lpOleAdviseHolder->Advise(pAdvSink, pdwConnection);
}
```

Das Anwendungsgerüst ruft die Funktion *OnModify* auf, wenn der Anwender den Befehl *Ändern* im Menü *EX28C-MAIN* auswählt. Der Anwender wird durch einen Dialog zur Texteingabe aufgefordert, und anschließend sendet die Funktion eine *OnDataChange*-Benachrichtigung an den Benachrichtigungsempfänger der Objektbehandlungsroutine. (Abbildung 28.11 illustriert die Benachrichtigungsverbindungen im Detail.) Es folgt der Quelltext für die Funktion *OnModify*:

```
void CEx28cDoc::OnModify()
{
    CTextDialog dlg;
```

```
  dlg.m_strText = m_strText;
  if (dlg.DoModal() == IDOK) {
    m_strText = dlg.m_strText;
    UpdateAllViews(NULL); // Ansicht neu zeichnen
    // Client über Änderung der Metadatei benachrichtigen.
    // Client muss IViewObject::SetAdvise aufrufen.
    LPDATAOBJECT lpDataObject =
        (LPDATAOBJECT) GetInterface(&IID_IDataObject);
    HRESULT hr =
        m_lpDataAdviseHolder->SendOnDataChange(lpDataObject, 0, NULL);
    ASSERT(hr == NOERROR);
    SetModifiedFlag(); // für Aktualisierung erforderlich
  }
}
```

Das Anwendungsgerüst ruft die Funktion *OnFileUpdate* auf, wenn der Anwender den Befehl *Aktualisieren* im Menü *Datei* auswählt. Die Funktion ruft *IOleClientSite::SaveObject* auf, wodurch der Container veranlasst wird, die Metadatei und die Objektdaten im Storage-Objekt zu speichern. Diese Funktion übermittelt auch die *OnSave*-Benachrichtigung zurück an den Benachrichtigungsempfänger beim Container-Client. Es folgt der Quelltext für die Funktion *OnFileUpdate* :

```
void CEx28cDoc::OnFileUpdate()
{
  if (m_lpClientSite == NULL) return;
  VERIFY(m_lpClientSite->SaveObject() == NOERROR);
  if (m_lpOleAdviseHolder != NULL)
  m_lpOleAdviseHolder->SendOnSave();
  SetModifiedFlag(FALSE);
}
```

29 Einführung in die ATL-Bibliothek

In diesem Kapitel werden Sie das zweite Anwendungsgerüst kennen lernen (das erste ist die MFC), das nun zum Lieferumfang von Microsoft Visual C++ gehört: die ATL-Bibliothek (ATL – Active Template Library). Wir sehen uns zuerst das Komponentenobjekt (COM) nochmals an und erforschen alternative Methoden zur Erstellung des *CSpaceship*-Objekts aus Kapitel 24, um zu verdeutlichen, dass man COM-Klassen auf verschiedene Weise erstellen kann. (Dies wird dann wichtig, wenn Sie sich mit den Methoden zur Bildung von ATL-Klassen beschäftigen.) Anschließend untersuchen wir die ATL-Bibliothek, wobei wir uns auf C++-Vorlagenklassen und C++-Smart-Pointer-Klassen und ihren Einsatz in der COM-Programmierung konzentrieren. Wir werden auf die Client-Seite der ATL Programmierung eingehen und einige Smart Pointer-Klassen der ATL betrachten. Schließlich befassen wir uns mit der Server-Seite der ATL-Programmierung und implementieren das Beispiel aus Kapitel 24 unter Verwendung der ATL, um uns mit der ATL-Architektur vertraut zu machen.

COM-Konzepte

Für das Verständnis der COM-Programmierung ist das Konzept der Schnittstellen am wichtigsten. Wie Sie in Kapitel 24 gesehen haben, brauchen Sie keine echte COM- oder gar Microsoft-Unterstützung für den Einsatz schnittstellenorientierter Programmierung. Sie brauchen lediglich etwas Disziplin.

Denken Sie zurück an das Beispiel aus Kapitel 24. Sie begannen mit einer einzigen Klasse namens *CSpaceship*, die verschiedene Funktionen implementierte. Erfahrene C++-Programmierer setzen sich an den Rechner und definieren eine Klasse etwa wie folgt:

```
class CSpaceship {
  void Fly();
  int& GetPosition();
};
```

In der schnittstellenorientierten Programmierung geht man jedoch etwas anders an diese Aufgabe heran. Statt die Klasse und ihre Funktionen direkt zu definieren, gibt man eine Schnittstelle an, bevor man diese implementiert. In Kapitel 24 wurden die Funktionen *Fly* und *GetPosition* in eine abstrakte Basisklasse namens *IMotion* verlagert.

```
struct IMotion {
  virtual void Fly() = 0;
  virtual int& GetPosition() = 0;
};
```

Dann wurde die Klasse *CSpaceship* von der Schnittstelle *IMotion* abgeleitet:

```
class CSpaceship : IMotion {
  void Fly();
  int& GetPosition();
};
```

Beachten Sie, dass die Schnittstelle *IMotion* zu diesem Zeitpunkt von ihrer Implementierung getrennt ist. Die Schnittstelle kommt immer zuerst. Sie können die Schnittstelle während der Entwicklungsphase verändern, um sicherzustellen, dass sie vollständig und gleichzeitig nicht zu überladen ist. Aber sobald eine Schnittstelle einmal veröffentlicht worden ist (d.h. sobald andere Entwickler die Schnittstelle verwenden und implementieren), darf sie nicht mehr verändert werden.

Dieser subtile Unterschied zwischen der auf Klassen basierenden und der auf Schnittstellen basierenden Programmierung scheint einen gewissen Programmiermehraufwand nach sich zu ziehen. Allerdings handelt es sich um eines der Schlüsselkonzepte von COM. Durch die Zusammenfassung der Funktionen *Fly* und *GetPosition* in einer Schnittstelle entsteht eine binäre Signatur. Wenn die Schnittstelle zuerst definiert wird und die Kommunikation mit der Klasse über die Schnittstelle erfolgt, verfügt der Client-Code über eine potentiell sprachunabhängige Möglichkeit, mit der Klasse zu kommunizieren.

Funktionen in Schnittstellen zusammenfassen ist an und für sich ein recht leistungsfähiger Ansatz. Stellen Sie sich vor, Sie möchten etwas anderes als ein Raumschiff beschreiben, z.B. ein Flugzeug. Es ist durchaus vorstellbar, dass auch ein Flugzeug über die Funktionen *Fly* und *GetPosition* verfügt. Die Schnittstellenprogrammierung bietet eine fortschrittlichere Form der Polymorphie, nämlich Polymorphie auf der Schnittstellenebene, statt auf der Ebene einzelner Funktionen.

Die Schnittstelle von ihrer Implementierung zu trennen, stellt die Grundlage schnittstellenbasierter Programmierung dar. Das Komponentenobjektmodell (COM) gründet auf der schnittstellenbasierten Programmierung. COM erzwingt die Unterscheidung zwischen Schnittstelle und Implementierung. In COM können Clients nur über Schnittstellen mit Objekten kommunizieren. Es genügt allerdings nicht, lediglich Funktionen in Schnittstellen zusammenzufassen. Es ist auch ein Mechanismus vonnöten, mit dem sich Funktionen zur Laufzeit ermitteln lassen.

Die Basisschnittstelle: IUnknown

Das Kernelement, durch das sich COM von der gewöhnlichen Schnittstellenprogrammierung unterscheidet, besteht in der folgenden Regel: die ersten drei Funktionen jeder COM-Schnittstelle sind gleich. Die Basisschnittstelle von COM, *IUnknown*, sieht wie folgt aus:

```
struct IUnknown {
  virtual HRESULT QueryInterface(REFIID riid, void** ppv) = 0;
  virtual ULONG AddRef() = 0;
  virtual ULONG Release() = 0;
};
```

Jede COM-Schnittstelle ist von dieser Schnittstelle abgeleitet (daher heißen die ersten drei Funktionen jeder COM-Schnittstelle *QueryInterface*, *AddRef* und *Release*). Wenn man die Schnittstelle *IMotion* in eine COM-Schnittstelle verwandeln möchte, muss sie wie folgt von *IUnknown* abgeleitet werden:

```
struct IMotion : IUnknown {
  void Fly();
  int& GetPosition();
};
```

HINWEIS: Wenn diese Schnittstellen in prozessexternen Komponenten funktionieren sollen, muss jede Funktion einen Rückgabewert vom Typ HRESULT liefern. Wir werden in der Erläuterung der Schnittstellenbeschreibungssprache IDL (Interface Definition Language) weiter hinten in diesem Kapitel darauf eingehen.

AddRef und *Release* müssen näher behandelt werden, da sie Bestandteil der Schnittstelle *IUnknown* sind. *AddRef* und *Release* ermöglichen es einem Objekt, seine eigene Lebensdauer zu kontrollieren. Als Regel gilt, dass Clients Schnittstellenzeiger wie Ressourcen behandeln sollen: Clients fordern Schnittstellenzeiger an, verwenden diese und geben sie frei, wenn sie sie nicht mehr benötigen. Objekte erfahren über die Methode *AddRef*, wenn ein neues Objekt auf sie Bezug nimmt. Objekte erfahren auch, wenn diese Referenzen über die Funktion *Release* freigegeben wurden. Objekte verwenden diese Informationen häufig zur Steuerung ihrer Lebensdauer. Beispielsweise zerstören sich viele Objekte selbst, wenn ihr Referenzzähler Null erreicht.

Das folgende Beispiel zeigt, wie die Klasse *CSpaceship* von einem Client verwendet werden könnte:

```
void UseSpaceship() {
  IMotion* pMotion = NULL;

  pMotion = GetASpaceship(); // Dies ist ein Element der hypothetischen
                             // Spaceship-API. Es handelt sich um einen
                             // Eintrittspupnkt in eine DLL.
                             // Liefert einen Zeiger auf IMotion und
                             // bewirkt einen impliziten AddRef-Aufruf.
  If(pMotion) {
      pMotion->Fly();
      int i = pMotion->GetPosition();
      pMotion->Release();     // Diese Instanz von CSpaceship wird nicht
                              // mehr benötigt.
  }
}
```

Eine andere (und wichtigere) Funktion der Schnittstelle *IUnknown* ist *QueryInterface*. *QueryInterface* bildet den COM-Mechanismus, mit dem Funktionen zur Laufzeit ermittelt werden. Wenn Ihnen jemand einen COM-Schnittstellenzeiger für ein Objekt übergibt und Sie diesen Zeiger nicht verwenden möchten, können Sie diesen Zeiger einsetzen, um von diesem Objekt eine andere Schnittstelle anzufordern. Dieser Mechanismus und die Tatsache, dass Schnittstellen nach ihrer Veröffentlichung nicht verändert werden, sind die Hauptfaktoren, die es ermöglichen, dass COM-basierte Software über Jahre hinweg sicher weiterentwickelt werden kann. Infolgedessen können Sie Ihre COM-Software um Funktionen erweitern, ohne ältere Versionen von Clients, die diese Software ausführen, zu beeinträchtigen. Zudem verfügen Clients über weithin anerkannte Mittel, sich diese neuen Funktionen anzueignen, wenn sie davon erfahren. Sie können beispielsweise die Funktionalität der Implementierungen von *CSpaceship* erweitern, indem Sie eine neue Schnittstelle namens *IVisual* hinzufügen. Das Hinzufügen dieser Schnittstelle scheint sinnvoll, da es im dreidimensionalen Raum Objekte gibt, die sich innerhalb und außerhalb der Sichtweite bewegen können. Es mag auch unsichtbare Objekte im dreidimensionalen Raum geben (z.B. ein Schwarzes Loch). Die Schnittstelle *IVisual* ist wie folgt definiert:

```
struct IVisual : IUnknown {
  virtual void Display() = 0;
};
```

Ein Client könnte die Schnittstelle *IVisual* so verwenden:

```
void UseSpaceship() {
  IMotion* pMotion = NULL;

  pMotion = GetASpaceship(); // Impliziter AddRef-Aufruf
  if(pMotion) {
      pMotion->Fly();
      int i = pMotion->GetPosition();

      IVisual* pVisual = NULL;
      PMotion->QueryInterface(IID_IVisual, (void**) &pVisual);
      // Impliziter AddRef-Aufruf in QueryInterface

      if(pVisible) {
          pVisual->Display(); // anzeigen
          pVisual->Release(); // Diese Schnittstelle wird nicht
                              // mehr benötigt.
      }
  }
  pMotion->Release(); // Diese Instanz von IMotion wird nicht
                      // mehr benötigt.
}
```

Beachten Sie, wie vorsichtig die Schnittstellenzeiger im vorstehenden Code eingesetzt werden: Sie werden nur verwendet, wenn die Schnittstelle korrekt übergeben wurde, und die Schnittstellenzeiger werden freigegeben, sobald sie nicht mehr gebraucht werden. Dies ist ein Grundprinzip der COM-Programmierung: Man fordert einen Schnittstellenzeiger an, verwendet ihn und gibt ihn frei, sobald er nicht mehr benötigt wird.

COM-Code schreiben

Wie Sie gesehen haben, unterscheidet sich das Schreiben von COM-Clients nicht grundsätzlich vom Schreiben gewöhnlichen C++-Quelltexts. Allerdings handelt es sich bei den C++-Klassen, mit denen der Client kommuniziert, um abstrakte Basisklassen. Statt wie in C++ *operator new* aufzurufen, erstellen Sie COM-Objekte und fordern COM-Schnittstellen an, indem Sie eine Art von API-Funktion aufrufen. Und statt das Objekt direkt zu löschen, befolgen Sie einfach die COM-Schnittstellenregel, dass die Anzahl der *AddRef*-Aufrufe der Anzahl der *Release*-Aufrufe entsprechen muss.

Wie erstellt man eine funktionierende COM-Klasse? In Kapitel 24 wurde gezeigt, wie man dies mit Hilfe der MFC erreicht. Es folgt ein weiteres Beispiel, in dem *CSpaceship* als COM-Klasse implementiert wird. In diesem Beispiel wird das Konzept der Mehrfachvererbung zur Erstellung von COM-Klassen eingesetzt. Das bedeutet, dass die C++-Klasse von verschiedenen Schnittstellen Attribute erbt und dann die Vereinigung aller geerbten und gegebenenfalls neuen Funktionen (natürlich inklusive *IUnknown)* implementiert.

```
struct CSpaceship : IMotion, IDisplay {
  ULONG m_cRef;
  int m_nPosition;

  CSpaceship() : m_cRef(0),
                 m_nPosition(0) {
  }

  HRESULT QueryInterface(REFIID riid,
                         void** ppv);
  ULONG AddRef() {
      return InterlockedIncrement(&m_cRef);
  }
  ULONG Release() {
      ULONG cRef = InterlockedIncrement(&m_cRef);
      if(cRef == 0){
          delete this;
          return 0;
      } else
          return m_cRef;
  }

  // IMotion-Funktionen:
  void Fly() {
      // Für das Fliegen erforderliche Aktionen implementieren
  }
  int GetPosition() {
      return m_nPosition;
  }

  // IVisual-Funktionen:
  void Display() {
      // Anzeigen
  }
};
```

COM-Klassen, die Mehrfachvererbung verwenden

Wenn Sie reinen C++-Code gewohnt sind, mag der vorstehende Code etwas seltsam aussehen. Hier wurde eine weniger gebräuchliche Form der Mehrfachvererbung eingesetzt, nämlich die sogenannte *Schnittstellenvererbung*. Die meisten C++-Programmierer sind gewohnt, die Implementierungsvererbung zu verwenden, bei der die abgeleitete Klasse sämtliche Elemente der Basisklasse erbt, auch die Implementierung. Schnittstellenvererbung bedeutet einfach, dass die abgeleitete Klasse die Schnittstellen der Basisklasse erbt. Mit dem oben stehenden Code werden der Klasse *CSpaceship* im Endeffekt zwei Datenelemente hinzugefügt: ein Zeiger vom Typ *vptr* für jede implizierte *vtable*.

Wenn Schnittstellen mit Hilfe dieser Art der Mehrfachvererbung implementiert werden, weist jede Schnittstelle die *IUnknown*-Implementierung von *CSpaceship* auf. Diese gemeinsame Nutzung der *IUnknown*-Implementierung illustriert ein recht abgehobenes, aber wichtiges Konzepts namens *COM-Identität*. Hinter diesem Konzept steckt die Vorstellung, dass *IUnknown* den *void**-Zeiger von COM darstellt. *IUnknown* ist die eine Schnittstelle, die garantiert bei jedem Objekt zu finden ist, und auf die man immer zugreifen kann. Gemäß dem Konzept der COM-Identität gilt im obigen Beispiel zudem, dass der Client die Methode *QueryInterface* über die Schnittstelle *IMotion* der Klasse *CSpaceship* aufrufen kann, um die Schnittstelle *IVisual* zu erhalten. Umgekehrt kann der Client *QueryInterface* auch über die Schnittstelle *IVisual* von *CSpaceship* aufrufen, um die Schnittstelle *IMotion* zu erhalten. Schließlich kann der Client *QueryInterface* über *IUnknown* aufrufen, um die Schnittstelle *IMotion* oder die Schnittstelle *IVisual* anzufordern, und der Client kann *QueryInterface* sowohl über *IMotion* als auch über *IVisual* aufrufen, um einen Zeiger auf die Schnittstelle *IUnknown* zu erhalten. Falls Sie sich eingehender mit dem Konzept der COM-Identität beschäftigen möchten, empfehlen wir die Titel *COM* von Don Box (Addison-Wesley-Longman, Bonn, 1998) und *Inside COM* von Dale Rogerson (Microsoft Press, 1997).

COM-Klassen werden häufig mit Hilfe von Diagrammen dargestellt, die zeigen, welche Schnittstellen eine COM-Klasse implementiert. Sie finden ein Beispiel für ein solches Diagramm in Kapitel 24 in der Abbildung 24.3.

Die Implementierung der Klasse *CSpaceship* mit Hilfe der Mehrfachvererbung entspricht automatisch den Regeln der COM-Identität. Beachten Sie, dass alle Aufrufe von *QueryInterface, AddRef* und *Release* an derselben Stelle in der C++-Klasse ankommen, ungeachtet dessen, über welche Schnittstelle diese Methoden aufgerufen wurden.

Dies ist im Großen und Ganzen das Wesen von COM. Als COM-Programmierer fällt Ihnen die Aufgabe zu, sinnvolle Dienste zu entwickeln und über COM-Schnittstellen offen zu legen. Einfach gesagt, bedeutet dies, dass man Funktionstabellen so anlegt, dass sie den Regeln der COM-Identität entsprechen. Sie haben bislang zwei Methoden kennen gelernt, dies zu tun. (Kapitel 24 hat gezeigt, wie man verschachtelte Klassen und die MFC verwendet. In diesem Kapitel wurde gerade gezeigt, wie man eine COM-Klasse unter Verwendung der Mehrfachvererbung in C++ schreibt.) Die Schnittstellenprogrammierung und das Schreiben von Klassen zur Implementierung der Schnittstellen sind jedoch nicht die einzigen Stücke im COM-Puzzle.

Die COM-Infrastruktur

Nachdem Sie das Konzept der schnittstellenbasierten Programmierung verstanden haben, müssen einige Dinge implementiert werden, damit die Klasse zu den übrigen Komponenten des Systems passt. Diese Details überschatten häufig die fundamentale Schönheit von COM.

Erstens müssen COM-Klassen entweder in einer EXE- oder einer DLL-Datei unterbracht werden. Darüber hinaus braucht jede COM-Klasse, die Sie schreiben, ein zugehöriges Klassenobjekt (häufig Class Factory genannt). Die Art und Weise, in der das Klassenobjekt eines COM-Servers offen gelegt wird, hängt von der Verpackung der COM-Klasse (DLL oder EXE) ab. Zudem muss die Lebensdauer des Servers berücksichtigt werden. Der Server sollte im Speicher bleiben, solange er benötigt wird, und er sollte entfernt werden, sobald er nicht mehr benötigt wird. Um dies zu erreichen, verwalten Server globale Sperrenzähler, die angeben, wie viele Objekte Schnittstellenzeiger unterhalten. Schließlich fügen ordentliche Server die notwendigen Werte in die Windows-Registrierung ein, damit sie von Client-Software mühelos aktiviert werden können.

Sie haben während der Lektüre dieses Buches eine Menge Zeit mit dem Studium der MFC verbracht. Wie Sie in Kapitel 24 gesehen haben, nimmt Ihnen die MFC die meisten der speziellen COM-Details ab. Beispielsweise verfügt die Klasse *CCmdTarget* über eine Implementierung von *IUnknown*. Die MFC beinhaltet sogar C++-Klassen und Makros zur Implementierung von Klassenobjekten (z.B. *COleObjectFactory*, *COleTemplateServer*, *DECLARE_OLE_CREATE* und *IMPLEMENT_OLE_CREATE*), die die meisten erforderlichen Einträge korrekt in die Registrierung eintragen. Die MFC enthält die am einfachsten zu implementierende und kompakteste Version der Schnittstelle *IDispatch* – Sie brauchen lediglich ein Objekt vom Typ *CCmdTarget* und den Klassen-Assistenten. Wenn Sie mit OLE-Dokumenten oder ActiveX-Dokumenten arbeiten möchten, bietet die MFC Standardimplementierungen der OLE- und AktiveX-Dokument-Protokolle. Schließlich stellt die MFC nach wie vor die einfachste Möglichkeit zur Entwicklung von ActiveX-Steuerelementen dar. (Sie können ActiveX-Steuerelemente zwar auch in Microsoft Visual Basic schreiben, verfügen dort aber nicht über das gleiche Maß an Flexibilität.) Die Verwendung der MFC hat aber auch einen Nachteil.

Um in den Genuss der oben genannten Vorteile zu kommen, müssen Sie sich voll und ganz der MFC verschreiben. Das ist nicht unbedingt nachteilig. Sie müssen sich lediglich über die Folgen im Klaren sein. Die MFC ist groß. Und sie muss groß sein, da es sich um ein Anwendungsgerüst mit vielen Funktionen und Möglichkeiten handelt.

Ein anderes Anwendungsgerüst

Wie Sie aus den bisher vorgestellten Beispielen ersehen können, muss man eine Menge Code schreiben, wenn man COM-Klassen implementiert und sie Clients gegenüber offen legt – Code, der bei jeder neuen Klassenimplementierung wiederholt werden muss. Die Implementierungen von *IUnknown* sind im Allgemeinen bei allen COM-Klassen gleich, sie unterscheiden sich hauptsächlich durch die Schnittstellen, die von den verschiedenen Klassen offen gelegt werden.

Ebenso wie man heute nicht mehr Assembler programmieren können muss, um funktionieren Software zu entwickeln, wird man bald auch nicht mehr alle Nuancen von *IUnknown* und die Beziehung zwischen COM und C++ verstehen müssen, um auf COM basierende Software entwickeln zu können. Noch ist es nicht so weit, aber die ATL-Bibliothek (ATL – Active Template Library) von Microsoft stellt einen großen Fortschritt in diese Richtung dar. (Die ATL entledigt Sie aber nicht der Pflicht, die wichtigsten COM-Konzepte zu verstehen, wie z.B. Apartments und die Fernverarbeitung.)

Bevor wir uns mit der ATL befassen, wollen wir uns kurz das Verhältnis zwischen COM und der ATL ansehen.

ActiveX, OLE und COM

COM bildet einfach die Infrastruktur für eine Reihe von höheren Technologien zur Anwendungsintegration, die aus Elementen wie ActiveX-Steuerelementen und OLE-Dokumenten bestehen. Diese Technologien definieren Protokolle, die auf COM-Schnittstellen basieren. Damit sich beispielsweise ein COM-Objekt als OLE-Dokumentobjekt qualifiziert, das den Mindestanforderungen genügt, muss dieses COM-Objekt mindestens drei Schnittstellen implementieren – *IPersistStorage, IOleObject* und *IDataObject*. Sie möchten vielleicht die anspruchsvolleren Funktionen von OLE-Dokumenten und Steuerelementen implementieren. Es ist allerdings sinnvoller, die Knochenarbeit von irgendeiner Art von Anwendungsgerüst erledigen zu lassen. Natürlich ist dies der Grund für die Existenz der MFC-Bibliothek.

HINWEIS: Nähere Information darüber, wie man anspruchsvollere Funktionen in purem C++ implementiert, finden Sie im Buch *Inside OLE,* 2d. ed., von Kraig Brockschmidt (Microsoft Press, 1995).

ActiveX, MFC und COM

Obwohl die Infrastruktur von COM an und für sich recht interessant ist (die Funktionsweise der Fernverarbeitung von COM ist einfach faszinierend), verkaufen sich Anwendungen aufgrund der Funktionen, die in höheren Ebenen angesiedelt sind. Die MFC ist ein riesiges Gerüst, das auf die Erstellung vollständiger Windows-Anwendungen zugeschnitten ist. Sie finden in der MFC Unmengen von Hilfsklassen, ein Datenverwaltungs-/Rendering-Mechanismus (die Dokument-Ansicht-Architektur) sowie Unterstützung für OLE-Dokumente, Drag & Drop, Automatisierung und ActiveX-Steuerelemente. Sie werden eine OLE-Dokument-Anwendung wahrscheinlich kaum von Grund auf neu schreiben, da die Verwendung der MFC viel vorteilhafter ist. Wenn Sie allerdings einen kleinen oder mittelgroßen COM-basierten Dienst entwickeln müssen, sollten Sie die MFC außer Acht lassen, damit Sie sich nicht mit den Details belasten müssen, die die MFC für anspruchsvollere Funktionen mitführt.

Sie können COM-Komponenten in purem C++ schreiben, wobei allerdings die Erstellung der Grundbestandteile (z.B. *IUnknown* und Klassenobjekte) eine Menge Zeit in Anspruch nimmt. COM-basierte Anwendungen mit Hilfe der MFC zu entwickeln, erweist sich als weniger aufwendige Möglichkeit, die Hauptbestandteile der Anwendung hinzuzufügen; es ist allerdings schwierig, mit der MFC kompakte COM-Klassen zu erstellen. Die ATL ist als Möglichkeit zur Implementierung COM-basierter Software zwischen purem C++ und der MFC angesiedelt, wobei Sie weder den Code für Grundbestandteile von Hand eingeben noch alle Eigenheiten der MFC-Architektur in Kauf nehmen müssen. Die ATL ist im Grunde genommen eine Sammlung von C++-Vorlagen und anderen Hilfsmitteln zum Schreiben von COM-Klassen.

Überblick über die ATL

Wenn Sie den Quelltext der ATL betrachten, werden Sie feststellen, dass die ATL aus einer Sammlung von Header-Dateien und C++-Quelltextdateien besteht. Der Großteil dieser Dateien befindet sich im Include-Verzeichnis der ATL. Es folgt ein Überblick über die ATL-Dateien und ihren Inhalt.

ATLBASE.H

Diese Datei enthält:

- *typedefs* der ATL-Funktionen,
- Definitionen von Strukturen und Makros,
- Smart Pointer-Klassen zur Verwaltung von COM-Schnittstellenzeigern,

- Klassen zur Unterstützung der Thread-Synchronisierung,
- Definitionen von *CComBSTR*, *CComVariant*, Threading- und Apartment-Unterstützung.

ATLCOM.H

Diese Datei enthält:

- Vorlagenklassen für Klassenobjekte/Class-Factory-Objekte,
- *IUnknown*-Implementierungen,
- Unterstützung für positionierbare Oberflächenelemente,
- Verwaltung und Unterstützung von Typinformationen,
- *IDispatch*-Implementierung der ATL,
- Vorlagen für COM-Aufzählungen,
- Unterstützung für Verbindungspunkte.

ATLCONV.CPP und ATLCONV.H

Diese beiden Quelltextdateien enthalten Unterstützungsroutinen für die Unicode-Konvertierung.

ATLCTL.CPP und ATLCTL.H

Diese beiden Dateien enthalten:

- Quelltext für die Unterstützung der ATL-Version von *IDispatch* durch Clients und die Auslösung von Ereignissen,
- *CComControlBase,*
- Unterstützung für das OLE-Einbettungsprotokoll für Steuerelemente,
- Unterstützung für Eigenschaftenseiten.

ATLIFACE.IDL und ATLIFACE.H

Die Datei ATLIFACE.IDL (aus der ATLIFACE.H generiert wird) enthält eine ATL-eigene Schnittstelle namens *IRegistrar.*

ATLIMPL.CPP

ATLIMPL.CPP implementiert Klassen wie *CComBSTR,* die in ATLBASE.H deklariert ist.

ATLWIN.CPP und ATLWIN.H

Diese Dateien bieten Unterstützungsroutinen für die Fensterverwaltung und für Benutzerflächen, wie unter anderem:

- ein Mechanismus zur Nachrichtenzuordnung,
- eine Fensterverwaltungsklasse,
- Unterstützung für Dialogfelder.

STATREG.CPP und STATREG.H

Die ATL beinhaltet eine COM-Komponente namens *Registrar*, die die korrekten Einträge in die Registrierung einfügt. Der Quelltext zur Implementierung dieser Komponente befindet sich in den Dateien STATREG.H und STATREG.CPP.

Nach diese allgemeinen Einführung wollen wir nun die ATL-Unterstützung der client-seitigen COM-Programmierung näher betrachten.

Client-seitige ATL-Programmierung

Die ATL hat im Grunde genommen zwei Seiten – Unterstützung für Clients und Unterstützung für Objekte. Wegen der Menge des zur Implementierung von ActiveX-Steuerelementen erforderlichen Quelltexts, betrifft der bei weitem größte Teil dieser Unterstützung die Objektseite. Allerdings erweist sich auch die ATL-Unterstützung für Clients als hilfreich und interessant. Wir sehen uns nun die Client-Seite der ATL an. Da C++-Vorlagen den Eckpfeiler der ATL bilden, wollen wir uns in einem kurzen Exkurs zuerst mit diesen beschäftigen.

C++-Vorlagen

Der Schlüssel zum Verständnis der Active Template Library ist das Verständnis der C++-Vorlagen. Trotz der etwas einschüchternden Vorlagensyntax ist das Konzept der Vorlagenklassen recht einfach. C++-Vorlagen werden gelegentlich zutreffend als compiler-sichere Makros beschrieben. Überlegen Sie einmal, was während der Ausführung von Makros geschieht: Wenn der Präprozessor auf ein Makro trifft, sieht er sich das Makro an und erweitert es in regulären C++-Code. Bei Makros ist jedoch problematisch, dass sie gelegentlich fehleranfällig sind und nie typsicher sind. Wenn Sie ein Makro verwenden und ihm einen unzulässigen Parameter übergeben, meldet der Compiler keinen Fehler, obwohl das Programm möglicherweise nicht lauffähig ist. Vorlagen ähneln typsicheren Makros. Wenn der Compiler auf eine Vorlage trifft, erweitert der Compiler die Vorlage ebenso, wie er ein Makro erweitern würde. Da Vorlagen jedoch typsicher sind, fängt der Compiler Fehler ab, bevor der Anwender damit in Berührung kommt.

Die Verwendung von Vorlagen zur Wiederverwendung von Code unterscheidet sich von den konventionellen Praktiken der C++-Programmierung. Bei Komponenten, die unter Verwendung von Vorlagen geschrieben wurden, erfolgt die Wiederverwendung von Code durch Vorlagensubstitution und nicht durch die Vererbung von Funktionen von Basisklassen. Der gesamte in Vorlagen enthaltene Code wird buchstäblich in das Projekt eingefügt.

Das archetypisches Beispiel für die Verwendung von Vorlagen ist ein dynamisches Datenfeld. Nehmen wir an, Sie brauchen ein Datenfeld zum Speichern von Ganzzahlen. Statt ein Datenfeld fester Größe zu deklarieren, soll die Größe des Datenfelds nach Bedarf festgelegt werden. Sie entwickeln daher ein Datenfeld als C++-Klasse. Irgendwann erfährt einer Ihrer Kollegen von Ihrer neuen Klasse und sagt Ihnen, er (oder sie) bräuchte genau die gleiche Funktionalität. Diese Person möchte jedoch Gleitkommazahlen in dem Datenfeld speichern. Statt nochmals genau den gleichen Code (abgesehen von der Verwendung eines anderen Datentyps) zu produzieren, können Sie eine C++-Vorlage verwenden.

Es folgt ein Beispiel für eine Vorlage, mit der sich das oben beschriebene Problem lösen ließe. Nachfolgender Code zeigt ein dynamisches Datenfeld, das als Vorlage implementiert ist:

```
template <class T> class DynArray {
public:
  DynArray();
```

```
  ~DynArray();           // Aufräumarbeiten und Speicherverwaltung
  int Add(T Element);    // Elemente hinzufügen und Speicher verwalten
  void Remove(int nIndex) // Element löschen und Speicher verwalten
  T GetAt(nIndex) const;
  int GetSize();
private:
  T* TArray;
  int m_nArraysize;
};

void UseDynArray() {
  DynArray<int> intArray;
  DynArray<float> floatArray;

  intArray.Add(4);
  floatArray.Add(5.0);

  intArray.Remove(0);
  floatArray.Remove(0);

  int x = intArray.GetAt(0);
  float f = floatArray.GetAt(0);
}
```

Wie Sie sich vorstellen können, eignen sich Vorlagen zur Implementierung der COM-Grundkomponenten, und Vorlagen sind der Mechanismus, der in der ATL für die COM-Unterstützung verwendet wird. Die vorstehende Beispiel zeigt nur eine der vielen Einsatzmöglichkeiten von Vorlagen. Vorlagen sind nicht nur nützlich, wenn Typinformationen auf eine bestimmte Art von Datenstruktur angewendet werden sollen, sondern auch zur Kapselung von Algorithmen. Wir sollen nun den Inhalt der ATL näher betrachten.

Smart Pointer

Vorlagen werden häufig für Smart Pointer eingesetzt. In der traditionellen C++-Literatur werden die Standardzeiger von C++ »dumme« Zeiger genannt. Das ist kein besonders hübscher Name, aber normale C++-Zeiger leisten eben auch nicht viel, außer auf etwas zu zeigen. Es bleibt häufig dem Client überlassen, solche Details wie die Initialisierung der Zeiger auszuführen.

Wir wollen als Beispiel zwei Typen von Software-Programmierern als C++-Klassen formulieren. Sie können z.B. beginnen, indem Sie die Klassen *CVBProgrammierer* und *CCPPProgrammierer* definieren.

```
class CVBProgrammierer {
public:
  CVBProgrammierer() {
  }
  ~CVBProgrammierer() {
    AfxMessageBox("Ich verwende VB, damit ich schneller fertig bin.");
  }
  virtual void AndieArbeit() {
    AfxMessageBox("Formulare erstellen");
    }
};
```

```
class CCPPProgrammierer {
public:
  CCPPProgrammierer() {
  }
  ~CCPPProgrammierer() {
    AfxMessageBox("Ich bleibe im Büro und löse Zeigerprobleme.");
  }
  virtual void AndieArbeit() {
    AfxMessageBox("C++-Code schreiben);
  }
};
```

Sowohl der Visual Basic-Programmierer als auch der C++-Programmierer verfügen über Funktionen zur Erreichung der optimalen Leistung. Nehmen wir nun an, es gäbe einen Client, der folgenden Code enthielte:

```
//UseProgrammierers.CPP

void UseProgrammierers() {
  CVBProgrammierer* pVBProgrammierer;
  ...
  // Der Zeiger pVBProgrammierer muss irgendwann
  // initialisiert werden. Was passiert, wenn
  // Sie die Initialisierung vergessen und ihn
  // später wie folgt verwenden:
  if(pVBProgrammierer) {
    // Wir müssen uns darauf gefasst machen,
    // dass eine Menge Ausnahmen ausgelöst
    // werden; da pVBProgrammierer nicht NULL ist,
    // zeigt er auf irgendwelche Daten.
    c->AndieArbeit();
  }
}
```

In diesem Fall wurde im Client-Code vergessen, den Zeiger *pVBProgrammierer* mit *NULL* zu initialisieren. (Im richtigen Leben passiert so etwas natürlich niemals!) Da *pVBProgrammierer* einen Wert ungleich *NULL* enthält (der Zeiger enthält den Wert, der sich gerade auf dem Stack befindet), ist die Prüfung, ob der Zeiger einen gültigen Wert hat, erfolgreich, obwohl man das Gegenteil erwarten würde. Der Client fährt in der Annahme, alles sei in Ordnung, unbekümmert fort. Natürlich stürzt der Client ab, da er »ins Dunkle ruft«. (Wer weiß, auf was *pVBProgrammierer* zeigt – wahrscheinlich auf nichts, was auch nur im Entferntesten Ähnlichkeit mit einem VB-Programmierer hat). Natürlich wäre es schön, wenn es einen Mechanismus gäbe, mit dem sichergestellt werden könnte, dass alle Zeiger initialisiert wurden. Hier kommen die Smart Pointer ins Spiel.

Stellen Sie sich nun ein anderes Szenario vor. Sie möchten vielleicht etwas zusätzlichen Code in die Klassen aufnehmen, die Programmierer repräsentieren, um einige Operationen ausführen zu lassen, die allen Programmierern gemeinsam sind. Beispielsweise könnten alle Programmierer bestimmte Designaufgaben erledigen, bevor sie mit dem Schreiben von Code beginnen. Betrachten Sie nochmals das Beispiel mit den Klassen für VB- und C++-Programmierer. Wenn der Client *AndieArbeit* aufruft, beginnt der Programmierer sofort mit dem Schreiben von Code, ohne über ein korrektes Design zu verfügen, und lässt den armen Client wahrscheinlich im Stich. Wir brauchen hier eine allgemeine Routine für die Programmiererklassen, mit der wir sicherstellen können, dass die Designaufgaben ausgeführt wurden, bevor sie mit dem Schreiben von Code beginnen.

Die C++-Lösung für diese Art von Problem wird Smart Pointer (deutsch: intelligenter Zeiger) genannt. Sehen wir uns einmal an, was ein Smart Pointer eigentlich ist.

Intelligente C++-Zeiger

Ein Smart Pointer ist eine C++-Hüllklasse für Zeiger. Wenn Zeiger in eine Klasse eingehüllt werden (genau gesagt, eine Vorlage), lässt sich sicherstellen, dass bestimmte Operationen automatisch ausgeführt werden, so dass umfangreiche Standardoperationen nicht dem Client überantwortet werden müssen. Ein gutes Beispiel für eine solche Operation ist die Prüfung, ob alle Zeiger korrekt initialisiert werden, damit durch ungültige Zeiger bedingte, peinliche Programmabstürze nicht mehr vorkommen. Ein weiteres Beispiel ist die Ausführung bestimmter Grundoperationen, bevor Funktionsaufrufe über einen Zeiger erfolgen.

Wir wollen nun eine Smart-Pointer-Klasse für das oben beschriebene Programmierermodell definieren. Sehen Sie sich die vorlagenbasierte Klasse namens *SmartProgrammierer* an:

```
template<class T>
class SmartProgrammierer {
  T* m_pProgrammierer;

public:
  SmartProgrammierer(T* pProgrammierer) {
    ASSERT(pProgrammierer != NULL);
    m_pProgrammierer = pProgrammierer;
  }
  ~SmartProgrammierer() {
    AfxMessageBox("Ich bin smart, und bestehe jeden Elchtest.");
  }
  SmartProgrammierer &
    operator=(const SmartProgrammierer& rProgrammierer) {
      return *this;
  }
  T* operator->() const {
    AfxMessageBox("Zeiger sollen dereferenziert werden. /
                  Prüfen, ob alles in Ordnung ist.");
    return m_pProgrammierer;
  }
};
```

Die Vorlage *SmartProgrammierer* fungiert als Hüllklasse für beliebige Zeiger. Da die Klasse *SmartProgrammierer* auf einer Vorlage basiert, kann sie grundlegende Funktionen zur Verfügung stellen, ungeachtet des Datentyps der Klasse. Sie können sich Vorlagen als compiler-sichere Makros vorstellen: Deklarationen von Klassen (oder Funktionen), deren Code auf jeden Datentyp angewendet werden kann.

Wir brauchen eine Smart-Pointer-Klasse, die sich auf alle Programmierer anwenden lässt, wie z. B. Programmierer, die mit VB, Visual C++, Java und Delphi arbeiten (um nur einige zu nennen). Mit der Anweisung *template <class T>* wird dies erreicht. Die Vorlage *SmartProgrammierer* enthält einen Zeiger (*m_pProgrammierer*) auf den Typ von Programmierer, für den die Klasse definiert wird. Dem Konstruktor von *SmartProgrammierer* wird als Parameter ein Zeiger auf diesen

Typ übergeben und der Konstruktor weist diesen *m_pProgrammierer* zu. Beachten Sie, dass der Konstruktor eine Annahme generiert, wenn der Client einen Parameter mit dem Wert NULL dem Konstruktor von *SmartProgrammierer* übergibt.

Die Klasse *SmartProgrammierer* kapselt nicht nur Zeiger, sondern implementiert auch verschiedene Operatoren. Am wichtigsten ist der Operator -> (der Operator zur Elementauswahl). Dieser Operator ist das Arbeitspferd jeder Smart-Pointer-Klasse. Eine reguläre Klasse wird durch das Überladen des Elementauswahloperators zu einer Smart-Pointer-Klasse. Wenn der Elementauswahloperator auf einen regulären »dummen« C++-Zeiger angewendet wird, wird der Compiler damit normalerweise angewiesen, ein Element auszuwählen, das zu der Klasse oder der Struktur gehört, die vom Zeiger bezeichnet wird. Durch das Überschreiben des Elementauswahloperators erhält der Client die Möglichkeit, sich einzuklinken und mit jedem Methodenaufruf irgendeine Standardoperation auszuführen. Im Beispiel der Klasse *SmartProgrammierer* wird mit der Smart-Pointer-Klasse sichergestellt, dass die Arbeitsumgebung in Ordnung ist, bevor der Programmierer an die Arbeit geht. (Dieses Beispiel ist etwas theoretisch. In der Praxis würde man beispielsweise auch einen Einsprungpunkt für die Fehlersuche hinzufügen.)

Die Hinzufügung des Operators -> zur Klasse bewirkt, dass sie sich wie ein vordefinierter C++-Zeiger verhält. Um sich auch in anderer Hinsicht wie ein nativer C++-Zeiger verhalten zu können, muss die Smart-Pointer-Klasse auch die anderen Standardoperatoren implementieren, z.B. den Derefenzierungs- und den Zuweisungsoperator.

Smart Pointer verwenden

Smart Pointer werden im Großen und Ganzen auf die gleiche Weise wie die vordefinierten C++-Zeiger verwendet. Wir wollen uns zuerst einen Client ansehen, der die konventionellen Programmiererklassen verwendet:

```
void UseProgrammierer() {
  CVBProgrammierer VBProgrammierer;
  CCPPProgrammierer CPPProgrammierer;

  VBProgrammierer.AndieArbeit();
  CPPProgrammierer.AndieArbeit();
}
```

Dieser Code bewirkt einfach, dass die Programmierer kommen und an die Arbeit gehen. Es ist jedoch ratsamer, mit den intelligenten Programmierern zu arbeiten – denjenigen, die sicherstellen, dass das Design steht, bevor sie mit dem Schreiben von Code anfangen. Es folgt der Code, mit dem die VB-Programmierer- und C++-Programmierer-Objekte in eine Smart-Pointer-Klasse gehüllt werden:

```
void UseSmartProgrammierer {
  CVBProgrammierer VBProgrammierer;
  CCPPProgrammierer CPPProgrammierer;

  SmartProgrammierer<CVBProgrammierer> smartVBProgrammierer(&VBProgrammierer);
  SmartProgrammierer<CCPPProgrammierer> smartCPPProgrammierer(&CPPProgrammierer);

  smartVBProgrammierer->AndieArbeit();
  smartCPPProgrammierer->AndieArbeit();
}
```

Statt einfache Programmierer dazu zu bringen, an die Arbeit zu gehen (wie im vorigen Beispiel), fordert der Client die intelligenten Programmierer auf, die Arbeit zu erledigen. Diese Programmierer kümmern sich automatisch um das Design, bevor sie Code schreiben.

Smart Pointer und COM

Obwohl das letzte Beispiel das Ganze vor allem interessanter machen sollte, lassen sich Smart Pointer-Klassen in der Praxis wirklich sinnvoll einsetzen. Eine dieser Anwendungen besteht darin, die client-seitige COM-Programmierung zu erleichtern.

Smart Pointer werden häufig zur Implementierung der Referenzzählung. Da die Referenzzählung eine sehr grundlegende Operation ist, ist es sinnvoll, die client-seitige Verwaltung der Referenzzählung einer Smart-Pointer-Klasse zu übertragen.

Da Sie inzwischen mit dem Komponentenobjektmodell von Microsoft vertraut sind, wissen Sie, dass COM-Objekte Schnittstellen offen legen. Für C++-Clients sind Schnittstellen einfach ganz abstrakte Basisklassen, und C++-Clients behandeln Schnittstellen im Wesentlichen wie normale C++-Objekte. Wie Sie in den vorangegangenen Kapiteln jedoch feststellen konnten, sind COM-Objekte etwas anders geartet als normale C++-Objekte. COM-Objekte existieren auf der Binärebene und werden daher mit Hilfe sprachunabhängiger Mittel angelegt und zerstört. COM-Objekte werden durch Aufrufe von API-Funktionen erstellt. Die meisten COM-Objekte verwenden einen Referenzzähler, um zu ermitteln, wann sie sich selbst aus dem Speicher entfernen müssen. Sobald ein COM-Objekt angelegt wurde, kann ein Client-Objekt auf verschiedene Weise darauf Bezug nehmen, indem er mehrere Schnittstellen dieses COM-Objekts referenziert. Das COM-Objekt muss so lange bestehen bleiben, wie darauf Bezug genommen wird. Die meisten COM-Objekte zerstören sich selbst, wenn alle Referenzen seitens der Clients freigegeben wurden. Dieser Selbstzerstörungsmechanismus der COM-Objekte stützt sich auf die Referenzzählung.

Zur Unterstützung dieses Referenzzählungsschemas definiert COM eine Reihe von Regeln für die Verwaltung von COM-Schnittstellen seitens der Clients. Die erste Regel besagt, dass der Referenzzähler eines Objekts um eins erhöht werden muss, wenn eine neue Instanz einer COM-Schnittstelle angelegt wird. Die zweite Regel ist, dass Clients Schnittstellenzeiger freigeben sollen, wenn sie sie nicht mehr benötigen Die Referenzzählung ist einer der Aspekte von COM, dessen korrekte Implementierung recht schwierig ist, insbesondere was die Client-Seite angeht. Die Verwaltung der Referenzzähler für COM-Schnittstellen ist eine hervorragende Einsatzmöglichkeit für Smart-Pointer-Klassen.

Beispielsweise kann man dem Konstruktor einer Smart-Pointer-Klasse einen aktiven Schnittstellenzeiger als Argument übergeben, der von diesem einem internen Zeiger (der auf diesen Schnittstellenzeiger verweist) zugewiesen wird. Der Destruktor kann dann über den Schnittstellenzeiger dessen *Release*-Methode aufrufen, um die Schnittstelle freizugeben, damit der Schnittstellenzeiger automatisch gelöscht wird, wenn der Zeiger der Smart-Pointer-Klasse gelöscht wird oder ungültig wird. Zudem kann die Smart-Pointer-Klasse bei der Verwaltung der COM-Schnittstellen, die kopiert werden, hilfreich sein.

Stellen Sie sich beispielsweise vor, Sie haben ein COM-Objekt angelegt und halten einen Zeiger auf die Schnittstelle. Angenommen, Sie möchten den Schnittstellenzeiger kopieren (vielleicht um ihn als Parameter zu übergeben). Auf der reinen COM-Ebene müssten Sie dazu mehrere Schritte ausführen. Zuerst müssen Sie den alten Schnittstellenzeiger freigeben. Danach müssen Sie den alten Zeiger in einen neuen Zeiger kopieren. Schließlich müssen Sie *AddRef* für die neue Kopie des Schnittstellenzeigers aufrufen. Da diese Schritte, unabhängig davon, ob die Schnittstelle verwendet wird, ausgeführt werden müssen, eignet sich dieser Vorgang hervorragend dafür, in einem Codebaustein zusammengefasst zu werden. Um diesen Vorgang in einer Smart-Pointer-

Klasse zu implementieren, müssen Sie nur den Zuweisungsoperator überschreiben. Der Client kann dann den alten Zeiger dem neuen Zeiger zuweisen. Die Smart-Pointer-Klasse kümmert sich um die Verwaltung des Schnittstellenzeigers und nimmt dem Client diese Aufgabe ab.

Die Smart Pointer der ATL

Ein Großteil der ATL-Unterstützung für client-seitige COM-Programmierung findet sich in zwei Smart Pointer-Klassen der ATL: *CComPtr* und *CComQIPtr*. *CComPtr* ist eine einfache Smart-Pointer-Klasse, die COM-Schnittstellenzeiger kapselt. *CComQIPtr* weist dem Smart Pointer überdies eine GUID zu (die als Schnittstellen-ID verwendet wird). Sehen wir uns zuerst *CComPtr* an.

CComPtr

Es folgt eine verkürzte Version der Klasse *CComPtr*, die die wichtigsten Komponenten der Klasse zeigt:

```
template <class T>
class CComPtr {
public:
  typedef T _PtrClass;
  CComPtr() {p=NULL;}
  CComPtr(T* lp) {
    if ((p = lp) != NULL) p->AddRef();
  }
  CComPtr(const CComPtr<T>& lp) {
    if ((p = lp.p) != NULL) p->AddRef();
  }
  ~CComPtr() {if (p) p->Release();}
  void Release() {if (p) p->Release(); p=NULL;}
  operator T*() {return (T*)p;}
  T& operator*() {_ASSERTE(p!=NULL); return *p; }
  T** operator&() { _ASSERTE(p==NULL); return &p; }
  T* operator->() { _ASSERTE(p!=NULL); return p; }
  T* operator=(T* lp){return (T*)AtlComPtrAssign(
                            (IUnknown**)&p, lp);}
  T* operator=(const CComPtr<T>& lp) {
    return (T*)AtlComPtrAssign((IUnknown**)&p, lp.p);
  }
  T* p;
};
```

CComPtr ist eine recht einfache Smart-Pointer-Klasse. Beachten Sie das Datenelement *p* vom Typ T (der Typ wird vom Vorlagenparameter eingeführt. Der Konstruktor von *CComPtr* ruft *AddRef* für den Zeiger auf und der Destruktor gibt den Zeiger frei – so weit nichts Ungewöhnliches. *CComPtr* verfügt auch über alle nötigen Operatoren, um als Hüllklasse für COM-Schnittstellen fungieren zu können. Lediglich der Zuweisungsoperator verdient besonderer Erwähnung. Der Zuweisungsoperator weist untypisierten Zeigern einen neuen Wert zu. Dieser Zuweisungsoperator ruft die Funktion *AtlComPtrAssign* auf.

```
ATLAPI_(IUnknown*) AtlComPtrAssign(IUnknown** pp, IUnknown* lp) {
    if (lp != NULL)
        lp->AddRef();
```

```
    if (*pp)
        (*pp)->Release();
    *pp = lp;
    return lp;
}
```

AtlComPtrAssign führt eine »allgemeine« Zeigerzuweisung aus, wobei *AddRef* für den Zeiger aufgerufen wird, dem der Schnittstellenzeiger zugewiesen wird, bevor der zugewiesene Schnittstellenzeiger mit *Release* freigegeben wird. Sie werden in Kürze eine Version dieser Funktion kennen lernen, die *QueryInterface* aufruft.

Der Hauptvorteil von *CComPtr* besteht darin, dass sie die Verwaltung des Referenzzählers für einen Zeiger zu einem gewissen Grad erleichtert.

CComPtr verwenden

CComPtr ist nicht nur bei der Handhabung von *AddRef* und *Release* hilfreich, sondern kann auch die Codeverwaltung erleichtern. Die Nützlichkeit der Klasse *CComPtr* lässt sich am besten anhand eines Codebeispiels aufzeigen. Angenommen, der Client benötigt drei Schnittstellenzeiger, um seine Aufgabe zu erfüllen:

```
void GetLottaPointers(LPUNKNOWN pUnk){
  HRESULT hr;
  LPPERSIST pPersist;
  LPDISPATCH pDispatch;
  LPDATAOBJECT pDataObject;
  hr = pUnk->QueryInterface(IID_IPersist, (LPVOID *)&pPersist);
  if(SUCCEEDED(hr)) {
    hr = pUnk->QueryInterface(IID_IDispatch, (LPVOID *)
                              &pDispatch);
    if(SUCCEEDED(hr)) {
      hr = pUnk->QueryInterface(IID_IDataObject,
                              (LPVOID *) &pDataObject);
      if(SUCCEEDED(hr)) {
          DoIt(pPersist, pDispatch, pDataObject);
          pDataObject->Release();
        }
        pDispatch->Release();
     }
     pPersist->Release();
  }
}
```

Sie könnten die umstrittene *goto*-Anweisung verwenden (und damit riskieren, abfällige Kommentare von Ihren Kollegen zu erhalten), um den Code etwas übersichtlicher zu gestalten:

```
void GetLottaPointers(LPUNKNOWN pUnk){
  HRESULT hr;
  LPPERSIST pPersist; LPDISPATCH pDispatch;
  LPDATAOBJECT pDataObject;

  hr = pUnk->QueryInterface(IID_IPersist, (LPVOID *)&pPersist);
  if(FAILED(hr)) goto cleanup;
```

```
  hr = pUnk->QueryInterface(IID_IDispatch, (LPVOID *) &pDispatch);
  if(FAILED(hr)) goto cleanup;

  hr = pUnk->QueryInterface(IID_IDataObject,
                            (LPVOID *) &pDataObject);
  if(FAILED(hr)) goto cleanup;

  DoIt(pPersist, pDispatch, pDataObject);

cleanup:
  if (pDataObject) pDataObject->Release();
  if (pDispatch) pDispatch->Release();
  if (pPersist) pPersist->Release();
}
```

Dies ist vielleicht nicht die elegante Lösung, die Sie sich vorstellen. Durch den Einsatz von *CComPtr* wird der gleiche Code viel ansehnlicher und leichter lesbar:

```
void GetLottaPointers(LPUNKNOWN pUnk){
  HRESULT hr;
  CComPtr<IUnknown> persist;
  CComPtr<IUnknown> dispatch;
  CComPtr<IUnknown> dataobject;

  hr = pUnk->QueryInterface(IID_IPersist, (LPVOID *)&persist);
  if(FAILED(hr)) return;

  hr = pUnk->QueryInterface(IID_IDispatch, (LPVOID *) &dispatch);
  if(FAILED(hr)) return;

  hr = pUnk->QueryInterface(IID_IDataObject,
                            (LPVOID *) &dataobject);
  if(FAILED(hr)) return;

  DoIt(pPersist, pDispatch, pDataObject);

  // Destruktoren rufen Release auf...
}
```

Sie fragen sich jetzt wahrscheinlich, warum *CComPtr* als Hüllklasse nicht auch *QueryInterface* umfasst. Schließlich spielt *QueryInterface* eine wichtige Rolle bei der Referenzzählung. Wenn man eine Smart-Pointer-Klasse mit Unterstützungsroutinen für *QueryInterface* ausstatten will, muss man auf irgendeine Art und Weise dem Smart Pointer eine GUID zuordnen können. *CComPtr* wurde in der ersten Version der ATL vorgestellt. Um bestehenden Programmcode nicht zu beeinträchtigen, veröffentlichte Microsoft eine überarbeitete, leistungsfähigere Version von *CComPtr* namens *CComQIPtr*.

CComQIPtr

Es folgt ein Teil der Definition von *CComQIPtr*:

```
template <class T, const IID* piid = &__uuidof(T)>
class CComQIPtr {
public:
  typedef T _PtrClass;
  CComQIPtr() {p=NULL;}
  CComQIPtr(T* lp) {
    if ((p = lp) != NULL)
        p->AddRef();
  }
  CComQIPtr(const CComQIPtr<T,piid>& lp) {
    if ((p = lp.p) != NULL)
        p->AddRef();
  }
  CComQIPtr(IUnknown* lp) {
    p=NULL;
    if (lp != NULL)
        lp->QueryInterface(*piid, (void **)&p);
  }
  ~CComQIPtr() {if (p) p->Release();}
  void Release() {if (p) p->Release(); p=NULL;}
  operator T*() {return p;}
  T& operator*() {_ASSERTE(p!=NULL); return *p; }
  T** operator&() { _ASSERTE(p==NULL); return &p; }
  T* operator->() {_ASSERTE(p!=NULL); return p; }
  T* operator=(T* lp){
    return (T*)AtlComPtrAssign((IUnknown**)&p, lp);
  }
  T* operator=(const CComQIPtr<T,piid>& lp) {
    return (T*)AtlComPtrAssign((IUnknown**)&p, lp.p);
  }
  T* operator=(IUnknown* lp) {
    return (T*)AtlComQIPtrAssign((IUnknown**)&p, lp, *piid);
  }
  bool operator!(){return (p == NULL);}
  T* p;
};
```

CComQIPtr unterscheidet sich von *CComPtr* vor allem durch den zweiten Vorlagenparameter namens *piid* – die GUID der Schnittstelle. Diese Smart-Pointer-Klasse verfügt über mehrere Konstruktoren: einen Standardkonstruktor, einen Kopierkonstruktor, einen Konstruktor, der einen untypisierten Schnittstellenzeiger akzeptiert, und einen Konstruktor, dem einen *IUnknown*-Schnittstellenzeiger als Parameter übergeben wird. Wird der letzte Konstruktor verwendet, um ein Objekt dieses Typs zu erstellen und mit einem *IUnknown*-Zeiger zu initialisieren, dann ruft *CComQIPtr* die Methode *QueryInterface* mit dem GUID-Vorlagenparameter auf. Beachten Sie zudem, dass im Fall der Zuweisung eines *IUnknown*-Zeigers *AtlComQIPtrAssign* zur Durchführung dieser Zuweisung aufgerufen wird. Wie Sie sich denken können, führt *AtlComQIPtrAssign* insgeheim *QueryInterface* aus und verwendet hierzu den GUID-Vorlagenparameter.

CComQIPtr verwenden

Es folgt ein Beispiel für die Verwendung von *CComQIPtr* in einem COM-Client:

```
void GetLottaPointers(ISomeInterface* pSomeInterface){
  HRESULT hr;
  CComQIPtr<IPersist, &IID_IPersist> persist;
  CComQIPtr<IDispatch, &IID_IDispatch> dispatch;
  CComPtr<IDataObject, &IID_IDataObject> dataobject;

  dispatch = pSomeInterface;   // impliziter QueryInterface-Aufruf
  persist = pSomeInterface;    // impliziter QueryInterface-Aufruf
  dataobject = pSomeInterface; // impliziter QueryInterface-Aufruf

  DoIt(persist, dispatch, dataobject); // Einer Funktion übergeben,
                                       // die IPersist*, IDispatch*,
                                       // und IDataObject* benötigt

  // Destruktoren rufen Release auf...
}
```

Die Smart-Pointer-Klasse *CComQIPtr* ist nützlich, wenn Sie Typumwandlungen im Stil von Java oder Visual Basic möchten. Beachten Sie, dass im oben angeführten Code keine Aufrufe von *QueryInterface* oder *Release* erforderlich waren. Diese Aufrufe wurden automatisch durchgeführt.

Nachteile der Smart Pointer-Klassen der ATL

Smart Pointer-Klassen können in bestimmten Situationen sehr hilfreich sein (wie im *CComPtr*-Beispiel, in den wie die *goto*-Anweisung beseitigt haben). Leider sind Smart Pointer-Klassen von C++ nicht das Allheilmittel, das sich Programmierer zur Lösung ihrer Probleme mit der Referenzzählung und der Zeigerverwaltung wünschen. Smart Pointer verlagern dieses Problem einfach auf eine andere Ebene.

Eine Situation, in der Vorsicht im Umgang mit Smart Pointer-Klassen geboten ist, stellt die Umstellung von nicht auf Smart Pointer-Klassen basierendem Code auf die Verwendung von ATL-Smart-Pointer-Klassen dar. Die Schwierigkeit besteht darin, dass die Smart Pointer-Klassen der ATL die *AddRef*- und *Release*-Aufrufe nicht verbergen. Dies bedeutet, dass Sie genau wissen müssen, wie die Smart-Pointer-Klasse arbeitet, statt lediglich darauf achten zu müssen, ob *AddRef* und *Release* korrekt aufgerufen werden.

Sehen Sie sich beispielsweise folgenden Quelltext an,

```
void UseAnInterface(){
  IDispatch* pDispatch = NULL;

  HRESULT hr = GetTheObject(&pDispatch);
  if(SUCCEEDED(hr)) {
    DWORD dwTICount;
    pDispatch->GetTypeInfoCount(&dwTICount);
    pDispatch->Release();
  }
}
```

der für den Einsatz einer Smart-Pointer-Klasse modifiziert wird:

```
void UseAnInterface() {
  CComPtr<IDispatch> dispatch = NULL;

    HRESULT hr = GetTheObject(&dispatch);
    if(SUCCEEDED(hr)) {
        DWORD dwTICount;
        dispatch->GetTypeInfoCount(&dwTICount);
        dispatch->Release();
    }
}
```

Da *CComPtr* und *CComQIPtr* die Aufrufe von *AddRef* und *Release* nicht verbergen, führt diese blinde Konvertierung zu Problemen, wenn *Release* über den Zeiger *dispatch* aufgerufen wird. Die Schnittstelle *IDispatch* ruft *Release* selbst auf, so dass im obigen Quelltext *Release* zweimal auf gerufen wird, einmal explizit über den Aufruf *dispatch->Release()* und ein zweites Mal implizit bei der schließenden geschweiften Klammer der Funktion.

Zudem enthalten die Smart Pointer-Klassen der ATL den impliziten Typumwandlungsoperator, der es ermöglicht, dass Zeiger vom Typ der Smart-Pointer-Klasse untypisierten Zeigern zugewiesen werden. In dem oben angeführten Fall wird die Referenzzählung sehr verwirrend.

Kurz gesagt, Smart Pointer erleichtern zwar einige Aspekte der client-seitigen COM-Programmierung, sind aber nicht narrensicher. Sie müssen wenigstens zu einem gewissen Grad verstehen, wie Smart Pointer funktionieren, um sie sicher verwenden zu können.

Server-seitige ATL-Programmierung

Wir haben die ATL-Unterstützung für die client-seitige COM-Programmierung abgehandelt. Obwohl ein beträchtlicher Teil der ATL der Zurverfügungsstellung von Hilfsmitteln für die Entwicklung von Clients gewidmet ist, dient der Großteil der ATL der Unterstützung COM-basierter Ser ver, auf die wir als Nächstes eingehen werden. Wir geben zuerst einen Überblick über die ATL, damit Sie verstehen, wie die einzelnen Teile zusammenpassen. Anschließend werden wir die Beispielklasse *CSpaceship* mit der ATL implementieren und uns den ATL-Objekt-Assistenten ansehen, um einen Eindruck davon zu gewinnen, wie man mit Hilfe der ATL COM-Klassen schreibt.

Die ATL und COM-Klassen

Als Programmierer von COM-Klassen ist es Ihre Aufgabe, die Funktionstabellen mit den Implementierungen zu verbinden und sicherzustellen, dass *QueryInterface*, *AddRef* und *Release* wie vorgesehen funktionieren. Wie Sie diese Aufgabe erledigen, bleibt Ihnen überlassen. Den Anwendern ist es völlig gleichgültig, welche Methode Sie verwenden. Sie haben bislang zwei Ansätze kennen gelernt- die Verwendung von purem C++ und der Mehrfachvererbung von Schnittstellen sowie den MFC-Ansatz der Verwendung von Makros und verschachtelten Klassen. Der ATL-Ansatz zur Implementierung von COM-Klassen unterscheidet sich etwas von den beiden vorgenannten Ansätzen.

Vergleichen Sie den C++-Ansatz mit dem MFC-Ansatz. Sie erinnern sich, dass eine Möglichkeit, COM-Klassen in purem C++ zu entwickeln, darin besteht, über Mehrfachvererbung eine einzelne C++-Klasse von mindestens einer Schnittstelle abzuleiten und dann den gesamten Quelltext für diese C++-Klasse zu schreiben. Hier müssen Sie zusätzliche Leistungsmerkmale (wie z.B. Unterstützung der Schnittstelle *IDispatch* oder der COM-Aggregation) von Hand hinzufügen. Der MFC-Ansatz zur Erstellung von COM-Klassen beinhaltet den Einsatz von Makros, die verschachtelte Klassen definieren (wobei jede verschachtelte Klasse jede Schnittstelle implementiert). Die MFC unterstützt *IDispatch* und COM-Aggregation – Sie müssen kaum etwas dazutun, damit diese Dinge funktionieren. Es ist allerdings schwierig, eine neue Schnittstelle in eine COM-Klasse einzufügen, ohne eine Menge von Hand eingeben zu müssen. (Wie Sie in Kapitel 24 gesehen haben, beinhaltet die COM-Unterstützung der MFC einige recht lange Makros.)

Der ATL-Ansatz zur Bildung von COM-Klassen erfordert, dass eine C++-Klasse von verschiedenen vorlagenbasierten Klassen beerbt wird. Microsoft hat in den Klassenvorlagen der ATL die Schnittstelle *IUnknown* allerdings für Sie schon implementiert.

Lassen Sie uns gleich mit einer praktischen Übung beginnen und die Beispielklasse *CSpaceship* als COM-Klasse erstellen. Wie immer beginnen wir, indem wir im Menü *Datei* von Visual C++ den Befehl *Neu* auswählen. Daraufhin wird das Dialogfeld *Neu* geöffnet, in dem die Registerkarte *Projekte* aktiv ist (siehe Abbildung 29.1). Wählen Sie auf der Registerkarte *Projekte* den Eintrag *ATL-COM-Anwendungs-Assistent*. Geben Sie Ihrem Projekt einen sinnvollen Namen, wie z. B.*spaceshipsvr*, und klicken Sie auf *OK*.

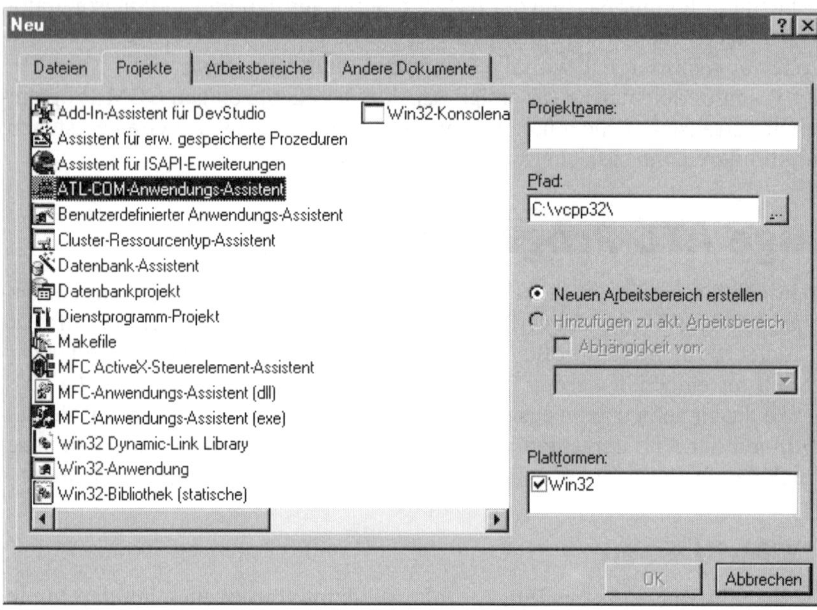

Abbildung 29.1: *Wählen Sie im Dialogfeld* Neu *die Option* ATL-COM-Anwendungs-Assistent.

Der ATL-COM-Anwendungs-Assistent

Im Dialogfeld *Schritt 1 von 1*, das in Abbildung 29.2 dargestellt ist, können Sie aus einer Liste von Optionen den Server-Typ für Ihr Projekt auswählen. Der ATL-COM-Anwendungs-Assistent stellt die Optionen *Dynamic Link Library (DLL)*, *Ausführbare Datei (EXE)* und *Dienst (EXE)* zur Auswahl. Wenn Sie die DLL-Option wählen, werden die Optionen *Vereinigung von Proxy-/Stub-Code zulassen* und *MFC unterstützen* automatisch aktiviert.

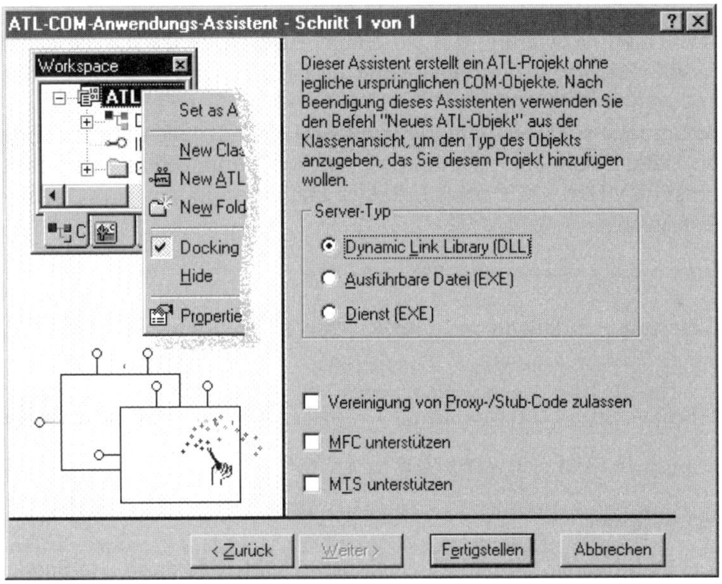

Abbildung 29.2:
Schritt 1 des ATL-COM-Anwendungs-Assistenten.

Nach der Wahl einer DLL als Server-Typ werden alle erforderlichen Bestandteile generiert, damit die Server-DLL in das COM-Milieu passt. Zu diesen Bestandteilen gehören die folgenden bekannten COM-Funktionen: *DllGetClassObject, DllCanUnloadNow, DllRegisterServer* und *DllUnregisterServer.* Zudem werden die korrekten Mechanismen zur Steuerung der Server-Lebensdauer implementiert.

Wenn Sie beschließen, dass Sie die DLL prozessextern als Surrogat-Dll ausführen möchten, wird es Ihnen durch die Auswahl der Option *Vereinigung von Proxy-/Stub-Code zulassen* ermöglicht, sämtliche Komponenten in eine einzige Binärdatei zu packen. (Der Proxy-/Stub-Code wird traditionell als separate DLL ausgeliefert.) Sie müssen dann nur eine einzige DLL weitergeben. Falls Sie beschließen, dass Sie unbedingt MFC-Unterstützung in Ihre DLL aufnehmen müssen, wählen Sie einfach das Optionsfeld *MFC-Unterstützung.* Zur MFC-Unterstützung gehört, dass import-Anweisungen für die Dateien AfxWin.h und AfxDisp.h in die Datei StdAfx.h eingefügt werden und dass ihr aktuelles Projekt mit der aktuellen Version der Import-Bibliothek der MFC gelinkt wird. Obwohl der Einsatz der MFC sehr praktisch und äußerst verlockend sein kann, sollten Sie sich der Abhängigkeiten bewusst sein, die mit der Einbindung der MFC verbunden sind. Sie können auch die Option *MTS-Unterstützung* auswählen, um Unterstützung für Microsoft Transaction Server hinzufügen.

Falls Sie sich dazu entscheiden, einen ausführbaren EXE-Server zu erstellen, produziert der ATL-COM-Anwendungs-Assistent den erforderlichen Code und kompiliert diesen in eine EXE-Datei. Diese EXE-Datei registriert mit Hilfe von *CoRegisterClassObject* und *CoRevokeClassObject* die Klassenobjekte korrekt beim Betriebssystem. Es wird auch der richtige Code zur Verwaltung des Server-Lebensdauer in das Projekt aufgenommen. Falls Sie schließlich die Option *Dienst (EXE)* wählen, fügt der ATL-COM-Anwendungs-Assistent den für diesen Dienst erforderlichen Code ein.

Wenn Sie den ATL-COM-Anwendungs-Assistenten einsetzen, um einen schlanken COM-Server zu entwickeln, erhalten Sie mehrere Erzeugnisse. Errstens erhalten Sie eine Projektdatei für die Kompilierung des Projekts. Diese Projektdatei enthält Angaben zu dem zum Projekt gehörigen Quelltextdateien und Anweisungen, wie diese Dateien bei der Erstellung zu behandeln sind.

Zweitens erhalten Sie etwas IDL-Quelltext (IDL – Interface Definition Language), der Grundbestandteile beschreibt. Diese IDL-Datei ist wichtig, das sie einen Ausgangspunkt für die echte COM-Programmierung bildet und Sie sich beim Schreiben von COM-Klassen auf diese Datei stützen werden.

IDL ist eine rein deklarative Sprache zur Beschreibung von COM-Schnittstellen. Sobald eine COM-Schnittstelle in einer IDL-Datei beschrieben wurde, lassen sich mit einem einfachen Aufruf des MIDL-Compilers von Microsoft (MIDL – Microsoft Interface Definition Language) verschiedene sehr nützliche Produkte erzeugen.

Zu diesen Produkten gehören:

- rein abstrakte Basisklassen, die zum Schreiben von COM-Klassen erforderlich sind,
- eine Typbibliothek,
- Quelltext zur Erstellung der Proxy-/Stub-DLL (der für die COM-Fernverarbeitung erforderlich ist).

Eine COM-Klasse erstellen

Sobald Sie einen COM-Server erstellt haben, können Sie beginnen, COM-Klassen in den Server einzufügen. Glücklicherweise erleichtert der ATL-Objekt-Assistent, der in Abbildung 29.3 dargestellt ist, diesen Vorgang. Sie wählen im Menü *Einfügen* den Befehl *Neues ATL-Objekt*, um den ATL-Objekt-Assistenten zu starten.

Wenn der ATL-Objekt-Assistent zur Erzeugung neuer Objekte eingesetzt wird, werden eine C++-Quelltextdatei und eine Header-Datei, die die Definition und die Implementierung der neuen Klasse enthalten, dem Projekt hinzugefügt. Zudem fügt der ATL-Objekt-Assistent eine Schnittstellendefinition in die IDL-Datei ein. Obwohl der ATL-Objekt-Assistent eine IDL-Datei erstellt, müssen Sie über einige IDL-Kenntnisse verfügen, wenn Sie effiziente COM-Schnittstellen schreiben möchten (wie Sie gleich sehen werden).

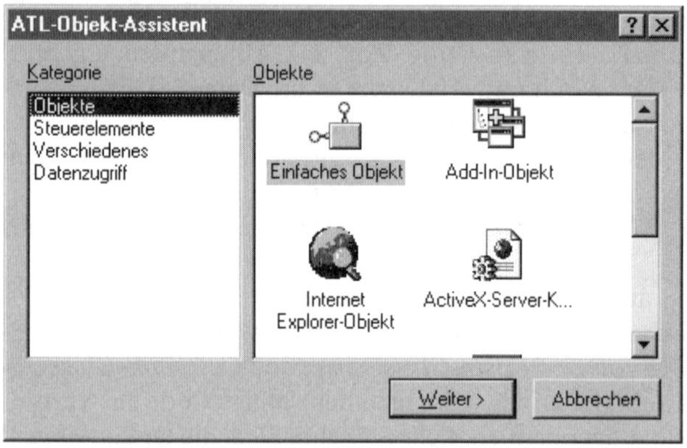

Abbildung 29.3:
Mit dem ATL-Objekt-Assistenten können neue ATL-basierte COM-Klassen in das Projekt eingefügt werden.

Nachdem Sie den Typ des ATL-Objekts angegeben haben, klicken Sie auf *Weiter*. Daraufhin wird das Dialogfeld *Eigenschaften von ATL-Objekt-Assistent* angezeigt. Abhängig vom gewählten Objekttyp, können Sie auf der Registerkarte *Attribute* des Dialogfelds *Eigenschaften von ATL-Objekt-Assistent* ein Threading-Modell für die COM-Klasse auswählen und angeben, ob eine duale (auf *IDispatch* basierende) oder eine benutzerdefinierte Schnittstelle erzeugt werden soll.

Sie können in diesem Dialogfeld auch angeben, ob die Klasse die Aggregation unterstützen soll. Zudem ermöglicht der ATL-Objekt-Assistent es Ihnen, die *ISupportErrorInfo*-Schnittstelle und Verbindungspunkte der Klasse hinzuzufügen. Schließlich können Sie durch Auswahl der Option *Abruffunktion mit freien Threads* den Free-Threaded-Marshaler aggregieren.

Apartments und Threading

Zum Verständnis von COM ist wichtig zu wissen, dass dem Konzept der *Abstraktion* in COM ein zentraler Stellenwert zukommt, d.h. dass vor dem Client möglichst viele Informationen verborgen werden sollen. Eine Information, die COM vor dem Client verbirgt, besteht in der Angabe, ob die Klasse thread-sicher ist. Der Client soll in der Lage sein, ein Objekt zu verwenden, ohne sich darum kümmern zu müssen, ob sich das Objekt korrekt serialisiert, d.h. den Zugriff auf seine internen Daten in der richtigen Weise schützt. COM definiert das Modell der *Apartments*, um diese Abstraktion zu ermöglichen.

Ein Apartment definiert einen Ausführungskontext (oder Thread), der Schnittstellenzeiger beherbergt. Ein Thread betritt ein Apartment durch den Aufruf einer Funktion aus der *CoInitialize*-Familie: *CoInitialize, CoInitializeEx* oder *OleInitialize.* COM erfordert nun, dass alle Methodenaufrufe über einen Schnittstellenzeiger in dem Apartment ausgeführt werden, das den Zeiger initialisiert hat (mit anderen Worten in dem Thread, der *CoCreateInstance* aufgerufen hat). COM definiert zwei Arten von Apartments – Single-Threaded-Apartments (STRA) und Multi-Threaded-Apartments (MTA). Single-Threaded-Apartments können nur einen Thread beherbergen, während in Multi-Threaded-Apartments mehrere Threads residieren können. Während ein Prozess nur ein Multi-Threaded-Apartment beinhalten kann, können mehrere Single-Threaded-Apartments in einem Prozess ausgeführt werden. Ein Apartment kann eine beliebige Zahl von COM-Objekten aufnehmen.

Ein Single-Threaded-Apartment garantiert, dass bei den COM-Objekten, die in ihm erstellt werden, die Methodenaufrufe über die Fernverarbeitungsschicht serialisiert werden. Dies ist bei COM-Objekten, die in einem Multi-Threaded-Apartment erstellt werden, nicht der Fall. Man kann sich diesen Unterschied zwischen den Apartments auch wie folgt veranschaulichen: Die Instantiierung eines COM-Objekts in einem Multi-Threaded-Apartment lässt sich damit vergleichen, dass man ein Datenelement mit einem globalen Gültigkeitsbereich zur Verfügung stellt, damit mehrere Threads darauf zugreifen können. Die Instantiierung eines COM-Objekts in einem Single-Threaded-Apartment ist mit der Einführung eines Datenelements vergleichbar, das nur im Gültigkeitsbereichs eines Threads definiert ist. Kurz gesagt, COM-Klassen, die in Multi-Threaded-Apartments funktionieren sollen, müssen thread-sicher sein, während COM-Klassen, die sich mit Single-Threaded-Apartments begnügen, sich nicht um gleichzeitige Zugriffe auf ihre Daten kümmern müssen.

COM-Objekte, die in einem anderen Prozessraum ausgeführt werden als ihr Client, lassen ihre Methodenaufrufe automatisch durch die Fernverarbeitungsschicht serialisieren. COM-Objekte, die in einer DLL untergebracht sind, sollten jedoch eigene Schutzmechanismen bereitstellen (z.B. mit Hilfe kritischer Abschnitte), statt sich auf den Schutz der Fernverarbeitungsschicht zu verlassen. COM-Klassen geben ihre Thread-Sicherheit durch Registrierungseinträge bekannt. Der betreffende benannte Wert befindet sich in der Registrierung unter dem Schlüssel CLSID unter *HKEY_CLASSES_ROOT.*

```
[HKCR\CLSID\{eine GUID …}\InprocServer32]
@="C:\EinServer.DLL"
ThreadingModel=<Threading-Modell>
```

Der Eintrag *ThreadingModel* kann einen der vier Werte *Single, Both, Free* oder *Apartment* haben oder leer sein. Die ATL unterstützt alle aktuellen Threading-Modelle. Nachfolgend wird die Bedeutung dieser Werte erläutert:

- Der Wert *Single* oder ein leerer Eintrag zeigen an, dass die Klasse nur im Haupt-Thread ausgeführt wird (dem ersten Single-Thread, der vom Client erzeugt wird).
- *Both* zeigt an, dass die Klasse thread-sicher ist und sowohl in Single-Threaded- als auch Multi-Threaded-Apartments ausgeführt werden kann. Dieser Wert bedeutet für COM, dass die Klasse den gleichen Apartmenttyp wie der Client verwenden soll.
- *Free* zeigt an, dass die Klasse thread-sicher ist. Dieser Wert bedeutet für COM, dass das Objekt in einem Multi-Threaded-Apartment verwendet werden muss.
- *Apartment* zeigt an, dass die Klasse nicht thread-sicher ist und daher in einem Single-Threaded-Apartment untergebracht werden muss.

Wenn Sie im ATL-Objekt-Assistenten ein Threading-Modell auswählen, fügt der Assistent, basierend auf Ihrer Auswahl, unterschiedlichen Code in die Klasse ein. Im ATL-Objekt-Assistent stehen die Threading-Modell-Optionen *Einzel* (entspricht dem Registrierungswert *Single*), *Beide* (entspricht dem Registrierungswert *Both*), *Frei* (entspricht dem Registrierungswert *Free*) und *Apartment* zur Auswahl. Wenn Sie beispielsweise die Option *Apartment* wählen, leitet der ATL-Objekt-Assistent die Klasse von *CComObjectRootEx* ab und fügt *CComSingleThreadModel* als Vorlagenparameter hinzu, wie das folgende Beispiel zeigt:

```
class ATL_NO_VTABLE CAtlSpaceship :
  public CComObjectRootEx<CComSingleThreadModel>,
  public CComCoClass<CAtlSpaceship, &CLSID_AtlSpaceship>,
  public IDispatchImpl<IAtlSpaceship, &IID_IAtlSpaceship,
                       &LIBID_SPACESHIPSVRLib>
{
...
};
```

Der Vorlagenparameter *CComSingleThreadModel* führt die effizienteren Inkrementierungs- und Dekrementierungsoperationen für *IUnknown* ein (da der Zugriff auf die Klasse automatisch serialisiert wird). Zudem veranlasst der ATL-Objekt-Assistent die Klasse, den korrekten *ThreadingModel*-Wert in die Registrierung einzutragen. Wenn Sie im ATL-Objekt-Assistenten die Option *Einzel* wählen, verwendet die Klasse den Vorlagenparameter *CComSingleThreadModel*, lässt den *ThreadingModel*-Eintrag in der Registrierung jedoch leer.

Wenn Sie im ATL-Objekt-Assistenten als Threading-Modell *Beide* oder *Frei* wählen, verwendet die Klasse den Vorlagenparameter *CComMultiThreadModel*, so dass die thread-sicheren Win32-Inkrementierungs- und Dekrementierungsoperationen *InterlockedIncrement* und *InterlockedDecrement* eingesetzt werden. Bei Auswahl des Threading-Modell-Option *Frei* wird die Klasse beispielsweise wie folgt definiert:

```
class ATL_NO_VTABLE CAtlSpaceship :
  public CComObjectRootEx< CComMultiThreadModel>,
  public CComCoClass<CAtlSpaceship, &CLSID_AtlSpaceship>,
  public IDispatchImpl<IAtlSpaceship, &IID_IAtlSpaceship,
                       &LIBID_SPACESHIPSVRLib>
{
...
};
```

Bei Auswahl der Threading-Modell-Option *Beide* wird der Wert *Both* in den Registrierungseintrag *ThreadingModel* eingefügt, während bei Auswahl der Option *Frei* der Registrierungseintrag *ThreadingModel* den Wert *Free* erhält.

Verbindungspunkte und ISupportErrorInfo

Verbindungspunkte zu einer COM-Klasse hinzuzufügen, ist denkbar einfach. Wenn Sie das Optionsfeld *Verbindungspunkte unterstützen* markieren, wird die Klasse von *IConnectionPointImpl* abgeleitet. Bei Auswahl dieser Option wird zudem eine leere Verbindungspunkttabelle in die Klasse eingefügt. Sie fügen Verbindungspunkte zu einer Klasse hinzu (z.B. eine Ereignismenge), indem Sie die folgenden vier Schritte ausführen:

1. Sie definieren die Callback-Schnittstelle in der IDL-Datei.
2. Sie verwenden den ATL-Proxy-Generator, um eine Proxy-Klasse zu erstellen.
3. Sie fügen die Proxy-Klasse der COM-Klasse hinzu.
4. Sie fügen die Verbindungspunkte der Verbindungspunkttabelle hinzu.

Die ATL unterstützt auch die Schnittstelle *ISupportErrorInfo*. Die Schnittstelle *ISupportErrorInfo* stellt sicher, dass Fehlerinformationen in der Aufrufkette korrekt weitergeleitet werden. OLE-Automatisierungsobjekte, die Schnittstellen zur Fehlerbehandlung verwenden, müssen die Schnittstelle *ISupportErrorInfo* implementieren. Wenn Sie im Dialogfeld *Eigenschaften von ATL-Objekt-Assistent* die Option *ISupportErrorInfo unterstützen* wählen, wird die ATL-basierte Klasse von *ISupportErrorInfoImpl* abgeleitet.

Der Free-Threaded-Marshaler

Die Auswahl der Option *Abruffunktion mit freien Threads* bewirkt, dass der COM-Marshaler in die Klasse aggregiert wird. Die generierte Klasse ruft zu diesem Zweck in der Funktion *FinalConstruct CoCreateFreeThreadedMarshaler* auf. Dieser Marshaler ermöglicht es thread-sicheren Objekten, das Standard-Marshaling zu umgehen, das beim Aufruf von Schnittstellenmethoden über Apartmentgrenzen hinweg ausgeführt wird. Zu einem Apartment gehörige Threads können auf diese Weise Schnittstellenmethoden aus anderen Apartments so aufrufen, als würden sich diese im gleichen Apartment befinden. Dadurch werden Aufrufe zwischen Apartments ungeheuer beschleunigt. Der Free-Threaded-Marshaler erreicht dies durch die Implementierung der Schnittstelle *IMarshal*. Wenn der Client von einem Objekt eine Schnittstelle anfordert, ruft die Fernverarbeitungsschicht *QueryInterface* auf und fordert *IMarshal* an. Falls das Objekt *IMarshal* implementiert (in diesem Fall implementiert das Objekt *IMarshal*, da der ATL-Objekt-Assistent auch einen Eintrag in die Schnittstelle der Klasse einfügt, damit *QueryInterface*-Anforderungen nach *IMarshal* bearbeitet werden) und die Marshaling-Anforderung bearbeitet wird, kopiert der Marshaler den Zeiger in das Marshaling-Paket. Auf diese Weise erhält der Client tatsächlich einen Zeiger auf das Objekt. Der Client kommuniziert direkt mit dem Objekt, ohne Proxy- und Stub-Objekte bemühen zu müssen. Wenn Sie die Option *Abruffunktion mit freien Threads* wählen, müssen selbstverständlich alle Daten des Objekts thread-sicher sein. Beim Einsatz dieser Option ist äußerste Vorsicht geboten.

Implementierung der Klasse CSpaceship mit der ATL

Wir erstellen die Klasse *CSpaceship* unter Verwendung der Voreinstellungen des ATL-Objekt-Assistenten, die im Dialogfeld *Eigenschaften von ATL-Objekt-Assistent* festgelegt sind. Die Klasse *CSpaceship* wird z.B. über eine duale Schnittstelle verfügen, damit aus Umgebungen wie in Webseiten enthaltenen VBScript-Skripten darauf zugegriffen werden kann. Zudem wird die *CSpaceship*-Klasse das Apartment-Modell unterstützen, so dass sich COM um die meisten Fragen hinsichtlich gleichzeitiger Zugriffe kümmern wird. Die einzige Angabe, die Sie dem ATL-Objekt-Assistenten vorgeben müssen, ist ein brauchbarer Name. Geben Sie einen Namen wie *AtlSpaceship* auf der Registerkarte *Namen* in das Feld *Kurzbez.* ein.

Sie können zum gegenwärtigen Zeitpunkt die übrigen Optionen unverändert lassen. Beispielsweise brauchen Sie die Option *Verbindungspunkte unterstützen* nicht zu aktivieren, da wir im nächsten Kapitel auf Verbindungspunkte eingehen werden. Sie können Verbindungspunkte jederzeit von Hand hinzufügen.

Wenn Sie den ATL-Objekt-Assistenten anweisen, eine Klasse vom Typ *Einfaches Objekt* namens *ATLSpaceship* zu erzeugen, erhalten Sie die folgende Klassendefinition:

```
class ATL_NO_VTABLE CAtlSpaceship :
  public CComObjectRootEx<CComSingleThreadModel>,
  public CComCoClass<CAtlSpaceship, &CLSID_AtlSpaceship>,
  public IDispatchImpl<IAtlSpaceship, &IID_IAtlSpaceship,
                       &LIBID_SPACESHIPSVRLib>
{
...
};
```

Obwohl die ATL eine ganze Menge COM-orientierter C++-Klassen beinhaltet, genügen die in der obigen Vererbungsfolge der Klasse *CSpaceship* aufgeführten, um einen Eindruck von der Funktionsweise der ATL zu gewinnen.

Die meisten generischen, auf der ATL basierenden COM-Objekte sind von den folgenden drei Basisklassen abgeleitet: *CComObjectRoot*, *CComCoClass* und *IDispatch*. *CComObjectRoot* implementiert *IUnknown* und ist für die Identität der Klasse verantwortlich. Dies bedeutet, dass *CComObjectRoot* die Methoden *AddRef* und *Release* implementiert und den *QueryInterface*-Mechanismus der ATL unterstützt. *CComCoClass* ist für das Klassenobjekt der COM-Klasse und die allgemeine Fehlerbehandlung verantwortlich. In der obigen Klassendefinition fügt *CComCoClass* das Klassenobjekt hinzu, das weiß, wie man *CAtlSpaceship*-Objekte anlegt. Schließlich beinhaltet der vom ATL-Objekt-Assistenten generierte Code eine Implementierung von *IDispatch*, die auf der Typbibliothek basiert, die durch die Kompilierung der IDL-Datei erzeugt wird. Die Standardschnittstelle *IDispatch* basiert auf einer dualen Schnittstelle (d.h. einer *IDispatch*-Schnittstelle, der die in der IDL-Datei definierten Funktionen folgen).

Wie Sie sehen, unterscheidet sich die Verwendung der ATL zur Implementierung von COM-Klassen von der Verwendung reinen C++-Codes. Beim Einsatz der ATL bilden die Schnittstellen, die in IDL beschrieben werden, den wichtigsten Teil des Projekts. Fügen Sie im IDL-Code Funktionen zu den Schnittstellen hinzu, damit diese Funktionen in die konkreten Klassen, die diese Schnittstellen implementieren, aufgenommen werden. Die Funktionen werden automatisch hinzugefügt, da die Projekte so eingerichtet sind, dass während die Kompilierung der IDL-Datei eine C++-Header-Datei für diese Funktionen generiert wird. Nachdem Sie die Funktionen der Schnittstelle hinzugefügt haben, müssen Sie diese Funktionen lediglich in der C++-Klasse implementieren. Die IDL-Datei ermöglicht auch die Erstellung einer Typbibliothek, so dass die COM-Klasse *IDispatch* implementieren kann. Die ATL eignet sich jedoch nicht nur zur Implementierung schlanker COM-Dienste und -Objekte, sondern stellt auch eine neues Mittel zur Erstellung von ActiveX-Steuerelementen dar, wie Sie im nächsten Kapitel sehen werden.

Die grundlegende ATL-Architektur

Wenn Sie die ATL schon einmal ausprobiert haben, konnten Sie feststellen, wie die ATL die Implementierung von COM-Klassen erleichtert. Es werden zahlreiche Dienstprogramme unterstützt, und daher lassen sich mit Visual C++ 6.0 fast genauso einfach COM-Klassen erstellen wie MFC-basierte Programme. Sie verwenden einfach den ATL-COM-Anwendungs-Assistenten, um eine neue ATL-basierte Klasse anzulegen. Statt den Klassen-Assistenten zu verwenden (z.B. zur Definition von Nachrichtenbehandlungsroutinen oder Member-Variablen für Dialogfelder), verwenden Sie die Registerkarte *Klassen*, um neue Funktionendefinitionen in eine Schnittstelle einzufügen. Anschließend ergänzen Sie einfach den von der Klassenansicht generierten C++-Code. Der Anwendungs-Assistent generiert den gesamten Code, der zur Implementierung der Klasse erforderlich ist, einschließlich einer Implementierung von *IUnknown*, einem Server-Modul für die COM-Klasse und ein Klassenobjekt, das die Schnittstelle *IClassFactory* implementiert.

COM-Objekte auf die oben beschriebene Weise zu schreiben ist sicherlich bequemer als die meisten anderen Verfahren. Wir wollen uns nun näher ansehen, was passiert, wenn Sie vom Anwendungs-Assistenten Code generieren lassen. Die Funktionsweise der ATL zu verstehen, ist wichtig, wenn Sie ATL-basierte COM-Klassen und -Server über den Funktionsumfang, der vom Anwendungs-Assistenten und der Klassenansicht zur Verfügung gestellt wird, hinaus erweitern möchten. Die ATL unterstützt beispielsweise fortschrittliche GUI-Techniken wie positionierbare Benutzeroberflächenelemente. Leider ist kein Assistent zur Implementierung solcher Benutzeroberflächenelemente verfügbar. Obwohl die ATL diese Elemente unterstützt, müssen Sie bei der Implementierung einer solchen Oberfläche eine Menge Code von Hand schreiben. In diesem Fall ist es sehr hilfreich zu verstehen, wie die ATL *IUnknown* implementiert.

Wir wollen uns die Klasse *CAtlSpaceship* nun etwas genauer ansehen. Es folgt die vollständige Klassendefinition:

```
class ATL_NO_VTABLE CAtlSpaceship :
    public CComObjectRootEx<CComSingleThreadModel>,
    public CComCoClass<CAtlSpaceship, &CLSID_AtlSpaceship>,
    public IDispatchImpl<IAtlSpaceship, &IID_IAtlSpaceship,
                         &LIBID_SPACESHIPSVRLib>
{
public:
    CAtlSpaceship()
    {
    }

DECLARE_REGISTRY_RESOURCEID(IDR_ATLSPACESHIP)

BEGIN_COM_MAP(CAtlSpaceship)
    COM_INTERFACE_ENTRY(IAtlSpaceship)
    COM_INTERFACE_ENTRY(IDispatch)
END_COM_MAP()

// IAtlSpaceship
public:
};
```

Obwohl dies ganz einfacher C++-Quelltext ist, unterscheidet er sich in verschiedener Hinsicht von normalem, alltäglichem C++-Quelltext zur Implementierung einer COM-Klasse. Zum Beispiel wird diese Klasse von verschiedenen Vorlagen abgeleitet, wogegen in herkömmlichen COM-Klassenimplementierungen ausschließlich von COM-Schnittstellen abgeleitet wird. Zudem verwendet diese C++-Klasse einige seltsam aussehende Makros. Wenn Sie sich den Code genauer ansehen, wird Ihnen die ATL-Implementierung von *IUnknown* auffallen sowie einige andere interessante Dinge, wie eine Technik zur Handhabung der *vtable* und eine ungewöhnliche Verwendung von Vorlagen. Sehen wir uns zuerst einmal das erste Symbol in dem vom Assistenten generierten Makrocode an: *ATL_NO_VTABLE*.

VTBL-Verwaltung

COM-Schnittstellen lassen sich in C++ mühelos als rein abstrakte Basisklassen ausdrücken. Wenn man COM-Klassen unter Verwendung der Mehrfachvererbung schreibt (eine Möglichkeit, COM-Klassen zu erstellen), muss man lediglich die Basisklassen der COM-Schnittstelle zur Vererbungsfolge hinzufügen und die Gesamtmenge all dieser Funktionen implementieren. Natürlich hat dies zur Folge, dass die *vtable* des COM-Servers überladen wird mit Mehrfacheinträgen für jede von der Klasse implementierte Schnittstelle. Dies stellt kein Problem dar, wenn Sie nur einige wenige Schnittstellen haben und die C++-Klassenhiearchie nicht sehr verzweigt ist. Diese Art der Schnittstellenimplementierug bringt jedoch einen gewissen Overhead mit sich, der zunimmt, wenn Schnittstellen hinzukommen und Hierarchien komplexer werden. ATL bietet eine Möglichkeit, den Overhead zu reduzieren, der durch die Einführung vieler virtueller Funktionen verursacht wird. ATL definiert das folgende Symbol:

```
#define ATL_NO_VTABLE  __declspec(novtable)
```

Der Einsatz von *ATL_NO_VTABLE* verhindert, dass die *vtable* eines Objekts im Konstruktor initialisiert wird, und schließt damit die *vtable* und alle Funktionen, auf die die *vtable* dieser Klasse verweist, vom Linker aus. Durch diesen Ausschluss wird möglicherweise die Größe des COM-Servers etwas verringert, vorausgesetzt, die zuletzt abgeleitete Klasse verwendet nicht den Parameter *novtable declspec*. Sie werden bei Klassen mit langen Ableitungsfolgen einen Größenunterschied bemerken. Das Ganze hat jedoch einen Nachteil: Der Aufruf virtueller Funktionen aus dem Konstruktor von Objekten, die den Parameter *declspec* verwenden, ist nicht sicher, da *vptr* nicht initialisiert ist.

Die zweite Zeile der weiter vorn abgedruckten Klassendeklaration zeigt, dass *CAtlSpaceship* von *CComObjectRootEx* abgeleitet ist. Damit kommen wir zur ATL-Version von *IUnknown*.

Die ATL-Version von IUnknown: CComObjectRootEx

Die Klasse *CComObjectRootEx* steht zwar nicht an der Spitze der ATL-Hierarchie, befindet sich aber weit oben. In der ATL ist die eigentliche Basisklasse für COM-Objekte eine Klasse namens *CComObjectRootBase*. (Beide Klassendefinitionen finden sich in ATLCOM.H.) Der Quelltext der Klasse *CComObjectRootBase* sieht so aus, wie man es von einer in C++ geschriebenen COM-Klasse erwartet. *CComObjectRootBase* enthält ein Datenelement namens *m_dwRef* vom Typ DWORD für die Referenzzählung. Sie enthält zudem die Methoden *OuterAddRef*, *OuterRelease* und *OuterQueryInterface* zur Unterstützung von COM-Aggregation und positionierbaren Oberflächenelementen. Wenn Sie die Klasse *CComObjectRootEx* betrachten, finden Sie die Methoden

InternalAddRef, *InternalRelease* und *InternalQueryInterface*, die zur regulären Referenzzählung dienen, und einen *QueryInterface*-Mechanismus für Klasseninstanzen mit Objektidentität.

Beachten Sie, dass aus der Definition von *CAtlSpaceship* hervorgeht, dass die Klasse von *CComObjectRootEx* abgeleitet ist und dass *CComObjectRootEx* eine parametrisierte Vorlagenklasse ist. Der nachfolgende Quelltext enthält die Definition der Klasse *CComObjectRootEx*.

```
template <class ThreadModel>
class CComObjectRootEx : public CComObjectRootBase
{
public:
  typedef ThreadModel _ThreadModel;
  typedef _ThreadModel::AutoCriticalSection _CritSec;
  typedef CComObjectLockT<_ThreadModel> ObjectLock;

  ULONG InternalAddRef() {
    ATLASSERT(m_dwRef != -1L);
    return _ThreadModel::Increment(&m_dwRef);
  }
  ULONG InternalRelease() {
    ATLASSERT(m_dwRef > 0);
    return _ThreadModel::Decrement(&m_dwRef);
  }

  void Lock() {m_critsec.Lock();}
  void Unlock() {m_critsec.Unlock();}
private:
  _CritSec m_critsec;
};
```

CComObjectRootEx ist eine Vorlagenklasse, deren Typ von der Threading-Modell-Klasse abhängt, die als Vorlagenparameter übergeben wird. Die ATL unterstützt verschiedene Threading-Modelle: Single-Threaded-Apartments (STAs), Multi-Tread-Apartments (MTAs) und Free-Threading. Die ATL stellt drei Präprozessorsymbole zur Festlegung des Threading-Modells des Projekts zur Verfügung: *_ATL_SINGLE_THREADED*, *_ATL_APARTMENT_THREADED* und *_ATL_FREE_THREADED*.

Wird das Präprozessorsymbol *_ATL_SINGLE_THREADED* in stdafx.h angegeben, wird das Standard-Threading-Modell geändert und lediglich ein STA-basierter Thread unterstützt. Diese Option ist bei prozessexternen Servern nützlich, die keine zusätzlichen Threads erzeugen können. Da der Server nur einen Thread unterstützt, muss der globale Status nicht durch kritische Abschnitte geschützt werden, und der Server arbeitet daher effizienter. Dass der Server nur einen Thread unterstützt, ist gleichzeitig auch der Nachteil dieses Modells. Die Angabe des Präprozessorsymbols *_ATL_APARTMENT_THREADED* bewirkt, dass das Standard-Threading-Modell des Projekts mehrere STA-basierte Threads unterstützt. Diese Einstellung eignet sich für prozessinterne Server, die das Apartment-Threading-Modell verwenden (Server mit dem Registrierungseintrag *ThreadingModel=Apartment*). Da Server, die mit diesem Threading-Modell arbeiten, mehrere Threads unterstützen können, schützt die ATL deren globalen Status durch die Verwendung kritischer Abschnitte. Schließlich kann man durch die Angabe des Präprozessorsymbols *_ATL_FREE_THREADED* Server erstellen, die mit jeder Threading-Umgebung kompatibel sind. In diesem Fall schützt die ATL den globalen Status mit Hilfe kritischer Abschnitte, und jedes Objekt des Servers erhält einen eigenen kritischen Abschnitt, um die Sicherheit der Daten zu gewährleisten.

Diese Präprozessorsymbole legen einfach fest, welche Threading-Modell-Klasse *CComObjectRootEx* als Vorlagenparameter übergeben wird. Die ATL stellt drei Threading-Modell-Klassen zur Verfügung. Diese Klassen bieten Unterstützung für das in den oben beschriebenen Kontexten jeweils effizienteste, thread-sichere Verhalten. Diese drei Klassen heißen *CComMultiThreadModelNoCS, CComMultiThreadModel* und *CComSingleThreadModel.* Der folgende Quelltextabschnitt zeigt die drei Threading-Modell-Klassen im Kontext der ATL:

```
class CComMultiThreadModelNoCS
{
public:
    static ULONG WINAPI Increment(LPLONG p)
                        {return InterlockedIncrement(p);}
    static ULONG WINAPI Decrement(LPLONG p)
                        {return InterlockedDecrement(p);}
    typedef CComFakeCriticalSection AutoCriticalSection;
    typedef CComFakeCriticalSection CriticalSection;
    typedef CComMultiThreadModelNoCS ThreadModelNoCS;
};

class CComMultiThreadModel
{
public:
    static ULONG WINAPI Increment(LPLONG p)
                        {return InterlockedIncrement(p);}
    static ULONG WINAPI Decrement(LPLONG p)
                        {return InterlockedDecrement(p);}
    typedef CComAutoCriticalSection AutoCriticalSection;
    typedef CComCriticalSection CriticalSection;
    typedef CComMultiThreadModelNoCS ThreadModelNoCS;
};

class CComSingleThreadModel
{
public:
    static ULONG WINAPI Increment(LPLONG p) {return ++(*p);}
    static ULONG WINAPI Decrement(LPLONG p) {return --(*p);}
    typedef CComFakeCriticalSection AutoCriticalSection;
    typedef CComFakeCriticalSection CriticalSection;
    typedef CComSingleThreadModel ThreadModelNoCS;
};
```

Beachten Sie, dass jede dieser Klassen zwei statische Funktionen – *Increment* und *Decrement* – und verschiedene Aliasbezeichner für kritische Abschnitte exportiert.

Sowohl *CComMultiThreadModel* als auch *CComMultiThreadModelNoCS* implementieren *Increment* und *Decrement* mit Hilfe der thread-sicheren Win32-Funktionen *InterlockedIncrement* und *InterlockedDecrement. CComSingleThreadModel* implementiert *Increment* und *Decrement* mit Hilfe der konventionellen Operatoren ++ und --.

In den drei Threading-Modellen werden nicht nur Inkrementierung und Dekrementierung unterschiedlich implementiert, sondern auch kritische Abschnitte auf unterschiedliche Weise verwaltet. Die ATL stellt Hüllklassen für zwei kritische Abschnitte zur Verfügung: *CComCriticalSection* (kapselt einfach die Win32-API-Funktionen für kritische Abschnitte) und *CComAutoCriticalSection* (enthält zusätzlich zu den Funktionen von *CComCriticalSection* Routinen zur automatischen Initialisierung und Bereinigung kritischer Abschnitte). Die ATL definiert zudem eine »Dummy-Klasse« für kritische Abschnitte namens *CComFakeCriticalSection*, die die gleiche binäre Signatur aufweist wie die anderen Klassen für kritische Abschnitte, jedoch nichts ausführt. Wie Sie aus den Klassendefinitionen ersehen können, verwendet die Klasse *CComMultiThreadModel* kritische Abschnitte, während die Klassen *CComMultiThreadModelNoCS* und *CComSingleThreadModel* die Klasse *CComFakeCriticalSection* verwendet.

Die minimale ATL-Klassendefinition wird nun verständlicher. *CComObjectRootEx* übernimmt eine Threading-Modell-Klasse, sobald Sie diese definieren. Die Klasse *CAtlSpaceship* wurde mit der Klasse *CComSingleThreadModel* definiert, und daher verwendet sie die Methoden der Klasse *CComSingleThreadModel* zum Imkrementieren und Dekrementieren und die Dummy-Klasse für kritische Abschnitte. Infolgedessen weist die Klasse*CAtlSpaceship* das effizienteste Verhalten auf, da sie sich nicht um den Schutz von Daten kümmern muss. Sie sind allerdings nicht für alle Zeit an dieses Modell gebunden. Wenn die Klasse *CAtlSpaceship* auch in anderen Threading-Umgebungen sicher einsatzfähig sein soll, können Sie *CAtlSpaceship* beispielsweise einfach neu definieren, indem Sie sie von *CComObjectRootEx* ableiten und als Vorlagenparameter *CComMultiThreadModel* übergeben. *AddRef*- und *Release*-Aufrufe werden automatisch den richtigen *Increment*- und *Decrement*-Funktionen zugeordnet.

Die ATL und QueryInterface

Es sieht so aus, als hätte sich die ATL-Implementierung von *QueryInterface* nach der MFC gerichtet – die ATL verwendet eine ähnliche Nachschlagetabelle wie die MFC. Sehen Sie sich den Mittelteil der Definition von *CAtlSpaceship* an. Sie finden hier ein Konstrukt, das auf Makros basiert und als Schnittstellentabelle bezeichnet wird. Die Schnittstellentabellen der ATL bilden den *QueryInterface*-Mechanismus.

Clients verwenden *QueryInterface*, um die Verbindung zu einem Objekt in beliebiger Weise auszuweiten. Das heißt, wenn ein Client eine neue Schnittstelle benötigt, ruft er *QueryInterface* über einen vorhandenen Schnittstellenzeiger auf. Das Objekt vergleicht den Namen der angeforderten Schnittstelle mit den Namen aller Schnittstellen, die von ihm implementiert werden. Falls das Objekt die Schnittstelle implementiert, übergibt es dem Client einen Zeiger auf diese Schnittstelle. Andernfalls übergibt *QueryInterface* einen Fehler, der anzeigt, dass die Schnittstelle nicht gefunden wurde.

Traditionelle *QueryInterface*-Implementierungen bestehen in der Regel aus langen If-Then-Anweisungen. Die Standardimplementierung von *QueryInterface* für eine durch Mehrfachvererbung gebildete COM-Klasse könnte beispielsweise wie folgt aussehen:

```
class CAtlSpaceship: public IDispatch,
                           IAtlSpaceship {
    HRESULT QueryInterface(RIID riid,
                           void** ppv) {
        if(riid == IID_IDispatch)
            *ppv = (IDispatch*) this;
        else if(riid == IID_IAtlSpaceship ||
                riid == IID_IUnknown)
            *ppv = (IAtlSpaceship *) this;
        else {
            *ppv = 0;
            return E_NOINTERFACE;
        }

        ((IUnknown*)(*ppv))->AddRef();
```

```
        return NOERROR;
    }
    // AddRef, Release und andere Funktionen
};
```

Wie Sie gleich sehen werden, verwendet die ATL eine Nachschlagetabelle statt dieser konventionellen If-Then-Anweisung.

Die Nachschlagetabelle der ATL beginnt mit einem Makro namens *BEGIN_COM_MAP*. Es folgt die vollständige Definition des Makros *BEGIN_COM_MAP*:

```
#define BEGIN_COM_MAP(x) public:
    typedef x _ComMapClass;
    static HRESULT WINAPI _Cache(void* pv,
                                 REFIID iid,
                                 void** ppvObject,
                                 DWORD dw) {
        _ComMapClass* p = (_ComMapClass*)pv;
        p->Lock();
        HRESULT hRes =
          CComObjectRootBase::_Cache(pv,
                                     iid,
                                     ppvObject,
                                     dw);
        p->Unlock();
        return hRes;
    }
    IUnknown* GetRawUnknown() {
        ATLASSERT(_GetEntries()[0].pFunc ==
              _ATL_SIMPLEMAPENTRY);
        return (IUnknown*)((int)this+_GetEntries()->dw);
    }
    _ATL_DECLARE_GET_UNKNOWN(x)
    HRESULT _InternalQueryInterface(REFIID iid,
                                    void** ppvObject) {
        return InternalQueryInterface(this,
                                      _GetEntries(),
                                      iid,
                                      ppvObject);
    }
    const static _ATL_INTMAP_ENTRY* WINAPI _GetEntries() {
    static const _ATL_INTMAP_ENTRY _entries[] = {
        DEBUG_QI_ENTRY(x)
        :
    #define END_COM_MAP()   {NULL, 0, 0}};\
    return _entries;}
```

Jede Klasse, die *IUnknown* mit Hilfe der ATL implementiert, definiert eine Schnittstellentabelle für *InternalQueryInterface*. Die ATL-Schnittstellentabellen bestehen aus Strukturen, die aus Schnittstellen-ID (GUID), DWORD und Funktionszeiger zusammengesetzte Tupel enthalten. Der folgende Quelltext zeigt die Definition des Typs *_ATL_INTMAP_ENTRY*, der diese Tupel enthält.

```
struct _ATL_INTMAP_ENTRY {
    const IID* piid;
    DWORD dw;
    _ATL_CREATORARGFUNC* pFunc;
};
```

Das erste Element ist die Schnittstellen-ID (eine GUID), und das zweite Element zeigt an, welche Aktion auszuführen ist, wenn die Schnittstelle angefordert wird. Das dritte Element kann auf dreierlei Weise interpretiert werden. Falls *pFunc* gleich der Konstanten *_ATL_SIMPLEMAPENTRY* (Wert 1) ist, dann ist *dw* ein Offset in Bezug auf das Objekt. Hat *pFunc* einen Wert ungleich Null und ungleich 1, gibt *pFunc* eine Funktion an, die aufgerufen werden muss, wenn die Schnittstelle angefordert wird. Falls *pFunc* gleich *NULL* ist, bezeichnet *dw* das Ende der *QueryInterface*-Nachschlagetabelle.

Beachten Sie, dass *CAtlSpaceship* das Makro *COM_INTERFACE_ENTRY* verwendet. Dieser Schnittstellentabelleneintrag kennzeichnet reguläre Schnittstellen. Dieses Makro ist wie folgt definiert:

```
#define offsetofclass(base, derived)
((DWORD)(static_cast<base*>((derived*)8))-8)

#define COM_INTERFACE_ENTRY(x)\
    {&_ATL_IIDOF(x), \
    offsetofclass(x, _ComMapClass), \
    _ATL_SIMPLEMAPENTRY}
```

COM_INTERFACE_ENTRY fügt die GUID der Schnittstelle in *_ATL_INTMAP_ENTRY* ein. Zudem wird durch *offsetofclass* dem *this*-Zeiger der korrekte Schnittstellentyp und dem Datenelement *dw* dieser Wert zugewiesen. Schließlich fügt *COM_INTERFACE_ENTRY* den Wert *_ATL_SIMPLEMAPENTRY* in das letzte Feld ein und zeigt damit an, dass *dw* auf ein Offset innerhalb der Klasse verweist.

Die Schnittstellentabelle der Klasse *CAtlSpaceship* sieht z.B. wie folgt aus, nachdem sie vom Präprozessor verarbeitet wurde:

```
const static _ATL_INTMAP_ENTRY* __stdcall _GetEntries() {
    static const _ATL_INTMAP_ENTRY _entries[] = {
        {&IID_IAtlSpaceship,
        ((DWORD)(static_cast< IAtlSpaceship*>((_ComMapClass*)8))-8),
        ((_ATL_CREATORARGFUNC*)1)},
        {&IID_IDispatch,
        ((DWORD)(static_cast<IDispatch*>((_ComMapClass*)8))-8),
        ((_ATL_CREATORARGFUNC*)1)},
        {0, 0, 0}
    };
    return _entries;
}
```

Bislang unterstützt die Klasse *CAtlSpaceship* lediglich die Schnittstellen *IAtlSpaceship* und *IDispatch*, und daher enthält die Schnittstellentabelle nur zwei Einträge.

In der Klasse *CComObjectRootEx* wird *InternalQueryInterface* mit der Funktion *_GetEntries* als zweitem Parameter implementiert. *CComObjectRootEx::InternalQueryInterface* verwendet eine globale ATL-Funktion namens *AtlInternalQueryInterface*, um die Schnittstelle in der Tabelle zu suchen. Die Funktion *AtlInternalQueryInterface* prüft einfach nacheinander die einzelnen Tabelleneinträge und vergleicht sie mit der gesuchten Schnittstelle.

Neben dem Makro *COM_INTERFACE_ENTRY* enthält die ATL weitere 16 Makros zur Implementierung anderer Funktionalitäten, die von positionierbaren Oberflächenelementen bis zur COM-Aggregation reichen. Wir werden uns nun ansehen, wie man die Schnittstelle *IAtlSpaceship* ausbauen und durch die Schnittstellen *IMotion* und *IVisual* erweitern kann. Sie werden im Folgenden auch das seltsame COM-Gebilde kennen lernen, das man gemeinhin duale Schnittstelle nennt.

Die Klasse CSpaceship erweitern

Nachdem wir etwas ATL-Code generiert haben, stellt sich die Frage, was man damit anfangen kann. Da wir ein COM-Objekt vor uns haben, beginnen wir bei der IDL-Datei. Falls Sie ein erfahrener C++-Programmierer sind, mag dieser Aspekt der Software-Entwicklung vielleicht etwas ungewohnt sein. Aber denken Sie daran, dass Software-Distribution und -Integration heute sehr wichtig sind. In der Vergangenheit konnte man im stillen Kämmerlein C++-Klassen programmieren und in Projekte einbauen, da man als Programmierer alle Fäden in der Halt hielt und den Überblick über das Projekt hatte. Mit den Technologien für Komponentenmodelle (wie COM) hat sich dies grundlegend geändert. Als Programmierer hat man nicht mehr den Überblick über das gesamte Projekt. Häufig haben Sie nur eine Komponente – und nicht einmal den Quelltext für diese Komponente. Die einzige Möglichkeit, in Erfahrung zu bringen, wie man mit dieser Komponente kommunizieren kann, bieten die Schnittstellen, die von der Komponente offen gelegt werden.

Vergessen Sie nicht, dass moderne Software-Entwickler heute mit vielen verschiedenen Entwicklungswerkzeugen arbeiten und nicht nur mit C++. Es gibt Visual Basic-Programmierer, Java-Programmierer, Delphi-Programmierer und C-Programmierer. Bei COM geht es im Grunde genommen darum, dafür zu sorgen, dass sich die Kanten zueinander passen, damit sich unterschiedliche Komponenten reibungslos aneinander fügen lassen. Zudem erfordert die Software-Distribution über Fernverarbeitung (entweder prozessextern auf demselben Rechner oder gar zu einem anderen Rechner) einen Mechanismus, der die Kommunikation zwischen Prozessen ermöglicht. Aus diesen Gründen wurde die Sprache IDL (Interface Definition Language) erfunden. Es folgt der Quelltext der IDL-Datei, die vom ATL-COM-Anwendungs-Assistenten für die neue Klasse CSpaceship angelegt wurde:

```
import "oaidl.idl";
import "ocidl.idl";
    [
        object,
        uuid(A9D750E1-51A1-11D1-8CAA-FD10872CC837),
        dual,
        helpstring("IAtlSpaceship-Schnittstelle"),
        pointer_default(unique)
    ]
    interface IAtlSpaceship : IDispatch
    {
    };

[
    uuid(A0736061-50DF-11D1-8CAA-FD10872CC837),
    version(1.0),
```

```
    helpstring("spaceshipsvr 1.0 Typbibliothek")
]
library SPACESHIPSVRLib
{
    importlib("stdole32.tlb");
    importlib("stdole2.tlb");

    [
        uuid(A9D750E2-51A1-11D1-8CAA-FD10872CC837),
        helpstring("AtlSpaceship Class")
    ]
    coclass AtlSpaceship
    {
        [default] interface IAtlSpaceship;
    };
};
```

IDL ist eine rein *deklarative* Sprache. Diese Sprache definiert, wie andere Clients mit einem Objekt kommunizieren. Sie werden diesen Quelltext schließlich mit dem MIDL-Compiler kompilieren, um eine rein abstrakte Basisklasse (hilfreich für C++-Clients) und eine Typbibliothek (nützlich für Visual Basic- und Java-Clients sowie andere Clients) zu generieren. Wenn Sie C-Quelltext lesen können, werden Sie mit IDL-Quelltext kaum Schwierigkeiten haben. Sie können sich IDL als eine Art C mit Fußnoten vorstellen. Die Syntax von IDL schreibt vor, dass Attribute immer dem Element voranstehen müssen, das sie beschreiben. Attribute stehen beispielsweise Elementen wie Schnittstellendeklarationen, Typbibliotheksdeklarationen und Methodenparametern voran.

Wenn Sie sich die IDL-Datei ansehen, werden Sie feststellen, dass sie mit dem Import der Dateien oaidl.idl und ocidl.idl beginnt. Der Import dieser Dateien ist mit dem Einbinden von windows.h in eine C- oder C++-Datei vergleichbar. Diese IDL-Dateien enthalten Definitionen aller grundlegenden COM-Infrastrukturen (einschließlich Definitionen von *IUnknown* und *IDispatch*).

Der Anweisung *import* folgt eine linke eckige Klammer ([). In IDL werden Attribute stets in eckige Klammern eingeschlossen. Das erste Element, das in dieser IDL-Datei beschrieben wird, ist die Schnittstelle *IAtlSpaceship*. Bevor die Schnittstelle jedoch beschrieben werden kann, müssen ihr einige Attribute zugeordnet werden. Beispielsweise muss sie benannt werden (durch eine GUID), und Sie müssen dem MIDL-Compiler mitteilen, dass es sich um eine COM-Schnittstelle handelt und nicht etwa um eine Schnittstelle, die für Standard-RPCs verwendet wird, und dass dies eine duale Schnittstelle ist (duale Schnittstellen werden in Kürze näher behandelt). Dann folgt die Schnittstellendefinition, die starke Ähnlichkeit mit einer normalen C-Struktur hat.

Nachdem die Schnittstelle in IDL beschrieben wurde, ist es häufig sinnvoll, diese Informationen in einer Typbibliothek zusammenzufassen. Dies geschieht im nächsten Abschnitt der IDL-Datei. Beachten Sie, dass auch der Typbibliotheksabschnitt mit einer linken eckigen Klammer beginnt und infolgedessen Attribute folgen. Die Typbibliothek ist in COM eine diskrete »Einheit« und muss als solche einen Namen (GUID) erhalten. Aus der Anweisung *library* ersieht der MIDL-Compiler, dass diese Bibliothek eine COM-Klasse namens *AtlSpaceship* enthält und dass Clients dieser Klasse die Schnittstelle *IAtlSpaceship* anfordern können.

Methoden zu einer Schnittstelle hinzufügen

Bislang ist die Schnittstelle *IAtlSpaceship* recht dürftig ausgestattet. Wir wollen daher eine Methode hinzufügen. Beachten Sie, dass Visual C++ die Anzeige der Registerkarte *Klassen* erweitert, so dass COM-Schnittstellen angezeigt werden. (Dass es sich um COM-Schnittstellen handelt, wird durch den kleinen Kreis neben dem Symbol angezeigt.) Beachten Sie zudem, dass *CAtl-Spaceship* von einer Einheit namens *IAtlSpaceship* abgeleitet ist. *IAtlSpaceship* ist natürlich eine COM-Schnittstelle. Wenn Sie auf der Registerkarte *Klassen* auf *IAtlSpaceship* doppelklicken, wird der entsprechende Abschnitt der IDL-Datei im Editorfenster angezeigt (siehe Abbildung 29.4).

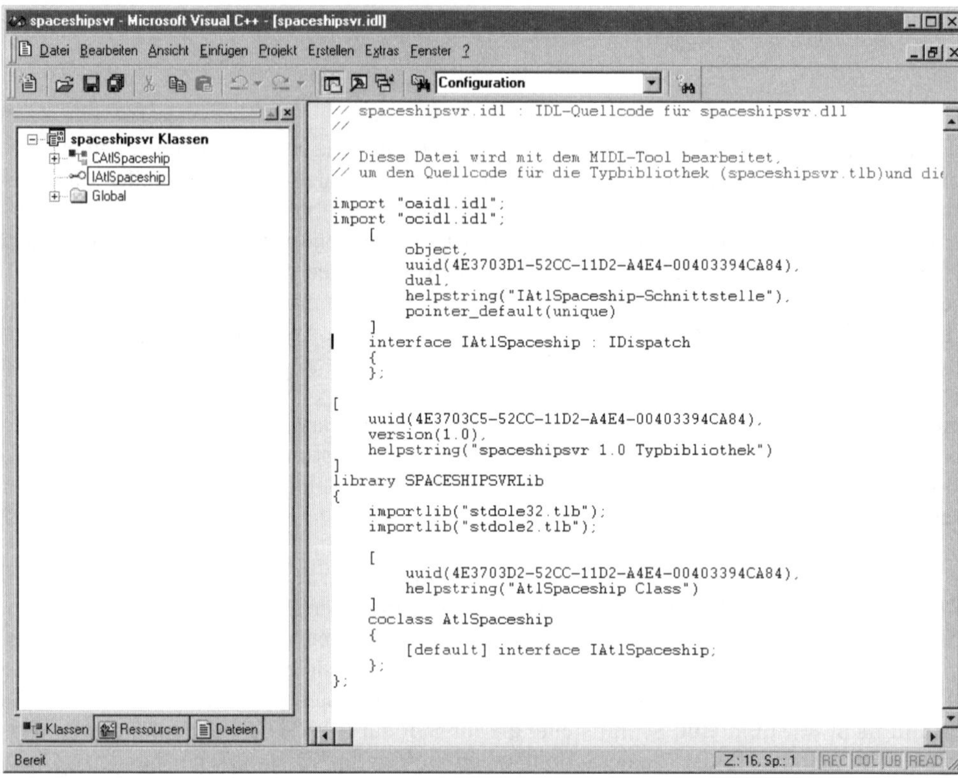

Abbildung 29.4: *Schnittstellen in der Ansicht der Registerkarte* Klassen.

Sie könnten nun die Definition der COM-Schnittstelle in die IDL-Datei eintippen. Wenn Sie auf diese Weise (direkte Eingabe in die IDL-Datei) Funktionen und Methoden hinzufügen, müssen Sie auch die Dateien AtlSpaceship.h und AtlSpaceship.cpp bearbeiten und die Methoden hier von Hand einfügen. Effizienter ist es, Funktionen mit Hilfe der Registerkarte *Klassen* hinzufügen. Klicken Sie dazu einfach auf der Registerkarte *Klassen* mit der rechten Maustaste auf die Schnittstelle. Daraufhin wird ein Kontextmenü mit den Optionen *Methode hinzufügen* und *Eigenschaft hinzufügen* angezeigt. Wir wollen nun eine Methode namens *CallStarFleet* hinzufügen. Abbildung 29.5 zeigt das Dialogfeld, das angezeigt wird, wenn Sie die Option *Methode hinzufügen* wählen.

Geben Sie den Namen der Methode in das Eingabefeld *Name der Methode* und die Methodenparameter in das Eingabefeld *Parameter* ein. Hier ist es hilfreich, über IDL-Kenntnisse zu verfügen.

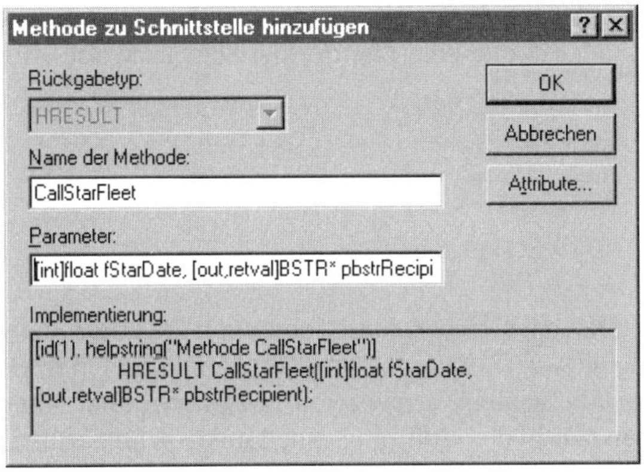

Abbildung 29.5:
Eine Methode zu einer Schnittstelle hinzufügen.

Vergessen Sie nicht, dass IDL vollkommen eindeutige Informationen über die Art und Weise, in der Methoden aufgerufen werden, bereitstellen soll. In Standard-C++ wurden Mehrdeutigkeiten wie Datenfelder flexibler Größe häufig toleriert, da die aufrufende und die aufgerufene Routine den gleichen Stack-Frame nutzten. Da Methodenaufrufe heutzutage möglicherweise über Fernverbindungen erfolgen, ist es wichtig, der Fernverarbeitungsschicht genau mitzuteilen, was sie von einer COM-Schnittstelle zu erwarten hat. Dies geschieht durch die Attribute, die den Methodenparametern in eckigen Klammern vorangestellt werden.

Die Methode *CallStarFleet*, die in Abbildung 29.5 dargestellt ist, hat zwei Parameter – eine Gleitkommazahl, die das Datum angibt, und einen BSTR-Wert, der den Kommunikationspartner bezeichnet. Beachten Sie, dass aus der Methodendefinition hervorgeht, ob es sich um Ein- oder Ausgabeparameter handelt. Das Datum (*fStardate*) wird im Methodenaufruf als Parameter übergeben, was durch das Attribut *[in]* angezeigt wird. Der BSTR-Wert, der den Empfänger angibt, wird als Zeiger auf einen BSTR-Wert zurückgegeben. Das Attribut *[out]* zeigt an, dass das Objekt diesen Parameter dem Client zurückgibt. Das Attribut *[retval]* legt fest, dass das Ergebnis dieses Methodenaufrufs einer in einer höheren Sprache definierten Variable, die diese Funktion unterstützt, übergeben werden kann.

Duale Schnittstellen

Wenn Sie Kapitel 25 gelesen haben, haben Sie schon Bekanntschaft mit der Schnittstelle *IDispatch* gemacht. Die Schnittstelle *IDispatch* ermöglicht es, Funktionalität (auf der Binärebene) Umgebungen wie VBScript gegenüber offen zu legen, die *vtables* nicht kennen. Damit *IDispatch* funktioniert, muss der Client eine ganze Menge Dinge erledigen, bevor er *Invoke* aufrufen kann. Der Client muss zuerst in den Besitz der Aufruf-Token gelangen. Dann muss er die VARIANT-Parameter vorbereiten. Das Objekt muss diese VARIANT-Parameter dekodieren, ihre Gültigkeit prüfen, sie in eine Art von Stack-Frame einfügen und dann den Funktionsaufruf ausführen. Wie Sie sich vorstellen können, ist all dies kompliziert und zeitaufwendig. Wenn Sie ein COM-Objekt schreiben und davon ausgehen, dass einige Clients Skriptsprachen und andere Clients Sprachen wie C++ verwenden werden, sind sie in einer Zwickmühle. Sie müssen *IDispatch* unterstützen, wenn Sie die Clients, die Skriptsprachen verwenden, nicht aussperren wollen. Wenn Sie allerdings lediglich die Schnittstelle *IDispatch* zur Verfügung stellen, erschweren Sie den C++-Clients den Zugriff auf das Objekt. Natürlich können Sie sowohl *IDispatch* als auch eine benutzerdefinierte Schnittstelle bereitstellen, aber dann müssen Sie eine Menge Verwaltungsarbeit leisten. Duale Schnittstellen wurden zur Lösungen dieses Problems entwickelt.

Bei einer dualen Schnittstelle handelt es sich um die Schnittstelle *IDispatch*, der einige Funktionen angehängt wurden. Die unten beschriebene Schnittstelle *IMotion* ist beispielsweise eine gültige duale Schnittstelle:

```
interface IMotion : public IDispatch {
  virtual HRESULT Fly() = 0;
  virtual HRESULT GetPosition() = 0;
};
```

Da *IMotion* von *IDispatch* abgeleitet ist, sind die ersten sieben Funktionen von *IMotion* identisch mit denen von *IDispatch*. Clients, die lediglich mit *IDispatch* kommunizieren können (z.B. VBScript) halten diese Schnittstelle einfach für eine weitere Version von *IDispatch*, und daher übergeben sie der Funktion *Invoke* Schnittstellen-IDs in der Hoffnung, eine Funktion aufzurufen. Clients, die mit benutzerdefinierten Schnittstellen und *vtables* umgehen können, ignorieren die mittleren vier Funktionen (die *IDispatch*-Funktionen) und konzentrieren sich auf die ersten drei Funktionen (*IUnknown*) sowie auf die letzten drei Funktionen (diejenigen, die die Kernfunktionen der Schnittstelle darstellen). Abbildung 29.6 zeigt das *vtable*-Layout von *IMotion*.

Die meisten reinen C++-Implementierungen laden sofort die Typbibliothek und delegieren die lästige Aufgabe der Implementierung von *Invoke* und *GetIDsOfNames* an *ITypeInfo*. Falls Sie sich eingehender darüber informieren wollen, wie dies funktioniert, empfehlen wir die Titel *Inside OLE*, 2d. ed., von Kraig Brockschmidt (Microsoft Press, 1995) und *Inside COM* von Dale Rogerson (Microsoft Press, 1997).

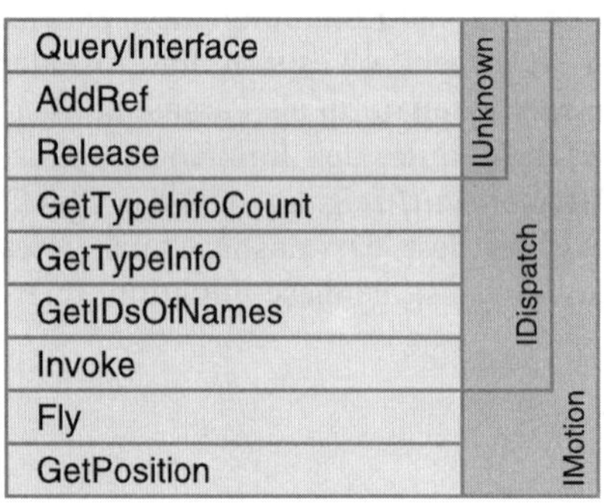

Abbildung 29.6:
Das Layout einer dualen Schnittstelle.

Die ATL und IDispatch

Die ATL-Implementierung von *IDispatch* delegiert an die Typbibliothek. Diese *IDispatch*-Implementierung ist in der Klasse *IDispatchImpl* untergebracht. Bei Objekten, die eine duale Schnittstelle implementieren möchten, wird die Vorlagenklasse *IDispatchImpl* in die Vererbungsfolge aufgenommen, wie das folgende Beispiel zeigt:

```
class ATL_NO_VTABLE CAtlSpaceship :
  public CComObjectRootEx<CComSingleThreadModel>,
  public CComCoClass<CAtlSpaceship, &CLSID_AtlSpaceship>,
```

```
  public IDispatchImpl<IAtlSpaceship, &IID_IAtlSpaceship,
                      &LIBID_SPACESHIPSVRLib>,
  public IDispatchImpl<IVisual, &IID_IVisual,
                      &LIBID_SPACESHIPSVRLib>,
  public IDispatchImpl<IMotion, &IID_IMotion,
                      &LIBID_SPACESHIPSVRLib>
{
...
};
```

Neben der Aufnahme der Vorlagenklasse *IDispatchImpl* in die Ableitungsfolge, werden Einträge für die duale Schnittstelle und für *IDispatch* in die Schnittstellentabelle des Objekts eingefügt, damit *QueryInterface* korrekt funktioniert:

```
BEGIN_COM_MAP(CAtlSpaceship)
  COM_INTERFACE_ENTRY(IAtlSpaceship)
  COM_INTERFACE_ENTRY(IDispatch)
END_COM_MAP()
```

Wie Sie sehen, beinhalten die Parameter der Vorlagenklasse *IDispatchImpl* die duale Schnittstelle, die GUID für die Schnittstelle und die GUID der Typbibliothek, die sämtliche Informationen über die Schnittstelle enthält. Außer diesen Vorlagenparametern verfügt die Klasse *IDispatchImpl* über einige optionale Parameter, die in Abbildung 29.6 nicht dargestellt sind. Die Vorlagenparameterliste bietet auch Raum für die Versionsnummer der Typbibliothek. Beim letzten Vorlagenparameter handelt es sich um eine Klasse zur Verwaltung der Typinformationen. Die ATL stellt eine Standardklasse namens *CComTypeInfoHolder* zur Verfügung.

In den meisten C++-Implementierungen von *IDispatch* ruft die Klasse im Konstruktor *LoadTypeLib* und *ITypeLib::GetTypeInfoOfGuid* auf und speichert den *ITypeInfo*-Zeiger während der gesamten Lebensdauer der Klasse. In der ATL-Implementierung wird dagegen die Klasse *CComTypeInfoHolder* zur Verwaltung des *ITypeInfo*-Zeigers verwendet. *CComTypeInfoHolder* unterhält einen *ITypeInfo*-Zeiger als Datenelement und kapselt die kritischen auf *IDispatch* bezogenen Funktionen *GetIDsOfNames* und *Invoke*.

Clients erhalten einen Zeiger auf die duale Schnittstelle, indem Sie *QueryInterface* für *IID_IAtlSpaceship aufrufen*. (Der Client erhält auch durch einen Aufruf von *QueryInterface* für *IDispatch* einen Zeiger auf die duale Schnittstelle.) Falls ein Client die Methode *CallStartFleet* der Schnittstelle aufruft, greift er direkt auf diese Funktion zu (wie bei jeder anderen COM-Schnittstelle).

Wenn ein Client *IDispatch::Invoke* aufruft, landet dieser Aufruf erwartungsgemäß bei der *Invoke*-Funktion von *IDispatchImpl*. *IDispatchImpl::Invoke* delegiert den Aufruf an die Klasse *CComTypeInfoHolder*, so dass die *Invoke*-Funktionv von *CComTypeInfoHolder* ausgeführt wird. Die Klasse *CComTypeInfoHolder* ruft erst dann die Funktion *LoadTypeLib* auf, wenn ein Aufruf von *Invoke* oder *GetIDsOfNames* erfolgt. *CComTypeInfoHolder* verfügt über eine Member-Funktion namens *GetTI*, die in der Registrierung die Typinformationen nachschlägt (unter Verwendung der als Vorlagenparameter übergebenen GUID und Haupt- und Nebenversionsnummer). Anschließend ruft *CComTypeInfoHolder* die Funktion *ITypeLib::GetTypeInfo* auf, um Informationen über die Schnittstelle abzurufen. Hier delegiert der Besitzer der Typinformationen an den Typinformationszeiger. *IDispatchImpl* implementiert *IDispatch::GetIDsOfNames* auf die gleiche Weise.

Die Schnittstellen IMotion und IVisual

Damit diese COM-Klasse den anderen Versionen (der C++-Version und der MFC-Version, die in Kapitel 24 beschrieben wurde) das Wasser reichen kann, müssen Sie die Schnittstellen *IMotion* und *IVisual* dem Projekt und der Klasse hinzufügen. Leider sind derzeit keine Assistenten oder andere Werkzeuge hierfür verfügbar, so dass Sie diese Schnittstellen von Hand eintippen müssen. (Der ATL-COM-Anwendungs-Assistent generiert standardmäßig nur eine Schnittstelle.) Öffnen Sie die IDL-Datei, und bewegen Sie die Einfügemarke in eine Leerzeile, die sich zwischen den *import*-Anweisungen und der *library*-Anweisung befindet. Geben Sie die Schnittstellendefinitionen wie im nachfolgenden Abschnitt beschrieben ein.

Sobald Sie mit IDL etwas vertrauter sind, werden Sie zuerst eine linke eckige Klammer eingeben, wenn Sie eine Schnittstelle beschreiben wollen. Denken Sie daran, dass distinkte Elemente in IDL durch Attribute ausgezeichnet werden. Eines der wichtigsten Attribute von Schnittstellen ist der Name bzw. die GUID. Zudem muss die Schnittstelle zumindest über das Attribut *object* verfügen, damit der MIDL-Compiler erfährt, dass Sie hier mit COM arbeiten (und nicht mit regulären RPCs). Diese Schnittstellen sollen überdies duale Schnittstellen sein. Dies wird durch das Schlüsselwort *dual* in den Schnittstellenattributen angezeigt. Die Angabe des Schlüsselworts *dual* bewirkt auch, dass bestimmte Registrierungseinträge vorgenommen werden, damit das allgemeine Marshaling korrekt funktioniert. Die Attributeliste wird durch eine rechte eckige Klammer abgeschlossen, und das nachfolgende Schlüsselwort *interface* leitet die Schnittstellenbeschreibung ein. Wir definieren *IMotion* als duale Schnittstelle und *IVisual* als einfache benutzerdefinierte Schnittstelle, um zu zeigen, wie Schnittstellen unterschiedlichen Typs der Klasse *CSpaceship* zugeordnet werden. Es folgend die IDL-Definitionen der Schnittstellen *IMotion* und *IVisual*:

```
[
  object,
  uuid(97B5C101-5299-11d1-8CAA-FD10872CC837),
  dual,
  helpstring("IMotion-Schnittstelle")
]
interface IMotion : IDispatch
{
  HRESULT Fly();
  HRESULT GetPosition([out,retval]long* nPosition);
};

[
  object,
  uuid(56F58464-52A4-11d1-8CAA-FD10872CC837),
  helpstring("IVisual-Schnittstelle")
]
interface IVisual : IUnknown
{
  HRESULT Display();
};
```

Nachdem Sie die Schnittstellen in IDL beschrieben haben, kompilieren Sie die IDL-Datei erneut mit dem MIDL-Compiler. Der MIDL-Compiler produziert eine neue Version der Datei spaceshipsvr.h, die rein abstrakte Basisklassen für *IMotion* und *IVisual* enthält.

Nun müssen wir diese Schnittstellen nur noch der Klasse *CSpaceship* hinzufügen. Hierzu sind zwei Schritte auszuführen. Zuerst muss der Schnittstellenteil der COM-Klassenidentität erstellt werden. Wir wollen dies zuerst für die Schnittstelle *IMotion* erledigen. Die Schnittstelle *IMotion* lässt sich mühelos der Klasse *CSpaceship* hinzufügen. Sie verwenden einfach die Vorlagenklasse *IDispatchImpl*, um eine Implementierung der dualen Schnittstelle bereitzustellen:

```
class ATL_NO_VTABLE CAtlSpaceship :
  public CComObjectRootEx<CComSingleThreadModel>,
  public CComCoClass<CAtlSpaceship, &CLSID_AtlSpaceship>,
  public IDispatchImpl<IAtlSpaceship, &IID_IAtlSpaceship,
                       &LIBID_SPACESHIPSVRLib>,
  public IDispatchImpl<IMotion, &IID_IMotion,
                       &LIBID_SPACESHIPSVRLib>
{
...
};
```

Im zweiten Schritt müssen wir die Schnittstellentabelle bearbeiten, damit Clients die Schnittstelle *IMotion* anfordern können. Da wir eine einzelne COM-Klasse mit zwei dualen Schnittstellen haben, stellt sich ein interessantes Problem. Wenn ein Client *QueryInterface* für *IMotion* aufruft, sollte der Client zweifellos einen Zeiger auf *IMotion* erhalten. Wenn der Client allerdings *QueryInterface* für *IDispatch* aufruft, dann stellt sich die Frage, welche *IDispatch*-Schnittstelle der Client erhält: die von *IAtlSpaceship* oder die von *IMotion*?

Mehrere duale Schnittstellen

Sie erinnern sich, dass alle duale Schnittstellen mit den sieben Funktionen von *IDispatch* beginnen. Das Problem stellt sich, wenn *QueryInterface* für *IID_IDispatch* aufgerufen wird. Als Programmierer müssen Sie entscheiden, welche Version von *IDispatch* übergeben werden soll.

In der Schnittstellentabelle wird festgelegt, wie ein *QueryInterface*-Aufruf für *IID_IDispatch* behandelt wird. Die ATL stellt ein spezielles Makro zur Lösung dieses Problems zur Verfügung. Sehen Sie sich zuerst einmal die bisherige Schnittstellentabelle von *CAtlSpaceship* an:

```
BEGIN_COM_MAP(CAtlSpaceship)
  COM_INTERFACE_ENTRY(IAtlSpaceship)
  COM_INTERFACE_ENTRY(IDispatch)
END_COM_MAP()
```

Wenn Clients *QueryInterface* aufrufen, durchsucht die ATL die Tabelle nach einer Schnittstellen-ID, die der angeforderten entspricht. Die oben gezeigte Schnittstellentabelle behandelt zwei Schnittstellen, nämlich *IAtlSpaceship* und *IDispatch*. Wenn Sie eine weitere duale Schnittstelle der Klasse *CAtlSpaceship* hinzufügen möchten, brauchen Sie ein anderes Makro.

Das Makro, das multiple Dispatch-Schnittstellen in ATL-basierten COM-Klassen verwaltet, heißt *COM_INTERFACE_ENTRY2*. Damit *QueryInterface* korrekt arbeitet, müssen Sie lediglich entscheiden, welche Version von *IDispatch* dem Client übergeben werden soll, wenn er *IDispatch* anfordert. Sie fügen hierzu folgenden Eintrag in die Schnittstellentabelle ein:

```
BEGIN_COM_MAP(CAtlSpaceship)
  COM_INTERFACE_ENTRY(IAtlSpaceship)
  COM_INTERFACE_ENTRY(IMotion)
  COM_INTERFACE_ENTRY2(IDispatch, IAtlSpaceship)
END_COM_MAP()
```

In diesem Beispiel erhalten Clients, die die Schnittstelle *IDispatch* anfordern, einen Zeiger auf die Schnittstelle *IAtlSpaceship* (deren ersten sieben Funktionen denen von *IDispatch* entsprechen).

Eine benutzerdefinierte Schnittstelle einer auf der ATL basierenden COM-Klasse hinzuzufügen ist sogar noch einfacher. Sie fügen die Schnittstelle einfach, wie nachfolgend gezeigt, der Vererbungsfolge hinzu:

```
class ATL_NO_VTABLE CAtlSpaceship :
  public CComObjectRootEx<CComSingleThreadModel>,
  public CComCoClass<CAtlSpaceship, &CLSID_AtlSpaceship>,
  public IDispatchImpl<IAtlSpaceship, &IID_IAtlSpaceship,
                       &LIBID_SPACESHIPSVRLib>,
  public IDispatchImpl<IMotion, &IID_IMotion,
                       &LIBID_SPACESHIPSVRLib>,
  public IVisual
{
...
};
```

Anschließend fügen Sie einen Eintrag in die Schnittstellentabelle ein:

```
BEGIN_COM_MAP(CAtlSpaceship)
  COM_INTERFACE_ENTRY(IAtlSpaceship)
  COM_INTERFACE_ENTRY(IMotion)
  COM_INTERFACE_ENTRY2(IDispatch, IAtlSpaceship)
  COM_INTERFACE_ENTRY(IVisual)
END_COM_MAP()
```

Zusammenfassung

Dieses Kapitel enthielt einige wichtige Punkte. COM ist ein *binäres* Objektmodell. Clients und Objekte einigen sich auf ein binäres Layout (die Schnittstelle). Sobald sich beide Parteien über das Layout einig sind, können sie über diese Schnittstelle kommunizieren. Der Client muss sich nicht dafür interessieren, wie diese Schnittstelle aufgebaut ist. Solange sie wie beschrieben funktioniert, ist der Client zufrieden. COM-Schnittstellen können auf verschiedene Weise aufgebaut werden, z.B. indem über Mehrfachvererbung von mehreren Schnittstellen eine einzelne C++-Klasse erstellt wird, mit Hilfe verschachtelter Klassen und mit Hilfe von Bibliotheken wie der ATL.

Die ATL ist für die Erstellung kompakter COM-Klassen vorgesehen. Die ATL hat zwei Seiten – einige Smart-Pointer-Klassen, die die client-seitige Programmierung erleichtern, und ein komplettes Anwendungsgerüst zur Implementierung von COM-Klassen. Die ATL implementiert *IUnknown*, *IDispatch* und *IClassFactory* in Vorlagen, die in der Bibliothek enthalten sind. Zudem enthält die ATL Assistenten, die die Erstellung von COM-Servern und das Einfügen von COM-Objekten in Projekte erleichtern.

Obwohl die ATL Ihnen eine Menge Arbeit abnimmt, ist dies keine Entschuldigung dafür, sich nicht mit den Grundlagen von COM auseinander zu setzen. Sie werden die ATL sogar sehr viel effizienter einsetzen können, wenn Sie COM begriffen haben. Im nächsten Kapitel betrachten wir, wie man die ATL zur Entwicklung von ActiveX-Elementen einsetzen kann.

30 ATL und ActiveX-Steuerelemente

Wenn Sie die letzten Kapitel über COM und die ATL gelesen haben und sich immer noch Fragen, wie COM in ihren Programmieralltag passt, sind Sie nicht der einzige, dem es so geht. Es ist auf den ersten Blick oft nicht erkennbar, wie man COM in der Praxis einsetzen kann. Schließlich muss eine Menge zusätzlicher Code produziert werden, damit ein COM-Objekte funktioniert. Es gibt allerdings eine Anwendung von COM, der man täglich begegnet, nämlich ActiveX-Steuerelemente. ActiveX-Steuerelemente sind kleine, gewöhnlich mit einer Oberfläche ausgestattete Elemente, die auf dem Komponentenobjektmodell basieren.

In Kapitel 29 wurde die Erstellung von COM-Klassen mit Hilfe der ATL behandelt. In diesem Kapitel erfahren Sie, wie man eine bestimmte Art von COM-Klasse erstellt, nämlich ein ActiveX-Steuerelement. In Kapitel 8 konnten Sie von der Client-Seite her mit ActiveX-Steuerelementen arbeiten. Nun ist es an der Zeit, selbst ActiveX Steuerelemente zu schreiben.

Die Erstellung eines ActiveX-Steuerelements mit Hilfe der ATL erfolgt in mehreren Schritten, zu denen unter anderem folgende gehören:

- entscheiden, was gezeichnet werden soll,
- Entwicklung der Eingangsschnittstellen für das Steuerelement,
- Entwicklung der Ausgangsschnittstellen (Ereignisse) für das Steuerelement,
- Implementierung eines Persistenzmechanismus für das Steuerelement,
- Bereitstellung einer Benutzeroberfläche zur Bearbeitung der Steuerelementeigenschaften.

In diesem Kapitel werden diese Schritte erläutert. Sie werden bald in der Lage sein, selbst mit der ATL ActiveX-Steuerelemente zu entwickeln, die Sie (und andere Programmierer) in anderen Programmen verwenden können.

ActiveX-Steuerelemente

Sogar heute ist noch immer nicht ganz klar, was eigentlich ein ActiveX-Steuerelement ausmacht. 1994 fügte Microsoft einige neue Schnittstellen seinem OLE-Protokoll (OLE – Object Linking and Embedding) hinzu, packte sie in DLLs und nannte sie OLE-Steuerelemente. Ursprünglich implementierten OLE-Steuerelemente fast das gesamte Protokoll für die OLE-Dokumenteinbettung. Darüber hinaus unterstützten OLE-Steuerelemente folgendes:

- dynamische Aktivierung (Automatisierung),
- Eigenschaftenseiten (damit der Anwender die Steuerelementeigenschaften verändern konnte),
- nach außen gerichtete Callback-Schnittstellen (Ereignismengen),
- Verbindungen (ein Standardverfahren für Clients und Steuerelemente Ereignisschnittstellen miteinander zu verknüpfen).

Als das Internet zum dominanten Faktor in den Marketingplänen von Microsoft wurde, gab Microsoft seine Absicht bekannt, ActiveX-Steuerelemente in Webseiten zu integrieren. Zu diesem Zeitpunkt wurde die Größe dieser Komponenten relevant. Microsoft nahm seine Spezifikation für OLE-Steuerelemente, änderte den Namen von OLE-Steuerelemente in ActiveX-Steuerelemente und gab bekannt, dass die oben aufgeführten Leistungsmerkmale optional wären. Dies bedeutet, dass nach der neuen Definition ein ActiveX-Steuerelement lediglich die Anforderung erfüllen muss, COM-basiert zu sein und die Schnittstelle *IUnknown* zu implementieren. Natürlich muss ein Steuerelement die meisten der oben genannten Leistungsmerkmale implementieren, wenn es einen praktischen Nutzwert haben soll. Daher bezeichnen die Begriffe ActiveX-Steuerelement und OLE-Steuerelement im Grunde genommen dieselbe Sache.

Programmierer konnten etwa seit dem Sommer 1994 die MFC zur Entwicklung von ActiveX-Steuerelementen einsetzen. Ein Nachteil der Erstellung von ActiveX-Steuerelementen mit der MFC besteht allerdings darin, dass die ActiveX-Steuerelemente dann an die MFC gebunden sind. Gelegentlich benötigen Sie Steuerelemente, die kleiner sind oder die auch dann funktionieren, wenn auf dem Rechner des Anwenders die MFC-DLLs nicht verfügbar sind. Zudem zwingt der Einsatz der MFC zur Erstellung von ActiveX-Steuerelemente Sie dazu, bestimmte Designentscheidungen zu treffen. Wenn Sie beispielsweise beschließen, ein ActiveX-Steuerelemente unter Verwendung der MFC-Bibliothek zu schreiben, verbieten Sie sich damit mehr oder weniger den Einsatz dualer Schnittstellen (sofern Sie nicht gewillt sind, viel zusätzlichen Code zu schreiben). Die Verwendung der MFC hat auch zur Folge, dass das ActiveX-Steuerelement und seine Eigenschaftenseiten über die Schnittstelle *IDispatch* miteinander kommunizieren müssen.

Um die oben beschriebenen Probleme zu umgehen, können Programmierer nun die ATL zur Entwicklung von ActiveX-Steuerelementen einsetzen. Die ATL enthält jetzt die Elemente, die zur Erstellung von anspruchsvollen, mit allen wünschenswerten Leistungsmerkmalen ausgestatteten ActiveX-Steuerelementen erforderlich sind. Zu diesen Leistungsmerkmalen gehören Eingangsschnittstellen, persistente Eigenschaften, Eigenschaftenseiten und Verbindungspunkte. Falls Sie schon einmal ein ActiveX-Steuerelement mit der MFC-Bibliothek geschrieben haben, werden Sie feststellen, dass sich die ATL sehr viel flexibler einsetzen lässt.

Mit der ATL Steuerelemente entwickeln

Obwohl die Erstellung von ActiveX-Steuerelementen mit der ATL ein recht unkomplizierter Vorgang ist, ist der Einsatz der ATL schlussendlich etwas mühsamer als der Einsatz der MFC, weil die ATL nicht so viele Annehmlichkeiten wie die MFC-Bibliothek bietet. Beispielsweise enthält die ATL keine Gerätekontextklassen. Wenn Sie in einem Gerätekontext zeichnen, müssen Sie mit dem Gerätekontext-Handle arbeiten. Zudem unterstützt der Klassen-Assistent keinen ATL-basierten Quelltext, so dass Sie den entsprechenden Code von Hand eingeben müssen, wenn das Steuerelement über Nachrichtenbehandlungsroutinen verfügen soll.

Trotz dieser Schwierigkeiten ist die Erstellung eines ActiveX-Steuerelements mit Hilfe der ATL viel einfacher, als ein ActiveX-Steuerelement von Grund auf selbst zu schreiben. Zudem gibt Ihnen die ATL ein Maß an Flexibilität, das Ihnen beim Einsatz der MFC-Bibliothek nicht zur Verfügung steht. Beispielsweise ist es mit der MFC recht mühsam, Steuerelemente mit dualen Schnittstellen auszustatten, wogegen die ATL diese automatisch generiert. Der ATL-Objekt-Assistent erleichtert es zudem, weitere COM-Klassen (auch Klassen, die keine Steuerelemente repräsentieren) zu einem Projekt hinzuzufügen, während es etwas schwieriger ist, neue Steuerelemente in eine auf der MFC-Bibliothek basierenden DLL einzufügen.

Im Beispiel dieses Kapitels stellen wir zwei kleine Würfel als ATL-basiertes ActiveX-Steuerelement dar. Anhand dieses Steuerelements erläutern wir die wichtigsten Leistungsmerkmale von ActiveX-Steuerelementen, wie z.B. Steuerelementdarstellung, Eingangsschnittstellen, Eigenschaftenseiten und Ereignisse.

Ein Steuerelement erstellen

Die einfachste Möglichkeit, einen auf der ATL basierenden COM-Server zu erstellen, besteht wie immer im Einsatz des ATL-Objekt-Assistenten. Um den ATL-Objekt-Assistenten aufrufen zu können, erstellen Sie zuerst mit dem ATL-COM-Anwendungs-Assistenten ein neues Projekt. Wählen Sie hierzu im Menü *Datei* den Befehl *Neu*. Wählen Sie dann im Dialogfeld *Neu* auf der Registerkarte *Projekte* die Option *ATL-COM-Anwendungs-Assistent*. Geben Sie dem Objekt einen sinnvollen Namen, z.B. *ATLDiceSvr*. Übernehmen Sie die Voreinstellungen des Assistenten für dieses Projekt. Damit wird sichergestellt, dass der Server in Form einer DLL erstellt wird.

Nachdem die Server-DLL erzeugt wurde, führen Sie die folgenden Schritte aus:

1. Wählen Sie im Menü *Einfügen* den Befehl *Neues ATL-Objekt*, um ein neues ATL-Objekt in das Projekt einzufügen.
2. Im Dialogfeld *ATL-Objekt-Assistent* wählen Sie in der Liste *Kategorie* den Eintrag *Steuerelemente* und in der Liste *Objekte* den Eintrag *Vollständiges Steuerelement*.
3. Klicken Sie auf *Weiter*, um das Dialogfeld *Eigenschaften von ATL-Objekt-Assistent* zu öffnen. Geben Sie auf der Registerkarte *Namen* in das Feld *Kurzbez.* einen sinnvollen Namen ein (z.B. *ATLDiceObj*). Das Dialogfeld sollte nun etwa wie Abbildung 30.1 aussehen.
4. Klicken Sie auf die Registerkarte *Attribute*. Diese Registerkarte enthält die Konfigurationsoptionen für das Steuerelement. Sie können hier beispielsweise:
   - das Threading-Modell des Steuerelements festlegen,
   - angeben, ob eine duale oder eine benutzerdefinierte Schnittstelle die primäre Schnittstelle bilden soll,

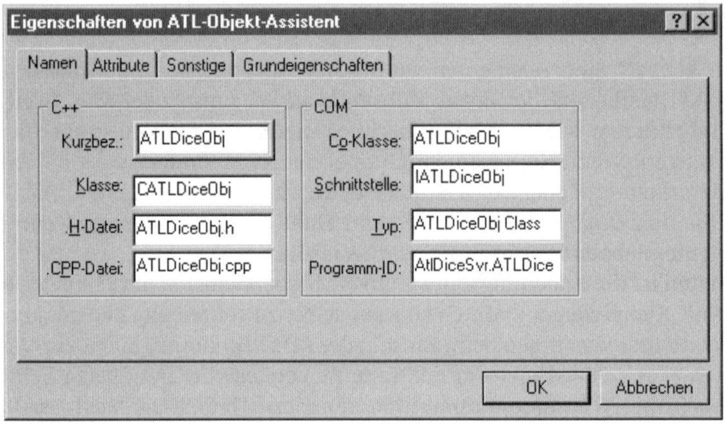

Abbildung 30.1: *Das Dialogfeld* Eigenschaften von ATL-Objekt-Assistent.

- festlegen, dass das Steuerelement die Aggregation unterstützt,
- angeben, ob das Steuerelement COM-Ausnahmen und Verbindungspunkte verwendet.

5. Wählen Sie die Option *Verbindungspunkte unterstützen*. (Damit sparen Sie später etwas Zeit.) Übernehmen Sie ansonsten die Vorgaben. Abbildung 30.2 zeigt, wie die Registerkarte *Attribute* im Dialogfeld *Eigenschaften von ATL-Objekt-Assistent* jetzt aussehen sollte.
6. Klicken Sie auf die Registerkarte *Sonstige*. Hier können Sie verschiedene Einstellungen für das Steuerelement festlegen. Beispielsweise können einstellen, dass sich das Steuerelement wie ein Standardsteuerelement von Microsoft Windows verhalten soll, z.B. wie eine Schaltfläche oder ein Eingabefeld. Sie können hier beispielsweise auch festlegen, dass das Steuerelement zur Laufzeit unsichtbar sein oder über einen undurchsichtigen Hintergrund verfügen soll. Abbildung 30.3 zeigt die verfügbaren Optionen.

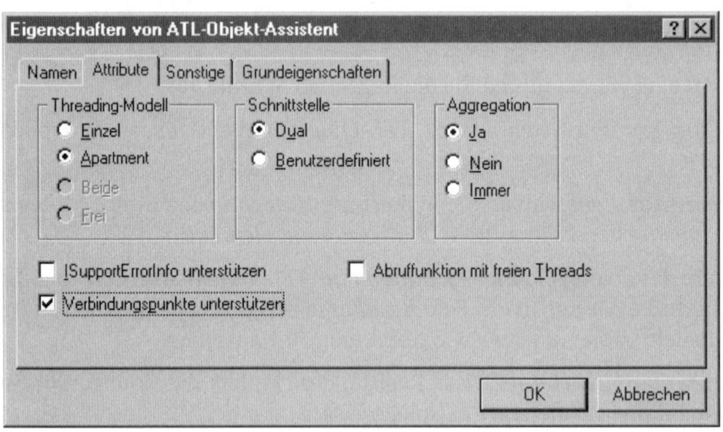

Abbildung 30.2: *Die Registerkarte* Attribute *des Dialogfelds* Eigenschaften von ATL-Objekt-Assistent.

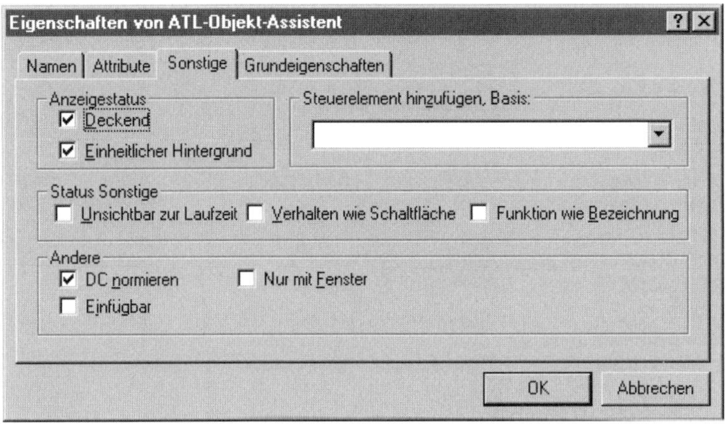

Abbildung 30.3: *Die Registerkarte* Sonstige *des Dialogfelds* Eigenschaften von ATL-Objekt-Assistent.

7. Wählen Sie schließlich die Registerkarte *Grundeigenschaften*, falls Sie das Steuerelement mit einigen Grundeigenschaften ausstatten möchten. Grundeigenschaften sind solche Eigenschaften, die in der Regel von jedem Steuerelement erwartet werden, wie z.B. Hintergrundfarbe, Rahmenfarbe, Vordergrundfarbe und Titel. Abbildung 30.4 zeigt die Registerkarte *Grundeigenschaften*.

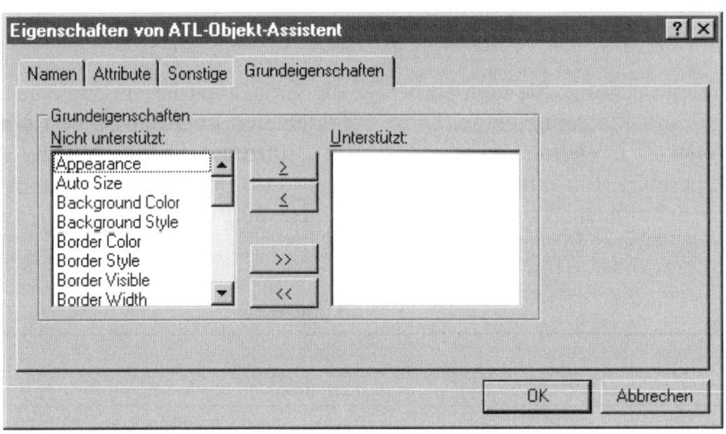

Abbildung 30.4: *Die Registerkarte* Grundeigenschaften *des Dialogfelds* Eigenschaften von ATL-Objekt-Assistent.

8. Nachdem Sie die gewünschten Attribute ausgewählt haben, klicken Sie auf *OK*.

Der ATL-Objekt-Assistent fügt daraufhin eine Header-Datei und eine Quelltextdatei, die das neue Steuerelement definieren, in das Projekt ein. Zudem reserviert der ATL-Objekt-Assistent in der IDL-Datei Raum für die primäre Schnittstelle des Steuerelements und weist der Schnittstelle eine

GUID zu. Die vom ATL-Objekt-Assistenten generierte C++-Definition des Steuerelements sieht folgendermaßen aus:

```
class ATL_NO_VTABLE CATLDiceObj :
  public CComObjectRootEx<CComSingleThreadModel>,
  public IDispatchImpl<IATLDieceObj,
                    &IID_IATLDieceObj,
                    &LIBID_ATLDICESVRLib>,
  public CComControl<CATLDiceObj>,
  public IPersistStreamInitImpl<CATLDiceObj>,
  public IOleControlImpl<CATLDiceObj>,
  public IOleObjectImpl<CATLDiceObj>,
  public IOleInPlaceActiveObjectImpl<CATLDiceObj>,
  public IViewObjectExImpl<CATLDiceObj>,
  public IOleInPlaceObjectWindowlessImpl<CATLDiceObj>,
  public IConnectionPointContainerImpl<CATLDiceObj>,
  public IPersistStorageImpl<CATLDiceObj>,
  public ISpecifyPropertyPagesImpl<CATLDiceObj>,
  public IQuickActivateImpl<CATLDiceObj>,
  public IDataObjectImpl<CATLDiceObj>,
  public IProvideClassInfo2Impl<&CLSID_ATLDiceObj,
                             &DIID__DDiceEvents,
                             &LIBID_ATLDICESVRLib>,
  public IPropertyNotifySinkCP<CATLDiceObj>,
  public CComCoClass<CATLDiceObj, &CLSID_ATLDiceObj>
{
...
};
```

Dies ist eine recht lange Ableitungsfolge. Sie kennen bereits die vorlagenbasierten Implementierungen von *IUnknown* und von Klassenobjekten. Diese befinden sich in *CComObjectRootEx* und *CComCoClass*. Sie haben auch erfahren, wie die ATL die Schnittstelle *IDispatch* in der Vorlage *IDispatchImpl* implementiert. Ein einfaches Steuerelement erfordert aber mindestens elf weitere Schnittstellen. Diese Schnittstellen lassen sich, wie in Tabelle 30.1 gezeigt, in verschiedene Kategorien einteilen.

Kategorie	Schnittstelle
Schnittstellen für die Selbstbeschreibung des Objekts	*IProvideClassInfo2*
Schnittstellen zur Unterstützung der Objektpersistenz	*IPersistStreamInit, IPersistStorage*
Schnittstellen für die Objektaktivierung	*IQuickActivate* (sowie einige von *IOleObject*)
Schnittstellen aus der ursprünglichen Spezifikation für OLE-Steuerelemente	*IOleControl*
Schnittstellen aus der Spezifikation für OLE-Dokumente	*IOleObject*
Schnittstellen zur Objektdarstellung	*IOleInPlaceActiveObject, IViewObject, IOleInPlaceObjectWindowless, IDataObject*
Schnittstellen für die Verwaltung von Eigenschaftenseiten durch den Container	*ISpecifyPropertyPages*
Schnittstellen zur Handhabung von Verbindungen	*IPropertyNotifySinkCP, IConnectionPointContainer*

***Tabelle 30.1:** Zur Implementierung von ActiveX-Steuerelementen erforderliche Schnittstellen.*

HINWEIS: Hierbei handelt es sich im Wesentlichen um Standardschnittstellen, also Schnittstellen, die eine COM-Klasse implementieren muss, um sich als ActiveX-Steuerelement zu qualifizieren. Diese Schnittstellen werden von den meisten Steuerelementen in gleicher Weise implementiert. Die ATL hat den Vorteil, dass sie dieses Standardverhalten implementiert und Anknüpfungspunkte zur Verfügung stellt, an denen Sie Ihren benutzerdefinierten Code einfügen können. Sie müssen sich daher nicht direkt mit dem COM-Code auseinandersetzen und können funktionierende Steuerelemente entwickeln, ohne im einzelnen verstehen zu müssen, wie diese Schnittstellen funktionieren. Falls Sie sich jedoch mit der internen Funktionsweise von ActiveX-Steuerelementen näher beschäftigen möchten, sollten Sie sich die folgenden Titel ansehen: *Inside OLE* von Kraig Brockschmidt (Microsoft Press, 1995), *ActiveX-Steuerelemente* von Adam Denning (Microsoft Press, 1997) und *Designing and Using ActiveX Controls* von Tom Armstrong (IDG Books Worldwide, 1997).

Die Steuerelementarchitektur der ATL

Grob gesagt, weisen ActiveX-Steuerelemente zwei Aspekte auf: einen externen Status (wie es sich auf dem Bildschirm darstellt) und einen internen Status (seine Eigenschaften). Sobald sich ein ActiveX-Steuerelement in irgendeinem Container befindet (z.B. ein Microsoft Visual Basic-Formular oder ein MFC-Dialogfeld), unterhält es eine symbiotische Beziehung zu diesem Container. Der Client kommuniziert mit dem Steuerelement über COM-Eingangsschnittstellen wie *IDispatch* und OLE-Dokumentschnittstellen wie *IOleObject* und *IDataObject*.

Das Steuerelement hat auch die Möglichkeit, mit dem Client zu kommunizieren. Eine Methode zur Implementierung dieser bidirektionalen Kommunikation besteht darin, dass der Client die Schnittstelle *IDispatch* implementiert, um die Ereignismenge des Steuerelements zu repräsentieren. Der Container unterhält eine Reihe von Eigenschaften, die sogenannten *Ambient-Eigenschaften*, mit deren Hilfe das Steuerelement Informationen über seinen Host erhalten kann. Ein Steuerelement kann sich beispielsweise im Container verstecken, da der Container die in den Eigenschaften gespeicherten Informationen über eine spezielle *IDispatch*-Schnittstelle zur Verfügung stellt. Der Container kann die Schnittstelle *IPropertyNotifySink* implementieren, um in Erfahrung zu bringen, wann sich die Eigenschaften eines Steuerelements ändern. Schließlich implementiert der Container die Schnittstellen *IOleClientSite* und *IOleControlSite* als Bestandteil des Protokolls für die Steuerelementeinbettung.

Die Schnittstellen, die in Tabelle 30.1 aufgeführt sind, ermöglichen es dem Client und dem Steuerelement, sich so zu verhalten, wie man es von einem ActiveX-Steuerelement erwartet. Wir werden im weiteren Verlauf dieses Kapitels einige dieser Schnittstellen kennen lernen. Eine Untersuchung ATL-basierter Steuerelemente beginnt man am Besten bei der Klasse *CComControl* und deren Basisklassen.

Die Klasse CComControl

Sie finden die Definition der Klasse *CComControl* in der von Microsoft bereitgestellten Datei ATLCTL.H im Include-Verzeichnis der ATL. *CComControl* ist eine Vorlagenklasse, der ein Klassenparameter übergeben wird:

```
template <class T>
class ATL_NO_VTABLE CComControl :  public CComControlBase,
                                   public CWindowImpl<T>
{
...
};
```

CComControl ist eine recht kompakte Klasse, die für sich genommen kaum etwas ausführt. Sie leitet Funktionen von *CComControlBase* und *CWindowImpl* ab. *CComControl* erwartet, dass es sich bei dem Vorlagenparameter um ein auf der ATL basierendes COM-Objekt handelt, das von *CComObjectRootEx* abgeleitet ist. Die Klasse *CComControl* erfordert aus verschiedenen Gründen die Angabe des Vorlagenparameters. Der wichtigste Grund besteht darin, dass die Steuerelementklasse gelegentlich den Vorlagenparameter verwendet, um die Funktion *InternalQueryInterface* des Steuerelements aufzurufen.

Die Klasse *CComControl* implementiert einige Funktionen, die es dem Steuerelement erleichtern, Funktionen des Client aufzurufen. Beispielsweise implementiert *CComControl* eine Funktion namens *FireOnRequestEdit*, die es Steuerelementen ermöglicht, dem Client mitzuteilen, dass es eine bestimmte Eigenschaft ändert. Diese Funktion ruft den Client über die vom Client implementierte Schnittstelle *IPropertyNotifySink* auf. *FireOnRequestEdit* benachrichtigt alle verbundenen *IPropertyNotifySink*-Schnittstellen, dass die durch einen bestimmten DISPID-Wert bezeichnete Eigenschaft verändert wird.

Zudem implementiert die Klasse *CComControl* die Funktion *FireOnChanged*. Die Funktion *FireOnChanged* ähnelt *FireOnRequestEdit* insofern, als dass Sie den Client über die Schnittstelle *IPropertyNotifySink* aufruft. Diese Funktion benachrichtigt die Clients, die das Steuerelement verwenden (alle über *IPropertyNotifySink* mit dem Steuerelement verbundenen Clients) darüber, dass die durch einen bestimmten DISPID-Wert bezeichnete Eigenschaft bereits verändert worden ist.

Neben der Zuordnung der Schnittstelle *IPropertyNotifySink* zu einigen leichter verständlichen Funktionen, implementiert die Klasse *CComControl* eine Funktion namens *ControlQueryInterface*, die einfach Aufrufe an die *IUnknown*-Schnittstelle des Steuerelements weiterleitet. (Auf diese Weise lässt sich ein Zeiger auf die Schnittstelle *IUnknown* aus dem Steuerelement heraus anfordern.) Schließlich implementiert die Klasse *CComControl* die Funktion *CreateControlWindow*. Diese Funktion ruft standardmäßig *CWindowImpl::Create* auf. (Beachten Sie, dass *CComControl* auch von *CWindowImpl* abgeleitet ist.) Es steht Ihnen frei, diese Funktion zu überschreiben, so dass sie etwas anderes ausführt, als ein einzelnes Fenster zu erstellen. Sie können beispielsweise mehrere Fenster für das Steuerelement anlegen.

Ein Großteil der Funktionalität der Klasse *CComControl* steckt in den beiden Klassen *CComControlBase* und *CWindowImpl*. Wir wollen uns diese Klassen nun genauer ansehen.

Die Klasse CComControlBase

CComControlBase ist eine viel grundlegendere Klasse als *CComControl*. Die Klasse *CComControlBase* verwaltet alle Zeiger, die vom Steuerelement zur Kommunikation mit dem Client verwendet werden. *CComControlBase* verwendet die ATL-Smart-Pointer-Klasse *CComPtr* zur Einbindung von Member-Variablen, die die folgenden Schnittstellen kapseln, die für vom Steuerelement an den Client gerichtete Aufrufe implementiert werden:

- eine Member-Variable für *IOleInPlaceSite(m_spInPlaceSite)*,
- ein Benachrichtigungsspeicher für den Datenbenachrichtigungsempfänger des Client (*m_spDataAdviseHolder*),
- ein OLE-Benachrichtigungsspeicher für den OLE-Benachrichtungsempfänger des Client (*m_spOleAdviseHolder*),
- eine Member-Variable für *IOleClientSite (m_spClientSite)*,
- eine Member-Variable *IAdviseSink (m_spAdviseSink)*.

Die Klasse *CComControlBase* verwendet zudem die ATL-Klasse *CComDispatchDriver*, um die Dispatch-Schnittstelle des Client zu kapseln, so dass dieser seine Ambient-Eigenschaften offen legen kann.

Sie finden in der Klasse *CComControlBase* auch die Member-Variablen, die die Größen- und Positionsangaben des Steuerelements enthalten: *m_sizeNatural*, *m_sizeExtent* und *m_rcPos*. Ein weiteres wichtiges Datenelement der Klasse *CComControlBase* ist das Fenster-Handle des Steuerelements. Die meisten ActiveX-Steuerelemente sind Oberflächenelemente und verfügen somit über ein Fenster. Die Klassen *CWindowImpl* und *CWindowImplBase* sind für die Fensterverwaltung eines ATL-basierten ActiveX-Steuerelements zuständig.

CWindowImpl und CWindowImplBase

Die Klasse *CWindowImpl* ist von *CWindowImplBase* abgeleitet, die wiederum von den Klassen *CWindow* und *CMessageMap* abgeleitet ist. Als Vorlagenklasse übernimmt *CWindowImpl* einen Initialisierungsparameter. Der Vorlagenparameter bezeichnet das zu erstellende Steuerelement. Die Klasse *CWindowImpl* muss den Steuerelementtyp kennen, da sie dieses Steuerelement während der Fenstererstellung aufruft. Wir sehen uns nun an, wie die ATL die Fensterverwaltung handhabt.

ATL-Fensterverwaltung

Ebenso wie die Klasse *CComControl* ist auch die Klasse *CWindowImpl* recht kompakt. Die Klasse *CWindowImpl* kümmert sich mehr oder minder ausschließlich um die Erstellung von Fenstern. In der Tat ist dies die einzige Funktion, die explizit in der Klasse *CWindowImp* definiert ist. Die Funktion *CWindowImpl::Create* legt ein neues Fenster an, basierend auf den Angaben zur Fensterklasse, die von einer Struktur namens *_ATLWNDCLASSINFO* verwaltet werden. Von der Struktur ist eine ASCII-Zeichen- und eine Breitzeichenversion verfügbar.

```
struct _ATL_WNDCLASSINFOA
{
  WNDCLASSEXA m_wc;
  LPCSTR m_lpszOrigName;
  WNDPROC pWndProc;
  LPCSTR m_lpszCursorID;
  BOOL m_bSystemCursor;
  ATOM m_atom;
  CHAR m_szAutoName[13];
  ATOM Register(WNDPROC* p)
  {
    return AtlModuleRegisterWndClassInfoA(&_Module, this, p);
  }
};
struct _ATL_WNDCLASSINFOW
{
  WNDCLASSEXW m_wc;
  LPCWSTR m_lpszOrigName;
  WNDPROC pWndProc;
  LPCWSTR m_lpszCursorID;
  BOOL m_bSystemCursor;
  ATOM m_atom;
  WCHAR m_szAutoName[13];
  ATOM Register(WNDPROC* p)
```

```
  {
    return AtlModuleRegisterWndClassInfoW(&_Module, this, p);
  }
};
```

Die ATL verwendet dann *typedef*-Anweisungen, um diese Struktur einer Klasse namens *CWndClassInfo* zuzuordnen:

```
typedef _ATL_WNDCLASSINFOA CWndClassInfoA;
typedef _ATL_WNDCLASSINFOW CWndClassInfoW;
#ifdef UNICODE
#define CWndClassInfo CWndClassInfoW
#else
#define CWndClassInfo CWndClassInfoA
#endif
```

Die Klasse *CWindowImpl* setzt ein Makro namens *DECLARE_WND_CLASS* ein, um die Angaben zur Fensterklasse in eine von *CWindowImpl* abgeleitete Klasse einzufügen. *DECLARE_-WND_CLASS* verwendet auch eine Funktion namens *GetWndClassInfo*. Es folgt die Definition des Makros *DECLARE_WND_CLASS*:

```
#define DECLARE_WND_CLASS(WndClassName) \
static CWndClassInfo& GetWndClassInfo() \
{ \
  static CWndClassInfo wc = \
  { \
    { sizeof(WNDCLASSEX), CS_HREDRAW | CS_VREDRAW | CS_DBLCLKS,\
      StartWindowProc, \
      0, 0, NULL, NULL, NULL, (HBRUSH)(COLOR_WINDOW + 1), \
      NULL, WndClassName, NULL }, \
      NULL, NULL, IDC_ARROW, TRUE, 0, _T("") \
  }; \
  return wc; \
}
```

Dieses Makro wird so erweitert, dass es eine *CWndClassInfo*-Struktur für die Steuerelementklasse liefert. Da *CWndClassInfo* die Informationen zu nur einer Fensterklasse verwaltet, basieren alle Fenster, die von einer bestimmten Instanz von *CWindowImpl* erzeugt werden, auf der gleichen Fensterklasse.

Die Klasse CWindowImpl ist von *CWindowImplBaseT* abgeleitet, die wiederum von *CWindowImplRoot* abgeleitet ist, die in folgender Weise für die Klasse *CWindow* und die *CControlWinTraits*-Klassen spezialisiert ist:

```
template <class TBase = CWindow,
          class TWinTraits = CControlWinTraits>
class ATL_NO_VTABLE CWindowImplBaseT :
  public CWindowImplRoot< TBase >
{
public:
...
};
```

Die Klasse *CWindowImplRoot* ist von *CWindow* (Voreinstellung) und *CMessageMap* abgeleitet. Die Klasse *CWindowImplBaseT* verwaltet die Fensterprozedur einer von *CWindowImpl* abgeleiteten Klasse. *CWindow* ist eine kompakte Klasse, die Fenster-Handles in der gleichen Weise kapselt (nur weniger aufwendig) wie die MFC-Klasse *CWnd*. Bei *CMessageMap* handelt es sich um eine winzige Klasse, die eine einzige virtuelle Funktion namens *ProcessWindowMessage* definiert. Die ATL-basierte Nachrichtenzuordnungsmaschinerie setzt das Vorhandensein dieser Funktion voraus. Daher müssen ATL-basierte Klassen, die Nachrichtentabellen verwenden wollen, von *CMessageMap* abgeleitet werden. Sehen wir uns kurz die ATL-Nachrichtentabellen an.

ATL-Nachrichtentabellen

Das Herzstück der Nachrichtenverarbeitungsmaschinerie der ATL bildet die Klasse *CMessageMap*. ATL-basierte Steuerelemente legen durch die indirekte Ableitung von *CWindowImplBase* Nachrichtentabellen offen. Bei der MFC-Bibliothek ermöglicht dagegen die Ableitung von *CCmdTarget* Nachrichtenzuordnungen. Ebenso wie bei der MFC genügt es aber nicht, von einer Klasse abzuleiten, die Nachrichtentabellen unterstützt. Die Nachrichtentabellen müssen auch definiert werden, und sie werden mit Hilfe von Makros implementiert.

Sie verwenden die nachfolgend beschriebenen Makros, um eine Nachrichtentabelle in einem ATL-basierten Steuerelement zu implementieren. Zuerst muss das ATL-Makro *BEGIN_MSG_-MAP* in die Header-Datei der Steuerelementklasse eingefügt werden. Das Makro *BEGIN_MSG_-MAP* kennzeichnet den Anfang der Standardnachrichtentabelle. *CWindowImpl::WindowProc* verwendet diese Standardnachrichtentabelle zur Verarbeitung von Nachrichten, die an das Fenster gesendet werden. Über die Nachrichtentabelle werden Nachrichten entweder an eine geeignete Behandlungsroutine oder an eine andere Nachrichtentabelle weiter geleitet. ATL definiert ein weiteres Makro namens *END_MSG_MAP*, das das Ende einer Nachrichtentabelle bezeichnet. Zwischen *BEGIN_MSG_MAP* und *END_MSG_MAP* befinden sich andere Makros, mit denen Fensternachrichten Member-Funktionen des Steuerelements zugeordnet werden. Es folgt ein Beispiel für eine typische Nachrichtentabelle eines ATL-basierten Steuerelements:

```
BEGIN_MSG_MAP(CAFullControl)
  CHAIN_MSG_MAP(CComControl<CAFullControl>)
  DEFAULT_REFLECTION_HANDLER()
  MESSAGE_HANDLER(WM_TIMER, OnTimer);
  MESSAGE_HANDLER(WM_LBUTTONDOWN, OnLButton);
END_MSG_MAP()
```

Diese Nachrichtentabelle delegiert den Großteil der Nachrichtenverarbeitung an das Makro *CHAIN_MSG_MAP* und handhabt die Nachrichtenreflexion über das Makro *DEFAULT_REFLECTION_HANDLER*. Durch diese Nachrichtentabelle werden zudem zwei Nachrichten explizit Nachrichtenfunktionen zugeordnet: WM_TIMER und WM_LBUTTONDOWN. Dies sind Standardfensternachrichten, die mit Hilfe des Makros *MESSAGE_HANDLER* zugeordnet werden. Die Makros generieren einfach eine Tabelle, in der Fensternachrichten Member-Funktionen der Klasse zugeordnet werden. Neben den Standardnachrichten können mit Nachrichtentabellen auch andere Arten von Ereignissen behandelt werden. Tabelle 30.2 zeigt, welche Makros in einer Nachrichtentabelle verwendet werden können.

Makro	Beschreibung
MESSAGE_HANDLER	Ordnet eine Windows-Nachricht einer Behandlungsroutine zu.
MESSAGE_RANGE_HANDLER	Ordnet einen zusammenhängenden Bereich von Windows-Nachrichten einer Behandlungsroutine zu.
COMMAND_HANDLER	Ordnet die Nachricht WM_COMMAND einer Behandlungsroutine zu, basierend auf dem Bezeichner (ID) und dem Benachrichtigungscode des Menübefehls, Steuerelements oder der Zugriffstaste.
COMMAND_ID_HANDLER	Ordnet die Nachricht WM_COMMAND einer Behandlungsroutine zu, basierend auf dem Bezeichner (ID) des Menübefehls, Steuerelements oder der Zugriffstaste.
COMMAND_CODE_HANDLER	Ordnet die Nachricht WM_COMMAND anhand des Benachrichtigungscodes einer Behandlungsroutine zu.
COMMAND_RANGE_HANDLER	Ordnet einen zusammenhängenden Bereich von WM_COMMAND-Nachrichten einer Behandlungsroutine zu, basierend auf dem Bezeichner (ID) des Menübefehls, Steuerelements oder der Zugriffstaste.
NOTIFY_HANDLER	Ordnet die Nachricht WM_NOTIFY einer Behandlungsroutine zu, basierend auf dem Benachrichtigungscode und dem Bezeichner (ID) des Steuerelements.
NOTIFY_ID_HANDLER	Ordnet die Nachricht WM_NOTIFY anhand des Steuerelementbezeichners (ID) einer Behandlungsroutine zu.
NOTIFY_CODE_HANDLER	Ordnet die Nachricht WM_NOTIFY anhand des Benachrichtigungscodes einer Behandlungsroutine zu.
NOTIFY_RANGE_HANDLER	Ordnet einen zusammenhängenden Bereich von WM_NOTIFY-Nachrichten anhand des Steuerelementbezeichners (ID) einer Behandlungsroutine zu.

Tabelle 30.2: *In Nachrichtentabellen einsetzbare Makros.*

Die interne Nachrichtenbehandlung der ATL entspricht im Großen und Ganzen der der MFC. Die ATL enthält eine Fensterprozedur, über die Nachrichten weitergeleitet werden. Sie können in der Praxis durchaus effiziente Steuerelemente entwickeln, ohne alle Aspekte des Aufbaus von ATL-Steuerelementen genau zu verstehen. Allerdings sind diese Kenntnisse bei der Entwicklung von Steuerelementen hilfreich, und beim Debuggen von Steuerelementen sind sie sogar noch nützlicher.

Das Steuerelement programmieren

Nachdem Sie das Steuerelement in den Server eingefügt haben, müssen Sie Quelltext hinzufügen, damit das Steuerelement irgend etwas ausführt. Wenn Sie ein ATL-Standardsteuerelement kompilieren und in den Container laden, erhalten Sie kein besonders interessantes Produkt. Sie hätten dann einfach ein leeres Rechteck mit der Zeichenfolge *ATL 3.0 : ATLDiceOb* vor sich. Sie müssen Code hinzufügen, um das Steuerelement zu zeichnen, seinen internen Status zu repräsentieren, auf Ereignisse zu reagieren und um Ereignisse zu generieren, die an den Container zurückgegeben werden.

Was soll gezeichnet werden?

Hier handelt es sich um ein Steuerelement, das zwei Würfel darstellen soll. Die einfachste Möglichkeit zur Darstellung des Steuerelements besteht darin, Bitmaps zu zeichnen, die jeweils eine Würfelseite repräsentieren und diese Bitmaps auf dem Bildschirm anzuzeigen. Dies setzt voraus, dass das Steuerelement eine Variable verwalten muss, die seinen internen Status repräsentiert.

Das Steuerelement muss beispielsweise die Bitmaps zur Würfeldarstellung sowie zwei Zahlen verwalten, die festlegen, welche Zahl bei jedem Würfel zuerst angezeigt wird. Es folgt der Quelltextabschnitt aus der Datei ATLDICEOBJ.H, der den Status der Würfel repräsentiert:

```
#define MAX_DIEFACES 6

HBITMAP m_dieBitmaps[MAX_DIEFACES];
unsigned short m_nFirstDieValue;
unsigned short m_nSecondDieValue;
```

Bevor wir uns mit den Zeichenfunktionen des Steuerelements beschäftigen, müssen wir noch einige Vorbereitungsarbeiten erledigen. Die Bitmaps müssen geladen werden. Es anzunehmen, dass jede Fassung des Würfelsteuerelements eine der sechs Würfelseiten zeigen soll, und daher benötigt das Steuerelement für jede Würfelseite ein Bitmap. Abbildung 30.5 zeigt, wie eine dieser Würfel-Bitmaps aussieht.

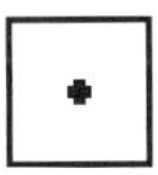

Abbildung 30.5:
Eine Bitmap des Würfelsteuerelements.

Wenn jeweils einzelne Bitmaps gezeichnet werden, müssen diese Bitmaps in der Datei resource.h durch aufeinanderfolgende Bezeichner identifiziert werden. Durch die Wahl aufeinander folgender Bezeichner wird das Laden der Bitmaps erleichtert. Andernfalls müssen Sie die Datei resource.h gegebenenfalls bearbeiten, die die folgenden Bezeichner enthält:

```
#define IDB_DICE1                    207
#define IDB_DICE2                    208
#define IDB_DICE3                    209
#define IDB_DICE4                    210
#define IDB_DICE5                    211
#define IDB_DICE6                    212
```

Die Bitmaps zu laden ist recht unkompliziert. Sie bearbeiten die Einträge des Bitmap-Datenfelds und laden die Bitmap-Ressourcen. Wenn diese wie hier in einem Datenfeld gespeichert werden, muss das Bitmap aus dem Datenfeld geladen und angezeigt werden. Mit der folgenden Funktion werden die Bitmaps in das Datenfeld geladen:

```
BOOL CATLDiceObj::LoadBitmaps() {
  BOOL bSuccess = TRUE;

  for(int i=0; i<MAX_DIEFACES; i++) {
    DeleteObject(m_dieBitmaps[i]);
    m_dieBitmaps[i] = LoadBitmap(_Module.m_hInst, MAKEINTRESOURCE(IDB_DICE1+i));
    if(!m_dieBitmaps[i]) {
       ::MessageBox(NULL,
                   "Bitmaps wurden nicht geladen",
                    NULL,
                    MB_OK);
      bSuccess = FALSE;
    }
```

```
  }
  return bSuccess;
}
```

Die Funktion *LoadBitmaps* wird vom Konstruktor der Steuerelementklasse aufgerufen, wie der folgende Quelltextabschnitt zeigt. Zur Simulation des Würfelns wird der Status des Steuerelements so eingestellt, dass als Wert des ersten (*m_nFirstDieValue*) und des zweiten (*m_nSecondDieValue*) Würfels jeweils eine Zufallszahl zwischen 0 und 5 angezeigt wird (diese Zahlen werden beim Zeichnen des Steuerelements verwendet.):

```
class CATLDiceObj : // lange Ableitungsfolge {
    CATLDiceObj () {
    LoadBitmaps();
    srand((unsigned)time(NULL));
    m_nFirstDieValue = (rand() % (MAX_DIEFACES)) + 1;
    m_nSecondDieValue = (rand() % (MAX_DIEFACES)) + 1;
  }
```

Sobald die Bitmaps geladen wurden, können sie dargestellt werden. Das Würfelsteuerelement sollte eine Funktion enthalten, die abhängig vom aktuellen internen Status des Würfels die verschiedenen Würfelseiten anzeigt. Hier machen Sie zu erstmals mit den Zeichenfunktionen der ATL Bekanntschaft.

Ein Vorteil ATL-basierter (und MFC-basierter) Steuerelemente besteht darin, dass alle Zeichenoperationen in einer Funktion definiert werden können: der Funktion *OnDraw* des Steuerelements. *OnDraw* ist eine virtuelle Funktion der Klasse *COleControlBase*, die wie folgt definiert ist:

```
virtual HRESULT OnDraw(ATL_DRAWINFO& di);
```

Der Funktion *OnDraw* wird als einziger Parameter ein Zeiger auf die Struktur *ATL_DRAWINFO* übergeben. Die Struktur *ATL_DRAWINFO* enthält unter anderem den Gerätekontext, in dem das Steuerelement dargestellt werden soll. Die Struktur *ATL_DRAWINFO* ist wie folgt definiert:

```
struct ATL_DRAWINFO {
  UINT cbSize;
  DWORD dwDrawAspect;
  LONG lindex;
  DVTARGETDEVICE* ptd;
  HDC hicTargetDev;
  HDC hdcDraw;
  LPCRECTL prcBounds;  //Rechteck, in dem gezeichnet werden soll
  LPCRECTL prcWBounds; //WindowOrg und Ext, falls es eine Metadatei ist
  BOOL bOptimize;
  BOOL bZoomed;
  BOOL bRectInHimetric;
  SIZEL ZoomNum;       //ZoomX = ZoomNum.cx/ZoomNum.cy
  SIZEL ZoomDen;
};
```

Wie Sie sehen, enthält diese Struktur weit mehr als einen einfachen Gerätekontext. Sie können sich zwar darauf verlassen, dass diese Struktur vom Anwendungsgerüst mit den korrekten Werten gefüllt wird, es ist aber trotzdem gut zu wissen, woher diese Daten stammen und welche Bedeutung sie haben.

ActiveX-Steuerelemente sind interessant, da sie in zwei Kontexten gezeichnet werden. Zum einen werden sie gezeichnet , wenn sie aktiv sind. Zum anderen werden sie während der Entwurfsphase gezeichnet (z.B. wenn ein ActiveX-Steuerelement sich in einem Visual Basic-Formular im Entwurfsmodus befindet). Im ersten Fall stellen sich die ActiveX-Steuerelemente in einem konkreten Bildschirm-Gerätekontext selbst dar. Im zweiten, weniger offensichtlichen Fall stellen sich die ActiveX-Steuerelemente in einem Metadatei-Gerätekontext dar.

Viele (aber nicht alle) ATL-basierten Steuerelemente bestehen aus mindestens einem Fenster. Daher müssen sich die ActiveX-Steuerelemente während der Nachricht WM_PAINT darstellen. Sobald das Steuerelement die Nachricht WM_PAINT erhält, übergibt die Nachrichtenweiterleitungsarchitektur die Steuerung an *CComControlBase::OnPaint.* (Sie erinnern sich, dass *CComControlBase* eine der Basisklassen des Steuerelements ist.) *CComControlBase::OnPaint* führt mehrere Schritte aus. Die Funktion richtet zuerst mit Hilfe von *BeginPaint* einen Gerätekontext ein. Dann erstellt *OnPaint* eine *ATL_DRAWINFO*-Struktur auf dem Stack und initialisiert die Felder der Struktur. *OnPaint* legt die *ATL_DRAWINFO*-Struktur so an, dass der gesamte Inhalt angezeigt wird (das Feld *dwDrawAspect* erhält den Wert *DVASPECT_CONTENT*). *OnPaint* setzt das Feld *lindex* auf -1 und den Gerätekontext (*hdcDraw*) auf den neu angelegten Gerätekontext und richtet das Begrenzungsrechteck so ein, dass es dem Client-Bereich des Steuerelementfensters entspricht. Anschließend ruft *OnPaint* die Funktion *OnDrawAdvanced* auf.

Die Standardfunktion *OnDrawAdvanced* richtet einen normalisierten Gerätekontext für Zeichenoperationen ein. Sie können diese Funktion überschreiben, wenn Sie den vom Container übergebenen Gerätekontext verwenden möchten, ohne diesen zu normalisieren. Die ATL ruft dann die Methode *OnDraw* des Steuerelements auf.

Der zweite Fall, in dem die Funktion *OnDraw* aufgerufen wird, tritt ein, wenn das Steuerelement in eine Metadatei gezeichnet wird. Das Steuerelement zeichnet sich selbst in eine Metadatei, sobald *IViewObjectEx::Draw* aufgerufen wird. (*IViewObjectEx* ist eine der Schnittstellen, die vom ActiveX-Steuerelement implementiert werden.) Die ATL implementiert die Schnittstelle *IViewObjectEx*interface durch die Vorlagenklasse *IViewObjectExImpl*. *IViewObjectEx-Impl::Draw* wird aufgerufen, wann immer der Container eine Momentaufnahme der aktuellen Steuerelementdarstellung speichern soll. In diesem Fall erstellt der Container einen Metadatei-Gerätekontext und übergibt diesen dem Steuerelement. *IViewObjectExImpl* legt eine *ATL_DRAWINFO*-Struktur auf dem Stack ab und initialisiert diese. Das Begrenzungsrechteck, der Index, das Seitenverhältnis und die Gerätekontexte werden vom Client als Parameter übergeben. Ansonsten entspricht diese Zeichenoperation der oben beschriebenen – das Steuerelement ruft *OnDrawAdvanced* auf, die wiederum Ihre Version von *OnDraw* aufruft.

Nachdem Sie dies wissen, ist es nicht allzu schwierig, Funktionen zur Darstellung der Bitmaps zu schreiben. Um die erste Würfelseite anzuzeigen, erstellen Sie einen Speicher-Gerätekontext, weisen dem Objekt diesen Gerätekontext zu und bilden mit *BitBlt* den Speicher-Gerätekontext auf den realen Gerätekontext ab. Der Quelltext für diese Operation sieht so aus:

```
void CATLDiceObj::ShowFirstDieFace(ATL_DRAWINFO& di) {

  BITMAP bmInfo;
  GetObject(m_dieBitmaps[m_nFirstDieValue-1], sizeof(bmInfo), &bmInfo);

  SIZE size;

  size.cx = bmInfo.bmWidth;
```

```
  size.cy = bmInfo.bmHeight;

  HDC hMemDC;
  hMemDC = CreateCompatibleDC(di.hdcDraw);

  HBITMAP hOldBitmap;
  HBITMAP hbm = m_dieBitmaps[m_nFirstDieValue-1];
  hOldBitmap = (HBITMAP)SelectObject(hMemDC, hbm);

  if (hOldBitmap == NULL)
     return;     // Destruktoren erledigen Aufräumarbeiten

  BitBlt(di.hdcDraw,
        di.prcBounds->left+1,
        di.prcBounds->top+1,
        size.cx,
        size.cy,
        hMemDC, 0,
        0,
        SRCCOPY);

  SelectObject(di.hdcDraw, hOldBitmap);
  DeleteDC(hMemDC);
}
```

Die Anzeige des zweiten Würfels erfolgt mehr oder minder auf die gleiche Weise. Sie müssen lediglich sicherstellen, dass die Würfel getrennt dargestellt werden. Sie sollten z.B. den Aufruf von *BitBlt* wie folgt verändern, damit die beiden Würfel-Bitmaps nebeneinander angezeigt werden.

```
void CATLDiceObj::ShowSecondDieFace(ATL_DRAWINFO& di) {
  //
  // Diese Funktion nur unterscheidet sich nur dadurch von ShowFirstDieFace,
  // dass der zweite Würfel neben dem ersten angezeigt wird.
  //
  BitBlt(di.hdcDraw,
        di.prcBounds->left+size.cx + 2,
        di.prcBounds->top+1,
        size.cx,
        size.cy,
        hMemDC, 0,
        0, SRCCOPY);
  // Die übrigen Anweisungen entsprechen denen von ShowFirstDieFace.
}
```

Schließlich müssen diese beiden Funktionen aufgerufen werden, sobald das Steuerelement aufgefordert wird, sich selbst darzustellen – in der *OnDraw*-Funktion des Steuerelements. *ShowFirstDieFace* und *ShowSecondDieFace* lesen den in *m_nFirstDieValue* und *m_nSecondDieValue* gespeicherten Status und zeigen die entsprechenden Bitmaps an.

```
HRESULT CATLDiceObj::OnDraw(ATL_DRAWINFO& di) {
  ShowFirstDieFace(di);
  ShowSecondDieFace(di);
  return S_OK;
}
```

Wenn Sie dieses Steuerelement jetzt kompilieren und in einen ActiveX-Steuerelementcontainer (z. B. ein Visual Basic-Formular oder ein MFC-Dialogfeld) laden, werden die beiden Würfel angezeigt. Es ist nun an der Zeit, das Steuerelement etwas zu beleben und eine Runde zu würfeln.

Auf Nachrichten reagieren

Sich zwei starre Würfel anzusehen ist nicht sehr unterhaltsam. Eine hervorragende Möglichkeit, den Eindruck zu erwecken, als würden sich die Würfel bewegen, besteht darin, mit einem Zeitgeber Ereignisse zu generieren und durch die Anzeige anderer Würfel-Bitmaps darauf zu reagieren. Um den Windows-Zeitgeber im Steuerelement einzurichten, müssen wir eine Funktion zur Behandlung der Nachricht WM_TIMER und ein Makro in die Nachrichtentabelle des Steuerelements einfügen. Sie fügen zuerst mit Hilfe der Registerkarte *Klassen* eine Behandlungsroutine für WM_TIMER hinzu. Klicken Sie dazu auf der Registerkarte *Klassen* mit der rechten Maustaste auf das Symbol der Klasse *CAtlDiceObj*, und wählen Sie im Kontextmenü die Option *Behandlungsroutine für Windows-Nachrichten hinzufügen*. Daraufhin werden ein Prototyp der Funktion *OnTimer* und ein Nachrichtentabelleneintrag für die Nachricht WM_TIMER hinzugefügt. Fügen Sie in die Funktion *OnTimer* den Code zur Behandlung der Nachricht WM_TIMER ein. Die Funktion *OnTimer* sollte daraufhin wie das nachfolgende Quelltextfragment aussehen.

```
LRESULT CATLDiceObj::OnTimer(UINT msg, WPARAM wParam,
                             LPARAM lParam, BOOL& bHandled) {
  if(m_nTimesRolled > 15) {
      m_nTimesRolled = 0;
      KillTimer(1);
  } else {
    m_nFirstDieValue = (rand() % (MAX_DIEFACES)) + 1;
    m_nSecondDieValue = (rand() % (MAX_DIEFACES)) + 1;
    FireViewChange();
    m_nTimesRolled++;
  }
  bHandled = TRUE;
  return 0;
}
```

Diese Funktion generiert zwei Zufallszahlen, weist diese Zufallszahlen den Datenelementen zu, die den internen Steuerelementstatus repräsentieren, und fordert durch den Aufruf von *FireViewChange* das Steuerelement dann auf, seine Anzeige zu aktualisieren. Beachten Sie, dass diese Funktion den Zeitgeber löscht, wenn das Datenelement *m_nTimesRolled*, das die Anzahl von Würfelrufen repräsentiert, den Wert 15 hat. Diese Nachrichtenbehandlungsroutine gibt überdies bekannt, dass die Funktion erfolgreich ausgeführt wurde, indem sie der Variablen *bHandled* den Wert TRUE zuweist.

Beachten Sie, dass die Nachrichtentabelle des Steuerelements einen Eintrag für WM_TIMER enthält. Da WM_TIMER eine einfache Standard-Windows-Nachricht ist, wird sie wie folgt durch das Standardmakro *MESSAGE_HANDLER* repräsentiert:

```
BEGIN_MSG_MAP(CATLDiceObj)
  CHAIN_MSG_MAP(CComControl<CATLDiceObj>)
  DEFAULT_REFLECTION_HANDLER()
  MESSAGE_HANDLER(WM_TIMER, OnTimer);
END_MSG_MAP()
```

Sie können aus dieser Nachrichtentabelle ersehen, dass das Würfelsteuerelement bereits einen Großteil der Windows-Nachrichten durch das Makro *CHAIN_MSG_MAP* behandelt. Das Steuerelement ist nun jedoch zusätzlich mit der Fähigkeit ausgestattet, durch die Reaktion auf die WM_TIMER-Nachricht den Vorgang des Würfelns zu simulieren. die Einstellung des Zeitgeberobjekts bewirkt, dass sich das Steuerelement etwa jede Viertelsekunde mit einer anderen Würfelzahl neu zeichnet. Natürlich muss dieser Vorgang irgendwie gestartet werden. Da es sich um ein ActiveX-Steuerelement handelt, ist es sinnvoll, dem Client zu gestatten, über den Aufruf einer Funktion einer Eingangsschnittstelle den Würfelvorgang in Gang zu setzen. Fügen Sie unter Verwendung der Registerkarte *Klassen* die Funktion *RollDice* der primären Schnittstelle hinzu. Wählen Sie hierzu die Registerkarte *Klassen*, klicken Sie mit der rechten Maustaste auf die Schnittstelle *IATLDiceObj*, und wählen Sie im Kontextmenü die Option *Methode hinzufügen*. Geben Sie die Funktion *RollDice* an. Microsoft Visual C++ fügt die Funktion *RollDice* dem Steuerelement hinzu. Implementieren Sie *RollDice*, indem Sie den Zeitgeber auf ein kurzes Zeitintervall einstellen und den Rückgabewert *S_OK* zurückgeben. Sie müssen den fett gedruckten Code der Funktion hinzufügen:

```
STDMETHODIMP CATLDiceObj::RollDice()
{
  SetTimer(1, 250);
  return S_OK;
}
```

Wenn Sie das Steuerelement nun in einen ActiveX-Container laden, können Sie die Methoden des Steuerelements aufrufen und mit dem Würfeln beginnen.

Es ist anzunehmen, dass die Anwender erwarten, nicht nur über den Aufruf einer Methode einer Eingangsschnittstelle, sondern auch per Doppelklick auf das Steuerelement den Würfelvorgang starten zu können. Um dies zu ermöglichen, müssen Sie eine Nachrichtenbehandlungsroutine für die Nachricht WM_LBUTTONDBLCLK hinzufügen.

```
LRESULT CATLDiceObj::OnLButtonDblClick(UINT uMsg,
                                       WPARAM wParam,
                                       LPARAM lParam,
                                       BOOL& bHandled) {
  RollDice();
  bHandled = TRUE;
  return 0;
}
```

Sie müssen auch in die Nachrichtentabelle einen Eintrag für die Nachricht WM_LBUTTONDBLCLK aufnehmen:

```
BEGIN_MSG_MAP(CATLDiceObj)
  // Andere Nachrichtenbehandlungsroutinen
  MESSAGE_HANDLER(WM_LBUTTONDBLCLK, OnLButtonDblClick)
END_MSG_MAP()
```

Wenn Sie das Würfelsteuerelement in einen Container laden und darauf doppelklicken, zeigen die Würfel nacheinander unterschiedlicher Punktzahlen an. Nachdem Sie den Code für die Bildschirmdarstellung und eine »Würfelfunktion« hinzugefügt haben, ist es an der Zeit, einige Eigenschaften zu definieren.

Eigenschaften und Eigenschaftenseiten hinzufügen

Wie Sie sahen, verfügen ActiveX-Steuerelemente über einen externen Präsentationsstatus. (Dieser Präsentationsstatus wird dargestellt, wenn sich das Steuerelement zeichnet.) Darüber hinaus verfügen die meisten Steuerelemente auch über einen internen Status. Der interne Status des Steuerelements wird durch eine Reihe von Variablen repräsentiert, die der Außenwelt gegenüber durch Schnittstellenfunktionen offen gelegt werden. Diese interne Variablen werden als *Eigenschaften* bezeichnet.

Stellen Sie sich beispielsweise eine als ActiveX-Steuerelement implementierte Kalkulationstabelle vor. Die Tabelle hat einen externen Präsentationsstatus und einen Satz interner Variablen, die den Status der Tabelle beschreiben. Zu den Eigenschaften dieses Tabellensteuerelements würden wahrscheinlich die Zeilenzahl der Tabelle, die Spaltenzahl der Tabelle, die Farbe der Tabellenrasterlinien, die verwendete Schriftart usw. gehören.

Wie Sie in Kapitel 29 gesehen haben, definiert man für eine ATL-basierte Klasse Eigenschaften, indem man der Klasse Member-Variablen hinzufügt und dann mit Hilfe des Klassen-Assistenten *Get*- und *Put*-Funktionen für den Zugriff auf diese Eigenschaften anlegt. Sie sollten beispielsweise die Würfelfarbe und die maximale Anzahl von Würfelrunden als Member-Variablen dem Würfelsteuerelement hinzufügen. Diese beiden Eigenschaften lassen sich problemlos als Variablen vom Typ *short* implementieren, wie der nachfolgende Quelltext zeigt:

```
class ATL_NO_VTABLE CATLDiceObj :
...
{
  ...
  short m_nDiceColor;
  short m_nTimesToRoll;
  ...
};
```

Damit der Client auf diese Eigenschaften zugreifen kann, müssen Sie *get*- und *put*-Funktionen dem Steuerelement hinzufügen. Wenn Sie auf der Registerkarte *Klassen* mit der rechten Maustaste auf das Schnittstellensymbol klicken, wird ein Kontextmenü mit der Option *Eigenschaft hinzufügen* angezeigt, über die Sie diese Funktionen einfügen können. Wenn Sie mit Hilfe der Registerkarte *Klassen* die Eigenschaften *DiceColor* und *TimesToRoll* definieren, werden vier neue Funktionen dem Steuerelement hinzugefügt: *get_DiceColor, put_DiceColor, get_TimesToRoll* und *put_TimesToRoll.*

Die Funktion *get_DiceColor* soll den Status aus *m_nDiceColor* laden:

```
STDMETHODIMP CATLDiceObj::get_DiceColor(short * pVal)
{
  *pVal = m_nDiceColor;
  return S_OK;
}
```

Um das Steuerelement etwas interessanter zu gestalten, soll *put_DiceColor* die Farbe der Würfel-Bitmaps ändern und das Steuerelement sofort neu zeichnen. In diesem Beispiel stehen rote, blaue und die herkömmlichen schwarzweißen Würfel zur Auswahl. Damit das Steuerelement sofort nach der Farbauswahl durch den Client die neue Würfelfarbe anzeigt, soll die Funktion *put_DiceColor* die Bitmaps der gewünschten Farbe laden und das Steuerelement neu zeichnen:

```
STDMETHODIMP CATLDiceObj::put_DiceColor(short newVal)
{
  if(newVal < 3 && newVal >= 0)
    m_nDiceColor = newVal;
  LoadBitmaps();
  FireViewChange();
  return S_OK;
}
```

Natürlich bedeutet dies, dass die Funktion *LoadBitmaps* die Bitmaps abhängig vom Wert des Datenelements *m_nDiceColor* laden muss. Daher müssen wir den unten fett gesetzten Code in die Funktion *LoadBitmaps* einfügen:

```
BOOL CATLDiceObj::LoadBitmaps() {
  int i;
  BOOL bSuccess = TRUE;
  int nID = IDB_DICE1;

  switch(m_nDiceColor) {
    case 0:
      nID = IDB_DICE1;
      break;

    case 1:
      nID = IDB_BLUEDICE1;
      break;

    case 2:
      nID = IDB_REDDICE1;
      break;

  }

  for(i=0; i<MAX_DIEFACES; i++) {
    DeleteObject(m_dieBitmaps[i]);
    m_dieBitmaps[i] = LoadBitmap(_Module.m_hInst,
                            MAKEINTRESOURCE(nID+i));
    if(!m_dieBitmaps[i]) {
        ::MessageBox(NULL,
                   "Bitmaps wurden nicht geladen",
                   NULL, MB_OK);
        bSuccess = FALSE;
    }
  }
  return bSuccess;
}
```

Ebenso wie die Eigenschaft *DiceColor* die Würfelfarbe repräsentiert, wird die Anzahl der möglichen Würfelrunden durch die Eigenschaft *TimesToRoll* widergespiegelt. Die Funktion *get_TimesToRoll* muss das Datenelement *m_nTimesToRoll* lesen, und die Funktion *put_TimesToRoll* muss den Wert des Datenelements *m_nTimesToRoll* ändern. Fügen Sie hierzu den fett gesetzten Code in die Funktionen ein.

```
STDMETHODIMP CATLDiceObj::get_TimesToRoll(short * pVal)
{
  *pVal = m_nTimesToRoll;
  return S_OK;
}

STDMETHODIMP CATLDiceObj::put_TimesToRoll(short newVal)
{
  m_nTimesToRoll = newVal;
  return S_OK;
}
```

Schließlich ermitteln wir anhand des Werts der Variablen *m_nTimesToRoll*, wann der Zeitgeber angehalten werden soll, d.h. *KillTimer* aufgerufen werden soll.

```
LRESULT CATLDiceObj::OnTimer(UINT msg, WPARAM wParam,
                             LPARAM lParam, BOOL& bHandled) {

  if(m_nTimesRolled > m_nTimesToRoll) {
    m_nTimesRolled = 0;
    KillTimer(1);
    Fire_DiceRolled(m_nFirstDieValue, m_nSecondDieValue);
    if(m_nFirstDieValue == m_nSecondDieValue)
      Fire_Doubles(m_nFirstDieValue);
    if(m_nFirstDieValue == 1 && m_nSecondDieValue == 1)
      Fire_SnakeEyes();
  } else {
    m_nFirstDieValue = (rand() % (MAX_DIEFACES)) + 1;
    m_nSecondDieValue = (rand() % (MAX_DIEFACES)) + 1;
    FireViewChange();
    m_nTimesRolled++;
  }

  bHandled = TRUE;
  return 0;
}
```

Diese beiden Eigenschaften werden jetzt der Außenwelt präsentiert. Wenn der Client die Würfelfarbe ändert, lädt das Steuerelement eine neue Auswahl an Bitmaps und zeichnet das Steuerelement damit neu. Wenn der Client die Anzahl der Würfelrunden ändert, verwendet das Würfelsteuerelement diese Information, um festzulegen, wie oft es (das Würfelsteuerelement) auf die Nachricht WM_TIMER reagieren soll. Nun stellt sich die Frage, wie der Client auf die Eigenschaften von Steuerelementen zugreift. Eine Möglichkeit besteht in der Verwendung von Eigenschaftenseiten.

Eigenschaftenseiten

Da ActiveX-Steuerelemente in der Regel Oberflächenelemente sind, die in größere Anwendungen eingebettet werden, findet sie sich häufig in Visual Basic-Formularen und Formularansichten und Dialogfeldern. Während der Initialisierung eines Steuerelements kann der Client in der Regel auf das Steuerelement zugreifen und durch den Aufruf bestimmter Funktionen der Eingangsschnittstelle des Steuerelements dessen Eigenschaften bearbeiten. Wenn sich das Steuerelement allerdings im Entwurfsmodus befindet, ist es nicht praktikabel, über Schnittstellenfunktionen auf Eigenschaften zuzugreifen. Es wäre Entwicklern von Tools gegenüber nicht fair, wenn man sie zwingen würde, Schnittstellenfunktionen aufzurufen, wenn sie lediglich einige Steuerelementeigenschaften ändern wollen. Warum sollte der Tool-Hersteller, der den Client entwickelt, gezwungen sein, eine Benutzeroberfläche für den Zugriff auf Steuerelementeigenschaften anzufertigen? Aus diesem Grund wurden Eigenschaftenseiten erfunden. Eigenschaftenseiten sind zusammengehörige Dialogfelder, die vom Steuerelement implementiert werden, um die Bearbeitung seiner Eigenschaften zu ermöglichen. Infolgedessen müssen Tool-Hersteller keine Dialogfelder mehr erstellen, um die Eigenschaften von ActiveX-Steuerelementen bearbeiten zu können.

Wie Eigenschaftenseiten verwendet werden

Eigenschaftenseiten werden normalerweise auf zweierlei Weise verwendet. Clients können über die Schnittstelle *IOleObject* des Steuerelements auf Eigenschaften zugreifen. Der Client kann die Funktion *DoVerb* der Schnittstelle *IOleObject* aufrufen und ihr den Eigenschaftenbezeichner (namens OLEIVERB_PROPERTIES und definiert mit der Zahl –7) übergeben, um das Steuerelement zur Anzeige seiner Eigenschaftenseiten aufzufordern. Das Steuerelement zeigt dann ein Dialogfeld (auch Eigenschaftenrahmen genannt) an, das die Eigenschaftenseiten des Steuerelements enthält. Abbildung 30.6 zeigt z.B. das Dialogfeld *Eigenschaften von MSFlexGrid* des Steuerelements Microsoft FlexGrid 6.0.

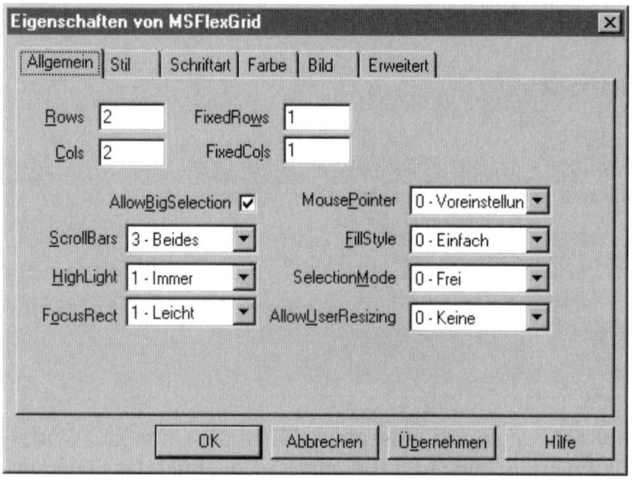

Abbildung 30.6:
Das Steuerelement Microsoft FlexGrid 6.0 zeigt nach dem Aufruf der Funktion DoVerb *seine Eigenschaftenseiten an.*

Eigenschaften sind ein Zeugnis für die Leistungsfähigkeit von COM. Es handelt sich bei den einzelnen Eigenschaften jeweils um eigene COM-Objekte (die wie jede andere COM-Klasse durch eine GUID benannt oder auf Ihrem System registriert werden). Wenn der Client ein ActiveX-Steuerelement auffordert, seine Eigenschaftenseiten anzuzeigen, übergibt das Steuerelement seine Liste mit Eigenschaftenseiten-GUIDs an eine System-API-Funktion namens *OleCreatePropertyFrame*. Die Funktion *OleCreatePropertyFrame* fügt die Eigenschaftenseiten-GUIDs in eine Aufzählung ein und ruft hierzu die Funktion *CoCreateInstance* für jede Eigenschaftenseite auf. Der Eigenschaftenrahmen erhält eine Kopie der Schnittstelle, damit er die Eigenschaften des Steuerelements ändern kann. Die Funktion *OleCreatePropertyFrame* ruft das Steuerelement auf, sobald der Anwender auf *OK* oder *Übernehmen* klickt.

Die zweite Möglichkeit für Clients, auf die Eigenschaftenseiten eines Steuerelements zuzugreifen, besteht darin, vom Steuerelement eine Liste der Eigenschaften-GUIDs anzufordern. Der

Client ruft dann *CoCreateInstance* für jede Eigenschaftenseite auf und installiert die Eigenschaftenseite in seinem eigenen Rahmen. Abbildung 30.7 zeigt ein Beispiel dafür, wie Visual C++ die Eigenschaftenseiten des Microsoft FlexGrid-Steuerelements in seinem eigenen Eigenschaftendialogfeld verwendet.

Die zweite Methode wird weitaus häufiger als die erste verwendet. Beachten Sie, dass das Eigenschaftendialogfeld in Abbildung 30.7 zusätzlich zu den Eigenschaftenseiten des Steuerelements eine Eigenschaftenseite namens *Control* enthält, die jedoch so aussieht wie die Eigenschaftenseite *Allgemein* aus Abbildung 30.6. Die Eigenschaftenseite *Allgemein* des Steuerelements wurde in *Control* umbenannt und die in Abbildung 30.7 sichtbare Eigenschaftenseite *Allgemein* gehört zu Visual C++. Die Eigenschaftenseiten *Control*, *Stil*, *Schriftart*, *Farbe* und *Bild* gehören zum Steuerelement (auch wenn sie im Kontext von Visual C++ angezeigt werden).

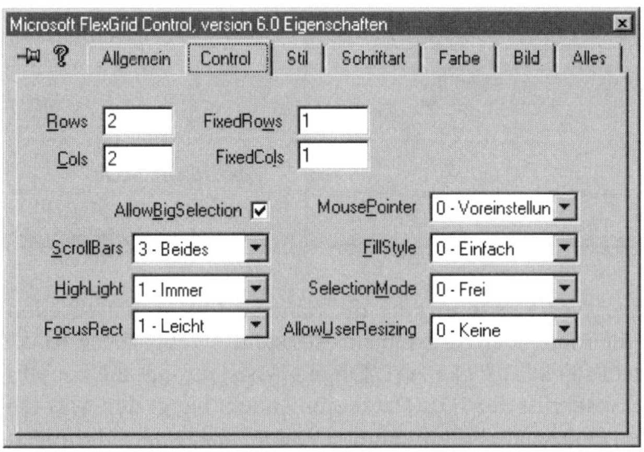

Abbildung 30.7: *Microsoft Visual C++ fügt die Eigenschaftenseiten des Steuerelements Microsoft FlexGrid 6.0 in sein eigenes Eigenschaftendialogfeld für Ressourcen ein.*

Damit eine Eigenschaftenseite korrekt funktioniert, muss das Steuerelement die Schnittstelle *ISpecifyPropertyPages* und das Eigenschaftenseitenobjekt die Schnittstelle *IPropertyPage* implementieren. Wir wollen uns nun ansehen, wie die ATL Eigenschaftenseiten implementiert.

Das Steuerelement mit einer Eigenschaftenseite ausstatten

Sie können den ATL-Objekt-Assistenten von Visual Studio zur Erstellung von Eigenschaftenseiten in einem ATL-Projekt verwenden. Zur Erstellung einer Eigenschaftenseite führen Sie die folgenden Schritte aus:

1. Wählen Sie im Menü *Einfügen* von Visual C++ den Befehl *Neues ATL-Objekt*.
2. Im Dialogfeld *ATL-Objekt-Assistent* wählen Sie in der Liste *Kategorie* den Eintrag *Steuerelemente*.
3. Wählen Sie in der Liste *Objekte* den Eintrag *Eigenschaftenseite*.
4. Klicken Sie auf *Weiter*.
5. Nehmen Sie im Dialogfeld *Eigenschaften von ATL-Objekt-Assistent* die gewünschten Einstellungen vor, und klicken Sie auf *OK*.

Der ATL-Objekt-Assistent generiert eine Dialogvorlage und nimmt diese in die Ressourcen des Steuerelements auf. Im Fall unseres Würfelsteuerelements möchten Sie die Eigenschaften zur Festlegung der Würfelfarbe und der Anzahl der Würfelrunden einstellen können. Die vom ATL-

Objekt-Asssistenten erzeugte Dialogvorlage ist leer. Sie müssen daher einige Steuerelemente einfügen, um diese Eigenschaften zu repräsentieren. In unserem Beispiel kann der Anwender die Würfelfarbe in einem Kombinationsfeld auswählen und in ein Eingabefeld eintragen, wie viele Würfelrunden gespielt werden sollten (siehe Abbildung 30.8).

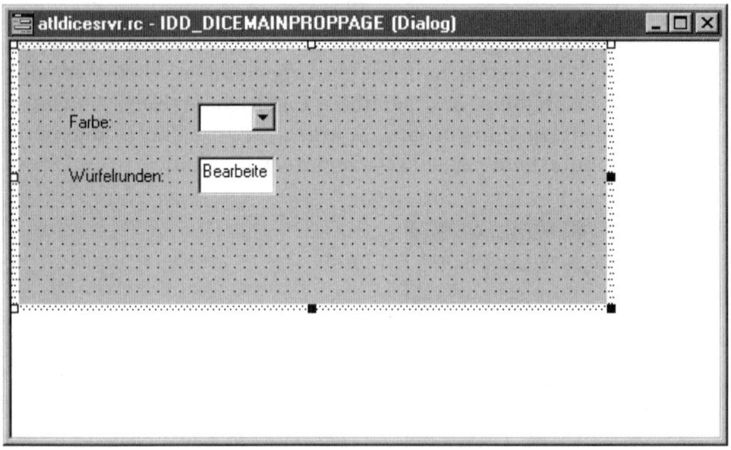

Abbildung 30.8: *Die Dialogvorlage für die Eigenschaftenseite.*

Der ATL-Objekt-Assistent legt auch eine C++-Klasse an, die die für eine Eigenschaftenseitenklasse erforderliche Schnittstelle implementiert. Der ATL-Objekt-Assistent erzeugt diese Klasse nicht nur, sondern nimmt sie auch in das Projekt auf. Der ATL-Objekt-Assistent fügt die neue Eigenschaftenseitenklasse in den *coclass*-Abschnitt der IDL-Datei ein. Zudem hängt der ATL-Objekt-Assistent die Eigenschaftenseite der Objekttabelle an, damit *DllGetClassObject* die Eigenschaftenseitenklasse findet. Schließlich fügt der ATL-Objekt-Assistent noch ein neues Registrierungsskript hinzu (damit die DLL bei der Registrierung des Steuerelements die richtigen Registrierungseinträge vornimmt). Nachfolgend ist die Header-Datei abgedruckt, die vom ATL-Objekt-Asisstenten für eine Eigenschaftenseite namens *DiceMainPropPage* erzeugt wird:

```
#include "resource.h"       // Hauptsymbole

class ATL_NO_VTABLE CDiceMainPropPage :
  public CComObjectRootEx<CComSingleThreadModel>,
  public CComCoClass<CDiceMainPropPage, &CLSID_DiceMainPropPage>,
  public IPropertyPageImpl<CDiceMainPropPage>,
  public CDialogImpl<CDiceMainPropPage>
{
public:
  CDiceMainPropPage()
  {
    m_dwTitleID = IDS_TITLEDiceMainPropPage;
    m_dwHelpFileID = IDS_HELPFILEDiceMainPropPage;
    m_dwDocStringID = IDS_DOCSTRINGDiceMainPropPage;
  }

  enum {IDD = IDD_DICEMAINPROPPAGE};

DECLARE_REGISTRY_RESOURCEID(IDR_DICEMAINPROPPAGE)
```

```
DECLARE_PROTECT_FINAL_CONSTRUCT()

BEGIN_COM_MAP(CDiceMainPropPage)
  COM_INTERFACE_ENTRY(IPropertyPage)
END_COM_MAP()

BEGIN_MSG_MAP(CDiceMainPropPage)
  CHAIN_MSG_MAP(IPropertyPageImpl<CDiceMainPropPage>)
END_MSG_MAP()

STDMETHOD(Apply)(void)
{
  ATLTRACE(_T("CDiceMainPropPage::Apply\n"));
  for (UINT i = 0; i < m_nObjects; i++)
  {
    // Führen Sie hier etwas Interessantes aus
    // ICircCtl* pCirc;
    // m_ppUnk[i]->QueryInterface(IID_ICircCtl, (void**)&pCirc);
    // pCirc->put_Caption(CComBSTR("something special"));
    // pCirc->Release();
  }
  m_bDirty = FALSE;
  return S_OK;
}
};
```

Wenn Sie diesen Quelltext näher betrachten, wird Ihnen auffallen, dass die ATL-Klassen für Eigenschaftenseiten aus mehreren ATL-Vorlagen gebildet werden: *CComObjectRootEx* (zur Implementierung von *IUnknown*), *CComCoClass* (das Klassenobjekt für die Eigenschaftenseite), *IPropertyPageImpl* (zur Implementierung von *IPropertyPage*) und *CDialogImpl* (zur Implementierung des für Dialogfelder typischen Verhaltens).

Wie bei den meisten COM Klassen, die vom ATL-Objekt-Assistenten erstellt werden, generiert der Assistent für die Eigenschaftenseitenklasse größtenteils Code, der aus Grundelementen und Prototypen besteht. Beachten Sie, dass die Klasse neben dem Konstruktor und einigen Tabellen nur eine Funktion namens *Apply* enthält.

Bevor wir uns mit der Implementierung der Eigenschaftenseite befassen, wollen wir uns kurz den Grundaufbau und die Funktionsweise von Eigenschaftenseiten ansehen. Sie werden dann den Quelltext, den Sie eingeben müssen, viel besser verstehen.

Wenn der Client die Eigenschaftenseiten anfordert, muss ein modales Dialogfeld als Rahmen erstellt werden. Der Rahmen wird entweder vom Client oder vom Steuerelement selbst angelegt. Falls die Eigenschaftenseiten über die Funktion *DoVerb* angezeigt werden, legt das Steuerelement den Rahmen ein. Werden die Eigenschaftenseiten im Ausführungskontext einer anderen Anwendung angezeigt (z.B. wenn Visual C++ die Eigenschaftenseiten innerhalb der IDE anzeigt), dann erstellt der Client den Rahmen. Wichtig an diesem Rahmen ist, dass er Eigenschaftenseiten-Sites für jede Eigenschaftenseite enthält, d.h. kleine Objekte, die die Schnittstelle *IPropertyPageSite* implementieren.

Der Client-Code (hier der modale Dialogfeldrahmen) bearbeitet die Aufzählung der GUIDs, ruft für jede GUID *CoCreateInstance* auf und fordert die Schnittstelle *IPropertyPage* an. Falls es sich bei dem von *CoCreateInstance* erstellten Objekt um eine Eigenschaftenseite handelt, dann implementiert es die Schnittstelle *IPropertyPage*. Der Dialogfeldrahmen kommuniziert über die Schnittstelle *IPropertyPage* mit der Eigenschaftenseite. Es folgt die Definition der Schnittstelle *IPropertyPage*:

```
interface IPropertyPage : public IUnknown {
  HRESULT SetPageSite(IPropertyPageSite *pPageSite) = 0;
  HRESULT Activate(HWND hWndParent,
                   LPCRECT pRect,
                   BOOL bModal) = 0;
  HRESULT Deactivate( void) = 0;
  HRESULT GetPageInfo(PROPPAGEINFO *pPageInfo) = 0;
  HRESULT SetObjects(ULONG cObjects,
                     IUnknown **ppUnk) = 0;
  HRESULT Show(UINT nCmdShow) = 0;
  HRESULT Move(LPCRECT pRect) = 0;
  HRESULT IsPageDirty( void) = 0;
  HRESULT Apply( void) = 0;
  HRESULT Help(LPCOLESTR pszHelpDir) = 0;
  HRESULT TranslateAccelerator(MSG *pMsg) = 0;
};
```

Sobald eine Eigenschaftenseite erzeugt wurde, müssen die Eigenschaftenseite und der Client irgendwie mit dem Steuerelement kommunizieren können. Nachdem der Eigenschaftenseitenrahmen von den Eigenschaftenseitenobjekten über *QueryInterface* die Schnittstelle *IPropertyPage* erfolgreich angefordert hat, ruft der Rahmen mit jedem *IPropertyPage*-Schnittstellenzeiger die Funktion *IPropertyPage::SetPageSite* auf und übergibt in diesem Aufruf einen *IPropertyPageSite*-Schnittstellenzeiger. Über die im Eigenschaftenseitenrahmen enthaltenen Sites hat jede Eigenschaftenseite die Möglichkeit, mit dem Rahmen zu kommunizieren. Die Eigenschaftenseiten-Site liefert der Eigenschaftenseite Informationen und empfängt von der Seite Benachrichtigungen über Änderungen. Die Schnittstelle *IPropertyPageSite* ist wie folgt definiert:

```
interface IPropertyPageSite : public IUnknown {
  public:
    virtual HRESULT OnStatusChange(DWORD dwFlags) = 0;
    virtual HRESULT GetLocaleID(LCID *pLocaleID) = 0;
    virtual HRESULT GetPageContainer(IUnknown *ppUnk) = 0;
    virtual HRESULT TranslateAccelerator(MSG *pMsg) = 0;
};
```

Der Rahmen und das Steuerelement müssen nicht nur über die Schnittstellen *IPropertyPage* und *IPropertyPageSite* miteinander verbunden werden, jede Eigenschaftenseite muss überdies in der Lage sein, mit dem Steuerelement zu kommunizieren. Dies wird in der Regel dadurch erreicht, dass der Dialograhmen die Funktion *IPropertyPage::SetObjects* aufruft und einen Zeiger auf die *IUnknown*-Schnittstelle des Steuerelements übergibt. Abbildung 30.9 veranschaulicht den Aufbau von Eigenschaftenseiten.

Da Sie nun verstehen, wie Eigenschaftenseiten von ActiveX-Steuerelementen grundsätzlich funktionieren, lässt sich ihre Funktionsweise im Rahmen der ATL einfacher erklären. Sie können beobachten, wie ATL-Eigenschaftenseiten funktionieren, wenn ein Client das Steuerelement veranlasst, seine Eigenschaftenseiten anzuzeigen, wie auch in Fällen, in denen Umgebungen wie Visual C++ die Eigenschaften eines Steuerelements in ihre eigene Oberfläche integrieren.

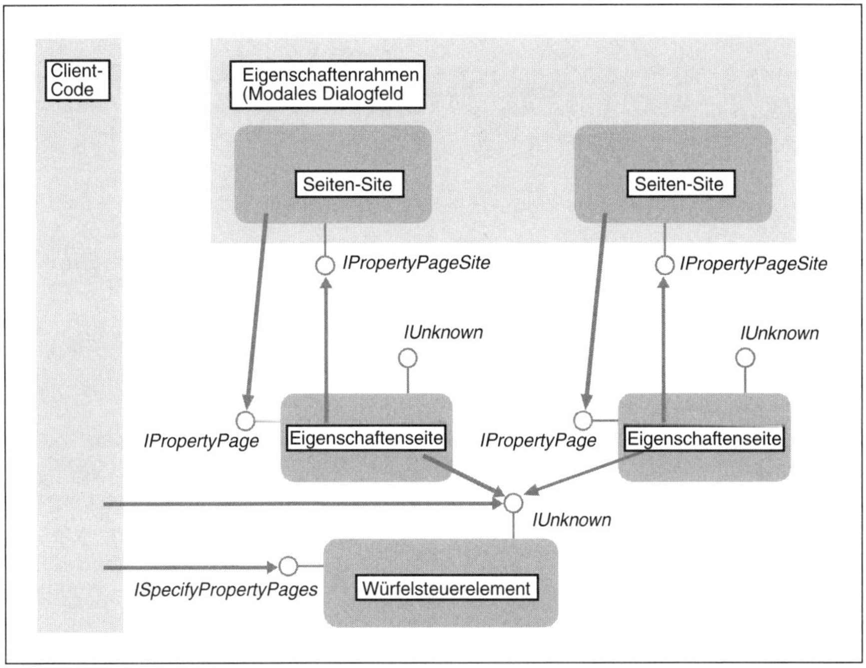

Abbildung 30.9: *Wie Eigenschaftenseiten, der Eigenschaftenrahmen und die Eigenschaften-Sites miteinander kommunizieren.*

Die ATL und die Funktion DoVerb

ActiveX-Steuerelemente zeigen ihre Eigenschaftenseiten an, wenn der Client die Funktion *IOle-Object::DoVerb* aufruft und in ihr die Konstante *OLEIVERB_PROPERTIES* übergibt. Wenn der Client in einem auf der ATL basierenden Steuerelement *DoVerb* aufruft, dann endet dieser Aufruf in der Funktion *CComControlBase::DoVerbProperties*, die einfach *OleCreatePropertyFrame* aufruft und ihren eigenen *IUnknown*-Zeiger und die Liste der Eigenschaftenseiten-GUID übergibt. *OleCreatePropertyFrame* verarbeitet die Liste der GUIDs, ruft für jede GUID *CoCreateInstance* auf, um Eigenschaftenseiten zu erstellen, und platziert diese im Dialogfeldrahmen. Die Funktion *OleCreatePropertyFrame* verwaltet die verschiedenen Eigenschaftenseiten über deren Schnittstelle *IPropertyPage*, wie im Abschnitt *Wie Eigenschaftenseiten verwendet werden* beschrieben.

ATL-Eigenschaftentabellen

Wenn man betrachtet, wie die Funktion *OleCreatePropertyFrame* innerhalb des ATL-basierten Steuerelements arbeitet, drängt sich die nächste Frage auf, woher die Liste der Eigenschaftenseiten eigentlich stammt. Die ATL verwendet Makros zur Generierung dieser Listen von Eigenschaftenseiten, die auch Eigenschaftentabellen genannt werden. Sobald Sie eine neue Eigenschaftenseite zu einem ATL-basisierten Steuerelement hinzufügen, müssen Sie mit Hilfe dieser Makros die Liste der Eigenschaftenseiten einrichten. Die ATL enthält verschiedene Makros zur Implementierung von Eigenschaftentabellen: BEGIN_PROPERTY_MAP, PROP_ENTRY, PROP_ENTRY_EX, PROP_PAGE und END_PROPERTY_MAP. Diese Makros sind wie folgt definiert:

```
struct ATL_PROPMAP_ENTRY
{
  LPCOLESTR szDesc;
  DISPID dispid;
  const CLSID* pclsidPropPage;
  const IID* piidDispatch;
  DWORD dwOffsetData;
  DWORD dwSizeData;
  VARTYPE vt;
};

#define BEGIN_PROPERTY_MAP(theClass) \
  typedef _ATL_PROP_NOTIFY_EVENT_CLASS __ATL_PROP_NOTIFY_EVENT_CLASS; \
    typedef theClass _PropMapClass; \
  static ATL_PROPMAP_ENTRY* GetPropertyMap()\
  {\
    static ATL_PROPMAP_ENTRY pPropMap[] = \
  {

#define PROP_PAGE(clsid) \
  {NULL, NULL, &clsid, &IID_NULL},

#define PROP_ENTRY(szDesc, dispid, clsid) \
  {OLESTR(szDesc), dispid, &clsid, &IID_IDispatch},

#define PROP_ENTRY_EX(szDesc, dispid, clsid, iidDispatch) \
  {OLESTR(szDesc), dispid, &clsid, &iidDispatch},

#define END_PROPERTY_MAP() \
      {NULL, 0, NULL, &IID_NULL} \
  }; \
  return pPropMap; \
}
```

Wenn Sie unter Verwendung dieser ATL-Makros Eigenschaftenseiten einer COM-Klasse hinzufügen, dann schreibt die ATL-Dokumentation vor, dass Sie diese Makros in die Header-Datei der Klasse einfügen. Angenommen, Sie möchten das Würfelsteuerelement mit Eigenschaftenseiten ausstatten, dann müssten Sie den folgenden Code in die C++-Klasse einfügen:

```
class ATL_NO_VTABLE CATLDiceObj :
  ...
{
  ...

  BEGIN_PROP_MAP(CATLDiceObj)
    PROP_ENTRY("Hier Titel einfügen…", 2,
              CLSID_MainPropPage)
    PROP_ENTRY_EX("Hier Titel einfügen…", 3,
                 CLSID_SecondPropPage,
                 DIID_SecondDualInterface)
    PROP_PAGE(CLSID_StockColorPage)
  END_PROPERTY_MAP()
};
```

Die ATL-Makros für Eigenschaftentabellen richten die Liste der GUIDs ein, die die Eigenschaftenseiten repräsentieren. Die ATL-Eigenschaftentabellen setzen sich aus einem Datenfeld mit *ATL_PROPMAP_ENTRY*-Strukturen zusammen. Das Makro *BEGIN_PROPERTY_MAP* deklariert eine statische Variable vom Typ dieser Struktur. Das Makro *PROP_PAGE* fügt eine GUID in die Liste der Eigenschaftenseiten ein. Das Makro *PROP_ENTRY* fügt eine Eigenschaftenseiten-GUID in die Liste ein und ordnet der Eigenschaftenseite eine spezielle Steuerelementeigenschaft zu. Mit dem Makro *PROP_ENTRY_EX* können Sie der Eigenschaftenseite eine bestimmte duale Schnittstelle zuordnen. Wenn der Client die Funktion *DoVerb* für das Steuerelement aufruft, durchsucht das Steuerelement einfach seine GUID-Liste und übergibt diese Liste der Funktion *OleCreatePropertyFrame*, damit der Eigenschaftenrahmen die Eigenschaftenseite erstellen kann.

Eigenschaftenseiten und Entwicklungswerkzeuge
Ein ActiveX-Steuerelement kann nicht nur über die Ausführung der Funktion *DoVerb* seine Eigenschaftenseiten anzeigen. Wie weiter oben bereits erwähnt, möchten Programmierer, die Tools wie Visual Basic und Visual C++ entwickeln, über den Programmcode auf die Eigenschaftenseiten eines Steuerelements zugreifen. Wenn man beispielsweise unter Verwendung der MFC ein Dialogfeld, das ein ActiveX-Steuerelement enthält, bearbeitet und mit der rechten Maustaste das Steuerelement anklickt, um dessen Eigenschaften zu betrachten, dann wird ein von Visual C++ generiertes Eigenschaftendialogfeld angezeigt (und nicht das durch *OleCreatePropertyFrame* erzeugte Eigenschaftendialogfeld).

Visual C++ ruft über die Schnittstelle *ISpecifyPropertyPages* des Steuerelements die Liste der GUIDs ab (die Liste, die von den Eigenschaftenseitenmakros generiert wurde). Die Schnittstelle *ISpecifyPropertyPages* ist wie folgt definiert:

```
interface ISpecifyPropertyPages : public IUnknown {
    HRESULT GetPages(CAUUID *pPages);
};

typedef struct tagCAUUID
{
    ULONG       cElems;
    GUID FAR* pElems;
} CAUUID;
```

ATL implementiert die Funktion *ISpecifyPropertyPages::GetPages*, so dass diese die Liste der GUIDs (die von den Eigenschaftenseitenmakros generiert wurde) abarbeitet und die GUIDs in einer *CAUUID*-Struktur zurückgibt. Umgebungen wie Visual C++ rufen die Funktion *CoCreateInstance* jeweils mit den einzelnen GUIDs auf, um eine neue Eigenschaftenseite zu erstellen. Die Eigenschaftenseiten-Site und die Eigenschaftenseite tauschen Schnittstellenzeiger aus. Die Eigenschaftenseiten-Site hält einen Zeiger auf die Schnittstelle *IPropertyPage* der Eigenschaftenseite, und die Eigenschaftenseite hält einen Zeiger auf die Schnittstelle *IPropertyPageSite* der Eigenschaften-Site. Nachdem der Dialograhmen die Eigenschaftenseiten erstellt hat, muss er den aktuellen Status des ActiveX-Steuerelements in den Steuerelementen des Eigenschaftendialogfelds widerspiegeln. Aus diesem Grund muss die Methode *Show* der Eigenschaftenseiten überschrieben werden.

Die Eigenschaftenseite anzeigen
Die Methode *Show* der Eigenschaftenseite wird aufgerufen, sobald die Eigenschaftenseite bereit zur Anzeige ist. Zu diesem Zeitpunkt sollte die Eigenschaftenseite die Eigenschaftenwerte vom

ActiveX-Steuerelement abfragen und den in ihr enthaltenen Steuerelementen zuweisen. Vergessen Sie nicht, dass die Eigenschaftenseite ein Datenfeld mit *IUnknown*-Zeigern besitzt. (Diese Zeiger werden im Datenfeld *m_ppUnk* der Schnittstelle *IPropertyPageImpl* gespeichert.) Um auf die Eigenschaften eines ActiveX-Steuerelements zugreifen zu können, müssen Sie *QueryInterface* mit den *IUnknown*-Zeigern aufrufen und die Schnittstelle anfordern, die die Eigenschaften offenlegt. In unserem Beispiel ist dies die Schnittstelle *IATLDiceObj*. Sobald die Eigenschaftenseite einen Zeiger auf diese Schnittstelle besitzt, kann sie über diese Schnittstelle die Eigenschaftenwerte abrufen und den Dialogfeldsteuerelementen zuweisen. Die überschriebene Methode *Show* sieht wie folgt aus:

```
#include "atldicesrvr.h"

class ATL_NO_VTABLE CDiceMainPropPage :
  public CComObjectRootEx<CComSingleThreadModel>,
  public CComCoClass<CDiceMainPropPage, &CLSID_DiceMainPropPage>,
  public IPropertyPageImpl<CDiceMainPropPage>,
  public CDialogImpl<CDiceMainPropPage>
{
  ...
STDMETHOD(Show)( UINT nCmdShow ) {
  HRESULT hr;

  USES_CONVERSION;

  if(nCmdShow == SW_SHOW ||
    nCmdShow == SW_SHOWNORMAL) {
    for (UINT i = 0; i < m_nObjects; i++)
    {
    CComQIPtr< IATLDieceObj,
            &IID_IATLDieceObj > pATLDiceObj(m_ppUnk[i]);
    short nColor = 0;

    if FAILED(pATLDiceObj->get_DiceColor(&nColor))
    {
      CComPtr<IErrorInfo> pError;
      CComBSTR            strError;
      GetErrorInfo(0, &pError);
      pError->GetDescription(&strError);
      MessageBox(OLE2T(strError),
           _T("Fehler"), MB_ICONEXCLAMATION);
      return E_FAIL;
      }
      HWND hWndComboBox = GetDlgItem(IDC_COLOR);
      ::SendMessage(hWndComboBox,
                CB_SETCURSEL,
                nColor, 0);
       short nTimesToRoll = 0;
       if FAILED(
       pATLDiceObj->get_TimesToRoll(&nTimesToRoll))
       {
       CComPtr<IErrorInfo> pError;
       CComBSTR            strError;
       GetErrorInfo(0, &pError);
       pError->GetDescription(&strError);
```

```
        MessageBox(OLE2T(strError), _T("Fehler"), MB_ICONEXCLAMATION);
        return E_FAIL;
        }
        SetDlgItemInt(IDC_TIMESTOROLL, nTimesToRoll, FALSE);
      }
    }
    m_bDirty = FALSE;
    hr = IPropertyPageImpl<CDiceMainPropPage>::Show(nCmdShow);
    return hr;
  }
};
```

Sie müssen nicht nur den Quelltext zur Anzeige des Dialogfelds hinzufügen, sondern auch Quelltext hinzufügen, der es Anwendern ermöglicht, die Eigenschaften des Steuerelements zu ändern. Sobald ein Anwender eine Eigenschaft ändert, aktiviert das Eigenschaftendialogfeld die Schaltfläche *Übernehmen*. Wenn der Anwender auf die Schaltfläche *Übernehmen* klickt, dann ruft das Steuerelement die Funktion *Apply* der Eigenschaftenseite auf. Damit die Schaltfläche *Übernehmen* funktioniert, müssen Sie daher in diese Funktion Code einfügen.

Die Schaltfläche Übernehmen

Nachdem der Anwender die Eigenschaften bearbeitet hat, klickt er auf die Schaltfläche *Übernehmen* oder auf die Schaltfläche *OK*, um die Änderungen zu speichern. Daraufhin fordert der Client die Eigenschaftenseite auf, die neuen Eigenschaftenwerte auf das Steuerelement zu übertragen. Vergessen Sie nicht, dass das ActiveX-Steuerelement und die Eigenschaftenseiten getrennte COM-Objekte sind und dass sie daher über eine Schnittstelle miteinander kommunizieren müssen.

Wenn Sie mit dem ATL-Objekt-Assistenten eine Eigenschaftenseite erstellen, dann überschreibt die ATL die Funktion *Apply* der Schnittstelle *IPropertyPage* für Sie. Die Eigenschaftenseiten-Site verwendet diese Funktion, um die Eigenschaftenseite über Änderungen zu benachrichtigen, die im Steuerelement vorgenommen werden müssen. Wenn die Funktion *Apply* aufgerufen wird, muss der Status der Eigenschaftenseite mit dem Status des Steuerelements synchronisiert werden. Beachten Sie, dass der Eigenschaftenseite zuvor über einen Aufruf von *IPropertyPage::SetObjects* ein Zeiger auf die *IUnknown*-Schnittstelle des Steuerelements übergeben wurde. (Schnittstellenzeiger werden im Datenfeld *m_ppUnk* der Eigenschaftenseite gespeichert.) Die meisten Eigenschaftenseiten reagieren auf den Aufruf der Funktion *Apply*, indem sie die Eigenschaften des ActiveX-Steuerelements über die angegebene Schnittstelle einstellen. Im Fall unserer ATL-basierten Eigenschaftenseite, heißt das, dass wir die Werte des Kombinationsfelds und des Eingabefelds prüfen und die neuen Werte dem Würfelsteuerelement zuweisen müssen, wie nachfolgender Quelltext zeigt:

```
#include "atldicesrvr.h"

class ATL_NO_VTABLE CDiceMainPropPage :
  public CComObjectRootEx<CComSingleThreadModel>,
  public CComCoClass<CDiceMainPropPage, &CLSID_DiceMainPropPage>,
  public IPropertyPageImpl<CDiceMainPropPage>,
  public CDialogImpl<CDiceMainPropPage>
{
  ...
  STDMETHOD(Apply)(void)
  {
```

```
    USES_CONVERSION;
    ATLTRACE(_T("CDiceMainPropPage::Apply\n"));
    for (UINT i = 0; i < m_nObjects; i++)
    {
      CComQIPtr<IATLDieceObj,
              &IID_IATLDieceObj> pATLDiceObj(m_ppUnk[i]);
      HWND hWndComboBox = GetDlgItem(IDC_COLOR);
      short nColor  = (short)::SendMessage(hWndComboBox,
                                           CB_GETCURSEL,
                                           0, 0);
      if(nColor >= 0 && nColor <= 2) {
        if FAILED(pATLDiceObj->put_DiceColor(nColor))
        {
        CComPtr<IErrorInfo> pError;
        CComBSTR            strError;
        GetErrorInfo(0, &pError);
        pError->GetDescription(&strError);
        MessageBox(OLE2T(strError), _T("Fehler"),
                   MB_ICONEXCLAMATION);
        return E_FAIL;
      }
    }
    short nTimesToRoll = (short)GetDlgItemInt(IDC_TIMESTOROLL);
    if FAILED(pATLDiceObj->put_TimesToRoll(nTimesToRoll))
      {
      CComPtr<IErrorInfo> pError;
      CComBSTR            strError;
      GetErrorInfo(0, &pError);
      pError->GetDescription(&strError);
      MessageBox(OLE2T(strError), _T("Fehler"), MB_ICONEXCLAMATION);
      return E_FAIL;
      }
    }
  m_bDirty = FALSE;
  return S_OK;
  }
```

Eigenschaftenpesistenz

Nachdem Sie ein Steuerelement mit Eigenschaften ausgestattet haben, sollen diese Eigenschaften auch in ihrem Container gespeichert werden oder, anders ausgedrückt, persistent sein. Stellen Sie sich beispielsweise vor, eine Firma kauft Ihr Würfelsteuerelement, um es ihre neue Windows-Version von Monopoly aufzunehmen. Der Spielehersteller verwendet Ihr Würfelsteuerelement in einem Dialogfeld von Monopoly und konfiguriert das Steuerelement so, dass die Würfel blau sind und dass insgesamt 23 mal gewürfelt wird. Hätte das Würfelsteuerelement eine vernünftige Eigenschaft, könnten die Monopoly-Autoren das Steuerelement so konfigurieren, dass bei jeder Würfelrunde ein Signalton erzeugt wird. Wenn jemand das Spiel dann spielt und würfelt, sieht diese Person blaue Würfel, die 23 Mal gewürfelt werden, bevor sie still stehen, und hört einen Signalton vor jeder Würfelrunde. Vergessen Sie nicht, dass dies Eigenschaften des Steuerelements sind. Falls ein Steuerelement in einer Anwendung verwendet wird, ist es in der Regel wünschenswert, dass seine Eigenschaften zusammen mit der Anwendung gespeichert werden.

Glücklicherweise ist das Hinzufügen von Persistenz mühelos, wenn Sie die Eigenschaftenmakros der ATL verwenden. Sie haben bereits gesehen, wie man mit Hilfe dieser Eigenschaftenmakros Eigenschaften zu der Steuerelement-DLL hinzufügt. Diese Makros verleihen den Eigenschaften auch Persistenz.

Sie finden den ATL-Code zur Unterstützung der Eigenschaftenpersistenz in der Klasse *CComControlBase*. Die Klasse *CComControlBase* verfügt über eine Member-Funktion namens *IPersistStreamInit_Save*, die die Steuerelementeigenschaften in einem vom Client bereitgestellten Stream-Objekt speichert. Wenn der Container *IPersistStreamInit::Save* aufruft, ruft die ATL schließlich die Funktion *IPersistStreamInit_Save* auf, um die Eigenschaftenwerte zu speichern. Die Funktion *IPersistStreamInit_Save* ruft die Eigenschaftentabelle des Steuerelements ab – die Eigenschaftenliste, die vom Steuerelement verwaltet wird. (Sie erinnern sich, dass das Makro *BEGIN_PROPERTY_MAP* dem Steuerelement eine Funktion *GetPropertyMap* hinzufügt.) Der erste Wert, der von *IPersistStreamInit_Save* gespeichert wird, beschreibt die Maße des Steuerelemente (seine Bildschimgröße). *IPersistStreamInit_Save* bearbeitet dann nacheinander die Einträge der Eigenschaftentabelle, um den Inhalt der Eigenschaftentabelle in das Stream-Objekt zu schreiben. Für jede Eigenschaft fordert das Steuerelement mit *QueryInterface* einen Zeiger auf seine eigene *dispatch*-Schnittstelle an. Da *IPersistStreamInit_Save* die Eigenschaftenliste abarbeitet, ruft das Steuerelement *IDispatch::Invoke* mit der *DISPID* einer seiner Eigenschaft auf, um deren Wert abzurufen. (Die *DISPID* der Eigenschaft ist Bestandteil der Eigenschaftentabellenstruktur.) Der Eigenschaftenwert wird von *IDispatch::Invoke* als Wert vom Typ *Variant* zurückgegeben, und *IPersistStreamInit_Save* schreibt den Eigenschaftenwert in das vom Client bereitgestellte Stream-Objekt.

Bidirektionale Kommunikation (Ereignisse)

Nachdem das Würfelsteuerelement über Eigenschaften und Eigenschaftenseiten verfügt und sich auch selbst in einem Gerätekontext darstellt, müssen wir ihm lediglich einige Ereignisse hinzufügen. Ereignisse geben dem Steuerelement die Möglichkeit, den Client über das Auftreten bestimmter Ereignisse zu informieren.

Angenommen, ein Anwender würfelt. Wenn die Würfel anhalten, kann die Client-Anwendung die Werte der Würfel vom Steuerelement abfragen. Man könnte das Steuerelement aber auch so implementieren, dass es die Client-Anwendung mit Hilfe eines Ereignisses benachrichtigt, wenn gewürfelt wird. Sie werden nun erfahren, wie man dem Würfelsteuerelement einige Ereignisse hinzufügt. Wir beginnen mit einer kurzen Erläuterung der Funktionsweise von ActiveX-Steuerelementereignissen.

Wie Ereignisse funktionieren

Wenn ein Steuerelement in einen Container eingebettet ist (wie z.B. ein Visual Basic-Formular oder ein MFC-basiertes Dialogfeld), dann besteht einer der vielen Arbeitsschritte des Client darin, eine Verbindung zur Ereignismenge des Steuerelements herzustellen. Dazu implementiert der Client eine Schnittstelle, die vom Steuerelement beschrieben worden ist, und stellt dem Steuerelement diese Schnittstelle zur Verfügung. Auf diese Weise kann das Steuerelement mit dem Container kommunizieren.

Ein Bestandteil der Entwicklung von Steuerelementen besteht in der Definition einer Schnittstelle, die das Steuerelement zur Kommunikation mit dem Client verwenden kann. Wenn Sie ein Steuerelement mit der MFC erstellen, dann definiert der Klassen-Assistent die Schnittstelle und generiert einige Funktionen, die aus dem Steuerelement heraus aufgerufen werden können, um dem Client Ereignisse zu übergeben. Falls Sie das Steuerelement mit der ATL entwickeln, erzielen Sie dasselbe Ergebnis, indem Sie diese Callback-Schnittstelle für Ereignisse in der IDL-Datei des Steuerelements definieren und die Registerkarte *Klassen* verwenden, um eine Reihe von Rückruf-Proxy-Funktionen für die Weiterleitung der Ereignisse an den Container zu erstellen. Nachdem die Callback-Schnittstelle des Steuerelements definiert ist, muss der Container diese Schnittstelle implementieren und sie dem Steuerelement übergeben. Zu diesem Zweck verwenden der Client und das Steuerelement die Schnittstellen *IConnectionPointContainer* und *IConnectionPoint*.

Durch die Implementierung der Schnittstelle *IConnectionPointContainer* zeigt ein COM-Objekt an, dass es Verbindungspunkte unterstützt. Die Schnittstelle *IConnectionPointContainer* repräsentiert eine Menge von Verbindungspunkten, die für den Client verfügbar sind. Bei ActiveX-Steuerelementen bildet für gewöhnlich die Ereignismenge einen dieser Verbindungspunkte. Die Schnittstelle *IConnectionPointContainer* ist wie folgt definiert:

```
interface IConnectionPointContainer : IUnknown {
  HRESULT FindConnectionPoint(REFIID riid,
                              IConnectionPoint **ppcp) = 0;
  HRESULT EnumConnectionPoints(IEnumConnectionsPoint **ppec) = 0;
};
```

Die Schnittstelle *IConnectionPointContainer* repräsentiert eine Kollektion von *IConnectionPoint*-Schnittstellen. Die Schnittstelle *IConnectionPoint* ist wie folgt definiert:

```
interface IConnectionPoint : IUnknown {
  HRESULT GetConnectionInterface(IID *pid) = 0;
  HRESULT GetConnectionPointContainer(
                         IConnectionPointContainer **ppcpc) = 0;
  HRESULT Advise(IUnknown *pUnk, DWORD *pdwCookie) = 0;
  HRESULT Unadvise(dwCookie) = 0;
  HRESULT EnumConnections(IEnumConnections **ppec) = 0;
}
```

Der Container erstellt das Steuerelement, indem er über den Schnittstellenzeigers des Steuerelements die Funktion *CoCreateInstance* aufruft. Da das Steuerelement und der Container Schnittstellenverbindungen zwischen sich einrichten, fordert der Container unter anderem die Schnittstelle *IConnectionPointContainer* an (d.h. der Container ruft *QueryInterface* auf und fordert *IID_IConnectionPointContainer* an). Falls das Steuerelement Verbindungspunkte unterstützt (das Steuerelemente beantwortet die Anfrage nach *IConnectionPointContainer* positiv), verwendet das Steuerelement die Funktion *IConnectionPointContainer::FindConnectionPoint*, um einen Zeiger auf die Schnittstelle *IConnectionPoint* zu erhalten, die die Hauptereignismenge repräsentiert. Der Container entnimmt die GUID der Haupterereignismenge aus den Typinformationen des Steuerelements, wenn das Steuerelement in den Container eingefügt wird.

Falls der Container einen Verbindungspunkt für die Hauptereignismenge des Steuerelements einrichten kann (in diesem Fall liefert *IConnectionPointContainer::FindConnectionPoint* einen Schnittstellenzeiger für *IConnectionPoint*), dann meldet sich der Container über *IConnectionPoint::Advise* als Empfänger von Rückrufen seitens des Steuerelements an. Natürlich muss dieser Container dann die vom Steuerelement definierte Callback-Schnittstelle implementieren. Informationen zu dieser Schnittstelle findet der Container wiederum in der Typbibliothek des Steuerelements. Sobald die Verbindung eingerichtet wurde, kann das Steuerelement den Container aufrufen, sobald es ein Ereignis auslöst. Im Folgenden erfahren Sie, wie dieser Mechanismus bei einem ATL-basierten ActiveX-Steuerelement funktioniert.

Ereignisse zum Würfelsteuerelement hinzufügen

Das Hinzufügen von Ereignismengen zu Steuerelementen umfasst mehrere Schritte. Einige davon werden von intelligenten Assistenten verborgen. Erstens müssen Sie die Ereignisse in IDL beschreiben. Zweitens müssen Sie eine Proxy-Klasse erstellen, die die Verbindungspunkte und die Ereignisfunktionen kapselt. Schließlich müssen Sie in der Verbindungspunkttabelle des Steuerelements die korrekten Einträge vornehmen, damit Client und Objekt in der Lage sind, eine Verbindung herzustellen. Wir wollen die einzelnen Schritte nun genauer betrachten.

Wenn Sie ein ActiveX-Steuerelement mit Hilfe der ATL schreiben, ist die IDL-Datei der Ort, an dem Sie mit dem Hinzufügen von Ereignissen beginnen. Die Callback-Schnittstelle für Ereignisse wird in der IDL beschrieben, damit der Client weiß, wie diese Schnittstelle korrekt implementiert wird. Die IDL-Datei wird in eine Typbibliothek kompiliert, aus der der Client entnimmt, wie er diese Callback-Schnittstelle zu implementieren hat. Wenn Sie beispielsweise Ereignisse hinzufügen möchten, um anzuzeigen, dass gewürfelt wurde (*DiceRolled*), dass die beiden Würfel den gleichen Wert haben (*Doubles*) oder dass beide Würfel den Wert 1 haben (*SnakeEyes*), dann beschreiben Sie diese Callback-Schnittstelle in der IDL-Datei wie folgt:

```
library ATLDICESRVRLib
{
  importlib("stdole32.tlb");
  importlib("stdole2.tlb");

  [
      uuid(21C85C43-0BFF-11d1-8CAA-FD10872CC837),
      helpstring("Durch Würfeln erzeugte Ereignisse")
  ]
  dispinterface _IATLDiceObjEvents {
    properties:
    methods:
      [id(1)] void DiceRolled([in]short x, [in] short y);
      [id(2)] void Doubles([in] short x);
      [id(3)] void SnakeEyes();
  }

  [
    uuid(6AED4EBD-0991-11D1-8CAA-FD10872CC837),
    helpstring("ATLDiceObj Klasse")
  ]
  coclass ATLDiceObj
  {
    [default] interface IATLDieceObj;
    [default, source] dispinterface _IATLDiceObjEvents;
  };
```

Die Callback-Schnittstelle des Steuerelements ist als Dispatch-Schnittstelle definiert (beachten Sie das Schlüsselwort *dispinterface*), da dies der grundlegendste Schnittstellentyp ist, der hierfür verfügbar ist. Die meisten Umgebungen können nur mit *IDispatch* umgehen, was Callback-Schnittstellen betrifft. Der oben angegebene IDL-Code beschreibt die Callback-Schnittstelle, die vom Client implementiert werden muss (falls der Client Rückrufe empfangen möchte). Wir haben diese Schnittstellendefinition von Hand hinzugefügt. Der ATL-Objekt-Assistent hat eine solche Schnittstelle für Sie generiert. Sie hat möglicherweise einen anderen Namen als die oben angeführte. (Der Assistent hat die Schnittstelle wahrscheinlich *IATLObjEvents* genannt.)

Den Verbindungspunkt implementieren

Nachdem Sie die Callback-Schnittstelle in der IDL-Datei beschrieben haben und das Steuerelement kompiliert haben, enthalten die Typinformationen des Steuerelements eine Beschreibung der Callback-Schnittstelle, so dass Clients wissen, wie sie diese Schnittstelle implementieren müssen. Es ist allerdings kein bequemes Verfahren zur Auslösung dieser Ereignisse verfügbar. Sie können Rückrufe an den Client definieren, indem Sie von Hand Aufrufe von *IDispatch::Invoke* einfügen. Es ist allerdings empfehlenswert, dies von einer Proxy-Klasse (eine Sammlung von Funktionen, die *IDispatch* aufrufen) erledigen zu lassen. Um einen Satz von Funktionen zu generieren, über deren Aufruf Sie Ereignisse im Container auslösen können, wählen Sie auf der Registerkarte *Klassen* einfach die Kontextmenüoption *Verbindungspunkt implementieren*.

Bewegen Sie auf der Registerkarte *Klassen* den Zeiger über das Symbol *CATLDiceObj*, und drücken Sie die rechte Maustaste. Daraufhin wird das Kontextmenü für *CATLDiceObj* angezeigt. Wählen Sie hier die Option *Verbindungspunkt implementieren*. Sie werden daraufhin aufgefordert, den Namen der Datei anzugeben, die die Typinformationen enthält, und die Schnittstelle auszuwählen, die für an den Container gerichtete Aufrufe verwendet werden soll (hier verwenden wir die Schnittstelle *_IATLDiceObjEvents*). Nun wird die Typbibliothek des Steuerelements gelesen, und im Dialogfeld werden die darin enthaltenen Schnittstellen angezeigt. Wählen Sie *_IATLDiceObjEvents*, und klicken Sie auf *OK*. Daraufhin wird eine C++-Klasse generiert, die die Ereignisschnittstelle des Steuerelements kapselt. Im Fall der oben angegebenen Schnittstellendefinition wird nach der Auswahl der Option *Verbindungspunkt implementieren* folgender Quellcode erzeugt:

```
template <class T>
class CProxy_IATLDieceObjEvents :
public IConnectionPointImpl<T,
                            &DIID__IATLDieceObjEvents,
                            CComDynamicUnkArray>
{
  //Warning this class may be recreated by the wizard.
public:
};

{
  //Warning this class may be recreated by the wizard.
public:
  VOID Fire_Doubles(SHORT x)
  {
    T* pT = static_cast<T*>(this);
    int nConnectionIndex;
    CComVariant* pvars = new CComVariant[1];
    int nConnections = m_vec.GetSize();

    for (nConnectionIndex = 0;
         nConnectionIndex < nConnections;
         nConnectionIndex++)
    {
        pT->Lock();
        CComPtr<IUnknown> sp = m_vec.GetAt(nConnectionIndex);
        pT->Unlock();
        IDispatch* pDispatch =
            reinterpret_cast<IDispatch*>(sp.p);
        if (pDispatch != NULL)
        {
            pvars[0].vt = VT_I2;
            pvars[0].iVal= x;
            DISPPARAMS disp = { pvars, NULL, 1, 0 };
```

```
          pDispatch->Invoke(0x1, IID_NULL,
                             LOCALE_USER_DEFAULT,
                             DISPATCH_METHOD, &disp,
                             NULL, NULL, NULL);
      }
    }
    delete[] pvars;
  }
  VOID Fire_DiceRolled(SHORT x, SHORT y)
  {
    T* pT = static_cast<T*>(this);
    int nConnectionIndex;
    CComVariant* pvars = new CComVariant[2];
    int nConnections = m_vec.GetSize();

    for (nConnectionIndex = 0;
         nConnectionIndex < nConnections;
         nConnectionIndex++)
    {
      pT->Lock();
      CComPtr<IUnknown> sp = m_vec.GetAt(nConnectionIndex);
      pT->Unlock();
      IDispatch* pDispatch =
          reinterpret_cast<IDispatch*>(sp.p);
      if (pDispatch != NULL)
      {
        pvars[1].vt = VT_I2;
        pvars[1].iVal= x;
        pvars[0].vt = VT_I2;
        pvars[0].iVal= y;
        DISPPARAMS disp = { pvars, NULL, 2, 0 };
        pDispatch->Invoke(0x2, IID_NULL,
                           LOCALE_USER_DEFAULT,
                           DISPATCH_METHOD, &disp,
                           NULL, NULL, NULL);
      }
    }
    delete[] pvars;

  }
  VOID Fire_SnakeEyes()
  {
    T* pT = static_cast<T*>(this);
    int nConnectionIndex;
    int nConnections = m_vec.GetSize();

    for (nConnectionIndex = 0;
     nConnectionIndex < nConnections;
     nConnectionIndex++)
    {
      pT->Lock();
      CComPtr<IUnknown> sp = m_vec.GetAt(nConnectionIndex);
      pT->Unlock();
      IDispatch* pDispatch =
          reinterpret_cast<IDispatch*>(sp.p);
      if (pDispatch != NULL)
```

```
        {
          DISPPARAMS disp = { NULL, NULL, 0, 0 };
          pDispatch->Invoke(0x3, IID_NULL,
                            LOCALE_USER_DEFAULT,
                            DISPATCH_METHOD, &disp,
                            NULL, NULL, NULL);
        }
      }

    }
};
```

Diese C++-Klasse dient zwei Zwecken. Erstens fungiert sie als Verbindungspunkt für das Steuerelement. (Beachten Sie, dass Sie von *IConnectionPointImpl* abgeleitet ist.) Zweitens dient sie als Proxy-Klasse für die Schnittstelle, die vom Container implementiert wird. Wenn Sie beispielsweise einem Client mitteilen wollten, dass zwei gleiche Zahlen, sog. Doubles, gewürfelt wurden, würden Sie einfach die Funktion *Fire_Doubles* der Proxy-Klasse aufrufen. Diese Proxy-Klasse kapselt den *IDispatch*-Aufruf, so dass Sie sich nicht selbst um die Verarbeitung von Variant-Werten kümmern müssen.

Eine Verbindung einrichten und Ereignisse auslösen

Der letzte Schritt in der Einrichtung einer Ereignismenge besteht darin, den Verbindungspunkt dem Würfelsteuerelement hinzuzufügen und die Schnittstelle *IConnectionPointContainer* zu aktivieren. Die Klasse *CProxy_IATLDiceObjEvents* wurde bereits von der Klassenansicht in die Vererbungsliste des Würfelsteuerelements aufgenommen. Diese Klasse stellt die Implementierung der Schnittstelle *IConnectionPoint* im Steuerelement bereit. Eine ATL-Klasse namens *IConnectionPointContainerImpl* enthält die Implementierung der Schnittstelle *IConnectionPointContainer*. Diese beiden Schnittstellen müssen wie folgt in die Vererbungsliste des Würfelsteuerelements eingefügt werden:

```
class CATLDiceObj :
  public CComObjectRootEx<CComSingleThreadModel>,
  public CStockPropImpl<CATLDiceObj, IATLDieceObj,
                        &IID_IATLDieceObj,
                        &LIBID_ATLDICESRVRLib>,
  public CComControl<CATLDiceObj>,
  public IPersistStreamInitImpl<CATLDiceObj>,
  public IOleControlImpl<CATLDiceObj>,
  public IOleObjectImpl<CATLDiceObj>,
  public IOleInPlaceActiveObjectImpl<CATLDiceObj>,
  public IViewObjectExImpl<CATLDiceObj>,
  public IOleInPlaceObjectWindowlessImpl<CATLDiceObj>,
  public IConnectionPointContainerImpl<CATLDiceObj>,
  public IPersistStorageImpl<CATLDiceObj>,
  public ISpecifyPropertyPagesImpl<CATLDiceObj>,
  public IQuickActivateImpl<CATLDiceObj>,
  public IDataObjectImpl<CATLDiceObj>,
  public IProvideClassInfo2Impl<&CLSID_ATLDiceObj,
                                &DIID__IATLDiceObjEvents,
                                &LIBID_ATLDICESRVRLib>,
  public IPropertyNotifySinkCP<CATLDiceObj>,
  public CComCoClass<CATLDiceObj, &CLSID_ATLDiceObj>,
```

```
  public CProxy_DDiceEvents< CATLDiceObj >
{
...
};
```

Nachdem diese Klassen in der Vererbungsliste des Steuerelements aufscheinen, verfügt es über die Maschinerie, die zum Funktionieren von Verbindungspunkten erforderlich sind. Sobald Sie ein Ereignis an den Container weiterleiten möchten, müssen Sie lediglich eine der Funktionen der Proxy-Klasse aufrufen. Beispielsweise eignet sich Methode *OnTimer* des Steuerelements hervorragend zur Auslösung dieser Ereignisse, wobei das Ereignis *DiceRolled* ausgelöst werden soll, wenn der Zeitgeber stoppt, das Ereignis *SnakeEyes*, wenn beide Würfel den Wert 1 haben und das Ereignis *Doubles*, wenn beide Würfel den gleichen Wert haben:

```
CATLDiceObj::OnTimer(UINT msg, WPARAM wParam,
                     LPARAM lParam, BOOL& bHandled) {

  if(m_nTimesRolled > m_nTimesToRoll) {
    m_nTimesRolled = 0;
    KillTimer(1);
    Fire_DiceRolled(m_nFirstDieValue, m_nSecondDieValue);
    if(m_nFirstDieValue == m_nSecondDieValue)
      Fire_Doubles(m_nFirstDieValue);
    if(m_nFirstDieValue == 1 &&
       m_nSecondDieValue == 1)
        Fire_SnakeEyes();
  } else {
      m_nFirstDieValue = (rand() % (MAX_DIEFACES)) + 1;
      m_nSecondDieValue = (rand() % (MAX_DIEFACES)) + 1;
      FireViewChange();
      m_nTimesRolled++;
  }
        bHandled = TRUE;
        return 0;
}
```

Beachten Sie, dass die Verbindungspunkttabelle Einträge für die Verbindungspunkte des Steuerelemente enthält:

```
BEGIN_CONNECTION_POINT_MAP(CATLDiceObj)
  CONNECTION_POINT_ENTRY(DIID__IATLDiceObjEvents)
  CONNECTION_POINT_ENTRY(IID_IPropertyNotifySink)
END_CONNECTION_POINT_MAP()
```

Das Steuerelement verwendet diese Tabelle, um dem Client auf Anforderung Verbindungspunkte zu übergeben.

Das Steuerelement einsetzen

Wie lässt sich dieses Steuerelement nun verwenden? Ein Vorteil von COM besteht darin, dass der Client und der Objekt weiter nichts voneinander wissen müssen, sofern sie sich einmal auf die von ihnen gemeinsam genutzten Schnittstellen geeinigt haben. Alle Schnittstellen, die vom Würfelsteuerelement implementiert werden, werden von einer Reihe von Programmierumgebungen unterstützt. Sie wissen bereits, wie man ein ActiveX-Steuerelement in einem MFC-basierten Dialogfeld verwendet. Das Steuerelement, das Sie gerade entwickelt haben, funktioniert in einem MFC-basierten Dialogfeld. Sie wählen im Menü *Projekt* einfach den Befehl *Dem Projekt hinzufügen* und dann die Option *Komponenten und Steuerelemente.* Im Dialogfeld *Sammlung der Komponenten und Steuerelemente* wählen Sie den Eintrag *Registered ActiveX Controls* und fügen die Komponente *ATLDiceObj* in Ihr Projekt ein. Visual C++ liest die Typinformationen des Würfelsteuerelements und fügt den COM-Code ein, der erforderlich, damit das Dialogfeld und das Steuerelement miteinander kommunizieren können. (Dazu gehören die OLE-Einbettungsschnittstellen wie auch die Verbindungspunkt- und Ereignisschnittstellen.) Sie könnten dieses Steuerelement ebenso einfach in ein Visual Basic-Formular einfügen. Wenn Sie ein Visual Basic-Projekt bearbeiten, wählen Sie im Menü *Projekt* den Befehl *Verweise* und fügen das Würfelsteuerelement in das Visual Basic-Projekt ein.

Zusammenfassung

ActiveX-Steuerelemente stellen heute eine der verbreitetsten Anwendungen von COM dar. ActiveX-Steuerelemente sind einfach COM-Objekte, die eine Reihe von Standardschnittstellen implementieren, mit denen Umgebungen wie Visual C++ und Visual Basic umgehen können. Diese Schnittstellen sind für Objektdarstellung, Persistenz und Ereignisse verantwortlich, so dass Sie diese Komponenten in die oben genannten Programmierumgebungen einfügen und sofort verwenden können.

In der Vergangenheit stellte die MFC die einzig komfortable Möglichkeit dar, ActiveX-Steuerelemente zu entwickeln. Heute bietet die ATL aber vernünftige Möglichkeiten zur Implementierung von ActiveX-Steuerelementen, sofern Sie bereit sind, sich an die Regeln der ATL zu halten. Wenn Sie die ATL zur Entwicklung von ActiveX-Steuerelementen verwenden möchten, müssen Sie sich eingehend mit Windows auseinandersetzen und mit Fenster-Handles und Gerätekontext-Handles arbeiten, da die ATL mehr Flexibilität bei der Entwicklung von ActiveX-Steuerelementen bietet. Duale Schnittstellen werden beim Einsatz der ATL automatisch erstellt, wogegen diese mit der MFC aufwendig implementiert werden müssen.

Teil E
Datenbankverwaltung

31 Datenbankverwaltung mit Microsoft ODBC

PCs wurden unter anderem deshalb so populär, weil sie ein kostengünstiges Mittel darstellten, Warenbestandsdaten zu verwalten, Aufträge zu verarbeiten, Lohnabrechnungen zu drucken etc. Unternehmensanwendungen erforderten einen schnellen Zugriff auf Daten, die in einzelnen Datensätzen riesiger Datenbanken gespeichert waren. dBASE II war eines der ersten PC-Datenbankprogramme – ein Produkt für Einzelplatzrechner, das über eine eigene Programmiersprache und ein eigenes Dateiformat verfügte. Heute stehen Windows-Programmierern zahlreiche programmierbare Datenbankmanagementsysteme (DBMS) zur Auswahl, wie beispielsweise Inprise Paradox, Microsoft Access, Microsoft FoxPro und Powersoft PowerBuilder. Die meisten dieser Produkte können sowohl auf lokal gespeicherte Daten als auch auf Daten eines entfernten Zentralrechners zugreifen. Im letzteren Fall wird zusätzlich eine Datenbank-Server-Software benötigt, wie ORACLE oder Microsoft SQL Server.

HINWEIS: Microsoft SQL Server gehört zum Lieferumfang der Enterprise Edition von Visual C++.

Was hat das mit Ihnen als MFC-Programmierer zu tun? Visual C++ enthält sämtliche Komponenten, die Sie zur Entwicklung von Datenbankanwendungen für Microsoft Windows in C++ benötigen. Das Produkt bietet sogar zwei eigenständige Systeme für den Datenbankzugriff: ODBC (Open Database Connectivity) und DAO (Data Access Objects). Zudem enthält Visual C++ nun Vorlagen für Wrapper-Klassen, die über OLE DB den direkten Zugriff auf Daten ermöglichen. In diesem Kapitel wird der ODBC-Standard behandelt, der aus einer erweiterbaren Menge von DLLs besteht, die eine Standardprogrammierschnittstelle für Datenbankanwendungen bereitstellen. ODBC basiert auf einer standardisierten Version der Sprache SQL (Structured Query Language). Mit ODBC und SQL können Sie Programme für den Zugriff auf Datenbanken schreiben, die nicht auf bestimmte Datenbankprodukte zugeschnitten sind.

Zum Lieferumfang von Visual C++ gehören Tools und MFC-Klassen für ODBC, die den Gegenstand dieses Kapitels bilden. Sie werden in die Grundlagen von ODBC eingeführt und beschäftigen sich mit vier Beispielprogrammen. Das erste Beispiel illustriert die Bearbeitung von ODBC-Recordsets (hier auch Satzgruppen genannt) mit Hilfe der MFC-Klasse *CRecordset* (EX31A) und das zweite die MFC-Klasse *CRecordView* (EX31B). Im dritten Beispiel wird mit mehreren Recordsets gearbeitet (EX31C), und im vierten Beispiel wird die Klasse *CRecordset* ohne Bindung verwendet (EX31D).

Vorteile der Datenbankmanagementsysteme

Der Serialisierungsvorgang, der in den Kapiteln 17 und 18 vorgestellt wurde, verknüpft ein Dokumentobjekt mit einer Datenträgerdatei. Beim Öffnen des Dokuments müssen sämtliche Daten des Dokuments in den Speicher eingelesen werden, und wenn ein aktualisiertes Dokument geschlossen wird, müssen sämtliche Daten wieder auf den Datenträger geschrieben werden. Offensichtlich kann man kein Dokument serialisieren, das größer als der verfügbare virtuelle Speicher ist. Aber auch wenn das Dokument in den Speicher paßt, ist es unter Umständen nicht erforderlich, dass bei jeder Programmausführung sämtliche Daten gelesen und geschrieben werden.

Sie könnten Ihr eigenes Programm für wahlfreie Dateizugriffe schreiben und somit selbst ein Datenbankmanagementsystem erfinden, aber wahrscheinlich haben Sie genügend andere Dinge zu tun. Daneben bietet Ihnen ein echtes Datenbankmanagementsystem viele Vorteile, von denen einige nachfolgend aufgeführt sind:

- **Standarddateiformate** – Viele denken beim Stichwort Datenbankformat an dBASE/Xbase-DBF-Dateien. Dieses Datenbankdateiformat ist zwar weit verbreitet, aber es ist nur eines von vielen. Eine ganze Menge Daten werden in Form von DBF-Dateien ausgetauscht, und viele Programme können dieses Format lesen und schreiben. Mittlerweile ist auch das MDB-Format von Microsoft Access immer gebräuchlicher geworden. Beim MDB-Format können sämtliche Datenbanktabellen und Indizes in einer Datei gespeichert werden.
- **Indizierter Dateizugriff** – Wenn Sie in der Lage sein müssen, über Schlüsselwörter rasch auf Datensätze zuzugreifen (zum Beispiel auf Kundennamen), brauchen Sie einen indizierten Dateizugriff. Selbstverständlich können Sie Ihre eigenen B-Tree-Dateizugriffsroutinen schreiben, aber das ist mühselig, und außerdem wurden solche Routinen bereits entwickelt. Alle Datenbankmanagementsysteme enthalten effiziente Routinen für den indizierten Dateizugriff.
- **Datenintegrität** – Viele professionellen DBMS-Produkte verfügen über Routinen zum Schutz der Datenintegrität. Ein Beispiel hierfür ist die Transaktionsverarbeitung. Eine Transaktion umfasst eine Reihe miteinander in Beziehung stehende Änderungen. Falls die Transaktion nicht vollständig ausgeführt werden kann, wird sie rückgängig gemacht und die Datenbank damit wieder in den Zustand versetzt, den sie vor der Transaktion hatte.

- **Zugriffskontrolle im Mehrbenutzerbetrieb** – Auch wenn Ihre Anwendung im Moment den gemeinsamen Zugriff mehrerer Benutzer nicht zu unterstützen braucht, wird dies vielleicht später einmal erwartet. Die meisten Datenbankmanagementsysteme ermöglichen das Sperren von Datensätzen, um Konflikte zwischen gleichzeitig auf die Datenbank zugreifenden Anwendern auszuschließen. Einige Mehrbenutzer-Datenbankmanagementsysteme verwenden das Client-Server-Modell. Das heißt, dass der Großteil der Rechenarbeit von einem zentralen Datenbank-Server-Rechner geleistet wird und die Benutzeroberfläche von den Arbeitsplatzrechnern verwaltet wird. Bei anderen Mehrbenutzer-Datenbankmanagementsystemen sind die Arbeitsplatzrechner für die Datenverarbeitung zuständig. Hier kontrolliert das System den Zugriff der einzelnen Arbeitsrechner auf gemeinsam genutzte Dateien.

SQL (Structured Query Language)

Wenn Sie im EDV-Bereich arbeiten, müssen Sie von SQL – einer Standardsprache für Datenbankabfragen, die über eine eigene Syntax verfügt – zumindest gehört haben. In der SQL-Welt ist eine Datenbank eine Kollektion von Tabellen, die aus Zeilen und Spalten bestehen. Viele DBMS-Produkte unterstützen SQL, und viele Programmierer kennen SQL. Der SQL-Standard entwickelt sich fortlaufend weiter, und die SQL-Syntax verschiedener Produkte ist nicht einheitlich. SQL-Erweiterungen, wie die Unterstützung von *Blobs* (Binary Large Objects), ermöglichen das Speichern von Bild- und Tondaten und komplexen Datenstrukturen.

Der ODBC-Standard

Der von Microsoft entwickelte ODBC-Standard (ODBC – Open Database Connectivity) definiert nicht nur SQL-Grammatikregeln, sondern auch C-Programmierschnittstellen für SQL-Datenbanken. Es ist nun möglich, mit demselben kompilierten C- oder C++-Programm auf ein beliebiges Datenbankmanagementsystem, das über einen ODBC-Treiber verfügt, zuzugreifen. Das ODBC Software Development Kit (SDK), das zum Lieferumfang von Visual C++ gehört, enthält 32-Bit-Treiber für DBF-Dateien, MDB-Datenbanken im Format von Microsoft Access, XLS-Dateien im Format von Microsoft Excel, Microsoft FoxPro-Dateien, ASCII-Textdateien und Microsoft SQL Server-Datenbanken.

Andere Datenbankfirmen, wie unter anderem Oracle, Informix, Progress, Ingres und Centura Software, stellen ODBC-Treiber für ihre DBMS-Produkte zur Verfügung. Wenn Sie zum Beispiel ein MFC-Programm mit dem dBASE/Xbase-Treiber entwickeln, können Sie das gleiche Programm mit einem Access-Datenbanktreiber ausführen. Es muss dazu nicht erneut kompiliert werden – das Programm lädt einfach eine andere DLL.

Nicht nur C++-Programme können ODBC verwenden, sondern auch andere Datenbankentwicklungsumgebungen können die Vorteile dieses Standards nutzen. Sie schreiben ein C++-Programm, um eine SQL Server-Datenbank zu aktualisieren, und können dann einen beliebigen handelsüblichen ODBC-kompatiblen Berichtsgenerator zur Druckausgabe der Daten verwenden. ODBC trennt also die Benutzeroberfläche von der eigentlichen Datenbankverwaltung. Sie müssen Ihre Oberflächen-Tools nicht länger von der gleichen Firma kaufen, von der die Datenbank-Engine stammt.

Manche kritisieren den ODBC-Standard, weil er verhindert, dass Programmierer die Besonderheiten eines bestimmten Datenbankmanagementsystems nutzen. Aber genau das will man mit diesem Standard ja bezwecken! Programmierer müssen nur eine Anwendungsprogrammierschnittstelle (API) beherrschen, und sie können ihre Softwarekomponenten auf der Basis von Preis, Leistungs- und Kundendienstangebot auswählen. Entwickler sind damit nicht mehr gezwungen, sämtliche Tool von ihrem Datenbankhersteller zu kaufen.

Welche Zukunft hat ODBC? Diese Frage ist schwer zu beantworten. Microsoft steht zwar hinter der Entwicklung dieses Standards, »verkauft« ODBC aber nicht als eigenes Produkt, sondern liefert ODBC als kostenlose Beigabe, um andere Produkte zu fördern. Andere Firmen vertreiben ihre eigenen ODBC-Bibliotheken. Inzwischen hat Microsoft die auf OLE basierende DAO-Technologie vorgestellt (DAO – Data Access Objects), die auf die Jet-Datenbank-Engine von Microsoft Access zugeschnitten ist. (Kapitel 32 beschreibt DAO und vergleicht diese Technologie mit ODBC.) Und überdies arbeitet Microsoft an der Einführung von OLE DB, einer Alternative zu ODBC, die auf COM basiert. In Kapitel 33 werden die neuen in Visual C++ enthaltenen Wrapper-Vorlagen für OLE DB-Provider und -Consumer behandelt.

Die ODBC-Architektur

Aufgrund der einzigartigen, auf DLLs basierenden Architektur von ODBC ist dieses System völlig modular. Eine kleine übergeordnete DLL namens ODBC32.DLL definiert die API. Das Modul ODBC32.DLL lädt während der Programmausführung die datenbankspezifischen DLLs, die sogenannten *Treiber*. Mit Hilfe der Windows-Registrierung (die über das Modul ODBC-Datenquellen-Administrator der Windows-Systemsteuerung verwaltet wird), ermittelt das Modul ODBC32.DLL, welche datenbankspezifischen DLLs verfügbar sind, und ermöglicht es auf diese Weise einem Programm, gleichzeitig auf Daten verschiedener Datenbanksysteme zuzugreifen. Ein Programm kann beispielsweise lokale Tabellen im DBF-Format verarbeiten und andere Tabellen verwenden, die von einem Datenbank-Server verwaltet werden. Abbildung 31.1 zeigt den hierarchischen Aufbau der 32-Bit-ODBC-Architektur.

Beachten Sie hier, dass über die Microsoft Access Jet-Datenbank-Engine, ein zum Lieferumfang von Visual C++ gehörendes Standardmodul, auf viele Standarddatenbankformate zugegriffen werden kann. Wenn Sie beispielsweise über die Jet-Engine auf eine DBF-Datei zugreifen, verwenden Sie die gleichen Routinen, die Microsoft Access verwendet.

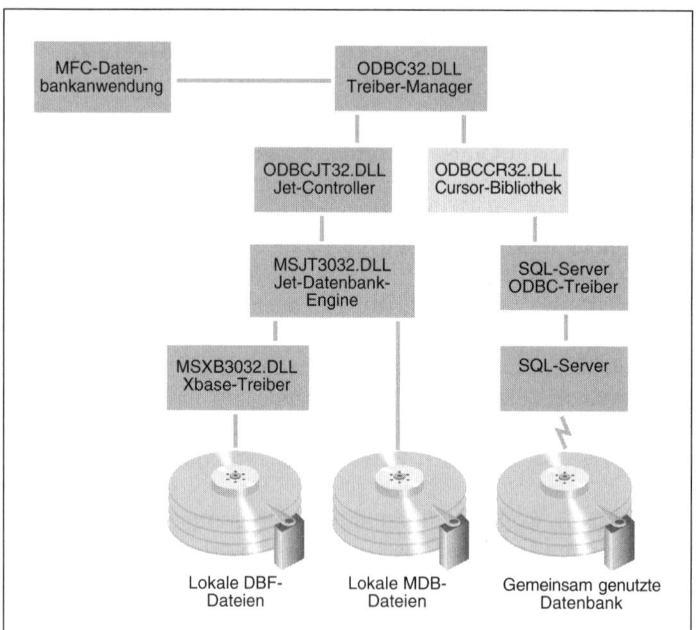

Abbildung 31.1:
32-Bit-ODBC-Architektur.

ODBC-Programmierung mit dem SDK

Wenn Sie in C-Programmen die ODBC-API verwenden, müssen Sie drei wichtige ODBC-Elemente kennen: die *Umgebung*, die *Verbindung* und die *Anweisung*. Auf alle drei Elemente wird über Handles (Zugriffsnummern) zugegriffen.

Sie brauchen zuerst eine Umgebung, die die Verbindung zwischen Ihrem Programm und dem ODBC-System einrichtet. Eine Anwendung verfügt in der Regel nur über ein Umgebungs-Handle.

Als nächstes benötigen Sie eine oder mehrere Verbindungen. Die Verbindung bezieht sich auf eine bestimmte Kombination von Treiber und Datenquelle. Es können sowohl mehrere Verbindungen zu Unterverzeichnissen mit DBF-Dateien als auch zu mehreren SQL-Servern innerhalb eines Netzwerks bestehen. Man kann eine bestimmte ODBC-Verbindung im Programm festkodieren oder dem Anwender die Möglichkeit geben, aus einer Liste verfügbarer Treiber und Datenquellen zu wählen.

Das Modul ODBC32.DLL ist mit einem Windows-Dialogfeld ausgestattet, in dem die in der Registrierung (unter HKEY_LOCAL_MACHINE\SOFTWARE\ODBC) definierten Verbindungen aufgeführt werden. Sobald eine Verbindung besteht, müssen Sie eine SQL-Anweisung ausführen. Es kann sich dabei, wie im folgenden Beispiel, um eine Abfrage handeln

```
SELECT VNAME, NNAME, STADT FROM AUTOREN
WHERE LAND = 'CH' ORDER BY NNAME
```

oder um eine Aktualisierungsanweisung wie diese:

```
UPDATE AUTOREN SET TELEFON - '801 232-45670'
WHERE ID = '357-86-4343'
```

Da für Abfragen eine Programmschleife zur Verarbeitung der Abfrageergebnisse benötigt wird, müssen in Ihrem Programm gegebenenfalls mehrere Anweisungen gleichzeitig aktiv sein. Viele ODBC-Treiber unterstützen mehrere aktive Anweisungs-Handles in einer Verbindung.

Sehen Sie sich nochmals die oben angeführte SQL-Anweisung an. Angenommen, es gäbe in der Schweiz zehn Autoren. ODBC lässt zu, dass Sie das Abfrageergebnis als Datenblock definieren, als sogenannte *Satzgruppe*, die einer SQL-Anweisung zugeordnet ist. Über die ODBC SDK-Funktion *SQLExtendedFetch* kann Ihr Programm mit Hilfe eines ODBC-*Cursors* die zehn Datensätze vorwärts und rückwärts durchsuchen. Bei diesem Cursor handelt es sich um einen programmierbaren Zeiger auf die Satzgruppe.

Was passiert, wenn in einer Mehrbenutzerumgebung ein anderes Programm den Datensatz eines Autors aus der Schweiz verändert (oder löscht), während Ihr Programm die Satzgruppe durchsucht? Bei einem ODBC-Level-2-Treiber wäre die Satzgruppe wahrscheinlich dynamisch, und ODBC könnte es bei Änderungen der Datenbank sofort aktualisieren. Dynamische Recordsets werden als *Dynaset* bezeichnet. Die Jet-Engine unterstützt ODBC Level 2 und infolgedessen auch Dynasets.

Visual C++ enthält die ODBC-Cursor-Bibliothek ODBCCR32.DLL, die statische Recordsets (sogenannte *Snapshots*) für Level-1-Treiber unterstützt. Bei einem Snapshot bewirkt eine *SELECT*-Anweisung, dass ODBC so etwas wie eine lokale Kopie der zehn Autorendatensätzen erstellt und im Speicher eine Zeigerliste auf diese Datensätze unterhält. Diese Datensätze ändern sich definitionsgemäß nicht, während sie durchsucht und angezeigt werden. In einer Mehrbenutzerumgebung müssen Sie Datenbankabfragen daher in regelmäßigen Abständen wiederholen, um die Snapshots zu aktualisieren.

Die ODBC-Klassen der MFC-Bibliothek – CRecordset und CDatabase

Bei den MFC-Klassen für Windows verwenden Sie C++-Objekte anstelle von Fenster- und Gerätekontext-Handles. Bei den MFC-ODBC-Klassen arbeiten Sie mit C++-Objekten anstelle von Verbindungs- und Anweisungs-Handles. Das Umgebungs-Handle wird in einer globalen Variablen gespeichert und nicht durch ein C++-Objekt dargestellt. Die beiden wichtigsten ODBC-Klassen heißen *CDatabase* und *CRecordset*. Objekte der Klasse *CDatabase* repräsentieren ODBC-Verbindungen zu Datenquellen, und Objekte der Klasse *CRecordset* repräsentieren bildlauffähige Recordsets. In der Dokumentation zu Visual C++ wird der Begriff »Satzgruppe« oder »Recordset« anstelle von »Rowset« gebraucht, um mit der Terminologie von Microsoft Visual Basic und Microsoft Access konsistent zu sein. Auch hier werden diese Begriffe synonym verwendet. Sie werden selten Klassen von *CDatabase* ableiten. Im Allgemeinen leiten Sie Klassen von *CRecordset* ab, um die Spalten von Datenbanktabellen zu repräsentieren.

Für die Autorenabfrage im vorigen Abschnitt würden Sie (mit Hilfe des Klassen-Assistenten) eine Klasse namens *CAutorenSet* von *CRecordset* ableiten, die über Datenelemente für Vornamen, Nachnamen, Städte, Staaten und Postleitzahlen verfügte. Ihr Programm würde ein *CAutorenSet*-Objekt anlegen (das normalerweise in ein Dokument eingebettet sein würde) und die Member-Funktion *Open* aufrufen, die diese Objektklasse von der Basisklasse geerbt hat. Mit Hilfe der Werte von Parametern und Datenelementen würde die Funktion *CRecordset::Open* ein *CDatabase*-Objekt erstellen und öffnen. Diese Funktion setzt die SQL-Anweisung *SELECT* ab und aktiviert dann den ersten Datensatz. Ihr Programm würde dann andere Member-Funktionen von *CRecordset* aufrufen, um den ODBC-Cursor zu positionieren und Daten zwischen den Datenbankfeldern und den Datenelementen der Klasse *CAutorenSet* auszutauschen. Wenn das *CAutorenSet*-Objekt gelöscht wird, wird die Satzgruppe geschlossen, und unter bestimmten Umständen wird dann die Datenbank geschlossen und gelöscht. Abbildung 31.2 stellt die Beziehungen zwischen C++-Objekten und ODBC-Komponenten dar.

Zu beachten ist hier, dass das *CAutorenSet*-Objekt Datenelemente enthält, die immer nur jeweils eine Tabellenzeile, den sogenannten »aktuellen Datensatz« repräsentieren. Die Klasse *CRecordset* und der zugrundeliegende ODBC-Code für Recordsets verwalten Dynasets oder Snapshots der Datenbank.

HINWEIS: Es können mehrere Dynasets und Snapshots einer Datenquelle aktiv sein, und Sie können in einem Programm mehrere Datenquellen verwenden.

Tabelle 31.1 enthält eine Übersicht der wichtigsten Member-Funktionen der Klasse *CRecordset*, die in diesem Kapitel behandelt werden.

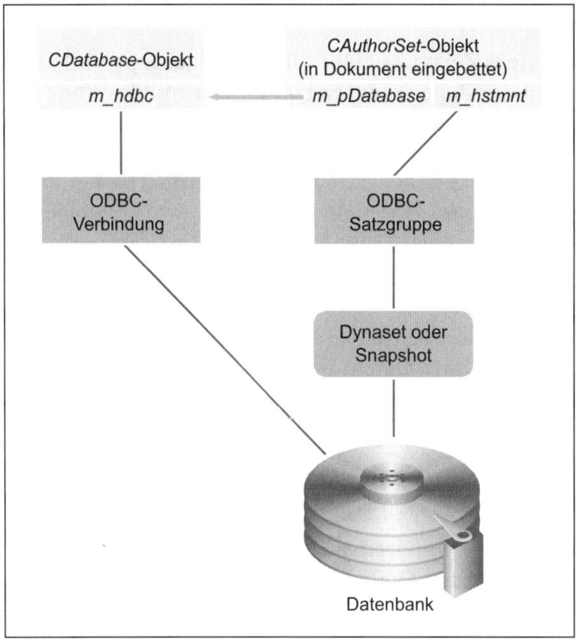

Abbildung 31.2: *Beziehungen zwischen MFC-ODBC-Klasse und Datenbank.*

Funktion	Beschreibung
Open	Öffnet die Satzgruppe.
AddNew	Bereitet das Einfügen eines neuen Datensatzes in die Tabelle vor.
Update	Speichert neue oder geänderte Daten in der Datenquelle und beendet somit eine *AddNew*- oder *Edit*-Operation.
Delete	Löscht den aktuellen Datensatz aus der Satzgruppe.
Edit	Bereitet die Implementierung von Änderungen am aktuellen Datensatz vor.
IsBOF	Ermittelt, ob die Satzgruppe vor dem ersten Datensatz positioniert worden ist.
IsEOF	Ermittelt, ob die Satzgruppe nach dem letzten Datensatz positioniert worden ist.
MoveNext	Wählt als aktuellen Datensatz den nächsten Datensatz oder die nächste Satzgruppe aus.
MoveFirst	Wählt als aktuellen Datensatz den ersten Datensatz der Satzgruppe aus.
MoveLast	Wählt als aktuellen Datensatz den letzten Datensatz oder die letzte Satzgruppe aus.
MovePrev	Wählt als aktuellen Datensatz den vorigen Datensatz oder die vorige Satzgruppe aus.
GetDefaultConnect	Ruft die Verbindungszeichenfolge für die Datenquelle ab, auf der die Satzgruppe basiert.
GetDefaultSQL	Ruft die Standard-SQL-Zeichenfolge ab.
DoFieldExchange	Tauscht Daten zwischen den Datenfeldern der Satzgruppe und dem zugehörigen Datensatz der Datenquelle aus.
GetStatus	Ermittelt den Index des aktuellen Datensatzes der Satzgruppe und den Status der Zählung.
GetRecordCount	Gibt den Datensatz mit der höchsten Datensatznummer an, auf den beim Durchblättern der Datensätze durch den Anwender zugegriffen worden ist.
GetODBCFieldCount	Ermittelt die Anzahl der in der Satzgruppe enthaltenen Felder.
GetODBCFieldInfo	Ruft Informationen über die in der Satzgruppe enthaltenen Felder ab.

Tabelle 31.1: *Wichtige Member-Funktionen der Klasse* CRecordset.

Zeilen einer Satzgruppe zählen

Es ist schwierig, im vorhinein zu wissen, wie viele Zeilen in einer ODBC-Satzgruppe enthalten sind. ODBC liefert erst dann die genaue Anzahl der Zeilen einer Satzgruppe, wenn das Ende der Satzgruppe erreicht ist. Bis zu diesem Zeitpunkt dient die von der Member-Funktion *CRecordset::GetRecordCount* zurückgegebene Anzahl als »Wasserstandsanzeige«, die nur angibt, auf welche Zeile zuletzt über die Funktion *CRecordset::MoveNext* zugegriffen wurde. Die Funktion *CRecordset::GetStatus* liefert ein *CRecordsetStatus*-Objekt mit dem Datenelement *m_bRecordCountFinal*, das anzeigt, ob die Datensatzanzahl sämtliche Datensätze umfasst.

Die Funktion *CRecordset::MoveLast* registriert die Datensatzanzahl nicht, auch nicht bei Dynasets. Wenn Sie wissen möchten, wie viele Datensätze eine Satzgruppe enthält, müssen Sie die Tabelle mit wiederholten *MoveNext*-Aufrufen durchlaufen. (Eine schnellere Alternative stellt der Einsatz der Funktion COUNT dar.) Wenn Ihr Programm Datensätze hinzufügt oder löscht oder wenn ein anderer Benutzer einen Datensatz hinzufügt oder löscht, wird die Datensatzanzahl nicht entsprechend angepaßt.

ODBC-Ausnahmen verarbeiten

Viele MFC-ODBC-Aufrufe liefern keinen Fehlercode, sondern erzeugen statt dessen ein Objekt vom Typ *CDBException*, das eine Zeichenfolge mit einer Fehlerbeschreibung enthält. Angenommen, Sie versuchen, einen Datensatz aus einer Access-Datenbank zu löschen. Access kann die referentielle Datenintegrität schützen, und das kann zur Folge haben, dass Sie eine bestimmte Zeile nicht löschen dürfen, weil die Zeile einer anderen Tabelle von ihr abhängig ist. Wenn Sie *CRecordset::Delete* aufrufen, wird ein ODBC-Fehlermeldungsfenster angezeigt, das von der MFC-Basisklasse stammt.

Sie werden die Fehlermeldung sicher zu schätzen wissen, aber was tun Sie, wenn ODBC seiner Position in der Satzgruppe verlustig geht und es keinen aktuellen Datensatz mehr gibt. Ihr Programm muss den Fehler erkennen, damit es keine Funktionen wie *CRecordset::MoveNext* aufruft, die vom Vorhandensein eines aktuellen Datensatzes abhängen. Sie müssen diese Ausnahme wie folgt verarbeiten:

```
try {
  m_pSet->Delete();
}
catch(CDBException* e) {
  AfxMessageBox(e->m_strError);
  e->Delete();
  m_pSet->MoveFirst(); // Position verloren!
  UpdateData(FALSE);
  return;
}
m_pSet->MoveNext();
```

Die Datenbank »Student Registration«

Die Enroll-Einführung zu Visual C++ verwendet eine Access-Beispieldatenbank namens STDREG32.MDB, in der Studenten, Kurse und Dozenten verzeichnet sind. (Nähere Informationen finden Sie unter dem Stichwort *Enroll* unter *Visual C++-Dokumentation\Samples\MFC Samples/Database Samples* in der Online-Dokumentation.) Abbildung 31.3 zeigt die in dieser Datenbank enthaltenen vier Tabellen und ihre Beziehungen zueinander. Bei den fett dargestellten

Feldern handelt es sich um indizierte Felder, und für die durch 1-? gekennzeichneten Beziehungen sind Bedingungen zum Schutz der *referentiellen Integrität* definiert. Wenn die Tabelle *Section* beispielsweise mindestens ein Eintrag für den Kurs *MATH101* enthält, lässt Access nicht zu, dass der Datensatz für *MATH101* aus der Tabelle *Course* gelöscht wird.

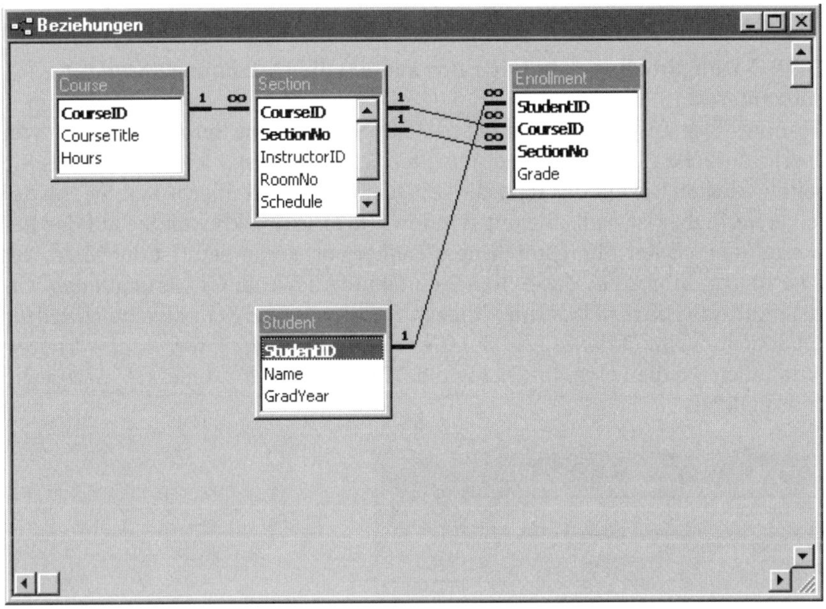

Abbildung 31.3: *Die Beziehungen zwischen den Tabellen der Datenbank* Student Registration.

Das Beispielprogramm EX31A – Recordsets

Sie können mit dem MFC-Anwendungs-Assistenten eine vollständige, formularbasierte Datenbankanwendung generieren, und genau dies wird in der Enroll-Einführung beschrieben. Wenn Kunden oder Anwender eine solche einfache Datenbankanwendung benötigen, werden sie jedoch kaum einen Visual C++-Programmierer engagieren, sondern auf ein weniger kompliziertes Werkzeug wie Microsoft Access zurückgreifen. Visual C++ und die ODBC-Klassen der MFC-Bibliothek eignen sich eher zur Entwicklung komplexer Anwendungen, die zufälligerweise auch auf Datenbankzugriffe erfordern. Sie können mit Hilfe dieser Klassen ein universelles Datenbankabfrageprogramm schreiben.

Im Beispielprogramm EX31A sind die Datenbankzugriffsfunktionen vom Code für die Benutzeroberfläche getrennt, damit Sie lernen können, wie man Funktionen für den Zugriff auf ODBC-Datenbanken in beliebige MFC-Anwendungen aufnehmen kann. Sie werden mit dem Klassen-Assistenten eine *CRecordset* -Klasse erstellen, aber hier keine vom Anwendungs-Assistenten generierte *CRecordView*-Klasse verwenden.

Die Anwendung EX31A ist recht einfach. Sie zeigt Datensätze aus der Datenbanktabelle *Student* in einer bildlauffähigen Ansicht an (siehe Abbildung 31.10). Diese Tabelle *Student* ist Teil der Beispieldatenbank *Student Registration* (Microsoft Access 97), die zum Lieferumfang von Visual C++ gehört.

So erstellen Sie die Beispielanwendung EX31A:

1. Kopieren Sie die Datenbank *Student Registration* auf Ihre Festplatte.

Sie finden die Datenbank in der Date Stdreg32.mdb im Ordner *\Samples\VC98\Mfc\Database\Stdreg* auf der MSDN-CD für Visual C++. Kopieren Sie diese Datei in das neue Projektverzeichnis auf der Festplatte, und stellen Sie sicher, dass die Datei nicht schreibgeschützt ist.

2. Rufen Sie den ODBC-Datenquellen-Administrator auf, um die Datenquelle *Student Registration* zu installieren.

Klicken Sie in der Windows-Systemsteuerung auf das ODBC -Symbol. Das Setup-Programm von Visual C++ sollte die erforderlichen ODBC-Treiber auf Ihrer Festplatte installiert haben. Falls Sie mit Windows 95 arbeiten, klicken Sie auf das Register *ODBC-Treiber*, und überprüfen Sie, ob der Microsoft Access-Treiber verfügbar ist. Falls Sie mit Windows 98 arbeiten, klicken Sie auf das Register *Treiber*, um zu ermitteln, ob der Microsoft Access-Treiber vorhanden ist. (Ist der Microsoft Access-Treiber nicht verfügbar, führen Sie das Setup-Programm von Visual C++ erneut aus.) Klicken Sie auf die Registerkarte *Benutzer-DSN*, und klicken Sie hier auf die Schaltfläche *Hinzufügen*, wählen Sie im Dialogfeld *Neue Datenquelle erstellen* den Eintrag *Microsoft Access-Treiber* aus der Treiberliste, und füllen Sie die Felder im Dialogfeld *ODBC Microsoft Access 97-Setup* wie in Abbildung 31.4 dargestellt aus.

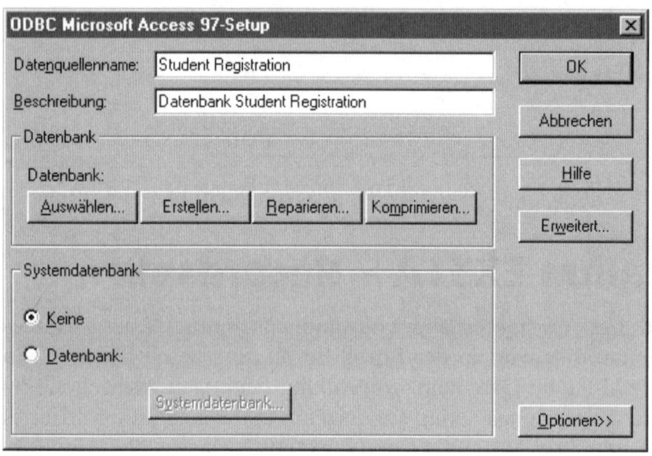

Abbildung 31.4: *Das Dialogfeld* ODBC Microsoft Access 97-Setup *mit den Einstellungen für die Datenquelle* Student Registration.

Klicken Sie auf die Schaltfläche *Auswählen*, und wählen Sie die Datei *Stdreg.mdb* aus. Klicken Sie abschließend auf die Schaltfläche *OK*:

HINWEIS: Wenn Sie mit Microsoft Windows NT Version 4.0 arbeiten, klicken Sie in der Windows-Systemsteuerung auf das ODBC-Symbol und dann auf das Register ODBC-Treiber, um zu überprüfen, ob der Microsoft Access-Treiber verfügbar ist. Klicken Sie auf der Registerkarte *Benutzer-DSN* auf die Schaltfläche *Hinzufügen*, wählen Sie im Dialogfeld *Neue Datenquelle erstellen* die Option *Microsoft Access-Treiber*, und klicken Sie auf die Schaltfläche *Fertig stellen*.

3. Erstellen Sie mit dem MFC-Anwendungs-Assistenten das Projekt \vcpp32\ex31a\.

Wählen Sie im MFC-Anwendungs-Assistenten im ersten Dialogfeld die Option *Einzelnes Dokument (SDI)* (Schritt 1) und im zweiten Dialogfeld (Schritt 2 von 6) die Option *Nur Header-Da-*

teien (siehe Abbildung 31.5). Markieren Sie im Dialogfeld *MFC-Anwendungs-Assistent – Schritt 6 von 6* die Klasse *Ex31aView*, und wählen Sie als Basisklasse *CScrollView*.

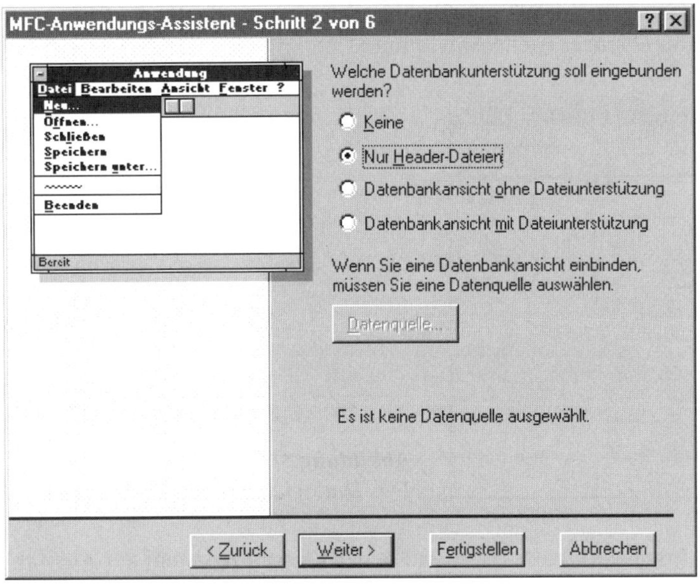

Abbildung 31.5:
Das Dialogfeld MFC-Anwendungs-Assistent – Schritt 2 von 6.

4. Erstellen Sie mit dem Klassen-Assistenten die Recordset-Klasse *CEx31aSet*.
Klicken Sie auf *Klasse hinzufügen*, wählen Sie die Option *Neu*, und füllen Sie die Felder des Dialogfelds *Neue Klasse* wie in Abbildung 31.6 gezeigt aus:

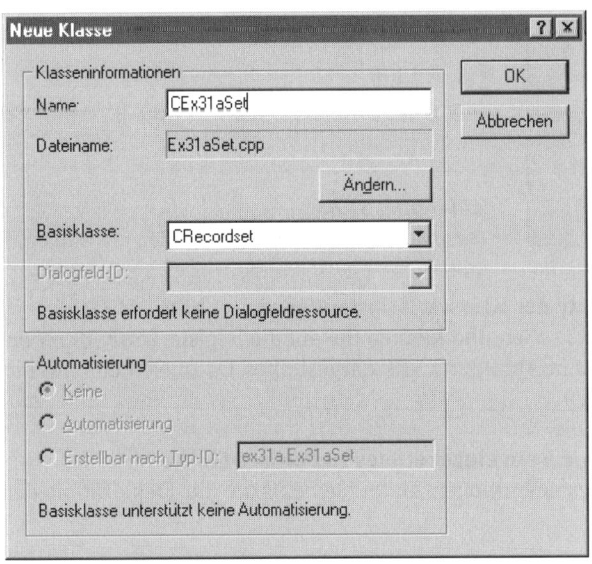

Abbildung 31.6:
Das Dialogfeld Neue Klasse.

5. Wählen Sie für die Klasse *CEx31aSet* die Tabelle *Student* aus der Datenbank *Student Registration* aus.

Wenn Sie im Dialogfeld *Neue Klasse* auf die Schaltfläche *OK* klicken, blendet der Klassen-Assistent das Dialogfeld *Datenbankoptionen* ein. Wählen Sie hier die Datenquelle *Student Registration*, und aktivieren Sie die Option *Dynaset* (siehe Abbildung 31.7).

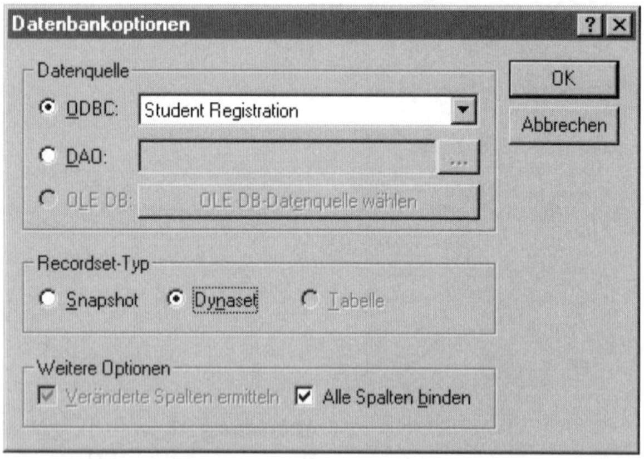

Abbildung 31.7:
Das Dialogfeld Datenbankoptionen.

Nachdem Sie eine Datenquelle ausgewählt haben, fordert Sie der Klassen-Assistent zur Auswahl einer Tabelle auf. Wählen Sie die Tabelle *Student*, wie in Abbildung 31.8 gezeigt.

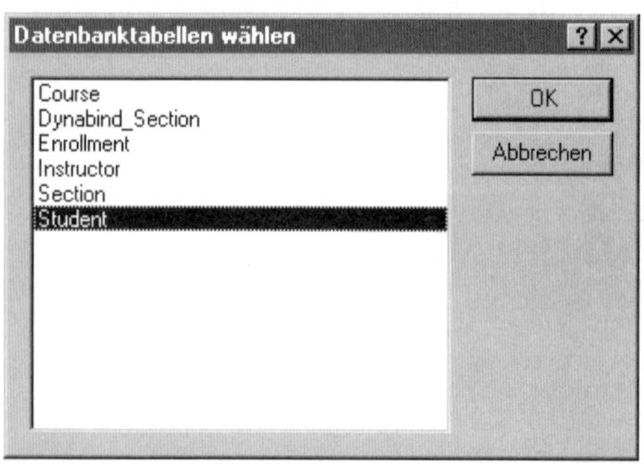

Abbildung 31.8:
Das Dialogfeld Datenbanktabellen auswählen.

6. Überprüfen Sie, welche Datenelemente der Klassen-Assistent generiert hat.

Markieren Sie die neu erstellte Klasse *CEx31aSet*, und klicken Sie auf die Registerkarte *Member-Variablen*. Der Klassen-Assistent sollte die in Abbildung 31.9 dargestellten Datenelemente für die Spalten der Tabelle *Student* generiert haben.

7. Deklarieren Sie in der Datei *ex31aDoc.h* ein eingebettetes Recordset-Objekt.

Fügen Sie die folgende Deklaration eines öffentlichen Datenelements in die Deklaration der Klasse *CEx31aDoc* ein:

```
CEx31aSet m_ex31aSet;
```

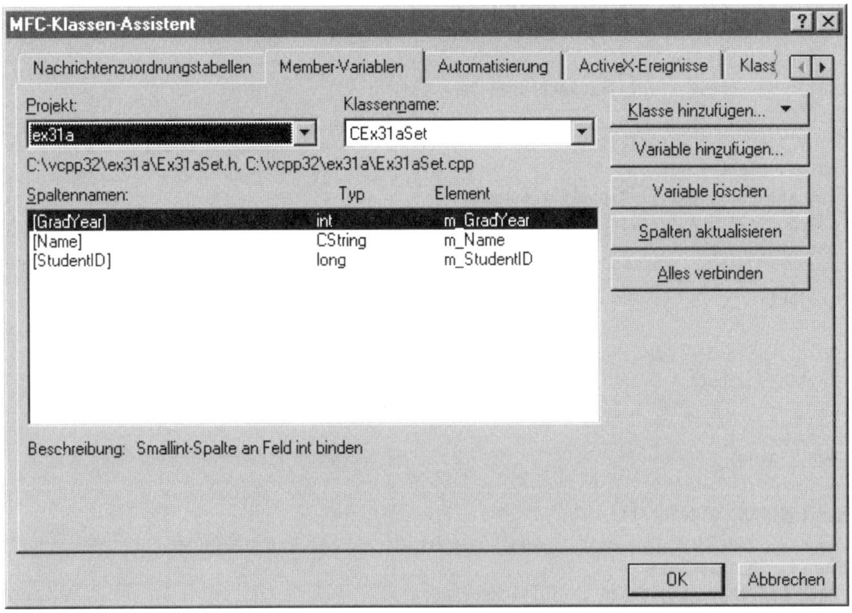

Abbildung 31.9: *Die Registerkarte* Member-Variablen *mit den Datenelementen der Klasse* CEx31aSet.

8. Bearbeiten Sie die Datei *ex31aDoc.cpp*.
Fügen Sie die Zeile

```
#include "ex31aSet.h"
```

unmittelbar vor der folgenden Zeile ein:

```
#include "ex31aDoc.h"
```

9. Deklarieren Sie *ex31aView.h* eine Zeigervariable vom Typ der Recordset-Klasse.
Fügen Sie das folgende private Datenelement in die Deklaration der Klasse *CEx31aView* ein:

```
CEx31aSet* m_pSet;
```

10. Bearbeiten Sie die Funktionen *OnDraw* und *OnInitialUpdate* in der Datei *ex31aView.cpp*.
Fügen Sie den fett gedruckten Code ein:

```
void CEx31aView::OnDraw(CDC* pDC)
{
  TEXTMETRIC tm;
  pDC->GetTextMetrics(&tm);
  int nLineHeight=tm.tmHeight+tm.tmExternalLeading;
  CPoint pText(0,0);

  int y = 0;
  CString str;
```

```
  if (m_pSet->IsBOF()) { // prüft, ob Recordset leer ist
    return;
  }
  m_pSet->MoveFirst();   // scheitert, falls Recordset leer ist
  while (!m_pSet->IsEOF()) {
    str.Format("%ld", m_pSet->m_StudentID);
    pDC->TextOut(pText.x, pText.y, str);
    pDC->TextOut(pText.x+1000, pText.y, m_pSet->m_Name);
    str.Format("%d", m_pSet->m_GradYear);
    pDC->TextOut(pText.x+4000, pText.y, str);
    m_pSet->MoveNext();
    pText.y -= nLineHeight;
  }
}
void CEx31aView::OnInitialUpdate()
{
  CScrollView::OnInitialUpdate();
  CSize sizeTotal(8000, 10500);

  SetScrollSizes(MM_HIENGLISH, sizeTotal);

  m_pSet = &GetDocument()->m_ex31aSet;
  // Beachten Sie, dass Dokumente/Ansichten in SDI-Anwendungen
  // mehrfach verwendet werden!
  if (m_pSet->IsOpen()) {
      m_pSet->Close();
  }
  m_pSet->Open();
}
```

Fügen Sie zudem in der Datei ex31aView.cpp die Zeile

```
#include "ex31aSet.h"
```

unmittelbar vor der folgenden Zeile ein:

```
#include "ex31aDoc.h"
```

11. Bearbeiten Sie die Datei *ex31a.cpp*.
Fügen Sie die Zeile

```
#include "ex31aSet.h"
```

unmittelbar vor der folgenden Zeile ein:

```
#include "ex31aDoc.h"
```

12. Erstellen und testen Sie die Anwendung EX31A.
Sieht der Bildschirm während der Ausführung etwa wie Abbildung 31.10 aus?

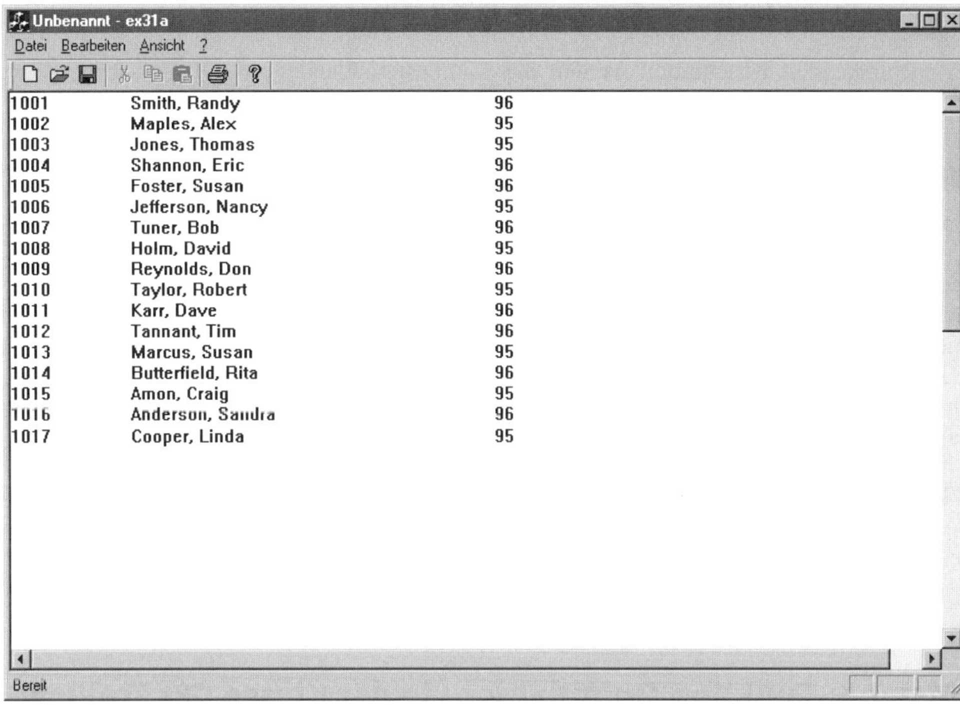

Abbildung 31.10: *Die Ausgaben des Beispielprogramms EX31A.*

Eine vorhandene MFC-Anwendung mit ODBC-Funktionalität ausstatten

Um eine vorhandene MFC-Anwendungen um ODBC-Funktionen zu erweitern, ändern Sie das Projekt in der folgenden Weise ab.

1. Fügen Sie die folgende Zeile am Ende der Datei StdAfx.h ein:

```
#include <afxdb.h>
```

2. Bearbeiten Sie die RC-Datei im Textmodus. Fügen Sie nach der Zeile

```
"#include ""afxprint.rc""    // Ressourcen für Drucken/Seitenansicht\r\n"
```

die folgende Zeile ein:

```
"#include ""afxdb.rc""       // Datenbankressourcen\r\n"
```

Fügen Sie nach der Zeile

```
#include "afxprint.rc"       // Ressourcen für Drucken/Seitenansicht
```

die folgende Zeile ein:

```
#include "afxdb.rc"          // Datenbankressourcen
```

Programmelemente von EX31A

In den nachfolgenden Abschnitten werden die wichtigsten Elemente des Beispielprogramms EX31A besprochen.

Die Recordset-Klasse mit der Anwendung verknüpfen

Der Klassen-Assistent fügt bei der Generierung der Klasse *CEx31aSet* die zugehörige CPP-und H-Datei in das Projekt ein – und mehr auch nicht. Es ist Ihre Aufgabe, diese Klasse mit der Ansichts- und der Dokumentklasse Ihres Programms zu verknüpfen. Durch die Einbettung eines *CEx31aSet*-Objekts in die Klasse *CEx31aDoc* wird sichergestellt, dass das Recordset-Objekt beim Anwendungsstart erzeugt wird.

Die Ansicht kann das Recordset-Objekt jederzeit vom Dokument abrufen. Allerdings ist es effizienter, wenn die Ansicht selbst über einen Zeiger auf dieses Objekt verfügt. Beachten Sie, wie in der Funktion *OnInitialUpdate* der Ansicht das Datenelement *m_pSet* initialisiert wird.

HINWEIS: Wenn Sie im MFC-Anwendungs-Assistenten eine der beiden Optionen für Datenbankansichten auswählen, generiert der MFC-Anwendungs-Assistent eine von *CRecordset* abgeleitete Klasse, eine von *CRecordView* (für ODBC) abgeleitete Klasse und alle erforderlichen Verknüpfungen. Wir verwenden den MFC-Anwendungs-Assistenten hier nicht in diesem Modus, da wir keine formularbasierte Anwendung möchten.

Die Member-Funktion OnInitialUpdate der Klasse CEx31aView

Die Funktion *CEx31aView::OnInitialUpdate* hat die Aufgabe, die Satzgruppe zu öffnen, die mit der Ansicht verknüpft ist. Der Konstruktor der Recordset-Klasse wurde mit dem Parameter *NULL* für den Datenbankzeiger aufgerufen, womit die Funktion *CRecordset::Open* veranlaßt wird, ein *CDatabase*-Objekt zu erzeugen und dieses Datenbank 1:1 mit der Satzgruppe zu verknüpfen. Woher weiß die Funktion *Open*, welche Datenquelle und Tabelle sie verwenden soll? Die Funktion ruft zwei virtuelle Funktionen der Klasse *CRecordset* auf, nämlich *GetDefaultConnect* und *GetDefaultSQL*. Der Klassen-Assistent generiert in der abgeleiteten Recordset-Klasse Implementierungen dieser Funktionen, die in unserem Beispiel wie folgt aussehen:

```
CString CEx31aSet::GetDefaultConnect()
{
    return _T("ODBC;DSN=Student Registration");
}

CString CEx31aSet::GetDefaultSQL()
{
    return _T("[Student]");
}
```

HINWEIS: Sowohl Klassen- als auch MFC-Anwendungs-Assistent setzen die Namen von Spalten und Tabellen in eckige Klammern ([]). Diese eckige Klammern sind nur erforderlich, wenn Namen Leerzeichen enthalten.

GetDefaultSQL ist eine rein virtuelle Funktion, und daher muss die abgeleitete Klasse diese Funktion implementieren. Für *GetDefaultConnect* ist dagegen eine Implementierung in der Basisklasse verfügbar, die ein ODBC-Dialogfeld öffnet und den Anwender zur Eingabe einer Datenquelle auffordert.

Da Dokument und Ansicht in SDI-Anwendungen mehrfach verwendet werden, muss die Funktion *OnInitialUpdate* geöffnete Satzgruppen schließen, bevor sie eine neue Satzgruppe öffnet. Die Member-Funktion *CRecordSet::IsOpen* erfüllt diese Aufgabe.

Die Member-Funktion OnDraw der Klasse CEx31aView

Wie bei jeder Dokument-Ansicht-Anwendung wird die Funktion *CEx31aView::OnDraw* aufgerufen, sobald die Ansicht ungültig ist sowie vor dem Ausdruck jeder Seite. In diesem Beispiel bearbeitet die Funktion *OnDraw* recht ineffizient die einzelnen Zeilen der Satzgruppe und zeichnet die Spaltenwerte mit der Funktion *CDC::TextOut*. Zu den wichtigsten Member-Funktionen von *CRecordset*, die die *OnDraw*-Funktion aufruft, gehören *MoveFirst* und *MoveNext*. Da der Aufruf von *MoveFirst* fehlschlägt, wenn die Satzgruppe leer ist, muss zuerst die Funktion *CRecordset::IsBOF* aufgerufen werden, um festzustellen, ob sich der Datenbankzeiger am Dateianfang befindet. Mit dem Aufruf von *CRecordset::IsEOF* wird festgestellt, ob die Satzgruppe das Dateiende erreicht hat, und die Schleife zur Bearbeitung der Zeilen verlassen.

Sie erinnern sich, dass der Klassen-Assistent in der Klasse *CEx31aSet* Datenelemente für die Spalten der Satzgruppe deklariert hat. Das bedeutet, dass die Recordset-Klasse und nun auch die Ansichtsklasse für die Datensätze der Tabelle *Student* festkodiert sind. Die Member-Funktionen von *CRecordset* rufen eine rein virtuelle Funktion namens *DoFieldExchange* auf, die der Klassen-Assistent basierend auf den Datenelementen *m_StudentID*, *m_Name* und *m_GradYear* generiert. In unserem Beispielprogramm sieht diese Funktion der von *CRecordset* abgeleiteten Recordset-Klasse wie folgt aus:

```
void CEx31aSet::DoFieldExchange(CFieldExchange* pFX)
{
    //{{AFX_FIELD_MAP(CEx31aSet)
    pFX->SetFieldType(CFieldExchange::outputColumn);
    RFX_Long(pFX, _T("[StudentID]"), m_StudentID);
    RFX_Text(pFX, _T("[Name]"), m_Name);
    RFX_Int(pFX, _T("[GradYear]"), m_GradYear);
    //}}AFX_FIELD_MAP
}
```

Für jeden SQL-Datentyp ist eine eigene RFX-Funktion (RFX – Record Field Exchange) verfügbar. RFX-Funktionen sind ziemlich komplex und werden während der Bearbeitung einer Datenbank sehr häufig aufgerufen. Sie werden vielleicht – so wie ich – erst einmal vermuten, dass RFX-Funktionen so etwas Ähnliches sind wie die DDX-Funktionen der Klasse *CDialog* und also tatsächlich Daten zwischen der Datenbank und den Datenelementen übertragen. Dem ist allerdings nicht so. Der Hauptzweck der RFX-Funktionen besteht darin, die Datenbankspalten an die Datenelemente zu *binden*, damit ODBC-Funktionen wie *SQLExtendedFetch* die Daten der Spalten übertragen können. Zu diesem Zweck wird die Funktion *DoFieldExchange* von der Funktion *CRecordSet::Open* aufgerufen. *DoFieldExchange* wird zudem von den *Move*-Funktionen aufgerufen, um Zeichenfolgen neu zuzuweisen und Statusbits zu löschen.

Da die Funktion *DoFieldExchange* so eng in die MFC-Datenbankverabeitungsmechanismen integriert ist, rate ich Ihnen, diese Funktion in Ihren Programmen nicht direkt aufzurufen.

Filter und Sortierung

SQL-Abfrageanweisungen können eine ORDER BY-Klausel und eine WHERE-Klausel enthalten. Die Klasse *CRecordset* verfügt über das öffentliche Datenelement *m_strSort*, n dem der Text der ORDER BY-Klausel (ohne die Schlüsselwörter »ORDER BY«) gespeichert wird. Ein anderes öffentliches Datenelement namens *m_strFilter* dient zum Speichern des Texts der WHERE-Klausel (ohne das Schlüsselwort »WHERE«). Sie können den Wert dieser Zeichenfolgen festlegen, bevor Sie die Datensatzgruppe öffnen.

Datenbanktabellen verknüpfen

Die meisten Datenbankprogrammierer wissen, dass es sich bei einer *Verknüpfung* um eine große logische Tabelle handelt, die aus Feldern einer oder mehrerer verwandter Tabellen besteht. In der Datenbank *Student Registration* können Sie die Tabelle *Student* mit der Tabelle *Enrollment* verknüpfen, um eine Liste zu erhalten, in der die Studenten zusammen mit ihrer Kursbelegung angezeigt werden.

Verknüpfungen lassen sich in Visual C++ einfach erstellen, da Sie mit dem Klassen-Assistenten Tabellen in eine bestehende Satzgruppe einfügen können. Es sind jedoch einige zusätzliche Programmierschritte erforderlich. Mit nachfolgenden Schritten verknüpfen Sie im Beispiel EX31A die Tabelle *Enrollment* mit der Tabelle *Student*.

1. Markieren Sie im Klassen-Assistenten die Klasse *CEx31aSet*, und klicken Sie auf das Register *Member-Variablen*. Klicken Sie auf die Schaltfläche *Spalten aktualisieren*, und wählen Sie dann die Tabelle *Enrollment* in der Datenbank *Student Registration* aus. Wenn eine Warnung eingeblendet wird, die besagt, dass die Tabelle nicht alle für die Recordset-Klasse erforderlichen Spalten enthält, klicken Sie auf die Schaltfläche *Ja*, um fortzufahren. Klicken Sie dann auf die Schaltfläche *Alles verbinden*, damit zusätzliche Datenfelder für die Felder der Tabelle *Enrollment* hinzugefügt werden.

2. Bearbeiten Sie die Funktion *CEx31aSet::GetDefaultSQL*, um auf die Tabellen *Student* und *Enrollment* zuzugreifen. Ändern Sie diese Funktion wie folgt:

```
CString CEx31aSet::GetDefaultSQL()
{
  return _T("[Student],[Enrollment]");
}
```

3. Die verknüpfte Tabelle enthält nun zwei *StudentID*-Felder. Bearbeiten Sie in der Funktion *CEx31aSet::DoFieldExchange* die Zeile für das Feld *StudentID*, und stellen Sie dem Feldnamen den Tabellennamen voran:

```
RFX_Long(pFX, _T("[Student].[StudentID]"), m_StudentID);
```

4. Weisen Sie in der Funktion *CEx31aView::OnInitialUpdate* folgende Zeichenfolge dem Datenelement *m_strFilter* der Satzgruppe zu:

```
m_pSet->m_strFilter = "[Student].[StudentID] =
    [Enrollment].[StudentID]";
```

5. Fügen Sie in der Funktion *CEx31aView::OnDraw* Anweisungen zur Anzeige der Felder der Tabelle *Enrollment* ein. Eine solche Anweisung könnte beispielsweise wie folgt lauten:

```
pDC->TextOut(pText.x+5000, pText.y, m_pSet->m_CourseID);
```

Die MFC-Klasse CRecordView

Bei der Klasse *CRecordView* handelt es sich um eine Formularansichtsklasse, die einer Datensatzgruppe zugeordnet ist. Abbildung 31.11 zeigt ein Beispiel für eine MFC-Anwendung zur Anzeige von Datensätzen. Mit Hilfe der Symbolleistenschaltflächen kann der Anwender die Datenbanktabelle zum Dateianfang und zum Dateiende hin durchsuchen.

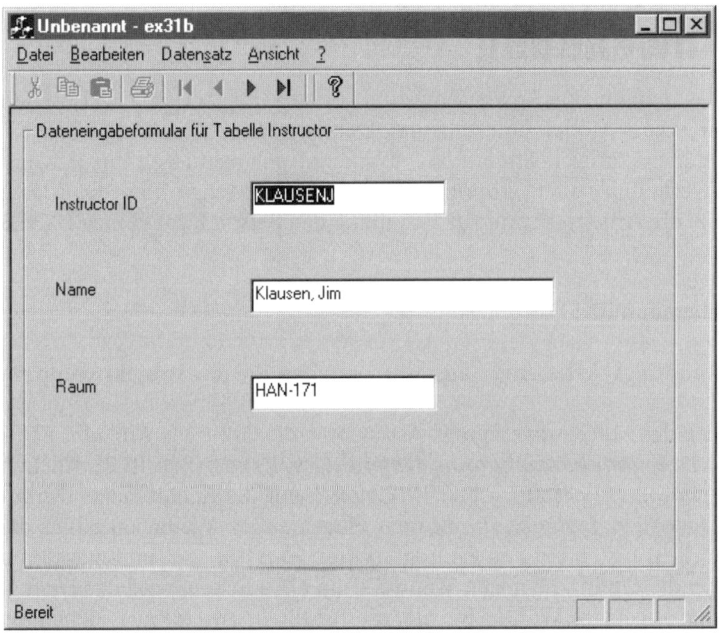

Abbildung 31.11: *Eine auf der Klasse* CRecordView *basierende MFC-Anwendung.*

Wie die Klasse *CFormView* setzt die Klasse *CRecordView* eine Dialogvorlagenressource voraus. Die Klasse *CFormView* verfügt über Datenelemente, die den Steuerelementen des Dialogfelds zugeordnet sind. Die Klasse *CRecordView* greift jedoch auf Datenelemente eines *Fremdobjekts* zu, nämlich auf Elemente des verknüpften *CRecordset-Objekt*s. Wenn der Anwender Daten in die Steuerelemente eingibt, werden die Daten von den DDX-Funktionen (DDX – Dialog Data eXchange) der *CRecordView*-Klasse an die Datenelemente der *CRecordset-Klasse* übertragen, die wiederum über die RFX-Funktionen (RFX – Record Field Exchange) an die Spalten des *CRecordset-Objekt*s gebunden sind.

Wenn Sie mit den MFC-Anwendungs-Assistenten eine Anwendung mit einer Datenbankansicht erstellen, generiert der MFC-Anwendungs-Assistent von *CRecordView* abgeleitete Klassen sowie eine leere Dialogfeldvorlage. Der Anwendungs-Assistent generiert auch eine von *CRecordset* abgeleitete Klasse und fordert Sie daher auf, den Namen einer Datenbanktabelle anzugeben. Zur Laufzeit werden das *CRecordview*-Objekt und das *CRecordset-Objekt* verbunden. Ihre Aufgabe besteht darin, Steuerelemente in die Dialogvorlage einzufügen und diese Steuerelemente Datenelementen des *CRecordset-Objekts* zuzuordnen. Man kann eine funktionierende, formularbasierte Datenbankanwendung erstellen, ohne eine Zeile C++-Code zu schreiben.

Der MFC-Anwendungs-Assistent generiert eine Datenbankanwendung, mit der Datensätze nur gelesen und angezeigt werden können. Falls Sie Datensätze ändern, hinzufügen oder löschen möchten, müssen Sie ein wenig programmieren. Das Standardverhalten der resultierenden Anwendungen entspricht dem Verhalten von Visual Basic und Access, was etwas eigenartig scheint. Ein Datensatz wird erst dann hinzugefügt oder geändert, wenn der Anwender diesen Datensatz verlässt. Wenn sich Ihre Programme so verhalten sollen, können Sie Ihre Anwendungen nach dem Muster des Beispielprogramms ENROLL erstellen, das Sie im Verzeichnis \...*Samples*\ *Vc98**Mfc**Tutorial**Enroll* auf der MSDN-CD von Visual C++ finden.

Das Beispielprogramm EX31B – Eine CRecordView-Anwendung

Beim Beispiel EX31B handelt es sich um eine Anwendung zum Hinzufügen, Ändern und Löschen von Datensätzen, die sich vom Access-Modell unterscheidet. Der Anwender muss Datensätze explizit über entsprechende Befehle hinzufügen, ändern oder löschen. Auch wenn sich Ihre Anwendungen nach Access-Manier verhalten sollen, können Sie eine ganze Menge über die Klasse *CRecordView* lernen, wenn Sie die Arbeitsschritte zur Erstellung des Beispielprogramms EX31B nachvollziehen.

So erstellen Sie das Beispielprogramm EX31B:

1. Führen Sie den MFC-Anwendungs-Assistenten aus, und erstellen Sie das Projekt \vcpp32\ex31b\ex31b.

Wählen Sie in den Dialogfeldern des MFC-Anwendungs-Assistenten die Optionen *Einzelnes Dokument (SDI)* (Schritt 1) und *Datenbankansicht ohne Dateiunterstützung* (Schritt 2). Klicken Sie im Dialogfeld *MFC-Anwendungs-Assistent – Schritt 2 von 6* auf die Schaltfläche *Datenquelle*. Daraufhin wird das Dialogfeld *Datenbankoptionen* eingeblendet. Wählen Sie hier die Option *ODBC* und im zugehörigen Listenfeld den Eintrag *Student Registration*, und markieren Sie im Abschnitt *Recordset-Typ* die Option *Dynaset*. Wenn Sie auf *OK* klicken, wird das Dialogfeld *Datenbanktabellen wählen* angezeigt. Wählen Sie hier die Tabelle *Instructor* aus. Heben Sie die Auswahl der Option *Drucken und Seitenansicht* (Schritt 4) auf. Die Einstellungen und vorgegebenen Klassennamen dieses Projekts können Sie Abbildung 31.12 entnehmen.

2. Fügen Sie Steuerelemente in die Dialogvorlage *IDD_EX31B_FORM* ein.

Weisen Sie den Steuerelementen die IDs *IDC_ID*, *IDC_NAME* und *IDC_ROOM* zu, und ordnen Sie sie wie in Abbildung 31.13 gezeigt an.

3. Verbinden Sie die Eingabefelder mit Hilfe des Klassen-Assistenten mit den Datenelementen der Recordset-Klasse.

Sie fügen ein Datenelement ein, indem Sie auf das Register *Member-Variablen* klicken, und die ID des Eingabefeldes wählen, für das Sie ein Datenelement definieren möchten. Klicken Sie auf die Schaltfläche *Variable hinzufügen*. Klicken Sie im Dialogfeld *Member-Variable hinzufügen* auf den nach unten weisenden Pfeil des Kombinationsfelds *Name der Member-Variablen*. Wählen Sie die geeignete Variable aus (siehe Abbildung 31.14).

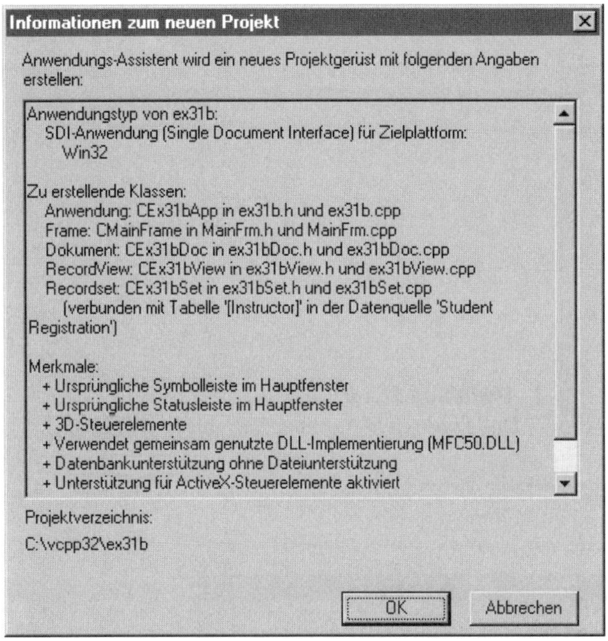

Abbildung 31.12: *Einstellungen und Klassennamen für das Beispielprogramm EX31B.*

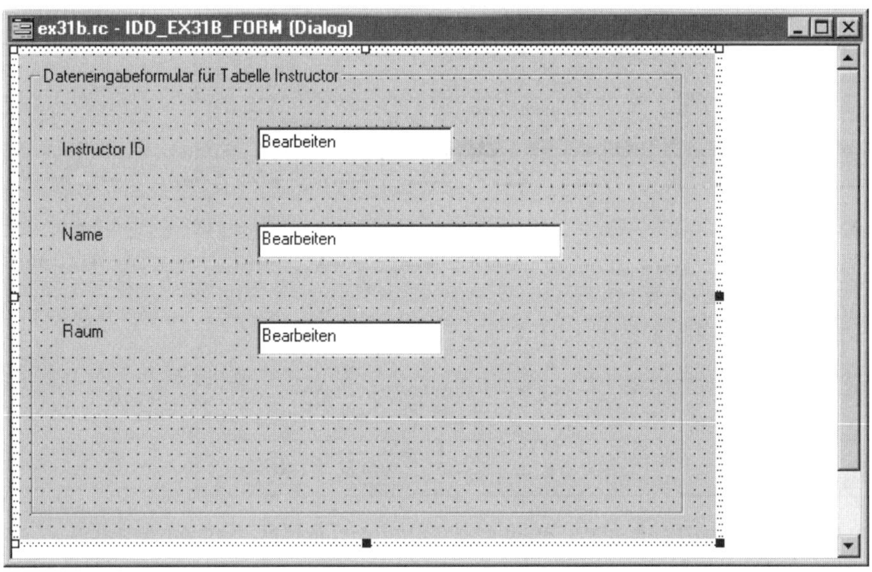

Abbildung 31.13: *Steuerelemente in der Dialogvorlage* IDD_EX31B_FORM.

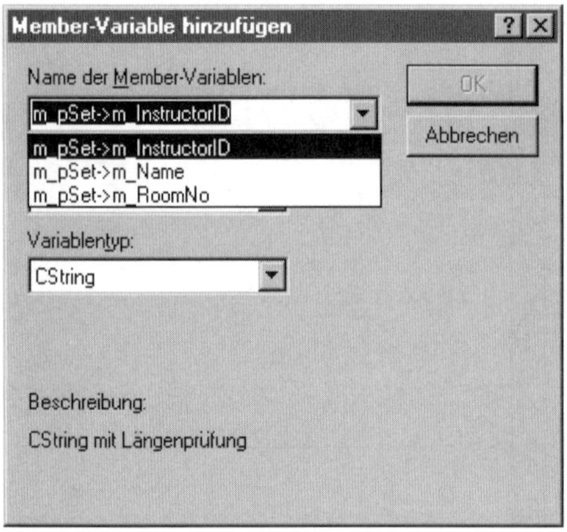

Abbildung 31.14:
Das Dialogfeld Member-Variable hinzufügen.

Nachdem Sie für jedes Eingabefeld eine Variable hinzugefügt haben, sollte die Registerkarte *Member-Variablen* wie in Abbildung 31.15 aussehen.

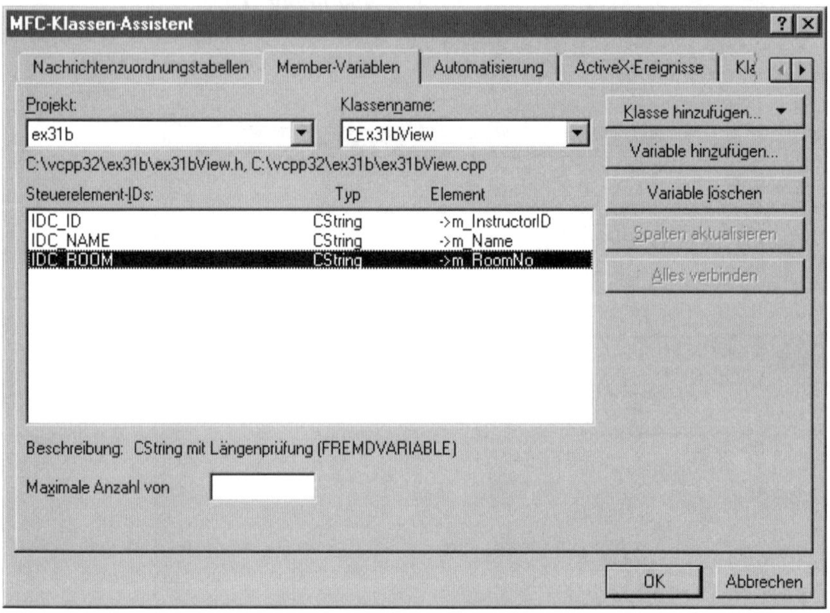

Abbildung 31.15: *Die Registerkarte* Member-Variablen *des Dialogfelds* MFC-Klassen-Assistent.

4. Erstellen und testen Sie die Anwendung EX31B.

Sie sollten über eine funktionierende Datenbankanwendung verfügen, die etwa wie in Abbildung 31.11 dargestellt aussieht. Blättern Sie mit Hilfe der Schaltflächen der Symbolleiste durch die Datensätze der Tabelle *Instructor*.

5. Legen Sie eine Sicherungskopie Ihrer Datenbank an.

Sie werden nun Funktionen zum Hinzufügen, Ändern und Löschen von Datensätzen definieren. Es ist daher ratsam, zuerst eine Sicherungskopie der Datei Stdreg32.mdb zu erstellen. Sie können dann auf diese Kopie zurückgreifen, wenn Sie sämtliche Datensätze gelöscht haben.

6. Fügen Sie Menübefehle hinzu.

Fügen Sie die folgenden Menübefehle in das Popup-Menü *Datensatz* der Menüressource *DR_MAINFRAME* ein. Ordnen Sie mit Hilfe des Klassen-Assistenten die Befehle den unten angegebenen Datenelementen der Klasse *CEx31bView* zu.

Menübefehl	Befehls-ID	Befehlsbehandlungs-routine	Oberflächenaktualisierungs-routine
Datensatz hinzufügen	*ID_RECORD_ADD*	*OnRecordAdd*	
Felddaten löschen	*ID_RECORD-_CLEARFIELDS*	*OnRecordClearfields*	
Datensatz löschen	*ID_RECORD_DELETE*	*OnRecordDelete*	OnUpdate-RecordDelete
Datensatz aktualisieren	*ID_RECORD_UPDATE*	*OnRecordUpdate*	OnUpdate-RecordUpdate

7. Fügen Sie die Funktion *OnMove* der Klasse *CEx31bView* hinzu, und bearbeiten Sie den vom Klassen-Assistenten generierten Code.

Die Funktion *CRecordView::OnMove* aktualisiert die Datenbank erst, wenn der Anwender einen anderen Datensatz auswählt. Da wir dieses Verhalten ändern wollen, überschreiben wir die Funktion wie folgt:

```
BOOL CEx31bView::OnMove(UINT nIDMoveCommand)
{
switch (nIDMoveCommand)
  {
  case ID_RECORD_PREV:
    m_pSet->MovePrev();
    if (!m_pSet->IsBOF())
        break;

  case ID_RECORD_FIRST:
    m_pSet->MoveFirst();
    break;

  case ID_RECORD_NEXT:
    m_pSet->MoveNext();
    if (!m_pSet->IsEOF())
        break;
    if (!m_pSet->CanScroll()) {
        // Anzeige löschen, da Dateiende erreicht ist
        m_pSet->SetFieldNull(NULL);
        break;
    }

  case ID_RECORD_LAST:
    m_pSet->MoveLast();
    break;
```

```
  default:
    // unerwarteter Wert
    ASSERT(FALSE);
  }

    // Ergebnisse der Cursor-Bewegung anzeigen
    UpdateData(FALSE);
    return TRUE;
}
```

Fügen Sie die Deklaration dieser überschriebenen Funktion in die Header-Datei ex31bView.h ein.

8. Bearbeiten Sie die Behandlungsroutinen der Menübefehle.
Die folgenden Funktionen rufen verschiedene Member-Funktionen der Klasse *CRecordset* zur Bearbeitung der Datenbank auf. Zum Hinzufügen eines Datensatzes müssen Sie zuerst *CRecordset::AddNew* und dann *Update* aufrufen. Zum Ändern eines Datensatzes müssen Sie *CRecordset::Edit* und anschließend *Update* aufrufen. Wenn Sie einen neuen Datensatz in die Datenbank einfügen, müssen Sie *CRecordset::MoveLast* aufrufen, da neue Datensätze immer an das Ende des Dynasets angehängt werden.

HINWEIS: Wenn Sie mit sortierten Recordsets arbeiten (oder falls Ihr ODBC-Treiber neue Datensätze nicht in die Satzgruppe einfügt), müssen Sie *CRecordset::Requery* aufrufen, um die Satzgruppe völlig neu zu erstellen. In diesem Fall gibt es kein bequemes Verfahren zur Positionierung des Cursors auf dem neu eingefügten Datensatz, und das ist eines der grundlegenden Probleme bei SQL.

Fügen Sie den fett gedruckten Code ein:

```
void CEx31bView::OnRecordAdd()
{
  m_pSet->AddNew();
  UpdateData(TRUE);
  if (m_pSet->CanUpdate()) {
      m_pSet->Update();
  }
  if (!m_pSet->IsEOF()) {
      m_pSet->MoveLast();
  }
  // m_pSet->Requery(); // für sortierte Recordsets
  UpdateData(FALSE);
}

void CEx31bView::OnRecordClearfields()
{
  m_pSet->SetFieldNull(NULL);
  UpdateData(FALSE);
}

void CEx31bView::OnRecordDelete()
{
  CRecordsetStatus status;
  try {
      m_pSet->Delete();
```

```
  }
  catch(CDBException* e) {
    AfxMessageBox(e->m_strError);
    e->Delete();
    m_pSet->MoveFirst(); // Positon verloren!
    UpdateData(FALSE);
  return;
  }
  m_pSet->GetStatus(status);
  if (status.m_lCurrentRecord == 0) {
     // Der vorletzte von 2 Datensätzen wurde gelöscht
     m_pSet->MoveFirst();
  }
  else {
      m_pSet->MoveNext();
  }
  UpdateData(FALSE);
}

void CEx31bView::OnUpdateRecordDelete(CCmdUI* pCmdUI)
{
  pCmdUI->Enable(!m_pSet->IsEOF());
}

void CEx31bView::OnRecordUpdate()
{
  m_pSet->Edit();
  UpdateData(TRUE);
  if (m_pSet->CanUpdate()) {
      m_pSet->Update();
  }
// erneute Abfrage, falls Schlüsselfeld geändert
}

void CEx31bView::OnUpdateRecordUpdate(CCmdUI* pCmdUI)
{
  pCmdUI->Enable(!m_pSet->IsEOF());
}
```

9. Erstellen und testen Sie die Anwendung EX31B erneut.

Sie können nun Datensätze hinzufügen, ändern und löschen. Beobachten Sie, was passiert, wenn Sie versuchen, einen Datensatz mit einem bereits vorhandenen Schlüsselwert einzufügen. Sie erhalten eine Fehlermeldung, die von der Ausnahmenbehandlungsroutine des Anwendungsgerüsts generiert wird. Sie können *try/catch*-Anweisungen in die Funktion *OnRecordAdd* einfügen, um die Fehlerbehandlung anzupassen.

Mehrere Recordsets

In den Beispielen EX31A und EX31B wurde jeweils nur mit einer Satzgruppe gearbeitet. In vielen Fällen müssen Sie jedoch gleichzeitig auf mehrere Satzgruppen zugreifen. Angenommen, Sie schreiben ein Programm, mit dem Anwender Datensätze in die Tabelle *Section* einfügen können, und möchten erreichen, dass der Anwender einen gültigen Wert für die Felder *CourseID* und *InstructorID* auswählen kann. Sie benötigen dann neben der primären Satzgruppe für die Tabelle *Section* zusätzliche Satzgruppen aus den Tabellen *Course* und *Instructor*.

In den vorigen Beispielen enthielt ein Ansichtsobjekt eine eingebettete Satzgruppe, die mit dem Standardkonstruktor der Klasse *CRecordset* erstellt wurde. Infolgedessen wurde ein Objekt vom Typ *CDatabase* erzeugt. Die Funktion *OnInitialUpdate* der Ansicht rief die Funktion *CRecordset::Open* auf, die wiederum die virtuelle Funktion *CRecordset::GetDefaultConnect* aufrief, die Datenbank öffnete und dann die virtuelle Funktion *CRecordset::GetDefaultSQL* aufrief. Dieses Szenario birgt die Schwierigkeit, dass es immer nur eine Satzgruppe pro Datenbank geben kann, da das Datenbankobjekt in das Recordset-Objekt *eingebettet* ist.

Wir müssen die Dinge anders angehen, wenn wir mit mehreren Recordsets arbeiten möchten. Sie müssen zuerst das *CDatabase*-Objekt erstellen. Danach können Sie beliebig viele Recordsets erzeugen, indem Sie dem *CRecordset*-Konstruktor beim Aufruf einen *CDatabase*-Zeiger als Parameter übergeben. Sie betten dazu zuerst das *CDatabase*-Objekt anstelle des *CRecordset-Objekts* in das Dokument ein. Sie können auch einen Zeiger auf die primäre Satzgruppe hinzufügen. Das Dokumentobjekt enthält in diesem Fall die folgenden Datenelemente:

```
CEx31bSet* m_pEx31bSet;
CDatabase m_database;
```

In Ihrer überschriebenen Funktion *CDocument::OnNewDocument* erzeugen Sie die primäre Satzgruppe auf dem Heap, wobei Sie die Adresse des *CDatabase*-Objekts dem *CRecordset*-Konstruktor übergeben. Sie fügen dazu folgenden Code ein:

```
if (m_pEx31bSet == NULL) {
    m_pEx31bSet = new CEx31bSet(&m_database);
    CString strConnect = m_pEx31bSet->GetDefaultConnect();
    m_database.Open(NULL, FALSE, FALSE, strConnect, FALSE);
}
```

Die Funktion *CRecordView::OnInitialUpdate* öffnet auch hier die Satzgruppe, aber diesmal wird die Datenbank nicht von der Funktion *CRecordset::Open* geöffnet. (Sie ist bereits geöffnet.) Die Anweisung, die dem Datenelement *m_pSet* der Ansicht einen Wert zuweist, sieht nun etwas anders aus:

```
m_pSet = GetDocument()->m_pEx31bSet;
```

Abbildung 31.16 illustriert die Beziehungen, die nun zwischen dem Dokument, der Ansicht und der primären Satzgruppe bestehen. Die Abbildung berücksichtigt auch möglicherweise vorhandene zusätzliche Satzgruppen.

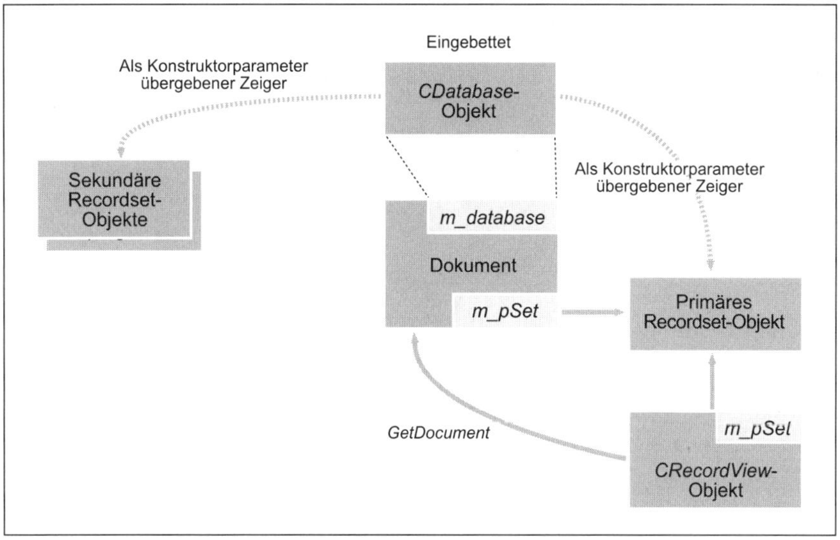

Abbildung 31.16: *Objektbeziehungen bei Verwendung mehrerer Recordsets.*

Das Beispielprogramm EX31C – Mehrere Recordsets

Das Programm EX31C unterscheidet sich vom Beispielprogramm EX31B nur dadurch, dass andere Beziehungen zwischen Datenbanksatzgruppen implementiert werden und dass eine zusätzliche Satzgruppe die Ausgabe der Unterrichtseinheiten der Dozenten ermöglicht. Das Anwendungsfenster von EX31C ist in Abbildung 31.17 dargestellt.

Erstellen Sie das Projekt \vcpp32\ex31c\ex31c, und testen Sie die Anwendung. Blättern Sie durch die Datensätze der Tabelle *Instructor*, und beobachten Sie, wie sich dabei die Liste im Feld *Unterrichtseinheiten* ändert.

Wie Sie sehen enthält das Dialogfeld nun ein neues Listenfeld. Die Ansichtsklasse verfügt zudem über eine Hilfsfunktion namens *LoadListbox*, mit der die Zeilen der *Section*-Satzgruppe in das Listenfeld geladen werden. Diese Funktion ist wie folgt implementiert:

```
void CEx31cView::LoadListbox()
{
    CEx31cDoc* pDoc = GetDocument();
    CListBox* pLB = (CListBox*) GetDlgItem(IDC_SECTIONS);
    CSectionSet sect(&pDoc->m_database);
                    // Datenbank wird über Konstruktor übergeben

    sect.m_strFilter.Format("InstructorID = '%s'",
        (LPCSTR) m_pSet->m_InstructorID);

    sect.Open();
    pLB->ResetContent();
    while (!sect.IsEOF()) {
        pLB->AddString(sect.mourseID + " " + sect.m_SectionNo);
        sect.MoveNext();
    }
    // sect wird von CRecordset-Destruktor geschlossen
}
```

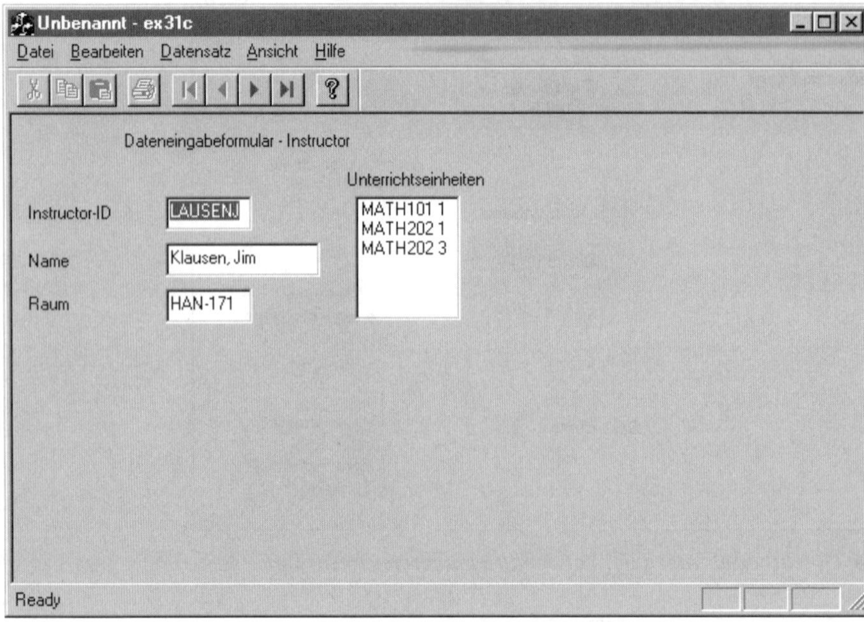

Abbildung 31.17: *Das Beispielprogramm Ex31c während der Ausführung.*

Beachten Sie, dass in dieser Funktion eine Filterzeichenfolge definiert wird, die vom Wert des Felds *InstructorID* in der primären Satzgruppe abhängt. Die Funktion *LoadListbox* wird von den Member-Funktionen *OnInitialUpdate*, *OnMove*, *OnRecordUpdate*, *OnRecordAdd* und *OnRecordDelete* aufgerufen.

Parametrisierte Abfragen

Im Beispielprogramm EX31C wird bei jedem Zugriff auf die zusätzliche Satzgruppe eine neue Abfrage definiert und ausgeführt. Es ist allerdings effizienter, eine einzige parametrisierte Abfrage einzurichten und es ODBC damit zu ermöglichen, eine Bindung zu einem Programmparameter herzustellen. Sie können dann einfach den Wert dieses Parameters ändern und die Abfrage erneut ausführen.

Mit folgenden Arbeitsschritten können Sie die *Section*-Satzgruppe nach allen Unterrichtseinheiten abfragen, die für einen bestimmten Dozenten ausgewählt wurden.

1. Fügen Sie ein Datenelement für den Parameter in die Recordset-Klasse der Tabelle Section ein:

```
CString m_InstructorIDParam;
```

2. Fügen Sie die folgende Zeile in den Konstruktor der *Section*-Satzgruppe ein. Damit weisen wir dem geerbten Datenelement *m_nParams* die Gesamtzahl der Abfrageparameter (hier 1) als zu:

```
m_nParams = 1;
```

3. Fügen Sie die folgenden Anweisungen in die Funktion *DoFieldExchange* der Section-Recordset-Klasse ein:

```
pFX->SetFieldType(CFieldExchange::param);
RFX_Text(pFX, "Param", m_InstructorIDParam); // beliebiger Name möglich
```

4. Fügen Sie die folgenden Zeilen in die Ansichtsklasse ein und zwar vor dem Aufruf von *Open* zum Öffnen der *Section*-Satzgruppe:

```
sect.m_strFilter = "InstructorID = ?";
sect.m_InstructorIDParam = m_pSet->m_InstructorID;
```

ODBC-Multithreading

ODBC selbst untertstützt die Multithread-Programmierung, aber nicht alle ODBC-Treiber tun es. Insbesondere der Access-Treiber, den Sie in den vorangegangenen Beispielen verwendet haben, unterstützt Multithreading nicht – der Microsoft SQL Server-Treiber dagegen schon. Auch wenn Ihr ODBC-Treiber Multithreading nicht unterstützt, können Sie sämtlichen Code für Datenbankzugriffe in einem Arbeits-Thread unterbringen. (Multithread-Programmierung und Arbeits-Threads werden in Kapitel 12 behandelt.)

Abruf von Datensatzblöcken

Wenn Sie mit Microsoft SQL Server oder einem anderen Client-Server-Datenbankmanagementsystem arbeiten, können Sie Datenbankzugriffe beschleunigen, indem Sie die ODBC-Funktion zum Abruf von Datensatzblöcken verwenden, die nun auch von der Klasse *CRecordset* unterstützt wird. Ihr Programm kann damit mit einem Aufruf mehrere Datensätze aus der Datenquelle abrufen, statt jeweils nur einen. Die Datenquelle wird an Elemente eines Datenfelds gebunden, das einem Objekt einer von *CRecordset* abgeleiteten Klasse zugeordnet ist. Gegenwärtig wird das Hinzufügen, Ändern und Löschen von Datensätzen in Satzgruppen, die mit dem blockweisen Abruf arbeiten, von der MFC nicht untestützt. (Nähere Informationen hierzu enthält der InfoView-Artikel »Recordset: Fetching Records in Bulk (ODBC)«.)

Recordsets ohne Bindung

In allen drei Beispielen dieses Kapitels wurden von *CRecordset* abgeleitete Klassen verwendet. Die Datenelemente dieser Klassen wurden bei der Erstellung der Satzgruppe mit Hilfe des ODBC-Binden-Mechanismus an Datenbankspalten gebunden. Beim Aufruf von *CRecordset::Move* hat der ODBC-Treiber die Daten direkt aus der Datenquelle in die Datenelemente kopiert.

ODBC hat den ungebundenen Datenzugriff schon immer über die Funktionen *SQLGetData* und *SQLPutData* unterstützt. Nun unterstützt auch die Klasse *CRecordset* durch die Member-Funktion *GetFieldValue* schreibgeschützte Zugriffe ohne Datenbindung. Eine überladene Variante dieser Funktion ruft den Wert eines durch den Namen bezeichneten Felds ab und speichert ihn in einem Objekt der Klasse *CDBVariant*. Diese Klasse ähnelt der Klasse *COleVariant*, die in Kapitel 25 beschrieben wurde, verwendet aber keine OLE-Funktionen und hat nicht so viele überladene Operatoren und Member-Funktionen wie diese. Die Klasse *COleVariant* verfügt über das Datenelement *m_dwType*, dem eine Union folgt. Falls in diesem Datenelement beispielsweise der Typcode *DBVT_LONG* übergeben wird, greifen Sie auf eine Ganzahl im Union-Element *m_lVal* zu.

Sie können die Funktion *CRecordset::GetFieldValue* verwenden, wenn Sie ein Programm für den Zugriff auf eine Datenbank schreiben und das Datenbanklayout nicht kennen. Ihr »dynamisches Datenbankprogramm« könnte dann ein Objekt der Klasse *CRecordset* erzeugen, und Sie könnten beispielsweise auf folgende Weise auf die Werte der Tabellenspalten zugreifen:

```
void CEx31dView::DrawDataRow(CDC* pDC, int y)
{
  int x = 0;
  CString strTime, str;
  CEx31dDoc* pDoc = GetDocument();
  for (int i = 0; i < pDoc->m_nFields; i++) {
      CDBVariant var; // muss innerhalb der Schleife deklariert sein
      m_pSet->GetFieldValue(i, var);
      switch (var.m_dwType) {
      case DBVT_STRING:
        str = *var.m_pstring; // 8-Bit-Zeichen
        break;
      case DBVT_SHORT:
        str.Format("%d", (int) var.m_iVal);
        break;
      case DBVT_LONG:
        str.Format("%d", var.m_lVal);
        break;
      case DBVT_SINGLE:
        str.Format("%10.2f", (double) var.m_fltVal);
        break;
      case DBVT_DOUBLE:
        str.Format("%10.2f", var.m_dblVal);
        break;
      case DBVT_DATE:
        str.Format("%d/%d/%d", var.m_pdate->month, var.m_pdate->day,
            var.m_pdate->year);
        break;
      case DBVT_BOOL:
        str = (var.m_boolVal == 0) ? "FALSE" : "TRUE";
        break;
      case DBVT_NULL:
        str =  "--";
        break;
      default:
        str.Format("Unk type %d\n", var.m_dwType);
        TRACE("Unknown type %d\n", var.m_dwType);
    }
    pDC->TextOut(x, y, str);
    x += pDoc->m_arrayFieldSize[i] * m_nCharWidth;
  }
}
```

Der oben abgedruckte Code stammt aus dem Beispielprogramm EX31D, das auf der Begleit-CD zu diesem Buch enthalten ist. Dieses Beispiel verwendet den *CRowView*-Code aus dem DAO-Beispiel EX32A, das im nächsten Kapitel beschrieben wird. Aufbau und Arbeitsweise der Programme EX31D und EX32A ähneln sich. EX31D verwendet ODBC, und EX32A verwendet DAO.

Obwohl in der MFC-Bibliothek die *CRecordset*-Funktionen *GetODBCFieldCount* und *GetODBCFieldInfo* zur Ermittlung von Feldlänge und Feldtypen verfügbar sind, müssen Sie die ODBC-Funktion *SQLTables* aufrufen, um eine Übersichtstabelle zu erhalten. Die Klasse *CTables* aus dem Projekt EX31D repräsentiert eine solche Tabelle.

32 Datenbankverwaltung mit Microsoft DAO

In Kapitel 31 wurden Programmiertechniken zur Datenbankverwaltung mit der MFC-Bibliothek und Microsoft ODBC vorgestellt. In diesem Kapitel wird ein vollkommen anderer Ansatz der Datenbankprogrammierung behandelt – die Klassen der MFC Data Access Objects (DAO) und die zugrunde liegende DAO-Software. Eigentlich ist dieser Ansatz gar nicht so grundverschieden. Statt der ODBC-Klassen *CDatabase* und *CRecordset* werden Sie die Klassen *CDaoDatabase* und *CDaoRecordset* verwenden. Die ODBC- und DAO-Klassen ähneln sich so sehr (viele Member-Funktionen haben dieselben Namen), dass Sie ODBC-Anwendungen wie die Beispiele aus Kapitel 31 in DAO-Anwendungen umwandeln können, indem Sie einfach die Klassennamen und sonst kaum etwas ändern. Sie können sich DAO daher als eine Art Ersatz für ODBC vorstellen. Sie werden jedoch feststellen, dass DAO weit über ODBC hinausgeht.

Dieses Kapitel behandelt DAO nur sehr oberflächlich. Es werden hier wichtige DAO-Merkmale hervorgehoben und Unterschiede zwischen DAO und ODBC skizziert. Nebenbei werden die Beziehungen zwischen DAO, COM, der Microsoft Jet-Datenbank-Engine, Visual Basic für Applikationen(VBA) und der MFC-Bibliothek beleuchtet. Am Ende des Kapitels wird eine dynamische Datenbankanwendung vorgestellt.

DAO, COM und die Microsoft Jet-Datenbank-Engine

Ein Merkmal von DAO besteht darin, dass COM-Schnittstellen verfügbar sind, die wie alle COM-Schnittstellen nichts weiter als Spezifikationen sind, also Gruppen rein virtueller Funktionsdeklarationen. Diese Schnittstellen heißen beispielsweise *DAOWorkspace*, *DAODatabase* und *DAORecordset*. (Achtung: Die Namen dieser Schnittstellen beginnen nicht mit dem Buchstaben *I* wie die meisten anderen Schnittstellennamen.)

Ein anderes wichtiges Merkmal von DAO ist die Implementierung dieser Schnittstellen. Microsoft liefert das COM-Modul DAO350.DLL, mit dem auf die gleiche Jet-Datenbank-Engine-DLL zugegriffen wird, die in der Datenbank Microsoft Access zum Einsatz kommt. Als Visual C++-Programmierer haben Sie das Recht, diese DLLs lizenzfrei mit Ihren Programmen weiterzugeben. Gegenwärtig ist als DAO-Implementierung für die Jet-Engine nur das Modul DAO350.DLL verfügbar, aber nichts hindert andere Datenbankhersteller daran, eigene DAO-Implementierungen zu entwickeln und anzubieten.

DAO und VBA

In Kapitel 25 haben Sie die Automatisierung kennen gelernt. Ein VBA-Automatisierungsclient (wie beispielsweise Microsoft Excel oder Microsoft Visual Basic) kann jeden beliebigen Automatisierungsserver laden und zur Erstellung von Objekten verwenden. Sobald die Objekte erstellt sind, kann der Server Eigenschaften abrufen und festlegen sowie Methoden aufrufen. Die Server, den Sie in Kapitel 25 entwickelt haben, haben über die COM-Schnittstelle *IDispatch* kommuniziert. VBA kann jedoch auch über andere Schnittstellen als lediglich *IDispatch* mit Servern kommunizieren.

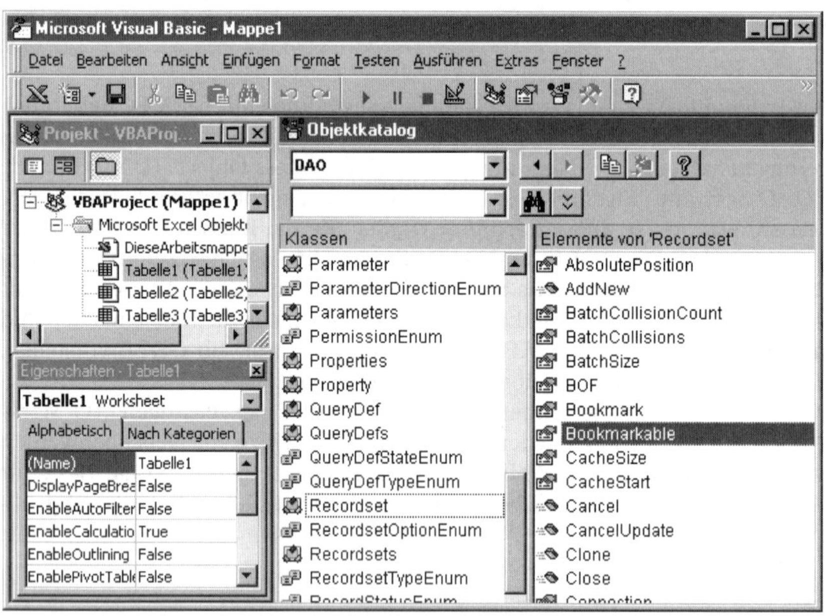

Abbildung 32.1: *DAO-Objekte werden im Objektkatalog von Visual Basic angezeigt.*

Wenn Sie sich in der Windows-Registrierung die Einträge unter *HKEY_CLASSES_ROOT\TypeLib* ansehen, stoßen Sie auf die Klassen-ID {00025E01-0000-0000-C000-000000000046} und den Pfadnamen für das Modul DAO350.DLL, das die DAO-Typbibliothek enthält. Sie können in VBA auf Objekte dieser Typbibliothek zugreifen, indem Sie zum Beispiel in Excel Alt+F11 drücken, um VBA zu starten, die Typbibliothek über den VBA-Menübefehl *Verweise* auswählen und dann im VBA-Menü *Ansicht* den Befehl *Objektkatalog* auswählen). Sie können die DAO-Bibliothek dann durchsuchen und DAO-Objekte in Ihre Programm einbinden (siehe Abbildung 32.1).

Wie *IDispatch*-Server implementieren die Microsoft DAO-Server Objekte, die Eigenschaften und Methoden besitzen.

DAO und MFC

Die MFC-Bibliothek enthält die in Tabelle 32.1 aufgeführten DAO-Datenbankklassen:

Klasse	Bedeutung
CDaoWorkspace	Schnittstelle zur Verwaltung der Datenbanksitzung eines Anwenders
CDaoDatabase	Schnittstelle zur Bearbeitung einer Datenbank
CDaoRecordset	Schnittstelle zur Bearbeitung von Datensatzgruppen (wie Satzgruppen vom Typ Recordset, Dynaset und Snapshot)
CDaoTableDef	Schnittstelle zur Bearbeitung der Definition der Basistabelle oder einer verknüpften Tabelle
CDaoQueryDef	Schnittstelle zur Abfrage von Datenbanken

Tabelle 32.1: *DAO-Datenbankklassen der MFC-Bibliothek.*

Diese Klassen kapseln mehr oder weniger die COM-Schnittstellen mit korrespondierenden Namen. (*CDaoRecordset* kapselt beispielsweise *DAORecordset*.) Die Klasse *CDaoWorkspace* deckt in der Tat zwei Schnittstellen ab, nämlich *DAOWorkspace* und *DAODBEngine*. Diese COM-Schnittstellen werden durch die MFC-Bibliothek fast vollständig abgedeckt, und daher müssen Sie nur dann DAO-Schnittstellen direkt aufrufen, wenn Sie auf bestimmte Datenbanksicherheitsfunktionen zugreifen müssen. Wenn Sie mit der MFC-Bibliothek arbeiten, müssen Sie sich nicht um die Referenzzählung kümmern. Rufen Sie dagegen DAO direkt auf, müssen Sie die Funktion *Release* in Ihren Schnittstellen aufrufen.

Sowohl der MFC-Anwendungs-Assistent als auch der Klassen-Assistent unterstützen DAO. Sie können mit dem MFC-Anwendungs-Assistenten eine vollständige, formularbasierte Anwendung erstellen, die wie die Beispielanwendung EX31B aus dem vorigen Kapitel arbeitet. Und Sie können mit dem Klassen-Assistenten Klassen für einzelne Tabellen generieren, die von der Klasse *CDaoRecordset* abgeleitet sind.

Welche Datenbanken können Sie über DAO öffnen?

Die folgenden Datenbankoperationen werden von DAO unterstützt:

- **Öffnen einer Access-Datenbank (MDB-Datei)** – Eine MDB-Datei ist eine unabhängige Datenbank, die Abfragedefinitionen, Sicherheitsinformationen, Indizes, Beziehungen und natürlich Datentabellen enthält. Sie geben einfach den Pfadnamen der MDB-Datei an.

- **Direktes Öffnen einer ODBC-Datenquelle** – Hierbei gilt die einschneidende Einschränkung, dass Sie keine ODBC-Datenquelle, die einen Jet-Engine-Treiber verwendet, öffnen können. Sie können nur solche Datenquellen verwenden, die über eigene ODBC-Treiber-DLLs verfügen.
- **Öffnen einer ISAM-Datenquelle (ISAM – Indexed Sequential Access Method) über die Jet-Engine** – ISAM-Datenquellen können dBASE-, FoxPro-, Paradox-, Btrieve-, Excel- und Textdateien sein. Auch wenn Sie eine ODBC-Datenquelle eingerichtet haben, die über die Jet-Engine auf diese Dateitypen zugreift, müssen Sie diese Dateien als ISAM-Datenquelle und nicht als ODBC-Datenquelle öffnen.
- **Verknüpfen externer Tabellen mit einer Access-Datenbank** – Dieses Verfahren wird für den Zugriff auf ODBC-Daten bevorzugt. Man verknüpft die ODBC-Tabellen zuerst mit Hilfe von Access mit einer MDB-Datei und kann diese dann mit DAO-Funktionen öffnen. Mit Access lassen sich auch ISAM-Dateien mit einer MDB-Datei verknüpfen.

DAO im ODBC-Modus – Snapshots und Dynasets

Ich habe bereits erwähnt, dass DAO weit über ODBC hinausgeht. Wir wollen jedoch nichts übereilen und werden mit DAO-Snapshots und -Dynasets beginnen, die ihren gleichnamigen ODBC-Gegenstücken recht ähnlich sind. Sie können Snapshots und Dynasets mit ODBC-Datenquellen, ISAM-Dateien und Access-Tabellen verwenden. Sie schreiben Programme mit Hilfe der MFC-Bibliotheksklassen *CDaoDatabase* und *CDaoRecordset*, die den ODBC-Klassen *CDatabase* und *CRecordset* ähneln. Es gibt jedoch einige bemerkenswerte Unterschiede, die nachfolgend aufgeführt sind.

- Die Funktion *CDaoRecordset::GetRecordCount* arbeitet anders als die Funktion *CRecordset::GetRecordCount*. Die Funktion *CDaoRecordset::GetRecordCount* gibt für verknüpfte Tabellen und ODBC-Datenquellen stets den Wert –1 zurück. Bei Access-Tabellen und ISAM-Dateien liefert die Funktion die Anzahl der bereits gelesenen Datensätze, und daher wird hier die Gesamtzahl der in der Satzgruppe enthaltenen Datensätze erst ausgegebenen, wenn der letzte Datensatz gelesen worden ist. Unglücklicherweise gibt es zu der ODBC-Funktion *CRecordset::GetStatus* keine äquivalente DAO-Funktion, so dass Sie eine DAO-Satzgruppe nicht daraufhin überprüfen können, ob der letzte Datensatz erreicht worden und die Gesamtzahl daher endgültig ist.
- Bei DAO können Sie die absolute und die relative Position des aktuellen Datensatzes in einem Dynaset oder Snapshot abfragen und festlegen. Die relative Position wird durch einen Prozentwert angegeben. Sie können nach Datensätzen suchen, die bestimmte Zeichenfolgen enthalten, und Sie können Lesezeichen verwenden, um Datensätze für einen späteren Abruf zu markieren.
- DAO erleichtert es, Spaltenwerte ohne Bindung zu ermitteln und festzulegen. Da Werte als *VARIANT*-Strukturen übergeben werden, können Sie dynamische Anwendungen entwickeln, die sich zur Laufzeit dem Datenbanklayout anpassen.

Man darf bei Snapshot-Satzgruppen nicht vergessen, dass sich die Datensatzanzahl hier *nie ändert*. Bei Dynasets ändert sich die Datensatzanzahl nur, wenn *Sie* Datensätze löschen oder hinzufügen. Falls ein anderer Anwender einen Datensatz löscht, wird dieser Datensatz in Ihrem Dynaset als gelöscht markiert. Falls ein anderer Anwender einen Datensatz einfügt, scheint dieser Datensatz in Ihrem Dynaset nicht auf. Wenn Sie einen Datensatz in das Dynaset einfügen, wird dieser Datensatz, unabhängig von der Sortierfolge, stets an das Ende der Satzgruppe angehängt.

DAO-Tabellensatzgruppen

DAO führt eine neue Gruppe von Satzgruppen (bzw. Recordsets) ein, die in ODBC in dieser Form nicht vorkommen. Eine *Tabellensatzgruppe* (die von der Klasse *CDaoRecordset* unterstützt wird) bietet eine direkte Ansicht einer gesamten Datenbanktabelle. Sie können Tabellensatzgruppen *nur* mit Tabellen aus Access-Datenbanken verwenden. Tabellensatzgruppen unterscheiden sich durch folgende Merkmale von Snapshots und Dynasets:

- Die Funktion *CDaoRecordset::GetRecordCount* liefert die ungefähre Datensatzanzahl und berücksichtigtdie von anderen Anwendern hinzugefügten oder gelöschten Datensätze.
- Die *CDaoRecordset*-Funktionen, die auf die absolute oder relative Datensatzposition zugreifen, können nicht verwendet werden.
- Die Funktion *CDaoRecordset::Seek* ermöglicht die Auswahl von Datensätzen über Schlüsselwerte. Sie wählen hierzu zuerst über einen Aufruf der Funktion *CDaoRecordset::SetCurrentIndex* den gewünschten Index aus.
- Wenn Sie einen Datensatz in eine Tabellensatzgruppe einfügen, wird der Datensatz entsprechend der Sortierfolge, die durch den aktuellen Index festgelegt wird, in die Tabelle eingefügt.

Tabellensatzgruppen stellen eine gravierende Kursänderung gegenüber ODBC und SQL dar. Sie können nun einen einzelnen Datensatz auswählen, ohne zuerst eine Abfrage starten zu müssen. Sie können mit Hilfe eines Index einen Datensatz suchen und dann unter Verwendung eines anderen Index sequentiell auf Datensätze zugreifen. Das erinnert an die Programmierung in dBASE oder FoxPro!

Die MFC-Klassen CDaoQueryDef und CDaoTableDef

Wenn Sie mit einer Access-Datenbank arbeiten, können Sie mit Hilfe der MFC-Klasse *CDaoQueryDef* parametrisierte Abfragen in der Datenbank speichern. Zudem können Sie mit Hilfe der Klasse *CDaoTableDef* Tabellen während der Laufzeit definieren – eine praktikableres Verfahren als der Einsatz der SQL-Anweisung *CREATE*.

DAO-Multithreading

Die Microsoft Access Jet-Engine arbeitet nicht mit Multithreading und daher wird dies auch von DAO nicht unterstützt. Darüber hinaus müssen alle DAO-Aufrufe an den Haupt-Thread der Anwendung gerichtet sein.

Datenbankzeilen in einem Fenster mit Bildlauf anzeigen

Die Ausführungen zur DAO-Theorie finden hiermit ein Ende. Es ist an der Zeit, ein praktisches Beispiel zu betrachten. Bevor Sie sich in den Quelltext des Beispielprogramms EX32A vergraben, müssen Sie sich jedoch noch mit einem allgemeinen Problem bei der Anzeige von Datenbankzeilen in Fenstern mit Bildlauf beschäftigen. Wäre dieses Problem einfach zu lösen, gäbe es wahrscheinlich eine MFC-Klasse namens *CScrollDatabaseView*. Da es eine solche Klasse aber nicht gibt, müssen wir selbst eine schreiben. Es ist eigentlich gar nicht so schwierig, wenn wir einige vereinfachende Annahmen über die Datenbank machen. Erstens wird unsere Klasse für die bildlauffähige Datensatzanzeige auf einem Dynaset basieren, was bedeutet, dass sie Daten *beliebiger* Tabellen aufnehmen kann, auch Daten aus ODBC-Datenquellen und ISAM-Dateien. Zweitens lassen wir nur schreibgeschützte Zugriffe zu, so dass sich die Zeilenanzahl im Dynaset nicht ändern kann.

Bildlauf-Alternativen

Es gibt viele Möglichkeiten, in Visual C++ Ansichten mit Bildlauf zu implementieren. Im MFC-Beispieldatenbankprogramm DAOVIEW, das auf der Produkt-CD von Visual C++ enthalten ist, wird die MFC-Klasse *CListView* verwendet, die das Windows-Standardsteuerelement für Listenfelder kapselt. Problematisch ist bei diesem Ansatz, dass Sie sämtliche Zeilen in das Steuerelement kopieren müssen, was unter Umständen ziemlich lange dauert, und vor allem dass Änderungen, die von anderen Programmen an der angezeigten Tabelle durchgeführt werden, nicht widergespiegelt werden. Die Listenansicht ist de facto ein Snapshot einer Datenbanktabelle.

Wir werden für unsere bildlauffähige Ansicht die MFC-Klasse *CScrollView* verwenden, und unser Programm wird intelligent genug sein, nur diejenigen Datensätze zu laden, die aktuell für den Client-Bereich des Fensters benötigt werden. Die einzige Einschränkung besteht hier in der logischen Größe des Bildlauffensters. Unter Microsoft Windows 95 gelten die Grenzwerte ±32.767, und infolgedessen können wir nur eine beschränkte Anzahl von Zeilen anzeigen. Falls die Zeilen durch Abstände von jeweils 14 Einheiten voneinander getrennt sind, können bis zu 2340 Zeilen angezeigt werden.

Die Klasse CRowView

Wenn Sie andere Bücher zur Windows-Programmierung gelesen haben, wissen Sie, dass Autoren der Implementierung bildlauffähiger Listen eine Menge Zeit widmen. Es ist eine Programmierübung, die anscheinend immer wieder wiederholt werden muss. Warum soll man eine bildlauffähige Liste eigentlich nicht in einer Basisklasse kapseln? Sämtliche unangenehmen Details würden damit verborgen, und man könnte sich ganz auf das Schreiben der eigentlichen Anwendung konzentrieren.

Die Klasse *CRowView*, die auf der gleichnamigen Klasse aus dem MFC-Beispielprogramm CHKBOOK von der Produkt-CD von Visual C++ basiert, erfüllt diese Aufgabe. Durch die Verwendung virtueller Callback-Funktionen kann sie als Modell für andere ableitbare Basisklassen dienen. Die Klasse *CRowView* weist einige Beschränkungen auf, und sie genügt auch nicht den Anforderungen, die an kommerzielle Software gestellt wird, aber für unser DAO-Beispiel erfüllt sie ihren Zweck. Listing 32.1 enthält die Header-Datei dieser Klasse.

ROWVIEW.H

```
// rowview.h : Schnittstelle der Klasse CRowView
//
// Diese Klasse implementiert eine bildlauffähige Ansicht zur
// Anzeige mehrerer Datenzeilen mit einer festen Höhe. Die
// Ansicht ähnelt einem Listenfeld, das von seinem übergeordneten
// Fenster gezeichnet wird, weist jedoch alle Vorteile einer
// Ansicht auf, unter anderem das Drucken und die Seitenansicht.
```

```
/////////////////////////////////////////////////////////////////////////

class CRowView : public CScrollView
{
DECLARE_DYNAMIC(CRowView)
protected:
// Konstruktion/Destruktion
  CRowView();
  virtual ~CRowView();

// Attribute
protected:
  int m_nRowWidth;            // Zeilenbreite in logischen Einheiten
  int m_nRowHeight;           // Zeilenhöhe in logischen Einheiten
  int m_nCharWidth;           // durchschn. Zeichenbreite in logischen Einheiten
  int m_nPrevSelectedRow;     // Index der zuletzt ausgewählten Zeile
  int m_nPrevRowCount;        // letzte Zeilenanzahl, vor Aktualisierung
  int m_nRowsPerPrintedPage;  // Zeilenzahl auf Druckseite

// Operationen, Attribute
protected:
  virtual void UpdateRow(int nInvalidRow); // wird von OnUpdate der
                                           // abgeleiteten Klasse aufgerufen
  virtual void CalculateRowMetrics(CDC* pDC)
    { GetRowWidthHeight(pDC, m_nRowWidth, m_nRowHeight,
      m_nCharWidth); }
  virtual void UpdateScrollSizes();
  virtual CRect RowToWndRect(CDC* pDC, int nRow);

  virtual int RowToYPos(int nRow);
  virtual void RectLPtoRowRange(const CRect& rectLP, int& nFirstRow,
    int& nLastRow, BOOL bIncludePartiallyShownRows);
  virtual int LastViewableRow();

// Überschreibbare Funktionen
protected:
  virtual void GetRowWidthHeight(CDC* pDC, int& nRowWidth,
    int& nRowHeight, int& nCharWidth) = 0;
  virtual int GetActiveRow() = 0;
  virtual int GetRowCount() = 0;
  virtual void OnDrawRow(CDC* pDC, int nRow, int y, BOOL bSelected) = 0;
  virtual void ChangeSelectionNextRow(BOOL bNext) = 0;
  virtual void ChangeSelectionToRow(int nRow) = 0;

// Implementierung
protected:
  // Standardüberschreibungen von MFC-Klassen
  virtual void OnInitialUpdate();  // überschrieben zum Zeichnen dieser Ansicht
  virtual void OnDraw(CDC* pDC);
  virtual void OnPrepareDC(CDC* pDC, CPrintInfo* pInfo = NULL);
  virtual BOOL OnPreparePrinting(CPrintInfo* pInfo);
  virtual void OnBeginPrinting(CDC* pDC, CPrintInfo* pInfo);
  virtual void OnPrint(CDC* pDC, CPrintInfo* pInfo);

// Generierte Nachrichtentabellenfunktionen
protected:
```

```
    //{{AFX_MSG(CRowView)
    afx_msg void OnKeyDown(UINT nChar, UINT nRepCnt, UINT nFlags);
    afx_msg void OnSize(UINT nType, int cx, int cy);
    afx_msg void OnLButtonDown(UINT nFlags, CPoint point);
    //}}AFX_MSG
    DECLARE_MESSAGE_MAP()
};
```

Listing 32.1: *Die Header-Datei der Klasse* CRowView.

Arbeitsteilung zwischen Basisklasse und abgeleiteten Klassen

Da die (von der Klasse *CScrollView* abgeleitete) Klasse *CRowView* als Basisklasse konzipiert ist, ist sie sehr allgemein gehalten. *CRowView* verlässt sich darauf, dass die von ihr abgeleiteten Klassen auf einen Datensatz zugreifen und dessen Daten darstellen. Die Dokumentklasse aus dem Beispiel EX32A erhält ihre Daten aus einer DAO-Datenbank. Im Beispiel CHKBOOK wird dagegen mit einer Datei mit wahlfreiem Zugriff gearbeitet. Die Klasse *CRowView* erfüllt in beiden Beispielen ihren Zweck. Sie unterstützt eine Ansichtsdarstellung, in der die ausgewählte Zeile hervorgehoben angezeigt wird. Über die virtuellen Member-Funktionen von *CRowView* wird die abgeleitete Klasse darauf aufmerksam gemacht, wenn der Anwender eine andere Zeile auswählt.

Rein virtuelle Member-Funktionen der Klasse CRowView

Von *CRowView* abgeleitete Klassen müssen die folgenden rein virtuellen Member-Funktionen implementieren:

- ***GetRowWidthHeight*** – Diese Funktion liefert die Zeichenbreite und -höhe der aktuell ausgewählten Schriftart und die auf der durchschnittlichen Zeichenbreite basierende Zeilenbreite. Da zwischen dem Drucker- und dem Bildschirm-Gerätekontext gewechselt wird, werden auch die Schriftmaße entsprechend geändert.
- ***GetActiveRow*** – Die Basisklasse ruft diese Funktion sehr häufig auf, so dass die Ansicht feststellen kann, ob in einer anderen Ansicht eine andere Zeile ausgewählt worden ist.
- ***ChangeSelectionNextRow, ChangeSelectionToRow*** – Mit Hilfe dieser beiden Funktionen wird die abgeleitete Klasse darauf aufmerksam gemacht, dass der Anwender eine andere Zeile ausgewählt hat. Die abgeleitete Klasse kann dann das Dokument (und andere Ansichten) bei Bedarf aktualisieren.
- ***OnDrawRow*** – Die Funktion *OnDrawRow* wird von der Funktion *CRowView::OnDraw* zum Zeichnen einer bestimmten Zeile aufgerufen.

Andere Member-Funktionen von CRowView

Es sind drei weitere *CRowView*-Funktionen verfügbar, die von abgeleiteten Klassen und dem Anwendungsgerüst aufgerufen werden können:

- ***UpdateRow*** – Diese öffentliche Funktion veranlasst die Aktualisierung der Ansicht, sobald sich die Zeilenauswahl ändert. Normalerweise werden nur die neu ausgewählte Zeile und die Zeile, deren Auswahl aufgehoben wurde, für ungültig erklärt, so dass der ungültige Bereich schließlich beide Zeilen umfasst. Falls sich die Gesamtzahl der Zeilen verändert hat, ruft *UpdateRow* die Funktion *UpdateScrollSizes* auf.

- ***UpdateScrollSizes*** – Da es sich hier um eine virtuelle Funktion handelt, können Sie sie bei Bedarf überschreiben. Die Implementierung dieser Funktion in der Klasse *CRowView* aktualisiert die Ansichtsgröße und macht damit den sichtbaren Bereich ungültig. Die Funktion *UpdateScrollSizes* wird von den Funktionen *OnSize* und *OnUpdate* aufgerufen (nachdem der Anwender eine Abfrage ausgeführt hat).
- ***OnPrint*** – In der Klasse *CRowView* wird diese Funktion zur Anpassung des Ursprungs und des Clipping-Rechtecks so geschickt überschrieben, dass die Funktion *OnDraw* Ausgaben auf der Druckseite exakt so darstellen kann wie im sichtbaren Fensterbereich.

Die MFC-Dialogleiste

Sie haben die Klasse *CDialogBar* noch nicht kennen gelernt, da es bislang nicht sinnvoll war, diese Klasse zu verwenden. (Eine Dialogleiste ist ein untergeordnetes Fenster eines Rahmenfensters, das entsprechend der Dialogressource angeordnet ist und Befehle in ähnlicher Weise weiterleitet wie eine Symbolleiste). Sie eignet sich jedoch gut für das DAO-Beispiel (siehe Abbildung 32.2). Die Dialogleiste enthält ein Eingabefeld für die SQL-Abfrage und eine Schaltfläche zum erneuten Start der Abfrage. Die Schaltfläche sendet eine Befehlsnachricht, die in der Ansicht verarbeitet werden kann, und sie kann von einer Befehlsverarbeitungsroutine für die Oberflächenaktualisierung deaktiviert werden. Die meisten Dialogleisten werden am oberen Fensterrand, unmittelbar unter der Symbolleiste positioniert. Es ist überraschend einfach, eine Anwendung mit einer Dialogleiste auszustatten. Sie müssen nicht einmal eine neue Klasse ableiten. Führen Sie einfach folgende Arbeitsschritte aus:

1. Entwerfen Sie die Dialogleiste mit dem Ressourcen-Editor. Legen Sie die folgenden Formateigenschaften fest:

   Format = *Untergeordnet*
   Rand = *Keine*
   Sichtbar = deaktiviert

   Sie können eine horizontale Leiste am oberen oder unteren Rand des Rahmenfensters oder eine vertikale Leiste am linken oder rechten Rand des Rahmenfensters anordnen. Fügen Sie die benötigten Steuerelemente hinzu, wie Schaltflächen und Eingabefelder.
2. Fügen Sie die Deklaration eines eingebetteten *CDialogBar*-Objekts in die Deklaration Ihrer abgeleiteten Rahmenklasse ein. Ein Beispiel für solch eine Deklaration:

   ```
   CDialogBar m_wndMyBar;
   ```

3. Fügen Sie Code zur Erstellung des *CDialogBar*-Objekts in die Member-Funktion *OnCreate* Ihrer Hauptrahmenfensterklasse ein, zum Beispiel:

   ```
   if (!m_wndMyBar.Create(this, IDD_MY_BAR, CBRS_TOP,
     ID_MY_BAR)) {
     TRACE("Dialogleiste konnte nicht erstellt werden\n");
     return -1;
   }
   ```

IDD_MY_BAR ist die Dialogressourcen-ID, die im Ressourcen-Editor zugewiesen worden ist. Mit dem Formatparameter *CBRS_TOP* wird dem Anwendungsgerüst angegeben, dass die Dialogleiste am oberen Rand des Rahmenfensters angezeigt werden soll. *ID_MY_BAR* ist die Fenster-ID der Dialogleiste und sollte einen Wert im Bereich zwischen 0xE800 und 0xE820 haben, damit sichergestellt ist, dass die Dialogleiste im Seitenansichtsfenster berücksichtigt wird.

Eine dynamische Satzgruppe programmieren

Wenn Sie mit dem MFC-Anwendungs-Assistenten eine DAO-Datenbankanwendung erstellen, generiert der MFC-Anwendungs-Assistent eine von *CDaoRecordset* abgeleitete Klasse, die die Funktion *DoFieldExchange* enthält, mit der Datenelemente an die Spalten einer gegebenen Datenbanktabelle gebunden werden. Bei einer dynamischen Recordset-Klasse müssen Sie jedoch die Spaltennamen und Datentypen zur Laufzeit ermitteln. Das Beispiel EX31A illustriert, wie man dies mit ODBC-Funktionen erreicht.

Bei DAO ist das Vorgehen ähnlich. Sie erstellen einfach ein *CDaoRecordset*-Objekt und rufen die Member-Funktion *GetFieldValue* auf, die den Spaltenwert in Form einer *VARIANT*-Struktur liefert. Andere Member-Funktionen geben die Spaltenanzahl der Tabelle, den Namen, den Typ und die Breite der einzelnen Spalten zurück.

HINWEIS: Wenn ein Feld einer *VARIANT*-Struktur ein Element vom Typ *BSTR* enthält, sollte davon ausgegangen werden, dass die Zeichenfolge aus 8 Bit langen Zeichen besteht. Es handelt sich hier um eine Ausnahme zu der Regel, dass Elemente vom Typ *BSTR* Breitzeichen mit einer Länge von 16 Bit enthalten.

Das Beispielprogramm EX32A

Wir werden jetzt die Einzelteile zusammensetzen und eine weitere funktionierende MDI-Anwendung erstellen, die auf eine beliebige DAO-Datenquelle zugreifen kann. Die Anwendung zeigt Tabellen in bildlauffähigen Ansichtsfenstern dynamisch an und erlaubt es dem Anwender, eine SQL QUERY-Anweisung einzugeben, die zusammen mit den Angaben über Datenquelle und Tabelle im Dokument gespeichert wird. Der MFC-Anwendungs-Assistent generiert wie gewöhnlich Klassen für das MDI-Hauptrahmenfenster, das Dokument und die Ansicht. Wir verwenden statt der Vorgabe die Klasse *CRowView* als Basisklasse der Ansicht und fügen die DAO-spezifischen Anweisungen ein. Abbildung 32.2 zeigt das Beispielprogramm EX32A während der Ausführung.

Das Menü *Datei* des Dokuments enthält zusätzlich folgende Befehle:

- DAO – MDB öffnen
- DAO – ISAM öffnen
- DAO – ODBC öffnen

Der Anwender muss einen dieser Befehle wählen, nachdem ein Dokument geöffnet worden ist. Sie werden sehen, dass die Funktionen zum Öffnen der Datenbank sich bei den verschiedenen Typen von Datenquellen unterscheiden.

Sie erfahren eine Menge über diese Anwendung, wenn Sie sich Abbildung 32.2 genauer ansehen. Die beiden oberen Ansichtsfenster sind mit dem gleichen Dokument verbunden. Das untere

Ansichtsfenster ist mit einem anderen Dokument verknüpft. Die Dialogleiste zeigt die SQL-Anweisung, mit der die Daten des aktiven Ansichtsfensters abgefragt worden sind.

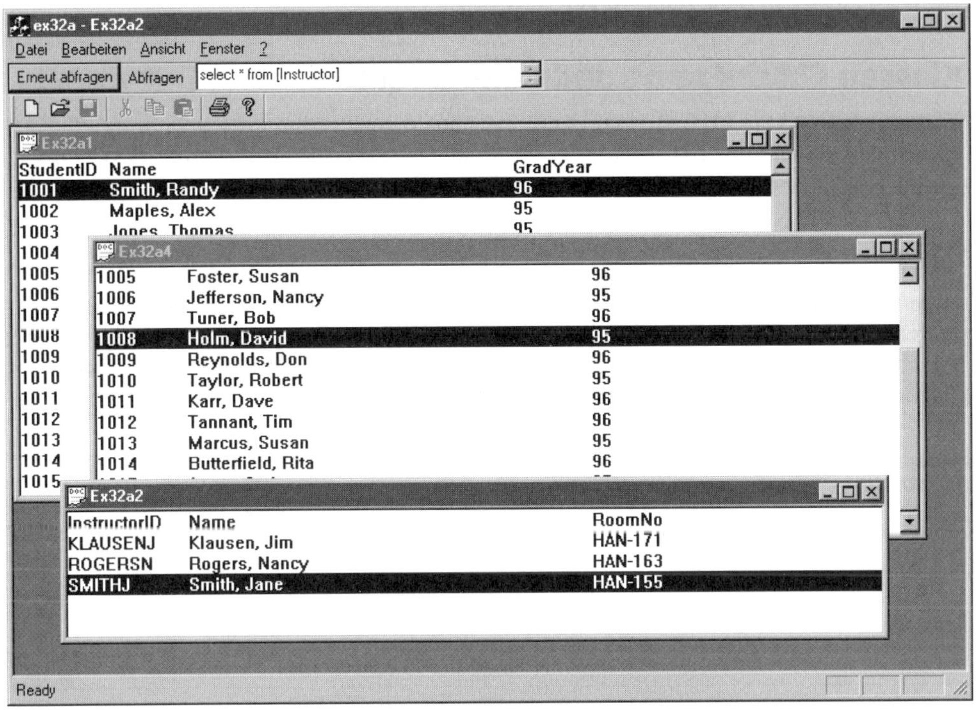

Abbildung 32.2: *Das Beispielprogramm EX32A während der Ausführung.*

Das Beispielprogramm EX32A umfasst Quelltextdateien und Ressourcen. Tabelle 32.2 sind die Dateien und Klassen dieses Beispielprogramms aufgeführt.

Header-Datei	Quelltextdatei	Klasse	Beschreibung
Ex32a.h	Ex32a.cpp	*CEx32aApp*	Anwendung
MainFrm.h	MainFrm.cpp	*CMainFrame*	MDI-Hauptrahmenfenster
ChildFrm.h	ChildFrm.cpp	*CChildFrame*	untergeordneter MDI-Rahmen
Ex32aDoc.h	Ex32aDoc.cpp	*CEx32aDoc*	Ex32a-Dokumentklasse
Ex32aView.h	Ex32aView.cpp	*CEx32aView*	Klasse für Datenbankansicht mit Bildlauf
Rowview.h	Rowview.cpp	*CRowView*	Basisklasse für Datensatzansicht
Tablesel.h	Tablesel.cpp	*CTableSelect*	Klasse für das Dialogfeld zur Tabellenauswahl
IsamSelect.h	IsamSelect.cpp	*CIsamSelect*	Klasse für Dialogfeld zur Auswahl einer ISAM-Datenquelle
StdAfx.h	StdAfx.cpp		vorkompilierte Header-Dateien

Tabelle 32.2: *Klassen und zugehörige Quelltextdateien des Beispielprogramms EX32A.*

Wir werden nun die Klassen dieser Anwendung, mit Ausnahme von *CRowView*, genauer betrachten und die wichtigsten Datenelemente und Member-Funktionen besprechen.

Die Klasse CEx32aApp

Diese Anwendungsklasse wurde vom MFC-Anwendungs-Assistenten generiert und nicht verändert. Hier ist nichts Besonderes anzumerken.

Die Klassen CMainFrame und CChildFrame

Diese Klassen wurden vom MFC-Anwendungs-Assistenten generiert und lediglich durch die Anweisungen zur Erstellung der Dialogleiste in der Member-Funktion *CMainFrame::OnCreate* ergänzt.

Die Klasse CEx32aDoc

Die Dokumentklasse verwaltet die Datenbankverbindungen und Satzgruppen. Jedes Dokumentobjekt unterstützt nur eine mit einer Datenquelle verbundene Satzgruppe. Ein Dokumentobjekt kann jedoch mit mehreren Ansichten verknüpft sein. Die Datenquellen (die durch *CDaoDatabase*-Objekte repräsentiert werden) werden von den Dokumentobjekten nicht gemeinsam genutzt.

Datenelemente

Die wichtigsten Datenelemente der Klasse *CEx32aDoc* sind in nachfolgender Tabelle 32.3 aufgeführt:

Datenelement	Beschreibung
m_pRecordset	Zeiger auf das Recordset-Objekt des Dokuments
m_database	In Dokument eingebettetes *CDaoDatabase*-Objekt
m_strDatabase	Pfadname der Datenbank (MDB-Datei)
m_strConnect	ODBC-Verbindungszeichenfolge oder ISAM-Verbindungszeichenfolge
m_strQuery	Gesamte SQL SELECT Anweisung
m_bConnected	Flag, das den Wert TRUE hat, wenn das Dokument mit einer Satzgruppe verknüpft ist
m_nFields	Anzahl der Felder (Spalten) der Satzgruppe
m_nRowCount	Anzahl der Datensätze (Zeilen) der Satzgruppe
m_nDatabaseType	enum {UNK, MDB, ISAM, ODBC}

Tabelle 32.3: *Datenelemente der Klasse* CEx32aDoc.

Die Funktion OnOpenDocument

Diese überschriebene *CDocument*-Funktion wird aufgerufen, wenn der Anwender ein Dokument von der Festplatte oder Diskette lädt. Das Dokument enthält den Namen der Datenbank und die Abfrageanweisung, so dass das Programm während des Ladevorgangs die Datenbank öffnen und die Abfrage ausführen kann.

```
BOOL CEx32aDoc::OnOpenDocument(LPCTSTR lpszPathName)
{
  if (!CDocument::OnOpenDocument(lpszPathName))
    return FALSE;
```

```
  PutQuery();
  switch (m_nDatabaseType) {
  case UNK:
    break;
  case MDB:
    DaoOpenMdb();
    break;
  case ISAM:
    DaoOpenIsam();
    break;
  case ODBC:
    DaoOpenOdbc();
    break;
  }
  return TRUE;
}
```

Die Funktion OnCloseDocument

Diese überschriebene Funktion der Klasse *CDocument* schließt die Datenbank, sofern eine Datenbank verbunden ist:

```
void CEx32aDoc::OnCloseDocument()
{
  m_strQuery.Empty();
  PutQuery();
  if (m_bConnected) {
    delete m_pRecordset; // Destruktor ruft Close auf
    m_database.Close();
    m_bConnected = FALSE;
    m_pRecordset = NULL;
    m_nRowCount = 0;
  }
  CDocument::OnCloseDocument();
}
```

Die Funktionen OnFileDaoOpenOdbc und DaoOpenOdbc

Diese Funktionen werden aufgerufen, wenn der Anwender im Menü *Datei* den Befehl *DAO – ODBC öffnen* auswählt. Die Funktion *DaoOpenOdbc*, die auch von *OnOpenDocument* aufgerufen wird, ruft *CDaoDatabase::Open* auf und übergibt dieser Funktion die Verbindungszeichenfolge als Parameter. Falls die Zeichenfolge »*ODBC;*« übergeben wird, wird das Dialogfeld zur Auswahl einer ODBC-Datenquelle angezeigt. Beachten Sie, wie hier mit Hilfe eines *try/catch*-Anweisungsblocks Fehler in der Verarbeitung der SQL-Anweisung abgefangen werden.

```
void CEx32aDoc::OnFileDaoOpenOdbc()
{
  m_strConnect.Empty();
  m_strQuery.Empty();
  DaoOpenOdbc();
}

void CEx32aDoc::DaoOpenOdbc()
{
  // mit Access-Treiber ist Zugriff auf ODBC-Datenquelle nicht möglich
```

```
  if (m_strConnect.IsEmpty()) {
    m_strConnect = "ODBC;";
  }
  BeginWaitCursor();
  try {
    // nicht exklusiv, schreibgeschützt
    m_database.Open("", FALSE, TRUE, m_strConnect);
  }
  catch (CDaoException* e) {
    ::DaoErrorMsg(e);
    EndWaitCursor();
    e->Delete();
    return;
  }
  m_strConnect = m_database.GetConnect();
  TRACE("Datenbankname = %s, connect = %s\n",
     (const char*) m_strDatabase,
     (const char*) m_strConnect);
  OpenRecordset();
  m_nDatabaseType = ODBC;
  EndWaitCursor();
}
```

Die Funktionen OnFileDaoOpenIsam und DaoOpenIsam

Diese Funktionen werden aufgerufen, wenn der Anwender im Menü *Datei* den Befehl *DAO – ISAM öffnen* aufruft. Die Funktion *DaoOpenIsam*, die auch von *OnOpenDocument* aufgerufen wird, erhält vom Anwender (über die Klasse *CIsamSelect*) einen Verzeichnisnamen und ruft dann *CDaoDatabase::Open* mit der Verbindungszeichenfolge als Parameter auf. Die Zeichenfolge *CIsamSelect::m_strIsam* gibt den Dateityp an und kann beispielsweise den Wert *dBASE III*, *Fox-Pro 2.6* oder *Excel 8.0* enthalten.

```
void CEx32aDoc::OnFileDaoOpenIsam()
{
  m_strConnect.Empty();
  m_strQuery.Empty();
  DaoOpenIsam();
}

void CEx32aDoc::DaoOpenIsam()
{
  BeginWaitCursor();
  if (m_strConnect.IsEmpty()) {
    CIsamSelect isamDlg;
    if (isamDlg.DoModal() != IDOK) {
      return;
    }
    m_strConnect = isamDlg.m_strIsam + ";DATABASE=" +
      isamDlg.m_strDirectory;
    TRACE("m_strConnect = %s\n", (const char*) m_strConnect);
  }
  try {
    // nicht exklusiv, schreibgeschützt
    m_database.Open("", FALSE, TRUE, m_strConnect);
  }
```

```
  catch(CDaoException* e) {
    ::DaoErrorMsg(e);
    EndWaitCursor();
    e->Delete();
    return;
  }
  m_strConnect = m_database.GetConnect();
  TRACE("Datenbankname = %s, connect = %s\n",
     (const char*) m_strDatabase, (const char*) m_strConnect);
  OpenRecordset();
  m_nDatabaseType = ISAM;
  EndWaitCursor();
}
```

Die Funktionen OnFileDaoOpenMdb und DaoOpenMdb

Diese Funktionen werden aufgerufen, wenn der Anwender im Menü *Datei* den Befehl *DAO – MDB öffnen* aufruft. Die Funktion *DaoOpenMdb*, die auch von *OnOpenDocument* aufgerufen wird, fragt mit Hilfe der MFC-Klasse *CFileDialog* den Pfadnamen einer MDB-Datei vom Anwender ab. Vergleichen Sie den *CDaoDatabase::Open*-Aufruf dieser Funktion mit den Aufrufen der beiden zuvor beschriebenen Funktionen. Beachten Sie, dass hier der MDB-Pfadname als erster Parameter übergeben wird.

```
void CEx32aDoc::OnFileDaoOpenMdb()
{
  m_strDatabase.Empty();
  m_strQuery.Empty();
  DaoOpenMdb();
}

void CEx32aDoc::DaoOpenMdb()
{
  if (m_strDatabase.IsEmpty()) {
    CFileDialog dlg(TRUE, ".mdb", "*.mdb");
    if (dlg.DoModal() == IDCANCEL) return;
    m_strDatabase = dlg.GetPathName();
  }
  BeginWaitCursor();
  try {
    // nicht exklusiv, schreibgeschützt
    m_database.Open(m_strDatabase, FALSE, TRUE);
  }
  catch (CDaoException* e) {
    ::DaoErrorMsg(e);
    EndWaitCursor();
    e->Delete();
    return;
  }
  m_strDatabase = m_database.GetName();
  TRACE("Datenbankname = %s, connect = %s\n",
     (const char*) m_strDatabase, (const char*) m_strConnect);
  OpenRecordset();
  m_nDatabaseType = MDB;
  EndWaitCursor();
}
```

Die Funktion OnFileDaoDisconnect

Diese Funktion schließt die DAO-Datenbank, woraufhin das Dokument gespeichert werden kann.

```
void CEx32aDoc::OnFileDaoDisconnect()
{
  if (m_bConnected) {
    delete m_pRecordset; // Destruktor ruft Close auf
    m_database.Close();
    m_bConnected = FALSE;
    m_pRecordset = NULL;
    m_nRowCount = 0;
    UpdateAllViews(NULL);
  }
}
```

Die Funktion OpenRecordset

Diese Hilfsfunktion wird von den Funktionen *DaoOpenOdbc*, *DaoOpenIsam* und *DaoOpenMdb* aufgerufen. Die Klasse *CTableSelect* ermöglicht dem Anwender die Auswahl eines Tabellennamens, der in die SELECT-Anweisung übernommen wird. Durch Aufrufe von *CDaoRecordset::MoveLast* und *CDaoRecordset::GetAbsolutePosition* wird die Datensatzanzahl für ODBC-, ISAM- und MDB-Datenquellen ermittelt.

```
void CEx32aDoc::OpenRecordset()
{
  GetQuery();
  if (m_strQuery.IsEmpty()) {
    CTableSelect tableDlg(&m_database);
    if (tableDlg.DoModal() != IDOK) {
      m_database.Close();
      return;
    }
    m_strQuery.Format("select * from [%s]", tableDlg.m_strSelection);
    PutQuery();
  }

  m_pRecordset = new CDaoRecordset(&m_database);
  try {
    m_pRecordset->Open(dbOpenDynaset, m_strQuery, dbReadOnly);
  }
  catch (CDaoException* e) {
    ::DaoErrorMsg(e);
    UpdateAllViews(NULL);
    m_bConnected = FALSE;
    e->Delete();
    return;
  }
  if (!m_pRecordset->IsBOF()) {
    // Ist bei einer sehr großen Tabelle etwas aufwendig.
    // Ansicht passt Wert ihres Datenelements m_nRowCount an, wenn
    // Sie hier einen Wert angeben
    m_pRecordset->MoveLast(); //  Datensatzanzahl validieren
  }
```

```
  m_nRowCount = m_pRecordset->GetAbsolutePosition() + 2;
  TRACE("m_nRowCount = %d\n", m_nRowCount);
  GetFieldSpecs();
  UpdateAllViews(NULL);
  m_bConnected = TRUE;
}
```

HINWEIS: Die MFC-Klasse *CDaoRecordset* verfügt ebenso wie die ODBC-Klasse *CRecordset* über die Datenelemente *m_strFilter* und *m_strSort*. Sie können diese Zeichenfolgen allerdings nur in Satzgruppen mit gebundenen Feldern verwenden. Sie müssen die SELECT-Anweisung daher wie oben gezeigt neu erstellen.

Die Funktion OnRequery

Diese Nachrichtenbehandlungsroutine wird aufgerufen, wenn der Anwender in der Dialogleiste auf die Schaltfläche *Erneut abfragen* klickt. Diese Behandlungsroutine liest die Abfragezeichenfolge und generiert eine neue Satzgruppe. Beachten Sie, dass die Funktion *CDaoRecordset::Requery* keine aktualisierten SELECT-Anweisungen verarbeitet. Daher schließen wir die Satzgruppe und öffnen sie erneut.

```
void CEx32aDoc::OnRequery()
{
  GetQuery();
  // Requery funktioniert nicht, weil wie die SQL-Anweisung ändern
  BeginWaitCursor();
  if(m_pRecordset->IsOpen()) {
    m_pRecordset->Close();
  }
  try {
    m_pRecordset->Open(dbOpenDynaset, m_strQuery, dbReadOnly);
  }
  catch (CDaoException* e) {
    ::DaoErrorMsg(e);
    m_nRowCount = 0;
    UpdateAllViews(NULL);
    EndWaitCursor();
    e->Delete();
    return;
  }
  if (!m_pRecordset->IsBOF()) {
    m_pRecordset->MoveLast(); // Datensatzanzahl validieren
  }
  m_nRowCount = m_pRecordset->GetAbsolutePosition() + 2;
  TRACE("m_nRowCount = %d\n", m_nRowCount);
  GetFieldSpecs();
  UpdateAllViews(NULL);
  EndWaitCursor();
}
```

Die Funktionen PutQuery und GetQuery

Diese Hilfsfunktionen lesen und schreiben die Abfragezeichenfolge des Dokuments aus dem bzw. in das Eingabefeld der Dialogleiste.

Die Funktion Serialize

Die Funktion *Serialize* liest und schreibt die Datenelemente *m_strConnect*, *m_strDatabase* und *m_strQuery*.

Die Klasse CEx32aView

Diese Klasse ist von der Klasse *CRowView* abgeleitet. Sie implementiert die virtuellen Funktionen.

Datenelemente

Die Klasse *CEx32aView* ermittelt mit Hilfe der Integer-Variablen *m_nSelectedRow*, welche Zeile aktuell ausgewählt ist. Der Datensatzzeiger wird im Datenelement *m_pSet* gespeichert.

Die Funktion OnUpdate

Diese virtuelle *CView*-Funktion wird über das Anwendungsgerüst aufgerufen, wenn die Ansicht aufgebaut wird und wenn sich der Inhalt des Dokuments ändert, weil eine Datenbank geöffnet oder eine erneute Abfrage ausgeführt wird. Falls zu einem Dokument mehrere Ansichten geöffnet sind, werden in allen Ansichten die aktuellen Abfrageergebnisse angezeigt. Die aktuelle Zeilenauswahl und die Bildlaufposition werden jedoch für jede Ansicht getrennt verwaltet. *OnUpdate* legt auch den Wert des Datenelements *m_pSet* fest. Dieser Wert kann nicht in *OnInitialUpdate* definiert werden, da die Satzgruppe zu diesem Zeitpunkt noch nicht geöffnet ist.

Die Funktionen GetRowWidthHeight, GetActiveRow, ChangeSelectionNextRow und ChangeSelectionToRow

Bei diesen Funktionen handelt es sich um Implementierungen der rein virtuellen Funktionen der Klasse *CRowView*. Diese Funktionen zeichnen die angegebene Abfrageergebniszeile und verwalten die aktuelle Zeilenauswahl.

Die Funktion GetRowCount

Diese virtuelle Funktion, die von *CRowView* aufgerufen wird, liefert einfach den im Dokument gespeicherten Wert für die Datensatzanzahl.

Die Funktionen OnDrawRow und DrawDataRow

Die virtuelle Funktion *OnDrawRow* wird von Member-Funktionen der Klasse *CRowView* aufgerufen, um eine gegebene Zeile zu zeichnen. *OnDrawRow* liest die aktuelle Zeile der Satzgruppe und ruft dann die Funktion *CDaoRecordset::Move* auf, um den Cursor zu positionieren und die Daten zu lesen. Der *try/catch*-Block fängt Fehler ab, die aus nicht lesbaren Daten resultieren können. Die Hilfsfunktion *DrawDataRow* liest die Spalten ein und druckt die Werte. Beachten Sie, dass die Funktion *OnDrawRow* die Meldung **DATENSATZ GELÖSCHT** anzeigt, wenn ein Datensatz nach der Erstellung der Dynaset-Satzgruppe von einem anderen Anwender gelöscht worden ist. Der Quelltext der Funktionen *OnDrawRow* und *DrawDataRow* ist unten abgedruckt:

```
void CEx32aView::OnDrawRow(CDC* pDC, int nRow, int y, BOOL bSelected)
{
  int x = 0;
```

```
  int i;
  CEx32aDoc* pDoc = GetDocument();
  if (m_pSet == NULL) return;

  if (nRow == 0) {  // Titelzeile
    for (i = 0; i < pDoc->m_nFields; i++) {
      pDC->TextOut(x, y, pDoc->m_arrayFieldName[i]);
      x += pDoc->m_arrayFieldSize[i] * m_nCharWidth;
    }
  }
  else {
    try {
      m_pSet->SetAbsolutePosition(nRow - 1); // für Titelzeile anpassen
      // SetAbsolutePosition löst erst Ausnahme aus, nachdem
      // das Ende der Satzgruppe erreicht ist
      if (m_pSet->GetAbsolutePosition() == (nRow - 1)) {
        DrawDataRow(pDC, y);
      }
    }
    catch (CDaoException* e) {
      // in diesem Programm wird Löschung möglicherweise verzögert angezeigt
      if (e->m_pErrorInfo->m_lErrorCode == 3167) {
        pDC->TextOut(0, y, "**DATENSATZ GELÖSCHT**");
      }
      else {
        m_pSet->MoveLast(); // falls m_nRowCount zu groß ist
        pDoc->m_nRowCount = m_pSet->GetAbsolutePosition() + 2;
      }
      e->Delete();
    }
  }
}

void CEx32aView::DrawDataRow(CDC* pDC, int y)
{
  int x = 0;
  CString strTime;

  COleVariant var;
  CString str;
  CEx32aDoc* pDoc = GetDocument();
  for (int i = 0; i < pDoc->m_nFields; i++) {
    var = m_pSet->GetFieldValue(i);
    switch (var.vt) {
      case VT_BSTR:
        str = (LPCSTR) var.bstrVal; // 8-Bit-Zeichen in DAO
        break;
      case VT_I2:
        str.Format("%d", (int) var.iVal);
        break;
      case VT_I4:
        str.Format("%d", var.lVal);
        break;
      case VT_R4:
        str.Format("%10.2f", (double) var.fltVal);
        break;
```

```
      case VT_R8:
        str.Format("%10.2f", var.dblVal);
        break;
      case VT_CY:
        str = COleCurrency(var).Format();
        break;
      case VT_DATE:
        str = COleDateTime(var).Format();
        break;
      case VT_BOOL:
        str = (var.boolVal == 0) ? "FALSE" : "TRUE";
        break;
      case VT_NULL:
        str = "--";
        break;
      default:
        str.Format("Unbekannter Typ %d\n", var.vt);
        TRACE("Unbekannter Typ %d\n", var.vt);
      }
    pDC->TextOut(x, y, str);
    x += pDoc->m_arrayFieldSize[i] * m_nCharWidth;
  }
}
```

Die Funktionen OnInitialUpdate und OnTimer

Da wir mit einem Dynaset arbeiten, sollen Datenbankänderungen, die von anderen Programmen vorgenommen werden, angezeigt werden. Die Funktion *OnTimer* ruft *CWnd::Invalidate* auf und bewirkt somit, dass sämtliche Datensätze im Client-Bereich aktualisiert werden:

```
void CEx32aView::OnInitialUpdate()
{
  CRowView::OnInitialUpdate();
}

void CEx32aView::OnTimer(UINT nIDEvent)
{
  Invalidate(); // Ansicht aktualisieren
}
```

Die Klasse CTableSelect

Es handelt sich hier um eine vom Klassen-Assistenten generierte Dialogklasse, die ein Listenfeld zur Auswahl der Datenbanktabelle enthält. Für die Beispieldatenbank *Student Registration* sieht dieses Dialogfeld wie in Abbildung 32.3 dargestellt aus.

Datenelemente

Die Klasse *CTableSelect* umfasst folgende Datenelemente:

Datenelement	Beschreibung
m_pDatabase	Zeiger auf das *CDaoDatabase*-Objekt der Satzgruppe
m_strSelection	Vom Klassen-Assistenten generierte Variable, die die Listenfeldauswahl enthält

Abbildung 32.3:
Das Dialogfeld Tabelle auswählen.

Konstruktor

Dem Konstruktor wird ein Datenbankzeiger als Parameter übergeben, mit Hilfe dessen der Wert des Datenelements *m_pDatabase* festgelegt wird:

```
CTableSelect::CTableSelect(CDaoDatabase* pDatabase,
  CWnd* pParent /*=NULL*/)
  : CDialog(CTableSelect::IDD, pParent)
{
  //{{AFX_DATA_INIT(CTableSelect)
  m_strSelection = "";
  //}}AFX_DATA_INIT
  m_pDatabase = pDatabase;
}
```

Die Funktion OnInitDialog

Diese unabhängige Funktion erstellt, öffnet und liest die Tabellenliste der Datenquelle und gibt die Zeichenfolgen mit den Tabellennamen im Listenfeld des Dialogfelds aus:

```
BOOL CTableSelect::OnInitDialog()
{
  CListBox* pLB = (CListBox*) GetDlgItem(IDC_LIST1);
  int nTables = m_pDatabase->GetTableDefCount();
  TRACE("CTableSelect::OnInitDialog, nTables = %d\n", nTables);
  CDaoTableDefInfo tdi;
  for (int n = 0; n < nTables; n++) {
    m_pDatabase->GetTableDefInfo(n, tdi);
    TRACE("Tabelle = %s\n", (const char*) tdi.m_strName);
    if (tdi.m_strName.Left(4) != "MSys") {
      pLB->AddString(tdi.m_strName);
    }
  }
  return CDialog::OnInitDialog();
}
```

Die Funktion OnDblclkList1

Mit dieser Funktion wird es dem Anwender ermöglicht, Listenelemente durch einfaches Doppelklicken auszuwählen. Die Funktion ist der entsprechenden Listenfeldbenachrichtigung zugeordnet:

```
void CTableSelect::OnDblclkList1()
{
  OnOK(); // Nach Doppelklick auf Listeneintrag wird Dialogfeld geschlossen
}
```

Die Klasse CIsamSelect

Diese vom Klassen-Assistenten generierte Dialogklasse enthält ein Listenfeld und ein Eingabefeld für die Auswahl der ISAM-Datenquelle. Der Anwender muss das Verzeichnis angeben, dessen Dateien aufgelistet werden sollen (siehe Abbildung 32.4).

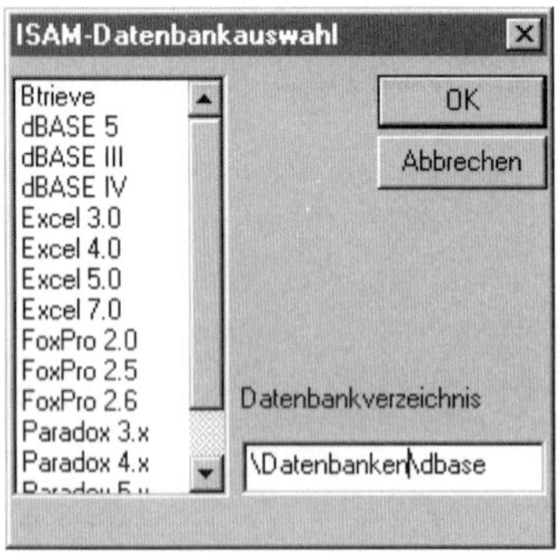

Abbildung 32.4:
Das Dialogfeld ISAM-Datenbankauswahl.

Datenelemente

Die Klasse *CIsamSelect* verfügt über die folgenden Datenelemente:

Datenelement	Definition
m_strIsam	Vom Klassen-Assistenten generierte Variable, die die Listenfeldauswahl enthält
m_strDirectory	Vom Klassen-Assistenten generierte Variable, die den Inhalt des Eingabefelds enthält

Die Funktion OnInitDialog

Diese Funktion legt die Werte fest, die anfänglich im Listenfeld angezeigt werden. Bei diesen Werten handelt es sich um die Optionen, die in der Online-Dokumentation im Thema *Connect Property* behandelt werden:

```
BOOL CIsamSelect::OnInitDialog()
{
  CListBox* pLB = (CListBox*) GetDlgItem(IDC_LIST1);
  pLB->AddString("dBASE III");
  pLB->AddString("dBASE IV");
  pLB->AddString("dBASE 5");
  pLB->AddString("Paradox 3.x");
  pLB->AddString("Paradox 4.x");
  pLB->AddString("Paradox 5.x");
  pLB->AddString("Btrieve");
  pLB->AddString("FoxPro 2.0");
  pLB->AddString("FoxPro 2.5");
```

```
  pLB->AddString("FoxPro 2.6");
  pLB->AddString("Excel 3.0");
  pLB->AddString("Excel 4.0");
  pLB->AddString("Excel 5.0");
  pLB->AddString("Excel 7.0");
  pLB->AddString("Text");
  CDialog::OnInitDialog();

  return TRUE; // TRUE zurückgeben, sofern Steuerelement nicht Fokus erhält.
        // AUSNAHEM: OCX-Eigenschaftendialogseiten müssen FALSE zurückgeben.
}
```

Die Ressourcendatei des Beispielprogramms EX32A

Da diese Anwendung mit einer Dialogleiste arbeitet, brauchen wir eine Dialogressource. Die Dialogleiste ist in Abbildung 32.2 dargestellt. Sie hat die Dialogressourcen-ID *IDD_QUERY_BAR* und enthält die folgenden Steuerelemente:

Steuerelement	ID
Schaltfläche *Erneut abfragen*	*IDC_REQUERY*
Eingabefeld	*IDC_QUERY*

Es wurden die folgenden Formateigenschaften gewählt:

Format = *Untergeordnet*
Rand = *Keine*
Sichtbar = deaktiviert

Die Anwendung verfügt zudem über eine Dialogfeldvorlage zur Tabellenauswahl (*IDD_TABLE_SELECT*), die ein Listenfeld mit der ID *IDC_LIST1* enthält, und eine Dialogfeldvorlage zur Auswahl der ISAM-Datenquelle (*IDD_ISAM_SELECT*). In das Menü *Datei* wurden die folgenden zusätzlichen Befehle eingefügt:

Menübefehl	Befehls-ID
DAO – MDB öffnen	*ID_FILE_DAOOPEN_MDB*
DAO – ISAM öffnen	*ID_FILE_DAOOPEN_ISAM*
DAO – ODBC öffnen	*ID_FILE_DAOOPEN_ODBC*
DAO – Verbindung trennen	*ID_FILE_DAODISCONNECT*

Das Programm EX32A ausführen

Sie können das Programm EX32A mit jeder DAO-Datenquelle ausführen. Probieren Sie es jedoch zuerst mit der auf der Produkt-CD von Visual C++ enthaltenen Datenbank STDREG32.MDB aus. Um die Funktionen für den Mehrbenutzerbetrieb zu testen, führen Sie es gleichzeitig mit dem Beispielprogramm EX31B aus. Verändern oder löschen Sie mit dem Programm EX31B Datensätze der Tabelle *Instructor*, während Sie diese Tabelle im Programm EX32A betrachten.

33 OLE-DB-Vorlagen

In den Kapiteln 31 und 32 wurden zwei alternative Methoden der Datenbankverwaltung mit Hilfe der MFC-Bibliothek Version 6.0 und Microsoft Visual C++ 6.0 behandelt, nämlich der Einsatz von ODBC und DAO. Microsoft hat eine weitere Möglichkeit des Datenzugriffs definiert: den Datenzugriff über eine Technologie namens OLE DB. Dieses Kapitel geht auf die neuen OLE-DB-Vorlagen ein – die Möglichkeit von Visual C++ 6.0 über OLE DB direkt auf Daten zuzugreifen. Während ODBC primär für den Zugriff auf SQL-Daten (SQL – Structured Query Language) in heterogenen Umgebungen konzipiert wurde, soll OLE DB Zugriff auf alle Datentypen eines Systems bieten. OLE DB erreicht dies mit Hilfe des Komponentenobjektmodells (COM – Component Object Model). OLE DB ist recht flexibel. Es beinhaltet die in ODBC definierte SQL-Funktionalität und definiert überdies Schnittstellen, die den Zugriff auf andere Datentypen ermöglichen.

Dieses Kapitel stellt die Hauptmerkmale der neuen OLE-DB-Vorlagen vor. Der OLE-DB-Datenzugriff ist in zwei Haupteinheiten geteilt: *Nutzer* und *Anbieter*. Wir sehen uns die grundlegende OLE-DB-Architektur an und untersuchen dann, wie Nutzervorlagen funktionieren. Anschließend erläutern wir, wie Anbieter funktionieren.

Warum OLE DB?

OLE DB soll ein einheitliches Verfahren für den Zugriff auf alle mögliche Arten disparater Datenquellen zur Verfügung stellen. Stellen Sie sich beispielsweise vor, welche verschiedenen Arten von Datenquellen in einem typischen Unternehmen vorhanden sein können. Dazu können so unterschiedliche Datenquellen wie Fertigungssysteme, Dateisysteme, Personaldatenbanken (wie z.B. Xbase und Btrieve) und E-Mail gehören. Das Problem besteht darin, dass jede dieser Datenquellen ein spezielles Protokoll erfordert. Wenn Sie auf Daten einer bestimmten Quelle zugreifen möchten, müssen Sie das Protokoll zur Verwaltung dieser Datenquelle kennen. OLE DB bildet die Mittelschicht, die den Zugriff auf Daten unterschiedlicher Quellen vereinheitlicht. Bei OLE

DB müssen sich die Entwickler von Client-Anwendungen nur auf einige wenige Details konzentrieren, um Zugriff auf die Daten zu erhalten (statt Unmengen verschiedener Protokolle für den Datenbankzugriff kennen zu müssen).

Zum Verständnis von OLE DB ist vor allem wichtig, dass dieses Konzept auf COM aufbaut. Mit anderen Worten, OLE DB stellt eine Menge von ActiveX-Schnittstellen für den Datenzugriff über COM dar. Die OLE DB-Schnittstellen reichen in der Regel aus, um eine einheitliche Datenzugriffsmethode bereitzustellen, ungeachtet dessen, auf welche Weise die Daten gespeichert wurden. Beispielsweise können Programmierer die gleichen OLE DB-Schnittstellen verwenden, ohne sich darum kümmern zu müssen, ob die Daten in einer DBMS-Datenquelle oder einer anderen Datenquelle gespeichert sind. Gleichzeitig ermöglicht es OLE DB Programmierern, die Vorteile der zugrunde liegenden Datenbanktechnologie (wie Geschwindigkeit und Flexibilität) zu nutzen, ohne Daten verschieben zu müssen, nur um in den Genuss dieser Vorteile zu kommen.

Stark vereinfacht besteht die OLE DB-Architektur aus Nutzern und Anbietern. Ein Nutzer ist System- oder Anwendungscode, der eine OLE DB-Schnittstelle verwendet. Dazu gehören auch die OLE DB-Komponenten. Ein Anbieter ist eine Software-Komponente, die eine OLE DB-Schnittstelle offenlegt.

Es gibt zwei Arten von OLE DB-Anbietern: *Datenanbieter* und *Dienstanbieter*. Datenanbieter besitzen Daten und stellen diese Daten in tabellarischer Form als Rowset zur Verfügung. (Mit Rowset ist einfach eine Abstraktion für die Darstellung von Daten in tabellarischer Form gemeint.) Beispiele für Datenanbieter sind unter anderem relationale Datenbankmanagementsysteme (DBMS), Storage-Manager, Tabellenkalkulationen und ISAM-Datenbanken (ISAM – Indexed Sequential Access Method).

Ein Dienstanbieter ist eine OLE DB-Komponente, die zwar keine Daten besitzt, aber einen Dienst zum Transfer von Daten über OLE DB-Schnittstellen. In gewissem Sinn ist eine Dienstkomponente sowohl Nutzer als auch Anbieter. Eine heterogene Abfrageverarbeitungskomponente ist beispielsweise eine Dienstkomponente. Wenn ein Nutzer Daten von Tabellen aus zwei Datenquellen zu verknüpfen versucht, ruft die Abfrageverarbeitungskomponente quasi als Nutzer Zeilen aus Rowsets ab, die für die beiden Basistabellen erstellt wurden. Als Anbieter erstellt die Abfrageverarbeitungskomponente aus diesen beiden Zeilen ein Rowset und übergibt es dem Nutzer.

Auf diese Daten kann in der Praxis auf unterschiedlichste Weise zugegriffen werden. Viele Programmierer wissen jedoch, wie man Daten mit Hilfe von Standarddatenbankverwaltungstechniken bearbeitet. OLE DB definiert eine Architektur, bei der der Datenzugriff über Komponenten erfolgt. Als komponentenbasiertes Datenbankverwaltungssystem ist OLE DB effizienter als herkömmliche Datenbankverwaltungssysteme, da die Datenbankfunktionalität in die Rollen der Nutzer und Anbieter aufgeteilt wird. Da Datennutzer in der Regel nur einen Teil der Datenbankfunktionalität benötigen, trennt OLE DB diese Funktionalität und reduziert damit die den client-seitigen Ressourcen-Overhead.

In ähnlicher Weise reduziert OLE DB die Last auf der Anbieterseite, da die Anbieter sich nur um die Bereitstellung der Daten kümmern müssen. OLE DB ermöglicht es einem einfachen Anbieter tabellarischer Daten eine für den Datenspeicher spezifische Funktionalität zu implementieren und gleichzeitig ein einheitliches Protokoll für den Datenzugriff zur Verfügung zu stellen. Daher ist es möglich, dass eine minimale Anbieterimplementierung nur die Schnittstellen verwendet, die Daten in Form von Tabellen darstellen. Damit eröffnet sich die Möglichkeit, vollkommen neuartige Abfrageverarbeitungskomponenten zu entwickeln, die tabellarische Daten von allen Anbietern verarbeiten können, die den Daten über OLE DB erlauben. Zudem können SQL-Datenbankmanagementsysteme ihre Funktionalität durch den Einsatz von OLE DB differenzierter offen legen.

Grundlegende OLE-DB-Architektur

Neben der Definition der grundlegenden Beziehung zwischen Nutzern und Anbietern, definiert OLE DB die folgenden Komponenten, die die OLE-DB-Architektur bilden (jede Komponente ist ein COM-Objekt):

- **Aufzählungsobjekte** – Aufzählungsobjekte suchen nach verfügbaren Datenquellen. Nutzer, die nicht fest mit einer bestimmten Datenquelle verknüpft sind, suchen mit Hilfe von Aufzählungsobjekten nach einer verfügbaren Datenquelle.
- **Datenquellenobjekte** – Datenquellenobjekte enthalten die für eine Verbindung mit einer Datenquelle (z.B. eine Datei oder ein DBMS) erforderliche Funktionalität. Datenquellenobjekte generieren *Sitzungen*.
- **Sitzungsobjekte** – Sitzungsobjekte repräsentieren Verbindungen zu einer Datenbank. Sitzungen stellen z.B. den Kontext für Datenbanktransaktionen zur Verfügung. Ein Datenquellenobjekt kann mehrere Sitzungen erzeugen. Sitzungen generieren Transaktionen, Befehle und Rowsets.
- **Transaktionsobjekte** – Transaktionsobjekte werden zur Verwaltung von Datenbanktransaktionen verwendet, um die Datenbanksicherheit zu gewährleisten.
- **Befehlsobjekte** – Befehlsobjekte führen Textbefehle aus, wie z.B. SQL-Anweisungen. Falls der Textbefehl ein Rowset beinhaltet, wie z.B. die SQL-Anweisung SELECT, dann generiert der Befehl Rowsets. Eine Sitzung kann mehrere Befehle erzeugen.
- **Rowset-Objekte** – Rowsets stellen die Daten in einem tabellarischen Format zur Verfügung. Ein spezieller Fall eines Rowset ist ein Index. Rowsets können von einer Sitzung oder einem Befehl erstellt werden.
- **Fehlerobjekte** – Fehler können von einer Schnittstelle oder einem OLE-DB-Objekt erzeugt werden. Sie erhalten zusätzliche Informationen über einen Fehler, einschließlich eines optionalen benutzerdefinierten Fehlerobjekts.

Es folgt ein Beispiel dafür, wie Sie diese Komponenten zur Erstellung eines OLE-DB-Nutzers einsetzen können. Falls Sie den Speicherort der Datenquelle nicht kennen, müssen Sie zuerst mit Hilfe eines Aufzählungsobjekts die Datenquelle suchen. Sobald Sie die Datenquelle gefunden haben, erstellen Sie eine Sitzung mit ihr. Die Sitzung ermöglicht Ihnen, auf die Daten (die als Rowsets vorliegen) zuzugreifen und Befehle zu generieren, die Rowsets anlegen.

Der Vorteil der OLE-DB-Architektur besteht darin, dass sie eine hervorragende homogene Methode bietet, auf heterogene Datenquellen zuzugreifen. Der Nachteil ist, dass Sie eine Menge COM-Schnittstellen implementieren müssen, um in den Genuss der Vorteile zu gelangen. Aus diesem Grund wurden OLE-DB-Vorlagen erfunden.

Grundlegende Architektur der OLE-DB-Vorlagen

Nachdem Sie die grundlegende Architektur von OLE DB verstehen, können wir uns eine bestimmte Implementierung der OLE-DB-Schnittstellen ansehen, die durch die neuen OLE-DB-Vorlagen für Nutzer und Anbieter realisiert wird. Wie die meisten auf COM basierenden Technologien erfordert OLE DB die Implementierung einer Reihe von Schnittstellen. Natürlich können Sie diese Schnittstellen von Hand implementieren (was häufig nicht sehr effizient ist, sofern Sie die Technologie nicht in- und auswendig kennen), oder Sie finden jemanden, der Ihnen diese Arbeit abnimmt. OLE DB ist zwar eine leistungsfähige Technologie für den Datenzugriff, leider ist es aber etwas mühsam, von Hand den erforderlichen Code zu schreiben.

Ebenso wie Visual C++ eine Vorlagenbibliothek (ATL) für die Implementierung von ActiveX-Steuerelementen zur Verfügung stellt, enthält es eine Vorlagenbibliothek, die die Verwendung von OLE DB erleichtert. Die OLE-DB-Vorlagen umfassen Klassen, die viele der gebräuchlichsten OLE-DB-Schnittstellen implementieren. Zudem stellt Visual C++ Assistenten zur Verfügung, die Code generieren, der sich auf übliche Szenarien anwenden lässt.

Man kann die Klassen dieser Vorlagenbibliothek grob in die zwei Gruppen einteilen, die durch OLE DB selbst definiert werden: die Nutzerklassen und die Anbieterklassen. Die Nutzerklassen unterstützen Sie bei der Implementierung von Datenbank-Client-Anwendungen (Nutzern), während die Anbieterklassen die Entwicklung von Datenbank-Server-Anwendungen (Anbietern) erleichtern. Vergessen Sie nicht, dass OLE-DB-Nutzer Anwendungen sind, die COM-Schnittstellen aufrufen, die von OLE-DB-Dienstanbietern (oder regulären Anbietern) für den Datenzugriff offen gelegt werden. OLE-DB-Anbieter sind COM-Server, die Daten und Dienste zur Verfügung stellen, die Nutzer verwenden können.

Aufbau der OLE-DB-Vorlagen für Nutzer

Microsoft hat sich bei der Definition der in den OLE-DB-Nutzervorlagen enthaltenen Klassen oberster Ebene so eng wie möglich an die OLE-DB-Spezifikationen gehalten. OLE-DB-Vorlagen definieren also kein anderes Objektmodell. Sie dienen lediglich dem Zweck, das gegebene OLE-DB-Objektmodell zu kapseln. Sie finden für alle Nutzerkomponenten, die im Abschnitt *Grundlegende OLE-DB-Architektur* aufgeführt sind, eine entsprechende C++-Vorlagenklasse. Dieser Designansatz macht sich die Flexibilität von OLE DB zunutze, und daher können anspruchsvollere Funktionen – wie z. B. mehrere Zugriffsobjekte für Rowsets – in Form von OLE-DB-Vorlagen zur Verfügung gestellt werden.

Die OLE-DB-Vorlagen sind klein und flexibel. Sie wurden unter Verwendung von C++-Vorlagen und der Mehrfachvererbung erstellt. Da die OLE-DB-Vorlagen nur die bestehende OLE-DB-Architektur kapseln, spiegelt jede Klasse eine OLE-DB-Komponente wider. Zum Beispiel entspricht die Klasse *CDataSource* dem Datenquellenobjekt von OLE DB.

Die Architektur der OLE-DB-Nutzervorlagen lässt sich in drei Kategorien einteilen: die allgemeinen Datenzugriffsklassen, die Klassen zur Unterstützung von Datenzugriffs- und Rowset-Operationen sowie die Klassen zur Verwaltung von Tabellen und Befehlen. Die nachfolgenden Abschnitte geben einen knappen Überblick über diese Klassen.

Allgemeine Unterstützung für Datenquellen

Das grundlegendste Konzept des Datenzugriffs über OLE DB stellt die Datenquelle dar. Natürlich bieten die OLE-DB-Vorlagen Unterstützung für Datenquellen. Die allgemeine Unterstützung für Datenquellen umfasst drei Klassen, die in nachfolgender Tabelle 33.1 aufgeführt sind.

Klasse	Verwendung
CDataSource	Diese Klasse repräsentiert eine Datenquellenkomponente und verwaltet die Verbindung zu einer Datenquelle.
CEnumerator	Diese Klasse ermöglicht die Auswahl eines Anbieters. Sie verfügt über eine ähnliche Funktionalität wie die Funktionen *SQLBrowseConnect* und *SQLDriverConnect*.
CSession	Diese Klasse verwaltet Transaktionen. Sie können diese Klasse verwenden, um Rowsets, Befehle und viele andere Objekte zu erzeugen. Ein *CDataSource*-Objekt erzeugt mit Hilfe der Methode *CSession::Open* ein *CSession* -Objekt.

Tabelle 33.1: *Allgemeine Klassen für den Umgang mit Datenquellen.*

Unterstützung für den Datenzugriff und Rowsets

Die OLE-DB-Vorlagen stellen durch mehrere Klassen Unterstützung für den Datenzugriff und für Rowsets zur Verfügung. Die Datenzugriffsklassen kommunizieren mit der Datenquelle, während die Rowset-Klassen die Daten in Form von Tabellen verwalten. Die Datenzugriffs- und Rowset-Komponenten werden durch die Klasse *CAccessorRowset* implementiert. *CAccessorRowset* ist eine Vorlagenklasse, die für eine bestimmte Datenzugriffskomponente und ein Rowset definiert wird. Diese Klasse kann mehrere Datenzugriffskomponenten unterschiedlichen Typs repräsentieren.

Die OLE-DB-Vorlagenbibliothek definiert die in Tabelle 33.2: aufgeführten Klassen für Datenzugriffskomponenten.

Klasse	Verwendung
CAccessor	Diese Klasse wird verwendet, wenn ein Datensatz fest an eine Datenquelle gebunden ist – er enthält den vorhandenen Datenpuffer und unterstützt das Datenformat. Sie verwenden die Klasse *CAccessor*, wenn Sie die Struktur und den Typ der Datenbank bereits kennen.
CDynamicAccessor	Diese Klasse wird zum Abruf von Daten aus einer Datenquelle verwendet, deren Struktur zum Entwurfszeitpunkt nicht bekannt ist. Diese Klasse ruft mit Hilfe von *IColumnsInfo::GetColumnInfo* Informationen zu den Datenbankspalten ab. Die Klasse *CDynamicAccessor* erstellt und verwaltet den Datenpuffer.
CDynamicParameterAccessor	Diese Klasse unterscheidet sich von der Klasse *CDynamicAccessor* nur dadurch, dass sie mit Befehlen verwendet wird. Wenn sie zur Vorbereitung von Befehlen verwendet wird, kann die Klasse *CDynamicParameterAccessor* Parameterangaben über die Schnittstelle *ICommandWithParameters* beziehen, was insbesondere bei der Verarbeitung unbekannter Befehlstypen nützlich ist.
CManualAccessor	Diese Klasse ermöglicht den Zugriff auf beliebige Datentypen; die einzige Voraussetzung (und Einschränkung) ist, dass der Anbieter den Datentyp verarbeiten können muss. *CManualAccessor* verwaltet sowohl die Ergebnisspalten als auch die Befehlsparameter.

Tabelle 33.2: *Datenzugriffsklassen.*

Neben den Datenzugriffsklassen definieren die OLE-DB-Vorlagen drei Typen von Rowsets: Einzelabruf-, Sammelabruf- und Datenfeld-Rowsets. Clients wählen mit Hilfe der Funktion *MoveNext* Daten aus. Einzelabruf-, Sammelabruf und Datenfeld-Rowsets unterscheiden sich durch die Anzahl von Zeilenzugriffsnummern, die beim Aufruf von *MoveNext* abgerufen werden. Bei Einzelabruf-Rowsets wird mit jedem Aufruf von *MoveNext* eine einzige Rowset-Zeile abgerufen, wogegen bei Sammelabruf-Rowsets mehrere Zeilen abgerufen werden. Datenfeld-Rowsets stellen eine praktische Datenfeldsyntax für den Datenabruf zur Verfügung. Die OLE-DB-Vorlagen arbeiten standardmäßig mit Einzelabruf-Rowsets.

Unterstützung für Tabellen und Befehle

Die letzte Schicht der OLE-DB-Vorlagenarchitektur für Nutzer umfasst Tabellen- und Befehlsklassen (*CTable* und *CCommand*). Diese Klassen werden verwendet, um Rowsets zu öffnen, Befehle auszuführen und Bindungen zu initialisieren. Beide Klassen sind von *CAccessorRowset* abgeleitet.

Die Klasse *CTable* öffnet eine Tabelle einer Datenquelle (die Sie über den Programmcode angeben können). Sie verwenden diese Klasse, wenn Sie einfach nur auf eine Datenquelle zugreifen müssen, da *CTable* für einfache Anbieter konzipiert ist und Befehle nicht unterstützt.

Andere Datenquellen unterstützen auch Befehle. Sie sollten für solche Datenquellen die OLE-DB-Vorlagenklasse *CCommand* verwenden. Wie der Name impliziert, wird die Klasse vorwiegend zur Ausführung von Befehlen eingesetzt. Diese Klasse weist eine Funktion namens *Open* auf, die einzelne Befehle ausführt. Diese Klasse verfügt auch über die Funktion *Prepare*, mit der ein mehrfach auszuführender Befehl konfiguriert werden kann.

Sie geben für die Klasse *CCommand* drei Vorlagenparameter an: ein Zugriffsobjekt, ein Rowset und ein dritter Vorlagenparameter, für den per Voreinstellung *CNoMultipleResults* eingesetzt wird. Wenn Sie als dritten Parameter *CMultipleResults* angeben, unterstützt die Klasse *CCommand* die Schnittstelle *IMultipleResults* für Befehle, die mehrere Rowsets zurückgeben.

Aufbau der OLE-DB-Vorlagen für Anbieter

Vergessen Sie nicht, dass OLE DB eigentlich nur eine Sammlung von Schnittstellen ist, die ein Protokoll für die Bearbeitung von Daten festlegen. OLE DB definiert verschiedene Schnittstellen (einige obligatorische und einige optionale Schnittstellen) für die folgenden Objekttypen: Datenquelle, Sitzung, Rowset und Befehl. Im Folgenden werden diese Objekte kurz beschrieben und jeweils durch ein Quelltextbeispiel veranschaulicht, das zeigt, wie die Vorlagen die objektspezifische Funktionalität implementieren.

- **Datenquellenobjekt** Datenzugriffsobjekte kapseln die meisten Aspekte des Datenzugriffs. Eine Datenuquelle besteht beispielsweise aus den eigentlichen Daten und dem zugehörigen Datenbankmanagementsystem (DBMS), der Plattform des DMBS und dem Netzwerk, über das auf diese Plattform zugegriffen wird. Eine Datenquelle ist einfach ein COM-Objekt, das eine Reihe von Schnittstellen implementiert (siehe Tabelle 33.3).

Schnittstelle	Erforderlich?	Implementiert?
IDBInitialize	Obligatorisch	Ja
IDBCreateSession	Obligatorisch	Ja
IDBProperties	Obligatorisch	Ja
IPersist	Obligatorisch	Ja
IDBDataSourceAdmin	Optional	Nein
IDBInfo	Optional	Nein
IPersistFile	Optional	Nein
ISupportErrorInfo	Optional	Nein

Tabelle 33.3: *Anforderungen bezüglich der Schnittstellen von Datenquellenobjekten.*

HINWEIS: Die Tabellen dieses Abschnitts wurden der MSDN-Online-Hilfe von Microsoft Visual Studio entnommen.

Es folgt ein Quelltextfragment aus dem Code, den der ATL-Objekt-Assistent generiert, wenn Sie eine Datenquelle für einen OLE-DB-Anbieter erstellen:

```
class ATL_NO_VTABLE CAProviderSource :
  public CComObjectRootEx<CComSingleThreadModel>,
  public CComCoClass<CAProviderSource, &CLSID_AProvider>,
  public IDBCreateSessionImpl<CAProviderSource, CAProviderSession>,
  public IDBInitializeImpl<CAProviderSource>,
```

```
  public IDBPropertiesImpl<CAProviderSource>,
  public IPersistImpl<CAProviderSource>,
  public IInternalConnectionImpl<CAProviderSource> {
};
```

Beachten Sie, dass es sich um eine normale COM-Klasse (mit der *IUnknown*-Implementierung der ATL) handelt. Das OLE-DB-Datenquellenobjekt bringt über die Vererbung Implementierungen der Schnittstellen *IDBCreateSession*, *IDBInitialize*, *IDBProperties* und *IPersist* ein. Beachten Sie, dass die Vorlagen auf die Klassen *CAProviderSource* und *CAProviderSession* zugeschnitten werden. Wenn Sie der Klassen weitere Funktionen hinzufügen möchten, leiten Sie diese von einer der OLE-DB-Klassen ab, die Schnittstellen implementieren.

- **Befehlsobjekt** Anbieter, die die Bildung und die Ausführung von Abfragen unterstützen, legen ein Befehlsobjekt offen. Befehlsobjekte dienen dazu, eine DML-Abfrage (DML – Database Manipulation Language) oder eine DDL-Definition (DDL – Data Definition Language) und die zugehörigen Eigenschaften zu definieren, einzurichten und auszuführen. Befehlsobjekte übersetzen z.B. SQL-artige Befehle in eine Operation, die von der Datenquelle unterstützt wird. Verglichen mit ODBC entspricht ein Befehlsobjekt der allgemeinen Funktionalität einer nicht ausgeführten ODBC-Anweisung. Einer Sitzung können mehrere Befehle zugeordnet werden. Tabelle 33.4 zeigt die Schnittstellen, die in Befehlsobjekten zum Einsatz kommen.

  Folgendes Quelltextfragment zeigt den Code, der vom ATL-Objekt-Assistent zur Implementierung eines Befehlsobjekts eingefügt wird, wenn Sie einen OLE-DB-Anbieter erstellen:

```
class ATL_NO_VTABLE CAProviderCommand :
  public CComObjectRootEx<CComSingleThreadModel>,
  public IAccessorImpl<CAProviderCommand>,
  public ICommandTextImpl<CAProviderCommand>,
  public ICommandPropertiesImpl<CAProviderCommand>,
  public IObjectWithSiteImpl<CAProviderCommand>,
  public IConvertTypeImpl<CAProviderCommand>,
  public IColumnsInfoImpl<CAProviderCommand> {
};
```

Ebenso wie bei der Datenquelle handelt es sich hier um eine einfache COM-Klasse. Diese Klasse erwirbt durch Vererbung die erforderlichen Schnittstellen. (Die Schnittstelle *IAccessor* stammt z.B. aus der Vorlage *IAccessorImpl*.) Ein Befehlsobjekt legt mit Hilfe der Schnittstelle *IAccessor* Parameterbindungen fest. Nutzer rufen die Funktion *IAccessor::CreateAccessor* auf und übergeben ein Datenfeld mit *DBBINDING*-Strukturen. Die Struktur *DBBINDING* enthält Informationen über die Spaltenbindungen (Typ, Länge usw.). Der Anbieter empfängt diese Strukturen und legt fest, wie die Daten übertragen werden sollen und ob Typumwandlungen erforderlich sind.

Die Schnittstelle *ICommandText* bietet die Möglichkeit, einen bestimmten Textbefehl anzugeben. Die Schnittstelle *ICommandProperties* behandelt alle Befehlseigenschaften.

Die Befehlsklasse bildet das Kernstück des Datenanbieters. Ein Großteil der Aktionen spielen sich in dieser Klasse ab.

Schnittstelle	Erforderlich?	Implementiert?
IAccessor	Obligatorisch	Ja
IColumnsInfo	Obligatorisch	Ja
ICommand	Obligatorisch	Ja
ICommandProperties	Obligatorisch	Ja
ICommandText	Obligatorisch	Ja
IConvertType	Obligatorisch	Ja
IColumnsRowset	Optional	Nein
ICommandPrepare	Optional	Nein
ICommandWithParameters	Optional	Nein
ISupportErrorInfo	Optional	Nein

Tabelle 33.4: *Anforderungen bezüglich der Schnittstellen von Befehlsobjekten.*

- **Sitzungsobjekt** Sitzungsobjekte definieren den Gültigkeitsbereich einer Transaktion und erstellen Rowsets aus den Daten der Datenquelle. Sitzungsobjekte können auch Befehlsobjekte erzeugen. Das Befehlsobjekt führt Befehle mit dem Rowset aus. Bei Anbietern, die Befehle unterstützen, fungiert die Sitzung als »Befehls-Factory«. Verglichen mit ODBC kapseln das Datenquellenobjekt und das Sitzungsobjekt die Funktionalität einer ODBC-Verbindung. Mit dem Aufruf der Funktion *IDBCreateSession::CreateSession* wird unter Verwendung des Datenquellenobjekts eine Sitzung erstellt. Ein Datenquellenobjekt kann mehreren Sitzungen zugeordnet sein. Tabelle 33.5 gibt einen Überblick über die Schnittstellen von Sitzungsobjekten.

Schnittstelle	Erforderlich?	Implementiert?
IGetDataSource	Obligatorisch	Ja
IOpenRowset	Obligatorisch	Ja
ISessionProperties	Obligatorisch	Ja
IDBCreateCommand	Optional	Ja
IDBSchemaRowset	Optional	Ja
IIndexDefinition	Optional	Nein
ISupportErrorInfo	Optional	Nein
ITableDefinition	Optional	Nein
ITransactionJoin	Optional	Nein
ITransactionLocal	Optional	Nein
ITransactionObject	Optional	Nein

Tabelle 33.5: *Anforderungen bezüglich der Schnittstellen von Sitzungsobjekten.*

Das folgende Quelltextfragment zeigt den Code, der vom ATL-Objekt-Assistenten zur Implementierung eines Sitzungsobjekts eingefügt wird, wenn Sie einen OLE-DB-Anbieter erstellen:

```
class ATL_NO_VTABLE CAProviderSession :
  public CComObjectRootEx<CComSingleThreadModel>,
  public IGetDataSourceImpl<CAProviderSession>,
```

```
  public IOpenRowsetImpl<CAProviderSession>,
  public ISessionPropertiesImpl<CAProviderSession>,
  public IObjectWithSiteSessionImpl<CAProviderSession>,
  public IDBSchemaRowsetImpl<CAProviderSession>,
  public IDBCreateCommandImpl<CAProviderSession, CAProviderCommand>
{
};
```

- **Rowset-Objekt** Ein Rowset-Objekt repräsentiert in tabellarischer Form vorliegende Daten. Auf der reinen OLE-DB-Ebene werden Rowsets durch einen Aufruf der Funktion *IOpenRowset::OpenRowset* für die Sitzung generiert. Anbieter, die Befehle unterstützen, verwenden Rowsets zur Darstellung von Abfrageergebnissen, die in Form von Datenzeilen ausgegeben werden. OLE DB verfügt neben der Funktion *IOpenRowset::OpenRowset* über eine Reihe anderer Funktionen, die Rowsets zurückgeben. Beispielsweise geben Schemafunktionen Rowsets zurück. Verglichen mit ODBC, kapseln Rowset-Objekte die allgemeine Funktionalität einer ausgeführten ODBC-Anweisung. Einzelne Sitzungen können mit mehreren Rowsets verbunden sein. Zudem können einzelne Befehlsobjekte mehreren Rowsets zugeordnet sein. Tabelle 33.6 zeigt die Schnittstellen für Rowset-Objekte.

Schnittstelle	Erforderliche?	Implementiert?
IAccessor	Obligatorisch	Ja
IColumnsInfo	Obligatorisch	Ja
IConvertType	Obligatorisch	Ja
IRowset	Obligatorisch	Ja
IRowsetInfo	Obligatorisch	Ja
IColumnsRowset	Optional	Nein
IConnectionPointContainer	Optional	Ja, über ATL
IRowsetChange	Optional	Nein
IRowsetIdentity	Erforderlich für Level 0	Ja
IRowsetLocate	Optional	Nein
IRowsetResynch	Optional	Nein
IRowsetScroll	Optional	Nein
IRowsetUpdate	Optional	Nein
ISupportErrorInfo	Optional	Nein

Tabelle 33.6: *Anforderungen bezüglich der Schnittstellen von Rowset-Objekten.*

Das folgende Quelltextfragement zeigt den Code, der vom ATL-Objekt-Assistent zur Implementierung eines Rowset-Objekts eingefügt wird, wenn Sie einen OLE-DB-Anbieter erstellen:

```
class CAProviderWindowsFile:
  public WIN32_FIND_DATA
{
public:
BEGIN_PROVIDER_COLUMN_MAP(CAProviderWindowsFile)
  PROVIDER_COLUMN_ENTRY("FileAttributes", 1, dwFileAttributes)
  PROVIDER_COLUMN_ENTRY("FileSizeHigh", 2, nFileSizeHigh)
```

```
  PROVIDER_COLUMN_ENTRY("FileSizeLow", 3, nFileSizeLow)
  PROVIDER_COLUMN_ENTRY("FileName", 4, cFileName)
  PROVIDER_COLUMN_ENTRY("AltFileName", 5, cAlternateFileName)
END_PROVIDER_COLUMN_MAP()
};

class CAProviderRowset :
public CRowsetImpl<CAProviderRowset,
                   CAProviderWindowsFile,
                   CAProviderCommand> {
}
```

Das vom Assistenten generierte Rowset-Objekt implementiert unter anderem die Schnittstellen *IAccessor*, *IRowset* und *IRowsetInfo*. Die Schnittstelle *IAccessorImpl* bindet beide Ausgabespalten. Die Schnittstelle *IRowset* ruft Zeilen und Daten ab. Die Schnittstelle *IRowsetInfo* verwaltet die Rowset-Eigenschaften. Die Klasse *CWindowsFile* repräsentiert die Datensatzklasse. Der Assistent generiert eigentlich nur eine Platzhalterklasse. Wenn Sie das Spaltenformat Ihres Datenanbieters festlegen möchten, müssen Sie diese Klasse verändern.

Wie die Bestandteile des Anbieters zusammenarbeiten

Die Verwendung des ersten Teils der Architektur – der Datenquelle – sollte offensichtlich sein. Jeder Anbieter muss ein Datenquellenobjekt enthalten. Wenn die Nutzeranwendung Daten benötigt, ruft der Nutzer die Funktion *CoCreateInstance* auf, um ein Datenquellenobjekt zu erzeugen und den Anbieter zu starten. Auf Seiten des Anbieters ist das Datenquellenobjekt dafür verantwortlich, mit Hilfe der Schnittstelle *IDBCreateSession* ein Sitzungsobjekt zu erstellen. Der Nutzer verwendet diese Schnittstelle, um eine Verbindung zum Datenquellenobjekt herzustellen. Wenn man diesen Vorgang mit ODBC vergleicht, entspricht das Datenquellenobjekt dem HENV-Eigenschaft von ODBC-Objekten und das Sitzungsobjekt der ODBC-Eigenschaft HDBC.

Das Befehlsobjekt erledigt den Großteil der Arbeit. Damit der Datenanbieter tatsächlich etwas ausführt, müssen Sie die Funktion *Execute* des Befehlsobjekts abändern.

Wie die meisten COM-basierten Protokolle, werden die Vorzüge des OLE-DB-Protokolls erst dann deutlich, nachdem man sich eine Weile damit beschäftigt hat. Und das OLE-DB-Protokoll erfordert wie die meisten COM-basierten Protokolle auch eine Menge Quellcode – Code, der sich mühelos durch eine Art Anwendungsgerüst implementieren ließ. Aus diesem Grund wurden die Vorlagen für Datennutzer und Datenanbieter angelegt. Im restlichen Teil dieses Kapitels wird erläutert, wie Sie Datennutzer und Datenanbieter erstellen.

Einen OLE-DB-Nutzer erstellen

Die Erstellung eines OLE-DB-Nutzers ist recht einfach, da ein Großteil der Arbeit vom ATL-Objekt-Assistenten übernommen wird. Sie finden ein Beispiel für einen Nutzer im Ordner \vcpp32\ex32a auf der Begleit-CD. Im Folgenden werden die Arbeitsschritte beschrieben, die Sie ausführen müssen, um mit dem ATL-Objekt-Assistenten einen OLE-DB-Nutzer zu erstellen.

1. Erstellen Sie eine Anwendung oder ein Steuerelement, die bzw. das Daten nutzt. Sie können beispielsweise ein ActiveX-Steuerelement erstellen.

2. Verwenden Sie den ATL-Objekt-Assistenten, um einen Datennutzer zu erstellen. Sie wählen dazu entweder im Menü *Einfügen* den Befehl *Neues ATL-Objekt* oder klicken auf der Registerkarte *Klassen* mit der rechten Maustaste auf das Projektsymbol und wählen im Kontextmenü die Option *Neues ATL-Objekt*, um den ATL-Objekt-Assistenten zu starten.

3. Wählen Sie im Dialogfeld *ATL-Objekt-Assistent* die Kategorie *Datenzugriff* und den Objekttyp *Nutzer*, und klicken Sie dann auf *Weiter*. Daraufhin wird das Dialogfeld *Eigenschaften von ATL-Objekt-Assistent* angezeigt, das eine Seite umfasst, auf der Sie die Klasse benennen und die Datenquelle einstellen können (siehe Abbildung 33.1).

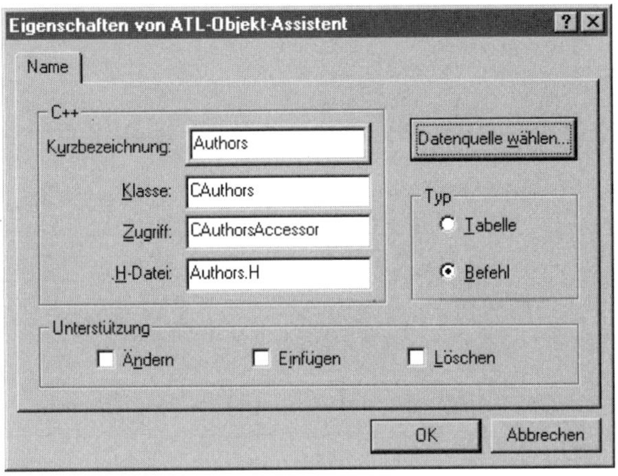

Abbildung 33.1: *Das Dialogfeld* Eigenschaften von ATL-Objekt-Assistent.

4. Klicken Sie auf die Schaltfläche *Datenquelle*, um die Datenquelle auszuwählen. Nachdem Sie eine Datenquelle angegeben haben, klicken Sie auf *OK*. Der ATL-Objekt-Assistent legt eine funktionsfähige OLE-DB-Nutzervorlage an.

Wir haben in unserem Beispiel als Datenquelle die Datenbank BIBLIO.MDB (eine Microsoft Access-Datenbank) verwendet, die zum Lieferumgang von Visual Studio gehört (sie befindet sich im Verzeichnis VB98). Die Datenbank BIBLIO enthält die Titel und Autoren verschiedener Titel zum Thema Programmierung. Wenn man mit dem ATL-Objekt-Assistenten eine OLE-DB-Nutzervorlage für die Tabelle *Authors* der Datenbank BIBLIO erstellt, dann erhält man folgende Klassen:

```
// Authors.H : Deklaration der Klasse CAuthors

#ifndef __AUTHORS_H_
#define __AUTHORS_H_

class CAuthorsAccessor
{
public:
  LONG m_AuID;
  TCHAR m_Author[51];
  SHORT m_YearBorn;

BEGIN_COLUMN_MAP(CAuthorsAccessor)
  COLUMN_ENTRY(1, m_AuID)
  COLUMN_ENTRY(2, m_Author)
  COLUMN_ENTRY(3, m_YearBorn)
END_COLUMN_MAP()

DEFINE_COMMAND(CAuthorsAccessor, _T("SELECT * FROM Authors"))
};
```

```
class CAuthors : public CCommand<CAccessor<CAuthorsAccessor> >
{
public:
  HRESULT Open()
  {
    HRESULT   hr;

    hr = OpenDataSource();
    if (FAILED(hr))
      return hr;

    return OpenRowset();
  }
  HRESULT OpenDataSource()
  {
    HRESULT      hr;
    CDataSource  db;
    CDBPropSet   dbinit(DBPROPSET_DBINIT);

    dbinit.AddProperty(DBPROP_AUTH_CACHE_AUTHINFO, true);
    dbinit.AddProperty(DBPROP_AUTH_ENCRYPT_PASSWORD, false);
    dbinit.AddProperty(DBPROP_AUTH_MASK_PASSWORD, false);
    dbinit.AddProperty(DBPROP_AUTH_PASSWORD, OLESTR(""));
    dbinit.AddProperty(DBPROP_AUTH_PERSIST_ENCRYPTED, false);
    dbinit.AddProperty(DBPROP_AUTH_PERSIST_SENSITIVE_AUTHINFO,
                       false);
    dbinit.AddProperty(DBPROP_AUTH_USERID, OLESTR("Admin"));
    dbinit.AddProperty(DBPROP_INIT_DATASOURCE,
                       OLESTR("c:\\biblio.mdb"));
    dbinit.AddProperty(DBPROP_INIT_MODE, (long)16);
    dbinit.AddProperty(DBPROP_INIT_PROMPT, (short)4);
    dbinit.AddProperty(DBPROP_INIT_PROVIDERSTRING, OLESTR
                       (";COUNTRY=0;CP=1252;LANGID=0x0409"));
    dbinit.AddProperty(DBPROP_INIT_LCID, (long)1033);
    hr = db.Open(_T("Microsoft.Jet.OLEDB.3.51"), &dbinit);
    if (FAILED(hr))
        return hr;

    return m_session.Open(db);
  }
  HRESULT OpenRowset()
  {
    return CCommand<CAccessor<CAuthorsAccessor>
          >::Open(m_session, _T("Authors"));
  }
  CSession   m_session;
};

#endif // __AUTHORS_H_
```

Die Klasse *CAuthorsAccessor* definiert die Struktur der *Author*-Datensätze. Beachten Sie, dass die Klasse die Felder *Au_ID*, *Author* und *Year Born* enthält.

Die Klasse *CAuthors* repräsentiert den Datennutzer, der eine Verbindung zur Datenbank herstellt. Diese Klasse ist von der Klasse *CCommand* angeleitet. Denken Sie daran, dass Befehlsobjekte einen Befehl repräsentieren (z. B. eine SQL-Anweisung) und Rowsets generieren. Die Struktur *COLUMN_MAP* definiert die Daten, die im Rowset-Objekt zurückgegeben werden. Die Struktur *PARAM_MAP* enthält die Parameterangaben für einen Befehl.

Die *COLUMN_MAP*- und *PARAM_MAP*-Strukturen spiegeln die Anwendersicht des Datenzugriffsobjekts wider. Wie viele Datenstrukturen der ATL und MFC werden diese beiden Strukturen von Makros erstellt. Diese Makros funktionieren wie folgt: Wenn die Makros für eine Datenbank ausgeführt werden, werden die Rückgabewerte in einem zusammenhängenden Speicherblock gespeichert. Die OLE-DB-Vorlagen bearbeiten diesen Speicherblock, um die Daten zu extrahieren. Die Datenelemente der Einträge stellen Offsets in diesen Speicherblock dar. Anhand der COLUMN_MAP-Einträge werden die Daten aus der Datenbank gefiltert. Ihnen als Programmierer bleibt es auf diese Weise erspart, Zeigeroperationen mit diesem Speicherblock ausführen, um die Daten zu erhalten.

Den Code des OLE-DB-Nutzers verwenden

Die Verwendung der Datenbank-Nutzerklasse ist fast genauso einfach wie ihre Erstellung. So nutzen Sie die Vorzüge der Datenbank-Nutzerklasse:

1. Deklarieren Sie in dem Modul eine Instanz der Klasse *CAuthors*, in dem Sie sie benötigen:

```
class CUseAuthors : public CDialog {
    CAuthors m_authors;
    ...
};
```

2. Öffnen Sie die Datenbank *Authors*, indem Sie am Datenbank-Nutzerobjekt die Methode *Open* aufrufen:

```
CUseAuthors::OnInitDialog() {
    m_authors.Open();
}
```

3. Verwenden Sie Member-Funktionen, um die Datenbank zu durchsuchen und zu bearbeiten. Es folgen einige Beispiele für Operationen, die Sie ausführen können:

```
CUseAuthors::OnNext() {
    m_authors.MoveNext();
}
CUseAuthors::OnFirst() {
    m_authors.MoveFirst();
}
CUseAuthors::OnLast() {
    m_authors.MoveLast();
}
CUseAuthors::OnInsert() {
    m_authors.Insert();
}
```

4. Während Sie die Datenbank bearbeiten, werden die Daten in Member-Variablen gespeichert. Wenn Sie z.B. den Namen des nächsten Autors in der Datenbank suchen möchten, schreiben Sie hierzu Code wie den folgenden:

```
m_authors.MoveNext();
m_strAuthorName = m_authors.m_Author;
```

Wie Sie sehen vereinfacht die Verwendung von Vorlagen den Abruf von Datenbankdaten stark. Sie müssen lediglich die Datenbank finden, den ATL-Objekt-Assistenten darauf ansetzen und ihn den erforderlichen Code generieren lassen. Die Datenzugriffsklasse verfügt über Funktionen, mit denen Sie Daten in der Datenbank auswählen und abrufen können. Im Folgenden werden wir erläutern, wie die andere Seite der OLE-DB-Gleichung – die OLE-DB-Anbieter – funktionieren.

Einen OLE-DB-Anbieter erstellen

Es ist recht einleuchtend, warum OLE-DB-Nutzer hilfreich sind. Sie fordern einfach einen Assistenten auf, ein Objekt zu erstellen, und erhalten auf diese Weise recht bequem die Möglichkeit, auf die Daten einer Datenbank zuzugreifen. Es ist vielleicht weniger offensichtlich, warum man einen OLE-DB-Anbieter entwickeln sollte.

Wozu dienen OLE-DB-Anbieter?

OLE-DB-Anbieter ermöglichen es Ihnen, eine Schicht zwischen den Nutzer von Daten und die eigentlichen Daten zu schieben. Im Folgenden werden einige Gründe aufgeführt, warum es sinnvoll sein mag, einen Anbieter zu schreiben.

- Ein OLE-DB-Anbieter kann bewirken, dass Clients mit den Daten nicht direkt in Berührung kommen. Daher können Sie die Daten mit zusätzlichen Funktionen ausstatten, wie z. B. Abfragefunktionen.
- In einigen Fällen gibt Ihnen die Entwicklung eines OLE-DB-Anbieters die Möglichkeit, den Datenzugriff zu beschleunigen, da Sie damit steuern können, wie die Daten verarbeitet werden.
- Durch das Hinzufügen eines OLE-DB-Anbieters wird die potentielle Zielgruppe der Daten vergrößert. Wenn Sie beispielsweise mit einem proprietären Datenformat arbeiten, auf das nur unter Verwendung einer bestimmten Programmiersprache zugegriffen werden kann, ist dies eine eindeutige Schwachstelle. OLE-DB-Provider geben Ihnen die Möglichkeit, dieses proprietäre Datenformat für einen größeren Kreis von Programmierern verfügbar zu machen, unabhängig von der Programmiersprache, die von diesen verwendet wird.

Einen OLE-DB-Anbieter schreiben

Die Erstellung von OLE-DB-Anbietern ähnelt der von Nutzern. Die Assistenten nehmen Ihnen eine Menge Arbeit ab. Nachfolgend sind die Arbeitsschritte aufgeführt, die Sie ausführen müssen, um einen OLE-DB-Anbieter zu entwickeln.

1. Zuerst müssen Sie entscheiden, was der Anbieter leisten soll. Bedenken Sie, welches Konzept hinter OLE DB steckt: Es soll eine einheitliche Möglichkeit bieten, auf Daten unterschiedlicher Quellen zuzugreifen. Sie können beispielsweise einen Anbieter schreiben, der den Inhalt einer Verbunddatei in eine Aufzählung einfügt. Sie können aber auch einen Anbieter erstellen, der E-Mail-Ordner verarbeitet und Clients einen datenbankähnlichen Zugriff auf das E-Mail-System gibt. Es gibt nahezu unendlich viele Verwendungsmöglichkeiten für OLE-DB-Anbieter.
2. Ebenso wie bei der Erstellung des Datennutzers verwenden Sie den ATL-Objekt-Assistenten zur Entwicklung eines Datenanbieters. Sie starten den ATL-Objekt-Assistenten einfach über das Menü *Einfügen* oder die Registerkarte *Klassen*. Wählen Sie die Objektkategorie *Datenzugriff* und den Objekttyp *Anbieter*. Der ATL-Objekt-Assistent fordert Sie dann auf, das Objekt zu benennen. Sie können die vorgegebenen Dateinamen zu ändern.

3. Nachdem Sie auf *OK* geklickt haben, erstellt der ATL-Objekt-Assistent den Code für den Anbieter, einschließlich einer Datenquelle, eines Rowset und einer Sitzung. Neben diesen Objekten unterstützt der Anbieter eine oder mehrere Eigenschaften, die in den Eigenschaftentabellen der Dateien definiert sind, die vom Assistenten mit Hilfe von OLE-DB-Anbietervorlagen erstellt werden. Der Assistent fügt Tabelleneinträge für die Eigenschaften ein, die zu der OLE-DB-Eigenschaftengruppe gehören, die von dem Objekt oder den in die Anbieterdateien eingebundenen Objekten definiert werden. Beispielsweise enthält die Header-Datei des Datenquellenobjekts eine Eigenschaftentabelle für die *DataSource*-Eigenschaften. Die Header-Datei des Sitzungsobjekt enthält eine Eigenschaftentabelle für die *Session*-Eigenschaften. Das Rowset- und das Befehlsobjekt sind in einer gemeinsamen Header-Datei definiert, die Eigenschaften des Befehlsobjekts beinhaltet.

Nachfolgend ist der Quelltext abgedruckt, den der ATL-Objekt-Assistent für einen OLE-DB-Anbieter namens *AProvider* generiert hat. Der ATL-Objekt-Assistent erstellt zuerst ein Datenquellenobjekt, das in der Datei *AProviderDS.h* definiert ist:

```
class ATL_NO_VTABLE CAProviderSource :
  public CComObjectRootEx<CComSingleThreadModel>,
  public CComCoClass<CAProviderSource, &CLSID_AProvider>,
  public IDBCreateSessionImpl<CAProviderSource, CAProviderSession>,
  public IDBInitializeImpl<CAProviderSource>,
  public IDBPropertiesImpl<CAProviderSource>,
  public IPersistImpl<CAProviderSource>,
  public IInternalConnectionImpl<CAProviderSource>
{
public:
  HRESULT FinalConstruct()
  {
    return FInit();
  }
DECLARE_REGISTRY_RESOURCEID(IDR_APROVIDER)
BEGIN_PROPSET_MAP(CAProviderSource)
  BEGIN_PROPERTY_SET(DBPROPSET_DATASOURCEINFO)
    PROPERTY_INFO_ENTRY(ACTIVESESSIONS)
    PROPERTY_INFO_ENTRY(DATASOURCEREADONLY)
    PROPERTY_INFO_ENTRY(BYREFACCESSORS)
    PROPERTY_INFO_ENTRY(OUTPUTPARAMETERAVAILABILITY)
    PROPERTY_INFO_ENTRY(PROVIDEROLEDBVER)
    PROPERTY_INFO_ENTRY(DSOTHREADMODEL)
    PROPERTY_INFO_ENTRY(SUPPORTEDTXNISOLEVELS)
    PROPERTY_INFO_ENTRY(USERNAME)
  END_PROPERTY_SET(DBPROPSET_DATASOURCEINFO)
  BEGIN_PROPERTY_SET(DBPROPSET_DBINIT)
    PROPERTY_INFO_ENTRY(AUTH_PASSWORD)
    PROPERTY_INFO_ENTRY(AUTH_PERSIST_SENSITIVE_AUTHINFO)
    PROPERTY_INFO_ENTRY(AUTH_USERID)
    PROPERTY_INFO_ENTRY(INIT_DATASOURCE)
    PROPERTY_INFO_ENTRY(INIT_HWND)
    PROPERTY_INFO_ENTRY(INIT_LCID)
    PROPERTY_INFO_ENTRY(INIT_LOCATION)
    PROPERTY_INFO_ENTRY(INIT_MODE)
    PROPERTY_INFO_ENTRY(INIT_PROMPT)
    PROPERTY_INFO_ENTRY(INIT_PROVIDERSTRING)
```

```
    PROPERTY_INFO_ENTRY(INIT_TIMEOUT)
  END_PROPERTY_SET(DBPROPSET_DBINIT)
  CHAIN_PROPERTY_SET(CAProviderCommand)
END_PROPSET_MAP()
BEGIN_COM_MAP(CAProviderSource)
  COM_INTERFACE_ENTRY(IDBCreateSession)
  COM_INTERFACE_ENTRY(IDBInitialize)
  COM_INTERFACE_ENTRY(IDBProperties)
  COM_INTERFACE_ENTRY(IPersist)
  COM_INTERFACE_ENTRY(IInternalConnection)
END_COM_MAP()
public:
};
```

Neben dem Datenobjekt erstellt der ATL-Objekt-Assistent ein Befehlsobjekt und ein Rowset-Objekt, die beide in der Datei *AProviderRS.h* definiert sind:

```
class ATL_NO_VTABLE CAProviderCommand :
  public CComObjectRootEx<CComSingleThreadModel>,
  public IAccessorImpl<CAProviderCommand>,
  public ICommandTextImpl<CAProviderCommand>,
  public ICommandPropertiesImpl<CAProviderCommand>,
  public IObjectWithSiteImpl<CAProviderCommand>,
  public IConvertTypeImpl<CAProviderCommand>,
  public IColumnsInfoImpl<CAProviderCommand>
{
public:
BEGIN_COM_MAP(CAProviderCommand)
  COM_INTERFACE_ENTRY(ICommand)
  COM_INTERFACE_ENTRY(IObjectWithSite)
  COM_INTERFACE_ENTRY(IAccessor)
  COM_INTERFACE_ENTRY(ICommandProperties)
  COM_INTERFACE_ENTRY2(ICommandText, ICommand)
  COM_INTERFACE_ENTRY(IColumnsInfo)
  COM_INTERFACE_ENTRY(IConvertType)
END_COM_MAP()
// ICommand
public:
  HRESULT FinalConstruct()
  {
    HRESULT hr = CConvertHelper::FinalConstruct();
    if (FAILED (hr))
        return hr;
    hr = IAccessorImpl<CAProviderCommand>::FinalConstruct();
    if (FAILED(hr))
        return hr;
    return CUtlProps<CAProviderCommand>::FInit();
  }
  void FinalRelease()
  {
  IAccessorImpl<CAProviderCommand>::FinalRelease();
  }
  HRESULT WINAPI Execute(IUnknown * pUnkOuter,
                         REFIID riid, DBPARAMS * pParams,
```

```
                      LONG * pcRowsAffected,
                      IUnknown ** ppRowset);
  static ATLCOLUMNINFO* GetColumnInfo(CAProviderCommand* pv,
                                      ULONG* pcInfo)
  {
    return CAProviderWindowsFile::GetColumnInfo(pv,pcInfo);
  }
BEGIN_PROPSET_MAP(CAProviderCommand)
  BEGIN_PROPERTY_SET(DBPROPSET_ROWSET)
    PROPERTY_INFO_ENTRY(IAccessor)
    PROPERTY_INFO_ENTRY(IColumnsInfo)
    PROPERTY_INFO_ENTRY(IConvertType)
    PROPERTY_INFO_ENTRY(IRowset)
    PROPERTY_INFO_ENTRY(IRowsetIdentity)
    PROPERTY_INFO_ENTRY(IRowsetInfo)
    PROPERTY_INFO_ENTRY(IRowsetLocate)
    PROPERTY_INFO_ENTRY(BOOKMARKS)
    PROPERTY_INFO_ENTRY(BOOKMARKSKIPPED)
    PROPERTY_INFO_ENTRY(BOOKMARKTYPE)
    PROPERTY_INFO_ENTRY(CANFETCHBACKWARDS)
    PROPERTY_INFO_ENTRY(CANHOLDROWS)
    PROPERTY_INFO_ENTRY(CANSCROLLBACKWARDS)
    PROPERTY_INFO_ENTRY(LITERALBOOKMARKS)
    PROPERTY_INFO_ENTRY(ORDEREDBOOKMARKS)
  END_PROPERTY_SET(DBPROPSET_ROWSET)
END_PROPSET_MAP()
};

class RAProviderRowset : public CRowsetImpl<RAProviderRowset,
                                            CWindowsFile,
                                            CAProviderCommand>
{
public:
  HRESULT Execute(DBPARAMS * pParams, LONG* pcRowsAffected)
  {
    USES_CONVERSION;
    BOOL bFound = FALSE;
    HANDLE hFile;
    LPTSTR  szDir = (m_strCommandText == _T("")) ? _T("*.*") :
                    OLE2T(m_strCommandText);
    CAProviderWindowsFile wf;
    hFile = FindFirstFile(szDir, &wf);
    if (hFile == INVALID_HANDLE_VALUE)
        return DB_E_ERRORSINCOMMAND;
    LONG cFiles = 1;
    BOOL bMoreFiles = TRUE;
    while (bMoreFiles)
    {
        if (!m_rgRowData.Add(wf))
            return E_OUTOFMEMORY;
        bMoreFiles = FindNextFile(hFile, &wf);
        cFiles++;
    }
    FindClose(hFile);
    if (pcRowsAffected != NULL)
```

```
      *pcRowsAffected = cFiles;
    return S_OK;
  }
};
```

Der ATL-Objekt-Assistent erzeugt mit der Datei *AProviderSess.h* ein Sitzungsobjekt, das folgenden Quelltext enthält:

```
class ATL_NO_VTABLE CAProviderSession :
  public CComObjectRootEx<CComSingleThreadModel>,
  public IGetDataSourceImpl<CAProviderSession>,
  public IOpenRowsetImpl<CAProviderSession>,
  public ISessionPropertiesImpl<CAProviderSession>,
  public IObjectWithSiteSessionImpl<CAProviderSession>,
  public IDBSchemaRowsetImpl<CAProviderSession>,
  public IDBCreateCommandImpl<CAProviderSession, CAProviderCommand>
{
public:
  CAProviderSession()
  {  }
  HRESULT FinalConstruct()
  {
    return FInit();
  }
  STDMETHOD(OpenRowset)(IUnknown *pUnk, DBID *pTID,
                     DBID *pInID, REFIID riid,
                     ULONG cSets, DBPROPSET rgSets[],
                     IUnknown **ppRowset)
  {
    CAProviderRowset* pRowset;
    return CreateRowset(pUnk, pTID, pInID, riid,
                     cSets, rgSets, ppRowset, pRowset);
   }
BEGIN_PROPSET_MAP(CAProviderSession)
  BEGIN_PROPERTY_SET(DBPROPSET_SESSION)
    PROPERTY_INFO_ENTRY(SESS_AUTOCOMMITISOLEVELS)
  END_PROPERTY_SET(DBPROPSET_SESSION)
END_PROPSET_MAP()
BEGIN_COM_MAP(CAProviderSession)
  COM_INTERFACE_ENTRY(IGetDataSource)
  COM_INTERFACE_ENTRY(IOpenRowset)
  COM_INTERFACE_ENTRY(ISessionProperties)
  COM_INTERFACE_ENTRY(IObjectWithSite)
  COM_INTERFACE_ENTRY(IDBCreateCommand)
  COM_INTERFACE_ENTRY(IDBSchemaRowset)
END_COM_MAP()
BEGIN_SCHEMA_MAP(CAProviderSession)
  SCHEMA_ENTRY(DBSCHEMA_TABLES, CAProviderSessionTRSchemaRowset)
  SCHEMA_ENTRY(DBSCHEMA_COLUMNS, CAProviderSessionColSchemaRowset)
  SCHEMA_ENTRY(DBSCHEMA_PROVIDER_TYPES, CAProviderSessionPTSchemaRowset)
END_SCHEMA_MAP()
};
class CAProviderSessionTRSchemaRowset :
  public CRowsetImpl< CAProviderSessionTRSchemaRowset,
                    CTABLESRow, CAProviderSession>
```

```
{
public:
  HRESULT Execute(LONG* pcRowsAffected, ULONG, const VARIANT*)
  {
    USES_CONVERSION;
    CAProviderWindowsFile wf;
    CTABLESRow trData;
    lstrcpyW(trData.m_szType, OLESTR("TABLE"));
    lstrcpyW(trData.m_szDesc, OLESTR("Die Verzeichnistabelle"));
    HANDLE hFile = INVALID_HANDLE_VALUE;
    TCHAR szDir[MAX_PATH + 1];
    DWORD cbCurDir = GetCurrentDirectory(MAX_PATH, szDir);
    lstrcat(szDir, _T("\\*.*"));
    hFile = FindFirstFile(szDir, &wf);
    if (hFile == INVALID_HANDLE_VALUE)
        return E_FAIL; // Der Benutzer besitzt kein Laufwerk c:\
    FindClose(hFile);
    lstrcpynW(trData.m_szTable, T2OLE(szDir),
              SIZEOF_MEMBER(CTABLESRow, m_szTable));
    if (!m_rgRowData.Add(trData))
        return E_OUTOFMEMORY;
    *pcRowsAffected = 1;
    return S_OK;
  }
};
class CAProviderSessionColSchemaRowset :
  public CRowsetImpl< CAProviderSessionColSchemaRowset,
                      CCOLUMNSRow, CAProviderSession>
{
public:
    HRESULT Execute(LONG* pcRowsAffected, ULONG, const VARIANT*)
  {
    USES_CONVERSION;
    CAProviderWindowsFile wf;
    HANDLE hFile = INVALID_HANDLE_VALUE;
       TCHAR szDir[MAX_PATH + 1];
    DWORD cbCurDir = GetCurrentDirectory(MAX_PATH, szDir);
    lstrcat(szDir, _T("\\*.*"));
    hFile = FindFirstFile(szDir, &wf);
    if (hFile == INVALID_HANDLE_VALUE)
        return E_FAIL; // Der Benutzer besitzt kein Laufwerk c:\
    FindClose(hFile);// szDir besitzt den Tabellennamen
    DBID dbid;
    memset(&dbid, 0, sizeof(DBID));
    dbid.uName.pwszName = T2OLE(szDir);
    dbid.eKind = DBKIND_NAME;
    return InitFromRowset <RowsetArrayType> (m_rgRowData,
                                             &dbid,
                                             NULL,
                                             m_spUnkSite,
                                             pcRowsAffected);
  }
};
class CAProviderSessionPTSchemaRowset :
  public CRowsetImpl<CAProviderSessionPTSchemaRowset,
                     CPROVIDER_TYPERow, CAProviderSession>
```

```
{
public:
  HRESULT Execute(LONG* pcRowsAffected, ULONG, const VARIANT*)
  {
    return S_OK;
  }
};
```

Den Anbietercode verändern

Wie die meisten Assistenten generiert der ATL-Objekt-Assistent für den OLE-DB-Anbieter nur ein Codegrundgerüst. Sie müssen mehrere Schritte ausführen, um diesen Code in einen echten OLE-DB-Anbieter zu verwandeln. Zwei wichtige Elemente, die Sie dem Anbieter hinzufügen müssen, sind der Benutzerdatensatz und Code, der zur Bearbeitung der Datenmenge dient und die Daten in ein tabellarisches Format bringt.

- **Der Benutzerdatensatz –** Der ATL-Objekt-Assistent erstellt standardmäßig einen Benutzerdatensatz namens *CAProviderWindowsFile*. Sie sollten diesen Benutzerdatensatz aber eigentlich nicht verwenden, sondern durch etwas Sinnvolleres ersetzen. Angenommen, Sie möchten einen OLE-DB-Anbieter schreiben, der die Elemente einer Verbunddatei in eine Aufzählung einfügt. Ihr Benutzerdatensatz könnte dann wie folgt aussehen:

```
struct CStgInfo {
BEGIN_PROVIDER_COLUMN_MAP(CStgInfo)
  PROVIDER_COLUMN_ENTRY("StgName", 1, szName)
  PROVIDER_COLUMN_ENTRY("Size", 2, cbSizeLow)
  PROVIDER_COLUMN_ENTRY("Size", 2, cbSizeHigh)

END_PROVIDER_COLUMN_MAP()

  OLECHAR szName[256];
  long cbSizeLow;
  long cbSizeHigh;
};
```

  Diese Struktur enthält Datenfelder für die Namen und die Größe der Dateikomponenten. Die *COLUMN_MAP*-Struktur des Anbieters ordnet diese Daten Spalten zu. Sie könnten die Struktur tatsächlich von einer *STATSTG*-Struktur ableiten. Sie müssen lediglich Einträge in die *COLUMN_MAP*-Struktur des Anbieters einfügen, um die Datenelemente zuzuordnen.

- **Code zum Öffnen der Datenmenge –** Sie müssen dem Anbieter zweitens Code hinzufügen, mit dem die Datenmenge geöffnet wird. Dies geschieht in der *Execute*-Funktion des Rowset-Objekts. Sie können hier viele verschiedene Arten von Funktionalitäten implementieren. Falls Sie beispielsweise die in einer Verbunddatei enthaltenen Storage-Objekte oberster Ebene in eine Aufzählung einfügen möchten, dann müssen Sie zuerst die Verbunddatei öffnen und deren Inhalt anschließend bearbeiten, wie das folgende Quelltextfragement zeigt:

```
class RStgInfoProviderRowset :
  public CRowsetImpl<RStgInfoProviderRowset,
                     CStgInfo,
                     CStgInfoProviderCommand>
{
public:
```

```
  HRESULT Execute(DBPARAMS * pParams, LONG* pcRowsAffected)
  {
    USES_CONVERSION;
    LPTSTR  szFile = m_strCommandText == _T("")) ? _T("") :
            OLE2T(m_strCommandText);

    IStorage* pStg = NULL;

    HRESULT hr = StgOpenStorage(szFile, NULL,
                             STGM_READ|STGM_SHARE_EXCLUSIVE,
                             NULL, NULL, &pStg);

    if(FAILED(hr))
      return DB_E_ERRORSINCOMMAND;
    LONG cStgs = 0;
    IEnumSTATSTG* pEnumSTATSTG;
    hr = pStg->EnumElements(0, 0, 0, &pEnumSTATSTG);
    if(pEnumSTATSTG) {
      STATSTG rgSTATSTG[100];
      ULONG nFetched;
      hr = pEnumSTATSTG->Next(100, rgSTATSTG, &nFetched);
      for(ULONG i = 0; i < nFetched; i++) {
        CStgInfo stgInfo;
        stgInfo.cbSizeLow = rgSTATSTG[i].cbSize.LowPart;
        stgInfo.cbSizeHigh = rgSTATSTG[i].cbSize.HighPart;
        wcsncpy(stgInfo.szName, rgSTATSTG[i].pwcsName, 255);
        CoTaskMemFree(rgSTATSTG[i].pwcsName);
        if (!m_rgRowData.Add(stgInfo))
          return E_OUTOFMEMORY;
        cStgs++;
      }
    pEnumSTATSTG->Release();
    }

    if(pStg)
      pStg->Release();

    if (pcRowsAffected != NULL)
      *pcRowsAffected = cStgs;
    return S_OK;
  }
}
```

Wenn ein Client versucht, den OLE-DB-Datenanbieter zu öffnen, endet dieser Aufruf in dieser Funktion. Diese Funktion öffnet einfach die Verbunddatei, die als Befehlstext übergeben wurde, und verwendet das Standardaufzählungsobjekt, um die Storage-Objekte der obersten Ebene zu finden. Die Funktion *Execute* speichert dann den Namen des Storage-Objekts und dessen Größe im Datenfeld. Der OLE-DB-Anbieter verwendet dieses Datenfeld, um die Datenanforderung zu erfüllen.

Den Anbieter verbessern

Natürlich lässt sich dieser OLE-DB-Anbieter in vielerlei Hinsicht verbessern. Wir sind sehr oberflächlich darauf eingegangen, wie Datenanbieter eingesetzt werden können. Der ATL-Objekt-Assistent erstellt standardmäßig einen Anbieter, der nur schreibgeschützte Zugriffe zulässt, so dass die Anwender den Dateninhalt nicht ändern können. Zudem bieten die OLE-DB-Vorlagen Unterstützung für die Suche nach Rowsets und das Setzen von Textmarken. In den meisten Fällen werden Sie den Anbieter verbessern, indem Sie die in den OLE-DB-Vorlagen definierten COM-Schnittstellen erweitern.

Zusammenfassung

Da heute so viele unterschiedliche Datenquellen verfügbar sind, bietet nur ein homogener Mechanismus wie OLE DB die Möglichkeit, den Zugriff auf diese Datenquellen vernünftig zu handhaben. Die OLE-DB-Architektur unterscheidet Nutzer und Anbieter. Nutzer nutzen die Daten, die von Anbietern verfügbar gemacht werden.

Wie bei den meisten auf COM basierenden Architekturen müssen Programmierer für OLE DB zahlreiche Schnittstellen implementieren. Die OLE-DB-Vorlagen, die in Visual C++ verfügbar sind, erleichtern die Erstellung von OLE-DB-Nutzern und -Anbietern.

Sie erstellen einen einfachen Nutzer, indem Sie mit den ATL-Objekt-Assistenten verwenden und eine Datenquelle benennen. Der ATL-Objekt-Assistent untersucht die Datenquelle und erstellt die client-seitige Proxy-Klasse für die Datenbank. Anschließend können Sie die Standardbearbeitungsfunktionen verwenden, die von den OLE-DB-Nutzervorlagen zur Verfügung gestellt werden.

Die Entwicklung eines Anbieters ist etwas komplizierter (wenn der Anbieter Sinnvolles leisten soll). Die Assistenten bieten zwar einen guten Ausgangspunkt, generieren aber lediglich einen Anbieter, der die in einem Verzeichnis enthaltenen Dateien aufzählt. Die Anbietervorlagen enthalten jedoch vielfältige Funktionen, mit denen Sie OLE-DB-Anbieter erstellen können, die Rowsets suchen, Daten lesen oder schreiben oder Textmarken bzw. Lesezeichen einfügen.

Teil F
Programmierung für das Internet

34 TCP/IP, Winsock und WinInet

Als C++-Programmierer wird man von Ihnen mehr erwarten als die Erstellung von Webseiten. Sie werden derjenige sein, der aufregende Anwendungen entwickelt, die das Potential des Internet wirklich ausnutzen. Um erfolgreich sein zu können, müssen Sie verstehen, wie das Internet arbeitet und wie Sie Programme schreiben, die auf andere Computer im Internet zugreifen können.

Dieser Abschnitt beginnt mit einer knappen Einführung in die TCP/IP-Protokolle (TCP/IP – Transmission Control Protocol/Internet Protocol), die im gesamten Internet verwendet werden. Anschließend werden Sie die Arbeitsweise des Protokolls HTTP (HyperText Transport Protocol) kennen lernen. Danach ist es an der Zeit, sich praktische Beispiele anzusehen. Sie werden Ihr eigenes Intranet (eine lokale Version des Internet) aufbauen und ein auf Winsock, der grundlegenden API für TCP/IP, basierendes HTTP-Client-Server-Programm studieren. Sie werden schließlich zu WinInet fortschreiten, eine auf höherer Ebene als Winsock angesiedelte API, die auch Teil der ActiveX-Technologie von Microsoft ist.

COM oder nicht COM

Sicher haben Sie von ActiveX-Steuerelementen für das Internet gelesen. Wenn Sie sich mit diesem Thema befasst haben, sind Sie wahrscheinlich auf Konzepte gestoßen wie zusammengesetzte Moniker und Anti-Moniker, die Teil von COM sind. Falls Sie damit wenig anfangen konnten, ist dies kein Grund zur Sorge – es ist tatsächlich möglich, Anwendungen für das Internet ohne COM zu programmieren, und damit wollen wir beginnen. Dieses und das nächste Kapitel sind fast völlig COM-frei. In Kapitel 36 werden Sie zwar einen auf COM basierenden ActiveX-Dokumentserver schreiben, aber die MFC-Bibliothek verbirgt die COM-Details so gut, dass Sie sich auf die Winsock- und WinInet-Programmierung konzentrieren können. Es ist nicht so, dass ActiveX-Steuerelemente nicht wichtig wären, aber wir können ihnen in diesem Buch nicht gerecht werden. Daher verweisen wir Sie auf das Buch von Adam Denning zu diesem Thema, den Titel *ActiveX-Steuerelemente* (Microsoft Press, 1997). Mit dem, was Sie hier über COM und das Internet erfahren, sind Sie gut auf die Lektüre von Adam Dennings Buch vorbereitet.

Internet-Einführung

Es ist unmöglich, gute Winsock-Programme zu schreiben, wenn man das Konzept der *Sockets* nicht verstanden hat, die zum Senden und Empfangen der Datenpakete dienen, die in Netzwerken übertragen werden. Zum Verständnis der Sockets sind aber wiederum gründliche Kenntnisse der Internet-Protokolle notwendig. Dieser Abschnitt enthält eine *konzentrierte* Einführung in die Internet-Theorie. Diese Einführung sollte für den Anfang genügen. Falls Sie sich jedoch eingehender mit der TCP/IP-Theorie beschäftigen möchten, sollten Sie einen einschlägigen Titel zu diesem Thema lesen.

Netzwerkprotokolle – Das Schichtenmodell

Alle Netzwerke arbeiten mit nach einem *Schichtenmodell* strukturierten Übertragungsprotokollen. Eine Kollektion von Protokollen unterschiedlicher Schichten wird auch als *Protokollstapel* bezeichnet. Anwendungsprogramme kommunizieren mit der obersten Schicht dieses Protokollstapels, und die unterste Schicht kommuniziert mit der Netzwerk-Hardware. Abbildung 34.1 illustriert den Protokollstapel eines unter TCP/IP betriebenen lokalen Netzwerks (LAN). Jede Schicht ist logisch mit der entsprechenden Schicht des Partners verbunden, der sich am anderen Ende des Kommunikationskanals befindet. Das *Server-Programm*, das in dieser Abbildung rechts dargestellt ist, überwacht ununterbrochen ein Ende des Kommunikationskanals, und das *Client*-Programm, das hier links dargestellt ist, stellt in regelmäßigen Abständen eine Verbindung zum Server her, um Daten auszutauschen. Man kann sich den Server als einen auf HTTP basierenden World Wide Web-Server vorstellen und den Client als ein Browser-Programm auf dem lokalen Rechner.

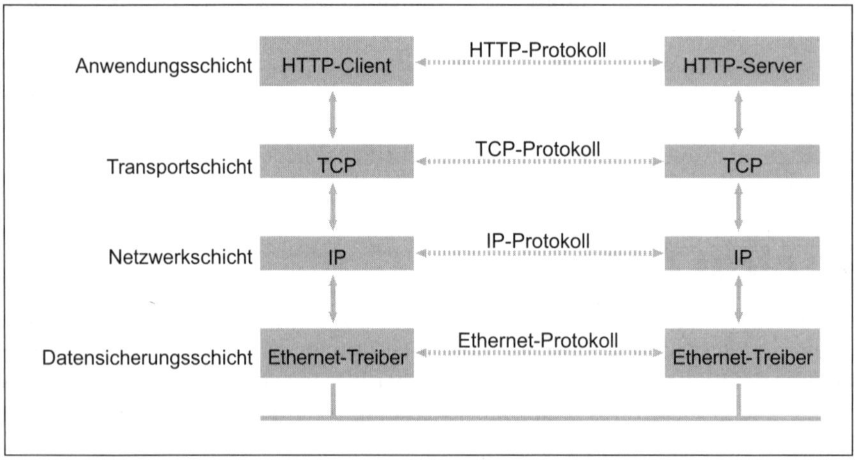

***Abbildung 34.1:** TCP/IP-Protokollstapel in einem LAN.*

IP (Internet Protocol)

Die IP-Schicht ist der beste Ausgangspunkt, wenn man mehr über TCP/IP erfahren möchte. Das IP-Protokoll definiert Dateneinheiten, die als *Datagramm* bezeichnet werden und die grundlegende Einheit in der Internet-Kommunikation darstellen. Diese Datagramme, die für gewöhnlich kleiner als 1 KB sind, schwirren in der ganzen Welt umher, wenn Sie eine Webseite öffnen, eine Datei herunterladen oder eine E-Mail-Nachricht versenden. Abbildung 34.2 zeigt in einer vereinfachten Darstellung, wie IP-Datagramme aufgebaut sind.

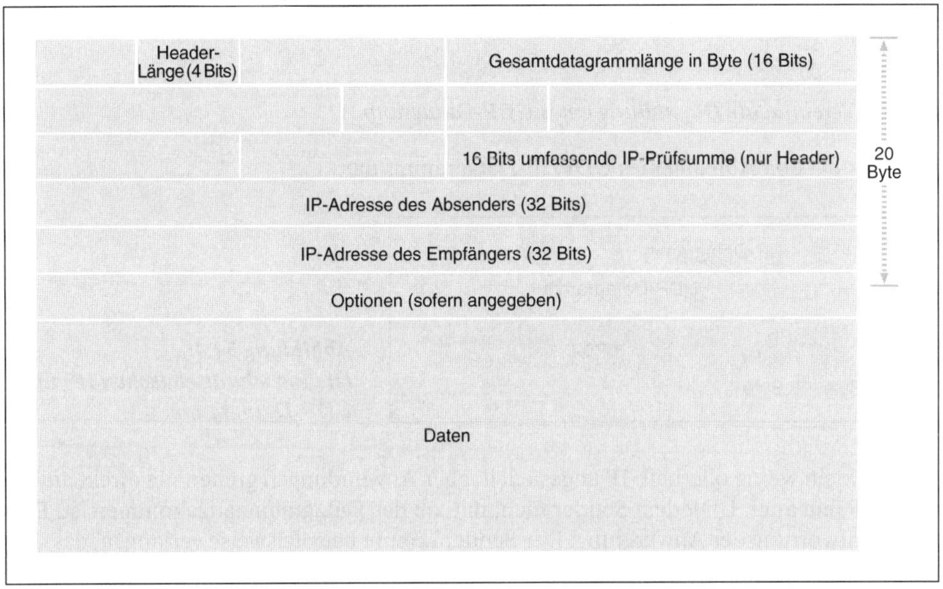

Abbildung 34.2: *Vereinfachte Darstellung eines IP-Datagramms.*

Beachten Sie, dass das IP-Datagramm sowohl für den Absender als auch den Empfänger 32-Bit-Adressen enthält. Diese *IP-Adressen* identifizieren Computer im Internet eindeutig und werden von *Routern* (spezielle Rechner, die ähnlich wie Telefonvermittlungsanlagen arbeiten) zur Weiterleitung der Datagramme an den Empfänger verwendet. Die Router kümmern sich nicht darum, was die Datagramme enthalten. Sie interessiert nur die Zieladresse und die Gesamtlänge des Datagramms. Aufgabe der Router ist es, Datagramme so schnell wie möglich weiterzuleiten.

Die IP-Schicht teilt dem Programm, das die Datagramme sendet, nicht mit, ob die Datagramme ihr Ziel sicher erreicht haben. Diese Aufgabe fällt der nächsten Schicht im Protokollstapel zu. Das empfangende Programm kann die Prüfsumme lesen und bestimmen, ob der IP-Datagramm-Header fehlerhaft ist.

UDP (User Datagram Protocol)

Das TCP/IP-Protokoll sollte eigentlich TCP/UDP/IP heißen, da es das in der gleichen Schicht wie TCP angesiedelte Protokoll UDP (User Datagram Protocol) umfasst. Alle IP-Transportprotokolle speichern ihre eigenen Header und Daten in einem IP-Datenblock. Wir wollen uns nun zuerst einmal den in Abbildung 34.3 dargestellten Aufbau eines UDP-Datagramms ansehen.

16 Bit lange Port-Nummer des Absenders	16 Bit lange Port-Nummer des Empfängers
16 Bit lange Längenangabe + (UDP-Header Daten)	16 Bit lange Prüfsumme (UDP-Header + Daten)
Daten (sofern vorhanden)	

Abbildung 34.3: *Vereinfachte Darstellung eines UDP-Datagramms.*

Abbildung 34.4 stellt den Aufbau eines UDP/IP-Datagramms dar.

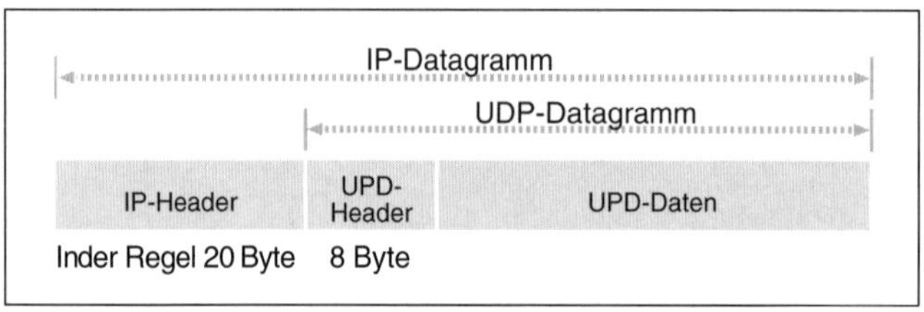

Abbildung 34.4: *Die Beziehung zwischen IP- und UDP-Datagramm.*

UDP ist nur ein klein wenig oberhalb IP angesiedelt, aber Anwendungen greifen nie direkt auf IP-Daten zu. Wie IP teilt auch UDP dem Sender nicht mit, ob das Datagramm angekommen ist. Dies liegt in der Verantwortung der Anwendung. Der Sender könnte beispielsweise verlangen, dass der Empfänger eine Antwort sendet, und der Sender könnte das Datagramm erneut senden, wenn nicht innerhalb einer bestimmten Zeitspanne eine Antwort eingegangen ist. UDP eignet sich für einfache, direkte Nachrichten und wird vom Internet Domain Name System (DNS) verwendet, der später in diesem Kapitel erläutert wird. (UDP wird zur Übertragung von Echtzeitton- und Videodaten eingesetzt, bei denen es nicht so kritisch ist, wenn einige Datagramme verloren gehen oder nicht genau in der Reihenfolge eingehen, in der sie gesendet worden sind.)

Aus Abbildung 34.3 geht hervor, dass der UDP-Header einige *zusätzliche* Daten enthält, nämlich die *Port-Nummern* des Senders und des Empfängers. Diese 16 Bit langen Zahlen werden von den Anwendungsprogrammen des absendenden und des empfangenden Rechners verwendet. Ein Client-Programm kann beispielsweise ein Datagramm an den Port 1700 des Servers schicken. Das Server-Programm überwacht den Datenverkehr nach Datagrammen, die 1700 als Empfänger-Port-Nummer enthalten, und wenn der Server solch ein Datagramm findet, kann entsprechend reagieren und ein weiteres Datagramm zurück an den Client schicken, der nach Datagrammen Ausschau hält, die an einen Empfänger mit der Port-Nummer 1701 gerichtet sind.

IP-Adressenformat

Sie wissen, dass IP-Adressen 32 Bits umfassen. Man könnte daher annehmen, dass 2^{32} (oder mehr als 4 Milliarden) Computer mit eindeutigen Adressen im Internet existieren könnten. Das stimmt aber nicht. Ein Teil der Adresse identifiziert das LAN, in dem sich der *Host-Computer* befindet, und ein anderer Teil identifiziert den Host-Computer innerhalb des Netzwerks. Die meisten IP-Adressen sind *Adressen der Klasse C*, die das in Abbildung 34.5 dargestellte Format haben.

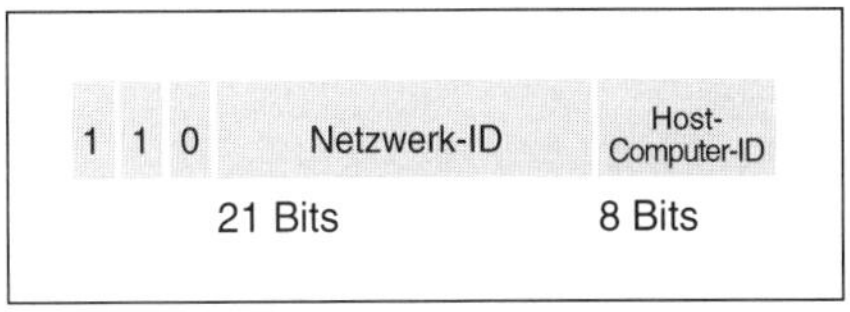

Abbildung 34.5:
Layout einer IP-Adresse der Klasse C.

Daraus folgt, dass etwas über zwei Millionen Netzwerke adressiert werden können und dass jedes dieser Netzwerke über 2^8 (oder 256) adressierbare Host-Computer verfügen kann. Sämtliche IP-Adressen der Klassen A und B, die eine größere Anzahl von Host-Computern innerhalb eines Netzwerks zulassen, sind bereits vergeben.

HINWEIS: Die »offiziellen Internet-Behörden« haben die Kurzlebigkeit der IP-Adressen erkannt, und einen neuen Standard vorgeschlagen, das Protokoll *IP Next Generation* (IPng). IPng definiert ein neues IP-Datagrammformat mit128 Bit Adressen anstelle von 32-Bit-Adressen. Mit IPng werden Sie beispielsweise in der Lage sein, jedem Lichtschalter in Ihrem Haus eine eigene IP-Adresse zu geben, so dass Sie mit Ihrem Notebook von jedem beliebigem Ort aus in Ihrer Küche das Licht ausschalten können. Wann IPng implementiert wird, steht allerdings nicht fest.

Gemäß Konvention werden IP-Adressen im *Dezimalformat in Punktnotation* angegeben. Die vier Teile der Adresse beziehen sich auf einzelnen Byte-Werte. Eine IP-Adresse der Klasse C könnte beispielsweise 194.128.198.201 lauten. Von einem Computer mit einer Intel-CPU werden die Bytes der Adresse in einer Reihenfolge gespeichert, bei der das niederwertigste Byte ganz links steht. Bei den meisten anderen Computern, einschließlich den UNIX-Rechnern, die zuerst das Internet unterstützten, werden die Bytes in einer Reihenfolge gespeichert, bei der das höherwertigste Byte ganz links steht. Da das Internet einen rechnerunabhängigen Standard für den Datenaustausch erfordert, müssen alle mehrere Byte umfassenden Zahlen so übertragen werden, dass das höherwertigste Byte ganz links steht. Folglich müssen Programme, die auf Rechnern mit Intel-Prozessoren ausgeführt werden, Daten zwischen der *Netzwerk-Byte-Reihenfolge* (höchstes Byte ganz links) und der *Host-Byte-Reihenfolge* (niedrigstes Byte ganz links) konvertieren. Dies gilt sowohl für die 2 Byte langen Port Nummern wie auch für die 4 Byte langen IP-Adressen.

TCP (Transmission Control Protocol)

Sie haben die Einschränkungen von UDP kennen gelernt und wissen, dass man eigentlich ein Protokoll braucht, das die fehlerfreie Übertragung großer Datenblöcke unterstützt. Natürlich soll das empfangende Programm in der Lage sein, die Bytes in genau derselben Reihenfolge zusammenzusetzen, in der sie übertragen worden sind, auch wenn die einzelnen Datagramme nicht in dieser Reihenfolge ankommen. TCP ist solch ein Protokoll, und es ist das wichtigste Transportprotokoll für alle Internet-Anwendungen, einschließlich HTTP und FTP. In Abbildung 34.6 ist der Aufbau eines TCP-*Segments* dargestellt. (Hier spricht man nicht von Datagrammen.) Das TCP-Segment lässt sich in einem IP-Datagramm unterbringen, wie Sie Abbildung 34.7 entnehmen können.

Das TCP-Protokoll richtet eine Vollduplex-Verbindung zwischen den *Verbindungsendknoten* zweier Rechner her. Programme am Ende einer solchen Verbindung verwenden jeweils ihre eigenen Port-Nummern. Die Kombination aus IP-Adresse und Port-Nummer bezeichnet man als *Socket*. Die Verbindung wird erst mit einem sogenannten »*Three-way Handshake*« eingerichtet. Das Programm, das die Verbindung initiiert, sendet ein Segment mit gesetztem SYN-Flag, und das

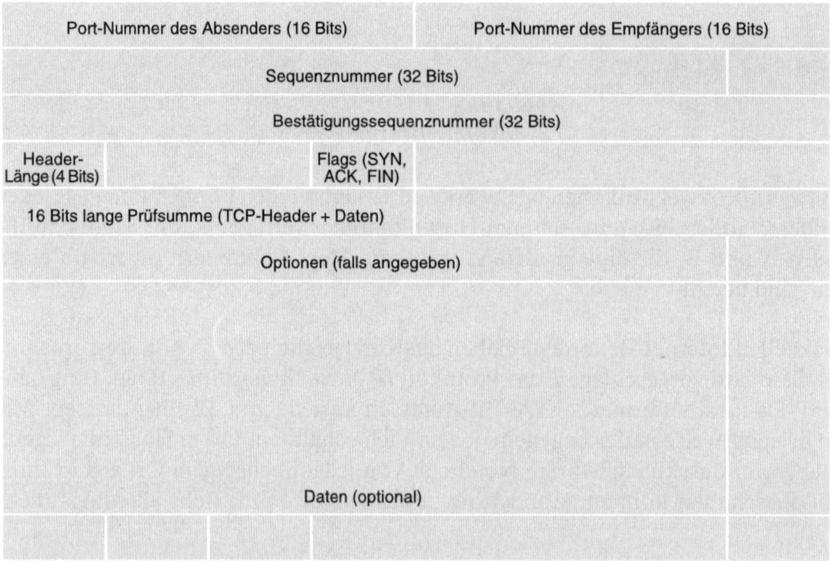

Abbildung 34.6: *Vereinfachte Darstellung eines TCP-Segments.*

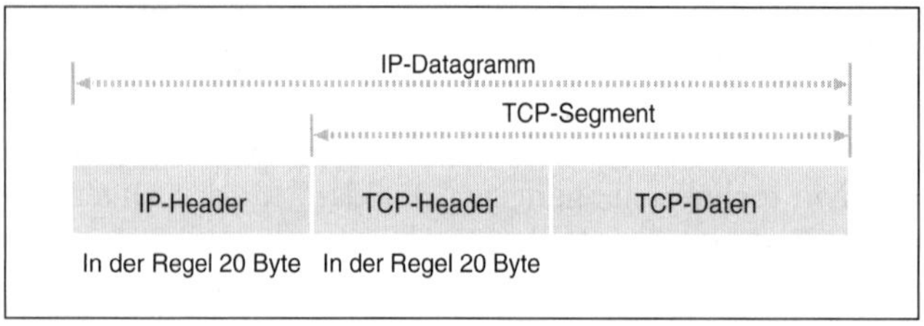

Abbildung 34.7: *Die Beziehung zwischen einem IP-Datagramm und einem TCP-Segment.*

Empfängerprogramm sendet ein Segment, in dem die Flags SYN und ACK gesetzt sind. Daraufhin sendet das initiierende Programm ein Segment mit gesetztem ACK-Flag.

Nachdem die Verbindung hergestellt ist, kann jedes der beiden Programme Daten (Byte-Ströme) an das andere Programm senden. TCP verwendet die Sequenznummernfelder und die ACK-Flags zur Steuerung dieses Datenflusses. Das sendende Programm wartet nicht auf die Empfangsbestätigung für jedes Segment, sondern sendet eine Reihe von Segmenten zusammen ab und wartet dann auf die erste Bestätigung. Falls das Empfängerprogramm über Daten verfügt, die an das Absenderprogramm gesendet werden sollen, kann es Segmente zurücksenden, die seine Bestätigung und die zum Senden anstehenden Daten enthalten.

Bei den Sequenznummern des Absenderprogramms handelt es sich nicht um Segmentindizes, sondern um Indizes auf den Byte-Strom. Das Empfängerprogramm sendet in der Bestätigung die Sequenznummern (im Feld für die Bestätigungssequenznummer) zurück an das Absenderprogramm, womit sichergestellt werden kann, dass alle Bytes empfangen und in der geforderten Reihenfolge zusammengesetzt worden sind. Das Absenderprogramm sendet die Segmente, die nicht bestätigt worden sind, erneut.

Beide Programme schließen jeweils ihren Anschluss zur TCP-Verbindung, indem Sie ein Segment mit einem gesetzten FIN-Flag senden. Der Empfang dieser Segmente muss wiederum jeweils vom anderen Programm bestätigt werden. Programm können über eine Verbindung, die von einem Teilnehmer geschlossen worden ist, keine Bytes mehr empfangen.

Sie müssen sich aber nicht weiter mit den Eigenheiten des TCP-Protokolls beschäftigen. Die Winsock- und WinInet-APIs verbergen die meisten Details, und daher brauchen Sie sich nicht um ACK-Flags und Sequenznummern zu kümmern. Ihr Programm ruft eine Funktion auf, um einen Datenblock zu übertragen, und Windows sorgt dafür, dass dieser Block in Segmente aufgeteilt wird und die Segmente in IP-Datagramme verpackt werden. Windows kümmert sich auch auf der Empfängerseite um die Zustellung der Bytes. Aber das ist eine etwas kniffligere Angelegenheit, wie Sie später in diesem Kapitel noch sehen werden.

DNS (Domain Name System)

Wenn Sie im Web surfen, verwenden Sie keine IP-Adressen. Statt dessen können Sie lesbare Namen wie »microsoft.com« oder »www.cnn.com« verwenden. Ein beträchtlicher Teil der Internet-Ressourcen wird durch die Übersetzung von *Host-Namen* (wie beispielsweise microsoft.com) in IP-Adressen, die für TCP/IP erforderlich sind, verbraucht. In einem verteilten Netzwerk mit Domänenservern, auch *Namenserver* genannt, erfolgt diese Übersetzung durch die Verarbeitung von *DNS-Abfragen*. Der gesamte Internet-Namensbereich ist in hierarchisch gegliederte *Domänen* aufgeteilt, die unter einer unbenannten Stammdomäne oder *Root Domain* angesiedelt sind. Dieser Stammdomäne sind eine Reihe *Domänen oberster Ebene* direkt untergeordnet, wie beispielsweise com, edu, gov und org.

HINWEIS: Internet-Domänen dürfen nicht mit den Microsoft Windows NT-Domänen verwechselt werden. Letztere stellen logische Gruppen vernetzter Rechner dar, die gemeinsam auf eine Sicherheitsdatenbank zugreifen.

Sehen wir uns zuerst die Server-Seite an. Angenommen, eine Firma namens SlowSoft ist über zwei Host-Computer mit dem Internet verbunden, einem Host für WWW-Dienste (World Wide Web) und einem anderen für FTP-Dienste. Gemäß Konvention wurden diese Host-Computer www.slowsoft.com und ftp.slowsoft.com genannt, und beide Rechner gehören zu der Domäne slowsoft (eine *Domäne zweiter Ebene*), die SlowSoft bei einer Organisation namens InterNIC registriert hat. (Siehe http://ds.internic.net.)

Nun muss SlowSoft zwei (oder mehr) Host-Computer als Namenserver einrichten. Die Namenserver für die Domäne com enthalten jeweils einen Datenbankeintrag für die Domäne slowsoft, und dieser Eintrag umfasst die Namen und IP-Adressen der beiden Namenserver von SlowSoft. Jeder der beiden Namenserver der Domäne slowsoft verfügt über Datenbankeinträge für die beiden Host-Computer von SlowSoft. Diese Server können wiederum Datenbankeinträge für die Hosts in ihrer Domäne sowie für Namenserver einer untergeordneten Domäne enthalten. Wenn ein Namenserver die IP-Adresse eines Host-Computers also nicht selbst bereitstellen kann, kann er die Anfrage an einen Namenserver einer untergeordneten Domäne weiterleiten. Abbildung 34.8 stellt die Domänenkonfiguration der Beispielfirma SlowSoft dar.

HINWEIS: Als Namenserver oberster Ebene wird ein eigener Host-Computer verwendet. InterNIC verfügt über (letzter veröffentlichter Stand) neun Computer, die für die Verwaltung der Stammdomäne und die Domänen oberster Ebenen zuständig sind. Bei den Namenservern untergeordneter Domänen kann es sich um Programme handeln, die auf Host-Computern irgendwo im Internet ausgeführt werden. ExpensiveNet, der Internet-Dienstanbieter (Internet Service Provider – ISP) von SlowSoft, kann einen Namenserver für SlowSoft bereitstellen. Falls der ISP mit Windows NT Server arbeitet, wird als Namenserver für gewöhnlich das DNS-Programm verwendet, das zum Lieferumfang des Betriebssystem gehört. Dieser Namenserver kann beispielsweise ns1.expensivenet.com genannt werden.

Sehen wir uns jetzt die Client-Seite an. Ein Anwender gibt in seinem Internet-Browser *http://www.slowsoft.com* ein. (Am Präfix http:// erkennt der Browser, dass er das HTTP-Protokoll verwenden soll, wenn er den Host-Computer schließlich gefunden hat.) Der Browser muss nun die Eingabe www.slowsoft.com in eine IP-Adresse übersetzen und verwendet daher TCP/IP, um eine DNS-Abfrage an die IP-Adresse des *Standard-Gateway-Rechner* zu senden, für den TCP/IP konfiguriert ist. Diese Standard-Gateway-Adresse bezeichnet einen lokalen Namenserver, der möglicherweise die benötigte Host-IP-Adresse in seinem *Cache* gespeichert hat. Ist dies nicht der Fall, leitet der lokale Namenserver die DNS-Abfrage an einen der Namenserver der Stammdomäne weiter. Der Namenserver der Stammdomäne sucht in seiner Datenbank nach *slowsoft* und sendet die Abfrage weiter nach unten zu einem der designierten Namenserver von SlowSoft. Währenddessen wird die IP-Adresse von www.slowsoft.com im Cache gespeichert, sofern sie sich nicht bereits im Cache befindet. Sie können auch den umgekehrten Weg wählen, da Namenserver in der Lage sind, IP-Adressen in Namen zu übersetzen.

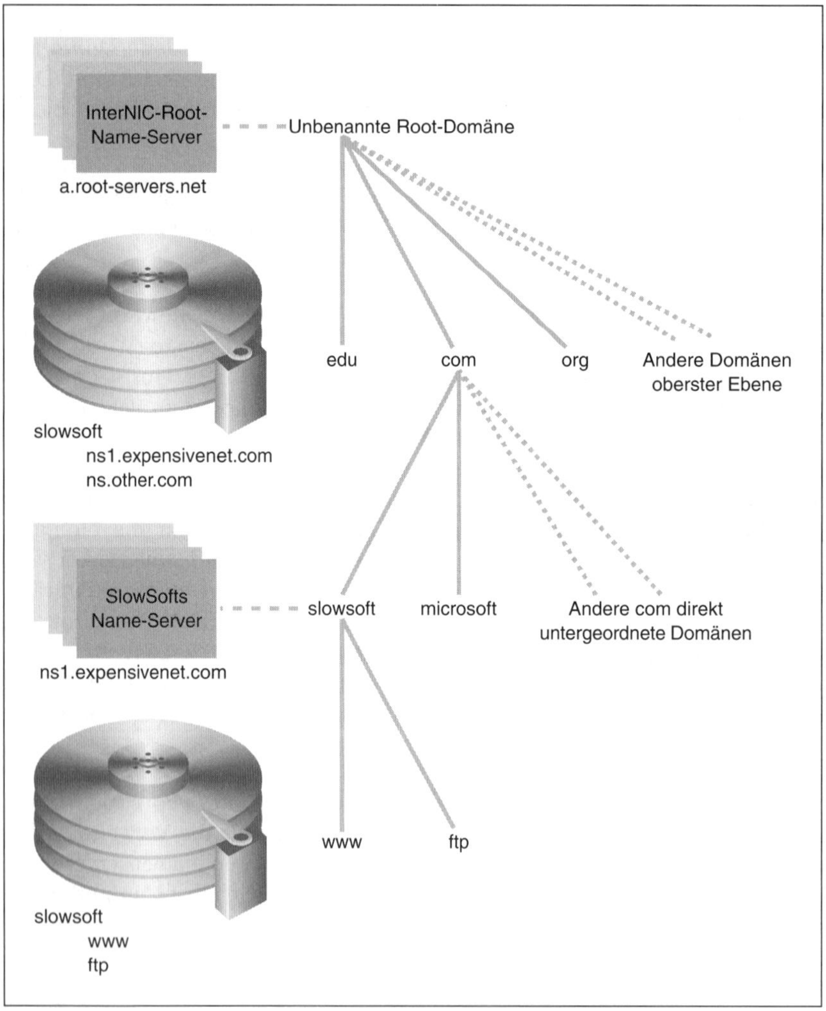

Abbildung 34.8: *Die Domänenkonfiguration von SlowSoft.*

HTTP-Grundlagen

Wir werden bald zur Winsock-Programmierung kommen, aber einfach Byte-Ströme zu verschicken, ist nicht besonders interessant. Sie müssen ein Protokoll höherer Ebene verwenden, um mit den existierenden Internet-Servern und Browsern kompatibel zu sein. HTTP ist hierfür eine guter Ausgangspunkt, da dieses Protokoll im World Wide Web verwendet wird und es zudem ziemlich einfach ist.

HTTP setzt auf TCP auf und arbeitet etwa wie folgt: Ein Server-Programm *überwacht* Port 80. Dann stellt irgendein Client-Programm (normalerweise ein Browser) eine *Verbindung* zum Server (in unserem Beispiel www.slowsoft.com) her, nachdem es die IP-Adresse des Servers von einem Namenserver erhalten hat. Unter Verwendung seiner eigenen Port-Nummer, richtet der Client eine zweispurige TCP-Verbindung zum Server ein. Sobald die Verbindung steht, sendet der Client eine *Anforderung* an den Server, die etwa wie folgt aussehen kann:

```
GET /customers/newproducts.html HTTP/1.0
```

Der Server identifiziert die Anforderung als eine GET-Anforderung, der gebräuchlichste Typ, und schließt daraus, dass der Client eine Datei namens newproducts.html haben möchte, die sich in einem Server-Verzeichnis befindet, das unter dem Namen /customers bekannt ist (auf der Festplatte des Servers kann dieses Verzeichnis auch ganz anders heißen). Unmittelbar anschließend folgen *Anforderungs-Header*, die im Wesentlichen den Funktionsumfang des Client beschreiben.

```
Accept: image/gif, image/x-xbitmap, image/jpeg, image/pjpeg, image/x-jg, */*
Accept-Language: en
UA-pixels: 1024x768
UA-color: color8
UA-OS: Windows NT
UA-CPU: x86
User-Agent: Mozilla/2.0 (compatible; MSIE 3.0; AK; Windows NT)
Host: www.slowsoft.com
Connection: Keep-Alive
If-Modified-Since: Wed, 26 Mar 1997 20:23:04 GMT
(Leerzeile)
```

Der Header *If-Modified-Since* weist den Server an, die Datei newproducts.html nur dann zu übertragen, wenn sie nach dem 26. März 1997 geändert worden ist. Daraus kann man schließen, dass der Browser bereits eine veraltete Kopie dieser Datei in seinem Cache gespeichert hat. Die Leerzeile am Ende der Anforderung ist äußerst wichtig. Da die TCP/IP-Verbindung geöffnet bleibt, kann der Server auf keine andere Weise erkennen, ob das Anforderungsende erreicht ist und er den Empfang von Daten beenden und mit dem Versenden von Daten beginnen soll.

Jetzt kommt der Server an die Reihe. Er sendet die Datei newproducts.html im Anschluss an die Antwort OK

```
HTTP/1.0 200 OK
```

und einen *Antwort-Header*:

```
Server: Microsoft-IIS/2.0
Date: Thu, 03 Mar 1997 17:33:12 GMT
Content-Type: text/html
Accept-Ranges: bytes
```

```
Last-Modified: Wed, Mar 26 1997 20:23:04 GMT
Content-Length: 407
(Leerzeile)
```

Der Inhalt der Datei newproducts.html folgt unmittelbar nach der Leerzeile:

```
<html>
<head><title>SlowSoft's New Products</title></head>
<body><body background="/images/clouds.jpg">
<h1><center>Welcome to SlowSoft's New Products List
</center></h1><p>
Unfortunately, budget constraints have prevented SlowSoft from
 introducing any new products this year. We suggest you keep
 enjoying the old products.<p>
<a href="default.htm">SlowSoft's Home Page</a><p>
</body>
</html>
```

Sie haben hier einfachsten HTML-Code (HTML – HyperText Markup Language) vor sich, und die daraus resultierende Webseite wird sicher keinen Preis gewinnen. Wir gehen hierauf nicht näher ein, da Dutzende von Büchern zum Thema HTML bereits auf dem Markt sind. Sie können in diesen Büchern lernen, dass HTML-*Tags* in spitzen Klammern stehen und dass zu jedem Tag namens »start« meist ein Tag namens »end« (mit vorangestelltem Schrägstrich /) vorhanden ist. Einige Tags wie <a> (Hypertextanker) verfügen über *Attribute*. Im obigen Beispiel wird mit der Zeile

```
<a href="default.htm">SlowSoft's Home Page</a><p>
```

eine *Verknüpfung* (oder *Link*) zu einer anderen HTML-Datei definiert. Wenn der Anwender auf *SlowSoft's Home Page* klickt, fordert der Browser die Datei default.htm vom Slowsoft-Server an.

Die Datei newproducts.html verweist eigentlich auf zwei Server-Dateien, nämlich auf default.htm und /images/clouds.jpg. Die Datei clouds.jpg ist eine JPEG-Datei, die das Hintergrundbild der Seite enthält. Der Browser lädt diese Dateien jeweils in einer eigenen Transaktion, wobei jedes Mal eine TCP-Verbindung eingerichtet und geschlossen wird. Der Server serviert einfach die Dateien, die irgendwelche Clients von ihnen anfordern. In diesem Fall weiß der Server gar nicht, dass die Dateien newproducts.html und clouds.jpg vom selben Client angefordert worden sind, und es interessiert ihn auch gar nicht. Für den Server sind Clients einfach IP-Adressen und Port-Nummern. In der Tat kann ein Client bei jeder Anfrage eine andere Port-Nummer haben. Wenn beispielsweise zehn Programmierer Ihres Unternehmens über den Proxy-Server (mehr dazu später) im Web surfen, haben für den Server alle Clients dieselbe IP-Adresse.

HINWEIS: In Webseiten werden die beiden Grafikformate *GIF* und *JPEG* verwendet. Eine GIF-Datei enthält ein komprimiertes Bild, das über dieselbe Auflösung wie das Originalbild verfügt, aber auf 256 Farben beschränkt ist. Dieses Format unterstützt transparente Bereiche und Animation. JPEG-Dateien sind kleiner, aber sie enthalten nicht sämtliche Detaildaten des ursprünglichen Bilds. GIF-Dateien werden häufig für kleine Grafiken, wie beispielsweise Schaltflächen, verwendet. JPEG-Dateien werden häufig für Fotografien verwendet, bei denen die detailgetreue Darstellung nicht so wichtig ist. Visual C++ kann sowohl GIF- als auch JPEG-Dateien lesen, schreiben und konvertieren, aber die Win32-API kann diese Formate nicht verarbeiten, sofern Sie kein spezielles Modul zum Komprimieren und Dekomprimieren bereitstellen.

Der HTTP-Standard umfasst den Anforderungstyp PUT, der ein Client-Programm in die Lage versetzt, Dateien an den Server zu übertragen. PUT wird weder von Client- noch von Server-Programmen häufig implementiert.

FTP-Grundlagen

Das FTP-Protokoll (FTP – File Transfer Protocol) ist für das Laden von Dateien zum und vom Server und die Verzeichnis- und Dateisuche zuständig. Über ein Windows-Programm namens ftp, das von der Eingabeaufforderung aus gestartet wird (und nicht mit Web-Proxy-Servern einsetzbar ist), können Sie eine Verbindung zu einem FTP-Server herstellen, wobei Sie UNIX-artige Tastaturbefehle verwenden. Browser-Programme unterstützen für gewöhnlich das FTP-Protokoll (nur zum Herunterladen von Dateien) in einer etwas benutzerfreundlicheren Manier. Sie können die Verzeichnisse eines FTP-Servers durch eine Benutzername-/Kennwort-Kombination schützen, aber beide Zeichenfolgen werden als reine Textdaten über das Internet gesendet. FTP gründet auf TCP. Zwischen Server und Client werden zwei getrennte Verbindungen eingerichtet, wobei eine zur Steuerung und die andere zum Datentransfer dient.

Internet und Intranet

Bislang haben wir unterstellt, dass Client- und Server-Computer mit dem weltweiten Internet verbunden sind. Sie können jedoch die gleiche Client- und Server-Software in einem lokalen *Intranet* verwenden. Intranets werden häufig in lokalen Netzwerken von Unternehmen implementiert und für verteilte Anwendungen verwendet. Die Anwender bekommen an ihren Client-Rechnern vertraute Browser-Oberflächen zu Gesicht, und die Server-Computer liefern einfache, Webseiten ähnelnde Dokumente oder führen auf Benutzereingaben hin komplexe Datenverarbeitungsaufgaben durch.

Intranets bieten große Flexibilität. Wenn Sie beispielsweise wissen, dass alle Ihre Computer mit Intel-Prozessoren arbeiten, können Sie ActiveX-Steuerelemente und ActiveX-Dokumentserver einsetzen, die ActiveX-Dokumente unterstützen. Bei Bedarf können Ihre Server- und Client-Computer auf Ihre Erfordernisse zugeschnittene TCP/IP-Software ausführen, deren Kommunikationsfähigkeiten über HTTP und FTP hinausgehen. Um Ihre Unternehmensdaten zu schützen, können Sie Ihr Intranet völlig gegen das Internet abschotten oder es über eine sogenannte *Firewall*, eigentlich ein anderer Name für einen Proxy-Server, mit dem Internet verbinden.

Ein eigenes Mini-Intranet einrichten

Unter Microsoft Windows ein Intranet einzurichten ist einfach und preiswert. Sowohl Microsoft Windows 95 als auch Microsoft Windows 98 und Microsoft Windows NT verfügen über die erforderlichen Netzwerkfähigkeiten. Sie können mühelos ein Intranet mit einem einzelnen Computer aufbauen. Der gesamte Beispielcode dieses Kapitels läuft unter dieser Einzelrechner-Konfiguration.

Das NT-Dateisystem und die Dateizuordnungstabelle (FAT)

Unter Windows 95 und Windows 98 sind Sie auf ein Dateisystem beschränkt, nämlich die Dateizuordnungstabelle oder FAT (File Allocation Table) – für lange Dateinamen eigentlich VFAT. Unter Windows NT können Sie während der Erstinstallation zwischen dem Dateisystem NTFS (NT File System) und FAT wählen. Ihr Intranet wird sehr viel sicherer, wenn Sie NTFS wählen, da das

Dateisystem NTFS es Ihnen ermöglicht, Benutzerrechte für einzelne Dateien und Verzeichnisse festzulegen. Die Benutzer melden sich an einem Windows-Server an (oder bei einem damit verbundenen Arbeitsplatzrechner) und müssen einen Benutzernamen und ein Kennwort eingeben.

Intranet- und Internet-Clients sind diesem Sicherungsschema des Betriebssystems gleichermaßen unterworfen, da der Server ihre Anmeldung wie die Anmeldung lokaler Benutzer behandeln kann. Sie können den Zugriff auf beliebige Server-Verzeichnisse oder -Dateien auf bestimmte Benutzer beschränken, die nach der Eingabe eines Kennworts Zugriff erhalten. Wenn es sich bei den Arbeitsplatzrechnern dieser Benutzer um Windows-Netzwerk-Clients handelt (wie im Fall eines Intranets innerhalb eines LAN), werden Benutzername und Kennwort aus der Netzanmeldung übernommen.

Netzwerk-Hardware

Offensichtlich braucht man mehrere Computer für ein Netzwerk. Als Hauptentwicklungsrechner werden Sie wahrscheinlich einen PC mit einem Pentium-, Pentium Pro- oder einem Pentium II-Prozessor verwenden. Es ist jedoch relativ wahrscheinlich, dass Sie irgendwo noch einen alten Computer herumstehen haben. Wenn es sich dabei wenigstens um einen 486-PC handelt, sollten Sie ihn mit Ihrem Hauptrechner vernetzen, um Intranet-Tests und Datensicherungen durchzuführen.

Sie benötigen für jeden Computer eine Netzwerkkarte, aber 10-Mbps-Ethernet-Karten sind schon für unter DM 100 zu haben. Wählen Sie eine Karte, die mit eigenen Treibern für Windows 95, Windows 98 und Windows NT ausgeliefert wird oder von diesen Betriebssystemen standardmäßig unterstützt wird. Die Liste der unterstützten Netzwerkkarten wird angezeigt, wenn Sie im Fenster *Systemsteuerung* auf das Symbol *Netzwerk* und dann auf die Schaltfläche *Hinzufügen* klicken und in diesem Dialogfeld *Netzwerkkarte* wählen.

Die meisten Netzwerkkarten verfügen über Anschlüsse für Thin-Coax und 10Base-Twisted-Pair. Wenn Sie sich für 10BaseT entscheiden, müssen Sie einen *Hub* kaufen, der mehrere Hundert Mark kostet und einen Stromanschluss benötigt. Bei der Alternative Thin-Coax brauchen Sie nur ein Koaxialkabel (die in Standardlängen mit den erforderlichen Anschlüssen im Handel erhältlich sind) sowie Terminator-Stecker. Zum Aufbau eines Koax-Netzes verbinden Sie Ihre Rechner einfach nacheinander zu einer Kette und schließen die Enden dieser Kette jeweils mit einem Terminator-Stecker.

Befolgen Sie die Anweisungen des Netzwerkkartenherstellers, die der Netzwerkkarte beiliegen. In den meisten Fällen müssen Sie ein MS-DOS-Programm ausführen, das Daten in den EEPROM (Electrically Erasable/Programmable Read-Only Memory) der Karte schreibt. Schreiben Sie sich auf, welche Werte Sie bei der Karteninstallation gewählt haben – Sie brauchen diese Angaben später.

Windows für den Netzwerkbetrieb konfigurieren

Nachdem Sie in der Systemsteuerung auf das Symbol *Netzwerk* geklickt haben, stehen Ihnen die Optionen *Protokolle*, *Netzwerkkarten* und *Dienste* zur Auswahl. Der Inhalt der entsprechenden Dialogfelder hängt davon ab, ob Sie unter Windows 95, Windows 98 oder Windows NT arbeiten. Sie müssen TCP/IP als Protokoll auswählen, wenn Sie ein Intranet betreiben wollen. Sie müssen auch die Windows-Treiber für Ihre Netzwerkkarte installieren und sicherstellen, dass die IRQ- und E/A-Adresseinstellungen den Einstellungen entsprechen, die Sie während der Netzkarteninstallation in den EEPROM geschrieben haben. Zudem müssen Sie Ihren Netzwerkkarten IP-Adressen zuweisen. Wenn Sie nicht direkt mit dem Internet verbunden sind, können Sie eine beliebige eindeutige Adresse verwenden.

Sie verfügen jetzt über ausreichend Kenntnisse, um ein Intranet aufzubauen. Wahrscheinlich werden Sie in Ihrem Netzwerk aber auch von mehreren Rechnern auf Drucker und Dateien gemeinsam zugreifen wollen. Unter Windows NT installieren Sie die Client- und Server-Dienste und binden sie an TCP/IP. Unter Windows 95 und Windows 98 installieren Sie den *Client für Microsoft-Netzwerke* und *Datei- und Druckerfreigabe für Microsoft-Netzwerke*. Falls Sie bereits ein Netzwerk mit einem anderen Protokoll installiert haben (zum Beispiel Novell IPX/SPX oder Microsoft NetBEUI), können Sie dieses Protokoll weiterhin neben TCP/IP in Ihrem Netzwerk verwenden. In diesem Fall verwenden die Drucker- und Dateidienste von Windows das vorhandene Protokoll, und das Intranet verwendet TCP/IP. Wenn Sie von einem Rechner aus auf die Daten anderen Computer zugreifen möchten, müssen Sie im Microsoft Windows Explorer die entsprechenden Verzeichnis- bzw. Druckerordner freigeben.

Host-Namen für ein Intranet – Die Datei hosts

Sowohl Internet- als auch Intranet-Anwender erwarten, dass Ihr Browser mit Host-Namen und nicht mit IP-Adressen arbeitet. Es gibt verschiedenen Methoden, Namen in Adressen zu konvertieren. Eine Möglichkeit bietet der DNS-Server, eine installierbare Komponente von Windows NT Server. Am einfachsten lassen sich Internet-Host-Namen jedoch mit Hilfe der Datei hosts auf IP-Adressen abbilden. Unter Windows NT ist dies eine Textdatei im Verzeichnis \Winnt\System32\DRIVERS\ETC. Unter Windows 95 und Windows 98 wird diese Datei im Verzeichnis \WINDOWS abgelegt, das bereits einen Prototyp namens *hosts.sam* enthält. Kopieren Sie diese Datei einfach in hosts, und tragen Sie mit dem NotePad die erforderlichen Angaben ein. Kopieren Sie die bearbeitete Datei hosts auf alle Computer dieses Netzwerks.

Das Intranet testen- Das Programm Ping

Sie können mit dem Windows-Programm Ping Ihr Intranet testen. Geben Sie dazu an der Eingabeaufforderung *ping* und die IP-Adresse (in Punktnotation) oder den Host-Namen eines anderen Netzwerk-Computers ein. Falls Sie eine positive Antwort erhalten, wissen Sie, dass TCP/IP korrekt konfiguriert ist. Falls Sie keine Antwort oder eine Fehlermeldung erhalten, versuchen Sie es nicht weiter. Sie müssen in diesem Fall Ihre Netzwerkverbindungen und die Netzwerkkonfiguration noch einmal überprüfen.

Ein Intranet mit einem Computer – Die TCP/IP-Adresse für den Schleifenbetrieb

Die erste Zeile der Datei hosts sollte folgenden Eintrag enthalten:

```
127.0.0.1        localhost
```

Es handelt sich dabei um die IP-Adresse für den *Schleifenbetrieb*. Wenn Sie ein Server-Programm diese Adresse überwachen lassen, können Clients, die auf diesem Rechner ausgeführt werden, eine Verbindung zu localhost herstellen, um eine TCP/IP-Verbindung zum Server-Programm einzurichten. Das funktioniert mit und ohne Netzwerkkarte.

Winsock

Winsock ist eine systemnahe Windows-API für die TCP/IP-Programmierung. Teile dieses Codes befinden sich in der Datei wsock32.dll (die exportierten Funktionen, die Ihr Programm aufruft), andere Teile im Windows-Kernel. Sie können sowohl Internet-Server- als auch Internet-Client-Programme mit der Winsock-API schreiben. Diese API basiert auf der Berkely Sockets API für UNIX. Eine neue und viel komplexere Version namens Winsock 2 wurde mit Windows NT 4.0 vorgestellt. Wir werden jedoch bei der alten Version bleiben, da diese den aktuellen Standard für Windows NT, Windows 95 und Windows 98 darstellt.

Synchrone und asynchrone Winsock-Programmierung

Winsock wurde ursprünglich für Win16 entwickelt, das Multithreading nicht unterstützt hat. Infolgedessen haben die meisten Entwickler Winsock im *asynchronen* Modus verwendet. In diesem Modus wird mit Hilfe aller möglichen Arten von verborgenen Fenster- und *PeekMessage*-Aufrufen einem Single-Thread-Programm ermöglicht, über Winsock ohne Blockaden Aufrufe zu senden und zu empfangen, so dass die Benutzeroberfläche aktiv bleiben kann. Asynchrone Winsock-Programme waren komplex, implementierten häufig sogenannte »Statusrechner«, die Callback-Funktionen verarbeiteten und anhand des aktuellen Status zu bestimmen versuchten, welche Operation als Nächstes ausgeführt werden soll. Wir haben die 16-Bit-Welt hinter uns gelassen und können daher moderne Multithreading-Programmierung betreiben. Wenn Sie dies verunsichert, sollten Sie sich noch einmal mit Kapitel 12 beschäftigen. Wenn Sie sich einmal an die Multithreading-Programmierung gewöhnt haben, werden Sie sie mögen.

In diesem Kapitel werden wir die meisten Winsock-Aufrufe von Arbeits-Threads aus starten, so dass sich der Hauptprogramm-Thread weiterhin um die Verwaltung der Benutzeroberfläche kümmern kann. Die Arbeits-Threads verfügen über eine sequentielle Logik zum Blockieren von Winsock-Aufrufen.

Die Winsock-Klassen der MFC-Bibliothek

Wir versuchen, MFC-Klassen zu verwenden, wo dies sinnvoll erscheint, aber von den MFC-Entwicklern hörten wir, dass die Klassen *CAsyncSocket* und *CSocket* sich nicht für die Entwicklung synchroner 32-Bit-Programme eigneten. Die Online-Hilfe zu Visual C++ besagt, dass man *CSocket* für die synchrone Programmierung einsetzen kann. Wenn Sie sich jedoch den Code ansehen, werden Sie einige Überbleibsel aus der nachrichtenorientierten Win16-Ära finden.

Unsere Winsock-Klassen

Da wir die MFC-Bibliothek nicht verwenden konnten, mussten wir selbst Winsock-Klassen schreiben. *CBlockingSocket* ist nur für den synchronen Einsatz in einem Arbeits-Thread konzipiert. Diese Klasse zeichnet sich nur dadurch aus, dass sie Ausnahmen auslöst, wenn Fehler oder Zeitüberschreitungen beim Senden oder Empfangen von Daten auftreten. Diese Ausnahmen ermöglichen es Ihnen, bessere Anwendungen zu entwickeln, da Sie nicht nach jedem Winsock-Aufruf Fehlertests durchführen müssen. Die Zeitlimits (die mit der Winsock-Funktion *select* implementiert werden) verhindern, dass ein Thread durch Kommunikationsfehler unendlich lange blockiert wird.

Die Klasse *CHttpBlockingSocket* ist von *CBlockingSocket* abgeleitet und enthält Funktionen zum Lesen von HTTP-Daten. *CSockAddr* und *CBlockingSocketException* sind Hilfsklassen.

Die Hilfsklasse CSockAddr

Viele Winsock-Funktionen erhalten Socket-Adressen als Parameter. Wie Sie sich erinnern, besteht eine Socket-Adresse aus einer 32 Bit langen IP-Adresse plus einer 16 Bit langen Port-Nummer. Winsock arbeitet mit einer 16 Bit langen Struktur namens *sockaddr_in*, die wie folgt definiert ist:

```
struct sockaddr_in {
  short   sin_family;
  u_short sin_port;
  struct  in_addr sin_addr;
  char    sin_zero[8];
};
```

Die IP-Adresse wird in einer Struktur vom Typ *in_addr* gespeichert, die wie folgt aussieht:

```
struct in_addr {
  union {
    struct { u_char s_b1,s_b2,s_b3,s_b4; } S_un_b;
    struct { u_short s_w1,s_w2; } S_un_w;
    u_long S_addr;
  } S_un;
}
```

Diese Strukturen sehen recht unangenehm aus, und daher leiten wir von *sockaddr_in* eine programmiererfreundliche C++-Klasse ab. Die Datei \vcpp32\ex34a\Blocksock.h der Begleit-CD enthält zu diesem Zweck den folgenden Code und Inline-Funktionen:

```
class CSockAddr : public sockaddr_in {
public:
  // Konstruktoren
  CSockAddr()
  {
    sin_family = AF_INET;
    sin_port = 0;
    sin_addr.s_addr = 0;
  } // Standardwert
  CSockAddr(const SOCKADDR& sa) { memcpy(this, &sa,
      sizeof(SOCKADDR)); }
  CSockAddr(const SOCKADDR_IN& sin) { memcpy(this, &sin,
      sizeof(SOCKADDR_IN)); }
  CSockAddr(const ULONG ulAddr, const USHORT ushPort = 0)
  // Parameterwerte haben Host-Byte-Folge
  {
    sin_family = AF_INET;
    sin_port = htons(ushPort);
    sin_addr.s_addr = htonl(ulAddr);
  }
  CSockAddr(const char* pchIP, const USHORT ushPort = 0)
  // Zeichenfolge mit IP-Adresse im Punkt-Notation
  {
      sin_family = AF_INET;
      sin_port = htons(ushPort);
      sin_addr.s_addr = inet_addr(pchIP);
```

```
    } // bereits Netzwerk-Byte-Reihenfolge
    // Adresse in Punkt-Notation zurückgeben
    CString DottedDecimal()
        { return inet_ntoa(sin_addr); }
    // neues CString-Objekt erzeugen
    // Port und Adresse ermitteln (obwohl sie öffentlich sind)
    USHORT Port() const
        { return ntohs(sin_port); }
    ULONG IPAddr() const
        { return ntohl(sin_addr.s_addr); }
    // Operatoren zur Steigerung der Effizienz
    const CSockAddr& operator=(const SOCKADDR& sa)
    {
        memcpy(this, &sa, sizeof(SOCKADDR));
        return *this;
    }
    const CSockAddr& operator=(const SOCKADDR_IN& sin)
    {
        memcpy(this, &sin, sizeof(SOCKADDR_IN));
        return *this;
    }
    operator SOCKADDR()
        { return *((LPSOCKADDR) this); }
    operator LPSOCKADDR()
        { return (LPSOCKADDR) this; }
    operator LPSOCKADDR_IN()
        { return (LPSOCKADDR_IN) this; }
};
```

Wie Sie sehen, enthält diese Klasse einige nützliche Konstruktoren und Kovertierungsoperatoren, so dass Objekte vom Typ *CSockAddr* und vom Typ *sockaddr_in* sowie den äquivalenten Typen *SOCKADDR_IN*, *sockaddr* und *SOCK-ADDR* gegeneinander austauschbar sind. Es ist ein Konstruktor und eine Member-Funktion für IP-Adressen in dezimaler Punktnotation vorhanden. Die interne Socket-Adresse wird in der Netzwerk-Byte-Reihenfolge angegeben, aber sämtliche Member-Funktionen arbeiten mit der Host-Byte-Reihenfolge und geben Werte zurück. Die Winsock-Funktionen *htonl*, *htons*, *ntohs* und *ntohl* erledigen die Konvertierung zwischen Netzwerk- und Host-Byte-Reihenfolge.

Die Klasse CBlockingSocketException

Sämtliche *CBlockingSocket*-Funktionen erzeugen ein Objekt vom Typ *CBlockingSocketException*, wenn ein Winsock-Fehler auftritt. Diese Klasse ist von der MFC-Klasse *CException* abgeleitet und überschreibt daher die Funktion *GetErrorMessage*. Diese Funktion liefert ein Winsock-Fehlernummer und eine Zeichenfolge, die von *CBlockingSocket* beim Auslösen der Ausnahme übergeben wurde.

Die Klasse CBlockingSocket

Listing 34.1 zeigt einen Auszug aus der Header-Datei der Klasse *CBlockingSocket*.

BLOCKSOCK.H

```
class CBlockingSocket : public CObject
{
  DECLARE_DYNAMIC(CBlockingSocket)
public:
  SOCKET m_hSocket;
  CBlockingSocket(); { m_hSocket = NULL; }
  void Cleanup();
  void Create(int nType = SOCK_STREAM);
  void Close();
  void Bind(LPCSOCKADDR psa);
  void Listen();
  void Connect(LPCSOCKADDR psa);
  BOOL Accept(CBlockingSocket& s, LPCSOCKADDR psa);
  int Send(const char* pch, const int nSize, const int nSecs);
  int Write(const char* pch, const int nSize, const int nSecs);
  int Receive(char* pch, const int nSize, const int nSecs);
  int SendDatagram(const char* pch, const int nSize, LPCSOCKADDR psa,
    const int nSecs);
  int ReceiveDatagram(char* pch, const int nSize, LPCSOCKADDR psa,
    const int nSecs);
  void GetPeerAddr(LPCSOCKADDR psa);
  void GetSockAddr(LPCSOCKADDR psa);
  static CSockAddr GetHostByName(const char* pchName,
    const USHORT ushPort = 0);
  static const char* GetHostByAddr(LPCSOCKADDR psa);
  operator SOCKET();
    { return m_hSocket; }
};
```

Listing 34.1: *Auszug aus der Header-Datei der Klasse* CBlockingSocket.

Nachfolgend werden die Member-Funktionen von *CBlockingSocket* kurz beschrieben:

- **Konstruktor** – Der Konstruktor von *CBlockingSocket* erzeugt ein nicht initialisiertes Objekt. Sie müssen die Member-Funktion *Create* aufrufen, um ein Windows-Socket zu erstellen und mit einem C++-Objekt verknüpfen.
- ***Create*** – Diese Funktion ruft die Winsock-Funktion *socket* auf und weist dann dem Datenelement *m_hSocket* das zurückgelieferte 32 Bit lange *SOCKET*-Handle zu.

Parameter	Beschreibung
nType	Socket-Typ; sollte den Wert *SOCK_STREAM* (Standardwert) oder *SOCK_DGRAM* haben.

- ***Close*** – Diese Funktion schließt ein geöffnetes Socket über einen Aufruf der Winsock-Funktion *closesocket*. Die Funktion *Create* muss zuvor aufgerufen worden sein. Der Destruktor ruft diese Funktion nicht auf, da es hier nicht möglich ist, bei einem globalen Objekt Ausnahmen abzufangen. Ihr Server-Programm kann *Close* jederzeit für ein Socket aufrufen, das diesen Port überwacht.
- ***Bind*** – Diese Funktion ruft die Winsock-Funktion *bind* auf, um zuvor erstellte Sockets mit einer gegebenen Socket-Adresse zu verbinden. Vor dem Aufruf von *Listen* ruft Ihr Server-Pro-

gramm *Bind* mit einer Socket-Adresse auf, die die zu überwachende Port-Nummer und die IP-Adresse des Servers enthält. Wenn Sie *INADDR_ANY* als IP-Adresse übergeben, ermittelt Winsock die IP-Adresse Ihres Computers.

Parameter	Beschreibung
psa	Ein *CSockAddr*-Objekt oder ein Zeiger auf eine Variable vom Typ *sockaddr*

- ***Listen*** – Diese Funktion ruft die Winsock-Funktion *listen* auf. Ihr Server-Programm ruft *Listen* auf, um mit der Überwachung des im vorausgegangenen *Bind*-Aufruf genannten Ports zu beginnen. Diese Funktion gibt die Kontrolle sofort zurück.
- ***Accept*** – Diese Funktion ruft die Winsock-Funktion *accept* auf. Ihr Server-Programm ruft *Accept* unmittelbar nach *Listen* auf. *Accept* gibt die Kontrolle zurück, wenn ein Client eine Verbindung zu diesem Socket herstellt, und sendet dann ein neues Socket (in einem von Ihnen bereitgestellten *CBlockingSocket*-Objekt), das der neuen Verbindung entspricht.

Parameter	Beschreibung
s	Ein Verweis auf ein bestehendes *CBlockingSocket*-Objekt, für das *Create* nicht aufgerufen worden ist
psa	Ein *CSockAddr*-Objekt oder ein Zeiger auf eine Variable vom Typ *sockaddr* mit der Socket-Adresse der Verbindung
Rückgabewert	*TRUE* , falls erfolgreich

- ***Connect*** – Diese Funktion ruft die Winsock-Funktion *connect* auf. Ihr Client-Programm ruft *Connect* nach *Create* auf. *Connect* gibt die Kontrolle zurück, sobald die Verbindung hergestellt ist.

Parameter	Beschreibung
psa	Ein *CSockAddr*-Objekt oder einer Variable vom Typ *sockaddr*

- ***Send*** – Diese Funktion ruft die Winsock-Funktion *send* nach einem Aufruf von *select* auf, um das Zeitlimit zu aktivieren. Die Anzahl der tatsächlich mit jedem *Send*-Aufruf übermittelten Bytes hängt davon ab, wie schnell das Programm am anderen Ende der Verbindung die Bytes empfangen kann. *Send* löst eine Ausnahme aus, wenn das Programm am anderen Ende das Socket schließt, bevor es alle Bytes gelesen hat.

Parameter	Beschreibung
pch	Ein Zeiger auf einen Puffer, der die zu sendenden Bytes enthält
nSize	Die Größe (in Byte) des zu sendenden Blocks
nSecs	Das Zeitlimit in Sekunden
Rückgabewert	Die Anzahl der tatsächlich gesendeten Bytes

- ***Write*** – Diese TCP-Funktion ruft *Send* solange wiederholt auf, bis alle Bytes gesendet worden sind oder der Empfänger das Socket schließt.

Parameter	Beschreibung
pch	Ein Zeiger auf einen Puffer, der die zu sendenden Bytes enthält
nSize	Die Größe (in Byte) des zu sendenden Blocks
nSecs	Das Zeitlimit in Sekunden
Rückgabewert	Die Anzahl der tatsächlich gesendeten Bytes

- ***Receive*** – Diese Funktion ruft die Winsock-Funktion *recv* auf, nachdem durch einen Aufruf von *select* das Zeitlimit gesetzt worden ist. Diese Funktion gibt nur die Anzahl der empfangenen Bytes zurück. Weitere Informationen hierzu enthält die Beschreibung der Klasse *CHttpBlockingSocket* im nächsten Abschnitt.

Parameter	Beschreibung
pch	Ein Zeiger auf einen bestehenden Puffer, der die ankommenden Bytes aufnehmen wird
nSize	Die maximale Anzahl der zu empfangenden Bytes
nSecs	Das Zeitlimit in Sekunden
Rückgabewert	Die Anzahl der tatsächlich empfangenen Bytes

- ***SendDatagram*** – Diese UDP-Funktion ruft die Winsock-Funktion *sendto* auf. Das Programm am anderen Ende der Verbindung muss *ReceiveDatagram* aufrufen. Für Datagramme müssen die Funktionen *Listen*, *Accept* und *Connect* nicht aufgerufen werden. Sie müssen zuvor *Create* mit dem Parameter *SOCK_DGRAM* aufgerufen haben.

Parameter	Beschreibung
pch	Ein Zeiger auf einen Puffer, der die zu sendenden Bytes enthält
nSize	Die Größe (in Byte) des zu sendenden Blocks
psa	Die Empfängeradresse des Datagramms; ein *CSockAddr*-Objekt oder ein Zeiger auf eine Variable vom Typ *sockaddr*
nSecs	Das Zeitlimit in Sekunden
Rückgabewert	Die Anzahl der tatsächlich gesendeten Bytes

- ***ReceiveDatagram*** – Diese UDP-Funktion ruft die Winsock-Funktion *recvfrom* auf. Die Funktion gibt die Kontrolle zurück, wenn das Programm am anderen Ende der Verbindung *SendDatagram* aufruft. Zuvor muss die Funktion *Create* mit dem Parameter *SOCK_DGRAM* aufgerufen worden sein.

Parameter	Beschreibung
pch	Ein Zeiger auf einen Puffer, der die zu sendenden Bytes enthält
nSize	Die Größe (in Byte) des zu sendenden Blocks
psa	Die Empfängeradresse des Datagramms; ein *CSockAddr*-Objekt oder ein Zeiger auf eine Variable vom Typ *sockaddr*
nSecs	Das Zeitlimit in Sekunden
Rückgabewert	Die Anzahl der tatsächlich empfangenen Bytes

- ***GetPeerAddr*** – Diese Funktion ruft die Winsock-Funktion *getpeername* auf. Sie gibt die Port-Nummer und IP-Adresse des Socket am anderen Ende der Verbindung zurück. Falls Sie über einen Web-Proxy-Server mit dem Internet verbunden sind, wird als IP-Adresse die des Proxy-Servers zurückgegeben.

Parameter	Beschreibung
psa	Ein *CSockAddr*-Objekt oder ein Zeiger auf eine Variable vom Typ *sockaddr*

- ***GetSockAddr*** – Diese Funktion ruft die Winsock-Funktion *getsockname* auf. Sie gibt die Socket-Adresse zurück, die Winsock dieser Seite der Verbindung zugewiesen hat. Falls es sich bei dem anderen Programm um einen Server in einem LAN handelt, entspricht die IP-Adresse der Adresse, die der Netzwerkkarte dieses Rechners zugewiesen worden ist. Falls es sich bei dem anderen Programm um einen Server im Internet handelt, wird die IP-Adresse von Ihrem Internet-Dienstanbieter vergeben, wenn Sie sich einwählen. In beiden Fällen weist Winsock die Port-Nummer zu und verwendet für jede Verbindung eine andere Port-Nummer.

Parameter	Beschreibung
psa	Ein *CSockAddr*-Objekt oder ein Zeiger auf eine Variable vom Typ *sockaddr*

- ***GetHostByName*** – Diese statische Funktion ruft die Winsock-Funktion *gethostbyname* auf. Sie fragt einen Namenserver ab und gibt die Socket-Adresse zusammen mit den zugehörigen Host-Namen zurück. Die Funktion setzt sich selbst ein Zeitlimit.

Parameter	Beschreibung
pchName	Ein Zeiger auf ein Zeichenfeld, das den gesuchten Host-Namen enthält
ushPort	Die Port-Nummer (Standardwert 0), die in die zurückgegebene Socket-Adresse aufgenommen wird
Rückgabewert	Die Socket-Adresse, die die vom DNS zurückgegebene IP-Adresse enthält und die Port-Nummer *ushPort*

- ***GetHostByAddr*** – Diese statische Funktion ruft die Winsock-Funktion *gethostbyaddr* auf. Sie fragt einen Namenserver ab und gibt den Host-Namen zurück, der der angegebenen Socket-Adresse entspricht. Diese Funktion setzt sich selbst ein Zeitlimit.

Parameter	Beschreibung
psa	Ein *CSockAddr*-Objekt oder ein Zeiger auf eine Variable vom Typ *sockaddr*
Rückgabewert	Ein Zeiger auf ein Zeichenfeld, das den Host-Namen enthält; der Aufrufe sollte diesen Zeiger nicht aus dem Speicher löschen

- ***Cleanup*** – Diese Funktion schließt das Socket, sofern es geöffnet ist. Sie löst keine Ausnahme aus, und daher können Sie sie innerhalb eines *catch*-Blocks, der zum Abfangen von Ausnahmen dient, verwenden.
- ***operator SOCKET*** – Dieser überladene Operator ermöglicht die Verwendung eines *CBlockingSocket*-Objekts anstelle eines *SOCKET*-Parameters.

Die Klasse CHttpBlockingSocket

Bei einem Aufruf von *CBlockingSocket::Receive* ist es schwer zu bestimmen, wann der Empfang von Bytes beendet werden soll. Jeder Aufruf liefert die Bytes, die zu diesem Zeitpunkt an Ihrem Ende der Verbindung anliegen. Falls keine Bytes vorhanden sind, blockiert der Aufruf. Wenn der Sender das Socket jedoch schließt, liefert diese Funktion den Rückgabewert Null Bytes.

Im Abschnitt über HTTP am Anfang dieses Kapitels haben Sie erfahren, dass der Client eine Anforderung sendet, die durch eine Leerzeile abgeschlossen wird. Der Server soll die Antwort-Header und Daten senden, sobald er die Leerzeile liest; der Client muss dagegen die Antwort-Header analysieren, bevor er die Daten liest. Kurz gesagt, solange eine TCP-Verbindung geöffnet ist, muss das empfangende Programm die eingehenden Daten sofort verarbeiten. Eine einfache, aber nicht sehr effiziente Möglichkeit bestünde darin, für jedes empfangene Byte sofort *Receive* aufzurufen. Effizienter ist allerdings die Verwendung eines Puffers.

Die Klasse *CHttpBlockingSocket* ergänzt die Klasse *CBlockingSocket* um Funktionen zur Pufferung und stellt zwei Member-Funktionen zur Verfügung. Ein Teil der Header-Datei \vcpp32\ex34a\Blocksock.h ist unten abgedruckt:

```
class CHttpBlockingSocket : public CBlockingSocket
{
public:
  DECLARE_DYNAMIC(CHttpBlockingSocket)
  enum {nSizeRecv = 1000}; // max. Größe des Empfangspuffers
                           // (> Headerzeilenlänge
  CHttpBlockingSocket();
  ~CHttpBlockingSocket();
  int ReadHttpHeaderLine(char* pch, const int nSize, const int nSecs);
  int ReadHttpResponse(char* pch, const int nSize, const int nSecs);
private:
  char* m_pReadBuf; // Lesepuffer
  int m_nReadBuf; // Bytezahl in Lesepuffer
};
```

Konstruktor und Dekonstruktor kümmern sich um die Reservierung und Freigabe eines Puffers für 1000 Zeichen. Die beiden Member Funktionen werden nachfolgend beschrieben.

- ***ReadHttpHeaderLine*** – Diese Funktion gibt eine einzelne Header-Zeile zurück, die durch die Zeichenkombination <cr><lf> abgeschlossen ist. *ReadHttpHeaderLine* hängt eine abschließende Null an das Zeilenende an. Wenn der Zeilenpuffer voll ist, wird die terminierende Null an der letzten Position gespeichert.

Parameter	Beschreibung
pch	Ein Zeiger auf einen vorhandenen Puffer, der die eingehende Zeile (null-terminierte) aufnehmen wird
nSize	Die Größe des durch *pch* bezeichneten Puffers
nSecs	Das Zeitlimit in Sekunden
Rückgabewert	Die Anzahl der tatsächlich empfangenen Bytes, die terminierende Null nicht mitgezählt

- ***ReadHttpResponse*** – Diese Funktion gibt die restlichen Teile der empfangenen Server-Antwort zurück, wenn das Socket geschlossen wird oder der Puffer voll ist. Gehen Sie nicht davon aus, dass Puffer als letztes Zeichen eine Null enthält.

Parameter	Beschreibung
pch	Ein Zeiger auf einen vorhandenen Puffer, der die eingehenden Daten aufnehmen wird
nSize	Die maximale Anzahl der zu empfangenden Bytes
nSecs	Das Zeitlimit in Sekunden
Rückgabewert	Die Anzahl der tatsächlich empfangenen Bytes

Ein vereinfachtes HTTP-Server-Programm

Es ist nun an der Zeit, ein HTTP-Server-Programm zu schreiben. Der Code sieht zwar weniger aufregend aus, arbeitet aber wie ein Browser. Dieser Server gibt nur einige festkodierte Header und HTML-Anweisungen zurück, wenn er eine GET-Anforderung erhält. (Im nachfolgenden Programm EX34A wird ein etwas anspruchsvollerer HTTP-Server implementiert.)

Winsock initialisieren

Bevor Winsock-Aufrufe erfolgen können, muss das Programm die Winsock-Bibliothek initialisieren. Dies wird durch die folgenden Anweisungen in der Member-Funktion *InitInstance* erreicht:

```
WSADATA wsd;
WSAStartup(0x0101, &wsd);
```

Den Server starten

Der Server wird auf eine Eingabe des Anwenders hin gestartet, zum Beispiel durch die Auswahl eines Menübefehls. Die Befehlsbehandlungsroutine ist wie folgt implementiert:

```
CBlockingSocket g_sListen; // das einzige globale Socket zur Überwachung
void CSocketView::OnInternetStartServer()
{
  try {
    CSockAddr saServer(INADDR_ANY, 80);
    g_sListen.Create();
    g_sListen.Bind(saServer);
    g_sListen.Listen();
    AfxBeginThread(ServerThreadProc, GetSafeHwnd());
  }
  catch(CBlockingSocketException* e) {
    g_sListen.Cleanup();
    // Ausnahme behandeln
    e->Delete();
  }
}
```

Ziemlich einfach, nicht wahr? Diese Behandlungsroutine erstellt ein Socket, beginnt mit der Überwachung dieses Sockets und startet dann einen Arbeits-Thread, der darauf wartet, dass irgendein Client eine Verbindung zum Port 80 herstellt. Falls ein Fehler auftritt, wird eine Ausnahme ausgelöst. Das globale Objekt *g_sListen*, das während der gesamten Programmausführung aktiv ist, kann gleichzeitig mehrere Verbindungen herstellen, die jeweils von einem eigenen Thread verwaltet werden.

Der Server-Thread

Sehen wir uns nun die Funktion *ServerThreadProc* an:

```
UINT ServerThreadProc(LPVOID pParam)
{
  CSockAddr saClient;
  CHttpBlockingSocket sConnect;
  char request[100];
  char headers[] = "HTTP/1.0 200 OK\r\n"
    "Server: Inside Visual C++ SOCK01\r\n"
    "Date: Thu, 05 Sep 1996 17:33:12 GMT\r\n"
    "Content-Type: text/html\r\n"
    "Accept-Ranges: bytes\r\n"
    "Content-Length: 187\r\n"
    "\r\n"; // die wichtige Leerzeile
  char html[] =
    "<html><head><title>Inside Visual C++ Server</title></head>\r\n"
    "<body><body background=\"/samples/images/usa1.jpg\">\r\n"
    "<h1><center>Dies ist eine Homepage</center></h1><p>\r\n"
    "</body></html>\r\n\r\n";
  try {
    if(!g_sListen.Accept(sConnect, saClient)) {
      // Routine in Ansichtsklasse hat Socket geschlossen
      return 0;
    }
    AfxBeginThread(ServerThreadProc, pParam);
    // Leseanfordeng von Client
    sConnect.ReadHttpHeaderLine(request, 100, 10);
    TRACE("SERVER: %s", request); // ersten Header ausgeben
    if(strnicmp(request, "GET", 3) == 0) {
      do { // Restlichen Anforderungsheader verarbeiten
        sConnect.ReadHttpHeaderLine(request, 100, 10);
           TRACE("SERVER: %s", request); // übrige Header ausgeben
          } while(strcmp(request, "\r\n"));
          sConnect.Write(headers, strlen(headers), 10); // Antwort-Header
          sConnect.Write(html, strlen(html), 10); // HTML-Code
    }
    else {
      TRACE("SERVER: not a GET\n");
      // Was soll ich jetzt als Nächstes tun?
    }
    sConnect.Close(); // Destruktor trennt Verbindung nicht
  }
  catch(CBlockingSocketException* e) {
    // Ausnahme behandeln
    e->Delete();
  }
  return 0;
}
```

Hier ist der Aufruf der Funktion *Accept* am wichtigsten. Der Thread blockiert, bis ein Client eine Verbindung zum Port 80 des Servers herstellt, woraufhin *Accept* zurückkehrt und in *sConnect* ein neues Socket zurückgibt. Der aktuelle Thread startet dann sofort einen weiteren Thread.

Zwischenzeitlich muss der aktuelle Thread die Anforderung des Client bearbeiten, die gerade über *sConnect* eingegangen ist. Er liest zuerst die Anforderungs-Header, indem er solange *ReadHttpHeaderLine* aufruft, bis eine Leerzeile gelesen wird. Dann ruft er *Write* auf, um die Antwort-Header und die HTML-Anweisungen zu senden. Schließlich ruft der aktuelle Thread *Close* auf, um das Verbindungs-Socket zu schließen. Damit gehört diese Verbindung der Vergangenheit an. Der nächste Thread steht schon bereit (blockiert beim *Accept*-Aufruf) und wartet auf die nächste Verbindung.

Aufräumroutinen

Um Speicherverluste beim Beenden zu verhindern, muss das Programm sicherstellen, dass alle Arbeits-Threads beendet sind. Am einfachsten erreicht man dies, indem man das überwachende Socket schließt. Damit wird erzwungen, dass alle noch anhängigen *Accept*-Aufrufe mit dem Rückgabewert *FALSE* beendet werden, wodurch wiederum die Threads beendet werden.

```
try {
  g_sListen.Close();
  Sleep(340); // Warten, bis Thread terminiert
  WSACleanup(); // Winsock beenden
}
catch(CUserException* e) {
  e->Delete();
}
```

Es können unter Umständen Probleme auftreten, wenn ein Thread gerade mit der Erfüllung einer Client-Anforderung beschäftigt ist. In diesem Fall sollte der Haupt-Thread sicherstellen, dass alle Threads beendet sind, bevor er terminiert.

Ein vereinfachtes HTTP-Client-Programm

Sehen wir uns nun die Client-Seite der Medaille an – ein einfach arbeitendes Programm, das eine GET-*Blindanforderung* sendet. Wenn ein Server eine GET-Anforderung mit einem Schrägstrich (wie unten gezeigt) erhält, soll er seine Standard-HTML-Datei schicken:

```
GET / HTTP/1.0
```

Wenn Sie *http://www.slowsoft.com* in einem Browser eingeben, sendet der Browser die blinde GET-Anforderung.

Das Client-Programm kann die gleiche Klasse *CHttpBlockingSocket* verwenden, die Sie bereits kennen gelernt haben, und es muss Winsock auf die gleiche Weise initialisieren wie das Server-Programm. Eine Befehlsbehandlungsroutine startet einfach einen Client-Thread mit einem Aufruf wie diesem:

```
AfxBeginThread(ClientSocketThreadProc, GetSafeHwnd());
```

Der Code für den Thread sieht hier folgendermaßen aus:

```
CString g_strServerName = "localhost"; // oder anderer Host-Name
UINT ClientSocketThreadProc(LPVOID pParam)
{
  CHttpBlockingSocket sClient;
  char* buffer = new char[MAXBUF];
  int nBytesReceived = 0;
  char request[] = "GET / HTTP/1.0\r\n";
  char headers[] = // Anforderungs-Header
    "User-Agent: Mozilla/1.22 (Windows; U; 32bit)\r\n"
    "Accept: */*\r\n"
    "Accept: image/gif\r\n"
    "Accept: image/x-xbitmap\r\n"
    "Accept: image/jpeg\r\n"
    "\r\n"; // nötig
  CSockAddr saServer, saClient;
  try {
    sClient.Create();
    saServer = CBlockingSocket::GetHostByName(g_strServerName, 80);
    sClient.Connect(saServer);
    sClient.Write(request, strlen(request), 10);
    sClient.Write(headers, strlen(headers), 10);
    do { // Alle Antwort-Header des Servers lesen
      nBytesReceived = sClient.ReadHttpHeaderLine(buffer, 100, 10);
      } while(strcmp(buffer, "\r\n")); // über die erste Leerzeile hinweg
      nBytesReceived = sClient.ReadHttpResponse(buffer, 100, 10);
      if(nBytesReceived == 0) {
        AfxMessageBox("Keine Antwort erhalten");
    }
    else {
      buffer[nBytesReceived] = '\0';
      AfxMessageBox(buffer);
    }
  }
  catch(CBlockingSocketException* e) {
    // Ausnahme protokollieren
    e->Delete();
  }
  sClient.Close();
  delete [] buffer;
  return 0; // Thread terminiert
}
```

Dieser Thread ruft zuerst *CBlockingSocket::GetHostByName* auf, um die IP-Adresse des Server-Rechners zu erhalten. Dann erstellt er ein Socket und ruft *Connect* für dieses Socket auf. Nun existiert ein zweispuriger Kommunikationskanal zum Server. Der Thread sendet seine GET-Anforderung und anschließend einige Anforderungs-Header, liest die Antwort-Header des Servers und liest dann die eigentliche Antwortdatei, von der erwartet wird, dass sie als Textdatei vorliegt. Nachdem der Thread den Text in einem Meldungsfeld angezeigt hat, terminiert er.

Einen Webserver mit CHttpBlockingSocket erstellen

Wenn Sie einen Webserver brauchen, sollten Sie am besten einen kaufen oder den Microsoft Internet Information Server (IIS) verwenden, der zum Lieferumfang von Windows NT Server gehört. Natürlich lernen Sie mehr, wenn Sie Ihren eigenen Server entwickeln, und Sie verfügen dann auch über ein nützliches Diagnosewerkzeug. Und was ist, wenn Sie Funktionen brauchen, die der IIS nicht bieten kann? Angenommen, Sie möchten eine vorhandene Windows-Anwendung als Webserver verwenden und mit den entsprechenden Fähigkeiten ausstatten, oder Sie haben ein benutzerdefiniertes ActiveX-Steuerelement, das seine eigene TCP-Verbindung zu einem Server einrichtet, aber nicht HTTP verwendet. Sehen Sie sich den Code des Beispiels EX34A genau an, der sowohl unter Windows NT als auch unter Windows 95 und Windows 98 funktioniert. Sie können ihn möglicherweise als Grundstock für ihre nächste eigene Server-Anwendung verwenden.

Serverbeschränkungen im Beispiel EX34A

Die Server-Komponente des Programms EX34A kann GET-Anforderungen nach Dateien und POST-Anforderungen verarbeiten. (POST-Anforderungen werden in Kapitel 35 beschrieben.) Dies sind die gebräuchlichsten HTTP-Anforderungstypen. EX34A kann jedoch weder CGI-Skripts (CGI – Common Gateway Interface) starten noch ISAPI-DLLs laden (ISAPI – Internet Server Application Programming Interface). (Sie erfahren in Kapitel 35 mehr über ISAPI.) EX34A trifft keine Sicherheitsvorkehrungen, und das Programm unterstützt FTP nicht. Ansonsten ist es ein hervorragender Server! Wenn Sie die fehlenden Leistungsmerkmale benötigen, müssen Sie sie selbst implementieren.

Architektur des EX34A-Servers

Sie werden bald feststellen, dass die Beispielanwendung EX34A einen HTTP-Server, einen Winsock HTTP-Client und zwei WinInet-HTTP-Clients in sich vereint. Alle drei Clients können mit dem integrierten Server oder mit einem beliebigen Server im Internet kommunizieren. Beliebige Client-Programme, einschließlich des Telnet-Dienstprogramms und Standard-Browser wie Microsoft Internet Explorer 4.0, können mit dem EX34A-Server kommunizieren. Wir werden die Client-Komponenten weiter hinten in diesem Kapitel genauer betrachten.

EX34A ist eine gewöhnliche MFC-SDI-Anwendung, mit Unterstützung für die Dokument-Ansicht-Architektur und einer von *CEditView* abgeleiteten Ansichtsklasse. Das Hauptmenü enthält die Befehle *Server starten* und *Server anhalten* sowie den Befehl *Konfiguration*, mit dem ein Dialogfeld mit mehreren Registerkarten aufgerufen wird, in dem das Home-Verzeichnis, die Standarddatei für Blindanforderungen und die zu überwachende Port-Nummer (für gewöhnlich 80) festgelegt werden können.

Die Behandlungsroutine für den Befehl *Server starten* initiiert die Überwachung einer globalen Socket und startet dann einen Thread, wie im vorigen Abschnitt für den vereinfachten HTTP-Server beschrieben. Sehen Sie sich die Funktion *ServerThreadProc* an, die in der Datei \vcpp32\ex34a\ServerThread.cpp auf der Begleit-CD enthalten ist. Der Server-Thread protokolliert alle von ihm bearbeiteten Anforderungen, indem er eine Nachricht an das *CEditView*-Fenster sendet. Er sendet auch Nachrichten, wenn Ausnahmen wie Bindungsfehler auftreten.

Die Hauptaufgabe des Servers besteht darin, Dateien zu liefern. Er öffnet eine Datei, speichert einen Zeiger vom Typ *CFile* in *pFile*, und dann liest er 5 KB große (*SERVERMAXBUF*) Blöcke und gibt sie an das Socket *sConnect* aus. Die entsprechenden Anweisungen sehen wie folgt aus:

```
char* buffer = new char[SERVERMAXBUF];
DWORD dwLength = pFile->GetLength();
nBytesSent = 0;
DWORD dwBytesRead = 0;
UINT uBytesToRead;
while(dwBytesRead < dwLength) {
  uBytesToRead = min(SERVERMAXBUF, dwLength - dwBytesRead);
  VERIFY(pFile->Read(buffer, uBytesToRead) == uBytesToRead);
  nBytesSent += sConnect.Write(buffer, uBytesToRead, 10);
  dwBytesRead += uBytesToRead;
}
```

Der Server ist dazu programmiert, auf eine GET-Anforderung nach einer imaginäre Datei namens *Custom* zu antworten. Er generiert etwas HTML-Code, um die IP-Adresse des Client, die Port-Nummer und die sequentielle Verbindungsnummer anzuzeigen. Dies ist nur ein Beispiel für die Möglichkeiten, die zur Anpassung von Server-Programmen gegeben sind.

Der Server überwacht normalerweise ein Socket, das an die Adresse *INADDR_ANY* gebunden ist. Es handelt sich hierbei um die Standard-IP-Adresse des Servers, die durch die Ethernet-Karte festgelegt oder vom ISP während der Einrichtung der Verbindung zugewiesen wird. Falls Ihr Server-Computer mehrere IP-Adressen hat, können Sie den Server zwingen, eine dieser Adressen zu überwachen, indem Sie diese Adresse im Feld Server-*IP-Adresse* auf der Registerkarte *Weitere Einstellungen* angeben. Sie können auch die Port-Nummer auf der Registerkarte *Server* ändern. Wenn Sie hier beispielsweise Port 90 wählen, würden Browser-Anwender mit *http://localhost:90* verbunden.

Im ersten Abschnitt der Indikatoranzeige der Statusleiste wird der Indikator *Listening* angezeigt, solange der Server im Betrieb ist.

Die Win32-Funktion TransmitFile verwenden

Falls Sie mit Windows NT 4.0 arbeiten, können Sie Ihren Server verbessern, indem Sie die Win32-Funktion *TransmitFile* anstelle der *CFile::Read*-Schleife verwenden, die im Abschnitt *Der Server-Thread* dargestellt ist. *TransmitFile* ist eine optimierte Funktion, die Bytes aus einer geöffneten Datei direkt an ein Socket sendet. Die Funktion *ServerThreadProc* aus dem Programm EX34A enthält die folgende Zeile:

```
if (::TransmitFile(sConnect, (HANDLE) pFile->m_hFile, dwLength, 0, NULL,
    NULL, TF_DISCONNECT))
```

Falls Sie unter Windows NT arbeiten, entfernen Sie die Kommentarzeichen vor der Zeile

```
#define USE_TRANSMITFILE
```

am Anfang der Datei ServerThread.cpp, um die Funktion *TransmitFile* zu aktivieren.

Die Anwendung EX34A erstellen und testen

Öffnen Sie das Projekt \vcpp32\ex34a\ex34a in Visual C++, und erstellen Sie das Programm. Ein dem Projektverzeichnis EX34A untergeordnetes Verzeichnis namens *Website* enthält einige HTML-Dateien und wird als Home-Verzeichnis des Servers EX34A eingestellt. Für Clients stellt sich dieses Verzeichnis dann wie das Stammverzeichnis des Servers dar.

HINWEIS: Wenn auf Ihrem Rechner bereits ein anderer HTTP ausgeführt wird, beenden Sie ihn jetzt. Falls Sie IIS zusammen mit Windows NT Server installiert haben, wird IIS wahrscheinlich ausgeführt, und daher müssen Sie das Programm Internet Service Manager vom Menü *Microsoft Internet Server* aus aufrufen. Markieren Sie die Zeile *WWW Service*, und klicken Sie dann auf die Stopp-Schaltfläche. EX34A gibt einen Binden-Fehler aus (10048), falls ein anderer Server bereits Port 80 überwacht.

Führen Sie das Programm aus dem Debugger heraus aus, und wählen Sie dann im Menü *Internet* den Befehl *Server starten*. Wechseln Sie nun zu Ihrem Webbrowser, und geben Sie *localhost* ein. Daraufhin sollte die Homepage mit dem Titel *Willkommen bei Inside Visual C++* samt allen Grafiken angezeigt werden. Das Anwendungsfenster des Server-Programms EX34A sollte etwa wie in Abbildung 34.9 aussehen.

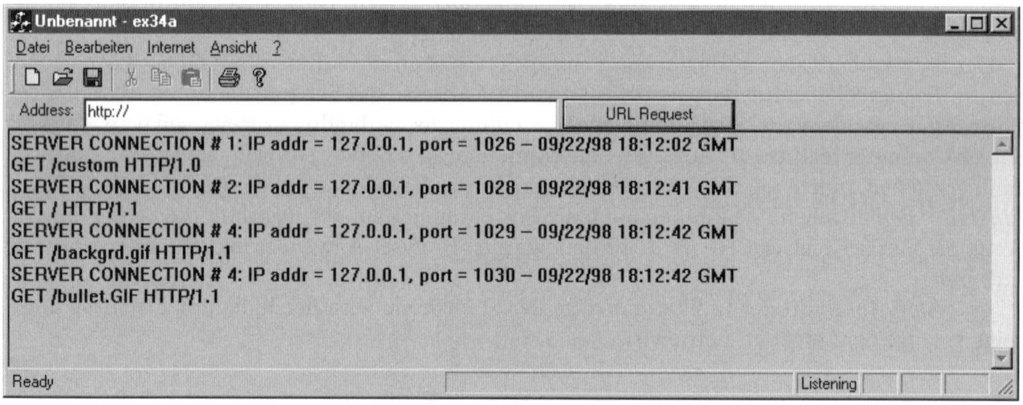

Abbildung 34.9: *Das Beispielprogramm EX34A während der Ausführung.*

Sehen Sie sich das Debug-Fenster in Visual C++ an. Dort werden die Anforderungs-Header des Client angezeigt.

Wenn Sie in Ihrem Browser auf die Schaltfläche zum erneuten Laden klicken, erhalten Sie wahrscheinlich eine Fehlermeldung vom Server EX34A, die etwa wie folgt lautet:

```
WINSOCK ERROR-SERVER: Send error #10054 - 10/05/96 04:34:10 GMT
```

Man kann daraus ablesen, dass der Browser das im Antwort-Header der Servers enthaltene Änderungsdatum der Datei gelesen und festgestellt hat, dass er die Daten nicht braucht, weil sich diese Datei bereits in seinem Cache befindet. Der Browser hat daraufhin das Socket geschlossen, und der Server hat einen Fehler erkannt. Wäre der EX34A-Server intelligenter, hätte er vor dem Senden der Datei den *If-Modified-Since*-Anforderungs-Header des Client gelesen.

Natürlich können Sie diesen Server in ihrem Mini-Intranet testen. Starten Sie den Server auf einem Computer. Rufen Sie den Browser von einem anderen Rechner aus auf, wobei Sie den Host-Namen des Servers so eingeben, wie er in der Datei hosts angegeben ist.

Telnet verwenden

Das Dienstprogramm Telnet wird sowohl mit Windows 95 als auch mit Windows 98 und Windows NT ausgeliefert. Es eignet sich gut zum Testen solcher Programme wie EX34A. Bei Telnet senden Sie einzelne Zeichen, und das heißt, dass die Funktion *CBlockingSocket::Receive* einzelne Zeichen empfängt. Abbildung 34.10 zeigt das Telnet-Fenster.

Abbildung 34.10: *Das Telnet-Fenster.*

Wählen Sie beim ersten Aufruf von Telnet im Menü *Terminal* den Befehl *Einstellungen,* und aktivieren Sie *Lokales Echo*. In nachfolgenden Sitzungen wählen Sie im Menü *Verbinden* den Befehl *Netzwerksystem*, und geben dann den Host-Namen des Servers und die Port-Nummer 80 ein. Sie können eine GET-Anforderung (abgeschlossen durch zwei Zeilenwechsel) eintippen, müssen dann aber sehr schnell schreiben, da für die *Receive*-Aufrufe des Servers ein Zeitlimit von 10 Sekunden gesetzt ist.

Einen Webclient mit CHttpBlockingSocket erstellen

Wenn Sie vor ein paar Jahren ein eigenes Internet Browser-Programm geschrieben hätten, wären Sie heute wahrscheinlich um einige Millionen Mark reicher. Heute erhält man Browser jedoch kostenlos im Internet, und daher ist es wenig sinnvoll, selbst einen zu entwickeln. Es *ist* jedoch durchaus sinnvoll, vorhandene Windows-Anwendungen mit Internet-Funktionen auszustatten. Winsock ist nicht das beste Tool, wenn Sie nur auf HTTP- oder FTP-Dienste zugreifen möchten, aber zu Lernzwecken eignet es sich hervorragend.

Der Winsock-Client EX34A

Das Programm EX34A implementiert einen Winsock-Client, dessen Quelltext in der Datei \vcpp32\ex34a\ClientSockThread.cpp der Begleit-CD enthalten ist. Der Quelltext ähnelt dem im Abschnitt *Ein vereinfachtes HTTP-Client-Programm* beschriebenen Code für den vereinfachten HTTP-Client. Der Client-Thread verwendet globale Variablen, die über die Eigenschaftenseite *Konfiguration* eingestellt werden und unter anderem den Server-Dateinamen, den Host-Namen des Servers, IP-Adresse und Port-Nummer des Servers und die IP-Adresse des Client enthalten. Die IP-Adresse des Client muss nur dann angegeben werden, wenn Ihr Computer mehrere IP-Adressen unterstützt. Wenn Sie den Client ausführen, stellt er eine Verbindung zum angegebenen Server her und generiert eine GET-Anforderung für die von Ihnen angegebene Datei. Der Winsock-Client protokolliert Fehlermeldungen im Hauptanwendungsfenster von EX34A.

Unterstützung für Proxy-Server

Wenn Ihr Rechner in ein LAN innerhalb eines Unternehmens eingebunden ist, ist es relativ wahrscheinlich, dass er nicht direkt, sondern über einen *Proxy-Server*, gelegentlich auch *Firewall* genannt, mit dem Internet verbunden ist. Es gibt zwei Arten von Proxy-Servern: Web- und Winsock-Server. Web-Proxy-Server, die gelegentlich auch als CERN-Proxies bezeichnet werden, unterstützen lediglich die Protokolle HTTP, FTP und Gopher. (Das *Gopher-Protokoll*, das HTTP vorausging, ermöglicht textorientierten Terminals den Zugriff auf Internet-Dateien.) Ein Winsock-Client-Programm muss für die Verwendung eines Web-Proxy-Servers besonders angepasst werden. Ein Winsock -Proxy-Server ist flexibler und kann daher Protokolle wie RealAudio unterstützen. Statt den Quelltext Ihres Client-Programms abzuändern, binden Sie eine spezielle DLL ein, die mit einem Winsock-Proxy-Server kommunizieren kann.

Der Client-Code des Programms EX34A kann über einen Web-Proxy-Server kommunizieren, wenn Sie auf der Registerkarte *Client* des Dialogfelds *Konfiguration* das Optionsfeld *Web-Proxy verwenden* markieren. Sie müssen dazu den Namen des Proxy-Servers kennen und eingeben. Wenn diese Option aktiviert ist, wird statt einer Verbindung zum echten Server eine Verbindung zum Proxy-Server hergestellt. Alle GET- und POST-Anforderungen müssen den vollständigen URL (URL – Uniform Resource Locator) der Datei enthalten.

Wenn Sie direkt mit dem Server von SlowSoft verbunden wären, würde eine GET-Anforderung beispielsweise wie folgt aussehen:

```
GET /customers/newproducts.html HTTP/1.0
```

Erfolgt die Verbindung über einen Web-Proxy-Server, müsste diese GET-Anforderung so lauten:

```
GET http://slowsoft.com/customers/newproducts.html HTTP/1.0
```

Den EX34A-Winsock-Client testen

Am einfachsten lässt sich der Winsock-Client mit dem integrierten Winsock-Server testen. Sie starten den Server wie oben beschrieben, und wählen dann im Menü *Internet* den Befehl *Request (Winsock)*. Es sollte daraufhin HTML-Code in einem Meldungsfenster angezeigt werden. Sie können den Client auch mit dem IIS testen, wenn der Server in einem anderen EX34A-Prozess auf dem gleichen Computer ausgeführt wird, wenn der EX34A-Server auf einem anderen Computer im Internet ausgeführt wird und mit einem Internet-Server. Ignorieren Sie vorerst die URL-Adresse in der Dialogleiste; diese ist für einen der WinInet-Clients vorgesehen ist. Sie müssen den Server-Namen und den Dateinamen auf der Registerkarte *Client* des Dialogfelds *Konfiguration* eingeben.

WinInet

WinInet ist eine API, die auf höherer Ebene angesiedelt ist als Winsock, aber nur HTTP-, FTP- und Gopher-*Client*-Programme im asynchronen und synchronen Modus unterstützt. Sie können mit dieser API keine Server erstellen. Die WININET-DLL ist unabhängig von der WINSOCK32-DLL. Microsoft Internet Explorer 3.0 (IE3) ebenso wie die ActiveX-Steuerelemente verwenden WinInet.

Vorteile von WinInet gegenüber Winsock

WinInet bietet für die Entwicklung professioneller Client-Programme weit mehr Unterstützung als Winsock. Im Folgenden sind einige Vorzüge von WinInet aufgeführt:

- **Caching** – Genau wie IE3 legt Ihr WinInet-Client-Programm HTML-Dateien und andere Internet-Dateien in einem Cache ab. Sie müssen dazu gar nichts tun. Wenn der Client eine bestimmte Datei ein zweites Mal anfordert, wird sie von der lokalen Festplatte statt aus dem Internet geladen.
- **Sicherheit** – WinInet unterstützt eine einfache Echtheitsbestätigung, die Echtheitsprüfung über Windows NT Abfrage/Rückmeldung und die SSL (Secure Sockets Layer). Das Thema Echtheitsprüfung wird in Kapitel 35 behandelt.
- **Zugriff auf das Internet über Proxy-Server** – Sie können über die Systemsteuerung (klicken Sie auf das Internet-Symbol) Daten zu Proxy-Servern eingeben, die dann in der Registrierung gespeichert werden. WinInet liest die Registrierung und verwendet bei Bedarf den Proxy-Server.
- **E/A-Pufferung** – Die Lesefunktion von WinInet kehrt erst dann zurück, wenn sie die gefordert Anzahl von Bytes liefern kann. (Sie kehrt natürlich sofort zurück, wenn der Server das Socket schließt.) Sie können bei Bedarf auch einzelne Textzeilen lesen.
- **Einfache API** – Es sind Status-Callback-Funktionen für die Aktualisierung der Oberfläche und für den Abbruch verfügbar. Die Funktion *CInternetSession::OpenURL* sucht die IP-Adresse der Server, öffnet die Verbindung und bereitet die Datei zum Lesen vor – all das mit nur einem Aufruf. Einige Funktionen kopieren Internet-Dateien sogar direkt auf die oder von der Festplatte.
- **Benutzerfreundlich** – WinInet interpretiert und formatiert Header für Sie. Wenn ein Server eine Datei in ein anderes Laufwerk oder Verzeichnis verschoben hat, sendet er den URL in einem HTTP-Location-Header. WinInet greift reibungslos auf den neuen Server zu. Zudem kann WinInet das Änderungsdatum von Dateien in Anforderungs-Header einfügen.

Die WinInet-Klassen der MFC-Bibliothek

WinInet ist eine moderne, nur für Win32 verfügbare API. Sie wird durch MFC-Klassen relativ gut abgedeckt, so dass wir nicht gezwungen war, eigene WinInet-Klassenbibliothek zu schreiben. Die MFC-WinInet-Klassen unterstützen das Blockieren von Aufrufen in Multithreading-Programmen, und Sie wissen inzwischen, dass wir damit zufrieden sind.

Die MFC-Klassen spiegeln die zugrunde liegende WinInet-Architektur wider und ermöglichen zudem die Verarbeitung von Ausnahmen. Die folgenden Abschnitte geben einen Überblick über diese Klassen.

Die Klasse CInternetSession

Sie benötigen nur ein *CInternetSession*-Objekt für jeden Thread, der auf das Internet zugreift. Nachdem das *CInternetSession*-Objekt erzeugt worden ist, können Sie HTTP-, FTP- oder Gopher-Verbindungen einrichten oder über einen Aufruf der Member-Funktion *OpenURL* entfernte Dateien direkt öffnen. Sie können die Klasse *CInternetSession* selbst verwenden oder eine Klasse von ihr ableiten, um *Status-Callback*-Funktionen zu unterstützen.

Der Konstruktor von *CInternetSession* ruft die WinInet-Funktion *InternetOpen* auf, die ein *Sitzungs-Handle* vom Typ *HINTERNET* zurückgibt, das im *CInternetSession*-Objekt gespeichert wird. Die Funktion initialisiert die Anwendung für die Verwendung der WinInet-Bibliothek und das Sitzungs-Handle wird intern als Parameter für weitere WinInet-Aufrufe verwendet.

Die Klasse CHttpConnection

Objekte der Klasse *CHttpConnection* repräsentieren eine »permanente« HTTP-Verbindung zu einem bestimmten Host. Sie wissen bereits, dass HTTP keine permanenten Verbindungen unterstützt und dass dies auch für FTP gilt. (Die Verbindung werden nur für die Dauer der Dateiübertragung aufrecht erhalten.) WinInet vermittelt den Eindruck einer permanenten Verbindung, da der Host-Name gespeichert wird.

Nachdem ein *CInternetSession*-Objekt erstellt wurde, rufen Sie die Member-Funktion *GetHttpConnection* auf, die einen Zeiger auf ein *CHttpConnection*-Objekt zurückgibt. (Vergessen Sie nicht, dieses Objekt zu löschen, wenn Sie es nicht mehr brauchen.)

Die Member-Funktion *GetHttpConnection* ruft die WinInet-Funktion *InternetConnect* auf, die ein *Verbindungs-Handle* vom Typ *HINTERNET* zurückgibt, das in diesem *CHttpConnection*-Objekt gespeichert und in nachfolgenden WinInet-Aufrufen verwendet wird.

Die Klassen CFtpConnection und CGopherConnection

Diese Klassen ähneln der Klasse *CHttpConnection*, unterstützen jedoch das Protokoll FTP bzw. Gopher. Die *CFtpConnection*-Member-Funktionen *GetFile* und *PutFile* erlauben Ihnen, Dateien direkt auf die Festplatte bzw. von der Festplatte zu übertragen.

Die Klasse CInternetFile

Client-Programme lesen und schreiben Byte-Ströme, wenn die Protokolle HTTP, FTP und Gopher verwendet werden. Die WinInet-Klassen der MFC-Bibliothek lassen diese Byte-Ströme wie gewöhnliche Dateien aussehen. Wenn Sie sich die Klassenhierarchie ansehen, werden Sie feststellen, dass die Klasse *CInternetFile* von *CStdioFile* abgeleitet ist, die wiederum von *CFile* abgeleitet ist. Daher überschreiben die Klasse *CInternetFile* und die davon abgeleiteten Klassen bekannte *CFile*-Funktionen wie *Read* und *Write*. Beim FTP-Dateitransfer arbeiten Sie direkt mit den *CInternetFile*-Objekten. Beim Dateitransfer über HTTP und Gopher verwenden Sie jedoch Objekte der abgeleiteten Klassen *CHttpFile* und *CGopherFile*. Sie erstellen *CInternetFile*-Objekte nicht direkt, sondern rufen über *CFtpConnection::OpenFile* einen *CInternetFile*-Zeiger ab.

Gewöhnliche *CFile*-Objekte verfügen über ein 32 Bit langes Datenelement vom Typ *HANDLE*, das die betreffende Datenträgerdatei repräsentiert. *CInternetFile*-Objekte verwenden dasselbe Datenelement *m_hFile*, allerdings enthält dieses Datenelement hier ein 32 Bit langes *Internet-Datei-Handle* vom Typ *HINTERNET*, das nicht mit *HANDLE* austauschbar ist. Die überschriebenen Member-Funktionen von *CInternetFile* verwenden dieses Handle in Aufrufen von WinInet-Funktionen wie *InternetReadFile* und *InternetWriteFile*.

Die Klasse CHttpFile

Diese Internet-Dateiklasse verfügt über Member-Funktionen, die nur mit HTTP-Dateien einsetzbar sind, wie beispielsweise *AddRequestHeaders*, *SendRequest* und *GetFileURL*. Sie erzeugen *CHttpFile*-Objekte nicht direkt, sondern rufen die Funktion *CHttpConnection::OpenRequest* auf, die wiederum die WinInet-Funktion *HttpOpenRequest* aufruft und einen *CHttpFile*-Zeiger zurückgibt. Sie können in diesem Aufruf eine GET- oder POST-Anforderung angeben.

Sobald Sie im Besitz eines *CHttpFile*-Zeigers sind, können Sie die Member-Funktion *CHttpFile::SendRequest* aufrufen, die die Anforderung an den Server sendet. Danach rufen Sie *Read* auf.

Die Klassen CFtpFileFind und CGopherFileFind

Mit Hilfe dieser Klassen können Ihre Client-Programme FTP- und Gopher-Verzeichnisse durchsuchen.

Die Klasse CInternetException

Die WinInet-Klassen der MFC-Bibliothek erzeugen *CInternetException*-Objekte, die mit *try/catch*-Anweisungen abgefangen werden können.

Status-Callback-Funktionen für Internet-Sitzungen

Sowohl WinInet als auch die MFC-Bibliothek unterstützen die Ausgabe von Callback-Benachrichtigungen im Verlauf einer WinInet-Sitzung, und diese Status-Callback-Funktionen sind sowohl im sychronen (blockierend) als auch im asynchronen Modus verfügbar. Im synchronen Modus (den wir hier ausschließlich verwenden), werden WinInet-Aufrufe auch dann blockiert, wenn Status-Callbacks aktiviert sind.

Callback-Funktionen sind in C++ einfach zu implementieren. Sie leiten einfach eine Klasse ab und überschreiben die gewünschten virtuellen Funktionen. *CInternetSession* ist die Basisklasse für WinInet. Wie folgt leiten wir eine Klasse namens *CCallbackInternetSession* davon ab:

```
class CCallbackInternetSession : public CInternetSession
{
public:
  CCallbackInternetSession( LPCTSTR pstrAgent = NULL, DWORD dwContext = 1,
    DWORD dwAccessType = PRE_CONFIG_INTERNET_ACCESS,
    LPCTSTR pstrProxyName = NULL, LPCTSTR pstrProxyBypass = NULL,
    DWORD dwFlags = 0 ) { EnableStatusCallback() }
protected:
  virtual void OnStatusCallback(DWORD dwContext, DWORD dwInternalStatus,
    LPVOID lpvStatusInformation, DWORD dwStatusInformationLength);
};
```

Man muss nur für den Konstruktor und die überschriebene Funktion *OnStatusCallback* Code schreiben. Der Konstruktor ruft die Funktion *CInternetSession::EnableStatusCallback* auf, um Status-Callbacks zu aktivieren. Ihr WinInet-Client-Programm generiert verschiedene Internet-Aufrufe, und sobald sich der Status ändert, wird *OnStatusCallback* aufgerufen. Die überschriebene Funktion aktualisiert die Benutzeroberfläche und gibt die Kontrolle zurück. Dann wird die Internet-Operation fortgesetzt. Bei HTTP gehen die meisten Callback-Aufrufe von der Funktion *CHttpFile::SendRequest* aus.

Welche Art von Ereignissen lösen Callback-Funktionen aus? Tabelle 34.1 gibt eine Übersicht über die Codes, die dem Parameter *dwInternalStatus* übergeben werden.

Übergebener Code	Aktion
INTERNET_STATUS_RESOLVING_NAME	Es soll nach der IP-Adresse des angegebenen Namens gesucht werden. Der Name ist in *lpvStatusInformation* enthalten.
INTERNET_STATUS_NAME_RESOLVED	Die IP-Adresse wurde gefunden und in *lpvStatusInformation* gespeichert.
INTERNET_STATUS_CONNECTING_TO_SERVER	Es soll eine Verbindung zum Socket eingerichtet werden. ►

Übergebener Code	Aktion
INTERNET_STATUS_CONNECTED_TO_SERVER	Es wurde eine Verbindung zum Socket hergestellt.
INTERNET_STATUS_SENDING_REQUEST	Es soll eine Anforderung an den Server gesendet werden.
INTERNET_STATUS_REQUEST_SENT	Die Anforderung wurde fehlerfrei an den Server gesendet.
INTERNET_STATUS_RECEIVING_RESPONSE	Das Programm wartet darauf, dass der Server eine Antwort auf eine Anforderung sendet.
INTERNET_STATUS_RESPONSE_RECEIVED	Es wurde eine Antwort vom Server empfangen.
INTERNET_STATUS_CLOSING_CONNECTION	Die Verbindung zum Server kann geschlossen werden.
INTERNET_STATUS_CONNECTION_CLOSED	Die Verbindung zum Server wurde erfolgreich geschlossen.
INTERNET_STATUS_HANDLE_CREATED	Das Programm kann das Handle nun schließen.
INTERNET_STATUS_HANDLE_CLOSING	Dieses Handle wurde fehlerfrei terminiert.
INTERNET_STATUS_REQUEST_COMPLETE	Die asynchrone Operation wurde erfolgreich abgeschlossen.

Tabelle 34.1: *Statuscodes für Callback-Funktionen.*

Sie können mit Hilfe der Callback-Funktionen WinInet-Operationen unterbrechen. Beispielsweise könnten Sie ein bestimmtes Ereignis abfangen, das im Haupt-Thread ausgelöst wird, wenn der Anwender eine Operation abbricht.

Ein vereinfachtes WinInet-Client-Programm

Nun wollen wir uns das WinInet-Gegenstück unseres Winsock-Client-Programms ansehen, das eine GET-Blindanforderung implementiert. Da WinInet im blockierenden Modus arbeitet, müssen Sie diesen Code in einem Arbeits-Thread unterbringen. Dieser Thread wird von einer Befehlsbehandlungsroutine des Haupt-Thread gestartet:

```
AfxBeginThread(ClientWinInetThreadProc, GetSafeHwnd());
```

Der entsprechende Code des Client-Programms sieht wie folgt aus:

```
CString g_strServerName = "localhost"; // oder ein anderer Host-Name
UINT ClientWinInetThreadProc(LPVOID pParam)
{
  CInternetSession session;
  CHttpConnection* pConnection = NULL;
  CHttpFile* pFile1 = NULL;
  char* buffer = new char[MAXBUF];
  UINT nBytesRead = 0;
  try {
      pConnection = session.GetHttpConnection(g_strServerName, 80);
      pFile1 = pConnection->OpenRequest(1, "/"); // blindes GET
      pFile1->SendRequest();
      nBytesRead = pFile1->Read(buffer, MAXBUF - 1);
      buffer[nBytesRead] = '\0'; // für Meldungsfeld erforderlich
      char temp[10];
      if(pFile1->Read(temp, 10) != 0) {
          // ermöglich Caching nach Abschluss des Lesevorgangs
          AfxMessageBox("File overrun buffer - not cached");
      }
```

```
    AfxMessageBox(buffer);
  }
  catch(CInternetException* e) {
      // Ausnahme protokollieren
      e->Delete();
  }
  if(pFile1) delete pFile1;
  if(pConnection) delete pConnection;
  delete [] buffer;
  return 0;
}
```

Der zweite *Read*-Aufruf muss näher erläutert werden. Dieser Aufruf dient zwei Zwecken. Falls mit dem ersten *Read*-Aufruf nicht die gesamte Datei gelesen wird, heißt dies, dass die Datei länger als *MAXBUF – 1* ist. Mit dem zweiten *Read*-Aufruf werden einige Bytes eingelesen, und damit werden Sie auf den Überlauf aufmerksam. Auch wenn die gesamte Datei mit dem ersten *Read*-Aufruf eingelesen wird, brauchen Sie den zweiten *Read*-Aufruf, um WinInet zu zwingen, die Datei im *Cache* auf Ihrer Festplatte abzulegen. Denken Sie daran, dass WinInet versucht, alle geforderten Bytes zu lesen – bis zum Dateiende. Sie müssen trotzdem danach 0 Byte einlesen.

Mit den MFC-WinInet-Klassen einen Webclient entwickeln

Sie können mit WinInet auf zweierlei Weise einen Webclient erstellen. Zum einen können Sie mit der Klasse *CHttpConnection* arbeiten, wobei das Vorgehen dem ähnelt, das oben für den WinInet-Client beschrieben wurde. Zum anderen können Sie *CInternetSession::OpenURL* verwenden. Wir beginnen mit der *CHttpConnection*-Variante.

EX34A – Erster WinInet-Client mit CHttpConnection

Das Programm EX34A implementiert einen WinInet-Client und ist in der Datei \vcpp32\ex34a\ClientInetThread.cpp auf der Begleit-CD enthalten. Es lässt nicht nur die Verwendung von IP-Adressen sowie Host-Namen zu, sondern verwendet auch eine Status-Callback-Funktion. Diese Funktion namens *CCallbackInternetSession::OnStatusCallback* (Datei: \vcpp32\ex34a\utility.cpp) speichert eine Textzeichenfolge in der globalen Variablen *g_pchStatus* unter Verwendung eines für die Synchronisation kritischen Abschnitts. Die Funktion sendet dann eine benutzerdefinierte Nachricht an das Hauptanwendungsfenster. Diese Nachricht bewirkt, dass ein Routine zur Oberflächenaktualisierung (von *CWinApp::OnIdle*) aufgerufen wird, die den Text im Meldungsabschnitt der Statuszeile anzeigt.

Den WinInet Client-Nr. 1 testen

Sie testen den WinInet-Client Nr. 1 auf die gleiche Weise wie den Winsock-Client. Beachten Sie, dass hier keine Statuszeilenmeldungen angezeigt werden, wenn die Verbindung hergestellt ist. Beachten Sie zudem, dass die Datei schneller angezeigt wird, wenn Sie sie ein zweites Mal anfordern.

EX34A – Zweiter WinInet-Client mit OpenURL

Das Programm EX34A implementiert einen weiteren WinInet-Client in der auf der Begleit-CD enthaltenen Datei ClientUrlThread.cpp. Dieser Client verwendet die URL-Adresse, die Sie eingeben, um auf eine Website zuzugreifen. Diese Funktion ist wie folgt implementiert:

```
CString g_strURL = "http://";

UINT ClientUrlThreadProc(LPVOID pParam)
{
  char* buffer = new char[MAXBUF];
  UINT nBytesRead = 0;

  CInternetSession session;  // keine Status-Callbacks für OpenURL
  CStdioFile* pFile1 = NULL; // über ReadString-Aufruf eine Zeile lesen
  try {
    pFile1 = session.OpenURL(g_strURL, 0, INTERNET_FLAG_TRANSFER_BINARY
        |INTERNET_FLAG_KEEP_CONNECTION);
    // Wenn OpenURL fehlschlägt, kommen wir über diesen Punkt
    // nicht hinaus
    nBytesRead = pFile1->Read(buffer, MAXBUF - 1);
    buffer[nBytesRead] = '\0'; // für Meldungsfeld erforderlich
    char temp[100];
    if(pFile1->Read(temp, 100) != 0) {
      // ermöglicht Caching nach Abschluss des Lesevorgangs
      AfxMessageBox("File overran buffer - not cached");
    }
    ::MessageBox(::GetTopWindow(::GetDesktopWindow()), buffer,
            "URL CLIENT", MB_OK);
  }
  catch(CInternetException* e) {
    LogInternetException(pParam, e);
    e->Delete();
  }
  if(pFile1) delete pFile1;
  delete [] buffer;
  return 0;
}
```

Beachten Sie, dass *OpenURL* einen Zeiger auf das *CStdioFile*-Objekt zurückgibt. Sie können diesen Zeiger verwenden, um, wie oben gezeigt, *Read* aufzurufen, oder Sie können über einen Aufruf von *ReadString* eine einzelne Zeile einlesen. Die Dateiklasse kümmert sich um die Pufferung der Daten. Wie beim vorigen WinInet-Client muss *Read* ein zweites Mal aufgerufen werden, damit die Datei im Cache gespeichert wird. Der Parameter *OpenURL INTERNET_FLAG_KEEP_-CONNECTION* wird für die Windows NT-Abfrage/Rückmeldung-Authentifizierung benötigt, die in Kapitel 35 beschrieben wird. Wenn Sie das Flag *INTERNET_FLAG_RELOAD* hinzufügen, ignoriert das Programm den Cache.

Den WinInet-Client Nr. 2 testen

Sie können den WinInet-Client Nr.2 mit jedem HTTP-Server testen. Sie rufen diesen Client über die URL-Adresseneingabe und nicht über das Menü auf. Sie müssen das zu verwendende Protokoll (http:// oder ftp://) in der URL-Adresse angeben. Geben Sie *http://localhost* ein. Es sollte wieder der gleiche HTML-Code in einem Meldungsfenster angezeigt werden. Diesmal werden keine Statusmeldungen angezeigt, da Status-Callback-Funktionen nicht mit *OpenURL* eingesetzt werden können.

Asynchrone Moniker-Dateien

Jetzt nehmen Sie wahrscheinlich an, Sie kennen alle Verfahren zum Herunterladen von Dateien aus dem Internet, aber ich muss Sie enttäuschen. Bei asynchronen Moniker-Dateien bringen Sie die Routinen in dem Haupt-Thread Ihrer Anwendung unter, ohne die Benutzeroberflächenaktualisierung zu blockieren. Das klingt wie Zauberei, nicht wahr? Die Magie steckt in der Windows-DLL URLMON, die auf WinInet basiert und vom Microsoft Internet Explorer verwendet wird. Die MFC-Klasse *CAsyncMonikerFile* erleichtert die Programmierung. Zuerst müssen Sie aber noch über die zugrunde liegende Theorie erfahren.

Moniker

Ein *Moniker* ist ein »Ersatz« für ein COM-Objekt, das den Namen (URL) des »echten« Objekts enthält. Dieses Objekt kann eine eingebettete Komponente sein, ist aber weit häufiger eine einfache Internet-Datei (HTML, JPEG, GIF usw.). Moniker implementieren die Schnittstelle *IMoniker*, die zwei wichtige Member-Funktionen namens *BindToObject* und *BindToStorage* enthält. Die Funktion *BindToObject* versetzt ein Objekt in den Ausführungszustand, und die Funktion *BindToStorage* liefert einen *IStream*- oder *IStorage*-Zeiger, über den die Daten des Objekts gelesen werden können. Ein Moniker ist mit der Schnittstelle *IBindStatusCallback* verknüpft, die über Member-Funktionen wie *OnStartBinding* und *OnDataAvailable* verfügt. Diese Member-Funktionen werden aufgerufen, während Daten aus einem URL gelesen werden.

Die Callback-Funktionen werden in dem Thread aufgerufen, der den Moniker erstellt hat. Infolgedessen muss die URLMON-DLL im aufrufenden Thread ein unsichtbares Fenster anlegen und dem aufrufenden Thread die Nachrichten eines anderen Thread senden, der mit Hilfe der WinInet-Funktionen den URL liest. Die Nachrichtenbehandlungsroutinen des Fensters rufen die Callback-Funktionen auf.

Die MFC-Klasse CAsyncMonikerFile

Glücklicherweise kann die MFC-Bibliothek Sie von den oben beschriebenen COM-Schnittstellen abschirmen. Die Klasse *CAsyncMonikerFile* ist von der Klasse *CFile* abgeleitet und verhält sich daher wie eine normale Dateiklasse. Statt eine Datenträgerdatei zu öffnen, erhält die Member-Funktion *Open* dieser Klasse einen *IMoniker*-Zeiger und kapselt die *IStream*-Schnittstelle, die von einem *BindToStorage*-Aufruf zurückgegeben wurde. Zudem verfügt diese Klasse über virtuelle Funktionen, die mit den Member-Funktionen von *IBindStatusCallback* verknüpft sind. Diese Klasse ist einfach zu handhaben. Sie erstellen ein Objekt oder eine abgeleitete Klasse und rufen die Member-Funktion *Open* auf, die die Kontrolle sofort zurückgibt. Dann warten Sie auf Aufrufe von überschriebenen virtuellen Funktionen wie *OnProgress* und *OnDataAvailable*, die nicht zufälligerweise nach Ihren Gegenstücken der Schnittstelle *IBindStatusCallback* benannt sind.

Die Klasse CAsyncMonikerFile in einem Programm verwenden

Nehmen wir an, Ihre Anwendung lädt Daten von einem Dutzend URLs, aber verfügt nur über eine von *CAsyncMonikerFile* abgeleitete Klasse. Die überschriebenen Callback-Funktionen müssen herausfinden, wo die Daten gespeichert werden sollen. Sie müssen daher jeder abgeleiteten Klasse irgendein Benutzeroberflächenelement Ihres Programms zuordnen. Nachfolgend wird beschrieben, wie Sie dazu vorgehen. Angenommen, Sie möchten den Text einer HTML-Datei in ein Eingabefeld ausgeben, das sich in einer Formularansicht befindet. Gehen Sie dazu wie folgt vor:

1. Leiten Sie mit Hilfe des Klassen-Assistenten eine Klasse von *CAsyncMonikerFile* ab.
2. Definieren Sie ein Datenelement namens *m_buffer* für einen Zeiger auf ein Zeichenfeld. Initialisieren Sie diesen Zeiger im Konstruktor mit *new,* und rufen Sie im Destruktor *delete* für diesen Zeiger auf.
3. Fügen Sie das öffentliche Member-Variable *m_edit* vom Typ der Klasse *CEdit ein.*
4. Überschreiben Sie die Funktion *OnDataAvailable* wie folgt

```
void CMyMonikerFile::OnDataAvailable(DWORD dwSize, DWORD bscfFlag)
{
  try {
    UINT nBytesRead = Read(m_buffer, MAXBUF - 1);
    TRACE("nBytesRead = %d\n", nBytesRead);
    m_buffer[nBytesRead] = '\0'; // für Eingabefeld erforderlich
    // Die nächsten beiden Anweisungen fügen Text in das Eingabefeld ein
    m_edit.SendMessage(EM_SETSEL, (WPARAM) 999999, 1000000);
    m_edit.SendMessage(EM_REPLACESEL, (WPARAM) 0,
       (LPARAM) m_buffer);
  }
    catch(CFileException* pe) {
        TRACE("File exception %d\n, pe->m_cause");
        pe->Delete();
  }
}
```

5. Betten Sie ein Objekt vom Typ Ihrer Moniker-Klasse in Ihre Ansichtsklasse ein.
6. Verknüpften Sie in der *OnInitialUpdate*-Funktion der Ansicht das *CEdit*-Element mit dem Eingabefeld, etwa wie folgt:

   ```
   m_myEmbeddedMonikerFile.m_edit.SubClassDlgItem(ID_MYEDIT, this);
   ```

   Öffnen Sie in Ihrer Ansichtsklasse die Moniker-Datei mit einer Anweisung wie der folgenden:

   ```
   m_myEmbeddedMonikerFile.Open("http://host/filename");
   ```

   Bei einer großen Datei wird *OnDataAvailable* mehrere Male aufgerufen, wobei jeweils Text in das Eingabefeld eingefügt wird. Wenn Sie die Funktion *OnProgress* oder *OnStopBinding* in Ihrer abgeleiteten Moniker-Dateiklasse überschreiben, kann Ihr Programm auf das Übertragungsende aufmerksam gemacht werden. Sie können auch mit Hilfe des Werts von *bscfFlag* in *OnDataAvailable* feststellen, ob der Datentransfer abgeschlossen ist. Beachten Sie, dass sämtliche Operationen im Haupt-Thread ausgeführt werden und vor allem dass das Moniker-Dateiobjekt während des gesamten Übertragungsvorgangs verfügbar sein muss. Aus diesem Grund haben wir es als Datenelement der Ansichtsklasse deklariert.

Asynchrone Moniker-Dateien im Vergleich mit WinInet-Programmierung

In den WinInet-Beispielen am Anfang dieses Kapitels haben Sie einen Arbeits-Thread gestartet, der die Aufrufe zum Datentransfer generiert und eine Nachricht an den Haupt-Thread gesendet hat, wenn der Transfer beendet war. Bei asynchronen Moniker-Dateien geschieht dasselbe – die Übertragung erfolgt in einem anderen Thread, der Nachrichten an den Haupt-Thread sendet. Es gibt allerdings einen wichtigen Unterschied zwischen asynchronen Moniker-Dateien und der WinInet-Programmierung: bei blockierenden WinInet-Aufrufen brauchen Sie für jede Übertragung einen eigenen Thread. Bei asynchronen Moniker-Dateien kann ein zusätzlicher Thread sämtliche Übertragungen verwalten. Wenn Sie beispielsweise einen Browser schreiben, der gleichzeitig 50 Bitmaps laden muss, sparen Sie bei der Verwendung asynchroner Datei-Moniker 49 Threads. Das Programm wird damit effizienter.

Natürlich verfügen Sie bei der Verwendung von WinInet über zusätzliche Steuerungsmöglichkeiten, und es ist hier leichter Informationen aus den Antwort-Header abzurufen, wie beispielsweise die Dateilänge. Die Wahl der Programmiertechnik ist daher von der Anwendung abhängig. Je mehr Sie über diese Verfahren wissen, desto kompetenter wird Ihre Entscheidung ausfallen.

35 Den Microsoft Internet Information Server programmieren

In Kapitel 34 haben Sie ein »Do-It-Yourself-Web« auf der Basis der Winsock-APIs verwendet. In diesem Kapitel werden Sie lernen, den Microsoft Internet Information Server (IIS) 4.0 einzusetzen, der mit Microsoft Windows NT Server 4.0 ausgeliefert wird. Der IIS besteht in Wirklichkeit aus drei Servern – einem HTTP-Server (für das World Wide Web), einem FTP-Server und einem Gopher-Server. Sie werden erfahren, wie Sie HTTP-Server-Erweiterungen schreiben, die auf der ISAPI-Schnittstelle aufsetzen, einem Bestandteil der ActiveX-Technologie von Microsoft. (ISAPI steht für *IIS Application Programming Interface.*) Sie werden sich mit zwei Arten von Erweiterungen befassen, einer ISAPI-Server-Erweiterung und einem ISAPI-Filter, die beide als DLL implementiert werden. Eine *ISAPI-Server-Erweiterung* kann geschäftliche Internet-Transaktionen ausführen, beispielsweise Bestellungen annehmen. Ein *ISAPI-Filter* wird in den Datentransfer zum und vom Server geschaltet. Er kann dadurch spezielle Protokolle führen und andere Aufgaben übernehmen.

Alternativen zum IIS

Die Übungen in diesem Kapitel setzen voraus, dass Sie Windows NT Server 4.0 und den Internet Information Server haben. Wenn Sie unter Windows NT Workstation arbeiten, können Sie die Peer-Webdienste verwenden. Dieses Programm unterstützt weniger Verbindungen und keine virtuellen Server. Wenn Sie unter Microsoft Windows 95 oder Windows 98 arbeiten, können Sie den Personal Web Server benutzen, der zum Lieferumfang von Microsoft FrontPage gehört. Alle drei Produkte, also der Internet Information Server, die Peer-Webdienste und der Personal Web Server, unterstützen ISAPI-Erweiterungs-DLLs. Nähere Einzelheiten finden Sie in der Dokumentation Ihres jeweiligen Servers.

Der Microsoft Internet Information Server

Der Microsoft Internet Information Server ist ein leistungsfähiger Internet- und Intranet-Server, der viele der Möglichkeiten von Windows NT nützt, beispielsweise die Win32-Funktion *TransmitFile*, Caching von Datei-Handles und die Aufteilung von Threads auf verschiedene CPUs.

Den IIS installieren und steuern

Bei der Installation von Windows NT Server 4.0 wird Ihnen angeboten, den IIS ebenfalls zu installieren. Wenn Sie im Setup-Programm diese Option wählen, wird der Server bei jedem Start von Windows NT geladen. Der IIS gehört zu einem besonderen Typ von Win32-Programmen, den sogenannten *Diensten*, die nicht in der Task-Leiste angezeigt werden. (Eigentlich handelt es sich um drei Dienste – WWW, HTTP und Gopher – in einem einzigen Programm namens inetinfo.exe.) Sie können die Einstellungen für den IIS über das Symbol *Dienste* in der Systemsteuerung vornehmen, aber wahrscheinlich werden Sie den Internet-Dienst-Manager bevorzugen.

Den Internet-Dienst-Manager ausführen

Rufen Sie den Internet-Dienst-Manager im Ordner *Microsoft Internet Server* auf, der sich im Menü *Start* befindet.

HINWEIS: Sie können auch eine HTML-Version des Internet-Dienst-Managers auf einem anderen Rechner in einen Browser laden. Mit Hilfe dieser Version können Sie eine Reihe von Dienstparametern ändern, aber keine Dienste an- oder abschalten.

Abbildung 35.1 zeigt das Fenster des Microsoft Internet-Dienst-Managers, wobei der WWW-Dienst aktiv ist und der FTP-Dienst angehalten wurde.

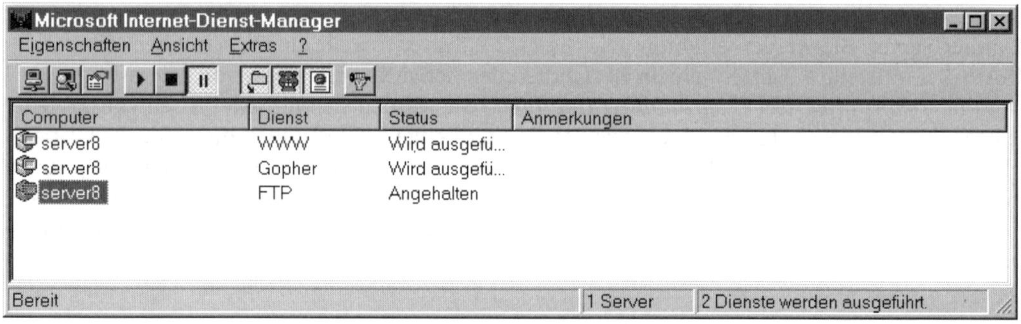

Abbildung 35.1: *Das Fenster des Microsoft Internet-Dienst-Managers.*

Sie wählen einen bestimmten Dienst aus, indem Sie dessen Symbol in der linken Spalte anklicken. Dann können Sie mit den beiden Symbolleistenschaltflächen (Dreieck und Quadrat) den ausgewählten Dienst aktivieren beziehungsweise deaktivieren.

Sicherheitsfunktionen des IIS

Wenn Sie auf das Symbol des WWW-Dienstes im Microsoft Internet-Dienst-Manager doppelklicken, wird ein Eigenschaftsdialogfeld eingeblendet. Auf der Seite *Dienste* können Sie die Sicherheitsoptionen des IIS einstellen. Wenn ein Client-Browser eine Datei anfordert, nimmt der Server für die Dauer der Anforderung die Identität eines lokalen Benutzers an, und der Benutzername entscheidet darüber, auf welche Dateien der Benutzer zugreifen kann. Welchen lokalen Benutzer verkörpert der Server? Meistens ist es der Benutzer, der im Feld *Benutzername* in Abbildung 35.2 gezeigt wird:

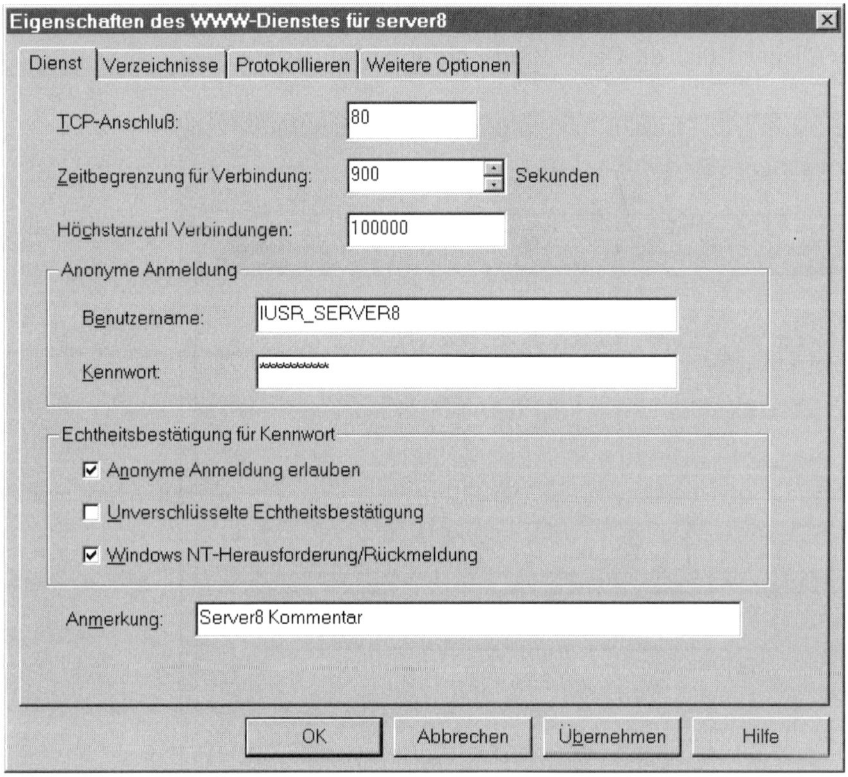

Abbildung 35.2: *Das Dialogfeld* Eigenschaften des WWW-Dienstes.

Die meisten Besucher einer Webseite geben weder Benutzernamen noch Kennwort an, sie gelten also als *anonyme Benutzer*. Diese Benutzer erhalten dieselben Rechte, die sie auch hätten, wenn sie sich lokal am Server unter dem Namen IUSR_RECHNERNAME anmelden würden. Das heißt, dass IUSR_RECHNERNAME in der Liste der Benutzernamen vorkommen muss, die angezeigt wird, wenn Sie den Benutzer-Manager oder den Benutzer-Manager für Domänen starten (im Ordner *Verwaltung*), und dass die Kennwörter übereinstimmen müssen. Das Setup-Programm des IIS richtet normalerweise diesen anonymen Benutzer für Sie ein. Sie können auch einen eigenen anonymen WWW-Benutzer definieren, aber dann müssen Sie sicherstellen, dass der Eintrag auf der Seite *Service* mit dem Eintrag in der Benutzerliste des Computers oder der Windows NT-Domäne übereinstimmt.

Beachten Sie auch die Optionen zur Kennwort-Authentifizierung. Behalten Sie die Einstellung *Anonyme Anmeldungen erlauben* einstweilen bei. Sie bewirkt, dass alle Benutzer aus dem Web unter dem Namen IUSR_RECHNERNAME angemeldet werden. Die Option *Windows NT-Herausforderung/Rückmeldung* werden wir weiter hinten in diesem Kapitel erklären.

Die Verzeichnisse des IIS

Erinnern Sie sich noch an die Website der Firma SlowSoft aus Kapitel 34? Wenn Sie die URL http://slowsoft.com/newproducts.html angefordert haben, wurde die Datei newproducts.html aus dem *Basisverzeichnis* von slowsoft.com geladen. Jeder Server braucht ein Basisverzeichnis, selbst wenn dieses Verzeichnis nur Unterverzeichnisse enthalten sollte. Das Basisverzeichnis muss allerdings nicht mit dem Stammverzeichnis des Server-Rechners identisch sein. Wie Sie der Abbildung 35.3 entnehmen können, heißt das WWW-Basisverzeichnis in Wirklichkeit *\WebHome*, so dass der Client letztlich die Datei *\WebHome\newproducts.html* liest.

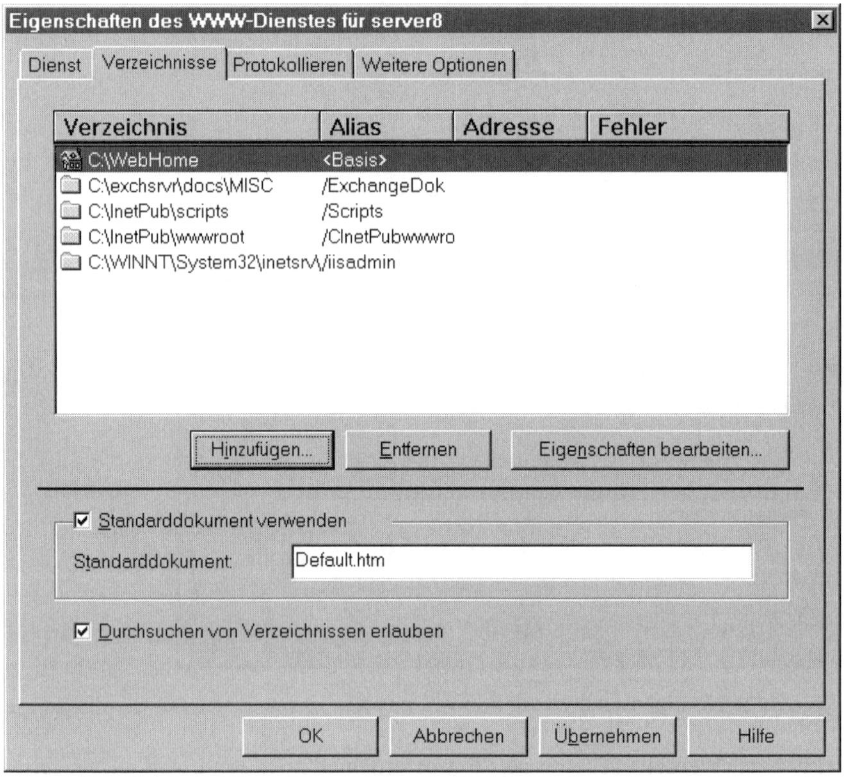

Abbildung 35.3: *Die Eigenschaftenseite mit dem WWW-Basisverzeichnis \WebHome.*

Ihr Server kommt vielleicht mit einem einzigen Basisverzeichnis aus, aber in bestimmten Situationen können sich die *virtuellen Verzeichnisse* des IIS als nützlich erweisen. Nehmen wir an, SlowSoft möchte Webzugriffe auf das Verzeichnis *\exchsvr\docs\MISC* auf Laufwerk C: ermöglichen. Das Dialogfeld in Abbildung 35.3 enthält ein virtuelles Verzeichnis mit dem Namen */ExchangeDok*, dem das Verzeichnis *c:\exchsvr\docs\MISC* entspricht. Um auf Dateien in diesem Verzeichnis zuzugreifen, würden die Clients URLs wie *http://slowsoft.com/ExchangeDok/Datei1.html* verwenden.

HINWEIS: Falls Ihr Computer für mehrere IP-Adressen konfiguriert ist (was Sie über das Symbol *Netzwerk* in der Systemsteuerung herausfinden), können Sie mit dem IIS *virtuelle Webserver* definieren. Jeder virtuelle Server hätte dann ein eigenes Basisverzeichnis (und eigene virtuelle

Verzeichnisse), die einer bestimmten IP-Adresse zugeordnet sind. Von außen sieht das so aus, als hätten Sie mehrere Server-Computer. Leider nimmt der IIS-Webserver alle IP-Adressen des Computers in Beschlag, so dass Sie ihn nicht gleichzeitig mit dem Server EX34A ausführen können, da beide Anschluss 80 verwenden.

Wie in Kapitel 34 beschrieben wurde, können Browser eine Blindanfrage senden. Aus Abbildung 35.3 geht hervor, dass Sie im Internet-Dienst-Manager festlegen können, welche Datei bei einer Blindanfrage ausgewählt wird (normalerweise Default.html). Wenn Sie auf der Seite *Verzeichnisse* des Dialogfelds *Eigenschaften des WWW-Dienstes* die Option *Durchsuchen von Verzeichnissen erlauben* aktivieren, können die Browser-Clients statt dessen eine Hypertextliste der im Verzeichnis des Servers vorhandenen Dateien anzeigen.

IIS-Protokolle

Der IIS kann über alle Verbindungen ein Protokoll führen. Die Protokolloptionen werden auf der Seite *Protokollieren* im Dialogfeld *Eigenschaften des WWW-Dienstes* des Internet-Dienst-Managers eingestellt. Sie können für das Protokoll Textdateien oder eine SQL/ODBC-Datenbank verwenden. Protokolleinträge bestehen aus Datum, Uhrzeit, der IP-Adresse des Client, der angeforderten Datei, dee Abfragezeichenfolge und anderem mehr.

Den IIS testen

Es ist einfach, den IIS mit einem Browser oder einem der Clients von EX35A testen. Stellen Sie nur sicher, dass der IIS ausgeführt und der EX35A-Server nicht ausgeführt wird. Das vorgegebene Basisverzeichnis des IIS ist *Winnt\System32\inetsrv\wwwroot*, und einige HTML-Dateien werden hier installiert. Wenn Sie mit einem einzelnen Rechner arbeiten, können Sie den Namen des lokalen Host verwenden. In einem Netzwerk verwenden Sie einen Namen aus der Datei hosts. Falls Sie von einem anderen Rechner aus nicht auf den Server zugreifen können, überprüfen Sie mit ping, ob das Netzwerk korrekt konfiguriert ist. Versuchen Sie gar nicht erst, ISAPI-DLLs zu erstellen und auszuführen, bevor Sie den IIS auf Ihrem Rechner mit Erfolg getestet haben.

ISAPI-Server-Erweiterungen

Unter einer ISAPI-Server-Erweiterung versteht man ein Programm, das als DLL implementiert und vom IIS geladen wird und das der IIS als Reaktion auf eine GET- oder POST-Anforderung eines Client-Programms (Browsers) ausführt. Der Browser kann dem Programm Parameter übergeben. Häufig handelt es sich dabei um Werte, die der Browser-Anwender beispielsweise in Eingabefelder eingegeben oder aus Listenfeldern ausgewählt hat. Die ISAPI-Server-Erweiterung sendet normalerweise HTML-Anweisungen zurück, die auf diesen Parameterwerten basieren. Sie werden diesen Vorgang besser verstehen, sobald Sie ein Beispiel gesehen haben.

Common Gateway Interface und ISAPI

Die ersten Internet-Server, die entwickelt wurden, waren für UNIX-Rechner gedacht, so dass die Standards schon lange feststanden, bevor Microsoft den IIS vorstellte. Die Schnittstelle Common Gateway Interface (CGI), die zum HTTP-Standard gehört, wurde als Verfahren entwickelt, mit dem Browser-Programme mit Skripts oder separaten ausführbaren Programmen auf dem Server kommunizieren können. Ohne die HTTP/CGI-Spezifikationen zu ändern, hat Microsoft den Internet Information Server so konzipiert, dass jeder beliebige Browser eine Server-DLL laden kann. Die DLLs gehören zum IIS-Prozess und sind damit schneller als Skripts, für die unter Umständen getrennte ausführbare Programme geladen werden müssen. Mit Ihrem Erfahrungshintergrund wird es Ihnen wahrscheinlich leichter fallen, eine ISAPI-DLL in C++ zu entwickeln, als ein Skript in PERL, der Standard-Skriptsprache für Webserver.

Die CGI-Schnittstelle verschiebt die Last der Programmierung auf den Server. Über die *CGI-Parameter* sendet der Browser kleine Informationsmengen an den Server-Rechner. Der Server kann mit diesen Informationen absolut beliebig verfahren; er kann beispielsweise auf eine Datenbank zugreifen, Bilder generieren oder Peripheriegeräte ansteuern. Der Server sendet eine Datei (in HTML oder einem anderen Format) an den Browser zurück. Die Datei kann von der Festplatte des Servers gelesen oder vom Programm generiert werden. ActiveX-Steuerelemente oder Java-Applets sind nicht vonnöten, und der Browser kann auf jedem beliebigen Rechner ausgeführt werden.

Eine einfache GET-Anforderung für eine ISAPI-Server-Erweiterung

Nehmen wir an, eine HTML-Datei enthält das folgende Tag:

```
<a href="scripts/maps.dll?State=Bayern">Wetterkarte für Bayern</a><p>
```

Wenn der Benutzer auf *Wetterkarte für Bayern* klickt, sendet der Browser die folgende CGI-GET-Anforderung an den Server:

```
GET scripts/maps.dll?State=Bayern HTTP/1.0
```

Der IIS lädt dann die Datei maps.dll aus dem (virtuellen) Verzeichnis *scripts*, ruft eine *Standardfunktion* auf (die häufig *Default* heißt) und übergibt für den Parameter *State* den Wert *Bayern*. Die DLL erzeugt nun eine JPG-Datei mit der aktuellen Satellitenwetterkarte für Bayern und sendet sie zum Client.

Wenn maps.dll mehr als eine Funktion enthält, kann im Tag der gewünschte Funktionsname angegeben werden, wie im folgenden Beispiel:

```
<a href="scripts/maps.dll?GetMap?State=Bayern&Res=5">Wetterkarte für Bayern</a><p>
```

In diesem Beispiel wird die Funktion *GetMap* mit zwei Parametern, *State* und *Res*, aufgerufen.

Sie werden bald lernen, wie man einen ISAPI-Server wie maps.dll schreibt, aber dazu müssen Sie etwas über HTML-Formulare wissen, weil Sie selbständigen CGI-GET-Anforderungen nur selten begegnen werden.

HTML-Formulare – GET und POST

Im obigen HTML-Quelltext für die CGI-GET-Anweisung wurde der Name des Bundeslands fest im Tag kodiert. Sollte der Benutzer das Bundesland nicht besser aus einer Dropdown-Liste auswählen können? Zu diesem Zweck benötigen wir ein Formular wie im folgenden Beispiel:

```
<html>
<head><title>HTML-Wetterkartenformular</title>
</head>
<body>
```

```
<h1><center>Willkommen beim Wetterkartendienst</center></h1>
<form action="scripts/maps.dll?GetMap" method=GET>
  <p>Wählen Sie Ihr Bundesland:
  <select name="State">
    <option> Schleswig-Holstein
    <option> Sachsen
    <option> Hessen
    <option> Bayern
  </select>
<p><input type="submit" value="Abschicken">
   <input type="reset" value="Zurücksetzen">
</form>
</body></html>
```

Das ist ein einfaches Formular, aber es erfüllt seinen Zweck. Wenn Sie es in einen Browser laden, sieht es wie in Abbildung 35.4 aus.

Abbildung 35.4: *Der Internet Explorer mit dem HTML-Wetterkartenformular.*

Mit Hilfe des Tags *select* ist es möglich, das Bundesland aus einer Liste von vier Namen auszuwählen. Die entscheidende Anweisung *input type = submit* zeigt die Schaltfläche an, mit der die Formulardaten über eine CGI-GET-Anforderung an den Server gesendet werden. Diese Anweisung sieht etwa folgendermaßen aus:

```
GET scripts/maps.dll?GetMap?State=Bayern HTTP/1.0
(verschiedene Anforderungs-Header)
(Leerzeile)
```

Unglücklicherweise lassen einige frühe Versionen des Netscape-Browsers beim Generieren einer GET-Anforderung aus einem Formular den Funktionsnamen weg, so dass Sie zwei Alternativen haben: Sie definieren in Ihrer ISAPI-DLL als einzige Funktion nur eine Standardfunktion, oder Sie verwenden innerhalb von Formularen anstatt der GET-Methode nur die POST-Methode.

Um die Methode POST einzusetzen, brauchen Sie in dem oben gezeigten HTML-Formular nur eine Zeile zu ändern:

```
<form action="scripts/maps.dll?GetMap" method=POST>
```

Der Browser sendet in diesem Fall die folgenden Anweisungen an den Server:

```
POST scripts/maps.dll?GetMap
(verschiedene Anforderungs-Header)
(Leerzeile)
State=Bayern
```

Beachten Sie, dass der Parameterwert jetzt nicht mehr in der Anforderungszeile steht, sondern in der letzten Zeile.

HINWEIS: ISAPI-DLLs werden normalerweise in einem eigenen virtuellen Verzeichnis auf dem Server gespeichert, weil diese DLLs die *Ausführungsberechtigung* brauchen, aber auf eine *Leseberechtigung* verzichten können. Wenn Sie auf die in Abbildung 35.3 gezeigte Schaltfläche *Eigenschaften bearbeiten* klicken, können Sie im Internet-Dienst-Manager auf diese Berechtigungen zugreifen. Sie können aber auch auf ein Verzeichnis doppelklicken und dann dessen Eigenschaften ändern.

Eine DLL mit einer ISAPI-Server-Erweiterung schreiben

Visual C++ ermöglicht Ihnen einen schnellen Einstieg in die Entwicklung von ISAPI-Server-Erweiterungen. Wählen Sie auf der Seite *Projekte* einfach die Option *Assistent für ISAPI-Erweiterungen*. Wenn Sie auf *OK* klicken, wird das in Abbildung 35.5 dargestellte Dialogfeld angezeigt.

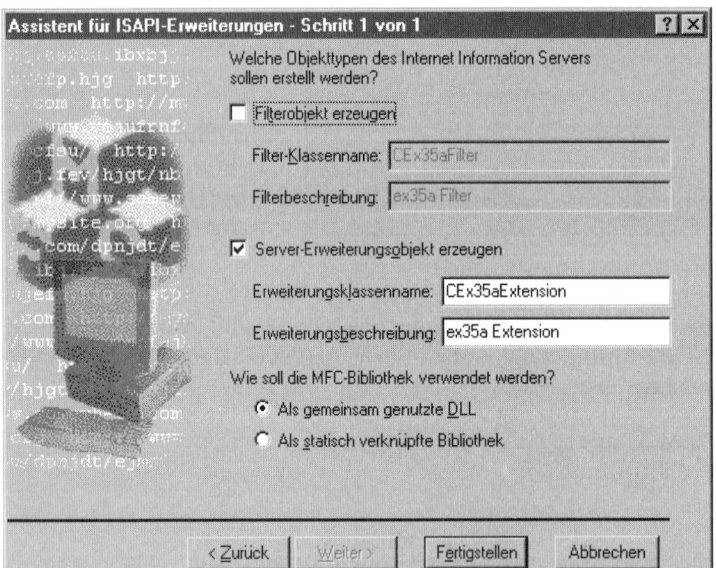

Abbildung 35.5:
Das erste Dialogfeld des Assistenten für ISAPI-Erweiterungen.

Markieren Sie das Kontrollkästchen *Server-Erweiterungsobjekt erzeugen*. Sie erhalten schließlich ein DLL-Projekt, das noch nichts leistet. Es enthält aber eine von der MFC-Klasse *CHttpServer* abgeleitete Klasse mit der Member-Funktion *Default*. Nun ist es wieder an der Zeit, ein wenig zu programmieren.

Sie müssen Ihre ISAPI-Funktionen als Member-Funktionen der von *CHttpServer* abgeleiteten Klasse implementieren. Außerdem müssen Sie *Parse-Map-Makros* schreiben, mit denen diese Funktionen zum IIS gebunden werden – es gibt keinen »Parse-Map-Assistenten«, der Ihnen diese Aufgabe abnehmen würde. Es spricht nichts dagegen, die Funktion *Default* zu übernehmen, aber Sie brauchen noch eine weitere Funktion namens *GetMap*. Fügen Sie die folgenden beiden Zeilen in die Tabelle zur Befehlsinterpretation (die Parse-Map-Tabelle) ein, die der Assistent generiert hat:

```
ON_PARSE_COMMAND(GetMap, CWeatherExtension, ITS_PSTR)
ON_PARSE_COMMAND_PARAMS("State")
```

Schreiben Sie anschließend die Funktion *GetMap*:

```
void CWeatherExtension::GetMap(CHttpServerContext* pCtxt,
                               LPCTSTR pstrState)
{
  StartContent(pCtxt);
  WriteTitle(pCtxt);
  *pCtxt << "Wetterkarte für das Bundesland ";
  *pCtxt << pstrState;
  EndContent(pCtxt);
}
```

Diese Funktion erstellt die Wetterkarte nicht wirklich (was haben Sie gedacht?), sie zeigt vielmehr den Namen des ausgewählten Bundeslandes in einer individuell erstellten HTML-Datei an. Die Funktionen *CHttpServer::StartContent* und *CHttpServer::EndContent* erzeugen das Grundgerüst der HTML-Datei. Die Funktion *CHttpServer::WriteTitle* ruft die virtuelle Funktion *CHttpServer::GetTitle* auf, die Sie überschreiben müssen:

```
LPCTSTR CWeatherExtension::GetTitle() const
{
  return "Ihre persönliche Wetterkarte"; // für Titelfenster des Browsers
}
```

Die MFC-Klasse *CHttpServerContext* überlädt den Operator <<, und mit seiner Hilfe können Sie Ihren Text in die neu erstellte HTML-Datei schreiben. Hinter den Kulissen sorgt ein Objekt der MFC-Klasse *CHtmlStream* dafür, dass die Ausgaben zur Server-Socket gelangen.

Die MFC-Klassen für ISAPI-Server-Erweiterungen

Jetzt ist eine gute Gelegenheit, uns nochmals mit den drei MFC-Klassen zu befassen, auf deren Basis MFC-ISAPI-Server-Erweiterungen erstellt werden. Vergessen Sie nicht, dass diese Klassen nur für ISAPI-Server-Erweiterungen gedacht sind. Sie sollten nicht einmal im Traum daran denken, sie in normalen Winsock- oder WinInet-Anwendungen einzusetzen.

Die Klasse CHttpServer

Wenn Sie mit Hilfe des Assistenten für ISAPI-Erweiterungen eine ISAPI-Server-Erweiterung erstellen, wird für diese DLL eine Klasse von *CHttpServer* abgeleitet. Für jede Funktion der Server-Erweiterung (einschließlich der Standardfunktion) benötigen Sie eine Member-Funktion. Außerdem müssen Sie die Funktion *GetTitle* überschreiben. Das Anwendungsgerüst ruft diese Funktionen auf, wenn Client-Anforderungen eintreffen. Die Zuordnung erfolgt über die Tabelle zur Befehlsinterpretation. Der Assistent für ISAPI-Erweiterungen überschreibt außerdem die Funktion *GetExtension*. Diese Funktion müssen Sie in der Regel nicht bearbeiten, es sei denn, beim Laden der DLL soll eine spezielle Initialisierung durchgeführt werden.

Zu den Member-Funktionen von *CHttpServer*, die Sie wahrscheinlich aufrufen werden, gehört *AddHeader*. Diese Funktion fügt spezielle Anwort-Header hinzu, beispielsweise *Set-Cookie*, bevor die Antwort zum Server gesendet wird. (Auf Cookies kommen wir noch zu sprechen.)

Die Klasse CHttpServerContext

Pro DLL gibt es ein *CHttpServer*-Objekt, pro Server-Transaktionsanforderung dagegen ein *CHttpServerContext*-Objekt. Alle Ihre Server-Erweiterungsfunktionen liefern einen Zeiger auf ein solches Objekt. Diese Objekte werden nicht von *CHttpServerContext* abgeleitet, so dass es nicht so einfach ist, Variablen für einzelne Transaktionen einzusetzen. Weil die Transaktionen von verschiedenen IIS-Threads ausgeführt werden können, müssen Sie sorgfältig darauf achten, etwaige Zugriffe auf Datenelemente von *CHttpServer* oder auf globale Variablen zu synchronisieren.

Sie haben bereits gesehen, wie die Funktionen *StartContent*, *EndContent*, *WriteTitle* und die überladene Version des >>-Operators aus der Klasse *CHttpServer* eingesetzt werden. Unter Umständen benötigen Sie auch die Funktion *CHttpServerContext::GetServerVariable*, um Informationen abzurufen, die der Client in seinen Anforderungs-Headern sendet.

Die Klasse CHtmlStream

Meistens verwendet man die Klasse *CHtmlStream* nicht direkt. Die Klasse *CHttpServerContext* enthält mit *m_pStream* ein *CHtmlStream*-Datenelement, das mit dem >>-Operator verknüpft wird und für die Ausgabe der HTML-Daten zuständig ist. Wenn Sie binäre Daten zum Client senden müssen, können Sie auf das *CHtmlStream*-Objekt zugreifen und dessen Member-Funktion *Write* aufrufen. Weil *CHtmlStream*-Objekte Daten vor der Weitergabe an den Client im Arbeitsspeicher puffern, müssen Sie aber einen anderen Ansatz verfolgen, wenn Ihre DLL große Daten direkt vom Datenträger versendet.

Ein Beispiel für eine ISAPI-Server-Erweiterung – EX35A.DLL

Der Wetterkarten-Server ist nicht interessant genug, um daraus ein echtes Projekt zu machen. Wir glauben, dass das Beispiel EX35A mehr nach Ihrem Geschmack ist. Es handelt sich dabei um eine echte, kommerzielle Internet-Anwendung – ein Programm für einen Pizza-Service. Stellen Sie sich einen computergesteuerten Pizzaofen und einen Roboterarm vor, der gefrorene Pizzas auswählt. (Der Microsoft Internet Explorer 17.0 soll dem Vernehmen nach die heißen Pizzas direkt zum Bildschirm des Kunden liefern können, aber bis es so weit ist, müssen Sie noch Fahrer einstellen.)

Der erste Schritt: Die Bestellung aufnehmen

Neue Vertriebsmitarbeiter werden in ihren Schulungen ständig ermahnt, zum Abschluss zu kommen. Das ist in jedem kommerziellen Umfeld nötig, also auch im Internet. Wenn ein hungriger Kunde Ihre Site besucht (natürlich, nachdem er auf ein Bild mit einer Pizza geklickt hat), lädt er einfach eine HTML-Datei herunter, die etwa wie folgt aussehen könnte:

```
<html>
<head><title>Inside Visual C++ HTML - Formular 1</title>
</head>
<body>
<h1><center>Wilkommen bei CyberPizza</center></h1>
<p> Geben Sie Ihre Bestellung ein.
<form action="scripts/ex35a.dll?ProcessPizzaForm" method=POST>
  <p> Name: <input type="text" name="name" value="">
  <p> Anschrift: <input type="text" name="address" value="">
  <p> Menge: <input type="text" name="quantity" value=1>
  <p>Pizzagröße:
    <menu>
    <li><input type="radio" name="size" value=8>klein
    <li><input type="radio" name="size" value=10>mittel
    <li><input type="radio" name="size" value=12 checked>groß
    <li><input type="radio" name="size" value=14>Jumbo
    </menu>
  <p> Zutaten:
  <p>
    <input type="checkbox" name="top1" value="Pepperoni" checked> Pepperoni
    <input type="checkbox" name="top2" value="Sardellen"> Sardellen
    <input type="checkbox" name="top3" value="Champignons"> Champignons
    <input type="checkbox" name="top4" value="Salami"> Salami
  <p>
    <em>(Sie können mehrere Zutaten kombinieren.)</em>

  <p>
    <input type="submit" value="Bestellung abschicken">
    <input type="reset" value="Zurücksetzen" >
</form>

</body></html>
```

Abbildung 35.6 zeigt, wie dieses Bestellformular in einem Webbrowser aussieht.

Bisher war von einer ISAPI-DLL noch nichts zu sehen. Das ändert sich, sobald der Kunde auf die Schaltfläche *Bestellung abschicken* klickt. Der Server erhält folgende Daten:

```
POST scripts/ex35a.dll?ProcessPizzaForm HTTP/1.0
(Anforderungs-Header)
(Leerzeile)
name=Walter+Sullivan&address=Redmond%2C+WA&quantity=1&size=12
    &top1=Pepperoni&top3=Champignons
```

Walter Sullivan hat offenbar eine große Pizza mit Pepperoni und Champignons bestellt. Der Browser verwendet statt eines Leerzeichens das Zeichen +, die Zeichenkombination *%2C* steht für ein Komma, und mit dem Zeichen & werden die einzelnen Parameter voneinander getrennt. Betrachten wir jetzt die Parse-Map-Einträge in ex35a.cpp:

```
ON_PARSE_COMMAND(ProcessPizzaForm, CEx35aExtension,
  ITS_PSTR ITS_PSTR ITS_I4 ITS_PSTR ITS_PSTR ITS_PSTR ITS_PSTR ITS_PSTR)
ON_PARSE_COMMAND_PARAMS("name address quantity size top1=~ top2=~ top3=~ top4=~")
```

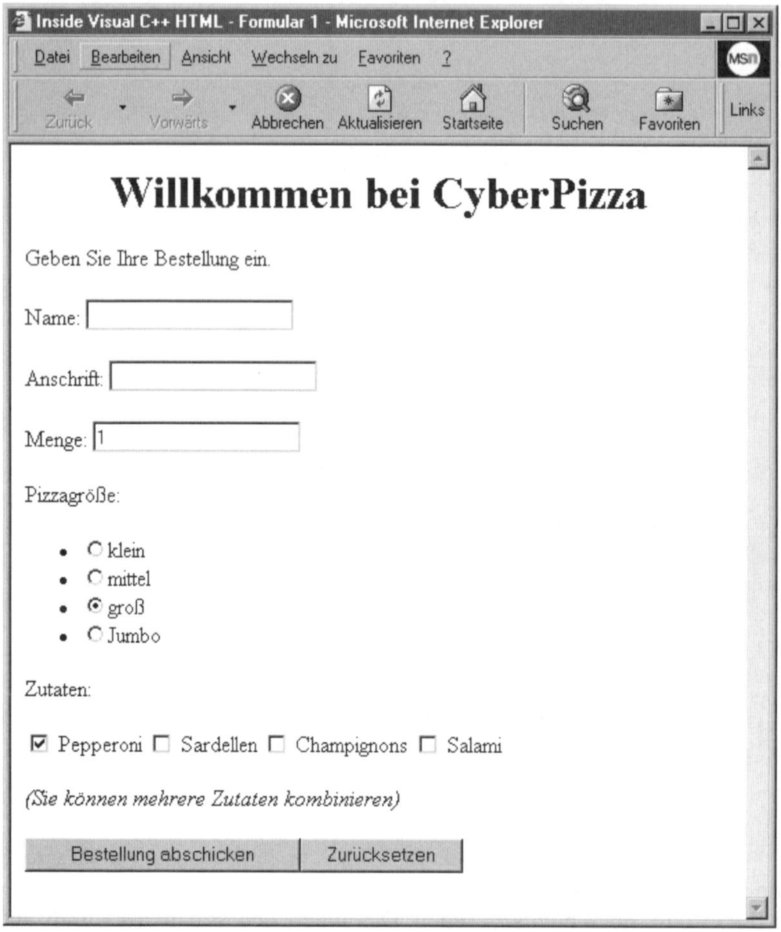

Abbildung 35.6: *Das Bestellformular des Pizza-Service.*

Optionale Parameter

Um Parse-Map-Anweisungen zu schreiben, müssen Sie verstanden haben, nach welchen Regeln der Browser Formularparameter sendet. Im Bestellformular von EX35A sendet der Browser stets Parameter für den Inhalt der Textfelder, auch wenn der Benutzer gar nichts eingegeben hat. Wenn der Benutzer beispielsweise das Feld *Name* leer ließe, würde der Browser den String *name=&* senden. Anders liegen die Dinge bei Kontrollkästchen. Der Browser sendet nur dann einen Kontrollkästchen-Parameter, wenn der Benutzer das Kontrollkästchen markiert hat. Kontrollkästchen-Parameter sind also als *optionale Parameter* definiert.

Nehmen wir an, Ihr Parse-Makro für die Parameter sähe folgendermaßen aus:

```
ON_PARSE_COMMAND_PARAMS("name address quantity size top1 top2 top3 top4")
```

In diesem Fall gäbe es Probleme, wenn der Benutzer nicht alle Zutaten markiert. Die HTTP-Anforderung würde schlichtweg fehlschlagen, und der Kunde müsste sich nach einer anderen Pizza-Site umsehen. Das Symbol =~ im Quelltext von exe35a.cpp kennzeichnet die letzten vier Parameter als optional, wobei ~ den Vorgabewert darstellt. Wenn die entsprechende Option markiert ist, überträgt das Formular den Wert. Andernfalls wird das Zeichen ~ übertragen, und die DLL kann prüfen, ob dieses Zeichen gesendet wurde. Optionale Parameter müssen an letzter Stelle aufgeführt werden.

Die Funktion *ProcessPizzaForm* der DLL wertet die Parameter aus, generiert ein HTML-Formular zur Auftragsbestätigung und sendet es an den Kunden zurück. Den Quelltext sehen Sie hier:

```
void CEx35aExtension::ProcessPizzaForm(CHttpServerContext* pCtxt,
        LPCTSTR pstrName, LPCTSTR pstrAddr, int nQuantity,
        LPCTSTR pstrSize, LPCTSTR pstrTop1, LPCTSTR pstrTop2,
        LPCTSTR pstrTop3, LPCTSTR pstrTop4)
{
  StartContent(pCtxt);
  WriteTitle(pCtxt);
  if((strlen(pstrName) > 0) && (strlen(pstrAddr) > 0)) {
    *pCtxt << " Ihre Pizzabstellung lautet wie folgt:";
    *pCtxt << "<p>Name: " << pstrName;
    *pCtxt << "<p>Anschrift: " << pstrAddr;
    *pCtxt << "<p>Mange: " << (long int) nQuantity;
    *pCtxt << "<p>Größe: " << pstrSize;
    *pCtxt << "<p>Zutaten: " << pstrTop1 << " " << pstrTop2 << " " <<
      pstrTop3 << " " << pstrTop4;
    *pCtxt << "<p>Rechnungsbetrag DM 23,49, "
              "inklusive Lieferung.";
    *pCtxt << "<form action=\"ex35a.dll?ConfirmOrder\" method=POST>";
    *pCtxt << "<p><input type=\"hidden\" name=\"name\" value=\"" <<
      pstrName << "\">";            // Verweis auf Originalbestellung
    *pCtxt << "<p><input type=\"
               submit\"value=\"Bestätigen und Kreditkarte belasten\">";
    *pCtxt << "</form>";
    // Bestellung in einer Datei oder Datenbank speichern,
    // Zugriff über den Namen
  }
  else {
    *pCtxt << "Sie haben Ihren Namen oder Ihre Anschrift nicht angegeben. "
              "Bitte prüfen Sie Ihre Angaben, und versuchen Sie es erneut.";
  }
  EndContent(pCtxt);
}
```

Das generierte Formular sieht dann wie in Abbildung 35.7 aus:

Wie Sie sehen, haben wir uns die Berechnung des Preises leicht gemacht. Wenn der Kunde das Angebot akzeptiert, klickt er auf die Schaltfläche mit der Beschriftung *Bestätigen und Kreditkarte belasten*.

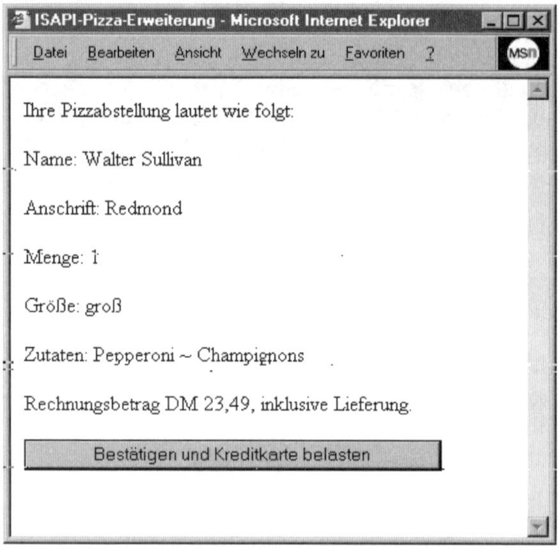

Abbildung 35.7:
Die Auftragsbestätigung des Pizza-Service im Browser.

Der zweite Schritt – Die Auftragsbestätigung bearbeiten

Nachdem der Anwender auf die Schaltfläche *Bestätigen und Kreditkarte belasten* geklickt hat, sendet der Browser eine zweite POST-Anforderung an den Server und gibt darin an, dass die Funktion *CEx35aExtension::ConfirmOrder* aufgerufen werden soll. Jetzt stehen Sie aber vor einem großen Problem: Jede HTTP-Verbindung (Anforderung und Antwort) ist von allen anderen Verbindungen unabhängig. Wie erkennen Sie den Zusammenhang zwischen der Auftragsbestätigung und der ursprünglichen Bestellung? Dafür gibt es verschiedene Verfahren, aber der gebräuchlichste Ansatz besteht darin, zusammen mit der Auftragsbestätigung in einem *verborgenen Eingabe-Tag* eine Zeichenfolge zurückzusenden. Wenn die Bestätigung ankommt, kann der Server anhand des verborgenen Texts die Bestätigung der ursprünglichen Bestellung zuordnen, die er irgendwo auf seiner Festplatte gespeichert hat.

Im Beispiel EX35A wird der Kundennamen in das verborgene Feld eingesetzt. Es wäre allerdings sicherer, eine Kombination aus Name, Datum und Uhrzeit zu verwenden. Hier ist der HTML-Code, den die Funktion *CEx35aExtension::ProcessPizzaForm* im Formular der Auftragsbestätigung an den Kunden zurücksendet:

```
<input type="hidden" name="name" value="Walter Sullivan">
```

Hier ist die Implementierung der Funktion *CEx35aExtension::ConfirmOrder*:

```
void CEx35aExtension::ConfirmOrder(CHttpServerContext* pCtxt,
  LPCTSTR pstrName)
{
  StartContent(pCtxt);
  WriteTitle(pCtxt);
  *pCtxt << "<p>Sie werden Ihre Pizza in etwa 30 Minuten erhalten.";
  *pCtxt << "<p>Vielen Dank" << pstrName << " für Ihre Bestellung.";
  // Jetzt anhand des Namens die zugehörige Bestellung von der
  // Festplatte lesen und die Pizza backen.
  // Löschen Sie die Bestellung nach einer Weile wieder, wenn der Kunde
```

```
    // sie nicht bestätigt.
    m_cs.Lock(); // muss thread-sicher sein
    long int nTotal = ++m_nTotalPizzaOrders;
    m_cs.Unlock();
    *pCtxt << "<p>Pizzabestellungen insgesamt = " << nTotal;
    EndContent(pCtxt);
}
```

Der Kundenname wird im Parameter *pstrName* zurückgesendet, und mit eben diesem Parameter rufen Sie die gespeicherte ursprüngliche Bestellung wieder ab. Die Funktion protokolliert auch die Gesamtzahl aller Bestellungen und stellt mit Hilfe eines kritischen Abschnitts (*m_cs*) sicher, dass die Threads synchronisiert werden.

Die Server-Erweiterung EX35A.DLL erstellen und testen

Wenn Sie den Quelltext von der Begleit-CD kopiert haben, befindet sich das Projekt im Verzeichnis \vcpp32\ex35a. Wenn Sie das Projekt kompilieren, wird im Unterverzeichnis *Debug* eine DLL erzeugt. Diese DLL müssen Sie in ein Verzeichnis kopieren, in dem sich der Server findet. In dasselbe Verzeichnis kopieren Sie auch die Datei *PizzaForm.html.* Sie können die Unterverzeichnisse *scripts* und *wwwroot* verwenden, die bereits in *\Winnt\System32\inetsrv* angelegt worden sind, oder neue virtuelle Verzeichnisse einrichten.

HINWEIS: Wenn Sie im Visual C++-Projekt Änderungen an der Datei Ex35a.dll vornehmen, dürfen Sie nicht vergessen, im Internet-Dienst-Manager (Abbildung 35.1) den WWW-Dienst zu deaktivieren (weil sonst die alte DLL geladen bleibt), die neue DLL in das Verzeichnis *scripts* zu kopieren und anschließend den WWW-Dienst wieder zu aktivieren. Die überarbeitete DLL wird geladen, sobald der erste Client sie anfordert.

Wenn alles richtig installiert worden ist, sollten Sie in der Lage sein, das Formular PizzaForm.html in den Browser zu laden und eine Pizza zu bestellen. Guten Appetit!

Fehler in der DLL EX35A beseitigen

Die Tatsache, dass der IIS ein Windows NT-Dienst ist, erschwert die Fehlersuche in ISAPI-DLLs. Dienste werden normalerweise als Teil des Betriebssystems ausgeführt und von der Service Manager-Datenbank gesteuert. Sie haben eine eigene Arbeitsstation und einen eigenen, unsichtbaren Desktop. All das gehört zu den dunkleren Kapiteln von Windows NT, und bisher wurden nur wenig darüber veröffentlicht.

Mit den folgenden Schritten können Sie aber die DLL EX35A (oder eine beliebige andere ISAPI-DLL) testen:

1. Halten Sie mit Hilfe des Internet-Dienst-Managers *alle* IIS-Dienste an.
2. Laden Sie das Projekt ex35a in Visual C++, wählen Sie den Befehl *Projekteinstellungen* aus dem Menü *Erstellen*, und geben Sie in das Dialogfeld *Projekteinstellungen* die in Abbildung 35.8 gezeigten Werte ein:
3. Starten Sie den Benutzer-Manager oder den Benutzer-Manager für Domänen (aus dem Ordner *Verwaltung*). Wählen Sie im Menü *Benutzerrechte* den Befehl *Richtlinien*, markieren Sie die Option *Weitere Benutzerrechte anzeigen*, markieren Sie die Option *Als Teil des Betriebssystems handeln*, und fügen Sie Ihre Benutzergruppe hinzu:

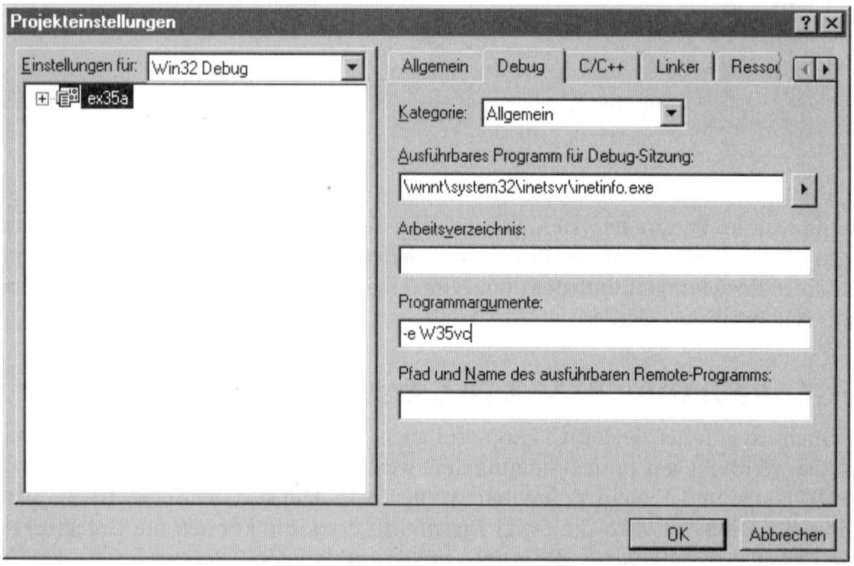

Abbildung 35.8: *Das Dialogfeld* Projekteinstellungen *mit den Einstellungen zum Testen der DLL Ex35A.*

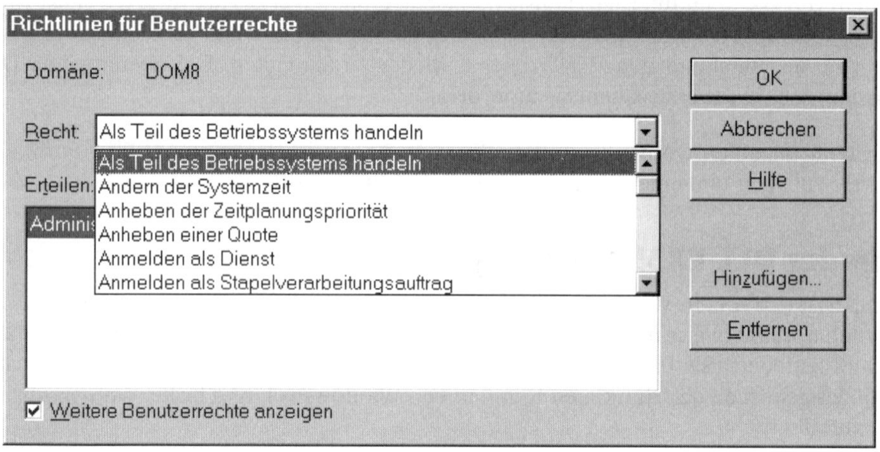

Abbildung 35.9: *Einstellungen der Benutzerrechte.*

4. Wiederholen Sie Schritt 3, um die Richtlinie *Generieren von Sicherheitsüberwachung* zu aktivieren.
5. Melden Sie sich neu unter Windows NT an, um die neuen Rechte zu aktivieren. (Diesen Schritt nicht vergessen!)
6. Kopieren Sie die neueste Version der DLL EX35A in das Verzeichnis *scripts*.
7. Starten Sie die Fehlersuche. Sie können Haltepunke setzen, einzelne Anweisungen ausführen und die Ausgaben der *TRACE*-Makros einsehen.

ISAPI-Datenbankzugriff

ISAPI-Server-Erweiterungen können über ODBC auf SQL-Datenbanken zugreifen. Bevor Sie aber anfangen, seitenweise ODBC-Code zu schreiben, sollten Sie den Internet Database Connector prüfen, der in der IIS-Dokumentation beschrieben wird. Der Internet Database Connector ist eine DLL namens Httpodbc.dll, die jederzeit geladen werden kann. Die DLL sammelt die Parameter von SQL-Abfragen und formatiert die Ausgaben. Sie steuern diesen Vorgang, indem Sie eine IDC-Datei schreiben, die die Datenquelle beschreibt, sowie eine HTX-Datei, die als Vorlage für die resultierende HTML-Datei dient. Programmierung in C++ ist dazu nicht nötig.

Der Internet Database Connector unterstützt nur Abfragen. Wenn Sie eine Datenbank aktualisieren möchten, müssen Sie eine eigene ISAPI-Server-Erweiterung mit ODBC-Aufrufen schreiben. Dieser ODBC-Treiber sollte wie der neueste Treiber für den SQL Server mehrere Threads unterstützen.

Transaktionen mit Hilfe von HTTP-Cookies verknüpfen

Nachdem Sie Ihre Pizza verschlungen haben, wäre ein Dessert recht. Was halten Sie von Plätzchen? Leider sind die Plätzchen oder Cookies, die wir uns in diesem Abschnitt zu Gemüte führen werden, nicht aus Schokolade. *Cookies* dienen dazu, Informationen auf den Festplatten der Kunden zu speichern. Im Beispiel EX35A speichert der Server den Kundennamen in einem verborgenen Feld des Bestätigungsformulars. Mit dieser Methode können Sie zwar die Bestätigung zum richtigen Auftrag zuordnen, aber sie hilft nicht weiter, wenn Sie festhalten möchten, wie viele Pizzas Walter dieses Jahr schon bestellt hat. Wenn Sie wissen, dass Walter immer Pepperoni-Pizzas bestellt, könnten Sie ihm eine E-Mail schicken, falls Sie einmal zu viele Pepperoni auf Lager haben.

Wie Cookies funktionieren

Mit Hilfe von Cookies können Sie Walter bei der ersten Bestellung eine Kundennummer zuweisen und diese Nummer auf Walters Computer speichern. Der Server weist die Kundennummer zu, indem er einen Anwort-Header sendet, die etwa so aussehen könnte:

```
Set-Cookie: customer_id=12345; path=/; expires=Monday,
    02-Sep-99 00:00:00 GMT
```

Die Zeichenfolge *customer_id* repräsentiert den frei wählbaren Cookie-Namen, den Sie zugewiesen haben, der Wert / für *path* bedeutet, dass der Browser den Cookie-Wert auf Anfrage an Ihre Site (CyberPizza.com) sendet, und das unter *expires* angegebene letzte Gültigkeitsdatum benötigt der Browser beim Speichern des Cookie-Werts.

Beim Erhalt des Anwort-Headers mit der *Set-Cookie*-Anweisung erstellt der Browser den folgenden Eintrag in der Datei cookies.txt (oder ersetzt gegebenenfalls einen vorhanden Eintrag):

```
customer_id
12345
cyberpizza.com/
0
2096697344
```

```
0
2093550622
35
*
```

Wenn der Browser von nun an eine Anforderung an CyberPizza.com sendet, wird ein Anforderungs-Header wie der folgende mitgesendet:

```
Cookie: customer_id=12345
```

Wie eine ISAPI-Server-Erweiterung Cookies verarbeitet

Eine Funktion in einer ISAPI-Server-Erweiterung würde folgenden Aufruf ausführen, um das Cookie auf dem Browser-Rechner zu speichern:

```
AddHeader(pCtxt, "Set-Cookie: session_id=12345; path=/; expires=Monday, "
    " 02-Sep-99 00:00:00 GMT\r\n");
```

Um das Cookie wieder abzurufen, können Sie in einer anderen Funktion folgende Anweisungen verwenden:

```
char strCookies[200];
DWORD dwLength = 200;
pCtxt->GetServerVariable("HTTP_COOKIE", strCookies, &dwLength);
```

Die Variable *strCookies* sollte anschließend den Text *customer_id=12345* enthalten.

Probleme mit Cookies

Vor einiger Zeit gab es ziemlichen Aufruhr, als die Internet-Anwender das erste Mal feststellten, dass Firmen Daten auf den PCs ihrer WWW-Besucher speichern. Browser neueren Datums fragen nun nach Erlaubnis, bevor sie ein Cookie aus einer Website speichern. Die Kunden können daraufhin das Cookie ablehnen, die Datei cookies.txt löschen, oder diese Datei könnte keine weiteren Einträge aufnehmen. Wenn Sie in Ihrer Website mit Cookies arbeiten möchten, müssen Sie mit solchen Situationen rechnen.

Echtheitsbestätigung im WWW

Bisher war der IIS so eingerichtet, dass er anonyme Anmeldungen zuließ. Das heißt nichts anderes, als dass jedermann auf den Server zugreifen kann, ohne eine Benutzernamen oder ein Kennwort angeben zu müssen. Alle Benutzer werden unter dem Namen IUSR_RECHNERNAME angemeldet und können auf alle Dateien zugreifen, für die dieser Benutzer über entsprechende Rechte verfügt.

HINWEIS: Wie schon in Kapitel 34 ausgeführt wurde, sollten Sie Ihren Server unter NTFS betreiben, wenn Sie auf maximale Sicherheit Wert legen.

Standard-Echtheitsbestätigung

Die *Standard-Echtheitsbestätigung* ist die einfachste Methode zur Einschränkung des Server-Zugriffs. Wenn ein Client eine anonyme Anforderung sendet, schickt der Server die Antwort

```
HTTP/1.0 401 Unauthorized
```

zurück, begleitet von einem Antwort-Header wie dem folgenden:

```
WWW-Authenticate: Basic realm="xxxx"
```

Der Client fordert den Benutzer auf, einen Benutzernamen und ein Kennwort anzugeben, und sendet dann die Anforderung mit einem Header zurück, der etwa so aussehen könnte:

```
Authorization: Basic 2rc2341dfd8kdr
```

Die Zeichenfolge, die nach dem Wort »Basic« kommt, ist eine pseudoverschlüsselte Version des Benutzernamens und des Kennworts, die der Server entschlüsselt und zur Identifizierung des Benutzers verwendet.

Das Problem bei der Standard-Echtheitsbestätigung besteht darin, dass Angreifer den Benutzernamen und das Kennwort abfangen können und damit Zugang zu Ihrem Server erhalten. Der IIS und die meisten Browser unterstützen die Standard-Echtheitsbestätigung, aber sie ist nicht sehr wirksam.

Echtheitsbestätigung unter Windows NT

Die *Herausforderung/Rückmeldung-Echtheitsbestätigung* von Windows NT (auch Windows NT Challenge/Response genannt) wird häufig in Intranets auf der Basis von Microsoft-Netzwerken eingesetzt, aber Sie können sie genauso auch im Internet verwenden. Der IIS unterstützt dieses Verfahren (siehe Abbildung 35.2), so mancher Browser hingegen nicht.

Wenn dieses Verfahren auf dem Server aktiviert wurde, dann erhält ein Client, der eine gewöhnliche Anforderung gesendet hat, den folgenden Antwort-Header:

```
WWW-Authenticate: NTLM
```

```
Authorization: NTLM T1RMTVNTUAABAAAAA5IAA ...
```

Die Zeichenfolge nach »NTLM« ist ein gut verschlüsselter Benutzername – das Kennwort wird nie über das Internet gesendet. Der Server sendet anschließend mit einem Antwort-Header wie dem folgenden eine Abfrage:

```
WWW-Authenticate: NTLM RPTUFJTgAAAAAA ...
```

Der Client, dem das Kennwort bekannt ist, stellt mit dem Abfrage-Code und dem Kennwort einige Berechnungen an und sendet seine Antwort in einem Anforderungs-Header wie dem folgenden zurück:

```
Authorization: NTLM AgACAAgAAAAAAAAAA ...
```

Der Server, der das Kennwort des Clients aufgrund des Benutzernamens ermittelt hat, stellt mit dem Kennwort und dem Abfrage-Code dieselben Berechnungen an. Dann vergleicht er den Antwort-Code des Clients mit seinem eigenen Ergebnis. Wenn die beiden Ergebnisse übereinstimmen, geht der Server auf die Anforderung des Clients ein, indem er die Identität dieses Benutzers annimmt und die angeforderten Daten sendet.

Wenn der Client die Anforderung erneut sendet, wird der Challenge/Response-Dialog über eine Single-Socket-Verbindung mit Keep-Alive-Optionen geführt, gemäß der Angaben im Anforderungs-Header der Verbindung.

WinInet unterstützt die Abfrage/Rückmeldung-Authentifizierung vollständig. Also unterstützen auch der Internet Explorer 4.0 und die WinInet-Clients aus EX34A dieses Verfahren. Wenn der Client-Computer an einer Windows NT-Domäne angemeldet ist, werden Benutzername und Kennwort durchgereicht. Befindet sich der Client im Internet, fordert WinInet den Benutzer auf, den Benutzernamen und das Kennwort einzugeben. Beim Schreiben von WinInet-Code müssen Sie in allen Aufrufen von *CHttpConnection::OpenRequest* und *CInternetSession::OpenUrl* das Flag *INTERNET_FLAG_KEEP_CONNECTION* angeben, wie im Beispiel EX34A gezeigt.

SSL (Secure Sockets Layer)

Die Echtheitsbestätigung von Windows NT kontrolliert nur, wer sich an einem Server anmeldet. Jeder Lauscher im Internet kann den Inhalt der TCP/IP-Pakete lesen. Secure Sockets Layer (SSL) geht einen Schritt weiter und verschlüsselt die eigentlichen Anforderungen und Antworten (was sich natürlich auf die Ausführungsgeschwindigkeit auswirkt). Sowohl der IIS als auch WinInet unterstützen SSL. (Der Secure Sockets Layer wird in der Dokumentation zum IIS beschrieben.)

ISAPI-Filter

Eine DLL mit einer ISAPI-Server-Erweiterung wird geladen, sobald zum ersten Mal ein Client mit einer GET- oder POST-Anforderung darauf zugreift. Eine ISAPI-Filter-DLL wird geladen, sobald der WWW-Dienst gestartet wird. (Voraussetzung dafür ist ein entsprechender Eintrag in der Systemregistrierung.) Der Filter befindet sich dann in der Schleife, die *alle* HTTP-Anforderungen verarbeitet, so dass Sie alle Daten, die vom Server abgehen oder dort eintreffen, lesen und gegebenenfalls ändern können.

Eine ISAPI-Filter-DLL schreiben

Dank des Assistenten für ISAPI-Erweiterungen ist das Schreiben von ISAPI-Filtern genauso einfach wie das Schreiben von Server-Erweiterungen. Wählen Sie die Option *Filterobjekt erzeugen*. Es wird daraufhin ein zweites Dialogfeld angezeigt, das in Abbildung 35.10 dargestellt ist.

Die Liste der Optionen unter der Überschrift *Welche Benachrichtigungen soll der Filter bearbeiten?* bezieht sich auf sieben Zeitpunkte, an denen der Filter die Kontrolle über die Verarbeitung einer HTTP-Anforderung erlangt. Sie markieren die Felder, und der Assistent generiert den entsprechenden Quelltext.

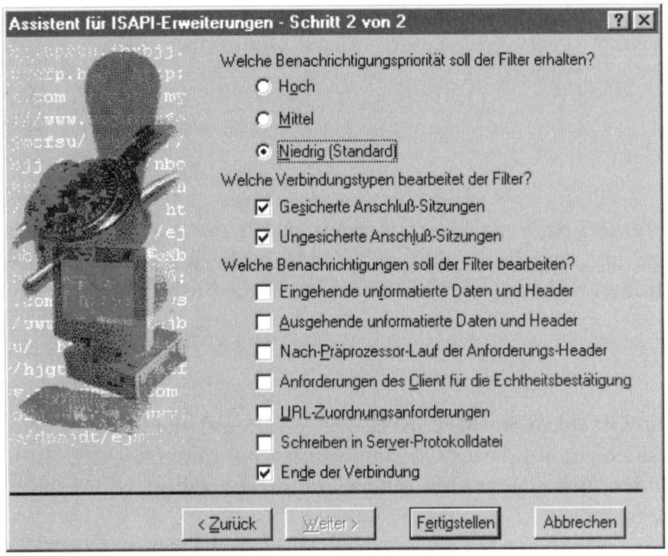

Abbildung 35.10:
Schritt 2 des Assistenten für ISAPI-Erweiterungen.

MFC-Klassen für ISAPI-Filter

Es sind in der MFC-Bibliothek zwei Klassen für ISAPI-Filter verfügbar namens *CHttpFilter* und *CHttpFilterContext.*

Die Klasse CHttpFilter

Für jeden ISAPI-Filter, den Sie mit dem Assistenten für ISAPI-Erweiterungen generieren, wird eine Klasse von *CHttpFilter* abgeleitet. Es gibt nur ein Objekt dieser Klasse. Die Klasse enthält virtuelle Funktionen für sieben Nachrichten. Hier ist eine Liste der Filter in der Reihenfolge, in der sie der IIS aufruft:

```
virtual DWORD OnReadRawData(CHttpFilterContext* pCtxt, PHTTP_FILTER_RAW_DATA pRawData);
virtual DWORD OnPreprocHeaders(CHttpFilterContext* pCtxt, PHTTP_FILTER_PREPROC_HEADERS pHeaderInfo);
virtual DWORD OnUrlMap(CHttpFilterContext* pCtxt, PHTTP_FILTER_URL_MAP pMapInfo);
virtual DWORD OnAuthentication(CHttpFilterContext* pCtxt, PHTTP_FILTER_AUTHENT pAuthent);
virtual DWORD OnSendRawData(CHttpFilterContext* pCtxt, PHTTP_FILTER_RAW_DATA pRawData);
virtual DWORD OnLog(CHttpFilterContext* pfc, PHTTP_FILTER_LOG pLog);
virtual DWORD OnEndOfNetSession(CHttpFilterContext* pCtxt);
```

Wenn Sie eine Funktion überschreiben, können Sie auf den entsprechenden Filter Einfluss nehmen. Es wäre jedoch sehr ineffizient, würde der IIS bei jeder Transaktion und jeder Benachrichtigung virtuelle Funktionen aufrufen. Deshalb gibt es eine weitere virtuelle Funktion namens *GetFilterVersion*, die beim Laden des Filters einmalig aufgerufen wird. Der Assistent für ISAPI-Erweiterungen überschreibt diese Funktion für Sie und setzt die entsprechenden Flags im Parameter *pVer*, je nachdem, welche Benachrichtigungen Sie ausgewählt haben. Hier ist eine vereinfachte Version dieser Funktion, bei der alle Flags gesetzt werden:

```
BOOL CMyFilter::GetFilterVersion(PHTTP_FILTER_VERSION pVer)
{
  CHttpFilter::GetFilterVersion(pVer);
```

```
  pVer->dwFlags |= SF_NOTIFY_ORDER_LOW | SF_NOTIFY_NONSECURE_PORT |
    SF_NOTIFY_LOG | SF_NOTIFY_AUTHENTICATION |
    SF_NOTIFY_PREPROC_HEADERS | SF_NOTIFY_READ_RAW_DATA |
    SF_NOTIFY_SEND_RAW_DATA | SF_NOTIFY_URL_MAP |
    SF_NOTIFY_END_OF_NET_SESSION;
  return TRUE;
}
```

Wenn Sie nur *URL-Zuordnungsanforderungen* markieren würden, würde der Assistent nur das Flag *SF_NOTIFY_URL_MAP* setzen und nur die Funktion *OnUrlMap* überschreiben. Der IIS würde die anderen virtuellen Funktionen nicht aufrufen, selbst wenn Sie sie in Ihrer abgeleiteten Klasse überschrieben hätten.

Die Klasse CHttpFilterContext

Für jede Server-Transaktion .wird ein Objekt dieser MFC-Klasse angelegt, und alle Benachrichtigungsfunktionen liefern Ihnen einen Zeiger auf dieses Objekt. Member-Funktionen von *CHttpFilterContext*, die Sie unter Umständen aufrufen werden, sind *GetServerVariable*, *AddResponseHeaders* und *WriteClient*.

Ein Beispiel für einen ISAPI-Filter – EX35B.DLL, EX35C.EXE

Es war schwierig, eine interessante Anwendung für ISAPI-Filter zu finden. Das Ergebnis dieser Suche, EX35B.DLL, ist ein nützliches visuelles Dienstprogramm zur Protokollverwaltung. Der IIS protokolliert natürlich von sich aus alle Transkationen in einer Datei (oder Datenbank), aber Sie müssen den Server anhalten, um die Protokolldateien einzusehen. Mit EX35B.DLL haben Sie eine Echtzeit-Transaktionsüberwachung, die Sie Ihren Bedürfnissen anpassen können.

Eine Benachrichtigung auswählen

Sehen Sie sich zuerst die Liste der virtuellen Member-Funktionen von *CHttpFilter* an, die weiter oben abgedruckt wurde. Beachten Sie die Aufrufsequenz und die Parameter. Für die Anwendung EX35B haben wir *OnReadRawData* ausgewählt, weil diese Funktion vollständigen Zugriff auf den Text der eintreffenden Anforderungen und Header (über *pRawData*) sowie auf die IP-Adressen von Quelle und Ziel (über *pCtxt->GetServerVariable*) gibt.

Transaktionsdaten zum Anzeigeprogramm senden

Die ISAPI-Filter-DLL kann die Transaktionen nicht direkt anzeigen, weil sie (da zum IIS-Dienst-Prozess gehörend) auf einem unsichtbaren Desktop ausgeführt wird. Sie brauchen ein separates Programm, das Text in einem Fenster anzeigt, und Sie brauchen eine Verfahren, mit dem Sie den Text an das Anzeigeprogramm übermitteln. Es gibt verschiedene Möglichkeiten, Daten über Prozessgrenzen hinweg zu versenden. Nachdem einem Gespräch mit Jeff Richter, dem Windows-Guru und Autor von *Windows: Programmierung für Experten* (Microsoft Press 1997), entschieden wir uns dafür, die Daten in einem gemeinsam genutzten Speicherbereich abzulegen und mit *PostMessage* eine benutzerdefinierte Nachricht (WM_SENDTEXT) an das Anzeigeprogramm zu senden. Diese Nachrichten werden in eine Warteschlange gestellt, so dass die Ausführung des IIS vom Anzeigeprogramm nicht verzögert wird.

Wir haben zwei Datenelemente für die Zugriffsnummern deklariert, *CEx35bFilter::m_hProcessDest* und *CEx35bFilter::m_hWndDest*. Gegen Ende der Funktion *GetFilterVersion* haben wir einige Anweisungen eingefügt, die diese Datenelemente mit der Prozess-ID des Anzeigeprogramms und dem Handle des Hauptfensters initialisieren. Das Hauptfenster des Anzeigeprogramms wird über seinen Titel ermittelt (EX35B), und dann wird die Prozess-ID des Anzeigeprogramms abgerufen.

```
m_hProcessDest = NULL;
if((m_hWndDest = ::FindWindow(NULL, "ex35b")) != NULL) {
  DWORD dwProcessId;
  GetWindowThreadProcessId(m_hWndDest, &dwProcessId);
  m_hProcessDest = OpenProcess(PROCESS_DUP_HANDLE, FALSE, dwProcessId);
  SendTextToWindow("EX35B Filter started\r\n");
}
```

Die Hilfsfunktion *SendTextToWindow*, die als Nächstes abgedruckt wird, sendet die Nachricht WM_SENDTEXT an das Anzeigeprogramm:

```
void CEx35bFilter::SendTextToWindow(char* pchData)
{
  if(m_hProcessDest != NULL) {
    int nSize = strlen(pchData) + 1;
    HANDLE hMMFReceiver;
    HANDLE hMMF = ::CreateFileMapping((HANDLE) 0xFFFFFFFF, NULL,
      PAGE_READWRITE, 0, nSize, NULL);
    ASSERT(hMMF != NULL);
    LPVOID lpvFile = ::MapViewOfFile(hMMF, FILE_MAP_WRITE, 0, 0, nSize);
    ASSERT(lpvFile != NULL);
    memcpy((char*) lpvFile, pchData, nSize);
    ::DuplicateHandle(::GetCurrentProcess(), hMMF, m_hProcessDest,
      &hMMFRcccivcr, 0, FALSE, DUPLICATE_SAME_ACCESS |
      DUPLICATE_CLOSE_SOURCE);
    ::PostMessage(m_hWndDest, WM_SENDTEXT, (WPARAM) 0,
      (LPARAM) hMMFReceiver);
    ::UnmapViewOfFile(lpvFile);
  }
}
```

Die Funktion *DuplicateHandle* kopiert die Zugriffsnummer des gemeinsam genutzten Speicherbereichs von EX35B und sendet sie in Form eines Nachrichtenparameters an das Programm EX35C. Die Prozess-ID von EX35C, die in *GetFilterVersion* ermittelt wird, ist für den Aufruf von *DuplicateHandle* erforderlich. Es folgt die Filterfunktion *OnReadRawData*, in der *SendTextToWindow* aufgerufen wird:

```
DWORD CEx35bFilter::OnReadRawData(CHttpFilterContext* pCtxt,
  PHTTP_FILTER_RAW_DATA pRawData)
{
  TRACE ("CEx35bFilter::OnReadRawData\n");
  // sendet Datum/Uhrzeit, Quell-IP, Ziel-IP und Anforderungsdaten an ein Fenster
  char pchVar[50] = "";
  char pchOut[2000];
  DWORD dwSize = 50;
  BOOL bRet;
```

```
  CString strGmt = CTime::GetCurrentTime().FormatGmt("%m/%d/%y %H:%M:%S GMT");
  strcpy(pchOut, strGmt);
  bRet = pCtxt->GetServerVariable("REMOTE_ADDR", pchVar, &dwSize);
  if(bRet && dwSize > 1) {
    strcat(pchOut, ", From ");
    strcat(pchOut, pchVar);
  }
  bRet = pCtxt->GetServerVariable("SERVER_NAME", pchVar, &dwSize);
  if(bRet && dwSize > 1) {
    strcat(pchOut, ", To ");
    strcat(pchOut, pchVar);
  }
  strcat(pchOut, "\r\n");
  int nLength = strlen(pchOut);
  // Rohdaten sind nicht mit NULL abgeschlossen
  strncat(pchOut, (const char*) pRawData->pvInData, pRawData->cbInData);
  nLength += pRawData->cbInData;
  pchOut[nLength] = '\0';
  SendTextToWindow(pchOut);
  return SF_STATUS_REQ_NEXT_NOTIFICATION;
}
```

Das Anzeigeprogramm

Das Anzeigeprogramm EX35C.EXE ist nicht besonders interessant. Es handelt sich um eine Standardanwendung des MFC-Anwendungs-Assistenten, die auf *CRichEditView* basiert und in der Hauptrahmenklasse eine Behandlungsroutine für die Nachricht WM_SENDTEXT enthält:

```
LONG CMainFrame::OnSendText(UINT wParam, LONG lParam)
{
  TRACE("CMainFrame::OnSendText\n");
  LPVOID lpvFile = ::MapViewOfFile((HANDLE) lParam, FILE_MAP_READ, 0, 0,
    0);
  GetActiveView()->SendMessage(EM_SETSEL, (WPARAM) 999999, 1000000);
  GetActiveView()->SendMessage(EM_REPLACESEL, (WPARAM) 0,
    (LPARAM) lpvFile);
  ::UnmapViewOfFile(lpvFile);
  ::CloseHandle((HANDLE) lParam);

  return 0;
}
```

Diese Funktion reicht einfach den Text an die Ansicht weiter.

Die Klasse *CMainFrame* von EX35C überschreibt die Funktion *OnUpdateTitleFrame*, um zu verhindern, dass der Dokumentname in der Titelleiste angezeigt wird. Dadurch wird sichergestellt, dass die DLL das Fenster von EX35C anhand des Namens finden kann.

Die Ansichtsklasse enthält eine Behandlungsroutine für die Nachricht WM_RBUTTONDOWN, um ein Kontextmenü zu implementieren, mit dem der Text der Ansicht gelöscht werden kann. Ansichtsfenster der Klasse *CRichEditView* unterstützen die Nachricht WM_CONTEXTMENU offenbar nicht.

Den ISAPI-Filter EX35B erstellen und testen

Erstellen Sie die Projekte EX35B und EX35C, und starten Sie das Programm EX35C. Damit Ihre neue Filter-DLL geladen wird, müssen Sie die Systemregistrierung von Hand bearbeiten. Starten Sie das Programm regedit, und doppelklicken Sie auf den Eintrag *Filter DLLs* unter *\HKEY_LOCAL_MACHINE\SYSTEM\CurrentControlSet\Services\W3SVC\Parameters*. Geben Sie den vollständigen Pfadnamen der DLL an. (Trennen Sie den neuen Eintrag gegebenenfalls durch ein Komma von den vorhanden ab.)

Ein weiterer Punkt bleibt noch zu erledigen. Sie müssen den IIS anders konfigurieren, damit der Dienst mit dem Anzeigeprogramm EX35C kommunizieren kann. Klicken Sie dazu in der Systemsteuerung auf das Symbol *Dienste*, doppelklicken Sie auf *WWW-Veröffentlichungsdienst*, und markieren Sie *Interaktive Beziehung mit Desktop zulassen*. Beenden Sie schließlich mit Hilfe des Internet-Dienst-Managers den WWW-Dienst, und starten Sie ihn neu, damit die Filter-DLL geladen wird. Wenn Sie mit einem Browser Seiten vom Server abrufen, sollten Sie Ausgaben wie in Abbildung 35.11 erhalten:

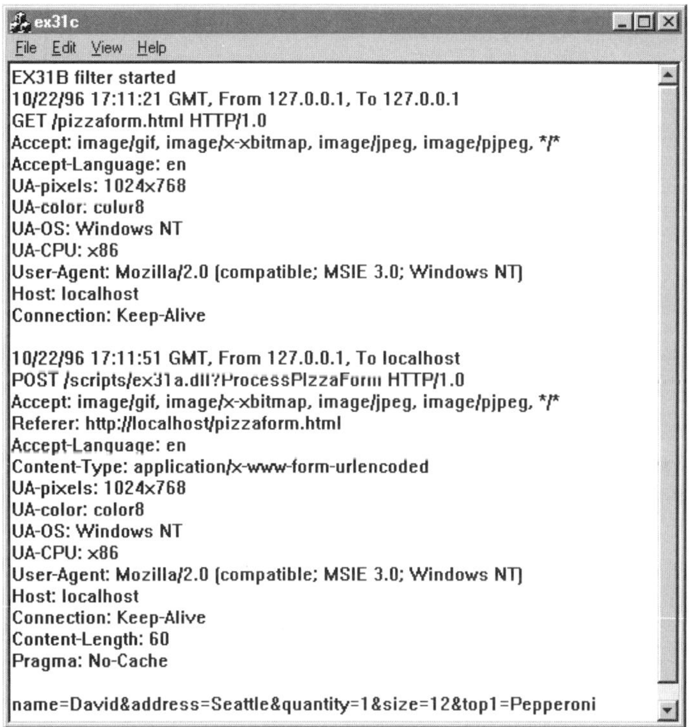

Abbildung 35.11: *Die Ausgaben der Filter-DLL Ex35bB im Anzeigeprogramm EX35C.*

Zur Fehlerbeseitigung in einem ISAPI-Filter gehen Sie genauso vor wie bei einer ISAPI-Server-Erweiterung.

36 ActiveX-Document-Server und das Internet

Ein *ActiveX-Dokument* ist ein spezieller Dateityp, den Sie von einem Webserver laden können. Beim Empfang eines ActiveX-Dokuments lädt der Browser automatisch den entsprechenden *ActiveX-Document-Server* von der Festplatte, und dieses Programm übernimmt die Kontrolle über das gesamte Browser-Fenster, um den Inhalt des Dokuments anzuzeigen. Der Microsoft Internet Explorer ist nicht der einzige *ActiveX-Document-Container.* Die Microsoft Office-Sammelmappe führt ebenfalls ActiveX-Document-Server-Anwendungen aus und speichert verschiedenartige ActiveX-Dokumente in einer einzigen Datei.

HINWEIS: In der Welt von COM wird ein ActiveX-Document-Server deshalb als *Server* bezeichnet, weil ein solches Programm eine COM-Komponente implementiert. Das Containerprogramm (Internet Explorer oder die Office-Sammelmappe) legt die COM-Komponente an und steuert sie. In der Welt des Internet verhält sich dasselbe Programm wie ein *Client,* weil es Informationen von einem entfernten Host anfordern kann (dem Microsoft Internet Information Server).

In diesem Kapitel werden Sie ActiveX-Document-Server und ActiveX-Dokumente kennen lernen und zwei ActiveX-Document-Server erstellen, die in Verbindung mit dem Internet Explorer über das Internet kommunizieren. Befassen Sie sich schon heute mit dieser Technologie, denn Sie werden ihr im Zuge der Weiterentwicklung von Microsoft Windows immer öfter begegnen.

Theoretische Grundlagen für ActiveX-Dokumente

Am besten betrachtet man ActiveX-Dokumente im Kontext von COM und OLE, zwei Technologien, die Sie bereits verstanden haben, wenn Sie die anderen Kapitel dieses Buchs gelesen haben. Sie können aber durchaus einen Einstieg in das Thema der ActiveX-Document-Server finden, ohne sämtliche Konzepte von COM, die in Teil D behandelt wurden, begriffen zu haben.

ActiveX-Document-Server und eingebettete OLE-Server

Wie Sie in Kapitel 28 gesehen haben, wird ein eingebetteter OLE-Server in einem untergeordneten Fenster einer OLE-Containeranwendung ausgeführt. Er belegt einen rechteckigen Bereich auf einer Seite des Containerdokuments (siehe Abbildung 28.1). Sofern der eingebettete Server nicht auf den Betrieb als Mini-Server beschränkt wurde, kann er auch selbständig ausgeführt werden. Beim Betrieb als eingebetteter Server werden die Serverdaten in der Datei der Containeranwendung gespeichert. Wenn der Benutzer den eingebetteten Server aktiviert, indem er auf dessen Rechteck doppelklickt, übernimmt das Serverprogramm die Kontrolle über die Symbolleiste und das Menü des Containerprogramms.

Ein ActiveX-Document-Server hingegen füllt ein ganzes Rahmenfenster in der Containeranwendung aus, und das Dokument ist stets aktiv. Eine ActiveX-Server-Anwendung, die im Rahmenfenster eines Containers ausgeführt wird, verhält sich nicht sehr viel anders als bei der Ausführung als selbständiges Programm. Wenn Sie Microsoft Office 97 haben, können Sie das nachprüfen. Zu Office gehört die Sammelmappe, ein ActiveX-Containerprogramm, das Sie von der Office Shortcut-Leiste aus aufrufen können. Alle Office-Anwendungen (Microsoft Word, Microsoft Excel und so weiter) können als ActiveX-Server fungieren. Abbildung 36.1 zeigt ein Word-Dokument und ein Excel-Diagramm in derselben Sammelmappe.

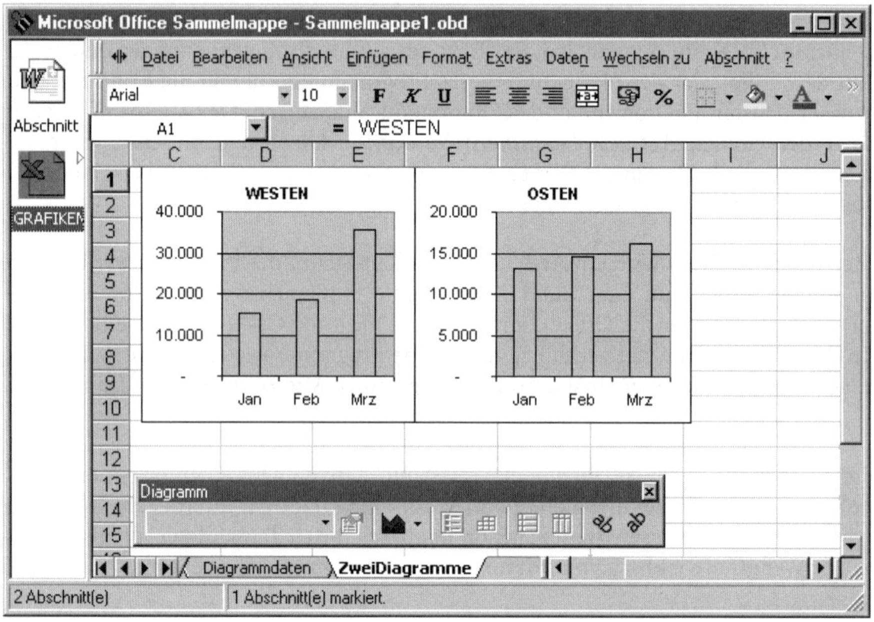

***Abbildung 36.1:** Ein Word-Dokument und ein Excel-Diagramm in einem Fenster der Microsoft Office-Sammelmappe.*

Wie ein eingebetteter Server speichert auch ein ActiveX-Document-Server seine Daten in einem Bereich innerhalb der Datei des ActiveX-Containers. Wenn der Office-Anwender seine Sammelmappe über das Menü *Datei* speichert, schreibt die Sammelmappe eine einzige ODB-Datei auf die Festplatte. Die Datei enthält einen Speicherbereich für das Word-Dokument und einen anderen für das Excel-Arbeitsblatt. Das Dienstprogramm DocFile Viewer zeigt die Dateistruktur an (siehe Abbildung 36.2).

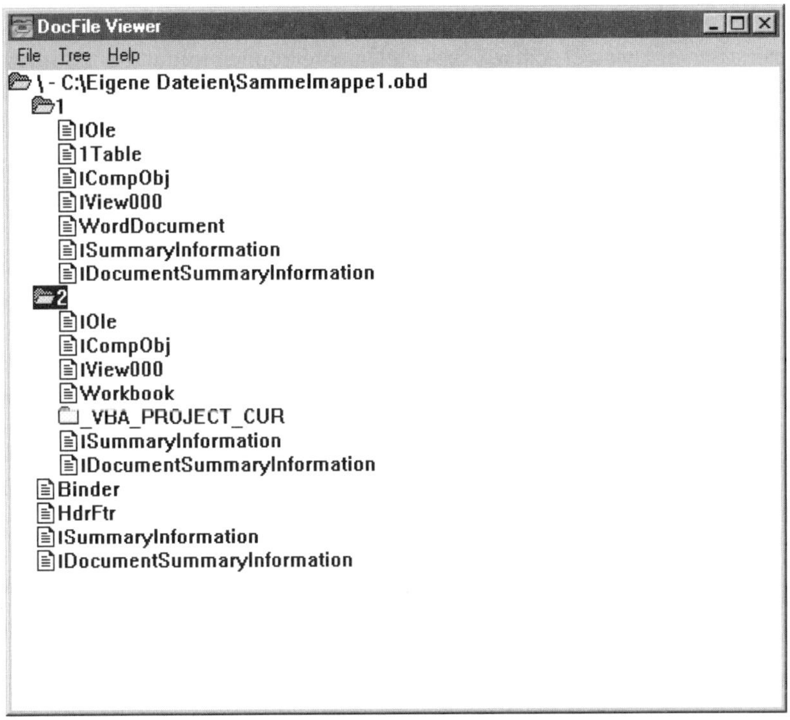

Abbildung 36.2: *Eine Dateistruktur im Dienstprogramm DocFile Viewer.*

Einen ActiveX-Document-Server im Internet Explorer 4.0 ausführen

Interessanter ist es, einen ActiveX-Document-Server im Internet Explorer (Version 3.0 oder höher) auszuführen. Das Server-Programm kann seine Daten dann nicht nur aus einer ODB-Datei laden, sondern unter Umständen auch von der anderen Seite des Erdballs. Sie brauchen nur eine URL einzugeben, beispielsweise *http://www.DaliLama.in/SecretsOfTheUniverse.doc*, um ein Word-Dokument in Ihrem Browser-Fenster zu öffnen. Gleichzeitig übernimmt Microsoft Word die Kontrolle über Menü- und Symbolleiste. Voraussetzung ist natürlich, dass Sie Microsoft Word installiert haben. Andernfalls gibt es auch einen Betrachter für Word-Dokumente, der sich aber bereits auf Ihrer Festplatte befinden muss, wenn Sie die Datei herunterladen.

Ein ActiveX-Document-Server lässt nicht zu, dass Sie Ihre Änderungen auf den Internet-Host zurückschreiben, aber Sie können die Änderungen auf der eigenen Festplatte speichern. Anders ausgedrückt, der Befehl *Datei/Speichern* ist deaktiviert, der Befehl *Datei/Speichern unter* dagegen nicht.

Versuchen Sie jetzt, Word oder Excel im Internet Explorer auszuführen, wenn Sie Microsoft Office besitzen. Der Server EX34A ist durchaus in der Lage, Ihrem Browser Dokumente oder Tabellen zu liefern, wenn sich diese im Basisverzeichnis des Servers befinden. Beachten Sie, dass der Internet Explorer Dokumente und Tabellen nicht anhand der Dateinamenserweiterung identifiziert, sondern über die CLSID in den Dateien. Sie können das nachprüfen, indem Sie eine Datei vor dem Zugriff umbenennen.

ActiveX-Document-Server und ActiveX-Steuerelemente

Sowohl ActiveX-Document-Server als auch ActiveX-Steuerelemente können mit und ohne Internet-Zugriff ausgeführt werden. In beiden Fällen handelt es sich um kompilierte Programme, die innerhalb eines Browsers ausgeführt werden können. Die folgende Tabelle 36.1 enthält eine Aufstellung der wichtigsten Unterschiede.

	ActiveX-Document-Server	ActiveX-Steuerelement
Modultyp	EXE	Meist DLL
Selbständig ausführbar	Ja	Nein
Programm wird von WWW-Browser automatisch heruntergeladen und registriert	Nein	Ja
Kann in HTML-Datei eingebettet werden	Nein	Ja
Besetzt das gesamte Browser-Fenster	Ja	Manchmal
Kann mehrere Seiten umfassen	Ja	In Ausnahmefällen
Kann Dateien lesen und schreiben	Ja	In Ausnahmefällen

Tabelle 36.1: *Unterschiede zwischen ActiveX-Dokumentserver und -Steuerelement.*

OLE-Schnittstellen für ActiveX-Document-Server und -Container

ActiveX-Document-Server implementieren dieselben Schnittstellen wie eingebettete OLE-Server, einschließlich *IOleObject*, *IOleInPlaceObject* und *IOleInPlaceActiveObject*. ActiveX-Document-Container implementieren *IOleClientSite*, *IOleInPlaceFrame* und *IOleInPlaceSite*. Die Menüverwaltung funktioniert genauso wie bei der visuellen Bearbeitung.

Daneben werden aber noch weitere Schnittstellen implementiert. ActiveX-Document-Server unterstützen die Schnittstellen *IOleDocument*, *IOleDocumentView*, *IOleCommandTarget* und *IPrint*, ActiveX-Document-Container die Schnittstelle *IOleDocumentSite*. Die Architektur lässt mehrere Ansichten deselben Dokuments zu (auf ähnliche Weise wie die Dokument-Ansicht-Architektur der MFC), aber die meisten ActiveX-Document-Server implementieren nur eine Ansicht pro Dokument.

Die entscheidende Funktion eines eingebetteten OLE-Servers heißt *IOleObject::DoVerb*. Sie wird vom Container aufgerufen, wenn der Benutzer auf ein eingebettetes Objekt doppelklickt oder es über das Menü aktiviert. Bei einem ActiveX-Document-Server heißt die entscheidende Funktion dagegen *IOleDocumentView::UIActivate*. (Vor dem Aufruf dieser Funktion ruft der Container *IOleDocument:.CreateView* auf, aber normalerweise gibt der Server nur einen Zeiger auf das einzige Dokument-Ansicht-Objekt zurück.) *UIActivate* ermittelt die Container-Site und das Rahmenfenster, macht dieses Fenster zum übergeordneten Fenster des Servers, stellt das Serverfenster so ein, dass es das Rahmenfenster des Containers abdeckt und aktiviert schließlich das Serverfenster.

HINWEIS: Es ist wichtig zu verstehen, dass alle COM-Interaktionen auf dem Client-Computer stattfinden, nämlich zwischen dem Containerprogramm (Internet Explorer oder Office-Sammelmappe) und dem ActiveX-Document-Server (Ihrem Programm). Wir kennen keinen Fall, in dem Fernprozeduraufrufe (RPC-Aufrufe, für *Remote Procedure Calls*) über das Internet vorgenommen werden. Das heißt, dass der entfernte Host (der Server-Computer) mit den Clients nicht über COM-Schnittstellen kommuniziert. Er kann jedoch Daten im Format des strukturierten Speichermodells liefern.

MFC-Unterstützung für ActiveX-Document-Server

Mit Hilfe der MFC-Bibliothek können Sie ActiveX-Document-Server generieren. Zudem können Sie in Visual C++ 6.0 nun auch ActiveX-Document-Container erstellen. Um ein Serverprogramm zu erstellen, legen Sie mit dem MFC-Anwendungs-Assistenten ein neues EXE-Projekt an und markieren in Schritt 3 das Kontrollkästchen *ActiveX-Document-Server* (siehe Abbildung 36.3). Wenn Sie einen Container erstellen möchten, wählen Sie einfach das Kontrollkästchen *Active-Document-Container.*

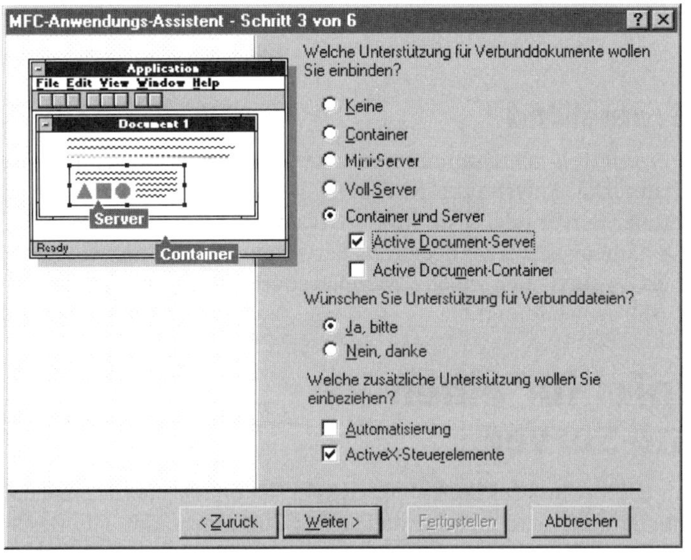

Abbildung 36.3: *Das Dialogfeld* MFC-Anwendungs-Assistent – Schritt 3 von 6.

Im Folgenden werden die Klassen kurz beschrieben, die zur Active-Document-Server-Architektur der MFC-Bibliothek gehören.

Die Klasse COleServerDoc

Wie jede COM-Komponente wird die Dokumentklasse eines ActiveX-Document-Servers von *COleServerDoc* abgeleitet. Diese Klasse implementiert die Schnittstellen *IPersistStorage, IOleObject, IDataObject, IOleInPlaceObject* und *IOleInPlaceActiveObject.*

HINWEIS: Die hier besprochenen COM-Schnittstellen und MFC-Klassen erhielten ihre Namen vor der Einführung der ActiveX-Technologie. Ein ActiveX-Document-Server wurde früher als Dokumentobjekt-Server bezeichnet. In Teilen des Quelltexts und der Online-Dokumentation kommt dieser Name noch vor.

Die Klasse CDocObjectServerItem

Diese Klasse stammt von der Klasse *COleServerItem* ab, die in eingebetteten Servern verwendet wird. Ihr ActiveX-Document-Server enthält eine von *CDocObjectServerItem* abgeleitete Klasse, aber diese Klasse wird nicht benutzt, wenn das Programm im ActiveX-Dokumentmodus ausgeführt wird.

Die Klasse CDocObjectServer

Diese Klasse implementiert die neuen ActiveX-Serverschnittstellen. Ihre Anwendung erstellt ein Objekt der Klasse *CDocObjectServer* und ordnet es dem *COleServerDoc*-Objekt zu. Sie finden die entsprechenden Anweisungen in der Version von *COleServerDoc::GetDocObjectServer* Ihrer abgeleiteten Dokumentklasse. Danach arbeiten das Dokumentobjekt und das damit verbundene *CDocObjectServer*-Objekt zusammen und stellen so die Funktionalität eines ActiveX-Document-Servers bereit. *CDocObjectServer* implementiert sowohl *IOleDocument* als auch *IOleDocumentView*, und das heißt, dass es in einem ActiveX-Document-Server auf MFC-Basis nur eine Ansicht pro Dokument gibt. Im Allgemeinen werden von dieser Klasse keine anderen Klassen abgeleitet.

Die Klasse COleDocIPFrameWnd

Diese Klasse stammt von *COleIPFrameWnd* ab. Die Rahmenfensterklasse Ihrer Anwendung ist von *COleDocIPFrameWnd* abgeleitet. Das Anwendungsgerüst erstellt eine Instanz dieser Klasse, wenn die Anwendung als eingebetteter Server oder als ActiveX-Document-Server gestartet wird. Bei der Ausführung als ActiveX-Document-Server verdeckt das Serverfenster das Rahmenfenster des Containers vollständig, und es benutzt eine eigene Menüressource mit dem Bezeichner *IDR_SRVR_INPLACE* (bei einer SDI-Anwendung).

EX36A – Ein Beispiel für einen ActiveX-Document-Server

Wir werden das Beispielprogramm EX36A in zwei Stufen entwickeln. Im ersten Schritt erstellen wir einen einfachen ActiveX-Document-Server, der eine Datei seines Containers lädt. Die Basisklasse der Ansicht ist *CRichEditView*, was bedeutet, dass das Programm Text und eingebettete Objekte laden, bearbeiten und speichern kann. Im zweiten Schritt wird die Anwendung dahingehend erweitert, dass sie eine separate Datei zeilenweise aus dem Internet lädt. Das Beispiel demonstriert damit, dass ActiveX-Document-Server beliebige WinInet-Aufrufe ausführen können.

Die erste Ausbaustufe von EX36A – Ein einfacher Server

Die Version von EX36A auf der Begleit-CD zu diesem Buch entspricht der zweiten Ausbaustufe und kann Text vom Internet herunterladen. Um die erste Ausbaustufe zu testen, können Sie die Anwendung erstellen oder mit dem MFC-Anwendungs-Assistenten eine neue Anwendung erzeugen. Wenn Sie sich für die zweite Möglichkeit entscheiden, sollten Sie sich Abbildung 36.3 ansehen und die dortigen Einstellungen des MFC-Anwendungs-Assistenten übernehmen. Für alle anderen Optionen gilt die Voreinstellung, bis auf drei Ausnahmen: Im ersten Dialogfeld wählen Sie *Einzelnes Dokument (SDI)*, in Schritt 4 wählen Sie Schaltfläche *Weitere Option* und stellen als Dateierweiterung *36a* ein und im Dialogfeld *MFC-Anwendungs-Assistent – Schritt 6 von 6* wählen Sie als Basisklasse der Ansicht die Klasse *CRichEditView*. Sie brauchen keinerlei C++-Anweisungen zu schreiben.

Führen Sie das Programm einmal als selbständiges Programm aus, damit es sich in die Registrierung einträgt. Geben Sie dabei etwas Text ein (und fügen Sie einige OLE-Objekte ein), und speichern Sie das Dokument unter dem Namen test.36a im Basisverzeichnis Ihres Internet-Servers (\scripts oder \wwwroot). Laden Sie test.36a in den Internet Explorer und in die Office-Sammelmappe. Versuchen Sie, mit Hilfe des Menüs *Abschnitt* in der Office-Sammelmappe Ex36a-Dokumente in Dateien zu speichern beziehungsweise daraus zu lesen.

Sie sollten die Dokumentsymbole Ihrer ActiveX-Document-Server individuell gestalten, weil diese Symbole im Fenster der Office-Sammelmappe auf der rechten Seite angezeigt werden.

Fehlersuche bei einem ActiveX-Document-Server

Wenn Sie Ihr Programm im Betrieb als ActiveX-Document-Server testen möchten, klicken Sie im Dialogfeld *Projekteinstellungen* auf das Register *Debug* und geben in das Feld *Programmargumente* den Wert */Embedding* ein. Starten Sie nun das Programm und danach das Containerprogramm. Rufen Sie im Containerprogramm den Server auf, den Sie in Wirklichkeit bereits im Debugger gestartet haben und der auf den Container wartet.

Die zweite Ausbaustufe von EX36A – WinInet-Aufrufe

Die auf der Begleit-CD enthaltene Version von EX36A verfügt über zwei Dialogleisten, je eine für das Hauptrahmenfenster und für das Rahmenfenster des direkt aktivierten Servers. Beide gehören zu einer Ressourcenvorlage mit der ID *IDD_DIALOGBAR*. Diese Vorlage enthält ein Eingabefeld, in das der Benutzer die URL einer Textdatei eingibt, sowie einen Start- und einen Stoppschalter, die durch ein grünes bzw. rotes Quadrat gekennzeichnet sind. Wenn Sie auf die grüne Schaltfläche klicken, starten Sie einen Thread, der die Textdatei zeilenweise ausliest. (Die zugehörige Behandlungsroutine enthält die Member-Funktion *OnStart* der Klasse *CEx36aView*.) Der Quelltext für diesen Thread, der nachfolgend abgedruckt ist, befindet sich in der Datei *UrlThread.cpp*:

```
CString g_strURL = "http://";
volatile BOOL g_bThreadStarted = FALSE;
CEvent g_eKill;

UINT UrlThreadProc(LPVOID pParam)
{
  g_bThreadStarted = TRUE;
  CString strLine;
  CInternetSession session;
  CStdioFile* pFile1 = NULL;

  try {
    pFile1 = session.OpenURL(g_strURL, 0, INTERNET_FLAG_TRANSFER_BINARY
      | INTERNET_FLAG_KEEP_CONNECTION); // Wird für die Windows NT
                     // C/R-Authentifizierung benötigt
    // Text aus der URL anzeigen, bis das Kill-Ereignis eintrifft
    while(::WaitForSingleObject(g_eKill.m_hObject, 0) != WAIT_OBJECT_0) {
      // jeweils eine Zeile
      if(pFile1->ReadString(strLine) == FALSE) break;
      strLine += '\n';
      ::SendMessage((HWND) pParam, EM_SETSEL, (WPARAM) 999999,
        1000000);
      ::SendMessage((HWND) pParam, EM_REPLACESEL, (WPARAM) 0,
            (LPARAM) (const char*) strLine);
      Sleep(250); // Transfer bewusst verlangsamen
    }
  }
  catch(CInternetException* e) {
    LogInternetException(pParam, e);
    e->Delete();
```

```
    }
    if(pFile1 != NULL) delete pFile1; // Datei schließen, Warnung ausgeben
    g_bThreadStarted = FALSE;
    // Nachrichten zur Aktualisierung der Symbolleisten-Schaltflächen senden
    ::PostMessage((HWND) pParam, EM_SETSEL, (WPARAM) 999999, 1000000);
    TRACE("POST-Thread normal beendet\n");
    return 0;
}
```

In diesem Quelltextausschnitt wird Zeiger auf ein *CStdioFile*-Objekt benutzt (*pFile1*), der von *OpenURL* geliefert wurde. Die Member-Funktion *ReadString* liest jeweils eine Zeile, und diese Zeile wird an das *CRichEditView*-Fenster gesendet. Wenn der Haupt-Thread das »Kill-Ereignis« auslöst (wenn die rote Schaltfläche angeklickt wird), wird der URL-Thread beendet.

Bevor Sie EX36A ausprobieren, müssen Sie dafür sorgen, dass der Server (EX30A oder der IIS) läuft und dass sich im Basisverzeichnis des Servers eine Textdatei befindet. Testen Sie das Programm EX36A zunächst selbständig, indem Sie die URL der Textdatei in die Dialogleiste eingeben. Versuchen Sie dann, das Programm im Internet Explorer 4.0 im Server-Modus auszuführen. Geben Sie zu diesem Zweck in das Adressfeld des Internet Explorer den Dateinamen *test.32a* ein (das ist das Dokument, das Sie erzeugt haben, als Sie EX36A als selbständiges Programm ausführten).

HINWEIS: Wir hatten uns auch überlegt, statt der WinInet-Klassen der MFC-Bibliothek die Klasse *CAsyncMonikerFile* zu verwenden (siehe Kapitel 34, Abschnitt *Asynchrone Moniker-Dateien*). Wird sind jedoch bei WinInet geblieben, weil mein Programm mit der Funktion *CStdioFile::ReadString* einzelne Textzeilen vom Server dann abrufen kann, wenn es sie braucht. Die Klasse *CAsyncMonikerFile* würde über Aufrufe der überschriebenen Funktion *OnDataAvailable* dem Programm unterschiedlich große Blöcke mit Zeichen aufzwingen, sobald diese Zeichen eingetroffen sind.

Schaltflächen mit Grafiken versehen

In Kapitel 11 wird die Klasse *CBitmapButton* beschrieben, mit der Sie einer Schaltfläche eine Gruppe von Bitmaps zuordnen können. Microsoft Windows 95, Microsoft Windows 98 und Microsoft Windows NT 4.0 unterstützen eine alternative Technik, mit der einer Schaltfläche eine einzelne Bitmap zugeordnet wird. Weisen Sie zuerst dieser Schaltfläche (über die Eigenschaftendialogseite) das Format *Bitmap* zu. Deklarieren Sie dann eine Variable der Klasse *CBitmap*, die zumindest so lange existiert, wie die Schaltfläche aktiviert ist. Dann sorgen Sie dafür, dass die Funktion *CButton::SetBitmap* unmittelbar nach dem Erstellen der Schaltfläche aufgerufen wird.

Mit den folgenden Anweisungen (ein Auszug aus den EX36A-Projektdateien MainFrm.cpp und lpFrame.cpp) ordnen Sie einer Schaltfläche eine Bitmap zu:

```
m_bitmapGreen.LoadBitmap(IDB_GREEN);
HBITMAP hBitmap = (HBITMAP) m_bitmapGreen.GetSafeHandle();
((CButton*) m_wndDialogBar.GetDlgItem(IDC_START))->SetBitmap(hBitmap);
```

Wenn sich die Schaltfläche in einem Dialogfeld befindet, können Sie vergleichbare Anweisungen in die Member-Funktion *OnInitDialog* aufnehmen und ein Datenelement vom Typ *CBitmap* in der von *CDialog* abgeleiteten Klasse deklarieren.

EX36B – Ein weiterer ActiveX-Document-Server

Sehen Sie sich nochmals das Beispiel mit dem Pizza-Bestellformular aus Kapitel 35 an (EX35A). Beachten Sie, dass der Server (die ISAPI-DLL) die Bestellung nur verarbeitet, wenn der Kunde auf die Schaltfläche *Bestellung abschicken* klickt. Bei einer Pizzabestellung geht das in Ordnung. Schließlich werden Sie von jedem gerne Geld annehmen, gleichgültig, welchen Browser diese Person verwendet.

Bei einer Intranet-Anwendung auf Formularbasis können Sie dagegen etwas wählerischer sein. Sie können vorschreiben, welchen Browser die Clients verwenden müssen, und Sie können eigene Client-Software über das Netz verteilen. In einer solchen Umgebung können Sie raffiniertere Algorithmen für die Dateneingabe verwenden. Beispielsweise könnte der Client-Computer jeden Eintrag eines Anwenders validieren. Genau das geschieht in der Anwendung EX36B, einem weiteren ActiveX-Document-Server.

EX36B ist eine formularbasierte Anwendung zur Arbeitszeiterfassung, die im Internet Explorer (wie in Abbildung 36.4 gezeigt) oder als selbständige Anwendung ausgeführt werden kann.

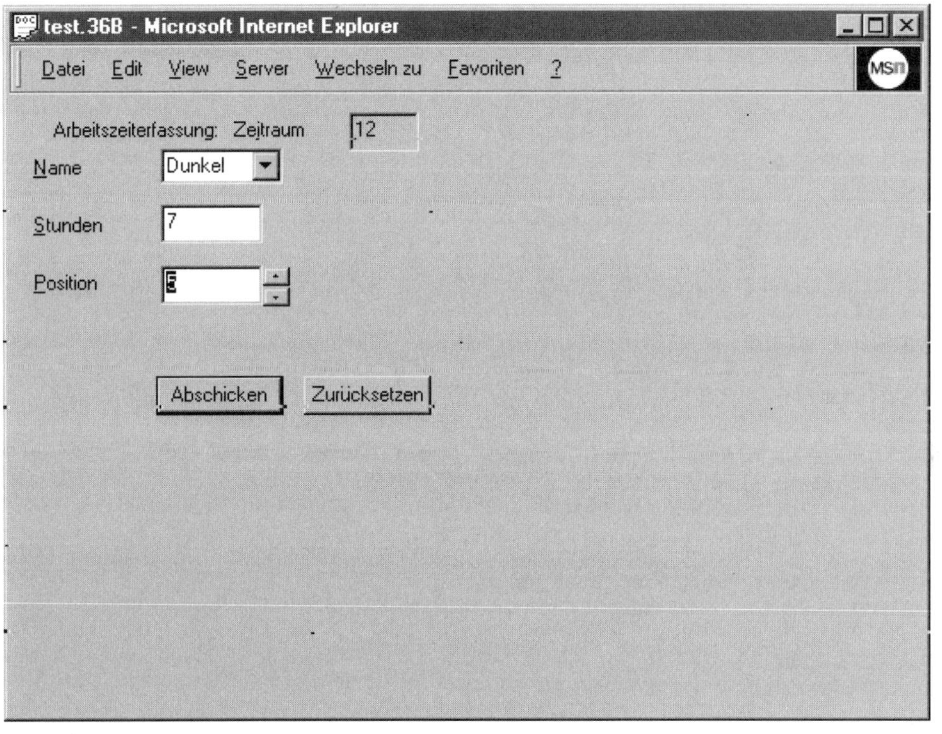

Abbildung 36.4: *Das Formular der Beispielanwendung EX36B.*

Das sieht wie ein gewöhnliches HTML-Formular aus, nicht wahr? In Wirklichkeit handelt es sich um eine MFC-Formularansicht, aber der durchschnittliche Benutzer wird wahrscheinlich keinen Unterschied bemerken. Das Feld *Name* ist allerdings ein Kombinationsfeld mit Dropdown-Liste und unterscheidet sich insofern von den Auswahlfeldern in einem HTML-Formular, als der Benutzer bei Bedarf einen Wert eingeben kann. Das Feld *Position* wurde mit einem Drehfeld kombiniert, um dem Anwender die Eingabe eines Wertes zu erleichtern. Das sind nicht unbedingt die idealen Steuerelemente für eine Arbeitszeiterfassung, aber das Entscheidende ist, dass Sie beliebige Windows-Steuerelemente verwenden können, zum Beispiel Strukturansichten, Listenelemente, Schieberegler und ActiveX-Steuerelemente, die wiederum, auf jede erdenkliche Weise interagieren können.

Validierung von Eingaben in einer MFC-Formularansicht

Das Problem: Beim Standardvalidierungsverfahren der MFC werden die Daten nur geprüft, wenn *CWnd::UpdateDate(TRUE)* aufgerufen wird, und das geschieht normalerweise dann, wenn der Anwender das Dialogfeld schließt. Viele Anwendungen müssen aber Daten validieren, wenn der Benutzer das Feld verlässt (ein Eingabefeld, Listenfeld etc.). Das Problem ist komplex, weil unter Windows der Anwender die Felder mit der Maus in beliebiger Reihenfolge auswählen kann. Im Idealfall sollten die Felder mit den gewöhnlichen DDX/DDV-Funktionen der MFC-Bibliothek geprüft werden. (DDX: dynamischer Datenaustausch; DDV: dynamische Datenvalidierung.) Und wenn der Benutzer die Transaktion beendet, sollte die Standardfunktion *DoDataExchange* aufgerufen werden.

Die Lösung: Von der Klasse *CValidForm*, die von *CFormView* abstammt, können Sie eine Formularansichtsklasse mit Feldvalidierung ableiten. Die Header-Datei dieser Klasse sieht wie folgt aus:

```
// valform.h
#ifndef _VALIDFORM
#define _VALIDFORM

#define WM_VALIDATE WM_USER + 5

class CValidForm : public CFormView
{
DECLARE_DYNAMIC(CValidForm)
private:
  BOOL m_bValidationOn;
public:
  CValidForm(UINT ID);
  // Für die Validierung in der abgeleiteten Klasse überschreiben
  virtual void ValidateDlgItem(CDataExchange* pDX, UINT ID);
  //{{AFX_VIRTUAL(CValidForm)
  protected:
  virtual BOOL OnCommand(WPARAM wParam, LPARAM lParam);
  //}}AFX_VIRTUAL

  //{{AFX_MSG(CValidForm)
  afx_msg LONG OnValidate(UINT wParam, LONG lParam);
  //}}AFX_MSG
  DECLARE_MESSAGE_MAP()
};
#endif // _VALIDFORM
```

Diese Klasse enthält eine virtuelle Funktion, *ValidateDlgItem*, die als zweiten Parameter die Steuerelement-ID übernimmt. In der abgeleiteten Formularansichtsklasse wird diese Funktion implementiert und ruft die DDX/DDV-Funktionen für das entsprechende Feld auf. Als Beispiel sehen Sie hier eine Implementierung von *ValidateDlgItem* für eine Formularansicht, die zwei Eingabefelder für numerische Werte enthält: ▸

```
void CMyForm::ValidateDlgItem(CDataExchange* pDX, UINT uID)
{
  switch (uID) {
  case IDC_EDIT1:
    DDX_Text(pDX, IDC_EDIT1, m_nEdit1);
    DDV_MinMaxInt(pDX, m_nEdit1, 0, 10);
    break;
  case IDC_EDIT2:
    DDX_Text(pDX, IDC_EDIT2, m_nEdit2);
    DDV_MinMaxInt(pDX, m_nEdit2, 20, 30);
    break;
  default:
    break;
  }
}
```

Beachten Sie die Ähnlichkeit mit der *DoDataExchange*-Funktion, die der MFC-Anwendungs-Assistent generiert:

```
void CAboutDlg::DoDataExchange(CDataExchange* pDX)
{
  //{{AFX_DATA_MAP(CMyForm)
  DDX_Text(pDX, IDC_EDIT1, m_nEdit1);
  DDV_MinMaxInt(pDX, m_nEdit1, 0, 10);
  DDX_Text(pDX, IDC_EDIT2, m_nEdit2);
  DDV_MinMaxInt(pDX, m_nEdit2, 20, 30);
  //}}AFX_DATA_MAP
}
```

Wie funktioniert das? Die Klasse *CValidForm* reagiert auf den Versuch des Benutzers, das Steuerelement zu verlassen. Wenn der Benutzer die Tabulatortaste drückt oder auf ein anderes Steuerelement klickt, sendet das ursprüngliche Steuerelement eine KILLFOCUS-Befehlsnachricht (eine Steuerelement-Benachrichtigung) an das übergeordnete Fenster, wobei das genaue Format von der Art des Steuerelements abhängt. Ein Eingabefeld beispielsweise sendet den Befehl EN_KILLFOCUS. Beim Empfang dieser Nachricht ruft das Formularfenster die DDX/DDV-Routinen für dieses Feld auf, und wenn ein Fehler vorliegt, erhält das betreffende Feld den Fokus zurück.

Dabei sind aber einige Komplikationen zu beachten. Erstens soll der Benutzer nach Belieben zu einer anderen Anwendung umschalten können. In diesem Fall interessiert uns die KILLFOCUS-Nachricht nicht. Zweitens müssen wir vorsichtig vorgehen, wenn wir dem Steuerelement, das den Fehler verursacht hat, den Fokus zurückgeben. Wir können auf eine KILLFOCUS-Nachricht hin nicht direkt *SetFocus* aufrufen, sondern müssen warten, bis die Verarbeitung dieser Nachricht abgeschlossen ist. Das erreichen wir, indem wir eine benutzerdefinierte Nachricht namens WM_VALIDATE-Nachricht mit *PostMessage* an das Formularfenster zurücksenden. Die Behandlungsroutine für WM_VALIDATE ruft unsere Version der Funktion *ValidateDlgItem* auf, nachdem der Fokus auf das nächste Feld verlagert worden ist. Schließlich müssen wir die KILLFOCUS-Nachricht des Steuerelements ignorieren, das der Anwender auszuwählen versucht hat, und wir müssen dafür sorgen, dass die Transaktion mit der Schaltfläche IDCANCEL ohne Validierung abgebrochen werden kann. ▶

Der Großteil dieser Arbeit wird in der virtuellen *OnCommand*-Funktion der Ansicht erledigt, die bei allen Steuerelement-Benachrichtigungen aufgerufen wird. Wir könnten natürlich auch den KILLFOCUS-Nachrichten sämtlicher Steuerelemente eine Behandlungsfunktion in der abgeleiteten Formularansichtsklasse zuordnen, aber das wäre zu viel Arbeit. Wir definieren die Funktion *OnCommand* wie folgt:

```
BOOL CValidForm::OnCommand(WPARAM wParam, LPARAM lParam)
{
  // gilt für WIN32 - unter WIN16 werden wParam/lParam
  // anders verarbeitet
  TRACE("CValidForm::OnCommand, wParam = %x, lParam = %x\n",
        wParam, lParam);
  TRACE("m_bValidationOn = %d\n", m_bValidationOn);
  if(m_bValidationOn) {  // könnte KILLFOCUS-Nachricht sein
    UINT notificationCode = (UINT) HIWORD( wParam );
    if((notificationCode == EN_KILLFOCUS) ||
      (notificationCode == LBN_KILLFOCUS) ||
      (notificationCode == CBN_KILLFOCUS) ) {
      CWnd* pFocus = CWnd::GetFocus(); // Aufruf statischer Funktion
      // falls ein anderes Steuerelement im selben Formular den Fokus
      // erhalten soll
      if( pFocus && (pFocus->GetParent() == this) ) {
        if(pFocus->GetDlgCtrlID() != IDCANCEL) {
          // und nicht die Schaltfläche Abbrechen den Fokus erhält
          // Validierung NACH dem Zeichnen
          BOOL rtn = PostMessage( WM_VALIDATE, wParam );
          TRACE("versandte Nachricht, rtn = %d\n", rtn);
        }
      }
    }
  }
  return CFormView::OnCommand(wParam, lParam); // weiterreichen
}
```

m_bValidation ist ein Boolesches Datenelement von *CValidForm*.

Es fehlt noch die Behandlungsroutine für die benutzerdefinierte Nachricht WM_VALIDATE, die Funktion *OnValidate*:

```
LONG CValidForm::OnValidate(UINT wParam, LONG lParam)
{
  TRACE("Eintritt in CValidForm::OnValidate\n");
  CDataExchange dx(this, TRUE);
  m_bValidationOn = FALSE;  // wird vorübergehend abgeschaltet
  UINT controlID = (UINT) LOWORD( wParam );
 try {
    ValidateDlgItem(&dx, controlID);
  }
  catch(CUserException* pUE) {
    pUE->Delete();
     TRACE("CValidForm hat die Ausnahme abgefangen\n");
    // andere Ausnahmen: Benutzer wird über Meldungsfeld benachrichtigt
  }
```

```
  m_bValidationOn = TRUE;
  return 0;   // geht nicht weiter
}
```

So setzen Sie diese Klasse ein:

1. Fügen Sie die Dateien *valform.h* und *valform.cpp* zu Ihrem Projekt hinzu.
2. Fügen Sie die folgende Anweisung in die Header-Datei der Ansichtsklasse ein:

   ```
   #include "valform.h"
   ```

3. Ändern Sie die Basisklasse Ihrer Ansicht von *CFormView* auf *CValidView.*
4. Überschreiben Sie die Funktion *ValidateDlgItem*, wie im obigen Beispiel gezeigt. Das ist alles.

Bei der Erstellung von Dialogfeldern gehen Sie genauso vor, verwenden aber die Dateien valid.h und valid.cpp. Leiten Sie Ihre Dialogfeldklasse von *CValidDialog* anstatt von *CDialog* ab.

POST-Anforderungen programmgesteuert generieren

Das Herzstück des Programms EX36B ist ein Arbeits-Thread, der eine POST-Anforderung generiert und sie an den entfernten Server sendet. Dem Server ist es gleichgültig, ob die POST-Anforderung aus einem HTML-Formular oder aus einem Programm stammt. Er kann die POST-Anforderung mit einer ISAPI-DLL, einem PERL-Skript oder mit einem ausführbaren CGI-Programm verarbeiten.

Wenn der Anwender auf die Schaltfläche *Abschicken* klickt, erhält der Server folgende Anforderung:

```
POST scripts/ex31a.dll?ProcessTimesheet HTTP/1.0
(Anforderungs-Header)
(Leerzeile)
Period=12&Name=Dunkel&Hours=6.5&Job=5
```

Und hier ist der Thread-Code aus PostThread.cpp:

```
// PostThread.cpp (verwendet MFC-WinInet-Aufrufe)

#include <stdafx.h>
#include "PostThread.h"

#define MAXBUF 50000

CString g_strFile = "/scripts/ex35a.dll";
CString g_strServerName = "localhost";
CString g_strParameters;

UINT PostThreadProc(LPVOID pParam)
{
  CInternetSession session;
```

```
  CHttpConnection* pConnection = NULL;
  CHttpFile* pFile1 = NULL;
  char* buffer = new char[MAXBUF];
  UINT nBytesRead = 0;
  DWORD dwStatusCode;
  BOOL bOkStatus = FALSE;
  try {
    pConnection = session.GetHttpConnection(g_strServerName,
      (INTERNET_PORT) 80);
    pFile1 = pConnection->OpenRequest(0, g_strFile +
      "?ProcessTimesheet", // POST-Anforderung
      NULL, 1, NULL, NULL, INTERNET_FLAG_KEEP_CONNECTION |
      INTERNET_FLAG_RELOAD); // kein Cache
    pFile1->SendRequest(NULL, 0, (LPVOID) (const char*) g_strParameters,
      g_strParameters.GetLength());
    pFile1->QueryInfoStatusCode(dwStatusCode);
    if(dwStatusCode == 200) { // OK-Status
      // es spielt keine Rolle, was der Server zurückschickt -
      // uns interessiert nur der OK-Status
      bOkStatus = TRUE;
      nBytesRead = pFile1->Read(buffer, MAXBUF - 1);
      buffer[nBytesRead] = '\0'; // für TRACE nötig
      TRACE(buffer);
      TRACE("\n");
    }
  }
  catch(CInternetException* pe) {
    char text[100];
    pe->GetErrorMessage(text, 99);
    TRACE("WinInet-Ausnahme %s\n", text);
    pe->Delete();
  }
  if(pFile1) delete pFile1; // schließt die Datei, gibt Warnung aus
  if(pConnection) delete pConnection; // Grund der Warnung?
  delete [] buffer;
  ::PostMessage((HWND) pParam, WM_POSTCOMPLETE, (WPARAM) bOkStatus, 0);
  return 0;
}
```

Der Haupt-Thread stellt auf der Basis der Benutzereingaben die Zeichenfolge *g_strParameters* zusammen, und der Arbeits-Thread versendet die POST-Anforderung mit einem Aufruf der Funktion *CHttpFile::SendRequest*. Anschließend ruft der Thread *QueryStatusInfoCode* auf, um herauszufinden, ob der Server eine Bestätigung zurückgesendet hat. Vor dem Beenden sendet der Thread mit *PostMessage* noch eine Nachricht an den Haupt-Thread und teilt diesem im *bOkStatus*-Wert von *wParam* mit, ob die Anforderung erfolgreich war.

Die Ansichtsklasse von EX36B

Die Klasse *CEx36bView* ist von *CValidForm* abgeleitet, wie dies im obigen Einschub beschrieben wurde. *CEx36cView* sammelt die Benutzereingaben und startet den Thread für die POST-Anforderung, nachdem der Benutzer auf die Schaltfläche *Abschicken* geklickt hat und alle Felder validiert wurden. Die Validierung der Felder ist von der Internet-Anwendung unabhängig. Sie können *CValidForm* in jeder MFC-Anwendung mit einer Formularansicht verwenden.

Hier ist der Quelltext der überschriebenen Member-Funktion *ValidateDlgItem*, die immer dann aufgerufen wird, wenn ein anderes Steuerelement den Fokus erhält:

```
void CEx36bView::ValidateDlgItem(CDataExchange* pDX, UINT uID)
{
  ASSERT(this);
  TRACE("CEx36bView::ValidateDlgItem\n");
  switch (uID) {
  case IDC_EMPLOYEE:
    DDX_CBString(pDX, IDC_EMPLOYEE, m_strEmployee);
    // Bei leerer Zeichenfolge benutzerdefinierte Validierung erforderlich
    DDV_MaxChars(pDX, m_strEmployee, 10);
    if(m_strEmployee.IsEmpty()) {
      AfxMessageBox("Sie müssen den Namen eines Angestellten eingeben");
      pDX->Fail();
    }
    break;
  case IDC_HOURS:
    DDX_Text(pDX, IDC_HOURS, m_dHours);
    DDV_MinMaxDouble(pDX, m_dHours, 0.1, 100.);
    break;
  case IDC_JOB:
    DDX_Text(pDX, IDC_JOB, m_nJob);
    DDV_MinMaxInt(pDX, m_nJob, 1, 20);
    break;
  default:
    break;
  }
  return;
}
```

Die Member-Funktion *OnSubmit* wird aufgerufen, wenn der Benutzer auf die Schaltfläche *Abschicken* klickt. *CWnd::UpdateData* gibt nur dann *TRUE* zurück, wenn alle Felder die Validierung bestanden haben. An dieser Stelle deaktiviert die Funktion die Schaltfläche *Abschicken*, formatiert die Zeichenfolge *g_strParameters* und startet den Thread für die POST-Anforderung.

```
void CEx36bView::OnSubmit()
{
  if(UpdateData(TRUE) == TRUE) {
    GetDlgItem(IDC_SUBMIT)->EnableWindow(FALSE);
    CString strHours, strJob, strPeriod;
    strPeriod.Format("%d", m_nPeriod);
    strHours.Format("%3.2f", m_dHours);
    strJob.Format("%d", m_nJob);
    g_strParameters = "Zeitraum=" + strPeriod + "&Mitarbeiter=" +
      m_strEmployee + "&Stunden=" +strHours + "&Position=" +
      strJob + "\r\n";
    TRACE("Parameter-String = %s", g_strParameters);
    AfxBeginThread(PostThreadProc, GetSafeHwnd(),
      THREAD_PRIORITY_NORMAL);
  }
}
```

Die Member-Funktion *OnCancel* wird aufgerufen, wenn der Benutzer auf die Schaltfläche *Zurücksetzen* klickt. Die Logik von *CValidForm* setzt voraus, dass die Steuerelement-ID der Schaltfläche *IDCANCEL* ist.

```
void CEx36bView::OnCancel()
{
  CEx36bDoc* pDoc = GetDocument();
  m_dHours = 0;
  m_strEmployee = "";
  m_nJob = 0;
  m_nPeriod = pDoc->m_nPeriod;
  UpdateData(FALSE);
}
```

Die Behandlungsfunktion *OnPostComplete* wird aufgerufen, wenn die vom Arbeits-Thread gesendete WM_POSTCOMPLETE-Nachricht eintrifft:

```
LONG CEx36bView::OnPostComplete(UINT wParam, LONG lParam)
{
  TRACE("CEx36bView::OnPostComplete - %d\n", wParam);
  if(wParam == 0) {
    AfxMessageBox("Server hat die Transaktion nicht angenommen");
  }
  else
    OnCancel();
  GetDlgItem(IDC_SUBMIT)->EnableWindow(TRUE);
  return 0;
}
```

Diese Funktion zeigt ein Meldungsfeld an, wenn der Server keine Bestätigung zurückgesendet hat. Anschließend aktiviert sie wieder die Schaltfläche *Abschicken*, so dass der Anwender seine Eingabe wiederholen kann.

EX36B erstellen und testen

Erstellen Sie das Projekt \vcpp32\ex36b, und führen Sie es einmal als selbständiges Programm aus, damit es in die Systemregistrierung eingetragen wird. Legen Sie bei dieser Gelegenheit in Ihrem WWW-Basisverzeichnis eine Dokumentdatei mit dem Namen test.36b an. Kopieren Sie, wenn noch nicht geschehen, die DLL EX35A in das Verzeichnis *scripts* (mit Ausführungsberechtigung). Diese DLL enthält eine ISAPI-Funktion namens *ProcessTimesheet*, die auf Server-Seite die Bearbeitung der POST-Anforderung übernimmt. Voraussetzung ist außerdem, dass der IIS oder ein anderer ISAPI-tauglicher Server läuft.

Starten Sie nun den Internet Explorer, und laden Sie test.36b von Ihrem Server. Das Programm EX36B sollte jetzt im Browser-Fenster ausgeführt werden, und Sie sollten in der Lage sein, Arbeitszeiten zu erfassen.

ActiveX-Document-Server und VB Script

Es ist möglich, in eine HTML-Datei VB Script-Anweisungen (oder JavaScript-Anweisungen) einzufügen. Wir sind zwar keine Experten für VB Script, haben aber einige Beispielprogramme gesehen. Wahrscheinlich könnten Sie das Arbeitszeiterfassungsprogramm auf mit VB Script realisieren, aber dann wären Sie auf die Eingabeelemente des HTML-Standards angewiesen. Es wäre interessant zu sehen, wie ein VB Script-Programmierer dieses Problem angeht.

Weiterführende Möglichkeiten für ActiveX-Document-Server

In EX36A haben wir einen Arbeits-Thread verwendet, um eine Textdatei von einem Internet-Server zu lesen. Wir haben die WinInet-Klassen der MFC-Bibliothek benutzt und vorausgesetzt, dass ein dem Standard entsprechender HTTP-Server vorhanden ist. Ein ActiveX-Document-Server könnte mit Hilfe der Klasse *CBlockingSocket* aus Kapitel 34 ebenso gut Winsock-Aufrufe ausführen. Das würde bedeuten, dass Sie über das HTTP-Protokoll und das FTP-Protokoll hinausgingen. Sie könnten beispielsweise einen speziellen Internet-Server entwickeln, der über Port 81 kommuniziert. (Dieser Server könnte bei Bedarf parallel zum IIS betrieben werden.) Ihr ActiveX-Document-Server könnte über ein speziell angepasstes TCP/IP-Protokoll binäre Daten über eine Socket-Verbindung abrufen. Der Server könnte mit diesen Daten sein Fenster in Echtzeit aktualisieren oder die Daten zu einem anderen Gerät senden, beispielsweise zu einer Soundkarte.

37 Einführung in Dynamic HTML

DHTML (Dynamic HyperText Markup Language) ist eine neue, aufregende Technologie, die als Bestandteil von Microsoft Internet Explorer 4.0 (IE4) vorgestellt wurde und zahlreiche Vorteile für Webmaster und Entwickler bietet. DHTML könnte schließlich die Art und Weise ändern, in der wir uns die Entwicklung von Windows-Anwendungen vorstellen. Warum wird um DHTML so viel Wirbel gemacht?

Es begann mit der »HTML-Anzeige-Engine« von IE4, die in der Microsoft-Literatur gelegentlich auch Trident genannt wird. Im Rahmen des Entwicklungkonzepts von Internet Explorer 4 hat Microsoft Trident als COM-Komponente implementiert, die zahlreiche ihrer internen Objekte offen gelegt, die im Internet Explorer 4 zur Anzeige von HTML-Seiten dienen. Diese Komponente ermöglicht Ihnen, mit Skripts oder Programmcode die Teile einer HTML-Seite so anzusteuern, als wäre die HTML-Seite eine Datenstruktur. Die Zeiten, in denen man den HTML-Code analysieren oder groteske CGI-Skripts (Common Gateway Interface) schreiben musste, um die in einem Formular enthaltenen Daten zu erhalten, gehören endgültig der Vergangenheit an. Die eigentliche Stärke von DHTML besteht allerdings nicht in der Fähigkeit, auf die HTML-Objekte zuzugreifen, sondern vielmehr in der Fähigkeit, die HTML-Seite tatsächlich während der Ausführung zu ändern und zu bearbeiten, woher auch der Name Dynamic HTML rührt.

Wenn man das Konzept von DHTML einmal verstanden hat, fallen einem unzählige Anwendungsmöglichkeiten ein. Für Webmaster bedeutet DHTML, dass ein Großteil der Logik zur Bearbeitung von Webseiten, in Skripts untergebracht sein kann, die zum Client herunterladen werden. C++-Programmierer können DHTML in ihre Anwendungen einbetten und als eingebetteten Webclient oder als superflexibles, dynamisches »Formular« verwenden, das von ihren Anwendungen während der Laufzeit verändert werden kann. Entwickler, die Microsoft Visual J++ und die Windows Foundation Classes [WFC] verwenden, können DHTML tatsächlich auf dem Server programmieren, während ein Internet Explorer-Client auf die Befehle reagiert – eine ausgezeichnete Alternative zu CGI und potentiell leistungsfähiger als das server-seitige Scripting mit ASP (Active Server Pages).

Unglücklicherweise ist DHTML so leistungsfähig und umfangreich, dass ein eigenes Buch erforderlich wäre, wollte man sämtliche Einzelheiten erläutern. Wenn Sie wirklich alle Vorteile von DHTML nutzen möchten, müssen Sie alle möglichen Elemente einer HTML-Seite kennen: Formulare, Listen, Formatvorlagen und so weiter. *Inside Dynamic HTML* von Scott Isaacs (Microsoft Press, 1997) ist ein vorzügliches Buch, wenn man DHTML genauer kennen lernen möchten.

Statt auf alle Aspekte von DHTML einzugehen, führen wir Sie kurz in das Objektmodell von DHTML ein, zeigen Ihnen, wie Sie dieses Model beim Skripting (als Referenz) einsetzen und wie Sie das Modell ausgehend von der Microsoft Foundation Class Library Version 4.21 (MFC) und der Active Template Library (ATL) verwenden. All dies wird durch die ausgezeichnete DHTML-Unterstützung ermöglicht, die in Visual C++ 6.0 aufgenommen wurde.

Das DHTML-Objektmodell

Wenn Sie sich bislang ausschließlich auf Visual C++-Projekte konzentriert haben und noch keine Zeit hatten, sich mit HTML zu beschäftigen, müssen Sie zuerst einmal wissen, dass HTML eine Sprache zur Formatierung von ASCII-Texten ist. Es folgt der Quelltext einer sehr simplen HTML-Seite:

```
<html>
<head>
<title>
Dies ist ein Beispiel für eine einfache HTML-Seite!
</title>
</head>
<body>
<h1>Dies ist Text im Format H1!
</h1>
<h3>
Dies ist Text im Format H3!
</h3>
</body>
</html>
```

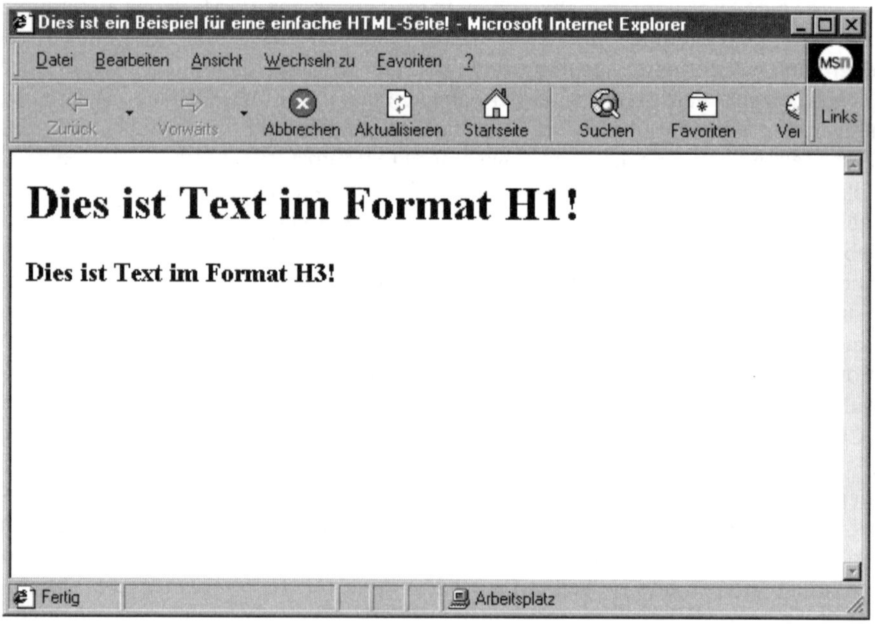

Abbildung 37.1: *Eine einfache HTML-Seite in der Anzeige von Internet Explorer 4.*

Dieses einfache HTML-»Dokument« besteht aus den folgenden Elementen:

- **einem Kopf (head)** – In diesem Beispiel enthält der Kopf den Titel »Dies ist ein Beispiel für eine einfache HTML-Seite!«.
- **den Textkörper (body)** – In obigem Beispiel enthält der Textkörper zwei Textelemente. Das erste Textelement hat das Format für Überschriften erster Ebene (h1) und lautet »Dies ist Text im Format H1!«. Das zweite Textelement hat das Format für Überschriften dritter Ebene (h3) und lautet »Dies ist Text im Format H3!«.

Das Endergebnis ist eine HTML-Seite, die im Internet Explorer 4 wie in Abbildung 37.1 dargestellt aussieht.

Wenn Internet Explorer 4 diese HTML-Seite lädt, legt er eine interne Repräsentation an, die Sie mit Hilfe des DHTML-Objektmodells durchsuchen, lesen und bearbeiten können. Abbildung 37.2 zeigt die grundlegende Hierarchie des DHTML-Objektmodells.

An der Wurzel des Objektmodells befindet sich das *window*-Objekt. Dieses Objekt kann in einem Skript eingesetzt werden, um eine Aktion auszuführen, wie beispielsweise ein Dialogfeld anzeigen. Es folgt ein Beispiel für ein JScript, das auf das *window*-Objekt zugreift:

```
<SCRIPT LANGUAGE="JScript">
function about()
{
    window.showModalDialog("about.htm","",
        "dialogWidth:25em;dialogHeight13em")
}
</SCRIPT>
```

Wenn die Skriptfunktion *about* aufgerufen wird, ruft sie die Funktion *showModalDialog* des DHMTL-Objekts *window* auf, um das Dialogfeld anzuzeigen. Dieses Beispiel veranschaulicht auch, wie Skripts auf das Objektmodell zugreifen, nämlich über allgemein verfügbare Objekte, die entsprechende Objekte des DHTML-Objektmodells repräsentieren.

Das *window*-Objekt hat verschiedene »Unterobjekte«, die es Ihnen ermöglichen, weitere Elemente von Internet Explorer 4 zu bearbeiten. Wir werden uns in diesem Kapitel vor allem mit dem *document*-Objekt beschäftigen, da es Ihnen ermöglicht, aus Programmen heraus auf die verschiedenen Elemente des aktuell geladenen HTML-Dokuments zuzugreifen. Das JScript-Skript aus dem folgenden Quelltextfragment zeigt, wie man in einem Dokument das *document*-Objekt während der Laufzeit ändern kann.

```
<HTML>
<HEAD>
<TITLE>Willkommen!</TITLE>
<SCRIPT LANGUAGE="JScript">
function changeMe() {
    document.all.MyHeading.outerHTML =
        "<H1 ID=MyHeading>Dynamic HTML ist zauberhaft!</H1>";
    document.all.MyHeading.style.color = "green";
    document.all.MyText.innerText = "Schnell ändern! ";
    document.all.MyText.align = "center";
    document.body.insertAdjacentHTML("BeforeEnd",
        "<P ALIGN=\"center\">Sesam öffne dich!</P>");
}
</SCRIPT>
```

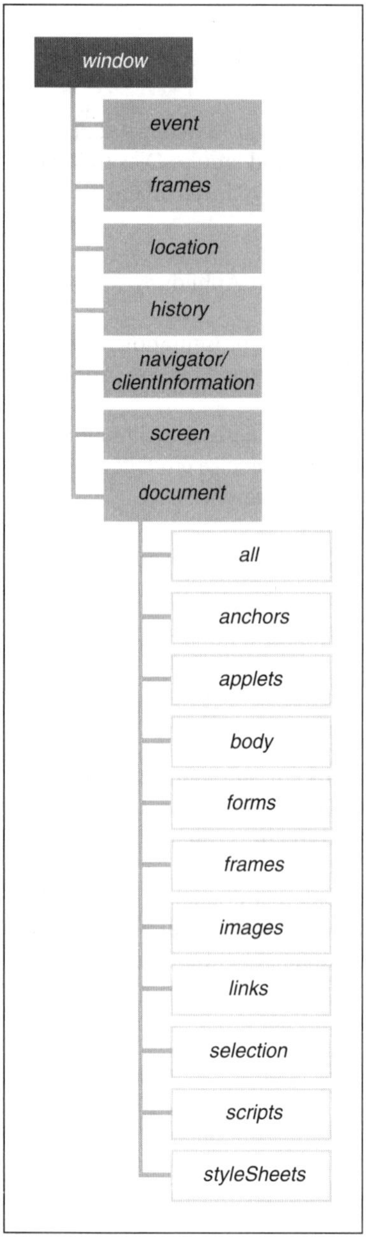

Abbildung 37.2:
Grundlegende Hierarchie des DHTML-Objektmodells.

```
<BODY onclick="changeMe()">
<H3 ID=MyHeading> Dynamic HTML-Demo!</H3>
<P ID=MyText>Klicken Sie in das Fenster, um den Zauber von DHTML zu erleben!</P>
</BODY>
</HTML>
```

Dieses Skript ändert in den HTML-Dokumenten enthaltenen Objekte *MyHeading* und *MyText* während der Ausführung. Hier werden nicht nur der Text, sondern auch die Attribute dieser Elemente geändert, wie z.B. Farbe und Ausrichtung. Wenn Sie sich ansehen möchten, wie dieses Skript ausgeführt wird, laden Sie die Datei ex37_1.html von der Begleit-CD.

Bevor wir das DHTML-Objektmodell weiter zerlegen, wollen wir das DHTML-Konzept der *Auflistung* betrachten. In DHTML sind Auflistungen logisch äquivalent mit C++-Datenstrukturen, wie z.B. verkettete Listen. In der Tat erfolgt der Zugriff auf das DHTML-Objektmodell, indem man über Auflistungen iteriert, um nach einem bestimmten HTML-Element zu suchen, und anschließend wahrscheinlich durch die Iteration über einer untergeordneten Auflistung nach einem anderen Element sucht. Elemente enthalten verschiedene Methoden, wie z.B. *contains* und *length*, die Sie zum Ansteuern der Elemente verwenden können.

Beispielsweise ist eine Auflistung namens *all* ein untergeordnetes Element des *document*-Objekts, und diese Auflistung enthält sämtliche Elemente des Dokuments. In der Tat handelt es sich bei den meisten untergeordneten Objekten des *document*-Objekts um Auflistungen. Das folgende Skript (ex37_2.html) zeigt, wie Sie über die *all*-Auflistung iterieren und die verschiedenen Elemente des Dokuments aufführen.

```
<HTML>
<HEAD><TITLE>Die Elemente der all-Auflistung anzeigen.</TITLE>
<SCRIPT LANGUAGE="JScript">
function listAllElements() {
    var tag_names = "";
    for (i=0; i<document.all.length; i++)
        tag_names = tag_names + document.all(i).tagName + " ";
    alert("Dieses Dokument enthält: "+ tag_names);
}
</SCRIPT>
</HEAD>
<BODY onload="listAllElements()">
<H1>DHTML ist stark!</H1>
<P>Dieses Dokument ist <B>sehr</B> kurz.
</BODY>
</HTML>
```

Sie sehen, dass es sehr einfach ist, Elemente über ein Skript zu laden. (Die Syntax schreibt die Verwendung runder Klammern vor, ähnlich wie beim Zugriff auf die Elemente eines Datenfelds in C++.) Beachten Sie zudem, dass jedes Element eines HTML-Dokuments über Eigenschaften verfügt, wie z.B. *tagName*, die es Ihnen ermöglichen, unter Verwendung von Programmcode nach verschiedenen Elementen zu suchen. Wenn Sie beispielsweise ein Skript schreiben möchten, das alle Elemente in Fettschrift herausfiltert, würden Sie die *all*-Auflistung nach Elementen durchsuchen, deren Eigenschaft *tagName* den Wert *B* hat.

Sie verstehen nun die Grundlagen des Objektmodells von DHTML und wie man, aus der Sicht eines Webmasters gesehen, über Skripts auf diese Objekte zugreift. Sehen wir uns nun an, wie man in Visual C++ aus der Sicht eines Entwicklers mit DHTML arbeiten kann.

Visual C++ und DHTML

Visual C++ 6.0 untertützt DHTML sowohl durch die MFC-Bibliothek als auch die ATL. Sowohl die MFC als auch die ATL bieten uneingeschränkten Zugriff auf das DHTML-Objektmodell. Leider erfolgt der Zugriff auf das Objektmodell von Sprachen wie C++ über die OLE-Automatisierung (*IDispatch*), und in vielen Fällen ist dies nicht so einfach wie einige der Skripts, die wir uns zuvor angesehen haben.

Das DHTML-Objektmodell wird C++-Entwicklern über eine Menge an COM-Objekten offen gelegt, die das Präfix IHTML (*IHTMLDocument, IHTMLWindow, IHTMLElement, IHTMLBodyElement* usw.) aufweisen. Sobald Sie in C++ einen Zeiger auf die Dokumentschnittstelle besitzen, können Sie jede Methode der Schnittstelle *IHTMLDocument2* verwenden, um die Eigenschaften des Dokuments abzufragen oder zu verändern.

Sie greifen auf die *all*-Auflistung zu, indem Sie die Methode *IHTMLDocument2::get_all* aufrufen. Diese Methode liefert die Auflistungsschnittstelle *IHTMLElementCollection*, die sämtliche im Dokument enthaltenen Elemente enthält. Sie können dann mit Hilfe der Methode *IHTMLElementCollection::item* die einzelnen Elemente bearbeiten (ähnlich wie mit Hilfe der Klammern im obigen Skript). Die Methode *IHTMLElementCollection::item* bietet einen *IDispatch*-Zeiger, über den Sie die Schnittstelle *QueryInterface* aufrufen können, um die Schnittstelle *IID_IHTMLElement* anzufordern. Durch den Aufruf von *QueryInterface* erhalten Sie einen Schnittstellenzeiger für *IHTMLElement*, den Sie verwenden können, um Daten des HTML-Elements abzurufen oder zu bearbeiten.

Die meisten Elemente stellen auch eine Schnittstelle bereit, die zur Bearbeitung dieses speziellen Elementtyps vorgesehen ist. Die Namen dieser elementspezifischen Schnittstellen haben das Format *IHTMLXXXXElement*, wobei XXXX für den Namen des Elements steht (z.B. *IHTMLBodyElement*). Sie müssen *QueryInterface* für die *IHTMLElement*-Schnittstelle des Objekts aufrufen, um einen Zeiger auf die benötigte, elementspezifische Schnittstelle zu erhalten. Dies mag vielleicht etwas verwirrend klingen (weil es verwirrend sein kann!). Aber machen Sie sich keine Gedanken – die Abschnitte über die Beziehungen zwischen DHTML und der MFC- und ATL-Bibliothek in diesem Kapitel enthalten genügend Beispiele, die die Zusammenhänge verdeutlichen. Sie werden im Nu DHTML-Code schreiben.

MFC und DHTML

Die MFC-Unterstützung von DHTML beginnt mit einer neuen von *CView* abgeleiteten Klasse namens *CHtmlView*. *CHtmlView* ermöglicht Ihnen, eine HTML-Ansicht in Rahmenfenster oder geteilte Fenster einzubetten, wo sie sich mit Hilfe von DHTML-Code wie ein dynamisches Formular verhält. Beispiel EX37A zeigt, wie Sie die neue Klasse *CHtmlView* in einer einfachen MDI-Anwendung verwenden.

Führen Se die folgenden Arbeitsschritte aus, um das Beispiel EX37A zu erstellen:

1. **Starten Sie den MFC-Anwendungs-Assistenten, und erstellen Sie das Projekt \vcpp32\ex37a\ex37a.**

Wählen Sie im Menü *Datei* von Visual C++ den Befehl *Neu*. Klicken Sie dann auf die Registerkarte *Projekte*, und wählen Sie *MFC-Anwendungs-Assistent (exe)*. Übernehmen Sie alle Voreinstellungen bis auf eine: Wählen Sie in Schritt 6 die Klasse *CHtmlView* als Basisklasse (siehe Abbildung 37.3).

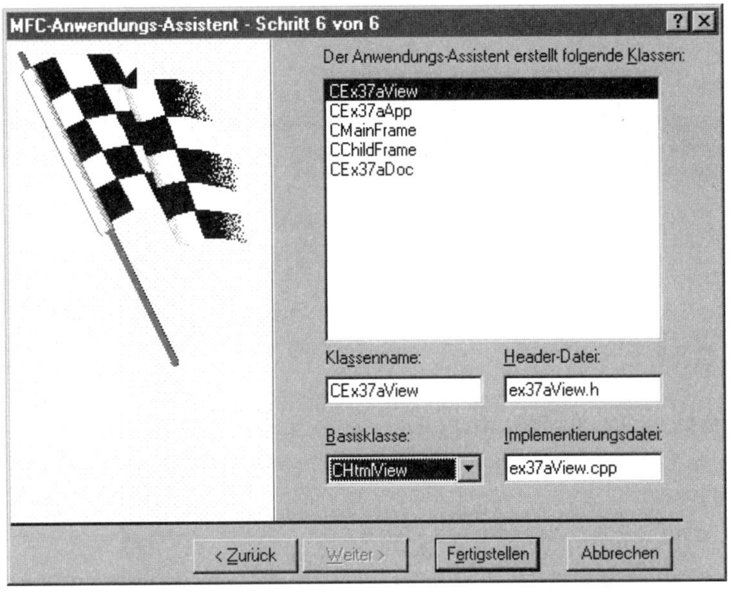

Abbildung 37.3: *Schritt 6 des MFC-Anwendungs-Assistenten.*

2. Bearbeiten Sie den URL der Datei, die geladen werden soll.
Die Funktion *CEx37aView::OnInitialUpdate* enthält die folgende Zeile:

```
Navigate2(_T("http://www.microsoft.com/germany/produkte/visualc/"),NULL,NULL);
```

Sie können diese Zeile bearbeiten, damit die Anwendung eine lokale HTML-Seite oder eine andere Seite als die Homepage für Visual C++ lädt.

3. Kompilieren Sie die Anwendung, und führen Sie sie aus.
Abbildung 37.4 zeigt die Anwendung während der Ausführung mit der voreingestellten Webseite. Wir wollen nun ein Beispielprogramm erstellen, das zeigt, wie man DHTML in mit der MFC-Bibliothek erstellten Anwendungen verwenden kann. Das Programm EX37B erstellt ein *CHtmlView*-Objekt und ein *CListView*-Objekt, die in geteilten Fenstern angezeigt werden. In diesem Beispielprogramm wird DHTML verwendet, um die HTML-Elemente aufzuzählen, die im *CHtmlView*-Objekt enthalten sind, und das Ergebnis im *CListView*-Objekt anzuzeigen. Sie erhalten damit einen DHTML-Explorer, den Sie einsetzen können, um das DHTML-Objektmodell beliebiger HTML-Dateien anzuzeigen.

So erstellen Sie das Beispielprogramm EX37B:

1. Starten Sie den MFC-Anwendungs-Assistenten, und legen Sie das Projekt \vcpp32\ex37b\ex37b an.
Wählen Sie im Menü *Datei* von Visual C++ den Befehl *Neu*. Klicken Sie auf die Registerkarte *Projekte*, und markieren Sie die Option *MFC-Anwendungs-Assistent (exe)*. Übernehmen Sie bis auf diese drei Ausnahmen die Voreinstellungen: Wählen Sie *Einzelnes Dokument (SDI)*, wählen Sie in Schritt 5 *Windows Explorer* und in Schritt 6 *CHtmlView* als Basisklasse. Nachdem Sie diese Optionen gewählt haben, sollte das Dialogfeld *Informationen zum neuen Projekt* wie in Abbildung 37.5 aussehen.

Abbildung 37.4: *Das Beispielprogramm EX37A.*

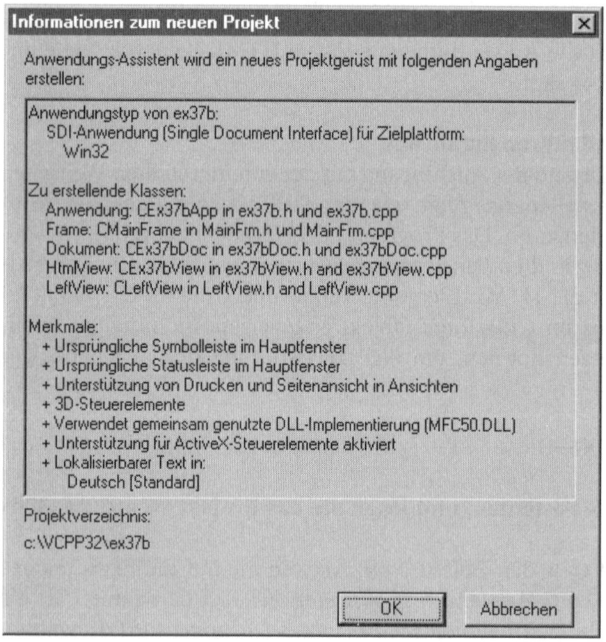

Abbildung 37.5: *Das Dialogfeld* Informationen zum neuen Projekt *für das Beispiel EX37B.*

2. Ändern Sie die Klasse *CLeftView* so ab, dass Sie *CListView* als Basisklasse erhält.
Standardmäßig leitet der MFC-Anwendungs-Assistent die Klasse *CLeftView*, die den linken Abschnitt des geteilten Fensters repräsentiert, von der Klasse *CTreeView* ab. Öffnen Sie die Datei *LeftView.h*, und ersetzen Sie alle Vorkommen von *CTreeView* durch *CListView*. Öffnen Sie die *LeftView.cpp*, und ersetzen Sie auch hier alle Vorkommen von *CTreeView* durch *CListView*. (Hinweis: Verwenden Sie *Bearbeiten/Ersetzen/Alle ersetzen*.)

3. Bearbeiten Sie den URL der zu ladenden Datei.
Ändern Sie den in der Funktion *CEx37bView::OnInitialUpdate* enthaltenen URL in *res://ie4tour.dll/welcome.htm*.

4. Fügen Sie die Funktion *DoDHTMLExplore* in die Klasse *CMainFrame* ein.
Geben Sie zuerst die folgende Deklaration in die Datei *MainFrm.h* ein:

```
virtual void DoDHTMLExplore(void);
```

Fügen Sie dann die Implementierung der Funktion *DoHTMLExplore* in die Datei *MainFrm.cpp* ein.

```
void CMainFrame::DoDHTMLExplore(void)
{

  CLeftView *pListView = (CLeftView *)m_wndSplitter.GetPane(0,0);

  CEx37bView * pDHTMLView = (CEx37bView *)m_wndSplitter.GetPane(0,1);

  //Clear the listview
  pListView->GetListCtrl().DeleteAllItems();
  IDispatch* pDisp = pDHTMLView->GetHtmlDocument();

  if (pDisp != NULL )
  {
    IHTMLDocument2* pHTMLDocument2;
    HRESULT hr;

    hr = pDisp->QueryInterface( IID_IHTMLDocument2,
              (void**)&pHTMLDocument2 );
    if (hr == S_OK)
    {
      IHTMLElementCollection* pColl = NULL;

      hr = pHTMLDocument2->get_all( &pColl );
      if (hr == S_OK && pColl != NULL)
     {
        LONG celem;
        hr = pColl->get_length( &celem );

        if ( hr == S_OK )
        {
            for ( int i=0; i< celem; i++ )
            {
              VARIANT varIndex;
              varIndex.vt = VT_UINT;
```

```
        varIndex.lVal = i;
        VARIANT var2;
        VariantInit( &var2 );
        IDispatch* pDisp;

        hr = pColl->item( varIndex, var2, &pDisp );
        if ( hr == S_OK )
        {
          IHTMLElement* pElem;

          hr = pDisp->QueryInterface(IID_IHTMLElement,
                                     (void **)&pElem);
          if ( hr == S_OK )
          {
           BSTR bstr;
           hr = pElem->get_tagName(&bstr);
           CString strTag = bstr;
           IHTMLImgElement* pImgElem;

           //Is it an image element?
           hr = pDisp->QueryInterface(
                IID_IHTMLImgElement,
                (void **)&pImgElem );
           if ( hr == S_OK )
            {
              pImgElem->get_href(&bstr);
              strTag += " - ";
              strTag += bstr;
              pImgElem->Release();
            }
            else
            {
              IHTMLAnchorElement* pAnchElem;

                //Is it an anchor?
                hr = pDisp->QueryInterface(
                    IID_IHTMLAnchorElement,
                    (void **)&pAnchElem );
                if ( hr == S_OK )
                {
                    pAnchElem->get_href(&bstr);
                    strTag += " - ";
                    strTag += bstr;
                    pAnchElem->Release();
                }
              }//end of else

              pListView->GetListCtrl().InsertItem(
               pListView->GetListCtrl()
              .GetItemCount(), strTag);
            pElem->Release();
          }
        pDisp->Release();
      }
    }
  }
```

```
      pColl->Release();
    }
  pHTMLDocument2->Release();
  }
  pDisp->Release();
 }
}
```

Diese Funktion führt die folgenden Schritte aus, um das HTML-Dokument anhand des DHTML-Objektmodells zu analysieren:

- Zuerst fordert *DoHTMLExplore* Zeiger auf die Ansichten *CListView* und *CHtmlView* des geteilten Fensters an.
- Dann ruft die Funktion *GetHtmlDocument* auf, um einen *IDispatch*-Zeiger auf das DHTML-Objekt *document* zu erhalten.
- Anschließend fordert *DoHTMLExplore* einen Zeiger auf die Schnittstelle *IHTMLDocument2* an.
- Mit dem *IHTMLDocument2*-Schnittstellenzeiger ruft die Funktion *DoHTMLExplore* die *all*-Auflistung ab und bearbeitet diese in Schleifendurchläufen. Bei jedem Schleifendurchlauf überprüft *DoHTMLExplore* den Elementtyp. Falls es sich bei dem Element um ein Bild (*image*-Objekt) oder einen Hyperlink (*anchor*-Objekt) handelt, lädt *DoHTMLExplore* zusätzliche Informationen, wie z.B. den Speicherort des Bildes. Während der Bearbeitung der *all*-Auflistung wird die Textbeschreibung des HTML-Elements in das *CListView*-Objekt eingefügt.

5. Fügen Sie in die Datei *Mainfrm.cpp* eine include-Anweisung für *mshtml.h* ein.
Fügen Sie die folgenden Zeile am Anfang der Datei *Mainfrm.cpp* ein, damit die Funktion *DoHTMLExplore* kompiliert wird.

```
#include <mshtml.h>
```

6. Sorgen Sie dafür, dass *DoHTMLExplore* aufgerufen wird.
Wir ändern hier die Funktion *CEx37bApp::OnAppAbout* in der Datei *ex37.cpp* so ab, dass sie *DoDHTMLExplore* aufruft. Ersetzen Sie den vorhandenen Code durch den unten fett gedruckten Code:

```
void CEx37bApp::OnAppAbout()
{
  CMainFrame * pFrame = (CMainFrame*)AfxGetMainWnd();
  pFrame->DoDHTMLExplore();

}
```

7. Passen Sie die Listenansicht an.
Fügen Sie der Funktion *CLeftView::PreCreateWindow* (*LeftView.cpp*) die folgende Zeile hinzu:

```
cs.style |= LVS_LIST;
```

8. Kompilieren Sie die Anwendung, und führen Sie sie aus.
Führen Sie die Anwendung aus, nachdem sie kompiliert wurde. Klicken Sie in der Symbolleiste auf das Symbol »?«, oder wählen Sie den Menübefehl *?/Info über ex37b*, damit die Beschreibungen der HTLML-Elemente im linken Fensterabschnitt angezeigt werden.

Abbildung 37.6 zeigt, wie das Beispielprogramm EX37B während der Ausführung aussieht.

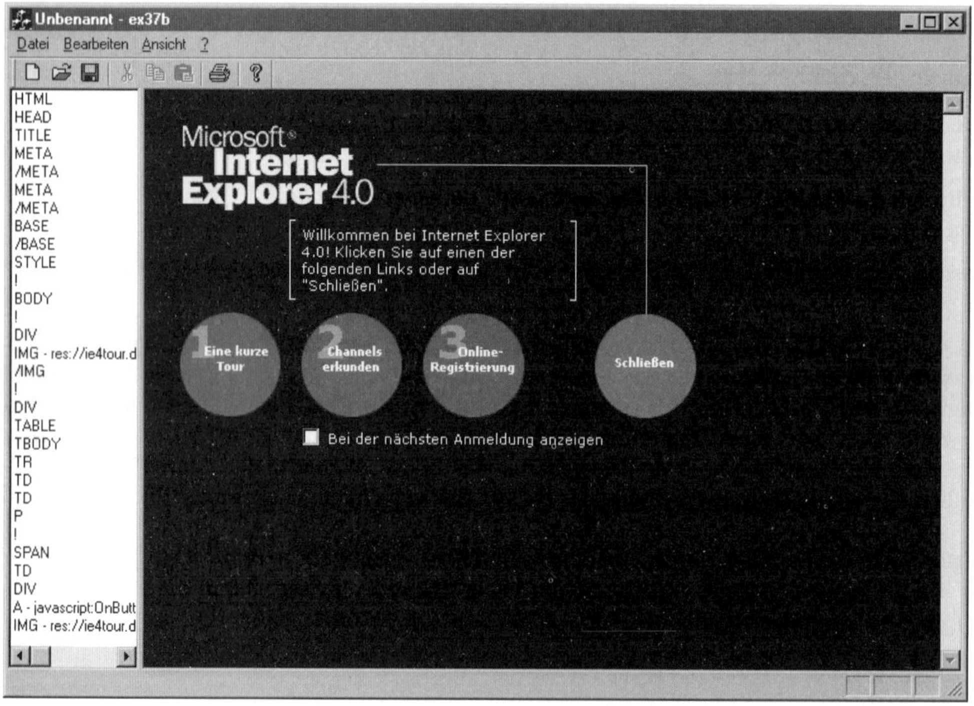

Abbildung 37.6: *Das Beispielprogramm EX37B während der Ausführung.*

Nachdem wir anhand eines Beispiels veranschaulicht haben, wie sich DHTML in MFC-Anwendungen einsetzen lässt, wollen wir uns ansehen, wie es um die ATL-Unterstützung von DHMTL steht.

Die ATL und DHTML

Die ATL-Unterstützung für DHTML liegt in Form eines HTML-Objekts vor, das in jedes ATL-ActiveX-Steuerelement eingebettet werden kann. Das Beispielprogramm EX37C erstellt ein ATL-Steuerelement, das die DHTML-Unterstützung der ATL veranschaulicht.

So erstellen Sie die Beispielanwendung:

1. Starten Sie den ATL-COM-Assistenten, und erstellen Sie das Projekt \vcpp32\ex37c\ex37c.
Wählen Sie im Menü *Datei* von Visual C++ den Befehl *Neu*. Klicken Sie dann auf die Registerkarte *Projekte*, und wählen Sie *ATL-COM-Anwendungs-Assistent*. Wählen Sie unter *Server-Typ* die Option *Ausführbare Datei (EXE)*.

2. Fügen Sie ein HTML-Steuerelement ein.

Klicken Sie auf der Registerkarte *Klassen* mit der rechten Maustaste auf das Symbol für die Klasse *ex37c*, und wählen Sie im Kontextmenü *Neues ATL-Objekt*. Wählen Sie als Kategorie *Steuerelemente* und als Objekttyp *HTML-Steuerelement*, wie in Abbildung 37.7 gezeigt.

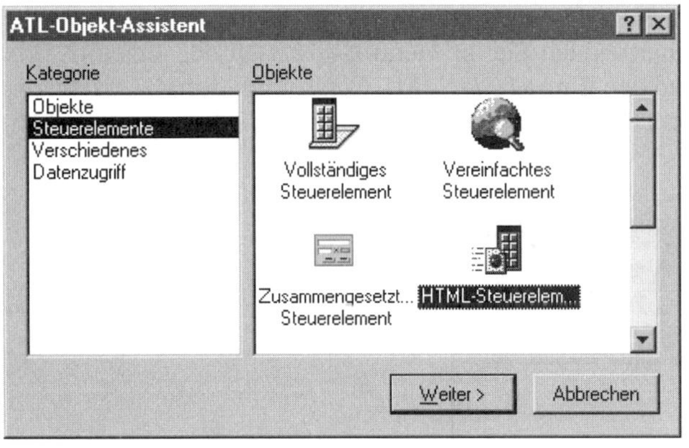

Abbildung 37.7:
Das Dialogfeld ATL-Objekt-Assistent.

3. Klicken Sie auf *Weiter*, und geben Sie unter *C++* in das Feld *Kurzbez.* den in Abbildung 37.8 gezeigten Namen ein.

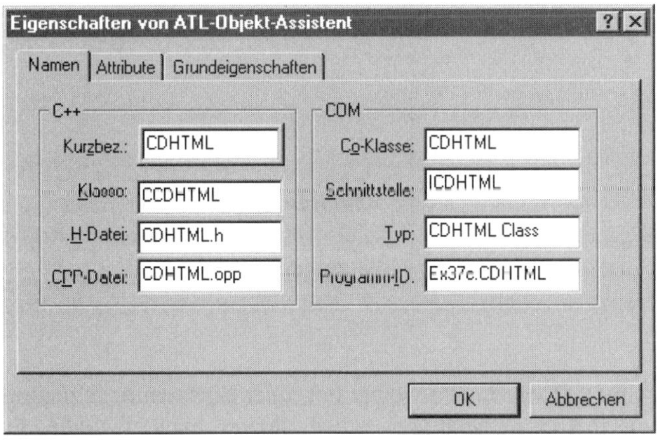

Abbildung 37.8:
Das Dialogfeld Eigenschaften von ATL-Objekt-Assistent.

HINWEIS: Wenn Sie sich das Objekt *IDHTMLUI* ansehen, finden Sie die folgende Standardimplementierung der Nachrichtenbehandlungsroutine *OnClick*:

```
STDMETHOD(OnClick)(IDispatch* pdispBody, VARIANT varColor)
{
    CComQIPtr<IHTMLBodyElement> spBody(pdispBody);
    if (spBody != NULL)
        spBody->put_bgColor(varColor);
    return S_OK;
}
```

Die Standandfunktion *OnClick* ruft *QueryInterface* mit dem *IDispatch*-Schnittstellenzeiger auf, um einen *IHTMLBodyElement*-Zeiger zu erhalten. Anschließend ruft die Funkton die Methode *put_bgColor* auf, um die Hintergrundfarbe zu ändern.

4. Kompilieren Sie das Steuerelement, laden Sie es und führen Sie es aus.
Nachdem Sie das Projekt erstellt haben, wählen Sie im Menü *Extras* den Befehl *Testcontainer für ActiveX-Steuerelemente*. Im Textcontainer wählen Sie im Menü *Bearbeiten* den Befehl *Neues Steuerelement einfügen* und anschließend den Eintrag *CDHTML Class*. Abbildung 37.9 zeigt das ActiveX-Steuerelement, das mit Hilfe von DHTML seine Hintergrundfarbe ändert, wenn der Anwender auf eine Schaltfläche klickt.

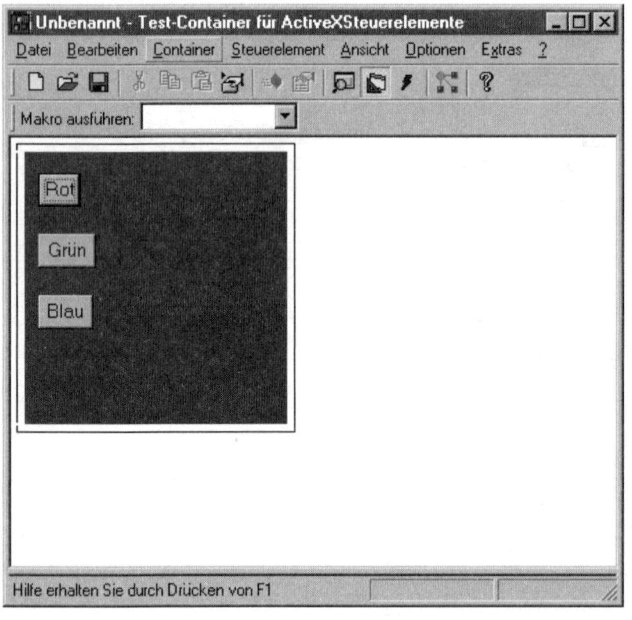

Abbildung 37.9:
Das ActiveX-Steuerelement aus dem Beispiel EX37C.

Weitere Informationen

Wir hoffen, dass Sie diese Einführung in DHTML dazu angeregt hat, über Einsatzmöglichkeiten für diese interessante neue Technologie in Ihren Visual C++-Anwendungen nachzudenken. Es gibt unzählig viele Möglichkeiten: vollkommen dynamische Anwendungen, Anwendungen, die über das Internet aktualisiert werden, Client-Server-ActiveX-Steuerelemente und vieles andere mehr.

Wenn Sie sich näher mit DHTML beschäftigen möchten, empfehlen wie die folgenden Informationsquellen:

- *Inside Dynamic HTML* von Scott Isaacs (Microsoft Press, 1997)
- *Dynamic HTML in Action* von William J. Pardi und Eric M. Schurman (Microsoft Press, 1998)
- Das Internet SDK (eine exzellent Quelle zu DHTML und anderen Microsoft-Technologien)
- *www.microsoft.com* (DHTML wird in verschiedenen Bereichen behandelt.)

38 Visual C++ für Windows CE

Anfang1997 veröffentlichte Microsoft eine neue Version des Betriebssystems Windows namens Windows CE. Hardware-Hersteller, sog. OEMs (Original Equipment Manager), sind die Zielgruppe von Windows CE. OEMs stellen kleine, tragbare Geräte her – wie z. B. Handheld-Computer – und integrierte Systeme. Eine Unzahl unterschiedlicher Betriebssysteme, das Fehlen leistungsfähiger Entwicklungswerkzeuge und eine Vielzahl unterschiedlicher Benutzeroberflächen waren Schwächen des Marktes für tragbare Geräte wie auch des Marktes für integrierte Systeme. In der Vergangenheit haben diese Schwächen dazu geführt, dass diese Systeme nur begrenzte Einsatzmöglichkeiten boten und dass kaum preiswerte Software-Anwendungen verfügbar waren.

HINWEIS: Zum Zeitpunkt dieser Niederschrift war noch keine Version von Visual C++ 6.0 verfügbar, die Windows CE unterstützt. Alle Bildschirmfotos und Beispielprogramme wurden daher mit der amerikanischen Version von Visual C++ for Windows CE 5.0 erstellt.

Microsoft hofft, dass Windows CE auf dem Markt der Handheld-Geräte und integrierten Systeme einmal den Stellenwert erreichen wird, den Windows nun im Bereich der Desktop-PCs hat. Aufgrund der Zielgruppe können Sie sich wahrscheinlich vorstellen, dass Windows etwas andere Designziele zugrunde liegen als Windows 98 und Windows NT. Ein Ziel war Modularitä: Wenn ein OEM das Betriebssystem Windows CE in einem integrierten Gerät für einen Kühlschrank verwendet, sind keine Tastatur- und Grafikausgabemodule erforderlich. Dem OEM entstehen keine Nachteile, wenn bestimmte Module in einer Anwendung von Windows CE nicht verwendet werden.

Bislang sind zwei Hauptversionen Windows CE veröffentlicht worden. Die erste Hauptversion war primär für Handheld-PCs (H/PCs) konzipiert und auf Schwarzweiß-Anwendungen beschränkt. Windows CE 1.0 fehlten viele fortschrittlichen Win32-Funktionen, wie z. B. COM und ActiveX, große Teile der GDI und viele Windows-Steuerelemente. Windows CE 2.0 kam Ende 1997 auf den Markt und unterstützt viele neue Gerätetypen, Farben, die COM- und ActiveX-Technologie sowie eine Java Virtual Machine.

Bevor wir uns mit der Win32-Unterstützung von Windows CE näher beschäftigen, wollen wir uns einige der vorhandenen Gerätetypen ansehen, um einen Eindruck von möglichen Windows CE-Anwendungen zu gewinnen.

Windows CE-Geräte

Gegenwärtig stellen die Handheld-PCs (kurz H/PC) die bekanntesten Geräte dar, die unter Windows CE betrieben werden, wie z.B. H/PCs von HP, Sharp, Casio und einer Reihe anderer Hersteller. Abbildung 38.1 zeigt einen typischen H/PC.

Abbildung 38.1:
Ein typischer Handheld PC.

Die Anzeige von H/PCs unterstützt gegenwärtig Auflösungen von 480 x 240 Pixel bis zu 640 x 240 Pixel. H/PCs verfügen normalerweise über eine Tastatur, eine Infrarot-Schnittstelle, eine serielle Schnittstelle und ein Mikrophon. Als Standard-Software werden auf diesen Geräten unter anderem folgende Produkte eingesetzt: Pocket Word, Pocket Excel, Internet Explorer, Outlook Express und andere spezielle Versionen von Microsoft-Anwendungen.

Abbildung 38.2 zeigt ein kleineres Gerät, das als Palm-size PC (kurz P/PC) bezeichnet wird. Diese Geräte haben keine Tastatur, und Eingaben erfolgen daher ausschließlich über einen Stift. Auch die Bildschirmgröße ist kleiner (240 x 320 Pixel), und gegenwärtig unterstützen P/PCs lediglich die Anzeige von Graustufen.

Abbildung 38.2:
Ein Palm-size PC.

HINWEIS: Zum gegenwärtigen Zeitpunkt wird die MFC von Palm-size PCs nicht unterstützt. Zudem gehört das SDK für Palm-size PCs und das für integrierte Geräte nicht zum Lieferumfang von Visual C++ for Windows CE. Diese SDKs müssen von der Website von Microsoft (*www.microsoft.com/windowsce*) geladen werden.

Die interessantesten Windows CE-Geräte, die jetzt auf den Markt kommen, sind vielleicht die *integrierten* Systeme. Beispielsweise verfügt der CD-Spieler von Clarion, der in Abbildung 38.3 dargestellt ist, über eine grafische Benutzeroberfläche, Spracherkennung, Anschlussmöglichkeiten für Mobiltelefone und eine Vielzahl anderer Funktionen, die man bei Elektrogeräten und Stereoanlagen nicht vermuten würde. Im Gegensatz zu Windows 95, das nur Intel-Prozessoren unterstützt, und Windows NT, das nur Intel- und Alpha-Prozessoren unterstützt, unterstützt Windows CE eine Unmenge in Geräte integrierbare 32-Bit-Prozessoren, wie z.B. den MIPS-Prozessor, Hitachi-Prozessoren und eine Vielzahl anderer Prozessoren. Durch diese Flexibilität bieten sich erheblich mehr potentielle Einsatzmöglichkeiten von Windows CE im Bereich der integrierten Systeme.

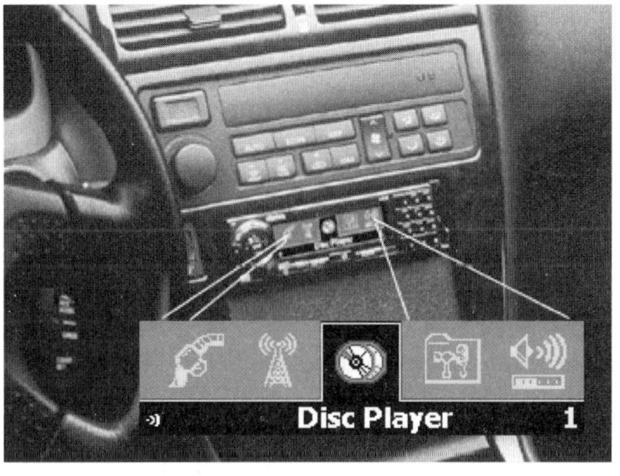

Abbildung 38.3:
Ein Auto-CD-Spieler, der unter Window CE betrieben wird.

Da alle diese Geräte unter Windows CE betrieben werden, können Sie mit Hilfe der bekannten Win 32-API-Funktionen, die Sie in diesem Buch kennen gelernt haben, Anwendungen für sie schreiben. Bevor wir mit der Visual C++-Programmierung für Windows CE beginnen, sehen wir uns die Teilmenge von Win32 an, die von Windows CE implementiert wird.

Windows CE und Windows 98 und Windows NT

Jede Windows CE-Plattform (H/PC, Palm-size PC und integrierte Geräte) unterstützt verschiedene Teilmengen der Win32, abhängig davon, welche Module von Windows CE geladen werden. Die »Kernfunktionalität« ist recht konstant bei diesen Geräten – grafische Benutzeroberfläche, Fenster, Steuerelemente usw. (Bei Palm-size PCs ist es z.B. nicht sinnvoll, Tastaturfunktionen zu unterstützen.)

Die Win32-Unterstützung von Windows CE entspricht dem primären Designziel von Windows CE: Alles so klein wie möglich zu halten. Wenn Win32-Funktionen in zweifacher Form vorliegen, unterstützt Windows CE in der Regel nur die allgemeinste API-Funktion. Statt sowohl *TextOut* als auch *ExtTextOut* zu implementieren, unterstützt Windows CE beispielsweise nur die flexiblere Funktion *ExtTextOut,* da diese API-Funktion auch die Funktionalität von *TextOut* beinhaltet.

Ein anderer interessanter Aspekt der Win32-Implementierung von Windows CE ist, dass nur Unicode-Funktionen und -Zeichenfolgen unterstützt werden. Sie müssen daher die MFC-Zeichenfolgen Ihrer Windows CE-Makros mit dem Makro *_T* konvertieren.

Was die GDI-Funktionen für grafische Benutzeroberflächen betrifft, unterstützt Windows CE nur eine relativ kleine Teilmenge der Implementierungen, die in Windows 95, Windows 98 und Windows NT enthalten sind. Zu den wichtigsten GDI-Funktionen der Win32 API, die in Windows CE nicht implementiert sind, gehören Abbildungsmodi, Bögen, Metadateien, Klänge und Bézier-Kurven. Wenn Sie Linien zeichnen, müssen Sie *PolyLine* aufrufen, da *MoveTo* und *LineTo* nicht unterstützt werden. Auch die Zeiger- und Mausbehandlung unter Windows CE unterscheidet sich von der größerer Systeme.

Version 2.0 von Windows CE verfügt über viele zusätzliche Funktionen, wie z. B. Unterstützung von Farben, TrueType-Schriftarten und Speicher-DCs. Viele andere Nuancen der verschiedenen GDI-Implementierungen sind im Windows CE SDK, das zusammen mit Visual C++ for Windows CE ausgeliefert wird, gut dokumentiert.

Windows CE weist in der Fensterbehandlung einige gravierende Unterschiede auf. Der wichtigste Unterschied besteht wahrscheinlich darin, dass nur SDI-Anwendungen unterstützt werden. Daher ist es relativ schwierig, vorhandene MDI-Anwendungen auf Windows CE zu portieren. Ein weiterer interessanter Unterschied ist, dass sich die Größe von Windows CE-Fenstern nicht ändern lässt. Da ein breites Spektrum an Bildschirmauflösungen verfügbar ist, müssen Sie die Fenstergröße im Programmcode abhängig von der Auflösung der Anzeige festlegen, statt statische Layouts zu verwenden.

Die meisten Standardsteuerelemente von Windows 95, Windows 98 und Internet Explorer 4.0 sind unter Windows CE verfügbar, ausgenommen das RTF-Steuerelement, das IP-Steuerelement, die *ComboboxEX*-Steuerelemente und das Zugriffstasten-Steuerelement. Windows CE führt in der Tat ein neues Standardsteuerelement ein: die Befehlsleiste (*CommandBar*). Befehlsleisten werden als Hybrid von Menüleiste und Symbolleiste implementiert und nehmen beträchtlicher weniger Raum ein, als die Standardkonfiguration von Menüleiste und Symbolleiste, die man in den meisten Desktop-Anwendungen findet. Abbildung 38.4 zeigt ein Beispiel einer Windows CE-Befehlsleiste.

Abbildung 38.4:
Eine Windows CE-Befehlsleiste.

ActiveX und COM werden unter Windows CE 2.0 zwar unterstützt, aber nur für prozessinterne COM-Objekte wie ActiveX-Steuerelemente. Multithreading, Speichermanagement, Ausnahmen und die meisten anderen Bereiche von Win32 werden von Windows CE (mit einigen Einschränkungen) voll und ganz unterstützt.

Sie haben jetzt die Grundlagen von Windows CE kennen gelernt. Jetzt können wir uns die Visual C++-Entwicklungsumgebung für dieses neue Betriebssystem genauer ansehen.

Visual C++ for Windows CE

Visual C++ for Windows CE ist ein Zusatzprodukt für Visual C++. Wenn Sie C++ for Windows CE installieren, wird die Visual C++-Umgebung durch einige Windows CE-spezifische Leistungsmerkmale erweitert:

- einen Intel-basierte Windows CE-Simulationsumgebung,
- neue Zielkonfigurationen für jeden der von Windows CE unterstützten Prozessoren (MIPS/SH und die Simulationsumgebung),

- neue Anwendungs-Assistenten für Windows CE-Anwendungen,
- eine Windows CE-kompatible Version der MFC,
- eine Windows CE-kompatible Version der ATL,
- Tools für die Fernausführung und das Ferndebuggen von Windows CE-Anwendungen auf den Windows CE-Geräten.

Ein interessanter Aspekt von Visual C++ for Windows CE ist die Tatsache, dass es auch die älteren Versionen 1.0 und 1.01 von Windows CE unterstützt. Abbildung 38.7 zeigt die Konfigurationsleisten für Windows CE-Betriebssystem und -Prozessor, die in Visual C++ 5.0 eingefügt wurden.

Obwohl Sie Anwendungen in der Entwicklungsumgebung auch von einem angeschlossenen Windows CE-Gerät aus ausführen und debuggen können, enthält sie auch eine sehr leistungsfähige Windows CE-Simulationsumgebung. Der Windows CE-Emulator (WCE) ist eine Intel-basierte Software-Version von Windows CE, die auf Ihrem Desktop ausgeführt wird und die es Ihnen ermöglicht, Ihre Anwendungen auf Ihrem PC auszuführen und zu testen. Wenn Sie sicherstellen wollen, dass die Anwendungen fehlerfrei arbeiten, kommen Sie natürlich nicht umhin, sie auf dem eigentlichen Gerät zu testen, aber der Emulator erleichtert die Arbeit in den Anfangsstadien der Programmerstellung. Abbildung 38.6 zeigt die Simulationsumgebung während der Ausführung.

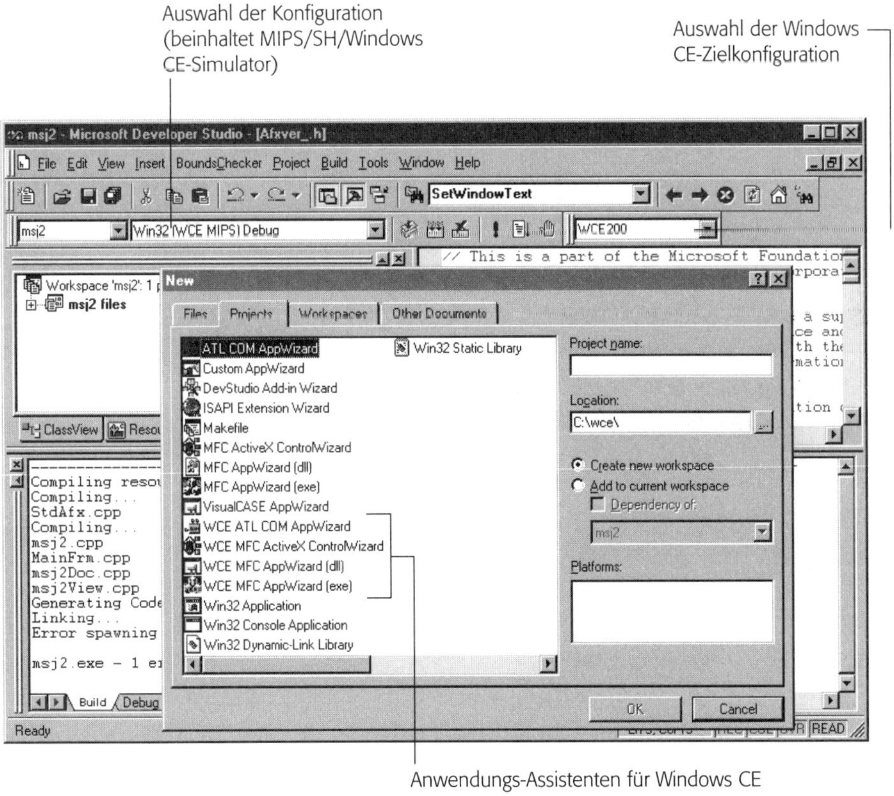

Abbildung 38.5: *Visual C++ für Windows CE.*

Mit Visual C++ for WCE werden Windows CE-spezifische Anwendungs-Assistenten (App-Wizards) ausgeliefert:

- **WCE ATL COM AppWizard** – Legt ein Projekt für ein ATL-basiertes COM-Objekt an.
- **WCE MFC ActiveX ControlWizard** – Legt ein Projekt für ein MFC-ActiveX-Steuerelement an.
- **WCE MFC AppWizard (dll)** – Legt ein Projekt für eine MFC-DLL an.
- **WCE MFC AppWizard (exe) –** Legt ein Projekt für eine MFC-basierte EXE-Datei an.

Abbildung 38.6: *Der Windows CE-Emulator.*

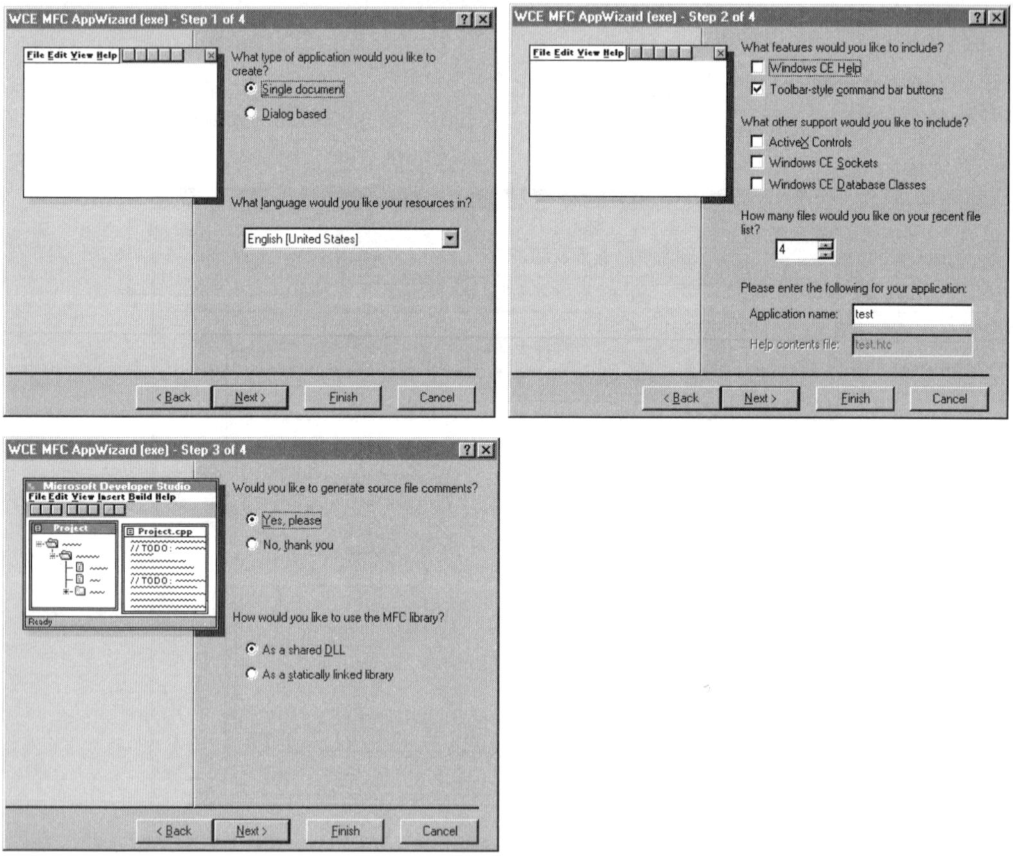

Abbildung 38.7: *Der MFC AppWizard für Windows CE.*

Die WCE-Anwendungs-Assistenten entsprechen im Grunde genommen Ihren Win32-Gegenstücken. Sie verfügen lediglich über verschiedene Leistungsmerkmale, die auf das Betriebssystem Windows CE zugeschnitten sind, wie z.B. das Hilfesystem von Windows CE. Abbildung 38.7 zeigt die ersten drei Dialogfelder des Windows CE-Assistenten *MFC-AppWizard (exe)*. Beachten Sie, dass hier nur die beiden Projekttypen *Single Dokument* und *Dialog-based* zur Auswahl stehen. Es sind zudem verschiedene Windows CE-spezifische Optionen verfügbar.

Die MFC-Bibliothek für Windows CE

Visual C++ for Windows CE wird mit einer kleineren Version der MFC-Bibliothek namens Mini MFC ausgeliefert. Damit Sie sich einen Überblick darüber verschaffen können, welche MFC-Klassen unterstützt werden, zeigt Abbildung 38.8 die Hierarchie der MFC für Windows CE. Die grau schattierten Klassen werden unter Windows CE nicht unterstützt.

Es wurden der Mini MFC verschiedene Klassen hinzugefügt, wie z.B. Klassen für Befehlsleisten und Objektspeicher sowie Socket-Klassen. Die Befehlsleisten von Windows CE sind in der Mini-MFC-Klasse *CFrameWnd* definiert.

Statt der Datei-Metapher implementiert Windows CE Objektspeicher. Es wurden verschiedene neue MFC-Klassen definiert, um Windows CE-Programmierern den Zugriff auf Objektspeicher zu ermöglichen:

- ***CCeDBDatabase*** – Kapselt eine Datenbank im Objektspeicher.
- ***CCeDBEnum*** – Zählt die im Objektspeicher enthaltenen Datenbanken auf.
- ***CCeDBProp*** – Kapselt eine Datenbankeigenschaft. (Datenbankeigenschaften sind Datenelemente, die aus einem anwendungsspezifischen Eigenschaftenbezeichner, einem Datentypbezeichner und dem Datenwert bestehen.)
- ***CCeDBRecord*** – Gibt Zugriff auf einen Datensatz der Datenbank.

Neben diesen Klassen wird die neue Klasse *CCeSocket* implementiert. *CCeSocket* ist eine von *CSocket* abgeleitete Klasse für die asynchrone Kommunikation.

Hierarchie der MFC-Bibliothek für Windows CE

ANMERKUNG: Klassen in grau hinterlegten Kästchen sind nicht verfügbar.

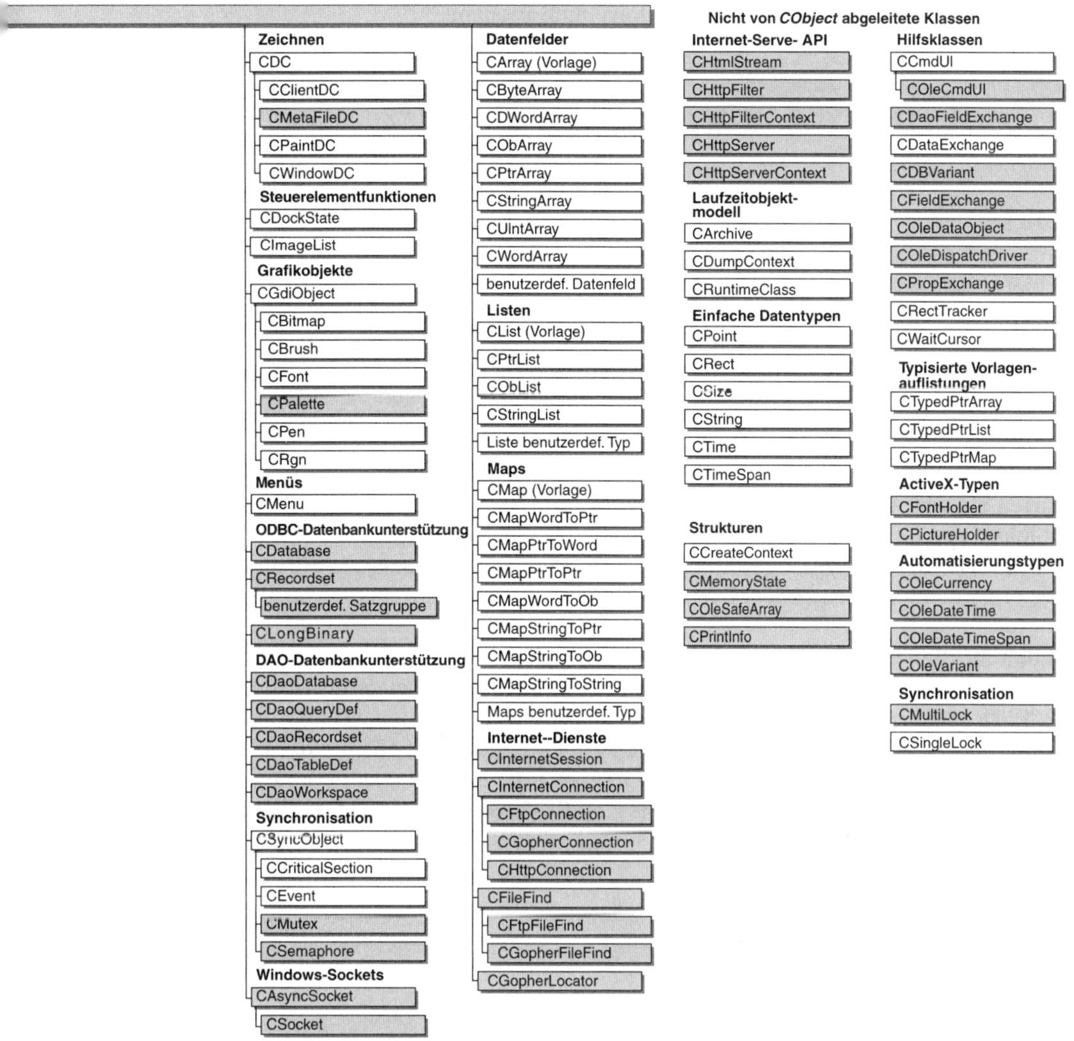

Abbildung 38.8: *Die Hierachie der MFC-Bibliothek für Windows CE.*

Die Mini-MFC verwenden

Wir wollen uns nun einige Beispiele ansehen, die mit der Miniversion der MFC erstellt wurden. Im Beispiel EX38A erstellen wir eine einfache SDI-Anwendung, die etwas Text im Ansichtsfenster ausgibt und ein Dialogfeld anzeigt, sobald der Anwender die linke Maustaste drückt (oder den Bildschirm eines Windows CE-Geräts berührt). EX38A ähnelt dem Beispiel EX06A, so dass Sie die Arbeitsschritte vergleichen können, die zur Erstellung ähnlicher Anwendung für Windows 98, Windows NT und Windows CE erforderlich sind. Wir werden eine Anwendung zur Erfassung von Reisekosten für Windows CE erstellen – eine hervorragende Anwendung für portable Rechner. Wir werden uns hier auf die Erstellung des Dialogfelds konzentrieren, das es dem Anwender ermöglicht, Daten zu seinen Reisekosten einzugeben. Abbildung 38.9 zeigt, wie diese Anwendung während der Ausführung in der Simulationsumgebung aussieht.

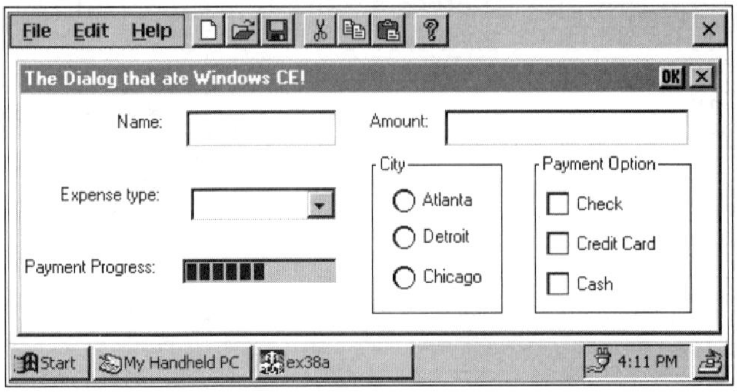

Abbildung 38.9:
Die Anwendung EX38A.

So erstellen Sie das Beispielprogramm EX38A:

1. Starten Sie den Assistenten *MFC AppWizard (exe)* für Windows CE, und legen Sie das Projekt \vcpp32\ex38a\ex38a an.

Wählen Sie als Projekttyp *WCE MFC AppWizard (exe)*, und übernehmen Sie alle Voreinstellungen. Die Optionen und vorgegebenen Klassennamen können Sie Abbildung 38.10 entnehmen.

2. Stellen Sie die Debug-Konfiguration für *WCE x86em* ein.

Wählen Sie im Menü *Set* den Befehl *Set Active Configuration* und in der Liste die Option *Ex38a-Win32 (WCE x86em) Debug*. Klicken Sie auf *OK*. Diese Konfiguration ermöglicht Ihnen, mit dem Desktop-Emulator zu arbeiten, statt über eine Fernverbindung mit einem angeschlossenen Windows CE-Gerät. (Falls Sie ein Windows CE-Gerät angeschlossen haben, können Sie stattdessen dessen Konfiguration auswählen.) Wählen Sie z. B. *Ex38a-Win32 [WCE SH] Debug*, falls ein HP 620LX angeschlossen ist.)

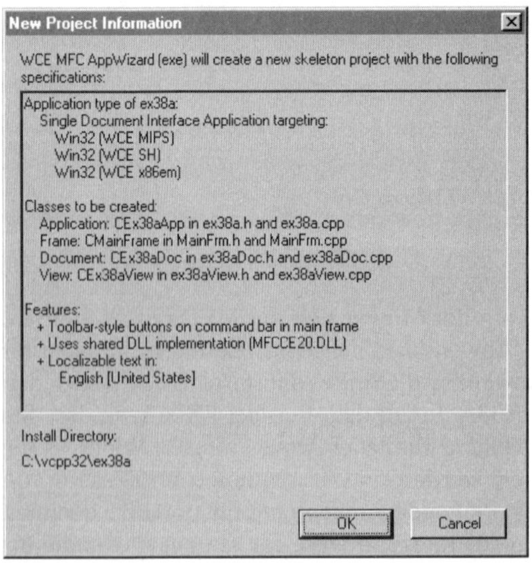

Abbildung 38.10:
Die Projekinformationen für die Anwendung EX38A.

3. Legen Sie mit Hilfe des Dialog-Editors eine Dialog-Ressource an.

Fügen Sie eine neue Dialog-Ressource ein. Der Dialog-Editor weist der neuen Dialog-Ressource die ID *IDD_DIALOG1* zu. Ändern Sie den Dialogfeldtitel. Wir haben hier den Titel *The Dialog that ate Windows CE!* gewählt. Sie können die Größe des Dialogfelds ändern, so dass es breiter wird. (Die Anzeige von Windows CE-Geräten ist in der Regel viel breiter als hoch.)

4. Entfernen Sie die Schaltflächen *OK* und *Abbrechen*, und fügen Sie eine Schaltfläche mit der Bezeichnung *OK* ein.

Da die Anzeigefläche unter Windows CE äußerst knapp bemessen ist, sparen wir durch die Löschung der Schaltflächen *OK* und *Abbrechen* eine Menge Platz ein. Die Anwender können anstelle der Schaltfläche *Abbrechen* die Schaltfläche *Schließen* verwenden, die Bestandteil der Titelleiste des Dialogfelds ist. Unter Windows CE kann auch eine Schaltfläche *OK* in der Titelleiste angezeigt werden, die Sie über das Eigenschaftendialogfeld des Dialogfelds aktivieren können. Sie stellen diese Eigenschaft ein, indem Sie das Eigenschaftendialogfeld für die Dialog-Ressource öffnen, auf die Registerkarte *Extended Styles* klicken und hier die Option *Caption Bar OK (WCE Only)* markieren (siehe Abbildung 38.11).

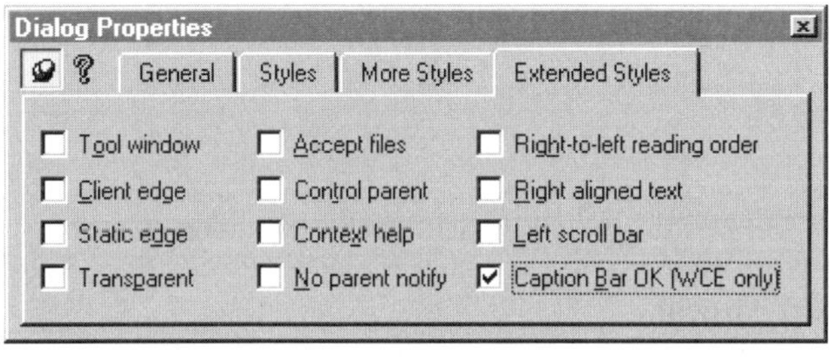

Abbildung 38.11:
Das Dialogfeld Dialog Properties.

(Sie müssen gegebenenfalls auch die Eigenschaft *Visible* auf der Registerkarte *More Styles* aktivieren.)

5. Fügen Sie Steuerelemente in das Dialogfeld ein.

Fügen Sie die in Abbildung 38.11 dargestellten Steuerelemente ein, und übernehmen Sie die vorgegebenen Namen:

- ein Bezeichnungsfeld und ein Eingabefeld für den Namen,
- ein Bezeichnungsfeld und ein Eingabefeld für den Betrag (*Amount*),
- ein Bezeichnungsfeld und ein Dropdown-Kombinationsfeld für die Kostenart (*Expense Type*),
- Ein Gruppenfeld (*City*) mit Optionsfeldern für verschiedene Städte (hier *Atlanta*, *Detroit* und *Chicago*),
- Ein Gruppenfeld (*Payment Option*) mit Markierungskästchen zur Angabe der Zahlungsart (hier *Check*, *Credit Card* und *Cash*).

6. Fügen Sie die Klasse *CEx38aDialog hinzu.*

Nachdem Sie die Steuerelemente eingefügt haben, doppelklicken Sie auf das Dialogfeld. Der Klassen-Assistent (bzw. ClassWizard) erkennt, dass eine neue Dialog-Ressource angelegt wurde und fragt, ob Sie eine Klasse für dieses Dialogfeld erstellen wollen. Klicken Sie auf *OK*, und übernehmen Sie die Vorgaben zur Erstellung der Klasse *CEx06aDialog*.

7. Programmieren Sie die Steuerelemente.
Fügen Sie der Dialogklasse mit dem Klassen-Assistenten die folgenden Member-Variablen hinzu:

- ***m_pComboBox***-Member-Variable zur Konfiguration des Kombinationsfelds,
- ***m_pProgressCtrl*** – Member-Variable für das Fortschrittsleiste-Steuerelement.

HINWEIS: In Kapitel 6 wird erläutert, wie Sie modale Dialogfelder programmieren.

Fügen Sie anschließend den folgenden Code in die Funktion *CEx38aDialog::OnInitDialog* ein, um die Steuerelemente zu initialisieren:

```
BOOL CWindowsCEDlg::OnInitDialog()
{
  CDialog::OnInitDialog();
  m_pComboBox.AddString(_T("Travel"));
  m_pComboBox.AddString(_T("Meal"));
  m_pComboBox.AddString(_T("Cab Fare"));
  m_pComboBox.AddString(_T("Entertainment"));
  m_pComboBox.AddString(_T("Other"));
  m_pProgressCtrl.SetPos(50);

  return TRUE;
}
```

Beachten Sie, dass Sie das Makro *_T* zur Verarbeitung von Zeichenfolgen verwenden müssen.

8. Verbinden Sie das Dialogfeld mit der Ansicht.
Markieren Sie im Klassen-Assistenten die Klasse *CEx38aView*, und fügen Sie die Member-Funktion *OnLButtonDown* hinzu.

9. Schreiben Sie den Code für die Behandlungsroutine *OnLButtonDown*.
Fügen Sie den fett gedruckten Code ein:

```
void CEx38aView::OnLButtonDown(UINT nFlags, CPoint point)
{
  CWindowsCEDlg dlg;
  dlg.DoModal();
  CView::OnLButtonDown(nFlags, point);
}
```

10. Fügen Sie Code zu der virtuellen *OnDraw*-Funktion in der *ex38aView.cpp* hinzu.
Da die Funktion *CDC::TextOut*, die in vorherigen Beispielen verwendet wurde, unter Windows CE nicht unterstützt wird, müssen wir die Funktion *CDC::DrawText* wie folgt verwenden:

```
void CEx38aView::OnDraw(CDC* pDC)
{
  CRect rect;
  GetClientRect(rect);

  pDC->SetTextColor(::GetSysColor(COLOR_WINDOWTEXT));
  pDC->SetBkMode(TRANSPARENT);
```

```
  pDC->DrawText(_T("Press the left mouse button here."),
      rect, DT_SINGLELINE);
}
```

11. Nehmen Sie Header-Datei *ex38aDialog.h* in die Datei *ex38aView.cpp* auf.
Fügen Sie die folgende include-Anweisung

```
#include "ex38aDialog.h"
```

am Anfang der Quelltextdatei *ex38aView.cpp* nach folgender Anweisung ein:

```
#include "ex38aView.h"
```

12. Erstellen Sie die Anwendung, und führen Sie sie aus.
Die Anwendung EX38A sollte während der Ausführung wie in Abbildung 38.12 aussehen. Wenn alles funktioniert, können Sie als Zielkonfiguration ein wirkliches Windows CE-Gerät einstellen. Sie können die Anwendung auf dem Gerät per Fernverarbeitung ausführen (oder debuggen), um sicherzustellen, dass sie auch in der Praxis funktioniert.

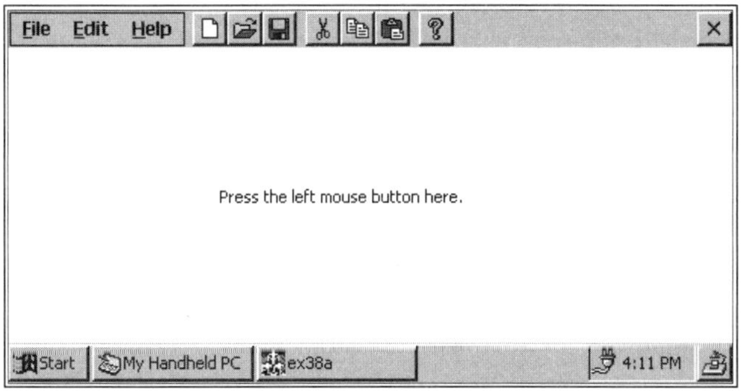

Abbildung 38.12:
Die Anwendung EX38A wird im Windows CE Emulator ausgeführt.

Die Anwendung EX38A hat gezeigt, dass die Programmierung für Windows CE der Programmierung für Windows 98 und Windows NT stark ähnelt.

Viele Windows CE-Programmierer sind daran interessiert, vorhandene Anwendungen auf die Windows CE-Umgebung zu portieren. Der nächste Abschnitt zeigt, wie man diese Aufgabe bewältigt.

Eine vorhandene MFC-Anwendung auf Windows CE portieren

Im Beispiel EX38B portieren wir eine vorhandene MFC-Anwendung (EX06B aus Kapitel 6) von Windows 98 und Windows NT auf Windows CE.

HINWEIS: Wir haben das Beispiel EX06B gewählt, da es sich um eine SDI-Anwendung handelt. Wenn Sie eine MDI-Anwendung auf Windows CE portieren wollen, sollten Sie diese Anwendung zuerst in eine SDI-Anwendung (oder mehrere SDI-Anwendungen, falls Sie mit mehreren Ansichten arbeiten) umwandeln und diese dann auf Windows CE portieren. Hier wird die amerikanische Version des Beispiels EX06B verwendet.

So konvertieren Sie das Beispiel EX06B:

1. **Starten Sie den MFC-Anwendungs-Assistenten, um das Projekt *\vcpp32\ex38b\ex38b* zu erstellen.**

Wählen Sie als Projekttyp *WCE MFC AppWizard*, und übernehmen Sie alle Voreinstellungen. (Sie haben vielleicht angenommen, wir können den Arbeitsbereich von EX06B kopieren und dann die Windows CE-Konfiguration hinzufügen. Es ist aber einfacher, mit einem neuen Projekt zu beginnen, da der Assistent viele komplexe Compilereinstellungen dann automatisch für Sie einrichtet.)

2. **Kopieren Sie die Dateien aus dem Verzeichnis *vcpp\ex06b* mit dem Windows-Explorer in das Verzeichnis *ex38b*.**

Vergewissern Sie sich, dass alle Dateien kopiert werden: Ex06bDialog.h, Ex06bDialog.cpp, Ex06bDoc.h, Ex06bDoc.cpp, ex06bView.h und ex06bView.cpp.

3. **Fügen Sie die Dateien in das Projekt ein.**

Wählen Sie im Menü *Project* (bzw. *Projekt*) den Befehl *Add To Project/Files* (bzw. *Dem Projekt hinzufügen/Dateien*), und fügen Sie die Dateien hinzu, die Sie in Schritt 2 kopiert haben.

4. **Kopieren Sie die Dialog- und Symbol-Ressourcen von EX06B.**

Öffnen Sie die Datei *\vcpp32\ex06b\ex06b\ex06b.rc*. Kopieren Sie die Ressource *IDD_DIALOG1* per Drag & Drop aus der Datei *ex06b.rc* in das Projekt *EX38B*. Kopieren Sie danach die Symbol-Ressourcen für die Farbsymbole (IDI_BLACK, IDI_BLUE usw.) per Drag & Drop aus der Datei *ex06b.rc* in das Projekt *EX38B*.

5. **Erstellen Sie die Anwendung, und beheben Sie etwaige Kompilierfehler und -warnungen.**

Nachdem Sie nun die wichtigsten Dateien (die Dokument-, Ansichts- und Dialogklassen) aus der Anwendung EX06B in die Windows CE EX38B-Anwendung verlagert haben, versuchen Sie, das Projekt zu erstellen. Wahrscheinlich treten eine Reihe von Fehlern aus, die Sie wie folgt beheben können:

- Ändern Sie alle Verweise auf die Datei *ex06b.h* in *ex38b.h*
- Stellen Sie sicher, dass alle internen Zeichenfolgen das Makro *_T* verwenden. Beispielsweise muss in der Datei Ex06bDialog.cpp die Zeile

```
TRACE("updating trackbar data members\n");
```

- wie folgt abgeändert werden, damit das Makro *_T* aufgeführt wird:

```
TRACE(_T("updating trackbar data members\n"));
```

- Wandeln Sie alle übrigen Zeichenfolgen in Unicode-Zeichenfolgen um. (Dies ist das am häufigsten auftretende Portierungsproblem.)
- *Ex06bView::OnDraw* verwendet die Member-Funktion *CDC::TextOut*, die unter Windows CE nicht unterstützt wird. Verwenden Sie statt dessen *DrawText*:

```
CRect rect;
GetClientRect(rect);
```

```
pDC->SetTextColor(::GetSysColor(COLOR_WINDOWTEXT));
pDC->SetBkMode(TRANSPARENT);

pDC->DrawText(_T("Press the left mouse button here."),
    rect, DT_SINGLELINE);
```

6. Ersetzen Sie die vom Assistenten generierte Ansichtsklasse durch die richtige Ansichtsklasse.

Öffnen Sie die Datei *ex38b.cpp*, und führen Sie die folgenden globalen Suchen- und Ersetzen-Operationen aus:

- Ändern Sie *CEx38bDoc* in *CEx06bDoc*.
- Ändern Sie *CEx38bView* in *CEx06bView*.

Vergewissern Sie sich zudem, dass die Datei *ex38b.cpp* include-Anweisungen für die Header-Dateien *ex06bView.h* und *ex06bDoc.h* enthält.

7. Passen Sie das Layout des Dialogfelds mit dem Dialog-Editor für Windows CE an.

Das vorhandene Dialogfeld ist viel zu groß für Windows CE. Sie können es wie folgt neu gestalten:

- Entfernen Sie die Schaltflächen *OK* und *Abbrechen*, und verwenden Sie die Schaltfläche *OK* der Fensterleiste (siehe Schritt 4 im Beispiel EX38A).
- Verschieben Sie die Fortschrittsleiste, die Schieberegler und die Drehfelder näher an den oberen Dialogfeldrand.
- Rücken das Listenfeld und die Strukturansicht näher zusammen. Im in der Höhe Platz zu sparen, verschieben Sie die Bezeichnungsfelder für die aktuelle Auswahl links neben das Listenfeld bzw. die Strukturansicht.
- Verkleinern Sie den Dialogfeldrahmen.

8. Bereinigen Sie das Projekt von unnötigen Dateien.

Sie können nun die Dokument- und Ansichtsklassen, die vom MFC-Anwendungs-Assistenten erstellt wurden löschen, indem Sie die Dateien auf der Registerkarte *Dateien* markieren und Entf drücken.

9. Erstellen und testen Sie die Anwendung.

Sie haben mit acht einfachen Schritten eine kleine MFC-Anwendung von Windows 98 und Windows NT nach Windows CE portiert.

Abbildung 38.13 zeigt, wie die Anwendung EX38B aussieht, wenn Sie im Simulationsmodus für Windows CE ausgeführt wird.

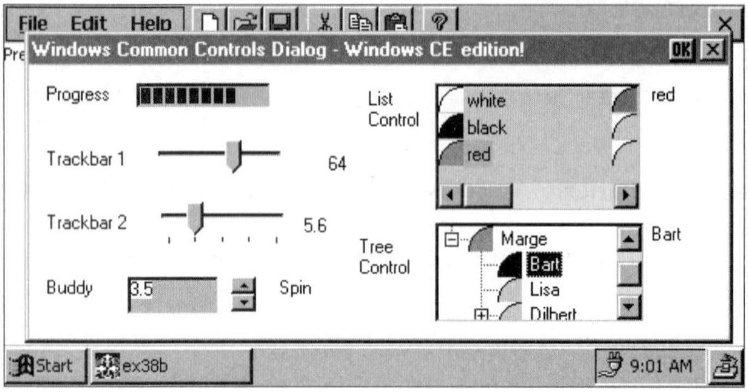

Abbildung 38.13:
Die Anwendung EX38B wird im Windows CE-Emulator ausgeführt.

Die ATL und Windows CE

Neben der Mini MFC enthält Visual C++ for Windows CE auch eine Windows CE-freundliche Version der ATL. Da die ATL bereits ein kompaktes Anwendungsgerüst ist, musste Microsoft den Leistungsumfang aufgrund der Größenbeschränkungen nicht reduzieren. Es gibt jedoch einige COM-Bereiche, die von Windows CE 2.0 nicht abgedeckt werden, was sich auf den Leistungsumfang der ATL für Windows CE auswirkt.

Da Windows CE das Apartment-Threading-Modell nicht unterstützt, sind in der ATL für Windows CE die Klassen *CComApartment*, *CComAutoThreadModule*, *CComClassFactoryAutoThread* und *CComSimpleThreadAllocator* nicht implementiert.

Windows CE unterstützt auch keine asynchronen Moniker, so dass die ATL für Windows CE die Klassen *IBindStatusCallbackImpl*- und *CBindStatusCallback*-Klassen nicht implementiert. Eine Reihe anderer Member-Funktionen von ATL-Klassen, die unter Windows CE ein anderes Ausführungsverhalten zeigen, werden in der Dokumentation zu Visual C++ for Windows CE beschrieben.

Zusätzlich zur ATL steht eine Windows CE-Version des ATL-Assistenten zur Verfügung. Abbildung 38.14 zeigt, dass dieser Assistent nur eine Option zur Auswahl stellt, nämlich ob die MFC unterstützt werden soll (*Support MFC*).

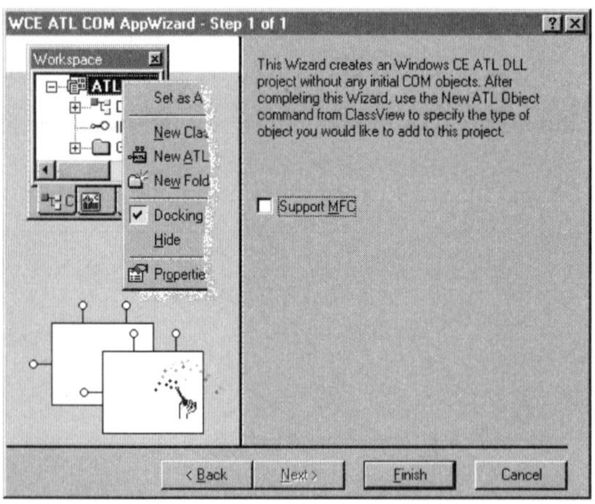

Abbildung 38.14:
Der ATL COM AppWizard *für Windows CE.*

Wenn Sie ActiveX-Steuerelemente für Windows CE schreiben, müssen Sie beachten, dass ActiveX-Steuerelemente Binärobjekte und daher prozessorabhängig sind. Abhängig von dem Gerät, das Sie unterstützen möchten, müssen Sie möglicherweise verschiedene Steuerelementversionen produzieren (z. B. MIPS und SH).

Weitere Informationen zu Windows CE

Windows CE ist eine interessante Umgebung für Windows-Programmierer. Da Sie Ihre Kenntnisse von Windows, Win32 und Visual C++ nutzen zu können, ist Windows CE eine äußerst attraktive und einfach zu handhabende Umgebung. Das Buch *Programming Windows CE* von Doug Boling (Microsoft Press, 1998) ist eine hervorragende Lektüre, wenn Sie sich näher mit der Programmierung für Windows CE beschäftigen möchten.

Microsoft entwickelt Windows CE und verwandte Technologien mit einer unglaublichen Geschwindigkeit. Wenn Sie auf dem Laufenden bleiben wollen, empfehlen wir das Internet. Behalten Sie die folgenden Websites im Auge:

- *http://www.microsoft.com/windowsce.* Diese Site bietet Nachrichen und Informationen über das Betriebssystem Windows CE, Geräte und Entwicklungswerkzeuge. Sie können hier eine Zeitschrift abonnieren.
- *http://www.microsoft.com/msdn.* Das Microsoft Developer Network (MSDN) enthält unzählige Artikel zu Windows CE. Sämtliche Artikel sind online und unterstützen die Textsuche.

Teil G
Anhänge

A Nachrichtenbehandlungsroutinen der MFC-Bibliothek

Routinen für WM_COMMAND-Nachrichten

Nachrichtentabelleneintrag	Funktionsprototyp
ON_COMMAND(<id>, <MemberFunktion>)	afx_msg void MemberFunktion();
ON_COMMAND_EX(<id>, <MemberFunktion>)	afx_msg BOOL MemberFunktion(UINT);
ON_COMMAND_EX_RANGE(<id>, <idLast>, <MemberFunktion>)	afx_msg BOOL MemberFunktion(UINT);
ON_COMMAND_RANGE(<id>, <idLast>, <MemberFunktion>)	afx_msg void MemberFunktion(UINT);
ON_UPDATE_COMMAND_UI(<id>,<MemberFunktion>)	afx_msg void MemberFunktion(CCmdUI*);
ON_UPDATE_COMMAND_UI_RANGE(<id>, <idLast>, <MemberFunktion>)	afx_msg void MemberFunktion(CCmdUI*);
ON_UPDATE_COMMAND_UI_REFLECT(<MemberFunktion>)	afx_msg void MemberFunktion(CCmdUI*);

Behandlungsroutinen für Benachrichtigungen untergeordneter Fenster

Nachrichtentabelleneintrag	Funktionsprototyp
Allgemeine Benachrichtungscodes von Steuerelementen	
ON_CONTROL(<wNotifyCode>, <id>, <MemberFunktion>)	afx_msg void MemberFunktion();
ON_CONTROL_RANGE(<wNotifyCode>, <id>, <idLast>, <MemberFunktion>)	afx_msg void MemberFunktion(UINT);
ON_CONTROL_REFLECT(<wNotifyCode>, <MemberFunktion>)	afx_msg void MemberFunktion();
ON_CONTROL_REFLECT_EX(<wNotifyCode>,<MemberFunktion>)	afx_msg BOOL MemberFunktion();
ON_NOTIFY(<wNotifyCode>, <id>, <MemberFunktion>)	afx_msg void MemberFunktion(NMHDR*, LRESULT*);

▸

Nachrichtentabelleneintrag	Funktionsprototyp
ON_NOTIFY_EX(<wNotifyCode>, <id>, <MemberFunktion>)	afx_msg BOOL MemberFunktion(UINT, NMHDR*, LRESULT*);
ON_NOTIFY_EX_RANGE(<wNotifyCode>, <id>, <idLast>, <MemberFunktion>)	afx_msg BOOL MemberFunktion(UINT, NMHDR*, LRESULT*);
ON_NOTIFY_RANGE(<wNotifyCode>, <id>, <idLast>, <MemberFunktion>)	afx_msg void MemberFunktion(UINT, NMHDR*, LRESULT*);
ON_NOTIFY_REFLECT(<wNotifyCode>, <MemberFunktion>)	afx_msg void MemberFunktion(NMHDR*, LRESULT*);
ON_NOTIFY_REFLECT_EX(<wNotifyCode>, <MemberFunktion>)	afx_msg BOOL MemberFunktion(NMHDR*, LRESULT*);
Benachrichtigungscodes von Schaltflächen	
ON_BN_CLICKED(<id>, <MemberFunktion>)	afx_msg void MemberFunktion();
ON_BN_DOUBLECLICKED(<id>, <MemberFunktion>)	afx_msg void MemberFunktion();
ON_BN_KILLFOCUS(<id>, <MemberFunktion>)	afx_msg void MemberFunktion();
ON_BN_SETFOCUS(<id>, <MemberFunktion>)	afx_msg void MemberFunktion();
Benachrichtigungscodes von Kombinationsfeldern	
ON_CBN_CLOSEUP(<id>, <MemberFunktion>)	afx_msg void MemberFunktion();
ON_CBN_DBLCLK(<id>, <MemberFunktion>)	afx_msg void MemberFunktion();
ON_CBN_DROPDOWN(<id>, <MemberFunktion>)	afx_msg void MemberFunktion();
ON_CBN_EDITCHANGE(<id>, <MemberFunktion>)	afx_msg void MemberFunktion();
ON_CBN_EDITUPDATE(<id>, <MemberFunktion>)	afx_msg void MemberFunktion();
ON_CBN_ERRSPACE(<id>, <MemberFunktion>)	afx_msg void MemberFunktion();
ON_CBN_KILLFOCUS(<id>, <MemberFunktion>)	afx_msg void MemberFunktion();
ON_CBN_SELCHANGE(<id>, <MemberFunktion>)	afx_msg void MemberFunktion();
ON_CBN_SELENDCANCEL(<id>, <MemberFunktion>)	afx_msg void MemberFunktion();
ON_CBN_SELENDOK(<id>, <MemberFunktion>)	afx_msg void MemberFunktion();
ON_CBN_SETFOCUS(<id>, <MemberFunktion>)	afx_msg void MemberFunktion();
Benachrichtigungscodes von Optionsfeldern	
ON_CLBN_CHKCHANGE(<id>, <MemberFunktion>)	afx_msg void MemberFunktion();
Benachrichtigungscodes von Eingabefeldern	
ON_EN_CHANGE(<id>, <MemberFunktion>)	afx_msg void MemberFunktion();
ON_EN_ERRSPACE(<id>, <MemberFunktion>)	afx_msg void MemberFunktion();
ON_EN_HSCROLL(<id>, <MemberFunktion>)	afx_msg void MemberFunktion();
ON_EN_KILLFOCUS(<id>, <MemberFunktion>)	afx_msg void MemberFunktion();
ON_EN_MAXTEXT(<id>, <MemberFunktion>)	afx_msg void MemberFunktion();
ON_EN_SETFOCUS(<id>, <MemberFunktion>)	afx_msg void MemberFunktion();
ON_EN_UPDATE(<id>, <MemberFunktion>)	afx_msg void MemberFunktion();
ON_EN_VSCROLL(<id>, <MemberFunktion>)	afx_msg void MemberFunktion();
Benachrichtigungscodes von Listenfeldern	
ON_LBN_DBLCLK(<id>, <MemberFunktion>)	afx_msg void MemberFunktion();
ON_LBN_ERRSPACE(<id>, <MemberFunktion>)	afx_msg void MemberFunktion(); ►

Nachrichtentabelleneintrag	Funktionsprototyp
ON_LBN_KILLFOCUS(<id>, <MemberFunktion>)	afx_msg void MemberFunktion();
ON_LBN_SELCANCEL(<id>, <MemberFunktion>)	afx_msg void MemberFunktion();
ON_LBN_SELCHANGE(<id>, <MemberFunktion>)	afx_msg void MemberFunktion();
ON_LBN_SETFOCUS(<id>, <MemberFunktion>)	afx_msg void MemberFunktion();
Benachrichtigungscodes von statischen Textfeldern	
ON_STN_CLICKED(<id>, <MemberFunktion>)	afx_msg void MemberFunktion();
ON_STN_DBLCLK(<id>, <MemberFunktion>)	afx_msg void MemberFunktion();
ON_STN_DISABLE(<id>, <MemberFunktion>)	afx_msg void MemberFunktion();
ON_STN_ENABLE(<id>, <MemberFunktion>)	afx_msg void MemberFunktion();

Behandlungsroutinen für Fensterbenachrichtigungen

Nachrichtentabelleneintrag	Funktionsprototyp
ON_WM_ACTIVATE()	afx_msg void OnActivate(UINT, CWnd*, BOOL);
ON_WM_ACTIVATEAPP()	afx_msg void OnActivateApp(BOOL, HTASK);
ON_WM_ASKCBFORMATNAME()	afx_msg void OnAskCbFormatName(UINT,LPTSTR);
ON_WM_CANCELMODE()	afx_msg void OnCancelMode();
ON_WM_CAPTURECHANGED()	afx_msg void OnCaptureChanged(CWnd*);
ON_WM_CHANGECBCHAIN()	afx_msg void OnChangeCbChain(HWND, HWND);
ON_WM_CHAR()	afx_msg void OnChar(UINT, UINT, UINT);
ON_WM_CHARTOITEM()	afx_msg int OnCharToItem(UINT, CListBox*, UINT);
ON_WM_CHARTOITEM_REFLECT()	afx_msg int CharToItem(UINT, UINT);
ON_WM_CHILDACTIVATE()	afx_msg void OnChildActivate();
ON_WM_CLOSE()	afx_msg void OnClose();
ON_WM_COMPACTING()	afx_msg void OnCompacting(UINT);
ON_WM_COMPAREITEM()	afx_msg int OnCompareItem(int,LPCOMPAREITEMSTRUCT);
ON_WM_COMPAREITEM_REFLECT()	afx_msg int CompareItem(LPCOMPAREITEMSTRUCT);
ON_WM_CONTEXTMENU()	afx_msg void OnContextMenu(CWnd*, CPoint);
ON_WM_COPYDATA()	afx_msg BOOL OnCopyData(CWnd*, COPYDATASTRUCT*);
ON_WM_CREATE()	afx_msg int OnCreate(LPCREATESTRUCT);
ON_WM_CTLCOLOR()	afx_msg HBRUSH OnCtlColor(CDC*, CWnd*, UINT);
ON_WM_CTLCOLOR_REFLECT()	afx_msg HBRUSH CtlColor(CDC*, UINT);
ON_WM_DEADCHAR()	afx_msg void OnDeadChar(UINT, UINT, UINT);
ON_WM_DELETEITEM()	afx_msg void OnDeleteItem(int, LPDELETEITEMSTRUCT);
ON_WM_DELETEITEM_REFLECT()	afx_msg void DeleteItem(LPDELETEITEMSTRUCT)
ON_WM_DESTROY()	afx_msg void OnDestroy();
ON_WM_DESTROYCLIPBOARD()	afx_msg void OnDestroyClipboard();
ON_WM_DEVICECHANGE()	afx_msg BOOL OnDeviceChange(UINT, DWORD); ►

Nachrichtentabelleneintrag	Funktionsprototyp
ON_WM_DEVMODECHANGE()	afx_msg void OnDevModeChange(LPTSTR);
ON_WM_DRAWCLIPBOARD()	afx_msg void OnDrawClipboard();
ON_WM_DRAWITEM()	afx_msg void OnDrawItem(int, LPDRAWITEMSTRUCT);
ON_WM_DRAWITEM_REFLECT()	afx_msg void DrawItem(LPDRAWITEMSTRUCT);
ON_WM_DROPFILES()	afx_msg void OnDropFiles(HDROP);
ON_WM_ENABLE()	afx_msg void OnEnable(BOOL);
ON_WM_ENDSESSION()	afx_msg void OnEndSession(BOOL);
ON_WM_ENTERIDLE()	afx_msg void OnEnterIdle(UINT, CWnd*);
ON_WM_ENTERMENULOOP()	afx_msg void OnEnterMenuLoop(BOOL);
ON_WM_ERASEBKGND()	afx_msg BOOL OnEraseBkgnd(CDC*);
ON_WM_EXITMENULOOP()	afx_msg void OnExitMenuLoop(BOOL);
ON_WM_FONTCHANGE()	afx_msg void OnFontChange();
ON_WM_GETDLGCODE()	afx_msg UINT OnGetDlgCode();
ON_WM_GETMINMAXINFO()	afx_msg void OnGetMinMaxInfo(MINMAXINFO*);
ON_WM_HELPINFO()	afx_msg BOOL OnHelpInfo(HELPINFO*);
ON_WM_HSCROLL()	afx_msg void OnHScroll(UINT, UINT, CScrollBar*);
ON_WM_HSCROLL_REFLECT()	afx_msg void HScroll(UINT, UINT);
ON_WM_HSCROLLCLIPBOARD()	afx_msg void OnHScrollClipboard(CWnd*, UINT, UINT);
ON_WM_ICONERASEBKGND()	afx_msg void OnIconEraseBkgnd(CDC*);
ON_WM_INITMENU()	afx_msg void OnInitMenu(CMenu*);
ON_WM_INITMENUPOPUP()	afx_msg void OnInitMenuPopup(CMenu*, UINT, BOOL);
ON_WM_KEYDOWN()	afx_msg void OnKeyDown(UINT, UINT, UINT);
ON_WM_KEYUP()	afx_msg void OnKeyUp(UINT, UINT, UINT);
ON_WM_KILLFOCUS()	afx_msg void OnKillFocus(CWnd*);
ON_WM_LBUTTONDBLCLK()	afx_msg void OnLButtonDblClk(UINT, CPoint);
ON_WM_LBUTTONDOWN()	afx_msg void OnLButtonDown(UINT, CPoint);
ON_WM_LBUTTONUP()	afx_msg void OnLButtonUp(UINT, CPoint);
ON_WM_MBUTTONDBLCLK()	afx_msg void OnMButtonDblClk(UINT, CPoint);
ON_WM_MBUTTONDOWN()	afx_msg void OnMButtonDown(UINT, CPoint);
ON_WM_MBUTTONUP()	afx_msg void OnMButtonUp(UINT, CPoint);
ON_WM_MDIACTIVATE()	afx_msg void OnMDIActivate(BOOL, CWnd*, CWnd*);
ON_WM_MEASUREITEM()	afx_msg void OnMeasureItem(int, LPMEASUREITEMSTRUCT);
ON_WM_MEASUREITEM_REFLECT()	afx_msg void MeasureItem(LPMEASUREITEMSTRUCT)
ON_WM_MENUCHAR()	afx_msg LRESULT OnMenuChar(UINT, UINT, CMenu*);
ON_WM_MENUSELECT()	afx_msg void OnMenuSelect(UINT, UINT, HMENU);
ON_WM_MOUSEACTIVATE()	afx_msg int OnMouseActivate(CWnd*, UINT, UINT);
ON_WM_MOUSEMOVE()	afx_msg void OnMouseMove(UINT, CPoint);
ON_WM_MOUSEWHEEL()	afx_msg BOOL OnMouseWheel(UINT, short, CPoint);
ON_WM_MOVE()	afx_msg void OnMove(int, int);
ON_WM_MOVING()	afx_msg void OnMoving(UINT, LPRECT); ►

Nachrichtentabelleneintrag	Funktionsprototyp
ON_WM_NCACTIVATE()	afx_msg BOOL OnNcActivate(BOOL);
ON_WM_NCCALCSIZE()	afx_msg void OnNcCalcSize(BOOL, NCCALCSIZE_PARAMS*);
ON_WM_NCCREATE()	afx_msg BOOL OnNcCreate(LPCREATESTRUCT);
ON_WM_NCDESTROY()	afx_msg void OnNcDestroy();
ON_WM_NCHITTEST()	afx_msg UINT OnNcHitTest(CPoint);
ON_WM_NCLBUTTONDBLCLK()	afx_msg void OnNcLButtonDblClk(UINT, CPoint);
ON_WM_NCLBUTTONDOWN()	afx_msg void OnNcLButtonDown(UINT, CPoint);
ON_WM_NCLBUTTONUP()	afx_msg void OnNcLButtonUp(UINT, CPoint);
ON_WM_NCMBUTTONDBLCLK()	afx_msg void OnNcMButtonDblClk(UINT, CPoint);
ON_WM_NCMBUTTONDOWN()	afx_msg void OnNcMButtonDown(UINT, CPoint);
ON_WM_NCMBUTTONUP()	afx_msg void OnNcMButtonUp(UINT, CPoint);
ON_WM_NCMOUSEMOVE()	afx_msg void OnNcMouseMove(UINT, CPoint);
ON_WM_NCPAINT()	afx_msg void OnNcPaint();
ON_WM_NCRBUTTONDBLCLK()	afx_msg void OnNcRButtonDblClk(UINT, CPoint);
ON_WM_NCRBUTTONDOWN()	afx_msg void OnNcRButtonDown(UINT, CPoint);
ON_WM_NCRBUTTONUP()	afx_msg void OnNcRButtonUp(UINT, CPoint);
ON_WM_PAINT()	afx_msg void OnPaint();
ON_WM_PAINTCLIPBOARD()	afx_msg void OnPaintClipboard(CWnd*, HGLOBAL);
ON_WM_PALETTECHANGED()	afx_msg void OnPaletteChanged(CWnd*);
ON_WM_PALETTEISCHANGING()	afx_msg void OnPaletteIsChanging(CWnd*);
ON_WM_PARENTNOTIFY()	afx_msg void OnParentNotify(UINT, LPARAM);
ON_WM_PARENTNOTIFY_REFLECT()	afx_msg void ParentNotify(UINT, LPARAM);
ON_WM_QUERYDRAGICON()	afx_msg HCURSOR OnQueryDragIcon();
ON_WM_QUERYENDSESSION()	afx_msg BOOL OnQueryEndSession();
ON_WM_QUERYNEWPALETTE()	afx_msg BOOL OnQueryNewPalette();
ON_WM_QUERYOPEN()	afx_msg BOOL OnQueryOpen();
ON_WM_RBUTTONDBLCLK()	afx_msg void OnRButtonDblClk(UINT, CPoint);
ON_WM_RBUTTONDOWN()	afx_msg void OnRButtonDown(UINT, CPoint);
ON_WM_RBUTTONUP()	afx_msg void OnRButtonUp(UINT, CPoint);
ON_WM_RENDERALLFORMATS()	afx_msg void OnRenderAllFormats();
ON_WM_RENDERFORMAT()	afx_msg void OnRenderFormat(UINT);
ON_WM_SETCURSOR()	afx_msg BOOL OnSetCursor(CWnd*, UINT, UINT);
ON_WM_SETFOCUS()	afx_msg void OnSetFocus(CWnd*);
ON_WM_SETTINGCHANGE()	afx_msg void OnSettingChange(UINT, LPCTSTR);
ON_WM_SHOWWINDOW()	afx_msg void OnShowWindow(BOOL, UINT);
ON_WM_SIZE()	afx_msg void OnSize(UINT, int, int);
ON_WM_SIZECLIPBOARD()	afx_msg void OnSizeClipboard(CWnd*, HGLOBAL);
ON_WM_SIZING()	afx_msg void OnSizing(UINT, LPRECT);
ON_WM_SPOOLERSTATUS()	afx_msg void OnSpoolerStatus(UINT, UINT);
ON_WM_STYLECHANGED()	afx_msg void OnStyleChanged(int, LPSTYLESTRUCT); ►

Nachrichtentabelleneintrag	Funktionsprototyp
ON_WM_STYLECHANGING()	afx_msg void OnStyleChanging(int, LPSTYLESTRUCT);
ON_WM_SYSCHAR()	afx_msg void OnSysChar(UINT, UINT, UINT);
ON_WM_SYSCOLORCHANGE()	afx_msg void OnSysColorChange();
ON_WM_SYSCOMMAND()	afx_msg void OnSysCommand(UINT, LPARAM);
ON_WM_SYSDEADCHAR()	afx_msg void OnSysDeadChar(UINT, UINT, UINT);
ON_WM_SYSKEYDOWN()	afx_msg void OnSysKeyDown(UINT, UINT, UINT);
ON_WM_SYSKEYUP()	afx_msg void OnSysKeyUp(UINT, UINT, UINT);
ON_WM_TCARD()	afx_msg void OnTCard(UINT, DWORD);
ON_WM_TIMECHANGE()	afx_msg void OnTimeChange();
ON_WM_TIMER()	afx_msg void OnTimer(UINT);
ON_WM_VKEYTOITEM()	afx_msg int OnVKeyToItem(UINT, CListBox*, UINT);
ON_WM_VKEYTOITEM_REFLECT()	afx_msg int VKeyToItem(UINT, UINT);
ON_WM_VSCROLL()	afx_msg void OnVScroll(UINT, UINT, CScrollBar*);
ON_WM_VSCROLL_REFLECT()	afx_msg void VScroll(UINT, UINT);
ON_WM_VSCROLLCLIPBOARD()	afx_msg void OnVScrollClipboard(CWnd*, UINT, UINT);
ON_WM_WINDOWPOSCHANGED()	afx_msg void OnWindowPosChanged(WINDOWPOS*);
ON_WM_WINDOWPOSCHANGING()	afx_msg void OnWindowPosChanging(WINDOWPOS*);
ON_WM_WININICHANGE()	afx_msg void OnWinIniChange(LPCTSTR);

Benutzerdefinierte Nachrichtencodes

Nachrichtentabelleneintrag	Funktionsprototyp
ON_MESSAGE(<Nachricht>, <MemberFunktion>)	afx_msg LRESULT MemberFunktion(WPARAM, LPARAM);
ON_REGISTERED_MESSAGE (<nNachrichtenVariable>,<MemberFunktion>)	afx_msg LRESULT MemberFunktion(WPARAM, LPARAM);
ON_REGISTERED_THREAD_MESSAGE(<nNachrichten-Variable>, <MemberFunktion>)	afx_msg void MemberFunktion(WPARAM, LPARAM);
ON_THREAD_MESSAGE (<Nachricht>,<MemberFunktion>)	afx_msg void MemberFunktion(WPARAM, LPARAM);

B MFC-Klassenidentifikation und dynamische Objekterstellung

Lange bevor die Sprachspezifikation von C++ um RTTI (Runtime Type Information) erweitert wurde, haben die Entwickler der MFC-Bibliothek erkannt, dass man zur Laufzeit auf die Klassennamen der Objekte und die Position der Klasse innerhalb der Klassenhierarchie zugreifen können muss. Auch die Dokument-Ansicht-Architektur (und später die Class Factories von COM) erforderten, dass man Objekte einer gegebenen Klasse zur Laufzeit erstellen konnte. Daher hat das MFC-Team ein auf Makros basierendes System zur Identifikation von Klassen und dynamischen Erstellung von Objekten integriert, das auf der universellen Basisklasse *CObject* basiert. Obwohl der Compiler von Visual C++ Version 6.0 die ANSI-RTTI-Syntax unterstützt, verwendet die MFC-Bibliothek weiterhin das ursprüngliche System, da es mehr Möglichkeiten bietet.

In diesem Anhang wird erklärt, wie das System zur Klassenidentifikation und dynamischen Objekterstellung in der MFC-Bibliothek implementiert ist. Sie werden erfahren, wie die Makros *DECLARE_DYNAMIC*, *DECLARE_DYNCREATE* sowie die zugehörigen Makros arbeiten, und Sie lernen das Makro *RUNTIME_CLASS* und die *CRuntimeClass*-Struktur kennen.

Den Namen der Objektklasse zur Laufzeit ermitteln

Wenn Sie lediglich am Namen einer Objektklasse interessiert sind, stehen Sie vor einer mühelos zu bewältigenden Aufgabe – vorausgesetzt, Ihre Objektklassen sind alle von der gemeinsamen Basisklasse *CObject* abgeleitet. Mit folgendem Code können Sie den Klassennamen ermitteln:

```
class CObject
{
public:
  virtual char* GetClassName() const { return NULL; }
};

class CMeineKlasse : public CObject
{
public:
```

```
  static char s_lpszClassName[];
  virtual char* GetClassName() const { return s_lpszClassName; }
};
char CMeineKlasse::s_szClassName[] = "CMeineKlasse";
```

In jeder abgeleiteten Klasse wird dann die virtuelle Funktion *GetClassName* überschrieben, die eine statische Zeichenfolge ausgibt. Sie erhalten sogar den Klassennamen eines Objekts, wenn Sie die Funktion *GetClassName* mit einem *CObject*-Zeiger aufrufen. Falls Sie diese Funktion in vielen Klassen benötigen, können Sie sich mit einem Makro etwas Arbeit sparen. Sie könnten mit einem *DECLARE_CLASSNAME*-Makro das statische Datenelement und die Funktion *GetClassName* in die Klassendeklaration einfügen, und mit einem *IMPLEMENT_CLASSNAME*-Makro die Zeichenfolge für den Klassennamen in der Implementierungsdatei definieren.

Die MFC-Struktur CRuntimeClass und das Makro RUNTIME_CLASS

In einem echten MFC-Programm würde man anstelle des oben genannten statischen Datenelements *s_lpszClassName* eine Instanz der Struktur *CRuntimeClass* verwenden. Diese Struktur verfügt über Datenelemente für den Klassennamen und die Objektgröße. Sie enthält zudem einen Zeiger auf eine spezielle statische Funktion namens *CreateObject*, die in der Zielklasse implementiert werden soll. Es folgt der Code einer vereinfachten Version von *CRuntimeClass*:

```
struct CRuntimeClass
{
  char m_lpszClassName[21];
  int m_nObjectSize; // zur Validierung des Speichers
  CObject* (*m_pfnCreateObject)();
  CObject* CreateObject();
};
```

HINWEIS: Die echte MFC-Struktur *CRuntimeClass* verfügt über zusätzliche Datenelemente und Funktionen für die Navigation in der Klassenhierarchie. Diese Navigationsfunktion wird in der offiziellen RTTI-Implementierung in C++ nicht unterstützt.

Diese Struktur unterstützt nicht nur den Abruf von Klassennamen, sondern auch die dynamische Erstellung von Objekten. Jede von *CObject* abgeleitete Klasse weist ein *statisches CRuntimeClass*-Datenelement auf, sofern Sie das Makro MFC *DECLARE_DYNAMIC*, *DECLARE_DYNCREATE* oder *DECLARE_SERIAL* in der Deklaration und das zugehörige *IMPLEMENT*-Makro in der Implementierungsdatei verwendet haben. Gemäß Konvention wird dieses statische Datenelement mit *class<Klassenname>* benannt. Wenn Sie Ihre Klasse beispielsweise *CMeineKlasse* nennen, würde das *CRuntimeClass*-Datenelement *classCMeineKlasse* heißen.

Wenn Sie einen Zeiger auf das statische *CRuntimeClass*-Objekt einer *Klasse* erhalten möchten, verwenden Sie das MFC-Makro *RUNTIME_CLASS*, das wie folgt definiert ist:

```
#define RUNTIME_CLASS(class_name) (&class_name::class##class_name)
```

Wie folgt können Sie mit Hilfe dieses Makros den Namen einer Klasse ermitteln:

```
ASSERT(RUNTIME_CLASS(CMeineKlasse)->m_lpszClassName == "CMeineClasse");
```

Falls Sie den Klassennamen eines *Objekts* ermitteln wollen, können Sie die virtuelle Funktion *CObject::GetRuntimeClass* aufrufen. Diese Funktion gibt einfach einen Zeiger auf das statische *CRuntimeClass*-Objekt der Klasse zurück, ähnlich wie im obigen Beispiel die Funktion *GetClassName* die Namenszeichenfolge zurückgegeben hat. Für die Klasse *CMeineKlasse* würden Sie diese Funktion wie folgt formulieren:

```
virtual CRuntimeClass* GetRuntimeClass() const { return &classCMeineKlasse; }
```

Und so würden Sie sie aufrufen:

```
ASSERT(pMeinObjekt->GetRuntimeClass()->m_lpszClassName == "CMeineKlasse");
```

Dynamische Erstellung

Sie haben bereits erfahren, dass die *DECLARE*- und *IMPLEMENT*-Makros ein statisches *CRuntimeClass*-Objekt einer Klasse hinzufügen. Wenn Sie das Makro *DECLARE_DYNCREATE* oder *DECLARE_SERIAL* (und die entsprechenden *IMPLEMENT*-Makros) verwenden, wird zusätzlich eine statische Member-Funktion namens *CreateObject* (nicht zu verwechseln mit *CRuntimeClass::CreateObject*) in Ihre Klasse eingefügt. Ein Beispiel hierzu:

```
CObject* CMeineKlasse::CreateObject()
{
  return new CMeineKlasse;
}
```

Offentsichtlich benötigt *CMeineKlasse* einen Standardkonstruktor. Dieser Konstruktor wird in Klassen, die von Assistenten erstellt werden und die dynmaische Erstellung unterstützen, als geschützter Konstruktor deklariert.

Sehen Sie sich nun den Code für die Funktion *CRuntimeClass::CreateObject* an:

```
CObject* CRuntimeClass::CreateObject()
{
  return (*m_pfnCreateObject)();
}
```

Diese Funktion enthält einen indirekten Aufruf der *CreateObject*-Funktion der Zielklasse. Mit folgenden Anweisungen würden Sie dynamisch ein Objekt der Klasse *CMeineKlasse* erstellen:

```
CRuntimeClass* pRTC = RUNTIME_CLASS(CMeinObjekt);
CMeineKlasse* pMeinObjekt = (CMeineKlasse*)pRTC->CreateObject();
```

Sie wissen wie Dokumentvorlagen funktionieren. Ein Dokumentvorlagenobjekt verfügt über drei Datenelemente vom Typ *CRuntimeClass**, die vom Konstruktor mit Zeigern auf die statischen *CRuntimeClass*-Datenelemente der Dokument-, Rahmen- und Ansichtsklassen initialisiert werden. Sobald ein Aufruf von *CWinApp::OnFileNew* erfolgt, ruft das Anwendungsgerüst die *CreateObject*-Funktionen mit diesen drei gespeicherten Zeigern auf.

Ein Beispielprogramm

Nachfolgend ist der Code eines Befehlszeilenprogramms abgedruckt, das dynamisch Objekte zweier Klassen erstellt. Beachten Sie, dass es sich hier nicht um echten MFC-Code handelt. Die Klasse *CObject* ist eine stark vereinfachte Variante der gleichnamigen MFC-Bibliotheksklasse. Sie finden dieses Programm in der Datei dyncreat.cpp im Verzeichnis \vcpp32\appendb auf der Begleit-CD zu diesem Buch.

```
#include <stdio.h>

#define RUNTIME_CLASS(class_name) (&class_name::class##class_name)

class CObject;

struct CRuntimeClass
{
  char m_lpszClassName[21];
  int m_nObjectSize;
  CObject* (*m_pfnCreateObject)();
  CObject* CreateObject();
};

// Keine wirklich abstrakte Klasse, da sie keine rein virtuellen
// Funktionen enthält. Man kann jedoch wegen des geschützten
// Konstruktors CObject-Objekte erstellen.
class CObject
{
public:
  // Nicht rein, da abgeleitete Klassen sie nicht unbedingt implementieren
  virtual CRuntimeClass* GetRuntimeClass() const { return NULL; }

  // Wir erstellen nie Objekte der Klasse CObject, verwenden sie hier aber,
  // um Informationen zur Klassenhierarchie zu erhalten
  static CRuntimeClass classCObject;    // DYNAMIC
  virtual ~CObject() {}; // muß deklariert werden
protected:
  CObject() { printf("CObject constructor\n"); }
};

CRuntimeClass CObject::classCObject = { "CObject",
  sizeof(CObject), NULL };

CObject* CRuntimeClass::CreateObject()
{
  return (*m_pfnCreateObject)(); // indirekter Funktionsaufruf
}

class CAlpha : public CObject
{
public:
  virtual CRuntimeClass* GetRuntimeClass()
    const { return &classCAlpha; }
  static CRuntimeClass classCAlpha;    // DYNAMIC
  static CObject* CreateObject();      // DYNCREATE
```

```
protected:
  CAlpha() { printf("CAlpha constructor\n"); }
};

CRuntimeClass CAlpha::classCAlpha = { "CAlpha",
  sizeof(CAlpha), CAlpha::CreateObject };

CObject* CAlpha::CreateObject() // statische Funktion
{
  return new CAlpha;
}

class CBeta : public CObject
{
public:
  virtual CRuntimeClass* GetRuntimeClass()
    const { return &classCBeta; }
  static CRuntimeClass classCBeta;     // DYNAMIC
  static CObject* CreateObject();     // DYNCREATE
protected:
  CBeta() { printf("CBeta constructor\n"); }
};

CRuntimeClass CBeta::classCBeta = { "CBeta",
  sizeof(CBeta), CBeta::CreateObject };

CObject* CBeta::CreateObject() // statische Funktion
{
  return new CBeta;
}

int main()
{
  printf("Entering dyncreate main\n");

  CRuntimeClass* pRTCAlpha - RUNTIME_CLASS(CAlpha);
  CObject* pObj1 = pRTCAlpha->CreateObject();
  printf("class of pObj1 = %s\n",
    pObj1->GetRuntimeClass()->m_lpszClassName);

  CRuntimeClass* pRTCBeta = RUNTIME_CLASS(CBeta);
  CObject* pObj2 = pRTCBeta->CreateObject();
  printf("class of pObj2 = %s\n",
    pObj2->GetRuntimeClass()->m_lpszClassName);

  delete pObj1;
  delete pObj2;
  return 0;
}
```

Stichwortverzeichnis

B

C

D

E

H

L

M

N

O

P

S

T

U

V

W

X

Z

Die Autoren

David Kruglinski (1947–1997)

David Kruglinski war Autodidakt und ein talentierter Programmierer, Autor, Lehrer und Sportler.

Seine Laufbahn als Programmierer begann 1966 während seines Studiums an der Purdue University. Er stieg 1976 in Programmierung von Microcomputer-Anwendungen ein, nachdem ein Freund eine defekte 8080-Platine aus dem Abfall gefischt hatte.

Er schrieb die erste Ausgabe dieses preisgekrönten und hochgelobten Titels 1992 für Microsoft Press. Dieser Titel wurde zum Bestseller und ist nunmehr bereits in der fünften Auflage erschienen. Bevor David Kruglinski für Microsoft Press zu schreiben begann, hat er vier Bücher zu Themen wie Datenbankverwaltungssysteme für Microcomputer und PC-Kommunikationstechnologien geschrieben.

Aufgrund seiner Fähigkeiten als Autor und als Programmierer wurde er Mitte 1991 als freiberuflicher Mitarbeiter für die Dokumentation der Microsoft Foundation Class Library Version 1.0 engagiert. Ein Großteil der MFC-Referenz, insbesondere die Dokumentation vieler Basisklassen wie *CString*, zeugt immer noch von Davids Expertise. Er hat 1992, etwa um Erscheinungstermin von Microsoft C/C++ 7.0 herum, die Abteilung Microsoft Languages verlassen, um sich dem Titel *Inside Visual C++* zu widmen.

David wurde dank seiner engen Beziehung zur MFC-Bibliothek und der Sprache Visual C++ zu einer geschätzten Autorität in beiden Fachgebieten. Er hat ein erfolgreiches Unternehmen zur Entwicklung von Software-Tools gegründet und war als Berater und Trainer für Microsoft Visual C++ tätig. Zwischen seinen ausgedehnten Reisen zu Seminaren, Vorlesungen, Konferenzen und Gleitschirmflügen hat David über seine zahlreichen Kontakte bei Microsoft stets versucht, auf dem neuesten Stand der Softwareentwicklung zu bleiben. Er hat in diesem Bemühen häufig Mitarbeiter des Visual C++-Teams besucht und neue Technologien erforscht, die in die MFC aufgenommen wurden, wie OLE, Datenbankfunktion und das Internet.

Als Weltreisender und Sportler, der Wanderungen und Bergtouren genoß, war David nie ohne seinen »Flügel« unterwegs. Er begann Ende der 80er Jahre mit dem Gleitschirmfliegen und hat sich über die Jahre hinweg einen internationalen Ruf als exzellenter Pilot erworben. David war ein verwegener und unkonventioneller Pilot. Es machte ihm Spaß, an den schönen Orten dieser Welt über Bergspitzen und Täler zu fliegen. Er hat an verschiedenen Orten Rekorde gesetzt, sowohl bezüglich der Dauer als auch der Distanz und der Höhe seines Gleitflugs.

»Downwind Dave« Kruglinski starb beim Gleitschirmfliegen im Methow Valley, Okanogan County, Washington, am 17. April, 1997. Er war 49 Jahre alt.

Scott Wingo und George Shepherd

Scott Wingo hat seit Version 1.0 von beiden Produkten mit C++ und der MFC-Bibliothek gearbeitet. Er fing während seines Studiums im Fach Computer Engineering an der North Carolina State University bei der Firma Bristol Technology, Inc. an, die Werkzeuge zur Portierung von Windows nach Unix entwickelt. Mitte 1995 verließ Scot Wingo die Firma Bristol, um Stingray Software zu gründen, dem führenden Lieferanten von MFC/ATL-Klassenbibliotheken, wie z.B. Object Grid und Objective Toolkit. Anfang 1998 wurde Stingray von der Firma Rogue Wave Software aufgekauft, und dort ist Scot Wingo nun Vice President für den Unternehmensbereich Stingray.

Während seiner Tätigkeit bei Bristol und Stingray hat Scot Wingo die erste Version der weltberühmten MFC FAQs und zusammen mit George Shepard den Titel *MFC Internals* (Addison-Wesley, 1996) geschrieben, das einzige Buch, das die interne Funktionsweise der MFC erläutert. Zusammen mit George Shepard veröffentlicht Scot Wingo regelmäßig Beiträge in den Zeitschriften *Dr. Dobbs*, *Microsoft Systems Journal* und *Visual C++ Developer's Journal*.

Wenn George Shepard nicht gerade bei Stingray-Software Windows-Tools programmiert, dann leitet er Schulungen bei DevelopMentor, einem der besten Schulungsunternehmen der USA. George hat zusammen mit Scot Wingo den Titel *MFC Internals* (Addison-Wesley, 1996) geschrieben. George spielt zwischen Kompilierläufen am liebsten mit seinem Paul Reed Smith.